北京大學《儒藏》編纂與研究中心 編

《儒藏》精華編選刊

廣雅疏證（上）

〔清〕王念孫 撰
郎震 校點

北京大學出版社
PEKING UNIVERSITY PRESS

圖書在版編目(CIP)數據

廣雅疏證：上中下/（清）王念孫撰；北京大學《儒藏》編纂與研究中心編. —北京：北京大學出版社，2024.1
（《儒藏》精華編選刊）
ISBN 978-7-301-34568-9

Ⅰ.①廣… Ⅱ.①王…②北… Ⅲ.①《廣雅疏證》 Ⅳ.①H131.4

中國國家版本館CIP數據核字（2023）第201932號

書　　名	廣雅疏證 GUANGYA SHUZHENG
著作責任者	〔清〕王念孫 撰 郎震 校點 北京大學《儒藏》編纂與研究中心 編
策劃統籌	馬辛民
責任編輯	周　粟
標準書號	ISBN 978-7-301-34568-9
出版發行	北京大學出版社
地　　址	北京市海淀區成府路205號　100871
網　　址	http://www.pup.cn　　新浪微博: @北京大學出版社
電子郵箱	編輯部 dj@pup.cn　總編室 zpup@pup.cn
電　　話	郵購部 010-62752015　發行部 010-62750672 編輯部 010-62756449
印 刷 者	三河市北燕印裝有限公司
經 銷 者	新華書店 650毫米×980毫米　16開本　82印張　940千字 2024年1月第1版　2024年1月第1次印刷
定　　價	330.00元（上中下）

目録

校點説明

王念孫（一七四四—一八三二），字懷祖，號石臞，江蘇高郵人。清乾隆三十年（一七六五）因皇帝南巡獻頌册賜舉人，乾隆四十年二甲七名進士，改翰林院庶吉士，散館一等五名，改工部主事，官至直隸永定河道，嘉慶十五年（一八一〇）罷職後於京城居家著述。王引之（一七六六—一八三四），念孫長子，原名述之，中舉後改名引之，字伯申，號曼卿。乾隆六十年舉人，嘉慶四年一甲三名進士，授翰林院編修，官至工部尚書，謚文簡。

王念孫、王引之父子是清代乾嘉道時期的著名學者，勤於著述。《廣雅疏證》以外，尚有《讀書雜志》《經義述聞》《經傳釋詞》，世稱《高郵王氏四种》，享有很高的學術聲譽。其他著述亦爲數不少，僅羅振玉所輯《高郵王氏遺書》就收有王念孫著《方言疏證補》《釋大》《古韻譜》三種。此外，今揚州學人王章濤撰有《王念孫・王引之年譜》（廣陵書社，二〇〇六年），其中纂輯了《王念孫・王引之著述知見録》《王念孫・王引之傳記資料目録》，較爲詳備，可資參考。

阮元《王石臞先生墓誌銘》（《揅經室續二集》卷二之下，《叢書集成初編》本）稱王念孫之學「精微廣博」，譽《廣雅疏證》「凡漢以前《倉》《雅》古訓，皆搜括而通證之，謂訓詁之旨本於聲音，就古音以求古義，引伸觸類，擴充於《爾雅》《説文》之外，似乎無所不達，然聲音文字部分之嚴，則一絲不亂，此乃藉張揖之書，以納諸説，實多張揖所未及知者，而亦爲惠氏定宇、戴氏東原所未及」，「子引之撰《經義述聞》，亦多先生過庭之訓，故高郵王氏一家之學，海内無匹」。阮元於王念孫爲鄉後學，又是王引之會試時的副總裁，所撰墓誌銘可謂「知言」，不虚美，不隱善。其銘語云：「先生之貌，如石之臞。先生經濟，優於河渠。河患未已，乃阻厥謨。天逸先生，使著其書。先生學行，漢之醇儒。忠恕直誠，不飾不誣。古聲古訓，確證精疏。學深許鄭，音邁劉徐。萬卷皆破，一言不虚。續傳儒林，先生首歟！今歲在辰，歸葬於吴。佳城既築，積善慶餘。」

《廣雅疏證》是爲《廣雅》一書所作疏證。《廣雅》，三國魏張揖著，以《爾雅》的體例廣收文字、名物。唐代顔師古《漢書敘例》云：「張揖，字稚讓，清河人（一云河間人），魏太和中爲博士（止解《司馬相如傳》一卷）。」《魏書・術藝列傳・江式》載江式上表云：「魏初，博士清河張揖著《埤倉》《廣雅》《古今字詁》。究諸《埤》《廣》，綴拾遺漏，增長事類，抑亦於文爲益者，然其《字詁》，方之許慎篇，古今體用，或得或失矣。」

《廣雅疏證》的宗旨、特色已表見於書首王念孫敘和段玉裁序，全書見解之精湛淵深、珠玉燦然，前引阮銘亦足蓋棺論定，本已不必蛇足。依《儒藏》體例，校點説明應包括本書内容價值簡介，兹贅言一二。（一）《廣雅疏證》作爲一部訓詁學名著，通貫群書，尋繹推究文字、聲音、詁訓之間的聯繫，不僅在學術實踐上推動了千載堙沉之《廣雅》的復興，而且從學術基礎上提高了中國古文獻學的語文解讀水平。（二）王氏父子作爲著名的文獻學家，校理群書，成就卓著，《廣雅疏證》實爲奠基之作，書中不僅解決了大量訓詁問題，而且在校勘方面也取得了極大的成績。所作校注不僅就《廣雅》本文前後相校、廣羅異本對校，而且核校群書、博考得失，實事求是。《廣雅疏證》校正《廣雅》各類錯謁，就嘉慶元年（一七九六）王念孫自敘所言，有一千三百多條，而《廣雅》全文依張揖《上廣雅表》「凡萬八千一百五十文」，可見其功！

隋時，因避煬帝名諱，《廣雅》被改稱爲《博雅》。隋代曹憲爲《廣雅》作音釋，與《廣雅》正文相次合行，王念孫摘出曹憲所作音釋文字别行，成《博雅音》十卷，附在《廣雅疏證》之後。《博雅音》内容簡略，經王氏校訂，焕然還其舊觀，舊音舊注，甚便參證。

《廣雅疏證》全書成稿不晚於嘉慶元年正月王念孫自敘，王氏家刻本初刻刻成不晚於嘉慶四年己未四月洪亮吉點讀並跋。此版不同時間的刷印本有些不同，如後印本附刊曹憲《博雅音》十卷，增入段玉裁序，於王念孫自敘末尾處增刻「嘉慶元年正月高郵王念孫敘」十二字，卷第七上補刻「高郵王念孫學」六字，卷第十上、下增刻「引之述」三字，並改正了初印本的一些誤字。二十世紀八十年代以來，有多家出版社先後影印了王氏家刻本《廣雅疏證》，筆者主要參考了以下五種：上海古籍出版社一九八三年影印上海圖書館藏嘉慶本（以下簡稱「上古本」），山東友誼書社一九九一年影印北京圖書館藏洪亮吉點讀並跋的嘉慶本《孔子文化大全·經典類》（以下簡稱「魯本」），《續修四庫全書》影印上海圖書館藏光緒六年（一八八〇）諸可寶過録洪亮吉點讀題識之嘉慶本（以下簡稱「續四庫本」），二〇〇〇年江蘇古籍出版社影印嘉慶本（以下簡稱「蘇古本」），二〇〇四年中華書局影印嘉慶本（以下簡稱「中華本」）。這些影印本所據的底本印年略有先後，據筆者比較，上古本所據之嘉慶本刷印最早。魯本所據晚於上古本所據，卷第九上頁六爲諸可寶於光緒六年抄配。續四庫本、蘇古本、中華本所據之嘉慶本印年更晚，續四庫本卷第五下頁三十三爲抄配。這些影印所據底本均爲王氏家刻本，其中多數校正當屬王氏自作，少數應爲影印過程中校正，有重要參考價值。

王氏原版毀於戰亂，道光九年（一八二九）學海堂刻《清經解》，收入《廣雅疏證》，有少量校正。光緒五年淮南書局依照王氏家刻本影刻。光緒十三年《畿輔叢書》刻本收入《廣雅疏證》，也有少量校正。一九三六年中華書局排印《四部備要》，收入《廣雅疏證》，有校正。

《廣雅疏證》刊行以後，王氏父子對其中内容續有補充修正，未及刊行，其稿本輾轉流散。原「皆細書刊本上，或別籤夾入書中」（見王國維跋），光緒二十六年黄海長曾據所藏整理刊刻有《廣雅疏證補正》一卷，只印了二十部，不久板毁，《續修四庫全書》所收《補正》即以南京圖書館所藏黄氏刻本爲影印底本。一九一七年王國維重刊黄本，羅振玉於一九二八年補入黄本缺卷的内容，重爲校印，上古本所收《補正》即以羅刻本爲影印底本。今觀《補正》，黄本與羅本均無卷第八下内容，黄本又無卷第八上、卷第九上下、卷第十上内容。

此次校點，於《廣雅疏證》正文外，收入《博雅音》和《廣雅疏證補正》。《廣雅疏證》，因上古本所據影印的嘉慶本刷印最早，能反映初刻原貌，用爲校點底本。以經解本爲校本，並參校續四庫本、中華本、《畿輔叢書》本和《四部備要》本。《博雅音》，以文字較爲清楚的蘇古本爲底本（上古本、魯本均未收），《畿輔叢書》本、《四部備要》本爲校本。《廣雅疏證補正》以上古本（據一九二八年羅振玉刻本影印）爲底本，以《續修四庫全書》本（據南京圖書館藏光緒黄氏刻本影印）爲校本。爲保持《廣雅疏證》和《補正》兩者的完整性和獨立性，除必要的勘誤和異文酌情寫入校勘記外，一般不另作説明。

此次校點還參考了海南國際新聞出版中心一九九六年出版的《傳世藏書·經庫·語言文字》所收江灝整理《廣雅疏證》和張其昀《〈廣雅疏證〉校勘記》（《古籍整理研究學刊》二〇一〇年第一期）。另外，校勘記中所查引書版本統一説明如下：

《十三經注疏》，中華書局影印阮刻本。

《廣雅》，明皇甫録本、畢效欽本、《古今逸史》本、郎奎金本、《四庫全書》本。

《高郵王氏遺書》，江蘇古籍出版社二〇〇〇年影印本。

《方言》，《叢書集成初編》影印明《古今逸史》本。

《説文解字》，中華書局一九六三年影印陳昌治本。

《釋名》，《四部叢刊》影印明翻宋書棚本。

《一切經音義》，江蘇古籍出版社一九八八年影印《宛委别藏》本。

《論語集解義疏》，《叢書集成初編》本。

《爾雅正義》，《續修四庫全書》本。

《楚辭補注》，白化文等點校，中華書局一九八三年一版，二〇一〇年第八次印刷。

《六臣註文選》，《四部叢刊》影印宋本。

《經韻樓集》，鳳凰出版社（原江蘇古籍出版社）二〇一〇年趙航、薛正興整理本。

《倉頡篇》《急就篇》，《叢書集成初編》本。

《玉篇》，《四庫全書薈要》本。

《類篇》，上海古籍出版社一九八八年影印汲古閣影宋鈔本。

《隸釋》，中華書局一九八五年影印洪氏晦木齋刻本。
《廣韻》《集韻》，《四部備要》本。
《二十五史》，上海古籍出版社一九八六年影印本。
《兩漢紀》，中華書局二〇〇二年張烈點校本。
《逸周書》《國語》《戰國策》《吴越春秋》等，《四部叢刊》初編本。
《蔡中郎集》，《續修四庫全書》本。
《藝文類聚》，上海古籍出版社一九九九年本（原中華上編版）。
《證類本草》，《四庫全書》本。
《本草綱目》，華夏出版社二〇一一年新校注本。
《山海經》《淮南子》《管子》《荀子》《吕氏春秋》，《二十二子》本。
《論衡》《易林》《抱朴子》，《百子全書》本。
《初學記》，中華書局整理本。
王氏學博，校點者才淺識陋，舉一廢百，尚祈讀者諸君見諒。

校點者　郎　震

段玉裁序❶

小學有形、有音、有義，三者互相求，舉一可得其二。有古形，有今形，有古音，有今音，有古義，有今義，六者互相求，舉一可得其五。古今者，不定之名也。三代爲古，則漢爲今。漢魏晉爲古，則唐宋以下爲今。聖人之制字，有義而後有音，有音而後有形。學者之考字，因形以得其音，因音以得其義。治經莫重於得義，❷得義莫切於得音。《周官》六書：指事、象形、形聲、會意四者，形也；轉注、假借二者，馭形者也，音與義也。三代小學之書不傳，❸今之存者：形書《説文》爲之首，《玉篇》以下次之；音書《廣韻》爲之首，《集韻》以下次之；義書《爾雅》爲之首，《方言》《釋名》《廣雅》以下次之。《爾雅》《方言》《釋名》《廣雅》者，轉注、假借之條目也。義屬於形，是爲轉注。義屬於聲，是爲假借。稚讓爲魏博士，作《廣雅》，蓋

---

❶「段玉裁序」四字，原無，今據文擬補。

❷「治經」至「得音」十四字，段玉裁《經韻樓集》卷八在下文「音與義也」後。

❸「不」上，《經韻樓集》有「多」字。

魏以前經傳謡俗之形音義，彙綷於是。不孰於古形、古音、古義，則其説之存者，無由甄綜；其説之已亡者，無由比例推測。形失，則謂《説文》之外字皆可廢；音失，則惑於字母、七音，猶治絲棼之；義失，則梏於《説文》所説之本義，而廢其假借。又或言假借，而昧其古音。是皆無與於小學者也。懷祖氏能以三者互求，以六者互求，尤能以古音得經義，蓋天下一人而已矣。假《廣雅》以證其所得，其注之精粹，再有子雲，必能知之。敢以是質於懷祖氏，竝質諸天下後世言小學者。乾隆辛亥八月金壇段玉裁序。❶

❶「金壇段玉裁序」，《經韻樓集》作「段玉裁撰」。

自敘❶

昔者周公制禮作樂，爰箸《爾雅》。其後，七十子之徒、漢初綴學之士，遞有補益。作者之聖、述者之明，卓乎六蓺羣書之鈐鍵矣。至於舊書雅記，詁訓未能悉備，網羅放失將有待於來者。魏太和中，博士張君稚讓繼兩漢諸儒後，參攷往籍，徧記所聞，分別部居，依乎《爾雅》，凡所不載，悉箸於篇。其自《易》《書》《詩》、三《禮》、三《傳》經師之訓，《論語》《孟子》《鴻烈》《法言》之注，《楚辭》漢賦之解，讖緯之記，《倉頡》《訓纂》《滂喜》《方言》《説文》之説，靡不兼載。蓋周秦兩漢古義之存者可據以證其得失，其散逸不傳者可藉以闚其端緒，則其書之爲功於詁訓也大矣。念孫不揆檮昧，爲之疏證，殫精極慮，十年於兹。竊以詁訓之旨本於聲音，故有聲同字異、聲近義同，雖或類聚羣分，實亦同條共貫。譬如振裘必提其領，舉網必挈其綱，故曰本立而道生，知天下之至嘖而不可亂也。此之不寤，則有字別爲音，音別爲義，或望文虚造而違古義，或墨守成訓而尟會通，易簡之理既失，而大道多岐矣。今則就古音以求古

❶「自敘」，原無，今據文擬補。

義，引伸觸類，不限形體，苟可以發明前訓，斯淩雜之譏亦所不辭。其或張君誤采，博攷以證其失。先儒誤説，參酌而寤其非。以燕石之瑜，補荆璞之瑕，適不知量者之用心云爾。

張君進《表》，《廣雅》分爲上中下，是以《隋書·經籍志》作三卷，而又云「梁有四卷」，不知所析何篇。隋曹憲《音釋》，《隋志》作四卷，《唐志》作十卷。今所傳十卷之本，音與正文相次，然《館閣書目》云「今逸，但存《音》三卷」，是《音》與《廣雅》别行之證，較然甚明，特後人合之耳。又憲避煬帝諱，始稱《博雅》，今則仍名《廣雅》，而退《音釋》於後，從其朔也。憲所傳本即有舛誤，故《音》内多據誤字作音。《集韻》《類篇》《太平御覽》諸書所引，其誤亦或與今本同，蓋是書之譌脱久矣。今據耳目所及，旁攷諸書，以校此本。凡字之譌者五百八十，脱者四百九十，衍者三十九，先後錯亂者百二十三，正文誤入《音》内者十九，《音》内字誤入正文者五十七，輒復隨條補正，詳舉所由。《廣雅》諸刻本以明畢效欽本爲最善，凡諸本皆誤而畢本未誤者，不在補正之列。最後一卷子引之嘗習其義，亦即存其説，竊放范氏《穀梁傳集解》子弟列名之例。博訪通人，載稽前典，義或易曉，略而不論，於所不知，蓋闕如也。後有好學深思之士，匡所不及，企而望之。❶

---

❶「之」下，續四庫本有「嘉慶元年正月高郵王念孫敘」十二字，《王石臞先生遺文》(《高郵王氏遺書》本)卷二作「嘉慶元年正月敘」。

上廣雅表

博士臣揖言：魏江式《表》云：「魏初，博士清河張揖箸《廣雅》。」唐顔師古《漢書敘例》云：「張揖，字稚讓，清河人，一云河閒人，魏太和中爲博士。」臣聞昔在周公，纘述唐虞，宗翼文武，克定四海，勤相成王，踐阼理政，「阼」，各本譌作「祚」，惟影宋本不譌。日昃不食，坐而待旦，德化宣流，越裳倈貢，嘉禾貫桑，六年制禮，以導天下，箸《爾雅》一篇，以釋其意義，各本脱「意」字，邢昺《爾雅疏》引此已然，《蓺文類聚》則引作「釋其意義」。案：《神仙傳》云「噴墨皆成文字，滿紙各有意義」，又云「小小作文，皆有意義」，是「意義」連文之證，今據補。傳亏後孠。曆載五百，❶墳典散䨲，唯《爾雅》恒存。《禮·三朝記》《蜀志·秦宓傳》注引劉向《七略》云：「孔子三見哀公，作《三朝記》七篇，今在《大戴禮》。」案：《大戴禮》《千乘》《四代》《虞戴德》《誥志》《小辨》《用兵》《少閒》七篇是也，下文出《小辨》篇。哀公曰：「寡人欲學《小辨》，以觀於政，其可乎？」孔子曰：「爾雅以觀於古，足以辯言矣。」《大戴禮》盧辯注云：「爾，近也，謂依於雅頌，孔子曰：『《詩》，可以言，可以怨，邇之事父，遠之事君，多識鳥獸草木

❶「曆」，原避清帝乾隆諱作「歷」，今回改，後倣此，不再出校。

之名也。』」是盧氏不以「爾雅」爲書名。案：彼文云「循弦以觀於樂，爾雅以觀於古」，謂循乎弦、爾乎雅也。盧説爲長。《春秋元命包》言：「子夏問夫子，作《春秋》，不以初哉首基爲始何？」《春秋元命包》，《春秋》讖也。後漢張衡以爲漢世虛僞之徒所作，《張衡傳》載之詳矣。云「作《春秋》不以初哉首基爲始」者，當是釋《春秋》元年之義。《公羊傳》云：「元年者何？君之始年也。」《爾雅》云：「初、哉、首、基、元，始也。」《春秋》不以初哉首基等字爲始，而獨以元爲始，故釋之與。是以知周公所造也。率斯以降，超絶六國，越踰秦楚，各本作「越秦踰楚」，《爾雅疏》引作「越踰秦楚」。案：超絶、越踰相對爲文，《疏》所引者是也，今據以訂正。爰暨帝劉，魯人叔孫通撰置《禮》記，文不違古。《後漢書·曹褒傳》有「班固所上叔孫通《漢儀》十二篇」。今俗所傳三篇《爾雅》，或言仲尼所增，或言子夏所益，或言叔孫通所補，或言邿郡梁文所考，陸德明《經典釋文·敘録》云：「《釋詁》一篇，蓋周公所作。《釋言》以下，或言仲尼所增，子夏所足，叔孫通所益，梁文所補，張揖論之詳矣。」邵氏二雲曰：「《漢書·蓺文志》『《爾雅》三卷二十篇』，張揖謂周公箸《爾雅》一篇，今所傳三篇爲後人增補。是張揖所謂篇即《漢書》所謂卷，猶云周公所作祇一卷，後人增補乃有三卷耳。陸氏乃以周公所作爲二十篇之一，殆考之不審以致斯誤。」「邿」，各本譌作「制」，今據《説文》訂正。「考」，《爾雅疏》引作「箸」，疑本作「箸」，譌作「者」，又譌作「考」也。《直齋書録解題》引此作「考」，則南宋本已譌。皆解家所説，先師口傳，既無正譣，聖人所言，是故疑不能明也。夫《爾雅》之爲書也，文約而義固。其敶道也，精研而無誤。真七經之檢度，學問之階路，儒林之楷素也。鄭注《士喪禮》云：「形法定爲素。」若其包羅天地，綱紀人事，權揆制度，發百家之訓詁，未能悉備也。臣揖體質蒙蔽，學淺詞頑，言無足取，❶竊以所識擇撢羣蓺，《説文》云：「撢，探也。」文同義異，音轉失讀，八方殊語，庶物易名，不在《爾雅》者，詳録品覈，以箸于篇，《説文》云：「覈，實也。」凡萬八千一百五十文，今本《廣雅》，凡萬六千九百一十三文，删衍文九十六，補脱文五百九，共文萬七千三百二十六，較《表》内原數少八百二十四。分爲上中下，以頞方俫俊哲洪秀偉彦之倫，扣其兩端，摘其過謬，令得用諝，《説文》云：「諝，知也。」亦所企想也。臣揖誠惶誠恐，頓首頓首，死罪死罪。

❶「足」，原作「尼」，今據經解本、續四庫本改。

廣雅疏證卷第一上

高郵王念孫學

釋詁

古、昔、先、創、方、作、造、朔、萌、芽、本、根、櫱、鼃、萚、昌、孟、鼻、業，始也。

作者，《魯頌·駉》篇「思馬斯作」，毛傳云「作，始也」。作之言乍也，「乍」亦始也。《臯陶謨》「烝民乃粒，萬邦作乂」，「作」與「乃」相對成文，言烝民乃粒，萬邦始乂也。《禹貢》「萊夷作牧」，言萊夷水退始放牧也；「沱潛既道，雲夢土作乂」，「作」與「既」相對成文，言沱潛之水既道，雲夢之土始乂也。《夏本紀》皆以「爲」字代之，於文義稍疏矣。造者，高誘注《吕氏春秋·大樂》篇云「造，始也」。《孟子·萬章》篇引《伊訓》云「天誅造攻自牧宫」。朔者，《禮運》云「皆從其初」，「皆從其朔」。櫱與萌、芽同義，《盤庚》云「若顛木之有由櫱」。芽米謂之櫱，災始生謂之孼，義竝與「櫱」同。鼃、萚者，《方言》「鼃、律，始也」，律與「萚」通。《説文》「肁，始開也，從户、聿」，「聿」亦始也，聲與「萚」近而義同。凡事之始，即爲事之法，故始謂之方、亦謂之律，法謂之律、亦謂之方矣。昌，讀爲「倡和」之倡，王逸注《九章》云「倡，始也」。《周官·樂師》「教愷歌，遂倡之」，鄭注云「故書『倡』爲『昌』」，是昌與「倡」通。鼻之言自也，《説文》「自，始也，讀若鼻，今俗以始生子爲鼻子是」。《方言》「鼻，始也，嘼之初生謂之鼻，人之初生謂之首」。《莊子・天地》篇「誰其比憂」，「比」司馬彪本作「鼻」，云始也。《漢書・揚雄傳》「或鼻祖於汾隅」，劉德注亦云「鼻，始也」。業與「基」同義，故亦訓爲始。《齊語》「擇其善者而業用之」，韋昭注云「業，猶創也」。《史記・太史公自序》云「項梁業之，子羽接之」。

乾、官、元、首、主、上、伯、子、男、卿、大夫、令、長、龍、嫡、郎、將、日、正，君也。

乾者，《説卦傳》云「乾爲君」。官，各本譌作「宫」，惟影宋本不譌。官與「長」同義，故皆訓爲君。伯、子、男、卿、大夫者，《爾雅》「王、公、侯，君也」，公、侯而下，則爲伯、子、男及卿、大夫之有地者。《喪服》云「公士大夫之衆臣爲其君」，傳曰「君謂有地者也」。令者，《吕氏春秋・去私》篇「南陽有令」，高誘注云「令，君也」。長者，《周語》「古之長民者」，韋昭注云「長，猶君也」。龍者，《賈子・容經》篇云「龍也者，人主之譬也」。嫡者，《喪服》「妾爲女君」，鄭注云「女君，君適妻也」，適與「嫡」通。《歸妹》六五云「其君之袂不如其娣之袂良」，君亦謂嫡也。郎之言良也。《少儀》「負良綏」，鄭注云「良綏，君綏也」。「良」與「郎」聲之侈弇耳，猶古者婦稱夫曰良，而今謂之郎也。將讀「將帥」之將，《吕氏春秋・執一》篇注云「將，主也」。日者，《祭法》「王宫，祭日也」，注云「王宫，日壇也；王，君也；日，稱君」。正者，《爾雅》「正，長也」。《楚語》「武丁於是作書，曰『以余正四方，余恐德之不類』」。

道、天、地、王、皇、亹、㚟、博、殷、粗、兄、巟、沛、祏、齡、衍、臨、巨、佳、方、夸、匯、凱、般、張、覺、封、奘、太、賢、胡、庬、廣、旁、奄、掤、勈、朴、魁、訏、沈、岑、賁、誧、韠、頵、䯏、䰠、麤、敦、芋、⿰犭周、衮、類、萬、觰、⿰馬敖、都，大也。浩漾。

道、天、地、王、皇者，《老子》云：「有物混成，先天地生，吾不知其名，字之曰道，强爲之名曰大，故道大，天大，地大，王亦大，域中有四大，而王居其一焉。」《爾雅·釋詁》疏引《尸子·廣澤》篇云「天、帝、皇、后、辟、公皆大也」。《説文》「天，顛也，至高無上，從一、大」，是天與「大」同義。《孟子·滕文公》篇引《書》云「惟臣附于大邑周」，《多士》云「肆予敢求爾于天邑商」，天邑猶大邑也。《禮》謂大父爲王父，是王與「大」亦同義。寷通作「豐」。《豐》彖傳云「豐，大也」。《説文》「寷，大屋也」。⿰豕夾者，《説文》「恢，大也」，襄四年《左傳》云「用不恢于夏家」，文十五年《公羊傳》云「郛者何，恢郭也」，恢與「⿰豕夾」通。殷者，《喪大記》「主人具殷奠之禮」，鄭注云「殷，猶大也」。《莊子·秋水》篇云「夫精，小之微也；垺，大之殷也」，「微」亦小也，「殷」亦大也。《山木》篇云「翼殷不逝，目大不覩」。《楚辭·九歎》「帶隱虹之逶虵」，王逸注云「隱，大也」，隱與「殷」聲近而義同。粗，曹憲《音》「在户反」。《管子·水地》篇云「非特知於麤粗也，察於微眇」。《春秋繁露·俞序》篇云「始於麤粗，終於精微」。《論衡·正説篇》云「略正題目麤粗之説，以照篇中微妙之文」。粗，字亦作「䚩」。《説文》「䚩，角長皃，從角、爿聲，讀若麤䚩」。《淮南子·氾論訓》云「風氣者，陰陽麤䚩者也」。《漢書·藝文志》云「庶得麤䚩」。隱元年《公羊傳》注云「用心尚麤䚩」。《晏子春秋·問》篇云「縵密不能，麤苴學者詘」。《論衡·量知篇》云「夫竹木，麤苴之物也」。竝與「麤粗」同。麤，倉胡反。粗，在户反。二字義同而音異，故《廣雅》以麤、粗竝列。《管子》《晏子》《淮南子》《春秋繁露》《漢書》《論衡》諸書，皆以「麤粗」連文，後人亂之久矣。兄者，《釋名》「兄，荒也；荒，大也；故青徐人謂兄爲荒也」。巟通作「荒」。《晉語》云「在《周頌》曰『天作高山，大王荒之』，荒，大之也」。《説文》「巟，水廣也」，引《泰》九二「包巟，用馮河」，今本作「荒」。沛者，文十四年《公羊傳》云「力沛若有餘」，《漢書·五行志》云「沛然自大」。祏之言碩大也。祏，曹憲《音》「託」，各本譌作「祐」，惟影宋本不譌。《説文繫傳》引《字書》云「祏，張衣令大也」。《玉篇》「祏，廣大也」。《太玄·玄瑩》云：❶「天地開闢，宇宙祏坦。」漢《白石神君碑》云「開祏舊兆」。《文選·魏都賦》注引《倉頡篇》云「斥，大也」。《莊子·田子方》篇「揮斥八極」，李軌音「託」。《漢書·楊雄傳》云「拓迹開統」。拓、斥竝與「祏」通。《魯頌·閟宫》篇「松桷有舄」，毛傳云「舄，大貌」，徐邈音「託」，義亦與「祏」同。矜者，《表記》「君子不矜而莊」，鄭注云「矜，謂自尊大也」，僖九年《公羊傳》「矜之者何，猶曰莫若我也」，何休注云「色自美大之貌」，矜與「齡」通。齡，曹憲《音》「矜」，各本「齡」字竝譌作「䰯」。《集韻》《類篇》「䰯，居陵切」，引《廣雅》「䰯、衍，大也」，則宋時《廣雅》本已譌作「䰯」。案：字從鹵聲者，不得有矜音，故《説文》《玉篇》《廣韻》皆無「䰯」字。《爾雅》「矜，苦也」，《釋文》作「齡」，《廣雅》「齡，哀也」，是矜、齡古多通用。今據以訂正。衍者，《楚辭·天問》「其衍幾何」，王逸注云「衍，廣大也」。《漢書·郊祀志》「德星昭衍」，顏師古注云「衍，大也」。臨者，《序卦傳》云「臨者，大也」。《靈樞經·通天》篇云「太陰之人，其狀臨臨然長大」。文十八年《左傳》「高陽氏有才子八人，蒼舒、隤敳、檮戭、大臨、尨降、庭堅、仲容、叔達」，自「庭堅」以上，皆以二字爲名。《爾雅》「厖、洪，大也」，洪與「降」古同聲，大臨、尨降，或

❶「玄」，原避清帝康熙諱作「元」，今回改，後倣此，不再出校。

皆取廣大之義與？臨之言隆也。《説文》「隆，豐大也」，隆與「臨」古亦同聲，故《大雅・皇矣》篇「與爾臨衝」，《韓詩》作「隆衝」，《漢書・地理志》「隆慮」，《荀子・彊國篇》作「臨慮」矣。佳者，善之大也。《中山策》「佳麗人之所出」，高誘注云「佳，大；麗，美也」。《大雅・桑柔》箋云「善猶大也」。故「善」謂之佳，亦謂之介，「大」謂之介，亦謂之佳。佳、介語之轉耳。方者，《堯典》云「共工方鳩僝功」「湯湯洪水方割」，皆大之義也。《晉語》「今晉國之方」，韋昭注云「方，大也」。夸者，《説文》「夸，奢也，從大、于聲」，《方言》「于，大也」，夸、訏、芋竝從于聲，其義同也。凱者，《吕氏春秋・不屈》篇云「《詩》曰『愷悌君子』，愷者，大也；悌者，長也」，愷與「凱」通。般者，《方言》「般，大也」，郭璞音「盤桓」之「盤」。《大學》「心廣體胖」，鄭注云「胖猶大也」。《士冠禮》注云「弁名出於槃，槃，大也，言所以自光大也」。槃、胖竝與「般」通。《説文》「幋，覆衣大巾也」，「鞶，大帶也」。《訟》上九「或錫之鞶帶」，馬融注云「鞶，大也」。《文選・嘯賦》注引《聲類》云「磐，大石也」。義竝與「般」同。《説文》「伴，大皃」，伴與「般」亦聲近義同。凡人憂則氣斂，樂則氣舒，故「樂」謂之般，亦謂之凱，「大」謂之凱，亦謂之般，義相因也。覺者，《小雅・斯干》篇「有覺其楹」，毛傳云「有覺，言高大也」。《緇衣》引《詩》「有梏德行」，鄭注云「梏，大也，直也」，梏與「覺」通。封之言豐也。《商頌・殷武》傳云「封，大也」。《堯典》云「封十有二山」。封、墳語之轉，故「大」謂之封，亦謂之墳，「冢」謂之墳，亦謂之封，「冢」亦大也。𡘋者，《説文》「𡘋，大也，從大，弗聲」，《玉篇》作「𡘋」。《周頌・敬之》篇「佛時仔肩」，毛傳云「佛，大也」，佛與「𡘋」通。《爾雅》「紼，䋊也」，孫炎以爲「大索」。《緇衣》「王言如絲，其出如綸，王言如綸，其出如綍」，鄭注云「言言出彌大」，義與「𡘋」同也。《爾雅》「廢，大也」，郭璞引《小雅・四月》篇「廢爲殘賊」，廢與「癹」亦聲近義同。太者，《白虎通義》云「十二月律謂之大呂何？大者，大也」，「正月律謂之太蔟何？太，亦大也」。賢亦善之大也。《白虎通義》引《禮別名記》云「千人曰英，倍英曰賢」。《考工記・輪人》「五分其轂之長，去一以爲賢，去三以爲軹」，鄭衆注云「賢，大穿。軹，小穿」。《説文》「𦍩，大皃，讀若賢」，又云「𥈠，大目也」，義竝與「賢」同。胡者，《逸周書・謚法解》云「胡，大也」。僖二十二年《左傳》「雖及胡耇」，杜預注云「胡耇，元老之稱」。《説文》「湖，大陂也」。《爾雅》「壺棗」，郭璞注云「今江東呼棗大而鋭上者爲壺」。《方言》「甗大而蜜者，燕趙之閒謂之壺甗」。義竝與「胡」同。《賈子・容經》篇云「祜，大福也」，祜與「胡」亦聲近義同。㢋通作「侈」。《説文》「㢋，廣也」。鄭注《雜記》云「侈猶大也」。旁者，廣之大也。《説文》「旁，溥也」。《爾雅》「溥，大也」。《逸周書・大匡解》云「旁匡於衆，無敢有違」，旁匡即「大匡」也。旁與「方」古聲義竝同。奄者，《説文》「奄，大有餘也，從大、申，申，展也」。《大雅・皇矣》篇「奄有四方」，毛傳云「奄，大也」。《説文》「俺，大也」，俺與「奄」亦聲近義同。大則無所不覆、無所不有，故「大」謂之幠，亦謂之奄，「覆」謂之奄，亦謂之幠，「有」謂之幠，亦謂之撫，亦謂之奄，「矜憐」謂之撫掩，義竝相因也。朴者，《楚辭・天問》「焉得夫朴牛」，王逸注云「朴，大也」。《九章》「材朴委積兮」，注云「條直爲材，壯大爲朴」。魁者，《吕氏春秋・勸學》篇「不疾學而能爲魁士名人者，未之嘗有也」，高誘注云「魁大之士，名德之人」。《史記・孟嘗君傳》云「始以薛公爲魁然也，今視之，乃眇小丈夫耳」。訏與下「芋」字同。《爾雅》「訏，大也」。《方言》云「中齊西楚之閒曰訏」，又云「芋，大也」，郭璞注云「芋猶『訏』耳」。《大雅・生民》篇「寔覃寔訏」，《小雅・斯干》篇「君子攸芋」，毛傳竝云「大也」。凡字訓已見《爾雅》，而此復載入者，蓋偶未檢也，後皆放此。芋又音王遇反，其義亦爲大，《説文》云「芋，大葉實根駭人，故謂之芋」是也。沈，讀若覃。《方言》「沈，大也」。《漢書·陳勝傳》「夥，涉之爲王沈沈者」，應劭注云「沈沈，宮室深邃之貌也，音長含反」。張衡《西京賦》云「大廈眈眈」。《玉篇》「譚，大也」。譚、眈竝與「沈」通。岑、夤者，《方言》「岑、夤，大也」。《淮南子·墬形訓》「九州之外，乃有八夤」，高誘注云「夤猶遠也」，「遠」亦大也。誧者，《説文》「誧，大也」，《玉篇》「滂古切」，義與「溥」通。奲者，《説文》「奲，富奲奲皃，從奢，單聲」。《玉篇》丁可、充者二切，云「大寬也」。《説文》「哆，張口也」。《小雅·巷伯》篇「哆兮侈兮」，毛傳云「哆，大貌」，《釋文》「昌者反」，義與「奲」同。顮者，《玉篇》「顮，大頭也」。顝者，《説文》「顝，大頭也，讀若魁」。魋者，《廣韻》「魋，大頭也」。《莊子·大宗師》篇「其顙頯」，向秀本作「魋」，注云「魋然，大朴貌」。顝、魋、魁古竝同聲。敦者，《方言》「敦，大也，陳鄭之閒曰敦」。《爾雅》「大歲在午曰敦牂」，孫炎注云「敦，盛；牂，壯也」，是大之義也。敦又音徒昆反，其義亦爲大。《漢書》「敦煌郡」，應劭注云「敦，大也；煌，盛也」。《周語》「敦厖純固」，韋注云「敦，厚也；厖，大也」。《商頌·長發》傳云「厖，厚也」。《墨子·經》篇云「厚，有所大也」。厚與「大」同義，故厚謂之敦，亦謂之厖，大謂之厖，亦謂之敦矣。衮之言渾也。曹大家注《幽通賦》云「渾，大也」。《後漢書》「馮緄，字鴻卿」，緄與「衮」通。《説文》「睔，目大也」。《爾雅》「百羽謂之緷」，《釋文》引《埤倉》云「緷，大束也」。《玉篇》「鯀，大魚也」。睔、緷、鯀竝音古本反，義與「衮」同也。類者，《玉篇》引《倉頡篇》云「類，頭大也」。《説文》同。《集韻》《類篇》引《廣雅》作「奞」。萬者，閔元年《左傳》云「萬，盈數也」。《邶風·簡兮》篇「方將萬舞」，《初學記》引《韓詩》云「萬，大舞也」。觰之言奓也。《説文》「觰，下奓也」。驐者，《莊子·德充符》篇云「謷乎大哉」，謷與「驐」通。《説文》「驐，駿馬也」。《爾雅》「狗四尺爲獒」。《楚辭·天問》「鼇戴山抃」，王逸注云「鼇，大龜」。義並同也。都者，《漢書·五行志》「豕出圂，壞都竈」，顔師古注云「都竈，烝炊之大竈也」。《武五子傳》「將軍都郎羽林」，注云「都，大也」。僖十六年《穀梁傳》云「民所聚曰都」，亦大之義也。浩漾者，王逸注《九歌》云「浩，大也」。《堯典》云「浩浩滔天」。《淮南子·覽冥訓》云「水浩漾而不息」。浩，字亦作「灝」，又作「晧」。司馬相如《上林賦》「灝漾潢漾」，郭璞注云「皆水無涯際貌」。《文選·魏都賦》「河汾浩㴔而晧漾」，李善注引《廣雅》「浩漾，大也」，今本皆脱「浩漾」二字。凡諸書引《廣雅》而今本脱去者，若與上下文并引，即可依次補入，如下文「楷、模、品、式，瀌也」，脱去模、品二字，據《衆經音義》所引補入是也；若不與上下文并引，則次第無徵，但附載於本節之末，如此條「浩漾」二字是也。凡補入之字，皆旁列以别之，後放此。

仁、䶅、或、員、虞、方、云、撫，有也。

䶅、或、員、方、云爲「有無」之有，仁、虞、撫爲「相親有」之有，而其義又相通。古者謂相親曰「有」，昭六年《左傳》宋向戌謂華亥曰「女喪而宗室，於人何有，人亦於女何有」，杜注云「言人亦不能愛女也」。二十年《傳》「是不有寡君也」，注云「有，相親有也」。宣十五年《公羊傳》云潞子「離於狄而未能合於中國，晉師伐之，中國不救，狄人不有，是以亡也」。《王風·葛藟》篇云「謂他人母，亦莫我有」，皆謂相親有也。有猶「友」也，故《釋名》云「友，有也，相保有也」。仁者，《經解》云「上下相親謂之仁」，言相親有也。「仁」，各本譌作「仜」，《釋草》篇「竺，竹也」，「竺」字譌作「笁」，正與此同，今訂正。䶅者，《説文》「䶅，兼有也，從有，龍聲」。《史記・平準書》「盡籠天下之貨物」，籠與「龓」通。《爾雅》「厖，有也」，厖與「龓」聲亦相近。《說卦傳》「震爲龍」，虞翻、干寶「龍」作「駹」。《考工記・玉人》「上公用龍」，鄭衆讀「龍」爲「尨」，是其例矣。「或」者，《微子》「殷其弗或亂正四方」，《史記・宋世家》作「殷不有治政，不治四方」。《洪範》「無有作好」，《吕氏春秋・貴公》篇作「無或作好」，高誘注云「或，有也」。《小雅・天保》篇「無不爾或承」，鄭箋云「或之言有也」。或即「邦域」之域。《說文》「或，邦也，從口、戈以守一，一，地也」，或從土作「域」。域、有一聲之轉，故《商頌・玄鳥》篇「正域彼四方」，毛傳云「域，有也」。員與下「云」字通。《玄鳥》箋云「員，古文作『云』」。《文選》陸璣《答賈長淵詩》注引應劭《漢書注》曰「云，有也」。❶《晉語》「其誰云弗從」，韋昭注云「誰有弗從」，是「云」爲有也。《秦誓》「日月逾邁，若弗員來」，言若弗或來也，「或」亦有也；「雖則員然」，言雖則有然也。《大雅・桑柔》篇「民有肅心，荓云不逮」，言使有不逮也；「爲民不利，如云不克」，言如有不克也。解者多失之。云又爲「相親有」之有。《小雅・正月》篇「洽比其鄰，昏姻孔云」，鄭箋「云猶友也」，言尹氏與兄弟相親友。襄二十九年《左傳》「晉不鄰矣，其誰云之」，言誰與相親有也。虞者，《大雅・雲漢》五章云「羣公先正，則不我聞」，六章云「昊天上帝，則不我虞」，聞猶恤問也，虞猶撫有也。則不我虞猶言亦莫我有也，則不我聞猶言亦莫我聞也。其三章云「昊天上帝，則不我遺」，四章云「羣公先正，則不我助」，遺猶問也，助猶虞也，故《廣雅》又云「虞，助也」。解者亦失之。方者，《召南・鵲巢》篇「維鳩方

❶「璣」，原作「機」，今據人名改，後倣此，不再出校說明。

之」，毛傳云「方，有之也」。撫者，《爾雅》「憮、敉，撫也」，又云「矜憐，撫掩之也」。撫爲相親有，故或謂之撫有。昭元年《左傳》「君辱貺寡大夫圍，謂圍『將使豐氏撫有而室』」，二年《傳》「若惠顧敝邑，撫有晉國，賜之内主」，皆是也。撫又爲「奄有」之有。成十一年《左傳》「使諸侯撫封」，杜注云「各撫有其封内之地」。《文王世子》「西方有九國焉，君王其終撫諸」，鄭注云「撫，猶有也」。撫、方一聲之轉，方之言荒，撫之言憮也。《爾雅》「憮，有也」，郭注引《詩》「遂憮大東」，今本「憮」作「荒」，毛傳云「荒，有也」。有與「大」義相近，故有謂之「厖」，亦謂之「方」，亦謂之「荒」，亦謂之「憮」，亦謂之「虞」。大謂之「厖」，亦謂之「方」，亦謂之「荒」，亦謂之「憮」，亦謂之「吴」，吴、虞古同聲。

假、及、軫、礙、艾、括、致、悃、撽、歫、摵、會、抵、薄、察、往、薦、周、望、腆、繫，至也。

假者，《説文》「假，至也」，《爾雅》作「格」，《方言》作「㣟」，竝同。軫、礙皆止之至也。《説文》「軫，礙也」，「礙，止也」。《管子·輕重甲》篇「弓弩多匡軫者」，尹知章注云「軫，礙也」。各本俱脱「艾」字，考曹憲《音釋》，此處有「五害反，又刈」五字，乃「艾」字之音，非「礙」字之音。「礙」字在《廣韻》十九代，音五溉切。「艾」字在十四泰，音五蓋切；又入二十廢，音刈。艾、蓋、害三字竝在十四泰，五蓋切，即五害切，今據以訂正。《説文》「歫，止也」，「礙，止也」。《小爾雅》「艾，止也」。《大雅·抑》傳云「止，至也」。止與「至」同義，故歫、礙、艾三字訓爲止，又訓爲至也。括者，《王風·君子于役》篇「羊牛下括」，毛傳云「括，至也」。又「曷其有佸」，《韓詩》云「佸，至也」，毛云「佸，會也」。「會」亦至也。首章言「曷至」，次章言「曷其有佸」，其義一也。括、佸、會古聲義竝同，故《廣雅》括、會俱訓爲至也。致者，鄭注《禮器》云「致之言至也」。悃當作「悃」，「悃」亦致也。《孟子·滕文公》篇音義引《埤倉》云「悃，儆也」，儆與「致」通。《大雅·既醉》篇「其類維何，室家之壼」，鄭箋云「壼之言悃也」，「室家先以相悃致，已乃及於天下」。韋昭《周語》注云「孝子之行，先於室家族類以相悃致，乃及於天下也」。《唐風·鴇羽》箋云「稹者，根相迫迮悃致」，義亦同也。

摰亦「致」也。《說文》「摰，刺之財至也」。《廣韻》豬几、陟利二切。《方言》「摰，到也」。《漢書·揚雄傳》「摰北極之嶟嶟」，應劭注云「摰，至也」。《說文》「夂，從後至也，象人兩脛後有致之者，讀若黹」，義與「摰」通。摰、摵二字竝從手，各本譌從木，今訂正。

岠者，《漢書·食貨志》「元龜岠冉長尺二寸」，孟康注云「岠，至也」。《皋陶謨》「予決九川距四海」，《史記·夏紀》「距」作「致」，距與「岠」通。岠，各本譌作「岠」，今訂正。

摵者，《方言》「摵，到也」。摵之言造也，「造」亦至也，造與「摵」古同聲。《孟子》「舜見瞽瞍，其容有蹙」，《韓子·忠孝》篇作「其容造焉」。《大戴禮·保傅》篇「靈公造然失容」，「造然」即蹙然。是其例矣。

抵者，《說文》「氐，至也，從氐，下箸一，一，地也」。《史記·秦始皇紀》「道九原，抵雲陽」，抵與「氐」通。《律書》云「氐者，言萬物皆至也」。《漢書·文帝紀》「至邸而議之」，顏師古注云「郡國朝宿之舍在京師者率名邸，邸，至也，言所歸至也」。義竝與「抵」通。致、會、抵三字同義。《方言》「抵、儆，會也，雍梁之閒曰抵，秦晉亦曰抵，凡會物謂之儆」。

薄者，《皋陶謨》云「外薄四海」，《楚策》云「七日而薄秦王之朝」，薄之言傅也。《小雅·菀柳》篇「有鳥高飛，亦傅于天」，鄭箋云「傅，至也」。

察者，《書大傳》云「祭之爲言察也，察者，至也，人事至，然後祭」。《中庸》云「《詩》云『鳶飛戾天，魚躍于淵』，言其上下察也」，此引《詩》以明君子之道之大，上至於天，下至於地也，故下文云「君子之道，造端乎夫婦，及其至也，察乎天地」。《管子·

内業》篇云「上察於天，下極於地」。《淮南子·原道訓》「高不可際」，高誘注云「際，至也」。際與「察」古亦同聲，故《原道訓》「施四海」「際天地」，《文子·道原》篇作「施於四海」「察於天地」。薦者，《爾雅》「薦，臻也」，郭璞注云「薦，進也，故爲臻，臻，至也」。《説文》「瀳，水至也」，義亦與「薦」同。周者，《逸周書·謚法解》云「周，至也」。《小雅·鹿鳴》篇「示我周行」，毛傳云「周，至也」。《論語·堯曰》篇云「雖有周親」。腆者，《大誥》「殷小腆」，馬融注云「腆，至也」。

乃、昝、遂、邁、行、徃、歸、迋，往也。

乃者，《衆經音義》卷十八引《倉頡篇》云「迺，往也」。《説文》「鹵，往也」。迺、鹵竝與「乃」同。《趙策》蘇秦謂趙王曰「秦乃者過柱山」。《漢書·曹參傳》「乃者我使諫君也」，顔師古注云「乃者，猶言曩者」。是「乃」爲往也。昝，各本譌作「朁」，昝或作「昔」，遂譌而爲「朁」。下文「憯，愛也」，「憯」字譌作「憯」。卷二内「賃、荼、差、且、假、貸，僭也」，「僭」字譌作「僣」。卷三内「鍇，磨也」，「鍇」字譌作「鐕」。竝與此同。趙岐注《孟子·離婁》篇云「昝者，往也」，《玉篇》《廣韻》俱云「昝，往也」，今據以訂正。遂者，《楚辭·天問》「遂古之初」，王逸注云「遂，往也」。《淮南子·要略》篇「攬掇遂事之蹤，追觀往古之跡」，遂事之蹤即往古之跡也。《論語·八佾》篇「成事不説，遂事不諫，既往不咎」，成事、遂事即既往也。《逸周書·史記解》「取遂事之要戒」，亦謂往事也。邁、行者，《爾雅》「邁，行也」。《秦風·無衣》傳云「行，往也」。徃者，《説文》「徃，遠行也」，《漢書·楊雄傳》「因江潭而徃記兮」，鄧展注云「徃，往也」，徃與「徃」同。歸者，隱二年《公羊傳》云「婦人謂嫁曰歸」，《爾雅》「嫁，往也」，莊二年《穀梁傳》云「王者，民之所歸往也」。迋者，《説文》

「迋，往也」。襄二十八年《左傳》「君使子展迋勞於東門之外」，杜預注與《説文》同。《漢書・五行志》「迋」作「往」。往、迋、徍聲竝相近。

休、祥、衷、佳、忏、禄、吉、慶、良、㹕、時、竫、黨、適、賴、⿱訟心、愿、𣪊、温、長、婧、姝、⿰牛嬰、馴、嫿、睩、戾、靈，善也。

衷者，《皋陶謨》「同寅協恭和衷哉」，傳云「衷，善也」。成十三年《左傳》「民受天地之中以生」，「中」與「衷」通。忏者，《方言》「自關而西秦晉之故都謂好曰忏」。禄者，《周官・天府》注云「禄之言穀也」，《爾雅》「穀，善也」。吉者，《召南・摽有梅》傳云「吉，善也」。慶者，《大雅・皇矣》傳云「慶，善也」。㹕者，王逸《九章》注云「謹，善也」，謹與「㹕」通。㹕，各本譌作「㨷」，《玉篇》「㹕，善也」，今據以訂正。時者，《小雅・頍弁》篇「爾殽既時」，毛傳云「時，善也」，「爾殽既時」猶言「爾殽既嘉」也，「維其時矣」猶言「維其嘉矣」也，「威儀孔時」猶言「飲酒孔嘉，維其令儀」也。他若「孔惠孔時」「以奏爾時」「胡臭亶時」，及《士冠禮》之「嘉薦亶時」，皆謂善也。《既濟》象傳「東鄰殺牛，不如西鄰之時也」，言不如西鄰之善也。《雜卦傳》「大畜，時也」，「无妄，災也」，「時」與「災」相對，亦謂善也。《内則》云「母某敢用時日」，謂善日也。《春秋》曹公子欣時字子臧，是其義也。解者多失之。竫者，《藝文類聚》引《韓詩》曰「東門之栗，有靜家室」，「靜，善也」。《史記・秦紀》云「賜謚爲竫公」，襄十年《左傳》云「單靖公爲卿士」，《逸周書・謚法解》云「柔德考衆曰靜，恭己鮮言曰靜，寬樂令終曰靜」。竫、靜、靖竝通。靜與「善」同義。故《堯典》「靜言庸違」，《史記・五帝紀》作「善言」。《盤庚》「自作弗靖」，亦謂弗善也，傳訓「靖」爲「謀」，失之。黨者，《逸周書・祭公解》云「王拜手稽首黨言」。漢《張平子碑》云「黨言允諧」。《孟子・公孫丑》篇「禹聞善言則拜」，趙岐注引《皋陶謨》「禹拜讜言」，今本作「昌言」，《史記・夏紀》作「美言」。黨、讜、昌聲近義同。適者，《呂氏春秋・適音》篇云「衷也者，適也」。《管子・宙合》篇云「夫焉有不適善」。賴者，《孟子・告子》篇「富歲子弟多賴」，趙岐注云「賴，善也」。《衛策》云「爲魏則善，爲秦則不賴矣」。愿、㱿者，鄭注《論語・泰伯》篇云「愿，善也」。㱿與「愨」同，《説文》「愨，謹也」。《檀弓》釋文云「愨，本又作『㱿』」。温者，《儒行》云「温良者，仁之本也」。婧者，《説文》「婧，齊也」。婡者，《説文》「婡，謹也，讀若謹敕數數」。《史記・申屠嘉傳》「娖娖廉謹」，《漢書》作「⿰足齒⿰足齒」，顔師古注云「⿰足齒⿰足齒，持整之貌也」。《史記・貨殖傳》云「故其民齪齪」。竝字異而義同。㜕、馴者，《説文》「㜕，牛柔謹也」，「馴，馬順也」。《玉篇》「㜕」字注云「《尚書》『㜕而毅』字如此」。《周官・大宰》「以擾萬民」，鄭注云「擾，猶馴也」。擾與「㜕」通。《大雅・烝民》篇「柔嘉維則」，柔與「㜕」亦聲近義同，故《史記・夏紀》「擾而毅」，《集解》引徐廣《音義》云「擾，一作『柔』」。㜕，各本譌作「㛹」，今訂正。孎者，《説文》「孎，謹也，讀若人不孫爲不孎」。睩者，《説文》「睩，目睞謹也」。《楚辭・招魂》云「蛾眉曼睩」。《説文》「逯，行謹逯逯也」。《鹽鐵論・未通》篇云「録民數創於惡吏」。義竝與「睩」通。睩與「禄」義亦通也。戾者，《小雅・采菽》篇「優哉游哉，亦是戾矣」，毛傳云「戾，至也」，《正義》云「明王之德能如此，亦是至美矣」。鄭注《粊誓》云「至猶善也」。是戾與「善」同義。又鄭注《大學》云「戾之言利也」，利與「善」義亦相近，故利謂之戾，亦謂之賴，善謂之賴，亦謂之戾，戾、賴語之轉耳。靈者，《多士》云「丕靈承帝事」，《多方》云「不克靈承于旅」，皆謂善也。《鄘風・定之方中》篇「靈雨既零」，鄭箋云「靈，善也」。又《盤庚》云「弔由靈」，傳云「靈，善也」，《正義》以爲《爾雅·釋詁》文。今《爾雅》「靈」作「令」，則靈、令同聲同義。《莊子·逍遥遊》篇「夫列子御風而行，泠然善也」，靈、泠義亦相近。

嘘、養、娱、悰、歡、酣、比，樂也。

嘘之言衎衎也。《方言》「嘘，樂也」，郭璞注云「嘘嘘，歡貌」。《集韻》「嘘，或作嘕，丘虔、虚延二切」，引《廣雅》「嘕，樂也」。《釋訓》篇云「嘕嘕，喜也」。《楚辭·大招》「宜笑嘕只」，王逸注云「嘕，笑貌」。義竝與「嘘」同。養者，《韓詩外傳》云「聞其角聲，使人惻隱而愛仁；聞其徵聲，使人樂養而好施」，《白虎通義》「樂養」作「喜養」，嵇康《琴賦》云「怡養悦悆」，是「養」爲樂也。養之言陽陽也。《王風·君子陽陽》篇云「君子陽陽」，「其樂只且」。陽與「養」古同聲，故孫陽字伯樂矣。娱，各本譌作「娱」，今訂正。悰者，《説文》「悰，樂也」。《漢書·廣陵厲王傳》「出入無悰爲樂亟」，韋昭注云「悰，亦樂也」。悰，各本譌作「悰」，今訂正。酣者，《説文》「酣，樂酒也」。《酒誥》「在今後嗣王酣身」，傳云「酣樂其身」。酣，各本譌作「醋」。《集韻》「酣，或作甘」，唐釋玄應《衆經音義》卷二及二十三竝引《廣雅》「甘，樂也」，今據以訂正。比者，《雜卦傳》「比樂，師憂」，言親比則樂，動衆則憂，非訓「比」爲樂、「師」爲憂也。此云「比，樂也」，下云「師，憂也」，皆失其義耳。

聆、聽、自、言、仍，從也。循。

聆，古通作「令」，《吕氏春秋·爲欲》篇「古之聖王，審順其天而以行欲，則民無不令矣，功無不立矣」，「令」謂聽從也。仍者，《楚辭·九章》「觀炎氣之相仍兮」，王逸注云「相仍者，相從也」。循者，《爾雅》「循、從，自也」，《文選》陸雲《荅張士然詩》注引《廣雅》「循，從也」，今本脱「循」字。

巛、巽、娓、隨、理、猷、訓、悌、婉、捪、勑、倫、揗、摩，順也。

巛、順聲相近。《繫辭傳》云「夫坤，天下之至順也」，《說卦傳》云「坤，順也」，《坤》釋文云「坤，本又作『巛』」。巽、順聲亦相近。《說文》「愻，順也」，引《唐書》「五品不愻」，今本作「遜」。字或作「孫」，又作「巽」，竝同。娓者，《說文》「娓，順也，讀若媚」。理者，《說文》「順，理也」。《說卦傳》云「和順於道德而理於義」。《考工記・匠人》云「水屬不理孫，謂之不行」。訓、順古同聲。《法言・問神篇》云「事得其序之謂訓」。《洪範》「于帝其訓」，《史記・宋世家》作「順」。《顧命》「皇天用訓厥道」，傳云「用順其道」。字亦作「馴」。《史記・五帝紀》「能明馴德」，《索隱》云「《史記》『馴』字，徐廣皆讀曰『訓』，訓，順也」。悌者，《白虎通義》云「弟者，悌也，心順行篤也」。《孝經》云「教民禮順，莫善於悌」。《釋名》云「悌，弟也」，又云「弟，第也，相次第而生也」。皆順之義也。婉者，《邶風・新臺》篇「燕婉之求」，昭二十六年《左傳》「婦聽而婉」，毛傳、杜注竝云「婉，順也」。捪者，卷四云「捪，循也」，《說文》「捪，撫也」，撫、循皆順也。捪，各本譌作「棔」，今訂正。勑者，卷二云「敕，理也」，「理」亦順也，敕與「勑」通。倫、順聲相近。《考工記・弓人》「析幹必倫」，鄭注云「順其理也」。《禮器》「天地之祭，宗廟之事，父子之道，君臣之義，倫也」，鄭注云「倫之言順也」。《魏風・伐檀》釋文引《韓詩》云「順流而風曰淪」，義與「倫」相近。各本勑、倫二字誤入曹憲《音》內，今訂正。揗、摩者，《說文》「揗，摩也」。揗、摩、捪皆同義。《說文》「循，行順也」，「馴，馬順也」，《釋名》「順，循也，循其理也」，義竝與「揗」同。循、順古亦同聲，故《大射儀》注云「今文『順』爲『循』」。

閑、埻、楷、模、品、式、祖、棖、肖、容、拱、捄、術、臬、井、括、鳸、類、椳、略，灋也。

閑者，《論語・子張》篇「大德不踰閑」，孔傳云「閑，猶法也」。埻與「臬」同意，故皆訓爲法。《説文》「⿰土𦎧，射臬也，從土，𦎧聲，讀若準」。隸變作「埻」。《周官・司裘》注云侯者「以虎熊豹麋之皮飾其側，又方制之以爲𦎧，謂之鵠，著于侯中」，《釋文》「𦎧，本亦作『準』」。《漢書・律曆志》云「準者，所以揆平取正也」。《呂氏春秋・君守》篇注云「準，法也」。《周官・内宰》「出其度量淳制」，杜子春注云「淳謂幅廣，制謂匹長」。義竝與「埻」同。埻，各本譌作「椁」。凡從𦎧之字，隸變作「享」，或作「⿱亠⿱口⿱冖子」，故譌而爲「孛」。漢《韓勑碑》兩側題名「淳于」字作「渟」，《曹全碑》「敦煌」字作「敦」，皆其證也。其左畔「土」字譌而爲「木」，則因下文楷、模、棖、椳諸字而誤，今訂正。楷、模、品、式者，《説文》「模，法也」，「程，品也」，《逸周書・謚法解》云「式，法也」，《老子》云「知此兩者，亦楷式」，《漢書・宣帝紀》云「品式備具」。各本皆脱模、品二字，《衆經音義》卷二十四引《廣雅》「楷、模、品、式，法也」，今據以補正。祖者，《鄉飲酒義》「祖陽氣之發於東方也」，鄭注云「祖，猶法也」。棖者，《方言》「棖，法也」，郭璞注云「救傾之法」。《説文》「棖，杖也，一曰法也」。字亦作「⿱尚止」。《考工記・弓人》「維角⿱尚止之」，鄭衆注云「⿱尚止，讀如『牚距』之『牚』，『車牚』之『牚』」，疏云牚距、車牚皆「取其正也」，即郭注所云「救傾之法」也。《爾雅》「棖謂之楔」，郭注云「門兩旁木」，義亦相近也。肖者，《方言》「肖，法也，西楚梁益之閒曰肖」。容者，象之法也。《考工記・函人》「凡爲甲，必先爲容，然後制革」，鄭衆注云「容謂象式」。《老子》「孔德之容」，鍾會注云「容，法也」。《呂氏春秋・士容論》「此國士之容也」，高誘注與鍾會同。《説文》「鎔，冶器法也」。《漢書・食貨志》「冶鎔炊炭」，應劭注云「鎔，形容也，作錢模也」。義亦與「容」同。「貌」謂之形，亦謂之容，「常」謂之刑，亦謂之庸，「法」謂之刑，亦謂之容，義竝相近也。拱、捄者，長子引之云：《商頌・長發》「受小球大球」「受小共大共」，傳云「球，玉也」，「共，法也」。案：球、共，皆法也，球讀爲「捄」，共讀爲「拱」。《廣雅》「拱、捄，法也」。《書序》「帝釐下土，方設居方，别生分類，作《汨作》、《九共》九篇、《稾飫》」，馬融、王肅竝云「共，法也」。高誘注《淮南・本經訓》云「蛩，讀《詩》『受小拱』之『拱』」，則《詩》「共」字古本或作「拱」。拱、捄二字皆從手，而訓亦同。其從玉作「球」，假借字耳。此承上文「帝命式于九圍」言之，言受小事之法、大事之法於上帝，故能「爲下國綴旒」「爲下國駿厖」，所謂「式于九圍」也。《荀子・榮辱篇》云「先王案爲之制禮義以分之，使有貴賤之等，長幼之差，知賢愚能不能之分，皆使人載其事而各得其宜，然後使慤禄多少厚薄之稱，是夫羣居和一之道也」，「故曰『斬而齊，枉而順，不同而一』」，「《詩》曰『受小共大共，爲下國駿蒙』」，此之謂也」。《臣道篇》云「傳曰『斬而齊，枉而順，不同而壹』，《詩》曰『受小球大球，爲下國綴旒』，此之謂也」。然則「小球大球」「小共大共」，謂所受法制有小大之差耳。傳解「球」爲玉，已與「共」字殊義，箋復謂「共」爲執玉，迂回而難通矣。《廣雅》拱、捄竝訓爲法，殆本諸齊、魯、韓《詩》與？ 臬者，《説文》「臬，射準的也」。《漢書・司馬相如傳》「弦矢分，藝殪仆」，文穎注云「所射準的爲藝」，藝與「臬」通。《康誥》「女陳時臬」，《多方》「爾罔不克臬」，傳皆以「臬」爲法。《考工記・匠人》建國「置槷以縣，眡以景」，鄭注云「槷，古文『臬』，假借字，於所平之地中央樹八尺之臬以縣正之，眡之以其景，將以正四方也」。《玉藻》「公事自闑西，私事自闑東」，《正義》云「闑，謂門之中央所豎短木也」。是凡言「臬」者，皆樹之中央，取準則之義也。 文六年《左傳》「陳之藝極」，杜預注云「藝，準也」，藝與「臬」古聲義竝同。井者，《說文》「刑，罰辠也，從刀、井，《易》曰『井，法也』」，「刱，造法刱業也，從井、刅聲」。《越絶書·記地傳》云「井者，法也」。井訓爲法，故作事有法謂之「井井」，《荀子·儒效篇》「井井兮其有理」是也。括者，《法言·脩身篇》「其爲外也肅括」，李軌注云「括，法也」。《說文》「栝，檃也」。《荀子·性惡篇》「故枸木必將待檃栝烝矯然後直」，楊倞注云「檃栝，正曲木之木」，義與「括」同。廌者，《說文》「廌，解廌獸也，似山牛，一角，古者決訟，令觸不直者」，「灋，刑也，平之如水，從水，廌所以觸不直者，去聲」，❶是廌與「灋」同意。「灋」亦作「法」，「廌」亦作「豸」。《獨斷》云：「法冠，一曰柱後，惠文冠，秦制執法服之，今御史廷尉監平服之，謂之解豸。」類者，《方言》「類，法也，齊曰類」。《緇衣》「身不正、言不信，則義不壹、行無類也」，鄭注云「類，謂比式」，《釋文》云「比方法式也」。《楚辭·九章》「吾將以爲類兮」，王逸注云「類，法也」。《荀子·儒效篇》云「其言有類，其行有禮」，類之言律也，律亦法也。《樂記》「律小大之稱」，《史記·樂書》作「類」，是類與「律」聲義同。相似謂之類，亦謂之肖，法謂之肖，亦謂之類，義亦相近也。楥者，《說文》「楥，履法也」，《玉篇》「吁萬切」，今人削木置履中以爲模範，謂之楥頭，是也。略者，《說文》「略，經略土地也」。成二年《左傳》「侵敗王略」，杜預注云「略，經略法度」。定四年《傳》云「吾子欲復文武之略」。

商、甬、經、長，常也。

❶「聲」，《說文解字》作「之」。

商者,《説苑・脩文》篇云「商者,常也」,「夏者,大也」。常、商聲相近。故《淮南子・繆稱訓》「老子學商容,見舌而知守柔矣」,《説苑・敬慎》篇載其事,「商容」作「常摐」。《韓策》「西有宜陽常阪之塞」,《史記・蘇秦傳》「常」作「商」。甬之言庸也。《爾雅》「庸,常也」。長者,《大雅・文王》箋云「長,猶常也」。常、長聲相近,故漢京兆尹「長安」,王莽曰「常安」矣。

眉、梨、傁、艾、耆、長、𣪠、耇、期、頤,老也。

眉、梨者,《方言》「眉、梨,老也,東齊曰眉,燕代之北鄙曰梨」。《豳風・七月》篇「以介眉壽」,毛傳云「眉壽,豪眉也」,《正義》云「人年老者,必有豪毛秀出」。《小雅・南山有臺》傳云「眉壽,秀眉也」。《釋名》「耇,垢也,皮色驪悴,恒如有垢者也」,「或曰凍梨,皮有班黑,如凍梨色也」。《吴語》「播棄黎老」,韋昭注云「黎,凍梨,壽徵也」。《墨子・明鬼》篇云「昔者殷王紂播棄黎老」,黎與「梨」通。傁、艾、耆、長者,《方言》「傁、艾,老也,東齊魯衛之閒,凡尊老謂之傁,或謂之艾」,傁與「叜」同。《曲禮》云「五十曰艾」,「六十曰耆」,《爾雅》云「耆、艾,長也」。𣪠者,《玉篇》「年九十曰𦒷」,《廣韻》作「𣪠」,同。耇者,《説文》「耇,老人面如點也」。期、頤二字皆訓爲老,蓋本於《禮》注也。《曲禮》「百年曰期,頤」,鄭注云「期,猶要也,頤,養也,不知衣服食味,孝子要盡養道而已」。案:期之言極也。《詩》言「思無期」「萬壽無期」,《左傳》言「貪惏無厭,忿纇無期」,皆是究極之義。百年爲年數之極,故曰「百年曰期」。當此之時,事事皆待於養,故曰「頤」。期、頤二字不連讀。《射義》云「旄期稱道不亂」,是其證。朱子云「『十年曰幼』爲句,『學』字自爲句,下至『百年曰期』,皆然」,此説是也。

苟、款、實、信，誠也。

款者，《衆經音義》卷四引《倉頡篇》云「款誠，重也」。《楚辭・卜居》云「吾寧悃悃款款，朴以忠乎」。款與「款」同。

軫、㦸、棸、隒、厓、厲，方也。

軫、㦸者，《考工記・輈人》云「軫之方也，以象地也」。《楚辭・九章》「軫石崴嵬」，王逸注云「軫，方也」。《廣韻》㦸、域同音，《商頌・玄鳥》篇云「正域彼四方」，《莊子・秋水》篇云「泛泛乎若四方之無窮，其無所畛域」。此云「軫、㦸，方也」，軫與「畛」通，㦸與「域」通。隒、厓、厲皆在旁之名，故訓爲方，方猶旁也。《説文》「隒，厓也」。《爾雅》「重甗，隒」，孫炎注云「山基有重岸也」。張衡《西京賦》云「設切厓隒」，隒之言廉也。《鄉飲酒禮》「設席于堂廉」，鄭注云「側邊曰廉」。《説文》「厓，山邊也」。《秦風・蒹葭》篇云「在水一方」，又云「在水之湄」，「在水之涘」，毛傳云「湄，水隒也」，「涘，厓也」，即經所云「水一方」也。故蘇武詩云「各在天一方」，古詩云「各在天一涯」，李善注引《廣雅》「涯，方也」，涯與「厓」通。「厲」亦廉也，語之轉耳。《衛風・有狐》篇「在彼淇厲」，毛傳云「厲，深可厲之旁」。案：厲謂水厓也，厲之言浖也。《廣雅・釋丘》云「隒、浖，厓也」。❶ 此云「隒、厓、厲，方也」。厲與「浖」聲近義同。次章言「淇厲」，三章言「淇側」，其義一也，傳以「厲」爲水旁得之，而云「深可厲之旁」，則於義轉迂矣。

❶ 「丘」，原避孔子諱作「邱」，今回改，後倣此，不再出校。

端、直、鑈、危、質、敵、公、方、閑、諫、刑、政、貞、榦、集、殷、矢，正也。

鑈者，《方言》「鑈，正也」，郭璞注云「謂堅正也」。危者，《論語·憲問》篇云「邦有道，危言危行」，是「危」爲正也。質者，《士冠禮》「質明行事」，《月令》「莫不質良」，鄭注竝云「質，正也」。敵讀爲「適」。《大雅·大明》篇「天位殷適」，毛傳云「紂居天位而殷之正適也」。《士喪禮》注云「適室，正寢之室也」。隱元年《公羊傳》「立適以長」，何休注云「適謂適夫人之子，尊無與敵也」。《雜記》「大夫訃於同國適者」，鄭注云「適讀爲『匹敵』之敵」。敵、適義相近，古多通用。諫者，《説文》「諫，証也」。《周官》「司諫」注云「諫猶正也，以道正人行」，正與「証」通。刑者，《大雅·思齊》篇「刑于寡妻」，韓傳云「刑，正也」。《周官》大司寇「以佐王刑邦國」，鄭注云「刑，正人之灋也」。亦通作「形」。《淮南子·原道訓》「宫立而五音形矣」，高誘注云「形，正也」。貞、榦者，《師》彖傳云「貞，正也」。《蠱》初六「榦父之蠱」，虞翻注云「榦，正也」。《大雅·韓奕》篇「榦不庭方」，鄭箋云「作楨榦而正之」。《乾·文言》云「貞者，事之榦也」。《爾雅》「楨，榦也」，《粊誓》正義引舍人注云「楨，正也，築牆所立兩木也，榦，所以當牆兩邊障土者」。皆正之義也。諸書無訓「集」爲「正」者，集當爲「準」，字之誤也。《考工記》栗氏爲量，「權之然後準之」，鄭注云「準，擊平正之」。《漢書·律曆志》云「準者，所以揆平取正也」。《説文》「埻，射臬也，讀若準」。埻或作「準」。臬或作「蓺」。《大雅·行葦》傳「已均中蓺」，鄭箋云「蓺，質也」。《周官·司弓矢》「射甲革椹質」，鄭注云「質，正也，樹椹以爲射正」。質與「準」同物，皆取「中正」之義，準、質、正又一聲之轉，故準、質二字俱訓爲「正」也。陳氏觀樓曰：集或爲「臬」字之譌，形亦相近。殷者，《爾雅》「殷，中也」。《堯典》「以殷仲春」，傳云「殷，正也」。《史記・天官書》云「衡殷南斗」。矢者，《説文》「短」字注云「有所長短，以矢爲正，從矢，豆聲」，又云「巨，規巨也，從工，象手持之形」，或從木、矢作「榘」，「矢者，其中正也」。《盤庚》「出矢言」，傳云「出正直之言」。

弸、愾、憑、悀、充、牣、匩、愊、窒、塞、盈、屯、飽、𩞄、𩟔、臆、溢、稣、豐，滿也。填。

弸者，《法言・君子篇》「以其弸中而彪外也」，李軌注云「弸，滿也」。《太玄・養》云「陰弸于野」。漢《司隸校尉魯峻碑》云「弸中獨斷以效其節」。愾音口代、許氣二反，謂氣滿也。《玉篇》引《廣雅》作「嘅」。《説文》「鎎，怒戰也」，引文四年《左傳》「諸侯敵王所鎎」，今本作「愾」，杜預注云「愾，恨怒也」。《説文》「忼慨，壯士不得志於心也」，徐鍇《傳》云「内自高亢憤激也」，義竝與「愾」同。《方言》「餼、𩞄，飽也」，餼與「愾」亦同義，故《廣雅》愾、𩞄、飽三字同訓爲滿矣。憑者，《方言》「馮，怒也，楚曰馮」，郭璞注云「馮，恚盛貌」。昭五年《左傳》「今君奮焉震電馮怒」，杜預注云「馮，盛也」。《楚辭・離騷》「憑不猒乎求索」，王逸注云「憑，滿也，楚人名滿曰憑」。憑與「馮」同。戴先生《毛鄭詩考正》曰：「《卷阿》五章『有馮有翼』，傳云『道可馮依以爲輔翼』，箋云『馮，馮几也。翼，助也』。震案：馮，滿也，謂忠誠滿於内；翼，盛也，謂威儀盛於外。馮、翼二字，古人多連舉，《楚辭・天問》云『馮翼惟象』，《淮南・天文訓》云『馮馮翼翼』，皆指氣化充滿盛作，然後有形與物。」謹案：翼通作「翊」，《韓詩外傳》云「《關雎》之事大矣哉，馮馮翊翊，自東自西，自南自北，無思不服」，《漢書・禮樂志・安世房中歌》云「馮馮翼翼，承天之則」，皆言德之盛滿也。悀、愊者，《方言》「悀、愊，滿也，凡以器盛而滿謂之悀，腹滿曰愊」，郭璞注云「『悀』言涌出也，『愊』言勑偪也」。《説文》「畐，滿也」。《玉篇》普逼、扶六二切，云「腹滿謂之涌，腸滿謂之畐」。悀、涌、愊、畐竝通。《漢書・陳湯傳》「策慮愊億」，顏師古注云「愊億，憤怒之貌也」。《玉篇》云「䬕，飽也」，又云「稫稄，滿皃」，義竝與「愊」同。愊，各本譌作「幅」，今訂正。牣者，《說文》「牣，牣滿也」。《大雅·靈臺》篇「於牣魚躍」，毛傳云「牣，滿也」。《海外北經》「禹厥之，三仞三沮」，郭璞注云「掘塞之而土三沮陷也」。《史記·殷紀》「充仞宮室」。《淮南子·本經訓》「德交歸焉而莫之充忍也」。竝字異而義同。匡者，《楚辭·九歎》「筐澤瀉以豹鞹兮」，王逸注云「筐，滿也」，筐與「匡」通。塞，各本譌作「寒」，惟影宋本不譌。屯者，《序卦傳》云「盈天地之閒者唯萬物，故受之以屯，屯者，盈也」。又《屯》彖傳云「雷雨之動滿盈」。是「屯」爲盈滿之義，不當讀爲「屯田」之屯，曹憲《音》「大村反」，失之。屯，各本譌作「乇」，屯，隸或作「乇」，故譌而爲「乇」，今訂正。𩞁者，《方言》「𩞁，飽也」。「䭊」亦𩞁也，《玉篇》作「䬼」，同。臆者，《說文》「意，滿也」。《方言》「臆，滿也」，郭璞注云「愊臆，氣滿也」。凡怒而氣滿謂之愊臆，《漢書》「策慮愊億」是也。哀而氣滿亦謂之愊臆，《史記·扁鵲傳》「噓唏服億」，「悲不能自止」，「服億」即愊臆，《問喪》云「悲哀志懣氣盛」是也。憂而心懣亦謂之愊臆，馮衍《顯志賦》云「心愊憶而紛紜」是也。臆、臆、憶、億、意五字竝通。司馬相如《長門賦》「心憑噫而不舒兮」，李善注云「憑噫，氣滿貌」，「憑噫」即愊臆之轉。《說文》「十萬曰意」。《玉篇》云「今作『億』」。億，亦盈數之名也。故《小雅·楚茨》篇云「我倉既盈，我庾維億」。《易林·乾之師》云「倉盈庾億」。盈、億亦語之轉也。襄二十五年《左傳》「今陳介恃楚衆以憑陵我敝邑，不可億逞」，逞與「盈」通，言其欲不可滿盈也。文十八年《傳》云「侵欲崇侈，不可盈厭」，意與此同。盈與「逞」古同聲而通用。昭四年《左傳》「逞其心以厚其毒」，《新序·善謀》篇「逞」作「盈」。《史記》「欒盈」作「欒逞」，是其證。杜注訓「億」爲度，「逞」爲盡，皆失之。《衆經音義》卷二、卷五、卷十、卷二十二竝引《廣雅》「填，滿也」，今本脱「填」字。

邈、逷、𨑒、離、釗、曠、云、極、遼、遙、迃、敻、超、踰、逴、越、徂、𢘑、征、遾、高、荒、裔，遠也。 務。

邈、𨑒、離者，《方言》「伆、邈，離也，楚謂之越，或謂之遠，吴越曰伆」，郭璞注云「離謂乖離也」。《楚辭・離騷》「神高馳之邈邈」，王逸注云「邈邈，遠貌」。《九章》云「邈而不可慕」。𨑒與「伆」同。《玉篇》「𨑒，音勿，又音忽」。《楚辭・九歌》云「平原忽兮路超遠」。《荀子・賦篇》云「忽兮其極之遠也」。𨑒、忽古亦通用。逷者，《爾雅》「逷，遠也」。《牧誓》云「逷矣西土之人」。僖二十八年《左傳》云「糾逖王慝」，逖與「逷」同。釗者，《方言》「釗，遠也，燕之北郊曰釗」。曠者，《方言》「廣，遠也」，廣與「曠」同。《漢書・五行志》「師出過時兹謂廣」，李奇音「曠」。《趙策》云「曠遠於趙而近於大國」。云者，《爾雅》「仍孫之子爲雲孫」，謂遠孫也。雲、云古同字，説者以爲輕遠如浮雲，則於義迂矣。極、荒者，《楚辭・九歌》「望涔陽兮極浦」，王注云「極，遠也」，《爾雅》「東至於泰遠，西至於邠國，南至於濮鉛，北至於祝栗，謂之四極」，郭璞注云「皆四方極遠之國」，「觚竹、北户、西王母、日下，謂之四荒」，注云「皆四方昏荒之國，次四極者」。案：極、荒皆遠也。《離騷》云「覽相觀於四極」，又云「將往觀乎四荒」，王注「荒，遠也」。四極、四荒猶言八極、八荒，故《廣雅》極、荒俱訓爲「遠」也。要服之外謂之荒服，亦其義也。凡遠與大同義，遠謂之荒，猶大謂之荒也；遠謂之遐，猶大謂之假也；遠謂之迂，猶大謂之訏也。遙，各本譌作「遥」，今訂正。迂者，《論語・子路》篇「有是哉，子之迂也」，包咸注云「迂，猶遠也」。敻之言迥也。曹大家注《幽通賦》云「敻，遠邈也」。字或通作

「洵」。《邶風·擊鼓》篇「于嗟洵兮」，毛傳云「洵，遠也」，《釋文》「洵，呼縣反，《韓詩》作『夐』」。文十四年《穀梁傳》「夐入千乘之國」，范甯注云「夐猶遠也」。超之言迢也。《方言》「超，遠也，東齊曰超」。《九歌》云「平原忽兮路超遠」。《祭法》「遠廟爲祧」，鄭注云「祧之言超也，超，上去意也」，義亦同矣。踰者，《投壺》「毋踰言」，鄭注云「踰言，遠談語也」。《漢書·趙充國傳》「兵難隃度」，鄭氏注云「隃，遥也，三輔言也」。隃與「踰」同。❶逴亦「超」也，方俗語有輕重耳。《説文》「逴，遠也」。《玉篇》「敕角切」。《集韻》又音「卓」。《史記·衛青霍去病傳》云「逴行殊遠」。《貨殖傳》云「上谷至遼東地踔遠」。《楚辭·九章》云「道卓遠而日忘兮」。逴、踔、卓竝通。越之言闊也。《爾雅》「闊，遠也」。襄十四年《左傳》「越在他竟」，杜預注云「越，遠也」。《周語》云「聽聲越遠」。高者，哀二十一年《左傳》「使我高蹈」，注云「高蹈，猶遠行也」。裔者，文十八年《傳》「投諸四裔」，襄十四年《傳》「是四嶽之裔胄也」，注竝云「裔，遠也」。四裔、四荒、四極其義一也。裔與「遾」聲相近。遠謂之裔，亦謂之遾，水邊謂之澨，亦謂之裔，義相近也。《文選》謝靈運《酬從弟惠連詩》「務協華京想」，李善注引《廣雅》「務，遠也」，今本脱「務」字。

虞、宴、鎮、撫、慰、怗、懕、𡫸、宓、毒、嗼、湛、抑、倓、便、𪎭、眯、侎、幹、焉、媞、尼、靖、澹、隱、集、息，安也。

虞者，《中孚》初九「虞吉」，荀爽注云「虞，安也」。鄭注《士虞禮》云「虞猶安也，士既葬其父母，迎精而反，

❶「踰」，原作「隃」，今據經解本改。

日中而祭之於殯宮以安之之禮」。《釋名》「既葬，還祭於殯宮曰虞，謂虞樂安神，使還此也」。鎮、撫者，《周官・大宗伯》「王執鎮圭」，鄭注云「鎮，安也，所以安四方」。《説文》「撫，安也」。桓十三年《左傳》云「夫固謂君訓衆而好鎮撫之」。𢙏者，卷四云「怗，静也」，怗與「𢙏」同。《説文》「聑，安也」，《玉篇》音丁篋切，聑與「𢙏」亦聲近義同。懕、㥶者，《方言》「猒、塞，安也」，郭璞注云「物足則定」，猒與「懕」通，塞與「㥶」通。懕，曹憲《音》「一占反」，《爾雅》「懕懕，安也」。《秦風・小戎》篇「厭厭良人」，毛傳云「厭厭，安静也」。《小雅・湛露》篇「厭厭夜飲」，《韓詩》作「愔愔」。昭十二年《左傳》「祈招之愔愔」，杜預注云「愔愔，安和貌」。宋玉《神女賦》「澹清静其愔嫕兮」，王褒《洞簫賦》作「厭瘱」。竝字異而義同。宓者，《説文》「宓，安也」，《玉篇》云「今作『密』」，《爾雅》「密，静也」。《大雅・公劉》篇「止旅迺密」，毛傳云「密，安也」。《周頌・昊天有成命》篇「夙夜基命宥密」，《周語》引此詩而釋之曰「密，寧也」。嗼者，《爾雅》「貉、嗼、安，定也」，郭璞注云「皆静定」。《大雅・皇矣》篇「求民之莫」，毛傳云「莫，定也」。又「貊其德音」，傳云「貊，静也」，昭二十八年《左傳》引《詩》作「莫」，云「德正應和曰莫」。《吕氏春秋・審時》篇云「飢馬盈廄，嗼然，未見芻也」。竝字異而義同。湛者，《方言》「湛，安也」，郭璞注云「湛然，安貌」。抑者，《方言》「抑，安也」。《爾雅》「抑抑，密也」，《大雅・抑》篇正義引舍人注云「威儀静密也」。《方言》「譩，審也，諟也」，❶與「抑」

❶《方言》卷六「瘱、諦，審也」，「譩、諦，諟也」，《廣雅疏證》卷第三上「諟也」、卷第五上「審也」引之同《方言》。

聲近而義同，故《大雅·抑》篇，《楚語》謂之「《懿》戒」矣。倓與下「澹」字通。《説文》「倓，安也」，又云「憺，安也」。《荀子·仲尼篇》「倓然見管仲之能足以託國也」，楊倞注云「倓，安也，安然不疑也」。《楚辭·九歌》「蹇將憺兮壽宮」，王逸注云「憺，安也」。《神女賦》云「澹清静其愔嫕兮」。《莊子·胠篋》篇云「恬惔無爲」。《天道》篇云「虛静恬淡」。竝字異而義同。寱者，《玉篇》「寐不覺曰寱」，《廣韻》云「熟寐也」。佅者，《爾雅》「敉，撫也」。《洛誥》「亦未克敉公功」，《周官·小祝》疏引鄭注云「敉，安也」。《小祝》「彌烖兵」，《男巫》「春招弭，以除疾病」，鄭注竝讀爲「敉」，云「安也」。《説文》「敉」或作「佅」。竝字異而義同。佅與寱、眛義亦相近也。眛，各本譌作「眜」，今訂正。媞者，《説文》「媞，諦也」。《爾雅》「媞媞，安也」，孫炎注云「行步之安也」。《魏風·葛屨》篇「好人提提」，毛傳云「提提，安諦也」。《檀弓》「吉事欲其折折爾」，鄭注云「安舒貌」。竝字異而義同。媞，曹憲又音「之移」「上支」二反。《玉篇》「禔，之移切，又音匙」。《坎》六五「祇既平」，祇，京房作「禔」，虞翻注云「禔，安也」。亦字異而義同。尼者，《爾雅》「尼，定也」。隱者，《説文》「𤔌，所依據也」，「讀與『隱』同」，《方言》「隱、據，定也」。隱與「𤔌」通。今俗語言「安穩」者，「隱」聲之轉也。集者，昭十七年《左傳》「辰不集于房」，杜預注云「集，安也」。

賓、陳、佾、布、併、羅，列也。

賓者，《楚辭·天問》「啟棘賓商」，王逸注云「賓，列也」。《小雅·常棣》篇「儐爾籩豆」，毛傳云「儐，陳也」，儐與「賓」聲近義同。佾之言秩秩然也。《白虎通義》云「佾者，列也」。《祭統》「八佾以舞大夏」，鄭注云「佾猶列也」。併、羅者，併，曹憲《音》「步憐反」。《管子·四稱》篇云「入則乘等，出則黨駢」，駢與「併」通。

《楚辭・九歌》云「羅生兮堂下」。揚雄《甘泉賦》云「駢羅列布，鱗以雜沓兮」。

䄙、達、聖、明、泰、菖、疏、亨、徹，通也。

䄙者，《文選・琴賦》「固以和䄙而足耽矣」，李善注引《廣雅》「䄙，通也」。䄙之言暢也，「暢」亦通也。《琴賦》「雅䄙唐堯」，注云「䄙與『暢』同」。聖、明者，《書大傳》注云「孔子説休徵曰『聖者，通也』」。《白虎通義》云「聖者，通也，明也，聲也，道無所不通，明無所不照，聞聲知情也」。《莊子・外物》篇云「目徹爲明，耳徹爲聰」。泰與「達」聲相近。《序卦傳》云「泰者，通也」。

虔、畏、賓、齋、亟、憼、懍、浚、悛、誠、信、高、尊，敬也。

虔者，《商頌・殷武》傳云「虔，敬也」。《大雅・韓奕》云「虔共爾位」。畏者，《大學》云「之其所畏敬而辟焉」。《表記》云「大人之器威敬」，威與「畏」通。賓者，《説文》「賓，所敬也」。《周官・鄉大夫》「以禮禮賓之」，鄭衆注云「賓，敬也」。《禮運》「山川，所以儐鬼神也」，《釋文》「儐，皇音『賓』，敬也」，儐與「賓」通。齋者，《召南・采蘋》篇「有齊季女」，毛傳云「齊，敬也」，齊與「齋」通。亟者，《説文》「敬，肅也，從攴、苟」。「苟，自急敕也，從羊省，從包省，從口，口猶慎言也，從羊，與義、善、美同意」。《玉篇》「苟，居力切，亦作『亟』」，《説文》「㥛，謹重皃」，苟、亟、㥛竝同義。憼者，《説文》「憼，敬也」。《大雅・常武》箋云「敬之言警也」。敬、警、憼聲近而義同。懍、浚者，《方言》「稟、浚，敬也，秦晉之間曰稟，齊曰浚，吴楚之閒自敬曰稟」，稟與「懍」通。悛者，《説文》「恮，謹也」，恮與「悛」通。「悛」亦浚也。《論語・鄉黨》篇「恂恂如也，似不能言者」，王肅注云「恂恂，温恭之貌」。《史記・李將軍傳》云「悛悛如鄙人，口不能道辭」。竝聲近而義同。誠、信者，《祭統》云「誠信之謂盡，盡之謂敬」。

拌、墽、捐、振、覂、投、委、揗，棄也。撥。

拌、墽者，《方言》「拌，棄也，楚凡揮棄物謂之拌，或謂之敲」。拌之言播棄也，《吴語》云「播棄黎老」是也。播與「拌」古聲相近。《士虞禮》「尸飯，播餘于篚」，古文「播」爲「半」，「半」即古「拌」字，謂棄餘飯于篚也。敲與「墽」通。拌、捐字竝從手，各本譌從木，今訂正。振者，昭十八年《左傳》「振除火災」，杜預注云「振，弃也」，弃與「棄」同。覂謂敗棄之也。《漢書・武帝紀》云「泛駕之馬」，泛與「覂」通。《莊子・天地》篇「子往矣，無乏吾事」，《釋文》云「乏，廢也」，乏與「覂」亦聲近義同。投者，《方言》「淮汝之閒謂棄曰投」。揗之言墮也，《玉篇》音他果切。《方言》「揄、揗，脱也」，揄揗猶言揄棄，枚乘《七發》云「揄弃恬怠」是也。撥者，《史記・太史公自序》「秦撥去古文，焚滅《詩》《書》」，❶撥猶「棄」也。《衆經音義》卷十四、十五、十七竝引《廣雅》「撥，棄也」，今本脱「撥」字。

抗、弙、憮、礫、彀、彉、披、攄、遬、瞋，張也。

抗者，《考工記・梓人》祭侯辭云「故抗而射女」，鄭注云「抗，舉也，張也」。《小雅・賓之初筵》篇「大侯既抗，弓矢斯張」，鄭箋云「大侯張而弓矢亦張，節也」。《爾雅》「守宫槐，葉晝聶宵炕」，《齊民要術》引孫炎注云「炕，張也」，炕與「抗」通。抗，各本譌作「杭」，今訂正。弙者，《説文》「弙，滿弓有所鄉也」。《大荒南經》

❶「太」，原作「大」，今據書名改，後倣此，不再出校。

云「有人方扜弓射黄蛇」。《韓非子·説林》篇云「弱子扜弓」。《淮南子·原道訓》「射者扜烏號之弓」，高誘注云「扜，張也」。扜與「弙」通。《説文》「盱，張目也」，盱與「弙」亦同義。憮亦「弙」也，方俗語有侈弇耳。《爾雅》「憮，大也」，《小雅·六月》傳云「張，大也」，❶是憮與「張」同義。憮，各本譌作「憮」，《玉篇》「憮，大也，張也」，今據以訂正。凡張與大同義，張謂之憮，亦謂之扜，猶大謂之憮，亦謂之訏也。張謂之磔，猶大謂之袥也。張謂之彉，猶大謂之廓也。磔者，《爾雅》「祭風曰磔」。僖三十一年《公羊傳》疏引孫炎注云「既祭，披磔其牲，似風散也」。磔之言開拓也。《衆經音義》卷十四引《通俗文》云「張申曰磔」。顔師古注《漢書·景帝紀》云「磔謂張其尸也」。彀者，《説文》「彀，張弩也」。《大雅·行葦》篇「敦弓既句」，句與「彀」通。彉者，《説文》「彉，滿弩也」。《孫子·兵勢篇》云「勢如彍弩」。《太平御覽》引《尸子》云「扜弓彍弩」。《漢書·吾丘壽王傳》「十賊彍弩」，顔師古注云「引滿曰彍」。竝字異而義同。《孟子·公孫丑》篇「知皆擴而充之矣」，趙岐注云「擴，廓也」。《方言》「張小使大謂之廓」。義亦與「彉」同。攄者，卷四云「攄，舒也」，「舒」亦張也。《楚辭·九章》「據青冥而攄虹兮」。《史記·司馬相如傳》「攄之無窮」，攄，一本作「臚」。《方言》「攎，張也」。攄、攎、臚聲竝相近。攄、舒聲亦相近。攄與攎之同訓爲張，猶舒與臚之同訓爲敘也。遬者，《方言》「遬，張也」。瞋者，《説文》「瞋，張目也」。《莊子·秋水》篇云「瞋目而不見丘

❶《六月》無此傳，《大雅·韓奕》有之。

山」。《説文》「膹，起也」，「瘨，腹張也」。《太玄·争》次六「股腳膹如」。❶《釋文》「膹，肉脹起也」。義亦與「瞋」同。

躔、歷、逝、去、趨、徥、流、步、遵、遃、蹠、遂、服、從、逯、轉、隨、巡、充、略、將、進、由、駕、帶、貫、躭、逭、遉、踰、遡、吉，行也。䞓、蹈。

躔者，《方言》「躔，行也，日運爲躔，月運爲逡」，郭璞注云「運，猶行也」。《吕氏春秋·圜道》篇云「月躔二十八宿」。徥者，《方言》「徥，行也，朝鮮洌水之間或曰徥」。《説文》「徥徥，行皃」。遵、遃者，《方言》「遵、遃，行也」，郭璞注云「遃遃，行貌也」。蹠者，履也，義見下文「蹠，履也」下。遂者，《晉語》「夫二國士之所圖，無不遂也」，韋昭注云「遂，行也」。服者，《盤庚》「先王有服」，《康誥》「子弗祗服厥父事」，傳竝訓「服」爲行。文十八年《左傳》「服讒蒐慝」，注亦云「服，行也」。服，各本譌作「般」，服本作「𦨈」，故譌而爲「般」，卷二内「服，任也」，卷五内「懾，服也」，服字竝譌作「般」，今俱訂正。逯者，《方言》「逯，行也」。《説文》云「行謹逯逯也」。《淮南子·精神訓》云「逯然而往」。略者，隱五年《左傳》「吾將略地焉」，杜預注云「略，總攝巡行之名」。宣十一年《傳》「略基趾」，注云「略，行也」。《漢書·高祖紀》注云「凡言略地者，皆謂行而取之」。《方言》「捘、略，求也」，「就室曰捘，於道曰略」，義亦同也。將者，《周頌·敬之》篇「日就月將」，毛傳云「將，行也」。進者，《周官·大司馬》「徒銜枚而進」，鄭注云「進，行也」。駕者，《法言·學行篇》云「仲

❶「太」，原作「大」，今據書名改，後倣此，不再出校。

尼，駕説者也」，「如將復駕其所説，則莫若使諸儒金口而木舌」，是「駕」爲行也。帶者，《方言》「帶，行也」，郭璞注云「隨人行也」。案：帶，當讀爲遰。《説文》「遰，去也」。《夏小正》「九月遰鴻鴈」，傳云「遰，往也」。去、往皆行也。《史記·屈原傳》「鳳漂漂其高遰兮」，《漢書》作「逝」，逝亦行也。鄭氏《易·大有》「明辯遰也」，陸績作「逝」。帶、遰、逝古聲竝相近。貫者，《論語·衛靈公》篇「子貢問曰『有一言而可以終身行之者乎』，子曰『其恕乎』」。《里仁》篇「子曰『吾道一以貫之』，曾子曰『夫子之道，忠恕而已矣』」。「一以貫之」，即「一以行之」也。《荀子·王制篇》云「爲之貫之」，「貫」亦爲也。《漢書·谷永傳》云「以次貫行，固執無違」，《後漢書·光武十王傳》云「奉承貫行」，「貫」亦行也。顔師古訓「貫」爲聯續，失之。《爾雅》「貫，事也」。事與「行」義相近，故事謂之貫，亦謂之服，行謂之服，亦謂之貫矣。䠶者，《楚辭·天問》「皆歸䠶鞫而無害厥躬」，王逸注云「䠶，行也」。逭、逳者，《方言》「逭、逳，轉也；逭、逳，步也」，皆謂行也。踚者，《玉篇》《廣韻》竝云「踚，行也」，音倫。《方言》「躍，行也」，郭璞注云「言跳躍也，音藥」。《説文》「趯，趠趯也」。《廣韻》云「趠趯，行皃」。趠趯、跳躍聲相近。《廣雅》之訓多本《方言》，疑「踚」爲「躍」之譌也。下文云「躍，履也」，「履」亦行也。遡者，《方言》「遡，行也」。《爾雅》「逆流而上曰泝洄，順流而下曰泝游」是也，泝與「遡」同。諸書無訓「吉」爲行者，吉當爲「佶」。《廣韻》「佶，許吉切，行也」。《集韻》「佶，行皃」。䞘者，《説文》「赴，趨也」，「𪓐，疾也」，《玉篇》「䞘，疾也，及期也，亦作『赴』」。《衆經音義》卷八引《少儀》「無䞘往」，今本「䞘」作「報」，鄭注云「報，讀爲『赴疾』之赴」。䞘、赴、𪓐、報竝通。蹈者，《説文》「蹈，踐也」。哀二十一年《左傳》「使我高蹈」，杜注云「高蹈，猶遠行也」。《衆經音義》卷七、卷八、卷十三竝引《廣雅》「趕，行也」，卷九引《廣雅》「蹈，行也」，今本脱趕、蹈二字。

齡、齒、稔、稘，年也。

稔者，僖二年《左傳》「不可以五稔」，杜預注云「稔，熟也」，襄二十七年《傳》「不及五稔」，注云「稔，年也」，《釋文》云「穀一熟故爲一年」。稘者，《説文》「稘，復其時也」，引《唐書》「稘三百有六旬」，今本作「朞」，《禮》作「期」，竝同。

㵟、㿍、殨、㱩、㿗、㾜、㼖㿄、疞、疥、瘕、梗、邛、㿇、㿉、㾣、㿊、𤺌、㿅、㾌、瘦、疛、疝、齲、痺、瘖、瘍、㿗、痳、㿑、痿、㾀、痔、瘀、癃、疠、痾、疷、痟、瘍、㿉、皰、㾂、瘤、痒、䶊、疢、疰、㾟，病也。府。

㵟者，《説文》「戰見血曰傷，亂或爲惛，死而復生爲㵟」。㵟，各本譌作「欻」，❶今訂正。㿍之言羸也。《説文》「㿍，畜産疫病也」，又云「羸，痿也」，「𤼠，𠛱中病也」，三字竝力卧反，義相近也。殨、㱩者，《周官·蜡氏》注引《曲禮》「四足死者曰殨」，今本作「漬」，注云「漬，謂相瀸汙而死也」，引《春秋傳》「大災者何，大漬也」。莊二十年《公羊傳》「大災者何，大瘠也，大瘠者何，㾜也」，何休注云「瘠，病也，齊人語也」，「㾜者，民病疫也」，《釋文》「瘠，一本作『漬』」。《吕氏春秋·順民》篇「視孤寡老弱之漬病」，高誘注云「漬，亦病也」。《漢書·鼂錯傳》云「起兵而不知其埶，戰則爲人禽，屯則卒積死」。殨、漬、積、瘠竝通。「㾜」即㱩字也，讀

---

❶「㵟」，原作「欻」，今據續四庫本改。

若「厲」。《周官・疾醫》「四時皆有癘疾」，鄭注云「癘疾，氣不和之疾」。襄三十一年《左傳》云「夭厲不戒」。《釋名》「癘，厲也，病氣流行中人，如磨厲傷物也」。𣨛、㾐、癘、厲竝通。死字從歺，𣩡、殰、𣨛等字亦從歺，病與「死」義相近，故字之訓爲「死」者亦訓爲「病」也。殙者，《説文》「殙，瞀也」，即所云「亂或爲惛」也。惛與「殙」通，亦通作「昏」，見卷三「殙，死也」下。殟者，《衆經音義》卷七引《説文》云「殟，暴無知也」，又引《聲類》云「殟，欲死也」。《楚辭・九思》云「悒殟絶兮咶復蘇」。殜殗者，《方言》「自關而西秦晉之間，凡病而不甚曰殗殜」，郭璞注云「病半卧半起也」。殜，各本譌作「𣩠」，蓋因曹憲《音》內「葉」字而誤，考《方言》《玉篇》《廣韻》《集韻》《類篇》俱作「殜」，不作「𣩠」，今訂正。疧者，《小雅・何人斯》篇「云何其盱」，《都人士》篇「云何盱矣」，鄭箋竝云「盱，病也」。盱與「疧」通。痎讀爲「痎」，《説文》「痎，二日一發瘧也」。《素問・生氣通天論》云「夏傷於暑，秋爲痎瘧」。昭二十年《左傳》「齊侯疥，遂店」，梁元帝讀「疥」爲「痎」，《正義》引袁狎説云「痎是小瘧，店是大瘧」，則疥與「痎」通。疥癬之「疥」在下條，此「疥」字當讀爲「痎」，曹憲《音》「介」，失之也。瘦者，《説文》「民皆病曰疫」，疫與「瘦」同。梗者，《大雅・桑柔》篇「至今爲梗」，毛傳云「梗，病也」。邛者，《小雅・小旻》篇「亦孔之邛」，《巧言》篇「維王之邛」，毛傳、鄭箋竝云「邛，病也」。暱者，《小雅・菀柳》篇「上帝甚蹈，無自暱焉」，暱，病也，言幽王暴虐，慎毋往朝以自取病也。下章云「無自瘵焉」，「瘵」亦病也。《廣雅》訓「暱」爲病，當本之齊、魯、韓《詩》，毛傳訓爲「近」，非其義也。痿者，《説文》「痿，病也」，字亦作「萎」。《檀弓》「哲人其萎乎」，鄭注云「萎，病也」，草木枯死謂之萎，義亦同也。寎者，《説文》「寎，卧驚病也」。痵者，《説文》「痵，氣不定也」。《漢書・田延年傳》「使我至今病悸」，韋昭注云

「心中喘息曰悸」，悸與「痵」通，《説文》「悸，心動也」，義亦相近。𤸫者，《周官・内饔》「牛夜鳴則庮」，鄭衆注云「庮，朽木臭也」，《釋文》引干寶注云「庮，病也」，庮與「𤸫」通。癭者，《説文》「癭，頸瘤也」。《西山經》云「食之已癭」。《吕氏春秋・盡數》篇「輕水所多禿與癭人」，高誘注云「癭，咽疾也」。《釋名》「癭，嬰也，在頸嬰喉也」。疛音冑，《説文》「疛，小腹痛也」，《玉篇》云「心腹疾也」。《小雅・小弁》篇「我心憂傷，惄焉如擣」，毛傳云「擣，心疾也」，《釋文》「擣，韓《詩》作『疛』」。《吕氏春秋・盡數》篇「鬱處腹則爲張爲疛」，高誘注云「疛，跳動也」。各本「疛」字譌作「𤵸」，曹憲《音》内「冑」字又譌作「曹」。考《説文》《玉篇》《廣韻》《集韻》《類篇》，俱無「𤵸」字，《説文》云「疛，讀若紂」，《玉篇》《廣韻》《集韻》及《詩》釋文「疛」字竝與「冑」同音，《集韻》引《廣雅》「疛，病也」，今據以訂正。疝者，《説文》「疝，腸痛也」。《素問・長刺節論》云「病在少腹，腹痛不得大小便，病名曰疝」。《釋名》「心痛曰疝，疝，詵也，氣詵詵然上而痛也」，「陰腫曰疝，亦言詵也，詵詵引小腹急痛也」。齲者，《説文》「𤘘，齒蠹也」，或作「齲」。《史記・倉公傳》云「齊中大夫病齲齒」。《淮南子・説山訓》云「䖟散積血，斲木愈齲」。《釋名》「齲，朽也，蟲齧之齒缺朽也」。𤵶者，《説文》「𤵶，瘕病也」，「瘕，女病也」，𤵶之言秭也。下文云「秭，積也」。𦢊者，《玉篇》「𦢊，腰痛也」。瘍，謂狂病也，説見卷三「瘍，癡也」下。癇者，《説文》「癇，風病也」。《衆經音義》卷十引《聲類》云「今謂小兒顛曰癇」。《素問・大奇論》云「心脈滿大，癇瘛筋攣」。《西山經》云「可以已癇」。痳者，《説文》「痳，疝病也」。《釋名》「痳，懍也，小便難，懍懍然也」。𤸷者，《玉篇》「𤸷，痠𤸷也」。《廣韻》「痠𤸷，疼痛也」。《周官・疾醫》「春時有痟首疾」，鄭注云「痟，酸削也」，酸削猶「痠𤸷」，語之轉耳。痿、瘚者，《説文》「痿，痹疾也」。《素問・

痿論》引《本病》曰「大經空虚，發爲肌痹，傳爲脈痿」。《吕氏春秋・重己》篇「多陰則蹷，多陽則痿」，高誘注云「蹷，逆寒疾也；痿，躄不能行也」。《説文》「瘚，逆氣也」，或省作「欮」，徐鍇《傳》云「屰，逆也；欠，氣也」。《中山經》云「服者不厥」。《素問・厥論》云「陽氣衰於下，則爲寒厥，陰氣衰於下，則爲熱厥」。《釋名》「厥，逆氣從下厥起，上行入心脇也」。竝字異而義同。痔者，《説文》「痔，後病也」。《素問・生氣通天論》云「因而飽食，筋脈横解，腸澼爲痔」。瘀、瘵者，《楚辭・九辯》「形銷鑠而瘀傷」，王逸注云「身體燋枯，被病久也」。《衆經音義》卷四引《三倉》云「鑠，病消瘵也」，瘵與「鑠」通。《太玄・玄數》「八爲疾瘀」，范望注云「瘀，疾也」。《説文》「瘀，積血病也」。痾者，《説文》「疴，病也」，引《五行傳》曰「時即有口疴」。《漢書・五行志》云「痾，病貌也」。《管子・小問》篇「除君苛疾」。痾、苛竝與「疴」同。疷者，《玉篇》「疷，瘡病也」。痟𤸷者，《玉篇》「痟，痟𤸷病也」。《素問・脈要精微論》云「癉成爲消中」，《奇病論》云「肥者令人内熱，甘者令人中滿，故其氣上溢，轉爲消渴」。《史記・司馬相如傳》「常有消渴疾」。《釋名》「消㵣，㵣，渴也，腎氣不周於胸，胃中津潤消渴，故欲得水也」。竝與「痟𤸷」同。𤸷又音於發反，傷暑也，字亦作「暍」，與痟𤸷之「𤸷」異義。《廣雅》以「痟𤸷」連文，則「𤸷」當讀爲渴，曹憲《音》「於發反」，失之也。皯者，《説文》「皯，面黑氣也」。《列子・黄帝》篇云「燋然肌色皯黣」。《楚辭・漁父》「顔色憔悴」，王逸注云「皯黴，黑也」。皯黴與「皯黣」同。皰者，《説文》「皰，面生氣也」。《淮南子・説林訓》「潰小皰而發痤疽」，高誘注云「皰，面氣也」。皼者，《廣韻》「皼，皮病也」。瘤者，《説文》「瘤，腫也」。《釋名》「瘤，流也，血流聚所生瘤腫也」。痒者，《爾雅》「痒，病也」，舍人注云「心憂憊之病也」。《小雅・正月》篇「癙憂以痒」，《大雅・桑柔》

篇「稼穡卒痒」，毛傳、鄭箋竝與《爾雅》同。鼽者，《説文》「鼽，病寒鼻窒也」。《月令》「民多鼽嚏」，《吕氏春秋》作「鼽窒」，高誘注云「鼽窒，鼻不通也」。《素問・金匱真言論》云「春善病鼽衄」。疢者，《説文》「疢，熱病也」。《小雅・小弁》篇「疢如疾首」，鄭注云「疢猶病也」。《小宛》釋文引《韓詩》云「疹，苦也」。《越語》云「疾疹貧病」。疹與「疢」同。疰者，鄭注《周官・瘍醫》云「注，讀如『注病』之注」。《釋名》「注病，一人死，一人復得，氣相灌注也」。注與「疰」通。痮者，成十年《左傳》「將食，張」，杜預注云「張，腹滿也」。《靈樞經・脹論》云「夫脹者，皆在於藏府之外，排藏府而郭胷脅，張皮膚，故命曰脹」。痮、脹、張竝通。府者，❶《玉篇》「疛，附俱、扶禹二切，腫也」。《西山經》「可以已胕」，郭璞注云「治胕腫也」。《素問・水熱穴論》云「胕腫者，聚水而生病也」。《吕氏春秋・情欲》篇云「身盡府種」。疛、胕、府竝通。《集韻》引《廣雅》「疛，病也」，今本脱「疛」字。

痂、瘃、疥瘙、𤺋、瘍、癬、𤺊、𤺻、傷、𤸃、胗、㾜、𤸫，創也。

痂者，《説文》「痂，乾瘍也」。《急就篇》「痂疕疥癘癡聾盲」，顏師古注云「痂，創上甲也」。瘃者，《説文》「瘃，中寒腫覈也」。《漢書・趙充國傳》「將軍士寒，手足皸瘃」，文穎注云「瘃，寒創也」。疥瘙者，《説文》「疥，搔也」。《周官・疾醫》云「夏時有痒疥疾」。《衆經音義》卷十五引《倉頡篇》云「瘙，疥也」。《管子・地員》篇云「五沃之土，其人堅勁，寡有疥騷」。《春秋繁露・五行順逆》篇云「民病疥搔」。《後漢書・鮮卑

❶「府」，《廣雅疏證補正》改作「疛」。

傳》云「夫邊垂之患，手足之蚧搔」。竝與「疥瘙」同。瘠者，《玉篇》「瘠，牛頭瘡也」，瘡與「創」同。瘍者，《說文》「瘍，頭創也」。案：《曲禮》云「身有瘍則浴」，襄十九年《左傳》云「生瘍於頭」，《爾雅》云「骭瘍爲微」，則創在頭身四肢，皆謂之「瘍」矣。癬者，《說文》「癬，乾瘍也」。《吴語》「譬諸疾，疥癬也」，《史記·越世家》作「瘫」，同。𤺊者，《衆經音義》卷十四引《通俗文》云「皮起曰𤺊」。傷者，《月令》「命理瞻傷察創」，鄭注云「創之淺者曰傷」，此對文也，散文則「創」亦謂之傷，故《說文》云「傷，創也」。僖二十二年《左傳》「君子不重傷」，文十一年《穀梁傳》作「不重創」，其義一也。瘥者，《玉篇》「瘥，羊蹄閒瘥疾也」。字通作「挾」。《齊民要術》有「治羊挾蹄方」。胗者，《說文》「胗，脣瘍也」，籀文作「疹」。宋玉《風賦》云「中脣爲胗」。痦者，《廣雅·釋言》「痦，痂也」。痬者，《說文》「痬，蝕創也」。

棄、蜀、壹，弌也。

蜀者，《方言》「蜀，一也，南楚謂之獨」，郭璞注云「蜀，猶獨耳」。《爾雅·釋山》云「獨者蜀」。《說文》「蜀，葵中蠶也」，引《豳風·東山》篇「蜎蜎者蜀」，今本作「蠋」，《正義》引郭璞《爾雅注》云「大蟲如指似蠶」。案：凡物之大者，皆有獨義。蠋，獨行無羣匹，故《詩》以比敦然獨宿者，鄭箋云「蠋蜎蜎然特行」是也。《爾雅》「雞大者蜀」，義亦同也。卷三云「介，獨也」。「獨」謂之蜀，亦謂之介，「大」謂之介，亦謂之蜀，義相因也。《管子·形勢》篇「抱蜀不言，而廟堂既循」，惠氏定宇《周易述》云「抱蜀，即《老子》『抱一』」也。《說文》「弌，古文『一』字」，各本譌作「戈」，今訂正。

高、亯、庠、將、牧、穀、頤、陶、畜、旅、充，養也。

亯者，《説文》「亯，獻也，從高省，曰象進孰物形」，篆文作「亯」，隸作「享」。《鼎》彖傳云「聖人亨以享上帝，而大亨以養聖賢」。《祭義》云「君子生則敬養，死則敬享」。享、養義相近也。《爾雅》「享，孝也」。孝與「養」義亦相近。庠，各本作「痒」，蓋因上文「痒」字而誤。《孟子・滕文公》篇「庠者養也，校者教也，序者射也」。《廣雅》卷四云「校，教也」，卷五云「序，射也」，皆本《孟子》。今據以訂正。引之云：《説文》「庠，禮官養老也」，《王制》「有虞氏養國老於上庠」，鄭注云「庠之言養也」，趙岐注《孟子》云「養者養耆老，射者，三耦四矢以達物導氣」。此皆緣辭生訓，非經文本意也。養國老於上庠，謂在庠中養老，非謂庠以「養老」名也。《州長》職云「春秋以禮會民而射於州序」，謂在序中習射，非謂序以「習射」名也。❶《王制》「耆老皆朝於庠，元日習射上功」，而庠之名獨取義於「養老」，何也？《文王世子》「適東序」「養老」，而序之名獨取義於「習射」，何也？庠、序、學、校皆爲教學而設，養老、習射，偶一行之，不得專命名之義。庠訓爲養，序訓爲射，皆是教導之名，初無別異也。《文王世子》「立大傅、少傅以養之，欲其知父子、君臣之道也」，鄭注云「養猶教也，言養者積浸養成之」，❷《保氏》職云掌「養國子以道」，此庠訓爲「養」之説也。射、繹古字通，《爾雅》云「繹，陳也」，《周語》云「無射，所以宣布哲人之令德，示民軌儀也」，則射者，陳列而宣示之，所謂「謹庠序之教，申之以孝弟之義」也，此序訓爲「射」之説也。養、射皆教也，教之爲父子，教之爲

---

❶「序」，原作「庠」，今據經解本改。

❷「養成」，《禮記正義》作「成長」，下同，不再出校。

君臣，教之爲長幼，故曰「皆所以明人倫也」。「徹者徹也」「助者藉也」「庠者養也」「校者教也」「序者射也」，皆因本事以立訓，豈嘗别指一事以明之哉？　將者，《小雅·四牡》篇「不遑將父」，《大雅·桑柔》篇「天不我將」，毛傳、鄭箋竝云「將，養也」。《淮南子·原道訓》云「聖人將養其神」。今俗語猶云「將養」，或云「將息」矣。　牧者，《説文》「牧，養牛人也」。《謙》彖傳「卑以自牧也」，❶鄭注云「牧，養也」。　穀者，《爾雅》「穀，生也」。《小雅·小弁》篇「民莫不穀」，《甫田》篇「以穀我士女」，鄭箋竝云「穀，養也」。《爾雅》「東風謂之谷風」，孫炎注云「谷風者，生長之風」，義與「穀」同也。《老子》「谷神不死」，河上本作「浴」，注云「浴，養也」，浴與「谷」古聲義亦同。　頤者，《序卦傳》云「頤者，養也」。《方言》「台，養也，晉衛燕魏曰台」，郭璞注云「台，猶頤也」。「頷」謂之頤，室東北隅謂之宧，皆養之義也。《釋名·釋形體》篇云「頤，養也，動於下，止於上，上下咀物以養人也」。《説文》「養，從食羊聲」，又云「宧，養也，室之東北隅，食所居也」。　陶者，《方言》「陶，養也，秦曰陶」。　充者，《方言》「充，養也」。《周官》牧人、充人皆養牲之官，鄭注云「牧人，養牲於野田者」，「充猶肥也，養繫牲而肥之」。

薀、崇、委、冣、嗇、茨、壘、積、寖、殖、揲、秭、稸、穜、貯，積也。

薀、崇者，《説文》「薀，積也」，引昭十年《左傳》「薀利生孽」，今本作「蘊」。《方言》「蘊」，崇也，積也。　隱六年《左傳》「芟夷蘊崇之」，杜預注云「蘊，積也；崇，聚也」。《爾雅》「崇，重也」。《大雅·鳧鷖》篇「福禄來

---

❶「卑以自牧也」，非《謙》彖傳辭，見《謙》初六象辭。

崇」。皆積之義也。「委」亦藴也，語之轉耳。《大戴禮・四代》篇云「委利生孽」。冣者，《説文》「冣，積也」，經傳通作「聚」。嗇者，《方言》「嗇，積也」，郭璞注云「嗇者貪，故爲積」。《魏風・伐檀》傳云「種之曰稼，斂之曰穡」，是其義也。茨者，《小雅・甫田》篇「曾孫之稼，如茨如梁」，毛傳云「茨，積也」，鄭箋云「茨，屋蓋也」。《釋名》「屋以草蓋曰茨，茨，次也，次比草爲之也」，是積之義也。《瞻彼洛矣》篇云「福禄如茨」，其義同也。《説文》「薋，草多皃」，「垐，以土增大道上也」，義竝與「茨」同。《周官・籩人》「糗餌粉餈」，鄭注云「此二物皆粉稻米黍米爲之，合蒸曰餌，餅之曰餈」。《釋名》「餈，漬也，烝糝屑使相潤漬餅之也」。餈與「茨」，漬與「積」，義亦相近。穦者，《説文》「穦，積禾也」，引《周頌・良耜》篇「穦之秩秩」，今本作「積之栗栗」。穦與「茨」義亦同也。寖者，《臨》彖傳云「剛浸而長」。《文王世子》「立大傅、少傅以養之」，鄭注云「養者，積浸養成之」，是「浸」爲積也。浸與「寖」同。《論語・顔淵》篇「浸潤之譖」，鄭注云「譖人之言，如水之浸潤，漸以成之」，義亦同也。殖者，《晉語》「同姓不婚，惡不殖也」，韋昭注云「殖，蕃也」，《周語》云「財用蕃殖」，皆積之義也。興生財利謂之「貨殖」，義亦同也。揲者，《淮南子・俶真訓》云「横廓六合，揲貫萬物」，王逸注《離騷》云「貫，累也」，揲貫猶言積累。《原道訓》云「大渾而爲一，葉累而無根」，《主術訓》云「葉貫萬世而不壅」，葉與「揲」通。《本經訓》「積牒琁石以純脩碕」，高誘注云「牒，累也」，牒與「揲」聲亦相近。秭者，《爾雅》「秭，數也」。《周頌・豐年》篇「萬億及秭」，毛傳云「數億至萬曰秭」，是「秭」爲積也。秭與「穦」聲亦相近。秭，各本譌作「秭」，今訂正。秿者，《玉篇》「秿，禾積也」，各本「秿」字誤入曹憲《音》内，今訂正。𥞪者，《玉篇》「𥞪，小積也」。

愍、憯、翳、㥛、憮、俺、款、牟、震，愛也。

愍、憯諸字爲「親愛」之愛，翳爲「隱愛」之愛。憯，各本譌作「憯」。《文選》曹植《贈丁儀詩》注、韋昭《博弈論》注並引《廣雅》「憯，愛也」，今據以訂正。翳者，《爾雅·釋木》「蔽者翳」，郭璞注云「樹蔭翳覆地者」。《方言》「掩、翳，薆也」，郭注云「謂薆蔽也」，引《邶風·静女》篇「薆而不見」，今本作「愛」。《爾雅》「薆，隱也」，注云「謂隱蔽」。《大雅·烝民》篇「愛莫助之」，毛傳云「愛，隱也」。掩、翳、愛、隱一聲之轉，愛與「薆」通。㥛、憮、俺者，㥛亦作「亟」，《方言》「亟、憮、俺，愛也，東齊海岱之閒曰亟，自關而西秦晉之閒，凡相敬愛謂之亟，宋衞邠陶之閒曰憮，或曰俺」，又云「韓鄭曰憮，晉衞曰俺」。《爾雅》「㥜，愛也」，「憮，撫也」，注云「憮，愛撫也」，憮與「㥜」通。又「矜憐，撫掩之也」，注云「撫掩，猶撫拍，謂慰卹也」。撫掩與「憮俺」聲近義同。俺、愛一聲之轉，愛之轉爲「俺」，猶薆之轉爲「掩」矣。款者，《説文》「款，意有所欲也」，款與「款」同。牟亦「㥜」也，語之轉耳。《方言》「牟，愛也，宋魯之閒曰牟」。

㥄、憮、齡、悼、憐、㥼，哀也。

㥄、憮、齡、悼、憐者，《方言》「㥄、憮、矜、悼、憐，哀也，齊魯之閒曰矜，陳楚之閒曰悼，趙魏燕代之閒曰㥄，自楚之北郊曰憮，秦晉之閒或曰矜，或曰悼」。矜與「齡」通，哀與「愛」聲義相近，故憮、憐既訓爲愛，而又訓爲哀。《吕氏春秋·報更》篇「人主胡可以不務哀士」，高誘注云「哀，愛也」。《檀弓》云「哭而起，則愛父也」，愛猶哀也。㥼者，《逸周書·謚法解》云「隱，哀之方也」。《檀弓》云「拜稽顙，哀戚之至隱也」。《孟子·梁惠王》篇云「王若隱其無罪而就死地」。隱與「㥼」通，㥼、哀一聲之轉，哀之轉爲㥼，猶薆之轉爲隱矣。

龕、岑、資、敓、采、掇、搴、摭、芼、集、摡、扱、捝、摘、府、擥、索、撈、撟、穌、賴、攎、摷、撩、探、抯、收、斂、捕、摕、汲、有、撤、挻、摻、銛、抍、攍、掩、竊、略、剥、剿、撏、捊，取也。

龕者，《法言・重黎篇》「劉龕南陽」，李軌注云「龕，取也」，字或作「戡」。《竹書紀年》「帝辛三十四年，周師取耆」，即《商書・西伯戡黎》也。岑訓爲取，未見所出。岑疑當作「㕜」。《説文》《玉篇》竝云「㕜，取也」。資者，《乾》彖傳「萬物資始」，鄭注云「資，取也」。敓者，《説文》「敓，强取也」，引《吕刑》「敓攘矯虔」，今本作「奪」，同。掇者，《説文》「掇，拾取也」。搴、摭者，《方言》「攓、摭，取也，南楚曰攓，陳宋之閒曰摭」。《説文》「攓，拔取也」，引《離騷》「朝攓阰之木蘭」，今本作「搴」。《莊子・至樂》篇云「攓蓬而指之」。搴、攓、攓竝通。《説文》「拓，拾也」。《禮器》「有順而摭也」，《正義》云「摭，猶拾取也」。《少牢下》篇云「乃摭于魚腊俎」。摭與「拓」同。芼者，《爾雅》「芼，搴也」，郭璞注云「謂拔取菜」。《周南・關雎》篇云「左右芼之」。摡者，《玉篇》「摡，許氣切」，引《召南・摽有梅》篇「頃筐摡之」，今本作「塈」，毛傳云「塈，取也」。宣十二年《左傳》「董澤之蒲，可勝既乎」，杜預注云「既，盡也」。案：既亦與「摡」通，言董澤之蒲，不可勝取也。扱者，《説文》「扱，收也」。《士昏禮》記云「祭醴，始扱一祭，又扱再祭」，扱之爲言挹取之也。《少牢下》篇「二手執挑匕枋以挹湆」，鄭注云今文「挹」爲「扱」，扱、挹聲相近，故古或通用。取水於井謂之汲，聲與「扱」亦相近也。捝者，《説文》「搤，捉也」。揚雄《長楊賦》「搤熊羆」，搤與「捝」通。擥者，《説文》「擥，撮持也」。《管子・弟子職》篇云「飯必奉擥」。《楚辭・離騷》「夕擥洲之宿莽」。《釋名》「擥，斂也，斂置手中也」。擥與「揫」同。索者，《方言》「索，取也，自關而西曰索」，經傳通作「索」。撈者，《方言》「撈，取也」，郭璞注云「謂鉤撈也」。《衆經音義》卷五引《通俗文》云「沈取曰撈」。今俗呼入水取物爲「撈」，是其義也。撈通作「勞」。《齊語》「犧牲不略，則牛羊遂」，《管子·小匡》篇作「犧牲不勞，則牛羊育」。勞、略一聲之轉，皆謂奪取也。尹知章注云「過用謂之勞」，失之。撟者，《方言》「撟捎，選也，自關而西秦晉之閒，凡取物之上謂之撟捎」。《説文》同。《淮南子·要畧》篇「覽取撟掇」，高誘注云「撟，取也」。穌者，《説文》「穌，把取禾若也」，徐鍇《傳》云「穌，猶部斂之也」。《楚辭·離騷》「蘇糞壤以充幃兮」，王逸注云「蘇，取也」。《淮南子·俶務訓》「蘇援世事」，高注云「蘇，猶索也」，「索」亦取也。《史記·淮陰侯傳》「樵蘇後爨」，《集解》引《漢書音義》云「蘇，取草也」，蘇與「穌」通。賴者，《方言》「賴，取也」。《莊子·讓王》篇云「若伯夷叔齊者，其於富貴也，苟可得已，則必不賴」。摣與下「抯」字同。《方言》「抯、摣，取也，南楚之閒，凡取物溝泥中謂之抯，或謂之摣」。《説文》「抯，挹也」，「⿰虘又，叉取也」。《釋名》「摣，叉也，五指俱往叉取也」。今俗語猶呼五指取物曰摣。張衡《西京賦》「摣狒猬，批窳狻」，薛綜注云「摣、批，皆謂戟撮之」。摣、⿰虘又、抯竝同。抯，各本譌作「担」，今據曹憲《音》訂正。摷之言勦也。《衆經音義》卷四引《通俗文》云「浮取曰摷」。《西京賦》「摷鯤鮞，殄水族」，薛綜注云「摷、殄，言盡取之」。摷，責交反」。撩亦「撈」也，方俗語有侈弇耳。《小雅·南有嘉魚》箋云「樔者，今之撩罟也」。《爾雅》「罺謂之汕」，郭注與鄭箋同。《釋文》云「撩，取也」。罺與「摷」聲義亦同。摕者，《説文》「摕，撮取也」，或作「⿱折示」，又云「硩，上摘山巖空青珊瑚墮之」，「《周禮》有『硩蔟氏』」。硩與「⿱折示」聲近義同。有者，《周南·芣苢》篇云「采采芣苢，薄言采之，采采芣苢，薄言有之」。采采芣苢，薄言掇之，采采芣苢，薄言捋之。采采芣苢，薄言袺之，采采芣苢，薄言襭之」，毛傳云「采，取也」，「有，藏之也」，「掇，拾也」，「捋，取也」，「袺，執衽也」，「扱衽曰襭」。案：《詩》之用詞，不嫌於複，有亦取也。首章泛言取之，次則言其取之之事，卒乃言既取而盛之以歸耳。若首章既言藏之，而次章復言「掇之」「捋之」，則非其次矣。《大雅·瞻卬》篇云「人有土田，女反有之，人有民人，女覆奪之」，是「有」爲取也。撤者，《孟子·公孫丑》篇引《詩》「徹彼桑土」，趙岐注云「徹，取也」。《滕文公》篇「徹者，徹也」，注云「徹，猶人徹取物也」。徹與「撤」通。挻者，《方言》「挻，取也」，「自關而西秦晉之閒，凡取物而逆謂之篡，楚部或謂之挻」。摻者，《鄭風·遵大路》正義引《説文》云「摻，斂也」。銛者，《方言》「銛，取也」，注云「謂挑取也」。《孟子·盡心》篇「是以言餂之也」，趙岐注云「餂，取也」，丁公著《音義》云「《字書》及諸書竝無此『餂』字」，當作「銛」。抍者，《方言》「抍，拔也，出休爲抍」。《艮》六二「不拯其隨」，虞翻注云「拯，取也」。拯與「抍」同。《莊子·達生》篇「見痀僂者承蜩，猶掇之也」，承亦與「抍」同。《艮》釋文拯作「承」，是其證矣。攟者，《方言》「攈、摭，取也」。《魯語》「收攟而烝」，《衆經音義》卷十三引賈逵注云「攟，拾穗也」。❶《墨子·貴義》篇云「是猶舍穫而攈粟也」。《史記·十二諸侯年表》云「各往往捃摭《春秋》之文以著書」。攟、攈、捃竝同。掩者，《方言》「掩，取也，自關而東曰掩」。《説文》作「揜」，同。《曲禮》云「大夫不掩羣」。略者，《方言》「略，强取也」。宣十五年《左傳》「晉侯治兵于稷以略狄土」，杜預注云「略，取也」。襄四年

❶「拾」，原作「合」，今據續四庫本改。

《傳》「季孫曰略」，注云「不以道取曰略」。《齊語》「犧牲不略」，韋昭注云「略，奪也」。剥者，《夏小正》「八月剥棗」，傳云「剥也者，取也」。剿者，《説文》「鈔，叉取也」。鄭注《周官·射鳥氏》云「烏鳶善鈔盜」。《曲禮》「毋勦説」，鄭注云「勦，猶擥也，謂取人之説以爲己説」。剿、勦、鈔竝通，又與「摷」聲相近也。撏者，《方言》「撏，取也，衛魯揚徐荆衡之郊曰撏」。捊者，《説文》「捊，引聚也」，引《小雅·常棣》篇「原隰捊矣」，今本作「裒」，毛傳云「裒，聚也」。《謙》象傳「君子以裒多益寡」，《釋文》「裒，鄭、荀、董、蜀才作『捊』」，云取也」。《禮運》「汙尊而抔飲」，鄭注云「抔飲，手掬之也」。《説文》「今鹽官入水取鹽曰掊」。義竝與「捊」同。《爾雅》「俘，取也」，義亦與「捊」同。凡與之義近於散，取之義近於聚。聚、取聲又相近，故聚謂之收，亦謂之斂，亦謂之集，亦謂之府，取謂之府，亦謂之集，亦謂之斂，亦謂之收。取謂之捊，猶聚謂之裒也。取謂之掇，猶聚謂之綴也。取謂之捃，猶聚謂之羣也。各本收、有、撤三字重出，今删。

𡢻、㛹、困、懯、殃、殀、𡤅𡤂、婚、媪、歺、亢、疲、羸、券、御、𦤸、窮、乎、終、備，極也。

𡢻，《説文》作「懘」，云「極也，一曰困劣也」。字或作「帶」，揚雄《豫州牧箴》「降及周微，帶蔽屏營」，帶與「𡢻」同，蔽與「敝」同，謂困劣也。㛹者，《方言》「㛹，傍也」，傍與「倦」同，❶又云「𤸰，極也」，郭璞注云「今江東呼極爲𤸰，倦聲之轉也」。《大雅·緜》篇「維其喙矣」，毛傳云「喙，困也」，《晉語》「余病喙矣」，韋昭注云「喙，短氣貌」，皆謂困極也。㛹、𤸰、喙竝通。懯者，《説文》「懯，㥏也」。《爾雅》「罄，盡也」，郭注云「今江

❶「傍」，原作「倦」，今據中華本改。

東呼厭極爲罄」，義亦相近也。趹，各本譌作「炔」。妜，各本譌作「妖」。《玉篇》「妜趹，困極也」，《集韻》《類篇》竝引《廣雅》「趹，極也」，「妜，極也」，今據以訂正。妜與「㚟」聲義同也。嬎㓹、㛹、媪、歺五字，說見上文「㛹、媪，病也」及卷三「嬎㓹、㛹、歺，𣦸也」下。㓹，各本譌作「䃂」。《集韻》《類篇》竝引《廣雅》「嬎㓹，極也」，今據以訂正。亢者，《乾・文言》云「亢龍有悔，與時偕極」。宣三年《左傳》「可以亢寵」，杜預注云「亢，極也」。《漢書・五行志》云「兵革抗極」，抗與「亢」通。《衆經音義》卷三引《倉頡篇》云「炕，乾極也」，義與「亢」亦相近。券者，《考工記・輈人》注云「券，今『倦』字也」。御者，《趙策》云「恐太后玉體之有所郤也」，《史記・趙世家》「郤」作「苦」。司馬相如《子虛賦》「徼谻受詘」，郭璞注云「谻，疲極也」。《上林賦》「與其窮極倦谻」，郭注云「窮極倦谻，疲憊者也」。《方言》「谻，倦也」。《說文》「御，徼御受屈也」，「𢥊，劵也」。竝字異而義同。窮、極、倦、谻一聲之轉也。《爾雅・釋詁》釋文引《廣雅》「𢥊，勮也」，勮亦與「御」同，《史記・平準書》云「作業勮而財匱」是也。「乎」訓爲極，義無所取，蓋「卒」字之誤。卒隸或作「卆」，因誤而爲「乎」。凡從「卒」之字，亦有誤爲「乎」者。《士冠禮》注云「古文『啐』爲『呼』」是也。《爾雅》「卒，終也」。窮、卒、終三字相承，皆極之義也。憊者，《說文》「憊，㦒也」。《遯》象傳「有疾憊也」，鄭注云「憊，困也」，憊與「備」同。備，各本譌作「𢅕」，今訂正。

愍、師、懽、嗌、醮、悴、愁、患、慼、桓、慎、怛、惴、恸、悺、悺、❶怜、𢥞、愓、慆、恩、慭、瞻、濟、慦、

❶「悺」，原脫，今據疏證及《博雅音》補。

慼，憂也。

師訓爲憂，誤也，辨見上文「比，樂也」下。慛之言摧也。《晉》初六「晉如摧如」，虞翻注云「摧，憂愁也」，摧與「慛」通。六二云「晉如愁如」，愁、慛語之轉耳。嗟者，《方言》「嗟，憂也」。醮、悴者，《文選・歎逝賦》注引《倉頡篇》云「悴，憂也」。《說文》「醮，面焦枯小也」，「顀，醮顀也」。《小雅・雨無正》篇云「憯憯日瘁」。《吴語》云「日以憔悴」。竝字異而義同。各本俱脱「患」字，《衆經音義》卷十二引《廣雅》「憔、悴、愁、患，憂也」，今據以補正。恒，各本譌作「栢」。「恒」字影宋本避諱作「栢」，後遂譌而爲「栢」。《方言》「恒，憂也」。慎者，《方言》「慎，憂也，宋衛謂之慎」。《楚辭・七諫》「哀子胥之慎事」，王逸注云「死不忘國，故言慎事」，是「慎」爲憂也。怛者，《檜風・匪風》篇「中心怛兮」，毛傳云「怛，傷也」。重言之則曰「怛怛」，義見《釋訓》。惴者，《說文》「惴，憂懼也」。《秦風・黄鳥》篇云「惴惴其慄」。怮者，《說文》「怮，憂皃」，又云「𣢑，愁皃」。𣢑與「怮」同。悺者，《說文》「悹，憂也」。《玉篇》云「悹悹，憂無告也」。《說文》「懽」字注引《爾雅》「懽懽愮愮，憂無告也」，今本作「灌灌」。竝字異而義同。悹又音「管」。《爾雅》「痯痯，病也」，郭璞注云「賢人失志，懷憂病也」。《大雅・板》篇作「管管」，亦字異而義同。凡病與「憂」義相近，故鄭注《樂記》云「病猶憂也」。忦者，《說文》「忦，憂也」。𢤱者，《說文》「𢤱，憂也」。𢤱與「𢤱」同。𢤱，曹憲《音》「辨」，又音「婢典反」，各本《音》内「辨」字誤入正文。《集韻》「𢤱」音辨，又音「婢善切」，今據以訂正。愓者，《說文》「愓，憂也」。經傳通作「傷」。惂者，《說文》「惂，憂困也」。《楚辭・哀時命》「欿愁悴而委惰兮」，王逸注云「欿，愁貌也」。欿與「惂」通。慁之言患也。《說文》「慁，憂也」。昭五年《左傳》「主不慁賓」，杜預注云

「慁，患也」。　慦者，《方言》「慦，傷也，楚潁之閒謂之慦」。　瞖、濟、惄、溼者，《方言》「濟、瞖、惄、溼，憂也，宋衞曰瞖，陳楚或曰溼，或曰濟，自關而西秦晉之閒，或曰惄，或曰溼，自關而西秦晉之閒，凡志而不得，欲而不獲，高而有墜，得而中亡，謂之溼，或謂之惄」，郭璞注云「瞖者，憂而不動也」，「溼者，失意潛沮之名」。《玉篇》「瞖，音潛」。　瞖之言潛也，即郭所云「失意潛沮」也。　《爾雅》「慘，憂也」，慘與「瞖」聲近義同。　卷四云「懠，愁也」，懠與「濟」聲近義同。　《爾雅》「惄，思也」，舍人注云「志而不得之思也」，思與「憂」義相近，故《爾雅》云「憂，思也」。　《小雅・小弁》篇云「我心憂傷，惄焉如擣」。　王褒《洞簫賦》「憤伊鬱而酷愬」，李善注引《倉頡篇》云「愬，憂皃」。　《玉篇》音「奴的切」。　愬與「惄」同。　《荀子・不苟篇》「小人通則驕而偏，窮則弃而儑」，楊倞注云「儑，當爲『濕』」，引《方言》「濕，憂也」，濕與「溼」通。

剖、判、礐、劈、擘、裂、参、離、墳、析、斯、坼、筡、別、異、廁、𠛎、刻、斑，分也。

礐，曹憲《音》「口沃反」。　《説文》「觷，治角也」。　《玉篇》音「口角反」，又音「學」。　《爾雅》「象謂之鵠，角謂之觷」，《釋文》「鵠，胡酷、古毒二反，本亦作『𪗋』」，《廣雅》作『艁』」，「觷，五角反，沈音學」。　此雖有治角、治象之不同，而同爲分析之義，其聲亦相近也。　馬融《廣成頌》「散毛族，梏羽羣」，梏與「礐」亦同義，説見卷二「刭，裂也」下。　各本皆脱「擘」字，其「劈」字下有「普狄」「普革」二音。　案：普革當爲「補革」，乃「擘」字之音，非「劈」字之音。　高誘注《淮南子・要略》篇云「擘，分也」。　《玉篇》「擘，補革切」。　《衆經音義》卷九及卷十一、十三、十四、二十二竝引《廣雅》「擘，分也」，音補革反，今據以補正。　《内則》云「塗皆乾，擘之」。《考工記・瓬人》「髻墾薜暴」，鄭注云「薜，破裂也」。　《喪大記》「絞一幅爲三，不辟」，《正義》云「古字假借，讀『辟』爲擘」。竝字異而義同。參者，《方言》「參、蠡，分也，齊曰參，楚曰蠡，秦晉曰離」。案：參者，閒廁之名，故爲分也。《曲禮》云「離坐離立，毋往參焉」，是其義也。墳、分聲相近。《楚辭・天問》「地方九則，何以墳之」，王逸注云「墳，分也」。《釋名》云「《三墳》，墳，分也，論三才分天地人之始，其體有三也」。《衆經音義》卷十六引《廣雅》作「坋」，義同。《爾雅》「水自汝出爲濆」，郭璞注云「大水溢出別爲小水之名」，義與「墳」亦相近也。斯者，《爾雅》「斯，離也」。《方言》云「齊陳曰斯」。《陳風・墓門》篇「斧以斯之」，毛傳云「斯，析也」。《莊子・則陽》篇云「斯而析之」。《史記・河渠書》「乃廝二渠以引其河」，《集解》引《漢書音義》云「廝，分也」，廝與「斯」通。今俗語猶呼手裂物爲斯。《楚辭・九歌》「流澌紛兮將來下」，王逸注云「澌，解冰也」。《方言》「⿸疒斯，散也，東齊聲散曰⿸疒斯，秦晉聲變曰⿸疒斯，器破而不殊，其音亦謂之⿸疒斯」。《集韻》引《字林》云「𤭢，甕破也」。義竝與「斯」通。拆，各本譌作「折」。《說文》「拆，裂也」。《解》釋文引《廣雅》「拆，分也」。《衆經音義》卷一、卷六、卷十七引《廣雅》竝與《釋文》同，今據以訂正。⿱竹祭者，《方言》「⿱竹祭，析也，析竹謂之⿱竹祭」，郭璞注云「今江東呼篾竹裹爲⿱竹祭」。《說文》「⿱竹祭，析竹筤也」，「筤，竹膚也」。剫者，《說文》「剫，判也」。《爾雅》「木謂之剫」，郭注引隱十一年《左傳》「山有木，工則剫之」，❶今本作「度」。邵氏二雲《爾雅正義》引《魯頌・閟宮》篇「是斷是度」。度與「剫」通。⿰分刂者，《說文》「攽，分也」，引《洛誥》「乃惟孺子攽」，今本作「頒」，鄭注訓「頒」爲分，徐邈音甫云反。《玉篇》「攽，悲貧切」。⿰分刂、攽、頒聲近義同。《論

❶「工」，原作「二」，今據經解本、中華本改。

語・雍也》篇「文質彬彬」，包咸注云「彬彬，文質相半之貌」，亦分之義也。斑者，《説文》「班，分瑞玉，從玨、刀」，班與「斑」通。

隓、敗、屠、徹、破、碎、崩、隤、陁、阤、陊、殆、爢、𢿱，壞也。

隓之言虧也。《方言》「隓，壞也」。《臯陶謨》「萬事墮哉」，墮與「隓」同。屠者，《逸周書・周祝解》「國孤國屠」，孔晁注云「屠謂爲人所分裂也」。《管子・版法解》「則必有崩阤堵壞之心」，堵與「屠」聲近義同。徹者，《小雅・十月之交》篇「徹我牆屋」，鄭箋云「徹毀我牆屋」。《楚辭・天問》「何令徹彼岐社」，王逸注云「徹，壞也」。陁與阤一字也。《方言》「阤，壞也」。《周語》「聚不阤崩」，《後漢書・蔡邕傳》注引賈逵注云「小崩曰陁」。《説文》「阤，小崩也」。《淮南子・繆稱訓》云「岸崝者必陀」。劉昌宗《考工記音》讀「阤」爲陀。阤、陁、陀三字竝通。《魯語》「文公欲弛孟文子之宅」，韋昭注云「弛，毀也」，弛與「阤」亦聲近義同。陊亦「陀」也，方俗語有輕重耳。《説文》「陊，落也」。張衡《西京賦》云「期不陁陊」。《荀子・富國篇》云「徙壞墮落」，墮與「陊」通。殆者，《方言》「怠，壞也」，怠與「殆」通。爢、𢿱者，《説文》「爢，爛也」。《孟子・盡心》篇「糜爛其民而戰之」。《越語》「靡王躬身」，韋昭注云「靡，損也」。爢、靡、糜竝通。《説文》「𢿱，飛㪔也」，「㪔，分離也」，「𢽳，雜肉也」。𢽳隸作「散」，與𢿱、㪔竝通。《楚辭・招魂》「爢散而不可止些」，王逸注云「爢，碎也」。《九歎》「名靡散而不彰」，注云「靡散，猶消滅也」。竝與「爢𢿱」同。

揨、撞、鈌、挃、𠟱、䄧、𥝱、擉、刉、抌、築、劅、𢽽、抵、㧙、掙、鍼，刺也。

揨者，《説文》「朾，撞也」，朾與「揨」同。揨、撞、挃、擉四字竝從手，各本譌從木，今訂正。撞者，《説文》

「撞，扟擣也」。《秦策》「迫則杖戟相撞」，高誘注云「撞，刺也」。鈌者，《說文》「鈌，刺也」。如淳注《漢書・天文志》云「有氣刺日爲鐍，鐍，抉傷也」。鈌、鐍竝音古穴反，其義同也。挃者，《淮南子・兵略訓》「夫五指之更彈不若捲手之一挃」，高誘注云「挃，擣也」。《釋名》云「殳矛，殳，殊也，長丈二尺而無刃，有所撞挃於車上使殊離也」。《史記・淮陰侯傳》「孟賁之狐疑不如庸夫之必至也」，至與「挃」通，故《說文》云「搏，至也」。𠟍亦「撞」也。《楚策》云「臣請爲君𠟍其胷殺之」。《呂氏春秋・貴卒》篇云「所擊無不碎，所衝無不陷」。𠟍、𠠝、衝竝通。《集韻》《類篇》引《廣雅》作「𠠝」。𥍯者，《說文》「𥍯，刺也」。𥎊者，《玉篇》「𥎊，刺矛也」。搹者，《說文》「搹，手椎也，一曰築也」。刉者，《說文》「刉，刲傷也」，「刲，刺也」。《周官・士師》「凡刉珥，則奉犬牲」，鄭注云「珥讀爲『衈』」，用牲毛者曰刉，羽者曰衈」。抌者，《說文》「抌，深擊也」。《列子・黃帝》篇云「攩㧙挨抌」。《燕策》云「臣左手把其袖而右手揕抗其胷」，《史記・荆軻傳》作「右手揕其胷」，《集解》云「徐廣曰『揕，一作抗』」，《索隱》云「揕，謂以劍刺其胷也，抗，拒也，其義非」。案：抗乃「抌」字之譌。《集韻》《類篇》揕、抌竝音陟甚切，故「揕」字或作「抌」。俗書從冘之字作冗，從亢之字作亢，二形相似，故「抌」字譌而爲「抗」。《燕策》作「揕抗其胷」，抗亦「抌」字之譌，且亦是一本作「揕」，一本作「抗」，而後人誤合之耳。姚宏校本云「一無『抗』字」，是其證矣。《說文》「戡，刺也」，戡、揕竝從甚聲，義亦同也。築者，《說文》「築，擣也」。㨖者，《說文》「㨖，刺也，一曰刺之財至也」，又云「敱，刺也」。㨖、敱竝音豬几反，其義同也。《玉篇》「㨖，挃也」，挃與「㨖」亦聲近義同。㨖，曹憲《音》「丁几反」，各本脫去「㨖」字，其「丁几反」之音遂誤入「𠠝」字下，「几」字又誤作「凡」。宋祁校《漢書・揚雄傳》引《字書》「㨖，竹几反」。

《廣韻》音「豬几切」。上文「𢽧，至也」，曹憲《音》「陟履反」。陟履、竹几、豬几竝與丁几同音。《集韻》引《廣雅》「𢽧，刺也」。今據以補正。抵、抋者，《方言》「抵、抋，刺也」。《説文》「牴，觸也」，抵、牴義相近。「抋」字説見卷三「抋，擊也」下。掙亦「揨」也，方俗語有輕重耳。鍼者，《文王世子》「其刑罪則纖剸」，鄭注云「纖讀爲鍼，鍼，刺也，剸，割也」。鍼字亦作「箴」，同。

刵、劊、刓、𠟭、割、刹、刌、切、殊、絶、㓷、斮、❶截、剸、刖、祝、斬、劕、刐、刎、𠟰、剩、剬、銛、劁、㓹、譬、刈、劖、劅、劓，斷也。

刵者，《説文》「刵，斷耳也」。《康誥》云「劓刵人」。《吕刑》云「爰始淫爲刵劓劅黥」。《周官・山虞》「致禽而珥焉」，鄭衆注云「珥者，取禽左耳以効功也」。《雜記》「其衈皆于屋下」，鄭注云「衈，謂將封割牲以釁，先滅耳旁毛薦之」。則珥、衈義相近。劊者，《説文》「劊，斷也」。《困》九五「劓刖」，京房「刖」作「劊」。《説文》「膾，細切肉也」。《少儀》云「牛與羊魚之腥，聶而切之爲膾」。義與「劊」同也。刓者，《説文》「刓，剸也」。《楚辭・九章》「刓方以爲圜兮」，王逸注云「刓，削也」。《莊子・天下》篇「椎拍輐斷」，王叔之《義疏》云「椎拍輐斷，皆刑截者所用」。❷輐與「刓」亦同義。𠟭者，《説文》「𠟭，減也」。刹者，《廣韻》云「刹，割也，斷也，出《埤倉》」。刌者，《説文》「刌，切也」。《士虞禮》「刌茅長五寸」。《特牲饋食禮》「刌肺三」，鄭注云

❶「斮」，《博雅音》作「剒」。

❷「叔」，原作「説」，今據續四庫本改。

「今文『刌』爲『切』」。《漢書·元帝紀》「分刌節度」，韋昭注云「刌，切也」。《玉藻》「瓜祭上環」，鄭注云「上環，頭忖也」，忖與「刌」通。殊者，昭二十三年《左傳》云「斷其後之木而弗殊」。《莊子·在宥》篇「今世殊死者相枕也」，《釋文》引《廣雅》「殊，斷也」。剬者，《説文》「剬，擊也」。昭二十六年《左傳》「苑子剬林雍，斷其足」，《正義》云「今江南猶謂刀擊爲剬」。《齊語》云「剬令支，斬孤竹」。《説苑·雜言》篇云「干將鏌鋣，拂鐘不錚」，拂與「剬」通。斮者，《説文》「斮，斬也」。《爾雅》云「魚曰斮之」。成二年《公羊傳》「郤克曰『欺三軍者，其法柰何』，曰『法斮』」。剸與下「䵹」字同。《説文》「䵹，截也」，或作「剸」。《文王世子》「其刑罪則纖剸」，鄭注云「剸，割也」。《淮南子·脩務訓》云「水斷龍舟，陸剸犀甲」。《説文》「䏝，切肉也」，義亦與「剸」同。刖者，《説文》「刖，絶也」。「跀，斷足也」，或作「趴」。跀、趴竝與「刖」通。祝者，哀十四年《公羊傳》「天祝予」、十三年《穀梁傳》「祝髮文身」，何休、范甯注竝云「祝，斷也」。劗之言絶也。卷四云「劗，截也」。《集韻》《類篇》引《廣雅》作「𣃁」。刓者，《玉篇》「刓，斷取也」。《説文》「釗，刓也」，釗與「刓」聲近義同。剹者，《集韻》引《字林》云「剹，細斷也」。剬者，《説文》「剬，斷齊也」。剬與「剸」聲亦相近。「銛」亦劊也，語有緩急耳。《説文》「銽，斷也，從金、昏聲」，隸省作「銛」，《玉篇》《廣韻》竝音古活切。又《説文》「銛，臿屬也，從金舌聲」，《玉篇》音思廉切，《廣韻》音息廉、他玷二切。《廣雅》「銛」訓爲斷，當音古活反，曹憲《音》「他點」「息廉」二反，誤也。㓻者，《釋言》云「㓻，刈也」。經傳通作「樵」。劁者，《説文》「劁，斷也」，一曰「釗也」。劖者，《玉篇》「劖，減削也」。臬者，《説文》「臬，刖鼻也」，或作「劓」。案：臬、刖一聲之轉，皆謂割斷也。《説文》「刖，絶也」。《盤庚》「我乃劓殄滅之，無遺育」，傳云「劓，割也」。《多方》

云「劓割夏邑」。是凡有所割斷者，通謂之劓、刖。斷鼻爲劓，斷足爲刖，名異而實同也。

敏、逞、佝、儳、趨、頛、儵、跾、倢、䠀、蹂、躁、騃、獧、挑、摇、扇、拊、舞、勮、輕、汩、❶悠、䬍、赽、鶩、跳、越、齊，疾也。暴、騰、偈。

逞者，《方言》「逞，疾也，楚曰逞」。《説文》云「楚謂疾行爲逞」。疾驅謂之「騁」，義與「逞」同。文十七年《左傳》「鋌而走險，急何能擇」，杜預注云「鋌，疾走貌」，鋌與「逞」亦聲近義同。佝者，《説文》「佝，疾也」。《史記·五帝紀》「幼而徇齊」，《集解》云「徇，疾；齊，速也。言聖德幼而疾速也」，《索隱》云「《孔子家語》及《大戴禮》竝作『叡齊』，《史記》舊本亦作『濬齊』」，竝聲近而義同。《爾雅》「迅，疾也」，「駿，速也」，郭璞注云「駿，猶迅也」，亦與「佝」聲近義同。《商子·弱民》篇「齊疾而均速」，均與「佝」亦聲近義同。鄭注《内則》云「旬當爲『均』，聲之誤」，是其例也。儳者，《玉篇》音仕咸、仕鑒二切。《周語》云「冒没輕儳」。《後漢書·何進傳》「進驚，馳從儳道歸營」，李賢注引《廣雅》「儳，疾也」。《小雅·巧言》篇「躍躍毚兔」，毛傳云「毚兔，狡兔也」，義與「儳」相近。趨者，《説文》「趣，疾也」，《周官·縣正》「趨其稼事」，《釋文》云「趨，本又作『趣』」。頛，各本譌作「頼」，《玉篇》引《廣雅》「頛，疾也」，今據以訂正。儵與下跾、悠二字同。《説文》「跾，疾也」，「倏，犬走疾也」。《玉篇》「悠，疾也」。《莊子·應帝王》篇「南海之帝爲儵，北海之帝爲忽」，梁簡文帝注云「儵、忽，取神速爲名」。《楚辭·九歌》云「儵而來兮忽而逝」。跾、倏、悠、儵竝通。《大畜》九

❶ 「汩」，《博雅音》作「汨」。

三「良馬逐」，姚信作「良馬逐逐」，云「逐逐，疾竝驅之貌」，逐與「䢔」古亦同聲，故《頤》六四「其欲逐逐」，劉表作「䢔䢔」矣。儵，各本譌作「儵」，今訂正。倢者，《說文》「疌，疾也」，疌與「倢」同，亦作「捷」。朓者，《太平御覽》引《書大傳》云「晦而月見西方謂之朓」，鄭注云「朓，條也，條達行疾貌」。《漢書·五行志》「晦而月見西方謂之朓」，劉向以爲「朓者，疾也」，孟康注云「朓者，月行疾在日前，故早見」。朓，各本譌作「眺」，今訂正。駛者，《衆經音義》卷二引《倉頡篇》云「駛，疾也」。獧、挑，《方言》作「儇、佻」，云「儇、佻，疾也」，郭璞注云「謂輕疾也」。《齊風·還》傳云「儇，利也」。《荀子·非相篇》「鄉曲之儇子」，楊倞注引《方言》「儇，疾也，慧也」。《不苟篇》「小人喜則輕而翾」，《韓詩外傳》「翾」作「快」。《說文》「𧾣，疾也」。儇、𧾣、翾竝通。《方言》注云「佻，音糶」。《韓子·詭使》篇云「躁佻反覆謂之智」。成十六年《左傳》「楚師輕窕」，窕與「佻」通。《史記·荆燕世家》「遂跳驅至長安」，「跳驅」謂疾驅也，義亦與「佻」同。佻與「朓」聲義又相近也。搖、扇者，《方言》「搖扇，疾也，燕之外鄙朝鮮洌水之閒曰搖扇」，又云「遥，疾行也」。《楚辭·九章》「願搖起而横奔兮」。《爾雅》「蠅醜扇」，郭璞注云「好搖翅」。是搖、扇皆有疾義也。搖與「遥」通。拊、舞者，《方言》「拊、撫，疾也」，注云「謂急疾也」。撫與「舞」通。《說文》「駙，疾也」，駙與「拊」亦聲近義同。勮者，唐釋慧苑《華嚴經》卷六十三《音義》引賈逵《國語注》云「遽，疾也」，遽與「勮」通。各本俱脱「䩯」字，其「勮」字下有「去力」「其御」二音，考《玉篇》《廣韻》《集韻》「勮」字俱音其御切，不音去力切。《說文》「䩯，急也」。《廣韻》音丘力切，丘力與去力同音，是去力乃「䩯」字之音，非「劇」字之音。今據以補正。《玉篇》「䩯，居力切」。《爾雅》「亟，疾也」。《大雅·靈臺》篇「經始勿亟」，亟與「䩯」通。汩者，《方言》「汩，疾行也，南楚之外曰汩」，注云「汩汩，急貌也」。《説文》「𡿩，水流也」。《楚辭·離騷》「汩余若將不及兮」，王逸注云「汩，去貌，疾若水流也」。《九章》云「分流汩兮」。汩與「𡿩」同。䬍者，《説文》「𡗝，疾也」。莊十一年《左傳》「其亡也忽焉」，杜預注云「忽，速貌」。䬍、忽、𡗝竝通。《説文》「䬍，疾風也」。《淮南子·覽冥訓》云「縱矢躡風，追猋歸忽」。《説文》「欻，有所吹起也」，「讀若忽飛」，義竝同也。《漢書·禮樂志》「卉汩臚」，顔師古注云「卉汩，疾意也」，卉與「䬍」亦聲近義同。趹者，《説文》「趹，踶也」。高誘注《淮南子·脩務訓》云「踶，趍走也」。《説文》「趹，馬行皃」。《史記·張儀傳》「探前趹後」，《索隱》云「言馬之走勢疾也」。趹與「趹」同義。《莊子·逍遥遊》篇「我決起而飛」，李頤注云「決，疾貌」。決與「趹」亦聲近義同。鬵訓爲疾，未見所出。《豫》九四「朋盍簪」，《釋文》「簪，徐『側林反』，子夏傳云『疾也』，鄭云『速也』」，《埤倉》同」。簪、鬵聲近義同，古或通用也。《墨子·明鬼》篇云「鬼神之誅若此之僭遬也」，僭與「鬵」亦聲近義同。𧿳之言發越也。《説文》「𧿳，輕足也」。《禮運》「麟以爲畜，故獸不狘」，鄭注云「狘，走貌也」。《玉篇》「𤠚𤠚，飛皃」。𧿳、狘、𤠚聲義竝同。越者，《漢書·李尋傳》「太白發越犯庫」，張晏注云「發越，疾貌也」。齊者，《爾雅》「齊，疾也」。《荀子·君道篇》云「齊給便捷而不惑」。《史記·五帝紀》索隱云「《尚書大傳》曰『多聞而齊給』，鄭注云『齊，疾也』」。《説苑·敬慎》篇「資給疾速」，資與「齊」通。《春秋》衛世叔齊字疾，是其義也。㬥者，《説文》「㬥，疾有所趣也」。《大戴禮·保傅》篇「何殷周有道之長而秦無道之㬥」，盧辯注云「㬥，卒疾也」。《説文》「瀑，疾雨也」，引《邶風》「終風且瀑」，今本作「暴」，毛傳云「暴，疾也」。㬥、暴、瀑竝通。騰者，《釋宫》篇云「騰，奔也」，《考工記·弓人》注云「奔猶疾也」。偈者，《檜風·

匪風》篇「匪車偈兮」，毛傳云「偈偈，疾驅」。宋玉《高唐賦》云「偈兮若駕駟馬建羽旗」。《衆經音義》卷十一引《廣雅》「纍，疾也」，卷十八引《廣雅》「騰，疾也」，《集韻》《類篇》竝引《廣雅》「偈，疾也」，今本脱纍、騰、偈三字。

腆、嬒、䣜、㛲、臢、貼、𦢊、䐺、𨣧、皇、翼、滑、黨、賁、膚、熹、琇、甘、珍、旨、甛、蒸、將、英、暟、娥、媛、豔、珇，美也。沃。

腆者，《邶風·新臺》篇「籧篨不殄」，鄭箋云「殄，當作『腆』，腆，善也」。《燕禮》云「寡君有不腆之酒」。嬒者，《說文》「㜺，好也」，又「嬒」字注引《陳風·澤陂》篇「碩大且嬒」，今本作「儼」，竝聲近而義同。䣜，經傳通作「純」，亦作「醇」。㛲者，《小雅·賓之初筵》篇「烝衎烈祖」，鄭箋云「烈，美也」，烈與「㛲」通。臢、貼、𦢊者，《玉篇》「臢，初減切，𦢊臢，羹也」，「貼，徒兼切，大羹也」，「𦢊，子含切，腤𦢊也」，「腤，於含切，煮魚肉也」，皆美之義也。《齊民要術》有作𦢊臢法，又有腤雞、腤豬、腤魚法。䐺者，《玉篇》「䐺，食味美也」。《說文》「醰，甛長味也」，甛與「甜」同。《文選·洞簫賦》云「良醰醰而有味」。《魏都賦》「宅心醰粹」，李善注云「醰，美也」。䐺、醰聲義竝同。𨣧者，《廣韻》「𨣧，小甜也，子朕、七稔二切」。高誘注《淮南子·覽冥訓》云「噆，味長美也」。𦢊、𨣧、噆義竝相近。皇者，《爾雅》「皇皇，美也」。《白虎通義》云「皇，君也，美也，大也，天人之摠，美大之稱也」。《周頌·執競》篇云「上帝是皇」。翼者，《毛鄭詩考正》云「《卷阿》五章『有馮有翼』，馮，滿也，謂忠誠滿於内；翼，盛也，謂威儀盛於外」，盛亦美也，別見《釋訓》「翼翼，盛也」下。滑者，《周官·食醫》云「調以滑甘」。《内則》云「旨甘柔滑」。是「滑」爲美也。黨訓爲美，義見上文「黨，善也」

下。賁者，《序卦傳》云「賁者，飾也」。《小雅·白駒》篇「皎皎白駒，賁然來思」，毛傳云「賁，飾也」。皆美之義也。《盤庚》「用宏茲賁」，謂用大此美績也，即上文所云「嘉績于朕邦」也。《大誥》「敷賁」，亦謂敷布文武之美功也。膚者，《豳風·狼跋》篇「公孫碩膚」，《大雅·文王》篇「殷士膚敏」，毛傳竝云「膚，美也」。馬融注《噬嗑》卦云「柔脃肥美曰膚」。熹通作「熙」。《堯典》「有能奮庸熙帝之載」，《史記·五帝紀》作「美堯之事」。琇通作「秀」。蒸者，《魯頌·泮水》篇「烝烝皇皇」，毛傳云「烝烝，厚也，皇皇，美也」，「厚」亦美也。《大雅·文王有聲》篇「文王烝哉」，韓傳云「烝，美也」。烝與「蒸」通。《逸周書·小開解》「登登皇皇」，登亦與「蒸」通。將者，《豳風·破斧》首章「亦孔之將」，毛傳云「將，大也」，大亦美也。二章云「亦孔之嘉」，三章云「亦孔之休」，將、嘉、休皆美也。將、臧聲相近，「亦孔之將」猶言「亦孔之臧」耳。「美」從大，與「大」同意，故大謂之將，亦謂之皇，美謂之皇，亦謂之將。美謂之賁，猶大謂之墳也。美謂之膚，猶大謂之甫也。英者，《白虎通義》引《禮別名記》云「百人曰俊，千人曰英」。《鄭風·有女同車》傳云「英，猶華也」。《魏風·汾沮洳》云「美如英」。《說文》「瑛，玉光也」。《齊風·著》篇「尚之以瓊英乎而」，傳云「瓊英，美石似玉」。義竝同也。嵦者，《方言》「嵦，美也」，郭璞注云「嵦嵦，美德也」。娥者，《方言》「娃、娥，美也，故吴有館娃之宫，秦有㯳娥之臺，秦晉之間美貌謂之娥」，注云「言娥娥也」。《列子·周穆王》篇云「簡鄭衛之處子娥媌靡曼者」。《史記·外戚世家》云「邢夫人號娙娥」。《說文》「娥，帝堯之女舜妻娥皇字也，秦晉謂好曰娙娥」。《列女傳》云「帝堯之二女，長曰娥皇，次曰女英」。《玉篇》「媖，女人美稱也」，則英與「娥」同義。媛者，《爾雅》「美女爲媛」。《鄘風·君子偕老》篇云「邦之媛也」。珇者，《方言》「珇，美也」。

《晏子春秋・諫》篇云「今君之服騆華」。《法言・吾子篇》云「霧縠之組麗」。組、騆竝與「珇」通。沃者，《衛風・氓》篇「其葉沃若」，毛傳云「沃若，猶沃沃然」。《魯語》「沃土之民不材」，韋昭注云「沃，肥美也」。《晉語》「雖獲沃田而勤易之」，注云「沃，美也」。《衆經音義》卷十三引《廣雅》「沃，美也」，今本脱「沃」字。

同、儕、等、䶨、比、倫、匹、臺、敵、讎，輩也。

同，各本譌作「周」。《廣韻》「同，輩也」。《衆經音義》卷六引《廣雅》「同，輩也」，今據以訂正。䶨之言班也，各本竝脱此字。《衆經音義》卷七「䶨，補單反」，引《字林》云「䶨，部也」。卷六引《廣雅》「等、䶨，輩也」。《集韻》《類篇》竝引《廣雅》「䶨，輩也」。今據以補正。臺、敵、讎者，臺之言相等也。故斗魁下六星兩兩而比者曰三台，台與「臺」同義。《方言》「臺、敵，匹也，東齊海岱之閒曰臺，自關而西秦晉之閒，物力同者謂之臺」。敵，耦也。《爾雅》「讎、敵，匹也」，郭璞注云「讎猶儔也」。成二年《左傳》云「若以匹敵」。《召誥》云「敢以王之讎民百君子」。《說文》「雔，雙鳥也，從二隹，讀若醻」，雔與「讎」通。

挴、赧、怍、㥏、䞓、䀿、瞢、㥾、𢘉怩、曆咨、恧，慙也。

挴、赧、㥾者，《方言》「挴、㥾、赧，愧也，晉曰挴，或曰㥾，秦晉之閒，凡愧而見上謂之赧，梁宋曰㥾」，郭璞注云「敕㥾，亦慙貌也」。《說文》「赧，面慙赤也」。《孟子・滕文公》篇云「觀其色赧赧然」。《小爾雅》「面慙曰戁」，戁與「赧」通。怍者，《說文》「怍，慙也」。《論語・憲問》篇云「其言之不怍」。《荀子・儒效篇》「無所疑怎」。《說苑・臣術》篇「翟黃迮然而慙」。竝與「怍」同。㥏者，《方言》「㥏，慙也，荆揚青徐之閒曰㥏，若梁益秦晉之閒言心内慙矣」。左思《魏都賦》「㥏墨而謝」，㥏、墨皆慙也，墨與「挴」聲相近。䀿者，《方言》「趙魏之閒謂慙曰䀹」。瞢者，《小爾雅》「瞢，慙也」。襄十四年《左傳》云「不與於會，亦無瞢焉」。《晉語》「臣得其志而使君瞢」，韋昭注云「瞢，慙也」。《魏都賦》云「有靦瞢容」。瞢與「悔」聲相近。《釋器》篇云「鋂、鏤，鐶也」，鋂、鏤之同爲鐶，猶悔、瞢之同爲慙也。《釋草》篇云「蕄，蘖也」，《周官·媒氏》注云「今齊人名麴糵曰媒」，媒亦「蕄」也。《爾雅》「夢夢，亂也」，「儚儚，惽也」。《莊子·胠篋》篇「故天下每每大亂」，李頤注云「猶昬昬」，「每每」亦夢夢也，聲相近，故義相同矣。䏹怩、䵒咨者，《方言》「忸怩，慙歰也，楚郢江湘之閒謂之忸怩，或謂之䵒咨」。《晉語》「君忸怩顔」，韋昭注云「忸怩，慙貌」。《孟子·萬章》篇云「象曰『鬱陶思君爾』，❶忸怩」。忸與「䏹」同。䏹字從心、衄聲，各本譌作「㥯」，今訂正。䵒咨，各本譌作「慼恣」。《集韻》《類篇》竝引《廣雅》「慼，慙也」，則宋時《廣雅》本已譌。《釋訓》篇「忸怩，䵒咨也」，䵒字亦譌作「慼」，惟咨字不譌。考《方言》《玉篇》《廣韻》竝作「䵒咨」。《離》釋文亦云「䵒咨，慙也」。今據以訂正。忸怩、䵒咨皆局縮不伸之貌也。䵒咨倒言之則曰資戚。《太玄·親》初一云「其志齟齬」，次二云「其志資戚」。資戚猶「齟齬」，謂志不伸也。范望注訓「資」爲用，「戚」爲親，皆失之。卷三云「側匿、䠞，縮也」。《釋言》云「衄，縮也」。縮與「慙」義相近。縮謂之側匿，猶慙謂之𢣇也。縮謂之衄，又謂之䠞，猶慙謂之忸怩，又謂之䵒咨也。恧者，《方言》「恧，慙也，山之東西自愧曰恧」。《小爾雅》云「心慙曰恧」。司馬相如《封禪文》云「不亦恧乎」。《太玄·睟》次二云「晒于中」，晒與「恧」同。

❶「君」，原作「尹」，今據經解本、續四庫本改。

廣雅疏證卷第一下

高郵王念孫學

釋　詁

誕、肆、果、睦、愻、惇，信也。

誕者，《文選》陸雲《大將軍讌會詩》「誕隆駿命」，李善注引薛君《韓詩章句》云「誕，信也」。《爾雅》「亶，信也」，亶與「誕」聲近義同。果，各本譌作「杲」，《賈子·道術》篇云「期果言當謂之信」，《玉篇》「果，信也」，今據以訂正。睦者，《方言》「穆，信也，西甌毒屋黄石野之閒曰穆」。《逸周書·謚法解》云「中情見貌曰穆」。穆與「睦」通，《史記·司馬相如傳》「旼旼睦睦」，《漢書》作「穆穆」，是其證也。愻者，《檀弓》云「頎乎其至也」，《吕氏春秋·下賢》篇云「狠乎其誠自有也」，頎、狠竝與「愻」通，字或作「懇」，又作「豤」，義見《釋訓》「懇懇，誠也」下。惇者，《方言》「惇，信也，燕曰惇」。《大戴禮·王言》篇云「士信民敦，工璞商慤」，敦與「惇」通。

爲、已、知、瘥、蠲、除、慧、閒、瘳，瘉也。

爲、已者，成十年《左傳》云「疾不可爲也」，《列子・周穆王》篇云「疾可已也」，《南山經》云「旋龜可以爲底，虎蛟可以已痔」，是爲、已皆愈也。知、瘥、蠲、除、慧、閒、瘳者，瘥通作「差」，《方言》「差、閒、知，愈也，南楚病愈者謂之差，或謂之閒，或謂之知，知，通語也，或謂之慧，或謂之憭，或謂之瘳，或謂之蠲，或謂之除」，郭璞注云「閒，言有閒隙也」，「慧、憭，皆意精明也」，「蠲，亦除也」。《素問・刺瘧篇》云「一刺則衰，二刺則知，三刺則已」，《藏氣法時論》篇云「肝病者，平旦慧，下晡甚，夜半静」。《論語・子罕》篇「病閒」，孔傳云「少差曰閒」。《説文》「瘉，病瘳也」。《漢書・高祖紀》「漢王疾瘉」，顏師古注云「瘉與愈同」。瘉，各本譌作「癒」，自宋時本已然，是以《集韻》瘉、癒二字兼收，而《類篇》以下諸書悉仍其誤，考《説文》《玉篇》《廣韻》俱無「癒」字，今訂正。

食閻、慫慂、勵，勸也。

食閻、慫慂者，《方言》「食閻、慫慂，勸也，南楚凡己不欲喜而旁人説之、不欲怒而旁人怒之，謂之食閻，或謂之慫慂」。《漢書・衡山王傳》「日夜縱臾王謀反事」，顏師古注云「縱臾，謂奬勸也」，《史記》作「從容」，《汲黯傳》「從諛承意」，竝與「慫慂」同。案：慫慂，疊韻也，單言之則謂之聳，《方言》云：「自關而西秦晉之閒，相勸曰聳，或曰將，中心不欲而由旁人之勸語，亦曰聳。」昭六年《左傳》「誨之以忠，聳之以行」，杜預注云「聳，懼也」，《漢書・刑法志》「聳」作「雙」，顏師古注云「雙，謂奬也」。案：顏説是也，「聳之以行」謂舉善行以奬勸之，故《楚語》「教之《春秋》，而爲之聳善而抑惡焉，以戒勸其心」，韋昭注云「聳，奬也」。又案：慫慂者，從旁動之也，因而物之自動者，亦謂之聳慂。《漢書・司馬相如傳》「紛鴻溶而上厲」，張注云

「鴻溶，竦踊也」，竦踊、鴻溶，又語之轉矣。勵者，《聘義》云「諸侯相厲以禮」，厲與「勵」通。

有司、股肱、陪、儓、皁、隸、牧、圉，臣也。

陪、儓、皁、隸、牧、圉者，昭七年《左傳》云「是無陪臺也」，又云「士臣皁，皁臣輿，輿臣隸，隸臣僚，僚臣僕，僕臣臺」，服虔注云「皁，造也，造成事也，輿，衆也，佐皁舉衆事也，隸，隸屬於吏也，僚，勞也，共勞事也，僕，僕豎主藏者也，臺，給臺下微名也」。韋昭注《楚語》云「臣之臣爲陪」。《曲禮》「列國之大夫入天子之國，自稱曰陪臣某」，鄭注云「陪，重也」。《論語・季氏》篇「陪臣執國命」，馬融注云「陪，重也，謂家臣也」。《方言》「南楚凡罵庸賤謂之田儓」。《孟子・萬章》篇「蓋自是臺無餽也」，趙岐注云「臺，賤官主使令者」，臺與「儓」通。

婘、𡣍、娃、嫷、孌、㜻、姚、娧、純、珇、眊、婠、穾、窈、窕、妦、忏、妧、媌、婩、嫧、鮮、⿰山頁、⿰女畜、麗、佳、嫮、釥、嫽、姣、袾、⿱齊女、媉、⿰女顯、瞴、嫛、姝、姽、妑、嫿、㜺、婍、妍、婽、嬥、嫙、娙、頿、⿰礻曹、祖、⿰衤威、妙、嫖、媨、⿰女乏、⿰女曷、嫈、嫛、覫、婥約、嫵媚、嬛、姍，好也。

婘與下「㜻」字同，《玉篇》「婘，好皃」，或作「㜻」。《齊風・還》首章「揖我謂我儇兮」，毛傳云「儇，利也」，《釋文》「儇，韓《詩》作『婘』，好貌」。案：二章云「揖我謂我好兮」，三章云「揖我謂我臧兮」，屬辭比事，則韓義爲長。《澤陂》二章云「有美一人，碩大且卷」，毛傳「卷，好貌」，《釋文》云「卷，本又作『婘』」，是其證也。《説文》「鬈，髮好也」，引《盧令》篇「其人美且鬈」。《檀弓》「執女手之卷然」，《正義》云「卷卷然柔弱」。義竝相近也。𡣍者，《方言》「𡣍，好也，宋魏之閒謂之𡣍」，字亦作「嬴」，又作「盈」。《史記・趙世家》吴廣女名娃嬴。餘見後《釋訓》「嬴嬴，容也」下。嬴，各本譌作「𡣍」，惟影宋本不譌。娃、嫷者，《方言》「娃、嫷，美也，吴楚衡淮之閒曰娃，南楚之外曰嫷，故吴有館娃之宫」。娃猶「佳」也。《楚辭·九章》「妬佳冶之芬芳兮」，佳一作「娃」。左思《吴都賦》「幸乎館娃之宫」，劉逵注云「吴俗謂好女爲娃」。枚乘《七發》云「使先施、徵舒、陽文、段干、吴娃、閭娵、傅予之徒」。《方言》注云「嫷，言婑嫷也」。字亦作「媠」，《列子·楊朱》篇云「皆擇稚齒婑媠者以盈之」。宋玉《神女賦》「嫷被服」，李善注引《方言》「嫷，美也」。嫷，各本譌作「隋」，今訂正。孌者，《邶風·泉水》篇「孌彼諸姬」，毛傳云「孌，好貌」。《齊風·甫田》篇「婉兮孌兮」，傳云「婉孌，少好貌」，《説文》作「嫋」，同，又云「覶，好視也」，覶與「嫋」亦聲近義同。姚、娧者，《方言》「姚、娧，好也」。《荀子·非相篇》「莫不美麗姚冶」，楊倞注引《説文》云「姚，美好貌」。《禮論篇》「故其立文飾也，不至於窕冶」，窕與「姚」通。《説文》「瑶，石之美者」，亦與「姚」同義，故《大雅·公劉》篇「維玉及瑶」，毛傳云「瑶，言有美德也」。《方言》注云「娧，謂姡娧也」。《神女賦》「倪薄裝」，李善注云「倪與娧同」。《春秋》宋公子説字好父，説亦與「娧」同。《廣韻》「娧，他外切」，又音「悦」，云「姚娧，美好也」。《楚辭·九辯》「心摇悦而日幸兮」，王逸注云「意中私喜」，摇悦爲喜，故人之美好可喜者，謂之姚娧矣。純者，《方言》「純，好也」。《漢書·地理志》「織作冰紈綺繡純麗之物」，顔師古注云「純，精好也」。珇者，《方言》「珇，好也」。《法言·吾子篇》云「霧縠之組麗」，組麗猶純麗也，組與「珇」通。餘見上文「珇，美也」下。毦者，《方言》「毦，好也」，注云「毦毦，小好貌也」。司馬相如《上林賦》「長眉連娟，微睇緜藐」，郭璞注云「緜藐，遠視貌」。張衡《西京賦》「眳藐流眄，一顧傾城」，薛綜注云「眳，眉睫之閒；藐，好視容也」。案：「眳藐」即緜藐，皆好視貌也。郭注以「緜藐」爲遠視，薛注以「眳」爲眉睫之閒，皆失之也。《爾雅》「藐藐，美也」。《大雅・崧高》篇「既成藐藐」，毛傳云「藐藐，美貌」。《説文》「⿱貌心，美也」。《廣韻》毣、眊、藐、⿱貌心四字竝莫角切，其義同也。 婠之言娟娟也。《説文》「婠，體德好也」。《太平御覽》引《通俗文》云「容美曰婠」。 穾當作「妖」，今作「穾」者，蓋因下文「窈」字而誤。考《玉篇》穾爲「窔」之俗體，諸書亦無訓爲「好」者。《衆經音義》卷一引《三倉》云「妖，妍也」。《楚辭・九歌》「靈偃蹇兮姣服」，姣一作「妖」。《神女賦》云「近之既妖，遠之有望」，皆謂美好也。「妖」字不須音釋，故曹憲無音。若「穾」字，則當有音。以是知穾爲「妖」之譌也。 窈、窕者，《爾雅》「窕，閒也」，《方言》「窕，美也，陳楚周南之閒曰窕，自關而西秦晉之閒，凡美色或謂之好，或謂之窕」，又云「美狀爲窕，美心爲窈」。《周南・關雎》傳云「窈窕，幽閒也」。 妦音丰，各本妦譌作「姅」，曹憲《音》内「丰」字又譌作「半」。《方言》「趙魏燕代之閒謂好曰姝，或曰妦」，注云「言妦容也，音蜂」，今據以訂正。《鄭風・丰》篇「子之丰兮」，毛傳云「丰，豐滿也」，丰與「妦」通。《方言》注云「娧，謂妦娧也」。《廣韻》「丰茸，美好也」。 妦娧、妦容、丰茸皆語之轉耳。 忓者，《方言》「自關而西秦晉之故都，謂好曰忓」。 妧者，《集韻》引《字林》云「妧，好皃」。「寶器」謂之玩好，義與此同也。 媌之言妙也。《方言》「自關而東，河濟之閒，謂好曰媌」，注云「今關西人亦呼好爲媌」。《説文》「媌，目裏好也」。《列子・周穆王》篇「閒鄭衛之處子娥媌靡曼者」，張湛注云「娥媌，妖好也」。 婩、嫧、鮮者，《方言》「婩、嫧、鮮，好也，南楚之外通語也」。《説文》「嫧，齊也」。卷四云「婩、嫧，齊也」。皆好之義也。 婩與「忓」聲近而義同。《廣韻》「瞔，浄也」，義與「嫧」亦相近。 **⿰女畜**者，《説文》「**⿰女畜**，媚也」。孟康注《漢書・張敞傳》云「北方人謂媚好爲詡畜」，畜與「𡡾」通。《説文》「媢，説也」。故「媢好」謂之畜，「相悦」亦謂之畜，又謂之好。《孟子·梁惠王》篇「畜君者，好君也」，本承上「君臣相説」而言，故趙岐注云「言臣説君謂之好君」。好、畜古聲相近。「畜君何尤」即好君何尤。《祭統》云「孝者，畜也，順於道，不逆於倫，是之謂畜」。《孔子閒居》及《坊記》注竝云「畜，孝也」。《釋名》云「孝，好也，愛好父母如所悦好也」。畜、孝、好聲竝相近。「畜君者，好君也」，「洚水者，洪水也」，皆取聲近之字爲訓，後世聲轉義乖，而古訓遂不可通矣。嫮者，《楚辭·大招》「朱脣皓齒，嫭以姱只」，王逸注云「嫭，好貌也」。《漢書·外戚傳》「美連娟以脩嫮兮」。嫮與「嫭」同。釥、嫽者，《方言》「釥、嫽，好也，青徐海岱之閒曰釥，或謂之嫽」，注云「今通呼小姣潔喜好者爲釥嫽」。釥猶小也。凡小與「好」義相近，故孟喜注《中孚》卦云「好，小也」。《陳風·月出》篇「佼人僚兮」，毛傳云「僚，好貌」。傅毅《舞賦》「貌嫽妙以妖蠱兮」，嫽與「僚」同。《玉篇》「釥，美金也」。《爾雅》「白金謂之銀，其美者謂之鐐」。是金之美者謂之「釥」，亦謂之「鐐」，義與釥、嫽同也。姣與《詩》「佼人」之「佼」同，《方言》「自關而東河濟之閒，或謂好曰姣」。袾與下「姝」字同。《邶風》「静女其姝」，毛傳云「姝，美色也」。《説文》「袾，好佳也」，引《詩》「静女其袾」，又云「㛄，好也」，引《詩》「静女其㛄」，又云「姝，好也」，竝字異而義同。袾、襘、袓、𧞤四字竝從衣，各本譌從示，今訂正。𧞤者，《玉篇》音阻皆、子奚二切，《廣韻》又音齊，云「好皃」。《説卦傳》云「齊也者，言萬物之絜齊也」，齊與「𧞤」義相近。媓者，《釋訓》篇云「媓媓，容也」。嬾者，《玉篇》「嬾，美容皃」。《衛風·淇奧》篇「緑竹猗猗」，毛傳云「猗猗，美盛貌」。又「猗嗟昌兮」「猗與漆沮」「猗與那與」，皆歎美之辭，義相近也。瞴者，《説文》「瞴婁，微視也」，《玉篇》《廣韻》竝作「瞴瞜」。瞴與嫵媚之「嫵」，聲義同也。嬮之言黶也。《説文》「嬮，好也」。《楚辭·大招》「靨輔奇牙，宜笑嗎只」。《淮南子·脩務訓》「奇牙出，䤷酺摇」，高誘注云「䤷酺，頰邊文，婦人之媚也」。嬮、靨、䤷竝同義。娺者，《説文》「娺，閑體行娺娺也」。《神女賦》云「素質幹之醲實兮，志解泰而體閑，既娺嫿於幽静兮，又婆娑乎人閒」。《説文》「頠，頭閑習也」，義與「娺」同。各本俱脱「姽」字，其「娺」字下有牛委、牛果二音。考《玉篇》《廣韻》《集韻》「娺」字俱無「牛果切」之音，《説文》「姽，婐姽也，一曰弱也，從女、卮聲」，徐鍇《傳》云「卮音一果反」。《玉篇》《廣韻》《集韻》「姽」字竝乃果、五果二切。《廣韻》云「姽，好皃」，又「婐」字注云「婐姽，身弱好皃」。《太平御覽》引《通俗文》云「肥體柔弱曰婐姽」。五果切即牛果切。是「牛果」乃「姽」字之音，非「娺」字之音，今據以補正。嫿者，《説文》「嫿，静好也」，即《神女賦》所云「娺嫿於幽静」也。嵇康《琴賦》云「明嫿睩惠」，義亦相近也。嬪者，《説文》「嬪，白好也」。《衆經音義》卷七引《聲類》云「嬪，綺也」，又引《通俗文》云「服飾鮮盛謂之嫿嬪」。《玉篇》「鬢，髮光澤也」。皆好之義也。婍之言綺麗也。《説文》「綺，文繒也」，義與「婍」同。嬥，説見《釋訓》「嬥嬥，好也」下。嬥與窈窕之「窕」聲相近也。嫙者，《説文》「嫙，好也」。《齊風·還》首章「子之還兮」，毛傳云「還，便捷之貌」，《韓詩》作「嫙」，云「好貌」。案：此亦《韓詩》是也。二章「子之茂兮」，毛傳云「茂，美也」，三章「子之昌兮」，毛傳云「昌，盛也」，鄭箋云「佼好貌」，昌、茂皆好，則「還」亦好也。嫙、還字異而義同。美玉謂之璿，義亦同也。娙者，《説文》「娙，長好也」，又云「秦晉謂好曰娙娥」。《史記·外戚世家》云「邢夫人號娙娥」。《漢書》云「武帝制倢伃、娙娥、傛華、充依，各有爵位」。蘣，曹憲《音》「託陋反」。《玉篇》《廣韻》竝他口切，云「好皃」，字從艸、黈聲。黈，他口反，字從黃、主聲。又《説文》「蘳，黄華也」，《玉篇》呼規切，《廣韻》又胡瓦切，字從艸、黊聲。黊，户圭反，字從黄、圭聲。《後漢書·馬融傳》「蓶扈蘳熒」，李賢注云「蘳音胡瓦反，字從圭，《説文》云『蘳，黄華也』」，《廣雅》曰『好色也』」，與曹憲所見本異，未知孰是。禮者，即《通俗文》所云「服飾鮮盛謂之嫸𡢃」也，嫸與「禮」通，《集韻》《類篇》引《廣雅》竝作「嫸」。祖者，《説文》「祖，事好也」，祖與「珇」聲近義同。㥄者，《廣韻》音子六、創舉二切，子六切注云「好衣皃」，創舉切注云「《埤倉》云『鮮也』，一曰美好皃」。婰者，《説文》「婰，好皃」。婚與「㥄」同聲。《文選·答賓戲》注引應劭注云「遒，好也」，遒與「婚」亦聲近義同。妴者，《説文》「妴，婦人皃」。嫈者，《廣韻》「嫈嫇，新婦皃」。嫢者，《方言》「自關而西秦晉之閒，凡細而有容謂之嫢」。《説文》「嫢，媞也」，「秦晉謂細要曰嫢」，皆好之義也。覣，曹憲《音》「於皮反」，各本覣譌作「魏」。案：諸書無訓「魏」爲好者，且「魏」字亦無於皮反之音。《説文》「覣，好視也」。《玉篇》《廣韻》《集韻》竝音逶，正與於皮反之音相合，今據以訂正。《爾雅》「委委、佗佗，美也」，義亦與「覣」同。婥約者，《楚辭·大招》云「滂心綽態，姣麗施只」，是「綽」爲好也。《吴語》云「婉約其辭」，是「約」爲好也。合言之則曰「綽約」，綽與「婥」通，字或作「淖」，又作「汋」。《莊子·逍遥遊》篇「淖約如處子」，《楚辭·九章》「外承歡之汋約兮」，王逸、司馬彪注竝云「好貌」。凡好與「柔」義相近，故柔貌亦謂之「綽約」。《莊子·在宥》篇云「淖約柔乎剛强」是也。嫵媚者，《説文》「嫵，媚也」。《漢書·張敞傳》云「長安中傳張京兆眉憮」，憮與「嫵」通。合言之則曰「嫵媚」也。嬽即今「娟」字也。《説文》「嬽，好也」。《釋訓》篇云「嬽嬽，容也」。《上林賦》云「靚莊刻飾，便嬛綽約，柔橈嬽嬽，嫵媚孅弱」，故此釋之也，郭璞注云「綽約，婉約也，柔橈嬽嬽，皆骨體耎弱長豔貌也」，李善注引《埤倉》云「嫵媚，悦也」。

桻、峀、標、顛、杓、緒、杪、流、苗、裔、幭，末也。

桻者，《玉篇》「桻，木上也」。兵峀謂之鋒，山峀謂之峯，義竝同也。峀者，《方言》「末，緒也，南楚或曰端，或曰末」，端與「峀」通。標者，《説文》「標，木標末也」，各本譌作「摽」，今訂正。顛者，《方言》「顛，上也」。《楚辭·九章》云「處雌蜺之標顛」。杓猶「標」也。《説文》「杓，枓柄也」。《漢書·律曆志》「玉衡杓建」，如淳注云「杓，斗端星也」。緒者，《説文》「緒，絲峀也」，義見卷三「緒，餘也」下。流者，水本曰原，末曰流。苗、裔者，禾之始生曰苗，對本言之，則爲末也。苗猶「杪」也。《説文》「裔，衣裾」，徐鍇《傳》云「裾，衣邊也，故謂四裔」。《方言》「裔，末也」。《晉語》「延及寡君之紹續昆裔」，韋昭注云「裔，末也」。《楚辭·離騷》「帝高陽之苗裔兮」。幭之言微末也。《顧命》云「眇眇予末小子」。《漢書·韋玄成傳》云「於蔑小子」，是「蔑」即末也。蔑與「幭」通。

聥、⿰忄蒦、寱、愕、逴、獡、⿰忄勺、怛、透、趯、駭、憚，驚也。聒。

聥者，《説文》「聥，張耳有所聞也」。《玉篇》引《倉頡篇》云「聥，驚也」。⿰忄蒦者，《衆經音義》卷十一引《倉頡篇》云「⿰忄蒦，驚也」。《魏策》云「秦王戄然」，班固《東都賦》云「西都賓戄然失容」，竝字異而義同。《説文》「矍，視遽皃也」，「矆，大視也」，義亦與「⿰忄蒦」通。寱者，《説文》「寱，瞑言也」，亦作「囈」。《列子·周穆王》篇「眠中啽囈呻呼」，謂夢中驚語也。逴、獡、透者，《方言》「逴、獡、透，驚也，宋衞南楚凡相驚曰獡，或曰透」，郭璞注云「皆驚貌也」。《説文》「獡，犬獡獡不附人也，讀若南楚相驚曰獡」，徐鍇《傳》云「犬畏人也」。

左思《吴都賦》「驚透沸亂」，劉逵注引《方言》「透，驚也」。《賈子·容經》篇云「其始動也，穆如驚倏」，倏與「透」通。恂者，《方言》「灼，驚也」，注云「猶云恐灼也」。《風俗通義·十反》篇云「人數恐灼」，灼與「恂」通。怛者，《莊子·大宗師》篇「無怛化」，《釋文》云「怛，驚也」。趯亦「逴」也，方俗語有侈弇耳。憚，曹憲讀如字。《考工記·矢人》「則雖有疾風，亦弗之能憚矣」，鄭注云「故書『憚』或作『怛』，鄭司農云：讀當爲『憚之以威』之『憚』，謂風不能驚憚箭也」，《釋文》「憚，音怛，李直旦反」。《楚辭·招魂》「君王親發兮憚青兕」，王逸注云「憚，驚也」。《漢書·司馬相如傳》「驚憚讋伏」，顏師古注音丁曷反，李善《文選》注同。憚、怛聲相近，故憚又讀爲「怛」矣。聒者，《衆經音義》卷十七及卷二十竝引《倉頡篇》云「聒，擾耳孔也」，又引《廣雅》「聒，驚也」，今本脱「聒」字。

紓、摰、蕆、呈、俙、屬、蛻、⿰子毛、⿰肙毛、劂、劉、袒，解也。

紓、摰、蕆、呈者，《方言》「抒、瘛，解也」。莊三十年《左傳》「紓楚國之難」，紓與「抒」通，亦作「舒」。摰即《方言》「瘛」字也。《玉篇》「瘛」音尺世、胡計二切，摰與瘈、掣同，音充世切，充世即尺世，是摰與「瘛」同音。《方言》「抒、瘛，解也」，「蕆、逞，解也」，《廣雅》「紓、摰、蕆、呈，解也」，是摰與「瘛」同義。又案：摰、摯二字音義各别。摰音充世反，與「掣」同，引也，又解也，字從手、執聲。摯音至，又音貞二反，握持也，字從手，執聲。《廣雅》摰訓爲解，當音充世反，曹憲《音》「貞二反」，又音「至」，皆失之也。《集韻》《類篇》摰音至，引《說文》「握持也」；又陟利切，引《廣雅》「解也」；又尺制切，與「掣」同。是直不辨摰、摯之爲二字矣。考《玉篇》摯從執，音至；摰從執，音充世切，與「掣」同。今據以辨正。《方言》注云「蕆，音展」。

「蒧」亦展也。隱九年《左傳》「乃可以逞」，杜預注云「逞，解也」。《論語・鄉黨》篇云「逞顔色」。僖二十三年《左傳》釋文云「呈，勑景反，本或作『逞』」，是呈與「逞」通。枚乘《七發》云「雖有金石之堅，猶將銷鑠而挺解也」，挺與「逞」亦聲近義同。《吕氏春秋・仲夏紀》「挺衆囚，益其食」，高誘注云「挺，緩也」。「緩」亦解也，故《序卦傳》云「解者，緩也」。蜕之言脱也。《説文》「蜕，蛇蟬所解皮也」。《莊子・寓言》篇云「予蜩甲也，蛇蜕也」。今俗語猶謂蟲解皮爲蜕皮矣。毻者，《廣韻》「毻，毛解也」。《淮南子・人閒訓》云「夫鴻鵠之未孚於卵也，一指蔑之，則靡而無形矣」。《衆經音義》卷二引《通俗文》云「卵化曰孚」，亦「解」之義也。「毻」亦蜕也。《方言》「毻，易也」，郭璞注云「謂解毻也」。《廣韻》「毻，鳥易毛也」。郭璞《江賦》「産毻積羽」，李善注云「《字書》曰『毲，落毛也』」，毲與「毻」同。《管子・輕重》篇云「請文皮毲服而以爲幣」。今俗語猶謂鳥獸解毛爲毲毛。毻、毲、蜕竝同義。《方言》「隋，易也」，「撱，脱也」，義亦與「毻」同。又案：「毻」字從毛、隋省聲，《方言》注音他卧反，《玉篇》音湯果切，《廣韻》音湯卧、他外二切，曹憲欲改「毻」爲「毷」，音「門悼反」，非也。《集韻》三十七号内有「毷」字，引《廣雅》「毷，解也」，即承曹憲之誤。考《江賦》及《方言》《玉篇》《廣韻》，俱作「毻」，不作「毷」，今據以辨正。劆、劙者，《方言》「劆、劙，解也」，注云「劆，音廓」，「劙，音儷」。劆亦作「劐」，卷二云「劐，裂也」。《荀子・議兵篇》「霍焉離耳」，霍與「劆」亦聲近義同。《荀子・彊國篇》「劙盤盂，刎牛馬」，楊倞注云「劙，割也」。《方言》「蠡，分也，楚曰蠡，秦晉曰離」，離、蠡、劙亦聲近義同。袓，各本譌作「裡」。案：袓音除鴈反，即今「綻」字也。《説文》「袓，衣縫解也」。《玉篇》音除鴈切。今據以訂正。《内則》「衣裳綻裂」，鄭注云「綻猶解也」，綻之言閒也。《文選・長笛賦》注引服虔《漢書注》，衣服解「閒」，音士莧切，聲與「綻」相近。

躡、蹬、跂、踚、跈、蹀、蹍、蹈、踐、蹂、蹋、跐、蹠，履也。

躡、蹬、跂、**踚**者，《方言》「躡、跂、**踚**，登也，自關而西秦晉之閒曰躡，梁益之閒曰跂」。登、蹬聲相近，《集韻》「登」又音丁鄧切，履也，或作「蹬」，今人猶謂足跐物爲「蹬」，又謂馬鞍兩旁足所跐爲「鐙」，其義一也。《史記・天官書》「兵相駘藉」，《集解》蘇林曰「駘，登躡也」，駘與「登」聲亦相近，猶「瞪目」之「瞪」或作「眙」矣。跈者，《說文》「撚，蹂也」。《淮南子・兵略訓》「前後不相撚」，高誘注云「撚，蹂蹈也」。《莊子・外物》篇「哽而不止則跈」，《釋文》引《廣雅》「跈，履也」。跈與「撚」同。蹀者，《說文》「**躠**，**躠**足也」，徐鍇《傳》云「足躞**躠**然連蹋也」。《文選・魏都賦》注引《聲類》云「蹀，躡也」。《列子・黃帝》篇云「宋康王蹀足謦欬疾言」。《淮南子・俶真訓》云「足蹀陽阿之舞」。蹀與「**躠**」同，字亦作「跕」。《漢書・地理志》「女子彈弦跕躧」，如淳注云「跕音蹀足之蹀」。蹍者，《莊子・庚桑楚》篇「蹍市人之足」，司馬彪注云「蹍，蹈也」。字亦作「**𡳐**」。《淮南子・原道訓》「先者踚下，則後者**𡳐**之」，高誘注云「**𡳐**，履也」。張衡《西京賦》「當足見蹍，值輪被轢」，薛綜注云「足所蹈爲蹍，車所加爲轢」。案：此對文也，散文則車亦謂之「蹍」。《莊子・天下》篇云「輪不蹍地」是也。蹂者，《說文》「**厹**，獸足蹂地也」。《爾雅》「貍狐貒貈醜，其足蹯，其跡**厹**」，郭璞注云「**厹**，指頭處」。《衆經音義》卷九引《倉頡篇》云「蹂，踐也」。蹂與「**厹**」同。蹋者，《說文》「蹋，踐也」。跐亦「蹋」也，義見卷二「跐，蹋也」下。蹠者，《衆經音義》卷五引《倉頡篇》云「蹠，躡也」。《楚辭・九章》「眇不知其所蹠」，王逸注云「蹠，踐也」。《韓策》云「被堅甲，蹠勁弩」。

駁、勁、堅、剛、耆、轒、鬢、勥、勅、莫、憚險、揄、鈔、倞、悖、怏，强也。

此條强字有二義：一爲剛强之「强」，《説文》作「彊」，云「弓有力也」；一爲勉强之「强」，《説文》作「勥」，云「迫也」。《集韻》《類篇》引《廣雅》竝作「勥」。强、勥、彊古多通用。《爾雅》「競、逐，彊也」，郭璞注云「皆自勉彊」，是勉强之「强」與剛强之「强」，義本相通也。駁者，《説文》「駁，馬彊也」。《玉篇》音巨支切，又居企切，與「翨」同音。《説文》「翨，鳥之彊羽猛者」，義與「駁」同也。勁，各本譌作「剄」。凡隸書從力、從刀之字，往往譌溷。曹憲《音》「古鼎反」，則所見本已譌作「剄」。案：諸書無訓「剄」爲强者，《説文》《玉篇》竝云「勁，彊也」，今據以訂正。耆者，《逸周書·謚法解》云「耆，彊也」。昭二十三年《左傳》「不懦不耆」，杜預注云「耆，彊也」。勥者，《説文》「勥，勥也」。《漢書·陸賈傳》「屈强於此」，顔師古注云「屈强，謂不柔服也」，屈與「勥」古同聲。《左氏春秋》文十年「楚子蔡侯次于厥貉」，《公羊》作「屈貉」，是其例矣。勅、莫者，《方言》「侔莫，强也，北燕之外郊凡勞而相勉若言努力者，謂之侔莫」，侔與「勅」通。《淮南子·繆稱訓》「猶未之莫與」，高誘注云「莫，勉之也」。案：勅之言茂也。《爾雅》「茂，勉也」。莫之言慔也。《爾雅》「慔慔，勉也」。合言之則曰「勅莫」矣。憚險者，《方言》「皮傅、彈險，强也，秦晉言非其事謂之皮傅，東齊陳宋江淮之閒曰彈憸」，郭璞注云「謂强語也」，彈與「憚」通。揄、鈔者，《方言》「虜、鈔，强也」，注云「皆强取物也」，虜與「揄」通。虜、鈔、略同義，故《方言》又云「略，强取也」。倞者，《説文》「倞，彊也」。《爾雅》「競，彊也」，競與「倞」通。倞、競、强聲竝相近。强取謂之「掠」，音力向反，聲與「倞」亦相近也。悖、怏者，《方言》「鞅、侼，强也」，注云「謂强戾也」。悖、侼，怏、鞅竝通。怏，各本譌作「快」，惟影宋本不譌。

幾、矜、隉、厲、阽、刖、殆、徯醯、❶冄鎌，危也。

幾者，《爾雅》「幾，危也」。《顧命》云「疾大漸，惟幾」。《大雅·瞻卬》篇云「天之降罔，維其幾矣」。矜者，《小雅·菀柳》篇「居以凶矜」，毛傳云「矜，危也」。隉者，《説文》「隉，危也」，引《秦誓》「邦之阢隉」，今本作「杌隉」。又《説文》「槷黜，不安也」，引《困》九五「槷黜，困于赤芾」，今本作「劓刖」。《釋文》荀、陸、王肅本「劓刖」作「臲鼿」，云「不安貌」，鄭云「劓刖」當爲「倪仉」。李鼎祚《集解》引虞翻注云「割鼻曰劓，斷足曰刖」。《周易述》云「九五人君，不當有『劓刖』之象，當從鄭讀爲『倪仉』」，「五无據无應，故倪仉不安」。案：此説是也。此與上六「困于臲卼」同義。「困于臲卼」，則凡事不能得志，故《象傳》曰「臲卼，志未得也」，作「劓刖」者，假借字耳。《乾鑿度》云「至於九五，劓刖不安」是也。若割鼻斷足，則非其義矣。槷黜、臲卼、倪仉、劓刖，古皆通用，倒言之則曰「杌隉」，其實一也。阽者，《説文》「阽，壁危也」。《楚辭·離騷》「阽余身而危死兮」，王逸注云「阽，猶危也」。《漢書·文帝紀》「或阽於死亡」，孟康注云「阽音『屋檐』」，如淳云「阽，近邊欲墮之意」。《小爾雅》「疾甚謂之阽」，義亦同也。刖者，《説文》「扤，動也」。《玉篇》音虞厥、午骨二切。《方言》「僞謂之扤，扤，不安也」。《釋名》「危，阢也，阢阢不固之言也」。《小雅·正月》篇云「天之扤我，如不我克」。《晉語》云「故不可抈也」。刖、抈、扤、阢竝與「杌隉」之「杌」同義。《説文》「𦨶，船行不安也，從舟，刖省聲」，義亦同也。殆者，《孟子·萬章》篇云「天下殆哉岌岌乎」，《墨子·非

❶「徯」，《博雅音》作「傒」。

儒》篇、《莊子・天地》篇竝作「圾」，《列御寇》篇作「汲」，皆字異而義同。徯醯、冄鎌者，《方言》「徯醯、冄鐮，危也，東齊揞物而危謂之徯醯，僞物謂之冄鐮」。僞物即所云「僞謂之抏」也，鐮與「鎌」同。

漻、淑、湜、洌、瀓、濘、潄、澰、潚、溓、㵯，清也。

漻者，《説文》「漻，清深也」。《莊子・天地》篇云「漻乎其清也」。《楚辭・九辯》云「泬寥兮天高而氣清，宋嵺兮收潦而水清」。是凡言「漻」者皆清之貌也。李軌《莊子音》讀「漻」爲「劉」。《鄭風・溱洧》篇「瀏其清矣」，《文選・南都賦》注引《韓詩》作「漻」。漻、瀏聲義亦同。淑者，《説文》「淑，清湛也」。《管子・白心》篇云「淑然自清」。《淮南子・本經訓》云「日月淑清而揚光」。淑與漻之同訓爲清，猶寂與寥之同訓爲靜也。湜者，《説文》「湜，水清見底也」，引《邶風・谷風》篇「湜湜其沚」。洌者，《説文》「洌，水清也」，引《井》九五「井洌寒泉食」。瀓者，《方言》「瀓，清也」，字或作「澄」，同。潄者，《方言》「潄，清也」。潚者，《説文》「潚，清深也」。《廣韻》息逐、蘇彫二切，息逐切注云「清深也」，蘇彫切注云「水名」。《玉篇》作「瀟」。案：《水經》湘水注云「瀟者，水清深也，《湘中記》曰『湘川清照五六丈，是納瀟湘之名矣』」，是「瀟湘」之「瀟」，亦取清深之義，後人以瀟湘爲二水者非也。溓，曹憲《音》「廉」。各本脱去「溓」字，其音內「廉」字遂誤入正文。《玉篇》「溓」音里兼、里忝二切。《集韻》又音「廉」。《王風・葛藟》釋文引《廣雅》「溓，清也」。今據以訂正。

穌、秳、字、乳、腹、㲉、孺、興、育、孚，生也。

穌者，鄭注《樂記》云「更息曰蘇」，《孟子・梁惠王》篇引《書》「后來其蘇」，蘇與「穌」通。秳通作「活」。字者，《説文》「字，乳也」。《堯典》「鳥獸孳尾」，傳云「乳化曰孳」，《史記・五帝紀》作「字」。《説文序》云「形聲相益謂之字，字者，孳乳而寖多也」，亦生之義也。引之云：《屯》六二「女子貞不字，十年乃字」，虞翻訓「字」爲妊娠，後人多不用其説。今案：《廣雅》「字，生也」。《墨子・節用》篇「十年若純，三年而字，子生可以二三年矣」。《太玄・事》次四「男女事，不代之字」，范望注云「男而女事，猶爲不宜，況於字育？故不代也」。《中山經》「苦山有木，名曰黄棘，其實如蘭，食之不字」，郭璞注云「字，生也」，引《易》「女子貞不字」。然則「不生」謂之不字，必不孕而後不生，故不字亦兼不孕言之。「女子貞不字，十年乃字」者，猶言婦三歲不孕也。貞與「貞疾恒不死」之「貞」同。貞，固也；固，久也。鄭注《月令》云「固疾，久疾也」。韋昭注《晉語》云「固，久也」。「久疾」謂之貞疾，「久不字」謂之貞不字。久而未變，故曰「屯邅」，當以虞、郭二家之訓爲是。而《京房易傳》「女子貞不字」，陸績注云「字，愛也」。孔氏《正義》亦云「女子守正，不受初九之愛」。揆之文義，頗爲不安。宋耿南仲乃解之以《曲禮》「女子許嫁笄而字」，云「貞不字者，未許嫁也」。案：《曲禮》「男子二十冠而字」，「女子許嫁笄而字」，則字爲「名字」之字。《士昏禮》記云「女子許嫁，笄而醴之，稱字」，僖九年《公羊傳》云「婦人許嫁，字而笄之」，是也。許嫁而後字，字非即許嫁明矣。偏考經傳及唐以前書，無以字爲許嫁者，甚矣其謬也。然其説之所以多誤者，蓋有二焉。一曰：「女子」未嫁之稱，可言受愛，可言許嫁，不可言孕妊也。案：《内則》云「道路，男子由右，女子由左」，《大戴禮・本命》篇「男子謂之丈夫，女子謂之婦人」，是婦人未嘗不稱「女子」也。一曰：上曰「昏媾」，故以爲受愛，又以爲許嫁也。案：一爻數象，類相近而事則殊。《賁》六四云「匪寇昏媾」，而其上云「白馬翰如」，《睽》

上九云「匪寇昏媾」，而其下云「往遇雨則吉」，不必皆爲一事也。自解者以此二句承「昏媾」言之，而其義始不可通矣。乳者，《衆經音義》卷二引《倉頡篇》云「乳，字也」。《説文》「人及鳥生子曰乳，獸曰産」。《月令》云「雉雊，雞乳」。腹者，《樂記》云「煦嫗覆育萬物」，覆與「腹」通。「孳生」謂之覆育，「化生」亦謂之覆育。《釋蟲》篇云「蝮蛸，蜕也」。《論衡·無形篇》云「蠐螬化而爲復育，復育轉而爲蟬」。是也。㝅者，《説文》「㝅，乳也」，《玉篇》奴豆、公豆二切。宣四年《左傳》云「楚人謂乳穀」。㝅、穀、榖竝通。《王風·大車》篇「穀則異室」，毛傳云「穀，生也」，是穀讀入聲亦訓爲生也。孺猶「乳」也。《説文》「孺，乳子也」。《莊子·天運》篇「烏鵲孺」，❶李頤注云「孚乳而生也」。興，各本譌作「與」。《楚辭·離騷》「各興心而嫉妒」，王逸注云「興，生也」。今據以訂正。興與「生」古同義，故《中庸》「其言足以興」，《大戴禮·衞將軍文子》篇作「足以生」。「天地不交而萬物不興」謂不生也。「藜莠蓬蒿竝興」謂竝生也。「妖由人興」謂由人生也。孚者，《夏小正》「雞桴粥」，傳云「桴，嫗伏也」。育，養也。「桴粥」即孚育。孚育猶「覆育」耳。伏卵謂之孚，卵化亦謂之孚。《説文》「孚，卵孚也」。《方言》「北燕朝鮮洌水之閒，雞伏卵而未孚，始化之時，謂之涅」。《淮南子·人閒訓》云「夫鴻鵠之未孚於卵也，一指蔑之，則靡而無形矣」。孚之言剖也。《淮南子·泰族訓》「蛟龍伏寢於淵而卵剖於陵」，唐瞿曇悉達《開元占經·龍魚蟲蛇占》篇引此「剖」作「孚」，又引許慎注云「孚，謂卵自孚者也」。《太玄·迎》次二云「蛟潛於淵，陵卵化之」。《衆經音義》卷二引《通俗文》云

❶「烏」，原作「鳥」，今據《莊子》改。

「卵化曰孚」。孚，各本譌作「乳」，與上「乳」字相複。《衆經音義》卷二、卷六及唐釋湛然《法華文句記》卷六竝引《廣雅》「孚，生也」。今據以訂正。

貳、褔、⿱艹造、倅、憤，盈也。

貳，各本譌作「貣」。案：諸書無訓「貣」爲盈者。貣，字或作「貮」，與「貳」字相亂。貳譌作「貮」，又譌作「貣」耳。《說文》「貳，副益也」。《周官・小宰》「掌邦之六典、八灋、八則之貳」，鄭衆注云「貳，副也」，又《戎僕》「掌王倅車之政」，鄭注云「倅，副也」，《道僕》「掌貳車之政令」，鄭注云「貳，亦副也」。張衡《西京賦》「屬車之⿱艹造」，薛綜注云「⿱艹造，副也」。貳車、倅車、⿱艹造車皆謂副車也。副與「褔」同。貳、褔、⿱艹造、倅皆取充備之義，故皆訓爲盈。今訂正。褔，各本譌作「福」。顏師古《匡謬正俗》云「副貳之字本爲『褔』，字從衣、畐聲，今俗呼一襲爲一褔衣，蓋取其充備之言。書史假借，遂以『副』字代之，張平子《西京賦》云『仰褔帝居』，《東京賦》云『順時服而設褔』，竝爲副貳，傳寫訛舛，衣轉爲示，讀者便呼爲『福祿』之『福』，失之遠矣」。今據顏說訂正。《史記・龜策傳》「邦褔重寶」，徐廣注云「褔，音副，藏也」。藏即充備之義，字當從衣，今本從示，亦傳寫誤也。漢《尹宙碑》「位不褔德」，魏《上尊號奏》「以褔海內欣戴之望」，字竝從衣，不從示。⿱艹造者，昭十一年《左傳》「僖子使助薳氏之⿱艹造」，杜預注云「⿱艹造，副倅也」，副倅即充備之意。《列女傳》云「趙簡子將渡河，用楫者少一人，津女娟攘卷操楫而請曰『妾願備持楫』，簡子⿱艹造之」，是也。⿱艹造，各本譌作「簉」。凡從艸從竹之字，隸書往往譌溷，故今本《左傳》《文選》《廣雅》「⿱艹造」字皆譌作「簉」。《左傳》釋文云「《說文》『⿱艹造』從艸」，今據以訂正。《淮南子・氾論訓》云「今夫僦載者，爲轅軸之折也，又加轅軸其上以爲造」，造與「薖」通。薛綜注《東京賦》云「造舟，以舟相比次爲橋也」，與副倅之義亦相近。倅者，《周官·諸子》「掌國子之倅」，鄭注云「故書『倅』作『卒』，鄭司農云『卒』讀如『物有副倅』之『倅』」，《車僕》「掌戎路之萃」，竝與「倅」同。憤者，《方言》「憤，盈也」。《樂記》「粗厲猛起奮末廣賁之音作」，鄭注云「賁，讀爲『憤』，憤，怒氣充實也」。《周語》「陽癉憤盈」，韋昭注云「憤，積也；盈，滿也」。

營、量、商、揣、硂、擬、泚、測、圖、謜、稱、挍、揆、蠖、隱，度也。

硂者，《文選·文賦》注引《倉頡篇》云「銓，稱也」。《吴語》云「無以銓度天下之衆寡」，銓與「硂」同。泚之言訾也。《列子·説符》篇釋文引賈逵《國語注》云「訾，量也」。測，各本譌作「側」，今訂正。謜通作「原」。宋玉《神女賦》云「志未可乎得原」。蠖者，《説文》「規蒦，商也」，一曰「度也」，或作「蠖」，引《離騷》「求榘蠖之所同」，今本作「矱」。《漢書·律曆志》云「寸者，忖也；尺者，蒦也」。蠖、矱、蒦竝同。隱者，《文選·座右銘》「隱心而後動」，李善引劉熙《孟子注》云「隱，度也」。《爾雅》「隱，占也」，郭璞注亦云「隱度」。隱之言意也。《禮運》云「聖人耐以天下爲一家，以中國爲一人者，非意之也」。意、隱古同聲，故《左氏春秋經》季孫意如，《公羊》作「隱如」矣。

叢、湊、蕄、趣、務、矜，遽也。

湊，曹憲七候反，各本脱去「湊」字，其「七候反」之音遂誤入「叢」字下。《玉篇》「湊，競進也」。昭三十一年《公羊傳》云「賊至，湊公寢而弒之」。《燕策》「士争湊燕」，《史記·燕世家》「湊」作「趨」，趨與「趣」同。王逸注《大招》云「遽，趣也」，是趣、湊皆爲遽也。今補正。蕄者，《方言》「茫，遽也，吴揚曰茫」，郭璞注云「今北方通然也」,《衆經音義》卷十五引《通俗文》云「時務曰茫」,茫與「萌」通。《月令》「盲風至」,鄭注云「盲風,疾風也」,義與「萌」亦相近。趣,曹憲《音》「趨」,又音「娶」。《周官·縣正》「趨其稼事」,《釋文》「趨,如字,李倉苟反,本又作『趣』,音促」。《月令》「乃命有司趣民收斂」,《釋文》「趣,七住反,本又作『趨』,又七緑反」。各本俱脱「務」字,其「趣」字《音》内有「趍趣無在」四字。案:「趍」乃「趨」字之譌,「趣」乃「娶」字之譌,「無在」乃「無住」之譌,「無住」則「務」字之音也。《説文》「務,趣也」,「勮,務也」,《廣韻》「務,遽也」,遽與「勮」通。《衆經音義》卷六引《廣雅》「務,遽也」。今據以補正。矜者,《方言》「矜,遽也,秦晉或曰矜,或曰遽」。

仄、陋、褊、⿰亻逢、迫、隘、窄,陿也。

⿰亻逢者,《漢書·揚雄傳》「何文肆而質⿰飠逢」,應劭注云「⿰飠逢,狹也」,⿰飠逢與「⿰亻逢」通,狹與「陿」通。

教、導、指、揥、敕、告、復、白、謏、眂,語也。

指者,《楚辭·離騷》「指九天以爲正兮」,王逸注云「指,語也」。復者,《曲禮》「少閒,願有復也」,鄭注云「復,白也」。謏者,卷二云「謏,告也」。眂者,王逸注《九章》云「示,語也」,示與「眂」通。

蔚、薈、庡、隱,翳也。

蔚、薈者,《呂氏春秋·長利》篇云「燕爵所求者,瓦之閒隙,屋之翳蔚也」。《文選·西都賦》注引《倉頡篇》云「蔚,草木盛貌」。《説文》「薈,草多皃」。《孫子·行軍篇》云「軍行有險阻、潢井、葭葦、山林翳薈者」。《曹風·候人》篇「薈兮蔚兮」,毛傳云「薈蔚,雲興貌」。皆謂隱翳也。庡猶隱也,語之轉耳。卷四云「庡,藏也」，扆與「㡇」通。《衆經音義》卷十四引《通俗文》云「奥内曰㡇」。《覲禮》「天子設斧依于户牖之閒」，鄭注云「依，如今綈素屏風也」。皆隱蔽之意也。《爾雅》「容謂之防」，郭璞注云「形如今牀頭小曲屏風，唱射者所以自防隱」，亦是也。襄二十三年《左傳》「踰隱而待之」，杜預注云「隱，短牆也」。短牆謂之隱，屏風謂之依，其義一也。

頑、嚚、怐愗、儒輸、娍、戇、惷，愚也。庸。

怐愗者，《説文》「㝅，㝅瞀也」，又云「佝，瞀也」。《楚辭·九辯》云「直怐愗以自苦」。《荀子·非十二子篇》云「世俗之溝猶瞀儒，嚾嚾然不知其所非也」，《儒效篇》云「愚陋溝瞀」。《漢書·五行志》云「不敬而傋霿之所致也」，又云「區霿無識」。竝字異而義同。《説文》「婁務，愚也」，婁務又「怐愗」之轉矣。儒輸者，《方言》「儒輸，愚也」，郭璞注云「儒輸，猶儒撰也」。案：儒輸倒言之則曰輸儒。《荀子·脩身篇》云「偷儒憚事」，「偷儒」即輸儒。鄭注《玉藻》云「舒懦者所畏在前也」。《漢書·西南夷傳》云「恐議者選耎」。舒懦、選耎竝「輸儒」之轉耳。戇者，《衆經音義》卷二十二引《三倉》云「戇，愚無所知也」。《大戴禮·文王官人》篇云「愚戇者也」。戇，各本譌作「𢥞」，今訂正。惷亦「戇」也，方俗語有輕重耳。《説文》「惷，愚也」。《士昏禮》記云「某之子惷愚」。唐釋湛然《止觀輔行傳弘決》卷八之二引《廣雅》「庸，愚也」，❶今本脱「庸」字。

罷、券、煩、御、賢、犒、勩、屑、祕、往，勞也。

❶「弘」，原避清帝乾隆諱作「宏」，今回改，後倣此，不再出校。

罷、券、煩、𠊲諸字爲「勞苦」之勞，犒爲「慰勞」之勞。《周官・大行人》「三問三勞」，鄭注云「勞，謂苦倦之也」。僖二十六年《左傳》「公使展喜犒師」，服虔注云「以師枯槁故饋之飲食，勞苦謂之勞也」。是「慰勞」之「勞」，即取「勞苦」之義也。罷與「疲」同。券與「倦」同。罷、倦爲「勞苦」之勞，亦爲「慰勞」之勞。《法言・脩身篇》云「封羊刺豕，罷賓犒師」，《大行人》注云「勞謂苦倦之」，皆是也。𠊲，義見上文「𠊲，極也」下。賢者，《小雅・北山》篇「我從事獨賢」，《孟子・萬章》篇引此詩而釋之曰「此莫非王事，我獨賢勞也」，「賢」亦勞也。賢勞猶言劬勞，故毛傳云「賢，勞也」。《鹽鐵論・地廣》篇亦云「《詩》云『莫非王事，而我獨勞』，刺不均也」。鄭箋、趙注竝以「賢」爲賢才，失其義也。勩者，《說文》「勩，勞也」。宣十二年《左傳》「無及於鄭而勦民」，杜預注與《說文》同。屑、往者，《說文》「屑，動作切切也」。《方言》「屑屑，不安也」，郭璞注云「往來之貌也」，又「屑、往，勞也」，注云「屑屑、往來，皆劬勞也」。昭五年《左傳》云「屑屑焉習儀以亟」。《漢書・董仲舒傳》云「凡所爲屑屑，夙興夜寐，務法上古者」。《後漢書・王良傳》云「何其往來屑屑不憚煩也」。《爾雅》云「來，勤也」。往之爲勞，猶來之爲勤也。《孟子・萬章》篇「舜往于田」，往者，勞也，即下文所云「竭力耕田」也。往，各本譌作「佳」。往，篆作「𢔀」，隸或省作「徍」，故譌而爲「佳」。今據《方言》訂正。祕者，《大誥》「無毖于恤」，傳云「無勞于憂」，祕與「毖」通。

潛、丞、沈、溺、涅、湮、渨、淪，没也。

潛者，《方言》「潛，沈也，楚郢以南曰潛」。涅者，《方言》「涅，休也」，休與「溺」通。渨者，《說文》「渨，没也」。

數、諑、讁、怒、詰、讓、爽、譴、誅、過、訟，責也。

怒者，鄭注《書大傳》云「怒，責也」。《小雅・小明》篇云「畏此譴怒」。詰者，昭十四年《左傳》「詰姦慝」，杜預注云「詰，責問也」。過者，《吕氏春秋・適威》篇「煩爲教而過不識，數爲令而非不從」，高誘注云「過，責也」。《趙策》云「唯大王有意督過之也」。訟者，《論語・公冶長》篇「吾未見能見其過而内自訟者也」，包咸注云「訟，猶責也」。

⿺是見、睎、望、目、略、⿹𢦏目、⿰目祭、窺、覘、覩、覭、闞、盻、觀、窺、覵、眽、睍、睌、瞯、覗、看、覓、⿰目余、覿、睥睨、眄、睞、瞰、睇、䁍、眂、瞗、矕、睃、䁙、矆、⿰目复、眘、䀣、占、省、覷、⿰目延、診、覶，視也。眝、盼。

⿺是見者，《説文》「睼，迎視也」。《小雅・小宛》篇「題彼脊令」，毛傳云「題，視也」。班固《東都賦》云「弦不睼禽」。⿺是見、睼、題竝通。睎者，《方言》「睎，眄也，東齊青徐之閒曰睎」。《説文》「睎，望也」。《吕氏春秋・不屈》篇云「或操表掇以善睎望」。目者，高誘注《淮南子・脩務訓》云「目，視也」。《史記・項羽紀》云「范增數目項王」。略者，《方言》「略，視也，吴揚曰略」，郭璞注云「略，音略，今中國亦云目略也」。宋玉《神女賦》「目略微眄」，略與「略」通。⿰目祭之言察也。《説文》「⿰目祭，察也」。左思《魏都賦》云「有⿰目祭吕梁」。覘者，《方言》「䀡，視也，凡相竊視，南楚或謂之䀡，自江而北謂之䀡」。《説文》「覘，窺視也」。《晉語》「公使覘之」，韋昭注云「覘，微視也」，覘與「䀡」同。覩，《玉篇》《廣韻》音者，曹憲《音》「時」，各本「覩」譌作「覩」，郎奎金本又改《音》内「時」字爲「睹」字，其謬滋甚，惟影宋本作「覩」。《玉篇》《廣韻》竝云「覩，視也」。《集韻》《類篇》「覩」又音時，引《廣雅》「覩，視也」。《釋言》篇云「時，伺也」。《論語・陽貨》篇「孔子時其亡也而往拜之」，義與「覷」同。覞者，《廣韻》「覞，邪視也」。闞與下「瞰」字同，字亦作「矙」。《說文》「闞，望也」。《孟子·滕文公》篇「陽貨矙孔子之亡」，趙岐注云「矙，視也」。眝者，《說文》「眝，恨視也」。《魏志·許褚傳》云「褚瞋目眝之」。竀者，《說文》「竀，正視也」。《後漢書·章帝八王傳》「使御者偵伺得失」，偵與「竀」通。覵之言閒也。卷三云「閒，覗也」。《方言》「瞯，眄也，吴揚江淮之閒曰瞯」。《孟子·離婁》篇「王使人瞯夫子」，注云「瞯，視也」，瞯與「覵」同。眽與下「覛」字同。《爾雅》「覛，相也」。《說文》「眽，目財視也」，「覛，衺視也」，籒文作「覓」。《周語》「古者大史順時覛土」，韋昭注云「覛，視也」。《魏策》云「前眽地形之險阻」。重言之則曰「眽眽」，義見《釋訓》。睌者，《說文》「睌瞀，目視皃也」。《釋訓》云「睌睌，視也」。睍者，《集韻》引《埤倉》云「睍，眇視皃」。《荀子·非十二子篇》「睍睍然」，楊倞注云「小見之貌」。睍與「竀」聲義相近也。覗者，《方言》「覗，視也，自江而北或謂之覗」，字或作「伺」，通作「司」。睩者，《方言》「凡相竊視，南楚或謂之貄」，注云「亦言瞟也」，貄、瞟語之轉。《玉篇》「瞟，視也」，《廣韻》作「𥊯」，字竝與「睩」同。睩，各本譌作「睩」，今訂正。䚍音七亦反，字從責，與「私覿」之「覿」從賣者異，曹憲《音》「狄」，非也。《集韻》《類篇》「䚍」，七迹切，又音狄，見也，與「覿」同，竝踵曹憲之誤。考《玉篇》「覿，達寂切，見也」，「䚍，七亦切，覷也」，今據以辨正。睥睨者，哀十三年《左傳》「余與褐之父睨之」，杜預注云「睨，視也」。《說文》「睨，衺視也」，「覞，旁視也」。《史記·信陵君傳》「俾倪」，《灌夫傳》「辟倪兩宮閒」，《索隱》引《埤倉》云「睥睨，邪視也」，竝字異而義同。卷二云「頓倪，衺也」，義亦與「睥睨」同。眄者，《衆經音義》卷一引《倉頡篇》云「眄，旁視也」。《說文》「眄，衺視也」。《方言》云「自關而西秦晉之閒曰眄」。《燕策》云「眄視指使」。睞者，《衆經音義》卷六引《倉頡篇》云「内視曰睞」。《古詩》云「眄睞以適意」。《説文》「覭，内視也」，覭與「睞」同。睇者，《方言》「睇，眄也，陳楚之閒南楚之外曰睇」。《説文》「睇，目小衺視也」。《明夷》六二「夷于左股」，「夷」，鄭、陸竝作「睇」，注云「旁視曰睇」。《夏小正》「來降燕乃睇」，傳云「睇者，眄也；眄者，視可爲室者也」。《内則》「不敢睇視」，鄭注云「睇，傾視也」。眂者，《説文》「眂，視皃也」。《玉篇》音上支切。《廣韻》云「眂眂役目」。《文選》馬融《長笛賦》「特麢昏髟」，李善注云「昏，視也」，昏與「眂」同。瞗者，《説文》「瞗，目孰視也」。矕者，《説文》「矕，目矕矕也」。《漢書·敘傳》「矕龍虎之文」，晉灼注云「矕，視也」。馬融《長笛賦》云「長矕遠引」，《廣成頌》云「右矕三塗」。睃亦小視之名。睃之言荾也。卷二云「荾，小也」。《方言》「凡相竊視，南楚或謂之睃」。王延壽《王孫賦》云「眙睕睃而眽睗」。䁙者，《方言》「䁙，視也，東齊曰䁙，凡以目相戲曰䁙」。矍者，《説文》「矍，視遽皃也」，「矆，大視也」。《東都賦》云「西都賓矍然失容」。矍、矆竝與「矍」同。重言之則曰「矍矍」，義見《釋訓》。瞍者，《玉篇》「瞍，直視也」。重言之則曰「瞍瞍」，亦見《釋訓》。睯者，《説文》「睯，省視也」。《釋言》篇云「睯，窺也」。古通作「啟」。《論語·泰伯》篇「曾子有疾，召門弟子曰『啟予足，啟予手』」。啟者，視也。鄭注訓啟爲開，失之。䀸者，《説文》「䀸，直視也」。占者，《方言》「凡相竊視，南楚或謂之占」，占猶瞻也。《説文》「占，視兆問也」，義亦同。覰者，《説文》「覾覰，窺觀也」。蔡邕《漢律賦》云「覰朝宗之形兆」。《文選·西征賦》注引《倉頡篇》云「狙，伺候也」。《管子·七臣七主》篇云「從狙而好小察」。《史記·留侯世家》「狙擊秦皇帝博浪沙中」，《集解》引服虔《漢書注》云「狙，伺候也」。竝與「覰」同。《周官·小司徒》「以比追胥」，鄭注云「追，逐寇也；胥，伺捕盜賊也」，胥與「覰」亦聲近義同。《説文》「覰」從見、虘聲，各本譌作「覷」，今訂正。䁲者，《説文》「遈，相顧視而行也」，遈與「䁲」同。診者，《説文》「診，視也」。《史記・扁鵲傳》云「以診脈爲名」。覞者，《廣韻》「覞，笑視也」。眝者，《説文》「眙，直視也」，「眝，長眙也」。《楚辭・九章》云「思美人兮擥涕而竚眙」，竚與「眝」通。眝之言佇也。《爾雅》「佇，久也」。盼者，馬融注《論語・八佾》篇云「盼，動目貌」。《太玄・沈》次八云「盼得藥」。《文選・弔魏武帝文》注引《廣雅》「眝，視也」。《衆經音義》卷十引《廣雅》「盼，視也」。今本脱眝、盼二字。

枉、橈、折、盭、蟠、冤、觠、骫、傴、僂、輂、結、詰、詘、迟，曲也。

盭者，《説文》「戾，曲也」，「盭，弼戾也，讀若『戾』」。《荀子・脩身篇》「行而俯項，非擊戾也」，楊倞注云「擊戾，謂項曲戾不能仰者也」。《吕氏春秋・遇合》篇云「陳有惡人焉，曰敦洽讎糜，長肘而盭」，盭與「戾」通。觠者，《説文》「觠，曲角也」。《爾雅》「羊角三觠，羷」，郭璞注云「觠角三帀」。觠有權、捲二音，竝通作「卷」。《邶風・柏舟》篇云「不可卷也」，《大雅・卷阿》篇云「有卷者阿」，皆謂屈曲也。骫之言委曲也。《文選・舞賦》注引《倉頡篇》云「骫，曲也」。《説文》「骫，骨耑骫奊也」。《吕氏春秋・必己》篇「直則骫」，高誘注云「骫，曲也」。《漢書・淮南厲王傳》「皇帝骫天下正法而許大王」，顔師古注云「骫，古『委』字也」。傴、僂者，《説文》「傴，僂也」，「僂，尫也」。昭七年《左傳》云「一命而傴，再命而僂」。《莊子・達生》篇云「見痀僂者」，痀與「傴」同。輂、結、詘三字，義見卷四「輂、結、詘也」下。輂與「觠」聲相近也。迟，《玉篇》音丘戟切，《説文》「迟，曲行也」，又云「𠃊，匿也，象迟曲隱蔽形」。《莊子・人間世》篇「吾行郤曲，無傷吾足」，《釋文》「郤，《字書》作『迟』」，「郤曲」即迟曲也。《説文》「谷，口上阿也」，谷與「郤」聲近義同。《明堂位》「俎，殷以椇」，鄭注云「椇之言枳椇也，謂曲橈之也」。宋玉《風賦》「枳句來巢，空穴來風」，枳句與「迟曲」，亦聲近義同。

剝、剟、剃、鬄也。

剝者，《玉篇》「剝，去枝也」。剟者，《説文》「鉻，鬄也」，《衆經音義》卷十一引《通俗文》云「去骨曰剔，去節曰剟」，剟與「鉻」同，剔與「鬄」同。凡剔去毛髮爪甲亦謂之「剟」。《吴子·治兵》篇説畜馬之法云「刻剔毛鬣，謹落四下」，《莊子·馬蹄》篇云「燒之剔之，刻之雒之」，落、雒竝與「剟」同。司馬彪注《莊子》以「雒」爲羈絡其頭，非也。下文「連之以羈馽，編之以早棧」，乃始言「羈絡」耳。剃者，《説文》「鬀，鬄髮也，大人曰髡，小兒曰鬀，盡及身毛曰鬄」。《淮南子·齊俗訓》云「屠牛坦一朝解九牛而刀可以剃毛」。剃與「鬀」同。《周官·薙氏》注云「薙，讀如『鬀小兒頭』之鬀，翦草也」，義亦與「剃」同。今俗語猶云「剃頭」矣。

緶、䌌、𧝓、緁也。

緶者，《説文》「緶，緁衣也」。䌌亦「緁」字也，通作「緝」。《説文》「緁，緶衣也」，或作「䌌」。《釋名》「緝，下横縫，緝其下也」。《漢書·賈誼傳》「緁以偏諸」，顔師古注云「謂以偏諸緶著之也」。𧝓一作「齌」，通作「齊」。《説文》「齌，緶也」。《喪服》傳云「齊者何，緝也」。《釋名》云「齌，齊也」。

高、厲、竦、踊、騰、躍、陞、跳、摇、祖、灊、貢、顛、頂、㢸、尚、營，上也。

厲者，《説文》「巁，巍高也，讀若『厲』」。《淮南子·脩務訓》云「故君子厲節亢高以絶世俗」，厲與「巁」通。

厲訓爲上，故自下而上亦謂之厲。《楚辭・遠遊》篇云「徐弭節而高厲」，司馬相如《大人賦》云「紛鴻溶而上厲」，是也。搖、祖者，「搖」亦躍也，方俗語有輕重耳。《楚辭・九章》云「願搖起而横奔兮」。《漢書・禮樂志》「將搖舉，誰與期」，顏師古注云「言當奮搖高舉，不可與期也」。班固《西都賦》云「遂乃風舉雲搖」，是「搖」爲上也。《方言》「遥，跳也」。《爾雅》「扶搖謂之猋」，李巡注云「暴風從下升上」。《説文》「沖，涌搖也」。《管子・君臣》篇云「夫水，波而上，盡其搖而復下」。義竝同也。《爾雅》「祖，始也」。《説文》「祖，始廟也」，是「祖」爲上也。其自下而上，亦謂之「祖」。《方言》「搖、祖，上也」，「祖，搖也」，「祖，轉也」，郭璞注云「動搖即轉矣」。然則「祖」者，旋轉上起之意。《説文》「瑑，圭璧上起兆瑑也」，「琱，琮玉之瑑也」，琱與「祖」義亦相近。弼者，《爾雅》「弼、崇，重也」，《方言》「弼，高也」，「上，重也」，是「弼」爲上也。

壅、障、𨻐、否、拘，隔也。

𨻐者，褚少孫續《滑稽傳》「十二渠經絶馳道」，經與「𨻐」通。《爾雅》「山絶，陘」，郭璞注云「連山中斷絶」，陘與「𨻐」義亦相近。拘之言拘礙也。《莊子・秋水》篇云「井鼃不可以語於海者，拘於虚也」。

誂、誀、訹、誜，誘也。

誂者，《説文》「誂，相呼誘也」。《列子・楊朱》篇「媒而挑之」，《釋文》引《倉頡篇》云「挑，招呼也」，挑與「誂」通。誀古通作「餌」。訹、誜者，《説文》「訹，誘也」。《管子・心術》篇云「君子不怵乎好，不迫乎惡」。《魏策》云「横人訹王外交强虎狼之秦」。《漢書・武帝紀》「怵於邪説」，如淳注云「見誘怵於邪説也」，顏師古注云「怵，或體『訹』字耳，今俗猶云相誜訹」。《晉語》「吾請爲子鉥」，韋昭注云「鉥，導也」，鉥與「訹」義亦相近。誄，各本譌作「詠」，今訂正。

嬹、悅、怤愉、忔、欯、謳、䛲、歡、欣、休、禔、紛怡，喜也。

嬹者，《說文》「嬹，說也」。《學記》「不興其藝，不能樂學」，鄭注云「興之言喜也、歆也」，《正義》引《爾雅》云「歆、喜，興也」，興與「嬹」通。怤愉者，《方言》「怤愉，悅也」，郭璞注云「怤愉，猶呴喻也」。忔、欯者，《說文》「欯，喜也」。《釋訓》篇云「忥忥、欯欯，喜也」，忥與「忔」同。謳者，《釋訓》云「嘔嘔、喻喻，喜也」，《文選・聖主得賢臣頌》「是以嘔喻受之」，李善引應劭注云「嘔喻，和悅貌」，嘔與「謳」同。嘔喻、呴喻、怤愉皆語之轉耳。䛲者，《說文》「䛲，䛲娭也」，「娭，得志娭娭也」。休者，《周語》「爲晉休戚」，韋昭注云「休，喜也」。《小雅・菁菁者莪》篇云「我心則喜」「我心則休」，「休」亦喜也，《釋文》《正義》並訓「休」爲美，失之。禔者，《方言》「禔，福也」，「禔，喜也」，注云「有福即喜」。紛怡者，《方言》「紛怡，喜也，湘潭之間曰紛怡」。《後漢書・延篤傳》云「紛紛欣欣兮其獨樂也」。《爾雅》「怡，樂也」。

誇、吁、欸、𧩼、唯、諾、然、䛩，譍也。

誇、吁者，《方言》「誇、吁，然也」，郭璞注云「皆應聲也」，應與「譍」通。欸、𧩼、䛩者，《方言》「欸、𧩼，然也，南楚凡言然者曰欸，或曰𧩼」。《衆經音義》卷十二引《倉頡篇》云「唉，䛩也」。《說文》「誒，然也」，「唉，應也」。《莊子・知北遊》篇「狂屈曰唉」，李軌注云「唉，應聲也」。誒、唉竝與「欸」同。《管子・小問》篇「管仲曰『國必有聖人』，桓公曰『然』」，《呂氏春秋・重言》篇「然」作「譆」，《說苑・權謀》篇作「歖」。譆、歖與「欸」亦聲近而義同。欸，各本譌作「欵」，惟影宋本不譌。

睎、𥉌、𤎆、虞、闞、候，望也。

睎者，《說文》「睎，望也」。《吕氏春秋・不屈》篇云「或操表掇以善睎望」。《莊子・讓王》篇「希世而行」，司馬彪注云「希，望也」，希與「睎」通。𥉌，各本譌作「𥊯」。《玉篇》《廣韻》竝云「𥉌，望也」，《集韻》《類篇》竝引《廣雅》「𥉌，望也」，今據以訂正。𤎆、虞、候者，《方言》「𤎆，虞，望也」，郭璞注云「今云烽火是也」。《說文》「𤎆，燧，候表也，邊有警則舉火」。烽與「𤎆」同。虞亦候望也。桓十一年《左傳》「且日虞四邑之至也」，杜預注云「虞，度也」。案：虞，望也，言日望四邑之至也。虞、候皆訓爲望，故古守藪之官謂之「虞候」。昭二十年《左傳》「藪之薪蒸，虞候守之」，《正義》云「立官使之候望，故以虞候爲名」，是也。昭六年《左傳》「始吾有虞於子，今則已矣」，杜注「虞，度也，言準度子産以爲己法」。案：虞，望也，言昔也吾有望於子，今則無望矣。闞者，《說文》「闞，望也」。揚雄《羽獵賦》云「東瞰目盡」，瞰與「闞」同。

糅、𥽏、𥼶、殽，雜也。

糅之言擾也。《說文》「粈，雜飯也」，又云「鈕，雜飯也」。《鄉射禮》記「以白羽與朱羽糅」，鄭注云「糅者，雜也」。粈、鈕、糅竝同。《樂記》「及優侏儒，獶雜子女，不知父子」，謂俳優侏儒之人糅雜於男女之中，不復知有父子尊卑之等也，獶與「糅」通，鄭氏訓「獶」爲獮猴，謂舞者如獮猴戲，殆非也。《史記・曆書》作「雜擾」，擾亦與「糅」通。糅、𥽏語之轉。𥽏通作「釀」。《内則》「鶉羹雞羹鴽釀之蓼」，鄭注云「釀，謂切雜之也」。《說文》「㲋，亂也，讀若『穰』」，又云「孃，煩擾也」，竝與「𥽏」聲近義同。𥼶者，《玉篇》「𥼶，雜糅食也」。𥼶與「沙礫」之「礫」，聲義竝同。殽者，《說文》「殽，相雜錯也」。《周語》云「重之以不殽」。殽，各本譌作「敎」，今訂正。

媮、約、𡰪、緜、險、磷、襌、褊、菲、移、沾，𧞣也。

媮者，《說文》「媮，薄也」。《周官·大司徒》云「以俗教安，則民不愉」，《論語·泰伯》篇作「偷」，襄三十年《左傳》「晉未可媮也」，竝字異而義同。𡰪者，《說文》「涼，薄也」，又云「𡰪，事有不善言𡰪也」，引《爾雅》「𡰪，薄也」。《玉篇》𡰪、涼竝音良，又音諒。《大雅·桑柔》篇「職涼善背」，莊三十二年《左傳》「虢多涼德」，毛傳、杜注竝云「涼，薄也」。涼與「𡰪」同。𡰪，各本譌作「⿱𡰪心」，今訂正。緜者，《漢書·嚴助傳》「越人緜力薄材」，孟康注云「緜，音滅，薄力也」。險者，《爾雅》「蝒大而險」，郭璞注云「險謂污薄也」。磷者，《論語·陽貨》篇「磨而不磷」，孔傳云「磷，薄也」。《考工記·鮑人》「雖敝不甐」，鄭注云「甐，故書或作『鄰』，鄭司農云『鄰』讀爲『磨而不磷』之『磷』」，磷、甐、鄰竝通。襌者，《說文》「襌，衣不重也」，通作「單」。襌、褊、𧞣三字竝從衣，各本譌從示，今訂正。沾者，《漢書·魏其傳》「沾沾自喜」，顏師古注云「沾沾，輕薄也，今俗言薄沾沾也」。案：《楚辭·大招》「吴酸蒿蔞，不沾薄只」，言羹味之厚也，王逸注以「沾」爲多汁，失之。《說文》「姑，女輕薄善走也，讀若『占』」，姑與「沾」亦聲近義同。𧞣，各本譌作「禣」，今訂正，經傳皆通作「薄」。

絅、獧、慓、疾、陖、陗、怦、窘、𨑗、迫、遒、蹙、矜、苦、[1]揯、亟、緊、清、躡，急也。糾。

[1]「苦」，《博雅音》作「笘」。

絅者，《説文》「絅，引急也」。獧者，《説文》「獧，疾跳也，一曰急也」，又云「懁，急也」。《莊子·列御寇》篇釋文引《三倉》云「懁，急腹也」，《楚語》云「其心又狷而不潔」，《史記·貨殖傳》云「民俗懁急」，竝字異而義同。慓者，《玉篇》匹姚、蒲小二切，《廣韻》又匹妙切。《説文》「嘌，疾也」，引《檜風·匪風》篇「匪車嘌兮」。《考工記·弓人》「則其爲獸必剽」，鄭注云「剽，疾也」。《史記·高祖紀》「項羽爲人僄悍猾賊」，《漢書》作「慓」。司馬相如《上林賦》云「汩急漂疾」。竝字異而義同。陖、陗者，《史記·鼂錯傳》「錯爲人陗直刻深」，《集解》「瓚曰『陗，峻也』」。《鹽鐵論·周秦》篇云「趙高以峻文決罪於内，百官以峭法斷割於外」。王褒《四子講德論》云「宰相刻峭，大理峻法」。峻、峭與陖、陗同。怦者，《玉篇》「怦，心急也」。《楚辭·九辯》云「心怦怦兮諒直」。趗，與「促」同。遒者，《説文》「遒，迫也」，或作「逎」。《楚辭·招魂》云「遒相迫些」。《荀子·議兵篇》云「鰌之以刑罰」。《釋名》「秋，緧也，緧迫品物，使時成也」。鰌、緧竝與「遒」通。《漢書·刑法志》引《荀子》作「道之以刑罰」，「道」即「遒」之譌，顔師古讀「道」爲「導」，失之。「蹙」亦遒也，語之轉耳。《小雅·小明》篇「政事愈蹙」，毛傳云「蹙，促也」。《考工記》「無以爲戚速也」，鄭注云「齊人有名疾爲戚者」，引莊三十年《公羊傳》「蓋以操之爲已戚矣」，今本作「蹙」，同。矜者，《荀子·議兵篇》「矜糾收繚之屬，爲之化而調」，矜、糾、收、繚皆急戾之意，故與調和相反，楊倞注以「矜」爲夸汏，失之。《方言》「矜，遽也」，「遽」亦急也。苦者，《文選·廣絶交論》注引《説文》云「苦，急也」。《莊子·天道》篇云「斲輪徐則甘而不固，疾則苦而不入」。《淮南子·道應訓》與《莊子》同，高誘注云「苦，急意也；甘，緩意也」。《方言》「苦，快也」，快與「急」亦同義，今俗語猶謂急爲快矣。揯者，《説文》「縆，急也」，又云「揯，引急也」，徐鍇《傳》云「絙，猶亘也，横亘之也」。《楚辭·九歌》「絙瑟兮交鼓」，王逸注云「絙，急張弦也」。《淮南子·繆稱訓》「治國辟若張瑟，大弦組，則小弦絶矣」，高誘注云「組，急也」。馬融《長笛賦》云「若絙瑟促柱」。拒、絙、組竝通。緊者，《説文》「緊，纏絲急也」。《釋言》篇云「緊，糾也」。傅毅《舞賦》云「弛緊急之弦張」。清、躡者，《方言》「清、躡，急也」，又云「激，清也」。《後漢書·趙壹傳》「捷懾逐物」，懾與「躡」同，言急於趨時也，李賢注「懾，懼也」，失之。《説文》「踂，馬行疾也」，義亦與「躡」同。糾者，《説文》「糾，繩三合也」，《玉篇》《廣韻》竝云「糾，急也」。《荀子》云「矜糾收繚之屬」。《魯頌·泮水》篇「角弓其觩」，鄭箋云「觩，持弦急也」。《説文》「疝，腹中急痛也」。竝與「糾」聲近義同。《衆經音義》卷二十三引《廣雅》「糾，急也」，今本脱「糾」字。

捏、掄、撟捎、擩、虞、撨、揀、選，擇也。

掄者，《説文》「掄，擇也」。《周官·山虞》云「凡邦工入山林而掄材」。《少牢饋食禮》「雍人倫膚九」，鄭注云「倫，擇也」。《齊語》「論比協材」，韋昭注云「論，擇也」。掄、倫、論竝通。撟捎者，《方言》「撟捎，選也，自關而西秦晉之閒，凡取物之上謂之撟捎」，郭璞注云「此妙擇積聚者也」。《説文》與《方言》同。擩者，《楚辭·招魂》「稻粢穱麥」，王逸注云「穱，擇也」，穱與「擩」通。捎、擩、撨聲竝相近。

摳、掀、抗、揚、擎、孥、翞、翥、翹、仰、卬、發、扛、偁、搴、臬、糾、抍、勝、檐、輿、揭、尚、興、舉、舁，舉也。 扣。

摳者，《玉篇》「摳，挈衣也」。《曲禮》云「摳衣趨隅」。掀者，《説文》「掀，舉出也」。成十六年《左傳》「乃掀公以出於淖」，杜預注云「掀，舉也」。抗者，《小雅·賓之初筵》篇「大侯既抗」，《士喪禮下》篇「甸人抗重」，毛傳、鄭注竝云「抗，舉也」。僖十六年《穀梁傳》「則王道不亢矣」，亢與「抗」通。挐者，《漢書·王莽傳》「挐茵輿行」，顔師古注云「謂坐茵褥之上，而令四人對舉茵之四角，輿而行也」。翢、翥者，卷三云「翢、翥，飛也」，「飛」亦舉也。《楚辭·九歌》「翢飛兮翠曾」，王逸注云「曾，舉也」，曾與「翢」通。《方言》「翥，舉也，楚謂之翥」，郭璞注云「謂軒翥也」。《説文》「翥，飛舉也」。《爾雅·釋蟲》云「翥醜鏬」。《楚辭·遠遊》云「鸞鳥軒翥而翔飛」。翹者，《莊子·馬蹄》篇云「齕草飲水，翹足而陸」，「翹足」謂舉足也。《周語》「好盡言以招人過」，韋昭注云「招，舉也」，《列子·説符》篇「孔子之勁，能招國門之關」，招竝與「翹」通。仰、卬聲義竝同。《説文》「仰，舉也」。扛者，《説文》「扛，横關對舉也」。《吴子·料敵》篇云「力輕扛鼎」。今俗語猶呼對舉物爲扛。《説文》「𧢼，舉角也」，義亦與「扛」同。扛，各本譌作「杠」，今訂正。偁者，《爾雅》「偁，舉也」，通作「稱」。搴者，《説文》「攐，摳衣也」，《鄭風·褰裳》篇云「褰裳涉溱」，《莊子·山木》篇云「蹇裳躩步」，竝與「搴」通。𣛠者，《説文》「𣛠，舉食者」，徐鍇《傳》云「如食牀，兩頭有柄，二人對舉之」。《周語》「偫而畚挶」，注云「挶，舁土之器」。《史記·夏紀》「山行乘檋」，《漢書·溝洫志》作「山行則梮」，韋昭注云「梮，木器，如今輿牀，人舉以行也」。義竝與「𣛠」通。𣛠，各本譌作「𣛠」，今訂正。糾者，昭六年《左傳》「糾之以政」，注云「糾，舉也」。拼，義見卷三「拼，拔也」下。勝者，《周語》「耳之察清濁也，不過一人之所勝」，注云「勝，舉也」。檐者，《説文》「儋，何也」。《管子·七法》篇云「猶立朝夕於運均之上，檐竿而欲定其末」。《秦策》云「負書擔囊」。儋、擔、檐竝通。輿與下「轝」「舁」二字同。《衆經音義》引《倉頡篇》云

「罍，舉也，對舉曰罍」。《説文》「舉，對舉也」，「舁，共舉也」，竝字異而義同。揭音居列、去列、渠列三反，又居謁、渠謁二反。《説文》「揭，高舉也」。《小雅・大東》篇云「西柄之揭」。《莊子・胠篋》篇云「脣竭則齒寒」，竭與「揭」通。凡物之上舉者皆謂之揭。《説文》「楬，禾舉出苗也」。《衛風・碩人》篇「葭菼揭揭」，毛傳云「揭揭，長也」。《説文》「碣，特立之石也」。義竝與「揭」通。舉物謂之揭，負物亦謂之揭。《説文》「竭，負舉也，從立、曷聲」。《禮運》「五行之動，迭相竭也」，鄭注云「竭，猶負戴也」。成二年《左傳》「桀石以投人」，杜預注云「桀，擔也」。《莊子・胠篋》篇云「負匱、揭篋、擔囊而趨」。竭、揭、桀竝通。揭與「擔」同義，故竝訓爲舉也。「揭」又音去例反。《邶風・匏有苦葉》篇「淺則揭」，毛傳云「揭，褰衣也」。揭、褰、摳一聲之轉，故亦竝訓爲舉也。又案：挙者，對舉也，故所以舉棺者謂之「輁軸」。《士喪禮下》篇「遷于祖，用軸」，鄭注云「軸，輁軸也，輁狀如長牀，穿桯，前後著金而關軸焉」，是也。扛者，横關對舉也，故牀前横木謂之「杠」。《説文》「杠，牀前横木也」，徐鍇《傳》云「今人謂之牀桯」，是也。暴者，亦對舉也，故輿牀謂之「桐」。輿者，共舉也，故車所以舉物者謂之「輿」。《釋名》云「自古制器立象，名之於實，各有義類」，斯之謂矣。尚者，《王制》「上賢以崇德」，「上賢」謂舉賢也，上與「尚」通。興者，《周官・大司徒》「以鄉三物教萬民而賓興之」，鄭注云「興，猶舉也」。扣者，《論語・子罕》篇「我叩其兩端而竭焉」，孔傳訓「叩」爲發，發與「舉」同義，叩與「扣」通。《衆經音義》卷九引《廣雅》「扣，舉也」，今本脱「扣」字。

句、降、窪、窆、窊、埋、埝、窫、㙕、隤、折、按，下也。

窪者，《説文》「窪，窊也」。《老子》「窪則盈」，顧懽注云「窪，洿也」。《莊子・齊物論》篇云「似洼者，似汙者」。《説文》「洼，深池也」。義竝與「窪」同。窆音方驗、方鄧二反，《周官·遂師》「及窆」，鄭衆注云「窆，謂葬下棺也」。《檀弓》「縣棺而封」，鄭注云「封，當爲『窆』，窆，下棺也」。昭十二年《左傳》「毁之則朝而塴」，杜預注云「塴，下棺也」，《説文》作「堋」。竝聲近而義同。窊者，《説文》「窊，汙衺下也」。《漢書·禮樂志》「窅窊桂華」，蘇林注云「窅音『窅眰』之窅，窊音『窊下』之窊」。《孟子·公孫丑》篇「汙不至阿其所好」，趙岐注云「汙，下也」，汙與「窊」通。鑿地爲尊謂之汙尊，義亦同也。埕、埝、𥨊者，《方言》「埕、墊，下也，凡柱而下曰埕，屋而下曰墊」，又云「埝，下也」，郭璞注云「謂陷下也」。《靈樞經·通天》篇云「太陰之人，其狀念然下意」，念與「埝」通。卷三云「㘨，深也」，㘨與「埝」義亦相近。《説文》「𥨊，屋傾下也」，又云「墊，下也」。《皋陶謨》「下民昏墊」，鄭注云「昏，没也；墊，陷也」。《莊子·外物》篇「厠足而墊之至黄泉」，司馬彪注云「墊，下也」。墊與「𥨊」同。墊訓爲下，故居下地而病困者，謂之墊隘。成六年《左傳》云「郇瑕氏土薄水淺，其惡易覯，易覯則民愁，民愁則墊隘，於是乎有沈溺重膇之疾」，是也。㙷音蟄。《説文》「㙷，下入也」，㙷與「埑」同。《釋名》云「下溼曰隰，隰，蟄也」。《荀子·脩身篇》「卑濕重遲貪利，則抗之以高志」，楊倞注云「濕，亦謂自卑下，如地之下濕然也」。《論衡·氣壽篇》云「兒生號啼之聲，鴻朗高暢者壽，嘶喝濕下者夭」。義竝與「埑」同。《方言》云「凡高而有墜，得而中亡，謂之溼」，義亦相近也。

賆、貤、附、助、坿、埤、陪、䝯、賢、贈、饒、贏、隲、貳、斟、酌、俞、潤、沾、潼，益也。

賆者，增多之意，故爲益也。《莊子·駢拇》篇云「此皆多駢旁枝之道」，駢與「賆」通。貤之言移也，移此以益彼也。《漢書·武帝紀》:❶「受爵賞而欲移賣者,無所流貤。」應劭注云「言無所移與也」。《大雅·皇矣》篇云「既受帝祉,施于孫子」,義與「貤」同。附與下「坿」字同。《説文》「坿,益也」。助者,《論語·先進》篇「回也非助我者也」,孔傳云「助,益也」。埤者,《説文》「埤,增也」,「朇,益也」,「裨,接益也」,埤、朇、裨竝通。陪者,鄭注《曲禮》云「陪,重也」,又注《中庸》云「培,益也」,培與「陪」通。貱之言被也,以物相被及也,故卷二云「益、被,加也」。《堯典》「光被四表」,傳訓「被」爲溢,義相近也。貱與「貤」疊韻也。《説文》「貱,移與也」,《玉篇》「貤,貱也」。《鄘風·君子偕老》篇「不屑髢也」,鄭箋云「髢,髲也」,《正義》引《説文》云「髲,益髮也」。《釋名》云「髲,被也,髮少者得以被助其髮也」。髲、髢與貱、貤聲相近,皆附益之意也。凡物之有次第者,亦謂之貱貤。《周官·追師》「掌王后之首服,爲副編次」,鄭注云「次者,次第髮長短爲之,所謂髲髢也」。《説文》「貤,重次弟物也」。《集韻》「貱貤,次第也」。案:貱貤猶言陂陀。故岸之重次第謂之陂陀,髮之重次第謂之髲髢。《説文》以「貤」爲重次弟物,《周官》注以「髲髢」爲次第髮長短,其義一也。物之次第相重,則相附益,故貱貤又爲益也。賢者,卷三云「賢,拏也」,紛拏亦多益之意。饒者,《説文》「益,饒也」。贏者,❷《説文》「贏,賈有餘利也」。禡者,《方言》「禡,益也」,郭璞注云「謂增益也」。《爾雅》「『是類是禡』,師祭也」。《周官·肆師》「凡四時之大甸獵,祭表貉,則爲位」,鄭注云「貉,師

❶「武」,原作「五」,今據《漢書》改。

❷「贏」,按正文當作「贏」。下「贏」同。

祭也，貉讀爲十百之『百』，於所立表之處爲師祭，祭造軍灋者，禱氣勢之增倍也」，《釋文》「貉，莫駕反」。《甸祝》「掌四時之田表貉之祝號」，杜子春注云「貉讀爲『百爾所思』之『百』，書亦或爲『禡』，禡，兵祭也」，鄭注云「禡者，禱氣勢之十百而多獲」。貉、禡與「隖」同聲，皆增益之意，故又讀爲「十百」之「百」也。《漢書・律曆志》云「數紀於一，協於十，長於百，大於千，衍於萬」，長即增益之意。貳者，《說文》「貳，副益也」。《坎》六四「尊酒簋，貳用缶」，虞翻注云「貳，副也」。《周官・酒正》「凡祭祀，以灋共五齊三酒，以實八尊，大祭三貳，中祭再貳，小祭壹貳」，鄭衆注云「貳，益副之也」。《弟子職》「周還而貳」，尹知章注云「貳謂再益也」。斟，酌者，《方言》「斟，益也，南楚凡相益而又少謂之不斟，凡病少愈而加劇，亦謂之不斟，或謂之何斟」，注云「斟言斟酌益之也」。王逸注《招魂》云「勺，沾也」，勺與「酌」通。俞者，《小雅・小明》篇「政事愈蹙」，鄭箋云「愈猶益也」，愈與「俞」通。潤者，《大學》云「富潤屋，德潤身」，是「潤」爲益也。餘分之月謂之閏，義亦同也。沾者，《說文》「沾，益也」，今俗作「添」，同。

沮、潤、湆、浥、漸、洳、溽、淖，溼也。沃。

沮、漸、洳者，沮洳猶言漸洳。漸，義見卷二「漸，漬也」下。《衆經音義》卷十引《倉頡篇》云「沮，漸也」。《王制》「山川沮澤」，何氏《隱義》云「沮澤，下溼地也」。《說文》「澤，漸溼也」，澤與「洳」同。《魏風》「彼汾沮洳」，毛傳云「沮洳，其漸洳者」。《漢書・東方朔傳》「塗者，漸洳徑也」，顏師古注云「漸洳，浸溼也」。湆者，《說文》「湆，幽溼也」，徐鍇《傳》云「今人多言浥湆也」。浥者，《說文》「浥，溼也」。《召南・行露》篇「厭浥行露」，毛傳云「厭浥，溼意也」。溽之言濡溼也。《說文》「溽，溼暑也」。《月令》「土潤溽暑」，鄭注云「潤溽，謂塗溼也」。淖者，《爾雅·釋言》釋文引《字林》云「淖，濡甚也」。《荀子·脩身篇》云「非漬淖也」。

《衆經音義》卷十三引《廣雅》「沃，溼也」，今本脱「沃」字。

顉、傪、振、訊、搖、扤、盪、湧、奮、勨、撼、孩、擡、揌、掉捎、扮、揮、揣、摷、抁、搈、衝、佅、賦、蟆、東、風，動也。

顉、傪者，《説文》「顉，低頭也」，引襄二十六年《左傳》「迎于門顉之而已」，今本作「頷」，杜預注云「頷，搖其頭也」。《列子·湯問》篇云「顉其頤則歌合律」，顉與「頷」通。《玉篇》「䫲，桑感切，動頭也」。《廣韻》「顉䫲，搖頭皃」。《衆經音義》卷五云「今江南謂領納搖頭爲顉傪」，傪與「䫲」同。扤之言杌隉也。《説文》「扤，動也」。《玉篇》虞厥、午骨二切。《方言》「僞謂之扤，扤，不安也」，郭璞注云「船動搖之貌也」。《小雅·正月》篇「天之扤我」，毛傳云「扤，動也」。《考工記·輪人》云「則是以大扤，雖有良工，莫之能固」。《晉語》「故不可抈也」，韋昭注云「抈，動也」。傅毅《舞賦》云「兀動赴度，指顧應聲」。抈、兀竝與「扤」通。盪與下「勨」字同，經傳通作「盪」，又作「蕩」。湧通作「涌」，又作「踊」。撼者，《説文》「㨔，搖也」，㨔與「撼」同。司馬相如《長門賦》云「擠玉户以撼金鋪兮」。撼之言感也。《召南·野有死麕》篇「無感我帨兮」，毛傳云「感，動也」，《釋文》「感，如字，又胡坎反」，是感、撼同聲同義。孩者，《玉篇》「胡改切，撼動也」。高誘注《淮南子·俶真訓》云「駭，動也」，駭與「孩」聲近義同。擡、揌者，《玉篇》「擡，振動也」，「揌，擡揌也」。掉捎者，《釋訓》篇云「掉撨，振訊也」，掉撨與「掉捎」同。《楚語》「大能掉小，則變而不勤」。《文選·長楊賦》注引賈逵注云「掉，搖也」。《釋訓》云「揣抁，搖捎也」，搖捎猶「掉捎」也。一作「搖消」。《淮南子·俶真訓》云「摇消掉捎仁義禮樂」。《文選・舞賦》「簡惰跳踃般紛挐兮」，李善注引《埤倉》云「踃，跳也」，吕向注云「跳踃，動足貌」。掉捎、跳踃、摇捎竝聲近而義同。扮亦「奮」也，方俗語有輕重耳。揮者，《乾・文言》「六爻發揮」，《釋文》引《廣雅》「揮，動也」。揮與「奮」同義。《曲禮》「奮衣由右上」，鄭注云「奮，振去塵也」。又「飲玉爵者弗揮」，何氏《隱義》云「振去餘酒曰揮」。《爾雅》「鷹隼醜，其飛也翬」，翬即「奮迅」之意。又云「雉絶有力，奮」，「羊絶有力，奮」，「鷄絶有力，奮」。又云「魚有力者，徽」，徽亦「奮」也。揮、翬、徽竝同義，故《説文》云「翬，大飛也」，「奮，翬也」，「揮，奮也」。揣、抁者，揣音喘，抁音弋選反，《釋訓》云「揣抁，摇捎也」。揣抁之轉爲「喘耎」。《莊子・胠篋》篇「喘耎之蟲」，崔譔注云「動蟲也，一云無足蟲」。《荀子・勸學篇》「端而言，蠕而動」，《臣道篇》作「喘而言，臑而動」。喘耎、端蠕、喘臑古字通用，皆謂動貌也。凡蟲之無足者，其動喘耎然，故蚯蚓謂之蜸蠕。高誘注《淮南子・時則訓》云「蚯螾，蜸蠕也」，蜸蠕又「喘耎」之轉矣。《廣韻》「揣」又音丁果切，摇也。或通作「朵」，《頤》初九「觀我朵頤」，鄭注云「朵，動也」，京房作「揣」。搈之言踊也。《説文》「搈，動搈也」。《楚辭・九章》云「悲秋風之動容兮」。《韓子・揚搉》篇云「動之溶之」。搈、容、溶竝通。❶《説文》「傛，不安也」，義與「搈」亦相近。衝、俶者，《方言》「衝、俶，動也」。衝、俶與衝、俅同。衝亦動也，方俗語有輕重耳。《釋訓》云「衝衝，行也」。《説文》「憧，不定也」。《咸》九四「憧憧往來」。皆動之貌也。聲轉爲「俶」。《爾雅》「動、俶，作也」，是俶與「動」同義。《説

❶「搈容」，原作「溶搈」，今據《四部備要》本改。

文》「埱，氣出於土也」，義亦與「俶」同。《孟子・梁惠王》篇「於我心有戚戚焉」，趙岐注云「戚戚然心有動也」，戚與「俶」亦聲近義同。賦者，《方言》「賦，動也」。蝡者，《説文》「蝡，動也」。《鬼谷子・揣》篇云「蜎飛蝡動」。《史記・匈奴傳》「跂行喙息蝡動之類」，《索隱》引《三倉》云「蝡蝡，動貌」。馬融《廣成頌》云「蝡蝡蟫蟫」。蝡與「喘耎」之耎一字也。《説文》「耎，稍前大也」，義亦與「蝡」同。《説文》「瞤，目動也」，瞤與「蝡」亦聲近義同。東、動聲相近。《書大傳》云「東方者何也？動方也，物之動也」。《漢書・律曆志》云「少陽者，東方，東，動也，陽氣動物」。風者，《釋名》云「風，兖豫司冀横口合脣言之，風，氾也，其氣博氾而動物也，青徐言風，踧口開脣推氣言之，風，放也，氣放散也」。《詩序》云「風，風也，教也，風以動之，教以化之」。是凡言風者，皆動之義也。

摧、挫、摺、踒、擸、抈、詘、曲、罰、𢶍、制、夭，折也。

摺，曹憲《音》「力合反」，義與下「𢶍」字同。《説文》「摺，敗也」，「拹，摺也」，「拉，摧也」。莊元年《公羊傳》「摺幹而殺之」，何休注云「𢶍，折聲也」，《釋文》作「拹」，《史記・齊世家》作「拉」，《魯世家》作「摺」。《范雎傳》「折脅摺齒」，《鄒陽傳》作「摺脅折齒」，《漢書》作「拉脅折齒」。竝字異而義同。《説文》「柆，折木也」。張衡《西京賦》「梗林爲之靡拉」。義亦與「摺」同。𢶍，各本譌作「攢」，今訂正。踒者，《衆經音義》卷十三引《倉頡篇》云「挫足爲踒」，又引《通俗文》云「足跌傷曰踒」。《韓非子・説林》篇云「此其爲馬也，踒肩而腫足」。《易林・蒙之隨》云「猿墮高木，不踒手足」。擸音獵，舊本譌作「擖」。擸之譌擖，猶臘之譌臈。擖音公八反。《説文》「刮也，一曰撻也」，皆非摧折之義。《玉篇》「擖」字亦不訓爲折。曹憲不知「擖」爲「擸」

之譌，遂誤音「公八反」。《廣韻》「擖，刮聲也」，又「折也」。《集韻》《類篇》引《廣雅》「擖，折也」，竝沿曹憲之誤。考《説文》「邋，㩧也」。《公羊》注云「㩧，折聲也」。㩧與「拉」同，邋與「擸」同。拉、擸疊韻字也。《文選·吴都賦》「菈擸雷硠，崩巒弛岑」，李善注云「菈擸雷硠，崩弛之聲也」，五臣本「菈」作「拉」，吕延濟注云「拉擸，木摧傷之聲也」，竝與《公羊》注「折聲」之義同。又《洞簫賦》「擸若枚折」，李善注云「擸，折聲也」，引《廣雅》「擸，折也」，則唐時《廣雅》本尚有不誤者，今據以訂正。《太玄·止》次七云「車纍其偭，馬獵其蹄」，獵亦與「擸」通。抈者，《説文》「抈，折也」。《太玄·羨》上九「車軸折，其衡抈」，范望注與《説文》同。《楚辭·九思》「車軏折兮馬虺頹」，軏與「抈」通。制者，《文選》張協《雜詩》注引李奇《漢書注》云「制，折也」。《大戴禮·保傅》篇「不中於制獄」，「制獄」即折獄也。《論語·爲政》篇：❶「片言可以折獄者。」《魯》讀「折」爲「制」。《莊子·庚桑楚》篇「夫尋常之溝，巨魚無所還其體，而鯢鰌爲之制」，《釋文》引《廣雅》「制，折也」，謂小魚得曲折也。折、制古同聲，故「制」有折義。《史記·項羽紀》「渡浙江」，《索隱》云「浙江在今錢塘」，「蓋其流曲折，《莊子》所謂『制河』，即其水也」。《玉篇》「銴」音制，《方言》云「自關而西謂簟曰銴」，亦取曲折之義也。夭者，昭十九年《左傳》賈逵注云「短折曰夭」。

虔、辯、謾、黠、儇、憭、諝、懇、譎、詖、曉、捷、鬼，慧也。

虔者，《方言》「虔，謾也」，又云「虔，慧也」。辯者，《大戴禮·小辨》篇「寡人欲學小辨，以觀於政」，盧辯注

❶「爲政」，《廣雅疏證補正》改作「顔淵」，是。

云「小辨，謂小辨給也」。《晉語》云「巧文辯惠則賢」。辯、辨、慧、惠竝通。謾者，《方言》「秦謂慧曰謾」，郭璞注云「言謾訑也」，義見卷二「謾，欺也」下。黠者，《方言》「趙魏之閒謂慧曰黠」。儇者，《方言》「儇，謾也」，又云「儇，慧也」。《楚辭·九章》「忘儇媚以背衆兮」。《淮南子·主術訓》「辨慧懁給」，懁與「儇」通。憭者，《説文》「憭，慧也」。《方言》注云「慧、憭，皆意精明也」。《後漢書·孔融傳》云「小而聰了，大未必奇」，了與「憭」通。譖者，《方言》楚謂「慧」曰「譖」。字或作「詑」，又作「訑」。義見卷二「詑，欺也」下。鬄者，《方言》晉謂「慧」曰「鬄」。譎者，卷三云「憰，[illegible]也」，憰與「譎」同。詖者，《文選》顔延之《和謝監靈運詩》注引《倉頡篇》云「詖，佞諂也」。《荀子·成相篇》云「讒人罔極，險陂傾側」。《詩序》云「内有進賢之志，而無險詖私謁之心」。詖與「陂」通。曉者，《方言》「曉，知也」。捷者，《方言》宋楚之閒謂「慧」曰「捷」，注云「言便倢也」，倢與「捷」通。鬼者，《方言》趙魏之閒或謂「慧」曰「鬼」，注云「言鬼脈也」。

改、咍、唏、御、❶谷、听、嗞、哂、莞、唹、嗔、嘔、啁、咦、吲、訨、啞，笑也。䚵、䶑。

改與「咍」同。《楚辭·九章》「又衆兆之所咍」，王逸注云「咍，笑也，楚人謂相啁笑曰咍」。左思《吴都賦》云「東吴王孫囅然而咍」。唏者，《説文》「唏，笑也」。《釋訓》云「唏唏，笑也」。御與「谷」同，字本作「噱」。《説文》「噱，大笑也」。《漢書·敘傳》「談笑大噱」，顔師古注云「噱噱，笑聲也」。谷，各本譌作「谷」，惟影宋本不譌。听者，《説文》「听，笑皃」。司馬相如《上林賦》云「亡是公听然而笑」。字亦作「欣」。《史記·

❶「御」，原作「腳」，今據續四庫本改。

孔子世家》云「孔子欣然笑」。《集韻》《類篇》引《廣雅》作「齗」。《後漢書·張衡傳》注引《字詁》云「齗，笑貌也，『听』之別體也」。《思玄賦》「戴勝慭其既歡兮」，舊注云「慭，笑貌」。竝字異而義同。哂與下「吲」字同。微笑謂之哂，大笑亦謂之哂。《説文》「笑不壞顏曰弞」。《論語·先進》篇「夫子哂之」。是「哂」爲微笑也。《曲禮》「笑不至矧」，鄭注云「齒本曰矧，大笑則見」，《釋文》「矧，本又作『哂』」。是「哂」爲大笑也。哂、吲、弞、矧竝通。莞者，《論語·陽貨》篇「夫子莞爾而笑」，何晏注云「莞爾，小笑貌」。莞，各本作「莧」，乃隸書之譌，今訂正。嗔者，《玉篇》「嗔，大笑也」。嘔者，《廣韻》「嘔噱，笑不止也」。《文選·琴賦》「嘔噱終日」，李善注引《通俗文》云「樂不勝謂之嘔噱」。哃者，《玉篇》「哃，大笑也」。《釋訓》云「哃哃，笑也」。咦亦「唏」也，方俗語有緩急耳。訕者，《釋訓》云「訕訕，笑也」。啞者，《説文》「啞，笑也」。《震》彖辭「笑言啞啞」，馬融注云「啞啞，笑聲也」。《列子·周穆王》篇云「同行者啞然大笑」。䁈、䶗者，《玉篇》《廣韻》竝云「䁈，笑皃」。《集韻》引《廣雅》「䁈，笑也」，「䶗，笑也」。今本脱䁈、䶗二字。

誅、罰、戮、虔、伐、肆、刈，殺也。

誅，《集韻》《類篇》引《廣雅》竝作「𢧵」。虔者，《方言》「虔，殺也，青徐淮楚之閒曰虔」，又云「秦晉之北鄙、燕之北郊、翟縣之郊謂賊爲虔」，「賊」亦殺也。莊三十二年《左傳》「共仲使圉人犖賊子般于黨氏」，是也。成十三年《傳》「虔劉我邊陲」，杜預注云「虔、劉皆殺也」。肆者，《夏小正》「狸子肇肆」，傳云「肇，始也；肆，遂也；言其始遂也，或曰『肆，殺也』」。

廝、徒、牧、圉、侍、御、僕、從、扈、養、任、甬、辯、令、保、庸、童、役、謂、命，使也。

圉，各本譌作「閏」。案：上文云「牧、圉，臣也」，臣與「使」同義，故牧、圉又爲使也。僖十七年《左傳》云「將生一男一女」，「男爲人臣，女爲人妾，故名男曰圉，女曰妾」，是「圉」爲使也。《廣韻》「牧，使也」，《玉篇》「圉，使也」，竝本《廣雅》。今據以訂正。扈、養者，宣十二年《公羊傳》「廝役扈養」，何休注云「艾草爲防者曰廝，汲水漿者曰役，養馬者曰扈，炊烹者曰養」。《韓策》云「卒不過三十萬，而廝徒負養在其中矣」。任、甬、保、庸者，《説文》「任，保也」，徐鍇《傳》云「信於朋友曰任，❶任者，可保任也」，亦言可「任用」也。《説文》「賃，庸也」，「賃」亦任也，「庸」亦用也。《方言》「自關而東，陳魏宋楚之閒，保庸謂之甬」，「甬」亦庸也。《楚辭·九章》「固庸態也」，王逸注云「庸，廝賤之人也」。《史記·欒布傳》「賃傭於齊，爲酒人保」，《集解》引《漢書音義》云「可保信，故謂之保」，傭與「庸」通。辯者，《酒誥》「勿辯乃司民湎于酒」，傳云「辯，使也」。辯之言俾也，「俾」亦使也。《書序》「王俾榮伯作《賄肅慎之命》」，馬融本「俾」作「辯」，是辯、俾同聲同義。役，古文「役」字也。謂者，《小雅·出車》篇云「自天子所，謂我來矣」。

嬉、嫉、嫪、嫭、妎、娼，妬也。

嫉，各本譌作「嫉」，今訂正。嫪、嫭者，《説文》「嫪，婟也」，「婟，嫪也」，婟與「嫭」同。嫪嫭猶牢固也。《爾雅·釋鳥》釋文引《聲類》云「婟嫪，戀惜也」。《廣韻》「嫪，吝物也」。義與「妬」竝相近。妎者，《説文》「妎，妒也」，妒與「妬」同。娼者，《秦誓》「冒疾以惡之」，《大學》作「娼疾」，鄭注云「娼，妬也」。娼、冒，嫉、疾

❶ 「任」，原作「仕」，今據經解本、中華本改。

竝通。

夸、蒸、通、媱、窕、劮、婸、報，婬也。

夸、蒸、通、報者，《方言》「夸、烝，婬也」，烝與「蒸」通。夸訓爲婬，與下媱、窕、劮、婸同義，皆謂淫泆無度也。夸、淫皆過度之義，故上文云「夸，大也」，《爾雅》云「淫，大也」，淫與「婬」通。夸，各本譌作「夲」，自宋時本已然，故《集韻》《類篇》竝云「夸」或作「夲」。案：「夸」字隸或作「𡗜」，故譌而爲「夲」。考《説文》《玉篇》《廣韻》俱無「夲」字，今訂正。《邶風·雄雉》正義云：桓十六年《左傳》曰「衞宣公烝於夷姜」，服虔云「上淫曰烝」，則「烝」，進也，自下進上而與之淫也。十八年《傳》曰「文姜如齊，齊侯通焉」，服虔云「傍淫曰通」，言「傍」者，非其妻妾，傍與之淫，上下通名也。《牆有茨》云「公子頑通於君母」，《左傳》曰孔悝之母與其豎渾良夫「通」，皆上淫也。齊莊公「通」於崔杼之妻，「蔡景侯爲大子般娶於楚，通焉」，皆下淫也。以此知「通」者，總名。故服虔又云「凡淫曰通」，是也。宣三年《傳》曰「文公報鄭子之妃」，服虔云「鄭子，文公叔父子儀也，報，復也，淫親屬之妻曰報」。《漢律》「淫季父之妻曰報」。案：報者，進也。《樂記》「禮減而不進則銷，樂盈而不反則放，故禮有報而樂有反」，鄭注云「報讀爲『褒』，褒猶進也」。「報」與「烝」皆訓爲進，上淫曰「烝」，淫季父之妻曰「報」，其義一也。媱、窕者，《方言》「遥、窕，淫也，九疑荆郊之鄙謂淫曰遥，沅湘之閒謂之窕」，郭璞注云「遥，言心摇蕩也」，遥與「媱」通。《方言》又云「江沅之閒謂戲曰媱」，戲與「婬」亦同義。媱，各本譌作「婬」，今訂正。劮、婸者，《方言》「佚、惕，婬也」，又云「江沅之閒或謂戲曰惕」。佚與「劮」通，字或作「逸」，又作「泆」。惕與「婸」通，字或作「蕩」。

襲、馺、逮、纍，及也。

襲者，《楚辭·九歌》「芳菲菲兮襲予」，王逸注云「襲，及也」。馺、及聲相近。《説文》「馺，馬行相及也」。揚雄《甘泉賦》云「輕先疾雷而馺遺風」。纍，各本譌作「⿱幽糸」，《玉篇》「纍，力僞切，延及也」，或省作「累」。桓二年《公羊傳》云「及者何，累也」，今據以訂正。

䡠、贅、侹、固、攻、礭、賢、艮、磑、鍇、鏳、鞕、臣、牢、掔，堅也。

各本「掔」下俱脱「堅」字。《集韻》《類篇》䡠、贅、侹、磑、鏳、鞕六字注竝引《廣雅》「掔也」，又「掔」字注引《廣雅》「固、礭，掔也」，則宋時《廣雅》本已脱去「堅」字。今考《玉篇》引《廣雅》「臣，堅也」，《衆經音義》卷二十四引《廣雅》「礭，堅也」，又䡠、贅以下十五字，諸書竝訓爲「堅」，今據以補正。䡠者，曹憲《音》「苦耕反」。《説文》「⿱殸車，車堅也」，⿱殸車與「䡠」同。《釋訓》篇云「䡠䡠，堅也」，䡠䡠猶硜硜。凡堅貌謂之硜，堅聲亦謂之硜。《論語·子路》篇「言必信，行必果，硜硜然小人哉」，皇侃疏云「硜硜，堅正難移之貌也」。《樂記》「石聲磬，磬以立辨，辨以致死」，《史記·樂書》「磬」作「硜」，《集解》引王肅注云「硜，聲果勁也」。《釋名》「磬，罄也，其聲罄罄然堅緻也」。竝聲近而義同。贅者，《玉篇》「贅，堅也」。侹之言堅緻也。《玉篇》「侹，牢也，堅也」。《廣韻》同。攻之言鞏固也。《小雅·車攻》篇「我車既攻」，毛傳云「攻，堅也」。《齊語》「辨其功苦」，韋昭注云「功，牢也，苦，脃也」。《月令》「必功致爲上」，《淮南子·時則訓》作「堅致」。堅、功一聲之轉，功與「攻」通。礭者，《説文》「塙，堅不可拔也」。《繫辭傳》「確然示人易矣」，馬融注云「確，剛貌」。《乾·文言》「確乎其不可拔」，鄭注云「確，堅高之貌」。確、礭竝與「塙」同。賢者，《太平御覽》引《風俗通》云「賢，堅也」。艮、磑者，《方言》「艮、磑，堅也」。《説卦傳》云「艮爲山」，「爲小石」，皆堅之義也，今俗語猶謂物堅不可拔曰艮。艮，各本譌作「良」，惟影宋本不譌。《文選·高唐賦》「振陳磑磑」，《思玄賦》「行積冰之磑磑兮」，李善注竝引《方言》「磑，堅也」。《釋名》云「鎧，猶塏也，塏，堅重之言也」，竝與「磑」聲近義同。鍇、鐟者，《方言》「鍇、鐟，堅也，自關而西秦晉之閒曰鍇，吴揚江淮之閒曰鐟」。鍇、鐟聲相近，方俗語轉耳。《人物志·體別》篇云「彊楷堅勁」，楷與「鍇」通。《説文》「九江謂鐵曰鍇」，亦堅之義也。鞕者，《玉篇》「鞕，堅也」。❶《廣韻》同。臣者，《太平御覽》引《孝經説》云「臣者，堅也，守節明度，循義奉職也」。《白虎通義》云「臣者，繵也，堅也，屬志自堅固也」。𩏑者，《玉篇》「𩏑，口閒切，堅也」。《説文》「臤，堅也」。《爾雅》「掔，固也」，郭璞注云「掔然牢固」。𩏑、掔、臤竝通。公羊氏《春秋》成四年「鄭伯臤卒」，疏云「《左氏》作『堅』字，《穀梁》作『賢』字」。《玉篇》「䋈，古千切」，引成公四年「鄭伯䋈卒」。《説文》「堅」「賢」竝從臤聲，「臤」從臣聲。《廣雅》「贒、賢、臣、𩏑，堅也」。堅、䋈、賢、贒、𩏑、掔、臤、臣八字竝聲近而義同。

挻、秀、觮、拔、揠、擢、涌、溢、𢧵、莘、茁、喬、生，出也。鬱。

挻者，《説文》「挻，拔也」。《魏策》云「挻劍而起」。秀者，《齊語》云「秀出於衆」。拔、揠、擢三字義見卷三「揠、擢，拔也」下。𢧵者，《説文》「𢧵」，古文「蠢」字。《考工記·梓人》「則春以功」，鄭注云「春讀爲蠢，蠢，

❶「玉」，原作「王」，今據經解本改。

作也，出也」。春、蠢皆有出義，故《鄉飲酒義》云「春之爲言蠢也，産萬物者」也。《書大傳》云「春，出也，物之出也」。春、蠢、出一聲之轉耳。䓘、茁、矞、出四字，聲竝相近。䓘者，《廣韻》引《音譜》云「䓘，草子甲也」。《集韻》云「草孚甲出也」。茁、出聲相近。《説文》「茁，草初出地皃」。《召南·騶虞》篇「彼茁者葭」，毛傳云「茁，出也」。矞，各本譌作「喬」。《説文》「矞，滿有所出也」。《玉篇》「矞，出也」。今據以訂正。矞，字亦作「⿰矞出」。《廣韻》「⿰矞出，⿰矞出出也」，⿰矞出出猶言溢出。溢、涌、矞一聲之轉，故皆訓爲出也。凡物之鋭出者亦謂之矞。《説文》「矞」字注又云「以錐有所穿也」，又「聿」字注云「所以書也，楚謂之聿，秦謂之筆」。《玉篇》云「銉，針也」。皆鋭出之義也。《説文》「潏，涌出也」，潏與「矞」亦聲近義同。生者，《説卦傳》「萬物出乎震」，虞翻注云「出，生也」。《文選·魏都賦》注引劉瓛《周易義》云「自無出有曰生」。欝者，班固《西都賦》「神明欝其特起」，欝，高出之貌也。《文選》曹植《贈徐幹詩》「文昌欝雲興」，李善注引《廣雅》「欝，出也」。今本脱「欝」字。

殫、索、既、渴、滲、㵒、涸、急、汔、⿰火穹、湫、澌、涖、釂、⿰歹戌、糞、寫、鬐、稍、煎、鋌、央，盡也。

殫者，《説文》「殫，殛盡也」。《祭義》云「歲既單矣」，單與「殫」通。索者，《衆經音義》卷三引《倉頡解詁》云「索，盡也」。《牧誓》云「惟家之索」。卷三云「索，空也」。《爾雅》「空，盡也」。素與「索」亦聲近義同。渴，今通作「竭」。滲、㵒者，《説文》「滲，下漉也」。滲，曹憲《音》「所蔭反」。各本「所蔭」二字誤入正文，在「滲」字上。《衆經音義》卷十「滲，所蔭反」，引《廣雅》「滲，盡也」，今據以訂正。《説文》「漉，水下皃也」。《爾雅》「盝，竭也」。《方言》「㵒，涸也」，「漉，極也」，郭璞注云「滲漉，極盡也」。司馬相如《封禪文》云「滋液滲漉」。《考工記・㡛氏》云「清其灰而盝之」。《月令》云「毋竭川澤，毋漉陂池」。⿰氵盝、盝、漉竝通。《淮南子・本經訓》「竭澤而魚」，高誘注云「竭澤，漏池也」，漏池即所謂「漉陂池」也。漉、漏聲相近，故「滲漉」或謂之滲漏。卷二云「歇、漏，泄也」。「泄」謂之漏，猶「盡」謂之漉也。「泄」謂之歇，猶「盡」謂之竭也。汔之言訖也。《説文》「汔，水涸也」。《井》彖辭「汔至」，荀爽注云「陰來居初，下至汔竟也」。「竟」亦盡也。《吕氏春秋・聽言》篇云「壯狡汔盡窮屈」。汔與「既」聲亦相近也。㷗之言窮也。卷二云「㷗，乾也」。「乾」亦盡也。湫讀爲「遒」。《玉篇》《廣韻》竝云「遒，盡也」。《廣韻》湫、遒竝即由切。《爾雅》「酋，終也」。《大雅・卷阿》篇「似先公酋矣」，毛傳云「酋，終也」，《正義》作「遒」。《楚辭・九辯》云「歲忽忽而遒盡兮」。《淮南子・俶真訓》云「精有湫盡而神無窮極」。竝字異而義同。澌者，《説文》「澌，水索也」，曹憲《音》「斯」。《玉篇》《廣韻》竝音「賜」。《方言》「澌，盡也」。鄭注《曲禮》云「死之言澌也，精神澌盡也」，《正義》云「今俗呼盡爲澌，即舊語有存者也」。《金縢》「大木斯拔」，《史記・魯世家》作「盡拔」。《鄉飲酒禮》「尊兩壺于房户閒，斯禁」，鄭注云「斯禁，禁切地無足者」，疏云「斯，澌也，澌，盡之名」也。《文選・西征賦》「若循環之無賜」，李善注引《方言》「賜，盡也」。《史記・李斯傳》云「吾願賜志廣欲」。澌、斯、賜竝通。《繫辭傳》「故君子之道鮮矣」，《釋文》「師説云『鮮，盡也』」，鮮與「斯」亦聲近義同。故《小雅・瓠葉》箋云「今俗語斯、白之字作鮮，齊魯之閒聲近斯矣」。泣者，《玉篇》力二、力計二切。《廣韻》「泣，汔也」，「汔」即涸也。又《廣韻》「⿰氵隸」字注引《埤倉》云「渧⿰氵隸，漉也」。漉即「滲漉」之漉，⿰氵隸與「泣」同聲，皆涸竭之意也。釂者，《説文》「釂，飲酒盡也」，又云「⿰⿰米焦欠，盡酒也」。《曲禮》「長者舉未釂」，鄭注云「盡爵曰釂」。《荀子・禮論篇》云「利爵之不醮也」。《史記・游俠傳》云「與人飲，使之嚼」。並字異而義同。凡言醮者皆盡之義。鄭注《昏義》云「酌而無酬酢曰醮」，《正義》云「直盡爵而已，故稱醮也」。《曲禮》「庶人僬僬」，《正義》云「單盡之貌也」。《說文》「潐，水盡也」。《爾雅》「水醮曰厬」，郭璞注云「謂水醮盡」。今江淮閒謂人財盡曰醮，亦其義也。《周南・卷耳》正義引《五經異義》云《韓詩》說「一升曰爵，爵，盡也，足也」。《白虎通義》云「爵者，盡也，各量其職，盡其才也」。爵與「釂」亦聲近義同。⿰歹戌者，《小雅・正月》篇「赫赫宗周，褒姒烕之」，毛傳云「烕，滅也」。《說文》「烕，從火、戌聲，火死於戌，陽氣至戌而盡」，烕與「⿰歹戌」通。糞、寫皆除之盡也，義見卷三「糞，寫，除也」下。髾者，落之盡。稍者，尾之盡也。《方言》「髾、尾、梢，盡也」，「尾，梢也」，注云「髾，毛漸落去之名」，梢與「稍」通。煎者，《方言》「煎，盡也」，又云「煎，火乾也，凡有汁而乾謂之煎」。成二年《左傳》「余姑翦滅此而朝食」，杜預注云「翦，盡也」，翦與「煎」聲近義同。鋌者，《方言》「鋌，盡也，南楚凡物空盡者曰鋌」。《釋訓》篇云「⿰足廷⿰足廷，盡也」，⿰足廷與「鋌」通。《文選・思玄賦》注引《字林》云「逞，盡也」，逞與「鋌」聲近義同。央者，《小雅・庭燎》篇「夜未央」，鄭箋云「猶言夜未渠央也」。《楚辭・離騷》「時亦猶其未央」，王逸注云「央，盡也」。《九歌》「爛昭昭兮未央」，注云「央，已也」，「已」亦盡也。

軥、輗、牽、輓、攀、援、摯、援、扽、拕、拫、攎、扔、扱、據、摍、揯、捈、揄、擢、控、⿰扌瓜、彎，引也。神、翕、曳。

軥、輗皆罥名，所以引取鳥獸者也，說見《釋器》「軥謂之輗」下。摯音充世反，即「掣」字也。《說文》云「引而縱曰⿸疒掣」。《玉篇》摯、掣並與「⿸疒掣」同。《爾雅》「甹夆，掣曳也」，郭璞注云「謂牽拕」。案：摯、摯二字音義各别。摯音充世反，與瘈、掣同，引也，字從手、執聲。摯音至，握持也，字從手、執聲。《廣雅》摯訓爲引，當音充世反，曹憲《音》「至」，誤也。《集韻》《類篇》摯音至，引《説文》「握持也」，又尺制切，與「掣」同，溷摯、摯爲一字，其誤滋甚。考《玉篇》摯從執，音至。摯從執，音充世切，與瘈、掣同。今據以辨正。扽者，《玉篇》「扽，引也，撼也」，古通作「頓」。《荀子·勸學篇》云「若挈裘領，詘五指而頓之，順者不可勝數也」，楊倞注云「頓，挈也」。案：頓者，振引也。言挈裘領者詘五指而振引之，則全裘之毛皆順也。《釋名》云「掣，制也，制頓之使順己也」，義與此同。《鹽鐵論·散不足》篇云「吏捕索掣頓，不以道理」。褚少孫續《滑稽傳》云「當道掣頓人車馬」。頓與「掣」同義，故皆訓爲引。今江淮閒猶謂引繩曰頓矣。拕者，《説文》「拕，曳也」。《少儀》云「僕者負良綏，申之面，拖諸幦」。《論語·鄉黨》篇「加朝服拖紳」，《漢書·龔勝傳》作「拕」，同。拫者，《廣韻》「拫，急引也」。《釋名》云「痕，拫也，急相拫引也」。《史記·灌夫傳》「魏其侯失勢，亦欲倚灌夫引繩批拫生平慕之後棄之者」，《漢書》「批拫」作「排拫」，孟康注云「拫者，拫捋，引繩以抨彈之也」，顔師古注云：「言嬰與夫共排退之，譬如相對挽繩而拫捋之也，今吴楚俗猶謂牽引前卻爲拫捋。」攎者，《方言》「攎，張也」，「張」亦引也，故「引弓」謂之張弓。扔者，《廣韻》「扔，强牽引也」。《老子》「攘臂而扔之」，《釋文》云「扔，引也」。據者，《文選》鄒陽《上吴王書》「連從兵之據」，揚雄《羽獵賦》「據黿鼉」，李善注竝引《廣雅》「據，引也」。搐者，《説文》「搐，蹴引也」。《小雅·巷伯》傳「搐屋而繼之」，《正義》云「搐，抽也」。「抽」亦引也。《周語》「縮取備物」，韋昭注云「縮，引也」。《秦策》云「淖齒縮閔王之筋」。《漢書·賈誼傳》「夫固自引而遠去」，《史記》作「自縮」，縮與「搐」通。抯者，急引也，義見上文「抯，急也」下。捈者，《説文》「捈，卧引也」。《法言・問神篇》「捈中心之所欲」，宋咸注云「捈，引也」。各本「捈」字誤入曹憲《音》内，《集韻》引《廣雅》「捈，引也」，今據以訂正。揄者，《説文》「揄，引也」。《韓非子・飾邪》篇云「龐援揄兵而南」。《韓詩外傳》子夏曰「齊君重鞇而坐，我揄其一鞇而去之」。《漢書・禮樂志》「神之揄」，顔師古注云「揄，引也」。擢者，《説文》「擢，引也」。《燕策》云「擢之乎賓客之中」。控者，《説文》「控，引也」。《鄘風・載馳》篇「控于大邦」，襄八年《左傳》「無所控告」，毛傳、杜注竝云「控，引也」。其引弓亦謂之控，《史記・劉敬傳》云「控弦三十萬」，是也。《鄭風・大叔于田》篇「抑磬控忌」，毛傳云「止馬曰控」，亦引之義也。**抓**之言弙也。《説文》「弙，滿弓有所鄉也」，字亦作「扜」。《吕氏春秋・壅塞》篇「扜弓而射之」，高誘注云「扜，引也」。古聲竝與「抓」同。彎亦「抓」也，語之轉耳。《説文》「彎，持弓關矢也」。昭二十一年《左傳》「豹則關矣」，杜預注云「關，引弓也」。《史記・陳涉世家》「士不敢貫弓而報怨」，《漢書》作「彎」。彎、關、貫竝通。神者，《説文》「神，天神引出萬物者也」。鄭注《禮運》云「神者，引物而出」。《風俗通》引《傳》曰「神者，申也」，「申」亦引也。神、申、引聲竝相近，故神或讀爲「引」。《周官・馮相氏》疏引《易通卦驗》云「冬至日置八神，樹八尺之表，日中視其景」，神讀爲「引」。翕者，《説文》「吸，内息也」，「歙，縮鼻也」。《小雅・大東》篇「載翕其舌」，鄭箋云「翕，猶引也」。《楚辭・九章》「吸湛露之浮涼」。揚雄《甘泉賦》「噏青雲之流瑕」。竝字異而義同。曳者，《説文》「束縛捽抴爲臾」，又云「曳，臾曳也」，又云「抴，捈也」，又云「厂，抴也，象抴引之形」。《士相見禮》「舉前曳踵」，鄭注云古文「曳」作「抴」。竝字異而義同。《玉篇》引《廣雅》「神，引也」。《衆經音義》卷四引《廣雅》「翕，引也」，卷十九引《廣雅》「曳，引也」。

今本脱神、翕、曳三字。

柔、耎、佯、㞋、闒、劣、懦、恁、媆、嬈、脃、栠、銋、愞、偄、鞆，弱也。

耎與下「㞋」字同。《説文》「㞋，柔皮也」，又云「𤿭，柔革也」，古文作「𡰪」，籀文作「𡕥」。《衆經音義》卷一引《三倉》云「耎，弱也」。《考工記》「攻皮之工，函、鮑、韗、韋、裘」，鄭衆注云「鮑，書或爲『鞄』」，《倉頡篇》有『鞄𤿭』」。又鮑人之事，「革欲其柔滑而腥脂之則需」，鄭衆讀「需」爲「柔需」之「需」，《釋文》音人兖反。鮑人之「需」，即《倉頡篇》所謂「鞄𤿭」也。《莊子·天下》篇「以濡弱謙下爲表」，《釋文》「濡，如兖反」。《楚策》云「鄭魏者，楚之耎國也」，又云「李園，輭弱人也」。竝字異而義同。闒之言疲茶也。《説文》「闒，智力少劣也」。懦與下愞、偄二字同，各本譌作「懦」，今訂正。恁與下「栠」字同。《説文》「恁，下齎也」，齎與「資」同，謂下劣之資也。又云「栠，弱皃」。《小雅·巧言》篇「荏染柔木」，毛傳云「荏染，柔意也」。《論語·陽貨》篇「色厲而内荏」。恁、栠、荏竝通。媆者，曹憲《音》「女寸」「而兖」二反，即今「嫩」字也。各本皆作「羨」，蓋因下文「羨」字而誤。考《玉篇》《廣韻》「媆」與「嫩」同，弱也。又《玉篇》「媆」音如轡、奴困二切，與曹憲《音》同。今據以訂正。嬈、弱聲相近。《大過》彖傳云「棟橈，本末弱也」。《大戴禮·四代》篇云「撓弱不立」。《管子·水地》篇云「夫水淖弱以清」。義竝與「嬈」同。脃者，《説文》「脃，小耎易斷也」，又云「膬，耎易破也」。《考工記·弓人》云「是故脃」。《管子·霸言》篇云「釋堅而攻膬」。《荀子·議兵篇》云「事小敵毳」。脃、膬、毳竝通。銋，曹憲《音》「如深反」，各本脱去「銋」字，其「如深反」之音遂誤入「栠」字下。考《玉篇》《廣韻》《集韻》「栠」字俱不音如深反。卷四云「銋，輦也」，「輦，詘也」，詘即耎弱之義。《集韻》引《字林》云「鈓，濡也」，濡與「弱」義亦相近。又《玉篇》《廣韻》《集韻》「鈓」字竝音壬，正與「如深反」之音相合。是「如深」乃「鈓」字之音，非「栠」字之音。今據以補正。靹者，《玉篇》「靹，靹㮕也」。《楚辭·九歎》「衣納納而掩露」，王逸注云「納納，濡溼貌也」，義與「靹」相近。各本媆、嬈、脃、栠、惼、偄、靹七字誤在「弱也」二字下，遂與下條相連，今訂正。

欿、羨、顲、貪、歛、欲、將、闓，欲也。

欿者，《説文》「欿，欲得也」。顲，與「願」同。歛者，《廣韻》「賕，戲乞人物也」，或作「歛」。欲者，《玉篇》「欲，貪故也」。欿、歛、欲聲竝相近。闓之言覬覦也。桓二年《左傳》云「下無覬覦」。覬、闓，覦、欲聲相近。《漢書·武五子傳》「廣陵王胥見上年少無子，有覬欲心」，即「覬覦」也。《説文》「豈，欲也」，豈、闓聲亦相近。

廣雅疏證卷第二上

高郵王念孫學

釋　詁

槾、捋、挴、忨、懆、饕、飻、⿰壴乚、嗇、歁、歈、欲、婪、利、遴、茹、嗜、䵷、惨、餽，貪也。

槾者，污之貪也。《吕氏春秋·離俗覽》云「不漫於利」，漫與「槾」通。挴者，《方言》「挴，貪也」。《楚辭·天問》「穆王巧挴」，王逸注云「挴，貪也」。《莊子·人閒世》篇「無門無毒」，毒，崔譔本作「每」，云「貪也」。《漢書·賈誼傳》「品庶每生」，孟康注云「每，貪也」。每與「挴」通。昭十四年《左傳》云「貪以敗官爲墨」，墨與「挴」亦聲近義同。忨者，《爾雅》「愢，忨也」，「愒，貪也」。《説文》「忨，貪也」。昭元年《左傳》「翫歲而愒日」，杜預注云「翫、愒，皆貪也」。《晉語》作「忨日而㵐歲」。昭二十六年《左傳》「玩求無度」，服虔注云「玩，貪也」。忨、翫、玩竝通。饕、飻者，《説文》「饕，貪也」。《多方》云「有夏之民叨懫」，叨與「饕」同。《説文》「飻，貪也」，引文十八年《左傳》「謂之饕飻」，今本「飻」作「餮」。賈逵、服虔、杜預注竝云「貪財爲饕，貪食爲餮」。案：《傳》云「貪于飲食，冒于貨賄，侵欲崇侈，不可盈厭，聚斂積實，不知紀極」，「天下之民，謂之饕餮」，是貪財貪食總謂之饕餮。饕、餮一聲之轉，不得分貪財爲饕，貪食爲餮也。《吕氏春秋·先識》

篇云「周鼎著饕餮，有首無身，食人未咽，害及其身」，蓋饕餮本貪食之名，故其字從食，因謂貪欲無厭者爲饕餮也。　亄、嗇者，《方言》「亄、嗇，貪也，荆汝江湘之郊凡貪而不施謂之亄，或謂之嗇」。襄二十六年《左傳》「小人之性嗇於禍」，杜預注云「嗇，貪也」。　歁與下「欿」字通。《方言》「南楚江湘之閒謂貪曰歁」，郭璞注云「言歁㨆難猒也」。《説文》「歁，食不滿也」，「欿，欲得也」，又云「䐄，食肉不猒也」，竝聲近而義同。　婪者，《説文》「婪，貪也」，又云「河内之北謂貪曰惏」，惏與「婪」同。　僖二十四年《左傳》「狄固貪惏」，《釋文》《正義》竝引《方言》云「殺人而取其財曰惏」。《楚辭·離騷》「衆皆競進以貪婪兮」，王逸注云「愛財曰貪，愛食曰婪」。案：貪婪亦愛財愛食之通稱，不宜分訓也。　遴者，《方言》「荆汝江湘之郊凡貪而不施或謂之悋，悋，恨也」。《説文》「吝，恨惜也」。　遴、吝、悋竝通。　茹者，《方言》「吴越之閒凡貪飲食者謂之茹」，注云「今俗呼能麤食者爲茹」。　𥂺者，《方言》「𥂺，貪也」。　𥂺，各本譌作「𧗔」，今訂正。　㜗者，《説文》「㜗，婪也」，㜗與「慘」通。

𨃩、膂、𤖶、劤、威，力也。

𨃩、膂者，《方言》「𨃩、膂，力也，東齊曰𨃩，宋魯曰膂，膂，田力也」，郭璞注云「律𨃩，多力貌，田力，謂耕墾也」。《漢書·陸賈傳》「屈强於此」，顔師古注云「屈强謂不柔服也」，屈與「𨃩」通。　戴先生《方言疏證》曰：膂通作「旅」。《詩·小雅》「旅力方剛」，是也。毛傳「旅，衆也」，失之。　謹案：《大雅·桑柔》篇云「靡有旅力」，《秦誓》云「番番良士，旅力既愆」，《周語》云「四軍之帥，旅力方剛」，義竝與「膂」同。　膂、力一聲之轉，今人猶呼力爲膂力，是古之遺語也。　舊訓「旅」爲衆，皆失之。　𤖶者，《方言》「𤖶，力也」，注云「耕墾用力也」，𧾷與「𨿀」同。劤，《玉篇》音靳，引《埤倉》云「劤，多力也」。今北方猶謂力爲劤。《釋名》云「筋，靳也，肉中之力，靳固於身形也」，筋與「劤」聲義亦相近。

何、詰、譏、咨、偵、質、言、訣、詵、稽、考，問也。訊、請。

何者，《史記·秦始皇紀》「陳利兵而誰何」，《集解》引如淳《漢書注》云「何猶問也」。《周官·射人》「不敬者苛罰之」，鄭注云「苛謂詰問之」，苛與「何」通。譏者，《王制》「關執禁以譏」，鄭注云「譏，苛察也」。《周官·宮正》云「幾其出入」，幾與「譏」通。咨，各本訛作「資」，今訂正。偵讀爲「貞」。《説文》「貞，卜問也」。《周官·天府》「陳玉以貞來歲之媺惡」，《大卜》「凡國大貞」，鄭衆注竝云「貞，問也」。《吴語》云「請貞於陽卜」。《緇衣》引《易》「恒其德偵」，鄭注云「偵，問也」，今《易》作「貞」。是偵與「貞」同。曹憲讀爲「偵伺」之偵，失之。言者，《爾雅》「訊，言也」，郭璞注云「相問訊也」。《周官·冡人》「言鸞車象人」，鄭衆注云「言，言問其不如灋度者」。《聘禮》「若有言，則以束帛，如享禮」，鄭注云「有言，有所告請，若有所問也」。《曲禮》「君言不宿於家」，注云「言，謂有故所問也」。昭二十五年《穀梁傳》云「弔失國曰唁」，唁亦問也。唁、言古同聲。《莊子·徐無鬼》篇釋文及《文選·西征賦》《文賦》注竝引《廣雅》「訊，問也」。《衆經音義》卷七引《廣雅》「請，問也」。今本脱訊、請二字。

何、服、能，任也。

服，各本訛作「般」。案：諸書無訓「般」爲任者。《爾雅》「服，事也」。《周官·大司馬》注云「任，猶事也」。是服與「任」同義。又卷一内「服，行也」，卷五内「懾，服也」，「服」字竝訛作「般」，正與此同。今訂正。

超、越、踰、𨄅、杭、絶、騰、過、跨、涉，渡也。

𨄅或作「𨀁」，義見下文「𨀁，跳也」下。杭者，《衛風·河廣》篇「一葦杭之」，毛傳云「杭，渡也」。《楚辭·九章》云「魂中道而無杭」。《説文》「斻，方舟也」。《淮南子·主術訓》「大者以爲舟航柱梁」，高誘注云「方兩小船竝與共濟爲航」。《爾雅》「兔，其跡远」。《釋名》「鹿兔之道曰亢，行不由正，亢陌山谷草野而過也」。義竝與「杭」同。杭，各本訛作「抗」，今訂正。絶者，高誘注《淮南子·墬形訓》云「絶，猶過也」。《爾雅》「正絶流曰亂」。《大雅·公劉》正義引孫炎注云「直横渡也」。

招、命、靚、召，呼也。

靚者，《説文》「靚，召也」。《史記》《漢書》竝通作「請」。

詾、鬩、譟、讙、譊、號咷、嗃、嘂、訆、獆、㸰、吠、雊、評、嗷、嘹、鼓、嘑，鳴也。咆。

詾者，《爾雅》「訩，訟也」，郭璞注云「言訩譊也」。《説文》作「詾」，或作「説」。《魯頌·泮水》篇「不告于訩」，鄭箋云「訩，訟也」。《易林·履之蒙》云「訟争凶凶」。僖二十八年《左傳》「曹人兇懼」，杜預注云「兇兇，恐懼聲」。《荀子·天論篇》「君子不爲小人匈匈也輟行」，楊倞注云「匈匈，喧譁之聲」。《解蔽篇》云「掩耳而聽者，聽漠漠而以爲哅哅」。竝字異而義同。《楚辭·九章》云「聽波聲之洶洶」。揚雄《羽獵賦》「洶洶旭旭」，李善注云「鼓動之聲也」。義竝與「詾」同。鬩者，《説文》「鬩，恒訟也」，引《小雅·常棣》篇「兄弟鬩于牆」。譟者，《方言》「譟，音也」。《説文》「譟，擾聒也」。《周官·大司馬》「車徒皆譟」，鄭注云「譟，讙也，《書》曰『前師乃鼓𡔷譟』」。各本皆脱「譟」字，《衆經音義》卷二十引《廣雅》「譟、讙，鳴也」，今據以補正。讙者，《玉篇》音虛元、呼丸二切。《説文》「吅，驚嘑也」，「讙，譁也」。讙與「吅」通，亦作「諠」。譊者，《説文》「譊，恚呼也」。《衆經音義》卷二十引《倉頡篇》云「譊，訟聲也」。《法言・寡見篇》云「譊譊者，天下皆訟也」。小鉦謂之鐃，義亦相近，故《釋名》云「鐃，聲譊譊也」。號咷者，《同人》九五「先號咷而後笑」，《釋文》云「號咷，啼呼也」。《説文》「楚謂兒泣不止曰噭咷」，噭咷與「號咷」亦同義。哭聲謂之噭咷，歌聲亦謂之噭咷。《漢書・韓延壽傳》云「噭咷楚歌」，是也。嗃者，李善注《長笛賦》引《埤倉》云「嗃，大呼也」，音呼交切。《莊子・齊物論》篇「激者，謞者」，司馬彪注云「謞，若讙謞聲也」。《則陽》篇云「夫吹管也，猶有嗃也」。《北山經》「其鳴自詨」，郭璞注云「今吴人謂叫呼爲詨，音呼交反」。嗃、謞、詨竝同義。《玉篇》「髇，呼交切，髇箭也」。《莊子・在宥》篇「焉知曾史之不爲桀跖嚆矢也」，向秀注云「嚆矢，矢之鳴者也」。義亦與「嗃」同。**嚾**者，《説文》「嚾，呼也」，今作「喚」，同。訆者，《説文》「訆，大呼也」，「叫，嘑也」，「嘂，大呼也」，訆、叫、嘂竝同。獔者，《説文》「嗥，咆也」，譚長説從犬作「獔」。襄十四年《左傳》云「豺狼所嗥」。《周官・大祝》「令皋舞」，鄭注云「皋，讀爲『卒嗥呼』之嗥」。獔、嗥、皋竝通。**𤙴**者，李善注《江賦》引《聲類》云「呴，嗥也」。《爾雅・釋畜》釋文引《字林》云「𤙴，牛鳴也」。《燕策》云「呴籍叱咄」。《後漢書・童恢傳》云「其一虎視恢鳴吼」。𤙴、呴、吼竝同。《吴語》「三軍皆譁釦以振旅」，《衆經音義》卷十九引作「譁呴」，又引賈逵注云「呴，謼也」。《説文》「㖃，厚怒聲也」。義竝與「𤙴」通。雊者，《説文》「雊，雄雉鳴也，雷始動，雉鳴而句其頸」。《高宗肜日》云「越有雊雉」。《夏小正》「雉震呴」，傳云「呴也者，鳴也」，呴與「雊」同。評與下「嘑」字同。《説文》「虖，哮虖也」，「嘑，號也」，「謼，評也」。虖、嘑、謼、評竝通，亦通作

「呼」。噭者，《説文》「噭，吼也，一曰『噭，呼也』」，又云「嗸，痛呼也」，嗸與「噭」同。《曲禮》「毋噭應」，鄭注云「噭，號呼之聲也」。昭二十五年《公羊傳》云「昭公於是噭然而哭」，《説文》引作「嘂然」，則嘂亦與「噭」通。嘹者，《廣韻》「嘹，病呼也」。鼓者，《周官・小師》「掌教鼓鼗柷敔塤簫管弦歌」，鄭注云「出音曰鼓」。《楚辭・離騷》「吕望之鼓刀兮」，王逸注云「鼓，鳴也」。咆者，《説文》「咆，嗥也」。《楚辭・招隱士》云「虎豹鬬兮熊羆咆」。《淮南子・覽冥訓》云「虎豹襲穴而不敢咆」。《衆經音義》卷二十三引《廣雅》「咆，鳴也」。今本脱「咆」字。

嗟、嘆、呻，吟也。

嗟、嘆者，《釋名》云「嗟，佐也，言之不足以盡意，故發此聲以自佐也」。《文選》蘇武詩注引《倉頡篇》云「吟，嘆也」。《説文》「歎，吟也」。鄭注《檀弓》云「歎，吟息也」。歎與「嘆」同。《樂記》「長言之不足，故嗟歎之」，鄭注云「嗟歎，和續之也」。是古謂「吟」爲嗟嘆也。

𤎅、㷋、䐎、燿、煠、湯，爚也。

𤎅者，《説文》「燅，於湯中爚肉也」，或從炙、夭聲作「𤎅」。《少牢下》篇「乃燅尸俎」，鄭注云「燅，温也」。《禮器》「三獻爓」，鄭注云「爓，沈肉於湯也」。《楚辭・大招》「炙鴰烝鳧，煔鶉嗽只」，王逸注云「煔，爚也」。𤎅、燅、煔、爓竝通。𤎅，各本訛作「錟」，今訂正。㷋之言温也。《説文》「㷋，炮炙也，以微火温肉也」。䐎者，《玉篇》「䐎，䐎瀹也，生熟半也」。《郊特牲》「血腥爓祭」，鄭注云「爓，或爲『䐎』」。「燿」亦爚也，方俗語有緩急耳。湯者，沈肉於湯謂之爚，故又謂爚爲湯。鄭注《祭義》云「湯肉曰爓」，是也。爚者，《説文》

「糷，内肉及菜湯中薄出之」。《士喪禮》記「菅筲三，其實皆瀹」，鄭注云「米麥皆湛之湯也」。爚、瀹、糷竝通。

供、奉、獻、御、奏、晉、漸、躍、前、陞、敕、奮、揖、饔、薦、許，進也。

御者，《小雅·六月》篇「飲御諸友」，毛傳云「御，進也」。《獨斷》云「御者，進也，凡衣服加於身，飲食入於口，妃妾接於寢，皆曰御」。奏者，《說文》「奏，進也」。《堯典》云「敷奏以言」。晉者，《晉》彖傳及《爾雅》竝云「晉，進也」。漸者，《漸》彖傳云「漸之進也」。《顧命》云「疾大漸」。揖謂揖而進之也。《士冠禮》云「賓揖將冠者即筵」。許者，《大雅·下武》篇「昭兹來許」，毛傳云「許，進也」。許猶「御」也。劉昭注《續漢書·祭祀志》引謝沈《書》作「昭哉來御」。

旁、闊、幎、衍、藐、素、慮，廣也。

旁者，《說文》「旁，溥也」。《洛誥》云「旁作穆穆」。《周官·男巫》云「旁招以茅」。《月令》云「命有司大難，旁磔」。皆廣之義也。古通作「方」，義見卷一「方、旁，大也」下。幎者，廣覆之意。《淮南子·原道訓》「舒之幎於六合」，高誘注云「幎，覆也，言滿天地閒也」。幎，各本譌作「暝」，惟影宋本、皇甫録本不譌。《集韻》引《廣雅》作「慏」，即「幎」之譌也。衍者，《楚辭·天問》「其衍幾何」，王逸注云「衍，廣大也」。司馬相如《上林賦》云「離靡廣衍」。《周官·大司徒》「辨其山林、川澤、丘陵、墳衍、原隰之名物」，鄭注云「下平曰衍」。《小爾雅》云「澤之廣者謂之衍」。義竝同也。藐、素者，《方言》「藐、素，廣也」，郭璞注云「藐藐，曠遠貌」。《大雅·瞻卬》篇云「藐藐昊天」。《楚辭·九章》云「藐蔓蔓之不可量兮」。卷四云「素，博也」，「博」

亦廣也。

羙、燥、熯、焟、晞、熬、煎、𤊕、炕、暵、熇、㷻、鐰、㶿、焇、焚、㸃、𤎶、燔、濾、㷔、㸈、㶽，乾也。 燎。

各本「乾」下脱去「也」字，遂與下文「曝、膊、昲、炕、煬、烈、晅、㬥、曬，曝也」合爲一條。《集韻》《類篇》焇、㸈二字注竝云「曝也」，又羙、焟、㶿、㸃、𤎶、濾、㷔七字注竝引《廣雅》云「曝也」，則宋時《廣雅》本已脱去「也」字。案：本條及下條俱有「炕」字，一訓爲乾，一訓爲曝。若合爲一條，則兩「炕」字重出。又考《衆經音義》卷十三引《廣雅》「燔，乾也」。《廣韻》「㶿」字注引《廣雅》「火乾物」也。《集韻》「濾」字又音求於切，引《廣雅》「乾也」。則宋本尚有未脱「也」字者。又燥、熯、焟、晞、熬、煎、𤊕、炕、暵、熇、㷻、㶿、焇、㸃、𤎶、濾、㸈、㶽十八字，諸書竝訓爲乾，今據以補正。羙者，《説文》「羙，束炭也」，羨與「羙」同。熯與下「暵」字通。《説文》「熯，乾皃」，又云「暵，乾也」，引《説卦傳》「燥萬物者莫暵乎火」，今本作「熯」。焟者，《説文》「㫺，乾肉也，從殘肉，日以晞之」，籒文從肉作「㬵」，隸作「腊」。㫺、㬵、腊、焟竝同。《釋名》「腊，乾㫺也」。《噬嗑》六三「噬腊肉」，馬融注云「晞於陽而煬於火曰腊肉」。《周官·腊人》「掌乾肉」。《檀弓》有「陳乾㫺」，義取諸此與？晞者，《方言》「晞，燥也」。《説文》「晞，乾也」。《小雅·湛露》篇「匪陽不晞」，《玉藻》「髮晞用象櫛」，毛傳、鄭注竝與《説文》同。晞亦「暵」也，語之轉耳。暵與「罕」同聲，晞與「希」同聲。晞之轉爲暵，猶希之轉爲罕矣。熬、煎、𤊕、熇者，《方言》「熬、聚、煎、㷻，火乾也，凡以火而乾五穀之類，自山而東齊楚以往謂之熬，關西隴冀以往謂之㷻，秦晉之閒或謂之聚，凡有汁而乾謂之煎」。《説文》「熬，乾煎也」，或作「𥸤」。《内則》云「煎醢加于陸稻上，沃之以膏，曰淳熬」。《説文》「煎，熬也」，又云「鬻，熬也」。《楚辭·九思》「我心兮煎熬」，一本作「熬鬻」。郭璞注《方言》云「聚即『鬻』字也」。又注《爾雅·釋草》云「豨首可以煼蠶蛹」，《釋文》引《三倉》云「煼，熬也」。《衆經音義》卷一云「崔寔《四民月令》作『炒』，古文奇字作『𩱴』」。竝字異而義同。今俗語猶呼乾煎曰炒矣。《説文》「𤎰，以火乾肉也」。《周官·籩人》注云「鮑者，於楅室中糗乾之」。𤎰、楅竝與「㷗」同。《説文》「𩞁，乾飯也」，𩞁與「㷗」亦聲近義同。炕者，《衆經音義》卷三引《倉頡篇》云「炕，乾極也」。《説文》「炕，乾也」。《漢書·五行志》「炕陽而暴虐」，顔師古注云「炕陽者，枯涸之意」。今俗語猶呼火乾曰炕矣。熭者，《説文》「熭，暴乾也」。《漢書·賈誼傳》云「日中必熭」。熭，各本訛作「慧」，今訂正。鐰亦「燥」也，故《釋言》云「鐰，燥也」。燩者，《玉篇》「燩，火乾物也」。焇亦「燥」也，方俗語有侈弇耳。《玉篇》「焇，乾也」。《漢書·董仲舒傳》云「猶火之銷膏而人不見也」，銷與「焇」通。焚者，灼之乾也。《莊子·齊物論》云「大澤焚而不能熱」。殆，各本訛作「𦙶」。《集韻》《類篇》引《廣雅》竝作「𦙶」，則宋時本已訛。考《説文》《玉篇》《廣韻》俱無「𦙶」字，《説文》「殆，枯也」，《玉篇》「殆，枯乾也」，《廣韻》「殆，枯瘁也」，今據以訂正。《説文》「枯，槀也」，枯與「殆」通。殦者，《周官·庖人》「凡其死生鱻薨之物」，鄭衆注云「薨，謂乾肉」。《曲禮》云「槀魚曰商祭」。《説文》「槀，木枯也」。殦、薨、槀竝通。燔者，燎之乾也。《大雅·生民》篇「載燔載烈」，毛傳云「傅火曰燔」。濾之言枯也。《玉篇》「濾，乾濾也」，《廣韻》云「乾水也」。《周官·庖人》「夏行腒鱐」，鄭衆注云「腒，乾雉也」，腒與「濾」亦同義。㷂者，《玉篇》「㷂，煴也」，「㷂炑，火熜也」。卷四云「㸂，煴也」，㸂與「㷂」同。焳者，《玉篇》「焳，乾也」，《廣韻》云「火乾物也」。《方言》「翆，火乾也，凡有汁而乾，東齊謂之翆」，翆與「焅」聲近義同。炡之言槁也。《玉篇》「炡，乾也」，《廣韻》同。燎者，《説文》「𤒎，炙也」，𤒎與「燎」同。《衆經音義》卷八引《廣雅》「燎，乾也」。今本脱「燎」字。

㬂、膊、昲、炕、煬、烈、晅、暩、曬，曝也。

㬂者，《玉篇》「㬂，丘立切，欲乾也」。《衆經音義》卷二十二引《通俗文》云「欲燥曰㬂」。引之云：《王風·中谷有蓷》篇「中谷有蓷，暵其乾矣」，「中谷有蓷，暵其脩矣」，「中谷有蓷，暵其濕矣」，傳云「脩，且乾也」，「鵻遇水則濕」，箋云「鵻之傷於水，始則濕，中而脩，久而乾」。案：濕當讀爲「㬂」，㬂亦「且乾也」。㬂與「濕」聲近，故通。「暵其乾矣」「暵其脩矣」「暵其濕矣」，三章同義。草乾謂之脩，亦謂之濕。猶肉乾謂之脩，亦謂之腒。《釋名》「脯，搏也，乾燥相搏著也」，又曰「脩，脩縮也，乾燥而縮也」。《玉篇》「腒，丘及切，朐脯也」。膊，各本訛作「䏋」，自宋時本已然，故《集韻》《類篇》竝云「䏋，暴也」。考《説文》《玉篇》《廣韻》俱無「䏋」字，《方言》「膊，暴也，燕之外郊、朝鮮洌水之閒，凡暴肉、發人之私、披牛羊之五藏，謂之膊」，今據以訂正。暴與「曝」同。《説文》「膊，薄脯膊之屋上也」。成二年《左傳》云「殺而膊諸城上」，《釋名》「膊，迫也，薄椓肉迫著物，使燥也」，又云「脯，搏也，乾燥相搏著也」。脯與「膊」聲相近。膊與「曝」聲之轉也。《漢書·宣帝紀》「爲取暴室嗇夫許廣漢女」，應劭曰「暴室，宫人獄也，今曰薄室」，師古曰「暴室者，掖庭主織作染練之署，故謂之暴室，取暴曬爲名耳，或云『薄室』者，薄亦暴也，今俗語亦云薄曬」。昲、暩、曬者，《方言》「昲、曬，乾物也，揚楚通語也」，郭璞注云「亦皆北方常語耳，或云『暩』也」。《列子·周穆王》篇云

「酒未清，肴未咈」。《淮南子・墬形訓》云「日之所曊」，曊與「咈」同。《玉篇》「㬓，置風日中令乾也」。《方言》又云「曬，暴也，凡暴五穀之類，秦晉之閒謂之曬」。煬、烈者，《方言》「煬，炙也」，「煬、烈，暴也」。《説文》「煬，炙燥也」。《淮南子・齊俗訓》「冬則短褐不掩形而煬竈口」，高誘注云「煬，炙也」。暅者，《玉篇》「暅，古鄧切，乾燥也」。《説卦傳》「日以晅之」，《釋文》「晅，本又作『暅』，徐邈音古鄧反」。

閒、誣、拸、益、增、被、匱、尚，加也。

閒與「譋」同。《説文》「讕，詆讕也」，或作「譋」。❶《玉篇》音落干、力但二切，云「誣言相加被也」。《春秋繁露・深察名號》篇云「詰其名實，觀其離合，則是非之情不可以相讕已」。《漢書・文三王傳》「抵讕置辭」，顔師古注云「抵，距也；讕，誣諱也」。《谷永傳》「滿讕誣天」，蕭該《音義》云「滿或音漫」。《史記・孝文紀》索隱引韋昭云「謾，相抵闌也」，闌亦與「讕」同。案：今人謂以罪誣人曰賴，即「讕」之轉也。又謂以己罪加於他人曰抵賴，即「抵讕」之轉也。讕爲誣加之義，而字或作「譋」。《廣雅》閒、誣同訓爲加，是「閒」即譋也。誣者，《説文》「誣，加言也」。拸之言移也，移加之也。《趙策》云「知伯來請地不與，必加兵於韓矣」，《韓子・十過》篇「加」作「移」，是移與「拸」同義。《玉篇》「拸」音與紙、與支二切，《集韻》又他可切。《小雅・小弁》篇「舍彼有罪，予之佗矣」，毛傳云「佗，加也」，佗與「拸」亦聲近義同。諸書無訓「匱」爲加者，匱當作「遺」，字之誤也。遺音唯季反。《邶風・北門》篇「政事一埤遺我」，毛傳云「遺，加也」，成十二

---

❶「譋」，原作「譋」，今據《四部備要》本改。

年《左傳》「無亦唯是一矢以相加遺」，《釋文》竝唯季反。

甈、罅、瑕、璺、斯、坼、𣧗、牾、振、捇、睚眦、隙、斬、裁、剅、掝、𢪒、劈、撍、劃、癟、剫，裂也。

甈者，《爾雅》「康瓠謂之甈」。《說文》「甈，康瓠，破罌也」，徐鍇《傳》云「康之言空也，破則空也」。《揚子·先知》篇「甄陶天下者，其在和乎，剛則甈，柔則坯」，宋咸注云「甈，破也，言陶法太剛則破裂也」。罅、瑕聲相近。《說文》「㙤，坼也」，「罅，裂也」。《鬼谷子·抵巇》篇云「巇者，罅也；罅者，𡾊也；𡾊者，成隙也」。《爾雅》「蕎䖡，罅」，郭璞注云「剖母背而生」。《淮南子·覽冥訓》云「植社槁而㙤裂」。應劭注《漢書·高帝紀》云「殺牲以血塗鼓釁呼爲釁」，顏師古云「呼音火亞反」。罅、㙤、❶呼竝通。璺之言釁也。《方言》「秦晉器破而未離謂之璺」。《周官·大卜》「掌三兆之灋，一曰玉兆，二曰瓦兆，三曰原兆」，鄭注云「其象似玉、瓦、原之璺罅，是用名之焉」，沈重注云「璺，玉之坼也」。《素問·六元正紀大論篇》「厥陰所至，爲風府，爲璺啟」，王冰注云「璺，微裂也；啟，開坼也」。案：今人猶呼器破而未離曰璺，璺字蓋從玉、釁省聲。釁與「璺」聲相近，故《周官釋文》「璺」作「釁」，釁即「釁」之變體也。璺，各本訛作「壆」，今訂正。斯，義見卷一「斯，分也」下。𣧗，各本訛作「𢏨」。《說文》「𣧗，別也」。《集韻》《類篇》竝引《廣雅》「𣧗，裂也」。今據以訂正。《鬼谷子·捭闔》篇云「捭之者開也，闔之者閉也」，捭與「𣧗」同。振，各本訛作「抓」。《淮南子·主術訓》云「人莫振玉石而振瓜瓠」。《集韻》《類篇》竝引《廣雅》「振，裂也」。今據以訂正。振之言劈也。

❶「㙤」，原作「罅」，今據續四庫本改。

《方言》「鈲、摫，裁也，梁益之閒裁木爲器曰鈲，裂帛爲衣曰摫」。《漢書·藝文志》「鉤鈲析亂」，顔師古注云「鈲，破也」，義與「抓」同。捇者，《說文》「捇，裂也」。《莊子·養生主》篇云「動刀甚微，謋然已解」，謋與「捇」同。宣六年《公羊傳》「則赫然死人也」，何休注云「赫然，已支解之貌」。《續漢書·禮儀志》「赫女軀，拉女幹，節解女肉」，赫與「捇」亦聲近義同。睚眦者，《韓策》云「賢者以感忿睚眦之意」。《文選·長楊賦》注引晉灼云「睚眦，瞋目貌也」。凡人之瞋目者，必裂其目際，故睚眦訓爲裂也。剅者，《玉篇》「剅，小裂也」。《後漢書·馬融傳·廣成頌》「脰完羝，撝介鮮，散毛族，梏羽羣」，脰、撝皆裂也，散、梏皆分也，故卷一云「礐，分也」。《說文》云「撝，裂也」。梏與「礐」通，脰與「剅」通。李賢注訓「脰」爲頸，讀梏爲「攪攖」之攪，皆失之。掝，《玉篇》音呼麥切，《集韻》又音洫。《樂記》「卵生者不殈」，鄭注云「殈，裂也」，徐邈音洫，殈與「掝」通。殈之通作「掝」，猶溝洫之通作「淢」矣。劃者，《玉篇》作「劐」，與「劙」同。《方言》「劙，解也」。《釋名》云「𥍯矛，長九尺者也，𥍯，霍也，所中霍然即破裂也」，霍與「劃」亦聲近義同。瘍者，《說文》「瘍，創裂也」。剫亦「劃」也。捇、劃、剫聲竝相近。

鬜、𩭾髻、頎，禿也。瘌。

鬜者，《說文》「鬜，鬢禿也」，又云「顅，頭鬢少髮也」。《考工記·梓人》「數目顅脰」，鄭注云「故書『顅』或作『牼』」，鄭司農云『牼』讀爲『鬜頭無髮』之『鬜』」，《釋文》「鬜，劉苦顔反，或苦瞎反」。《明堂位》「夏后氏以楬豆」，鄭注云「楬，無異物之飾也，齊人謂無髮爲禿楬」，《釋文》「楬，苦瞎反」。《士喪禮》「毼豆兩」，鄭注云「毼，白也」，《釋文》「毼，苦瞎反」。案：禿者頭白，故亦謂之毼。《釋名》云「禿或曰毼」，是也。鬜、顅、楬、毼竝通。⿱髟奐⿱髟害者，《玉篇》「⿱髟害⿱髟奐，秃也」，⿱髟害⿱髟奐猶⿱髟奐⿱髟害，疊韻之轉耳。⿰乞頁者，《説文》「⿰乞頁，秃也」。《衆經音義》卷六引《三倉》云「⿰乞頁，頭秃無毛也」，又引《通俗文》云「白秃曰⿰乞頁」。《淮南子·齊俗訓》云「親母爲其子治扢秃而血流至耳」，扢與「⿰乞頁」通。《玉篇》「⿰乞頁」音口本、口没二切。《説文》「⿰困頁，無髮也」，《玉篇》音苦昆、苦鈍二切。又《説文》「髨，鬄髮也」。髨、⿰困頁、⿰乞頁一聲之轉，義竝相近也。《集韻》《類篇》「瘌，居例切」，引《廣雅》「瘌，秃也」。今本脱「瘌」字。

爰、喛、愠、愁，恚也。

各本「愁」下俱脱「恚」字，自宋時本已然，故《集韻》《類篇》「喛」字注竝云「一曰愁也」。案：卷四云「憤、慅、秋，愁也」，「愁」義自見卷四，不當於此卷内重出。考《衆經音義》卷九引《廣雅》「愠，恚也」，又爰、喛、愠三字諸書皆訓爲恚，今據以補正。爰、喛者，《方言》「爰、喛，恚也。楚曰爰，秦晉曰喛，皆不欲膺而强畣之意也」，郭璞注云「謂悲恚也」。又「爰、喛，哀也」，注云「喛，哀而恚也」。《廣韻》「喛，恚也」。《玉篇》「愋，恨也」。愋與「喛」同。引之云：《楚辭·九章》「曾傷爰哀，永歎喟兮」，爰哀猶曾傷，謂哀而不止也。《方言》云「凡哀泣而不止曰咺」。爰、喛、咺，古同聲而通用。《齊策》「狐咺」，《漢書·古今人表》作「狐爰」，是其證。王逸注訓「爰」爲於，失之。愠者，《玉篇》「愠，恚也」。《衆經音義》卷五引《倉頡篇》云「愠，恨也」。《大雅·緜》篇「肆不殄厥愠」，毛傳云「愠，恚也」。愁者，《秦策》云「上下相愁，民無所聊」，謂上下相恚也。《方言》云「愁恚憒憒，毒而不發」。

馮、齘、苛、嫈、嫛盈、戲、憚、忿、慍、謓、怖、漢、赫、顇、悖、恚、㑦、娺、怴、❶訮、訶、䖑、嗷、諸、訦、詶、𠹌、喤、譴、讀，怒也。

馮、齘、苛者，《方言》「馮、齘、苛，怒也，楚曰馮，小怒曰齘，陳謂之苛」，郭璞注云「馮，恚盛貌；齘，言噤齘也；苛，相苛責也」。昭五年《左傳》「今君奮焉震電馮怒」，杜預注云「馮，盛也」。《列子·湯問》篇「帝馮怒」，張湛注云「馮，大也」。《楚辭·天問》篇云「康回馮怒」。《吴語》云「請王厲士以奮其朋勢」，朋與「馮」通，猶「淜河」之「淜」通作「馮」也。韋昭注訓「朋」爲羣，失之。《説文》「齘，齒相切也」。《玉篇》云「噤齘，切齒怒也」。《周官·世婦》「不敬者而苛罰之」，鄭注云「苛，譴也」。《爾雅》「苛，妎也」，妎與「齘」同。苛、妎皆怒也，郭璞注以爲「煩苛者多嫉妎」，失之。苛、妎一聲之轉。《内則》「疾痛苛癢」，鄭注云「苛，疥也」。苛癢之「苛」轉爲疥，猶苛怒之「苛」轉爲妎矣。嫈者，《説文》「嫈，易使怒也」。《方言》「憋，惡也」，注云「憋怤，急性也」。《列子·力命》篇云「嘽咺憋懯」，懯與「怤」同，憋與「嫈」同。嫛盈者，《方言》「嫛盈，怒也，燕之外郊朝鮮洌水之閒，凡言呵叱者謂之嫛盈」，注「嫛」音羌箠反。嫛，舊本作「覣」，曹憲《音》「於危反」。《方言疏證》云：《玉篇》云「嫛，盛貌」，則「嫛盈」爲盛氣呵叱，如「馮」之訓滿、訓怒也。《廣雅》「覣盈，怒也」，曹憲不察「覣」爲「嫛」之訛，音「於危反」，殊失之。今據以訂正。戲、憚者，《方言》「戲、憚，怒也，齊曰戲，楚曰憚」。戲，讀當爲「赫戲」之戲。《楚辭·離騷》「陟陞皇之赫戲兮」，王逸注云「赫戲，光明貌」。張衡

❶ 「怴」，據《春秋公羊傳注疏》桓公五年阮元校勘記當作「怴」。下卷第四上、卷第六上併《博雅音》同。

《西京賦》「叛赫戲以煇煌」，薛綜注云「赫戲，炎盛也」。「盛光」謂之赫戲，「盛怒」亦謂之赫戲。故《廣雅》赫、戲竝訓爲怒也。憚亦盛怒貌也。《大雅・桑柔》篇云「逢天僤怒」，僤與「憚」通。《秦策》云「王之威亦憚矣」，憚亦威之盛，義與「僤怒」之「僤」相近。高誘注以「憚」爲難，失之。《史記・春申君傳》「憚」作「單」，古字假借耳。司馬貞以「單」爲盡，亦失之。《周語》「陽癉憤盈」，《舊音》引《方言》「楚謂怒爲癉」，癉與「憚」古亦通用。謓者，《說文》「謓，恚也」，字亦作「嗔」，又作「瞋」。怖之言勃然也。《說文》「怖，很怒也」，引《小雅・白華》篇「視我怖怖」，今本作「邁邁」，毛傳云「邁邁，不說也」，《釋文》「《韓詩》作『怖怖』」，云『意不說好也』」。韓、毛、許義竝相近，古今字異耳。漢、赫者，《方言》「漢、赫，怒也」。《大雅・皇矣》篇「王赫斯怒」，鄭箋云「赫，怒意也」。《桑柔》篇「反予來赫」，《釋文》「赫，毛許白反，炙也，與『王赫斯怒』同義，本亦作『嚇』，鄭許嫁反，口距人也」，《正義》云「嚇是張口瞋怒之貌」。《莊子・秋水》篇「鴟得腐鼠，鵷鶵過之，仰而視之曰嚇」，《釋文》「嚇，許嫁反，又許白反，司馬云『嚇怒其聲，恐其奪己也』」。《素問・風論》云「心風之狀善怒嚇」。嚇與「赫」通。類者，《方言》「類，怒也」，注云「類類，恚貌也」。《廣韻》「類，切齒怒也」。義與「噤齘」之「噤」同。㑦者，《論語・陽貨》篇云「今之矜也忿戾」，戾與「㑦」通。娺者，《說文》「娺，疾悍也」。訮者，《說文》「訮，諍語訮訮也」。《玉篇》云「訶也」。訶者，《說文》「訶，大言而怒也」，字亦作「呵」。虓者，《玉篇》「虓，虎怒皃」。《大雅・常武》篇「闞如虓虎」，鄭箋云「闞然如虎之怒」，闞與「虓」聲近義同。噭者，《玉篇》「噭，訶也」。𧩆者，《玉篇》「𧩆，怒訶也」。《大雅・皇矣》篇「上帝耆之」，毛傳云「耆，惡也」，《正義》引王肅云「惡桀紂之不德也」，耆與「𧩆」聲義相近。訧者，《玉篇》「訧，怒訶也」。詌者，

《玉篇》「訆，怒訶也」。哩者，《廣韻》「哩，呵也」。譴者，《衆經音義》卷三引《倉頡篇》云「譴，呵也」。《小雅・小明》篇云「畏此譴怒」。讀者，卷一云「怒，責也」，責與「讀」通。

惜、恫、㤋、怛、哀、慯、癆、荼、毒、憯、蛆、憡、瘌、蠚、蓋、疼、愳、悲、愍、殷、惄、痠、讟、桐，痛也。惆、悵、恔。

惜者，李善注《歎逝賦》引賈逵《國語注》云「惜，痛也」。《説文》同。《楚辭・九章》「惜誦以致愍兮」，戴先生注云「惜誦，悼惜而誦言之也」。恫者，《爾雅》「恫，痛也」。《盤庚》云「乃奉其恫」。《大雅・思齊》篇云「神罔時恫」。㤋、怛者，《方言》「㤋、怛，痛也」。《後漢書・楚王英傳》云「懷用悼灼」，灼與「㤋」通。《檜風・匪風》篇「中心怛兮」，毛傳云「怛，傷也」。癆、荼、毒、瘌者，《方言》「凡飲藥傅藥而毒，南楚之外謂之瘌，北燕朝鮮之閒謂之癆，自關而西謂之毒，瘌，痛也」，郭璞注云「癆、瘌，皆辛螫也」。各本皆脱「荼」字。《衆經音義》卷十二引《廣雅》「荼，痛也」，卷二十五引《廣雅》「荼、毒，痛也」，今據以補正。《大雅・桑柔》篇「寧爲荼毒」，鄭箋以「荼毒」爲苦毒。陸璣《豪士賦序》云「身猒荼毒之痛」，是荼、毒皆痛也。《爾雅》云「荼，苦菜」。《邶風・谷風》篇「誰謂荼苦，其甘如薺」，鄭箋云「荼誠苦矣，而君子於己之苦毒，又甚於荼」，則「苦菜」之「荼」與「荼毒」之「荼」，義亦相近。《周官・醫師》「聚毒藥以共醫事」，鄭注云「毒藥，藥之辛苦者」。《小雅・小明》篇「其毒大苦」，鄭箋云「憂之甚，心中如有藥毒」。皆痛之義也。《方言》又云「剌，痛也」。《衆經音義》卷八引《通俗文》云「辛甚曰辢」。左思《魏都賦》云「蔡莽螫剌，昆蟲毒噬」。瘌、剌、辢竝通。辢之言烈也。《呂氏春秋・本味》篇「辛而不烈」，烈與「辢」聲近義同。憯者，《説文》「慘，毒也」，「憯，痛也」。《表記》云「中心憯怛」。《漢書·谷永傳》「搒箠瘤於炮烙」，顔師古注云「瘤，痛也」。憯、慘、瘤竝通。䖯者，《玉篇》「蜇，陟列切，蟲螫也，又作『䖯』」。《衆經音義》卷十引《字林》云「䖯，螫也」。僖二十二年《左傳》正義引《通俗文》云「蠍毒傷人曰䖯」。《列子·楊朱》篇「蜇於口，慘於腹」，張湛注云「慘、蜇，痛也」。悚者，《方言》「悚，痛也，自關而西秦晉之閒，或曰悚」，注云「憯、悚，小痛也」。《方言》「凡草木刺人者，北燕朝鮮之閒謂之茦」，義與「悚」亦相近。蠚、螫一字也。《説文》「螫，蟲行毒也」，「蠚，螫也」。《西山經》云「蠚鳥獸則死，蠚木則枯」。《韓非子·用人》篇云「聖人極有刑罰而死無毒螫」。竝字異而義同。螫與「瘌」同義。《方言》「飲藥傅藥而毒謂之瘌」，郭璞以「瘌」爲「辛螫」，是也。字或作「剌」。草木毒傷人謂之剌，亦謂之螫。《史記·龜策傳》云「獸無虎狼，草無毒螫」。《魏都賦》云「蔡莽螫剌，昆蟲毒噬」。是也。蠭蠆毒傷人謂之螫，「螫」亦剌也。《廣雅》云「蠆、蛪，蠍也」。蛪與「剌」同音。剌者，毒傷也，故「蠍」又謂之蛪矣。疼者，《説文》「痋，動痛也」。《釋名》「疼，痹氣疼疼然煩也」。《易通卦驗》云「多病疕疼腰痛」，疼與「痋」同。今俗語言「疼」聲如騰，《衆經音義》卷十四云「疼，下里閒音騰」，則唐時已有此音。愳與「惻」同。殷者，《説文》「慇，痛也」。《小雅·正月》篇「憂心慇慇」，毛傳云「慇慇然痛也」。《邶風·北門》篇作「殷」，《釋文》「殷又音隱」。《邶風·柏舟》篇「如有隱憂」，毛傳云「隱，痛也」。隱與「殷」聲近義同。惄者，《方言》「齊宋之閒或謂痛爲惄」。《小雅·小弁》篇云「我心憂傷，惄焉如擣」。痠者，《玉篇》「痠，疼痠也」。《素問·刺熱篇》云「腎熱病者，先腰痛胻痠」。字通作「酸」。宋玉《高唐賦》云「寒心酸鼻」。今俗語猶云酸痛矣。讟者，《方言》「讟，痛也」。《説文》云「痛怨也」。宣十二年《左傳》云「君無怨讟」。桐亦「恫」也。

《喪服》傳、《喪服小記》竝云「苴杖，竹也，削杖，桐也」。《白虎通義》云「所以杖竹桐何，取其名也，竹者，感也，桐者，痛也」。恫、桐、痛聲義竝相近。惆、悵者，《玉篇》云「惆悵，悲愁也」。《方言》「菲、惄，悵也」，郭璞注云「謂惋惆也」。《荀子·禮論篇》云「惆然不嗛」。《問喪》云「心悵焉愴焉」。《楚辭·九辯》云「惆悵兮而私自憐」。悏者，《說文》「悏，苦也」。《衆經音義》卷十二引《通俗文》云「患愁曰悏」。《文選·歎逝賦》注引《廣雅》「惆，痛也」。《衆經音義》卷二引《廣雅》「惆、悵，痛也」。卷二十引《廣雅》「悏，痛也」。今本脱惆、悵、悏三字。

喘、喙、咶、忥、欶、吹、㰤、奄、䖙，息也。餽。

此條「息」字有二義，喘、喙、咶、欶、吹、㰤爲「喘息」之息，忥、奄、䖙爲「休息」之息。喙者，《方言》「喙，息也，自關而西秦晉之閒，或曰喙」。《漢書·匈奴傳》「跂行喙息蠉動之類」，顏師古注云「跂行，凡有足而行者；喙息，凡以口出氣者；蠉蠉，動貌」。案：跂者，行貌也。高誘注《淮南子·原道訓》云「跂跂，行也」。《漢書·東方朔傳》云「跂跂脈脈善緣壁」。喙者，息貌也。謂跂跂而行，喙喙而息，蠉蠉而動也。《廣雅》喘、喙俱訓爲息，喙息猶喘息也。《新語·道基》篇云「跂行喘息蜎飛蠉動之類」。王襃《洞簫賦》云「蟋蟀蚸蠖蚑行喘息」。是其證也。顏注以爲「口喙」之「喙」，失之。《逸周書·周祝解》云「跂動噦息」。《淮南子·俶真訓》云「蚑行噲息」。跂、蚑古通用，喙、噦、噲古通用。凡病而短氣亦謂之喙。《晉語》「余病喙矣」，韋昭注云「喙，短氣貌」，是也。懼而短氣亦謂之喙。宋玉《高唐賦》云「虎豹豺兕，失氣恐喙」，是也。義與「喙息」之「喙」竝相近。咶與「喙」古亦同聲，《廣韻》「咶，息聲也」。王逸《九思》云「仰長歎兮氣䬣結，悁殟絶兮咶復蘇」。忥者，《爾雅》「忥，静也」，「静」即休息之意。《邶風・谷風》篇「伊余來塈」，《大雅・假樂》篇「民之攸塈」，毛傳竝云「塈，息也」。塈與「忥」通。㰹、吹者，曹憲《音》釋㰹「虎夾反」，吹「漢佳反」，各本「吹」譌作「歍」，「漢佳」譌作「漢家」。《集韻》《類篇》「歍，虛加切」，引《廣雅》「歍，息也」。虛加與「漢家」同音，則宋時《廣雅》本已誤。考《說文》《玉篇》《廣韻》俱無「歍」字。《玉篇》《廣韻》竝云「㰹吹，氣逆也」。《廣韻》「吹，火佳切」。火佳與「漢佳」同音，今據以訂正。奄者，《方言》「奄，息也」。《漢書・司馬相如傳》「奄息葱極」，張注云「奄然休息也」。枚乘《七發》「掩青蘋」，李善注引《方言》「掩，息也」，掩與「奄」通。《秦風》有「子車奄息」，義取諸此與？䰙者，《檀弓》云「細人之愛人也以姑息」，姑與「䰙」通。《爾雅》「苦，息也」，苦與「䰙」亦聲近義同。䰙，各本譌作「䰙」，今訂正。䭒者，《方言》「䭒，息也，周鄭宋沛之閒曰䭒，自關而西秦晉之閒或曰䭒」。《集韻》《類篇》竝引《廣雅》「䭒，息也」。今本脱「䭒」字。

灵、灼、烔、焯、煦、炘、煆、焥、爆、煉、燒、炳、蘸、炙、煬、烈、熻、炎、爟，爇也。

灵者，《玉篇》音徒甘切。《說文》「灵，小熱也」，引《小雅・節南山》篇「憂心灵灵」，今本作「憂心如惔」，毛傳云「惔，燔也」，《釋文》「惔，《韓詩》作『炎』」。又《後漢書・章帝紀》注引《韓詩・大雅・雲漢》篇「如炎如焚」，今本作「惔」。灵、惔、炎竝聲近義同。熱與「爇」亦聲近義同，故《釋名》云「熱，爇也，如火所燒爇也」。灼者，《說文》「灼，炙也」。《洛誥》云「厥攸灼」。烔者，《衆經音義》卷四引《埤倉》云「烔烔，熱皃也」。《廣韻》引《字林》云「熱氣烔烔」。《爾雅》「爞爞，熏也」，郭璞注云「旱熱熏炙人」。《大雅・雲漢》篇「蘊隆蟲蟲」，毛傳云「蟲蟲而熱」，《釋文》「蟲，《韓詩》作『烔』」。烔、爞、蟲竝聲近義同。焯者，《廣韻》「焯，火氣也」。焯與「灼」亦聲近義同。煦、煆者，《方言》「煦，煆，熱也，吴越曰煦煆」。《說文》「煦，烝也」，「昫，日出温也」。煦、昫義相近。炘者，《玉篇》與「焮」同，許勤、許靳二切，炙也，又熱也。昭十八年《左傳》「行火所焮」，杜預注云「焮，炙也」。《說文》「昕，旦明日將出也」，徐鍇《傳》云「昕，猶焮也，日炙物之皃」。炘、昕義亦相近。烋者，《玉篇》「烏來切，熱也」。《素問・藏氣法時論》云「病在腎，禁犯焠烋熱食温炙衣」。《廣韻》「烋」又許其切，「火盛也」。《說文》「熹，炙也」。襄三十年《左傳》「譆譆出出」，杜預注云「譆譆，熱也」。《易林・噬嗑之兑》云「火起我後，熹炙吾廬」。烋、熹、譆竝通。爆者，《說文》「爆，灼也」。《墨子・親士》篇云「靈龜近灼，神蛇近暴」，暴與「爆」通。《說文》「暴，晞乾也」，義亦相近。煉讀爲「爛」。《集韻》云「爛，或作『煉』」。《衆經音義》卷七引《廣雅》作「爛」。《大雅・生民》篇「載燔載烈」，鄭箋云「烈之言爛也」。定三年《左傳》云「廢于鑪炭，爛，遂卒」。《易林・大壯之遯》云「火爛銷金」。焫即「爇」字也。《衆經音義》卷七引《倉頡篇》云「爇，燒也，然也」。《周官・華氏》云「以明火爇燋」。《郊特牲》云「然後焫蕭合羶薌」。《列子・黄帝》篇云「入水不溺，入火不熱」。爇、熱、焫竝通。𦺫者，《說文》「然，燒也」，或作「𦺫」。《漢書・五行志》云「見巢𤎅」。然、𦺫、𤎅竝同。炙、煬、烈、熻者，《方言》「煬、翕，炙也」。「煬，烈，暴也」。《說文》「煬，炙燥也」。《方言》注云「今江東呼火熾猛爲煬」。《管子・禁藏》篇云「夏日之不煬，非愛火也」。《莊子・盜跖》篇云「冬則煬之」。煬之言揚也。《周官・卜師》「揚火以作龜」，鄭注云「揚，猶熾也」，即郭所云「火熾猛」也。《說文》「烈，火猛也」。《商頌・長發》篇云「如火烈烈」。又《大雅・生民》篇「載燔載烈」，毛傳云「貫之加于火曰烈」。烈，各本譌作「裂」。《衆經音義》卷七、卷十七竝引《廣雅》「烈，熱也」。

今據以訂正。《方言》又云「翕，熾也」。揚雄《甘泉賦》「翕赫曶霍」，李善注云「翕赫，盛皃」，翕與「熻」通。灸，各本訛作「炙」，與上「炙」字相複，惟影宋本不訛。《莊子・盜跖》篇云「所謂無病而自灸也」。《説文》「灸，灼也」。《玉篇》云「爇也」。爟者，《説文》「舉火曰爟」。《周官・司爟》鄭注云「爟讀如『予若觀火』之觀，今燕俗名湯熱爲觀，則爟火謂熱火與」。《吕氏春秋・本味》篇云「爝以爟火」。《漢書・郊祀志》「通權火」，如淳注云「權，舉也」。爟、觀、權竝通。

周、帀、辨、接、選、延，徧也。

辨者，《鄉飲酒禮》「衆賓辯有脯醢」，鄭注云「今文『辯』皆作『徧』」。《樂記》「其治辯者其禮具」，鄭注云「辯，徧也」。定八年《左傳》「子言辨舍爵於季氏之廟而出」，杜預注云「辨，猶周徧也」。辨、辯、徧竝通。選、延者，《方言》「選、延，徧也」。選之言宣也。《爾雅》「宣，徧也」。《吕刑》云「延及于平民，罔不寇賊」。

里、亢、閭、衖、啚、閈、圹、宇、慰、廛、在、於、処、所、丘、墟、宙、鄙、聚、落，凥也。

里者，《周官・遂人》「五家爲鄰，五鄰爲里」。《廣韻》引《風俗通義》云「里者，止也，共居止也」。《爾雅》「里，邑也」。《鄭風・將仲子》篇傳云「里，居也」。《漢書・食貨志》云「在壄曰廬，在邑曰里」。居，《方言》《説文》《廣雅》作「凥」，經傳皆作「居」，古字假借耳。亢，《集韻》《類篇》引《廣雅》作「宂」。閭者，《周官・大司徒》「五家爲比，五比爲閭」。《説文》「閭，侶也，二十五家相羣侶也」，又云「閭，里門也」。案：閭、里一聲之轉。「鄉」謂之閭，「遂」謂之里，其義一也。二十五家謂之閭，故其門亦謂之閭也。衖者，《鄭風・叔于田》傳云「巷，里塗也」，《爾雅》作「衖」。《莊子・讓王》篇「顔闔守陋閭，苴布之衣而自飯牛」，陋閭即

《論語》所謂「陋巷」，故《廣雅》閭、術同訓爲居也。壼者，《説文》「壼，宮中道，從囗，象宮垣道上之形」，引《大雅·既醉》篇「室家之壼」。《爾雅》「宮中衖謂之壼」，孫炎注云「衖，舍閒道也」。《小雅·巷伯》箋云「奄官掌王后之命，於宮中爲近，故謂之巷伯」。壼，各本訛作「畐」，今訂正。閈者，《説文》「閈，閭也，汝南平輿里門曰閈」。《漢書·敘傳》「綰自同閈」，應劭注云「盧綰與高祖同里，楚名里門爲閈」。《楚辭·招魂》「去君之恒幹」，王逸注云「或曰『去君之恒閈』，閈，里也，楚人名里曰閈」。《廣雅·釋宮》篇亦云「閈，里也」。「里」謂之閈，故里門亦謂之閈。《管子·立政》篇云「審閭閈」，是也。此篇云「閈，居也」。「居」謂之閈，故館門亦謂之閈。襄三十一年《左傳》云「完客所館，高其閈閎，厚其牆垣」，是也。字書無「圹」字，疑是「广」「土」二字之合訛也。《説文》「广，因广爲屋也」。《釋名》「衾，广也，其下廣大，如广受人也」。《大雅·緜》篇「自土沮漆」，毛傳云「土，居也」。是广、土皆爲居也。宇者，《大雅·緜》篇「聿來胥宇」，《魯頌·閟宮》篇序「頌僖公能復周公之宇」，《周語》「使各有寧宇」，毛傳、鄭箋、韋注竝云「宇，居也」。尉、廛者，《方言》「尉、廛，尻也，江淮青徐之間曰尉，東齊海岱之間曰廛」。《大雅·緜》篇述大王遷岐之事云「迺慰迺止」，是「慰」爲居也。《説文》「廛，二畝半，一家之居，從广、里、八、土」。《魏風·伐檀》篇「胡取禾三百廛兮」，毛傳云「一夫之居曰廛」。《周官·載師》「以廛里任國中之地」，鄭注云「廛里者，若今云邑里居矣，廛，民居之區域也，里，居也」。《王制》「市廛而不税」，鄭注云「廛，市物邸舍也」。是凡言廛者，皆居之義也。於亦「在」也。若《曲禮》云「於外曰公，於其國曰君」之類，是也。於與「居」聲相近。《荀子·儒效篇》「隱於窮閻陋屋」，《韓詩外傳》「於」作「居」。《君道篇》「其居鄉里也」，《韓詩外傳》「居」作「於」。丘、墟者，《説文》云「古者九夫爲井，四井爲邑，四邑爲丘，丘謂之虚」，虚與「墟」同。《釋名》云「四邑爲丘，丘，聚也」。僖十五年《左傳》「敗于宗丘」，杜預注云「丘猶邑也」，《正義》云「土之高者曰丘，衆之所聚爲邑，故丘猶邑也」。《檀弓》「狐死正丘首」，《正義》以「丘」爲狐窟。是凡言丘者，皆居之義也。墟猶「丘」也，語之轉耳。《莊子·秋水》篇「井鼃不可以語於海者，拘於虚也」，言井鼃囿於所居也。崔譔注以「虚」爲空，失之。《風俗通義》云「今故廬居處高下者名爲墟」。李善注《西征賦》引《聲類》云「墟，故所居也」。丘、墟皆故所居之地，若《傳》稱帝丘、商丘、夏虚、殷虚、少皞之虚、大皞之虚、祝融之虚、顓頊之虚之類，皆是也。宙與「宇」義相近。《説文》「宇，屋邊也」，「宙，舟輿所極覆也」，徐鍇《傳》云「《淮南子》『往古來今謂之宙，四方上下謂之宇』，凡天地之居萬物，猶室居之遷賈而不覺也」。《莊子·庚桑楚》篇云「有實而無乎處者宇也，有長而無本剽者宙也」。《淮南子·覽冥訓》「鳳皇之翔至德也，燕雀佼之，以爲不能與之争於宇宙之閒」，高誘注云「宇，屋簷也，宙，棟梁也」。是凡言宇宙者，皆居之義也。**鄬**，古通作「黨」。《大司徒》「四閭爲族，五族爲黨」，閭、族、黨皆聚居之義。《唐風·葛生》篇云「歸于其居」，《齊策》云「歸於何黨」，「黨」亦居也。《淮南子·道應訓》云「我南游乎罔㝗之野，北息乎沈墨之鄉，西窮冥冥之黨」。聚、落者，《説文》「邑落曰聚」。《衆經音義》卷十四引韋昭《漢書注》云「小鄉曰聚」。《逸周書·大聚解》云「來遠賓，廉近者，道別其陰陽之利，相土地之宜，水土之便，營邑制，命之曰大聚」。《史記·五帝紀》云「一年而所居成聚，二年成邑，三年成都」。落亦「聚」也。《鹽鐵論·散不足》篇云「田野不辟而飾亭落」。《漢書·溝洫志》云「稍築室宅，遂成聚落」。今人亦云聚落、邨落、院落。落之言聯絡也。「籬」謂之落，義亦相近也。

懈、慢、㥞、䋼、紿、遲、繟、譠謾、挺、緂、弛、逷、甘、韜，緩也。

㥞者，《説文》「㥞，肆也」。《小爾雅》云「肆，緩也」。㥞、逷竝音他内反，其義同也。《墨子·非儒》篇「立命而怠事」，《晏子春秋·外》篇「怠」作「逮」，「逮」即㥞字也。䋼者，《説文》「䋼，緩也」。《玉篇》音他丁切。《集韻》又音盈。《大雅·雲漢》篇「大夫君子，昭假無贏」，鄭箋訓「贏」爲緩，義與「䋼」同。《月令》「天地始肅，不可以贏」，鄭注云「贏猶解也」，❶義亦與「䋼」同。紿與「怠」同。繟者，《説文》「繟，帶緩也」。《釋訓》篇云「繟繟，緩也」。《樂記》「其聲嘽以緩」，注云「嘽，寬綽貌」。又「嘽諧慢易繁文簡節之音作」，《史記·樂書》「嘽諧」作「嘽緩」。王褒《四子講德論》云「嘽緩舒繹」。馬融《長笛賦》云「從容闡緩」。嘽、闡竝與「繟」通。《列子·力命》篇「嘽咺憋懯」，張湛注以「嘽咺」爲迂緩，「憋懯」爲急速。嘽咺與「嘽緩」古亦同聲。繟，曹憲《音》「闡」，各本「闡」字誤入正文，惟影宋本、皇甫本不誤。譠謾或作「儃僈」。《賈子·勸學》篇「舜僶俛而加志，我儃僈而弗省」，「儃僈」謂怠緩也。《淮南子·脩務訓》作「誕謾」，竝字異而義同。王襃《洞簫賦》云「其奏歡娱，則莫不憚漫衍凱，阿那腲腇」，憚漫亦舒緩之意，猶言樂心感者，其聲嘽以緩也。諸書無訓「挺」爲緩者。挺當爲「挺」，字之誤也。《吴語》「王安挺志」，韋昭注云「挺，寬也」。《吕氏春秋·仲夏紀》「挺衆囚，益其食」，高誘注云「挺，緩也」。《勿躬》篇「百官慎職而莫敢愉綎」，注云「愉，解也；綎，緩也」，綎與「挺」通。《後漢書·臧宫傳》「宜小挺緩，令得逃亡」，《傅燮傳》「賊得寬挺」，李賢注竝云「挺，

❶「贏」，原作「羸」，今據經解本改。

解也」，「解」亦緩也。故《序卦傳》云「解者，緩也」。緌者，《説文》「緌，偏緩也」。《釋訓》篇云「緌緌，緩也」。繟、緌竝音昌善反，其義同也。**㢮**本作「弛」。《説文》「弛，弓解也」。《周官・大司徒》云「四曰弛力」。𨒪者，《説文》「復，卻也，一曰行遲也」，古文作「𨒪」。《方言》「𨒪，緩也」。甘者，《莊子・天道》篇云「斲輪徐則甘而不固，疾則苦而不入」，《淮南子・道應訓》與《莊子》同，高誘注云「苦，急意也；甘，緩意也」。韜者，卷三云「韜，寬也」。《説文》「**牧**，牛徐行也，讀若滔」，義亦與「韜」同。

儋、由、胥、輔、佐、佑、虞、護、勸、救、吹、扇、埤、役、賻，助也。

儋者，《玉篇》「贍，周也，假助也」。《集韻》「贍」或作「儋」，亦通作「澹」。由、胥者，《方言》「胥、由，輔也，吳越曰胥，燕之北鄙曰由」，郭璞注云「胥，相也；由，正也，皆謂輔持也」。案：由之言道也。《爾雅》「道、助，勴也」。虞者，《大雅・雲漢》六章云「昊天上帝，則不我虞」，鄭箋「虞，度也」。案：虞者，助也。四章云「羣公先正，則不我助」，意與此同，詳見卷一「虞，有也」下。虞、護聲相近，故皆爲助也。勸者，《盤庚》云「女誕勸憂」，《君奭》云「在昔上帝，割申勸寧王之德」，皆助之義也。吹、扇者，《方言》「吹、扇，助也」，注云「吹噓扇拂，皆相佐助也」。埤者，《説文》「埤，增也」，「朇，益也」，「裨，接益也」，埤、朇、裨竝通。役者，《少儀》云「怠則張而相之，廢則埽而更之，謂之社稷之役」，鄭注云「役，爲也」，《正義》云「爲謂助爲也」。賻者，《士喪禮下》篇云「知死者贈，知生者賻」。《荀子・大略篇》云「貨財曰賻，輿馬曰賵，衣服曰襚，玩好曰贈，玉貝曰唅，賻賵所以佐生也，贈襚所以送死也」。《太平御覽》引《春秋説題辭》云「賻之爲言助也」。《士喪禮下》篇注云「賻之言補也，助也」。

娎、襐、賁、容、潤、養、文、字，飾也。

娎者，《說文》「妝，飾也」。宋玉《登徒子好色賦》云「不待飾裝」。《漢書・司馬相如傳》云「靚莊刻飾」。娎、妝、裝、莊竝通。襐者，《釋言》云「裝，襐也」。《說文》「襐，飾也」。《玉篇》似丈切，云「首飾也」。《急就篇》「襐飾刻畫無等雙」，顔師古注云「襐飾，盛服飾也，一曰首飾，在兩耳後，刻鏤而爲之」。惠氏定宇《毛詩古義》云「象服是宜」，傳云「象服，尊者所以爲飾」。象與「襐」同。《正義》以爲「象骨飾服」，失之。賁者，《序卦傳》云「賁者，飾也」，《小雅・白駒》篇「皎皎白駒，賁然來思」，毛傳云「賁，飾也」。潤者，《論語・憲問》篇云「東里子産潤色之」。字者，《說文序》云「形聲相益謂之字，字者，孳乳而寖多也。」《廣韻》引《春秋說題辭》云「字者，飾也」。各本「容」字重出，今刪。

捈、搯、掏、舀、戽、攣、挹、㪺、𣂔，抒也。

《說文》「抒，挹也」。《大雅・生民》釋文引《倉頡篇》云「抒，取出也」。《管子・禁藏》篇云「抒井易水」。捈者，引之抒也。卷一云「捈，引也」。《法言・問神篇》云「捈中心之所欲」。搯、掏一字也。《說文》「搯，搯捾也」。《衆經音義》卷七引《通俗文》云「捾出曰掏」。《潛夫論・救邊》篇云「若排糠障風，掏沙壅河」。今俗語猶呼捾取物爲「掏」矣。舀亦「搯」也。《玉篇》音翼珠、弋周、以沼三切。今俗語云「舀水」，是也。《說文》「舀，抒臼也」，引《大雅・生民》篇「或簸或舀」，今本作「或春或揄」，毛傳云「揄，抒臼也」，《正義》云「謂抒米出臼也」。《說文》「舀」或作抌、𦥷。《周官・春人》「女春抌二人」，鄭注云「抌，抒臼也」，引《詩》「或春或抌」。《少牢下》篇「二手執挑匕枋以挹湆」，鄭注云「挑謂之歃，讀如『或春或抌』之抌，字或作『挑』者，秦人語也，挑，長枋，可以抒物於器中者」。舀、抌、酖、揄、挑五字竝聲近義同。《少牢下》篇釋文「挑」又音他羔反。挑與搯、掏聲亦相近也。⿰氵戽者，《太平御覽》引《纂文》云「⿰氵戽斗，抒水斗也」。《釋器》篇云「⿰氵戽斗謂之柩」。⿰氵戽與「戽」同。今俗語猶云「戽水」矣。⿱䜌斗者，《說文》「⿱䜌斗，抒滿也」。《衆經音義》卷四引《通俗文》云「汲取曰⿱䜌斗」。挹者，《說文》「挹，抒也」。《小雅·大東》篇「不可以挹酒漿」，毛傳云「挹，斞也」。⿰舌斗者，《玉篇》呼活、烏活二切，抒也。《廣韻》云「舀水也」。《說文》「斡，蠡柄也」，徐鍇《傳》云「蠡，所以抌也」。又《說文》「捾，搯捾也」，義竝與「⿰舌斗」同。⿰舌斗，各本作「⿰𠯑斗」，乃隸書之譌，今訂正。斞者，《說文》「斞，挹也」。《小雅·賓之初筵》篇「賓載手仇」，鄭箋讀「仇」爲「斞」，謂手挹酒也。張衡《思玄賦》云「斞白水以爲漿」。《喪大記》釋文云「斞，水斗也」，引何氏《隱義》云「容四升」。斞，各本譌作「⿱臾斗」，今訂正。

黜、闕、虧、缺、拂、發、桀、除、袪、離、朅、遯、放、逸、奃、徃、遂、行、抾、莫、謝、渡，厺也。

闕者，《周官·稾人》「亡者闕之」，鄭注云「闕猶除也」。拂亦「除」也，義見卷三「拂，除也」下。諸書無訓「桀」爲去者，桀蓋「栞」字之誤。栞，字亦作「刊」。《禹貢》「隨山刊木」，鄭注訓「刊」爲除，《史記·夏本紀》及《漢書·地理志》竝作「栞」。又「九山刊旅」，《史記》《漢書》亦作「栞」。栞與「除」同義，故俱訓爲去也。袪、去古同聲。袪，各本譌作「裕」。卷三內「袪，開也」，「袪」字譌作「裕」，正與此同。《文選》殷仲文《南州桓公九井詩》注引薛君《韓詩章句》云「袪，去也」。《衆經音義》卷十引《廣雅》「袪、除，去也」，今據以訂正。朅者，《說文》「朅，去也，從去、曷聲」。《楚辭·九辯》云「車既駕兮朅而歸」。《呂氏春秋·士容論》云「富貴弗就而貧賤弗朅」。朅，各本訛作「碣」，今訂正。遂與「遯」聲相近。《爾雅》「遂，遯也」，郭璞注云「謂逃去也」。《微子》云「吾家耄遜于荒」。《春秋》莊元年「夫人孫于齊」，孫與「遜」通。抾、莫者，《方言》「抾摸，去也，齊趙之總語也，抾摸，猶言持去也」，摸與「莫」通。揚雄《羽獵賦》「抾靈蠵」，韋昭注云「抾，捧也」，即持去之義也。抾，各本訛作「怯」，今訂正。謝者，《説文》「謝，辭去也」。《楚辭・九章》「願歲并謝」，王逸注云「謝，去也」。渡者，《九歎》「年忽忽而日度」，注云「度，去也」，度與「渡」通。各本「去」字訛作「谷」，「谷」下又有「去」字。案：「去」字篆作「⿱大凵」，隸作「去」，又作「厺」，故訛而爲「谷」。上文「祛」訛作「裕」，「朅」訛作「⿰谷曷」，正與此同。其下一「去」字，則曹憲之《音》，誤入正文者耳。今訂正。

斬、割、鎃、裂、摫，裁也。

鎃、摫者，《方言》「鎃、摫，裁也，梁益之閒裁木爲器曰鎃，裂帛爲衣曰摫」，郭璞注「鎃」音「劈歷」之劈，「摫」音規。鎃之言劈，摫之言刲也。《漢書・藝文志》「鉤鎃析亂」，顔師古注云「鎃，破也」。左思《蜀都賦》云「鎃摫兼呈」。謝靈運《山居賦》云「鎃摫之端」。鎃，各本訛作「⿰金氏」，今訂正。

搢、戢、箴、扱，插也。

搢者，《鄉射禮》「搢三而挾一个」，鄭注云「搢，插也」。《士喪禮》「搢笏」，鄭注云「搢，捷也」。《内則》「搢笏」，鄭注云「搢，猶扱也」。《周官・典瑞》「王晉大圭」，鄭衆注云「晉，讀爲『搢紳』之搢，謂臿於紳帶之閒」。《荀子・禮論篇》云「縉紳而無鉤帶」。《喪大記》云「徒跣扱衽」。《管子・小匡》篇云「管仲詘纓插衽」。搢、縉、晉古通用，插、臿、扱、捷古通用。晉訓爲插，故殳矛柄所插亦謂之晉。《考工記・廬人》「凡爲殳，參分其圍，去一以爲晉圍」，「凡爲酋矛，五分其圍，去一以爲晉圍」，鄭注云「晉，讀如『王搢大圭』之揞，矜所插也」。又案：揞之言進也，進笏於紳帶之閒，故曰揞紳。《史記・五帝紀》作「薦紳」。《爾雅》曰「薦，進也」。《易》曰「晉，進也」。《周官》作「晉」，《史記》作「薦」，其義一也。徐邈《禮記音》讀「揞」爲箭。《釋名》云「矢謂之箭，箭，進也」。義亦同矣。戢者，《小雅・鴛鴦》篇「戢其左翼」，《韓詩》云「戢，捷也，捷其噣於左也」。箴或作「鍼」。《文王世子》「其刑罪則纖剸」，鄭注云「纖讀爲鍼，鍼，刺也」。《說文》「插，刺入也」，是箴與「插」同義。

腬、䑋、僇、泡、儴、膞、韡、熅、薀、茂、昆、渾、昌、阜、溢、腯、肥、畜、浡，盛也。

腬者，《玉篇》「腬，肥美也」。䑋、僇、泡、儴、膞者，《方言》「儴、膞、䑋、僇、泡，盛也。儴，自關而西秦晉之閒語也，陳宋之閒曰僇，江淮之閒曰泡，秦晉或曰䑋，梁益之閒凡人言盛及其所愛，偉其肥晠，謂之䑋」。晠與「盛」同。郭璞注云「䑋，音壤，肥䑋多肉也」。《釋訓》篇云「䑋䑋，肥也」。《說文》「孃，肥大也」。《淮南子・原道訓》云「田者爭處墝埆，以封壤肥饒相讓」。《後漢書・馬援傳》云「其田土肥壤」。《漢書・張敞傳》「長安中浩穰」，顏師古注云「穰，盛也，音人掌反」。䑋、孃、壤、穰竝通。《集韻》「䑋」又音如陽切。凡《詩》言「降福穰穰」「豐年穰穰」「零露瀼瀼」，皆盛多之意，義與「䑋」相近也。「䑋」亦腬也，語之轉耳。《說文》「壤，柔土也」，又云「𤲞，和田也」。鄭注《大司徒》云「壤，和緩之貌」。腬之轉爲䑋，猶𤲞之轉爲壤矣。《方言》注云「僇伴，麤大貌」，「泡肥，洪張貌」。《西山經》「其源渾渾泡泡」，郭璞注云「水濆涌之聲也」。《文選・洞簫賦》「又似流波，泡溲泛㴔」，李善注云「泡溲，盛多皃」。義竝相近也。《方言》注云「儴，言瓌瑋也」。《說文》「傀，偉也」。《莊子・列御寇》篇「達生之情者傀」，郭象注云「傀然大」。司馬相如《子虚賦》云「俶儻瑰瑋」。褢、傀、瑰、瓌竝通。《玉篇》「𦢊，盛肥也」。《方言》注云「𦢊呬，充壯也」。《說文》「贔，壯大也」。亦作「奰」。《大雅·蕩》篇「内奰于中國」，毛傳云「不醉而怒曰奰」，《正義》云「奰者，怒而作氣之貌」。張衡《西京賦》「巨靈贔屓」，薛綜注云「贔屓，作力之貌也」。贔屓與「𦢊呬」通。蘳者，《說文》「𩏂，盛也」，引《小雅·常棣》篇「鄂不𩏂𩏂」，今本作「韡」，毛傳云「韡韡，光明也」。𩏂、韡、蘳竝同。《釋訓》篇云「煒煒，盛也」。《說文》「偉，奇也」，「煒，盛赤也」。義竝與「蘳」同。藴者，《方言》「藴，晠也」，注云「藴藹，茂貌」。藴與「薀」同。《大雅·雲漢》篇云「旱既大甚，藴隆蟲蟲」，是盛之義也。《釋文》「藴，《韓詩》作『鬱』」。《秦風·晨風》篇云「鬱彼北林」，亦盛之義也。藴、鬱語之轉耳。昆讀爲焜。《方言》「焜，晠也」，注云「焜煌，晠貌也」。《說文》「焜，煌也」。昭三年《左傳》「焜燿寡人之望」，服虔注云「焜，明也；燿，照也」，《釋文》「焜，胡本反，又音昆」。鄭注《王制》云「昆，明也」。司馬相如《封禪文》云「焕炳煇煌」。《急就篇》云「靳靷韄鞊色焜煌」。焜、昆、煇竝通。渾與「昆」聲相近。《方言》「渾，盛也」。《說文》「混，豐流也」，「渾，混流聲也」。《荀子·富國篇》云「財貨渾渾如泉源」。皆盛之義也。渾與「混」通。皁者，《鄭風·大叔于田》篇「火烈具皁」，《周官·大宰》「皁通貨賄」，毛傳、鄭注竝云「皁，盛也」。皁、茂聲相近，故《風俗通義》云「皁者，茂也」。腯者，《方言》「腯，晠也」，注云「腯腯，肥充也」。《說文》「牛羊曰肥，豕曰腯」，字或作「腞」。《曲禮》「豚曰腞肥」，鄭注云「腞，亦肥也」。桓六年《左傳》「吾牲牷肥腯」，杜預注與鄭同。《正義》云「重言肥腯者，古人自有複語耳，服虔云『牛羊曰肥，豕曰腯』，案，《禮記》豚亦稱肥，非獨牛羊也」。今案：《傳》云「備腯咸有」，則「腯」亦不專屬豕，孔說是也。奮者，《玉篇》引《埤倉》云「奮，肥大也」。《釋訓》篇云「畜畜，肥也」。浡者，《爾雅》「浡，作也」，郭璞注云「浡然，興作貌」。莊十一年《左傳》「其興也浡焉」，杜預注云「浡，盛貌」。《論語·鄉黨》篇「勃如戰色」，亦謂盛氣貌也。《釋訓》篇云「勃勃，盛也」，勃與「浡」通。

嫢、笙、揫、摻、精、繫、稗、細、纖、微、緜、紗、麼、懱、私、茦、葼、冉、莀、杪、肖、尐、區、眇、藐、鄙，小也。 㟚。

嫢、笙、揫、摻者，《方言》「嫢、笙、揫、摻，細也，自關而西秦晉之閒，凡細而有容謂之嫢，凡細貌謂之笙，斂物而細謂之揫，或曰摻」，郭璞注云「嫢嫢，小成貌」。嫢嫢猶規規也。《莊子·秋水》篇云「子乃規規然而求之以察，索之以辯，不亦小乎」。《說文》「䕻，小頭䕻䕻也，讀若規」。義竝同也。《說文》「秦晉謂細要曰嫢」。《廣韻》「纗，細繩也」。嫢、纗竝音姊宜反，義亦同也。笙之言星星也。《周官·内饔》「豕盲眡而交睫，腥」，鄭注云「腥當爲星，肉有如米者似星」。星與「笙」聲近義同。《鄉飲酒義》「秋之爲言愁也」，鄭注云「愁讀爲揫，揫，斂也」。《漢書·律曆志》云「秋，䏂也，物䏂斂乃成孰」。《說文》云「䏂，收束也，從韋、𤋮聲」，或從手、秋聲作「揫」，又云「𤋮，小也」。𤋮訓爲小，䏂、揫訓爲斂。物斂則小，故《方言》云「斂物而細謂之揫」，揫、䏂、𤋮竝聲近義同。《說文》「啾，小兒聲也」。字亦作「噍」。《三年問》云「小者至於燕雀，猶有啁噍之頃焉」。《呂氏春秋·求人》篇「啁噍巢於林，不過一枝」，高誘注云「啁噍，小鳥也」。《方言》云「雞雛，徐魯之閒謂之𪇰子」。揫、啾、𪇰竝音即由反，義亦同也。揫，各本作「犟」，乃隸書之訛，今訂正。《鄭風·遵大路》篇「摻執子之袪兮」，《正義》引《說文》云「摻，斂也」。故「斂物而細」或謂之「摻」。摻之言纖也。《魏風·葛屨》篇「摻摻女手」，毛傳云「摻摻，猶纖纖也」。《古詩》云「纖纖出素手」，纖與「摻」聲近義同。精、糳、稗皆米之細者也。糳通作「鑿」。桓二年《左傳》「粢食不鑿」，《淮南子·主術訓》作「糳」，高誘注云「糳，細也」。《楚辭·離騷》「精瓊爢以爲粻」，王逸注云「精，鑿也」。《九章》云「糳申椒以爲糧」。精、糳語之轉耳。《大雅·召旻》篇「彼疏斯粺」，毛傳云「彼宜食疏，今反食精粺」。《鹽鐵論·國病》篇云「婢妾衣紈履絲，匹庶粺飯肉食」，粺與「稗」通。《漢書·藝文志》「小説家者流蓋出於稗官」，如淳注云「《九章》『細米爲稗』，街談巷説，甚細碎之言也，王者欲知閭巷風俗，故立稗官使稱説之」，義亦同也。《説文》云「糲米一斛舂爲九斗曰糳」，「粺，毇也」，「毇，糲米一斛舂爲八斗也」。糲或作「糲」。《召旻》箋云「米之率，糲十，粺九，鑿八，侍御七」，《正義》云「《九章·粟米之法》云『粟率五十，糲米三十，粺二十七，鑿二十四，御二十一』，言粟五升爲糲米三升，以下則米漸細，故數益少也」。案：鄭箋言「粺九糳八」，《九章算術》言「粺二十七，糳二十四」，皆是「糳」細於「粺」。《説文》以糲米一斛舂九斗爲糳，八斗爲粺，則是「粺」細於「糳」。未知孰是。緜者，《説文》「緜，聯微也」。《大雅·緜》篇「緜緜瓜瓞」，鄭箋云「緜緜然若將無長大時」。《逸周書·和寤解》云「緜緜不絶，蔓蔓若何」。《小雅·緜蠻》篇「緜蠻黄鳥」，毛傳云「緜蠻，小鳥貌」。義竝同也。紗、麽與幺、麽同。紗，各本訛作「紗」，自宋時本已然，故《集韻》《類篇》「紗」字竝音師加切，引《廣雅》「紗，小也」。案：《説文》《玉篇》《廣韻》俱無「紗」字，《集韻》師加切之音，未詳所據。《説文》「幺，小也」。《漢書·食貨志》云「次七分三銖曰幺錢」。《爾雅》「豕子，豬，幺，幼」，郭璞注云「最後生者，俗呼爲幺豚」。《衆經音義》卷七引《三倉》云「麽，微也」。《列子·湯問》篇「江浦之閒有麽蟲」，張湛注云

「麽，細也」。麽之言靡也。張注《上林賦》云「靡，細也」。靡、麽古同聲。《尉繚子・守權》篇云「幺麽毀瘠者并於後」。《鶡冠子・道端》篇云「任用幺麽」。《漢書・敘傳》「又況幺䯷尚不及數子」，鄭氏注云「䯷，小也」。《文選》作「麽」，李善注引《通俗文》云「不長曰幺，細小曰麽」。《玉篇》「紗，尪小皃也，音乙肖切」。《集韻》又音幺，云「小意也」。是紗與「幺」同，紗、麽俱訓爲小。《廣雅》「紗」字在「麽」字上，明是「紗」字之訛。《集韻》音師加切，非是，今訂正。懱、私、茦、葼者，《方言》「私、茦，小也，自關而西秦晉之郊梁益之閒，凡物小者謂之私，江淮陳楚之内謂木細枝爲蔑，青齊兖冀之閒謂之葼，燕之北鄙朝鮮洌水之閒謂之茦」，蔑與「懱」同。郭璞注云「蔑，小貌也」。《法言・學行篇》云「視日月而知衆星之蔑也，仰聖人而知衆說之小也」。又《君奭》「茲迪彝教文王蔑德」，鄭注云「蔑，小也」，《正義》云「小謂精微也」。《逸周書・祭公解》「追學於文武之蔑」，孔晁注云「言追學文武之微德也」。《說文》「懱，輕易也」，輕易亦小也。今人猶謂輕視人爲蔑視。《周語》「鄭未失周典，王而蔑之，是不明賢也」，韋昭注云「蔑，小也」。蔑與「懱」同。又《廣韻》「𥿄，莫結切」，引《倉頡篇》云「𥿄，細也」。《玉篇》「𩈴，面小也」。《說文》「𥻭，麩也」。《衆經音義》卷十引《埤倉》云「篾，析竹膚也」，字通作「蔑」。《顧命》「敷重蔑席」，鄭注云「蔑，析竹之次青者」。《玉篇》「𪈼，𪈼雀也」，字亦通作「懱」。《方言》「桑飛，自關而西或謂之懱爵」，注云「即鷦鷯也」，「懱，言懱戳也」。《廣韻》「𩈴尐，小也」。𩈴尐與「懱戳」同。《荀子・勸學篇》「南方有鳥焉，名曰蒙鳩」，楊倞注云「蒙鳩，鷦鷯也」。蒙鳩猶言蔑雀。蔑、蒙語之轉耳。《爾雅》「蠓，蠛蠓」。李善注《甘泉賦》引孫炎注云「蟲小於蚊」。是凡言蔑者，皆小之義也。私亦「細」也，方俗語有緩急耳。《方言》引《傳》曰「慈母之怒子也，雖折葼笞之，其惠存焉」。左思《魏都賦》「弱蔓係實」，張載注云「蔓，木之細枝者也」。案：蔓者，細密之貌。《爾雅》「緵罟謂之九罭，九罭，魚罔也」，注云「今之百囊罟是也」。《説文》「布之八十縷爲稯」。《玉篇》「騣，馬鬣也」。皆細密之義也。《豳風·七月》篇「言私其豵，獻豜于公」，毛傳云「豕一歲曰豵，三歲曰豜，大獸公之，小獸私之」。義亦同也。卷三云「㚇，聚也」。《説文》「㚇，斂足也」。《爾雅》「揫、斂，聚也」。揫與「㚇」一聲之轉，斂與「小」義相近。故小謂之蔓，亦謂之揫。聚斂謂之揫，亦謂之㚇矣。㡀之言蔽也。《説文》「蔽蔽，小草也」。《召南·甘棠》篇「蔽芾甘棠」，毛傳云「蔽芾，小貌」。蔽與「㡀」聲近義同。㡀，各本訛作「𣲖」，今訂正。䒼、杪者，《方言》「䒼、杪，小也，凡草生而初達謂之䒼，木細枝謂之杪」，注云「䒼音鋭，鋒萌始出也」。左思《吳都賦》云「鬱兮䒼茂」，䒼之言鋭也。昭十六年《左傳》「不亦鋭乎」，杜預注云「鋭，細小也」。《説文》「鋭，芒也」。《爾雅》「再成鋭上爲融丘」，注云「鑯頂者」。義竝與「䒼」同。《説文》「䬇，小餟也」，䬇與「䒼」亦聲近義同。《方言注》云「杪，言杪梢也」。《説文》「杪，木標末也」。《漢書·敘傳》「造計秒忽」，劉德注云「秒，禾芒也，忽，蜘蛛網細者也」。秒與「杪」同義，下文眇、藐二字，義亦同也。凡物之鋭者，皆有小義。故小謂之「姕」。《釋器》篇又云「石鍼謂之𣐈」。《廣韻》姕、𣐈竝音姊宜切，其義同也。「小」謂之纖，故「利」亦謂之銛，臿屬亦謂之銛。《漢書·賈誼傳》「莫邪爲鈍兮，鉛刀爲銛」，晉灼注云「世俗謂利爲銛徹」。《説文》云「銛，臿屬也」。「小」謂之茦，故「刺」亦謂之茦。《爾雅》「茦，刺」，注云「草刺針也」。《方言》「凡草木刺人者，北燕朝鮮之閒謂之茦」。「小」謂之鋭，故兵芒亦謂之鋭，草初生亦謂之䒼。「小」謂之眇，故木末亦謂之杪，禾芒亦謂之秒。是凡物之鋭者，皆與「小」同義也。肖者，《方言》

「肖，小也」。《莊子・列御寇》篇「達生之情者傀，達於知者肖」，傀者，大也；肖者，小也。肖與「傀」正相反。郭象注以「傀」爲大，是也。其以「肖」爲失散，則非。肖猶宵也。《學記》「《宵雅》肄三」，鄭注云「宵之言小也」。宵、肖古同聲。故《漢書・刑法志》「肖」字通作「宵」。《史記・太史公自序》「申呂肖矣」，徐廣注云「肖音痟，痟猶衰微」。義竝同也。尐者，《説文》「尐，少也，從小、乀聲」。物多則大，少則小。故《方言》云「尐，小也」。《廣韻》「礣尐，小也」。《方言》注作「懱截」。《孟子・告子》篇「力不能勝一匹雛」，趙岐注云「言我力不能勝一小雛」。孫奭《音義》云：「匹」，丁作「疋」。《方言》「尐，小也」，蓋與「疋」字相似，後人傳寫誤耳。案：孫説是也。《玉篇》「鷯，小雞也」，鷯與「尐」通。小雞謂之鷯，猶小蟬謂之蠽。《爾雅》「蠽，茅蜩」，注云「江東呼爲茅蠽，似蟬而小」。《説文》「鬣，束髮少小也」。張衡《西京賦》云「朱鬘鬣髽」。尐、鷯、蠽、鬣竝音姊列反，其義同也。《方言》謂小雞爲「𨿽子」，𨿽、鷯一聲之轉。《廣韻》「吣，姊列切，鳴吣吣也」，吣吣猶啾啾。啾、吣亦一聲之轉也。區之言區區也，義見《釋訓》「區區，小也」下。鄙者，《論語・憲問》篇云「鄙哉硜硜乎」。《呂氏春秋・尊師》篇「子張，魯之鄙家也」，注云「鄙，小也」。《釋名》云「鄙，否也，小邑不能遠通也」。《説文》「啚，嗇也」，義與「鄙」同。耑者，《説文》「耑，物初生之題也」。《方言》「末，緒也，南楚或曰端，或曰末」，皆小之義也。端與「耑」通。《書大傳》「以朝乘車輲輪送至于家」，鄭注云「言輲輪，明其小也」。《小雅・小宛》篇云「惴惴小心」。《齊策》云「安平君以惴惴之即墨，三里之城，五里之郭，敝卒七千，禽其司馬，而反千里之齊」。《潛夫論・救邊》篇云「昔樂毅以愽愽之小燕，破滅彊齊」。竝與「耑」聲近義同。《玉篇》引《廣雅》「耑，小也」。今本脱「耑」字。

鬱、巸、倰、儠、檄、筩、橢、矧、吕、儹、迒、暘、從、挺、鍿、抒、隥、脩、敻、繹、覃、尋、將、枚、袤，長也。曼。

鬱、巸者，《方言》「鬱、巸，長也」，郭璞注云「謂壯大也」。《小雅・正月》篇「有菀其特」，鄭箋云「菀然茂特」。司馬相如《長門賦》云「正殿塊以造天兮，鬱竝起而穹崇」。班固《西都賦》云「神明鬱其特起」。皆高出之貌，義與「長」相近也。鬱與「菀」通。倰者，《玉篇》「倰儯，長皃」。儠者，《説文》「儠，長壯儠儠也」，引昭七年《左傳》「長儠者相之」，今《傳》作「鬣」，所見本異也。《説文》「鬣，髮鬣鬣也」。《爾雅》「犣牛」，郭璞注云「旄牛也，髀、膝、尾皆有長毛」。義竝與「儠」同。檄者，《爾雅・釋木》「梢，梢擢」，注云「謂木無枝柯，梢擢長而殺者」。又「無枝爲檄」，注云「檄擢直上」。是「檄」爲長也。筩者，狹長也。《説文》「筩，斷竹也」。《史記・三王世家・廣陵王策》云「毋侗好佚」，褚少孫釋之云「毋長好佚樂也」。《論衡・齊世篇》云「上世之人，侗長佼好」。義竝與「筩」同。《釋名》云「山旁隴閒曰涌，涌猶桶，桶，狹而長也」，亦與「筩」聲近義同。橢亦狹長也。《爾雅》「蜻，小而橢」，注云「橢謂狹而長」。《楚辭・天問》篇云「南北順橢，其衍幾何」。《豳風・破斧》傳云「隋銎曰斧，方銎曰斨」，隋與「橢」通。《説文》「橢，車笭中橢橢器也」，又云「嶞，山之嶞嶞者」。《爾雅》「巒，山嶞」，注云「謂山形長狹者」，引《周頌・般》篇「嶞山喬嶽」。義竝與「橢」同。矧、吕者，《方言》「矤、吕，長也，東齊曰矤，宋魯曰吕」，注云「矤，古『矧』字」。矧之言引也。《爾雅》「引，長也」。儹者，《説文》「儹，長皃」，《玉篇》云「長好皃」。迒者，《方言》「迒，長也」，《玉篇》云「長道也」。張衡《西京賦》云「迒杜蹊塞」。暘、長聲相近。鄭注《月令》云「暘猶充也」。《説文》「充，長也」。《秦風・小戎》

篇「文茵暢轂」，毛傳云「暢轂，長轂也」。暢與「暘」通。從者，東西曰橫，南北曰從，橫爲廣，從爲長也。挺之言延也。《説文》「挺，長也」。《商頌・殷武》篇「松桷有梴」，毛傳云「梴，長貌」，義與「挺」同。𨥏亦「挺」也。《廣韻》云「𨥏，物令長也」。《釋訓》篇云「搌擅，展極也」。《玉篇》云「搌擅，醜長皃」。《説文》「虫，蟲曳行也」。𨥏、虫、搌竝音恥輦反，其義同也。抒或作「杼」。《方言》云「《燕記》曰『豐人杼首』，杼首，長首也，燕謂之杼」。左思《魏都賦》云「巷無杼首」。長與「久」同義，故「長」謂之杼，「久」謂之佇。《爾雅》「佇，久也」。《邶風・燕燕》篇「佇立以泣」，毛傳云「佇立，久立也」。《説文》「眝，長眙也」。通作「竚」。《楚辭・九章》云「思美人兮，擥涕而竚眙」。抒、佇、眝竝音直吕反，其義同也。隚者，《漢書・司馬相如傳》「臨曲江之隚州兮」，張注云「隚，長也」。敻者，文十四年《穀梁傳》「敻入千乘之國」，范甯注云「敻，猶遠也」。《説文》「長，久遠也」，遠與「長」亦同義。繹者，《方言》「繹，長也」。《説文》「繹，抽絲也」。《爾雅》「繹，又祭也，周曰繹，商曰肜」。《高宗肜日》正義引孫炎注云「繹，祭之明日尋繹復祭也」。肜者亦相尋不絶之意。何休注宣八年《公羊傳》云「繹者，繼昨日事；肜者，肜肜不絶」。肜、繹一聲之轉，皆長之義也。《爾雅・釋山》「屬者，嶧」，注云「言駱繹相連屬」。《廣雅・釋器》云「襗，長襦也」。義竝與「繹」同。覃者，《爾雅》「覃，延也」，注云「謂蔓延相被及」。《大雅・生民》篇「實覃實訏」，毛傳云「覃，長也」。《説文》「覃，長味也」，又云「醰，甛長味也」。王褒《洞簫賦》云「良醰醰而有味」。義竝同也。尋亦「覃」也。《方言》「尋，長也，海岱大野之閒曰尋，自關而西秦晉梁益之閒，凡物長謂之尋」。《淮南子・齊俗訓》云「峻木尋枝」。《大荒北經》「有岳之山，尋竹生焉」，郭璞注云「尋，大竹名」。《説文》「尋，繹理也，度人之兩臂爲尋，八尺也」。《方言》云「周官之法，度廣爲尋，幅廣爲充」。皆長之義也。凡對文則廣與長異，散文則廣亦長也。故「廣」謂之充，亦謂之尋。「長」謂之尋，亦謂之充。《説文》訓「充」爲長，是其證矣。將者，《商頌·烈祖》篇「我受命溥將」，將，長也，即《卷阿》所云「爾受命長」也。鄭箋訓「將」爲助，失之。《楚辭·九辯》「恐余壽之弗將」，王逸注云「將，長也」。袤者，《小爾雅》「袤，長也」。《説文》「南北曰袤，東西曰廣」。案：對文則横長謂之廣，從長謂之袤。《墨子·備城門》篇「廣九尺，袤十二尺」，是也。散文則横長亦謂之袤，周長亦謂之袤。《史記·蒙恬傳》云「起臨洮至遼東，延袤萬餘里」，《漢書·揚雄傳》云「周袤數百里」，是也。曼者，《説文》「曼，引也」，「引」亦長也。《魯頌·閟宫》篇「孔曼且碩」，毛傳云「曼，長也」。字通作「蔓」。《鄭風·野有蔓草》傳云「蔓，延也」，延亦長也。《衆經音義》卷六、卷十四竝引《廣雅》「曼，長也」。今本脱「曼」字。

乾、倢、蹻、獡、犺、慼、魖、猛、壯、獜、武、狡、偈、怒、驍，健也。

乾者，《繫辭傳》云「夫乾，天下之至健也；夫坤，天下之至順也」。《説卦傳》云「乾，健也；坤，順也」。乾、健同聲，坤、順同聲。「天行健」，「地勢坤」，「健」即乾也，「坤」即順也，互文見義耳。倢者，《説文》「疌，疾也」。《大雅·烝民》篇云「征夫捷捷」。《漢書·東方朔傳》云「捷若慶忌」。皆「健」之義也。倢、捷、疌竝通。蹻讀爲「趫」。《説文》「趫，善緣木之才」。《玉篇》音去驕切。《吕氏春秋·悔過》篇「氣之趫與力之盛」，高誘注云「趫，壯也」。張衡《西京賦》云「非都盧之輕趫，孰能超而究升」。顔延之《赭白馬賦》「捷趫夫之敏手」，李善注引《廣雅》「蹻，健也」，蹻與「趫」通。《衛風·碩人》篇「四牡有驕」，毛傳云「驕，壯貌」，

《釋文》音起橋反，驕與「趫」亦同義。《中庸》「强哉矯」，鄭注云「矯，强貌」，矯與「趫」亦聲近義同。猲，各本訛作「猲」。《集韻》《類篇》竝引《廣雅》「猲、犺，健也」，今據以訂正。犺者，《説文》「健，伉也」，又云「犺，健犬也」。《漢書·宣帝紀》「伉健習騎射」，顏師古注云「伉，强也」。《公羊傳》宣十五年注云「辨護伉健者爲里正」，伉與「犺」通。魑者，《玉篇》音仕交切，云「剽輕爲害之鬼也」。《衆經音義》卷十二引《聲類》云「魑，疾也」。《廣韻》又楚交切，云「疾皃」。字亦作「訬」。《玉篇》「訬，健也，疾也」。《淮南子·脩務訓》「越人有重遲者而人謂之訬」，高誘注云「訬，輕秒急疾也」。魑，曹憲《音》「巢」，各本「巢」字誤入正文，惟影宋本、皇甫本不誤。凡健與疾義相近，故疾謂之捷，亦謂之魑；亦謂之壯，亦謂之偈；健謂之偈，亦謂之壯，亦謂之魑，亦謂之捷。健謂之威，猶疾謂之威也。健謂之武，猶疾謂之舞也。卷一云「舞、偈，疾也」。《爾雅》云「疾，壯也」。《雜卦傳》云「咸，速也」。是其證矣。獜者，《説文》「獜，健也」，引《齊風》「盧獜獜」，今《詩》「獜」作「令」，所見本異也。狡者，《大戴禮·千乘》篇云「壯狡用力」。《吕氏春秋·仲夏紀》「養壯狡」，高誘注云「壯狡，多力之士」。《月令》「狡」作「佼」，古字假借耳。《吕氏春秋·禁塞》篇云「老幼壯佼」是也。《正義》以「佼」爲形容佼好，失之。偈者，《玉篇》音近烈切，武皃，引《衛風·伯兮》篇「伯兮偈兮」，今《詩》作「朅」，毛傳云「朅，武貌」。又《碩人》篇「庶士有朅」，毛傳云「朅，武壯貌」，《釋文》「朅，《韓詩》作『桀』」，云『健也』」。《太玄·闞》次八「其人暉且偈」，《釋文》云「偈，武也」。偈、朅、桀竝通。《詩·伯兮》傳云「桀，特立也」，特立即健之義，故人之特立者謂之傑，木之特立者謂之楬，石之特立者謂之碣，義竝同也。怒者，《莊子·逍遥遊》篇云「怒而飛，其翼若垂天之雲」。《人閒世》篇云「怒其臂以當車轍」。《後漢書・第五倫傳》「鮮車怒馬」，李賢注云「怒馬謂馬之肥壯，其氣憤盈也」。皆健之義也。凡人怒則其氣憤盈，故「喜怒」之怒亦有健義。又《廣韻》「努，努力也」。《釋名》「弩，怒也，有勢怒也」。怒、努、弩義竝相近。驍者，《玉篇》「驍，勇急捷也」。《史記・留侯世家》云「九江王黥布楚梟將」，梟與「驍」通。

跂、閣、堪、輂、加、輿，載也。

跂、閣二字，義見卷三「載、閣，跂也」下。堪、輂者，《方言》「堪、輂，載也」，又云「龕，受也，揚越曰龕，受，盛也，猶秦晉言容盛也」，郭璞注云「今云龕囊，依此名也」，龕與「堪」同聲，盛與「載」義相近。郭注又云「輂輿，載物者也」。《說文》「輂，大車駕馬也」。《周官・鄉師》「與其輂輦」，鄭注云「輂，駕馬，輦，人輓行，所以載任器也」。《管子・海王》篇云「行服連軺輂者，必有一斤一鋸一椎一鑿，若其事立」。《史記・夏本紀》「山行乘檋」，《漢書・溝洫志》作「山行則梮」，韋昭注云「梮，木器，如今輿牀，人舉以行也」，梮與「檋」同。「檋」亦有載義，故《書》言「予乘四載」也。襄九年《左傳》「陳畚挶」，《漢書・五行志》作「輂」，應劭注云「輂，所以輿土也」。《說文》「𣅟，舉食者」，徐鍇《傳》云「如今食牀，兩頭有柄，二人對舉之」。是凡言「輂」者，皆載之義也。

䌯、剿、接、撚、未、連、似、粟、屬、結，續也。絣。

䌯、剿者，《方言》「䌯、剿，續也，秦晉續折木謂之䌯，繩索謂之剿」。《淮南子・氾論訓》云「緂麻索縷」。《人閒訓》云「婦人不得剡麻考縷」。緂、剡竝與「䌯」通。高誘注訓「緂」爲鋭，失之。《說文》「緁，緶衣也」。《漢書・賈誼傳》「緁以偏諸」，晉灼注云「以偏諸緁著衣也」。《廣韻》「緁，連緁也」。剿、緁竝音且葉反，義相近也。撚、末者，《方言》「撚、末，續也」。《衆經音義》卷十四引《方言》而釋之云「撚，謂兩指索之相接續也」。《逸周書・大武解》「後動撚之」，孔晁注云「撚，從也」，從亦相續之意。「末」與續義不相近，《方言》《廣雅》「末」字疑皆「未」字之譌。《方言》「未，隨也」，隨亦相續之意。似者，《小雅・斯干》篇「似續妣祖」，《周頌・良耜》篇「以似以續」，毛傳竝云「似，嗣也」。《説文》「祀，祭無已也」。《爾雅》「水決復入爲汜」，郭璞注云「水出去復還」。皆續之義也。粟者，《太平御覽》引《春秋説題辭》云「粟助陽扶性，粟之爲言續也」，又引宋均注云「續謂續陽生長也」。絣者，縫之續也。義見下文「纆、𢆶、絽、縈，絣也」下。《後漢書・班固傳》注引《廣雅》「絣，續也」。今本脱「絣」字。

|瘣、癥、痤、疽，癰也。

瘣者，《説文》「瘣，癰也」。痤者，《説文》「痤，小腫也」。《管子・法法》篇云「毋赦者，痤雎之礦石也」，雎與「疽」同。《中山經》「可以已痤」，郭璞注云「癰痤也」。《素問・生氣通天論》「勞汗當風，寒薄爲皶，鬱乃痤」，王冰注云「痤，謂色赤膹憤，内蘊血膿，形小而大，如酸棗，或如按豆也」。

|肬、胮肛、膁脝、胅、痕、䐶、𦛨，腫也。胧。

肬者，《説文》「肬，贅也」，籀文作「黖」。《釋名》「肬，丘也，出皮上聚高，如地之有丘也」。《莊子・大宗師》篇云「彼以生爲附贅縣疣」。《荀子・宥坐篇》云「今學曾未如肬贅」。疣與「肬」同。胮肛者，《集韻》引《埤倉》云「胮肛，腹脹也」。《釋水》篇云「艂舡，舟也」。《廣韻》「艂舡，船皃」。義與「胮肛」相近也。膁脝者，《玉篇》「膁脝，腫欲潰也」。膁脝猶「胮肛」，語之轉耳。《大雅・蕩》篇「女炰烋于中國」，毛傳云「炰烋，猶

彭亨也」，鄭箋云「自矜莊氣健之貌」。彭亨之轉爲炰烋，猶胮肛之轉爲膨脝矣。膨，各本譌作「膝」，今訂正。肤之言肤起也。《爾雅》「犦牛」，郭璞注云「領上肉犦肤起，高二尺許」。《衆經音義》卷一引《通俗文》云「肉肤曰瘤」。《説文》云「瘤，腫也」。《豳風·東山》篇「鸛鳴于垤」，垤亦肤起之義，故毛傳云「垤，螘冢也」。《釋名》云「冢，腫也，言腫起也」。痕者，《説文》「痕，胝瘢也」，亦腫起之義也。尰與「腫」聲相近。《説文》「⿸疒童，脛氣腫足也」，引《小雅·巧言》篇「既微且⿸疒童」，籀文作「⿺尣童」，今《詩》作「尰」。《爾雅》云「腫足爲尰」。《呂氏春秋·盡數》篇云「重水所多尰與躄人」。《漢書·賈誼傳》云「天下之埶，方病大瘇」。尰、⿺尣童、瘇、⿸疒童竝同。尰、⿺尣巳二字竝從尣，尣音汪，跛曲脛也，各本竝譌從「九」，今訂正。⿰月尨之言厖然大也。《素問·風論》云「面厖然浮腫」，厖與「⿰月尨」通。《集韻》《類篇》「⿰月尨」母總切，引《廣雅》「⿰月尨，腫也」。今本脱「⿰月尨」字。

料、亂、紕、督、雉、敕、伸、⿰扌豫、撩、統，理也。

料者，度之理也。《大戴禮·文王官人》篇云「驚之以卒而度料」。《爾雅》「鼗小者謂之料」，郭璞注云「料者，聲清而不亂」，亦理之義也。亂者，《説文》「𤔔，治也，一曰理也」。《爾雅》「亂，治也」。《皋陶謨》云「亂而敬」。亂與「𤔔」同。樂之終有亂，《詩》之終有亂，皆理之義也。故《樂記》云「復亂以飭歸」。王逸《離騷》注云「亂，理也，所以發理辭指，總撮其要也」。理與治同意。故理謂之亂，亦謂之敕。治謂之敕，亦謂之亂。理謂之紕，猶治謂之庀也。理謂之伸，猶治謂之神也。理謂之撩，猶治謂之療也。《魯語》注云「庀，治也」。《爾雅》「神，治也」。《方言》「療，治也」。是其證矣。紕者，《方言》「紕，理也，秦晉之間曰紕」。案：紕者，總理之意。《鄘風・干旄》篇「素絲紕之」，毛傳云「紕，所以織組也，總紕於此，成文於彼」，是也。督者，正之理也。《爾雅》「督，正也」。《方言》「繹、督，理也。凡物曰督之，絲曰繹之」，郭璞注云「督，言正理也」。僖十二年《左傳》云「謂督不忘」。《考工記・匠人》注「分其督旁之脩」，疏云「中央爲督，督者，所以督率兩旁」。《説文》「裻，衣背縫也」。《晉語》「衣之偏裻之衣」，韋昭注云「裻在中，左右異色，故曰偏裻」。王冰注《素問・骨空論》云「所以謂之督脈者，以其督領經脈之海也」。是凡言督者，皆正理之義也。督，曹憲《音》「篤」，各本「篤」字誤入正文。《釋言》篇「督，促也」，曹憲《音》「篤」，今據以訂正。雉者，《方言》「雉，理也」。敕者，《噬嗑》象傳「先王以明罰勑法」，鄭注云「勑，猶理也」。《小雅・六月》篇云「戎車既飭」。勅、勑、飭竝通。摞之言纍也。《説文》「纍，綴得理也」。《樂記》云「纍纍乎端如貫珠」。摞，各本訛作「摞」，今訂正。撩者，《説文》「撩，理也」。《衆經音義》卷十四引《通俗文》云「理亂謂之撩理」。撩與「料」聲近義同。統者，《説文》「統，紀也」。鄭注《大宰》云「統，所以合幸以等物也」。皆理之義也。

⿰黑喜、赩、艴、艳、嘔、煦、繻，色也。

⿰黑喜者，《方言》「⿰黑喜，色也」，郭璞注云「⿰黑喜然，赤黑貌也」。赩者，《釋器》篇「赩，赤也」。《楚辭・大招》「逴龍赩只」，王逸注云「赩，赤色也」。《小雅・采芑》篇「路車有奭」，毛傳云「奭，赤也」。奭與「赩」同。故《瞻彼洛矣》篇「韎韐有奭」，《白虎通義》引作「赩」。艴，曹憲《音》「勃」，各本脱去「艴」字，其《音》內「勃」字遂誤入「赩」字下。《説文》「艴」字注引《論語》「色艴如也」，今本作「勃」。《玉篇》《廣韻》《集韻》《類篇》「艴」字竝音勃，《集韻》《類篇》引《廣雅》「艴、頩，色也」，頩與「艵」同，今據以補正。凡人敬則色變，若《論語》「色勃如」之類是也。怒則色變，若《孟子》「曾西艴然不悦」「王勃然變乎色」之類是也。《説文》「孛」字注又引《論語》「色孛如也」。《秦策》云「秦王悖然而怒」。《楚策》云「王怫然作色」。《淮南子·道應訓》云「佽非瞋目教然」。竝字異而義同。艵者，《楚辭·遠遊》篇「玉色頩以脕顔兮」，戴先生注云「氣上充於色曰頩」。宋玉《神女賦》云「頩薄怒以自持兮」。《淮南子·齊俗訓》「仁發恲以見容」，高誘注云「恲，色也」。艵、頩、恲竝通。嘔、煦者，《方言》「嫗，色也」，郭璞注云「嫗煦，好色貌」。《莊子·駢拇》篇「呴俞仁義」，《釋文》「呴俞，本又作『傴呴』」，謂呴喻顔色爲仁義之貌」。《逸周書·官人解》云「欲色嫗然以愉」。《大戴禮》「嫗」作「嘔」。《漢書·王褒傳》「是以嘔喻受之」，應劭注云「嘔喻，和悦貌」。嘔、嫗、傴古通用。《説文》「欨，笑意也」。《漢書·韓信傳》「言語姁姁」，《史記索隱》引鄧展注云「姁姁，和好貌」。東方朔《非有先生論》云「説色微辭，愉愉煦煦」。傅毅《舞賦》云「姁媮致態」。呴、煦、姁、欨古通用。嫗煦、嘔喻、姁媮竝疊韻之轉耳。繻者，《説文》「繻，繒采色也」。

讙、譙、譴、讀、詰、卻、諯，讓也。

讙、譙諸字爲「責讓」之讓，卻爲「攘卻」之攘。古者讓、攘同聲，字亦通用。鄭注《曲禮》云「攘，古『讓』字」，是也。讙、譙者，《方言》：「譙、讙，讓也，齊楚宋衛荆陳之閒曰譙，自關而西秦晉之閒，凡言相責讓曰譙讓，北燕曰讙。」《説文》「讙，譁也」。字亦作「諠」。凡人相責讓，則其聲諠譁，故因謂「讓」爲諠，猶今人謂諠呼爲「讓」也。《金縢》云「王亦未敢誚公」。《管子·立政》篇云「里尉以譙于游宗」，譙與「誚」同。讀，經傳通作「責」。詰，義見卷一「詰，責也」下。諯者，《説文》「諯，數也，一曰相讓也」，數讀如「數之以王命」之數。

揚、讀、曉、謂、道，説也。

揚、讀、道者，《皋陶謨》云「工以納言，時而颺之」，《顧命》云「道揚末命」，揚與「颺」通。各本訛作「楊」，今訂正。《大戴禮·保傅》篇云「失度，則史書之，工誦之，三公進而讀之」，「讀之」謂説之也。《鄘風·牆有茨》首章云「不可道也」，二章云「不可詳也」，三章云「不可讀也」，《釋文》「詳，《韓詩》作『揚』」。《廣雅》揚、讀、道竝訓爲説，義本《韓詩》也。

廣雅疏證卷第二下

高郵王念孫學

釋詁

澇、汏、灡、淅、滌、潒、溞、澡、沐、浴、湔、濯、沬，洒也。

汏者，《説文》「汏，淅灡也」。《衆經音義》卷七引《通俗文》云「淅米謂之洮汏」。《淮南子·要略》「所以洮汏滌蕩至意」，高誘注云「洮汏，灡也」。《後漢書·陳元傳》「洮汏學者之累惑」，李賢注云「洮汏猶洗濯也」，洗與「洒」同。灡者，《説文》「灡，淅也」。淅者，《説文》「淅，汏米也」。《士喪禮》「祝淅米于堂」，鄭注云「淅，汏也」。淅，各本訛作「浙」，今訂正。潒與「蕩」通，字亦作「盪」。溞者，《爾雅》「溞溞，淅也」，樊光注引《大雅·生民》篇「釋之溞溞」，今本「溞」作「叜」，毛傳云「釋，淅米也。叜叜，聲也」，叜與「溲」通。澡者，《説文》「澡，洒手也」。《儒行》云「澡身而浴德」。《喪服》「澡麻帶絰」，鄭注云「澡者，治去莩垢」，義亦同也。湔者，《説文》「湔，手瀚之也」。《楚策》云「君獨無意湔祓僕」。《韓詩外傳》云「污辱難湔灑」。沬者，《説文》「沬，洒面也」。《漢書·律曆志》引《顧命》曰「王乃洮沬水」，今本「沬」作「頮」，馬融注云「頮，頮面也」。《内則》云「面垢，燂潘請靧」。沬、頮、靧竝同。沬從「午未」之「未」，音呼内反，與「涎沫」之「沫」

異。沫從「本末」之「末」，音亡曷反。《檀弓》「瓦不成味」，鄭注云「味，當作『沫』，沫，靧也」。案：沫從「午未」之「未」，與「味」聲相近，故云「味，當作『沫』」。沫與靧同，故云「沫，靧也」，《釋文》音亡曷反，失之矣。

魝、切、扚、膾、**劀**，割也。

魝者，《說文》「魝，楚人謂治魚也，從刀、魚，讀若鍥」。《方言》「刈鉤，自關而西或謂之鉤，或謂之鎌，或謂之鍥」。鍥所以割草，義與「魝」同也。鍥又音苦結反。定九年《左傳》「盡借邑人之車，鍥其軸」，杜預注云「鍥，刻也」。《說文》作「栔」，又作「契」。《爾雅》「契，絶也」，郭璞注云「今江東呼刻斷物爲契斷」。義與「魝」亦同也。扚、膾二字，義見卷一「劊，扚，斷也」下。**劀**者，《說文》「**劀**，傷也」，《玉篇》云「傷割也」。

闌、閑、亢、闑、徼、迣，遮也。

亢者，《說文》「抗，扞也」。宣十五年《左傳》「顆見老人結草以亢杜回」，❶杜預注云「亢，禦也」。襄十四年《傳》云「晉禦其上，戎亢其下」。《士喪禮下》篇「抗木橫三縮二」，鄭注云「抗，禦也，所以禦止土者」。皆遮之義也。抗與「亢」通。闑者，《廣韻》「闑，隔也」。徼與「闑」聲相近。襄十六年《左傳》「孟孺子速徼之」，杜預注云「徼，要也」。字通作「要」，又作「邀」。迣者，《說文》「迣，迾也，晉趙曰迣」，又云「迾，遮也」。《玉篇》「迣」音之世切，又云「古文以爲『迾』字」。迾音列。《漢書·鮑宣傳》「男女遮迣」，晉灼注云「迣，古『列』字也」。蓋迣、迾聲相近，故古或通用。《漢書·武五子傳》「迾宮清中備盜賊」，李奇注云「迾，遮也」。

---

❶「宣」，原作「成」，今據《左傳》改。

《玉藻》「山澤列而不賦」，鄭注云「列之言遮列也」。列與「迾」同。《玉篇》「迾」又音厲。《周官·山虞》「物爲之厲而爲之守禁」，鄭衆注云「厲，遮列守之」，厲與「迾」古亦通用。

賃、荼、差、且、假、貸，借也。

賃者，《穆天子傳》「賃車受載」，郭璞注云「賃，猶借也」。今俗語猶謂以財租物曰賃矣。荼者，《方言》「荼，借也」，郭注云「荼猶徒也」。案：「荼」蓋「賒」之借字，賒、荼古聲相近。《説文》「賒，貰賣也」，「貰，貸也」。賒、貸同義，故俱訓爲借也。且與「借」聲相近。《檀弓》云「夫祖者，且也，且，胡爲其不可以反宿也」。凡言且者，皆謂姑且如此，即假借之意也。《曲禮》「有天王某甫」，鄭注云「某甫，且字也」，何氏《隱義》云「且假借此字也」。借，各本譌作「僣」，今訂正。

錉、耤、耡、貢、租、賦、徹、稍、秡、征、賩、⿱癶⿰貝殳，税也。

錉者，《史記·平準書》云「筭軺車賈人緡錢皆有差」。《漢書·武帝紀》「初筭緡錢」，李斐注云「緡，絲也，以貫錢也，一貫千錢，出筭二十也」。《説文》作「錉」，義同。耤、耡、貢、徹者，耤，字亦作「藉」。《大雅·韓奕》篇「實畝實藉」，鄭箋云「藉，税也」。宣十六年《左傳》「穀出不過藉」，杜預注云「周法，民耕百畝，公田十畝，借民力而治之，税不過此」。《王制》「古者公田藉而不税」，鄭注云「藉之言借也，借民力治公田，美惡取於此，不税民之所自治也」。《説文》「殷人七十而耡，耡，耤税也」。耡，字亦作「莇」，又作「助」。助與「藉」古同聲。《孟子·公孫丑》篇「耕者助而不税」，即藉而不税也。《論語·顔淵》篇「盍徹乎」，鄭注云「周法什一而税謂之徹，徹，通也，爲天下之通法」。《孟子·滕文公》篇「夏后氏五十而貢，殷人七十而助，周人百畝而徹，其實皆什一也，徹者，徹也，助者，藉也」，趙岐注云「民耕五十畝者，貢上五畝，耕七十畝者，以七畝助公家，耕百畝者，徹取十畝以爲賦，雖異名而多少同，故曰『皆什一也』，徹猶人徹取物也，藉者，借也，猶人相借力助之也」。鄭注《匠人》云「貢者，自治其所受田，貢其稅穀。莇者，借民之力以治公田，又使收斂焉。徹者，通其率，以什一爲正也」。稩者，《玉篇》「稩，稩稅也」。秛者，《玉篇》「秛，禾租也」。賨者，《說文》「賨，南蠻賦也」。《後漢書·南蠻傳》云「歲令大人輸布一匹，小口二丈，是謂賨布」，又云「歲入賨錢，口四十」。賨與「賩」同。䝭者，《玉篇》「䝭，賦斂也」。

紉、緤、組、繬、彌、縪，縫也。

紉、緤者，《玉篇》「紉緤，續縫也」。《廣韻》云「補衣也」。《方言》「剿，續也，秦晉繩索謂之剿」，剿與「緤」義相近也。組，曹憲《音》「直莧反」，各本「組」訛作「組」，直莧反之「直」又訛作「亘」，惟影宋本不訛。《說文》「組，補縫也」。字亦作「袒」，又作綻、䘺。《急就篇》「鍼縷補縫綻紩緣」，顏師古注云「脩破謂之補，縫解謂之綻」，皇象本「綻」作「袒」。《後漢書·崔實傳》「期於補䘺決壞」，「䘺」亦補也。李賢注引《內則》「衣裳綻裂」，失之。繬、彌二字，義見下文「繬、彌，合也」下。繬，曹憲《音》「色」。各本「色」字誤入正文，惟影宋本、皇甫本不誤。縪者，《喪服》「冠六升，外畢」，鄭注云「外畢者，冠前後屈而出縫於武也」。《士喪禮》記「畢」作「縪」，注云「縪，謂縫著於武也」。

繶、㡭、紹、繫，絣也。

繶者，《衆經音義》卷十四引《通俗文》云「合紩曰繶」。《說文》云「紩，縫也」。㡭、絣聲義竝同。「絣」亦縫也，語之轉耳。《燕策》云「王身自削甲札，妻自組甲絣」，蓋「絣」訓爲縫，因謂縫甲之組爲「絣」也。紹緊者，《玉篇》「紹緊，紩衣也」。

絎、紕、純，緣也。

絎者，《玉篇》「絎，行孟切，縫紩也」。《廣韻》云「刺縫也」。今俗語猶呼刺縫爲絎，音若「行列」之行。紕者，《爾雅》「紕，飾也」，郭璞注云「謂緣飾」。《玉藻》「縞冠素紕」，鄭注云「紕，緣邊也，讀如『埤益』之埤」。《雜記》「紕以爵韋，純以素」，鄭注云「在旁曰紕，在下曰純」。《士喪禮》記「縓綼緆，緇純」，鄭注云「飾裳在幅曰綼，在下曰緆，飾衣曰純」。《玉藻》「天子素帶朱裏終辟」，鄭注云「辟讀如『裨冕』之裨，謂以繒采飾其側」。紕、綼、辟竝通。純者，《爾雅》「緣謂之純」，郭璞注云「衣緣飾也」。《顧命》云「敷重蔑席，黼純」。各本「純」字誤入《音》內，今訂正。

毗、顮、漢漫、憫，懣也。

毗、顮者，《方言》「毗、顮，懣也」，郭璞注云「謂憤懣也」。漢漫者，《方言》「漢漫，懣也，朝鮮洌水之閒煩懣謂之漢漫」。各本「漫」字誤入《音》內，今訂正。憫音閔。懣音亡本反，又音滿。各本「憫」訛作「憫」，其「懣」字下「亡本反」之音又訛入「憫」字下，「本」字又訛作「木」。《集韻》《類篇》有「憫」字，音母本切，則宋時《廣雅》本已誤。考《說文》《玉篇》《廣韻》俱無「憫」字。《問喪》云「悲哀志懣氣盛」，《釋文》「懣，亡本反，又音滿」，則亡本反爲「懣」字之音甚明。又《孟子・公孫丑》篇「阨窮而不憫」，趙岐注云「憫，懣也」。是「憫」字乃「憫」字之訛。今據以訂正。

貶、損、削、黜、狠、撤、秏、退、隸、掊、抓、刮、攽、屖、殺、瘣、奭、爽、劣，減也。

狠者，齧之減也。《説文》「狠，齧也」。掊、抓皆取之減也。《謙》象傳云「君子以裒多益寡」，裒與「掊」通。《説文》「抓，從上挹也」。《衆經音義》卷十五引《通俗文》云「從上取曰抓」。刮者，摩之減也。《考工記》云「刮摩之工五」。攽者，分之減也。《説文》「攽，分也」。屖通作「降」。瘣通作「衰」。爽者，差之減也。《爾雅》「爽，差也」。劣者，少之減也。《説文》「劣，弱也，從力、少」。卷三云「劣，少也」。

維、紲、縼、縻、紖，係也。

紲者，《説文》「紲，系也」。系與「係」同，亦作「繫」。紲之言曳也。《釋名》云「紲，制也，牽制之也」。《玉篇》云「凡繫縲牛馬皆曰紲」。字亦作「緤」，又作「靾」。《士喪禮》記「乘車革靾」，鄭注云「靾，韁也」。僖二十四年《左傳》「臣負羈紲」，杜預注云「紲，馬韁也」，《正義》引服虔注云「一曰犬韁曰紲」。《少儀》「犬則執緤，牛則執紖，馬則執靮」，鄭注云「緤、紖、靮，皆所以繫制之者」。《論語・公冶長》篇「雖在縲紲之中」，孔傳云「縲，黑索也」。紲，攣也，所以拘罪人」。蓋紲爲係之通名，凡係人係物皆謂之紲，不專屬一物也。縼之言旋繞也。《説文》「縼，以長繩繫牛也」。《玉篇》又作「攏」，云「長引也」。馬融《長笛賦》云「植持縼纆」。紖之言引也。《説文》「紖，牛系也」。《祭統》「君執紖」，鄭注云「紖，所以牽牲也」。《周官・封人》「置其絼」，鄭衆注云「絼，著牛鼻繩，所以牽牛者」，絼與「紖」同。紖，各本訛作「紭」。今訂正。

切、直、方，義也。

切、直者，《爾雅》「丁丁、嚶嚶，相切直也」，郭璞注云「朋友切磋相正」。《史記・田叔傳》云「切直廉平」。

是切、直皆義也。方者，《坤·文言》云「直，其正也。方，其義也」。《論語·先進》篇「且知方也」，何晏注云「方，義方也」。隱三年《左傳》云「教之以義方」。

懷、就、息、隋、罷、還、返、退、免、迋，歸也。

息者，《方言》「息，歸也」。罷、退者，《少儀》云「朝廷曰退，燕遊曰歸，師役曰罷」。襄三十年《左傳》云「皆自朝布路而罷」。《士冠禮》「主人退」，鄭注云「退，去也，歸也」。迋即「往」字也。莊二年《穀梁傳》云「王者，民之所歸往也」。顔師古注《漢書·揚雄傳》云「迋，古『往』字」。各本「迋」訛作「廷」，今訂正。

抮、盭、菲、違、舛、造、偭，偝也。

抮、盭二字，義見卷四「抮，盭也」下。盭，各本訛作「盩」。今訂正。造，經傳通作「錯」。偭者，《楚辭·離騷》「偭規矩而改錯」，《漢書·賈誼傳》「偭蟂獺以隱處兮」，王逸、應劭注竝云「偭，背也」。《漢書·項籍傳》「馬童面之」，顔師古注云「面謂背之，不面向也，面縛亦謂反背而縛之，杜元凱以爲但見其面，非也」。面與「偭」通。

幬、幏、幎、幔、帲、幕、荗、葺、蔓、𦋺、幠、䁔、弇、冒，覆也。

幬者，《爾雅》「幬謂之帳」。《説文》「幬，禪帳也」。《楚辭·招魂》「羅幬張些」。幬與「𢅥」同。《釋器》篇云「幔、幬、幕，帳也」。幔、幬、幕皆有下覆之義，故此皆訓爲「覆」也。《召南·小星》篇「抱衾與裯」，毛傳云「裯，禪被也」。《考工記·輪人》「欲其幬之廉也」，鄭注云「幬，幔轂之革也」。《史記·禮書》「大路之素幬也」，《索隱》云「謂車蓋以素帷」。是凡言幬者，皆覆之義也。幏者，《説文》「冡，覆也」。《鄘風·君子偕老》篇「蒙彼縐絺」，毛傳云「蒙，覆也」。幏、冡、蒙竝通。今俗語猶謂覆物爲蒙。《方言》「幏，巾也，陳潁之閒大巾謂之幏」，郭璞注云「巾，主覆者，故名幏也」。《書大傳》「下刑墨幏」，鄭注云「幏，巾也」。《説文》「幏，蓋衣也」。皆覆之義也。幏，各本訛作「幪」，今訂正。幎者，《説文》「冖，覆也」，「幎，幔也」。《周官・幂人》鄭注云「以巾覆物曰幂」。《鄉飲酒禮》記「尊綌幂」，鄭注云「幂，覆尊巾也」。《禮器》云「犧尊疏布鼏」。幎、幂、鼏、冖竝通。鼎覆謂之鼏，車覆軾謂之幦，義亦與「幎」同。《士昏禮》「設扃鼏」，鄭注云「扃，所以扛鼎。鼏，覆之也」。《大雅・韓奕》篇「鞹鞃淺幭」，毛傳云「幭，覆式也」，《正義》云「『幭』字《禮記》作『幦』，《周禮》作『䄙』，字異而義同」，又云「此『幭』與《天官・幂人》之字異，其義亦同」。幔者，《説文》「幔，幕也」。《釋名》云「幔，漫也，漫漫相連綴之言也」。司馬相如《長門賦》云「張羅綺之幔帷兮」。《爾雅》「鏝謂之杇」，李巡注云「塗工之作具也」。襄三十一年《左傳》「圬人以時塓館宮室」，杜預注云「塓，塗也」。塗與覆義相近。故塗謂之鏝，亦謂之塓。覆謂之幎，亦謂之幔。幔、幎語之轉耳。帡之言屏蔽也。《法言・吾子篇》「然後知夏屋之爲帡幪也」，李軌注云「帡幪，蓋覆也」，幪與「幏」同。幕者，《方言》「幕，覆也」。《説文》「帷在上曰幕」。《釋名》云「幕，幕絡也，在表之稱也」。《井》上六「井收勿幕」，王弼注云「幕猶覆也」。《周官・幕人》「掌帷幕幄帟綬之事」，鄭注云「在旁曰帷，在上曰幕」。茨者，《説文》「茨，以茅葦蓋屋也」。《釋名》云「屋以草蓋曰茨，茨，次也，次比草爲之也」。《梓材》云「惟其塗墍茨」。《周官・圉師》「茨牆則翦闔」，鄭注云「茨，蓋也」。葺者，《説文》「葺，茨也」。《考工記・匠人》云「葺屋參分，瓦屋四分」。襄三十一年《左傳》「繕完葺牆」，注云「葺，覆也」。蔓者，《説文》「蔓，草覆地也」。案：各本「蔓」字《音》内有

「此寢去」三字，文義不可曉。《玉篇》《廣韻》「⿱艹𠬶」竝音寢，則「寢」字乃「⿱艹𠬶」字之音，其「此」字當是「庇」字之誤。《考工記·輪人》「弓長六尺謂之庇軹」，《表記》「雖有庇民之大德」，鄭注竝云「庇，覆也」。「去」字當是「蓋」字之誤，蓋俗書作「葢」，又訛脱而爲「去」。《説文》云「覆，蓋也」。庇、蓋皆係正文，今本誤入《音》内，又誤爲此、去二字耳。⿱𢑏灬者，《説文》「燾，溥覆照也」。《方言》「燾，覆也」。襄二十九年《左傳》「如天之無不幬也」，《史記·吴世家》作「燾」，《集解》引賈逵注云「燾，覆也」。《周官·司几筵》「每敦一几」，鄭注云「敦，讀曰『燾』，燾，覆也」。竝字異而義同。今俗語猶謂覆物爲幬。《爾雅》「翿，纛也」，注云「今之羽葆幢」。又「纛，翳也」，注云「舞者所以自蔽翳」。翿、纛與「⿱𢑏灬」聲義亦同。⿱𢑏灬，各本訛作「⿰巾⿱𢑏灬」，自宋時本已然。故《集韻》《類篇》「燾」又作「⿰巾⿱𢑏灬」。考《説文》《玉篇》《廣韻》俱無「⿰巾⿱𢑏灬」字，今訂正。幠者，《説文》「幠，覆也」。《士冠禮》記「周弁，殷冔，夏收」，鄭注云「冔，名出於幠，幠，覆也，言所以自覆飾也」。《士喪禮》云「幠用斂衾」。《荀子·禮論篇》説喪禮云「無帾絲歶縷翣，其貌以象菲帷幬尉也」，楊倞注云「無讀爲『幠』」，幠，覆也，所以覆尸者也，《士喪禮》幠用斂衾、夷衾是也」。案：幠者，柳車上覆，即《禮》所謂「荒」也。《喪大記》記「棺飾」云「素錦褚，加僞荒」，鄭注云「荒，蒙也，在旁曰帷，在上曰荒，皆所以衣柳也」，「僞，當爲帷」，「大夫以上，有褚以襯覆棺，乃加帷荒於其上」。荒、幠一聲之轉，皆謂覆也。故柳車上覆謂之荒，亦謂之幠。帾即「素錦褚」之褚。幠、帾皆所以飾棺。幠在上象幕，帾在下象幄，故云其貌「象菲帷幬尉」也。《周官·縫人》「掌縫棺飾」，鄭注云「若存時居於帷幕而加文繡」，是也。若斂衾、夷衾皆所以覆尸，不得言「象菲帷幬尉」矣。《詩·公劉》傳云「荒，大也」。《閟宫》傳云「荒，有也」。《爾雅》「幠，大也，有也」。是幠與「荒」同義。憮從無聲，荒從巟聲。巟從亡聲。荒之轉爲憮，猶亡之轉爲無。故《詩》「遂荒大東」，《爾雅注》引作「遂憮大東」，《禮記》「毋憮毋敖」，《大戴》作「無荒無慠」矣。䀎者，《太平御覽》引《春秋説題辭》云「䀎之爲言覆也」。隱元年「天王使宰咺來歸惠公、仲子之䀎」，服虔注《左傳》云「䀎，覆也」，《正義》云「謂覆被亡者也」。《公羊傳》「車馬曰䀎」，何休注亦云「䀎，猶覆也」。冒、䀎、覆古聲竝相近。

惶、怖、𩴾、𠐿、猜、忦、嘽咺、謾台、脅閲、怵、愓、蛩、㤨、征伀、恎㤓、畏、恐、遽，懼也。

惶者，《衆經音義》卷三引《倉頡篇》云「惶，恐也」。《燕策》云「卒惶急不知所爲」。怖者，《説文》「悑，惶也」。《吴子·料敵》篇云敵人「心怖可擊」，怖與「悑」同。今人或言怕者，怖聲之轉耳。𩴾，義見卷四「𩴾，恐也」下。𠐿者，《玉篇》音尺涉切，「恐也」。《集韻》又質涉切。《樂記》「柔氣不懾」，鄭注云「懾，猶恐懼也」，懾與「𠐿」通。《衆經音義》卷七、卷十二引《廣雅》竝作「懾」。猜者，疑之懼也。昭七年《左傳》云「雖吾子亦有猜焉」。忦者，憂之懼也。《説文》「忦，憂也」。嘽咺、謾台、脅閲者，《方言》「謾台、脅閲，懼也，燕代之間曰謾台，齊楚之間曰脅閲，宋衛之間凡恐而噎噫謂之脅閲，南楚江湘之間謂之嘽咺」。嘽，各本訛作「蟬」，今訂正。蛩、㤨之爲言皆恐也。《方言》「蛩㤨，戰慄也，荆吴曰蛩㤨，蛩㤨又恐也」。《荀子·君道篇》「故君子恭而不難，敬而不鞏」，難即「不戁不竦」之戁，鞏與「蛩」同。《説文》「㤨，戰慄也」。征伀者，《方言》「征伀，遑遽也，江湘之間凡窘猝怖遽謂之征伀」，遑與「惶」同。《釋訓》篇云「屏營，征伀也」。《漢書·王莽傳》「人民正營」，顏師古注云「正營，惶恐不安之意也」，正與「征」同。《釋名》「夫之兄曰兄公，俗間曰兄伀，言是己所敬，見之伀遽，自肅齊也，俗或謂舅曰公，亦如之也」。王褒《四子講德論》云「百姓征伀，無所措其手足」。《潛夫論・救邊》篇云「乃復怔忪如前」，怔忪與「征伀」同。恇怯者，《玉篇》「恇怯，惶遽也」。遽謂惶遽也。《楚辭・九章》云「衆駭遽以離心兮」。《大招》云「魂乎歸徠，不遽惕只」。

蕪、菱、薄、荒、瑕，薉也。

菱者，《玉篇》音亡泛切，「草木蕪蔓也」。《集韻》又亡咸切。「菱」字從艸、夌聲，夌音亡范反。各本作「蓌」，俗字也。《廣韻》「夌」俗作「夋」。薄，義見卷三「薄，聚也」下。瑕者，惡之薉也。宣十五年《左傳》云「川澤納污，山藪藏疾，瑾瑜匿瑕，國君含垢」。

攦、抆、挸、𢱧、撨，拭也。

攦者，卷三云「攦，摩也」，「摩」亦拭也。抆，字亦作「抿」。《楚辭・九章》云「孤子唫而抆淚兮」。《吕氏春秋・長見》篇云「吴起抿泣而應之」。挸者，《玉篇》與「攔」同，拭面也。

劙、劌、鑯、剡、鋭、銛，利也。

劌者，《説文》「劌，利傷也」。《聘義》云「廉而不劌」。《莊子・在宥》篇云「廉劌彫琢」。《方言》「凡草木刺人者，自關而東或謂之劌」，亦利之義也。鑯之言鐵也。卷四云「鐵，鋭也」。《説文》「鑯，鋭也，貫也」。《釋器》篇云「鑯謂之鏟」。皆利之義也。剡者，《爾雅》「剡，利也」。《説文》云「鋭利也」。《小雅・大田》篇「以我覃耜」，毛傳云「覃，利也」。《繫辭傳》「剡木爲楫」，「剡木爲矢」，《釋文》竝作「掞」。剡、掞、覃古通用。銛者，《説文》「利，銛也」。《漢書・賈誼傳》「莫邪爲鈍兮，鉛刀爲銛」，晉灼注云「世俗謂利爲銛徹」。《燕策》云「强弩在前，銛戈在後」，《史記・蘇秦傳》作「錟」，錟與「銛」通。《説文》「銛，臿屬」，亦利之義也。

抓、撅、擖、搳、擿，搔也。

抓者，《玉篇》「抓，抓痒也」。《文選》枚乘《諫吴王書》「夫十圍之木，始生如蘖，足可搔而絶」，李善注引《莊子》逸篇云「豫章初生，可抓而絶」，「抓」亦搔也。抓，各本譌作「㧓」，今訂正。擖者，《説文》「擖，刮也」。《玉篇》音公八、口八二切。《廣韻》同。刮與「搔」同義，故《説文》云「搔，括也」。刮、括古通用。案：擖、擸二字音義各别。擖音公八、口八二反，刮也，字從手、葛聲。擸音臘，又音獵，《説文》「理持也」，字從手、巤聲。諸書中「擸」字或作「擖」者，皆俗書之誤，猶「伏臘」之「臘」俗作「臈」也。《廣雅》「擖」訓爲搔，當讀公八、口八二反。曹憲讀與「臘」同，失之。《集韻》《類篇》擸、擖二字竝音臘，即踵曹憲之誤。考《玉篇》《廣韻》「擖」字俱無臘音，今據以辨正。搳與「擖」聲相近。《説文》「搳，擖也」。擿者，《説文》「擿，搔也」。《列子・黄帝》篇「指擿無痟癢」，《釋文》云「擿，搔也」。擿訓爲搔，故搔頭謂之擿。《説文》云「膾，骨擿之可會髮者」。《鄘風・君子偕老》篇「象之揥也」，毛傳云「揥，所以摘髮也」，《釋文》「摘本又作『擿』」，《正義》云「以象骨搔首，因以爲飾，故云『所以摘髮』」。擿、摘、揥聲近義同。

餥、飵、䬯、啖、噬、𩟔𩜻、湌、餔、啜、甞、餉、饔、茹、嘰，食也。

餥、飵、䬯、𩟔𩜻者，《方言》「餥、飵，食也，陳楚之内相謁而食麥饘謂之餥，楚曰飵，凡陳楚之郊南楚之外相謁而餐或曰飵，或曰䬯，秦晉之際河陰之閒曰𩟔𩜻，此秦語也」。《説文》與《方言》同。《爾雅》「餥，食也」。飵，各本譌作「飰」，今訂正。《方言注》云「今關西人呼食欲飽爲𩟔𩜻」。𩜻，各本譌作「鎧」，惟影宋本不譌。湌與「餐」同。饔者，《論語・爲政》篇「有酒食，先生饌」，馬融注云「饌，飲食也」，饌與「饔」同。茹者，

《方言》「茹，食也，吴越之閒凡貪飲食者謂之茹」，郭璞注云「今俗呼能麤食者爲茹」。案：《大雅·烝民》篇云「柔則茹之，剛則吐之」，是「食」謂之茹也。《禮運》云「飲其血，茹其毛」，《孟子·盡心》篇云「飯糗茹草」，是食麤食者謂之茹也。麤與「疏」義相近。食麤食者謂之茹，故食菜亦謂之茹。食菜謂之茹，故所食之菜亦謂之茹。《莊子·人閒世》篇云「不茹葷」，《漢書·董仲舒傳》云「食於舍而茹葵」，是食菜謂之茹也。《食貨志》云「菜茹有畦」，《七發》云「秋黄之蘇，白露之茹」，是所食之菜亦謂之茹也。嘰者，《説文》「嘰，小食也」。《漢書·司馬相如傳》「咀噍芝英兮嘰瓊華」，張注云「嘰，食也」。《説文》「既，小食也」。《論語》曰「不使勝食既」。既與「嘰」古亦同聲。《歸妹》六五「月幾望」，荀爽本「幾」作「既」，是其例矣。各本俱脱「嘰」字。《酉陽雜俎·酒食》篇「餥、飵、鲇、茹、嘰，食也」以下十條皆本《廣雅》，今據補。

傺、疲、勞、懈、惰、怠、𡚸，嬾也。

各本皆作「傺、疲，勞也」，「懈、惰、怠、𡚸，嬾也」。案：疲或作「罷」。罷訓爲勞，已見卷一，此卷内不當重見。考《説文》《玉篇》《廣韻》並云「儽，嬾懈也」。《集韻》云或作「傺」。又唐釋湛然《止觀輔行傳弘决》卷二之一引《倉頡篇》云「疲，嬾也」。《周官·大司寇》「以圜土聚教罷民」，鄭注云「民不愍作勞，有似於罷」。《廣韻》「罷，倦也」，「勞，倦也」。倦與「嬾」同義。嬾、勞、傺又一聲之轉，是傺、疲、勞三字皆與「嬾」同義。今訂正。𡚸者，《説文》「楚謂小兒嬾𡚸」。

晻、篾、翳、薈、壅、蔽，障也。

晻、篾者，《説文》「晻，不明也」。《楚辭·離騷》「揚雲霓之晻藹兮」，王逸注云「晻藹，猶蓊鬱，蔭貌也」。

《説文》「䈕，蔽不見也」。《爾雅》「薆，隱也」，郭璞注云「謂隱蔽」。《方言》「掩、翳，薆也」，郭璞注云「謂薆蔽也」，引《邶風·静女》篇「薆而不見」。《説文》「僾，仿佛也」，引《詩》「僾而不見」，今《詩》作「愛」。《方言疏證》云「薆而猶隱然，而、如、若、然，一聲之轉也」。《楚辭·離騷》云「衆薆然而蔽之」。張衡《南都賦》云「晻曖蓊蔚」。《思玄賦》云「繽連翩兮紛暗曖」。晻、暗古通用，䈕、薆、僾、曖、愛古通用。《月令》「處必掩」，鄭注云「掩，猶隱翳也」。掩與「晻」古亦同聲。晻，各本訛作「䁆」，今訂正。翳、薈者，《方言》又云「翳，掩也」。《楚語》「好縱過而翳諫」，韋昭注云「翳，障也」。《説文》「薈，草多皃」。《曹風·候人》篇「薈兮蔚兮」，毛傳云「薈蔚，雲興貌」。《孫子·行軍篇》「軍行有險阻潢井葭葦山林翳薈者」，魏武帝注云「翳薈者，可屏蔽之處也」。

繬、彌、厲、設、沓、縫、瀼、際、接、稽、交，合也。連。

繬、彌者，上文云「繬、彌，縫也」。《方言》「嗇、彌，合也」。枚乘《七發》云「中若結轖」。繬、轖、嗇竝通。《魏風·伐檀》傳云「種之曰稼，斂之曰穡」。《説文》「轖，車籍交革也」。《急就篇》「革轖髹漆油黑蒼」，顔師古注云「革轖，車籍之交革也」。《廣韻》「轖，車馬絡帶也」。皆合之義也。《方言》又云「彌，縫也」。《繫辭傳》云「故能彌綸天地之道」。昭二年《左傳》「敢拜子之彌縫敝邑」，杜預注云「彌縫，猶補合也」。厲者，《方言》「厲，合也」。厲與「連」聲相近，故得訓爲合。《周易正義·序》引《世譜》「神農一曰連山氏，亦曰列山氏」。《祭法》作「厲山氏」，是其例也。設者，《禮器》云「夫禮者，合於天時，設於地財，順於鬼神，合於人心」，「設」亦合也。《司馬法·仁本》篇亦云「先王之治，順天之道，設地之宜」。沓者，《開元占經·順逆略例》篇引巫咸云「諸舍精相沓爲合」。《楚辭・天問》「天何所沓」，王逸注云「沓，合也」。王褒《洞簫賦》云「薄索合沓」，又云「鶩合遝以詭譎」，遝與「沓」通。《説文》「遝，迨也」。《玉篇》云「迨遝，行相及也」。迨遝與「合沓」聲義亦同。稽者，《吕刑》「惟貌有稽」，傳云「有所考合」。《周官・小宰》「聽師田以簡稽」，鄭衆注云「稽，猶計也，合也」。《儒行》「古人與稽」，鄭注云「稽，猶合也」。《衆經音義》卷三、卷十四並引《廣雅》「連，合也」。今本脱「連」字。

瀧、涿、露、霑、濡、澰、溺、淪、氾、寖、潤、瀸、漸、溓、漚、澆、瀖、淳、沃、淙、溢、淋、灌、灓、澍、瀀、渥、浞，漬也。洽。

瀧、涿者，《説文》「瀧，雨瀧瀧也」。《論衡・自紀篇》云「筆瀧漉而雨集，言潏淈而泉出」。《説文》「涿，流下滴也」。《方言》「瀧涿謂之霑漬」，郭璞注云「瀧涿猶瀨滯也」。《廣韻》「瀧涑，霑漬也」。《荀子・議兵篇》「案角鹿埵隴種東籠而退耳」，楊倞注云「東籠與『涷瀧』同，霑溼貌」。瀧涿、瀨滯、瀧涑、鹿埵、隴種、東籠，皆語之轉也。露者，潤之漬也。《説文》「露，潤澤也」。《小雅・白華》篇云「露彼菅茅」。《晉語》「是先主覆露子也」，韋昭注云「露，潤也」。澰者，《玉篇》音离冄、力驗二切。木華《海賦》「南澰朱崖」，李善注引《廣雅》「澰，漬也」。氾者，淹之漬也。《説文》「氾，淹也」。王逸注《九歎》云「淹，漬也」。《漢書・武帝紀》云「河水決濮陽，氾郡十六」。《方言》「氾，洿也，自關而東或曰氾」，亦漬之義也。寖與「浸」同。瀸與下「漸」字同，亦作「湛」。「瀸」亦浸也。《説文》「瀸，漬也」。莊十七年《公羊傳》「齊人瀸于遂，瀸者何？瀸積也」，《釋文》「積本又作『漬』」。《曲禮》「四足死曰漬」，鄭注云「漬謂相瀸污而死也」。《内則》説八珍之

「漬」云「湛諸美酒」，注云「湛亦漬也」。《考工記・鍾氏》「以朱湛丹秫」，先鄭注云「湛，漬也」，後鄭云「湛讀如『漸車帷裳』之漸」。漚者，《説文》「漚，久漬也」。今俗語猶呼久漬曰漚。《陳風・東門之池》篇云「可以漚麻」。《考工記・㡛氏》「以涚水漚其絲」，鄭注云「漚，漸也，楚人曰漚，齊人曰涹」。澆、灌、淳、沃、淙、淋、欒皆灌之漬也。《説文》「澆，沃也」，「㴫，灌也」。㴫與「灌」同。淳讀若「諄」。《士虞禮》「淳尸盥」，《内則》「淳熬」「淳毋」，《考工記・鍾氏》「淳而漬之」，《周語》「王乃淳濯饗醴」，鄭、韋注竝云「淳，沃也」。淙，《玉篇》音在宗切。郭璞《江賦》云「淙大壑與沃焦」。淙者，灌也，謂江水東流入海，灌大壑與沃焦也。李善注以「淙」爲水聲，失之。《衆經音義》卷二引《三倉》云「淋，漉水下也」。《説文》「淋，以水沃也」，「一曰淋淋，山水下也」。《玉篇》云「雨淋淋下也」。義竝相近。《説文》「欒，漏流也」。漏、欒、淋一聲之轉。《吕氏春秋・開春》篇云「昔王季葬於渦山之尾，欒水齧其墓」。瀳者，《玉篇》「瀳，漬也，濡也」。瀀、渥者，《説文》「瀀，澤多也」，引《詩・小雅・信南山》篇「既瀀既渥」，今本作「優」。《説文》「渥，霑也」。《邶風・簡兮》篇「赫如渥赭」，毛傳云「渥，厚漬也」。浞者，《説文》「浞，水濡皃也」。《信南山》篇云「既霑既足」。優、渥語之轉。霑、足亦語之轉。足與「浞」聲相近也。洽者，《説文》「洽，霑也」。《華嚴經》卷四十二《音義》引《廣雅》「洽，漬也」。今本脱「洽」字。

踏、蹠、䠥、𨁫、踊、躍、蹳、蹶、竦、跅，跳也。

踏、蹠、䠥、𨁫、跅者，《方言》「踏、䠥、𨁫，跳也，楚曰跅，陳鄭之間曰䠥，楚曰蹠，自關而西秦晉之間曰跳，或曰踏」。《説文》蹠、䠥、𨁫三字訓與《方言》同。張衡《西京賦》云「高掌遠蹠」。「䠥」亦躍也。《楚辭・九章》云「顧搖起而横奔兮」。王延壽《夢賦》云「羣行而奮搖，忽來到吾前」。《方言》「遥，疾行也」。䠛、遥、搖義竝相近。《説文》「趮，超特也」。《漢書・禮樂志》「體容與，迣萬里」，如淳注云「迣，超踰也」。《史記・樂書》「迣」作「跇」。枚乘《七發》云「清升踰跇」。揚雄《羽獵賦》云「亶觀夫剽禽之紲踰」。趮、迣、跇、紲竝與「䟣」同。王褒《洞簫賦》「超騰踰曳」，曳與「䟣」亦聲近義同。蹷者，《説文》「蹷，跳也」，或作「蹶」。《玉篇》音渠月、居月、居衛三切。《越語》云「蹷而趨之，唯恐弗及」。《吕氏春秋・貴直》篇云「狐援聞而蹷往過之」。皆謂跳也。《晏子春秋・外篇》云「猶倮而訾高橛者也」，橛與「蹷」通。《曲禮》「足毋蹷」，鄭注云「蹷，行遽貌」。義亦相近也。竦之言竦踊也。《釋名》「竦，從也，體支皆從引也」。《淮南子・道應訓》云「若士舉臂而竦身，遂入雲中」。《漢書・揚雄傳》云「翠虯絳螭之將登虖天，必聳身於蒼梧之淵」，聳與「竦」通。

傺、眙、止、待、立，逗也。

傺、眙者，《方言》「傺、眙，逗也，南楚謂之傺，西秦謂之眙，逗，其通語也」，郭璞注云「逗即今『住』字也」。《楚辭・離騷》「忳鬱邑余侘傺兮」，王逸注云「侘傺，失志貌，侘猶堂堂，立貌也，傺，住也，楚人名住曰傺」。《九章》「欲儃佪以干傺兮」，注云「傺，住也」。《方言》注云「眙謂住視也」。《説文》「眙，直視也」。《九章》云「思美人兮，擥涕而竚眙」。劉逵注《吴都賦》云「佇眙，立視也，今市聚人謂之立眙」。張載注《魯靈光殿賦》云「愕視曰眙」。義竝同也。《説文》「佁，癡皃」。《漢書・司馬相如傳》「沛艾赳螑仡以佁儗兮」，張注云「佁儗，不前也」。《玉篇》《廣韻》眙、佁竝音丑吏切，義亦相近也。《莊子・山木》篇云「侗乎其無識，儻乎其怠疑」，怠疑與「佁儗」義亦相近。佁之言待也，止也，故不前謂之佁，不動亦謂之佁。《吕氏春秋·本生》篇云「出則以車，入則以輦，務以自佚，命之曰佁蹷之機」，高誘注云「佁，至也。蹷機，門内之位也。乘輦於宫中遊翔，至於蹷機，故曰『務以自佚』也」。案：佁蹷謂痿蹷不能行也。凡人過佚，則血脈凝滯，骨幹痿弱，故有佁蹷不能行之病。是出車入輦，即佁蹷之病所由來，故謂之「佁蹷之機」。枚乘《七發》云「出輿入輦，命曰蹷痿之機」，是也。高注訓「佁」爲至，「蹷機」爲門内之位，皆失之。今本《吕氏春秋》作「招蹷之機」。案：李善注《七發》引作「佁蹷」，又引《聲類》「佁，嗣理切」。《集韻》《類篇》竝云「佁，象齒切，至也，《吕氏春秋》『佁蹷之機』，高誘讀」，則舊本作「佁」明甚。今本作「招」者，後人不解「佁」字之義而妄改之耳。待之言跱也，義見下文「崪、離、空、稗、臺，待也」下。《説文》「逗，止也」。各本「逗」譌作「逼」，惟影宋本不譌。

𥗼、裔、甈、肄、俗，習也。

𥗼、裔者，《方言》「𥗼、裔，習也」，郭璞注云「謂玩習也」。《後漢書·馮異傳》「忸忕小利」，李賢注云「忸忕猶慣習也，謂慣習前事而復爲之」。《爾雅·釋言》「狃，復也」。《詩·大叔于田》正義引孫炎注云「狃忕，前事復爲也」。《釋詁》釋文云「忕，張揖《雜字》音曳」。《説文》「怈，習也」。《左傳》桓十三年正義引《説文》作「忕」。魯公山不狃字子洩，亦取慣習之義。怈、洩、忕、裔竝字異而義同。

崪、離、空、稗、臺，待也。

待者，止也。《爾雅》云「止，待也」。上文云「止、待，逗也」。《論語·微子》篇「齊景公待孔子」，《史記·孔子世家》作「止孔子」。《魯語》「其誰云待之」，《說苑・正諫》篇作「其誰能止之」。是待與「止」同義。待之言跱也，義見卷三「跱，止也」下。　崪、離者，《方言》「萃、離，時也」。《楚辭・天問》「北至回水萃何喜」，王逸注云「萃，止也」。萃與「崪」通。時與「待」通。離讀爲「麗」。宣十二年《左傳》注云「麗，著也」，「著」亦止也。　空者，《方言》「空，待也」。《鄭風・大叔于田》傳云「止馬曰控」，義與「空」相近。　稗讀爲「脾」。卷三云「脾，止也」。臺亦「待」也，方俗語有輕重耳。

鬱悠、慎、靖、瞖、憛、憮、恁、侖，恖也。

鬱悠者，《方言》「鬱悠，思也，晉宋衞魯之閒謂之鬱悠」。　鬱猶鬱鬱也。　悠猶悠悠也。《楚辭・九辯》云「馮鬱鬱其何極」。《鄭風・子衿》篇云「悠悠我思」。　合言之則曰「鬱悠」。《方言》注云「鬱悠猶鬱陶也」。　凡經傳言「鬱陶」者，皆當讀如「皋陶」之陶。　鬱陶、鬱悠古同聲。　舊讀「陶」如「陶冶」之陶，失之也。　閻氏百詩《尚書古文疏證》云：《爾雅・釋詁》篇「鬱陶、繇，喜也」，郭璞注引《孟子》曰「鬱陶思君」，《禮記》曰「人喜則斯陶」。　邢昺疏引《孟子》趙氏注云「象見舜正在牀鼓琴，愕然反，辭曰『我鬱陶思君故來』。　爾，辭也，忸怩而慙，是其情也」，又引下《檀弓》鄭注云「陶，鬱陶也」。　據此，則「象曰鬱陶思君爾」乃喜而思見之辭，故舜亦從而喜曰「惟茲臣庶，女其于予治」。　孟子固已明言「象喜亦喜」，蓋統括上二段情事。　其先言「象憂亦憂」，特以引起下文，非真有「象憂」之事也。　因悉數諸書以「鬱陶」爲憂思之誤。　念孫案：「象曰鬱陶思君爾」，則「鬱陶」乃思之意，非喜之意。　言我鬱陶思君，是以來見，非喜而思見之辭也。　孟子言「象喜亦喜」者，象見舜而僞喜，自述其鬱陶思舜之意，故舜亦誠信而喜之，非謂「鬱陶」爲喜也。　凡人相見而喜，必自道其相思之切，豈得即謂其相思之切爲喜乎！趙注云「我鬱陶思君故來」，是趙意亦不以「鬱陶」爲喜。《史記・五帝紀》述象之言亦云「我思舜正鬱陶」。又《楚辭・九辯》云「豈不鬱陶而思君兮」。則「鬱陶」爲思，其義甚明，與《爾雅》之訓爲喜者不同。郭注以《孟子》證《爾雅》，誤也。閻氏必欲解「鬱陶」爲喜，喜而思君爾，甚爲不辭。既不達於經義，且以《史記》及各傳注爲非，傎矣。又案：《爾雅》「悠、傷、憂，思也」。悠、憂、思三字同義，故鬱、悠既訓爲思，又訓爲憂。《管子・内業》篇云「憂鬱生疾」，是「鬱」爲憂也。《説文》「悠，憂也」。《小雅・十月之交》篇「悠悠我里」，毛傳云「悠悠，憂也」，是「悠」爲憂也。悠與「陶」古同聲。《小雅・鼓鍾》篇「憂心且妯」，《衆經音義》卷十二引《韓詩》作「憂心且陶」，是「陶」爲憂也。故《廣雅・釋言》云「陶，憂也」。合言之則曰「鬱陶」。《九辯》「鬱陶而思君」，王逸注云「憤念蓄積，盈胸臆也」。魏文帝《燕歌行》云「憂來思君不敢忘」，又云「鬱陶思君未敢言」。皆以「鬱陶」爲憂。凡一字兩訓而反覆旁通者，若「亂」之爲治，「故」之爲今，「擾」之爲安，「臭」之爲香，不可悉數。《爾雅》云「鬱陶、繇，喜也」，又云「繇，憂也」，則「繇」字即有憂、喜二義。「鬱陶」亦猶是也。是故喜意未暢謂之「鬱陶」，《檀弓》正義引何氏《隱義》云「鬱陶，懷喜未暢意」，是也。憂思憤盈亦謂之「鬱陶」，《孟子》《楚辭》《史記》所云是也。暑氣藴隆亦謂之「鬱陶」，摯虞《思游賦》云「戚溽暑之陶鬱兮，余安能乎留斯」，夏侯湛《大暑賦》云「何太陽之嚇曦，乃鬱陶以興熱」，是也。事雖不同，而同爲鬱積之義，故命名亦同。閻氏謂憂、喜不同名，《廣雅》誤訓「陶」爲憂，亦非也。慎、靖者，《方言》「靖、慎，思也，東齊海岱之閒曰靖，秦晉或曰慎，凡思之貌亦曰慎」。《王制》云「凡聽五刑之訟，必意論輕重之序，慎測淺深之量以別之」，是「慎」爲思也。《爾雅》「靖，謀也」，謀與「思」義相近。《微子》云「自靖，人自獻于先王」。張衡《思玄賦》「潛服膺以永靖兮」，李善注引《方言》「靖，思也」。瞖者，《廣韻》「瞖，閉目内思也」。各本譌作「瞖」，今訂正。《方言》「慎、瞖，憂也」，《廣雅・釋訓》云「悇憛，懷憂也」，憂與「思」同義，故慎、瞖、憛三字又訓爲思也。恁者，班固《典引》「勤恁旅力」，蔡邕注云「恁，思也」。《後漢書・班固傳》注引《説文》云「恁，念也」。《爾雅》「諗，念也」。《小雅・四牡》篇云「將母來諗」。恁、諗、念聲近義同。侖者，《説文》「侖，思也」。《集韻》引《廣雅》作「惀」。《説文》「惀，欲知之皃」。《大雅・靈臺》傳云「論，思也」。揚雄《荅劉歆書》云「方復論思詳悉」。班固《兩都賦序》云「朝夕論思」。論、惀竝與「侖」通。

仳倠、娸、婄、儓、𦋺、⿰剌頁、頦、嗚、䑋、睽、頦、顝、䫏，醜也。

仳倠者，《説文》「仳倠，醜面也」。高誘注《淮南子・脩務訓》云「仳倠，古之醜女」。《楚辭・九歎》「仳倠倚於彌楹」，王逸注與高誘同。《説文》「婎，醜也」，婎與「倠」亦同義。娸與下「䫏」字同義。《説文》引杜林説「娸，醜也」。《漢書・枚皋傳》「詆娸東方朔」，顔師古注云「詆，毁也；娸，醜也」。《列子・仲尼》篇「若欺魄焉而不可與接」，張湛注云「欺魄，土人也」，《釋文》云「欺魄，《字書》作『欺⿰革頁』，人面醜也」。《淮南子・精神訓》「視毛嬙，西施猶䫏魄也」，《文選》應璩《與岑文瑜書》注引此「䫏」作「倛」，又引高誘注云「倛魄，請雨土人也」。《説文》「䫏，醜也，今逐疫有䫏頭」。《荀子・非相篇》「面如蒙倛」，韓愈注云「四目爲方相，兩目爲倛」。鄭注《周官・方相氏》云「冒熊皮者，以驚敺疫癘之鬼，如今魌頭也」。娸、欺、䫏、倛、魌五字竝同義。儓、𦋺者，《方言》「儓、𦋺，農夫之醜稱也，南楚凡罵庸賤謂之田儓，或謂之𦋺」，郭璞注云「休儓，駑鈍貌」。《説文》「嬯，遲鈍也」。《廣雅・釋言》篇云「駑，駘也」。《楚辭・九辯》云「策駑駘而取路」。《莊子・德充符》篇「衞有惡人焉，曰哀駘它」，李頤注云「哀駘，醜貌」。儓、嬯、駘義竝相近。昭七年《左傳》云「僕臣臺」。《孟子・萬章》篇「蓋自是臺無餽也」，趙岐注云「臺，賤官，主使令者」。賤與「醜」義亦相近，故「南楚罵庸賤謂之田儓」也。《方言》注云「䑋，丁健貌也」，亦賤人之稱也。𩓞者，卷三云「倏，惡也」，倏與「𩓞」同義。頦、嗎、朧、䐿者，《淮南子・脩務訓》云「啳䐿哆嗎，籧篨戚施，雖粉白黛黑，弗能爲美者，嫫母仳倠也」，高誘注云「啳、䐿、哆、嗎、籧篨、戚施，皆醜貌也」。頦、哆，朧、啳竝通。顝者，《説文》「顝，大頭也」，亦醜之義也。

閒、諑、諀、訾、誹、詆、傷、譖、謗、訴、臯、訕，諻也。

閒者，《方言》「閒，非也」。襄十五年《左傳》「且不敢閒」，《正義》云「閒，非也」。《論語・先進》篇「人不閒於其父母昆弟之言」，陳羣注云「人不得有非閒之言也」。《孟子・離婁》篇「政不足閒也」，趙岐注云「閒，非也」。諑者，《方言》「諑，愬也，楚以南謂之諑」，郭璞注云「諑、譖亦通語也」。《楚辭・離騷》「謠諑謂余以善淫」，王逸注云「謠謂毀也。諑猶譖也」。哀十七年《左傳》「大子又使椓之」，杜預注云「椓，訴也」。椓與「諑」通，毀與「諻」通。諀、訾者，《玉篇》「諀，訾也」。《莊子・列御寇》篇「呲其所不爲」，郭象注云「呲，訾也」。呲與「諀」同。《衆經音義》卷五引《通俗文》云「難可，謂之諀訾」。《説文》「𢾾，毀也」，義亦與「諀」同。

鏊、鐇、錌、數、㧻、鍛，椎也。

鍪者，《說文》「鍪，羊箠也，端有箴」。鐇者，《後漢書・杜篤傳》「鐇钁株林」，李賢注引《廣雅》「鐇，椎也」。錌者，《廣韻》「椎錌，田器也」。敤者，《說文》「敤，研治也」。㧻者，《說文》「椓，擊也」，又云「𢾅，擊也」，「豛，椎擊物也」。鄭注《周官・壺涿氏》云「涿，擊之也」。《周南・兔罝》篇云「椓之丁丁」。字竝與「㧻」同。卷三云「敤，擊也」，擊與「椎」同義。故敤、㧻二字又訓爲椎也。鍛者，《說文》「鍛，小冶也」，徐鍇《傳》云「椎之而已，不銷，故曰小冶」。李善注《長笛賦》引《倉頡篇》云「鍛，椎也」。《粊誓》云「鍛乃戈矛」。《考工記》「攻金之工」有「段氏」，段與「鍛」通。《說文》「段，椎物也」。鄭注《周官・腊人》云「薄析曰脯，棰之而施薑桂曰腶脩」。鍛、腶、段義竝相近。

台、既、抎、墜、逸，失也。

台、既者，《方言》「台、既，失也，宋魯之閒曰台」。《說文》「駘，馬銜脱也」。《後漢書・崔寔傳》「馬駘其銜」，駘與「台」聲義相近。抎者，《說文》「抎，有所失也」，引成二年《左傳》「抎子辱矣」，今本作「隕」。《墨子・天志》篇云「抎失社稷」。《齊策》云「唯恐失抎之」。抎與「隕」通。抎之言損也。「損」亦失也。《大戴禮・曾子立事》篇云「戰戰唯恐失損之」。逸者，縱之失也。《說文》「失，縱也」，「逸，失也」。《盤庚》「惟予一人有佚罰」，《周語》引作「逸」。《史記・五帝本紀》云「其軼乃時時見於他說」。《君奭》「遏佚前人光」，《漢書・王莽傳》作「遏失」。《周語》云「淫失其身」。逸、佚、軼、失竝通。

行、隊、戾、棘、設、鋪、田、神、列，陳也。隸。

戾者，《爾雅》「矢，陳也」，《釋文》作「戾」。《大雅・卷阿》篇「以矢其音」。《春秋》隱五年「公矢魚于棠」。

矢與「戻」通。棘者,《楚辭·天問》「啟棘賓商」,王逸注云「棘,陳也」。田者,《説文》「田,陳也」。古者田、甸、陳同聲。《小雅·信南山》篇云「信彼南山,維禹甸之,畇畇原隰,曾孫田之」,《周官·稍人》注云「甸,讀與『維禹敶之』之『敶』同」。《豳風·東山》釋文云「案陳完奔齊,以國爲氏,而《史記》謂之田氏,是古田、陳聲同」。《信南山》篇又云「我疆我理,南東其畝」,此即《説文》訓「田」爲陳之義也。神者,卷一云「神,引也」,《爾雅》「引,陳也」。神、陳、引古聲亦相近。肆者,《説文》「肆,極陳也」。《大雅·行葦》篇「或肆之筵」,《鄉飲酒禮》「設篚于禁南,東肆」,毛傳、鄭注竝云「肆,陳也」。《周官·内宰》云「佐后立市,正其肆」。《小胥》云「凡縣鍾磬,半爲堵,全爲肆」。皆陳列之義也。《衆經音義》卷六引《廣雅》「肆,陳也」。今本脱「肆」字。

嫽、誂、透、揥,嬈也。

誂者,《説文》「嬥,嬈也」。《晉語》云「公令韓簡挑戰」。《史記·項羽紀》集解引薛瓚云「挑戰,擿嬈敵求戰也」。昭十九年《左傳》云「城州來以挑吴」。《説文》「挑,撓也,一曰摷争也」。誂、挑、嬥竝通。透者,《方言》「透,驚也,宋衛南楚凡相驚曰透」。左思《吴都賦》云「驚透沸亂」,是「煩嬈」之義也。揥讀爲「擿」,曹憲《音》「帝」,誤也。《衆經音義》卷六、卷二十三引《廣雅》竝作「擿」。擿即《史記集解》所云「擿嬈」也,亦通作「摘」。《後漢書·隗囂傳》「西侵羌戎,東摘濊貊」,李賢注云「摘,擾也」。嬈者,《説文》「嬈,苛也,一曰擾,戲弄也,一曰嬥也」。《衆經音義》卷四引《三倉》云「嬈,弄也,煩也」。《淮南子·原道訓》「其魂不躁,其神不嬈」,《漢書·鼂錯傳》「除苛解嬈」,高誘、文穎注竝云「嬈,煩嬈也」。《魏策》云「今韓受兵三年矣，秦撓之以講，韓知亡，猶弗聽」。嵇康《與山巨源絶交書》「足下若嫐之不置」，李善注云「嫐，擿嬈也，音義竝與『嬈』同」。各本皆作「嫽、誂、透、掃、嬈，戲也」。案：「戲」字自在下條，與此各不相涉。蓋校書者以「嬈」字有「擾戲」之義，遂移入「戲」字耳。不知此條嫽、誂、透、擿、嬈五字皆「煩嬈」之義，不得訓爲戲。考《方言》《説文》「誂」訓爲嬈，「透」訓爲驚，「嬈」訓爲苛，皆是「煩嬈」之義。故《廣雅》云「嫽、誂、透、擿、嬈也」。卷三云「媱、愓、嬉、㔙、遊、敖、契，戲也」。「戲」義自見卷三，不當於此卷内重出。後人改訓爲「戲」，不思之甚也。《集韻》《類篇》「掃，戲也」，又引《廣雅》「透，戲也」，則宋時《廣雅》本已然。然考《衆經音義》卷六、卷二十三竝引《廣雅》「嫽、誂、擿，嬈也」，卷二十又引《廣雅》「透，嬈也」，則唐初本原無「戲」字。今據以訂正，餘見下條。

戲、歇、漏，泄也。

戲、歇者，《方言》「戲、泄，歇也，楚謂之戲泄」。《説文》「歇，氣越泄也」。高誘注《淮南子·精神訓》云「膈，讀『精神歇越』之歇」。後人不知「戲」訓爲泄，本出《方言》，遂移「戲」字入上條。今訂正。

讓、極、軋、𧫒，吃也。

讓、極、軋、𧫒者，《方言》「讓、極，吃也，楚語也，或謂之軋，或謂之𧫒」。《蹇》彖傳云「蹇，難也」。《説文》「吃，言蹇難也」。《衆經音義》卷一引《通俗文》云「言不通利謂之謇吃」。《列子·力命》篇「讓極淩誶」，張湛注云「讓極，訥澀之貌」。讓、讓、謇、蹇古通用，極、極古通用。澀與「𧫒」同。《方言》注云「軋，鞅軋，氣不利也」。《史記·律書》云「乙者，言萬物生軋軋也」。《説文》云「乙，象春草木冤曲而出，陰氣尚彊，其出乙乙也」。李善注《文賦》云「乙乙，難出之貌」。乙與「軋」通。《方言》注云「䛙，語䛙難也」。《說文》「䛙，不滑也」。《楚辭·七諫》云「言語訥䛙」。「難」謂之蹇，亦謂之䛙。口吃謂之䛙，亦謂之謇。其義一也。

悲、悠、悼、惄、悴、憖、❶慼、感、痛、嘆、殤，慯也。愴。

悠者，《爾雅》「悠、傷、憂，思也」，郭璞注云「皆感思也」。《說文》「悠，憂也」。《小雅·十月之交》篇「悠悠我里」，毛傳云「悠悠，憂也」。憂與「慯」義相近。傷與「慯」通。悼、惄、悴、憖者，《方言》「悼、惄、悴、憖，傷也，自關而東汝潁陳楚之閒通語也，汝謂之惄，秦謂之悼，宋謂之悴，楚潁之閒謂之憖」，又云「齊宋之閒或謂痛爲惄」。《小雅·小弁》篇云「我心憂傷，惄焉如擣」。李善注《歎逝賦》引《倉頡篇》云「悴，憂也」。《小雅·雨無正》篇云「憯憯日瘁」，瘁與「悴」通。殤者，鄭注《喪服》云「殤者，男女未冠笄而死，可傷者也」。《釋名》云「殤，傷也，可哀傷也」。《逸周書·謚法解》云「短折不成曰殤」。愴者，《說文》「愴，傷也」。《祭義》云「必有悽愴之心」。《問喪》云「心悵焉愴焉」。《衆經音義》卷二十三引《廣雅》「愴，傷也」。今本脫「愴」字。

逞、苦、憭、曉、恔，快也。

逞、苦、憭、曉、恔者，《方言》「逞、苦、了，快也，自山而東或曰逞，楚曰苦，秦曰了」，又云「逞、曉、恔、苦，快也，自關而東或曰曉，或曰逞，江淮陳楚之閒曰逞，宋鄭周洛韓魏之閒曰苦，東齊海岱之閒曰恔，自關而西

---

❶「憖」，《博雅音》作「憗」。

曰快」。《春秋》桓公六年《左傳》「今民餒而君逞欲」，杜預注云「逞，快也」。逞訓爲快，又有急疾之意。《方言》云「逞，疾也，楚曰逞」。今俗語猶謂疾爲「快」矣。苦亦「疾」也。《淮南子·道應訓》「斲輪大疾，則苦而不入，大徐，則甘而不固」，高誘注云「苦，急意也。甘，緩意也」。憭、曉皆明快之義。憭即《方言》「了」字也。《説文》「憭，慧也」。《方言》「南楚病愈者，或謂之慧，或謂之憭」，郭璞注云「慧、憭皆意精明」，是快之義也。各本俱脱「憭」字。《集韻》《類篇》竝云「憭，快也」。《衆經音義》卷二十引《廣雅》「逞、憭、曉，快也」，今據以補正。《説文》「曉，明也」。《樂記》「蟄蟲昭蘇」，鄭注云「昭，曉也，蟄蟲以發出爲曉，更息曰蘇」，是快之義也。《玉篇》「恔，胡交切，快也」。《廣韻》又胡教切。《孟子·公孫丑》篇「於人心獨無恔乎」，趙岐注云「恔，快也」。恔與「恔」同。《玉篇》《廣韻》「恔」音吉了切。《説文》「恔，憭也」。亦明快之義也。

梗、𠜾、棘、傷、茦、刺、壯，箴也。

梗、𠜾、棘、傷、茦、刺、壯者，《方言》「凡草木刺人者，北燕朝鮮之閒謂之茦，或謂之壯，自關而東或謂之梗，或謂之𠜾，自關而西謂之刺，江湘之閒謂之棘」，郭璞注云「梗，今之梗榆也」。《説文》「梗，山枌榆，有朿」。朿音刺。《説文》又云「鯁，魚骨也」，「骾，食骨留嗌中也」。《晉語》云「小鯁可以小戕，而不能喪國」。梗、鯁、骾義竝相近。《説文》「𠜾，利傷也」。《聘義》及《老子》竝云「廉而不𠜾」，鄭、王注云「𠜾，傷也」。《齊策》云「今雖干將莫邪，非得人力，則不能割𠜾矣」。《説文》「棘，小棗叢生者，從竝朿」。《爾雅》云「終，牛棘」。《中山經》「大苦之山有草焉，其狀葉如榆，方莖而蒼傷，其名曰牛傷」，郭璞注云「猶言牛棘」。《西山經》「浮山多盼木，枳葉而無傷」，注云「傷，枳刺鍼也，能傷人，故名云」。是古謂「箴」爲傷也。莿、刺聲相近。《爾雅》「莿，刺」，郭璞注云「草刺針也」。鍼、針竝與「箴」同。莿，各本訛作「策」，惟影宋本、皇甫本不訛。卷一云「鍼，刺也」。《説文》「莿，莿也」，「朿，木芒也」，「刺，直傷也」。竝字異而義同。壯之言創也，義見卷四「壯，創，傷也」下。

清、𥅡、湑、浚、滰、滭、筸、桼、灑、麗，盪也。

清者，漉酒而清出其汁也。《周官·酒正》「辨四飲之物，一曰清」，鄭注云「清，謂醴之泲者」。《内則》「稻醴清糟」，鄭注云「清，泲也」。𥅡與「泲」同，亦通作「齊」。鄒陽《酒賦》云「且筐且漉，載莤載齊」。𥅡之言擠也。《玉篇》「𥅡，手出其汁也」。《廣韻》云「手搦酒也」。湑、浚者，《説文》「湑，莤酒也，一曰浚也」。鄭興注《周官·甸師》云「莤，讀爲『縮』，束茅立之祭前，沃酒其上，酒滲下去，若神飲之，故謂之縮，縮，浚也，故齊桓公責楚不貢苞茅，王祭不共，無以縮酒」。《小雅·伐木》篇「有酒湑我」，毛傳云「湑，莤之也」，《釋文》云「莤與《左傳》『縮酒』同義，謂以茅泲之而去其糟也」。《大雅·鳧鷖》篇「爾酒既湑」，鄭箋云「湑，酒之泲者也」。《士冠禮》「旨酒既湑」，鄭注云「湑，清也」。《説文》「浚，抒也」。《大雅·生民》釋文引《倉頡篇》云「抒，取出也」。襄二十四年《左傳》「毋寧使人謂子『子實生我』，而謂『子浚我以生』乎」，杜預注云「浚，取也」。浚與「浚酒」之浚同義。浚、湑、縮一聲之轉，皆謂漉取之也。滰者，《説文》「滰，浚乾漬米也」，引《孟子》「孔子去齊，滰淅而行」，今本「滰」作「接」，所見本異也。滰之言竟，謂漉乾之也。今俗語猶謂漉乾漬米爲滰乾矣。滭之言逼，謂逼取其汁也。《玉篇》「滭，筸去汁也」。《衆經音義》卷五引《通俗文》

云「去汁曰滰」，又云「江南言逼」，義同也。今俗語猶云滰米湯矣。笮者，壓笮出其汁也。《玉篇》音仄乍切，云「笮酒也」。《廣韻》云「醡，壓酒具也」，「榨，打油具也」，竝出《證俗文》。《後漢書·耿恭傳》「笮馬糞汁而飲之」，李賢注云「笮，謂壓笮也」。嵇康《聲無哀樂論》云「猶簁酒之囊漉，雖笮具不同而酒味不變也」。笮、醡、榨竝同義。今俗語猶云笮酒、笮油矣。𠩺者，《說文》「𠩺，順流也」。《爾雅》「𠩺，盝也」，郭璞注云「漉漉出涎沫也」。盝、漉竝與「𥂝」同。灑者，《說文》「灑，釃酒也，一曰浚也」。𦌾者，《說文》「釃，下酒也」，徐鍇《傳》云「釃猶籭也，籭取之也」。《詩·伐木》篇「釃酒有藇」，毛傳云「以筐曰釃，以藪曰湑」，《正義》云「筐，竹器也；藪，草也」。《後漢書·馬援傳》「擊牛釃酒」，李賢注云「釃猶濾也」。濾、漉一聲之轉。釃與「𦌾」同。《說文》「籭，竹器也，可以取粗去細」，義與「𦌾」亦相近。

侏儒、𥐯𥏼、䂬𥎞、矬、𤺋、𪑿、𤸎、㽤、𦠆、矲、黜、𥎊、孑、孓、升，短也。屈。

侏儒者，《晉語》「侏儒不可使援」，韋昭注云「侏儒，短人也」。襄四年《左傳》「朱儒是使」，朱與「侏」通。𥐯𥏼者，《玉篇》「𥐯𥏼，短小皃」。䂬𥎞，各本訛作「𥎞䂬」。《玉篇》《廣韻》竝云「䂬𥎞，短小皃」。《集韻》引《廣雅》「䂬𥎞，短也」。今據以訂正。褚少孫續《日者傳》「卑疵而前，孅趨而言」，謂自卑以諂人，義與「䂬𥎞」相近也。《釋木》篇云「木下枝謂之椑榹」，椑榹與「䂬𥎞」聲義亦相近。矬者，《衆經音義》卷二引《通俗文》云「侏儒曰矬」。《釋言》篇云「𤸎，痤也」，痤與「矬」同。《曲禮》「介者不拜，爲其拜而蓌拜」，《釋文》云「蓌，挫也」。義與「痤」相近。凡短與小同義，故短謂之痤，小亦謂之痤。《說文》「痤，小腫也，一曰族累病」。桓六年《左傳》「謂其不疾瘯蠡也」，《正義》云「瘯蠡，畜之小病」。瘯蠡與「族累」同，急言之則爲「痤」

矣。《衆經音義》卷十六引《聲類》云「銼鑹，小釜也」。《爾雅・釋木》「痤，接慮李」，郭璞注云「今之麥李」。《齊民要術》引《廣志》云「麥李細小」。麥李細小，故有「接慮」之名，急言之亦近於「痤」，故又謂之「痤」。接慮、族累、銼鑹皆語之轉耳。癠、䵂、㾈、矲者，《方言》「䵂、矲，短也，江湘之會謂之䵂，凡物生而不長大亦謂之䵂，又曰癠，桂林之中謂短矲，矲，通語也，東陽之閒謂之㾈」，郭璞注云「今俗呼小爲癠，音薺菜」。案：薺亦菜之小者，故又謂之靡草。《月令》「靡草死」，鄭引舊説云「靡草，薺、亭歷之屬」，《正義》云「以其枝葉靡細，故云靡草」，是也。癠亦通作「濟」。襄二十八年《左傳》「濟澤之阿，行潦之蘋藻，寘諸宗室，季蘭尸之，敬也」，濟澤，小澤也，若言澗谿沼沚之毛，蘋蘩藴藻之菜，可薦於鬼神，可羞於王公耳。《正義》乃釋「濟」爲江淮河濟之濟，失其義矣。《方言》「䵂」字或作「呰」。《説文》「呰，窳也」。《漢書・地理志》「呰窳媮生」，如淳注云「呰音紫」，顏師古注云「呰，短也。窳，弱也。言短力弱材，不能勤作也」。《史記・貨殖傳》「呰」作「呰」。䵂、呰、呰竝通。《方言》注云「㾈言俯視之也」。《説文》「㾈，俛病也」。《方言》注云「矲，言矲𥎊也」。《廣韻》「矲𥎊，短也」。《説文》「𥪛，短人立𥪛𥪛皃」。《周官・典同》「陂聲散」，鄭興注云「陂，讀爲『人短罷』之罷」。《司弓矢》「痺矢」，鄭衆注云「痺，讀爲『人罷短』之罷」。𥪛、罷竝與「矲」通。《爾雅》「犤牛」，注云「犤牛庳小」。《説文》「猈，短脛狗也」。義亦與「矲」同。矲、䵂與婢、䂂聲亦相近也。𤸷即今「矮」字也。《玉篇》音於綺、於解二切。《釋言》篇云「𤸷，痤也」。𦠁者，《方言》「𦠁，短也」，注云「便旋庳小貌也」。《爾雅》「還味，棯棗」，注云「還味，短味也」，義與「𦠁」同。𡲨者，《方言》「𡲨，短也」，注云「蹶𡲨，短小貌也」。《玉篇》音知劣切，云「吴人呼短物也」。又云「𥏼，短也」。《莊子・秋水》篇「遥而不悶，掇而不跂」，郭象注云「遥，長也。掇猶短也」。《淮南子·人間訓》「聖人之思脩，愚人之思叕」，高誘注云「叕，短也」。竝字異而義同。《説文》「娺，短面也」。《廣韻》「䫎，頭短也」。《衆經音義》卷四引《聲類》云「惙，短氣貌」。義亦與「黜」同。今俗語謂短見爲拙見，義亦同也。黜與侏儒語之轉也。故短謂之侏儒，又謂之黜。梁上短柱謂之棳，又謂之侏儒，又謂之棳儒。蜘蛛謂之蝃，又謂之蝃蝥，又謂之侏儒。《爾雅》「梁上楹謂之棳」，《釋文》「棳，本或作『棁』」。《雜記》「山節而藻棁」，鄭注云「棁，侏儒柱也」。《釋名》云「棳儒，梁上短柱也，棳儒猶侏儒，短，故以名之也」。《方言》云「鼅鼄，鼄蝥也，自關而西秦晉之閒謂之鼄蝥，自關而東趙魏之郊謂之鼅鼄，或謂之蠾蝓，蠾蝓者，侏儒，語之轉也」，注云「今江東呼蝃蝥，音棳」。《玉篇》云「蝃，蛪蛬也」。蓋凡物形之短者，其命名即相似，故屢變其物而不易其名也。䂏者，《玉篇》「䂏，犬短尾也」。字亦作「刀」，俗作「刁」。《晉書·張天錫傳》「韓博嘲刁彝云『短尾者爲刁』」，是也。《説文》「䙚，短衣也」。《玉篇》音丁了切。《廣韻》又音貂。《方言》云「無緣之斗謂之刁斗」。義竝與「䂏」同。《衛風·河廣》篇「曾不容刀」，鄭箋云「小船曰刀」。《釋名》「船三百斛曰舠，舠，貂也，貂，短也，江南所名短而廣安不傾危者也」。亦聲近而義同。《初學記》引《論語摘衰聖》云「鳳有九苞，六曰冠短周，七曰距鋭鉤」，「周」亦短也。周與「䂏」聲近義同。宋均注云「周，當作『朱』，朱色也」，失之。孑、孓者，《説文》「孑，無右臂也」，「孓，無左臂也」，皆短之義也。短與「小」同義，故井中小蟲亦謂之孑孓。《釋蟲》篇云「孑孓，蜎也」。《爾雅》「蜎，蠉」，注云「井中小蛣蟩，赤蟲，一名孑孓」。孑孓與「蛣蟩」聲義竝同。孑之言孑然小也。《釋名》云盾「狹而短者曰孑盾，孑，小稱也」。孓之言蹷也。《漢書·王莽傳》「莽爲人侈口蹷顄」，顔師古注云「䫃，短也」。《方言》注云「蹶𪑾，短小貌也」。凡物之直而短者謂之蹶，或謂之𪑾。《列子·黃帝》篇「吾處身也，若厥株駒」，張湛引崔譔《莊子注》云「厥株駒，斷樹也」，《釋文》云「厥，《説文》作『氒』，木本也。株駒亦枯樹本也」。又《爾雅》「樴謂之栻」，❶注云「橜也」。又「橜謂之闑」，注云「門閫也」。《玉藻》正義云「闑謂門之中央所豎短木也」。蹶、厥、橜、氒竝同聲。蹶與「𪑾」聲又相近。木本謂之氒，杙謂之橜，門閫謂之橜，梁上柱謂之棳，皆木形之直而短者也。故蔡邕《短人賦》云「木門閫兮梁上柱，視短人兮形如許」矣。又案：《説文》「蟨，鼠也，一曰西方有獸，前足短，與蛩蛩、巨虚比，其名謂之蟨」。字亦作「蹶」。《淮南子·道應訓》「北方有獸，其名曰蹶，鼠前而兔後，趨則頓，走則顛」，高誘注云「鼠前足短，兔後足長，故謂之蹶」。蹶與「𪑾」聲相近，合之則爲蹶𪑾，轉之則爲孑孒。故短貌謂之蹶𪑾，獸前足短謂之蹶，頭短謂之𩔅，無左右臂謂之孑、孒，其義竝相通也。屈音九勿、渠勿二反。《衆經音義》十二引許慎《淮南子注》云「屈，短也」。《史記·天官書》「白虹屈短」，《集解》引韋昭《漢書注》云「短而直也」。屈與「𡲾」同。《説文》「𡲾，無尾也」。《玉篇》云「短尾也」。高誘注《淮南子·原道訓》云「屈讀『秋鷄無尾屈』之屈」。《韓非子·説林》篇云「鳥有周周者，重首而屈尾」，《爾雅》「鶌鳩，鶻鵃」，郭璞注云「似山鵲而小，短尾」。《集韻》引《埤倉》云「𡳐，短尾犬也」。𡲾、屈、𡳐、鶌竝同義。今江淮閒猶呼鳥獸之短尾者爲屈尾。《説文》「崛，山短高也」。《廣韻》「䘿，短衣也」。《方言》云「自關而西秦晉之閒，無緣之衣謂之裗䘿」。義亦與

❶「栻」，《廣雅疏證補正》改作「杙」，是。

「屈」同。短尾犬謂之刁，亦謂之屈。短衣謂之裫，亦謂之䙄。無緣之斗謂之刁斗，無緣之衣謂之裗䙄。其義竝相通也。《集韻》《類篇》竝引《廣雅》「屈，短也」。今本脱「屈」字。

揫、拱、鈵、董，固也。

揫者，《豳風·破斧》篇「四國是遒」，毛傳云「遒，固也」。《廣韻》揫、遒竝即由切，聲同，義亦同也。拱者，《爾雅》「鞏，固也」。《革》初九云「鞏用黄牛之革」。《大雅·瞻卬》篇云「無不克鞏」。鞏與「拱」通。《爾雅》「拱，執也」。執與「固」義相近。故《遯》六二云「執之用黄牛之革」，《傳》云「『執用黄牛』，固志也」。是《革》《遯》二卦之取象同，其義亦同矣。《逸周書·謚法解》云「執事堅固曰恭」，恭與「拱」亦聲近義同。

鈵、董者，《方言》「鈵、董，固也」。

㦬朴、盬、雜、趀、屌、造、蕀、突、暴、暫，猝也。

㦬朴者，《方言》「㦬朴，猝也」，郭璞注云「謂急速也」。案：今俗語狀聲響之急速者曰㦬朴，是其義也。盬、雜者，《方言》「盬、雜，猝也」，「盬，且也」。《玉篇》「盬，倉猝也，姑也」。凡言姑、且者，皆倉猝不及細審之意，故云猝也。盬，各本譌作「監」，今訂正。趀、屌一字也。《説文》「趀，倉卒也」，卒與「猝」同。趀之言造次也。《玉藻》云「造受命於君前，則書於笏」。《論語·里仁》篇「造次必於是」，鄭注云「造次，倉卒也」。倉卒、造次語之轉，次、趀古同聲，故《廣雅》趀、造二字竝訓爲猝也。案：趀從走、**朿**聲，倉卒也，音七咨反，與「**趀**」字異。**趀**從走、市聲，《廣韻》與「**跡**」同，行皃也，音步末反。《廣雅》「趀」訓爲猝，當音七咨反，曹憲又音「步末反」，失之。**蕀**、突者，《方言》「**蕀**，卒也，江湘之間凡卒相見謂之**蕀**相見，或曰突」。《説文》

「突，犬從穴中暫出也，一曰匪突也」，匪與「棐」同。暴，義見卷一「暴，疾也」下。

陠、㚅、頼、倪、乖、佊、敧、陂陀、傾、畸、戲、偏、俄、迤、阿、阪、哨、回、哇、差、剌、險、阻、頗、隤、徑、夕、蕭、顡，衺也。

陠者，《玉篇》「陠，衺也」。宋玉《神女賦》「晡夕之後」，李善注云「晡，日昳時也」，亦「衺」之義也。㚅者，《說文》「㚅，頭衺骫㚅態也」，又云「骫，骨耑骫㚅也」。頼、倪者，《衆經音義》卷二云「俾倪，《三倉》作『頼倪』」。《玉篇》匹米、吾禮二切。《集韻》又匹計、研計二切。《衆經音義》卷八引《倉頡篇》云「頼，不正也」。《說文》「頼，傾首也」，又云「睨，衺視也」。《中庸》云「睨而視之」。睨與「倪」同義。《莊子·天下》篇云「日方中方睨」，是日斜亦謂之「睨」也。《爾雅》「龜左倪，不類，右倪，不若」，郭璞注云「左倪，行頭左庳，右倪，行頭右庳」。庳與倪皆衺也。《史記·灌夫傳》「辟倪兩宮閒」，《索隱》引《埤倉》云「睥睨，邪視也」。《釋名》云「城上垣曰睥睨，言於其孔中睥睨非常也」。《古今注》云「漢謂曲蓋爲軘輗蓋」。是凡言頼倪者，皆衺之義也。邪、斜竝與「衺」同。乖者，《說文》「乖，戾也」，「戾」亦衺也。佊者，《玉篇》音陂髲切。《廣韻》又音彼，引《埤倉》云「佊，邪也」，又引《論語》子西「佊哉」。今《論語》作「彼」，馬融注云「『彼哉彼哉』，言無足稱也」，與《廣韻》所引異義。案：「佊」字讀「偏佊」之佊，於義爲長。《廣韻》所引當是鄭、王、虞諸人說也。《方言》「陂，邪也，陳楚荆揚曰陂」。《泰》九三「无平不陂」，虞翻注云「陂，傾也」。《詩序》「無險詖私謁之心」，崔靈恩注云「險詖，不正也」。竝字異而義同。敧者，《說文》「敧，戾也」，又云「夒，衺也」，又云「韋，相背也，獸皮之韋，可以束枉戾相違背，故借以爲皮韋」。《堯典》說「共工」之行云「靜言庸違」，《史記・五帝紀》云「共工善言，其用僻」，《正義》云「僻，邪也」。文十八年《左傳》作「靖譖庸回」，杜預注云「回，邪也」。《大雅・大明》傳云「回，違也」。義竝與「𢻱」同。《爾雅》「婦人之褘謂之縭」，注云「褘邪交落，帶繫於體，因名爲褘」。義亦與「𢻱」同。陂陀者，《爾雅》「陂者曰阪」，注云「陂陀不平」。《漢書・司馬相如傳》「罷池陂陁，下屬江河」，郭璞注云「言旁穨也」，陁與「陀」同。畸者，《周官・宮正》「奇衺之民」，鄭注云「奇衺，譎觚非常也」。《曲禮》「國君不乘奇車」，盧植注云「奇車，不如法之車也」。《管子・版法》篇云「植固不動，倚邪乃恐」。畸、奇、倚竝通。奇衺猶「攲衺」，語之轉耳。《說文》「畸，殘田也」，亦田形之不正者也。戲讀爲「險巇」之巇。《楚辭・七諫》「何周道之平易兮，然蕪穢而險戲」，王逸注云「險戲，猶言傾危也」。王褒《洞簫賦》云「又似流波，泡溲泛涟，趨巇道兮」，巇與「戲」通。險、戲一聲之轉，故俱訓爲衺也。俄、頖一字也。《說文》「俄，行頃也」，頃與「傾」同。《小雅・賓之初筵》篇「側弁之俄」，鄭箋云「俄，傾貌」。張衡《歸田賦》「曜靈俄景」，李善注云「俄，斜也」。古者俄、義同聲，故「俄」或通作「義」。《多方》云「乃惟以爾多方之義民，不克永于多享」，義與「俄」同，衺也。衺民即上文所云「有夏之民叨懫」也。以，用也，言桀用傾衺之民，故「不克永于多享」。下二句云「惟夏之恭多士，大不克明保享于民」，正謂此也。《立政》云「謀面用丕訓德，則乃宅人，兹乃三宅無義民」，義亦與「俄」同，言謀面既大順於德，然後居賢人於官而任之，則三宅皆無傾衺之民也。《吕刑》云「鴟義姦宄，奪攘矯虔」，「義」字亦是傾衺之意。解者皆失之。昭三十一年《左傳》「不爲利回，不爲義疚」，「義」亦衺也。不爲義疚，猶言不爲利疚耳，解者亦失之。迆者，《說文》「迆，衺行也」。《玉篇》音余紙切。《禹貢》「東迆北會于匯」，馬融注云「迆，靡也」。《考工記》「戈柲六尺有六寸，既建而迆」，鄭衆注云「迆，讀爲『倚移從風』之移，謂著戈於車邪倚也」。《孟子·離婁》篇「施從良人之所之」，趙岐注云「施者，邪施而行」，丁公著音迤。《爾雅》「邐迤，沙丘」，注云「旁行連延」。《子虛賦》「登降陁靡」，司馬彪注云「陁靡，邪靡也」。竝字異而義同。《玉藻》「疾趨則欲發而手足毋移」，鄭注云「移之言靡迆也，毋移，欲其直且正」。《孟子·梁惠王》篇「放辟邪侈」，丁本作「邪移」。移與「迆」古亦同聲，故鄭衆讀「迆」爲「移」矣。阿者，《商頌·長發》箋云「阿，倚也」。《爾雅》云「偏高，阿丘」。《衛風·考槃》傳云「曲陵曰阿」。皆衺之義也。阿與「奇衺」之奇，聲亦相近。阪者，《說文》「陂者曰阪，一曰澤障，一曰山脅也」。《吕氏春秋·正月紀》「善相丘陵阪險原隰」，高誘注云「阪險，傾危也」。哨者，《說文》「哨，不容也」。《考工記·梓人》「大胷燿後」，鄭注云「燿讀爲『哨』，頃小也」。馬融《廣成頌》作「大匈哨後」。《投壺》「某有枉矢哨壺」，鄭注云「枉、哨，不正貌」。《大戴》作「峭」，同。回者，《小雅·鼓鍾》篇「其德不回」，毛傳云「回，邪也」。哇者，《法言·吾子篇》「中正則雅，多哇則鄭」，李善注《東京賦》引李軌注云「哇，邪也」。《漢書·王莽傳》贊「紫色䵷聲」，應劭注云「䵷，邪音也」。《敘傳》云「淫䵷而不可聽」，**䵷**與「哇」通。差者，《說文》「差，貳也，差不相值也」，是衺出之義也。《大戴禮·保傅》篇云「立而不跛，坐而不差」。《淮南子·本經訓》「衣無隅差之削」，高誘注云「隅，角也，差，邪也，皆全幅爲衣裳，無有邪角也」。《說文》「槎，衺斫也」，槎與「差」聲義亦相近。剌者，《說文》「剌，戾也」。《淮南子·脩務訓》「琴或撥剌枉橈」，高誘注云「撥剌，不正也」。《楚辭·七諫》「吾獨乖剌而無當兮」，注云「剌，邪也」。《鹽鐵論·申韓》篇云「若檃栝輔檠之正弧剌也」。剌，各本譌作「刺」，今訂正。險之言險巇。阻之言齟齬。隤之言摧隤。皆傾衺之義也。宋玉《高唐賦》云「傾崎崖隤」。徑者,《祭義》「道而不徑」,鄭注云「徑,步邪趨疾也」。《老子》云「大道甚夷而民好徑」。夕者,《吕氏春秋·明理》篇云「是正坐於夕室也,其所謂正,乃不正矣」,高誘注云「言其室邪夕不正」。《晏子春秋·雜篇》云「景公新成柏寢之臺,使師開鼓琴,師開左撫宫,右彈商,曰『室夕』,公曰『何以知之』,對曰『東方之聲薄,西方之聲揚』」。案:此言室之偏向西也。西、衺、夕一聲之轉,故日衺、日西總謂之夕。《周官·大司徒》云「日東則景夕多風」,是也。《神女賦》云「晡夕之後」。夕與「晡」皆有衺義,晡與「陠」同聲,故《廣雅》陠、夕二字俱訓爲衺也。簫之言蕭梢,衺出之貌也。《曲禮》「凡遺人弓者,右手執簫」,鄭注云「簫,弭頭也,謂之簫,簫,邪也」,《正義》云「弓頭稍剡,差邪似簫,故謂爲簫也」。《釋名》云「弓末曰簫,言蕭梢也」。《蓺文類聚》引作「言蕭邪」也。《説文》「簫,參差管樂,象鳳之翼」。是凡言「蕭」者,皆「衺」之義也。

詑、詿、詒、諼、謬、遁、嘐㞙、憯怢、謾、譠、猶、譎、詐、僞、謏、膠、誣、詿、詑、調、突、虞,欺也。

詆、詭。

詒者,《説文》「詒,相欺詒也」。《列子·黄帝》篇云「既而狎侮欺詒」。僖元年《穀梁傳》「惡公子之紿」,范甯注云「紿,欺紿也」,紿與「詒」通。諼者,《説文》「諼,詐也」。文三年《公羊傳》「爲諼也」,何休注云「諼,詐也」。《漢書·藝文志》云「尚詐諼而棄其信」。謬者,《爾雅序》釋文引《方言》云「謬,詐也」。《列子·天瑞》篇云「向氏以國氏之謬己也,往而怨之」。遁者,《賈子·過秦》篇云「姦僞竝起而上下相遁」。《淮南子·脩務訓》「審於形者,不可遯以狀」,高誘注云「遯,欺也」,遯與「遁」同。嘐㞙者,《方言》「嘐㞙,獪也,江湘之閒，凡小兒多詐而獪，謂之嚜杘」。《列子・力命》篇云「墨杘單至」，墨與「嚜」通。杘，各本譌作「尿」，惟影宋本不譌。㥏㤉、謾、譠者，《集韻》《類篇》引此，「謾譠」作「譠謾」。《方言》云「眠娗、脈蜴、賜施、茭媞、譠謾、㥏㤉，皆欺謾之語也，楚郢以南東揚之郊通語也」，郭璞注云「六者亦中國相輕易蚩弄之言也」。《廣雅・釋訓》篇云「㥏㤿，欺慢也」，㤿與「㤉」同，慢與「謾」同。《説文》「謾，欺也」。《韓子・守道》篇云「所以使衆人不相謾也」。《賈子・道術》篇云「反信爲慢」。譠之言誕也。合言之則曰「譠謾」，倒言之則曰「謾譠」。謾譠猶「謾誕」。《韓詩外傳》云「謾誕者，趨禍之路」，是也。倒之則曰「誕謾」。《史記・龜策傳》云「人或忠信而不如誕謾」，是也。「眠娗」亦謾譠也，方俗語有侈弇耳。獪者，《方言》「猷，詐也」，猷與「獪」同。譎、詐、膠者，《方言》「膠、譎，詐也，涼州西南之閒曰膠，自關而東西，或曰譎，或曰膠，詐，通語也」。左思《魏都賦》「牽膠言而踰侈」，張載注引《李剋書》云「言語辯聰之説而不度於義者，謂之膠言」，李善注引《廣雅》「膠，欺也」。謱者，《玉篇》「謱，欺也」。《廣韻》「嘍，口嘍嘍無度也」，嘍與「謱」義相近。詿者，《説文》「詿，誤也」，「誤」亦欺也。《韓策》云「詿誤人主」。《漢書・息夫躬傳》云「虚造詐諼之策，欲以詿誤朝廷」。詑者，《説文》「沇州謂欺曰詑」。《燕策》云「寡人甚不喜訑者言也」，訑與「詑」同。今江淮閒猶謂欺曰詑，是古之遺語也。「詑」亦謾也。合言之則曰「詑謾」。《楚辭・九章》云「或訑謾而不疑」，是也。倒言之則曰「謾詑」。《淮南子・説山訓》云「媒伹者非學謾他」，是也。他與「訑」通。謾詑與「謾誕」又一聲之轉矣。調者，《潛夫論・浮侈》篇云「事口舌而習調欺」。突者，《荀子・榮辱篇》云「陶誕突盜，惕悍憍暴，以偷生反側於亂世之閒」，陶誕突盜，皆謂詐欺也。《賈子・時變》篇云「欺突伯父」。虞者，《淮南子・繆稱訓》引《屯》六三「即鹿無虞」，高誘注云「虞，欺也」。《魏志・王粲傳》陳琳諫何進曰「《易》稱『即鹿無虞』，諺有『掩目捕雀』，夫微物尚不可欺以得志，況國之大事，其可以詐立乎」。高誘、陳琳皆以「無虞」爲無欺，蓋漢時師説如此。宣十五年《左傳》「我無爾詐，爾無我虞」，謂兩不相欺也。虞與「誆誤」之「誤」，古聲義竝同。《逸周書・官人解》「營之以物而不誤」，《大戴禮》作「虞」，是其證矣。詆者，《衆經音義》卷十二引《倉頡篇》云「詆，欺也」。《漢書・哀帝紀》「除誹謗詆欺法」，《刑法志》「詆欺文致微細之法」，顔師古注竝云「詆，誣也」。詭者，《衆經音義》卷十四引《三倉》云「詭，譎也」。又卷十一引《廣雅》「詆，欺也」。卷十四、十七、二十一、二十二、二十三竝引《廣雅》「詭，欺也」。今本脱詆、詭二字。

蕆、飭、戒、福、晐、具，備也。

蕆、飭、戒者，《方言》「蕆、敕、戒，備也」。文十七年《左傳》「寡君又朝以蕆陳事」，賈逵注云「蕆，勑也」。《説文》「敕，誡也」，「誡，敕也」。鄭注《曾子問》云「戒猶備也」。飭、勑、敕古通用，戒、誡古通用。福者，《説文》「福，備也」。《祭統》云「福者，備也；備者，百順之名也」。《郊特牲》云「富也者，福也」。《釋名》云「福，富也，其中多品如富者也」。《曲禮》注云「富之言備也」。福、富、備古聲義竝同。晐與「該」通。各本訛作「胲」。《釋言》篇云「備、晐，咸也」。《説文》「晐，兼晐也」。《吴語》「一介嫡女，執箕箒以晐姓於王宫」，韋昭注云「晐，備也」。今據以訂正。

䏼、枘、殔，栟也。

䏼者，《説文》「𣦼，禽獸所食餘也，從歺、從肉」，又云「歺，列骨之殘也」。䏼、𣦼、殘竝通。歺與「栟」聲義亦同。枘，各本譌作「柄」，今訂正。枘、肄、枿皆木之再生者也。《衆經音義》卷十一云「枘，乃困反」，引《通俗文》云「枘，再生也」。《爾雅》「枿，餘也」。《方言》云「陳鄭之閒曰枿，秦晉之閒曰肄」。《周南·汝墳》篇「伐其條肄」，毛傳云「肄，餘也，斬而復生曰肄」。襄二十九年《左傳》「晉國不恤周宗之闕而夏肄是屏」，杜預注云「肄，餘也」。字通作「肆」。《玉藻》「肆束及帶」，鄭注云「肆讀爲『肄』，肄，餘也」。枿即「萌櫱」之櫱。《盤庚》「若顛木之有由櫱」，《釋文》「櫱本又作『枿』」，引馬融注云「顛木而肄生曰枿」。枿、肄語之轉耳。

甹、侹、遊、挑，俠也。

甹者，《說文》「甹，俠也，三輔謂輕財者爲甹」，又云「甹，俠也」。甹與「甹」同。遊即所謂「游俠」也。《漢紀》「游俠」論云「立氣勢，作威福，結私交，以立强於世者，謂之游俠」，游與「遊」同。挑者，《廣韻》「挑，輕也」。輕與「俠」同義。高誘注《淮南子·說山訓》云「俠，輕也」。《漢書·趙廣漢傳》云「閭里輕俠」，是也。

敢、悍、惈、敢、武、仡，勇也。

悍者，《說文》「悍，勇也」。《大戴禮·易本命》篇云「食肉者勇敢而悍」。各本俱無「悍」字，此因悍、惈二字相連，字形近似，故傳寫脱去「悍」字耳。李善注《蜀都賦》《江賦》竝引《廣雅》「悍，勇也」。《衆經音義》卷二十二引《廣雅》「悍、惈、敢，勇也」。今據以補正。惈通作「果」。仡者，《說文》「仡，勇壯也」。《釋訓》篇云「仡仡，武也」。《秦誓》云「仡仡勇夫」。宣六年《公羊傳》「仡然從乎趙盾而入」，何休注云「仡然，壯勇貌」。《莊子·讓王》篇云「子路扢然執干而舞」，扢與「仡」通。《說文》「虓，虎皃」，義與「仡」亦相近。

蹉、蹪、躦、跐、⿱尚足、⿰足氐、踳，蹋也。踶。

蹪者，《列子·説符》篇云「足蹪株埳，頭抵植木，而不自知也」。躦者，《玉篇》與「⿰足虘」同，云「蹋聲也」。跐者，卷一云「跐，履也」。《列子·天瑞》篇云「若躇步跐蹈」。《莊子·秋水》篇云「跐黄泉而登大皇」。今俗語猶謂「蹋」曰跐矣。⿱尚足者，以足距也。《説文》「⿱尚足，距也」。踳，各本譌作「⿰口春」。《集韻》《類篇》竝引《廣雅》「踳，蹋也」，今據以訂正。踶者，《莊子·馬蹄》篇「馬怒則分背相踶」，《釋文》「踶，大計反，李云『踶，蹋也』，《廣雅》《字類》《聲類》竝同，❶《通俗文》云『小蹋謂之踶』」。《淮南子·脩務訓》云「夫馬之爲草駒之時，蹶蹏足以破盧陷匈」。《月令》「游牝别羣，則縶騰駒」，鄭注云「爲其壯氣有餘，相蹄齧也」，《釋文》「蹄，大計反，蹋也」。蹏、蹄竝與「踶」通。今本《廣雅》脱「踶」字。

⿰黑敢、⿰忄奄、⿱紟心、悆、忽、⿰忄巟、腆、詄、⿰忄隶、⿰忄朱，忘也。

⿰黑敢，各本譌作「⿰魚敢」，惟影宋本、皇甫本不譌。《方言》「⿰黑敢，忘也」。《説文》云「⿰黑敢者，忘而息也」。《玉篇》云「⿰黑敢然忘也」。悆者，《説文》「悆，忘也」。忽者，《説文》「忽，忘也」。《墨子·脩身》篇云「忘名忽焉」。⿰忄巟者，《玉篇》「慌，戃慌也」。慌與「⿰忄巟」同。合言之則曰「忽⿰忄巟」。《淮南子·人閒訓》「使忽怳而後能得之」，高誘注云「忽怳，善忘之人」。怳亦與「⿰忄巟」同。⿰忄巟、忘聲相近。忽⿰忄巟猶「忽忘」耳。腆者，《方言》「腆，忘也」。詄者，《説文》「詄，忘也」，徐鍇《傳》云「言失忘也」。《文選·四子講德論》「故美玉藴於碔砆，凡人視之怢

❶「字類」，《經典釋文》作「字韻」。

焉」，李善注引《廣倉》云「怢，忽忘也」。《論衡·别通篇》云「不肖者輕慢佚忽」。怢、佚竝與「詄」同。戃之言遺，慌之言荒，詄之言失。荒、失、遺皆忘也。《楚語》云「恐其荒失遺忘」，是也。怢者，《玉篇》音莫達切，忘也，字從「本末」之「末」，各本譌從「午未」之「未」，今訂正。

誦、説、精、講，論也。

誦者，《楚辭·九章》「惜誦以致愍兮」，王逸注云「誦，論也」。

註、紀、疏、記、學、栞、志，識也。

註者，《衆經音義》卷六引《通俗文》云「記物曰註」。昭十一年《穀梁傳》「一事注乎志」，范甯注云「一事輒注而志之也」。注與「註」通。疏者，《漢書·匈奴傳》中行説「教單于左右疏記，以計識其人衆畜牧」，顏師古注云「疏，分條之也」。《説文》作「疋」。學者，《太平御覽》引《論語讖》云「學者，識也」。何休注《公羊傳》曰「何休學」，《釋文》云「學者，言爲此經之學，即注述之意」也。栞者，《説文》「栞，槎識也」，引《夏書》「隨山栞木」，今《皋陶謨》《禹貢》竝作「刊」。《史記·夏本紀》《漢書·地理志》竝作「栞」。顏師古注云「言刊斫其木以爲表記也」。又「九山刊旅」，《史記》《漢書》亦作「栞」。栞、栞、刊竝通。《夏本紀》又云禹「行山表木」，「表」亦識也。今人謂刻木石作字曰刊，刊即表識之意。王儉《褚淵碑文》云「刊玄石以表德」，是也。志與「識」聲義竝同。《周官·保章氏》「掌天星，以志星辰日月之變動」，鄭注云「志，古文『識』，識，記也」。

塌、疊、鬌、𩂣、零、墜、遺，墮也。

鬌者，《説文》「鬌，髮墮也」。鬌與「墮」聲近義同。零通作「落」。遺者，《楚辭·九歎》「目眇眇而遺泣」，王逸注云「遺，墮也」。

廣雅疏證卷第三上

高郵王念孫學

釋詁

序、倢、蹔、佴、秩、斑、𡏖、笓、差、第，次也。

倢者，《説文》「倢，次也」。蹔之言漸也，字亦作「擳」。《禮器》「君子之於禮也，有擳而播也」，鄭注云「擳之言芟也，謂芟殺有所與也，若祭者貴賤皆有所得，不使虚也」，段氏若膺云：「芟殺」之殺所拜反，芟殺謂由多漸少，皆有等衰，故《廣雅》訓「蹔」爲次也。佴者，《爾雅》「佴，貳也」，郭璞注云「佴次爲副貳」。《説文》「佴，次也」。《文選·報任少卿書》「佴之蠶室」，李善引如淳注云「佴，次也，若人相次也」。斑與「班」同。𡏖、笓一字也。《説文》「𡏖，地相次𡏖也」。字亦作「壯」。《太玄》「陰陽壯參」，范望注云「以陰陽相次而三三相乘也」。《賈子·道術》篇云「動静攝次謂之比」。𡏖、笓、比竝通。差者，《孟子·滕文公》篇「愛無差等」，趙岐注云「差，次也」。

惎、恉、意，志也。

恉，經傳通作「旨」「指」。各本皆作「惎、恉、志，意也」，《集韻》《類篇》亦云「惎，意也」，則宋時《廣雅》本已然。案：《衆經音義》卷八云「《說文》『恉，意也』，《廣雅》『恉，志也』」，《莊子・刻意》篇釋文云「《廣雅》『意，志也』」，則德明、玄應所見本「志」字皆在「意」字下，今據以訂正。

輸、𦶟、朔、𢃳、燼、孑、贏、菆、𢅥、遺，餘也。 緒。

輸者，《廣韻》云「輸，餘也，出《字林》」。《說文》「𢄙，正耑裂也」，「裂，繒餘也」。蘇林注《漢書・終軍傳》云「繻，帛邊也」，「邊」亦餘也。《左氏春秋》「紀裂繻」字「子帛」，《公羊》《穀梁》竝作「紀履緰」。《左傳》「申繻」，《管子》作「申俞」。皆取帛邊之義。《集韻》輸、𢄙、緰三字竝音俞，其義同也。𦶟之言蘖也。《商頌・長發》傳云「蘖，餘也」。朔者，《說文》「朔，禽獸所食餘也，從歺、從肉」，又云「歺，列骨之殘也」。殘與「朔」通。𢃳者，《玉篇》「𢃳，力制切，帛餘也」。左思《魏都賦》「秦餘徙𢃳」，李善注云「《廣雅》『𢃳，餘也』」。《齊語》「戎車待游車之裂」，韋昭注云「裂，殘也」，《舊音》音「例」，引《說文》「裂，餘也」。裂與「𢃳」同，即「紀裂繻」之「裂」也。《小雅・都人士》篇「垂帶而厲」，毛傳云「厲，帶之垂者」。厲與「𢃳」亦同義，謂垂帶之餘以爲飾，故下文云「匪伊垂之，帶則有餘」也。《爾雅》「烈，餘也」。《詩序》云「宣王承厲王之烈」。烈與「𢃳」古亦同聲。燼、孑者，❶《方言》「孑、藎，餘也，周鄭之閒曰藎，或曰孑，青徐楚之閒曰孑，❷自關而西秦晉之

❶ 「孑」，原作「子」，今據經解本、續四庫本改。

❷ 「孑」，原作「子」，今據經解本、續四庫本改。

閒炊薪不盡曰藎」。《説文》「㶳，火餘木也」。《大雅・桑柔》篇「具禍以燼」，鄭箋云「災餘曰燼」。《吴語》「安受其燼」，韋昭注云「燼，餘也」。馬融《長笛賦》云「藎滯抗絶」。㶳、燼、藎竝通。《大雅・雲漢》篇「周餘黎民，靡有孑遺」，《正義》云「孑然，孤獨之貌也」。幓者，《説文》「幓，殘帛也」。《淮南子・要畧》篇「箴縷縩緻之閒」，縩與「幓」同。緒者，《説文》「緒，絲耑也」。《楚辭・九章》「欸秋冬之緒風」，王逸注云「緒，餘也」。《莊子・讓王》篇「其緒餘以爲國家」，司馬彪注云「緒者，殘也，謂殘餘也」。《山木》篇「食不敢先嘗，必取其緒」，「緒」亦餘也，《釋文》以爲「次緒」之緒，失之。《衆經音義》卷十九引《廣雅》「緒，餘也」。今本脱「緒」字。

饡、䊴、䊵、揫，摶也。

饡、䊴者，《玉篇》「饡，乾麪餅也」，《廣韻》又作「䭓」，云「黏也」，皆摶著之意也。《説文》「䊴，粉也」，亦謂粉相摶著也。《廣韻》「𪏓，黏𪏓也」，𪏓與「䊴」同。《説文》「弮，摶飯也」，弮與「䊴」亦聲近義同。饡䊴猶「繾綣」也。昭二十五年《左傳》「繾綣從公」，杜預注云「繾綣，不離散」，是其義也。䊵，義見卷四「䊵，黏也」下。揫之言梱致也。《唐風・鴇羽》箋云「根相迫迮梱致」，亦不離散之意也。

粲、彰、彪、辬、璘、虨、彬、彧、昈、純，文也。

彰通作「爛」。彪者，《説文》「彪，虎文也」。《蒙》九二「苞蒙」，鄭注云「苞，當作『彪』，彪，文也」。案：《藝文類聚》引漢胡廣《徵士法高卿碑》云「彪童蒙，作世師」。蔡邕《處士圈叔則碑》云「童蒙來求，彪之用文」，又《司徒袁公夫人馬氏靈表》云「俾我小子，蒙昧以彪」。皆用蒙卦之辭。則九二之「苞蒙」，漢時諸家《易》

說，必有作「彪」而訓爲文者，故鄭本之爲說也。《法言・君子篇》「以其弸中而彪外也」，李軌注亦云「彪，文也」。辬者，《說文》「辬，駁文也」。《王制》「斑白者不提挈」，鄭注云「雜色爲斑」。《孟子・梁惠王》篇「斑白」作「頒白」。《周官・内饔》「馬黑脊而般臂」，鄭注云「般臂，臂毛有文」。《賁》釋文引傅氏云「賁，古『斑』字，文章貌」。竝字異而義同。璘者，揚雄《甘泉賦》「璧馬犀之瞵㻞」，李善注引《埤倉》云「璘㻞，文皃也」。張衡《西京賦》「瓀珉璘彬」，薛綜注云「璘彬，玉光色雜也」。何晏《景福殿賦》云「文彩璘班」。竝字異而義同。虨者，《說文》「虨，虎文彪也」。虨與「虨」同。彬者，《說文》「份，文質備也」，引《論語》「文質份份」，今本作「彬」，包咸注云「彬彬，文質相半之貌」。《史記・儒林傳》「斌斌多文學之士」。竝字異而義同。辬、虨、彬，聲又相近也。彧者，《說文》「戫，有文章也」。《論語・八佾》篇「郁郁乎文哉」，後漢荀彧字文若，彧、戫、郁竝通。昈者，《方言》「昈，文也」，郭璞注云「昈昈，文采貌也」。《文選・西京賦》「赫昈昈以宏敞」，李善注引《埤倉》云「昈，赤文也」。司馬相如《上林賦》云「煌煌扈扈，照曜鉅野」。《淮南子・俶真訓》「萑蔰炫煌」，高誘注云「采色貌也」。扈、蔰竝與「昈」通，亦通作「户」。《初學記》引《論語摘衰聖》云「鳳有九苞，八曰音激揚，九曰腹文户」，户亦文采貌也，宋均注云「户，所由出入也」，失之。純者，《方言》「純，文也」。《漢書・地理志》云「織作冰紈綺繡純麗之物」。

困、胎、僆，逃也。

《方言》「困、胎、僆，逃也」，郭璞注云「皆謂逃叛也」。

攋、挻、挺、桓、遂、畺、畍、𤱶、畢、㚇、猝，竟也。

此條「竟」字有二義，𢸙、挻、𢫨、栢、遂、畢、𡚽、𡢃爲「究竟」之竟，亹、𥄎、䀽爲「邊竟」之竟。邊竟之竟，亦取究竟之義也。𢸙、挻者，《方言》「𢸙、挻，竟也」。挻，各本作「挺」，蓋因下「𢫨」字而誤，今訂正。𢫨、栢者，《方言》「𢍔、𢫨，竟也，秦晉或曰𢍔，或曰竟，楚曰𢫨」，𢫨與「𢫨」通。《説文》「栢，竟也」。《考工記·弓人》「恒角而短」，鄭注云「恒，讀爲『栢』，栢，竟也」。《楚辭·招魂》「姱容脩態，絙洞房些」，王逸注云「絙，竟也」。班固《答賓戲》云「絙以年歲」。《西都賦》云「北彌明光而亘長樂」。竝字異而義同。遂，讀如「遂事不諫」之遂。亹與「疆」同。䀽，各本皆作「盵」。「䀽」字俗書作「盵」，因譌而爲「盵」，惟影宋本不譌。《説文》「䀽，竟也」。䀽、疆、竟，古聲竝相近。𡚽、𡢃，經傳通作終、卒。

傅、䜭、即、因、度、集、從、圍、酉、歸、孝，就也。

䜭者，《邶風·北門》篇「室人交徧摧我」，《釋文》「摧，《韓詩》作『䜭』，就也」。集，謂相依就也。《大雅·大明》篇「天監在下，有命既集」，毛傳云「集，就也」，鄭箋云「天命將有所依就」，是也。一曰「集」，謂成就也。《小雅·小旻》篇「謀夫孔多，是用不集」，毛傳云「集，就也」。《韓詩外傳》作「是用不就」。就、集一聲之轉，皆謂成就也。圍，各本訛作「圉」。《方言》《玉篇》竝云「圍，就也」，今據以訂正。圍猶帀也。《周官·典瑞》注云「一帀爲一就」，是其義也。酉者，《説文》「酉，就也，八月黍成，可爲酎酒」，又云「酒，就也，所以就人性之善惡」。酉、酒、就聲竝相近。孝者，《孝經正義》引《孝經援神契》云「天子行孝曰就，言德被天下，澤及萬物，始終成就，榮其祖考也」。孝、就聲亦相近。

梱、𢓨、封、𠟕，尻也。

諸書無訓「梱」爲屠者,《方言》「梱,就也」,郭璞注云「梱梱,成就貌」。然則《廣雅》本訓「梱」爲「就」,在上條内,後人傳寫誤入此條耳。《玉篇》「稛,成熟也」。《廣韻》「䅃,成就也」。義竝與「梱」同。𧳋者,《士喪禮》「特豚四鬄」,鄭注云「鬄,解也」。《周官·小子》「羞羊肆」,鄭注云「肆,讀爲『鬄』,羊鬄者,所謂『豚解』也」。《墨子·明鬼》篇云「昔者殷王紂刳剔孕婦」。竝字異而義同。刲者,《説文》「刲,刺也」。《歸妹》上六「士刲羊」,馬融注與《説文》同。刳者,《方言》「刳,𧳋也」。《説文》「刳,判也」。《衆經音義》卷九引《倉頡篇》云「刳,屠也」。《繫辭傳》「刳木爲舟」,九家本作「挎」,注云「挎,除也」。《周官·掌戮》「殺王之親者辜之」,鄭注云「辜之言枯也,謂磔之」。《荀子·正論篇》云「斬斷枯磔」。義竝相近。刲、刳一聲之轉,皆空中之意也。故以手摳物謂之挂,亦謂之挎。《玉篇》「挂,苦攜切,中鉤也」。《鄉飲酒禮》「挎越」,《釋文》「挎,口孤反」,疏云「瑟下有孔越,以指深入謂之挎」,此即《玉篇》所謂「中鉤」也。兩股閒謂之奎,亦謂之胯。《説文》「奎,兩髀之閒也」。《莊子·徐無鬼》篇「奎蹏曲隈」,向秀注云「股閒也」。《廣雅·釋言》「胯,奎也」。《玉篇》音口故切。是凡與刲、刳二字聲相近者,皆空中之意也。

翬、鶱、翲、翥、翽、翾、翱、翃、翁、獝、𪗝、䎐、翋、𦑝、鴪、翻、矯,飛也。

翬者,《方言》「翬,飛也」。《説文》云「大飛也」。《釋訓》篇云「翬翬,飛也」。《爾雅》「鷹隼醜,其飛也翬」,舍人注云「翬翬,其飛疾羽聲也」。《春秋》魯公子翬、鄭公孫揮,皆字羽。揮與「翬」通。翬之言揮也。《説文》云「揮,奮也」。《爾雅》云「雉絶有力,奮」,又云「魚有力者,徽」。《北山經》「獄法之山有獸焉,其狀如犬而人面,其名曰山𤟤,其行如風」,郭璞注云「言疾也」。又「歸山有獸焉,其狀如䴥羊而四角,馬尾而有距，其名曰驒，善還」，注云「還，旋旋舞也」。是凡言揮者，其義皆與「飛」相近也。鶱者，《説文》「鶱，飛皃也」。《釋訓》云「鶱鶱，飛也」。《楚辭·遠遊》篇云「鸞鳥軒翥而翔飛」。張衡《西京賦》云「鳳鶱翥於甍標」。鶱與「軒」通，鶱之言軒也，軒軒然起也。各本訛作「騫」，今訂正。翂、翥二字，義見卷一「翂、翥，舉也」下。翾亦「鶱」也。《玉篇》「翾，飛皃」，又云「屳，輕舉皃」。翾、屳竝音許延反，義相近也。翧者，《釋訓》云「翧翧，飛也」。翋者，《玉篇》「翋，飛皃」。《廣韻》云「翋翁，飛皃」。翃者，《玉篇》「䎌，蟲飛也」。《釋訓》云「䎌䎌，飛也」。䎌與「翃」同。𦑃者，《玉篇》「𦑃，呼橫切，羣鳥弄翅也」。《釋訓》云「𦑃𦑃，飛也」。䎗者，曹憲《音》「呼麥反」，各本脱去「䎗」字，其「呼麥反」之音遂誤入「𦑃」字下。《玉篇》「䎗，呼麥切，𦑃䎗，飛皃」。《廣韻》云「䎗，飛聲」。《集韻》「𦑃」字注引《廣雅》「𦑃、䎗，飛也」。今據以補正。翴者，《玉篇》「翴，飛也」。《廣韻》云「翴翩，飛相及皃」。翴翩即「翋翁」之轉也。翾亦「翧」也。《説文》「翾，小飛也」。《釋訓》云「翾翾，飛也」。《楚辭·九歌》「翾飛兮翠曾」，王逸注云「言身體翾然若飛，似翠鳥之舉也」。《鬼谷子·揣》篇云「蜎飛蠉動」，《韓詩外傳》作「蠉」，《淮南子·原道訓》作「蠉」，竝字異而義同。翾之言儇也。《方言》「儇，疾也」。《荀子·不苟篇》「小人喜則輕而翾」，楊倞注云「言輕佻如小鳥之翾」。是翾與「儇」同義。翋𦑣者，《玉篇》云「𦐿𦐿，飛皃」，又云「䳍䳍，飛起皃」，又云「翽，飛皃」，又云「翜翜，飛皃」。《説文》「𦐇，飛盛皃也」。枚乘《梁王菟園賦》云「徐飛翋𦑶」。左思《吳都賦》云「趁𧼣翋𦑣」。竝字異而義同。鴪者，《説文》「鴥，鸇飛皃」。《秦風·晨風》篇「鴥彼晨風」，毛傳云「鴥，疾飛貌」。鴥與「鴪」同。䎘者，《釋訓》云「䎘䎘，飛也」。《唐風·鴇羽》篇「肅肅鴇羽」，毛傳云「肅肅，鴇羽聲也」。肅與「䎘」通。矯者，《玉篇》「翻，飛也」。孫綽《遊天台山賦》「整輕翮而思矯」，李善注引《方言》「矯，飛也」，今《方言》作「翻」，同。

鑿、矞、欮、掘、抇、斛、抉、挑、竁，穿也。

矞者，《說文》「矞，以錐有所穿也」。欮者，《玉篇》「欮，掘也」。隱元年《左傳》「闕地及泉」。《逸周書·周祝解》「貕有蚤而不敢以撅」。字並與「欮」同。抇者，《說文》「搰，掘也」。《吴語》云「狐埋之而狐搰之」。《列子·說符》篇云「抇其谷而得其鈇」。抇與「搰」同。欮、掘、抇聲並相近。斛與下「挑」字通。《說文》「斛，突也」，突與「穿」同義。《爾雅》「斛謂之疀」，鄭注《少牢下》篇作「挑謂之歃」。疀、歃並與「銛」同，所以穿地者也。故《釋名》云「銛，插也，插地起土也。或曰銷，銷，削也，能有所穿削也」。抉者，《說文》「抉，挑也」。襄十七年《左傳》云「以杙抉其傷而死」。《說文》「穾，穿也」，「⿱穴抉，深抉也」，義並與「抉」同。《衆經音義》卷二引《廣雅》作「決」。《周語》云「決汩九川」。「決」亦抉也。「汩」亦抇也。竁者，《說文》「竁，穿地也」。《小爾雅》云「壙謂之竁」。《周官·小宗伯》「甫竁」，鄭注云「鄭大夫讀『竁』爲『穿』，杜子春讀『竁』爲『毳』，皆謂葬穿壙也，今南陽名『穿地』爲竁，聲如『腐脃』之脃」。

搒、撅、⿰女戈、擿，投也。抗。

搒者，下文云「搒，擊也」，擊與「投」同義。搒，各本譌作「榜」，今訂正。「⿰女戈」字音義未詳。曹憲《音》內有「本作『⿰戈阝』，未詳，弋音」七字。考字書、韻書皆無⿰女戈、⿰戈阝二字。卷三云「投、搥，擿也」，《釋言》云「⿰石啇，磓也」，此云「⿰女戈、擿，投也」，則⿰女戈與搥、擿同意。《玉篇》「矺，竹格切，磓也」。《廣韻》又都盇切，擲地聲。又竹亞切，亦作「䂵」。䂵與「𡚾」字相似。又《説文》「娍，擊踝也，讀若踝」。娍與「郊」字亦相似。未知誰是《廣雅》原文，姑竝記之，以俟考正。擿即今「擲」字也。《説文》「擿，投也」。《莊子・胠篋》篇「擿玉毀珠」，崔譔注云「擿，猶投弃之也」。《徐無鬼》篇「齊人蹢子於宋」，《釋文》云「蹢，投也」。擿、擲、蹢竝通。抭者，《玉篇》「抭，揘擊也」。《集韻》《類篇》竝引《廣雅》「抭，投也」。今本脱「抭」字。

苦、翕、焿、煜、熺，熾也。烗。

苦、翕者，《方言》「苦、翕，熾也」，又云「煬、翕，炙也」。揚雄《甘泉賦》「翕赫曶霍」，李善注云「翕赫，盛皃」。卷二云「熻，爇也」。義竝相近。焿者，卷二云「焿，爇也」。煜者，《説文》「煜，燿也」。《衆經音義》卷五引《埤倉》云「煜，盛皃也」。《淮南子・本經訓》云「焜昱錯眩，照耀煇煌」。《漢書・敘傳》「猋飛景附，煜霅其閒」，顔師古注云「煜霅，光貌也」。《説文》「昱，日明也」。煜、昱義相近。熺者，《説文》「熹，炙也」。鄭注《樂記》云「熹，猶蒸也」。傅毅《舞賦》云「朱火曄其延起兮，燿華屋而熺洞房」。襄三十年《左傳》「譆譆出出」，杜預注云「譆譆，熱也」。熺、熹、譆義竝相近。烗者，《玉篇》《廣韻》竝云「烗，熾也」。《釋言》云「焿，烗也」。《衆經音義》卷七引《廣雅》「烗，熾也」。今本脱「烗」字。

悲、惄、悢、惆，悵也。

悲、惄者，《方言》「悲、惄，悵也」，郭璞注云「謂惋惆也」。《方言》又云「惄，傷也」，又云「惄，憂也，自關而西秦晉之閒，凡志而不得，欲而不獲，高而有墜，得而中亡，謂之惄」，皆惆悵之意也。詳見卷一「惄，憂也」下。悢者，《楚辭・九辯》「愴怳懭悢兮」，王逸注云「中情悵惘，意不得也」。班彪《北征賦》云「心愴悢以傷懷」。重言之則曰「悢悢」，義見《釋訓》。惆者，《説文》「惆，失意也」。餘見卷二「惆、悵，痛也」下。

怤愉、兑、解，説也。

怤愉者，《方言》「怤愉，悦也」，郭璞注云「怤愉，猶呴喻也」。悦與「説」同。説貌謂之怤愉，故容貌可説者亦謂之怤愉。漢瑟調曲《隴西行》云「好婦出迎客，顔色正敷愉」，是也。敷與「怤」通。兑者，《兑》彖傳云「兑，説也」。兑、説古同聲。故《禮記》引《説命》皆作「兑」。解者，《説文》「説，説釋也」，徐鍇《通論》云「悦，猶説也，解脱也，人心有鬱結能解釋之也」。《學記》云「相説以解」。僖二十八年《左傳》衛人「出其君以説于晉」，「公懼於晉，殺子叢以説焉」，皆「解」之義也。

僄、毛、媥、娍、狎、傷、蚩、侮、仈、懱、忽，輕也。傲。

僄、仈者，《方言》「仈、僄，輕也，楚凡相輕薄謂之相仈，或謂之僄也」，郭璞注「僄音『飄零』之飄」。《玉篇》音匹妙切。僄之言飄也。《説文》「僄，輕也」，又云「嫖，輕也」。《周官・草人》云「輕票用犬」。《考工記・弓人》云「則其爲獸必剽」。《荀子・議兵篇》云「輕利僄遬」。《史記・賈誼傳》云「鳳漂漂其高遰」，《漢書》作「縹」。《司馬相如傳》云「飄飄有淩雲之氣」。竝字異而義同。仈之言汎也。《方言》注「仈，音汎」。《説文》「汎，浮皃」。左思《魏都賦》「過以汎剽之單慧」，張載注引《方言》「汎、剽，輕也」。汎與「仈」通。《玉篇》「仈」又音凡。又《玉篇》「凡」字注及《衆經音義》卷二十三竝引《廣雅》「凡，輕也」。《衆經音義》云「謂輕微之稱也」。《孟子・盡心》篇云「待文王而後興者，凡民也」。凡亦與「仈」通。媥之言翩也。《説文》「媥，輕皃也」。《泰》六四「翩翩」，《釋文》引向秀注云「輕舉貌」。翩與「媥」通。娍之言越也。《説文》「娍，輕也」。《爾雅》「越，揚也」。是娍與「越」同義。《荀子・非相篇》「筋力越勁」，「越」者，輕也。《説文》云「赳，輕勁有材力也」。楊倞注以「越」爲過人，失之。《説文》「䟫，輕足也」，義亦與「越」同。狎者，昭二十年《左傳》「民狎而翫之」，杜預注云「狎，輕也」。傷，經傳通作「易」。蚩者，李善注《西京賦》引《倉頡篇》云「蚩，侮也」。懱者，《説文》「懱，輕易也」。《大雅・桑柔》篇「國步蔑資」，鄭箋云「蔑，猶輕也」。《周語》云「鄭未失周典，王而蔑之，是不明賢也」。蔑與「懱」同。今人猶謂輕視人爲「蔑視」矣。傲者，《説文》「嫯，侮易也」，嫯與「傲」通。《吕氏春秋・士容論》注云「傲，輕也」。《衆經音義》卷二十二引《廣雅》「傲，輕也」。今本脱「傲」字。

窴、❶䍧、闗、括、𡏖、充、實、敜、閉、𠯑、䋈、寂、暗、堙，塞也。

窴與「填」同。闗、括者，《方言》「括、闗，閉也」。《説文》「括，絜也」。鄭注《大學》云「絜，猶結也」。《坤》六四「括囊」，虞翻注云「括，結也」。閉、結皆「塞」也。𡏖、敜者，《説文》「𢿌，閉也」，或作「剫」，「敜，塞也」。《大雅・緜》篇「度之薨薨」，《韓詩》云「度，填也」。《晉語》「狐突杜門不出」，《衆經音義》卷五引賈逵注云「杜，塞也」。字竝與「𡏖」通。《柴誓》「杜乃擭，敜乃穽」，王肅注與《説文》同。𠯑者，《説文》「𠯑，塞口也」，古文作「𣅳」。𠯑與「括」聲相近也。䋈者，《玉篇》音女於切。字或作袽、茹、絮、帤。《説文》「䋈，絜緼也」，引《既濟》六四「需有衣䋈」，今本作「繻有衣袽」，王弼注云「衣袽，所以塞舟漏也」，子夏作「茹」，京房作

❶「窴」，《博雅音》作「寘」。

「絮」。《考工記·弓人》「厚其帤則木堅」，❶鄭衆注云「帤，讀爲『襦有衣絮』之絮，絮，謂弓中裨也」。《吕氏春秋·功名》篇「以茹魚去蠅」，高誘注云「茹，讀『茹船漏』之茹」。竝字異而義同。絮，各本譌作「絮」。《既濟》釋文云「袽，《説文》作『絮』，《廣雅》云『絮，塞也』，子夏作『茹』，京作『絮』」，是《廣雅》本作「絮」，與京房作「絮」者異，今據以訂正。㝿者，《説文》「㝿，塞也，讀若《虞書》『㝿三苗』之㝿」，今《書》作「竄」，古今字異也。㝿，各本譌作「竅」，今訂正。暓，從目、䀏聲。䀏、暓竝音一活反。各本譌作「暓」。《集韻》《類篇》竝云「暓，塞也」，今據以訂正。堙者，《説文》「垔，塞也」，引《洪範》「鯀垔洪水」，今本作「陻」。《周官·掌蜃》作「闉」，襄二十五年《左傳》作「堙」，昭二十九年《傳》作「湮」。竝字異而義同。

礲、礪、希、鑠、甐、甎、剴、扢、差、礱、錯、鑢、揩、摩、硐、攡、鑒、磃、㧸、砥、磋，磨也。

礲者，《説文》「礲，礳也」。《晉語》「斲其椽而礱之」，《文選》枚乘《諫吴王書》注引賈逵注云「礱，磨也」。《荀子·性惡篇》云「鈍金必將待礱厲然後利」，礱與「礲」同。磨與「礳」同，字通作「劘」，又作「摩」。礪者，《柴誓》云「礪乃鋒刃」。昭十二年《左傳》云「摩厲以須」，厲與「礪」同。希、鑠者，《方言》「希、鑠，摩也，燕齊摩鋁謂之希」。《周語》「衆口鑠金」，《史記·鄒陽傳》索隱引賈逵注云「鑠，消也」，「消」亦磨也。《考工記》云「爍金以爲刃」，爍與「鑠」通。甐、甎者，《廣韻》「甐甎，屑瓦洗器也」。《方言》「磑或謂之䃺」，郭璞注云「即磨也」。䃺與「甐」聲近義同。甎，《玉篇》音所兩切，《廣韻》又初兩切。《説文》「甎，磋垢瓦石也」，徐

❶「帤」，原作「帑」，今據《周禮》改。

錯《傳》云「以碎瓦石𤮐去瓶内垢也」。《西山經》「錢來之山，其下多洗石」，郭璞注云「澡洗可以磢體去垢圿」。木華《海賦》「飛澇相磢」，李善引《方言》注云「漺，錯也」。𤮐、𤮐、磢、漺竝通。剴者，《説文》「剴，摩也」。《玉篇》音公哀、五哀二切。《爾雅》「𧯷，汔也」，郭璞注云「謂相摩近」，《釋文》「𧯷，郭音剴」。京房注《繫辭傳》云「磨，相磑切也」。《説文》「磑，䃺也」。剴、𧯷、磑竝通。今俗語猶謂相摩近爲「剴」。《説文》「𪘏，齸牙也」，義亦與「剴」同。扢者，《玉篇》音柯礙、何代二切，《廣韻》又古忽、户骨二切。《淮南子・要畧》篇「濡不暇扢」，高誘注云「扢，拭也」。《漢書・禮樂志》「扢嘉壇」，孟康注云「扢，摩也」。《後漢書・杜篤傳》「漂槩朱崖」，李賢注云「漂槩，謂摩近之也」。《周官・世婦》「帥女宫而濯摡」，鄭注云「摡，拭也」。《檜風・匪風》篇云「溉之釜鬵」。《爾雅》「𧯷，汔也」，《釋文》「汔，古愛反」。《説文》「槩，杚斗斛也」，「杚，平也」，徐鍇《傳》云「杚，即『槩』也，摩之使平也」。《月令》「正權概」，鄭注云「概，平斗斛者」。《説文》「刏」字注云「刀不利，於瓦石上刏之」。義與「扢」竝相近。差之言磋也。《説文》「齹，齒差也」，謂齒相摩切也。𤮐、差、錯一聲之轉，故皆訓爲磨。《爾雅》「爽，差也」，「爽，忒也」，郭注云「皆謂用心差錯不專一」。爽與「差」「錯」同義，故𤮐與「差」「錯」亦同義也。礱者，《説文》「研，礱也」，「礱，摩也」。《吕氏春秋・精通》篇云「刃若新劘研」，研與「礱」同。錯者，《説文》「厝，厲石也」，引《小雅・鶴鳴》篇「佗山之石，可以爲厝」，今本作「錯」。《禹貢》「錫貢磬錯」，傳云「治玉石曰錯」。《衛風・淇奥》篇「如琢如磨」，《太平御覽》引《韓詩》作「如錯如磨」。束晳《補亡詩》「粲粲門子，如磨如錯」，用《韓詩》也。《説卦傳》「八卦相錯」，李鼎祚注云「錯，摩也，剛柔相摩八卦相蕩也」。錯，各本譌作「鐟」。《文選・江賦》「奔溜之所磢錯」，李善注引《廣雅》

「錯，摩也」，今據以訂正。鑢者，《説文》「鑢，錯銅鐵也」。《太玄·大》次二云「大其慮，躬自鑢」。《大雅·抑》箋云「玉之缺可磨鑢而平」。鄭衆注《考工記》云「摩鐧之器」。《方言》云「燕齊摩鋁謂之希」。鑢、鐧、鋁竝同。揩、㨟者，《衆經音義》卷十八「㨟，女皆反」，引《韻集》云「揩、㨟，摩也」。《廣韻》「揩、㨟，摩拭也」。《文選·西京賦》「揩枳落」，李善注引《字林》云「揩，摩也」。各本俱脱「㨟」字，《集韻》《類篇》竝引《廣雅》「揩、㨟，摩也」，今據以補正。硐者，《文選·長笛賦》「鏓硐隤墜」，李善注引《廣雅》「硐，磨也」。擓者，卷二云「擓，拭也」。擓，亦「揩」也，方俗語轉耳。鎣者，《玉篇》音余傾、烏定二切。左思《招隱詩》「聊可瑩心神」，李善注引《廣雅》「瑩，磨也」，瑩與「鎣」通。磃者，《廣韻》「磃，磃磨也」，又云「鐁，平木器名」。《釋名》云「鐁，斯彌也，斤有高下之跡，以此斯彌其上而平之也」。鐁與「磃」同義，斯彌、斯磨，語之轉耳。㧓者，《集韻》引《字林》云「㧓，摩也」。《魏策》云「莫不日夜搤腕瞋目切齒」，切與「㧓」通。砥者，《儒行》云「砥厲廉隅」。《漢書·枚乘傳》云「磨礱底厲」，底與「砥」同。磋者，《衛風·淇奧》篇「如切如磋，如琢如磨」，《爾雅》云「骨謂之切，象謂之磋，玉謂之琢，石謂之磨」。鄭注《學記》云「摩，相切磋也」。蓋切、磋、磨三字，對文則異，散文則通矣。

訋、訍、賢、惹、䛳、䛔，拏也。

此釋「紛拏」之義也。《説文》「拏，牽引也」。《文選·吴都賦》注引許慎《淮南子》注云「挐，亂也」。《方言》「囒哰、謰謱，拏也」，「拏，揚州會稽之語也」，郭璞注云「言譇拏也」。《玉篇》云「譇詉，言不可解也」。《廣韻》云「譇詉，語不正也」。《淮南子·本經訓》云「芒繁紛拏以相交持」。拏、挐、詉竝通。賢，各本譌作

「覽」。《玉篇》「賢，媕挐也」。《廣韻》云「賢，媕也」。媕與「譧」同。挐與「拏」同。今據以訂正。惹、譧者，《方言》「拏，揚州、會稽或謂之惹，或謂之譧」，郭注云「惹，言情惹也」，「譧，言誣譧也」。《玉篇》「惹」音人者切，云「亂也」。《廣韻》又而灼切，云「譧惹也」。譧，字又作「媕」。《説文》「媕，誣挐也」。

媱、愓、嬉、劮、遊、敖、契，戲也。

媱、愓、嬉者，《方言》「媱、愓，遊也，江沅之閒謂戲爲媱，或謂之愓，或謂之嬉」。媱之言逍遥，愓之言放蕩也。《説文》「愓，放也」。《玉篇》音杜朗切。《莊子·大宗師》篇「女將何以遊夫遥蕩恣睢轉徙之塗乎」，遥蕩與「媱愓」通。《方言》注「愓，音羊」，言彷徉也。彷徉猶放蕩耳。劮，經傳通作「佚」，又作「逸」。

𨄔𨇊、跪，𢷎也。

𨄔𨇊、跪者，《方言》「東齊海岱北燕之郊，跪謂之𨄔𨇊」，郭璞注云「今東郡人亦呼長跽爲𨄔𨇊」。《衆經音義》卷二十四云「今江南謂屈膝立爲𨄔跪」。《説文》「跪，拜也」，拜與「𢷎」同。

𠍫倯、詢、剔、馬、詈，罵也。

𠍫倯者，《方言》「𠍫倯，罵也，燕之北郊曰𠍫倯」，郭璞注云「羸小可憎之名也」。《方言》「南楚凡罵庸賤謂之田儓」，又云「庸謂之倯，轉語也」，義與「𠍫倯」亦相近。詢即「詬」字也。襄十七年《左傳》「重丘人閉門而詢之」，杜預注云「詢，罵也」。馬亦「罵」也，方俗語有輕重耳。

攍、旅、何、揭、㩗，擔也。

攍、旅、何、㩗者，《方言》：「攍、膂、賀、脪，儋也，齊楚陳宋之閒曰攍，燕之北郊越之垂甌吳之外鄙謂之膂，南楚或謂之攍，自關而西隴冀以往謂之賀，凡以驢馬馲駝載物者謂之負佗，亦謂之賀。」儋與「擔」同。《釋言》云「攍，負也」。《莊子・胠篋》篇「贏糧而趨之」，贏，與「攍」通。攍、𢭏二字竝從手，各本訛從木，今訂正。旅，各本訛作「㧡」，自宋時本已然。故《集韻》《類篇》「㧡」字注竝云「一曰擔也」。考《玉篇》《廣韻》「㧡」字俱不訓爲擔。又「膂」字古通作「旅」。《秦誓》「旅力既愆」，《小雅・北山》篇「旅力方剛」，竝以「旅」爲「膂」。《廣韻》「旅，俗作『挔』」。挔與「㧡」字形相近。《方言》「攍、膂、賀、幐，儋也」，此云「攍、㧡、何、揭、𢭏，擔也」，「㧡」字明是俗「旅」字之訛。郭璞注云「儋者用膂力，因名云」。今據以訂正。何與「賀」通，亦通作「荷」。《說文》「幐，囊也」。《方言》注云「今江東呼儋兩頭有物爲幐」。《後漢書・儒林傳》云「制爲縢囊」。𢭏、幐、縢竝通。揭者，《說文》「竭，負舉也」。《禮運》「五行之動，迭相竭也」，鄭注云「竭，猶負戴也」。成二年《左傳》「桀石以投人」，杜預注云「桀，擔也」。《莊子・胠篋》篇「負匱揭篋擔囊而趨」，《釋文》引《三倉》云「揭，舉也，擔也，負也」。揭、竭、桀竝通。《衆經音義》卷三引《廣雅》「何，揭，擔也」。今本脫「揭」字。

𪋻、爤、鬺、胹、餁、饎、秳、酋、羞、礪、粟，熟也。

𪋻、爤、鬺、胹、餁、饎、秳、酋者，《說文》「𪋻，爤也」，「爤，孰也」。𪋻通作「糜」。爤亦作「爛」。孰亦作「熟」。《方言》「胹、餁、亨、爛、糦、酋、酷，熟也，自關而西秦晉之郊曰胹，徐揚之閒曰餁，嵩嶽以南陳潁之閒曰亨，自河以北趙魏之閒，火熟曰爛，氣熟曰糦，久熟曰酋，穀熟曰酷，熟，其通語也」。亨與「鬺」通。《說文》「胹，爛也」。宣二年《左傳》「宰夫胹熊蹯不熟」，《正義》引《字書》云「過熟曰胹」。《內則》「濡豚」，鄭注云

「濡，謂亨之以汁和也」。《楚辭・招魂》「肥牛之腱，臑若芳些」，王逸注云「臑若，熟爛也」。胹、臑、濡竝通。《説文》「⿰丸而，丸之孰也」，義與「胹」亦相近。《説文》「飪，大孰也」，古文作「肝」，又作「恁」。《士昏禮》「皆飪」，鄭注云「飪，熟也」。《郊特牲》「腥肆爓腍祭」，鄭注云「腍，孰也」。《爾雅》「饙、餾，稔也」。竝字異而義同。《説文》「稔，穀孰也」，引昭元年《左傳》「鮮不五稔」，義亦與「飪」同。《爾雅・釋訓》釋文引《字林》云「饎，熟食也」。《士虞禮》「饎爨在東壁」，鄭注云「炊黍稷曰饎」。《周官・饎人》鄭衆注云「主炊官也，故書『饎』作『𩜹』」。饎、𩜹、糦竝同。《玉篇》「秙，禾大熟也」。秙與「酷」通。《周官・酒正》「二曰昔酒」，鄭注云「昔酒，今之酋久白酒」。《月令》「乃命大酋」，鄭注云「酒孰曰酋，大酋者，酒官之長也」。高誘注《吕氏春秋・仲冬紀》云「醖釀米麴，使之化熟，故謂之酋」。《鄭語》「毒之酋腊者，其殺也滋速」，韋昭注云「精熟爲酋，腊，極也」，腊與「昔酒」之昔同義。《説文》「酋，繹酒也」。《釋名》云「酒，酉也，釀之米麴酉澤，久而味美也」。酉澤與「酋繹」通。《月令》「麥秋至」，《太平御覽》引蔡邕《章句》云「百穀各以其初生爲春，熟爲秋，故麥以孟夏爲秋」。《説文》「秋，穀孰也」。秋與「酋」亦聲近義同。羞者，《方言》「羞，熟也」，郭璞注云「熟食爲羞」。《聘禮》「燕與羞，俶獻無常數」，鄭注云「羞，謂禽羞，鴈鶩之屬，成熟煎和也」。《爾雅》「饙、餾，稔也」，郭璞注云「今呼餈飯爲饙」，《釋文》「餈，音脩」，義亦與「羞」同。礪者，《方言》「厲，熟也」，厲與「礪」同。

愋、諒、⿰忄彖、鞮、愊、覺、叡、佇、諝、黨、聞、曉、哲，智也。

愋、諒者，《方言》「愋、諒，知也」，知與「智」通。智即今「智」字也。《説文》「智，識詞也」，隸省作「智」。各本「㬢」字分爲于、智二字，雙行竝列，今訂正。㥞之言邃也。《説文》「㥞，深也」。《玉篇》云「意思深也」。鞮者，《王制》「西方曰狄鞮」，鄭注云「鞮之言知也」，《正義》云「謂通傳言語，與中國相知」。古知、智同聲同義。故《荀子·正名篇》云「知有所合謂之智」。《白虎通義》云「智者，知也，獨見前聞，不惑於事，見微知著也」。《釋名》云「智，知也，無所不知也」。惼者，卷一云「諞，慧也」，諞與「惼」聲義竝同。叡與「睿」同。㤖、諝者，《衆經音義》卷十二引《字林》云「㤖㥠，知也」，又引《通俗文》云「多意謂之㤖㥠」。《説文》「諝，知也」，又云「㥠，知也」。《周官·大宰》「胥十有二人」，鄭注云「胥，讀如『諝』，謂其有才知爲什長」。又閭胥、大胥、小胥注竝云「胥，有才知之稱」。陸璣《辨亡論》云「謀無遺諝」。諝、㥠、胥竝通。黨、曉、哲者，《方言》「黨、曉、哲，知也，楚謂之黨，或曰曉，齊宋之閒謂之哲」，郭璞注云「黨，黨朗也，解寤貌」。《廣韻》「爣朗，火光寬明也」，爣與「黨」義相近。聞者，《説文》「聞，知聲也」。

封、垤、坻，塲也。

封、垤者，《方言》「垤、封，塲也，楚郢以南蟻土謂之垤，垤，亦中齊語也」。《易林·震之蹇》云「蟻封穴户」。《周官·封人》注「聚土曰封」，故蟻塲亦謂之封也。《豳風·東山》篇「鸛鳴于垤」，毛傳云「垤，螘冢也」。《韓非子·姦劫弑臣》篇云「猶螘垤之比大陵也」，螘與「蟻」同。坻者，《方言》「坻，塲也，梁宋之閒，蚍蜉𪏍鼠之塲謂之坻」。揚雄《答劉歆書》云「由鼠坻之與牛塲也」。潘岳《藉田賦》云「坻塲染屨」。案：天將雨，則蟻聚土爲封以禦溼，如水中之坻，故謂之坻。《秦風·蒹葭》篇云「宛在水中坻」，是也。塲者，郭璞《方言》注音傷。《衆經音義》卷十一引《埤倉》云「塲，鼠垤也」。字通作「壤」。隱三年《穀梁傳》疏引糜信注云

「齊魯之間，謂鑿地出土，鼠作穴出土，皆曰壤」。《莊子·天道》篇云「鼠壤有餘蔬」。

杜、蹻、遴，歰也。

杜、蹻者，《方言》「杜、蹻，歰也，趙曰杜，山之東西或曰蹻」，郭璞注云「今俗語通言歰如杜，杜梨子歰，因名云」，「卻蹻，燥歰貌」。遴者，《説文》「遴，行難也」。經傳通作「吝」。《説文》「歰，不滑也，從四止」。各本譌作「⿱羽巴」，❶今訂正。

絓、挈、儝、介、孤、寡、索、唯、特，獨也。

絓、挈、儝、介、特者，《方言》「絓、挈、儝、介，特也，楚曰儝，晉曰絓，秦曰挈，物無耦曰特，嘼無耦曰介」。「挈」亦介也，語之轉耳。《説文》「絜，麻一耑也」，聲與「挈」近而義同。鄭注《大司寇》云「無兄弟曰惸」。《洪範》云「無虐煢獨」。《小雅·正月》篇云「哀此惸獨」。《唐風·杕杜》篇云「獨行睘睘」。《周頌·閔予小子》篇云「嬛嬛在疚」。《説文》「赹，獨行也」。竝字異而義同。儝，各本譌作「⿰亻⿱癶木」，今訂正。昭十四年《左傳》「收介特」，杜預注云「介特，單身民也」。哀十四年《傳》云「逢澤有介麇焉」。《集韻》《類篇》引《廣雅》竝作「夰」。孤、寡、索者，《孟子·梁惠王》篇「老而無妻曰鰥，老而無夫曰寡，老而無子曰獨，幼而無父曰孤」。襄二十七年《左傳》「齊崔杼生成及彊而寡」，則無妻亦謂之寡。鰥、寡、孤，一聲之轉，皆與「獨」同義，因事而異名耳。《周南·桃夭》正義引《小爾雅》云「無夫無婦竝謂之寡，丈夫曰索，婦人曰嫠」，索與

❶「⿱羽巴」，原作「歰」，今據續四庫本改。

「索」同。《檀弓》「吾離羣而索居」，亦謂獨居也。鄭注訓「索」爲散，則與「離」意相複，失之矣。

惃、憝、頓愍、眠眩、惑、蚩、傜、𢤱、撓、慁、攪、猾、紛、□、□、緼、惷、妄、怓、憒、叛、殽、逆，亂也。擾。

惃、**憝**、頓愍、眠眩者，《方言》「惃、**憝**、頓愍，惛也，楚揚謂之惃，或謂之**憝**，江湘之間謂之頓愍，南楚飲藥毒懣謂之頓愍，猶中齊言眠眩也」。《說文》「誖，亂也」，或作「悖」。《玉篇》「**憝**，迷亂也」。**憝**、悖、誖竝同。**憝**，曹憲《音》「勃」。各本「**憝**」作「慗」，蓋因《音》内「勃」字而誤。考《說文》《玉篇》《廣韻》《集韻》《類篇》俱無「慗」字。《衆經音義》卷十三引《廣雅》「**憝**，亂也」，今據以訂正。《淮南子・要略》云「終身顛頓乎混溟之中，而不知覺寤乎昭明之術」，是「頓」爲惛亂也。《爾雅》「訰訰，亂也」，訰與「頓」聲近義同。頓，各本皆作「損」。頓，隸省作「頓」，因譌而爲「損」，今訂正。愍，字本作「忞」，或作「暋」，又作「泯」，其義竝同。《說文》引《立政》云「在受德忞」，今本作「暋」。《康誥》云「天惟與我民彝大泯亂」，「泯」亦亂也。《吕刑》云「泯泯棼棼」，是也。傳訓「泯」爲滅，失之。《莊子・外物》篇「慰暋沈屯」。屯與「頓」通。暋與「愍」通。合言之則曰「頓愍」，《方言》注云「頓愍，猶頓悶也」。《淮南子・脩務訓》「精神曉泠，鈍聞條達」，高誘注云「鈍聞，猶鈍惛也」。《文子・精誠》篇作「屯閔」，義竝與「頓愍」同。眠，字或作「瞑」。《玉篇》「瞑」音眉田切，又音麪。《荀子・非十二子篇》「瞑瞑然」，楊倞注云「瞑瞑，視不審之貌」。《淮南子・覽冥訓》云「其視瞑瞑」。竝與「眠」同。《玉篇》「眩」音胡偏、胡蠲二切。《周語》「觀美而眩」，李善注《景福殿賦》引賈逵注云「眩，惑也」。合言之則曰「眠眩」。《方言》又云「凡飲藥傅藥而毒，東齊海岱之閒謂之瞑，或謂之眩」。《楚語》及《孟子・滕文公》篇竝引《書》「若藥不瞑眩」，趙岐注云「瞑眩，憒亂也」，韋昭注云「頓瞀也」。《史記・司馬相如傳》「視眩眠而無見」，《漢書》作「眩泯」。《揚雄傳》「目冥眴而亡見」。竝與「眠眩」同。蚩、愮者，《方言》「蚩、愮，悖也」，注云「謂悖惑也」。《法言・重黎篇》云「六國蚩蚩」。張衡《西京賦》云「蚩眩邊鄙」。皆惑亂之義也。《爾雅》「灌灌、愮愮，憂無告也」，《釋文》引《廣雅》「愮，亂也」。《王風・黍離》篇云「中心摇摇」，《楚策》云「心摇摇如懸旌而無所終薄」，摇與「愮」通。攖者，《莊子・庚桑楚》篇「不以人物利害相攖」，《釋文》引《廣雅》「攖，亂也」。撓者，《説文》「撓，擾也」。成十三年《左傳》云「撓亂我同盟」。《莊子・天道》篇云「萬物無足以鐃心者」，鐃與「撓」通。慁者，《説文》「慁，擾也」，又云「溷，亂也」。溷與「慁」通。《秦策》云「此天以寡人慁先生」，《史記・范雎傳》同。《索隱》云「慁，猶汩亂之意」。《楚辭・離騷》「世溷濁而不分兮」，王逸注云「溷，亂也」。攪者，《小雅・何人斯》篇「祇攪我心」，毛傳云「攪，亂也」。《莊子・天道》篇「膠膠擾擾乎」，《釋文》「膠，交卯反，膠膠擾擾，動亂之貌」。膠與「攪」通。今俗語猶謂亂爲攪矣。猾者，僖二十一年《左傳》注及《史記・五帝紀》集解引鄭氏《堯典》注竝訓「猾」爲亂。《周語》「滑夫二川之神」，韋昭注云「滑，亂也」。滑與「猾」通。《洪範》「汩陳其五行」，汩與「猾」亦聲近義同。「紛」字下，影宋本、皇甫本、畢本、吴本皆缺二字。其上一字當是「眃」字，其下一字則「眃」字之音也。《説文》「眃，物數紛眃亂也」，徐鍇《傳》云「即今『紛紜』字」。《孫子・兵勢篇》云「紛紛紜紜」。漢《郊祀歌》云「紛云六幕浮大海」，又云「赤鴈集，六紛員」。《長楊賦》云「汾沄沸渭」。竝與「紛眃」同。緼者，《法言・孝至篇》「齊桓之時緼」，李軌注云「緼，亂也」。《漢書・蒯通傳》「束緼請火」，顔師古注云「緼，亂麻也」，義亦同。惷者，《説文》「惷，亂也」，引昭二十四年《左傳》「王室日惷惷焉」，今本作「蠢」。杜預注云「蠢蠢，動擾貌」，蠢與「惷」通。《爾雅》「蠢，不遜也」，郭璞注云「蠢動爲惡，不謙遜也」，亦「亂」之義也。怓者，《説文》「怓，亂也」。《大雅·民勞》篇「以謹惛怓」，毛傳云「惛怓，大亂也」，鄭箋云「猶讙譊也」。《小雅·賓之初筵》篇「載號載呶」，毛傳云「號呼讙呶也」，呶與「怓」亦同義。憒者，《説文》「憒，亂也」。《楚辭·九思》云「心煩憒兮意無聊」。重言之則曰「憒憒」，義見《釋訓》。擾者，《説文》「擾，煩也」。重言之則曰「擾擾」，亦見《釋訓》。《衆經音義》卷八、卷九、卷二十三竝引《廣雅》「擾，亂也」。今本脱「擾」字。

蹇、妯、獿、騷、獪、躁、煩，擾也。

蹇、妯者，《方言》「蹇、妯，擾也，人不静曰妯，❶秦晉曰蹇，齊宋曰妯」。《爾雅》「妯，動也」，「動」亦擾也。《小雅·鼓鍾》篇云「憂心且妯」。《楚辭·九章》有《抽思》篇，抽與「妯」通。獿者，《説文》「獿，犬獿獿咳吠也」。《玉篇》云「犬擾駭也」。《莊子·天道》篇云「膠膠擾擾乎」。《太玄·玄攡》云「死生相摎，萬物乃纏」，范望注「摎，謂相擾也」。竝與「獿」聲近義同。騷者，《説文》「騷，擾也」。《大雅·常武》篇云「徐方繹騷」。

逴、嫢、騷、聚、尥、尳、踦、掩，蹇也。

逴、騷、尥者，《方言》「逴、騷、尥，蹇也，吴楚偏蹇曰騷，齊晉曰逴」，郭璞注云「尥，跛者行跣踔也」，「逴，行

❶「静」，原作「動」，今據經解本、續四庫本、中華本、《畿輔叢書》本、《四部備要》本改。

略逴也」。逴與𡰪、踔竝同。《方言》又云「自關而西秦晉之閒，凡蹇者或謂之逴，體而偏長短亦謂之逴」。《莊子·秋水》篇云「夔謂蚿曰『吾以一足跉踔而行』」，跉踔與「趻踔」同，亦作「踸踔」。《文選·文賦》「故踸踔於短垣」，李善注云「《廣雅》曰『踸踔，無常也』，今人以不定爲踸踔，不定，亦無常也」。《海賦》「趻踔湛灤」，注云「波前卻之貌」。案：前卻即不定之意，跛者行一前一卻，故謂之「趻踔」矣。騷之言蕭也。卷二云「蕭，衺也」，故謂「偏蹇曰騷」。綦、聚者，「聚」當作「輒」，或當作「踂」。考諸書無訓「聚」爲蹇者。昭二十年《穀梁傳》云「兩足不能相過，齊謂之綦，楚謂之踂，衛謂之輒」，《釋文》劉兆云「綦，連併也」，「踂，聚合不解也」。輒本亦作「縶」，劉兆云「如見縶絆也」。《士喪禮》注云「綦，讀如『馬絆綦』之綦」。綦、踂、輒三字，皆有「蹇」義。《廣雅》「綦」訓爲蹇，義本《穀梁》。其「聚」字與踂、輒二字形竝相近，未審何字之訛也。《書大傳》「禹其跳，湯扁，其跳者，踦也」，鄭注云「其，發聲也。踦，步足不能相過也」。案：其、綦古字通，即《穀梁傳》所云「兩足不能相過，齊謂之綦也」。鄭以「其」爲發聲，失之。尯、踦，皆衺貌也。尯之言偏頗也。《説文》「尯，蹇也」。經傳通作「跛」。踦之言傾敧也。《玉篇》音居綺、丘奇二切。《説文》「踦，一足也」。《方言》「踦，奇也，梁楚之閒，凡全物而體不具謂之踦，雍梁之西郊，凡嘼支體不具者謂之踦」。《魯語》「踦跂畢行」，韋昭注云「踦跂，跰蹇也」，跰蹇即《大傳》所云「其跳」也。《廣韻》「掎，牽一脚也」。襄十四年《左傳》云「譬如捕鹿，晉人角之，諸戎掎之」。《爾雅》云「牛角一俯一仰，觭」。成二年《公羊傳》「相與踦閭而語」，何休注云「門閉一扇，開一扇，一人在外，一人在内，曰踦閭」。義竝相近也。

糶、酤、衒、賣、調、詅、𧵡、賺，賣也。

糶者，《説文》「糶，出穀也」。《管子·國蓄》篇云「市糶無予」。酤者，《論語·子罕》篇「求善賈而沽諸」，馬融注云「沽，賣也」，沽與「酤」通。衒者，《説文》「衒，行且賣也」，或作「衒」。《内則》「奔則爲妾」，鄭注云「奔，或爲衒」。賣音育，《説文》「賣，衒也」。《周官·胥師》「察其詐僞飾行儥慝者」，鄭衆注云「儥，賣也」。儥與「賣」同，字或作「鬻」，又作「粥」。詅者，《釋言》云「詅，衒也」。賬者，《玉篇》「賬，賣也」。《廣韻》云「貯也」，謂貯貨而賣之也。《皋陶謨》云「懋遷有無化居」。《史記·吕不韋傳》云「此奇貨可居」。居與「賬」通。賺者，《玉篇》「賺，重賣也」。

薄、糴、市，買也。

糴者，《説文》「糴，市穀也」。《春秋》莊二十八年「臧孫辰告糴于齊」。

彙、種、方、朋、肖、似、醜，類也。

彙者，《泰》初九「拔茅茹，以其彙」，虞翻注云「彙，類也」。種，經傳皆作「種」。方者，《孟子·萬章》篇「故君子可欺以其方」，趙岐注云「方，類也」。醜之言儔也。《離》上九云「獲匪其醜」。

疙、騃、僮、惽、狂、誖、胥、吂、瘍，癡也。

疙者，《衆經音義》卷十六引《通俗文》云「小癡曰疙」。《説文》「忥，癡皃」，忥與「疙」聲近義同。馬融注《秦誓》云「訖訖，無所省録之貌」，義與「疙」亦相近也。騃者，《方言》「癡，騃也」。《衆經音義》卷六引《倉頡篇》云「騃，無知也」。《漢書·息夫躬傳》云「騃不曉政事」。僮者，《賈子·道術》篇云「反慧爲童」。《蒙》彖辭「匪我求童蒙」。《釋文》引《廣雅》「僮，癡也」。《晉語》「僮昏不可使謀」，韋昭注云「僮，無知。昏，闇亂也」。《大戴禮・千乘》篇「欺惑憧愚」。憧、童竝與「僮」通。《春秋》晉胥童字之昧，是其義也。狂、誖者，《韓非子・解老》篇云「心不能審得失之地，則謂之狂」。《周語》云「於是乎有狂悖之言，有眩惑之明」。悖與「誖」通。胥者，《説文》「胥，騃也」。盳與「氓」同，亦通作「萌」。《賈子・大政》篇云「夫民之爲言也，冥也。萌之爲言也，盲也」。《周官・遂人》注云「盳，猶懵懵，無知貌也」。瘍者，《説文》「瘍，脈瘍也」，脈瘍猶「辟易」也。《吴語》「稱疾辟易」，韋昭注云「辟易，狂疾」。《韓非子・内儲説》云「公惑易也」。《漢書・王子侯表》云「樂平侯訢病狂易」。易與「瘍」通。

伸、愓、矯、揉、展、侹、繩、矢、當，直也。

愓，曹憲《音》「揚」。《玉藻》「凡行容愓愓」，鄭注云「愓愓，直疾貌也」，《釋文》「愓，音傷，又音陽」。曹憲又云「愓，一本作『傷』」。《玉篇》「傷，他莽切，直也」。傷與「愓」聲異而義同。矯、揉者，正曲而使之直也。《説文》「矯，揉箭箝也」。《楚辭・離騷》「矯菌桂以紉蕙兮」，王逸注云「矯，直也」。《漢書・諸侯王表》云「可謂撟枉過其正矣」。《考工記・輪人》「揉輻必齊」，《文選・長笛賦》注引鄭注云「揉，謂以火撟也」。《説卦傳》云「坎爲矯輮」。矯、撟，揉、輮，竝通。侹者，《玉篇》音他頂切。《爾雅》「頲，直也」。襄五年《左傳》「周道挺挺」，杜預注云「挺挺，正直也」。《曲禮》「鮮魚曰脡祭」，鄭注云「脡，直也」。竝字異而義同。繩者，《漢書・律曆志》云「繩者，上下端直，經緯相通也」。《説卦傳》云「巽爲繩直」。《淮南子・繆稱訓》云「行險者不得履繩，出林者不得直道」。繩與「直」同義，故準繩亦謂之準直。《月令》云「先定準直，農乃不惑」，是也。矢者，《盤庚》「出矢言」，傳云「出正直之言」。《噬嗑》九四「得金矢」，王弼注云「矢，直也」。

當者，《説文》「當，田相直也」。

温、煖、爑、⿰火内、曣、⿰日然、暍、⿰日難、燠、燂，煗也。

煖與「煗」同，又讀爲「暄」。《樂記》「煖之以日月」，是也。爑者，《玉篇》「爑，煗也」，或作「⿰日聶」，又云「⿰日聶，小煗也」。⿰火内者，《玉篇》「⿰火内，乃困切，熱也」。《吕氏春秋·必己》篇云「不食穀實，不衣芮温」，芮與「⿰火内」聲近義同。曣、⿰日然者，《説文》「曕，姓無雲暫見也」。曕與「曣」同，亦通作「晏」。《説文》「晏，天清也」。《小爾雅》「晏，陽也」。《史記·封禪書》「至中山，曣嗢」，《續·孝武紀》及《漢書·郊祀志》竝作「晏温」，如淳注云「三輔謂日出清濟爲晏，晏而温」。《淮南子·繆稱訓》「暉日知晏」，《文選·羽獵賦》注引許慎注云「晏，無雲也」。《説文》「晛，日見也」。《玉篇》音奴見切，與「⿰日然」同。《小雅·角弓》篇「見晛曰消」，毛傳云「晛，日氣也」，《韓詩》作「曣晛聿消」，云「曣晛，日出也」。《荀子·非相篇》引《詩》作「晏然聿消」。竝字異而義同。暍者，《説文》「暍，傷熱暑也」。《大戴禮·千乘》篇云「夏服君事不及暍」。暍之言暍暍然也。《素問·刺瘧篇》云「熱熇熇暍暍然」，是也。⿰日難者，《説文》云「安⿱安難，温也」，又「⿰巾嬰」字注云「讀若『水温⿱安難』」。⿱安難與「⿰日難」同。《説文》「㬎，温溼也，讀與『赧』同」。㬎與「⿰日難」聲相近。⿰日難與「安⿱安難」之「安」聲相近。安⿰日難與「曣⿰日然」聲亦相近也。燂者，《玉篇》音似廉、似林二切。《説文》「燂，火熱也」。《内則》「五日則燂湯請浴」，《釋文》「燂，温也」。《説文》「湙，湯也」，「洝，湙水也」。洝與「⿱安難」同。《説文》「燅，於湯中爚肉也」。《少牢下》篇「乃燅尸俎」，鄭注云「燅，温也，古文『燅』皆作『尋』，記或作『燖』」，《春秋傳》曰『若可燖也，亦可寒也』」，今《左傳》作「尋」。《中庸》正義引賈逵注云「尋，温也」。《禮器》「三獻爓」，鄭注云「爓，沈肉於湯也」。義竝與「燂」同。

庸、比、侹、佽、更、跲、遞、迭，代也。

庸、比、侹、佽、更、迭者，《方言》「庸、次、比、侹、更、佚，代也，齊曰佚，江淮陳楚之閒曰侹，餘，四方之通語也」。《説文》「庸，用也，從用、庚，庚，更事也」。《漢書・食貨志》「教民相與庸輓犂」，顔師古注云「言換功共作也，義與『庸賃』同」。《説文》「侹，代也」，「佽，遞也」。《方言》注云「今俗名更代作爲次作」，次與「佽」通。庸、佽、比，皆更代作之意。昭十六年《左傳》云「昔我先君桓公與商人，庸次比耦以艾殺此地，斬其蓬蒿藜藋而共處之」，是也。迭與「佚」通，各本譌作「迭」，今訂正。凡更代作必以其次，故代謂之比，猶次謂之坒也。代謂之遞，猶次謂之第也。代謂之迭，猶次謂之秩也。跲者，《鄉射禮》「取弓矢拾」，《士喪禮下》篇「及丈夫拾踊三」，《投壺》「請拾投」，鄭注竝云「拾，更也」。拾與「跲」通。

鋡、堪、龕、受，盛也。

鋡、堪、龕、受者，《方言》「鋡、龕，受也，齊楚曰鋡，揚越曰龕，受，盛也，猶秦晉言容盛也」。鋡通作「含」。凡言堪受者，即是容盛之義。昭二十一年《左傳》鍾「窕則不咸，摦則不容」，「今鍾摦矣，王心弗堪」，是也。龕與「堪」聲義亦同。《方言》「龕」字注云「今云龕囊，依此名也」。《説文》「堪，地突也」。《淮南子・天文訓》「堪輿徐行，雄以音知雌」，《文選・甘泉賦》注引許慎注云「堪，天道也。輿，地道也」，皆容盛之義也。

氾、𨡙、洼、染、潣、濩、辱、點，污也。塗。

氾、𨡙、染、潣諸字爲「污穢」之污，洼爲「污下」之污，而其義又相通。氾、𨡙、洼、潣者，《方言》「氾、浼、潣、洼，洿也，自關而東或曰洼，或曰氾，東齊海岱之閒或曰浼，或曰潣」，洿與「污」同。《漢書・王褒傳》云「水斷蛟龍，陸剸犀革，忽若彗氾畫塗」，如淳注云「若以彗埽於氾灑之處也」，顔師古注云「彗，帚也。氾，氾灑地也。塗，泥也。如以帚埽氾灑之地，以刀畫泥中，言其易也」。案：彗者，埽也。《後漢書・光武紀》注云「彗，埽也」。班固《東都賦》云「戈鋋彗雲，羽旄埽霓」，是也。氾者，污也，謂如以帚埽穢，以刀畫泥耳。如淳、顔師古以「氾」爲氾灑地，失之。漢《博陵太守孔彪碑》云「浮斿塵埃之外，皭然氾而不俗」，是「氾」爲污也。氾爲「污穢」之污，亦爲「污下」之污。《管子・山國軌》篇云「氾下漸澤之壤」，氾下，謂污下也。氾，各本譌作「汜」，今訂正。《孟子・公孫丑》篇「若將浼焉」，趙岐注云「浼，污也」，丁公著音漫。《玉篇》及《方言》注竝同。《莊子・讓王》篇云「欲以其辱行漫我」。《吕氏春秋・離俗覽》「不漫於利」，高誘注云「漫，污也」。漫、浼竝與「醃」通。《説文》「洼，深池也」。《莊子・齊物論》篇「似洼者，似污者」，是「洼」爲污下也。卷一云「窪，下也」，窪與「洼」亦同義。濩者，下文云「獲，辱也」，獲與「濩」義相近。《楚辭・漁父》「又安能以晧晧之白，而蒙世之温蠖乎」，蠖與「濩」義亦相近。陳氏觀樓云：温蠖，即「污」之反語也。點者，《楚辭・七諫》「唐虞點灼而毁議」，王逸注云「點，污也」。塗者，《莊子・讓王》篇云「其竝乎周以塗吾身也，不如避之以絜吾行」。《吕氏春秋・誠廉》篇「塗」作「漫」。《漢書・王尊傳》云「塗污宰相，摧辱公卿」，是「塗」爲污也。污、塗、漫義相同。故污謂之漫，亦謂之塗。塗牆謂之墁，亦謂之圬矣。《文選・西都賦》注引《廣雅》「塗，污也」。今本脱「塗」字。

匋、質、流、奞、譁、蔿、涅、仙、卦、變，匕也。

匋者，《管子・地數》篇云「吾欲陶天下而以爲一家」。《淮南子・本經訓》云「天地之合和，陰陽之陶化萬物，皆乘一氣者也」。是「陶」爲化也。匋、陶、匕、化竝通。《衆經音義》卷五引《韓詩》云「上帝甚陶」，陶，變也，變，亦化也。《毛詩》作「上帝甚蹈」，云「蹈，動也」，義亦相近。諸書無訓「質」爲化者。質當爲「貨」，字之誤也。《説文》「貨，財也，從貝化聲」，徐鍇《傳》云「可以交易曰貨，貨，化也」，引《皋陶謨》「懋遷有無化居」。《廣韻》引《蔡氏化清經》云「貨者，化也，變化交易之物，故字從化也」。是貨、化二字古同聲同義。流者，《莊子・逍遥遊》篇云「大旱金石流」。《楚辭・招魂》篇云「十日代出，流金鑠石」。皆化之義也。奞者，《方言》「奞，化也」。譁、蔿、涅者，《方言》「蔿、譌、譁、涅，化也，北燕朝鮮洌水之閒曰涅，或曰譁，雞伏卵而未孚，始化之時，謂之涅」，郭璞注云「蔿、譌、譁，皆化聲之轉也」。《釋言》云「蔿、譌，譁也」。《風俗通義》云「西方崋山，崋者，華也，萬物滋然變華於西方也」。華與「譁」聲近義同。《爾雅》云「訛，化也」。《堯典》「平秩南僞」，《史記・五帝紀》作「南爲」。《豳風・破斧》篇「四國是吪」，毛傳云「吪，化也」。訛、吪、爲、僞竝與「譌」通。《楚辭・九歎》「若青蠅之僞質兮」，王逸注云「僞，猶變也」，義亦與「譌」同。蔿亦「譌」也，方俗語有輕重耳。《方言》又云楚鄭謂「獪」曰「蔿」。凡狡獪之人多變詐，故亦謂之蔿也。卦、化，古聲亦相近，故「卦」有化義。《繫辭傳》云「剛柔相推而生變化」，是也。

𪓰孳、僆、顯、匹、耦，孿也。

𪓰孳、僆，孿者，《方言》「陳楚之閒，凡人嘼乳而雙產謂之𪓰孳，秦晉之閒謂之僆子，自關而東趙魏之閒謂之孿生」。《堯典》傳云「乳化曰孳」。𪓰、連，語之轉。𪓰孳，猶言連生。《方言》「娌，耦也」。娌與「𪓰」亦聲近義同。僆亦「連」也。《衆經音義》卷十七引《倉頡篇》云「孿，一生兩子也」。《説文》作「孿」，徐鍇《傳》

云「孿猶連也」。《吕氏春秋・疑似》篇云「夫孿子之相似者，其母常識之」。《太玄・玄捝》「兄弟不孿」，范望注云「重生爲孿」。「孿」亦雙也，語之轉耳。顲之言聯緜也。《方言》「顲，雙也，南楚江淮之閒曰顲」。

撊、梗、爽，猛也。

撊、梗、爽者，《方言》「撊、梗、爽，猛也，晉魏之閒曰撊，韓趙之閒曰梗，齊晉曰爽」。《小爾雅》「撊，忿也」。昭十八年《左傳》「今執事撊然授兵登陴」，服虔注云「撊然，猛貌也」。《説文》「僩，武皃」，引《衛風・淇奥》篇「瑟兮僩兮」，義亦與「撊」同。梗之言剛也。《漢書・王莽傳》云「絳侯杖朱虚之鯁」，鯁與「梗」通。梗，各本訛作「挭」，今訂正。昭三年《左傳》「二惠競爽」，杜預注云「競，彊也，爽，明也」。七年《傳》云「用物精多則魂魄强，是以有精爽至於神明」。義與「猛」竝相近。爽訓爲猛，故鷹謂之「爽鳩」。昭十七年《左傳》「爽鳩氏，司寇也」，杜注云「爽鳩，鷹也，鷙，故爲司寇主盜賊」，是其義也。

媵、庇、寓、羈、餬、侂，寄也。

媵、庇、寓、餬、侂者，《方言》「餬、託、庇、寓、媵，寄也，齊衛宋魯陳晉汝潁荆州江淮之閒曰庇，或曰寓，寄食爲餬，凡寄爲託，寄物爲媵」，又云「媵，託也」。《爾雅》「庇、庥，蔭也」。高誘注《吕氏春秋・懷寵》篇云「庇，依廕也」，依廕即寄託之義。襄三十一年《左傳》云「大官大邑，身之所庇也」。《説文》「餬，寄食也」。隱十一年《左傳》云「使餬其口於四方」。侂與「託」同。

害、曷、胡、盇，何也。

皆一聲之轉也。害、曷，一字也。《周南・葛覃》篇「害澣害否」，毛傳云「害，何也」，《釋文》「害與『曷』同」。

盇者，《爾雅》「盇，曷也」。《管子・戒》篇云「盇不出從乎」。《小稱》篇云「闔不起爲寡人壽乎」。《秦策》云「蓋可忽乎哉」。竝字異而義同。

薄、怒、文、農，勉也。

薄、怒者，《方言》「薄，勉也，秦晉曰薄，故其鄙語曰薄努，猶勉努也，南楚之外曰薄努」，郭璞注云「如今人言努力也」。李陵《與蘇武詩》云「努力崇明德」。努與「怒」通，故《方言》云「努，猶怒也」。文讀爲「忞」，《説文》「忞，强也」。《玉篇》云「自勉强也」。《爾雅》「亹亹，勉也」。《大戴禮・五帝德》篇云「亹亹穆穆，爲綱爲紀」。司馬相如《封禪文》云「旼旼穆穆，君子之能」，「旼旼」即亹亹也。旼與「忞」亦同義。農猶「努」也，語之轉耳。《洪範》云「農用八政」，謂勉用八政也。《吕刑》云「稷降播種，農殖嘉穀」，謂勉殖嘉穀也。《五帝德》篇云「使后稷播種，務勤嘉穀」，義本《吕刑》也。襄十三年《左傳》云「君子尚能而讓其下，小人農力以事其上」。《管子・大匡》篇云「耕者用力不農，有罪無赦」。此皆古人謂「勉」爲「農」之證，解者多失之。

歸、餉、饋、禭、問，遺也。

歸亦「饋」也。《聘禮》「君使卿韋弁歸饔餼五牢」，鄭注云「今文『歸』或爲『饋』」。禭者，《説文》「贈終者衣被曰祱」。《士喪禮》「君使人禭」，禭與「祱」同。《漢書・朱建傳》作「祱」。《荀子・大略篇》云「貨財曰賻，輿馬曰賵，衣服曰禭，玩好曰贈，玉貝曰唅，賻賵，所以佐生也，贈禭，所以送死也」。《太平御覽》引《春秋説題辭》云「禭之爲言遺也」。《公羊傳》隱元年注及《士喪禮》注同。《檀弓》「未仕者不敢税人」，注云「税，謂遺予人物」，義亦與「禭」同。歸、饋、遺、禭聲竝相近。遺、問語之轉耳。問者，《鄭風·女曰雞鳴》篇「雜佩以問之」，《曲禮》「以弓劍苞苴簞笥問人」，毛傳、鄭注竝云「問，遺也」。

刊、㓨、⿰孚刂、剽、剗、劚，削也。刷。

刊者，《説文》「刊，㓨也」。《雜記》「刊其柄與末」，鄭注云「刊，猶削也」。刊，各本訛作「升」，惟影宋本不訛。㓨者，《説文》「㓨，刊也」。《商子·定分》篇云「有敢㓨定法令，損益一字以上，罪死不赦」。《逸周書·和寤解》云「豪末不掇，將成斧柯」，掇與「㓨」通。剽者，《衆經音義》卷十引《倉頡篇》云「剽，截也」。剗者，韋昭注《漢書·敘傳》云「剗，削也」。李善注《蕪城賦》引《倉頡篇》云「鏟，削平也」。《説文》「鏟，平鐵也」。《召南·甘棠》篇「勿翦勿伐」，《韓詩》「翦」作「剗」。《齊策》云「剗而類，破吾家」。木華《海賦》云「鏟臨崖之阜陸」。剗、鏟聲義竝同。劚者，卷一云「劚，斷也」，斷與「削」義相近。刷者，《説文》「刷，刮也」，刮亦「削」也。《爾雅·釋詁》釋文引《廣雅》「刷，削也」。今本脱「刷」字。

旲、覼、僝、譯、覵、形、覢、儀、皃，見也。較。

旲者，《説文》「旲，見也」。僝者，《堯典》「共工方鳩僝功」，傳云「僝，見也」。譯者，《方言》「譯，傳也」，「譯，見也」，郭璞注云「傳宣語，即相見」。案：見者，著見之義，謂傳宣言語使相通曉也。《齊風·載驅》箋云「圛，明也」，義與「譯」相近。形者，鄭注《樂記》云「形，猶見也」。覢之言閃也。《廣韻》引《倉頡篇》云「覢覢，視皃」。《説文》「覢，暫見也」，引哀六年《公羊傳》「覢然公子陽生」。今本「覢」作「闖」，何休注云「闖，出頭貌」，《釋文》云「闖，見貌」。《説文》「闖，馬出門皃」，又云「睒，暫視皃」，「䁞，私出頭視也」，「閃，闚頭門中也」。《太玄・瞢》初一「瞢復睒天，不覩其畛」，范望注云「睒，窺也」。《劇》次三「鬼睒其室」，注云「睒，見也」。《禮運》「龍以爲畜，故魚鮪不淰」，鄭注云「淰之言閃也」，《正義》云「閃，或見或不見也」。《大戴禮・誥志》篇云「龍至不閃，鳳降忘翼」。是凡言「閃」者，皆暫見之義也。儀、皃皆見於外者，故爲見也。形、儀、皃三字同義。較者，卷四云「較，明也」，曹憲《音》「角」。「明」亦見也。《太玄・玄攡》云「君子小人之道，較然見矣」。《衆經音義》卷十一引《廣雅》「較，見也」。今本脱「較」字。

寥、㘨、穵、豂、崝嶜、淵、洿、瀰、邃、幽、暗、窈、窱、藏、井、掊，深也。坑。

寥與「豂」同義。《文選・高唐賦》「窯寥窈冥」，李善注云「窯寥，空深貌」。《魯靈光殿賦》「弦寥窲以峥嶸」，注云「寥窲、峥嶸，皆幽深之貌」。《釋名》「尻，廖也，尻所在廖牢深也」。《説文》「廫，空虚也」，「豂，空谷也」，「漻，清深也」。義竝相近。穵者，《説文》「穵，空大也，從穴乙聲」。今人謂探穴爲穵，義取諸此也。崝嶜者，《説文》「崝，嶸也」，「嶸，崝嶸也」。《釋訓》云「峥嶜，深冥也」。《楚辭・遠遊》篇云「下峥嶸而無地兮」。《高唐賦》云「俯視崝嶸，窯寥窈冥」。《漢書・西域傳》云「臨峥嶸不測之深」。竝字異而義同。洿者，《説文》「洿，窊下也」。《檀弓》云「洿其宫而豬焉」。《楚辭・天問》「川谷何洿」，王逸注云「洿，深也」。《周語》云「陂唐污庳以鍾其美」，污與「洿」通。《説文》「小池爲污」。隱三年《左傳》「潢污行潦之水」。義亦同也。瀰者，《商頌・殷武》篇「罙入其阻」，毛傳云「罙，深也」，罙與「瀰」通。《邶風・匏有苦葉》篇「有瀰濟盈」，傳云「瀰，深水也」，瀰與「瀰」亦聲近義同。邃者，《説文》「邃，深遠也」。《玉藻》云「前後邃延」。幽者，《爾雅》「幽，深也」。《小雅・伐木》篇云「出自幽谷」。暗亦「幽」也，語之轉耳。《文選・甘泉賦》「稍暗暗而靚深」，李善注云「暗暗，深空之貌」。《説文》「黯，深黑也」，義與「暗」亦相近。窈者，《説文》「窈，深遠也」。《列子·力命》篇云「窈然無際」。《莊子·知北遊》篇云「窅然空然」。《楚辭·九歌》「杳冥冥兮羌晝晦」，注云「杳，深也」。窈、窅、杳竝通。寮者，《説文》「窱，深肆極也」。窱與「寮」通。合言之則曰「窈窱」。《説文》「窱，杳窱也」。《釋訓》云「窱窱、窈窈，深也」。《西都賦》云「又杳窱而不見陽」。《魯靈光殿賦》云「旋室㛹娟以窈窱」。《續漢書·祭祀志》注引《封禪儀記》云「石壁窅窱，如無道徑」。竝字異而義同。藏者，《韓詩外傳》云「窺其户，不入其中，安知其奥藏之所在」。藏猶深也。故《考工記·梓人》「必深其爪」，鄭注云「深猶藏也」。井者，《雜卦傳》云「井，通也」，通與「深」義相近。掊者，《方言》「掊，深也」，郭璞注云「掊克深能」。《大雅·蕩》篇「曾是掊克」，《釋文》云「掊克，聚斂也」。《漢書·郊祀志》「見地如鉤狀，掊視得鼎」，顔師古注云「掊，謂手杷土也」。《説文》云「今鹽官入水取鹽曰掊」。皆深之義也。坹者，《玉篇》「坹，呼決切，深也，空也，亦作『窼』」。《説文》「窼，空皃」。坹、窼竝與「穴」同義。《集韻》《類篇》竝引《廣雅》「坹，深也」。今本脱「坹」字。

叔、季、幼、稚、孩、孻，少也。

叔、少一聲之轉。《爾雅》云「父之罤弟，先生爲世父，後生爲叔父」，又云婦謂「夫之弟爲叔」。《白虎通義》云「叔者，少也」。《釋名》云「仲父之弟曰叔父，叔，少也」，又云「嫂，叜也，老者稱也」，「叔，少也，幼者稱也」。《爾雅·釋魚》「鮥，鮛鮪」，陸璣《毛詩疏》「鮛」作「叔」，云「大者爲王鮪，小者爲叔鮪」。《召南·采蘋》傳云「季，少也」。《白虎通義》云「季者，幼也」。《釋名》云「叔父之弟曰季父，季，癸也，甲乙之次癸最在下，季亦然也」。《月令》「季春之月」，鄭注云「季，少也」。《周官・山虞》「斬季材」，鄭注云「季猶稺也」。《特牲饋食禮》「挂于季指」，鄭注云「季，小也」。是凡言叔、季者，皆少之義也。雡者，《爾雅》「雉之暮子爲鷚」，郭璞注云「晚生者，今呼少雞爲鷚」。《説文》作「雡」。《釋言》云「𩀌，雡也」。《玉篇》云「𩀌，鷚雞也」。揚雄《蜀都賦》云「鷚鶂初乳」。左思《吴都賦》云「巖穴無豜豵，翳薈無麛鷚」，麛，鹿子也。鷚與「雡」同。麛與「𩀌」聲義亦相近。

稀、秝、闊、遠，疏也。

秝者，《説文》「秝，稀疏適秝也」。適音滴。《玉篇》「秝，稀疏秝秝然也」。《周官・遂師》「抱磿」，鄭注云「磿者，適歷，執綍者名也」，疏云「謂千人分布於六綍之上，稀疏得所，名爲適歷也」。適歷疊韻字，故因以爲地名。《春秋》昭三十一年「季孫意如會晉荀躒于適歷」，是也。《文選・登徒子好色賦》「𪘏脣歷齒」，李善注云「歷猶疏也」。古詩云「衆星何歷歷」，義竝與「秝」同。

擐、䕻、壓、摶、飾、竊，著也。

擐者，貫之著也。《説文》「擐，貫也」。成二年《左傳》「擐甲執兵」，《吴語》「服兵擐甲」，韋昭、杜預注竝與《説文》同。《衆經音義》卷十七引賈逵注云「擐，衣甲也」。高誘注《淮南子・要略》云「擐，貫著也」。䕻者，附之著也。《説文》「䕻，草木相附，麗土而生也」。字通作「麗」，亦作「離」。宣十二年《左傳》「射麋麗龜」，杜預注云「麗，著也」。《小雅・小弁》篇「不屬于毛，不離于裏」，屬、離皆著也。壓者，《楚辭・七諫》「厭白玉以爲面兮」，王逸注云「厭，著也」，厭與「壓」通。摶者，聚之著也。《曲禮》云「毋摶飯」。竊亦附之著也。《爾雅·釋草》「蘮蒘，竊衣」。《齊民要術》引孫炎注云「似芹，實如麥，兩兩相合，有毛著人衣，故曰竊衣」。

類、圜、圎、梋、圌，圓也。

各本俱脫「圓」字。《莊子·庚桑楚》篇釋文引《廣雅》「環，圓也」。環與「圜」同。又類、圜、圎、圌四字，諸書竝訓爲「圓」。今據以補正。類者，《開元占經·歲星占》篇引《淮南子·天文訓》注云「規者，員也」。規、類、圓、員，竝通。圜，曹憲《音》「還」。《說文》「圓，圜全也」。圎者，《說文》「圎，規也」，《玉篇》音似沿切。圎之言旋也。司馬彪注《莊子·達生》篇云「旋，圓也」。《說文》「檈，圜案也」，「鏇，圜鑪也」。《方言》「炊籅謂之匠」，郭璞注云「漉米籅也」。漉米籅，亦器之圓者。旋、圎、檈、鏇、匠五字竝音似沿反，其義一也。圎，曹憲《音》「旋」。各本脫去「圎」字，其《音》內「旋」字遂誤入「圜」字下。考《玉篇》《廣韻》《集韻》《類篇》「圎」字竝與「旋」同音，今據以補正。梋者，《玉篇》音涓，云「椀謂之梋，盂屬也」。《方言》云「椀謂之梋柍」，亦器之圓者也。曹憲《音》「沿」。《爾雅》「環謂之捐」，捐與「梋」亦同義。圌者，《玉篇》「圌，圜也」。《論衡·變動篇》云「果蓏之細，員圌易轉」。《說文》「篅，判竹圜以盛穀也」。《衆經音義》卷四引《倉頡篇》云「篅，圓倉也」。《釋名》云「圌，以草作之，團團然也」。圌與「篅」同。《說文》「輇，藩車下庳輪也」。輪亦器之圓者。圌、輇竝音市緣反，其義一也。《孟子·告子》篇「性，猶湍水也」，趙岐注云「湍者，圜也，謂湍湍瀠水也」。湍與「圌」亦聲近義同。

壤、堁、埃、堅、坌、塺、埲、坺，塵也。垺。

堁者，宋玉《風賦》云「堀堁揚塵」。《淮南子·主術訓》「譬猶揚堁而弭塵」，高誘注云「堁，塵塺也，楚人謂之堁，堁，動塵之貌」。崔譔注《莊子·大宗師》篇云「齊人以風塵爲㙑堁」。堅者，《説文》「堅，塵埃也」。坌者，《説文》「坋，塵也」。高誘注《淮南子·齊俗訓》云「堁，坋塵也」。坋與「坌」同。《論語·公冶長》篇「糞土之牆，不可杇也」，《鹽鐵論·非鞅》篇「坌土之基，雖良匠不能成其高」，竝與「坌」聲近義同。《衆經音義》卷二引《通俗文》云「埻土曰坌」。《周官·草人》「勃壤用狐」，鄭注云「勃壤，粉解者」。勃與「埻」，粉與「坌」，義亦相近。塺者，《説文》「塺，塵也」。《楚辭·九懷》云「霾土忽兮塺塺」。《九歎》云「愈氛霧其如塺」。𡊄者，《玉篇》「𡊄，塵壤也」。坺者，《説文》「坺，塵皃」。埻者，《玉篇》「埻，蒲忽切，塵皃」。《廣韻》云「塵起也」。揚雄《蜀都賦》「埃教塵拂」，教與「埻」通。《集韻》《類篇》竝引《廣雅》「埻，塵也」。今本脱「埻」字。

詇、𧬈、號、𣌭、諰、訴、風、諭，告也。

𧬈與「告」聲相近。卷一云「𧬈，語也」，「語」亦告也。號者，《白虎通義》云「號者，功之表也，所以表功明德，號令臣下者也」，是告之義也。𣌭者，謁之告也。字從曰殸聲，亦通作「寧」。《漢書·高祖紀》「嘗告歸之田」，李斐注云「告者，休謁之名，吉曰告，凶曰寧」。《哀帝紀》云「博士弟子父母死，予寧三年」。《後漢書·陳忠傳》云「絶告寧之典」。諰者，誡之告也。《説文》「諰，誡也」，徐鍇《傳》云「今人言誡諰，是也」。《淮南子·繆稱訓》「目之精者，可以消澤，而不可以昭諰」，高誘注云「昭，導。諰，誡也。不可以教導誡人也」。《鹽鐵論·相刺》篇云「天設三光以照記」，照記與「昭諰」同。風者，《詩序》云「風，風也，教也」，「上以風化下，下以風刺上」，鄭箋云「風化、風刺，皆謂譬喻不斥言也」。《白虎通義》云「諷諫者，知患禍之萌，睹其未然而諷告也」，諷與「風」通。

⿰扌貳、敵、⿰貝匽、⿱艹兩、衝、稽、儓、配、亢、對、貞，當也。

⿰扌貳者，《說文》「⿰扌貳，當也」。⿰貝匽，各本訛作「⿰目匽」。《玉篇》「⿰貝匽，於獻切，物相當也」。《廣韻》《集韻》《類篇》竝同。今據以訂正。《廣韻》又云「⿰貝匽，引與爲價也」，與「傿」同。《說文》「傿，引爲賈也」。引爲賈，謂引此物以爲彼物之值，即相當之意也。⿱艹兩者，《說文》「芇，相當也」。芇與「⿱艹兩」同義。《玉篇》芇、⿱艹兩竝亡殄、亡安二切，義亦同。衝者，《說文》「衝，通道也」，徐鍇《傳》云「謂南北東西各有道相衝也」。「相衝」即相當。《海外北經》云「首衝南方」，是也。衝或作「衝」，同。稽者，《玉篇》「稽，計當也」。《周官·小宰》「聽師田以簡稽」，鄭衆注云「稽，猶計也，合也」，合即計當之意。褚少孫續《三王世家》云「維稽古，稽者，當也，當順古之道也」。儓者，《方言》「臺，匹也，東齊海岱之閒曰臺，自關而西秦晉之閒物力同者謂之臺」，亦相當之意也。臺與「儓」通。亢者，襄十四年《左傳》「晉禦其上，戎亢其下」，杜預注云「亢，猶當也」。《秦策》「天下莫之能伉」，高誘注云「伉，當也」，伉與「亢」通，亦通作「抗」。貞之言丁也。《爾雅》云「丁，當也」。《洛誥》「我二人共貞」，馬融注云「貞，當也」。《楚辭·離騷》「攝提貞于孟陬兮」，戴先生注亦云。

聳、䏶、⿰耳闕、耾、聵，聾也。

聳、䏶者，《方言》「聳、䏶，聾也。半聾，梁益之閒謂之䏶。秦晉之閒聽而不聰聞而不達謂之䏶。生而聾，陳楚江淮之閒謂之聳。荆揚之閒及山之東西，雙聾者謂之聳」，郭璞注云「䏶，言胎䏶煩憒也」，「聳，言無所聞，常聳耳也」。馬融《廣成頌》云「子野聽聳，離朱目眩」。漢《繁陽令楊君碑》云「有司聳昧，莫能識察」。**⿰耳闕**者，《方言》「聾之甚者，秦晉之間謂之⿰耳闕，吴楚之外郊凡無耳者亦謂之⿰耳闕，其言⿰耳闕者，若秦晉中土謂墮耳者**明**也」，注云「**⿰耳闕**，言聉顡無所聞知也」。《説文》「**明**，墮耳也」，「聉，無知意也」。⿰耳闕、明、聉聲義竝相近。耾者，《集韻》「耾，耳中聲也」。凡聽而不聰、聞而不達者，耳中常耾耾然，故謂之耾也。耾，各本譌作「耽」，今訂正。聵猶「**⿰耳闕**」也，語之轉耳。《説文》「聵，生聾也」。《晉語》「聾聵不可使聽」，《衆經音義》卷一引賈逵注云「生聾曰聵」。《法言・問明篇》云「吾不見震風之能動聾聵也」。《説文》「顡，癡顡不聽明也」，此即郭璞所云「聉顡無所聞知」。聵、顡竝音五怪反，其義同也。⿰耳辟、⿰耳闕、聵三字竝從「耳」，各本譌從「目」，今訂正。

約、縛、紐、緯、韣、稛、⿰禾亶、繃、緷、⿰扌絜、圞、摎、⿰革复、紳、紘、帶、笿、⿰糸憲、纏、絯、⿱甚木、徽，束也。

縛者，《周官・羽人》「十羽爲審，百羽爲摶，十摶爲縛」，鄭注云「審、摶、縛，羽數束名也。《爾雅》曰『一羽謂之箴，十羽謂之縛，百羽謂之緷』，其名音相近也，一羽則有名，蓋失之矣」。孫炎注《爾雅》與鄭意同。此是記束羽之數，故一羽不得有名。而郭璞乃云「凡物數無不從一爲始，《爾雅》不失，《周官》未爲得」，失其義矣。襄二十五年《左傳》云「閭丘嬰以帷縛其妻而載之」。昭二十六年《傳》「以幣錦二兩，縛一如瑱」，杜預注云「縛，卷也」。《考工記・鮑人》「卷而摶之」，鄭衆注云「摶，讀爲『縛一如瑱』之縛，謂卷縛韋革也」。摶與「縛」通。《輪人》「陳篆必正」，鄭注云「篆，轂約也」，義亦與「縛」同。紐者，《説文》「紐，系也，一曰結而可解」。王逸注《九歎》云「紐，結束也」。《管子・樞言》篇云「先王不約束，不結紐」。緯者，《夏小正》

「農緯厥耒」，傳云「緯，束也」。《釋名》云「緯，圍也，反覆圍繞以成經也」。圍與「束」同義，故《説文》「束」從口、木，口亦「圍」也。韣、束聲相近，故「韣」訓爲束。《玉篇》「韣，韜也」，「韜」亦束也。《内則》「斂簟而襡之」，鄭注云「襡，韜也」，襡與「韣」通。稛與下「圞」字同。《説文》「稛，絭束也」。《齊語》「稛載而歸」，韋昭注云「稛，絭也」。《管子·小匡》篇作「攟」。哀二年《左傳》「羅無勇，麇之」，杜預注云「麇，束縛也」，《釋文》「麇，丘隕反」。稛、圞、麇聲近義同，今俗語猶謂束物爲「稛」矣。穜猶「纏」也，語之轉耳。《玉篇》「穜，禾束也」。繃者，《説文》「繃，束也」，引《墨子·節葬》篇云「禹葬會稽，桐棺三寸，葛以繃之」。顔師古注《漢書·宣帝紀》云「繈，即今之小兒繃也」。今俗語猶云繃小兒矣。緷者，《玉篇》音古本切，《廣韻》又胡本切。《説文》「𣝋，橐也，從束圂聲」，徐鍇《傳》云「束縛囊橐之名」。《爾雅》「百羽謂之緷」，《釋文》引《埤倉》云「緷，大束也」。《穆天子傳》云「天子於是載羽百緷」。《漢書·揚雄傳》「棍申椒與菌桂兮」，顔師古注云「棍，大束也」。緷、𣝋、棍竝通，又與「稛」聲相近也。㩣者，《衆經音義》卷十三引《埤倉》云「㩣，圍係也」，又引《通俗文》云「束縛謂之㩣」。《莊子·人閒世》篇「絜之百圍」，《文選·過秦論》注引司馬彪注云「絜，帀也」。《漢書·陳勝傳》「度長絜大」，顔師古注云「絜，謂圍束之也」。《荀子·非相篇》云「不揣長，不揳大」。㩣、揳、絜竝通。《邶風·擊鼓》篇「死生契闊」，《韓詩》云「契闊，約束也」。契猶「㩣」也，闊猶「括」也。故《小雅·車舝》篇「德音來括」，《韓詩》云「括，約束也」。摎者，《衆經音義》卷五引《倉頡篇》云

「摎，束也」。《喪服》傳「殤之絰不摎垂」，鄭注云「不絞其帶之垂者」。❶《檀弓》「衣衰而繆絰」，鄭注云「繆，當爲『不摎垂』之摎」。《說文》「摎，縛殺也」。《漢書·外戚傳》「即自繆死」，鄭氏注云「繆，自縊也」。繆與「摎」通。《說文》「丩，相糾繚也」，「茾，草之相糾者也」，義亦與「摎」同。輹者，《說文》「輹，車軸縛也」。《小畜》九三「輿說輹」，僖十五年《左傳》「車說其輹」，馬融、杜預注竝云「輹，車下縛也」。紳者，《韓子·外儲說》篇云「《書》曰『紳之束之』，宋人有治者，因重帶自紳束也」。鄭注《內則》云「紳，大帶，所以自紳約也」。《玉藻》釋文云「紳，本亦作『申』」。紳之言申也。《衛風·有狐》傳云「帶所以申束衣」。《淮南子·道應訓》「約車申轅」，高誘注云「申，束也」。《說文》云「申，七月陰氣成，體自申束也」。是紳與「申」同義。紘者，《士冠禮》「贊者卒紘」，鄭注云「卒紘，謂繫屬之」。《說文》「紘，冠卷也」。《周官·弁師》「玉笄朱紘」，鄭注云「朱紘，以朱組爲紘也，紘一條，屬兩端於武」。《大射儀》「鼗倚于頌磬西紘」，鄭注云「紘，編磬繩也」。《淮南子·原道訓》「紘宇宙而章三光」，高注云「紘，維也，若小車蓋四維謂之紘繩之類」。《考工記·輪人》云「良蓋弗冒弗紘」。是凡言紘者，皆系束之義也。帶者，《釋名》「帶，蔕也，著於衣，如物之繫蔕也」，是束之義也。帶與「紳」同義，故《白虎通義》云「所以必有紳帶者，示敬謹自約整也」。笿者，《楚辭·招魂》「秦篝齊縷，鄭綿絡些」，王逸注云「絡，縛也」，絡與「笿」通。纏者，《釋器》云「繶，絛也」。《周官·屨人》「爲赤繶黃繶」，《士冠禮》「青絇繶純」，鄭注竝云「繶，縫中紃也」，疏云「謂牙底相接之縫，綴絛

❶「絞」，原作「校」，今據經解本、中華本、《畿輔叢書》本、《四部備要》本改。

於其中」，亦系束之義也。繶，與「纏」同。絯者，《玉篇》「絯，挂也，中約也」。《莊子・天地》篇「方且爲物絯」，《釋文》引《廣雅》「絯，束也」。《説文》「該，軍中約也」，義與「絯」亦相近。蘗者，《説文》「蘗，小束也，從束、幵聲」。《齊民要術》云「刈麻蘗欲小，縛欲薄」。《玉篇》云「禾十把曰秆」。蘗、秆聲義竝同。徽者，《説文》「徽，衺幅也」。《文選・思玄賦》「揚雜錯之袿徽」，李善注引《爾雅》「婦人之徽謂之縭」，今本作「褘」，郭璞注云「即今之香纓也，褘邪交落，帶繫於體，因名爲褘」，是束之義也。《説文》又云「徽，三糾繩也」。《坎》上六「係用徽纆」，馬融注云「徽纆，索也」，劉表注云「三股爲徽，兩股爲纆」。《文選・解嘲》「徽以糾纆」，李善注引服虔云「徽，縛束也」。徽與「緯」聲亦相近。

鑑、鏡、光、景、暟、臨、燿，照也。

暟、臨者，《方言》「暟、臨，照也」。《説文》「臨，監臨也」。《大雅・皇矣》篇云「臨下有赫」。

帝、禘、祥、審、譩、䜗、地，諟也。

帝者，《鄘風・君子偕老》傳「審諦如帝」，《正義》引《春秋運斗樞》云「帝之言諦也」。《説文》《獨斷》《白虎通義》《風俗通義》及《後漢書・李雲傳》竝云「帝，諦也」。《獨斷》云「能行天道，事天審諦也」。諦與「諟」同。禘者，《説文》「禘，諦祭也」。文二年《公羊傳》注云「禘，猶諦也，審諦無所遺失」。《説苑・脩文篇》云「禘者，諦也，諦其德而差優劣也」。《後漢書・張純傳》云「《禮》説禘之爲言諦，諦定昭穆尊卑之義也」。祥與「詳」通。譩、䜗者，《方言》「瘱、䜗，審也，齊楚曰瘱，秦晉曰䜗」，又云「譩、䜗，諟也，吴越曰譩䜗」。地者，《爾雅・釋地》釋文引《禮統》云「地，施也，諦也，應變施化，審諦不誤也」。《白虎通義》與《禮統》同。

《釋名》云「地，諦也，五土所生，莫不審諦也」。

緍、緜、義、麗、設、布、張、爲、戲，施也。

緍、緜一聲之轉。《方言》「緍、緜，施也，秦曰緍，趙曰緜，吴越之閒脱衣相被謂之緍緜」，郭璞注云「相覆及之名也」。《説文》亦云「吴人解衣相被謂之緍」。《大雅·抑》篇「言緍之絲」，毛傳云「緍，被也」。義竝同。麗者，《多方》「不克開于民之麗」，《顧命》「奠麗陳教則肄」，傳竝云「麗，施也」。《士喪禮》「設決，麗于掔」，鄭注與傳同。《吕氏春秋·貴卒》篇云「荆國之法，麗兵於王尸者，盡加重罪」。義、戲、施聲竝相近。

遲、晏、後、旰、稺，晚也。

旰亦「晏」也。《説文》「旰，日晚也」。襄十四年《左傳》「日旰不召」，《史記·衛世家》集解引服虔注云「旰，晏也」。稺亦「遲」也。《説文》「稺，幼禾也」，晚種後孰者。

担、笞、捶、扑、擆、扚、打、伐、抛、𢭃、抰、抶、擊、撻、𢭏、𢱢、摬、拍、揔、𢪐、摽、㩧、扵、𢪈、篾、搒、挨、敂、批、𢹜、𢸋、㝵、拘、揊、敹、攇、敀、搏、擮、敳、拊、擊、摵、捭、撻、擳、攷、擊、攩、弴、敂、擽、摷、㩋、掔、摧、應、剥，擊也。

担者，《説文》「笪，笞也」。《玉篇》《廣韻》竝音丁但切。笪與「担」同。《集韻》引《廣雅》作「笪」。扚者，《説文》「扚，疾擊也」。打者，《衆經音義》卷二引《倉頡篇》云「椎，打也」。王延壽《夢賦》云「撞縱目，打三顱」。《後漢書·杜篤傳》云「椎鳴鏑，釘鹿蠡」，釘與「打」通。《説文》「朾，撞也」，朾與「打」亦聲近義同。伐者，《牧誓》「不愆于四伐五伐六伐七伐」，《曲禮》正義引鄭注云「伐，謂擊刺也」。《小雅·采芑》篇「鉦人伐鼓」，毛傳云「伐，擊也」。抛者，《衆經音義》卷二十引《埤倉》云「抛，擊也」。扑、撦、扚、抛四字竝從手，各本訛從木，今訂正。抶者，《説文》「抶，擊也」。抶訓爲擊，故杖或謂之柍。説見《釋器》「柍，杖也」下。抶者，《説文》「抶，笞擊也」。文十年《左傳》云「無畏抶其僕以徇」。撆者，《説文》「撆，擊也」，又云「潎，於水中擊絮也」。撆、潎竝音芳滅反，其義同也。⿰扌者亦「撦」也，方俗語轉耳。攙與下「批」字同。《説文》「攙，反手擊也」。莊十二年《左傳》「批而殺之」，《莊子·養生主》篇「批大郤，道大窾」，《釋文》竝普迷、蒲穴二反。嵇康《琴賦》云「觸攙如志」。攙、批聲義竝同。撓者，《説文》「撓，中擊也」。拍者，《説文》「拍，拊也」。《釋名》云「拍，搏也，以手搏其上也」。《莊子·天下》篇云「椎拍輐斷」。《韓子·功名》篇云「一手獨拍，雖疾無聲」。揔、㧙者，《方言》「㧙、抌，椎也，南楚凡相椎搏曰㧙，或曰揔」。《列子·黄帝》篇云「攩㧙挨抌」。張衡《西京賦》云「徒搏之所撞㧙」。摽者，《説文》「摽，擊也」。《玉篇》音匹叫、孚堯、怖交三切。哀十二年《左傳》「長木之斃，無不摽也」，❶杜預注與《説文》同。《史記·莊子傳》「剽剥儒墨」，《正義》云「剽，猶攻擊也」。剽與「摽」同。《漢書·韓信傳》「有一漂母哀之」，韋昭注云「以水擊絮曰漂」，義亦與「摽」同。《文選·洞簫賦》「聯緜漂撆」，李善注云「漂撆，餘響飛騰相擊之貌」。漂、撆一聲之轉，故「擊」謂之摽，亦謂之撆。水中擊絮謂之潎，亦謂之漂矣。㩧者，《廣韻》「㩧，擊聲也」。《西京賦》「流鏑擂㩧」，薛綜注云「擂㩧，中聲也」。《爾雅》「暴虎，徒搏也」，暴與「㩧」聲近義同。⿰扌百者，《釋言》云「⿰扌百，搏也」。搏、拍、⿰扌百竝聲近義

❶「二」，原作「三」，今據《左傳》改。

同。⿱⺮殿者，《説文》「⿱⺮殿，搒也」。《玉篇》音大昆切。《集韻》《類篇》引《廣雅》作「⿰扌殿」。《急就篇》「盜賊繫囚搒笞臀」，「臀」亦⿱⺮殿字也。顔師古注以「臀」爲脽，失之。《説文》「殿，擊聲也」，義亦與「⿱⺮殿」同。搒者，《後漢書·陳寵傳》注引《聲類》云「搒，笞也」。《史記·李斯傳》云「搒掠千餘」。《後漢書·虞延傳》云「加笲二百」。《戴就傳》云「每上彭考」，李賢注「彭，即『笲』也」。搒、笲、彭竝通。挨者，《説文》「挨，擊背也」。《列子》「攩⿰扌必挨扰」，《釋文》云「挨，椎也」。敋者，《説文》「挌，擊也」。《逸周書·武稱解》云「窮寇不挌」，挌與「敋」同。捰者，《説文》「捰，衣上擊也」。⿰扌㝵者，《玉篇》「⿰扌㝵，拳擊也」。敤，音口果反。各本「敤」訛作「敤」，「口果」訛作「口杲」。考《説文》《玉篇》《廣韻》《集韻》《類篇》俱無「敤」字。《玉篇》「敤，口果切」。卷二云「敤，椎也」，椎與「擊」同義。《説文》「敤，研治也」，研治猶言窮治，亦謂擊問罪人也。《集韻》《類篇》竝云「敤，擊也」。今據以訂正。敂者，《説文》「敂，擊也」。《學記》云「叩之以小者則小鳴，叩之以大者則大鳴」。《墨子·公孟》篇云「扣則鳴，不扣則不鳴」。敂、叩、扣竝通。敕者，《玉篇》「敕，敕擊也」。定八年《公羊傳》「臨南駷馬」，何休注云「捶馬銜走也」。敕、駷竝音索董反，其義同也。搏，各本訛作「搏」。《文選·羽獵賦》注、《長楊賦》注、《長笛賦》注及《衆經音義》卷六、卷十四竝引《廣雅》「搏，擊也」，今據以訂正。敼者，《玉篇》音口大切，「伐也，擊也」。《廣韻》同。《衆經音義》卷五引《三倉》云「⿰壴殳敼，相擊也」。拊者，《堯典》「予擊石拊石」，傳云「拊，亦『擊』也」。《士喪禮》云「婦人拊心」。吴琯本無敼、拊二字，有「對」字。各本有「拊」字，無「敼」字。蓋各本則脱去「敼」字，吴本則敼、拊二字合譌爲一「對」字也，今訂正。

上文已有「摮」字，此「摮」字當作「摮」，字之誤也。《玉篇》「摮，摮皃也」。宣六年《公羊傳》「以斗摮而殺之」，❶何休注云「摮猶摮也，摮謂旁擊頭項」。《廣韻》引《倉頡篇》云「𪌭，擊也」。摮、𪌭竝音五交反，其義同也。撼者，《廣韻》云「撼，拂著也，又捎撼也，出《通俗文》」。捭者，《說文》「捭，兩手擊也」。上文已有「撻」字，此「撻」字當作「擿」，亦字之誤也。擿即今「擲」字也。《說文》「擿，投也」。《史記·荊軻傳》「引其匕首以擿秦王」，《燕策》「擿」作「提」。《漢書·吳王濞傳》「皇太子引博局提吳太子」，顏師古注云「提，擲也，音徒計反」。提與「擿」聲近義同。攷者，《說文》「攷，敂也」。《唐風·山有樞》篇「弗鼓弗考」，毛傳云「考，擊也」。考與「攷」通。《莊子·天地》篇「金石有聲，不考不鳴」，《淮南子·詮言訓》作「弗叩弗鳴」。考、叩，語之轉耳。𢸰者，《說文》「𢸰，旁擊也」。《莊子·至樂》篇云「撽以馬捶」，撽與「𢸰」同。攩者，《方言》「沅涌澋幽之語，相椎搏曰攩」，郭璞注云「今江東人亦名椎爲攩，音晃」。《列子》「攩抋挨抌」，《釋文》云「攩，搥打也」。《西京賦》「竿殳之所揘畢」，薛綜注云「揘畢，謂撞抋也」。揘與「攩」聲近義同。弦之言拂也。《說文》「拂，過擊也」。擽者，《皋陶謨》「戛擊鳴球」，馬、鄭注竝云「戛，擽也」。《漢書·司馬相如傳》「射游梟，擽蜚遽」，張注云「擽，捎也」。摷者，《說文》「摷，拘擊也」。《玉篇》音側交切。𢹃與「撼」聲相近。《玉篇》音所育切，《廣韻》又音蕭，字通作「蕭」。《楚辭·九歌》「蕭鍾兮瑶簴」，蕭，擊也。瑶與「搖」通，動也。《招魂》「鏗鍾搖簴」，王逸注云「鏗，撞也。搖，動也」，是其證矣。掔，讀如「鏗鍾搖簴」之鏗。

❶「六」，原作「二」，今據《公羊傳》改。

《説文》「摼，擣頭也」。摼、掔、鏗聲義竝同。摧者，《説文》「摧，敲擊也」。《漢書·五行志》「摧其眼」，顔師古注云「摧，謂敲擊去其精也」。《説文》「毃，❶擊頭也」。《玉篇》音口交、口卓二切。《説文》「敲，橫檛也」。定二年《左傳》「奪之杖以敲之」，《釋文》音苦孝、苦學二反。摧、毃、敲聲義竝同，又與「擊」聲相近也。應者，當之擊也。《呂氏春秋·察微》篇「鄭公子歸生率師伐宋，宋華元率師應之大棘」，高誘注云「應，擊也」。《孟子·滕文公》篇「周公方且膺之」，趙岐注云「膺，擊也」，《音義》云「膺，丁本作『應』」。膺、應古聲義竝同。鷙鳥謂之鷹，義亦同也。剥者，《豳風·七月》篇「八月剥棗」，毛傳云「剥，擊也」，《釋文》「剥，普卜反」。剥與「扑」聲義同。

淟涊、溾涹、⿰𠦝余、汗、洿、淖、淈、澳、濊、淰、溷，濁也。

淟涊、溾涹者，枚乘《七發》云「輸寫淟濁」。《楚辭·九歎》云「撥諂諛而匡邪兮，切淟涊之流俗，盪渨涹之姦咎兮，平蠢蠢之溷濁」，王逸注「淟涊，垢濁也」，「渨涹，污薉也」。渨與「溾」同。《漢書·揚雄傳》「紛纍以其淟涊兮」，《後漢書·張衡傳》「澂淟涊而爲清」，應劭、李賢注竝與王逸同。洿與「污」同。淖者，《説文》「淖，泥也」。《史記·屈原傳》云「濯淖污泥之中」。淈者，《説文》「淈，濁也，一曰滒泥也」。《呂氏春秋·本生》篇「夫水之性清，土者抇之，故不得清」，高誘注云「抇，讀曰骨，濁也」。《淮南子·俶真訓》云「水之性真清而土汩之」。淈、汩、抇竝通。淈，各本訛作「渥」，今據曹憲《音》訂正。澳，曹憲《音》「於六

❶ 「毃」，原作「敲」，今據續四庫本改。

反」。《漢書·王褒傳》「去卑辱奧渫而升本朝」，張晏注云「奧，幽也」，如淳音郁。案：奧者，濁也。渫，污也。言去卑辱污濁之中而升於朝廷也。奧與「澳」同。故班固《典引》「有沈而奧，有浮而清」，蔡邕注云「奧，濁也」。淰者，《玉篇》音奴感切，《説文》「淰，濁也」。

匍、竣、跧、北、攻，伏也。

匍者，《釋言》云「匍，匐也」，匐與「伏」通。《説文》「匍，手行也」，「匐，伏地也」。《釋名》云「匍匐，小兒時也，匍，猶捕也，藉索可執取之言也，匐，伏也，伏地行也，人雖長大，及其求事盡力之勤，猶亦稱之，《詩》曰『凡民有喪，匍匐救之』，是也」。《大雅·生民》篇「誕實匍匐」，《左傳》昭十三年「以蒲伏焉」，二十一年「扶伏而擊之」，《檀弓》引《詩》「扶服救之」，竝字異而義同。竣者，《齊語》「有司已於事而竣」，韋昭注云「竣，退伏也」。張衡《東京賦》作「踆」。《爾雅·釋言》注引《齊語》作「逡」。竣、踆、逡竝同。跧者，《廣雅·釋言》云「跧，匐也」。王逸《機賦》云「兔耳跧伏」。王延壽《魯靈光殿賦》云「狡兔跧伏於柎側」。北、伏聲相近。《太平御覽》引《尸子》云「北方爲冬，北方，伏方也，萬物冬皆伏」，《書大傳》同。《漢書·律曆志》云「太陰者北方，北，伏也，陽氣伏於下也」。

材、寶、綸、理、魯、牖、命、裕，道也。

材者，《學記》「教人不盡其材」，鄭注云「材，道也，《易》曰『兼三材而兩之』，謂天地人之道也」。寶者，《論語·陽貨》篇「懷其寶而迷其邦」，皇侃疏云「寶猶道也」。寶與「道」同義，故書傳多竝舉之。《禮運》云「天不愛其道，地不愛其寶」。《呂氏春秋·知度》篇云「以不知爲道，以奈何爲寶」。《太玄·玄衝》云「睟，君道也。馴，臣保也」，保與「寶」同。綸亦「倫」字也，故《管子・幼官圖》篇「倫理」字作「綸」。諸書無訓「魯」爲道者。《説文》「魯，鈍詞也」，引《論語》「參也魯」。蓋《廣雅》本訓「魯」爲鈍，在下文「鈍也」一條内，後人傳寫誤入此條耳。牖者，《顧命》「誕受羑若」，馬融注云「羑，道也」，《正義》云「『羑』聲近『猷』，故訓爲道」。《老子》釋文云「羑」與「牖」同。「道」謂之牖，故道引亦謂之牖，《大雅・板》篇「天之牖民」，是也。命，各本譌作「令」。下文「命，名也」，「命」字譌作「令」，正與此同。《廣韻》「命，道也」。《周頌・維天之命》箋云「命猶道也」。今據以訂正。《臨》彖傳云「大亨以正，天之道也」。《无妄》彖傳云「大亨以正，天之命也」。昭二十六年《左傳》云「天道不謟」。二十七年《傳》云「天命不慆」。是「命」即道也。裕者，《方言》「裕、猷，道也，東齊曰裕，或曰猷」。猷、裕、牖聲竝相近。引之云：《康誥》篇「用康乃心，顧乃德，遠乃猷裕，乃以民寧，不女瑕殄」。舊以「裕」字屬下讀「裕乃以民寧」，甚爲不辭。三復經文，當以「遠乃猷裕」爲句，謂遠乃道也。《君奭》篇云「告君乃猷裕」與此同。下文云「乃以民寧，不女瑕殄」，猶云「乃以殷民世享」耳。猷、由古字通。道謂之「猷裕」，道民亦謂之「由裕」。上文云「乃由裕民，惟文王之敬忌，乃裕民曰『我惟有及』」，皆是也。解者失其義久矣。

厭、懕、喊、哿、俔，可也。

厭，讀當爲「厭足」之厭。《説文》「猒，飽也」。經傳通作「厭」。厭與「懕」同義，故皆訓爲可。曹憲《音》「於甲反」，失之。懕者，《説文》「懕，快也」。《燕策》云「先王以爲愜其志」，愜與「懕」同。哿、可聲相近。《小雅・正月》篇「哿矣富人」，《雨無正》篇「哿矣能言」，毛傳竝云「哿，可也」。俔者，《文選・神女賦》「俔薄裝」，李善注云「倪，好也，又可也，言薄裝正相堪可」。《法言·君子篇》「荀卿非數家之書，倪也，至于子思、孟軻，詭哉」，《音義》云「倪，可也」。

鍋、鈯、伹、拙、頑、銖，鈍也。

鍋者，《説文》「鍋，鈍也」。鈯猶「拙」也，方俗語轉耳。伹音「癰疽」之疽。各本作「但」，音「度滿反」，後人改之也。《説文》「伹，拙也，從人、且聲」。《玉篇》音七閭、祥閭二切，引《廣雅》「伹，鈍也」。是《廣雅》本作「伹」，不作「但」。《集韻》《類篇》「伹」音疽，引《廣雅》「伹，鈍也」，其音即本於曹憲。是曹憲本音「疽」，不音「度滿反」，今訂正。頑者，如淳注《漢書·陳平傳》云「頑頓，謂無廉隅也」。頓與「鈍」同。《孟子·萬章》篇云「頑夫廉」。銖者，《淮南子·齊俗訓》「其兵戈銖而無刃」，高誘注云「楚人謂刃頓爲銖」。《莊子·庚桑楚》篇「人謂我朱愚」，朱與「銖」通。

歔、欷、唴喨、惻、愴、愁、慼，悲也。

歔者，《説文》「歔，欷也」。欷者，《説文》「欷，歔也」。《方言》「唏，痛也，凡哀而不泣曰唏，於方則楚言哀曰唏」。成十六年《公羊傳》「悕矣」，何休注云「悕，悲也」。《楚辭·九辯》云「憯悽增欷」。《淮南子·説山訓》云「紂爲象箸而箕子唏」。欷、唏、悕並通。合言之則曰歔欷。《衆經音義》卷五引《倉頡篇》云「歔欷，泣餘聲也」。《楚辭·離騷》云「曾歔欷余鬱邑兮」。枚乘《七發》云「噓唏煩酲」。歔與「噓」亦通。歔，各本訛作「戲」，惟影宋本不訛。唴喨者，《方言》「自關而西秦晉之閒，凡大人少兒泣而不止謂之唴，哭極音絶亦謂之唴，平原謂啼極無聲謂之唴哴」，哴與「喨」同。

剥、絶、鬌，落也。

剥者，馬融注《剥》卦云「剥，落也」。鄭注云「陰氣侵陽，上至於五，萬物霝落，故謂之剥也」。《漢書・五行志》説《剥》卦之義亦云「剥落萬物」。絶者，《楚辭・離騒》「雖萎絶其亦何傷兮」，王逸注云「絶，落也」。《列子・仲尼》篇云「前矢造準而無絶落」。鬌之言墮落也。《説文》「鬌，髮墮也」。

胺、鯘、蹷、伐、黲、黴、露、漫、淹、𥢶、殃、殕、腐、歾、㳷、俠斯、𣨼、爽，敗也。殆。

胺者，《玉篇》「胺，一曷切，肉敗也」。胺之言壅遏也。今俗語猶謂食物壅滯臭敗爲遏矣。鯘者，《玉篇》「鯘，魚敗也」。《論語・鄉黨》篇「食饐而餲，魚餒而肉敗」。《爾雅》「食饐謂之餲」，郭璞注云「飯饖臭也」。又「肉謂之敗，魚謂之餒」，注云「敗，臭壞也」，「餒，肉爛也」，《釋文》「餲」又音遏。餲與「胺」，餒與「鯘」，竝字異而義同。蹷者，《説文》「蹶，僵也」。《莊子・人閒世》篇云「爲顛爲滅，爲崩爲蹶」。蹶與「蹷」同。伐者，《説文》「伐，敗也」。《藝文類聚》引《春秋説題辭》云「伐者，涉人國内，行威有所斬壞，伐之爲言敗也」。《召南・甘棠》篇云「勿翦勿伐」，「勿翦勿敗」，「伐」亦敗也。《小雅・賓之初筵》篇云「醉而不出，是謂伐德」。黲者，《説文》「黲，淺青黑色也」。《玉篇》云「今謂物將敗時顔色黲黲也」。黴者，《玉篇》音明飢、莫佩二切。《説文》「黴，物中久雨青黑也」。《淮南子・脩務訓》云「堯瘦臞，舜黴黑」。《楚辭・九歎》云「顔黴黧以沮敗兮」。《衆經音義》卷十五引《通俗文》云「物傷濕曰溦」，音無悲反。溦與「黴」亦同義。露之言落也。《方言》「露，敗也」。昭元年《左傳》云「勿使有所壅閉湫底以露其體」。《逸周書・皇門解》云「自露厥家」。《管子・四時》篇云「國家乃路」。《吕氏春秋・不屈》篇云「士民罷潞」。露、潞、路竝通。今俗語猶云「敗露」矣。《莊子・天地》篇「夫子闔行邪，無落吾事」，謂無敗吾事也。落與「露」亦聲近義同。漫、淹者，《方言》「漫、淹，敗也，溼敝爲漫，水敝爲淹」，郭璞注云「皆謂水潦漫澇壞物也」。《荀子・榮辱篇》「污優突盜」，❶楊倞注云「優，當爲『漫』，漫亦污也，水冒物謂之漫」。《儒行》「淹之以樂好」，鄭注云「淹，謂浸漬之」。今俗語猶謂水漬物爲「淹」，又謂以鹽漬魚肉爲「醃」，義竝相近也。穲者，《列子・黃帝》篇「肌色皯䵳」，《釋文》云「䵳，音每」。《埤倉》作「穲」，謂禾傷雨而生黑斑也。穲與「䵳」同。今人猶謂物傷溼生斑爲「穲」，聲如「梅」。物傷溼則敗，故「穲」又訓爲敗。《釋名》云「葬不如禮曰埋，埋，痗也，趨使腐朽而已也」。痗與「穲」聲義相近。昭十四年《左傳》云「貪以敗官爲墨」，墨與「穲」聲義亦相近也。殃者，《晉語》云「吾主以不賄聞於諸侯，今以梗陽之賄殃之，不可」，是「殃」爲敗也。《月令》云「冬藏殃敗」。殕之言腐也。《玉篇》音方九切。《衆經音義》卷十六引《埤倉》云「殕，腐也」。《廣韻》又芳武切，云「食上生白毛也」。皆敗之義也。《玉篇》「殕」又音步北切，云「斃也」。襄十一年《左傳》「踣其國家」，亦敗之義也。踣與「殕」通。𣦸與「朽」同。𣲙與「潎」同。𣲙，各本訛作「淌」，今訂正。俠斯者，《方言》「俠斯，敗也，南楚凡人貧衣被醜敝，或謂之挾斯，器物敝亦謂之挾斯」。挾與「俠」通。殰與「爛」通。爽者，《老子》云「五色令人目盲，五音令人耳聾，五味令人口爽」。《列子・仲尼》篇云「口將爽者，先辨淄澠」。《楚辭・招魂》「露雞臛蠵，厲而不爽些」，王逸注云「爽，敗也，楚人名羹敗曰爽」。殆者，卷一云「殆，壞也」，壞與「敗」同義。

❶「盜」，原作「盪」，今據經解本、續四庫本、中華本、《畿輔叢書》本、《四部備要》本改。

《賈子·道術》篇云「志操精果謂之誠，反誠爲殆」。《衆經音義》卷十五引《廣雅》「殆，敗也」。今本脱「殆」字。

詮、録、贅、撰、訛、效、備、饌，具也。

詮者，論之具也。《説文》「詮，具也」。《淮南子·要畧》云「《詮言》者，所以譬類人事之指，解喻治亂之體，差擇微言之眇，詮以至理之文，而補縫過失之闕者也」。字亦通作「譔」。《漢書·揚雄傳》「譔以爲十三卷」，蕭該《音義》云「《字林》『譔』音詮」。録者，記之具也。隱十年《公羊傳》云「《春秋》録内而畧外」。贅者，聚之具也。説見下文「贅，聚也」下。撰者，爲之具也。《説文》「僎，具也」。《論語·先進》篇「異乎三子者之撰」，孔傳云「撰，具也」。《楚辭·大招》「聽歌譔只」，王逸注云「譔，具也」。撰、僎、譔竝通。《堯典》「共工方鳩僝功」，《釋文》「僝，徐音撰，馬云『具也』」。僝亦與「撰」通。《説文》「⿱𢀖頁，選具也」，「顨，巽也」，「巽，具也」，竝與「撰」聲近義同。訛者，《玉篇》《廣韻》竝讀與「庀」同。庀，治之具也。《周官·遂師》「庀其委積」，襄五年《左傳》「宰庀家器」，鄭衆、杜預注竝云「庀，具也」。《魯語》「夜庀其家事」，韋昭注云「庀，治也」。饌亦「撰」也。《説文》「籑，具食也」，或作「饌」。

𤛓、牭、狼、戾、恎、愎、鷙、忮，很也。

𤛓者，《説文》「𤛓，牛很不從引也」。牭者，《玉篇》「牭，牛很也」。狼、戾者，《説文》「很，盭也」。卷四云「狼、很，盭也」。盭與「戾」同。狼與「戾」一聲之轉。《燕策》云「趙王狼戾無親」。《漢書·嚴助傳》云「今閩越王狼戾不仁」。恎者，《玉篇》「恎，惡性也」。《論語·陽貨》篇「惡果敢而窒者」，窒與「恎」通，言「很戾」也。馬融訓「窒」爲塞，失之。下文云「痓，惡也」，義與「恎」亦相近。愎、鷙者，宣十二年《左傳》「剛愎不仁」，杜預注云「愎，很也」。「鷙」亦恎也。《漢書・匈奴傳》「天性忿鷙」，顔師古注云「鷙，很也」。《管子・五輔》篇云「下愈覆鷙而不聽從」。《趙策》云「夫知伯之爲人也，好利而鷙復」。《史記・酷吏傳》贊云「馮翊殷周蝮鷙」。覆、復、蝮皆「愎」之借字耳，解者失之。忮者，《説文》「忮，很也」。《莊子・齊物論》篇云「大勇不忮」。

韜、含、裕、容、窕、𥨍，寬也。

韜者，南宮縚字容，是「韜」爲寬也。《淮南子・本經訓》云「小而行大，則滔窕而不親，大而行小，則陿隘而不容」。韜、縚、滔竝通。含者，《坤》彖傳云「含弘光大」，是「含」爲寬也。容亦「裕」也。卷四云「裕，容也」。《洪範》「思曰睿」，《漢書・五行志》作「思心曰容」，説云「容，寬也」。窕、𥨍者，「𥨍」或作「摦」。昭二十一年《左傳》鍾「小者不窕，大者不摦」，「窕則不咸，摦則不容」，杜預注云「窕，細不滿也」，「摦，橫大不入也」，「不咸，不充滿人心也」，「不容，心不堪容也」。窕與「𥨍」義正相反，而此俱訓爲「寬」者，窕爲「不滿」之寬，𥨍爲「橫大」之寬。《大戴禮・王言》篇云「布諸天下而不窕，内諸尋常之室而不塞」。《管子・宙合》篇云「其處大也不窕，其入小也不塞」。《墨子・尚賢》篇云「大用之天下則不窕，小用之則不困」。《荀子・賦篇》云「充盈大宇而不窕，入郤穴而不偪」。《吕氏春秋・適音》篇云「音太鉅則志蕩，以蕩聽鉅，則耳不容，不容則橫塞，橫塞則振，太小則志嫌，以嫌聽小，則耳不充，不充則不詹，不詹則窕」，高誘注云「窕，不滿密也」。是「窕」爲「不滿」之寬也。《莊子・逍遥遊》篇「瓠落無所容」，梁簡文帝注云「瓠落猶廓落也」。瓠、窾瓠聲相近。是「窾瓠」爲「横大」之寬也。

親、僟、傍、附、切、摩、鄰、比、厲、局、阿、侍、夾、次、遒、迫、促，近也。

僟通作「戚」。摩者，宣十二年《左傳》「摩壘而還」，杜預注云「摩，近也」。《淮南子·人閒訓》云「物類之相磨近而異門户者，衆而難識也」，磨與「摩」同。馬融注《繫辭傳》云「摩，切也」。鄭注《樂記》云「摩，猶迫也」。義竝相近。厲者，《文選·西都賦》「謍厲天」，李善注引《韓詩》「翰飛厲天」，又引薛君《章句》云「厲，附也」。《莊子·大宗師》篇云「女夢爲鳥而厲乎天」。局者，《小爾雅》「局，近也」。夾者，《梓材》「懷爲夾」，《多方》「爾曷不夾介乂我周王」，傳竝云「夾，近也」。遒，義見卷一「遒，急也」下。遒與「遒」同。

排、擠、摧、攘、抵、掝、斥、舜，推也。

排者，《説文》「排，擠也」，又云「推，排也」。《少儀》云「排闔説屨於户内」。擠者，《説文》「擠，排也」。《荀子·解蔽篇》云「不好辭讓，不敬禮節，而好相推擠」。摧、推聲相近。《説文》「摧，擠也」。《楚辭·九思》云「魁壘擠摧兮常困辱」。攘者，《説文》「攘，推也」。《楚辭·七諫》「反離謗而見攘」，王逸注云「攘，排也」。抵者，《説文》「抵，擠也」。《夏小正》「抵蚳」，傳云「抵，猶推也」。掝者，《玉篇》「掝，如勇切，推車也」。《説文》「軵，反推車令有所付也」。《吕氏春秋·精通》篇云「樹相近而靡，或軵之也」。《淮南子·覽冥訓》「軵車奉饟」，高誘注云「軵，推也」。《氾論訓》「相戲以刃者，太祖軵其肘」，注云「軵，擠也」。《説文》「揖，推擣也」。掝、揖、軵竝音如勇反，其義一也。斥者，《衆經音義》卷十四引《三倉》云「斥，推也」。《説文》「斥，卻屋也」，卻與「推」同義。昭十六年《左傳》云「大國之求，無禮以斥之，其何饜之有」。舜者，《白虎通義》云「謂之舜者何，舜，猶僢僢也，言能推信堯道而行之」。《風俗通義》云「舜者，推也，循也，言其推行道德，循堯緒也」。

廣雅疏證卷第三下

高郵王念孫學

釋詁

褈、疊、蓐、臧、醇、醲、渥、陸、顡,厚也。

褈通作「重」。蓐、臧者,《方言》「蓐、臧,厚也」。《説文》「蓐,陳草復生也」,又云「縟,繁采飾也」。張衡《西京賦》云「采飾纖縟」。縟與「蓐」同義。引之云:文七年《左傳》「訓卒利兵,秣馬蓐食」,杜預注云「蓐食,早食於寢蓐也」。《漢書·韓信傳》「亭長妻晨炊蓐食」,張晏注云「未起而牀蓐中食」。案:訓卒利兵秣馬,非寢之時矣。亭長妻晨炊,則固已起矣。而云「早食於寢蓐」,云「未起而牀蓐中食」,義無取也。蓐者,厚也。食之豐厚於常,因謂之蓐食。訓卒利兵秣馬蓐食者,《商子·兵守》篇云「壯男之軍,使盛食厲兵,陳而待敵,壯女之軍,使盛食負壘,陳而待令」,是其類也。兩軍相攻,或竟日未已,故必厚食乃不飢。亭長妻欲至食時不具食以絶韓信,故亦必厚食乃不飢也。成十六年《傳》「蓐食申禱」,襄二十六年《傳》「秣馬蓐食」,竝與此同。凡厚與大義相近,厚謂之敦,猶大謂之敦也。厚謂之醇,猶大謂之純也。厚謂之臧,猶大謂之將也。陸者,《爾雅》「高平曰陸」,李巡注云「謂土地豐正」,是厚之義也。左思《蜀都賦》「灑滮池而爲陸澤」，劉逵注云「蔡邕曰『凝雨曰陸』」。《爾雅·釋魚》「魁陸」，郭璞注云「《本草》云『魁，狀如海蛤，員而厚』」。義竝同也。《坊記》「睦於父母之黨」，鄭注云「睦，厚也」。睦與「陸」古亦同聲，故漢碑「和睦」字多通作「陸」。頯者，《莊子·大宗師》篇「其顙頯」，郭象注云「頯，大朴之貌」。《天道》篇「而顙頯然」，注云「高露發美之貌」。皆厚之義也。《説文》「馗，九達道也，似龜背，故謂之馗，馗，高也」，義與「頯」亦相近。

龍、利、芬、尼、調、庸，和也。

龍者，《商頌·長發》篇「何天之龍」，《周頌·酌》篇「我龍受之」，毛傳竝云「龍，和也」。利者，《説文》「利，銛也，從刀，和然後利，從和省」，引《乾·文言》「利者，義之和也」。荀爽注云「陰陽相和，各得其宜，然後利」。《乾》彖傳又云「保合大和，乃利貞」。《周語》云「人民龢利」。《表記》「有忠利之教」，《後漢書·章帝紀》「利」作「和」。是利與「和」同義。和、龢古通用。芬者，《方言》「芬，和也」，郭璞注云「芬香和調」。《周官·鬯人》注云「鬯，釀秬爲酒，芬香條暢於上下也」。《大雅·鳧鷖》篇云「旨酒欣欣，燔炙芬芬」。皆芬香和調之意也。几人相和好亦謂之芬。《荀子·議兵篇》云「其民之親我歡若父母，其好我芬若椒蘭」。《非相篇》云「驩欣芬薌以送之」。皆是也。《方言》「紛怡，喜也」。紛與「芬」義亦相近。尼，各本譌作「𡰪」。隸書「尼」或作「𡰥」，因譌而爲「𡰪」。今據《玉篇》《廣韻》訂正。《廣雅》訓「尼」爲和，蓋本《孝經》説。邢昺《孝經正義》云「劉瓛述張禹之義，以爲仲者，中也，尼者，和也，言孔子有中和之德」，蓋曲説也。庸，各本譌作「肅」。《廣韻》「庸，和也」，《衆經音義》卷二十三、二十五竝引《廣雅》「庸，和也」，今據以訂正。

䡣、航、轎，軺也。

航者，《玉篇》「航，航軺也」。轎者，《漢書·嚴助傳》「輿轎而隃領」，薛瓚注云「今竹輿車也，江表作竹輿以行是也」。軺者，《集韻》引《字林》云「軺，轎也」。《廣韻》「䡣」音魂，又音軒。䡣之言軒，航之言亢，轎之言喬，軺之言卬，皆上舉之意也。

獲、戮、羞、恥、縠，辱也。

獲者，《史記·屈原傳》云「不獲世之滋垢，皭然泥而不滓者也」。獲，猶辱也。《士昏禮》注云「以白造緇曰辱」，是也。《方言》「荊淮海岱雜齊之閒，罵奴曰臧，罵婢曰獲，齊之北鄙燕之北郊凡民男而壻婢謂之臧，女而婦奴謂之獲」，亦辱之義也。上文云「濩、辱，污也」，濩與「獲」古亦同聲。

屑、姘、圭，潔也。

屑者，《方言》「屑，潔也」。《邶風·谷風》篇「不我屑以」，《鄘風·君子偕老》篇「不屑髢也」，毛傳竝云「屑，絜也」，絜與「潔」通。姘者，《説文》「姘，静也」。《廣韻》云「女貞絜也」。《邶風·静女》傳云「静，貞静也」。静與「姘」通。圭與「蠲」通。《士虞禮》記「圭爲而哀薦之」，鄭注云「圭，絜也」，引《小雅·天保》篇「吉圭爲饎」，今本「圭」作「蠲」。《周官·蜡氏》「令州里除不蠲」，鄭注云「蠲，讀如『吉圭惟饎』之圭」。

讒、嫉、殺、㺑，賊也。

讒者，《荀子·脩身篇》云「傷良曰讒，害良曰賊」。嫉者，王逸注《離騷》云「害賢爲嫉」。殺者，昭十四年《左傳》云「殺人不忌爲賊」。㺑者，《説文》「㺑，賊疾也」。《方言》「慘，殺也」。慘與「㺑」聲義相近。

涂、娉、妨、猛，害也。妒。

娉、妨一聲之轉。《釋言》云「妨，娉也」。《説文》「妨，害也」。《周語》云「害於政而妨於後嗣」。妒者，王逸注《離騷》云「害色曰妒」。《文選》潘岳《馬汧督誄》注引《廣雅》「妒，害也」。今本脱「妒」字。

伸、舒勃，展也。

舒勃者，《方言》「舒勃，展也，東齊之閒凡展物謂之舒勃」。

禦、禁、掕、閣、坐、沈、宿、蹟、矣、竣、挂、礙、鋪、脾、絣、処、咹、跱、桭、拘、渟、憤、趕、蹭、扼、⿰馬樊、駤、⿰足署、券，止也。凝、懲、已。

掕者，《説文》「掕，止馬也」。閣者，《説文》「各，異詞也，從口夊，夊者，有行而止之，不相聽意」。《漢書·梁孝王傳》「太后議格」，蘇林音閣，張晏注云「格，止也」，《史記集解》引如淳注云「攱閣不得下也」，攱或作「庋」。《内則》「大夫七十而有閣」，鄭注云「閣，以板爲之，庋食物也」。《爾雅》「所以止扉謂之閣」，郭璞注云「門辟旁長橜也」。徐鍇《説文繫傳》云「閣，門扇所附著也」。是凡言閣者，皆止之義也。凡止與至義相近，止謂之閣，猶至謂之格也。止謂之底，猶至謂之抵也。止謂之訖，猶至謂之迄也。沈者，《坎》六三「險且枕」，虞翻注云「枕，止也」，《釋文》云古文作「沈」。諸書無訓「矣」爲止者，矣，疑當作「竢」。《爾雅》「竢、止，待也」，是竢與「止」同義。竣者，退之止也。《齊語》「有司已於事而竣」，韋昭注云「竣，退伏也」。張衡《東京賦》作「踆」。《爾雅·釋言》注引《齊語》作「逡」。竣、踆、逡竝同。《周語》「其有悛乎」，韋昭注云「悛，止也」。悛與「竣」亦聲近義同。挂與「礙」同義。《説文》「礙，止也」。鋪、脾者，《方言》「鋪、脾，止也」，《疏證》云：《詩·大雅》「匪安匪舒，淮夷來鋪」，言爲淮夷之故來止，與上「匪安匪遊，淮夷來求」文義適合。舊説讀「鋪」爲「痡」，謂爲淮夷而來，當討而病之，失於迂曲。鋪、脾一聲之轉，方俗或云「鋪」，或云「脾」耳。《漢書·天文志》「晷長爲潦，短爲旱，奢爲扶」，鄭氏注云「扶當爲蟠，齊魯之閒聲如酺，酺、扶聲近，蟠，止不行也」。案：齊魯言「蟠」聲如酺，與「鋪」聲亦相近也。綝之言禁也。《説文》「綝，止也」。止有安善之意，故字之訓爲止者，亦訓爲善。卷一云「休、戾，善也」，此云「綝，止也」，《爾雅》云「綝、徽，善也」，「徽、戾，止也」，「休，戾也」，皆其證矣。夃與「處」同。咹音遏。《爾雅》「遏，止也」。遏與「咹」同。咹又音案。《爾雅》「按，止也」。按與「咹」亦同。跱者，《説文》「峙，躇也」。《玉篇》云「《爾雅》『室中謂之跱』，跱，止也」。《列子·湯問》篇「五山常隨潮波上下往還，不得蹔峙」。峙與「跱」同。引之云：《玉篇》引《爾雅》「室中謂之跱」，今本作「時」，時與「跱」聲近而義同。《大雅·緜》篇「曰止曰時」，箋云「時，是也，曰可止居於是」，《正義》曰「如箋之言，則上『曰』爲辭，下『曰』爲於也」。案：經文疊用「曰」字，不當上下異訓。二「曰」字皆語辭，時亦「止」也。古人自有複語耳。《爾雅》「爰，曰也」。曰止曰時，猶言「爰居爰處」。《爾雅》又云「雞棲于弋爲榤，鑿垣而棲爲塒」。《王風·君子于役》篇《釋文》「塒」作「時」。棲止謂之時，居止謂之時，其義一也。《莊子·逍遥遊》篇「猶時女也」，司馬彪注云「時女猶處女也」，處亦止也。《爾雅》「止，待也」。《廣雅》「止、待，逗也」，待與「跱」亦聲近而義同。待又通作「時」。《廣雅》「崪、離，待也」。《方言》「崪」作「萃」，「待」作「時」，皆古字假借，或以「時」爲「待」之譌，非也。根者，距之止也。《説文》「歫，止也」。説見《釋言》「樘，距也」下。棖、樘，距、歫竝同。拘者，《説文》「拘，止也」。渟通作「停」。

憤者，《損》象傳「君子以懲忿窒欲」，《釋文》云「窒，鄭、劉作『憤』，憤，止也」。憤與「窒」通。趩之言畢也。《説文》「趩，止行也」。《周官・隸僕》「掌蹕宮中之事」，鄭衆注云「蹕，謂止行者清道，若今時儆蹕」。《史記・梁孝王世家》「出言趩，入言警」。警趩與「儆蹕」同。《説文》「縪，止也」。縪與「趩」亦同義。抳者，《姤》初六「繫于金柅」，《釋文》「柅，《説文》作『檷』，云『絡絲柎也』，王肅作『抳』，子夏作『鑈』，蜀才作『尼』，止也」，《正義》引馬融注云「柅者，在車之下，所以止輪令不動者也」。《爾雅》「尼，止也」。竝聲近而義同。驎者，《説文》「奱，驀不行也」。奱與「驎」同。駤者，《説文》「驀，馬重皃」。《史記・晉世家》云「惠公馬驀不行」。驀與「駤」同。《淮南子・脩務訓》「人謂之駤」，高誘注云「駤，不通達也」。《説文》「疐，礙不行也」。《豳風・狼跋》篇「載疐其尾」。義竝與「駤」同。駤與「憤」聲亦相近也。⿰足署者，《説文》「峙⿰足署，不前也」。《玉篇》音陳如切。《楚辭・九思》云「握佩玖兮中路躇」，躇與「⿰足署」同。亭水謂之瀦，義與「⿰足署」亦相近也。凝者，《大雅・桑柔》篇「靡所止疑」，毛傳云「疑，定也」，《正義》音凝。王逸注《九歎》云「凝，止也」。凝與「疑」通。懲者，《小雅・沔水》篇「寧莫之懲」，毛傳云「懲，止也」。《文選・遊天台山賦》注、《別賦》注、張協《雜詩》注竝引《廣雅》「凝，止也」。《衆經音義》卷十三引《廣雅》「懲，止也」。《華嚴經》卷七《音義》引《廣雅》「已，止也」。今本脱凝、懲、已三字。

⿰多邕、⿰多農、⿰多果、⿰多委、⿰多亥、⿰多吉、⿰多冊、⿰多辛、⿰多孚、⿰多支、⿰多尤、繁、盛、饒、僉、怒、輿、植，多也。夠、錤。

⿰多邕、⿰多農者，⿰多邕之言擁，⿰多農之言濃，皆盛多之意也。《方言》「⿰多邕、⿰多農、晠，多也，南楚凡大而多謂之⿰多邕，或謂之⿰多農，凡人語言過度及妄施行，亦謂之⿰多農」。《後漢書・崔駰傳》「紛纀塞路」，李賢注云「《方言》『纀、盛，多也』」。纕與「⿰多農」通。盛與「䁍」通。⿰多果者，《方言》「凡物䁍而多，齊宋之郊楚魏之際曰夥」。《史記·陳涉世家》云「夥頤涉之爲王沈沈者。楚人謂多爲夥」。夥與「⿰多果」同。今人問物幾許曰幾多，吴人曰幾夥，語之轉也。⿰多委之言委積也。《玉篇》音於果切，《廣韻》又烏禾切，燕人云多也。⿰多委與「⿰多果」聲亦相近。⿰多亥之言兼該也。《玉篇》「⿰多亥，多也，大也，亦作㚊」。⿰多冉者，《爾雅》「那，多也」，《釋文》「那，本或作『⿰多冉』」。《商頌·那》篇「猗與那與」，《小雅·桑扈》篇「受福不那」，毛傳竝云「那，多也」。那與「⿰多冉」通。⿰多辛者，《周南·螽斯》篇「螽斯羽，詵詵兮」，毛傳云「詵詵，衆多也」，《釋文》「詵，《説文》作『⿰多辛』」。又《説文》「駪，馬衆多皃」。《小雅·皇皇者華》篇「駪駪征夫」，毛傳云「駪駪，衆多之貌」。《晉語》引《詩》作「莘莘」，《楚辭·招魂》注引作「侁侁」。《莊子·徐無鬼》篇「禍之長也兹莘」，李頤注云「莘，多也」。《説文》「甡，衆生竝立之皃」。《大雅·桑柔》篇「甡甡其鹿」，毛傳云「甡甡，衆多也」。《説文》「⿱㬎木，衆盛也」，引《逸周書》「⿱㬎木疑沮事」。竝字異而義同。⿰多孚，古通作「浮」。《大雅·江漢》篇「江漢浮浮」，毛傳云「浮浮，衆彊皃」。《小雅·角弓》篇「雨雪浮浮」，《大雅·生民》篇「烝之浮浮」，《爾雅》作「烰烰」，郭璞注云「氣出盛」，義竝相近也。《爾雅》「裒，多也」，裒與「⿰多孚」亦聲近義同。⿰多支者，《玉篇》音章移、之豉二切。《復》初九「无祇悔」，九家本作「⿰多支」。《文選·西京賦》「清酤⿰多支」，李善注引《廣雅》「⿰多支，多也」。⿰多冘，《玉篇》音丁含切。《漢書·陳勝傳》「夥涉之爲王沈沈者」，應劭音長含反，聲與「⿰多冘」相近也。僉、怒者，《方言》「僉，夥也」，又云「自關而西秦晉之閒，凡人語而過曰僉，東齊謂之劍，或謂之弩，弩，猶怒也」，皆盛多之意也。《爾雅》「僉，皆也」，義與多亦相近。輿者，《周官·輿司馬》注云「輿，衆也」。植謂蕃植也。字通作「殖」，義見卷一「殖，積也」下。夠者，

《玉篇》「夠，苦侯切，多也」。《廣韻》同。《方言》「凡物晠而多謂之寇」，寇與「夠」聲近義同。《文選・魏都賦》「繁富夥夠」，李善注引《廣雅》「夠，多也」。《廣韻》「𡖿，去其切」，引《廣雅》「𡖿，多也」，《集韻》《類篇》竝同。今本脱夠、𡖿二字。

薵、橤、蓴、萃、欑、㚇、寯、濼、叢、蓄、都、薄、蘊、崇、灌、雜、茨、贅、榛、林、屯、集、宗、族、洿、緫、翕、葉、輸、會、積，聚也。府。

薵之言欑聚也。《説文》「薵，叢草也」。《玉篇》作緄切，云「苯薵，草叢生也」。張衡《西京賦》云「苯薵蓬茸」。《南都賦》云「森薵薵而刺天」。《楚辭・離騷》「紛總總其離合兮」，王逸注云「總總猶僔僔，聚貌也」。揚雄《甘泉賦》云「齊總總撙撙其相膠轕兮」。《説文》「僔，聚也」，「噂，聚語也」。《小雅・十月之交》篇「噂沓背憎」，毛傳云「噂猶噂噂。沓猶沓沓」。是凡言薵者，皆聚之義也。成十六年《左傳》「蹲甲而射之」，杜預注云「蹲，聚也」。蹲與「薵」亦聲近義同。橤者，《文選・藉田賦》注引《倉頡篇》云「橤，聚也」。哀十三年《左傳》「佩玉橤兮」，杜預注云「橤然服飾備也」。《廣韻》「蕊，草木叢生皃」。《楚辭・離騷》「貫薜荔之落蘂」，劉逵注《蜀都賦》云「蘂者，或謂之華，或謂之實，一曰華鬚頭點」，皆聚之義也。蓴者，《大雅・行葦》篇「敦彼行葦」，毛傳云「敦，聚貌」。《特牲饋食禮》「佐食摶黍授祝」。蓴、摶、敦竝通，亦通作「團」。《説文》「蓴，蒲叢也」，亦聚之義也。蓴，各本訛作「薵」，惟影宋本不訛。欑者，《文選・西都賦》注引《倉頡篇》云「欑，聚也」。《喪大記》「君殯用輴，欑至于上」，鄭注云「欑，猶菆也」。菆與「叢」同。《史記・司馬相如傳》云「鑽羅列聚叢以蘢茸兮」，鑽與「欑」通。《説文》「欑，積竹杖，一曰叢木」。皆聚之義也。又云「儹，聚也」，亦與「欑」聲近義同。欑，各本譌作「揩」。欑俗作「欑」，遂譌而爲「揩」。《文選》顏延之《應詔觀北湖田收詩》注引《廣雅》「欑，聚也」，今據以訂正。㚇之言總也，叢也。《説文》「㚇，斂足也，䧿鶪醜，其飛也㚇」，《爾雅》作「翪」，郭璞注云「竦翅上下也」。《陳風·東門之枌》篇「越以鬷邁」，鄭箋云「鬷，總也」。《周官·掌客》注云「《聘禮》曰『四秉曰筥，十筥曰稯』，稯猶束也」。《説文》「稯，布之八十縷也」。字亦作「緵」。《史記·孝景紀》云「令徒隸衣七緵布」。《西京雜記》云「五絲爲䋐，倍䋐爲升，倍升爲緎，倍緎爲紀，倍紀爲緵」。《爾雅》「緵罟謂之九罭，九罭，魚罔也」，郭注云「今之百囊罟是也」。《玉篇》「騣，馬鬣也」，「鬉，毛亂也」。《漢書·司馬相如傳》「淩三嵕之危」，顏師古注云「三嵕，三峯聚之山也」。《爾雅》云「豕生三，豵」，「犬生三，猣」。《説文》「豵，生六月豚也，一曰一歲曰豵，尚叢聚也」。是凡言㚇者，皆聚之義也。都之言豬也。《禹貢》「大野既豬」，「彭蠡既豬」，「熒波既豬」，《史記·夏本紀》竝作「都」。都、豬皆聚也。僖十六年《穀梁傳》云「民所聚曰都」。薄者，《釋草》云「草蘩生爲薄」，蘩與「叢」同。《楚辭·九章》「露申辛夷，死林薄兮」，王逸注云「叢木曰林，草木交錯曰薄」。《淮南子·原道訓》「隱于榛薄之中」，高誘注云「蘩木曰榛，深草曰薄」。皆聚之義也。薀、崇者，薀，《説文》作「薀」，積也。《酒誥》「矧曰其敢崇飲」，傳云「崇，聚也」。義見卷一「薀、崇，積也」下。崇、宗聲相近，故皆訓爲聚也。灌者，《爾雅》云「灌木，叢木」，又云「木族生爲灌」。族、叢一聲之轉。《周南·葛覃》篇「集于灌木」，《大雅·皇矣》篇「其灌其栵」，毛義竝與《爾雅》同。《夏小正》「五月，啟灌藍蓼」，傳云「灌也者，蘩生者也」。茨，義見卷一「茨，積也」下。贅者，《説文》「贅，最也」。隱元年《公羊傳》「會，猶最也」，何休注云「最，聚也」。《漢書·武帝紀》「毋贅聚」，如淳注云「贅，會也」。會、最、聚竝同義。《大雅・桑柔》篇「具贅卒荒」，毛傳云「贅，屬也」，《正義》云「贅猶綴也，謂繫綴而屬之，《長發》云『爲下國綴旒』，襄十六年《公羊傳》曰『君若贅旒然』，是贅、綴同也，《孟子》曰『太王屬其耆老』，《書傳》曰『贅其耆老』，是贅爲屬也」。屬與「聚」亦同義。　榛者，《説文》「榛，菆也」。《淮南子・原道訓》「木處榛巢」，高注云「聚木曰榛」。《莊子・徐無鬼》篇「逃乎深蓁」，蓁與「榛」通。《漢書・揚雄傳》「枳棘之榛榛兮」，顔師古注云「榛榛，梗穢貌」。《説文》「蓁，草盛皃」。《周南・桃夭》篇「其葉蓁蓁」，毛傳云「蓁蓁，至盛貌」。《楚辭・招魂》「蝮蛇蓁蓁」，王逸注云「蓁蓁，積聚之貌」。義竝同也。榛，各本譌作「搸」，今訂正。　林者，《説文》「平土有叢木曰林」。《周語》「林鍾，和展百事，俾莫不任肅純恪也」，韋昭注云「林，衆也，言萬物衆盛也」。皆聚之義也。　宗者，衆之所主，故爲聚也。《喪服》傳云「大宗者，尊之統也，大宗者，收族者也」。　族者，《白虎通義》云「族者，湊也，聚也，謂恩愛相流湊也，上湊高祖，下至玄孫，一家有吉，百家聚之，生相親愛，死相哀痛，有會聚之道，故謂之族」。族、湊、聚聲竝相近。凡聚與衆義相近，故衆謂之宗，亦謂之林，聚謂之林，亦謂之宗。聚謂之蒐，猶衆謂之搜也。聚謂之都，猶衆謂之諸也。聚謂之裒，猶多謂之裒也。聚謂之灌，猶多謂之觀也。　洿者，水所聚也。《衆經音義》卷八引《三倉》云「亭水曰洿」。隱三年《左傳》「潢污行潦之水」，服虔注云「畜小水謂之潢，水不流謂之污」。污與「洿」通。　諸書無訓「緦」爲聚者，緦當作「總」。《説文》「總，聚束也」。總本作「緫」，與「緦」字相似，故「緫」訛作「緦」，曹憲《音》「思」，失之也。　翕、葉者，《方言》「攢、翕、葉，聚也，楚謂之攢，或謂之翕，葉，楚通語也」。《爾雅》「翕，合也」，合亦聚也。《淮南子・原道訓》云「大渾而爲一，葉累而無根」，是「葉」

爲聚也。《説文》「葉，草木之葉也」，亦叢聚之義也。又《説文》「鍱，鏶也」，徐鍇《傳》云「今言鐵葉是也」。案：今人猶謂鐵片爲鐵葉，亦取叢集之義。鍱與「葉」同音，鏶與「集」同音。集、葉皆聚也。故「鍱」又謂之「鏶」矣。卷一云「揲，積也」，揲與「葉」亦聲近義同。輸者，《説文》「輸，委輸也」。《史記·平準書》云「置平準于京師，都受天下委輸」。木華《海賦》云「於廓靈海，長爲委輸」。皆聚之義也。府者，《吕刑》「惟府辜功」，傳云「聚罪之事」。《魯語》「皆怨府也」，韋昭注云「怨之所聚，故曰府」。隱七年《左傳》正義引《風俗通義》云「府，聚也，公卿牧守府，道德之所聚也，藏府私府，財貨之所聚也」。《衆經音義》卷二十、卷二十三竝引《廣雅》「府，聚也」。各本皆脱「府」字，今補。又「藴」字重出，今删。

主、戍、門、獸，守也。

主者，《序卦傳》云「主器者莫若長子」。獸、守聲相近。《説文》「獸，守備也」。

餘、凡、總、同，皆也。

餘者，昭二十八年《左傳》「謂知徐吾、趙朝、韓固、魏戊，餘子之不失職，能守業者也」，杜預注云「卿之庶子爲餘子」。《逸周書·糴匡解》「餘子務藝」，孔晁注云「餘，衆也」。《論語·雍也》篇云「其餘則日月至焉而已矣」。是「餘」爲皆共之詞也。成十五年《公羊傳》「魯人徐傷歸父之無後也」，何休注云「徐者，皆共之辭也」。徐與「餘」亦聲近義同。總，各本訛作「縂」。《文選》顔延之《車駕幸京口侍遊蒜山詩》注引《廣雅》「總，皆也」，《衆經音義》卷二十二引《廣雅》「凡、總，皆也」，今據以訂正。

修、敹、略、道、旬、越、抑、蕺、撤、撥、對、繕、傳、列、疏、竘、貌、攻、捲、荆、摇、療、亂、理、渫，治也。墾。

𥳝，各本譌作「蓻」。𥳝，隸或作「𥶍」，故譌而爲「蓻」。《説文》「𥷚，窮治辠人也，從㚔人言，竹聲」，或省作「𥳝」。《玉篇》《廣韻》竝同。今據以訂正。《文王世子》「告于甸人」，鄭注云「告，讀爲鞫，讀書用法曰鞫」。《史記·李斯傳》云「令鞫治之」。《酷吏傳》云「訊鞫論報」。竝字異而義同。略者，《説文》「略，經略土地也」。《禹貢》「嵎夷既略」，是其義也。傳云「用功少曰略」，失之。道者，《論語·學而》篇「道千乘之國」，包咸注云「道，治也」。旬者，《大雅·桑柔》篇「其下侯旬」，毛傳云「旬，均也」。字通作「洵」。《爾雅》「洵，均也」，郭璞注云「謂調均」，是治之義也。《周官·均人》「凡均力政，以歲上下，豐年，則公旬用三日焉，中年，則公旬用二日焉，無年，則公旬用一日焉」，鄭注云「旬，均也，讀如『畇畇原隰』之畇，《易》『坤爲均』，今書亦有作『旬』者」。旬、均聲義竝同，故小《爾雅》亦云「旬，治也」。越者，《周語》「汩越九原，宅居九隩」，汩、越皆治也。《説文》「汩，治水也」。越與「汩」聲相近，故同訓爲治，猶越與曰之同訓爲「于」也。《説苑·指武》篇云「城郭不脩，溝池不越」，是越爲治也。韋昭注訓「越」爲揚，失之。抑者，《孟子·滕文公》篇「禹抑洪水而天下平」，趙岐注云「抑，治也」。《荀子·成相篇》云「禹有功，抑下鴻」。截者，《衆經音義》卷十三引《廣雅》作「截」。《大雅·常武》篇「截彼淮浦」，毛傳云「截，治也」。《商頌·長發》篇「海外有截」，鄭箋云「截，整齊也」，王肅注云「四海之外，截然整齊而治」。撤者，《大雅·公劉》篇「徹田爲糧」，《崧高》篇「徹申伯土田」，毛傳竝云「徹，治也」。徹與「撤」通。撥者，《商頌·長發》篇「玄王桓撥」，哀十四年《公羊傳》「撥亂世，反諸正」，《楚辭·九章》「孰察其撥正」，毛傳、何注、王注竝云「撥，治也」。諸書無訓

「對」爲治者。對當爲「討」。隸書「言」字或從篆文作「⿱宀吉」，與「對」字左畔相似，故「討」訛作「對」。《說文》「討，治也」。《玉篇》《廣韻》竝同。繕者，《衆經音義》卷七引《三倉》云「繕，治也」。隱元年《左傳》云「繕甲兵」。傅者，《孟子·滕文公》篇「堯獨憂之，舉舜而敷焉」，趙岐注云「敷，治也」，引《禹貢》「禹敷土」。敷與「傅」同，故《史記·夏本紀》作「傅土」。今本《孟子》「敷」下有「治」字，後人取注義加之也。疏與「理」同義，謂分治之也。《孟子·滕文公》篇云「禹疏九河」。竘、貌者，《方言》「竘、貌，治也，吳越飾貌爲竘，或謂之巧」，郭璞注云「謂治作也」。《說文》「竘，匠也」。《小爾雅》「匠，治也」。《淮南子·人閒訓》云「室始成，竘然善也」。《說文》「皃，頌儀也」，籀文作「貌」。是竘、貌皆爲治也。貌，各本作「䫉」，乃隸書之譌，今訂正。攻者，鄭注《周官·瘍醫》云「攻，治也」。《甘誓》云「左不攻于左」。摇、療者，《方言》「愮、療，治也，江湘郊會謂醫治之曰愮，或曰療」，注云「俗云厭愮病」。愮與「摇」通。《說文》「𤻲，治也」。《陳風·衡門》篇「可以樂飢」，鄭箋「樂」作「𤻲」，《韓詩外傳》作「療」，竝字異而義同。《說文》「藥，治病草也」。《大雅·板》篇云「不可救藥」。襄二十六年《左傳》云「不可救療」。療、摇、藥竝同義。摇、療之同訓爲治，猶遥、遼之同訓爲遠，燿、燎之同訓爲照。聲相近，故義相同也。摇，曹憲《音》「亦咲反」，各本「亦咲反」三字誤入正文内。「咲」字又誤作「唉」。《方言》「愮、療，治也」，注「愮，音曜」，正與「亦咲反」相合，今據以訂正。亂者，《爾雅》「亂，治也」。《臯陶謨》云「亂而敬」。澡者，治去垢也。《說文》「澡，洒手也」。《儒行》云「澡身而浴德」。《喪服》「澡麻帶絰」，鄭注云「澡者，治去莩垢」。《喪服小記》「帶澡麻」，鄭注云「澡，率治麻爲之」，《正義》云「謂戛率其麻使潔白也」。墾者，《玉篇》《廣韻》竝云「墾，耕也，治也」。《周語》云「土不備塈」。《爾雅·釋訓》釋文及《文選·海賦》注竝引《廣雅》「塈，治也」。今本脱「塈」字。

側匿、蹴、緵、瘷、癄、綰、𢭃、縯，縮也。

側匿者，《説文》「朔而月見東方謂之縮肭」。《漢書·五行志》云「晦而月見西方謂之朓，朔而月見東方謂之仄慝，仄慝則侯王其肅，朓則侯王其舒」，劉向以爲「朓者，疾也，君舒緩，則臣驕慢，故日行遲而月行疾也。仄慝者，不進之意，君肅急，則臣恐懼，故日行疾而月行遲，不敢迫近君也」，劉歆以爲「舒者，侯王展意顓事，臣下促急，故月行疾也。肅者，侯王縮肭不任事，臣下弛縱，故月行遲也」。《周官·保章氏》疏、《後漢書·蔡邕傳》注、《文選·月賦》注引《書大傳》竝作「側匿」，《太平御覽》引鄭注云「側匿猶縮縮，行遲貌」。縮肭、側匿、仄慝竝聲近而義同。《太玄·禮》次八云「冠戚䏝」，戚音子六反，戚䏝與「側匿」，亦聲近而義同。蹴即「戚䏝」之戚。《説文》「縮，蹴也」。《小雅·節南山》篇「蹙蹙靡所騁」，鄭箋云「蹙蹙，縮小之貌」。成十六年《左傳》云「南國蹴」。《哀公問》云「孔子蹴然辟席而對」。《論語·鄉黨》篇云「踧踖如也」。竝字異而義同。蹙與「縮」古亦同聲，故《儀禮》古文「縮」皆作「蹙」。蹴，各本譌作「蹵」，或譌作「蹷」，今訂正。緵者，司馬相如《子虛賦》「襞積褰縐」，張注云「褰，縮也」。《漢書·董仲舒傳》「日朘月削」，孟康注云「朘，謂轉褰踧也」。褰與「緵」通。瘷者，《衆經音義》卷十五引《通俗文》云「縮小曰瘷」。《淮南子·天文訓》「月死而贏蛖膲」，高誘注云「膲，肉不滿也」。《太平御覽》引此，「膲」作「瘷」，又引許慎注云「瘷，減蹴也」。今俗語猶謂物不伸曰「瘷」矣。癄亦「瘷」也。《樂記》「其哀心感者，其聲噍以殺」，鄭注云「噍，踧也」。《史記·樂書》索隱云「鄒誕生音將妙反」。又《樂記》「志微噍殺之音」，《樂書》「噍殺」作「焦衰」。

《漢書·禮樂志》作「瘯瘁」，顏師古注云「瘯瘁謂減縮也，音子笑反」。《魏策》云「衣焦不申，頭塵不浴」。並字異而義同。**擣**讀如「抽絲」之抽，謂縮取之也。《説文》「擣，蹴引也」。「擂，引也」，或作抽、擣。是擣與「擂」同義。擂、縮古通用。緛，曹憲《音》「而兖反」。《説文》「緛，衣戚也」。戚讀與「蹙」同。《素問·生氣通天論》云「大筋緛短，小筋弛長」。《史記·天官書》云「其已出三日而復有微入，入三日乃復盛出，是謂耎」。《太玄·耎》云「陽氣能剛能柔，能作能休，見難而縮」，范望注云「耎而自縮，故謂之耎」。義與「緛」同。《考工記·弓人》「薄其帤則需」，鄭注云「需，謂不充滿」，《釋文》「需，人兖反」。義亦與「緛」同。

贅、受、入、獲、德、營，得也。

德者，《樂記》云「禮樂皆得，謂之有德，德者，得也」。《鄉飲酒義》云「德也者，得於身也」。《大戴禮·盛德》篇云「能得德法者爲有德」。《説文》作「惪」，同。營者，《楚辭·天問》「何往營班禄，不但還來」，王逸注云「營，得也」。

蠻、苗、憍、怚、倨、傲、侮、慢，傷也。

蠻之言慢易也。《史記·夏紀》集解引馬融《禹貢》注云「蠻，慢也，禮簡怠慢，來不距，去不禁也」。《王制》正義引《風俗通義》云「君臣同川而浴，極爲簡慢，蠻者，慢也」。憍，古通作「驕」。怚者，《説文》「怚，驕也」，又云「嫭，驕也」。《吕氏春秋·審應覽》「使人戰者，嚴駔也」，高誘注云「嚴，尊也。駔，驕也」。《淮南子·繆稱訓》云「矜怚生於不足」。嵇康《幽憤詩》云「恃愛肆姐」。竝字異而義同。**傷**，古通作「易」。

樹、莖、榦、宗、祖、昀、猴、吴、素、葆、科，本也。原、樞。

樹、莖、榦諸字爲「根本」之本，葆、科爲「本蕁叢生」之本。莖、榦，皆枝之本也。《漢書・禮樂志》云「《五英》，英華茂也，《六莖》，及根莖也」。《文選・魏都賦》注引宋衷《樂動聲儀》注云「《五莖》，能爲五行之道立根本也」，是「莖」爲本也。《考工記》謂劍本爲「莖」，義亦同也。榦，各本譌作「幹」。《白虎通義》云「榦者，本也」，《文選・文賦》注及《衆經音義》卷二、卷十七竝引《廣雅》「榦，本也」，今據以訂正。宗、祖者，《晉語》「禮之宗也」，韋昭注云「宗，本也」。《管子・戒》篇云「孝弟者，仁之祖也」。高誘注《淮南子・原道訓》云「祖、宗，皆本也」。䞇者，業也，若今人所謂「本錢」也。《玉篇》云「䞇，本作『䣊』」。《說文》「䣊，業也」。《史記・平準書》云「筭軺車賈人緡錢皆有差」。《漢書・武帝紀》「初筭緡錢」，李斐注云「緡，絲也，以貫錢也，一貫千錢，出筭二十也」。䞇、䣊、緡竝通。𦑓，曹憲《音》「侯」。各本「𦑓」作「睺」，因上「䞇」字而誤。《音》內「侯」字又譌作「候」。《集韻》《類篇》「睺，下遘切」，引《廣雅》「睺，本也」，則宋時《廣雅》本已然。考《玉篇》云「睺，龍貝出南海」。《廣韻》云「睺瞜，貪財之皃」。皆不訓爲「本」。《方言》「𦑓，本也」，郭璞音侯，云「今以鳥羽本爲𦑓」。《說文》「𦑓，羽本也」。《玉篇》《廣韻》竝音侯。《九章算術・粟米》章「買羽二千一百𦑓」，劉徽注云「𦑓，羽本也，數羽稱其本，猶數草木稱其根株」。今據以訂正。素者，《列子・天瑞》篇云「太素者，質之始也」。《易乾鑿度》同，鄭注云「地質之所本始也」。葆訓爲本，謂草木叢生本蕁然也。《玉篇》「蕁」字注云「本蕁，草叢生也」。本或作「苯」。張衡《西京賦》云「苯蕁蓬茸」。《釋言》云「菽，葆也」。《釋訓》云「務務、葆葆，茂也」。《說文》「葆，草盛皃」。《呂氏春秋・審時》篇云「得時之稻，大本而莖葆」。《漢書・武五子傳》「頭如蓬葆」，顏師古注云「草叢生曰葆」。葆、本一聲之轉，皆是叢生之名。葆猶「苞」也。《小雅·斯干》篇「如竹苞矣」，毛傳云「苞，本也」，鄭箋云「時民殷衆，如竹之本生矣」。「本生」即叢生，故以「殷衆」言之。《爾雅》云「苞、蕪、茂，豐也」，又云「苞，稹也」，孫炎注云「物叢生曰苞，齊人名曰稹」。是苞與「葆」同義。科者，《釋言》云「科，藂也」，藂與「叢」同。樞者，《淮南子·原道訓》「還反於樞」，高誘注云「樞，本也」。《文選·洞簫賦》注引《廣雅》「原，本也」。《衆經音義》卷四、卷十四、十七、十八竝引《廣雅》「樞，本也」。今本脱原、樞二字。

㑹、索、略、祈、譲、詗、乞、匄、拊、藪、𦄂、請、募、柩，求也。

㑹、略者，㑹與「挍」同。《方言》「挍、略，求也，秦晉之閒曰挍，就室曰挍，於道曰略，略，强取也」。襄四年《左傳》「季孫曰略」，杜預注云「不以道取曰略」。索者，《説文》「索，入家挍也」。經傳通作「索」。譲、詗者，《説文》「譲，流言也」。《廣韻》云「流言有所求也」。《説文》「夐，營求也」。夐與「譲」同義。《説文》「詗，知處告言之也」。《史記·淮南王安傳》「爲中詗長安」，徐廣注云「詗，伺候采察之名也」。《急就篇》云「乏興猥逮詗譲求」。詗、譲聲相近。詗與譲之同訓爲「求」，猶迥與夐之同訓爲「遠」也。募者，《説文》「募，廣求也」。《吳子·圖國》篇云「簡募良材以備不虞」。

揣、斸、陶、拂、❶糞、埽、寫、雪、擊、摒、篾、㧳、耘、撥、祓，除也。辟。

揣者，《説文》「椯，剟也」，「剟，刊也」。刊與「除」同義。《説文》「椯」字注云「一曰揣度也」。《集韻》《類篇》

---

❶「拂」，原作「城」，今據續四庫本改。

揣、椯竝楚委、丁果二切。是揣與「椯」聲義同也。拂者，《曲禮》「進几杖者拂之」，鄭注云「拂去塵」。《大雅·生民》篇「茀厥豐草」，《韓詩》作「拂」，云「拂，弗也」。茀、弗竝與「拂」通。糞、埽者，糞猶「拂」也，語之轉耳。昭三年《左傳》云「小人糞除先人之敝廬」。《説文》「糞，棄除也」，「坌，埽除也」，「埽，坌也」。《周官·隸僕》「掌五寢之埽除糞洒之事」。《少儀》云「氾埽曰埽，埽席前曰拚」。糞、坌、拚竝通。寫之言瀉也。《邶風·泉水》篇「以寫我憂」，毛傳云「寫，除也」。又《小雅·蓼蕭》篇「我心寫兮」，毛傳云「輸寫其心也」。《周官·稻人》「以澮寫水」。皆除去之意也。雪者，《吕氏春秋·不苟論》「雪殺之恥」，高誘注云「雪，除也」。雪之言刷也。《晏子春秋·諫》篇「景公刷涕而顧晏子」，《列子·力命》篇作「雪涕」。搫者，《玉篇》音步波、步丹二切。潘岳《射雉賦》「搫場拄翳」，徐爰注云「搫者，開除之名，謂除地爲場也」。摒音必政、必郢二反，字通作「屏」。《大雅·皇矣》篇云「作之屏之」。㧄者，《説文》「薅，拔田草也」，籒文作「𦺈」，或作「茠」，引《周頌·良耜》篇「既茠荼蓼」，今《詩》作「以薅荼蓼」。又《説文》「𥉂」字注引《漢律》「𥉂田茠草」。竝字異而義同。今俗語猶云㧄草矣。耘者，《小雅·甫田》篇「或耘或耔」，毛傳云「耘，除草也」。撥者，《史記·太史公自序》云「秦撥去古文，焚滅《詩》《書》」。《説文》「癹，以足蹋夷草也」，又云「鏺，兩刃，有木柄，可以刈草，讀若撥」，義竝相近也。祓者，《説文》「祓，除惡祭也」。《周官·女巫》「掌歲時祓除釁浴」。《大雅·生民》篇「以弗無子」，鄭箋云「弗之言祓也，祓除其無子之疾而得福也」。《檀弓》云「巫先拂柩」。祓與拂、弗亦通。祓，畢本、吴本訛作「柭」，胡文焕本又訛作「拔」，惟影宋本、皇甫本不訛。辟者，《文選·上林賦》注引薛君《韓詩章句》云「辟，除也」。《大雅·皇矣》篇云「啟之辟之」。《衆經音義》卷二十一引《廣雅》「辟，除也」。今本脱「辟」字。

蹲、跠、⿸尸夷、啟、隸，踞也。

蹲、跠者，《説文》「蹲，踞也」。《淮南子·説山訓》云「蹲踞而誦《詩》《書》」。《南山經》「箕尾之山，其尾踆于東海」，郭璞注云「踆，古『蹲』字」。《説文》又云「夋，倨也」。蹲、踆、夋竝同字。倨與「踞」通。跠與下「⿸尸夷」字同，亦通作「夷」。《論語·憲問》篇「原壤夷俟」，馬融注云「夷，踞也」。《賈子·等齊》篇云「織履蹲夷」。王延壽《魯靈光殿賦》云「卻負載而蹲跠」。啟者，《爾雅》「啟，跪也」。《小雅·四牡》篇「不遑啟處」，毛傳訓與《爾雅》同。跪與「踞」皆有安處之義，故啟訓爲跪，又訓爲踞。《采薇》篇又云「不遑啟居」。居、踞聲亦相近。《説文》「居，蹲也」，「踞，蹲也」，「跽，長跪也」，「㠱，長踞也」。居、踞、跽、㠱、啟、跪，一聲之轉，其義竝相近也。隸者，《説文》「隸，極陳也」，義與「踞」相近。《法言·五百篇》云「夷俟倨隸」。《漢書·敘傳》云「何有踞隸於朝」。

歛、⿰乞欠、匄、貸、誣、⿰言奄、授、施、禆、稟、付、載、埤、分、越、以、乞、遺、予，與也。

各本「予」下皆無「與」字，此因予、與二字同聲，故傳寫脱去「與」字耳。《集韻》引《廣雅》「歛，予也」，則宋時《廣雅》本已脱去「與」字。案：此條「與」字有二義。一爲「取與」之與，歛、⿰乞欠、匄、貸、授、施諸字是也。一爲「與共」之與，誣、⿰言奄、越、以四字是也。義雖不同，而皆得訓爲「與」。若「予」字，則但有「取與」之義，無「與共」之義。故誣、⿰言奄、越、以四字可訓爲「與」，不可訓爲「予」。又《衆經音義》卷十一、十八竝引《廣雅》「稟，與也」，卷十二引《廣雅》「分，與也」，卷一、卷三、卷九、卷十四竝引《廣雅》「遺，與也」，皆作「與」，不作「予」。今據以補正。或謂予、與二字同聲，不當竝見。案：《爾雅》云「輔，俌也」，「嗟，䞈也」，「迺，乃也」，《廣雅》云「壹，弌也」，「炳，爇也」，「煖，煗也」，若斯之類，皆同聲而竝見。蓋古今異字，必以此釋彼而其義始明。「予」之訓「與」，亦猶是也。《說文》「與」本作「与」，云「賜予也」。鄭衆注《周官·大卜》云「與，謂予人物也」。郭璞注《爾雅》云「與，猶予也」，注《方言》云「予猶與也」。此又予、與二字互訓之證矣。歙者，卷一云「歙，欲也」。歙爲「欲」而又爲「與」，乞、匄爲「求」而又爲「與」，貸爲「借」而又爲「與」，稟爲「受」而又爲「與」，義有相反而實相因者，皆此類也。欿與「乞」聲相近，故亦訓爲「與」。匄者，《漢書·西域傳》「我匄若馬」，顔師古注云「匄，乞與也」。《後漢書·竇武傳》云「匄施貧民」。貸者，《說文》「貸，施也」。文十六年《左傳》云「宋饑，竭其粟而貸之」。誣、譺，謂相阿與也。《方言》「誣、譺，與也，吴越曰誣，荆齊曰譺，與猶秦晉言阿與也」。《玉篇》「譺，匿也」，匿即「阿與」之意。裨與下「埤」字同義。《方言》「埤，予也」。《說文》「裨，接益也」。稟者，《說文》「稟，賜穀也」。《漢書·文帝紀》「吏稟當受鬻者」，顔師古注云「稟，給也」。分者，韋昭《魯語》注云「分，予也」。越猶「及」也。《爾雅》「及，與也」。《大誥》云「大誥爾多邦，越爾御事」，是也。以者，《召南·江有汜》篇云「不我以」，又云「不我與」，鄭箋云「以猶與也」。乞者，《漢書·朱買臣傳》云「糧用乏，上計吏卒更乞匄之」。各本「匄」字重出，今刪。

闕、霝、罝罜、窔、寮、繆、豁、坰、丘、窾、廓、虛、甹、素、科，空也。

闕者，缺之空也。《玉篇》云「闕閔，無門户也」。《釋言》云「栔，缺也」。栔與「闕」聲近義同。霝之言瓏玲也。《說文》「櫺，楯閒子也」，徐鍇《傳》云「即今人闌楯下爲横櫺也」。《說文》「軨，車轖閒横木也」。《楚辭・九辯》「倚結軨兮長太息」。字亦作「笭」。《釋名》「笭，横在車前，織竹作之，孔笭笭也」。定九年《左傳》「載蔥靈」，賈逵注云「蔥靈，衣車也，有蔥有靈」。蔥與「窻」同。靈與「櫺」同。《楚辭・九章》「乘舲船余上沅兮」，王逸注云「舲船，船有牕牖者」。《説文》「䉖，笭也」。是凡言「霝」者，皆中空之義也。霝，各本作「霿」。《玉篇》《廣韻》竝云「霿」，古文「靈」字。夏竦《古文四聲韻》云「靈」《古尚書》作「𩂣」，崔希裕《纂古》作霈、霝、霿。案：「𩂣」即篆文「霝」字，訛而爲「霈」，又訛而爲「霝」、爲「霿」，皆俗書也，當從「霝」爲正。罜䍅者，《玉篇》「罜䍅，小空皃」。《廣韻》云「罜䍅，小網也」。義竝相近。䍅與「霝」，義亦相近也。窔者，《説文》「窔，穿也」。《玉篇》云「穿也，空也，或爲肤、闋」，又云「闞闋，無門户也」。《説文》「肤，孔也」。《廣韻》「疦，瘡裹空也」。義竝相近。寮者，《説文》「寮，穿也」。《衆經音義》卷一引《倉頡篇》云「寮，小空也」。張衡《西京賦》云「交綺豁以疏寮」。《玉篇》「蓫，草木莖葉疏也」。《廣韻》「鐐，有孔鑪也」。義竝相近。繆者，《説文》「廫，空虚也」，「繆，空谷也」。《老子》「寂兮寥兮」，河上公注云「寥，空無形也」。《楚辭・遠遊》篇云「上寥廓而無天」。《漢書・司馬相如傳》「寥」作「嵺」。《九辯》云「泬寥兮天高而氣清，宲嵺兮收潦而水清」。義竝相近也。豁者，《説文》「䜪，通谷也」。司馬相如《哀二世賦》「通谷䜪乎谽谺」，䜪與「豁」同。《説文》「䜭，空大也，讀若《詩》『施罟泧泧』」，今《詩》作「施罛濊濊」，馬融注云「大魚罔目大豁豁也」。《廣韻》「䜭，大開目也」。義竝相近。㕯者，上文云「㕯，繆，深也」，深與「空」義相近。故「深」謂之㕯，亦謂之繆，「空」謂之繆，亦謂之㕯矣。丘者，昭十二年《左傳》「是能讀《三墳》《五典》《八索》《九丘》」，延篤注引張平子説云「九丘，《周禮》之九刑，丘，空也，空設之也」。《漢書・息夫躬傳》「寄居丘亭」，顔師古注云「丘，空也」。《公孫弘傳》云「客館丘虛而已」。賈逵說《九丘》云「九州亡國之戒」。孟康注《楚元王傳》云「西方謂亡女壻爲丘壻」。義竝相近也。窾者，《莊子·養生主》篇「道大窾」，崔譔注云「窾，空也」。《漢書·司馬遷傳》「實不中其聲者謂之款」，服虔注云「款，空也」。款與「窾」通。《爾雅》「鼎款足者謂之鬲」，郭璞注云「鼎曲脚也」。案：款足，猶空足也。《漢書·郊祀志》「鼎空足曰鬲」，蘇林注云「足中空不實者名曰鬲」，是其證矣。空、窾一聲之轉。空之轉爲款，猶悾之轉爲款。《論語·泰伯》篇云「悾悾而不信」。《楚辭·卜居》篇云「吾寧悃悃款款朴以忠乎」。「款款」亦悾悾也。廓者，高誘注《淮南子·精神訓》云「廓，虛也」。《管子·輕重乙》篇云「廓然虛」。素者，《魏風·伐檀》篇「不素餐兮」，毛傳云「素，空也」。科者，《說卦傳》「其於木也，爲科上槁」，《釋文》云「科，空也」。《史記·張儀傳》「虎賁之士，跿跔科頭」，《集解》云「科頭，謂不著兜鍪入敵也」，亦空之義也。《說文》「窠，空也，一曰鳥巢也，穴中曰窠，樹上曰巢」。《孟子·離婁》篇「盈科而後進」，趙岐注云「科，坎也」。義竝相近。科與「窾」聲亦相近。高誘注《淮南子·原道訓》云「窾，空也，讀『科條』之科」。

移、貿、恤、施、夷、詑、狄、假、變、奪，𢿱也。

此條「𢿱」字有二義。移、貿諸字爲「變易」之易，夷、詑爲「平易」之易。易與「𢿱」通。施讀當如「施于中谷」之施。《周南·葛覃》傳云「施，移也」。《大雅·皇矣》篇「施于孫子」，鄭箋云「施猶易也，延也」。《喪服》傳「絶族無施服」，鄭注云「在旁而及曰施」。義竝相同。《爾雅》「弛，易也」。郭璞注云「相延易」。弛與「施」亦聲近義同。夷者，《說文》「徲，行平易也」。通作「夷」。《爾雅》「夷，易也」。《周頌·天作》篇「岐有夷之行」,《有客》篇「降福孔夷」,毛傳竝與《爾雅》同。詑亦謂平易也。字通作「佼」。《春秋》莊十三年「冬,公會齊侯盟于柯」,《公羊傳》云「何以不日,易也」,何休注云「易,猶佼易也,相親信無後患之辭」。《天作》箋云「岐邦之君,有佼易之道」。是佼與「夷」同義。奪者,《堯典》云「八音克諧,無相奪倫」。

繁、殷、員、宗、旅、搜、卉、林、苗、風、丘、諸,衆也。 猥。

殷者,《夏小正》「浮游有殷」,《鄭風·溱洧》篇「殷其盈矣」,傳竝云「殷,衆也」。員讀若「云」。《説文》「員,物數也」。《春秋》楚伍員,字子胥。《爾雅》「僉、咸、胥,皆也」,是衆之義也。《説文》「䞓,物數紛䞓亂也」。《孫子·兵勢篇》云「紛紛紜紜」。《釋名》云「雲猶云云,衆盛意也」。義竝與「員」同。《説文》「覞,外博衆多視也,讀若運」。**覞**與「員」亦聲近義同。宗者,《同人》六二「同人于宗」,《楚辭·招魂》「室家遂宗」,荀爽、王逸注竝云「宗,衆也」。《爾雅》「道八達謂之崇期」,《文選·蜀都賦》注引孫炎注云「崇,多也,多道會期於此」。崇與「宗」亦聲近義同。旅者,《爾雅》「旅,衆也」。搜者,《魯頌·泮水》篇「束矢其搜」,毛傳云「搜,衆意也」。《説文》同。《爾雅》「蒐,聚也」,義亦與「搜」同。卉之言彙也。《爾雅》「卉,草」,《夏書·禹貢》正義引舍人注云「凡百草一名卉」,是衆之義也。林者,《説文》「平土有叢木曰林」。《周語》「林鍾,和展百事,俾莫不任肅純恪也」,韋昭注云「林,衆也,言萬物衆盛也」。《白虎通義》云「六月謂之林鍾何?林者,衆也,萬物成熟,種類衆多也」。苗者,《法言·重黎篇》云「秦楚播其虐於黎苗」。《後漢書·和熹鄧皇后紀》「以贍黎苗」,李賢注引《廣雅》「苗,衆也」。漢《成陽靈臺碑》云「躬行聖政,以育苗萌」。丘者,《孟子·盡心》篇云「得乎丘民而爲天子」。《莊子·則陽》篇云「丘里者,合十姓百名而以爲風俗也」。《釋名》

云「四邑爲丘，丘，聚也」。皆衆之義也。猥者，《文選》盧諶《贈劉琨詩》注引許慎《淮南子注》云「猥，總凡也」。《管子·八觀》篇「以人猥計其野」，尹知章注云「猥，衆也」。《漢書·溝洫志》「水猥盛則放溢」，顔師古注云「猥，多也」。《長笛賦》「山水猥至」，注引《廣雅》「猥，衆也」。又《魏都賦》注、盧諶《贈劉琨詩》注及《後漢書·馮異傳》注引《廣雅》竝同。今本脱「猥」字。

有、常、𣲙、沚、性，質也。

常者，《説苑·脩文》篇云「常者，質也」。性者，《莊子·庚桑楚》篇云「性者，生之質也」。《春秋繁露·深察名號》篇云「性者，質也」。《漢書·董仲舒傳》云「質樸之謂性」。《禮器》「增美質」，鄭注云「質猶性也」。資質謂之性，形質亦謂之性。《楚語》云「若體性焉，有首領股肱，至於手拇毛脈」。

司、典、尚、質、魁、敵、掌、摡、阼，主也。

尚之言掌也。高誘注《淮南子·覽冥訓》云「尚，主也」。質者，《曲禮》「行脩言道，禮之質也」，鄭注云「質，猶本也」。本與「主」義相近，凡物之本，即物之主也。襄九年《左傳》「要盟無質」，杜預注云「質，主也」。魁者，《檀弓》「不爲魁」，鄭注云「魁猶首也，天文，北斗魁爲首，杓爲末」。《漢書·游俠傳》「閭里之俠，原涉爲魁」，顔師古注云「魁者，斗之本也，故言根本者皆云魁」。敵讀爲「適」。《衛風·伯兮》篇「誰適爲容」，毛傳云「適，主也」。敵、適古多通用。

蹙、遒、薄、愃，迫也。

蹙、遒二字，義見卷一「迫、遒、蹙，急也」下。遒與「遒」同。薄、迫古同聲。高誘注《淮南子·本經訓》云

「薄，迫也」。莊十一年《左傳》云「宋師未陳而薄之」。愃者，《説文》「愃，迫也」。《爾雅》「速速、蹙蹙，惟逑鞫也」，郭璞《音義》云「逑，迫也」。逑、愃聲近義同。

齰、齺、齮、齕、⿰齒出、齦、⿰齒其、⿰齒可、⿰齒來、⿱圣齒、⿰齒卒、噬、咥、⿰齒堯、啄，齧也。

齰者，《説文》「齰，齧也」，或作「齚」。《衆經音義》卷二引《通俗文》云「⿰齒堯咬曰齚」。宋玉《風賦》云「啗齰嗽獲」。《史記·灌夫傳》云「杜門齚舌自殺」。《佞幸傳》云「鄧通常爲帝唶吮之」。《淮南子·脩務訓》云「齕咋足以噆肌碎骨」。竝字異而義同。齺者，《説文》「齺，齰也」。《管子·輕重戊》篇「車轂⿱圣齒」，尹知章注云「言車轂相齧也」。⿱圣齒與「齺」同。齮者，《説文》「齮，齧也」。《衆經音義》卷七引《倉頡篇》云「齊人謂齧咋爲齮」。《史記·田儋傳》云「秦復得志於天下，則齮齕用事者墳墓矣」。齕者，《説文》「齕，齧也」。《曲禮》云「庶人齕之」。⿰齒出者，《説文》「⿰齒出，齚齒也」。齦者，《説文》「齦，齧也」。《玉篇》音口很切。今俗語猶然。⿰齒可者，《集韻》引《字林》云「⿰齒可，大齧也」。⿰齒來者，《玉篇》「⿰齒來，噍齧聲也」。⿱圣齒者，《玉篇》「⿰齒來⿱圣齒，大齧也」。⿰齒卒者，《説文》「⿰齒卒，齚也」。咥者，《履》彖辭「履虎尾，不咥人」，馬融注云「咥，齕也」。《説文》「⿰齒至，齧堅聲也」，義與「咥」同。⿰齒堯者，《説文》「齩，齧骨也」。《漢書·食貨志》云「易子而齩其骨」。齩與「⿰齒堯」同，今俗語猶云「齩骨」矣。啄者，《楚辭·招魂》「虎豹九關，啄害下人些」，王逸注云「啄，齧也」。

疆、埸、限、畔，界也。

埸，各本訛作「場」。《後漢書·班固傳》注引《廣雅》「埸，界也」。《衆經音義》卷十三引《廣雅》「畺、埸，界也」。今據以訂正。畺與「疆」同。

搴、夭、抽、挬、揠、擢、拂、戎、踚、抍，拔也。

搴者，《説文》「攐，拔取也」，引《離騷》「朝攐阰之木蘭」，今本作「搴」。《爾雅》「芼，搴也」，樊光注云「搴，猶拔也」。《管子·四時》篇「毋蹇華絶芽」，《莊子·至樂》篇「攓蓬而指之」，司馬彪、尹知章注竝云「拔也」。搴、攐、攓、蹇古通用。夭者，《管子·禁藏》篇云「毋夭英，毋折芽」，夭英，即《四時》篇所云「蹇華」也。挬者，《淮南子·俶真訓》「疾風㪍木而不能拔毛髮」，高誘注云「㪍，亦拔也」。《覽冥訓》云「挬拔其根」，挬與「㪍」通。揠、擢、拂、戎者，《方言》「揠、擢、拂、戎，拔也，自關而西或曰拔，或曰擢，自關而東江淮南楚之閒或曰戎，東齊海岱之閒曰揠」，郭璞注云「今呼拔草心爲揠」。《孟子·公孫丑》篇「宋人有閔其苗之不長而揠之者」，趙岐注云「揠，挺拔之也」。拂猶「挬」也，方俗語有輕重耳。《大雅·生民》篇「茀厥豐草」，《韓詩》作「拂」，是「拂」爲拔也。《韓子·難》篇云「拔拂今日之死不及」。踚之言躍，抍之言升，皆上出之義也。《方言》「踚、抍，拔也，出休爲抍，出火爲踚」。《説文》「抍，上舉也」，引《易》「抍馬壯吉」。今《易·明夷》六二及《涣》初六「抍」竝作「拯」，王肅注云「拯，拔也」，子夏作「抍」。《艮》六二「不拯其隨」，《釋文》作「承」。《淮南子·齊俗訓》云「子路撜溺而受牛謝」。揚雄《羽獵賦》云「丞民乎農桑」。竝字異而義同。抍，各本譌作「枡」，今訂正。

鋪、敷、𢿢、抪、㗭、列、播、莫、班、賦，布也。

𢿢者，《廣韻》音盧啟、吕支二切，布也，陳也。昭元年《左傳》「楚公子圍設服離衞」，杜預注云「離，陳也」。離與「𢿢」通。抪與上「鋪」字同。《漢書·中山靖王傳》「塵埃抪覆」，顔師古注云「抪，亦布散也」。㗭者，

《説文》「敶，列也」。經傳通作「陳」。賦者，《爾雅》「班，賦也」。《堯典》正義引孫炎注云「謂布與也」。《大雅・烝民》篇「明命使賦」，毛傳云「賦，布也」。《周官・大師》注云「賦之言鋪，直鋪陳今之政教善惡」。《釋名》云「敷布其義謂之賦」。賦、布、敷、鋪竝聲近而義同。

抑、捘、擪、攤、據，按也。

捘者，《文選・長笛賦》「挼拏捘臧」，李善注引《廣雅》「捘，按也」，又云「臧猶抑也」。擪之言壓也。《説文》「擪，一指按也」。《莊子・外物》篇「壓其顪」，《釋文》「壓本亦作『擪』」。《楚辭・九辯》「自壓按而學誦」，壓一作「厭」。《韓子・外儲説右》篇云「田連、成竅，天下善鼓琴者也，然而田連鼓上，成竅擫下，而不能成曲，共故也」。《淮南子・説林訓》云「使但吹竽，使氏厭竅，雖中節而不可聽」。《泰族訓》云「所以貴扁鵲者，貴其擪息脈血，知病之所從生也」。擪、擫、壓、厭竝通。攤，《玉篇》音奴旦切。《廣韻》云「按攤也」。凡抑之使不得起曰攤。《堯典》「惇德允元，而難任人」，難猶抑也，謂進君子而退小人也。據者，《玉藻》「君賜，稽首據掌致諸地」，鄭注云「據掌，以左手覆案右手也」。案與「按」通。

掫、質、已、然、集、爲、備、刑、立、平、構、名、紘，成也。造。

質者，《爾雅》「質，成也」。《小雅・天保》篇「民之質矣」，《曲禮》「疑事毋質」，毛傳、鄭注竝與《爾雅》同。已者，終事之辭，故爲成也。然者，《大戴禮・武王踐阼》篇云「毋曰胡残，其禍將然。毋曰胡害，其禍將大」。《淮南子・泰族訓》云「天地正其道而物自然」。是「然」爲成也。集者，《小雅・黍苗》篇「我行既集」，鄭箋云「集猶成也」。爲者，《晉語》「黍不爲黍」，韋昭注云「爲，成也」。備者，《書大傳》云「備者，成也」。《管子・宙合》篇云「多備規軸者，成軸也」。刑、成聲相近。《王制》云「刑者，侀也，侀者，成也，一成而不可變，故君子盡心焉」。《大傳》「財用足故百志成，百志成故禮俗刑」，鄭注云「刑猶成也」。立者，《莊子・天地》篇云「德成之謂立」。平者，《爾雅》「平，成也」。《公羊氏春秋》隱六年「鄭人來輸平」，《傳》云「輸平，猶墮成也」。構者，結成也。《小雅・四月》篇「我日構禍」，毛傳云「構，成也」。《史記・黥布傳》云「事已構」。名者，《廣韻》引《春秋説題辭》云「名，成也」。紘即「絇」字也。《聘禮》記「絇組」，鄭注云「采成文曰絇」。《論語・八佾》篇「素以爲絇兮」，鄭注云「文成章曰絇」。《廣韻》云「紘」與「絇」同。絇之或作紘，猶眴之或作眩矣。造者，《大雅・思齊》篇「小子有造」，《王制》「曰造士」，箋、注竝云「造，成也」。《衆經音義》卷二十二引《廣雅》「造，成也」。今本脱「造」字。

歉、堇、儉、約、娋、減、屚、尾、頗、劣、虔、虧，少也。匱。

歉者，《説文》「歉，食不滿也」。襄二十四年《穀梁傳》「一穀不升謂之嗛」，范甯注云「嗛，不足貌」。《韓詩外傳》作「鎌」。《廣雅・釋天》作「歉」。《孟子・公孫丑》篇「吾何慊乎哉」，趙岐注云「慊，少也」。《逸周書・武稱解》云「爵位不謙，田宅不虧」。竝字異而義同。堇讀爲「僅」。《説文》「僅，才能也」，徐鍇《傳》云「僅能如此，是才能如此也」。又《説文》「廑，少劣之居也」。《周語》「余一人僅亦守府」，韋昭注云「僅猶劣也」。定八年《公羊傳》云「僅然後得免」。《射義》云「蓋勴有存者」。《吕氏春秋・長見》篇「魯公以削，至於覲存」，高誘注云「覲，裁也」。《鹽鐵論・通有》篇云「多者不獨衍，少者不獨饉」。《漢書・董仲舒傳》「廑能勿失耳」，顔師古注云「廑，少也」。《地理志》「堇堇物之所有」，應劭注云「堇堇，少也」。竝字異而義同。《穀梁傳》「三穀不升謂之饉」，亦是少劣之意，猶「一穀不升謂之歉」也。曹憲讀「堇」爲「謹」，失之。媘，經傳通作「省」。頗者，略之少也。《史記・叔孫通傳》云「臣願頗采古禮，與秦儀雜就之」。劣者，《説文》「劣，弱也，從力、少」。卷二云「劣，減也」。虔、虧者，《小雅・天保》篇「不騫不崩」，毛傳云「騫，虧也」。《魯頌・閟宮》篇云「不虧不崩」，是騫、虧皆少也。虔與「騫」聲近而義同。虧與「虧」同。匱者，鄭注《月令》云「匱，乏也」。《墨子・七患》篇云「四穀不收謂之餽」，餽與「匱」通。《華嚴經》卷四十三《音義》引《廣雅》「匱，少也」。今本脱「匱」字。

屯、驙、蹇、展、訒、赾、憎、懷、畏、憚、䟒、遴、病，難也。

屯者，《説文》「屯，難也，象草木之初生屯然而難」，引《屯》彖傳云「屯，剛柔始交而難生」。驙者，《説文》「駗，馬載重難行也」，「驙，駗驙也」，又云「邅，趁也」。《屯》六二「屯如邅如」，馬融注云「邅，難行不進之貌」。《漢書・敘傳》「紛屯亶與蹇連兮」。竝字異而義同。蹇、展聲相近。《蹇》彖傳云「蹇，難也」。《方言》「寋、❶展，難也，齊晉曰寋，山之東西凡難貌曰展，荆吴之人相難謂之展，若秦晉言相憚矣」。寋與「蹇」同。訒者，《説文》「訒，頓也」。頓與「鈍」同。《論語・顔淵》篇「仁者其言也訒」，孔傳云「訒，難也」，《釋文》「訒，字或作『仞』」。《管子・制分》篇云「凡用兵者，攻堅則軔，乘瑕則神」。《荀子・正名篇》「外是者謂之訒」，楊倞注云「訒，難也」。竝字異而義同。《説文》「軔，礙車木也」。《楚辭・離騷》「朝發軔於蒼梧

❶「寋」，據《方言》當作「謇」。下同。

兮」，王逸注云「軔，楮輪木也」，義與「訒」亦相近。赾者，《説文》「赾，行難也」。《玉篇》音丘謹切，云「行謹皃」。《廣韻》云「跛行皃」。義竝相近。憎、懷、畏、憚者，《方言》「憎、懷，憚也，陳曰懷」，郭璞注云「相畏憚也」。《説文》「憚，忌難也」。《屯》釋文引賈逵《周語》注云「難，畏憚也」。歰者，《説文》「歰，不滑也」。《方言》「讘，吃也，或謂之歰」，郭璞注云「語歰難也」。《楚辭・七諫》「言語訥歰兮」，注云「歰者，難也」。《風俗通・十反》篇云「冷澀比如寒蜒」，澀與「歰」同。歰，各本訛作「𣦵」，今訂正。遴者，《説文》「遴，行難也」，引《蒙》初六「以往遴」，今本作「吝」，同。病者，《論語・憲問》篇「堯舜其猶病諸」，孔傳云「病猶難也」。僖十年《左傳》「爲子君者，不亦難乎」，《公羊傳》作「不亦病乎」。

畏、諄、訧、櫱、蹙、戮，辠也。

諄者，《方言》「諄，罪也」，郭璞注云「謂罪惡也」。罪與「辠」同。《康誥》云「元惡大憝」，憝與「諄」古聲亦相近。訧者，《説文》「訧，辠也」。引《吕刑》「報以庶訧」，今本作「尤」。《王制》云「郵罰麗於事」。訧、尤、郵竝通。櫱通作「孽」。《緇衣》引《大甲》曰「天作櫱」，《孟子・公孫丑》篇作「孽」。今俗語猶云「辠孽」矣。

揖、枚、斂、扱、抍、叢、擓，收也。

諸書無訓「枚」爲收者。枚當爲「救」字之誤也。救讀若「鳩」。鳩、斂、扱、叢、擓，皆謂收聚也。《爾雅》「斂、收、鳩，聚也」。《堯典》「共工方鳩僝功」，《説文》「僝」字注引作「旁救僝功」，是鳩、救古通用。扱者，《説文》「扱，收也」。《曲禮》「以箕自鄉而扱之」，鄭注云「扱，讀曰吸，謂收糞時也」。抍者，取之收也，字亦作「拯」。《周官・職幣》注云「振，猶抍也」。《中庸》注云「振，猶收也」。是抍與「收」同義。卷一云「扱、收、斂、抍，取也」，取與「收」同義，故斂、扱、抍又爲收也。叢者，《説文》「叢，聚也」。擓之言會也。《周官・弁師》「王之皮弁，會五采玉璂」，鄭注云「故書『會』作『䯤』」，鄭司農云『謂以五采束髮也』」，《士喪禮》曰『擓用組，乃笄』，擓讀與『䯤』同，説曰『以組束髮，乃箸笄，謂之擓』」。今《士喪禮》作「鬠用組」，鄭注云「用組，組束髮也」。是「擓」爲收束之義也。擓、䯤、鬠、會竝通。

⿰飠弁、餌、餧，食也。

此條「食」字讀如「上農夫食九人」之食，字本作「飤」，與卷二内「呹、噬、飡、餔、啜，食也」讀如「飲食」之食者不同。《衆經音義》卷二、卷四、卷十三竝引《廣雅》「餧，飤也」，是其證。⿰飠弁，舊本作「餅」，曹憲《音》「必井反」。案：⿰飠弁與「飯」同，讀如「飯牛」之飯，謂飤之也。《玉篇》《廣韻》「飯」或作「⿰飠弁」。⿰飠弁與「餅」字形相近，傳寫往往譌溷。《韓子・外儲説》「糲⿰飠弁菜羹」。《爾雅・釋言》釋文引《字林》云「⿰飠弁，扶晚反，飤也」。《方言》「⿱竹旅，南楚謂之筲」，郭璞注云「盛⿰飠弁筥也」。今本「⿰飠弁」字竝譌作「餅」，正與此同。⿰飠弁與「餧，飤」之義不相近，曹憲《音》「必井反」，非是，今訂正。餌亦謂飤之也。《秦策》云「伍子胥無以餌其口」。《中山策》云「臣有父嘗餓且死，君下壺飡餌之」。餧者，《説文》「萎，飤牛也」。昭二十五年《公羊傳》「且夫牛馬維婁，委己者也，而柔焉」，何休注云「委，食己者」。《楚辭・九辯》云「鳳不貪餧而妄食」。餧、萎、委竝通。

佐、望、⿰貞兆、䁤、候、閒，覗也。

⿰貞兆者，《後漢書・清河孝王傳》「使御者偵伺得失」，李賢注云「偵，候也，音丑政反」。偵與「⿰貞兆」同。伺與「覗」同，亦通作「司」。⿰貞兆，各本譌作「⿰貞兆」。案：《玉篇》有「⿰貞兆」字，無「⿰貞兆」字。自《廣韻》始譌作「⿰貞兆」，《集韻》《類篇》遂䚚、䚚竝收。《玉篇》云「䚚，覞也，譯也」。卷四云「䚚，驛也」。字竝從先，今據以訂正。䁻者，《説文》「䁻，司也」。《廣韻》音武悲、無非二切。字通作「微」。《大戴禮・曾子立事》篇「君子行自微也，不微人」，謂自察而不察人也。《史記・廉頗藺相如傳》云「趙使人微捕得李牧，斬之」。《漢書・游俠傳》「使人微知賊處」，顏師古注云「微，伺問之也」。閒者，莊八年《左傳》「使閒公」，杜預注云「伺公之閒隙」。《孟子・離婁》篇「王使人瞷夫子」。瞷與「閒」聲義相近。

𣏾、耦、和，諧也。

矇、瞍、瞽，盲也。

矇、瞍、瞽者，《説文》「矇，童矇也」，「瞍，無目也」，「瞽，目但有眣也」。《大雅・靈臺》篇「矇瞍奏公」，毛傳云「有眸子而無見曰矇，無眸子曰瞍」。《周官・瞽矇》鄭衆注云「無目眣謂之瞽，有目眣而無見謂之矇，有目無眸子謂之瞍」。《釋名》云「盲，茫也，茫茫無所見也」，「瞽，鼓也，瞑瞑然目平合如鼓皮也」，「矇，有眸子而失明，蒙蒙無所別也」，「瞍，縮壞也」。

蔚、縟、劬、驟，數也。

蔚者，《衆經音義》卷七云「蔚，文采繁數也」。《革》象傳「其文蔚也」，虞翻注云「蔚，蔇也」。《説文》云「蔇，草多皃」。《曹風・候人》篇「薈兮蔚兮」，毛傳云「薈蔚，雲興貌」。《爾雅・釋草》云「蔚，牡菣」。《釋蟲》云「𧕴，飛螘」。《王制》「鳩化爲鷹，然後設罻羅」，鄭注云「罻，小網也」。皆繁數之意也。縟者，《説文》「縟，繁采飾也」。《喪服》傳「喪成人者其文縟」，鄭注云「縟，猶數也」。《鹽鐵論・散不足》篇云「富者縟繡羅紈」。劬者，《小雅·鴻雁》篇「劬勞于野」，《韓傳》云「劬，數也」。驟者，《周語》云「昔吾驟諫王」。

婞、媮、聊、苟，且也。

婞通作「姑」。媮通作「偷」。《表記》「安肆日偷」，鄭注云「偷，苟且也」。聊者，《邶風·泉水》箋云「聊，且略之辭」。

秉、握、攬、捉、把、撮、搤、擁、操、捦、搹、拈、⿰扌冊、掫、蒦、扣、攕、接、撫、齎、奉，持也。挈。

攬者，《説文》「擥，撮持也」。《管子·弟子職》篇云「飯必捧擥」。《釋名》「攬，斂也，斂置手中也」。攬與「擥」同。捉者，《説文》「捉，搤也，一曰握也」。僖二十八年《左傳》云「捉髮走出」。《釋名》「捉，促也，使相促及也」。撮者，應劭注《律曆志》云「撮，三指撮之也」。《中庸》云「一撮土之多」。《釋名》「撮，卒也，暫卒取之也」。案：撮之言最也，謂聚持之也。隱元年《公羊傳》注云「最，聚也」。《莊子·秋水》篇「鴟鵂夜撮蚤」，《釋文》云「撮」崔本作「最」，引《淮南子·主術訓》「鴟夜聚蚤」。是最、撮皆聚也。搤與下「搹」字同。《説文》「搤，捉也」，「搹，把也」。《喪服》傳「苴絰大搹」，鄭注云「盈手曰搹」。《魏策》云「日夜搤腕瞋目切齒」。《燕策》云「樊於期偏袒扼腕而進」。竝字異而義同。捦者，《説文》「欽，持也」，「捦，急持衣衿也」。《衆經音義》卷十一引《三倉》云「捦，手捉物也」。❶ 今作「擒」。竝字異而義同。拈者，《説文》「拈，⿰扌耴也」。《玉篇》云「指取也」。今俗語猶謂兩指取物爲拈矣。⿰扌冊者，《説文》「⿰扌冊，并持也」。掫當作「⿰扌耴」，讀若「專

❶「一」，原作「三」，今據《一切經音義》改。

輒」之輒，字從耴，不從取。耴讀與「𢪸」同。曹憲《音》「鄹之上聲」，則所見本已訛作「掫」。《廣韻》「掫，側九切，持物相著也」，即踵曹憲之誤。《説文》「掫，夜戒守有所擊也」，義與「持」不相近。《玉篇》「掫」字亦不訓爲持。又《説文》《玉篇》竝云「𢪸，拈也」。《釋名》「拈，黏也，兩指翕之，黏著不放也」，此即《廣韻》「持物相著」之義。今據以辨正。《玉篇》「捻，乃協切，指捻也」。今俗語猶謂兩指取物爲捻。拈與「捻」一聲之轉。捻與「𢪸」聲相近也。《説文》「鉆，鐵銸也」，「銸，鉆也」。《後漢書·陳寵傳》「絶鉆鑽諸慘酷之科」，李賢注引《倉頡篇》云「鉆，持也」。鉆與「拈」、銸與「𢪸」聲亦相近。蒦者，《説文》「蒦，規蒦商也，從又持萑」。《衆經音義》卷十二、十三、十六引《廣雅》竝作「擭」。《説文》「擭，握也，一曰搤也」。張衡《西京賦》「擭獑猢」，薛綜注云「擭謂握取之也」。徐爰注《射雉賦》引《埤倉》云「擭，爪持也」。擭與「蒦」通。扣者，牽持之也。《説文》「扣，牽馬也」。襄十八年《左傳》云「大子與郭榮扣馬」。《吕氏春秋·愛士》篇「扣繆公之左驂」，高誘注云「扣，持也」。《史記·伯夷傳》「叩馬而諫」，叩與「扣」通。擸者，《説文》「擸，理持也」。褚少孫續《日者傳》「獵纓正襟危坐」，《後漢書·崔駰傳》作「躐」。擸、躐、獵竝通。《後漢書》注引《史記》作「攝纓整襟」。《説文》「攝，引持也」。《士喪禮》「左執俎，横攝之」，鄭注云「攝，持也」。攝與「擸」亦聲近義同。撫亦「把」也，方俗語有侈弇耳。襄二十六年《左傳》云「撫劍從之」。《楚辭·九歌》「撫長劍兮玉珥」，王逸注云「撫，持也」。齎者，《説文》「齎，持遺也」。《爾雅》云「將，資也」。《廣雅·釋言》云「資，操也」。資與「齎」通。挈者，《説文》「挈，縣持也」。《周官》有「挈壺氏」。《莊子·在宥》篇釋文引《廣雅》「挈，持也」。今本脱「挈」字。

啜、嚌、啐、試，嘗也。嚵、啐、䣬。

啜者，《説文》「啜，嘗也」。《檀弓》云「啜菽飲水」。嚌、啐者，《説文》「嚌，嘗也」。《顧命》云「太保受同，祭，嚌」。《鄉飲酒禮》云「嚌肺啐酒」。《鄉飲酒義》云「嚌肺，嘗禮也，啐酒，成禮也」。《雜記》云「小祥之祭，主人之酢也嚌之，衆賓兄弟則皆啐之」，鄭注云「嚌、啐，皆嘗也。嚌至齒，啐入口」。嚵、啐者，《説文》「嚵，小啐也」，「啐，小飲也」。張載注《魏都賦》云「刷，小嘗也」，引司馬相如《棃賦》「刷嗽其漿」。刷與「啐」通。啐亦「啜」也，方俗語轉耳。《集韻》《類篇》竝引《廣雅》「嚵，嘗也」，「啐，嘗也」。又《集韻》「䣬，迄洽切」，引《廣雅》「䣬，嘗也」。今本脱嚵、啐、䣬三字。

批、掐、堯、揻、掅，捽也。

批者，《説文》「批，捽也」。張衡《西京賦》「摣狒猬，批窳狻」，薛綜注云「摣、批皆謂戟撮之」。揻者，《説文》「揻，批也」。捽者，《説文》「捽，持頭髮也」。

某、命、鳴，名也。

某者，《金縢》云「惟爾元孫某」。凡言某者，皆所以代名也。命者，《説文》「名，自命也」。桓二年《左傳》「命之曰仇」，「命之曰成師」，命即「名」也。《史記·天官書》「免七命」，《索隱》云「謂免星凡有七名也」。閔元年《左傳》「今名之大，以從盈數」，《史記·魏世家》作「命」。《祭法》「黃帝正名百物」，《魯語》作「成命百物」。是名、命古同聲同義。命，各本譌作「令」。《文選·上林賦》注、《西征賦》注、《蕪城賦》注、陸璣《挽歌》注、劉琨《勸進表》注、袁宏《三國名臣序贊》注、王襃《四子講德論》注、蔡邕《陳仲弓碑文》注竝引

《廣雅》「命，名也」。今據以訂正。鳴者，《夏小正》傳云「鳴者，相命也」。《春秋繁露·深察名號》篇云「古之聖人，鳴而命施謂之名，名之爲言鳴與命也」。名、鳴、命古亦同聲同義。

挆、斞、斛、程、斠，量也。槩。

挆者，《説文》「㛊，量也」，又云「揣，量也，度高下曰揣」。昭三十二年《左傳》「揣高卑」，《釋文》音丁果反。《莊子·知北遊》篇「大馬之捶鉤者，年八十矣，而不失豪芒」，司馬彪注云「捶者，玷捶鐵之輕重也」，《釋文》「玷」丁恬反，「捶」丁果反。挆、㛊、揣、捶，竝字異而義同。玷捶，或作「敁挆」。《集韻》「敁挆，以手稱物也」。轉之則爲「敁掇」。《玉篇》「敁掇，稱量也」。今俗語猶謂稱量輕重曰敁挆，或曰敁掇矣。斞者，《説文》「斞，量也」。説見《釋器》「鍾十曰斞」下。斞，各本訛作「斔」，今訂正。程者，《儒行》「鷙蟲攫搏不程勇者」，鄭注云「程猶量也」。斠者，《説文》「斠，平斗斛量也」。《月令》「角斗甬」，鄭注云「角謂平之也」。《管子·七法》篇云「斗斛也，角量也」。《孫子·虛實篇》「角之而知有餘不足之處」，魏武帝注云「角，量也」。角與「斠」通。槩者，《説文》「槩，杚斗斛也」，徐鍇《傳》云「此即斗斛量槩也」。《考工記》「栗氏爲量，槩而不稅」。《曲禮》「食饗不爲槩」，注云「槩，量也」。《衆經音義》卷九引《廣雅》「槩，量也」。今本脱「槩」字。

爻、象、放、視、斆、學，效也。

爻者，《繫辭傳》云「爻也者，效此者也」，又云「爻也者，效天下之動者也」。又「效法之謂坤」，古本皆作「爻」。是爻、效同聲同義。象者，《説文》「效，象也」。《繫辭傳》云「象也者，像此者也」。象、像聲義亦同。

敎者，《太平御覽》引《春秋元命包》云「天垂文象，人行其事，謂之敎，敎之爲言效也，言上爲而下效也」。《說文》「敎，上所施下所效也，從攴、孝聲」，「孝，效也，從子，爻聲」。爻亦效也，諸字義竝相通。學者，《書大傳》云「學，效也」。

蠱、綷、職、榦、故、士，事也。

蠱者，《序卦傳》云「蠱者，事也」。蠱之言故也。《周官・小行人》云「周知天下之故」。蠱、故同聲，故皆訓爲「事」也。綷者，《堯典》「有能奮庸熙帝之載」，《史記・五帝紀》「載」作「事」。《大雅・文王》篇「上天之載」，毛傳云「載，事也」。《漢書・揚雄傳》「上天之綷」，綷與「載」通。榦者，《多士》「爾厥有榦有年于兹洛」，王肅注云「榦，事也」。士者，《康誥》「見士于周」，《周頌・敬之》篇「陟降厥士」，傳竝云「士，事也」。《白虎通義》云「士者，事也，任事之稱也」。事、士、載聲竝相近。

棲、載、棚、閣、樺、碊，攱也。

皆謂庋閣也。棲者，人物所棲止，即庋閣之意也。《孟子・萬章》篇「二嫂使治朕棲」，趙岐注云「棲，牀也」。《秦策》云「猶連雞之不能俱上於棲」。棲，各本訛作「捿」，今訂正。載者，卷二云「攱，載也」。棚、碊二字，義見《釋宮》「棚、棧，閣也」下。《衆經音義》卷十七云「棧」，《三倉》作「碊」。閣者，卷二云「閣，載也」。《史記・梁孝王世家》索隱引周成《雜字》云「攱，閣也」，又引《通俗文》云「高置立攱棚曰攱閣」。《檀弓》「始死之奠，其餘閣也與」，鄭注云「閣，庋藏食物」。《內則》「大夫七十而有閣」，注云「閣，以板爲之，庋食物也」。庋、庪竝與「攱」同。《爾雅》「支，載也」，支與「攱」亦聲近義同。

濘、涅、塗，泥也。

濘者，僖十五年《左傳》「晉戎馬還濘而止」，杜預注云「濘，泥也」。涅者，《説文》「涅，黑土在水中也」。《論語·陽貨》篇云「涅而不緇」。

選、納、妠，入也。

選、納者，納古通作「内」。《堯典》云「内于百揆」，「賓于四門」，「内于大麓」。《列女傳》云「内于百揆，賓于四門，選于林木」。《史記·五帝紀》云「堯使舜入山林川澤」。選、内皆入也。選于林木即「内于大麓」也。今本《列女傳》「選于林木」下又有「入于大麓」四字，蓋後人不通古訓而妄加之。妠亦「納」也，方俗語轉耳。

取、厲、役、靡、僞、印、方，爲也。

厲、印者，《方言》「厲、印，爲也，甌越曰印，吴曰厲」，郭璞注云「《爾雅》曰『厲，作也』，作亦爲也」。《皋陶謨》「庶明厲翼」，鄭注云「厲，作也」。役者，《表記》「君子恭儉以求役仁，信讓以求役禮」，鄭注云「役之言爲也」。役訓「作爲」之爲，又訓「夫子爲衞君」之爲。《牧誓》「以役西土」，《少儀》「謂之社稷之役」，馬、鄭注竝云「役，爲也」。《釋文》「爲」于僞反。僞者，《荀子·性惡篇》云「不可學、不可事而在人者謂之性，可學而能、可事而成之在人者謂之僞」，「僞」即爲也。《堯典》「平秩南僞」，《史記·五帝紀》作「南爲」。《月令》「作爲淫巧」，鄭注云「今《月令》『作爲』爲『詐僞』」。是爲、僞古同聲同義。

朋、黨、𢘓、右、頻，比也。

朋、黨、右、頻爲「親比」之比，毖爲「比密」之比。《説文》「毖，慎也，從比，必聲」，引《大誥》「無毖于卹」。又云「比，密也」。密與「慎」同義。故《繫辭傳》云「君子慎密而不出也」。《釋言》篇云「祕，密也」。祕與「毖」通。右者，《説文》「右，手口相助也」。助與「比」義相近。襄十年《左傳》云「王右伯輿」。頻者，《釋訓》云「頻頻，比也」。《法言・學行篇》「頻頻之黨，甚於鷽斯，亦賊夫糧食而已矣」，李軌注云「鷽斯羣行啄穀，喻人黨比游晏，賊害糧食」。《楚語》「羣神頻行」，韋昭注云「頻，竝也」。《説文》「⿱頻日，匹也」。皆比之意也。「黨」謂之比，亦謂之頻，「數」謂之頻，亦謂之比，義相因也。《學記》「比年入學」，比年，猶頻年也。

賴、仰、忋、依、負，恃也。

仰者，《荀子・議兵篇》「上足卬，則下可用也」，楊倞注云「卬，古『仰』字，下託上曰仰」。各本俱脱「負」字。《衆經音義》卷六引《廣雅》「賴、仰、依、負，恃也」。今據以補正。

嬖、婞、因、友、愛，親也。

婞通作「幸」。因者，《大雅・皇矣》篇「因心則友」，《喪服》傳「繼母之配父，與因母同」，毛傳、鄭注竝云「因，親也」。《周官・大司徒》「孝友睦婣任恤」，鄭注云「婣，親於外親也」。婣與「因」通。愛，各本訛作「受」。《衆經音義》卷十四引《廣雅》「友、愛，親也」。今據以訂正。

爽、曉、牟、騰、軼、渡、贏、邐、俓、歷、更，過也。咎。

爽者，《爾雅》「爽，差也」，「爽，忒也」，郭璞注云「皆謂用心差錯不專一」。《方言》「爽，過也」，郭璞注云「謂過差也」。《衛風・氓》篇云「女也不爽」。曉、贏者，《方言》「曉，過也」，「曉，贏也」。《開元占經・順逆略例》篇引《七曜》云「超舍而前，過其所當舍之宿以上一舍二舍三舍，謂之贏」，「退舍以下一舍二舍三舍，謂之縮」。項岱注《幽通賦》亦云「贏，過也。縮，不及也」。《考工記・弓人》「撟幹欲孰於火而無贏」，鄭注云「贏，過孰也」。《逸周書・常訓解》云「六極不嬴，八政和平」，嬴與「贏」通。牟者，《楚辭・招魂》「成梟而牟，呼五白些」，王逸注云「倍勝曰牟」，是過之義也。牟，影宋本、皇甫本譌作「侔」，各本又譌作「眸」。《玉篇》《廣韻》竝云「牟，過也」，《衆經音義》卷二引《廣雅》「牟，過也」，今據以訂正。騰者，《楚辭・離騷》「騰衆車使徑待」，注云「騰，過也」。軼，曹憲《音》「逸」。各本「逸」字誤入正文，今訂正。邐者，《淮南子・俶真訓》「夫貴賤之於身也，猶條風之時麗也」，高誘注云「麗，過也」。麗與「邐」通。《大射儀》「中離維綱」，鄭注云「離猶過也，獵也」。離與「邐」古亦同聲。俓與「徑」同。《衆經音義》卷六、卷十八竝引《廣雅》「咎，過也」。今本脱「咎」字。

悛、懌、諽、⿰目延、改、庚、輸，更也。

悛、懌者，《方言》「悛、懌，改也，自山而東或曰悛，或曰懌」，郭璞注引《論語》「悅而不懌」。成十三年《左傳》「康猶不悛」，杜預注與《方言》同。諽通作「革」。庚者，《漢書・律曆志》云「斂更於庚」。《白虎通義》云「庚者，物更也」。鄭注《月令》云「庚之言更也，秋時萬物皆肅然改更」。輸讀爲「渝」。《左氏春秋》隱六年「鄭人來渝平」，《傳》云「更成也」。《公羊》《穀梁傳》竝作「輸」。輸、渝古通用。《爾雅》「渝，變也」，變亦更也。

遁、逃、腓、眺、⿺辶支、亡、令、移、徙、諱，避也。

逃，各本訛作「兆」，今訂正。腓者，《廣韻》音符非、扶沸二切。《大雅·生民》傳云「腓，辟也」。班固《幽通賦》「安慆慆而不菲兮」，曹大家注云「菲，避也」。顔師古《漢書·敘傳》注云「菲」字本作「腓」。腓、菲，避、辟竝通。張衡《東京賦》「設三乏，厞司旃」，薛綜注引《爾雅》「厞，隱也」。隱與「避」義亦相近。腓，各本訛作「胇」，今訂正。亡者，《説文》「亡，逃也」。諸書無訓「令」爲避者，當是「䙴」字之訛。䙴或書作「要」，故訛而爲「令」。《廣韻》「䙴」與「遷」同。《説文》「遁，遷也」。是遷與「避」同義。《爾雅》「遷，徙也」。遷與移、徙亦同義，故遁、䙴、移、徙四字俱訓爲「避」也。諱者，鄭注《曲禮》云「諱，辟也」。

剥、脱、膳、皾、⿰曼皮、微、膚、朴、皮、菲、違、畔、涣、⿰忄巂、❶⿰阝句、遺，離也。

皾者，《内則》「去其皾」，鄭注云「皾，謂皮肉之上魄莫也」。《廣韻》「皾，皮寬也」。是離之義也。⿰曼皮者，《玉篇》「⿰曼皮，皮脱也」。膚、朴、皮者，《釋言》云「皮、膚，剥也」。《説文》云「剥取獸革者謂之皮」。《韓策》云「因自皮面抉眼，自屠出腸」。鄭注《内則》云「膚，切肉也」。是皮、膚皆離之義也。朴與皮、膚一聲之轉。《説文》「朴，木皮也」，又云「柿，削木札朴也」，亦離之義也。《説文》「卜，灼剥龜也」。剥、朴、卜聲近而義同。⿰忄巂與「攜」通。遺者，棄之離也。《楚辭·九歌》「遺余佩兮澧浦」，王逸注云「遺，離也」。《莊子·田子方》篇云「遺物離人而立於獨」。

守、恒、彌、就、⿺辶巳、餘、腒、腆、長、壽、曠，久也。

---

❶ 「⿰忄巂」，原作「攜」，今據續四庫本改。

守者，《墨子·經》篇云「久，彌異時也」，「守，彌異所也」。守與久、所與時竝同義。故文十三年《公羊傳》注云「所，猶時也」。彌、就者，《爾雅》「就，終也」，郭璞注云「成就，亦終也」。又「彌，終也」，注云「終，竟也」。終與久義相近，故彌、就又爲久也。《説文》「镾，久長也」。《大雅·卷阿》篇云「俾爾彌爾性」，彌與「镾」通。遟者，《説文》「遲」或作「遟」，從辵、𡰥聲。𡰥，古文「夷」字。各本「遟」訛作「遅」，今訂正。餘者，《老子》云「脩之於家，其德乃餘，脩之於鄉，其德乃長」，長、餘皆久也。腒者，《説文》「北方謂鳥腊爲腒」。《周官·庖人》「夏行腒鱐」，鄭衆注云「腒，乾雉也」。乾雉謂之腒，猶乾肉謂之腊。腒之言居，腊之言昔，皆久之義也。壽者，《説文》《釋名》竝云「壽，久也」。曠者，《漢書·五行志》引《京房易傳》云「師出過時，茲謂廣」，廣與「曠」同。

畏、仇、慦、患、懕、凶、虎、誹、謗、訧、辱、咎、憋、讟、⿰忄酋、鉗、憚、疲、痓、羸、嫉、毒、貉、俙、俠、憎、懀、孱，惡也。厲。

此條「惡」字有二義。一爲「美惡」之惡，一爲「愛惡」之惡。昭七年《左傳》「魯衛惡之」，杜預注云「受其凶惡」。《爾雅》「居居、究究，惡也」，郭璞注云「皆相憎惡」。是「美惡」之惡，與「愛惡」之惡，義本相通也。慦者，《説文》「慦，怨也」。《康誥》「罔不慦」，傳云「人無不惡之者」。《孟子·萬章》篇引《書》作「譈」。《荀子·議兵篇》云「百姓莫不敦惡」。《法言·重黎篇》「楚憞羣策而自屈其力」，李軌注云「憞，惡也」。譈、憞、敦竝與「慦」同。凡人凶惡亦謂之慦。《康誥》云「元惡大慦」。《逸周書·謚法解》云「近慦自惡」。是也。《方言》「諄憎，所疾也，宋魯凡相疾惡謂之諄憎，若秦晉言可惡矣」。諄與「慦」聲亦相近。誹，各本訛作「訃」，今訂正。訧通作「尤」。憋者，《方言》「憋，惡也」，郭璞注云「憋怤，急性也」。《列子·力命》篇云「嘽咺憋懯」。《後漢書·董卓傳》「敝腸狗態」，李賢注云「言心腸敝惡也」。《續漢書》「敝」作「憋」。漢《司隸校尉楊孟文石門頌》云「惡虫蔽狩」，蔽狩與「憋獸」同。《釋名》云「鷩雉，山雉也，鷩，憋也，性急憋，不可生服必自殺也」。潘岳《射雉賦》云「山鷩悍害」。《南山經》「基山有鳥焉，其狀如雞，而三首六目六足三翼，其名曰鷩𫛛」，郭璞注云「鷩𫛛，急性」。《廣韻》「鷩，𫛛鶝也」。𫛛鶝亦鳥之惡者。是凡言憋者，皆惡之義也。《周官·司弓矢》「句者謂之弊弓」，鄭注云「弊猶惡也」，徐邈音扶滅反。弊與「憋」聲義亦同。故《大司寇》「以邦成弊之」，故書「弊」爲「憋」矣。讟者，《方言》「讟、咎，謗也」，又云「讟，痛也」。《說文》「讟，痛怨也」。宣十二年《左傳》云「君無怨讟」。㥢者，《方言》「慘，㥢也」，「㥢，惡也」，注云「慘悴，惡事也」。《玉篇》「㥢，悒也」。義竝相近。鉗、𤵸、痓者，《方言》「鉗、𤵸，惡也，南楚凡人殘罵謂之鉗，又謂之𤵸」，注云「鉗害，又惡也」。❶《荀子·解蔽篇》云「彊鉗而利口」。《後漢書·梁冀傳》「性鉗忌」，注云「言性忌害，如鉗之銸物也」。《說文》「拑，脅持也」。皆惡之義也。《方言》注云「𤵸恎，惡腹也」。《玉篇》「𤵸，惡也」，「𢘽，惡心也，急性也」。𢘽與「𤵸」同。定三年《左傳》「莊公卞急而好絜」，卞與「𤵸」亦聲近義同。《玉篇》「痓，惡也」，「恎，惡性也」。恎與「痓」同。恎又音大結反。《說文》「蛈，蛇惡毒長也」。《爾雅》「蛈，蝁」，注云「蝮屬，大眼，最有毒，今淮南人呼蝁子」，《釋文》「蛈，大結反」。字亦作「蛭」。《楊孟文石門頌》云「惡虫

❶「又」，原作「口」，今據《方言》改。

蕕狩，虵蛭毒蟃」，毒蟃謂毒長也。跌與「蛭」、蛋與「惡」聲義亦同。羸者，劣之惡也。《大戴禮・千乘》篇云「羸醜以胔」。毒者，昭四年《左傳》云「天或者欲逞其心以厚其毒而降之罰」，毒猶惡也。凡「相憎惡」亦謂之毒。《緇衣》云「唯君子能好其正，小人毒其正」，是也。俙者，《玉篇》「傝俙，惡也」，又引《字書》云「唏唏，醜也」。俙、唏聲義竝同。僀者，卷二云「𩓌，醜也」。僀、𩓌聲義亦同。憎者，《玉篇》「憎，惡也，憎也」。《説文》「嬒，女黑色也」，引《曹風・候人》篇「嬒兮蔚兮」。《太平御覽》引《通俗文》云「可惡曰嬒」。憎、嬒聲義亦同。孱者，劣之惡也。《漢書・張耳傳》「吾王，孱王也」，孟康注云「冀州人謂懦弱爲孱」。厲者，《大雅・桑柔》篇「誰生厲階」，毛傳云「厲，惡也」。《逸周書・謚法解》云「殺戮無辜曰厲」。襄十七年《左傳》「爾父爲厲」，杜預注云「厲，惡鬼也」。昭四年《傳》「癘疾不降」，注云「癘，惡氣也」。《莊子・天地》篇「厲之人夜半生其子」，郭象注云「厲，惡人也」。是凡言厲者，皆惡之義也。《文選》潘岳《關中詩》注引《廣雅》「厲，惡也」。今本脱「厲」字。

䛐、論、詄、挩、過、謬、詸、誰、詿、迷，誤也。

䛐者，《玉篇》引《聲類》云「䛐，誤也」。論者，《玉篇》「論，誤言也」。《説文》「覞，視誤也」，義與「論」相近。詄者，《説文》「詄，忘也」，徐鍇《傳》云「言失忘也」。《玉篇》《廣韻》竝音「跌」。莊二十五年《公羊傳》注云「跌，過度也」。《漢書・朱博傳》云「常戰栗不敢蹉跌」。皆謂失誤也。挩，曹憲《音》「奪」，各本遺去「挩」字，其《音》内「奪」字又誤入正文。《玉篇》《廣韻》「挩」字竝徒活、他括二切，「徒活」正與「奪」同音。《廣韻》「挩，誤也，遺也」。《後漢書・劉寬傳》云「事容脱誤」。《文選》李康《運命論》「棄之如脱遺」，李善注引

《廣雅》「脱，誤也」。脱即「挩」之借字，今據以補正。或云：據《文選》注所引，則《廣雅》本作「脱」，非作「挩」。案：《文選》注所引諸書，凡與本書字異而聲義同者，多改從本書以便省覽。此引《廣雅》「挩」字作「脱」，亦是改從本書也。「挩」字經傳不多見，故須音釋。若「脱」字，則不須音釋。上文「脱，離也」，《釋言》篇「脱，遺也」，曹憲俱無音。而此獨有音，明是「挩」字，非「脱」字也。䚹者，《玉篇》必奚切，《廣韻》又匹夷切。《大傳》「五者一物紕繆」，鄭注云「紕繆猶錯也」。《文選·解嘲》云「故有造蕭何之律於唐虞之世，則性矣」。䚹、性、紕竝通。詿者，《説文》「詿，誤也」。《韓策》云「詿誤人主」。《史記·吴王濞傳》云「詿亂天下」。凡見欺於人謂之誤，欺人亦謂之誤。故自誤謂之詿，亦謂之謬。誤人謂之謬，亦謂之詿矣。

評、訂、準、廷、枰，平也。槩、中。

評者，《玉篇》「評，平言也」。《淮南子·時則訓》「是故上帝以爲物平」，高誘注云「平，正也，讀『評議』之評」。評與「平」通。訂者，《説文》「訂，平議也」。《玉篇》音他丁、唐頂二切。《周頌·天作》箋云「以此訂大王文王之道，卓爾與天地合其德」，《釋文》「訂，謂平比之也」，引《字詁》云「訂，平也」。《周官·司弓矢》注云「恒矢痹矢，前後訂，其行平也」。《楚辭·九歌》「搴汀洲兮杜若」，王逸注云「汀，平也」。《説文》「田踐處曰町」，徐鍇《傳》云「言平町町也」。《鄭風·東門之壇》傳云「壇，除地町町者」。皆平之義也。《周官·小宰》「以聽官府之六計」，鄭注云「聽，平治也」。聽與「訂」聲義亦相近。廷者，《廣韻》引《風俗通》云「廷者，平也」。《漢書·百官表》「廷尉」，顏師古注云「廷，平也，治獄貴平，故以爲號」。《張釋之傳》云「廷尉，天下之平也」。案：廷之言亭也。《淮南子·原道訓》「甘立而五味亭」，高誘注云「亭，平也」。曹憲

《音》「于放反」，則是讀爲「子無我迂」之迂，其失甚矣。枰者，《說文》「枰，平也」。《方言》「所以投簙謂之枰，或謂之廣平」。《初學記》引《通俗文》云「牀三尺五曰榻，板獨坐曰枰」。《釋名》云「枰，平也，以板作之，其體平正也」。枰，各本訛作「抨」。《集韻》《類篇》竝引《廣雅》「枰，平也」，今據以訂正。槩者，《說文》「槩，杚斗斛也」，「杚，平也」，徐鍇《傳》云「杚即槩也，摩之使平也」。《韓子·外儲說》云「槩者，平量者也」。《月令》云「角斗甬，正權概」。《管子·樞言》篇云「釜鼓滿，則人概之」。《荀子·宥坐篇》云「水盈不求概」。概與「槩」同。《衆經音義》卷九引《廣雅》「槩，平也」，卷二十五引《廣雅》「中，平也」。今本脱槩、中二字。

捭、發、張、闢、祛、撦、坼、啟、闓、闔、闓、磔、閜苦、閜，開也。

捭之言擘也。《鬼谷子·捭闔》篇云「捭之者開也，闔之者閉也」。張衡《西京賦》「置互擺牲」，薛綜注云「擺，謂破磔懸之」。《後漢書·馬融傳》注引《字書》云「擺」亦「捭」字也。《周官·大宗伯》「以疈辜祭四方百物」，故書「疈」爲「罷」，鄭衆注云「罷辜，披磔牲以祭」。捭、擺、罷聲義竝同。《方言》「箄，析也」。箄與「捭」亦聲近義同。闢者，《說文》「闢，開也」，引《繫辭傳》「闢幽」。祛，各本訛作「裕」。卷二内「祛，去也」，「祛」字訛作「裕」，正與此同。《漢書·兒寬傳》「合祛於天地神祇」，李奇注云「祛，開散也」，今據以訂正。《莊子·胠篋》篇「胠篋探囊發匱之盜」，司馬彪注云「從旁開爲胠」。《秋水》篇「公孫龍口呿而不合」，《吕氏春秋·重言》篇「君呿而不唫」，高誘、司馬彪注竝云「呿，開也」。祛、胠、呿古通用。袖口謂之「祛」，義亦同也。撦者，《玉篇》音充野切，云「撦，開也」。《廣韻》云「裂開也」。今俗語猶謂裂帛爲「撦」矣。闓者，

《説文》「闖，闢門也」。《衆經音義》卷七引《三倉》云「闞，小開門也」，又引《字詁》云「闖，今作『闞』」。《魯語》「闖門與之言」，韋昭注云「闖，闢也」。案：闖之言撝也。《説文》「撝，裂也」。撝與「闖」聲近義同。闓、閻苫者，《方言》「閻苫，開也，東齊開户謂之閻苫，楚謂之闓」。《漢書·兒寬傳》云「發祉闓門」。苫，各本譌作「苫」，惟影宋本、皇甫本不譌。磔亦「坼」也。《説文》「磔，辜也」。《爾雅》「祭風曰磔」，僖三十一年《公羊傳》疏引孫炎注云「既祭，披磔其牲，似風散也」。磔，各本訛作「磔」，今訂正。問者，《説文》「問，大開也」。司馬相如《上林賦》云「谽呀豁問」。《方言》「杯大者謂之問」。《廣韻》「嗣，大笑也」。義竝相近。

殙殜、殦殔、殙、殨、歺，𣦸也。

各本俱脱「𣦸」字。《集韻》《類篇》殙、殜、殦、殨四字注竝引《廣雅》「歺也」，則宋時《廣雅》本已脱去「𣦸」字。考《廣韻》云「殙殜，𣦸皃，出《廣雅》」。又殙、殜、殦、殔、殙五字，諸書竝訓爲「𣦸」。今據以補正。殙殜者，《玉篇》「殙殜，𣦸皃」。《孟子·梁惠王》篇「吾不忍其觳觫，若無罪而就𣦸地」，義與「殙殜」同。殦殔者，《玉篇》《廣韻》竝云「殦殔，欲𣦸皃」。《匡謬正俗》云「屈伸欲𣦸之皃」。殦，各本訛作「殫」。考《玉篇》《廣韻》《集韻》《類篇》俱作「殦」，不作「殫」。今訂正。殙，古通作「昬」。昭十九年《左傳》「寡君之二三臣札瘥夭昬」，賈逵注云「短折曰夭，未名曰昬」。案：昬猶没也。《臯陶謨》「下民昬墊」，鄭注云「昬，没也」。《傳》曰「寡君之二三臣」，若「未名」而𣦸，不得謂之「臣」矣。《晉語》云「君子失心，鮮不夭昬」，亦謂晉侯將𣦸也。殨者，《玉篇》「殨，殨也」。《説文》「殨，爛也」。歺者，《説文》「歺，𠛱骨之殘也」。又云「𣦸，澌也，人所離也，從歺、人」。

儐、贊、唱、引，道也。

儐者，《説文》「儐，導也」。字或作「擯」，又作「賓」。導與「道」通。贊者，《周語》「大史贊王」，韋昭注云「贊，導也」。唱與「倡」通。引，各本譌作「弘」，今訂正。

貌、竘、妖、佞、工、媮，巧也。

貌、竘二字，義見上文「竘、貌，治也」下。媮者，《説文》「媮，巧黠也」。《爾雅》「佻，偷也」。《楚辭·離騷》「余猶惡其佻巧」，佻、偷一聲之轉，偷與「媮」通。

躔、踈、解、迒、歱、⿰車從、軌、武、行、徑、轍，迹也。

躔、踈、解、迒者，《爾雅》麋跡，躔；鹿跡，速；麕跡，解；兔跡，迒。跡與「迹」同。《説文》「躔，踐也」，「⿸鹿⿱里土，鹿迹也」。⿸鹿⿱里土、踈、速竝通。「踈」從足、束聲，當音桑谷反。曹憲《音》「匹迹反」，所未詳也。《方言》「迒，迹也」。《説文》「迒，獸迹也」，或作「⿰足更」。《釋名》云「鹿兔之道曰亢，行不由正，亢陌山谷草野而過也」。《太玄·居》次四云「見豕在堂，狗繫之迒」。張衡《東京賦》云「軌塵掩迒」。亢、⿰足更竝與「迒」同。迒，各本皆作「亢」，惟影宋本作「迒」。歱者，《説文》「踵，追也」，徐鍇《傳》云「猶言繼踵也」。昭二十四年《左傳》云「吴踵楚」，踵與「歱」同。⿰車從者，《説文》「⿰車⿱从止，車迹也」。《釋名》云「蹤，從也，人形從之也」。《史記·張湯傳》「言變事蹤跡安起」，《漢書》作「從」。竝字異而義同。軌者，《説文》「軌，車徹也」。徹與「轍」同。《考工記·匠人》云「涂度以軌」。軌，各本訛作「軋」。《文選·遊天台山賦》注、《閒居賦》注、曹植《贈白馬王彪詩》注、陸璣《豫章行》注、《演連珠》注、傅亮《爲宋公脩張良廟教》注、劉琨《勸進表》注及《衆經音義》卷二十竝引《廣雅》「軌，迹也」。今據以訂正。武者，《爾雅》云「履帝武敏，武，迹也」。

追、駟、末、隨，逐也。

追、末者，《方言》「追、末，隨也」。諸書無訓「駟」爲逐者，「駟」蓋「馳」字之誤。《史記·貨殖傳》云「博戲馳逐」。《漢書·東方朔傳》云「設戲車，教馳逐」。是馳與「逐」同義。凡隸書從也、從四之字，或以相近而譌。《水經·洙水注》云「《地理志》曰『洙水西北至蓋入泗水』，或作『池』字，蓋字誤也」，是其證。

權、錘、㡑、錪、鎮、珍、瑋，重也。

權者，《漢書·律曆志》云「衡，平也；權，重也」。《韓子·説難》篇「與之論細人，則以爲賣重」。《史記·韓非傳》「賣重」作「鬻權」。錘、錪者，《方言》「錪、錘，重也，東齊之閒曰錪，宋魯曰錘」。《釋器》云「錘謂之權」。錘之言垂也，下垂，故重也。錪之言腆也。《方言》「腆，厚也」。厚與「重」同義。《説文》云「重，厚也」。鎮者，《周官·大司樂》注云「四鎮，山之重大者」。《周語》「爲摯幣瑞節以鎮之」，韋昭注云「鎮，重也」。

紉、紆、緥、繩，索也。

紉者，《方言》「擘，楚謂之紉」。《説文》「紉，繟繩也」。《楚辭·離騷》「紉秋蘭以爲佩」，王逸注云「紉，索也」。紆者，《説文》「紆，縈也」。緥之言切也，謂切撚之使緊也，亦通作「切」。《淮南子·氾論訓》「緂麻索縷」，高誘注云「索，切也」。

離、解、㽯、披、碎、布，散也。

㾷、披者,《方言》「㾷、披,散也,東齊聲散曰㾷,器破曰披,秦晉聲變曰㾷,器破而不殊,其音亦謂之㾷」。《集韻》引《字林》云「甏,甕破也」。《漢書·王莽傳》「莽爲人大聲而嘶」,顔師古注云「嘶,聲破也」。㾷、㾷、嘶、甏並通。《爾雅》「斯,離也」。《春秋繁露·度制》篇云「是大亂人倫而靡斯財用也」。王逸注《九歌》云「澌,解冰也」。義並與「㾷」同。成十八年《左傳》「今將崇諸侯之姦而披其地」,杜預注云「披猶分也」。

廣雅疏證卷第四上

高郵王念孫學

釋詁

廢、措、弛、縱、寘、奠、隸、捨、蕩、逸、放、恣、叕、䦆、署，置也。

廢者，《爾雅》「廢，舍也」，郭璞注云「舍，放置也」。宣八年《公羊傳》注云「廢，置也」。《方言》「發，舍車也」。發與「廢」聲近而義同。隸者，《堯典》「眚災肆赦」，《春秋》莊二十二年「肆大眚」，皆謂放赦罪人，與「置」同意。故《説文》云「赦，置也」。捨與「赦」聲義亦同。故《爾雅》云「赦，舍也」。舍與「捨」通。蕩、逸、放、恣竝同義。《論語·微子》篇「隱居放言」，包咸注云「放，置也」。叕者，曹憲云即古文「置」。䦆者，《韓詩外傳》「於此有絺綌五兩，敢置之水浦」，《列女傳》作「願注之水旁」，是「注」爲「置」也。注與「䦆」通。《莊子·達生》篇「以瓦注者巧」，《淮南子·説林訓》作「䦆」，是其證也。署者，《説文》「署，部署也」，謂部分而署置之也。《楚辭·遠遊》篇云「選署衆神以竝轂」。

斡、𢺶、運、邅、逭、遒、譴喘、移、敓、攙，轉也。

斡者,《楚辭·天問》篇「斡維焉繫」,《漢書·賈誼傳》「斡棄周鼎」,王逸、如淳注竝云「斡,轉也」。《天問》「斡」字一作「筦」。《匡謬正俗》云「斡」《聲類》及《字林》竝音管。攙者,《玉篇》「攙,轉篗也」。邅之言纏繞也。《楚辭·離騷》「邅吾道夫崑崙兮」,注云「楚人名轉曰邅」。《九章》云「欲儃佪以干傺兮」,儃與「邅」通。逭、逭者,《方言》「逭、逭,轉也」,郭璞注「逭」音换,亦音管。逭猶「斡」也。《淮南子·時則訓》「員而不垸」,高誘注云「垸,轉也」。垸與「逭」通。讗喘者,《方言》「讗喘,轉也」,注云「讗喘,猶宛轉也」。讗,各本譌作「讃」,今訂正。敭通作「易」。

甾、扲、專、職、端、緒、紬,業也。

甾者,《爾雅》「田一歲曰菑」,郭璞注云「今江東呼初耕地反草爲菑」,《釋文》「菑」本或作「甾」。鄭衆注《考工記·輪人》云「泰山平原所樹立物爲菑」。《漢書·溝洫志》「隤林竹兮揵石菑」,顔師古注云「石菑謂臿石立之,然後以土就填塞之也」。是凡言甾者,皆始立基業之意。甾之言哉也。《爾雅》「哉、基,始也」。《卷一云「業,始也」。此云「甾,業也」。義竝相通。扲者,《方言》「扲,業也」,郭璞注云「謂基業也」。專、職皆主其事之名,故爲業也。《魯語》云「恃二先君之所職業」。端、緒者,《爾雅》「業,緒也」,注云「謂端緒」。紬者,《史記·曆書》「紬績日分」,《索隱》云「紬,音宙,又如字,紬績者,女工紬緝之意,言造曆算運者若女工緝而織之」。是「紬」爲業也。

交、贅、凝、戾、撰、質、撫、嘆、保、隱、據、刊,定也。

凝者,《皋陶謨》「庶績其凝」,馬融注云「疑,定也」。戾者,《爾雅》「戾、定,止也」。《康誥》「未戾厥心」,《大雅·桑柔》篇「民之未戾」，襄二十九年《左傳》「乃猶可以戾」，傳、注竝云「戾，定也」。質者，《爾雅》「質，成也」。鄭注《小司徒》云「成，猶定也」。是質與「定」同義。《大雅·抑》篇云「質爾人民」。《曲禮》云「疑事毋質」。皆是也。《洪範》「惟天陰騭下民」，《史記·宋世家》「騭」作「定」。孔穎達《正義》云「騭，即質也」。撫者，《說文》「撫，安也」，「安」亦定也。嘆者，《爾雅》「貉、嘆、安，定也」，郭璞注云「皆靜定」。《大雅·皇矣》篇「求民之莫」，《板》篇「民之莫矣」，毛傳竝云「莫，定也」。嘆、莫、貉竝通。字又作「貊」，說見卷一「嘆，安也」下。保者，《小雅·楚茨》傳云「保，安也」。隱、據者，《方言》「隱、據，定也」。隱又音於靳反。《說文》「㥯，所依據也，讀與隱同」。《檀弓》「其高可隱也」，鄭注云「隱，據也」。《孟子·公孫丑》篇「隱几而卧」。皆安定之意也。僖五年《左傳》「神必據我」，杜預注云「據猶安也」。《釋名》云「據，居也」，居亦定也。刊者，削而定之，今人言「刊定」是也。

飽、餓、餒，飢也。

飽者，《說文》「飽，飢也」。

戔、瘌、㓢、凋、爽、痍、壯、創、痒，傷也。

戔與「殘」通。瘌音力達反。《方言》「凡飲藥傅藥而毒，南楚之外謂之瘌，瘌，痛也」，郭璞注云「謂辛螫也」。《方言》又云「剌，痛也」。左思《魏都賦》云「蔡莽螫剌，昆蟲毒噬」。是「剌」爲傷也。剌與「瘌」通。今俗語猶謂刀傷曰「剌」矣。㓢者，鋭傷也。《說文》以爲籀文「鋭」字。《廣韻》又此芮切，云「小割也」。皆傷之意也。凋者，《說文》「凋，半傷也」。昭八年《左傳》云「民力彫盡」，彫與「凋」通。爽者，《逸周書·謚法解》云「爽，傷也」。《老子》云「五味令人口爽」。《淮南子·精神訓》云「五味亂口，使口爽傷」。張衡《南都賦》云「其甘不爽，醉而不醒」。痍者，《序卦傳》云「夷者，傷也」。夷與「痍」通。痍，各本訛作「庚」，今訂正。爽、創、壯聲竝相近，故「壯」亦爲傷。《方言》「凡草木刺人者，北燕朝鮮之閒謂之壯」，注云「今淮南人亦呼壯，壯，傷也」。馬融、虞翻注《易·大壯》竝云「壯，傷也」。《淮南子·俶真訓》「形苑而神壯」，高誘注與馬、虞同。創者，刃傷也。《說文》「刅，傷也」，或作「創」。《月令》云「命理瞻傷察創」，是也。其「創瘍」之創亦同義。《釋名·釋疾病》篇云「創，戕也，戕毀體使傷也」。《曲禮》云「頭有創則沐」，是也。痒者，《周禮·瘍醫》注云「瘍，創癰也」。《曲禮》釋文云「瘍」本或作「痒」，是「痒」爲傷也。《小雅·正月》篇「癙憂以痒」，毛傳云「痒，病也」，「病」亦傷也。

投、豛、石、搥、㨖，擿也。

豛者，《說文》「豛，擊也」，又云「椓，擊也」，「豛，椎擊物也」。鄭注《周官·壺涿氏》云「涿，擊之也」。案：涿謂投擊之也。其職云「掌除水蟲，以焚石投之」，是也。豛、椓、涿竝通。石者，《新書·連語》篇云「提石之者猶未肯止」，是「石」爲擿也。搥音都回反。《法言·問道篇》「搥提仁義」，《音義》云「搥，擲也」。《邶風·北門》篇「王事敦我」，鄭箋云「敦猶投擲也」。敦與「搥」同。擲與「擿」同。《釋言》篇云「磓、沰，磓也」。磓、擿，沰、石，磓、搥聲、義竝相近。

黔首、氓，民也。

黔首者，《說文》「秦謂民爲黔首，謂黑色也，周謂之黎民」。《史記·秦始皇帝紀》「更名民曰黔首」。案：

《祭義》云「明命鬼神以爲黔首則」，鄭注「黔首，謂民也」。《魏策》云「撫社稷，安黔首」。《吕氏春秋・大樂》篇云「和遠近，説黔首」。《韓非子・忠孝》篇云「古者黔首悗密惷愚」。諸書皆在六國未滅之前，蓋舊有此稱，而至秦遂以爲定名，非始皇創爲之也。《堯典》云「黎民於變時雍」，則「黎民」之稱，又不自周始矣。

詼、啁、譀、話、諴、譺、奠、周，調也。

詼、啁、諴爲「調戲」之調，譀、話、譺爲「調欺」之調，周爲「調和」之調。詼者，《説文》「悝，啁也」。悝與「詼」同。《漢書・枚皋傳》「詼笑類俳倡」，李奇注云「詼，謿也」。《文選・東京賦》「悝繆公於宫室」，李善注云「悝，猶嘲也」。《文選》任昉《出郡傳舍哭范僕射詩》注引《倉頡篇》云「啁，調也」。《漢書・東方朔傳》云「詼啁而已」。《揚雄傳》「解謿」，《文選》作「嘲」。啁、嘲、謿竝通。啁與「調」聲亦相近也。譀者，相欺調也。卷二云「調，欺也」。《釋言》云「調，譀也」。《説文》「譀，誕也」，謂相欺誕也。義竝相通。話者，《衆經音義》卷十七引《聲類》云「話，訛言也」。《小雅・沔水》箋云「訛，僞也」。哀二十四年《左傳》「是憊言也」，服虔注云「憊，僞不信言也」。話、憊竝音户快反，其義同也。諴者，《釋言》云「諴，謷也」。謷與「敖」通。《爾雅》「謔浪笑敖，戲謔也」，郭璞注云「謂調戲也」。《史記・天官書》「箕爲敖客，曰口舌」，《索隱》宋均云「敖，調弄也，箕以簸揚調弄爲象」。譺者，《衆經音義》卷十二引《倉頡篇》云「譺，欺也」，又引《通俗文》云「大調曰譺」。周者，《淮南子・原道訓》「貴其周於數而合於時也」，高誘注云「周，調也」。周、調聲亦相近。

縊、經、鬮，絞也。

縊、經者，《説文》「縊，經也」，「絞，縊也」。昭元年《左傳》「縊而弑之」，杜預注云「縊，絞也」。《晉語》「申生雉經於新城之廟」，韋昭注云「雉經，頭搶而縣死也」。《釋名》云「縣繩曰縊，縊，阨也，阨其頸也」，「屈頸閉氣曰雉經，如雉之爲也」。鬮者，《説文》「鬮，經繆殺也」，又云「摎，縛殺也」。《玉篇》「摎」音力周、居由二切，絞也。《漢書·外戚傳》「即自繆死」，鄭氏注云「繆，自縊也」。鬮、摎、繆竝通。《喪服》傳「殤之絰不摎垂」，鄭注云「不絞其帶之垂者」，義與「鬮」亦相近。

𪏰、𪐀、𪎭、𪐛、黐、䵒，黏也。䊧。

𪏰者，《説文》「堇，黏土也」，徐鍇《傳》云「今人謂水中泥黏者爲堇」。𪏰、堇竝音居隱反，其義同也。《内則》「塗之以謹塗」，鄭注云「謹」當爲「墐」，「墐塗，塗有穰草也」，《正義》云「用之炮豚，須相黏著，故知『塗有穰草也』」。墐與「𪏰」亦聲近義同。𪎭、䵒者，《方言》「䵑、𪎭，黏也，齊魯青徐自關而東，或曰䵑，或曰𪎭」。《爾雅》「䵑，膠也」，郭璞注云「膠，黏䵑也」。《説文》「䵒，黏也」，引隱元年《左傳》「不義不䵒」，今本「䵒」作「暱」。《考工記·弓人》「凡昵之類不能方」，杜子春注云「昵」或爲「䵑」，「䵑，黏也」。《趙策》云「膠漆至䵑也」。《釋名》云「𪏹，𪎭也，相黏𪎭也」。䵒、䵑、暱、昵竝通。䵒、黏、𪎭一聲之轉也。𪐛者，《玉篇》「𪐛，黏飯也」。《廣韻》云「黏𪐛也」。卷三云「𥼶，摶也」。𥼶與「𪐛」同音，摶與「黏」同義。《説文》「冟，飯剛柔不調相箸也，讀若適」。冟與「𪐛」亦聲近義同。黐者，《廣韻》云「黐膠所以黏鳥」。今俗語猶然矣。《説文》「黍，禾屬而黏者也」。故自「𪏰」以下七字竝從黍。䊧者，《玉篇》《廣韻》竝云「䊧，黏也」，音池爾、是義二切。《集韻》引《廣雅》「糘，黏也」。今本脱「糘」字。

貲、産、資、財、龜、貝，貨也。

令、琴、敔、炈、制，禁也。

令者，鄭注《月令》云「令，謂時禁也」。琴者，《白虎通義》云「琴者，禁也，所以禁止淫邪，正人心也」。《文選·長門賦》注引《七略》云「雅琴者，琴之言禁也，雅之言正也，君子守正以自禁也」。《説文》「鈙，持也，讀若琴」，「捦，急持衣衿也」。李鼎祚《周易集解》引《白虎通義》云「禽者何，鳥獸之總名，明爲人所禽制也」。是凡與「琴」同聲者，皆有禁義也。敔者，《説文》「敔，禁也」。《爾雅》「禦、圉，禁也」。敔、禦、圉竝通，亦通作「御」。炈者，《玉篇》音巨今、竹甚二切，制也。《廣韻》云「禁也」。炈與「琴」同聲。炈，各本訛作「炈」。《集韻》「炈」都感反，引《廣雅》「炈，禁也」。今據以訂正。

僷、疊、襞、襵、枉、韏、結，詘也。

僷、疊、襞、襵、韏、結者，《玉篇》引《楚辭·哀時命》「衣攝僷以儲與兮」，今本「僷」作「葉」，王逸注云「攝葉、儲與，不舒展貌」。攝音之涉反，與「襵」通。《説文》「詘，詰詘也，一曰屈襞」，又云「襞，韏衣也」。徐鍇《傳》云「韏猶卷也，襞，摺疊衣也，故《禮》注謂裙摺爲襞積也」。《漢書·揚雄傳》注云「襞，疊衣也」。司馬相如《子虛賦》云「襞積褰縐，紆徐委曲」。襞字亦作「辟」。《士喪禮》記「裳不辟」，鄭注云「不辟積也」。《大射儀》注云「爲冪蓋，卷辟綴於篠，横之」。《莊子·田子方》篇「口辟焉而不能言」，司馬彪注云「辟，卷不開也」。皆詰屈之意也。屈與「詘」通。跛者足屈而不伸，故亦謂之「躄」。《吴志·孫峻傳》注引《吴書》

云「留贊與吴桓戰，一足被創，遂屈不伸，曰『我屈躄在閭巷之間，存亡無以異』」，是也。《衆經音義》卷十四引《埤倉》云「襵，韏衣也」，又引《通俗文》云「緶縫曰襵」。《廣韻》「摺，摺疊也」。《士昏禮》記「執皮攝之」，鄭注云「攝猶辟也」。襵、攝、摺竝通。今俗語猶云摺衣，或云疊衣矣。《吕氏春秋·下賢》篇「卑爲布衣而不瘁攝」，高誘注云「攝猶屈也」。凡物申則長，詘則短。故詘謂之攝辟，短亦謂之攝辟。《素問·調經論》篇云「虚者聶辟氣不足」，是也。《甲乙經》作「攝辟」。韏之言卷曲，結之言詰屈也。卷一云「韏、結、詘，曲也」。引之云：《爾雅》「革中絶謂之辨」，郭璞注云「中斷皮也」。「革中辨謂之韏」，注云「復半分也」。案：「革中辨」之「辨」當爲「辟」。字形相近，又蒙上文「辨」字而誤也。據《儀禮》《莊子》《子虚賦》《説文》《廣雅》諸書，則凡卷者謂之辟，故「革中辟」謂之韏。若「辨」乃中分之名，與韏屈之義殊無涉也。《説文》「革中辨謂之韏」，「辨」字恐是後人以誤本《爾雅》改之。

複、袷、增、⿰糸多、積、壘、襲、成、仍、鄭、⿹勹复，重也。

袷者，《急就篇》「襜褕袷複褶袴褌」，顔師古注云「衣裳施裏曰袷」。增者，《説文》「層，重屋也」。《玉篇》音自登、子登二切。《周頌·維天之命》篇「曾孫篤之」，鄭箋云「曾猶重也」。《老子》云「九層之臺，起於累土」。《楚辭·天問》篇云「增城九重」。增、曾、層竝通。⿰糸多者，《説文》「貤，重次弟物也」。《漢書·武帝紀》注云「今俗謂凡物一重爲一貤」。左思《魏都賦》「兼重悂以⿰貝㐌繆」，李善注云「言既重其悂而又累其繆也」。悂與「紕」通。貤、⿰貝㐌竝與「⿰糸多」通。襲者，哀十年《左傳》「卜不襲吉」，杜預注云「襲，重也」。《金縢》作「習吉」。《坎》彖傳云「習坎，重險也」。習與「襲」通。成亦「襲」也，故《爾雅》云「山三襲，陟；再成，英；

一成，坯」。《周官・司儀》「爲壇三成」，鄭衆注云「三成，三重也」，引《爾雅》「丘一成爲敦丘，再成爲陶丘，三成爲昆侖丘」。《南山經》「成山四方而三壇」，郭璞注云「形如人築壇相累也，成亦重耳」。《士喪禮下》篇「俎二以成」，鄭注云「成猶併也」。併與「重」義亦相近。仍者，《晉語》「晉仍無道」，韋昭注云「仍，重也」。鄭者，《漢書・王莽傳》「非皇天所以鄭重降符命之意」，顏師古注云「鄭重猶言頻煩」，亦重複之意也。**𠣞**亦「複」也。《説文》「**𠣞**，重也」。**𠣞**，曹憲《音》「復」。各本脱去「**𠣞**」字，其《音》内「復」字又誤入正文。《集韻》引《廣雅》「**𠣞**，重也」。今據以訂正。

𣍱、曙、昕、昞、較、發、卓、離、旲、暭、炤、燿、囧、烜、晝、光、顯、耿、晃、僤、晈、彰、𡇒、曉、曎、㥏、視、晣、昱、曠、昭、晤、的、旭、徵、焞、闓、陽、杲、粲、烓、堂、彰、著，明也。爽。

𣍱者，《説文》「胐，月未盛之明也」。胐與「𣍱」同。《召誥》「惟丙午胐」，傳云「胐，明也，月三日明生之名」。《漢書・律曆志》引古文《月采》篇云「三日曰胐」。《淮南子・天文訓》「日登于扶桑，爰始將行，是謂胐明」，高誘注云「胐明，將明也」。《楚辭・九思》「時昢昢兮且旦」，注云「日始出光明未盛爲昢」。聲義竝同也。曙者，《説文》「睹，旦明也」。《文選・魏都賦》注引《説文》作「曙」。《管子・形勢》篇云「曙戒勿怠」。曙之言明著也。昭十一年《左傳》「朝有著定」，杜預注云「著定，朝内列位常處，謂之表著」。《魯語》云「署，位之表也」。曙、署、著三字聲相近，皆明著之意也。昕者，《説文》「昕，旦明也，日將出也」。《士昏禮》記云「必用昏昕」。昕之言炘炘也。《漢書・揚雄傳》「垂景炎之炘炘」，顏師古注云「炘炘，光盛貌」。《説文》「昕」讀若希。《齊風》「東方未晞」，毛傳云「晞，明之始升也」。晞與「昕」聲近而義同。昞者，《文選・兩都賦序》注引《倉頡篇》云「炳，著明也」。《革》象傳云「其文炳也」。炳與「昞」同。較之言皎皎也。《史記・伯夷傳》云「此其尤大彰明較著者也」。發者，《齊風・載驅》篇「齊子發夕」，《韓詩》云「發，旦也」。《楚辭・招魂》「娭酒不廢，沈日夜些」，王逸注云「不廢或曰『不發』，發，旦也」，引《小雅・小宛》篇「明發不寐」。旦亦明也。《商頌・長發》篇「玄王桓撥」，《韓詩》「撥」作「發」，云「發，明也」。下文云「明，發也」。是發與「明」同義。卓與下「晫」字通。卓之言灼灼也。《說文》「倬，箸大也」。《大雅・棫樸》篇云「倬彼雲漢，爲章于天」。《韓奕》篇「有倬其道」，《韓詩》作「晫」。《法言・吾子篇》云「多見則守之以卓」。卓、倬、晫竝通。離者，《說卦傳》云「離也者，明也，萬物皆相見，南方之卦也，聖人南面而聽天下，嚮明而治，蓋取諸此也」。𤆍之言炎炎也。《說文》引《小雅・節南山》篇「憂心𤆍𤆍」，今本作「憂心如惔」，《韓詩》作「如炎」。《說文》「炎，火光上也」。《方言》「𤆍，明也」。憂心如火之炎，故與「明」同義。凡《詩》言「憂心烈烈」「憂心奕奕」「憂心怲怲」「耿耿不寐，如有隱憂」之類，皆其義也。《說文》「覝，察視也，讀若鎌」。覝與「𤆍」，亦聲近義同。炤與「照」同。囧者，《說文》「囧，窻牖麗廔開明也，象形」。《文選》江淹《雜體詩》注引《倉頡篇》云「囧，大明也」。烜之言宣明也。《衛風・淇澳》篇「赫兮咺兮」，毛傳云「咺，威儀宣著也」。《韓詩》作「宣」，云「宣，顯也」。《大學》作「喧」。《爾雅》作「烜」。竝字異而義同。晝者，《晉》象傳云「明出地上，晉」。《雜卦傳》云「晉，晝也」。是「晝」爲明也。耿者，王逸注《離騷》云「耿，明也」。《立政》云「以覲文王之耿光」。晃之言煌煌也。《釋言》云「晃，暉也」。《說文》「晄，明也」。《釋名》云「光，晃也，晃晃然也」。晃與「晄」同。《小雅・皇皇者華》傳云「皇皇，猶煌煌也」，《釋文》「煌」又音晃。《秦策》云「炫熿於道」。《漢書·揚雄傳》云「北爌幽都」。竝字異而義同。僤讀爲「闡」。《衆經音義》卷二十三引《廣雅》正作「闡」。《繫辭傳》「而微顯闡幽」，韓伯注云「闡，明也」。《吕氏春秋·決勝》篇云「隱則勝闡矣，微則勝顯矣」。公羊氏《春秋》哀八年「齊人取讙及僤」，左氏、穀梁氏竝作「闡」。是闡與「僤」通。皎者，《王風·大車》篇云「有如皦日」。《陳風·月出》篇云「月出皎兮」。皎、皎、皦竝通。彰者，《鄭風·女曰雞鳴》篇云「明星有爛」，爛與「彰」通。皉、曉者，《方言》「皉，曉，明也」。瞚之言奕奕也。《方言》「瞚，明也」，「譯，見也」。《小爾雅》「斁，明也」。《洪範》「曰圛」，《史記·宋世家》「圛」作「涕」，《集解》引鄭氏《書》注云「圛者，色澤而光明也」。《齊風·載驅》篇「齊子豈弟」，鄭箋云「此豈弟，猶言『發夕』也，豈讀當爲『闓』，弟，《古文尚書》以『弟』爲『圛』，圛，明也」。《爾雅》「愷悌，發也」。「發」亦明也。司馬相如《封禪文》「昆蟲闓懌」，亦是發明之意，猶言蟄蟲昭蘇耳。王延壽《魯靈光殿賦》「赫燡燡而燭坤」，李善注云「燡燡，光明貌」。何晏《景福殿賦》云「鎬鎬鑠鑠，赫奕章灼」。《集韻》引《字林》云「焲，火光也」。是凡與「瞚」同聲者，皆光明之意也。瞚，各本訛作「瞤」，今訂正。怈者，《衆經音義》卷十二引《倉頡篇》云「怈，明也」。《漢書·王莽傳》云「憒眊不渫」。《說文》「𠂆，明也」。𠂆、渫竝與「怈」通。晣之言明哲也。《說文》「昭晣，明也」。《洪範》「明作哲」，《大傳》及《漢書·五行志》竝作「悊」。《小雅·小旻》篇作「哲」。《大有》象傳「明辨哲也」，鄭本作「遰」，云「讀如『明星哲哲』」。《祭法》「瘞埋於泰折」，鄭注云「折，炤晳也」。張衡《思玄賦》「雖司命其不晰」。竝字異而義同。昱之言燿燿也。《釋訓》云「昱昱，明也」。《說文》「昱，日明也」。《太玄·玄告》篇云「日以昱乎晝，月以昱乎夜」。《淮南子·本經訓》云「焜昱錯眩，照燿煇煌」。《說文》「煜，燿也」，義與

「昱」同。曠者，《説文》「曠，明也」。鄒陽《獄中上梁王書》云「獨觀於昭曠之道」。《莊子·天地》篇云「上神乘光，與形滅亡，此之謂照曠」。照曠與「昭曠」同。晤之言寤也。《説文》「晤，欲明也」，引《邶風·柏舟》篇「晤辟有摽」，今本作「寤」。《關雎》傳云「寤，覺也」。寤與「晤」通。旳之言灼灼也。《説文》「旳，明也」。《中庸》云「小人之道，的然而日亡」。的與「旳」同。旭之言晧晧也。《説文》「旭，日旦出皃，讀若好，一曰明也」。《邶風·匏有苦葉》篇「旭日始旦」，毛傳云「旭，日始出，謂大昕之時」。《周頌·載見》篇「休有烈光」，鄭箋云「休者，休然盛壯」。休與「旭」亦聲近義同。徵之言證明也。各本訛作「微」，考諸書無訓「微」爲明者。《廣韻》《集韻》竝云「徵，明也」。《中庸》「杞不足徵也」，昭三十年《左傳》「且徵過也」，鄭、杜注竝云「徵，明也」。今據以訂正。焞者，《説文》「焞，明也」，引《鄭語》「焞燿天地」，今本作「淳」。假借字也。《楚辭·九歌》「暾將出兮東方」，注云「謂日始出，其容暾暾而盛大也」。義亦與「燉」同。揚雄《羽獵賦》「光純天地」，純與「焞」亦聲近義同。闓之言開明也。《説文》「闓，開也」。《爾雅》「愷悌，發也」，舍人、李巡、孫炎、郭璞皆訓「愷」爲明。《詩》作「豈弟」，《封禪文》作「闓懌」，竝字異而義同。《説文》「塏，高燥也」。昭三年《左傳》「請更諸爽塏者」。《方言》「暟，照也」。義與「闓」竝相近。陽者，《説文》「陽，高明也」。《豳風·七月》篇「我朱孔陽」，毛傳云「陽，明也」。《堯典》「曰暘谷」，字與「陽」通。杲之言皎皎也。《説文》「杲，明也」。《衛風·伯兮》篇云「杲杲出日」。《管子·内業》篇云「杲乎如登於天」。《孟子·滕文公》篇「皜皜乎不可尚已」，趙岐注云「皜皜，甚白也」。義與「杲」相近。粲者，《小雅·伐木》篇「於粲洒埽」，❶毛傳云「粲，鮮明貌」。《大東》篇「粲粲衣服」，傳云「粲粲，鮮盛貌」。烓者，《方言》「烓，明也」。《説文》云「烓」讀若冋，又云「炯，光也」。《小雅·無將大車》篇「不出于熲」，毛傳云「熲，光也」。烓、炯、熲竝聲近而義同。《説文》「烓」從火、圭聲。《玉篇》音口迥、烏圭二切。《爾雅》「𤌴，明也」。𤌴，古讀若圭，亦與「烓」聲近義同。堂之言堂堂也。《論語·子張》篇「堂堂乎張也」，鄭注云「言容儀盛也」。《廣韻》引《白虎通義》云「堂之爲言明也，所以明禮義也」。《釋名》云「堂猶堂堂，高顯貌也」。爽者，《説文》「爽，明也」，篆文作「爽」。《大誥》云「爽邦由哲」。《説文》又云「昧爽，旦明也」。《牧誓》言「昧爽」，《鄭風》言「昧旦」，《吴語》言「昧明」，其義一也。《衆經音義》卷九引《廣雅》「爽，明也」。今本脱「爽」字。

滄、瀙、冷、泂、清、涇、涷、淬，寒也。

滄者，《説文》「滄，寒也」，又云「滄，寒也」。《逸周書·周祝解》云「天地之間有滄熱」。《列子·湯問》篇云「滄滄涼涼」。《靈樞經·師傳》篇云「衣服者，寒無悽愴，暑無出汗，食飲者，熱無灼灼，寒無滄滄」。竝字異而義同。「寒」謂之滄，亦謂之凄，「悲」謂之悽，亦謂之愴，義相近也。故《祭義》云「霜露既降，君子履之，必有悽愴之心，非其寒之謂也」。瀙與下「清」字通。《説文》「瀙，冷寒也」，又云「清，寒也」。《曲禮》云「冬温而夏清」。《莊子·人閒世》篇云「爨無欲清之人」。瀙、清、清竝通。冷，各本訛作「泠」，今訂正。泂

❶ 「木」，原作「本」，今據經解本改。

者，《説文》「洞，滄也」。淬者，《方言》「淬，寒也」，郭璞注云「淬，猶浄也」。淬與「淬」通。

惟、圖、誧、議、慮、惲、計、聽、媒，謀也。

惟、圖、慮者，《爾雅》「惟、圖、慮，謀也」。圖，各本訛作「國」。《衆經音義》卷二十五引《廣雅》「圖，議也，計也」。今據以訂正。惲者，《方言》「惲，謀也」。媒者，《説文》「媒，謀也，謀合二姓也」。《周官·媒氏》注云「媒之言謀也，謀合異類使和成者」。

尋、緣、遵、躔、逡、揗，循也。

此釋「遵循」之義也。各本「循」下脱去「也」字，遂與下「褾、裔、方、外、旌，表也」合爲一條。《集韻》《類篇》竝引《廣雅》「尋，表也」，則宋時《廣雅》本已脱去「也」字。考尋、緣以下六字諸書皆訓爲循，無訓爲表者，今據以補正。尋者，《玉篇》「尋，循也」。緣者，《玉篇》「緣，緧也」。緧與「循」通。《莊子·養生主》篇「緣督以爲經」，李頤注云「緣，順也」。《釋名》云「順，循也」。《急就篇》「鍼縷補縫綻紩緣」，皇象本作「箴縷補袒縫緣循」。躔、逡者，《方言》「躔、逡，循也」，「日運爲躔，月運爲逡」。《吕氏春秋·圜道》篇云「月躔二十八宿」。逡亦「遵」也。哀三年《左傳》「外内以悛」，杜預注云「悛，次也」。《漢書·公孫弘傳》「有功者上，無功者下，則羣臣逡」，李奇注云「言有次第也」。《王莽傳》云「後儉隆約以矯世俗」。《史記·游俠傳》「逡逡有退讓君子之風」，《漢書》作「循循」。《揚雄傳》「穆穆肅肅，蹲蹲如也」，顔師古注云「蹲蹲，行有節也」。竝字異而義同。揗者，卷一云「揗，順也」。《説文》「揗，摭也」，又云「摭，循也」。

褾、裔、方、外、旌，表也。

襮者，《吕氏春秋·忠廉》篇「臣請爲襮」，班固《幽通賦》「張脩襮而内逼」，曹大家及高誘注竝云「襮，表也」。襄三十一年《左傳》「不敢暴露」，暴與「襮」聲近而義同。《唐風·揚之水》篇「素衣朱襮」，毛傳云「襮，領也」。《易林·否之師》云「揚水潛鑿，使石絜白，衣素表朱，遊戲皋沃」，皆約舉《詩》辭，則三家《詩》必有訓「襮」爲表者矣。裔、方者，文十八年《左傳》「投諸四裔」，四裔猶言四方，四方猶言四表，是裔、方皆表也。旌者，莊二十八年《左傳》云「且旌君伐」。

疆、繹、困、苦、終、竟、死，窮也。

疆之言竟也。《豳風·七月》篇「萬壽無疆」，毛傳云「疆，竟也」。繹者，《説文》「斁，終也」。斁與「繹」通。疆、繹皆終窮之名。故《魯頌·駉》篇云「思無疆」「思無斁」。《廣雅》疆、繹竝訓爲窮，義本諸此也。餘見下文「繹，終也」下。死者，《大戴禮·易本命》篇云「化窮數盡謂之死」。

踦、餘，盈也。

各本皆作「踦、餘、盈、匪、勿，非也」。案：踦、餘、盈三字，義與「非」不相近。各本「盈」下脱「也」字，故與下「匪、勿，非也」混爲一條。今補正。偏考諸書，踦、盈二字無訓爲非者。惟《玉篇》云「餘，非也」，而經傳皆無此訓。蓋後人依誤本《廣雅》增入，不可引以爲據。踦讀當如「歸奇于扐」之奇。踦者，殘餘之數，故殘、踦二字竝從歺。《説文》「歺，刿骨之殘也」，又云「畸，殘田也」。《廣韻》畸、踦、奇三字竝居宜切，其義同也。盈亦「餘」也，語之轉耳。《漢書·食貨志》云「蓄積餘贏」。《後漢書·馬援傳》云「致有盈餘」。盈與「贏」通。《食貨志》云「操其奇贏，日游都市」。《太玄》有踦贊、贏贊，義亦與踦、盈同。踦、餘、盈三字同義，故云「猗、餘，盈也」。

匪、勿，非也。

《大雅·靈臺》篇「經始勿亟」，鄭箋訓「勿」爲非。匪、勿、非一聲之轉。

嬴、裎、徒、裼，袒也。

嬴者，《說文》「嬴，袒也」。僖二十三年《左傳》「欲觀其裸」。《王制》「嬴股肱」，《釋文》「嬴，本又作『臝』」。《大戴禮·天圓》篇「唯人爲倮匈而生也」。《史記·陳丞相世家》「躶而佐刺船」。竝字異而義同。嬴之言露也。《月令》「中央土，其蟲倮」，鄭注云「象物露見不隱藏，虎豹之屬恒淺毛」。《荀子·蠶賦》「有物於此，儳儳兮其狀」，楊倞注云「儳儳，無毛羽之貌」。義竝與「嬴」同。嬴，各本訛作「嬴」，今訂正。裎者，《說文》「裎，袒也」。《孟子·公孫丑》篇云「雖袒裼裸裎於我側」。裎之言呈也。《方言》「襌衣無褎者，趙魏之閒謂之裎衣」，義亦相近也。徒與袒一聲之轉也。《韓非子·初見秦》篇云「頓足徒裼」。《韓策》云「秦人捐甲徒裎以趨敵」。裼者，《說文》「裼，袒也」。凡去上衣見裼衣謂之裼，或謂之袒裼。《玉藻》「裘之裼也，見美也」，《內則》「不有敬事，不敢袒裼」，是也。其去衣見體亦謂之袒裼。《鄭風·大叔于田》篇「襢裼暴虎」，《爾雅》云「襢裼，肉袒」，是也。襢與「袒」同。

葬、薶、窖、窌、都、埶、伏、竄、宬、庰、宲、匿、揞、揜、錯、摩、寑、奧、寥，藏也。祕、韜、韞。

葬者，《檀弓》及《吕氏春秋·節喪》篇竝云「葬也者，藏也」。《白虎通義》云「葬之爲言下藏之也」。薶，字或作「埋」，同。窖、窌者，《說文》「窖，地臧也」，「窌，窖也」。臧與「藏」同。《考工記·匠人》「囷窌倉城」，劉昌宗音古孝反。《月令》「穿竇窖」，《吕氏春秋》作「窌」。窖、窌聲相近，古多通用。窖之言奥也。《莊子·齊物論》篇「縵者，窖者，密者」，司馬彪注云「窖，深也」。窌之言寥，寥，深也。《廣韻》「窌」又音力嘲切。《文選·長笛賦》「庨窌巧老」，李善注云「深空之貌」。墊者，下之藏也。《方言》「埕，墊，下也，凡柱而下曰埕，屋而下曰墊」。《臯陶謨》「下民昏墊」，鄭注云「昏，没也，墊，陷也」。竄者，《爾雅》「竄，微也」，郭璞注云「微，謂逃藏也」。襄二十一年《左傳》云「無所伏竄」。扆之言隱也，義見卷一「扆，隱，翳也」下。扆與「扆」通。屏者，《金縢》「我乃屏璧與珪」，傳云「屏，藏也」。王褒《洞簫賦》云「處幽隱而奥屏兮」。屏與「屏」通。《小雅·桑扈》傳云「屏，蔽也」。《爾雅》「屏謂之樹」，李巡注云「以垣當門自蔽名曰樹」，義亦同也。宷者，《説文》「宷，臧也」，引《顧命》「陳宷赤刀」，今本作「寶」。《禮器》云「家不寶龜，不藏圭」。襄十一年《左傳》云「毋保姦，毋留慝」。宷、保、寶竝通。揞、揜、錯、摩者，《方言》「揞、揜、錯、摩，藏也，荆楚曰揞，吴揚曰揜，周秦曰錯，陳之東鄙曰摩」。揞猶揜也，方俗語有侈歛耳。《廣韻》「揞，手覆也」。「覆」亦藏也，今俗語猶謂手覆物爲「揞」矣。《大戴禮·曾子制言》篇云「君子錯在高山之上，深澤之污，聚橡栗藜藿而食之，生耕稼以老十室之邑」，是「錯」爲藏也。《考工記·弓人》「强者在内而摩其筋」，鄭注云「摩猶隱也」。「隱」亦藏也。寑今通作「寢」。寢者，人所寢息，故爲藏也。宫有寢，廟有寢，其義一也。奥之言幽也。《爾雅》「西南隅謂之奥」，孫炎注云「室中隱奥之處」。《堯典》云「厥民奥」。《韓詩外傳》云「窺其户，不入其中，安知其奥藏之所在」。《文選·蕪城賦》注引《倉頡篇》云「隩，藏也」。隩與「奥」通。寥者，《莊子·知北遊》篇云「油然漻然，莫不入焉」。漻與「寥」通。韜者，《玉篇》《廣韻》竝云「韜，藏也」。《周頌·

時邁》篇「載橐弓矢」，毛傳云「橐，韜也」。字亦作「縚」，南宮縚字容，是其義也。韞者，《論語·子罕》篇「韞匵而藏諸」，馬融注云「韞，藏也」。《玉篇》引《廣雅》「祕，藏也」。《莊子·天地》篇釋文及《文選》潘岳《寡婦賦》注、顏延之《五君詠》注、謝朓《齊敬皇后哀策文》注竝引《廣雅》「韜，藏也」。《文賦》注引《廣雅》「韞，藏也」。今本脱祕、韜、韞三字。

⿰麗攴、紽、抴、閱，數也。

⿰麗攴者，《方言》《説文》竝云「⿰麗攴，數也」。郭璞云「偶物爲麗，故云數也」。《大雅·文王》篇「其麗不億」，毛傳云「麗，數也」。麗與「⿰麗攴」通。紽者，引之云：《召南·羔羊》篇「素絲五紽」，「素絲五緎」，「素絲五總」，毛傳云「紽，數也」，「緎，縫也」，「總，數也」。緎訓爲縫，本於《爾雅》，蓋取界域之義。今案：三章文義寔不當如《爾雅》所訓。紽、緎、總，皆數也。五絲爲紽，四紽爲緎，四緎爲總。五紽二十五絲，五緎一百絲，五總四百絲。故《詩》先言「五紽」，次言「五緎」，次言「五總」也。《西京雜記》載鄒長倩《遺公孫弘書》曰「五絲爲⿰糹聶，倍⿰糹聶爲升，倍升爲緎，倍緎爲紀，倍紀爲緵，倍緵爲襚」。《豳風·九罭》釋文云「緵」字又作「總」。然則緎者二十絲，總者八十絲也。孟康注《漢書·王莽傳》云「緵，八十縷也」。《史記·孝景紀》「令徒隸衣七緵布」，《正義》與孟康注同。《晏子春秋·雜》篇云「十總之布，一豆之食」。《説文》作「稯」，云「布之八十縷爲稯」，正與「倍紀爲緵」之數相合。紽之數，今失其傳。案：《釋文》云「紽」本又作「佗」。春秋時陳公子佗字五父，則知五絲爲紽，即《西京雜記》之「⿰糹聶」矣。抴、閱皆謂數之也。抴讀爲「揲蓍」之揲。《繫辭傳》「揲之以四以象四時」，《釋文》云「揲，猶數也」。《漢書·揚雄傳》「擸之以三策」，擸與「揲」同。《逸周書·世俘解》「世」亦與「揲」同，謂數俘也。襄二十五年《左傳》云「數俘而出」，是也。桓六年《左傳》云「大閲，簡車馬也」。襄九年《傳》「商人閲其禍敗之釁」，杜預注云「閲，猶數也」。《史記·高祖功臣侯表》云「明其等曰伐，積日曰閲」。《説文》「揲，閲持也」，「閲，具數於門中也」。徐鍇《傳》云「具數，一一數之也」。是閲與「揲」皆具數之意。《集韻》「揲」或作「拽」。故拽、閲皆訓爲數也。拽，各本訛作「栧」，今訂正。

占、讖、撿、證，譣也。

譣，經傳通作「驗」。占者，《繫辭傳》云「極數知來之謂占」。讖者，《説文》「讖，驗也」。賈誼《鵩鳥賦》云「讖言其度」。撿亦「譣」也。《漢書·食貨志》云「考檢厥實」。檢與「撿」通。

締、縎、總、括，結也。

締者，《説文》「締，結不解也」。《楚辭·九章》云「氣繚轉而自締」。縎者，《説文》「縎，結也」。《釋訓》云「結縎，不解也」。《漢書·息夫躬傳》「心結愲兮傷肝」。《楚辭·九思》「心結縎兮折摧」。愲與「縎」通。《莊子·徐無鬼》篇「頡滑有實」，向秀注云「頡滑，錯亂也」。頡滑與「結縎」義亦相近。總者，《衛風·氓》篇「總角之宴」，毛傳云「總角，結髮也」。《楚辭·離騷》「總余轡乎扶桑」，王逸注云「總，結也」。括者，《坤》六四「括囊」，虞翻注云「括，結也」。《禮》言「括髮」，亦是也。

孂、赳、彖，材也。僑。❶

孂者，《説文》「孂，竦身也」，又云「婧，竦立也，一曰有才」。孂、婧二字相承，訓亦相近，是「孂」得爲才也。才與「材」通。《説文》「孂，讀若《詩》曰『糾糾葛屨』」。孂與「赳」聲義竝同。赳者，《説文》「赳，輕勁有才力也」。《周南·兔罝》篇云「赳赳武夫」。赳，曹憲《音》「糾」。各本脱去「赳」字，其《音》内「糾」字又誤入正文，今補正。彖者，《繫辭傳》「彖者，材也」，韓伯注云「材，才德也，彖言成卦之材以統卦義也」。僑者，《説文》「僑，高也」。春秋鄭公孫僑字子産，一字子美，皆才之意也。《説文》「趫，善緣木之才也」。左思《吴都賦》「趫材悍壯」。義與「僑」亦相近。僑、孂、赳一聲之轉也。《衆經音義》卷四、卷十四竝引《廣雅》「僑，才也」。今本脱「僑」字。

雙、耦、娌、匹、孿、息、日、貳、椉、䐜、再、兩，二也。

娌者，《方言》「築娌，匹也」，「娌，耦也」，郭璞注云「今關西兄弟婦相呼爲築娌」。孿亦「雙」也。説見卷三「孷孳、僆、❷顯、匹、耦，孿也」下。乘者，《方言》「飛鳥曰雙，鴈曰乘」。《周官·校人》「乘馬」，鄭注云「二耦爲乘」。凡經言乘禽、乘矢、乘壺、乘韋之屬，義與此同也。䐜者，《方言》「䐜，雙也，南楚江淮之閒曰䐜」，郭璞音滕。《月令》「乃合累牛騰馬」，鄭注云「累、騰，皆乘匹之名」。騰與「䐜」通。《玉篇》「䐜」又音

❶「僑」，原脱，今據續四庫本補。

❷「僆」，原作「健」，今據卷三原文改。

以證切。《説文》「賸，物相增加也，一曰送也，副也」，徐鍇《傳》云「古者一國嫁女，二國往媵之，媵之言送也，副貳也，義出於此」。賸、賸、媵聲義亦同。賸與「乘」聲又相近也。賸，各本訛作「勝」，今訂正。

贈、襚、賻、賵、遺、賫，送也。

贈、襚、賻、賵者，《士喪禮》云「君使人襚」，又云「公賵」，又云「知死者贈，知生者賻」，鄭注云「襚之言遺也」，「賵，所以助主人送葬也」，「贈，送也」，「賻之言補也，助也」。《荀子·大略篇》云「貨財曰賻，輿馬曰賵，衣服曰襚，玩好曰贈，玉貝曰唅，賻賵，所以佐生也，贈襚，所以送死也」。《太平御覽》引《春秋説題辭》云「賻之爲言助也，賵之爲言覆也，贈之爲言稱也，襚之爲言遺也」。賫者，《説文》「賫，持遺也」。《周官·小祝》「設道賫之奠」，鄭注云「賫猶送也」。

攄、展、奮、摛、初、禹、𩆜、緩，舒也。

攄、舒聲相近。《淮南子·脩務訓》注云「攄，舒也」。《楚辭·九章》云「據青冥而攄虹兮」。《史記·司馬相如傳》「攄之無窮」，徐廣《音義》云「攄」一作「臚」。《爾雅》云「舒，敘也」，「臚，敘也」，義竝相通。奮者，《豫》象傳云「雷出地奮，豫」。豫亦「舒」也。《洪範》「曰豫恒燠若」，鄭、王本及《史記》《漢書》竝作「舒」。摛者，《説文》「摛，舒也」。揚雄《劇秦美新》云「摛之罔極」。《太玄·玄攡》云「玄者，幽攡萬類而不見其形者也」。《漢書·揚雄傳》「有首衡錯測攡瑩數文掜圖告十一篇」，蕭該《音義》云劉向《别録》「攡」作「舒」。《字林》云「攡，舒也，音丑支反」，義與「摛」同。《史記·老子韓非傳》「善屬書離辭，指事類情」，離亦與「摛」同，謂舒辭也。《正義》云「猶分析其辭句」，失之。禹、舒聲相近。《説文》「踽，疏行皃」。張衡《西京賦》「奎踽盤桓」，薛綜注云「奎踽，開足也」。踽與「禹」聲近而義同。《白虎通義》云「冬音羽，羽之爲言舒，萬物始孳也」。《釋名》云「雨，羽也，如鳥羽動則散也」。義與「禹」竝相近。霱猶雨也。《集韻》引呂靜説云「北方謂雨曰霱」。綏者，安之舒也。《説文》「夂，行遲曳夂夂也」，義與「綏」相近。綏、舒又一聲之轉。

僭、挩，擬也。攄。

僭者，《説文》「僭，儗也」，儗與「擬」通。挩之言儀象也。《太玄·玄挩》云「挩，擬也」。攄者，《玉篇》「攄，虚偃切，擬也」。《廣韻》云「手約物也」。《集韻》《類篇》竝引《廣雅》「攄，擬也」。今本脱「攄」字。

獪、猾、獿、㺜，擾也。

猾者，卷三云「猾，亂也」，「亂」亦擾也。獿、㺜、擾聲竝相近。《説文》「獿，獿㺜也」，「㺜，犬獿獿咳吠也」。

㜛、愶、恇、恗，怯也。

㜛者，《説文》「㜛，疾言失次也，讀若懾」。愶者，《方言》「愶閲，懼也，齊楚之閒曰愶閲」。《郊特牲》云「大夫强，諸侯脅」。脅與「愶」通。愶與「怯」亦聲近義同，故《釋名》云「怯，脅也，見敵恐脅也」。愶，曹憲《音》「脅」。各本「愶」訛作「憤」，《音》内「脅」字又訛作「賫」，今訂正。恇者，《説文》「恇，怯也」。《素問·通評虚實論》云「尺虚者行步恇然」。《禮器》「衆不匡懼」，鄭注云「匡猶恐也」。匡與「恇」通。

嬗、娙、娭、侮、獲，婢也。

娭者，《説文》「娭，卑賤名也」。《廣韻》引《倉頡篇》云「婦人賤稱也」。侮、獲者，《方言》「臧、甬、侮、獲，奴婢賤稱也，荆淮海岱雜齊之閒，駡奴曰臧，駡婢曰獲，齊之北鄙、燕之北郊，凡民男而壻婢謂之臧，女而婦奴謂之獲，亡奴謂之臧，亡婢謂之獲，皆異方駡奴婢之醜稱也，秦晉之閒駡奴婢曰侮」，郭璞注云「侮，言爲人所輕弄也」。案：獲者，辱也。卷三云「獲，辱也」。《墨子·小取》篇云「獲，人也。愛獲，愛人也。臧，人也。愛臧，愛人也」。

緜、聯、纍、綴、及、瑣、系、牽，連也。

纍，義見下文「纍，纏也」下。各本訛作「纍」，今訂正。

掍、粹、兼、并、集、合、稽、醜、共，同也。

掍、粹、醜者，《方言》「醜、掍、綷，同也，宋衛之閒曰綷，或曰掍，東齊曰醜」。《周語》「混厚民人」，韋昭注云「混，同也」。混與「掍」通。王襃《洞簫賦》云「掍其會合」。粹之言萃也。《説文》「辭，會五采繒也」。《漢書·司馬相如傳》「綷雲蓋而樹華旗」，顔師古注云「綷，合也，合五采雲以爲蓋也」。王逸注《離騷》云「至美曰純，齊同曰粹」。辭、綷、粹竝通。醜之言儔也。《孟子·公孫丑》篇云「今天下地醜德齊」。稽者，《堯典》「曰若稽古帝堯」，鄭注云「稽，同也」。《儒行》「古人與稽」，鄭注云「稽猶合也」。《韓非子·主道》篇云「保吾所以往而稽同之」。

了、闋、已，訖也。

闋者，《文選·七命》注引《倉頡篇》云「闋，訖也」。《燕禮》云「主人荅拜而樂闋」。

䵋、䵎、竊、姦，私也。

䵋、䵎者，《方言》「䵋、䵎，私也」，郭璞注云「皆冥闇，故爲陰私也」。竊者，王逸注《離騷》云「竊愛爲私」。

莊十年《左傳》「自雩門竊出」，謂私出也。《論語·述而》篇「竊比於我老彭」，謂私比也。《衛靈公》篇「臧文仲其竊位者與」，亦謂私爲己有，非盜竊之謂也。姦者，《說文》「姦，私也」。

聰、聆、瞟、聺、瞑、許，聽也。

聰、聆、瞟、聺、瞑爲「視聽」之聽，許爲「聽從」之聽。《堯典》云「明四目，達四聰」。《王風·兔爰》篇云「尚寐無聰」，毛傳「聰，聞也」。《噬嗑》象傳云「聰不明也」。是「聰」爲聽也。《文選·長笛賦》注引《倉頡篇》云「聆，聽也」。《法言·五百篇》云「聆聽前世」。聰之言通，聆之言靈也。牖謂之窻，窻欞謂之櫺，義取諸此也。瞟之言剽取也。《玉篇》引《字林》云「瞟，聽裁聞也，又行聽也」。今俗語猶然矣。聺之言察也。《文選》顏延之《贈王太常詩》「聆龍䁯九淵」，李善注引《說文》云「䁯，察也」。䁯與「聺」通。瞑者，《玉篇》引《埤倉》云「瞑，注意聽也」。許者，《說文》「許，聽言也」。

抐、揾、搙，擩也。

擩，曹憲《音》「而主反」。各本皆作「抐、揾、搙、𢪊，拄也」。《集韻》《類篇》揾、搙、𢪊三字注竝引《廣雅》「拄也」，則宋時《廣雅》本已然。今案：抐、揾、搙、𢪊四字，諸書無訓爲「拄」者。拄是「掌拄」之義，與抐、揾、搙三字之義，各不相涉。《玉篇》「𢪊，挐也」，義與「拄」亦不相涉。此因正文脱去「擩」字，其《音》内「而主」二字又誤入正文。校書者不得其解，遂改「而」爲「𢪊」，改「主」爲「拄」耳。《釋言》云「揾、抐，擩也」，是揾、抐本訓爲「擩」。又《說文》《玉篇》《廣韻》「擩」字竝音而主反。今據以訂正。抐、揾者，《集韻》引《字林》云「揾抐，没也」。《廣韻》云「揾抐，按物水中也」。《說文》「揾，没也」。《廣韻》音烏困、烏没二切。今俗語謂内物水中爲「揾」，正與「烏没」之音相合。《説文》「頞，内頭水中也」，音烏没切，義與「揾」同。搙者，《玉篇》「搙，揾也」。「擩」音而主、而誰、而專、而劣四反。《説文》「擩，染也」。《周官·大祝》「六曰擩祭」，鄭衆注云「擩祭，以肝肺菹擩鹽醢中以祭也」。《公食大夫禮》「取韭菹以辯擩于醢」，鄭注云「擩，猶染也」。《特牲饋食禮》作「挼」，義同。《漢書·司馬相如傳》「割鮮染輪」，李奇注云「染，擩也」，顏師古注云「擩，揾也」。

謑、詬、羞、媿、類、鄙，恥也。

謑、詬者，昭二十年《左傳》「余不忍其訽」，定八年《左傳》「公以晉詬語之」，杜預注竝云「恥也」。《大戴禮·武王踐阼》篇云「口生㖃」。訽、㖃竝與「詬」同。《説文》「謑詬，恥也」。《荀子·非十二子篇》云「無廉恥而忍謑訽」。《吕氏春秋·誣徒》篇云「不可謑詬遇之」。《漢書·賈誼傳》云「奊詬亡節」。竝字異而義同。詬，各本譌作「話」，今訂正。類者，《恒》九三云「不恒其德，或承之羞，貞吝」。吝與「類」通。鄙者，《楚辭·九章》「君子所鄙」，王逸注云「鄙，恥也」。

諺、譯、膚、禪，傳也。

諺者，《説文》「諺，傳言也」。譯者，《王制》云「五方之民，言語不通，嗜欲不同，達其志，通其欲，東方曰寄，南方曰象，西方曰狄鞮，北方曰譯」。《方言》「譯，傳也」。《説文》云「傳譯四夷之語者」。膚者，《説文》「膚」籀文「臚」字。《晉語》「風聽臚言於市」，韋昭注云「臚，傳也」。《莊子·外物》篇云「大儒臚傳」。《漢書·叔孫通傳》「大行設九賓臚句傳」，蘇林注云「上傳語告下爲臚，下告上爲句」，韋昭注云「大行掌賓客之禮，今之鴻臚也」。應劭注《百官表》云「鴻臚者，郊廟行禮讚九賓，鴻聲臚傳之也」。《周官·司儀》「旅擯」，鄭衆注云「旅，謂九人傳辭」。旅、臚古通用。《廣韻》「駼，力居切，傳馬也」。駼與「臚」同聲。傳車驛馬，皆取傳遞之義。故傳宣謂之臚，亦謂之譯。傳遽謂之驛，亦謂之駼。傳舍謂之廬，亦謂之旅，亦謂之驛。其義竝相通也。

誦、詩、語、議、話、詁、吪、曰，言也。

誦者，《孟子·公孫丑》篇「爲王誦之」，趙岐注云「誦，言也」。詩之言悖悖也。《玉篇》「詩，瞋語也」。詁者，《説文》「詁，故言也」。吪者，《爾雅》「訛，言也」。訛與「吪」通。

誧、証、譏、諍、諭、誶，諫也。

証者，《説文》「証，諫也」。《吕氏春秋·誣徒》篇「愎過自用，不可証移」，高誘注與《説文》同。鄭注《周官·司諫》云「諫，猶正也」。正與「証」通。譏者，《楚辭·天問》「殷有惑婦何所譏」，王逸注云「譏，諫也」。誶者，《陳風·墓門》篇「歌以訊止」，《釋文》「訊，本又作『誶』，徐息悴反，《韓詩》云『訊，諫也』」。《楚辭·離騷》「謇朝誶而夕替」，王逸注與《韓詩》同。《小雅·雨無正》篇「莫肯用訊」，訊亦與「誶」同。「訊」字古讀若「誶」，故經傳多以二字通用。或以「訊」爲「誶」之訛，失之。

訓、誨、諷、誥、譔、校、勸、學，教也。

諷者，《詩序》云「風，風也，教也，風以動之，教以化之」。風與「諷」通。譔者，《説文》「譔，專教也」。校者，《孟子·滕文公》篇「設爲庠序學校以教之」，「校者，教也」。學與「斆」同。《盤庚》云「盤庚斆于民」。《學記》引《兑命》云「學學半」。

崩、頓、偃、仆、䞦、𧽍、卧，僵也。

崩者，鄭注《曲禮》云「自上顛壞曰崩」。《白虎通義》云「崩之爲言㥊然伏僵」。頓之言委頓也。《淮南子·道應訓》云「趨則頓，走則顛」。偃、仆者，《説文》「偃，僵也」，「仆，頓也」，「踣，僵也」。踣與「仆」同。《爾雅》云「疐，仆也」，又云「斃，踣也」，「僨，僵也」，郭璞注云「踣，前覆也」，「僵，卻偃也」。定八年《左傳》「顏高奪人弱弓，籍丘子鉏擊之，與一人俱斃，偃，且射子鉏中頰，殪」，杜預注云「斃，仆也」，《正義》云「《吴越春秋》云『迎風則偃，背風則仆』，仆是前覆，偃是卻倒，此顏高被擊而仆，轉而仰，且射子鉏死，言其善射也」。案：對文則偃訓爲僵，仆訓爲斃。散文則仆亦訓爲僵，故《説文》又云「踣，僵也」。《秦策》云「頭顱僵仆」，是也。䞦者，《爾雅》「棧木，干木」，注云「殭木也，江東呼木觡」。觡與「䞦」聲近義同。卧之言委也，今俗語猶云「僵卧」矣。

怳、𤵸、瘨、姰、瘑、僪、狾、獟、倀，狂也。

怳之言怳忽也。《説文》「怳，狂之皃也」。𤵸之言忽也。《説文》「𤵸，狂走也，讀若欻」。桓五年《公羊傳》「怴也」，何休注云「怴者，狂也，齊人語」，義與「𤵸」同。瘨之言顛也。《素問·腹中論》「石藥發瘨，芳草發狂」，王冰注云「多喜曰瘨，多怒曰狂」。字通作「顛」。《急就篇》「疝瘕顛疾狂失響」，顏師古注云「顛疾，性理顛倒失常也」。姰之言眴也。揚雄《劇秦美新》云「臣嘗有顛眴病」，義與「瘨姰」相近。瘑者，《廣韻》云「瘑星，狂病也」。僪者，《急就篇》注云「顛疾亦謂之狂獝，妄動作也」。《説文》「趫，狂走也」。《漢書·揚雄傳》「捎夔魖而抶獝狂」，孟康注云「獝狂，惡鬼也」。僪、趫、獝竝同義，又與「痳」聲相近也。狾者，《說文》「狾，狂犬也」，引襄十七年《左傳》「狾犬入華臣氏之門」，今本作「瘈」。《吕氏春秋·胥時》篇云「鄭子陽之難，猘狗潰之」。馬融《廣成頌》云「獄𤜩熊，抾封豨」。《北山經》云「可以已㾓」。竝字異而義同。獟者，《說文》「獟，狃犬也」，徐鍇《傳》云「獟猶驍也」。《玉篇》「獟，狾狗也」。倀者，《說文》「倀，狂也」。《仲尼燕居》云「譬猶瞽之無相與，倀倀乎其何之」。

訂、評、圖、謀、慮，議也。

否、弗、倗、粃，不也。

皆一聲之轉也。倗者，《廣韻》「倗，不肯也」。粃者，《方言》「粃，不知也」，郭璞注云「今淮楚閒語呼聲如非也」。曹憲云「彼、比俱得」，方語有輕重耳。倗即「不肯」之合聲，粃即「不知」之合聲。《說文》「秕，不成粟也」，義亦與「粃」同。

姦、宄、竊，盜也。

《說文》「姦，私也」，「宄，姦也，外爲盜内爲宄」，「盜自中出曰竊」。文十八年《左傳》云「竊賄爲盜，盜器爲姦」。《魯語》云「竊寶者爲軌，用軌之財者爲姦」。成十七年《左傳》及《晉語》竝云「亂在外爲姦，在内爲軌」。軌與「宄」通。姦、宄、竊、盜，訓雖不同，理實相貫，學者不以辭害意可也。

𢡱、慎、忌、畏，恐也。

𢡱者，卷二云「惶、𢡱，恐，懼也」。《說文》「𢡱，惶也」。《既濟》象傳云「終日戒，有所疑也」。《雜記》「五十不致毁，六十不毁，七十飲酒食肉，皆爲疑死」，鄭注云「疑，猶恐也」。《大戴禮·曾子立事》篇云「君子見善，恐不得與焉，見不善者，恐其及己也，是故君子疑以終身」。嶷、儗、疑三字聲近義同。

纍、綄、繚、繞、綢、繆、紿、絡、繁，纏也。

纍者，《説文》「纍，約也」。上文云「纍，連也」。《廣韻》云「靴纍子纏連者」。纍之言拘也，今俗語云「鍋椀」，是其義也。《玉篇》「鍋，以鐵縛物也」。《説文》「羣，直轅車韇縛也」。義並與「纍」同。纍，各本訛作「纍」，今訂正。綄之言綰也。各本訛作「綄」。《集韻》《類篇》並引《廣雅》「綄，纏也」。今據以訂正。綢、繆者，《説文》「綢，繆也」，「繆，枲之十絜也，一曰綢繆」。《楚辭·九歌》「薜荔拍兮蕙綢」，王逸注云「綢，縛束也」。《莊子·庚桑楚》篇「内韄者不可繆而捉」，崔譔注云「繆，綢繆也」。《唐風·綢繆》篇「綢繆束薪」，《豳風·鴟鴞》篇「綢繆牖户」，毛傳、鄭箋並云「綢繆猶纏緜也」。紿者，《説文》云「絲勞即紿」。繁音古了反。《漢書·司馬遷傳》「名家苛察繳繞」，❶如淳注云「繳繞猶纏繞也」。繳與「繁」同。

駕、陵、載，乘也。

駕、載者，《衆經音義》卷二十二引《三倉》云「載曰乘，馬曰駕」。

惠、愛、恕、利、人，仁也。

愛、利者，《莊子·天地》篇云「愛人利物之謂仁」。昭二十年《左傳》「古之遺愛也」，遺愛猶言遺仁。恕者，

❶「遷」，原作「相如」，今據《漢書》改。

《賈子·道術》篇云「以己量人謂之恕」。《說文》「恕，仁也」。《衆經音義》卷二引《聲類》云「仁心度物曰恕」。《大戴禮·衛將軍文子》篇云「方長不折，恕也」。《漢書·匡衡傳》云「太王躬仁而邠國貴恕」。是恕與「仁」同義。人者，《釋名》「人，仁也，仁生物也」。《開元占經·人占》篇引《春秋說題辭》云「人者，仁也，以心合也」，又引宋均注云「與他人相偶合也」。《中庸》「仁者，人也」，鄭注云「人，讀如『相人偶』之人，以人意相存問之言」。《表記》「仁者，人也」，注云「人，謂施以人恩也」，引成十六年《公羊傳》曰「執未有言舍之者，此其言舍之何？人之也」，今本作「仁」。仁與「人」同義，故古書以二字通用。又案：《公羊傳》「此其言舍之何？仁之也。曰在招丘，悕矣」，何休注云「悕，悲也，『仁之』者若曰在招丘，可悲矣，閔録之辭」。是《傳》言「仁之」，即悲閔之意也。《吕氏春秋·論人》篇「哀之以驗其人」，人即「仁」也。仁與「恕」同義，故哀閔人謂之仁，亦謂之恕。《孔子閒居》云「無服之喪，内恕孔悲」，是也。

邌、徐、舒、逋、訥、疏、鈍，遟也。

邌者，《文選·舞賦》「黎收而拜」，李善注引《倉頡篇》云「邌，徐也」。邌與「黎」通。凡言黎者，皆遟緩之意。《史記·高祖紀》「沛公乃夜引兵還，黎明，圍宛城三帀」，《漢書》作「遟明」，顔師古注云「圍城事畢，然後天明，明遟於事，故曰遟明」。案：遟明猶比明也，言高祖夜引軍還至城下，比及天明已圍城三帀耳。非謂圍城事畢，然後天明也。《史記·衛將軍傳》「遟明，行二百餘里」，❶《漢書》作「會明」。會即比及之

❶「二」，原作「三」，今據續四庫本改。

意。遲、黎古同聲。字亦作「犂」。徐廣注《吕后紀》以「犂明」爲比明，其説是也。僖二十三年《左傳》「待我二十五年不來而後嫁」，《史記·晉世家》「待」作「犂」，義相近也。《説文》「𢗁，怠也」。怠與「待」、𢗁與「邌」義亦相近。遲與「遟」同。徐，各本皆作「徐」，惟影宋本、皇甫本作「徐」。案：《説文》「徐，安行也」，「徐，緩也」。今從影宋本、皇甫本。逋者，郭璞注《南山經》引記曰「條風至，出輕繫，督逋留」，《淮南子·天文訓》作「去稽留」，是「逋」爲遲也。訥者，《論語·里仁》篇「君子欲訥於言而敏於行」，包咸注云「訥，遲鈍也」。疏者，高誘注《淮南子·説林訓》云「疏猶遲也，數猶疾也」。《祭義》云「祭不欲數，數則煩，煩則不敬，祭不欲疏，疏則怠，怠則忘」。《楚辭·九歌》云「疏緩節兮安歌」。

寱、昔、闇、暮，夜也。

凡日入以後，日出以前，通謂之夜。故夕時亦謂之夜。《堯典》云「夙夜出内朕命」，是也。寱者，《玉篇》「寱，夜也」，引《鄘風·牆有茨》篇「中寱之言」，今本作「冓」。《釋文》引《韓詩》云「中冓，中夜，謂淫僻之言也」。《漢書·文三王傳》「聽聞中冓之言」，晉灼注云「冓，《魯詩》以爲夜也」。昔之言夕也。哀四年《左傳》「爲一昔之期，襲梁及霍」，杜預注云「夜結期，明日便襲梁、霍也」。《列子·周穆王》篇「昔昔夢爲國君」，張湛注云「昔昔，夜夜也」。《莊子·天運》篇「通昔不寐」，《釋文》云「昔，夜也」。其夕時亦謂之昔，故夕、昔古通用。《左氏春秋》莊七年「夏四月辛卯夜，恒星不見」，《穀梁》「夜」作「昔」，云「日入至於星出謂之昔」。《楚辭·大招》注引《小雅·頍弁》篇「樂酒今昔」，今本作「夕」。皆是也。《周官·腊人》「掌乾肉」，鄭注云「腊之言夕也」。義亦相近。闇者，《祭義》「夏后氏祭其闇」，鄭注云「闇，昏時也」。又《禮器》

「逮闇而祭」，謂未明時也。《吕氏春秋・具備》篇「使民闇行若有嚴刑於旁」，高誘注云「闇，夜也」。暮之言冥漠也，字本作「莫」。《説文》「莫，日且冥也，從日在茻中」，「夕，莫也，從月半見」，「夜，舍也，天下休舍也，從夕，亦省聲」。《召南・行露》箋云「夜，莫也」。是夕、夜、莫三字同義。

昒、昧、晻、䵒，冥也。

昒之言荒忽也。《説文》「㫚，尚冥也」。《漢書・郊祀志》「昒爽」，顔師古注云「未明之時也」。《司馬相如傳》「㫚爽闇昧」，㫚與「昒」同。《説文》「昒，目冥遠視也」，義亦相近。晻之言暗也。《説文》「晻，不明也」。《爾雅》「陪，闇也」，郭璞注云「陪然，冥貌」。《中庸》云「闇然而日章」。《荀子・不苟篇》云「是姦人將以盜名於晻世者也」。晻、陪、闇竝通。䵒之言瞢瞢也。《説文》「䵒，冥也」。

學、憼、寤、害、梗，覺也。

學、憼、寤、害爲「覺悟」之覺，梗爲「覺然正直」之覺。學者，《説文》「斆，覺悟也」，篆文作「學」。《白虎通義》云「學之爲言覺也，以覺悟所不知也」。《淮南子・説山訓》「人不小學，不大迷」，《文子・上德》篇「學」作「覺」。憼、寤聲義竝同。《説文》「寤，卧驚也」。《廣韻》云「睡一覺也」。害與「寤」同，亦通作「悟」。梗之言剛也。《爾雅》「梏，梗，直也」。《方言》「梗，覺也」。《緇衣》引《詩》「有梏德行」，今《詩》作「覺」，毛傳云「覺，直也」。覺與「梏」通。梗、覺一聲之轉。今俗語猶云「梗直」矣。

倚、豎、建、封、殖、蒔、置、隑、企、起，立也。

倚者，《説卦傳》「參天兩地而倚數」，虞翻注云「倚，立也」，蜀才作「奇」，義同。《楚辭・九辯》云「澹容與而獨倚」。封與建、殖同意。傳言封建、封殖，是也。殖、蒔、置聲近而義同。《方言》「樹植，立也，燕之外郊朝鮮洌水之閒，凡言置立者謂之樹植」，又云「蒔、殖，立也」。殖與「植」通。隑、企者，《方言》「隑、企，立也，東齊海岱北燕之郊，委痿謂之隑企」，郭璞注云「腳躄不能行也」。《方言》又云「隑，陭也」。陭與「倚」聲相近，故倚、隑俱訓爲立也。《説文》「企，舉踵也」，古文作「⿱人正」。《衛風·河廣》篇「跂予望之」。企、⿱人正、跂竝同字。⿱人正，各本譌作「⿱人正」，今訂正。

侼、怨、愇、憏、悷、悋、懟、憾、很，恨也。

侼者，《方言》「侼，懟也」。《荀子·不苟篇》云「身之所長，上雖不知，不以悖君」。悖與「侼」通。愇者，班固《幽通賦》「違世業之可懷」，曹大家注云「違，恨也」。《漢書·敘傳》作「愇」。《無逸》云「民否則厥心違怨」，義亦與「愇」同。《邶風·谷風》篇「中心有違」，《韓詩》云「違，很也」，很亦「恨」也。憏者，《説文》「憏，怨恨也」。悷、悷者，《方言》「猜、悷，恨也」。《衆經音義》卷十三云「猜，今作『悷』，同」。悋者，《説文》「悋，恨惜也」。很亦「恨」也。《爾雅》「鬩，恨也」，孫炎本作「很」。

品、限、耕、侔、竱、等、⿰王困、砡、婩、嫧、斷、琔、洒，齊也。

品者，《檀弓》云「品節斯，斯之謂禮」，是「品」爲齊也。侔者，《墨子·小取》篇云「侔也者，比辭而俱行也」。《説文》「侔，齊等也」。《考工記·輪人》云「權之以眡其輕重之侔也」。《漢書·司馬相如傳》通作「牟」。竱者，《説文》「竱，等也」。《齊語》「竱本肇末」，韋昭注與《説文》同。《説文》又云「剬，斷齊也」。《釋言》云「專，齊也」。義竝與「竱」同。⿰王困、砡、婩、嫧者，《玉篇》「⿰王困，齊玉也」。⿰王困之言捆也。《大射儀》「既拾取矢，捆之」，鄭注云「捆，齊等之也」。《廣韻》「砡，齊頭皃」。《方言》「媞、婧、鮮，好也，南楚之外通語也」。鮮絜即整齊之意，故《説卦傳》云「齊也者，言萬物之絜齊也」。《列子·力命》篇釋文引《字林》云「媞，齊也」。《説文》「婧，齊也」。《荀子·君道篇》云「斗斛敦槩者，所以爲嘖也」。嘖與「婧」通。《説文》又云「鰿，齒相值也」。字通作「幘」。定九年《左傳》「晳幘而衣貍製」，杜預注云「幘，齒上下相值也」。《釋名》云「幘，賾也，下齊眉賾然也」，又云「栅，賾也，以木作之上平賾然也」，又云「册，賾也，敕使整賾不犯之也」，竝聲近而義同。《文選·長笛賦》「重巘增石，簡積頵砡」，李善注引《字林》云「砡，齊也」，李周翰注云「頵砡，石齊頭貌」。頵砡與「琨砡」同。簡積與「媞婧」聲亦相近。斷者，《説文》「斷，截也」。斷與「剬」聲近而義同，今人狀物之齊曰「斬齊」，是其義也。珿音初六、初角二反。《玉篇》「珿，等也，齊也」。《漢書·申屠嘉傳》「齪齪廉謹」，顏師古注云「齪齪，持整之貌」。《後漢書·中山簡王傳》「官騎百人稱娖前行」，李賢注云「稱娖，猶齊整也」。義竝與「珿」同。今俗語猶謂整齊爲整珿，聲如「捉」。洒音蘇典反。《玉藻》「受一爵而色洒如也」，鄭注云「洒如，肅敬貌」。《周語》云「姑洗所以脩絜百物」。《堯典》「鳥獸毛毨」，傳云「毨，理也，毛更生整理」。洒、洗、毨，義竝相近。

稟、奉、粟，禄也。

稟者，《説文》「稟，賜穀也」。《中庸》云「既稟稱事」。粟者，《史記·伯夷傳》云「義不食周粟」。

諄、憎、誒、毒、病、㤥、患、勤、癉，苦也。

諄、憎、誒、毒者，《方言》「諄憎，所疾也，宋魯凡相疾惡謂之諄憎，若秦晉言可惡矣」。《康誥》「罔不憝」，傳云「人無不惡之者」。憝與「諄」聲近而義同。《方言》「憎，憚也」，郭璞注云「相畏憚也」。相畏憚，即相患苦，故諄、憎又爲苦也。《説文》「俟，妎也，一曰毒也」，或作「嫉」。《秦誓》云「冒疾以惡之」。《玉篇》「謑，毒苦也」。謑、俟、嫉、疾竝通。故「疾」又爲疾苦矣。《周官·醫師》「聚毒藥以共醫事」，鄭注云「毒藥，藥之辛苦者」。《小雅·小明》篇云「心之憂矣，其毒大苦」。病與「疾」同義，故爲苦也。《吕刑》云「人極于病」。卷三云「憎、畏、憚、病，難也」，又云「畏、憝、患、憚、嫉、毒、憎，惡也」。《釋言》云「毒，憎也」。此云「諄、憎、謑、毒、病、患，苦也」。義竝相通。恀者，《説文》「恀，苦也」。《衆經音義》卷十二引《通俗文》云「患愁曰恀」。《韓非子·存韓》篇云「秦之有韓，若人之有心腹之病也，虚處則恀然若居濕地，著而不去，以極走則發矣」。《説文》「該」字注云「讀若心中滿該」，義與「苦」竝相近。勩、癉者，《爾雅》「勩、癉，勞也」。《邶風·谷風》篇「既詒我肄」，《小雅·雨無正》篇「莫知我勩」，毛傳竝訓爲勞。勞與「苦」同義，肄與「勩」通。勩，各本作「勤」，乃隸書之譌，今訂正。《説文》「癉，勞病也」。《小雅·大東》篇「哀我憚人」，《小明》篇「憚我不暇」，毛傳竝云「憚，勞也」，《釋文》「憚」丁佐反。《大雅·雲漢》篇「我心憚暑」，《釋文》「憚，毛丁佐反，《韓詩》云『憚，苦也』」。憚與「癉」通，轉音則爲「畏憚」之憚，故鄭箋以「憚暑」爲畏暑，義得兩通也。

礦、梗、韇、丁、亢、姜、羌，强也。

礦者，《説文》「獷，犬獷獷不可附也」。《文選·齊故安陸昭王碑文》「彊民獷俗」，李善注引《韓詩》云「獷彼淮夷」。《漢書·敘傳》云「獷獷亡秦，滅我聖文」。獷與「礦」通。《大雅·江漢》篇「武夫洸洸」，聲義亦相近也。梗之言剛也。《方言》「梗，猛也，韓趙之閒曰梗」。《楚辭·九章》「梗其有理兮」，王逸注云「梗，强也」。《漢書·王莽傳》云「絳侯杖朱虚之鯁」。鯁與「梗」通。丁者，《史記·律書》云「丁者，言萬物之丁壯也」。《白虎通義》云「丁者，强也」。《月令》「其日丙丁」，鄭注云「夏時萬物皆炳然著見而强大」。亢者，《説文》「健，伉也」。《漢書·宣帝紀》「伉健習騎射」，顔師古注云「伉，强也」。《史記·秦始皇紀》「適戍之衆，非抗於九國之師」，《漢書·陳勝傳》作「亢」。亢、伉、抗竝通。亢與「梗」聲亦相近也。

眷、顧、對、陽、面、首、卬，鄉也。

面鄉爲面，首鄉爲首。《禮》言東西面、南北面，及北首、東首，皆是也。卬與「仰」通。

悛、悈、忦、慦、質，懂也。

悛者，《説文》「悛，謹也」。謹與「懂」通。卷一云「悛，敬也」，義與「悛」同。悈者，《説文》「悈，飭也」。古通作「戒」。忦，曹憲《音》「五介反」。各本脱去「忦」字，其「五介反」之音遂誤入「悈」字下。考《説文》《玉篇》《廣韻》《集韻》《類篇》「悈」字俱不音五介反。《説文》「忦」五介切。《玉篇》五拜切。《集韻》《類篇》牛戒切，云「忦，懂也」。五拜、牛戒，竝與「五介」同音。今據以補正。慦者，《説文》「慦，謹也」。質者，《後漢書·吴漢傳》云「斤斤謹質，形於體貌」。

勬、劼、勃、勖、仂，勤也。勅。

勬者，《玉篇》「勬，勤也」。《小雅·小明》篇「睠睠懷顧」，亦殷勤之意也。劼者，《廣韻》「劼，用力也」。《玉篇》引《倉頡篇》云「㚌，仡仡也」。㚌與「劼」聲近而義同。勖者，《衆經音義》卷一引《埤倉》云「勖，力作也」。

《莊子・天地》篇云「搰搰然用力甚多」。《晏子春秋・雜篇》云「仡仡然不知厭」。王褒《聖主得賢臣頌》云「勞筋苦骨，終日矻矻」。竝字異而義同。仂者，《衆經音義》卷七引《字書》云「仂，勤也」。古通作「力」。各本「勤」字誤在「仂」字之上。《衆經音義》卷一引《廣雅》「勖，勤也」。《集韻》《類篇》竝引《廣雅》「勦，勤也」，「劼，勤也」，「勖，勤也」。今據以訂正。勑者，《説文》「勑，勞勑也」。《爾雅》「勞、來，勤也」。《大雅・下武》篇「昭茲來許」，鄭箋云「來，勤也」。《史記・周紀》武王曰「日夜勞來，定我西土」。《墨子・尚賢》篇云「垂其股肱之力而不相勞來」。皆謂勤也。《孟子・滕文公》篇「放勳曰勞之來之」，亦謂聖人之勤民也。來與「勑」通。凡相恩勤亦謂之勑。《小雅・大東》篇「職勞不來」，毛傳云「來，勤也」，《正義》云「以不被勞來爲不見勤，故《采薇》序云『《杕杜》以勤歸』，即是勞來也」。《衆經音義》卷十二、卷二十二竝引《廣雅》「勑，勤也」。今本脱「勑」字。

𥛱、禳、祰、禱、賕，謝也。

𥛱者，《説文》「𥛱，數祭也」。各本訛作「𥛱」，今訂正。禳者，《説文》「禳，磔禳祀除癘殃也」。祰者，《説文》「祰，告祭也」。禱者，《説文》「禱，告事求福也」。賕者，《衆經音義》卷二十一引《倉頡篇》云「載請曰賕」。字亦作「求」。《吕刑》「惟貨惟來」，《釋文》「來」，馬本作「求」，云「有請賕也」。《漢書・薛宣傳》「賕客楊明」，蕭該《音義》引韋昭注云「行貨財以有求於人曰賕」。《説文》「賕，以財枉法相謝也」，謝亦告也。晉灼注《漢書・張耳陳餘傳》云「以辭相告曰謝」。

廣雅疏證卷第四下

高郵王念孫學

釋詁

砰、磅、硡、礚、㱿、硠、砏、磤、䤇、鎗、鍠、錚、玲、瓏、嘈、哢,聲也。

砰者,《文選》潘岳《藉田賦》注引《字書》云「砰,大聲也」。《列子·湯問》篇云「砰然聞之若雷霆之聲」。揚雄《羽獵賦》云「應駍聲,擊流光」。張衡《西京賦》云「沸卉軿訇」。《思玄賦》云「豐隆軯其震霆兮」。砰、駍、軯、軿義同。磅者,《玉篇》「磅,石聲也」。宋玉《風賦》云「飄忽淜滂」。《西京賦》云「磅礚象乎天威」。磅、滂義同。硡者,《玉篇》「硡,石聲也」。《說文》「宏,屋深響也」,「谹,谷中響也」。《玉篇》引《字書》云「耾,耳語也」,又云「噌吰,市人聲也」,「𩗓,大風也」,「䖶,蟲飛也」。《廣韻》「鈜,金聲也」。《考工記·梓人》云「其聲大而宏」。《風賦》云「耾耾雷聲」。司馬相如《長門賦》云「聲噌吰而似鐘音」。《藉田賦》云「鼓鞞硡隱以砰礚」。竑字異而義同。礚者,《說文》「磕,石聲也」。宋玉《高唐賦》云「㠑震天之礚礚」。司馬相如《子虛賦》云「礧石相擊,硠硠礚礚」。揚雄《甘泉賦》云「登長平兮雷鼓磕」。磕與「礚」同。合言之則曰砰磅,曰硡礚。《上林賦》「砰磅訇礚」,司馬彪注云「皆水聲也」。訇與「硡」聲近義同。㱿者,《說文》「㱿,擊空聲也」，徐鍇《傳》云「謂器外無隙而内空，擊之聲嗀然也」。《玉篇》「鼜，鼓聲也」，義與「嗀」同。硠者，《說文》「硠，石聲也」。《思玄賦》云「伐河鼓之磅硠」。《釋名》云「雷，如轉物有所硠雷之聲也」。砏者，張衡《南都賦》「砏汃輣軋」，李善注云「波相激之聲也」。磤者，《釋訓》云「轞轞，聲也」。《衆經音義》卷八引《通俗文》云「雷聲曰磤」。《召南》云「殷其靁」。枚乘《七發》云「訇隱匈磕」。何晏《景福殿賦》云「聲訇磤其若震」。竝字異而義同。合言之則曰砏磤。《衆經音義》卷八引《埤倉》云「砏磤，大聲也」。《楚辭・九懷》云「鉅寶遷兮砏磤」。鍧者，《樂記》云「鐘聲鏗」。《論語・先進》篇「鏗爾舍瑟而作」，孔傳云「鏗者，投瑟之聲」。《論衡・說日篇》云「石霣輕然」。《說文》「輷，車輷鈏聲也，讀若《論語》『鏗爾舍瑟而作』」。鍧、鏗、輷、輕義同。鎗者，《玉篇》音楚庚切。《集韻》又七羊切。《說文》「鎗，鐘聲也」，「瑲，玉聲也」。《小雅・采芑》篇「八鸞瑲瑲」，《釋文》「瑲」本亦作「鎗」。《庭燎》篇作「將」。《大雅・烝民》篇作「鏘」。《商頌・烈祖》篇作「鶬」。竝字異而義同。合言之則曰鍧鎗。《樂記》「非聽其鏗鏘而已也」，《史記・樂書》作「鏗鎗」，聲、義竝同。鍠者，《玉篇》胡觥切。《集韻》又胡光切。《說文》「鍠，鐘聲也」，「瑝，玉聲也」，「喤，小兒聲也」。《爾雅》「韹韹，樂也」。《方言》「韹，音也」。《周頌・執競》篇云「鍾鼓喤喤」。《小雅・斯干》篇云「其泣喤喤」。《吕氏春秋・自知》篇云「鍾況然有音」。馬融《廣成頌》云「鍠鍠鎗鎗」。《長笛賦》云「錚鐄謍嗃」。竝字異而義同。錚者，《說文》「錚，金聲也」，「琤，玉聲也」。《說苑・雜言》篇云「干將鏌鋣，拂鐘不錚」。錚、琤義同。玲、瓏者，《說文》「玲，玉聲也」。玲與瓏一聲之轉。《說文》「籠，笭也」。笭之轉爲籠，猶玲之轉爲瓏。合言之則曰玲瓏，倒言之則曰瓏玲。班固《東都賦》「鉌鑾玲瓏」，李善注引《埤倉》云「玲瓏，玉聲也」。范望注《太玄・唐》次三云「瓏玲，金玉之聲也」。《法言・五百篇》云「瓏玲其聲者，其質玉乎」。《釋訓》云「鈴鈴，聲也」。《齊風》「盧令令」，毛傳云「令令，纓環聲也」。《漢書・天文志》云「地大動鈴鈴然」。《廣韻》「䶬，大聲也」。義與玲、瓏竝相近。嘈者，王延壽《夢賦》云「雞知天曙而奮羽，忽嘈然而自鳴」。又《魯靈光殿賦》「耳嘈嘈以失聽」，李善注引《埤倉》云「嘈嘈，衆聲也」。《玉篇》引《埤倉》云「嘈，耳鳴也」，義與「嘈」同。𠯈者，「嘈」之轉也。《荀子・勸學篇》云「問一而告二謂之囋」。囋與「𠯈」同。合言之則曰嘈𠯈。《長笛賦》注引《埤倉》云「嘈啐，聲貌」。張衡《東京賦》云「奏嚴鼓之嘈囐」。《周天大象賦》云「河鼓進軍以嘈囋」。《長笛賦》云「啾咋嘈啐」。竝字異而義同。

𩗗、䬉、飂、飈、𩗝、颰、𩖻、䬒、飉、颸、颻、𩖬，風也。

𩗗者，《爾雅》「北風謂之涼風」。《說文》作「𩗴」，同。《邶風》「北風其涼」，是也。又《史記・律書》「涼風居西南維」，《月令》「孟秋之月涼風至」，是也。䬉者，《說文》「䬉，大風也」。《韓詩外傳》云「天喟然而風」。喟與「䬉」通。飂之言飂飂也。《說文》「飂，高風也」。《莊子・齊物論》篇「而獨不聞之翏翏乎」，郭象注云「長風之聲也」。《呂氏春秋・有始》篇云「西方曰飂風」。《楚辭・九歎》云「秋風瀏以蕭蕭」。左思《吳都賦》云「颼瀏飂飅」，又云「翼颸風之颲颲」。竝字異而義同。飈者，扶搖之合聲也。《爾雅》「扶搖謂之猋」，李巡注云「扶搖，暴風從下升上，故曰猋，猋，上也」。《月令》云「猋風暴雨摠至」。《吳子・論將》篇云「風飈數至」。飈與「猋」通。𩗝之言忽也。《說文》「𩗝，疾風也」。宋玉《風賦》云「飄忽淜滂」。《淮南子・覽冥訓》云「縱矢躡風，追猋歸忽」。張衡《思玄賦》云「乘猋忽兮馳虛無」。𩗝、𩗝、忽竝通。颰讀如「鳥不獝」之獝。《説文》「䬍，小風也」。䬍與「䬗」同。䬗讀如「獸不狘」之狘。《廣韻》「䬗，小風也」。䬃之言肅肅也。《楚辭·七諫》「商風肅而害生兮」，王逸注云「肅，急貌」。《思玄賦》云「迅猋潚其媵我兮」。潚、肅竝與「䬃」通。《燕策》云「風蕭蕭兮易水寒」。蕭與「肅」古亦同聲也。飉亦「飂」也，語之轉耳。《初學記》引《通俗文》云「微風曰飉」。颸者，劉逵《蜀都賦》注引《離騷》「溘颸風兮上征」，❶又引班固注云「颸，疾也」。馬融《廣成頌》云「靡颸風，陵迅流」。飀者，《廣韻》作「飅，直由切，風飀也」，又「徒刀切，大風也」。䬛者，《玉篇》「䬛，小風也」。

繕、緻、衲、鞔、靪、絅、茵、鞴、䩞、䙲，補也。 著。

繕者，《説文》「繕，補也」。《月令》云「繕囹圄」。緻者，《方言》云「楚謂紩衣爲褸，秦謂之緻」。又云「褸謂之緻」，郭璞注云「襤褸緻結也」。又云「襜褕以布而無緣，敝而紩之，謂之襤褸，自關而西謂之統裾，其敝者謂之緻」，注云「緻，縫納敝故之名」。是「緻」爲補也。衲者，《釋言》云「紩，納也」。納與「衲」通，亦作「内」，今俗語猶謂破布相連處爲「衲頭」。《論衡·程材篇》云「納縷之工，不能織錦」。《漢書·路温舒傳》「上奏畏卻，則鍛練而周内之」。周内，謂密補其罅隙也。晉灼注以「内」爲「致之法中」，失之。鞔者，《廣韻》「鞔，鞔履也」。又云「絻，連也」。絻與「鞔」同。靪者，《廣韻》音當經、都挺二切。《説文》「靪，補履下也」，徐鍇《傳》云「今履底下以線爲結，謂之釘底，是也」。案：靪之言相丁著也，今俗語猶云「補丁」矣。茵

❶「蜀」，《廣雅疏證補正》改「吴」，是。

者，《説文》「茵，以艸補缺也」。各本「茵」訛作「筃」。《集韻》《類篇》並有「筃」字，云「以竹補缺也」，則宋時《廣雅》本已訛作「筃」。凡從艸、從竹之字，隸書往往訛溷。撰《集韻》者不知是正，因文生訓，而《類篇》已下諸書遂仍其誤。今據《説文》《玉篇》《廣韻》訂正。鞴者，《廣韻》「鞴，補履也」。鞔者，《玉篇》「鞔，履具飾也」。《廣韻》云「補鞔也」。《爾雅・釋草》釋文引《字苑》云「鞔苴履底」。著之言相丁著也。《釋言》云「著，納也」。《士喪禮》記「冠六升，外縪」，鄭注云「縪，謂縫著於武也」。《衆經音義》卷二引《廣雅》「著，補也」。今本脱「著」字。

擣、溘、倚、放、寄、任、附，依也。

擣者，《方言》「擣，依也」，郭璞注云「謂可依倚之也」。《説文》「海中往往有山可依止曰島」，義與「擣」相近也。溘者，《廣韻》音口荅切，「至也，依也」。又「苦蓋切，船著沙也」，義與「依」亦相近。溘，各本作「溢」，乃隸書之訛。《衆經音義》卷十九引《廣雅》「溘，依也」。今據以訂正。

幾、尾、緫、紗、糸、紆、細、麼，微也。

幾之言幾希也。《繫辭傳》云「幾者動之微」。《臯陶謨》云「惟幾惟康」。《説文》「僟，精詳也」，「嘰，小食也」。司馬相如《大人賦》云「咀噍芝英兮嘰瓊華」。《衆經音義》卷九引《字林》云「璣，小珠也」。《玉篇》「鐖，鉤逆鋩也」。《淮南子・説林訓》云「無鐖之鉤，不可以得魚」。《方言》云「鉤，自關而西或謂之鐖」，郭璞音微。是凡言幾者皆微之義也。尾者，《説文》「尾，微也」。《釋名》與《説文》同，云「承脊之末，稍微殺也」。《史記・律書》云「南至於尾，言萬物始生如尾也」。《堯典》「鳥獸孳尾」，《史記・五帝紀》作「微」。

《論語》「微生高」，《漢書・古今人表》作「尾」。尾、微聲義竝同，故古書以二字通用。緫、紗、糸、緢、細皆絲之微也。緫之言恍惚，紗之言眇小也。《孫子算經》云「蠶所吐絲爲忽，十忽爲秒」。緫、忽、紗、秒竝通。《說文》「秒，禾芒也」。《史記・太史公自序》「閒不容翲忽」，《正義》云「翲當作『秒』，秒，禾芒表也，忽，一蠶口出絲也」。《漢書・敘傳》「造計秒忽」，劉德注云「秒，禾芒也，忽，蜘蛛網細者也」。皆微之義也。《顧命》云「眇眇予末小子」。僖九年《左傳》云「以是藐諸孤」。《方言》「眇，小也」，又云「杪，小也，凡木細枝謂之杪」，郭璞注云「言杪梢也」。《爾雅》「管小者謂之篎」。《說文》「眇，一目小也」，又云「鷦䳢，桃蟲也」。《爾雅・釋鳥》注作「鷦鷺」。《周頌・小毖》篇「肇允彼桃蟲，拚飛維鳥」，毛傳云「桃蟲，鷦也，鳥之始小終大者」，陸璣《疏》云「今鷦鷯是也」。鷦之疊韻爲鷦鷯，又爲鷦鷺，皆小貌也。《文選・長笛賦》「焦眇睢維」，李善注以「焦眇」爲合目，「睢維」爲開目。是凡言眇者，皆微之義也。糸者，《說文》「糸，細絲也」，又云「覭，小見也」。《玉篇》糸、覭竝音亡狄切，其義同也。緢之言蔑也。《廣韻》引《倉頡篇》云「緢，細也」。《君奭》「茲迪彝教文王蔑德」，鄭注云「蔑，小也」，《正義》云「小謂精微也」。《逸周書・祭公解》「追學於文武之蔑」，孔晁注云「言追學文武之微德也」。《法言・學行篇》云「視日月而知衆星之蔑也，仰聖人而知衆說之小也」。卷二云「懱，小也」。《周語》「鄭未失周典，王而蔑之，是不明賢也」，韋昭注云「蔑，小也」。蔑與「懱」同。今人謂小視人爲蔑視，或曰眇視，或曰忽視，義與緫、紗、緢竝同。《法言・先知篇》云「知其道者，其如視忽眇緜作眪」。忽眇緜即緫紗緢，故《漢書・嚴助傳》「越人緜力薄材」，孟康曰「緜音滅」。《玉篇》「⿰面蔑，面小也」。《說文》「⿰米蔑，麩也」。《方言》「江淮陳楚之內謂木細枝爲蔑」，注云「蔑，小貌也」。《衆經音義》卷十引《埤倉》云「篾，析竹膚也」。字通作「蔑」。《顧命》「敷重蔑席」，鄭注云「蔑，析竹之次青者」。《玉篇》「鸏，鸏雀也」。亦通作「懱」。《方言》「桑飛，自關而西或謂之懱爵」，注云「即鷦鷯也，又名鷦鸎」，「懱，言懱截也」。《廣韻》「蠛尐，小也」。蠛尐與「懱截」同，即「鷦鸎」之轉也。《荀子·勸學篇》「南方有鳥焉，名曰蒙鳩」，楊倞注云「蒙鳩，鷦鷯也」。「蒙」亦蔑之轉。蒙鳩猶言蔑雀。《爾雅》「蠓，蠛蠓」。《文選·甘泉賦》注引孫炎注云「蟲小於蚊」。是凡言蔑者，皆微之義也。麼之言靡也。《衆經音義》卷七引《三倉》云「麼，微也」。《列子·湯問》篇「江浦之閒有麼蟲」，張湛注云「麼，細也」。《鶡冠子·道端》篇云「任用幺麼」。《漢書·敘傳》「又況幺麼尚不及數子」，鄭氏注云「麼，小也」。《文選》作「麼」，李善注引《通俗文》云「不長曰幺，細小曰麼」。《方言》「秦晉謂布帛之細者曰靡」。靡與「麼」聲近而義同。

⿱髟寺、⿱髟賁、⿱髟桀、髽、鷄斯、⿱髟介，髻也。

⿱髟寺者，《説文》「⿱髟寺，髻也」。⿱髟賁、⿱髟桀者，《説文》「⿱髟賁，屈髮也」。《方言》云「幧頭偏者謂之⿱髟賁帶，或謂之⿱髟桀帶」，又云「覆結謂之幘巾，或謂之覆⿱髟桀」，郭璞注云「⿱髟桀亦結也」。結與「髻」通，字或作「⿱髟介」，又作「紒」。⿱髟桀，各本訛作「⿱髟桀」，今訂正。髽者，《説文》「髽，喪髻也」。《士喪禮》「婦人髽于室」，鄭注云「髽者，去笄纚而紒也，髽之異於髻髮者，既去纚而以髮爲大紒，如今婦人露紒，其象也」。《太平御覽》引《禮記外傳》云「髽者，開散之名也」。鷄斯者，《問喪》「親始死，雞斯」，鄭注云「雞斯，當爲『笄纚』，聲之誤也，親始死，去冠，三日，乃去笄纚括髮也，今時始喪者，邪巾貊頭，笄纚之存象也」。《士喪禮》注云「始死，將斬衰者笄纚，將齊衰者素冠」，「婦人將斬衰者去笄而纚，將齊衰者骨笄而纚」。《士冠禮》注云「纚，今之幘梁，廣一幅，長六尺，以韜髮而結之」。㚄與「髻」同。二徐本《説文》皆有「㚄」字，無「髻」字。「㚄」字注云「簪結也」，古拜切。徐鉉本「髻」字收入新附，云古通作「結」，此字後人所加。案：曹憲云《説文》「㚄」即籀文「髻」字。《太平御覽》引《説文》云「髻，結髮也」，則是《説文》原有「髻」字，而「㚄」即「髻」之重文。《士冠禮》「將冠者采衣，紒」，鄭注云「紒，結髮也，古文『紒』爲『結』」。紒之或作「結」，猶髻之或作「㚄」。今本《説文》「㚄」字訓爲「簪結」，乃後人所改，徐鉉不察，反以「髻」字爲後人所加，誤矣。《玉篇》「髻」字注云「結髮也」，「㚄」字注云「同上」，此皆本於《説文》。其下文云「《説文》古拜切，簪結也」，則陳彭年等以誤本《説文》竄入者耳。髻，各本譌作「髺」，今訂正。

𢾅、軖、弧、❶紉、咈、抮、狼、很，盭也。

𢾅者，《説文》「𢾅，戾也」。戾與「盭」通。𢾅與「違」通。餘見《釋訓》「𢾅懻，乖剌也」下。軖者，《説文》「軖，車戾也」。字通作「匡」。《考工記·輪人》「則輪雖敝不匡」，鄭衆注云「匡，枉也」。枉亦「戾」也。《説文》云「獸皮之韋，可以束枉戾，相違背」，是也。《管子·輕重甲》篇云「弓弩多匡𢐀者」。「枉」謂之匡，故正枉亦謂之匡。《孟子·滕文公》篇云「匡之直之」，義有相反而實相因者，皆此類也。《説文》「尢，尪，曲脛也」，古文作「尪」。尪與「匡」亦聲近義同。弧者，《考工記·輈人》云「輈欲弧而無折」。《楚辭·七諫》「邪説飾而多曲兮，正法弧而不公」，王逸注云「弧，戾也」。《鹽鐵論·非鞅》篇云「弧剌之鑿，雖公輸子不能善

❶ 「弧」，原作「孤」，今據續四庫本改。

其枘」。《漢書·五行志》注云「睽孤，乖剌之意也」。孤與「弧」聲近義同。紉者，《説文》「紉，繟繩也」。《楚辭·離騷》「紉秋蘭以爲佩」，注云「紉，索也」。顔師古注《急就篇》云「索謂切撚之令緊也」，是抮戾之意也。咈者，《説文》「咈，違也」，引《微子》「咈其耇長」。《頤》六二云「拂經于丘」。《學記》云「其求之也佛」。《漢書·五行志》引《京房易傳》云「君臣故弼，兹謂悖」。竝字異而義同。抮者，《玉篇》音火典切，「引戾也」。《方言》「軫，戾也」，郭璞注云「相了戾也，江東音善」。《考工記·弓人》「老牛之角紾而昔」，鄭衆注云「紾，讀爲『抮縛』之抮」，《釋文》「紾，劉徒展反，許慎尚展反，角，絞縛之意也」。《孟子·告子》篇「紾兄之臂而奪之食」，趙岐注云「紾，戾也」，《音義》「紾，張音軫，又徒展切」。《淮南子·原道訓》「扶摇抮抱羊角而上」，高誘注云「抮抱，了戾也」，「抮，讀與《左傳》『感而能眕者』同」。《釋訓》云「軫軳，轉戾也」。竝聲近而義同。狼、戾語之轉，説見卷三「狼、戾，很也」下。

肖、似、類、鼎，象也。

鼎者，《鼎》彖傳「鼎，象也」，虞翻注云「六十四卦皆觀象繫辭，而獨於鼎言象何也，象事知器，故獨言象也」。

⿰犭翏、獿、狡、訬、䨲，獪也。

⿰犭翏者，《方言》「江湘之閒謂獪爲⿰犭翏」，郭璞注云「惡忣多智也，恪交反」。《列子·力命》篇「⿰犭翏忣情露」，《釋文》引阮孝緒《文字集略》云「惡忣，伏態貌」。惡與「⿰犭翏」同。《方言》「膠，詐也，涼州西南之閒曰膠」，義與「⿰犭翏」亦相近。狡者，《衆經音義》卷三引《方言》云「凡小兒多詐而獪謂之狡猾」。昭二十六年《左傳》云「無助狡猾」。訬者，《説文》「訬，訬獪也」。《淮南子·脩務訓》「越人有重遲者而人謂之訬」，高誘注云「訬，輕秒急疾也」。《漢書·敘傳》「江都訬輕」，顔師古注云「訬謂輕狡也」。毚者，《小雅·巧言》篇「躍躍毚兔」，毛傳云「毚兔，狡兔也」。

剖、辟、片、胖，半也。

皆一聲之轉也。剖者，襄十四年《左傳》「與女剖分而食之」，杜預注云「中分爲剖」。片、胖、半聲竝相近。《説文》「片，判木也，從半木」。《爾雅》「革中絶謂之辨」，孫炎注云「辨，半分也」。又「桑辦有葚，梔」，舍人注云「桑樹半有葚半無葚，名梔」。《釋文》辨、辦竝普遍反，與「片」同。《説文》「胖，半體肉也」。《士喪禮》云「腊左胖」。《喪服》傳云「夫妻，牉合也」。《周官·媒氏》「掌萬民之判」，鄭注云「判，半也，主合其半，成夫婦也」。《莊子·則陽》篇「雌雄片合」，《釋文》「片，音判」。義竝與「胖」同。

斛、妁、斟，酌也。

斛者，《小雅·大東》傳云「挹，斛也」。《賓之初筵》篇「賓載手仇」，鄭讀「仇」爲「斛」，謂手挹酒也。張衡《思玄賦》「斛白水以爲漿」，舊注云「斛，酌也」。《士冠禮》注云「勺尊斗，所以斛酒也」。《喪大記》釋文云「斛，水斗也」，引何氏《隱義》云「容四升」。斛水斗謂之斛，猶酌酒斗謂之勺矣。妁者，《説文》「妁，酌也，斟酌二姓也」。《孟子·滕文公》篇云「媒妁之言」。

曰、欥、惟、執、每、雖、兮、者、其、各、而、烏、豈、也、乎、些、只，詞也。

曰者，《説文》「曰，詞也」。欥亦「曰」也，字或作「聿」，又作「遹」。班固《幽通賦》「聿中龢爲庶幾兮」，曹大家注云「聿，惟也」。《漢書・敘傳》作「欥」。《爾雅・釋親》注引《詩》「聿嬪于京」，今《詩》作「曰」。《穆天子傳》注云「聿猶曰也」。《毛鄭詩考正》云：案：《文選》注引《韓詩》薛君《章句》云「聿，辭也」。《春秋傳》引《詩》「聿懷多福」，杜注云「聿，惟也」。皆以爲辭助。《詩》中聿、曰、遹三字互用。《禮記》引《詩》「聿追來孝」，今《詩》作「遹」。《七月》篇「曰爲改歲」，《釋文》云《漢書》作「聿」。《角弓》篇「見晛曰消」，《釋文》云《韓詩》作「聿」。傳於「歲聿其莫」，釋之爲「遂」。於「聿脩厥德」，釋之爲述。箋於「聿來胥宇」，釋之爲自。於「我征聿至」「聿懷多福」「遹駿有聲」「遹求厥寧」「遹觀厥成」「遹追來孝」，竝釋之爲述。今考之，皆承明上文之辭耳，非空爲辭助，亦非發語辭。而爲遂、爲述、爲自，緣辭生訓，皆非也。《説文》「欥，詮詞也，從欠、從曰，曰亦聲」，引《詩》「欥求厥寧」。然則「欥」蓋本文，省作「曰」。同聲假借，用「聿」與「遹」。詮詞者，承上文所發端，詮而繹之也。䎽，各本訛作「飢」，今訂正。《説文》「䎽，讀若載」。《鄘風・載馳》傳云「載，辭也」，箋云「載之言則也」。《石鼓文》「䎽西䎽北」。䎽與「載」通。故《文選・西征賦》注引薛君《韓詩章句》云「載，設也」。《廣雅・釋言》篇云「䎽，設也」。《周頌・載見》傳云「載，始也」。《玉篇》云「䎽，始也」。各當爲「若」。若隷或作「𦱳」，與「各」相近，故訛而爲「各」。若、而一聲之轉，皆語詞也。些者，《爾雅・釋詁》釋文云「些，語餘聲也」。見《楚辭・招魂》。只者，《説文》「只，語已詞也」。各本「詞」下脱去「也」字，遂與下條相連。今補正。

沬、既、央、極，已也。

沬者，《楚辭・離騷》「芬至今猶未沬」，《招魂》「身服義而未沬」，王逸注竝云「沬，已也」。引之云：《魏風・陟岵》篇「行役夙夜無已」「行役夙夜無寐」，寐讀爲「沫」。無沫猶「無已」也。央者，《小雅・庭燎》篇「夜未央」，鄭箋云「猶言夜未渠央也」，《釋文》引《説文》云「央，已也」。《楚辭・九歌》「爛昭昭兮未央」，注與《説文》同。極者，《唐風・鴇羽》篇「曷其有極」，鄭箋云「極，已也」。

夷、吞、泯、絶、止、消、烕，滅也。

烕者，《小雅・正月》篇「赫赫宗周，褒姒烕之」，毛傳云「烕，滅也」。

恬、倓、憺、怕、怗、𡖈、宋、坃、安、情，静也。

恬者，《方言》「恬，静也」。《説文》「恬，安也」。《吴語》「今大夫老而又不自安恬逸」，韋昭注與《方言》同。倓與下「憺」字通，字或作「澹」，又作「淡」。《衆經音義》卷九引《倉頡篇》云「倓，恬也」。《説文》「倓，安也」，又云「憺，安也」。《莊子・刻意》篇云「淡而無爲」。《知北遊》篇云「澹而静乎」。《荀子・仲尼篇》云「倓然見管仲之能足以託國也」。《淮南子・俶真訓》云「蜂蠆螫指而神不能憺」。怕者，《説文》「怕，無爲也」。《老子》云「我獨泊兮其未兆」。司馬相如《子虚賦》云「怕乎無爲，憺乎自持」。泊與「怕」通。合言之則曰恬倓，曰憺怕。《老子》云「恬澹爲上」。《莊子・胠篋》篇云「恬惔無爲」。揚雄《長楊賦》云「人君以澹泊爲德」。怗者，《玉篇》「怗，服也，静也」。僖四年《公羊傳》云「卒怗荆」。帖與「怗」通。𡖈，音亡客、亡各二反。《説文》「𡖈，宋也」。《爾雅》「貉，静也」，又云「貉、嗼、安，定也」，郭璞注云「皆静定」。《爾雅》又云「漠，清也」。《小雅・楚茨》篇「君婦莫莫」，毛傳云「莫莫，言清静而敬至也」。《大雅・皇矣》篇「貉其德音」，傳云「貉，静也」。昭二十八年《左傳》引《詩》作「莫」，云「德正應和曰莫」，杜預注云「莫然清静」。《莊子·知北遊》篇云「漠而清乎」。《吕氏春秋·胥時》篇云「飢馬盈廄嗼然，未見芻也」。竝字異而義同。宲者，《方言》「宲，静也，江湘九疑之閒謂之宲」。《説文》「宲，無人聲也」，或作「誺」。又云「㖥，嗼也」。《繫辭傳》云「寂然不動」。《楚辭·大招》云「湯谷宲只」。竝字異而義同。合言之則曰宲蓦。《説文》「嗼，㖥嗼也」，「蓦，死宲蓦也」。《文選·西征賦》注引薛君《韓詩章句》云「寂，無聲之貌也，寞，静也」。《莊子·天道》篇云「寂漠無爲」。《楚辭·九辯》云「蟬宲漠而無聲」。《淮南子·俶真訓》云「虚無寂寞」。竝字異而義同。㘰猶「怗」也，語有輕重耳。《玉篇》乃篋切，云「㘰莫也」。《漢書·嚴助傳》「天下攝然人安其生」，孟康注云「攝，安也，音奴協反」。《莊子·田子方》篇「慹然似非人」，郭象注云「寂泊之至也」，《釋文》「慹」乃牒反。㘰、攝、慹聲、義竝同。《莊子·達生》篇「輒然忘吾有四枝形體也」，《釋文》「輒」丁協反，「輒然，不動貌」。輒與「㘰」亦聲近義同。情者，《白虎通義》云「情者，陰之化也」，「情者，静也」。静與「情」古同聲而通用。《表記》「文而静」，「静」或爲「情」。《逸周書·官人解》「情忠而寬」，《大戴禮》「情」作「静」。

霝子、醫、䰲覡，巫也。

霝子、巫、覡者，《楚語》云「民之精爽不攜貳者而又能齊肅衷正，其知能上下比義，其聖能光遠宣朗，其明能光照之，其聰能聽徹之，如是則明神降之，在男曰覡，在女曰巫」，故巫謂之靈，又謂之靈子。《説文》「靈，靈巫，以玉事神，從玉霝聲」，或從巫作「靈」。春秋楚屈巫字子靈。《楚辭·九歌·東皇太一》「靈偃蹇兮姣服」，王逸注云「靈，謂巫也」。《易林·小畜之漸》云「學靈三年，仁聖且神，明見善祥，吉喜福慶」。《九歌·雲中君》「靈連蜷兮既留」，一本「靈」下有「子」字，王注云「靈子，巫也，楚人名巫爲靈子」。覡或通作「擊」。《荀子・王制篇》云「相陰陽，占祲兆，鑽龜陳卦，主攘擇五卜，知其吉凶妖祥，傴巫跛擊之事也」。然則古者卜筮之事，亦使巫掌之。故靈、筮二字竝從「巫」。《楚辭・離騷》「命靈氛爲余占之」，靈氛猶「巫氛」耳。醫亦爲巫者。《周官・巫馬》之職云「掌養疾馬而乘治之，相醫而藥攻馬疾」。《海内西經》「開明東有巫彭巫抵巫陽巫履巫凡巫相，夾窫窳之尸，皆操不死之藥以距之」，郭璞注云「皆神醫也」，引《世本》云「巫彭作醫」。《楚辭・天問》「化爲黄熊，巫何活焉」，王逸注云「言鮌死後化爲黄熊，入於羽淵，豈巫醫所能復生活」。是「醫」即巫也。巫與醫皆所以除疾，故「醫」字或從「巫」作「毉」。《管子・權修》篇云「好用巫毉」。《太玄・玄數》篇云「爲毉，爲巫祝」。

攙、捈、剡、鑯，鋭也。

攙者，《説文》「鑱，鋭也」。《太玄・玄錯》云「鋭鏩鏩」。竝與「攙」通。又《説文》「劖，剽也」，「剽，砭刺也」。《史記・扁鵲傳》「鑱石撟引」，《索隱》云「鑱謂石針也」。《廣韻》「鑱，吴人云犂鐵也」。《説文》「嚵，喙也」。《史記・天官書》云「天欃長四丈，末兑」。《漢書・司馬相如傳》「嶃巖參差」，顔師古注云「嶃巖，尖鋭貌」。是凡言攙者，皆鋭之義也。鋭、兑古通用。捈者，《廣韻》作「梌」，音他胡切，鋭也。《玉篇》「梌」音丈加切，刺木也。《淮南子・兵略訓》云「剡摲筡，奮擔钁，以當脩戟强弩」，筡與「梌」通。剡者，《爾雅》「剡，利也」。《説文》云「鋭利也」。《小雅・大田》篇「以我覃耜」，毛傳云「覃，利也」。《繫辭傳》「剡木爲楫」，「剡木爲矢」，《釋文》竝作「掞」。《聘禮》記云「圭剡上寸半」。《史記・蘇秦傳》云「錟戈在後」。竝字異而義同。剡訓爲鋭，故又訓爲鋒。《晉語》「大喪大亂之剡也，不可犯也」，韋昭注云「剡，鋒也」。鑯者，《爾雅》「山鋭而高，嶠」，郭璞注云「言鐵峻」。《集韻》引《廣雅》作「鋟」。今俗作「尖」。

拔、拂、榜、挾、押、翼，輔也。

拂讀爲「弼」。《爾雅》「弼、輔，俌也」，郭璞注云「俌猶輔也」。《管子·四稱》篇云「近君爲拂，遠君爲輔」，拂與「弼」同。榜者，《説文》「榜，所以輔弓弩也」。《楚辭·九章》「有志極而無旁」，王逸注云「旁，輔也」。旁與「榜」通。榜、輔一聲之轉。榜之轉爲輔，猶方之轉爲甫，旁之轉爲溥矣。挾者，《説文》「挾，押持也」。古通作「夾」。押者，《孟子·公孫丑》篇「相與輔相之」，丁公著本「相」作「押」，音甲，引《廣雅》「押，輔也」。押、挾聲相近。

臿、暛、𣅜、暘、糳、捶、䑋、敼、𥜥、碏，舂也。

臿者，《説文》「臿，舂去麥皮也」。暛者，《説文》「䴭，擣也」。䴭與「暛」同。𣅜、暘者，《衆經音義》卷十五、十八引《埤倉》《韻集》竝云「𣅜，暘米也」，又引《通俗文》云「擣細曰𣅜」，又云「今中國言𣅜，江南言暘」。𣅜與「𣅜」同。《齊民要術》云「𣅜米欲細而不碎」。暛、𣅜、暘三字竝從臼，各本譌從日，惟影宋本不譌。糳者，桓二年《左傳》「粢食不鑿」，杜預注云「不精鑿」。《楚辭·九章》云「糳申椒以爲糧」，糳與「鑿」通。《説文》「糲米一斛舂爲九斗曰糳」，「粺，毇也」，「毇，糲米一斛舂爲八斗也」。糲或作「糲」。《大雅·召旻》箋云「米之率，糲十，粺九，鑿八，侍御七」。所稱粺、糳之率，與《説文》互異，未知孰是。捶，《玉篇》《廣韻》竝作「捶」，云「杵擊也」。《集韻》引《廣雅》亦作「捶」。䑋者，《説文》「舂，擣粟也」。䑋與「擣」通。敼者，《説文》「敼，小舂也」。𥜥者，《説文》「𥜥，數祭也，從示、毳聲，讀若『舂麥爲𥜥』之𥜥」。《廣韻》「𥜥，重擣也」。𥜥，各本訛作「槀」，今訂正。碏者，《説文》「舂已復擣之曰碏」。

巉、巗、岑、崟、巑岏、嶕、嶢、阢、嵬、嵯、峩、顤、顟、嶚、巢、陗、搋、卲、亢、喬、厲、尊、極、競、弼、尚、崪，高也。

巉、巗者，《説文》「嶄，礹石也」。《小雅》「漸漸之石，維其高矣」，《釋文》「漸」亦作「嶄」。《説文》「巖，岸也」，「礹，石山也」。《小雅・節南山》篇「維石巖巖」，《釋文》「巖」本或作「嚴」。合言之則曰巉巗。《説文》「喦，嶄喦也」。宋玉《高唐賦》云「登巉巖而下望兮」。《楚辭・招隱士》云「谽谷嶄巖兮水横波」。《淮南子・覽冥訓》云「熊羆匍匐，丘山嶄巖」。竝字異而義同。轉之爲岑崟。《方言》「岑，高也」。《爾雅》「山小而高，岑」。《孟子・告子》篇「可使高於岑樓」，趙岐注云「岑樓，山之鋭嶺者」。《釋名》云「岑，嶄也，嶄嶄然也」。岑、嶄聲相近。故《吕氏春秋・審已》篇「齊攻魯，求岑鼎」，《韓非子・説林》篇作「讒鼎」。讒與岑皆言其高也。《説文》「厰，崟也」，又云「喦，山巖也，讀若吟」。僖三十三年《穀梁傳》云「必於殽之巖唫之下」。《楚辭・招隱士》「嶔岑碕礒兮」，上音欽，下音吟。又云「狀貌崯崯兮峨峨」。張衡《思玄賦》云「冠喦喦其映蓋兮」。合言之則曰岑崟。《説文》「崟，山之岑崟也」。《漢書・司馬相如傳》「岑崟參差」，《史記》作「岑巖」。《揚雄傳》「玉石嶜崟」，蕭該《音義》引《字詁》云「嶜」：古文「岑」字。張衡《南都賦》「幽谷嶜岑」，上音岑，下音吟。嵇康《琴賦》「崔嵬岑嵒」。竝字異而義同。又轉之爲巑岏。《高唐賦》云「盤岸巑岏」，《楚辭・九歎》「登巑岏以長企兮」，王逸注云「巑岏，鋭山也」。又轉之爲嶕嶢。《莊子・徐無鬼》篇「君亦必無盛鶴列於麗譙之閒」，郭象注云「麗譙，高樓也」，《釋文》「譙」本亦作「嶕」。《漢書・趙充國傳》

「爲壍壘木樵」，顏師古注云「樵與『譙』同，謂爲高樓以望敵也」。《方言》「嶢，高也」。《說文》「堯，高也」，「垚，土之高也」。揚雄《甘泉賦》云「直嶢嶢以造天兮」。《河東賦》云「陟西岳之嶢崝」。合言之則曰嶕嶢。揚雄《解難》云「泰山之高不嶕嶢，則不能浡滃雲而散歊烝」。班固《西都賦》云「內則別風之嶕嶢」。《說文》「焦嶢，山高皃」。竝字異而義同。阢者，《說文》「兀，高而上平也」，「阢，石山戴土也」。劉逵注《蜀都賦》云「五阢，山名，一山有五重，在越巂」，引揚雄《蜀都賦》「五阢參差」。馬融《長笛賦》云「兀嵔狋鷔」。郭璞《江賦》云「巨石硉矹以前卻」。竝字異而義同。嵬者，《說文》「嵬，高不平也」。《爾雅》「石戴土謂之崔嵬」。《周南·卷耳》篇云「陟彼崔嵬」。崔嵬，亦「巉巗」之轉也。又轉之爲嵯峩。《說文》「嵯，山皃」，又云「硪，石巖也」。《列子·湯問》篇云「峩峩兮若泰山」。合言之則曰嵯峩。《說文》「峨，嵯峨也」。《楚辭·招隱士》云「山氣巃嵸兮石嵯峨」。《爾雅》「崒者厜㕒」，《釋文》「厜㕒」本或作「嵳峩」。竝字異而義同。嵯之言嵾嵯，峨之言岭峨。《楚辭·七諫》「俗岭峨而嵾嵯」。嵾岭、嵯峨爲疊韻，岭峨、嵾嵯爲雙聲也。顤、⿰敖頁者，顤與「嶢」同義。《說文》「顤，高長頭也」。王延壽《魯靈光殿賦》云「顱顤顟而睽睢」。《玉篇》「⿰敖頁，高大也」。《衛風·碩人》篇「碩人敖敖」，毛傳云「敖敖，長貌」。《莊子·大宗師》篇「謷乎其未可制也」，郭象注云「高放而自得」。《爾雅》「狗四尺爲獒」。《說文》「驐，駿馬也」。竝與「⿰敖頁」同義。合言之則曰顤⿰敖頁。《說文》「⿰敖頁顤，高也」。⿰敖頁顤猶「顤⿰敖頁」耳。嶚、⿱山巢者，《南都賦》「嵣⿰山芒嶚剌」，李善注引《廣雅》「嶚，高也」。左思《魏都賦》云「劍閣雖嶚，憑之者蹶」。《小爾雅》「巢，高也」。《爾雅》「大笙謂之巢」。《鄉射禮》疏引孫炎注云「巢，高大也」。《說文》「鳥在木上曰巢」，又云「樔，澤中守草樓也」，「轈，兵車高如巢以望敵也」，引成十六年《左傳》「楚子登轈車」。合言之則曰嶚巢。《淮南子・俶真訓》「譬若周雲之蘢蓯遼巢」，義與「嶚巢」同。嶚，各本訛作「遼」，今訂正。陗者，《說文》「陗，陵也」。《楚辭・九章》云「上高巖之陗岸兮」。掀，亦「陗」也，方俗語有輕重耳。卲者，《說文》「卲，高也」。《法言・脩身篇》云「公儀子、董仲舒之才之卲也」。《水經》汝水注云「汝水枝津東南逕召陵縣故城南，《春秋左傳》『齊桓公師于召陵』，即此處也，闞駰曰『召者，高也，其地丘墟，井深數丈，故以名焉』」，義亦與「卲」同。卲，各本訛作「邵」，今訂正。亢者，王肅注乾卦云「窮高曰亢」。厲者，《說文》「𡾊，巍高也，讀若『厲』」。厲與「𡾊」通。《呂氏春秋・恃君覽》「厲人主之節」，高誘注云「厲，高也」。《淮南子・脩務訓》云「故君子厲節亢高以絕世俗」。劉歆《遂初賦》云「天烈烈以厲高兮」。厲與「高」同義，故《皋陶謨》「庶明厲翼」，《史記・夏紀》作「衆明高翼」矣。弼者，《方言》「弼，高也」。義見卷一「弼，上也」下。凡高與大義相近。高謂之岑，猶大謂之岑也。高謂之嵬，猶大謂之巍也。高謂之弼，猶大謂之奭也。崪者，《玉篇》音才律切。字亦作「卒」。《爾雅》云「崒者厜㕒」。《說文》云「崒，危高也」。《小雅・十月之交》篇「山冢崒崩」，《漸漸之石》篇「維其卒矣」，鄭箋竝云「崒者，崔嵬」。崔嵬、崒危、厜㕒聲相近，皆「巉巗」之轉也。

𣪊、❶侑、儷、諧，耦也。

侑者，《說文》「姷，耦也」，或作「侑」。儷者，成十一年《左傳》「鳥獸猶不失儷」，杜預注云「儷，耦也」。字通

❶「𣪊」，原作「叡」，今據《博雅音》改。

作「麗」，又作「離」。

州、郡、縣、道、都、鄙、邦、域、邑，國也。

州、郡、縣者，《説文》「州，疇也，各疇其土而生之也」。州有二名，《堯典》「肇十有二州」，《禹貢》「九州攸同」，此大名也。《周官·大司徒》「五黨爲州」，鄭衆注《載師》引《司馬法》云「王國二百里爲州」，僖十五年《左傳》「晉作州兵」，此小名也。《釋名》云「縣，懸也，懸係於郡也」，「郡，羣也，人所羣聚也」。郡、縣亦有大小之分。《逸周書·作雒解》云「方千里，分以百縣，縣有四郡」，哀二年《左傳》「上大夫受縣，下大夫受郡」，是古者縣大而郡小也。《秦策》云「宜陽，大縣也，名爲縣，其實郡也」，《史記·秦始皇帝紀》「分天下以爲三十六郡」，則郡大而縣小矣。又《周官·小司徒》「四甸爲縣」，《遂人》「五鄙爲縣」，《齊語》「三鄉爲縣」，皆同名而異制。道者，《漢書·百官公卿表》云「縣有蠻夷曰道」。都、鄙者，鄭注《大宰》云「都鄙，公卿大夫之采邑，王子弟所食邑也」。《釋名》云「國城曰都，都者，國君所居，人所都會也」，「鄙，否也，小邑不能遠通也」。《小司徒》云「四縣爲都」。鄭衆注《載師》引《司馬法》云「王國四百里爲縣，五百里爲都」。莊二十八年《左傳》云「凡邑，有宗廟先君之主曰都，無曰邑」。《鄘風·干旄》傳云「下邑曰都」。《周官·遂人》云「五酇爲鄙」。《大宰》注云「都之所居曰鄙」。《蔡仲之命》正義引馬融注云「鄙，邊邑也」。邦者，《大宰》注云「大曰邦，小曰國，邦之所居亦曰國」。《釋名》云「邦，封也，封有功於是也」。邦，各本訛作「邨」。《衆經音義》卷二十三引《廣雅》「邦、域，國也」，今據以訂正。域者，《説文》「或，邦也」，或作「域」，又云「國，邦也」。或、域、國三字古聲、義竝同。邑者，《釋名》云「邑，猶俋也，聚會之稱也」。

攜、挈、撣，提也。

撣者，《説文》「撣，提持也，讀若『行遲驒驒』」。《太玄·盛》次五云「何福滿肩，提禍撣撣」。撣與提，一聲之轉。《釋器》篇云「醍謂之彈」。醍之轉爲彈，猶提之轉爲撣矣。

剄、刑、刻，剄也。

剄者，《吴語》「自剄於客前」，賈逵注云「剄，剄也」。刑者，《説文》「刑，剄也」。

㓠、剾、削，剜也。

㓠者，《廣韻》「㓠，剜裹也」。剾者，《玉篇》「剾，㓠也」。案：㓠、剾皆空中之意。《説文》「窬，穿木户也，一曰空中之皃」。孟康注《漢書·石奮傳》云「東南人謂鑿木空中如曹謂之腧」。《廣韻》剾、窬、腧三字竝度侯反，義相近也。削亦「剜」也，聲有侈斂耳。《説文》「削，挑取也，一曰窒也」。

孕、重、妊、娠、身、媰，侢也。

重者，《大雅·大明》箋云「重，懷孕也」。《説苑·脩文》篇云「取禽不麛卵，不殺孕重者」。《漢書·匈奴傳》云「孕重憧殰」。妊者，《説文》「妊，任身裹孕也」。《漢書·律曆志》云「懷任於壬」。任與「妊」通。娠者，《爾雅》「娠、震，動也」，郭璞注云「娠猶震也」。《説文》「娠，女妊身動也」，引哀元年《左傳》「后緡方娠」。《大雅·生民》篇「載震載夙」，震與「娠」通。身亦「侢」也。《大明》篇「大任有身」，毛傳云「身，重也」。媰者，《説文》「媰，婦人妊身也」，引《梓材》「至于媰婦」，今本作「屬」。《廣韻》引崔子玉《清河王誄》云「惠於媰孀」。

偁、獎、譝、與、孝，譽也。

偁通作「稱」。譝亦「稱」也，方俗語轉耳。莊十四年《左傳》「繩息嬀以語楚子」，杜預注云「繩，譽也」，《釋文》「繩，《説文》作『譝』」。《逸周書·皇門解》云「是陽是繩」。《吕氏春秋·古樂》篇云「周公旦乃作詩以繩文王之德」。竝與「譝」通。與猶「譽」也。鄭注《射義》云「譽或爲『與』」。孝者，《孝經正義》引《援神契》云「卿大夫行孝曰譽，謂言行布滿天下，能無怨惡，遐邇稱譽，是榮親也」。

皃、奕、裕、心、形，容也。

皃、奕、形爲「容皃」之容，裕爲「寬容」之容。皃與「貌」同。奕，説見《釋訓》「奕奕，容也」下。

庡、蔽、潛、匿、恩、遁，隱也。

庡者，《方言》「庡，隱也」。《晉語》「有秦客庡辭於朝」，韋昭注與《方言》同。文十八年《左傳》「服讒蒐慝」，服虔注云「蒐，隱也」。蒐與「庡」通。庡訓爲隱，故隈隱之處謂之庡。《楚辭·九歎》「步從容於山庡」，王逸注云「庡，隈也」。

僭、忒、乖、屖，差也。跌。

僭、忒者，《大雅·抑》傳云「僭，差也」。《爾雅》「爽，差也」，「爽，忒也」，郭璞注云「皆謂用心差錯不專一」。《洪範》云「民用僭忒」。乖者，舛之差也。《楚辭·七諫》「吾獨乖剌而無當兮」，王逸注云「乖，差也」。《九歎》云「君乖差而屏之」。屖者，襄二十六年《左傳》「自上以下，降殺以兩」，謂有等差也。卷二云「屖、殺、衰，減也」。衰、差一聲之轉。屖與「降」通。跌之言失也。莊二十二年《公羊傳》「肆者何，跌也」，何休注云「跌，過度也」。《穀梁傳》「跌」作「失」。《賈子·容經》篇云「肵不差而足不跌」。《漢書·朱博傳》云「常戰栗不敢蹉跌」。蹉與「差」，跌與「失」，竝字異而義同。《説文》「胅，骨差也，讀若跌」，義亦與「跌」同。《文選·解嘲》注、《思玄賦》注竝引《廣雅》「跌，差也」。《衆經音義》卷八、卷十、卷十二、卷十七引《廣雅》竝與《文選》注同。今本脱「跌」字。

頪、圖、彫、刻，畫也。

頪者，《周語》「成公之生也，其母夢神規其臀以墨」，韋昭注云「規，畫也」。規與「頪」通。

殁、繹、結、冬，終也。

繹者，《説文》「斁，終也」。《白虎通義》云「九月謂之無射何？射者，終也，言萬物隨陽而終，當復隨陰而起，無有終已也」。揚雄《勮秦美新》云「神歇靈繹」。《續漢書·天文志》注引張衡《靈憲》云「神歇精斁」。斁、繹、射竝通。《爾雅》「射，厭也」。厭與「終」義亦相近。凡事終謂之繹，終其事亦謂之繹。莊氏寶琛曰：《周書·梓材》「若作室家，既勤垣墉，惟其塗塈茨，若作梓材，既勤樸斲，惟其塗丹雘」，《正義》云「二文皆言『斁』，即古『塗』字」。賈昌朝《羣經音辨》「斁，塗也」，音徒，引《書》「惟其斁塈茨」。《集韻》《類篇》引《書》「斁丹雘」。又「和懌先後迷民，用懌先王受命」，《釋文》云「懌，字又作『斁』，下同」。據此知《古文尚書》「塗」與「懌」皆作「斁」。「斁塈茨」「斁丹雘」「用斁先王受命」，此三「斁」字，皆當訓爲終。《正義》云「室器皆云其事終，而考田止言疆畎，不云刈穫者，田以一種，但陳脩終至收成，故開其初，與下二文互也」，義本明白。以作僞傳者讀「斁」作「塗」，又傅會以爲「『斁』即古『塗』字，明其終而塗飾之」。然賴此尚知古文本作「斁」字，後人從傳妄改耳。塈茨、丹雘爲室器之終事，以喻周自文武受命，至作洛毖殷，致刑措而後其事克終。故曰「皇天既付中國民，越厥疆土于先王」，又曰「用斁先王受命」也。《大誥》曰「予曷其不于前寧人圖功攸終」，又曰「予曷敢不終朕畝」，皆此意也。其「和斁先後迷民」之「斁」，則當訓爲悦。作僞傳者并下句「斁」字亦訓爲悦，失之矣。冬者，《説文》「冬，四時盡也，從仌、夂聲，夂，古文『終』」。《廣韻》引《尸子》云「北方爲冬，冬，終也」。《漢書·律曆志》云「冬，終也，物終藏乃可稱」。

揄、墮、剥、免，脱也。

揄、墮者，《方言》「揄、撱，脱也」。又云「輸，挩也」，郭璞注云「挩猶脱耳」。枚乘《七發》云「揄弃恬怠，輸寫淟濁」。揄、輸聲相近，輸、脱聲之轉。輸之轉爲脱，若愉之轉爲悦矣。撱與「墮」通。剥者，馬融注「剥卦」云「剥，落也」。

餔、醵、吸、洱，飲也。

餔者，《説文》「餔，王德布大飲酒也」。《周官·族師》「春秋祭餔」，鄭注云「餔者，爲人物烖害之神也，族無飲酒之禮，因祭餔而與其民以長幼相獻酬焉」。《周頌·良耜》正義云「因祭餔聚錢飲酒，故後世聽民聚飲，皆謂之餔」。《史記·趙世家》云「置酒餔五日」。文穎注《漢書·文帝紀》云「漢律，三人以上無故羣飲酒，罰金四兩，今詔横賜得令會聚飲食五日也」。醵者，《禮器》「周禮其猶醵與」，鄭注云「合錢飲酒爲醵，《王居明堂之禮》『仲秋，乃命國醵』」。《史記·貨殖傳》云「歲時無以祭祀進醵飲食」。洱者，《説文》「洱，飲歃也」。杜子春注《小宗伯》讀「洱」爲「泯」。今俗語猶謂嘗酒爲泯矣。

師、尹、工，官也。

師者，《周官·天官》注云「師猶長也」，《地官》注云「師之言帥也」。《爾雅》「尹，正也」，郭璞注云「謂官正也」。《周頌·臣工》傳云「工，官也」。《洪範》云「師尹惟日」。《皋陶謨》云「庶尹允諧」。《堯典》云「允釐百工」。

日、室、經，實也。

《月令》正義引《春秋元命包》云「日之爲言實也」。《説文》「日，實也，大陽之精不虧，從口、一，象形」。又云「室，實也」。《釋名》云「物實滿其中也」。《檀弓》云「經也者，實也」。《喪服》注云「經之言實也，明孝子有忠實之心」。

貫、增、誄，累也。

貫者，《説文》「毌，穿物持之也」，「貫，錢貝之貫也」。《樂記》云「纍纍乎端如貫珠」。《楚辭·離騷》「貫薜荔之落蘂」，王逸注云「貫，累也」。累與「纍」同。字亦作「絫」，又作「壘」。增與「層」通。説見上文「增、壘，重也」下。誄有二事，一爲累德行以求福，一爲累德行以作謚。《説文》「誄，謚也」，又云「讄，禱也，纍功德以求福也」，引《論語·述而》篇「讄曰『禱爾于上下神祇』」，或作「讄」。今本作「誄」。《周官·大祝》「六辭，六曰誄」，鄭衆注云「誄，謂積累生時德行以賜之命，或曰《論語》所謂誄曰『禱爾于上下神祇』」。

承、受、韶，繼也。

受者，《序卦傳》云「故受之以屯」，是「受」爲繼也。韶者，《樂記》「《韶》，繼也」，鄭注云「韶之言紹也，言舜能繼紹堯之德」,《正義》引《元命包》云「舜之時,民樂其紹堯業,故曰《韶》」。

趠、殊、撥、殌,絶也。

趠者,《漢書·孔光傳》云「非有趠絶之能」。班固《典引》云「冠德卓絶」。字竝與「趠」通。殊者,昭二十三年《左傳》云「斷其後之木而弗殊」。《漢書·宣帝紀》「骨肉之親,粲而不殊」,顔師古注云「殊,絶也」。撥者,《大雅·蕩》篇「本實先撥」,鄭箋云「撥猶絶也」。

頀、户、挾,護也。

頀者,《春秋繁露·楚莊王》篇云「湯之時,民樂其救之於患害也,故曰《頀》,頀者,救也」。《白虎通義》云「湯曰《大頀》者,言湯承衰,能護民之急也」。頀與「護」通。户者,《説文》「户,護也」。《釋名》云「所以謹護閉塞也」。挾者,上文云「挾,輔也」。《方言》「挾,護也」,郭璞注云「扶挾將護」。

巛、儒、㦚、懮、茹,柔也。

巛者,《雜卦傳》云「乾剛坤柔」,坤與「巛」同。儒者,《説文》「儒,柔也」。鄭氏《禮記目録》云「儒之言優也,柔也,能安人,能服人也」。㦚、懮者,前卷一云「㦚、懮,善也」。《説文》「懮,牛柔謹也」。《玉篇》云「《尚書》『懮而毅』字如此」。《周官·大宰》「以懮萬民」,鄭注云「擾猶馴也」。㦚、謹,懮、擾竝通。《史記·夏紀》「擾而毅」,徐廣云「擾,一作『柔』」。《漢書·高祖紀》「劉累學擾龍」,應劭云「擾,音柔」。擾、柔聲義竝同,故古亦通用。茹者,《楚辭·離騷》「攬茹蕙以掩涕兮」,王逸注云「茹,柔耎也」。《韓子·亡徵》篇云「柔茹而寡斷」。漸溼之地謂之「沮洳」,義亦相近也。

䆍、秿、秎、𥞊，穧也。

秿者，《玉篇》音扶甫切。《廣韻》又芳無、博孤二切。卷一云「秿，積也」。《聘禮》記注云「筥，穧名也，今淶易之閒刈稻聚把，有名爲筥者」，疏云「筥、穧，一也，即今人謂之一鋪、兩鋪也」。《管子·度地》篇云「當秋三月，利以疾作，收斂毋留，一日把，百日餔」。餔、鋪竝與「秿」通。秎者，《廣韻》「秎、穧，穫也」。《管子·立政》篇云「歲雖凶旱，有所秎穫」。《説文》「穧，穫刈也，一曰撮也」。撮即所云「刈稻聚把」也。

磺、礄、罰，伐也。

礄之言擿也。《説文》「擿，投也」。《史記·律書》云「北至於罰，罰者，言萬物氣奪可伐也」。卷一云「罰、伐，殺也」。

輾、般、旋，還也。

輾者，《廣韻》「輾，還也，車相避也」。般者，《爾雅》「般，還也」，郭璞注引《左傳》「般馬之聲」，今《傳》作「班」。僖三十二年《公羊傳》注云「班者，布徧還之辭」。班與「般」通。

明、覺、赫，發也。

明，義見上文「發，明也」下。覺者，《説文》「覺，發也」。《史記·高祖紀》云「趙相貫高等事發覺」。赫者，《方言》「赫，發也」。

䚝、長、勑，挾也。

皆未詳。

誙、摹、剭，刑也。

摹者，《説文》「模，法也」，「摹，規也」。摹與「模」通。剭者，《鼎》九四「其刑渥」，虞翻注云「渥，大刑也」，《釋文》「渥，鄭作『剭』」。《周官・司烜氏》「邦若屋誅」，鄭注云「屋，讀如『其刑剭』之剭，剭誅，謂所殺不於市而以適甸師氏者也」。《漢書・敘傳》「底剭鼎臣」，服虔注云「《周禮》有屋誅，誅大臣於屋下，不露也」。剭、渥、屋竝通。

糞、緼、瀀，饒也。

糞之言肥饒也。《月令》云「可以糞田疇」。緼者，《方言》「蘊，饒也」。蘊與「緼」通。《漢書・禮樂志・郊祀歌》「后土富媪，昭明三光」，張晏注云「坤爲母，故稱媪」。吴仁傑《兩漢刊誤補遺》云：「媪」當作「煴」。字書「温」有兩義。❶一曰烟煴，天地合氣也。一曰鬱煙也。富煴以「烟煴」爲義。「后土富煴，昭明三光」，即賈誼《新書》「天清澈，地富煴，物時孰」之意，晏説謬矣。案：吴所引賈誼《新書》見《禮》篇。媪、煴竝與「緼」通。《史記・高祖紀》索隱引班固《泗水亭長碑》「媪」字作「温」。《集韻》「媪」烏浩切，又於云、烏昆、委隕、紆問四切。是媪與煴、緼同聲。「后土富媪」「地富煴」，皆謂生殖饒多也。吴説「富煴」以烟煴爲義，亦未確。瀀者，《説文》「瀀，澤多也」，引《小雅・信南山》篇「既瀀既渥」，今本作「優」。《説文》「優，饒也」，義與「瀀」同。

---

❶「温」，《廣雅疏證補正》改作「煴」。

縫、際、期，會也。

縫者，《衛風·淇奧》篇「會弁如星」，鄭箋云「會，謂弁之縫中」。《集韻》云「縫」或省作「縫」。

宿、次、低、蓰，舍也。

宿、次、低爲「舍止」之舍，蓰爲「放舍」之舍。低讀爲「氐」。《説文》「氐，至也」。《漢書·尹翁歸傳》「盜賊所過抵」，顏師古注云「抵，歸也，所經過及所歸投也」。《文帝紀》注云「郡國朝宿之舍在京師者率名邸，邸，至也，言所歸至也」。義竝與「氐」同。蓰者，《周官·大司徒》云「舍禁弛力」，弛與「蓰」同。

程、見、經，示也。

程者，《文選·南都賦》「致飾程蠱」，李善注引《廣雅》「程，示也」。示，各本訛作「不」，今訂正。

肆、申、倈，伸也。引。

肆者，僖三十年《左傳》「又欲肆其西封」，杜預注云「肆，申也」。申與「伸」通。字又作「信」。《説文》「申，神也，七月陰氣成體自申束也，吏以餔時聽事，申旦政也」。神與「伸」亦同義。故《風俗通義》引傳曰「神者，申也」。倈者，《繫辭傳》云「往者詘也，來者信也」。來與「倈」通。《説文》「夌，引也」。引與「伸」同義，夌與「倈」古亦同聲。引者，《漢書·律曆志》云「引者，信也」。《文選·長笛賦》注引《廣雅》「引，伸也」。今本脱「引」字。

佻、抗、絓，縣也。

佻、抗者，《方言》「佻、抗，縣也，趙魏之閒曰佻，自山之東西曰抗，燕趙之郊，縣物於臺之上謂之佻」，郭璞注云「了佻，縣物貌，丁小反」。今俗語謂縣物爲弔，聲相近也。絓者，《楚辭·九章》「心絓結而不解兮」，王逸注云「絓，縣也」。《文選》潘岳《悼亡詩》注引《廣雅》作「挂」。

韞、匵、裝、包、幭，裹也。

韞者，《論語·子罕》篇「韞匵而藏諸」，鄭注云「韞，裹也」。幭亦「韞」也。下文云「幭，韏也」。《廣韻》云「幭裹相著」。

扜、搷、對，揚也。

扜、搷者，《方言》「扜、搷，揚也」，郭璞注云「謂播揚也」。卷一云「扜、瞋，張也」。扜與「扜」、瞋與「搷」聲義竝相近。扜，各本譌作「扞」，今訂正。對者，《大雅·江漢》篇云「對揚王休」。

奏、箋、表、詔、箣、條、記、敕、標、諫、檄，書也。

奏者，《獨斷》云「凡羣臣上書於天子者，有四名，一曰章，二曰奏，三曰表，四曰駮議」。《説文》「奏，進也」。箋者，《説文》「箋，表識書也」。表者，《釋名》「下言於上曰表，思之於内，表施於外也」。詔者，《獨斷》云「天子命令，一曰策書，二曰制書，三曰詔書，四曰戒書」，「詔，誥也」。《釋名》「詔，照也，人暗不見宜則有所犯，以此照示之，使昭然知所由也」。箣者，《説文》「册，符命也，諸侯進受於王也」，古文作「箣」。通作「策」。《聘禮》記云「百名以上書於策，不及百名書於方」。《獨斷》云「策者，簡也，其制長二尺，短者半之，其次一長一短，兩編下附」。記者，《釋名》「記，紀也，紀識之也」。《漢書·蕭望之傳》云「鄭朋奏記望之」。《後漢書·班固傳》注云「奏，進也，記，書也」。敕即所謂「戒書」也。《釋名》「敕，飭也，使自警飭不敢廢慢也」。諫通作「刺」。《釋名》「書稱刺書，以筆刺紙簡之上也」。檄者，《說文》「檄，尺二書也」。《漢書·高祖紀》注云「以木簡爲書，長尺二寸，用徵召也」。

元、良、餑、䭒、䠷、跃、堅，長也。

元、良爲「長幼」之長，餑、䭒爲「消長」之長。䠷、跃、堅爲「長短」之長。《爾雅》「元、良，首也」，首亦長也。《乾·文言》云「元者，善之長也」。《司馬法·天子之義》篇云「周曰元戎，先良也」。《齊語》云「四里爲連，連爲之長，十連爲鄉，鄉有良人」，是良與「長」同義。婦稱夫曰「良人」，義亦同也。餑者，《孟子·告子》篇云「浡然而生」，是「浡」爲生長之貌也。浡與「餑」通。《說文》「𣎵，草木𣎵孛之皃」。孛與「餑」亦同義。䭒者，《剥》彖傳云「君子尚消息盈虚」，消息即消長也。《孟子·告子》篇「是其日夜之所息」，趙岐注云「息，長也」。息與「䭒」通。䠷之言佻佻然也。鄭衆注《周官·校人》云「馬二歲曰駒，三歲曰駣」。駣、䠷竝音徒晧反，其義同也。跃之言夭夭然也。左思《吴都賦》「卉木跃蔓」，李善注引《廣雅》「跃，長也」。《禹貢》「厥草惟夭」，馬融注云「夭，長也」，義與「跃」同。《淮南子·主術訓》「奇材佻長而干次」，《文子·上義》篇「佻」作「夭」。佻與「䠷」，夭與「跃」，亦同義。堅者，《逸周書·謚法解》云「堅，長也」。

劓、刵、割、𠝹，𢧵也。髡。

劓、刵、割、𠝹，竝見卷一「刵、割、𢧵、𠝹、劓，斷也」下。𠝹，各本皆作「剘」。𠝹隸變作「剘」，因譌而爲「剘」，今訂正。髡者，《說文》「髡，鬄髮也」。《衆經音義》卷二引《廣雅》「髡，𢧵也」。今本脱「髡」字。

札、鱗、檢，甲也。

札，各本譌作「禮」。段氏若膺云：成十六年《左傳》「蹲甲而射之，徹七札焉」，《太玄·玄掜》云「比札爲甲」，是「甲」謂之札也。札譌作「礼」，故又譌作「禮」。今依段說訂正。檢謂檢柙也。《說文》「柙，檢柙也」。《法言·君子篇》「蠢迪檢押」，李軌注云「檢押猶隱括也」。《續漢書·五行志》注引杜林疏云「檢柙其姦宄」，柙、押竝與「甲」通。

孝、備、九，究也。

孝者，《孝經正義》引《援神契》云「士行孝曰究，當須能明審資親事君之道，是能榮親也」。備者，《書大傳》云「備者，成也」，成與「究」同義。九者，《說文》「九，陽之變也，象其屈曲究盡之形」。《列子·天瑞》篇云「一變而爲七，七變而爲九，九者，變之究也」。《易乾鑿度》同。《漢書·律曆志》云「黄鐘律長九寸，九者，所以究極中和，爲萬物元也」。

補、合、棺、丸，完也。

合，各本訛作「令」，今訂正。棺者，《白虎通義》云「棺之爲言完，所以藏尸令完全也」。

襲、倚，因也。 階。

襲者，《中庸》「下襲水土」，鄭注云「襲，因也」。字通作「習」。《金縢》「乃卜三龜，一習吉」，傳云「習，因也」。倚者，《說文》「倚，依也」，依與「因」同義。階者，《小雅·巧言》篇「職爲亂階」，《繫辭傳》「亂之所生也，則言語以爲階」。階猶「因」也。《文選·博弈論》注引《廣雅》「階，因也」。今本脱「階」字。

盈、滿、繹，充也。

繹者，《方言》「繹、尋，長也，周官之法，度廣爲尋，幅廣爲充」。《説文》「充，長也」。是充與「繹」同義。《太玄・少》上九云「密雨溟沐，潤于枯瀆，三日射谷」。射谷謂滿谷也。射與「繹」通。

奸、夌、敢，犯也。

各本「犯」下皆有「衄」字。案：「衄」字本在下條，與奸、夌、敢、犯四字義不相近，後人傳寫誤入此條耳。考奸、夌、敢三字，諸書皆訓爲犯，不訓爲衄。又《衆經音義》卷九、卷二十三竝引《廣雅》「陵，犯也」。陵與「夌」通。今據以訂正。奸通作「干」。敢者，《廣韻》「敢，犯也」。《吴語》云「吴王夫差使行人奚斯釋言於齊曰『寡人帥不腆吴國之役，遵汶之上，不敢左右，唯好之故』」。敢，犯也，言不犯君之左右，唯有恩好之故也。韋昭注以爲「不敢左右暴掠齊民」，失之。

衄、柴、展、鈓、幰，輂也。

衄者，《釋名》云「辱，衄也，言折衄也」。卷一云「折、輂、詘，曲也」。上文云「輂，詘也」。是衄與「輂」皆詘折之意，故「衄」訓爲「輂」也。《釋言》云「衄，縮也」。縮與「輂」亦同義。展者，《説文》「展，轉也」。展轉亦詘曲之意。鈓，各本訛作「飪」。《玉篇》《廣韻》《集韻》《類篇》竝引《廣雅》「鈓，輂也」。《淮南子・脩務訓》云「劒或鍥缺卷鈓」，卷與「輂」通。今據以訂正。幰者，上文云「幰，裹也」。裹與「輂」一聲之轉。

慎、必、蕆，敕也。

慎者，《説文》「慎，謹也」。謹與「敕」同義。必當爲「毖」，《酒誥》「厥誥毖庶邦庶士」，「汝劼毖殷獻臣」，「汝典聽朕毖」，皆戒敕之意也。蕆者，《方言》「蕆、敕、戒，備也」。文十七年《左傳》「寡君又朝以蕆陳事」，賈逵注云「蕆，勑也」。勑與「敕」通。

粈、雜、錯，廁也。

粈者，《説文》「粈，雜飯也」。《鄉射禮》記云「以白羽與朱羽糅」，糅與「粈」同。雜者，《文選·秋興賦》注引《倉頡篇》云「廁，雜也」。錯者，《楚辭·天問》「九州安錯」，王逸注云「錯，廁也」。

廣、氾、撰、素，博也。

撰者，《楚辭·招魂》「結撰至思」，王逸注云「撰猶博也」。素者，《方言》「素，廣也」。

踦、際、邊、厓、旁、隒、偏、脅，方也。

踦之言偏倚也。《爾雅》「馬前左足白，踦」。《説文》「踦，一足也」，又云「掎，偏引也」。襄十四年《左傳》云「譬如捕鹿，晉人角之，諸戎掎之」。成二年《公羊傳》「相與踦閭而語」，何休注云「門閉一扇，開一扇，一人在外，一人在内，曰踦閭」。是凡言踦者，皆在旁之義也。《説文》「輢，車旁也」，義亦與「踦」同。厓、隒二字，説見卷一「隒、厓，方也」下。厓，各本譌作「座」，今訂正。脅者，《説文》「脅，兩膀也」。襄二十三年《左傳》賈逵注云「軍左翼曰啟，右翼曰胠」，《釋文》「胠，徐音脅」。司馬彪注《莊子·胠篋》篇云「從旁開爲胠」。義竝與「脅」同。方亦「旁」也。《大射儀》云「下曰留，上曰揚，左右曰方」。《士喪禮》注云「今文『旁』爲『方』」。

觸、冒、搪、敹、衝，揬也。堀。❶

搪者，《後漢書・桓帝紀》云「水所唐突」。唐突與「搪揬」通。敹者，《衆經音義》卷三引《三倉》云「敞，撞也」。卷十四引《字苑》云「棖，觸也」。謝惠連《祭古冢文》「以物棖撥之」，李善注云「南人謂以物觸物爲棖」。敞、棖竝與「敹」通。堀者，❷《説文》「堀，突也」。《玉篇》引《倉頡篇》云「䪼，相抵觸也」，義與「堀」相近。《文選・風賦》「堀堁揚塵」，李善注引《廣雅》「堀，突也」。今本脱「堀」字。

刻、窮、歉、穴，貧也。

歉者，襄二十四年《穀梁傳》云「一穀不升謂之嗛」。《韓詩外傳》作「鎌」。《廣雅・釋天》作「歉」。竝字異而義同。穴者，《説文》「穴，貧病也」，引《周頌・閔予小子》篇「煢煢在穴」，今本作「疚」。《釋文》「疚」本又作「穴」。《大雅・召旻》篇「維昔之富，不如時，維今之疚，不如兹」，《釋文》「疚」字或作「穴」。穴與富對言，是「穴」爲貧也。

災、炭、熸、㶳、燼，灺也。

災者，《釋名》云「火所燒滅之餘曰烖」。烖與「災」同。熸者，《管子・弟子職》篇「堲之遠近，乃承厥火」，尹知章注云「堲，謂燭盡」。堲與「熸」通。盡與「㶳」通，字亦作「燼」，又作「藎」。《説文》「㶳，火餘木也」。

❶「堀」，原脱，今據續四庫本補。

❷「堀」，原作「掘」，今據經解本、中華本改。

《方言》「自關而西秦晉之閒，炊薪不盡曰蓋」。《大雅·桑柔》篇「具禍以燼」，《釋文》云本亦作「盡」。各本「𤇾」訛作「⿱聿炏」，今訂正。⿰火曹者，《說文》「⿰火曹，焦也」。《衆經音義》卷九引《倉頡篇》云「⿰火曹，燒木餘也」。炧者，《說文》「炧，燭𤇾也」。

爊、熅、煨、㷮，煴也。

爊者，《漢書·楊惲傳》「烹羊炰羔」，顏師古注云「炰，毛炙肉也，即今所謂『爊』也」。《齊民要術》作鱧魚脯法云「草裹泥封，煻灰中爊之」。《說文》「鑣，温器也」。鑣與爊，温與煴，竝同義。今俗語猶云「爊肉」矣。熅者，《說文》「⿴衣火，炮炙也，以微火温肉也」。卷二云「⿴衣火，爚也」。⿴衣火與「熅」同。煨者，《說文》「煨，盆中火也」。《衆經音義》卷四引《通俗文》云「熱灰謂之煻煨」。《秦策》云「蹈煨炭」。今俗語猶謂煻火爲煨。爊、熅、煨、煴皆一聲之轉也。㷮者，《玉篇》「⿰火豖，炑火煨也」。⿰火豖與「㷮」同。

歕、⿰口彝、咽、哯、⿰口勺、⿰口有、欲、歐、㱿，吐也。

歕者，《玉篇》「歕，口含物歕散也」。《莊子·秋水》篇云「噴則大者如珠，小者如霧」。噴與「歕」同。哯者，《說文》「哯，不嘔而吐也」。《廣韻》云「小兒歐乳也」。㱿者，《說文》「㱿，歐皃也」，引哀二十五年《左傳》「君將㱿之」。徐鍇《傳》云「心惡未至於歐，因㱿出之也」。

埳、⿰阝詹、⿰目咸，陷也。

埳者，《說卦傳》云「坎，陷也」。《坎》釋文云「坎本亦作『埳』，京、劉作『欿』」。竝字異而義同。⿰目咸，各本訛作「⿰目咸」。《說文》「⿰目咸，目陷也」。《集韻》引《廣雅》「⿰目咸，陷也」。今據以訂正。埳、⿰目咸、陷聲竝相近。

庸、資、由、以，用也。

庸、由、以一聲之轉。《盤庚》云「弔由靈」。

憭、慅、秋，愁也。

憭者，《方言》「濟，憂也，陳楚或曰濟」。濟與「憭」聲近而義同。慅者，《陳風·月出》篇「勞心慅兮」，《釋文》云「慅，憂也」。重言之則曰慅慅，義見《釋訓》。《玉篇》「慅」音蘇勞切。《史記·屈原傳》「《離騷》者，猶離憂也」。騷與慅亦同義。❶秋者，《春秋繁露·陽尊陰卑》篇云「秋之爲言猶湫湫也，湫湫者，憂悲之狀也」。慅、秋、愁聲竝相近。

朦、厖、穠，豐也。

朦、厖者，《方言》「朦、厖，豐也，自關而西秦晉之閒，凡大貌謂之朦，或謂之厖，豐，其通語也」。《小雅·大東》篇「有饛簋飧」，毛傳云「饛，滿簋貌」，義與「朦」相近。朦，各本訛作「矇」，今訂正。《爾雅》「厖，大也」。《商頌·長發》篇「爲下國駿厖」，毛傳云「厖，厚也」。義竝與「豐」通。穠者，《商頌·烈祖》篇云「豐年穠穠」。

楷、由、品，式也。

楷者，《老子》云「知此兩者亦楷式」。各本訛作「揩」，今訂正。由者，《王風·君子陽陽》傳云「由，用也」。

---

❶「慅」，原作「搔」，今據經解本、續四庫本、中華本、《畿輔叢書》本、《四部備要》本改。

《爾雅》「式，用也」。《方言》「由，式也」。義竝相通。品者，《漢書・宣帝紀》云「品式備具」。

晚、殿、背、尾、負，後也。❶

負與「背」古聲相近，故皆訓爲後。《明堂位》「天子負斧依」，鄭注云「負之言背也」。《爾雅》「丘背有丘，爲負丘」。

蔫、菸、㱦，葾也。

皆一聲之轉也。蔫者，《說文》「蔫，菸也」。《大戴禮・用兵》篇「草木𣨼黃」，𣨼與「蔫」同。菸者，《說文》「菸，㱦也」。《楚辭・九辯》云「葉菸邑而無色兮」，又云「形銷鑠而瘀傷」，瘀與「菸」同。㱦者，《說文》「㱦，病也」。《小雅・谷風》篇云「無木不萎」。萎與「㱦」亦同。《衆經音義》卷十云「今關西言菸，山東言蔫，江南言㱦」。葾者，《玉篇》云「敗也，萎葾也」。《說文》「眢，目無明也」。宣十二年《左傳》「目於眢井而拯之」，《釋文》引《字林》云「眢，井無水也」。《唐風・山有樞》篇「宛其死矣」，毛傳云「宛，死貌」。義與「葾」竝相近。

沃、錞、堪、輖、𨏉、䭫，低也。

錞者，《說文》「錞，矛戟柲下銅鐏」，引《秦風・小戎》篇「厹矛沃錞」。字亦作「鐓」。《曲禮》「進戈者前其鐏，後其刃，進矛戟者前其鐓」，鄭注云「銳底曰鐏，取其鐏地，平底曰鐓，取其鐓地」。高誘注《淮南子・說

---

❶「後」，原脱，今據續四庫本補。

林訓》云「錞」讀「頓首」之頓。皆低下之意也。輖、𨏥者，《説文》「輖，重也」，「𨏥，抵也」。抵與「低」通。《士喪禮》記「志矢一乘，軒輖中」，鄭注云「輖，墊也」。《小雅・六月》篇「如輊如軒」，毛傳云「輊，摯也」。《考工記・輈人》「大車之轅摯」，鄭注云「摯，輖也」。《淮南子・人閒訓》云「置之前而不𨏥，錯之後而不軒」。輊、𨏥、墊、摯竝通。前頓謂之躓，義與「𨏥」亦相近也。「輖」即𨏥之轉也。字通作「周」。春秋宋公孫周字子高，取相反之義也。《韓非子・説林》篇「鳥有周周者，重首而屈尾，將欲飲於河則必顛」，屈尾則後易卬，重首則前易俯，故有「周周」之目矣。𩠠者，《説文》「䭫，下首也」。《周官・大祝》「辨九𢷎，一曰䭫首」。**䭫**與「𩠠」同，經傳通作「稽」。

𡩋、旅、埤，客也。 羇、寄。

𡩋者，《衆經音義》卷四引《字林》云「寄客爲𡩋」。字通作「僑」。《韓非子・亡徵》篇云「羇旅僑士」。《衆經音義》又引《廣雅》「羇、旅、𡩋，客也」，卷十六引《廣雅》「𡩋、寄，客也」，卷二十二引《廣雅》「𡩋、旅、羇，客也」。今本脱羇、寄二字。

象、狄鞮、閒、訧、諜、郵、置、行李、關，驛也。

皆傳驛之義也。《方言》「譯，傳也」，郭璞注云「傳宣語也」。《爾雅》「馹、遽，傳也」，注云「皆傳車驛馬之名」。《玉篇》云「驛，譯也」。二者皆取傳遞之義，故皆謂之「驛」。象、狄鞮者，《周官・大行人》「七歲屬象胥諭言語，協辭命」，鄭衆注云「象胥，譯官也」。《大戴禮・小辨》篇云「傳言以象，反舌皆至」。《王制》「五方之民，言語不通，嗜欲不同，達其志，通其欲，東方曰寄，南方曰象，西方曰狄鞮，北方曰譯」，鄭注云「皆俗閒之名，依其事類耳，鞮之言知也，今冀部有言狄鞮者」。《吕氏春秋·慎勢》篇云「凡冠帶之國，舟車之所通，不用象、譯、狄鞮，方三千里」。《淮南子·齊俗訓》「雖重象、狄騠，不能通其言」，高誘注云「象、狄騠，譯也」。騠與「鞮」通。閒、䚵、諜者，《爾雅》「閒，俔也」，郭注云「《左傳》謂之『諜』，今之細作也」。《説文》「諜，軍中反閒也」。《大戴禮·千乘》篇云「以中情出，小曰閒，大曰諜」。卷三云「䚵、閒，覗也」。䚵字亦作「偵」，同。閒諜之人，以此國之情告於彼國，故亦謂之「驛」也。郵、置者，《説文》「郵，竟上行書舍也」，「驛，置騎也」。《孟子·公孫丑》篇云「速於置郵而傳命」。行李者，僖三十年《左傳》「行李之往來」，杜預注云「行李，使人也」，《正義》引《周語》「行理以節逆之」，賈逵注云「理，吏也，小行人也」。理與「李」通。行李所以傳命，關所以通往來，故皆謂之「驛」。

北京大學《儒藏》編纂與研究中心 編

《儒藏》精華編選刊

廣雅疏證（中）

〔清〕王念孫 撰
郎震 校點

北京大學出版社
PEKING UNIVERSITY PRESS

廣雅疏證卷第五上

高郵王念孫學

釋　言❶

央、極，中也。

《洪範》云「建用皇極」。

駭、驚，起也。

息、歸，返也。

說見卷二「息、返，歸也」下。

奉、貢，獻也。

鼏、幔，鬮也。

❶「言」，原作「詁」，今據續四庫本改。

說見卷二「幎、幔，覆也」下。鼏與「幎」通。幔，各本譌作「慢」，今訂正。罨通作「奄」。《説文》「奄，覆也」。

令、召，靚也。

說見卷二「招、命、靚、召，呼也」下。

乾、元，天也。

儀、招，來也。

《方言》「儀，來也，陳潁之閒曰儀」。

羑、薄，致也。

羑與「誘」同。薄，説見卷一「薄，至也」下。至與「致」通。

循、率，述也。

搵、抐，擩也。

說見卷四。擩，各本譌作「擩」，今訂正。

班、秩，序也。

娋、犯，侵也。

《玉篇》「娋，小娋侵也」。《趙策》云「稍稍蠶食之」。稍與「娋」通。《楚辭·九歌》「不寖近兮愈疏」，王逸注云「寖，稍也，寖一作『侵』」。犯，各本譌作「祀」，今訂正。

詅、諴，謷也。

皆謂調戲也。說見卷四「諴，調也」下。

僮、莫，稚也。

《爾雅》云「雉之莫子爲鷚」。

皵、散，皻也。

皵，《說文》作「踖」，云「瘃足也」。《漢書·趙充國傳》「手足皵瘃」，文穎注云「皵，坼裂也」。《莊子·逍遥遊》篇「宋人有善爲不龜手之藥者」，《釋文》云「龜，徐舉倫反，向云『拘坼也』」。龜與「皵」聲近義同。散，曹憲《音》「昔」。散之言錯也。《爾雅·釋木》「棤，散」，郭璞注云「謂木皮甲錯」。《西山經》「羬羊，其脂可以已腊」，郭注云「治體皴腊」。腊與「散」通。《集韻》「散」又音錯。《考工記·弓人》「老牛之角紾而昔」，鄭衆注云「昔讀爲『交錯』之錯，謂牛角牿理錯也」。《北山經》「帶山有獸焉，其狀如馬，一角，有錯」，注云「言角有甲錯」。義竝與「散」同。皻之言麤也。《玉篇》《廣韻》竝音麤。皻、散一聲之轉。《釋名》云「齊人謂草屨曰搏腊，搏腊，猶把鮓，麤貌也，荆州人曰麤」。腊與「散」，麤與「皻」，竝同義。

摵、播，摇也。

摵，見卷一「摇、撼，動也」下。摵與「撼」同。《論語·微子》篇「播鼗武」，孔傳云「播，摇也」。

仍、重，再也。

鎮、綏，撫也。

羸、膄，瘠也。

膄與「瘦」同。

課、揣，試也。

《説文》「課，試也」。《管子·七法》篇云「成器不課不用，不試不藏」。《方言》「揣，試也」，郭璞注云「揣度試之」。

揵、敏，亟也。

揵與「捷」同。

曼、莫，無也。

《小爾雅》「曼，無也」。《法言·寡見篇》云「曼是爲也」。《五百篇》云「行有之也，病曼之也」。皆謂無爲「曼」。《文選·四子講德論》「空柯無刃，公輸不能以斲，但懸曼矰，蒲苴不能以射」，「曼」亦無也。李善注訓爲長，失之。曼、莫、無一聲之轉，猶「覆」謂之幔，亦謂之幕，亦謂之幠也。《漢書·西域傳》「罽賓國以金銀爲錢，文爲騎馬，幕爲人面」，張晏曰「錢文面作騎馬形，漫面作人面目也」，如淳曰「幕，音漫」，師古曰「幕，即『漫』耳，無勞借音，今所呼幕皮者，亦謂其平而無文也」。案：「幕」字如淳音漫，師古音莫，而同訓爲無文，猶「曼」與「莫」之同訓爲無也。任氏幼植《釋繒》云：《説文》「縵，繒無文也」。《管子·霸形》篇「君何不發虎豹之皮、文錦以使諸侯，令諸侯以縵帛、鹿皮報」。《左氏》成五年《傳》「乘縵」，注「車無文」。是凡物之無文者謂之縵。義與「曼」同也。

刜、剄，斫也。

刜，見卷一「刜，斷也」下。剄與「⿰巠斤」同。

⿱亯鬲、鬺，飪也。

⿱亯鬲，經傳通作「亨」。說見卷三「⿱亯鬲、飪，熟也」下。鬺，《說文》作「䰞」，云「煮也」。《漢書·郊祀志》「皆嘗鬺亨上帝鬼神」，顏師古注云「鬺、亨，一也，鬺亨，煮而祀也」，引《韓詩·采蘋》曰「于以鬺之，唯錡及釜」。《毛詩》「鬺」作「湘」，云「湘，亨也」。䰞、鬺、湘聲近義同。䰞音式羊反，⿱亯鬲音普衡反。各本「⿱亯鬲」譌作「䰞」，今訂正。

土、吐，瀉也。

《太平御覽》引《春秋元命包》云「土之爲言吐也」。《說文》云「土，地之吐生物者也」，又云「吐，寫也」。《釋名》云「吐，瀉也，故楊豫以東謂瀉爲吐也」。瀉與「寫」通。

糗、䴛，食也。

說見卷八「⿰麥此⿱黎麥謂之䴛」及「糗、糇，糒也」下。䴛，各本譌作「⿺辶䴛」，今訂正。

夗專，簙也。

簙通作「博」。各本皆作「夗專，轉也」，下條「圍棊，弈也」作「圍棊、簙，弈也」。案：簙與弈異事，不得訓「簙」爲弈。《方言》「簙，吳楚之閒或謂之夗專」，是「夗專」爲「簙」之異名。《方言》注云「夗」音於辯反，「專」音轉。是《廣雅》「專」下「轉」字乃曹憲之音。此因「轉」字誤入正文，校書者又誤謂「夗專」之訓爲

「轉」，遂移「簙」字入下條耳。今訂正。

圍棊，弈也。

洮、濊，測也。

皮、膚，剥也。

說見卷三「剥、膚、皮，離也」下。

山龍，彰也。

《皋陶謨》「日月星辰山龍華蟲作會，宗彝藻火粉米黼黻絺繡」，傳云「黼若斧形，黻爲兩己相背」。《爾雅》「黼黻，彰也」，郭璞注與《書》傳同。案：《爾雅》以「彰」訓黼黻，乃通釋經傳中黼黻之事，非專釋十二章之黼黻也。《爾雅》又云「衮，黻也」，直訓「衮」爲黻，明非十二章之黻矣。《考工記》說「畫繢之事」云「青與赤謂之文，赤與白謂之章，白與黑謂之黼，黑與青謂之黻，五采備謂之繡」。《祭義》云「遂朱緑之，玄黄之，以爲黼黻文章」。是黼黻與文章同義，故云「黼黻，彰也」。若山龍非五色相次之名，不得直訓爲「彰」。此云「山龍，彰也」，蓋效《爾雅》而失其義矣。

調，諏也。

說見卷四「諏，調也」下。

戊、秀，茂也。

《漢書·律曆志》云「豐楙於戊」。鄭注《月令》云「戊之言茂也，四時之閒萬物皆枝葉茂盛」。茂與「楙」通。

鄉，救也。

未詳。

愇、竊，淺也。

《説文》「竊，淺也」。《爾雅·釋鳥》「夏鳸竊玄，秋鳸竊藍，冬鳸竊黄，棘鳸竊丹」。昭十七年《左傳》正義云「竊玄，淺黑也；竊藍，淺青也；竊黄，淺黄也；竊丹，淺赤也」。又《爾雅·釋獸》「虎竊毛謂之虥貓」，「䶂如小熊，竊毛而黄」。《大雅·韓奕》傳云「貓，似虎淺毛者也」。

鬨、戰，鬭也。

《説文》「鬨，鬭也」。《孟子·梁惠王》篇「鄒與魯鬨」，趙岐注云「鬨，鬭聲也」，《音義》引劉熙注云「鬨，構也，構兵以鬭也」。字亦作「閧」。《吕氏春秋·慎行》篇「崔杼之子相與私閧」，高誘注云「閧，鬭也，閧讀近『鴻』，緩氣言之」。《大雅·召旻》篇「蟊賊内訌」，鄭箋云「訌，争訟相陷人之言也」。義與「鬨」相近。

隅、陬，角也。

廉、柧，棱也。

鄭注《鄉飲酒禮》云「側邊曰廉」。《説文》「柧，棱也」。《衆經音義》卷十八引《通俗文》云「木四方爲棱，八棱爲柧」。字通作「觚」。

備、晐，咸也。

此《方言》文也。《樂記》「《大章》，章之也，《咸池》，備矣」。《史記·樂書》「備矣」作「備也」。餘見卷二

「晐，備也」下。

奇、尤，異也。

敖、放，妄也。

《莊子·庚桑楚》篇「蹍市人之足，則辭以放驁」，郭象注云「稱己脱誤以謝之」，《釋文》引《廣雅》「驁，妄也」。驁與「敖」通，亦作「傲」。《荀子·勸學篇》「未可與言而言，謂之傲，可與言而不言，謂之隱，不觀氣色而言，謂之瞽」，「傲」謂妄言也。《論語》云「言未及之而言，謂之躁」，躁亦妄也。

貶、費，損也。

焚、燎，燒也。

燀、爨，炊也。

《説文》「燀，炊也」。昭二十年《左傳》「燀之以薪」，杜預注與《説文》同。《釋文》云「燀，然也」。燀、然聲相近。然火謂之燀，故「炊」亦謂之燀。《周語》「火無灾燀」，韋昭注云「燀，焱起皃」。

⿰言寧、詇，諂也。

⿰言寧與「佞」通。詇，各本譌作「謏」，今訂正。

拂、拍，搏也。

《説文》「拂，過擊也」。卷三云「拍、搏，擊也」。

懲、⿰忄叟，忩也。

忩與「艾」通，亦通作「刈」。《堯典》「五流有宅，五宅三居」。《王制》正義引鄭注云「宅讀曰咤，懲刈之器，謂五刑之流皆有器懲刈」。《史記·五帝紀》作「五流有度」。度、㡯、宅、咤竝聲近而義同。

枚、箇，凡也。

《方言》「枚，凡也」。昭十二年《左傳》「南蒯枚筮之」，杜預注云「不指其事，汎卜吉凶」，《正義》云「或以爲『汎卜吉凶』謂枚雷總卜，《禮》云『無雷同』，是總衆之辭也，今俗語云『枚雷』即其義」。哀十六年《傳》「王與葉公枚卜子良以爲令尹」，注云「枚卜，不斥言所卜以令龜」。是「枚」爲凡也。《方言》「箇，枚也」，郭璞注云「謂枚數也」。字或作「个」。《特牲饋食禮》「俎釋三个」，鄭注云「个猶枚也，今俗言物數有若干个者，此讀然」。是箇與「枚」同義。

毅、距，困也。

皆未詳。

遷、徙，移也。

侙、慎，憒也。

《說文》「侙，惕也」，引《吳語》「于其心侙然」。今本作「戚然」，韋昭注云「戚猶惕也」。「戚」字蓋傳寫之誤。《廣韻》云「侙，意慎侙也」。《管子·弟子職》篇云「顏色整齊，中心必式」。式與「侙」聲義相近。卷四云「慎，恐也」。憒亦「恐」也。《玉篇》「憒，心動也」。《方言》「蛩烘，戰慄也，荆吳曰蛩烘，蛩烘，又恐也」。竝與「憒」聲近義同。

廩，治也。

廩，曹憲讀爲「稟」。廩、稟二字，諸書皆無訓爲治者。治蓋「給」字之譌。《説文》「稟，賜穀也」。《漢書·文帝紀》「吏稟當受鬻者」，顔師古注云「稟，給也」。《蘇武傳》「廩食不至」，注云「無人給飢之」。

磓、沰，磓也。

《廣韻》「磓，落也」。《玉篇》「沰，落也」。磓、沰、磓一聲之轉。卷四云「石、搥，擿也」，「磓，伐也」。石、沰，搥、磓，擿、磓，聲義竝相近。《廣韻》《太平御覽》引《廣雅》「磓」作「碓」。

移、脱，遺也。

移爲「遺與」之遺，脱爲「遺失」之遺。《漢書·武帝紀》「受爵賞而欲移賣者，無所流貤」，應劭注云「貤，音移，言無所移與也」。移、貤聲義竝同。

專，齊也。

説見卷四「竱，齊也」下。

溽、溏，淖也。

《説文》「溽，多汁也」，又云「淈，溽泥也」。《淮南子·原道訓》「甚淖而溽」，高誘注云「溽，亦淖也，饘粥多瀋者謂之溽」。《兵略訓》云「道之浸洽，溽淖纖微，無所不在」。《衆經音義》卷十一引《通俗文》云「和溏曰淖」。鄭注《士虞禮》記云「淖，和也」。

眞、是，此也。

諸書無訓「眞」爲此者，各本「眞」字皆書作「真」。「真、是，此也」當是「直、此，是也」之譌。直爲「是正」之是，此爲「如是」之是。《説文》「是，直也」，是其證矣。或曰：當作「直、是，正也」。《説文》「直，正見也」，「正，是也」。

將、𧆛，帥也。

𧆛，古通作「渠」。《史記·田叔傳》「取其渠率二十人」，率與「帥」通。

死，澌也。

《太平御覽》引《春秋説題辭》云「死之爲言澌，精爽窮也」。《説文》「死，澌也，人所離也」。鄭注《檀弓》云「消盡爲澌」。

龍、光，寵也。

鄭注《師》卦云「寵，光燿也」。《小雅·蓼蕭》篇「爲龍爲光」，毛傳云「龍，寵也」。《周頌·酌》篇「我龍受之」，鄭箋云「龍，寵也」。龍、寵聲相近，故古人以二字通用。昭十二年《左傳》引《蓼蕭》詩「龍光」作「寵光」。《商頌·長發》篇「何天之龍」，箋云「龍」當作「寵」。《師》象傳「承天寵也」，王肅本作「龍」。

蔿、譌，譁也。

皆謂變化也。説見卷三「譁、蔿，匕也」下。匕與「化」通。

涕、泣，淚也。

跧、匍，匐也。

説見卷三「匍、跧，伏也」下。伏與「匐」通。各本「跧」下俱有「莊」字。段氏若膺云：「莊」與匍匐之義不相近。《廣雅·釋詁》「跧，伏也」，曹憲《音》「壯拳反」。《文選·魯靈光殿賦》「狡兔跧伏於柎側」，李善音壯攣切。《玉篇》音莊攣切。《廣韻》音莊緣切。《廣雅》「跧」下「莊」字，當是反語之上一字，誤爲正文也。案：《廣雅·釋言》篇内無連舉三字解之者，「莊」非正文甚明。今從段説刪。

眳睛，謓也。

眳，各本譌作「眳」，今訂正。《廣韻》引《字林》云「眳睛，不悦目皃」。《説文》「謓，恚也」。

猜、阻，疑也。

閔二年《左傳》「是服也，狂夫阻之」，杜預注云「阻，疑也」。

䨡、𩅿，霖也。

《説文》「䨡，久雨也」，又云「涵，水澤多也」。涵與「䨡」義相近。《説文》「涔，漬也」，「澬，久雨涔澬也」。《淮南子·主術訓》「時有涔旱災害之患」，高誘注云「涔，久雨水潦也」。涔與「𩅿」同。《爾雅》云「久雨謂之淫，淫謂之霖」。霖、淫、涔，古聲亦相近也。《方言》「潛、涵，沈也」。沈謂之涵，亦謂之潛，猶久雨謂之䨡，亦謂之𩅿也。

賀、皆，嘉也。

《説文》「賀，以禮物相慶嘉也」。嘉與「賀」古同聲而通用。《覲禮》「予一人嘉之」，鄭注云今文「嘉」作「賀」。《晉語》「賀大國之襲於己」，《説苑·辨物》篇「賀」作「嘉」。皆是也。嘉、皆一聲之轉，字通作「偕」。

《小雅・魚麗》曰「維其嘉矣」，又曰「維其偕矣」。《賓之初筵》曰「飲酒孔嘉」，又曰「飲酒孔偕」。「偕」亦嘉也，解者多失之。

易、與，如也。

皆一聲之轉也。宋定之云：《繫辭傳》「易者，象也，象也者，像也」。像即如似之意。引之云：《論語》「賢賢易色」，易者，如也，猶言「好德如好色」也。二説竝通。易訓爲如，又有平均之義。下文云「如，均也」，《爾雅》「平、均，易也」，是易、如與平、均同義。《方言》「易，始也」，郭璞注云「易代更始也」，義近於鑿。《廣雅》之訓，多本《方言》。此條訓「易」爲如，而《釋詁》「始也」一條內，不載「易」字，疑張氏所見本「始」作「如」也。襄二十六年《左傳》引《夏書》曰「與其殺不辜，寧失不經」。凡經傳言「與其」者，皆謂「如其」也。閔元年《左傳》「猶有令名，與其及也」，《史記集解》引王肅注云「雖去猶可有令名，何與其坐而及禍也」。何與猶「何如」也。《秦策》云「秦昭王謂左右曰『今日韓魏孰與始强』，對曰『弗如也』，王曰『今之如耳、魏齊，孰如孟嘗、芒卯之賢』，對曰『弗如也』」。孰與猶「孰如」也。班固《東都賦》云「僻界西戎，險阻四塞，脩其防禦，孰與處乎土中，平夷洞達，萬方輻湊，秦嶺九嵕，涇渭之川，曷若四瀆、五嶽，帶河泝洛，圖書之淵」，曷若猶「孰與」也。《漢書・鼂錯傳》「今匈奴上下山阪，出入溪澗，中國之馬弗與也」，弗與猶「弗如」也。與、如、若亦一聲之轉。與訓爲如，又有相當之義。襄二十五年《左傳》申鮮虞與閭丘嬰乘而出，行及弇中，將舍，嬰曰「崔、慶其追我」，鮮虞曰「一與一，誰能懼我」，杜預注云「弇中，狹道也，道狹，雖衆無所用」。案：與猶當也，言狹道之中，一以當一，雖衆無所用也。下文云「崔、慶之衆，不可當也」，「當」亦與也。二十四年《傳》云「大國之人，不可與也」。「與」亦當也。《宋衛策》云「夫宋之不足如梁也，寡人知之矣」，高誘注云「如，當也」。是與、如皆訓爲「當」也。

恑、覆，反也。

班固《幽通賦》「變化故而相詭兮」，曹大家注云「詭，反也」。《大戴禮·保傅》篇「左右之習反其師」，《賈子·傅職》篇「反」作「詭」。《漢書·武五子傳》云「詭禍爲福」。《史記·李斯傳》云「今高有邪佚之志，危反之行」。詭、危竝與「恑」通。《説文》「恑，變也」。變亦反也。

審、覆，索也。

《爾雅》「覆、察，審也」，郭璞注云「覆校、察視，皆所爲審諦」。「覆校」即考索也。《考工記·弓人》「覆之而角至」，鄭注云「覆猶察也」。定四年《左傳》云「藏在周府，可覆視也」。《月令》云「命舟牧覆舟」。《孫子·行軍篇》云「軍行有險阻、潢井葭葦、山林翳薈者，必謹覆索之」。索與「索」通。審、察、索三字皆從宀，宀訓爲覆，覆訓爲審，義相因也。

輸、撱，墮也。

皆謂墮壞也。《小雅·正月》篇「載輸爾載」，鄭箋云「輸，墮也」。《公羊春秋》隱六年「鄭人來輸平」，《傳》云「輸平猶墮成也，何言乎墮成，敗其成也」。《穀梁傳》云「輸者，墮也，來輸平者，不果成也」。是「輸」爲墮壞也。其輸寫物亦謂之「墮」。昭四年《左傳》「寡君將墮幣焉」，服虔注云「墮，輸也」。《方言》「撱、隓，壞也」。隓與「墮」同。《太玄·度》次三「小度差差，大撱之階」，《測》曰「小度之差，大度傾也」。是「撱」爲墮壞也。《方言》云「怠，壞也」。故「壞」謂之墮，亦謂之攋，亦謂之輸。「怠」謂之惰，亦謂之嬾，亦謂之窳。惰與「墮」，嬾與「攋」，窳與「輸」，古聲竝相近也。

償、報，復也。

詩、意，志也。

各本皆作「詩、志，意也」。案：詩、志聲相近，故諸書皆訓「詩」爲志，無訓爲意者。《詩序》云「詩者，志之所之也，在心爲志，發言爲詩」。《賈子・道德説》篇云「詩者，此之志者也」。《詩譜》正義引《春秋説題辭》云「在事爲詩，未發爲謀，恬澹爲心，思慮爲志，詩之爲言志也」。《書大傳》注云「詩，言之志也」。《説文》及《楚辭・九章》注竝云「詩，志也」。今據以訂正。

眷、⿱隹矢，顧也。

《説文》「⿰亻⿱隹矢，左右兩視也」。《玉篇》「⿱隹矢，具眉切，顧也，古『⿰亻⿱隹矢』字，謂左右視也」。⿱隹矢從矢、隹聲，與「⿱圭矢」字異。⿱圭矢從矢、圭聲，音胡結反。

⿸疒雋、⿸疒戔，蛘也。

《玉篇》「⿸疒雋，大痒也」，「⿸疒戔，小痒也」。痒與「蛘」通，亦通作「養」，俗作「癢」。

趲、⿰犭烏，虘也。

皆驚散之貌也。《玉篇》「趲，散走也」。高誘注《淮南子・主術訓》云「劗讀驚攢之攢」。攢與「趲」通。《方言》「宋衛南楚，凡相驚曰⿰犭烏」，郭璞注云「⿰犭烏，驚貌也」。《説文》「⿰犭烏，犬⿰犭烏⿰犭烏不附人也，讀若南楚相驚曰鴉」，又云「獚，犬獚獚不可附也」。揚雄《劇秦美新》云「來儀之鳥，肉角之獸，狙獚而不臻」。狙獚亦驚散之貌也。狙與「虘」通。

兼、絣，并也。

絣之言比也。《玉篇》「絣，縷并也」。《鄘風·干旄》篇「素絲紕之」，毛傳云「總紕於此，成文於彼」，義與「絣」相近。

褎、贕，狎也。

覺、穌，寤也。

穌通作「蘇」。寤通作「寤」。

諸、旃，之也。

皆一聲之轉也。諸者，「之於」之合聲。故諸訓爲之，又訓爲於。旃者，「之焉」之合聲。故旃訓爲之，又訓爲焉。《唐風·采苓》箋云「旃之言焉也」。

竝、偕，俱也。

餪、餫，饋也。

餪者，温存之意。唐段公路《北户録》引《字林》云「餪，饋女也，音乃管反」，又引《證俗音》云「今謂女嫁後三日餉食爲餪女」。各本皆脱「餪」字。《集韻》《類篇》引《廣雅》「餪、餫，饋也」，今據以補正。餫之言運也。《説文》「野饋曰餫」。成五年《左傳》「晉荀首如齊逆女，故宣伯餫諸穀」，杜預注云「運糧饋之」。

紩、著，納也。

《爾雅》「黹，紩也」。《説文》「紩，縫也」。《急就篇》「鍼縷補縫綻紩緣」，顔師古注云「納刺謂之紩」。卷四云「著，補也」。著之言相丁著也。《士喪禮》記「冠六升，外縪」，鄭注云「縪謂縫著於武也」。卷四云「衲，補也」，衲與「納」通。

趽、跭，踕也。

《玉篇》「踕，足趺也」。踕與「踕」同。《説文》「趽，曲脛馬也」。跭，各本譌作「跰」，今訂正。《説文》「跭，曲脛也，讀若逵」。《漢書·賈誼傳》「非徒病瘇也，又苦𨂂盭」，顔師古注云「𨂂，古『蹠』字，足下曰蹠，今所呼腳掌是也。盭，古『戾』字，言足蹠反戾，不可行也」。錢氏曉徵曰：《説文》《玉篇》俱無「𨂂」字，小顔讀爲「蹠」，蓋臆説也。「𨂂」字當是「跭」字之譌，跭盭，謂足脛曲戾，不便行動。案：錢説是也。「跭」從足、夅聲；「夅」從廾、肉聲。隸書「廾」字或作「大」，故「跭」字或作「𨂂」。其右半與「炙」字相似，因譌而爲「𨂂」矣。

嗽、謦，欬也。

《衆經音義》卷六引《倉頡篇》云「謦，欬聲也」。《莊子·徐無鬼》篇云「而況乎昆弟親戚之謦欬其側者乎」。

魝、穫，刈也。

《小雅·白華》篇「樵彼桑薪」，樵與「魝」通。

詆、譙，呵也。

《説文》「詆，苛也，一曰訶」。訶、呵、苛義相近。《墨子·脩身》篇云「詆訐之民」。《衆經音義》卷二十引《倉頡篇》云「譙，訶也」。餘見卷二「譙，讓也」下。影宋本「譙」作「誰」，誰亦呵也。《説文》「誰」字在「詆」字下，云「何也」。何與「呵」通。《史記·秦紀》「信臣精卒，陳利兵而誰何」，《索隱》引崔浩云「『何』或爲『呵』」，《漢舊儀》「宿衛郎官分五夜誰呵」」。《漢書·五行志》「公車大誰卒」，應劭注云「在司馬殿門掌讙呵者也」。《六韜·金鼓》篇云「令我壘上誰何不絶」。揚雄《衛尉箴》云「二世妄宿，敗於望夷，閭樂矯搜，戟者不誰」。皆是也。《史記·萬石君傳》「歲餘不譙呵綰」，《索隱》云「譙呵，音誰何」。誰與「譙」義同而聲亦相近，例見《釋宫》「趡，奔也」下。

平、均，賦也。

《方言》「平均，賦也，燕之北鄙東齊之北郊，凡相賦斂謂之平均」。《史記·平準書》云「桑弘羊以諸官各自市，相與争，物故騰躍，而天下賦輸，或不償其僦費，乃請置大農部丞數十人，分部主郡國，各往往縣置均輸鹽鐵官，令遠方各以其物貴時商賈所轉販者爲賦而相灌輸，置平準於京師，都受天下委輸，大農之諸官盡籠天下之貨物，貴則賣之，賤則買之，如此，富商大賈無所牟大利，則反本，而萬物不得騰踊，故抑天下物，名曰平準」。是平、均皆賦也。《急就篇》云「司農少府國之淵，遠取財物主平均」。

勃、怏，懟也。

《方言》「鞅、倖，懟也」。卷四云「倖，恨也」。倖與「勃」通。《説文》「怏，不服懟也」。《史記·伍子胥傳》云「常鞅鞅怨望」。《白起傳》云「其意怏怏不服」。怏與「鞅」通。懟謂之勃、怏，故怒亦謂之勃、怏。《趙策》

云「新垣衍怏然不悦」，即「勃然不悦」也。

率、計，校也。

《周髀算經》云「以率率之」。

譏、誎，怨也。

誎通作「刺」。《論語·陽貨》篇「《詩》可以怨」，《邶風·擊鼓》正義引鄭注云「怨謂刺上政」。《漢書·禮樂志》云「怨刺之詩起」。是怨與譏、刺同意。

鎗、摐，撞也。

《説文》「摼，擣頭也」。《楚辭·招魂》「鏗鍾搖簴」，王逸注云「鏗，撞也」。班固《東都賦》云「發鯨魚，鏗華鐘」。摼、鏗、鎗竝通。《文選·子虛賦》「摐金鼓」，李善注引韋昭曰「摐，擊也」。字亦作「鏦」。《史記·吴王濞傳》「即使人鏦殺吴王」，《南越傳》「欲鏦嘉以矛」，《索隱》引韋昭曰「鏦，撞也」。撞謂之鏦，故矛亦謂之鏦。《方言》云「矛，吴揚江淮南楚五湖之閒或謂之鏦」。

稙、豫，早也。

《説文》「稙，早穜也」。《魯頌·閟宫》篇「稙稺菽麥」，毛傳云「先種曰稙，後種曰稺」。《釋名》云「青徐人謂長婦曰稙，禾苗先生者曰稙，取名於此也」。

囚、纍，拘也。

俚、懃，賴也。

《漢書·季布欒布田叔傳》贊「夫婢妾賤人，感槩而自殺，非能勇也，其畫無俚之至耳」，晉灼注云「揚雄《方言》曰『俚，聊也』，許慎曰『賴也』，此謂其計畫無所聊賴，至於自殺耳」。《孟子·盡心》篇「稽大不理於口」，趙岐注云「理，賴也」。理與「俚」通。

敇、慎，謹也。

逋、薨，亡也。

贅、叔，屬也。

《大雅·桑柔》篇「具贅卒荒」，毛傳云「贅，屬也」，《正義》云「贅猶綴也，謂繫綴而屬之」，《長發》云「爲下國綴旒」，襄十六年《公羊傳》曰『君若綴旒然』」，是贅、綴同也，《孟子》曰「太王屬其耆老」，《書傳》云『贅其耆老』，是贅爲屬也」。襄十六年《公羊傳》注云「贅，繫屬之辭，若今俗名就壻爲贅壻矣」。《釋名》說贅肬之義云「贅，屬也，横生一肉屬著體也」。竝事異而義同。

州、譔，殊也。

《藝文類聚》引《春秋説題辭》云「州之言殊也，合同類，異其界也」。

日、類，節也。

日爲「節度」之節，類爲「絲節」之節。《開元占經·日占》篇引《春秋元命包》云「日之爲言節也，開度立節，使物咸別」。《白虎通義》云「日之爲言實也，節也，常滿有節也」。《説文》「類，絲節也」。《淮南子·氾論訓》「明月之珠，不能無類」，高誘注云「若絲之有結類也」。

諫、督，促也。

諫亦「促」也。《説文》「諫，餔旋促也」。

稽、效，考也。

效之言校也。《月令》云「分繭稱絲效功」。

𣪊、字，乳也。

説見卷一「字、乳、𣪊，生也」下。𣪊與「𣪊」同。各本「字」字誤入曹憲《音》内，今訂正。

靈、禔，福也。

昭三十二年《左傳》云「今我欲徼福假靈於成王」。哀二十四年《傳》云「寡君欲徼福於周公，願乞靈於臧氏」。《漢書·董仲舒傳》云「受天之祜，享鬼神之靈」。是「靈」爲福也。卷一云「禄、靈，善也」。《爾雅》「禄，福也」。福與「善」義相近，故皆謂之禄，又皆謂之靈。靈與禄，一聲之轉耳。《方言》「禔，福也」。《漢書·司馬相如傳》「中外禔福」，《史記》作「提」，同。

淩、馺，馳也。

《楚辭·大招》「冥淩浹行」，王逸注云「淩，猶馳也」。《方言》「馺，馬馳也」，郭璞注云「馺馺，疾皃也」。劉向《九歎》云「雷動電發，馺高舉兮」。揚雄《甘泉賦》云「輕先疾雷而馺遺風」。《説文》「馺，馬行相及也」，又云「䆿，行皃，一曰此與『馺』同」。嵇康《琴賦》云「飛纖指以馳騖，紛䆿譶以流漫」。《漢書·司馬相如傳》「汩淢靸以永逝兮」，顔師古注云「靸然，輕舉意也」。《廣雅·釋訓》云「趿趿，行也」。義並與「馺」同。

傳、亮，相也。

《堯典》「亮采惠疇」，《史記・五帝紀》「亮采」作「相事」。

南、壬，任也。

南、壬、任古竝同聲。《藝文類聚》引《尸子》云「南方爲夏，夏，與也，❶南，任也，萬物莫不任與蕃殖充盈」。《書大傳》云「南方者何也？任方也。任方者，物之方任」。《漢書・律曆志》云「大陽者南方，南，任也，陽氣任養物」。《淮南子・天文訓》云「南吕者，任包大也」。《小雅・鼓鍾》傳云「南夷之樂曰任」。《白虎通義》引《樂元語》云「南夷之樂曰《南》，南之爲言任也，任養萬物」。是凡言南者，皆任之義也。《大戴禮・本命》篇云「男者，任也，子者，孳也，言任天地之道，而長萬物之義也」。昭十三年《左傳》「鄭伯，男也」，《周語》作「南」。男與「南」亦同聲同義。《史記・律書》云「壬之爲言任也，言陽氣任養萬物於下也」。《漢書・律曆志》云「懷任於壬」。《釋名》云「壬，妊也，陰陽交，物懷妊，至子而萌也」。妊與「壬」亦同聲同義。

裁、宰，制也。

涑、鷙，執也。

《楚辭・九歌》「涑長劍兮擁幼艾」，王逸注云「涑，執也」。《玉篇》作「捜」，同。《離騷》「鷙鳥之不羣兮」，注云「鷙，執也，謂能執伏衆鳥，鷹鸇之類也」。《説文》「摯，握持也」，義亦與「鷙」同。

---

❶ 「與」，《藝文類聚》作「輿」，下「與」字同。

正、略，要也。

《淮南子·墬形訓》「紀之以四時，要之以太歲」，高誘注云「要，正也」。《孟子·滕文公》篇「此其大略也」，趙岐注云「略，要也」。

角、抵，觸也。

角、觸古聲相近。獸角所以抵觸，故謂之角。《詩·卷耳》正義引《韓詩》説云「四升曰角，角，觸也，不能自適，觸罪過也」。《風俗通義》引劉歆《鐘律書》云「角者，觸也，物觸地而出戴芒角也」。是凡言角者，皆有觸義也。《説文》「牴，觸也」。《海外北經》「相柳之所抵厥」，郭璞注云「抵，觸也」。抵與「牴」通。

𤺺、𥨍，厭也。

《説文》「厭，笮也，一曰合也」。《玉篇》於冄、於葉二切。《衆經音義》卷一引《倉頡篇》云「伏合人心曰厭」。《説文》「𤺺，寐而厭也」。字亦作「眯」。高誘注《淮南子·精神訓》云「楚人謂厭爲眯」。《西山經》「鵸䳜，服之使人不眯」，郭璞注云「不厭夢也」，引《周書·王會》篇云「服者不眯」。《莊子·天運》篇「彼不得夢，必且數眯焉」，司馬彪注云「眯，厭也」。《説文》「𥨍，屋傾下也」。《方言》云「凡柱而下曰埕，屋而下曰墊」，亦謂厭伏也。墊與「𥨍」通。

馮、齎，裝也。

齎通作「資」。《爾雅》「將，資也」，郭璞注云「謂資裝」。裝、將聲近義同。《聘禮》記「問幾月之資」，鄭注云「資，行用也，古文『資』爲『齎』」。

偽、言，端也。

皆未詳。

樊、裔，邊也。

《莊子·人閒世》篇云「若能入遊其樊而無感其名，入則鳴，不入則止」。《則陽》篇云「夏則休乎山樊」，李頤注云「樊，傍也」。高誘注《淮南子·精神訓》云「樊，厓也」。皆謂邊也。字通作「藩」。《莊子·大宗師》篇云「吾願遊乎其藩」。《淮南子·原道訓》注云「裔，邊也」。文十八年《左傳》云「投諸四裔」。《楚辭·九歌》「蛟何爲兮水裔」，王逸注云「水涯」。《説文》「裔，衣裾」，徐鍇《傳》云「裾，衣邊也，故謂四裔」。

遝、趙，及也。

及，各本譌作「召」，今訂正。《爾雅》「逮，及也」，又云「逮，遝也」，郭璞注云「今荆楚人皆云遝」。《方言》「迨、遝，及也，東齊曰迨，關之東西曰遝，或曰及」。《説文》「遝，迨也」。《玉篇》云「迨遝，行相及也」。王襃《洞簫賦》云「鶩合遝以詭譎」。《漢書·禮樂志》「騎沓沓」，顔師古注云「沓沓，疾行也」。疾行亦相及之意，故《釋名》云「急，及也，操切之使相逮及也」。《説文》「眔，目相及也」，「譶，語相及也」，義竝與「遝」通。《説文》「趍趙，及也」，趍音「馳驅」之馳。《穆天子傳》「天子北征趙行」，郭璞注云「趙猶超騰也」。「超騰」亦謂疾行。是遝、趙皆「及」也。

緯、衡，横也。

《説文》「緯，織横絲也」。《大戴禮·易本命》篇云「凡地東西爲緯，南北爲經」。

井、絜，静也。

《説文》「瀞，無垢薉也」。瀞與「静」通。《釋名》云「井，清也，泉之清絜者也」。

痎、痁，瘧也。

《説文》「瘧，寒熱休作病也」，「痎，二日一發瘧也」，「痁，有熱瘧也」。《釋名》云「瘧，虐也，凡疾或寒或熱耳，而此疾先寒後熱兩疾，似酷虐者也」。哀二年《左傳》云「痁作而伏」。餘見卷一「疥，病也」下。

痔、瘟，痞也。

《説文》「痞，結痛也」。字或作「脴」，通作「否」。《釋名》云「脴，否也，氣否結也」。《素問・六元正紀大論》云「寒至，則堅否腹滿，痛急下利之病生矣」。

糶、粟，穀也。

《説文》「糶，穀也」。

痞、疕，痂也。

《説文》「疕，頭瘍也」。《周官・醫師》「凡邦之有疾病者、疕瘍者」，鄭注與《説文》同。《韓非子・姦劫殺臣》篇云「厲雖癰腫疕瘍」。餘見卷一「痂、痞，創也」下。

草、竈，造也。

草、竈、造聲竝相近。《論語・憲問》篇云「裨諶草創之」。竈或作「竈」。《釋名》云「竈，造也，創造食物也」。《周官・膳夫》「卒食，以樂徹于造」，注云「造，作也，鄭司農云『造，謂食之故所居處也，已食，徹置故處」」。案：造即「竈」之借字也。《大祝》「二曰造」，故書「造」作「竈」。是竈與「造」通。

科、僞，條也。

僞義未詳。

瘱，審也。

各本皆作「審、嘖，竝也」。案：審、嘖、竝三字，字義各不相屬。此因本文脱去瘱、也二字，而下文「嘖，嚏也」，「騈，竝也」又脱去嚏、也、騈三字，遂致溷三條爲一條。《集韻》引《廣雅》「瘱，審也」，今據以補正。《方言》「瘱、諦，審也，齊楚曰瘱，秦晉曰諦」，又云「諟諦，諟也，吴越曰諟諦」，郭璞注云「諟，亦審，互見其義耳」。《説文》「瘱，静也」，「静，審也」。《漢書·外戚傳》「爲人婉瘱有節操」，顔師古注云「瘱，静也」。《文選·神女賦》「澹清静其愔嫕兮」，李善注引《説文》「嫕，静也」，五臣本作「悘」，竝字異而義同。《廣雅》之訓，多本《方言》。《方言》瘱、諦同訓爲審，則《廣雅》「瘱」下亦當有「諦」字。

嘖，嚏也。

《衆經音義》卷十引《倉頡篇》云「嚏，嘖鼻也」。各本脱「嚏也」二字。《衆經音義》卷十六、十九竝引《廣雅》「嘖，嚏也」。今據以補正。

騈，竝也。

《説文》「騈，駕二馬也」。《管子·四稱》篇云「入則乘等，出則黨騈」。各本脱「騈」字。《莊子·騈拇》篇釋文引《廣雅》「騈，竝也」。今據以補正。

靡、離，麗也。

靡爲「靡麗」之麗，離爲「附麗」之麗。《説文》「麗爾，猶靡麗也」。司馬相如《上林賦》云「所以娛耳目樂心意者，麗靡爛漫於前，靡曼美色於後」。《離》彖傳云「離，麗也」，象傳云「明兩作離」。《曲禮》「離坐離立」，鄭注云「離，兩也」。桓二年《公羊傳》「離不言會」，何休注云「二國會曰離」。皆謂「麗」也。離與「麗」古同聲而通用。《士冠禮》注云古文「儷」爲「離」。《月令》注云「離」讀如「儷偶」之儷。儷與「麗」同。各本譌作「靡、麗，離也」。今訂正。

儀、愈，賢也。

引之云：《大誥》「民獻有十夫」，傳訓「獻」爲賢。《大傳》作「民儀有十夫」。《漢書・翟義傳》作「民儀九萬夫」。班固《竇車騎將軍北征頌》亦云「民儀響慕，羣英景附」。古音「儀」與「獻」通。《周官・司尊彝》「鬱齊獻酌」，鄭司農讀「獻」爲儀。郭璞《爾雅》音曰「轙，音儀」。《説文》「轙」從車、義聲，或作「钀」，從金、獻聲。皆其證也。《漢斥彰長田君碑》曰「安惠黎儀，伐討姦輕」。《泰山都尉孔宙碑》曰「乃綏二縣，黎儀以康」。《堂邑令費鳳碑》曰「黎儀瘁傷，泣涕連漉」。黎儀即《皋陶謨》之「萬邦黎獻」也。漢碑多用經文，此三碑皆言「黎儀」，則《皋陶謨》之「黎獻」，漢世必有作「黎儀」者矣。洪适《隸釋》讀「儀」爲「旄倪」之倪，非是。

統、己，紀也。

《説文》「統，紀也」。《齊語》云「班序顛毛，以爲民紀統」。《漢書・律曆志》云「理紀於己」。《釋名》云「己，紀也，物皆有定形，可紀識也」。己，各本譌作「巳」。今訂正。

奠、祭，薦也。

攍，負也。

說見卷三「攍，擔也」下。

羌，乃也。

《楚辭·離騷》「余以蘭爲可恃兮，羌無實而容長」。

羌，卿也。

《楚辭·離騷》「羌内恕己以量人兮」，王逸注云「羌，楚人語辭也，猶言卿何爲也」。

卿，章也。

《白虎通義》云「卿之爲言章也，章善明治也」。《北堂書鈔》引《漢官儀》云「卿，章也，明也，言當背邪向正，章明道德也」。《初學記》引《釋名》云「卿，章也，言貴盛章著也」。

廁，閒也。

各本皆作「廁、閒，非也」。案：諸書皆訓「廁」爲閒，無訓爲非者。此因「閒」下脱去「也」字，而下文「非也」之上又脱去「閒」字，遂誤合爲一條。《文選·琴賦》注及《衆經音義》卷二十五、《華嚴經》卷三十九《音義》竝引《廣雅》「廁，閒也」。今據以訂正。

閒，非也。

説見卷二「閒，諻也」下。

詭，詐也。

各本脱去「詐也」二字，遂與下條相連。《衆經音義》卷十四引《三倉》云「詭，譎也」，卷二十三引《廣雅》「詭，詐也」。今據以補正。

犀，總也。

犀，曹憲《音》「西」。總，曹憲《音》「思」。案：總隸省作「緦」。緦與「犀」義不相近。犀當爲「屬」。總當爲「總」。《説文》「總，聚束也」。《玉篇》「總，合也」。《周官·州長》「各屬其州之民而讀法」，鄭注云「屬猶合也，聚也」。王逸《離騷》注云「總，結也」。韋昭《晉語》注云「屬，結也」。是總、屬二字同義。屬與「犀」，總與「總」，皆因形近而誤。卷三内「總，聚也」，「總」字譌作「緦」，曹憲《音》「思」，誤與此同。

⿱冖燾，載也。

⿱冖燾或作燾、幬，又作「薵」。説見卷二「⿱冖燾，覆也」下。載通作「戴」。《方言》「薵、蒙，覆也」，「薵，戴也」。《小爾雅》「蓋、戴、燾、蒙，覆也」。班固《西都賦》云「上反宇以蓋戴」。《太玄·玄文》「蒙，南方也，夏也，物之脩長也，皆可得而載也」，范望注云「枝葉已成，蒙覆於人上，皆可燾載者也」。是載與「⿱冖燾」同義。載，各本皆作「戟」。隸書「載」字或省作「軙」，因譌而爲「戟」。今訂正。

風，吹也。

曾，何也。

《方言》「曾，何也，湘潭之原荆之南鄙謂何爲曾，若中夏言何爲也」。何，各本譌作「阿」。今訂正。

風，放也。

《釋名》云「風，放也，氣放散也」。又《柴誓》「馬牛其風」，《魯世家》集解引鄭注云「風，走逸也」。僖四年《左傳》「唯是風馬牛不相及也」，《柴誓》正義引賈逵注云「風，放也，牝牡相誘謂之風」。風又音諷。《小雅·北山》篇「或出入風議」，鄭箋云「風猶放也」。

流，演也。

《説文》「演，長流也」。《周語》「夫水，土演而民用也」。《文選·長笛賦》注引賈逵注云「演，引也」。

徇，巡也。

徇、巡古同聲而通用。桓十三年《左傳》「莫敖使徇于師」，宣四年《傳》「王使巡師」，是「徇」即巡也。《泰誓》釋文引《字詁》云「徇，巡也」。《爾雅·釋言》釋文引《字詁》云「徇，今『巡』字」。巡，各本皆作「迷」。巡隸或作「逑」，因譌而爲「迷」。今訂正。

賝。

各本皆作「賝，貰也」。案：賝與「貰」義不相近，此因「賝」下脱去二字，而下文「貰，賒也」又脱去「賒」字，遂誤合爲一條。今訂正。《廣韻》「賝，賮也」，義或本於《廣雅》。

貰，賒也。

《周官·泉府》「凡賒者」，鄭衆注云「賒，貰也」。《史記·高祖紀》「常從王媼武負貰酒」，《集解》引韋昭曰

「貰，賒也」。各本脱「賒」字。《高祖紀》索隱及《衆經音義》卷十二竝引《廣雅》「貰，賒也」。今據以補正。

賜，賭也。

《文選·博弈論》「賭及衣物」，李善注引《埤倉》云「賭，賜也」。

壓，鎮也。

經，徑也。

《釋名》「經，徑也，常典也，如徑路無所不通，可常用也」。

卦，挂也。

《易乾鑿度》云「卦者，挂也，挂萬物，視而見之」。

譬，喻也。

睽，乖也。

《序卦傳》文。

天，顛也。

《太平御覽》引《春秋說題辭》云「天之爲言顛也，居高理下，爲人經緯，故立字一大爲天」。天，各本譌作「夭」。今訂正。

埶，設也。

《說文》「𨍭，設飪也，讀若載」。《大雅·旱麓》篇「清酒既載」，《文選·西征賦》注引薛君《韓詩章句》云「載，設也」。《士昏禮》云「匕俎從設，北面載」。載與「𨍭」通。載爲「陳設」之設，又爲「假設」之設。《法言·先知篇》「或曰『載使子草律』，曰『吾不如弘恭』」，李軌注云「載，設也」。

竹，慼也。

《白虎通義》說「喪服」云「所以杖竹桐何，取其名也，竹者，慼也，桐者，痛也」。

馮，登也。

《周官·馮相氏》注云「馮，乘也，相，視也，世登高臺，以視天文之次序」。

眩，惑也。

宥，赦也。

參，三也。

令，伶也。

《秦風·車鄰》篇「寺人之令」，《韓詩》作「伶」，云「使伶也」。

紉，擘也。

《說文》「紉，繟繩也」。《玉篇》「紉，繩縷也，展而續之也」。《楚辭·離騷》「紉秋蘭以爲佩」，王逸注云「紉，索也」。紉，各本譌作「紐」。《方言》「擘，楚謂之紉」，郭璞音刃。今據以訂正。各本所載曹憲《音釋》「擘」下有「古萬」二字。案：古萬反非「擘」字之音。卷一云「䜌，曲也」，曹憲《音》「古萬反」。疑此條下尚有

「擘，韏也」三字，而「古萬」則「韏」字之音也。擘之言屈辟，韏之言卷曲也。卷四云「襞、韏，詘也」。《說文》「詘，詰詘也，一曰屈襞」，又云「襞，韏衣也」。《士喪禮》注云「以席覆重，辟屈而反兩端，交於後」。《莊子·田子方》篇「口辟焉而不能言」，司馬彪注云「辟，卷不開也」。卷與「韏」通。辟、擘竝與「襞」通。絅訓爲擘，擘又訓爲韏，所以別異義也。若上文羌訓爲卿，卿又訓爲章矣。

夜，暮也。

寐，臥也。

嗃，誺也。

《玉篇》引《埤倉》云「嗃，不知是誰也」。《方言》「誺，不知也，沅澧之閒凡相問而不知答曰誺」。

國，邦也。

義，宜也。

《祭義》云「義者，宜此者也」。《中庸》云「義者，宜也」。

漉，滲也。

說見卷一「滲、盪，盡也」下。盪與「漉」同。

凌，冰也。

《豳風·七月》篇「三之日納于凌陰」，毛傳云「凌陰，冰室也」。凌，《說文》作「朕」。冰，《說文》作「仌」。

害，割也。

《堯典》「湯湯洪水方割」，傳云「割，害也」。《釋名》云「害，割也，如割削物也」。害、割古同聲而通用。《大誥》「天降割于我家」，馬融本作「害」。

蹪，疐也。

《淮南子・原道訓》「先者隤陷」，高誘注云「楚人謂躓爲隤」。《原道訓》又云「足蹪趎埳」。蹪與「隤」通。躓與「疐」通。

駔，會也。

會或作「儈」。《衆經音義》卷六引《聲類》云「儈，合市人也」。《呂氏春秋・尊師》篇「段干木，晉之大駔也」，高誘注云「駔，儈人也」。《史記・貨殖傳》「子貸金錢千貫，節駔會」，《漢書》作「儈」，顏師古注云「儈者，合會二家交易者也，駔者，其首率也」。

焠，堅也。

《說文》「焠，堅刀刃也」，又云「鋻，剛也」，徐鍇《傳》云「淬刀劍刃使堅也」。淬與「焠」通。《燕策》云「得趙人徐夫人之匕首，使工以藥淬之」。《文選・聖主得賢臣頌》「清水焠其鋒」，李善注引郭璞《三倉解詁》云「焠，作刀刃鋻也」。《漢書・王褒傳》注云「焠，謂燒而內水中以堅之也」。《天文志》「火與水合爲淬」，晉灼注云「火入水，故曰淬」。

恖，䚡也。

棰，統也。

皆未詳。桙，皇甫本作「梓」。

內，裹也。

課，第也。

謂品第之也。《逸周書·大匡解》云「程課物徵」。

況，兹也。

《小雅·常棣》篇「況也永歎」，毛傳云「況，兹也」。《大雅·桑柔》篇「倉兄填兮」，傳云「兄，滋也」。兄與「況」通。兹與「滋」通。《晉語》「衆況厚之」，韋昭注云「況，益也」，益亦滋也。

兹，今也。

疊，懷也。

未詳。

收，振也。

《中庸》「振河海而不泄」，鄭注云「振猶收也」。《孟子·萬章》篇云「金聲而玉振之也」。《周官·職幣》「掌式灋以斂官府都鄙與凡用邦財者之幣，振掌事者之餘財」，斂、振皆收也，故鄭注云「振猶抍也，檢也」。《廣雅》卷三云「抍，收也」。《孟子·梁惠王》篇注云「檢，斂也」。賈疏云「以財與之謂之抍，知其足剩謂之檢」，皆失之。《秦風·小戎》篇「小戎俴收」，毛傳云「收，軫也」，《正義》云「軫所以收斂所載，故名收焉」。軫與「振」亦聲近義同。

摎，捋也。

《周南·關雎》篇「參差荇菜，左右流之」，流與「摎」通，謂捋取之也。捋、流一聲之轉。「左右流之」，「左右采之」，猶言「薄言采之」，「薄言捋之」耳。下文云「左右芼之」，流、采、芼皆取也。《芣苢》傳云「采，捋取也」。卷一云「采、芼，取也」。此云「摎，捋也」。義竝相通。

摻，操也。

《鄭風·遵大路》篇「摻執子之袪兮」，毛傳云「摻，擥也」。《説文》「擥，撮持也」。

毖，流也。

《邶風·泉水》篇「毖彼泉水」，毛傳云「泉水始出毖然流也」。《韓詩》作「祕」。《説文》作「䏢」。《陳風·衡門》篇「泌之洋洋」，毛傳云「泌，泉水也」。《説文》「泌，駃流也」。竝字異而義同。

宿，留也。

膏、滑，澤也。

叉。

各本皆作「叉，括也」。案：諸書無訓「叉」爲括者。此因本條内有脱文，而下條「檢，括也」又脱去「檢」字，遂誤合爲一條。今訂正。

檢，括也。

檢、括一聲之轉。《文選·辨亡論》注引薛君《韓詩章句》云「括，約束也」。《法言·君子篇》「蠢迪檢押」，李軌注云「檢押猶隱括也」。蔡邕《薦邊讓書》云「檢括竝合」。各本脱「檢」字。《衆經音義》卷六、卷十四竝引《廣雅》「檢，括也」。今據以訂正。

社，封也。

哀四年《公羊傳》「社者，封也」，何休注云「封土爲社」。

愿，愨也。

風，氣也。

姦，僞也。

兵，防也。

高誘注《淮南子·兵略訓》云「兵，防也，防亂之萌」。

乾，剛也。

見《雜卦傳》。

繹，擂也。

《説文》「繹，擂絲也」。擂與「抽」同。

忍，耐也。

片，襌也。

禪與「單」通。各本譌作「禪」，今訂正。

妊，娠也。

粹，純也。

專，擅也。

虞，驚也。

崔駰《北征頌》云「雍容清廟，謐爾無虞」。

尿，溲也。

《說文》「尿，人小便也」。古通作「溺」。《晉語》「少溲于豕牢」，韋昭注云「溲，便也」。

偃，仰也。

說見卷四「偃，僵也」下。

浮，漂也。

卧，卜也。

《說文》「卧，卜問也」。《玉篇》音市照切。各本皆脱「卧」字。《集韻》引《廣雅》「卧，卜也」。今據以補正。

侵，淩也。

卻，退也。

逿，各本譌作「遏」。今訂正。

蹷，踶也。

皆謂蹋也。蹷，字亦作「蹶」。踶，字亦作「蹏」，又作「蹄」。《説文》「蹶，蹠也」。《漢書·申屠嘉傳》「材官蹶張」，如淳注云「材官之多力，能腳蹋彊弩張之，故曰蹶張」。《淮南子·説林訓》云「游者以足蹷，以手抻」，又《脩務訓》云「夫馬之爲草駒之時，蹶蹏足以破盧陷匈」。《莊子·馬蹄》篇「馬怒則分背相踶」，李頤注云「踶，蹋也」。《月令》「游牝别羣，則縶騰駒」，鄭注云「爲其壯氣有餘，相蹄齧也」。《説文》「踶，躗也」。躗與「蹷」古亦通用。《爾雅》「蹷泄，苦棗」，《釋文》「蹷」本亦作「躗」，是其證矣。「蹋」謂之蹷，亦謂之踶。「走」謂之踶，亦謂之蹷。義相因也。《越語》「蹷而趨之」，韋昭注云「蹷，走也」。《吕氏春秋·貴直》篇云「狐援聞而蹶往過之」。《説文》「趑，踶也」，「趹，馬行皃」。《史記·張儀傳》「探前趹後」，❶《索隱》云「言馬之走勢疾也」。義竝與「蹷」同。《淮南子·脩務訓》「墨子趹蹏而趍千里」，高誘注云「趹，疾行也。蹏，趍走也」。蹏與「踶」通。《漢書·武帝紀》「馬或奔踶而致千里」，奔踶猶奔逸也。馬奔逸，則有覆車之患，故下文云「泛駕之馬亦在御之而已」。顔師古訓「踶」爲蹋，失之。

趹，蹷也。

困，悴也。

---

❶ 「探」，原作「揬」，今據《四部備要》本改。

彫，鏤也。

歲，遂也。

《太平御覽》引《春秋元命包》云「歲之爲言遂也」。《白虎通義》云「歲者，遂也，三百六十六日一周天，萬物畢成，故爲一歲也」。

遂，育也。

《樂記》「氣衰則生物不遂」，《史記·樂書》「遂」作「育」。

禮，體也。

《禮器》云「禮也者，猶體也」。《大戴禮·曾子大孝》篇云「禮者，體此者也」。定十五年《左傳》云「夫禮，死生存亡之體也」。

埻，的也。

《說文》「埻，射臬也」，「臬，射準的也」。準與「埻」通，亦作埻、䋸。《周官·司裘》注云「侯者，以虎熊豹麋之皮飾其側，又方制之以爲䋸，謂之鵠，著于侯中」。《列子·仲尼》篇云「前矢造準而無絶落」。《太玄·瞢》次三「師或導射，豚其埻」，范望注云「埻，射的也」。《後漢書·齊武王傳》「畫伯升像於埻，旦起射之」，《東觀記》《續漢書》竝作「埻」。《小雅·賓之初筵》篇「發彼有的」，毛傳云「的，質也」。《淮南子·原道訓》注云「質的，射者之準埶也」。埶與「臬」同。

奮，訊也。

奮，振也。

扒，擘也。

卷一云「擘，分也」。扒之言别也。《淮南子·説林訓》「解捽者不在於捌格，在於批扰」，高誘注云「批，擊也。扰，推也。擊其要也」。此言解捽者不在於分别架格，但擊其要，則捽自解也。捌與「扒」同。《説文》「八，别也」，義與「扒」亦相近。

酲，長也。

酲與「長」義不相近。凡病酒謂之酲，煩病亦謂之酲。《小雅·節南山》篇「憂心如酲」，毛傳云「病酒曰酲」，是「酲」爲病酒也。《管子·地員》篇云「五沃之土，其人堅勁，寡有疥騷，終無痟酲」。枚乘《七發》云「噓唏煩酲」。是「酲」爲煩病也。《玉篇》「酲」陳貞切。《廣韻》直貞切。陳貞、直貞竝與「長貞」同音。疑此條「酲」下脱去一字，其「長」字則反語之上一字，誤入正文也。

播，抵也。

未詳。

對，畣也。

畣，經傳通作「荅」。

請，乞也。

萿，挌也。

字書無「萿」字。萿當爲「沽」，或當爲「苦」。挌當爲「略」。皆字之誤也。沽者，粗略之意。《檀弓》「以爲沽也」，鄭注云「沽猶略也」。《喪服》傳「冠者，沽功也」，鄭注云「沽猶麤也」。《周官·典婦功》「辨其苦良」，鄭衆注云「苦讀爲盬，謂分别其縑帛與布紵之麤細」。《唐風·鴇羽》傳云「盬，不攻緻也」。竝字異而義同。

𪉖，鹹也。

《說文》「𪉘，鹹也，從鹵、差省聲，河内謂之𪉘，沛人言若虘」。《曲禮》「鹽曰鹹鹺」，鄭注云「大鹹曰鹺，今河東云」。𪉘、𪉖、鹺竝同。《說文》「鮺，藏魚也，南方謂之魿，北方謂之鮺」。《周官·庖人》注作「䱹」。藏魚即今之鹹魚也。《爾雅》「滷、矜、鹹，苦也」，郭璞注云「苦即大鹹」，《釋文》「矜」作「鹶」。鹹謂之鹺，又謂之鹶。鹹魚謂之魿，又謂之䱹。其義一也。𪉖，各本譌作「𪉘」，今訂正。

沾，益也。

說見卷一。

拼，陞也。

拼亦作「拯」。說見卷三「拼，拔也」下。

馴，𢤱也。

𢤱通作「擾」。說見卷一「𢤱、馴，善也」下。

族，湊也。

説見卷三「湊、族，聚也」下。《白虎通義》云「正月律謂之太蔟何，太者，大也，蔟者，湊也，言萬物始大湊地而出也」。蔟、族聲近義同。

威，德也。

《周頌·有客》篇「既有淫威，降福孔夷」，《正義》云「言有德，故易福」。《風俗通義·十反》篇云「《書》曰『天威棐諶』，言天德輔誠也」。《呂氏春秋·應同》篇引黄帝曰「芒芒昧昧，因天之威，與元同氣」。

眇，莫也。

《衆經音義》卷二十一引此而釋之曰「言遠視眇莫，不知邊際也」。《楚辭·九章》云「路眇眇之默默」。莊二十八年《左傳》云「狄之廣莫」。

任，保也。

《説文》「任，保也」。襄二十一年《左傳》云「不能保任其父之勞」。

刑，侀也。

説見卷三「刑，成也」下。

署，遷也。

《説文》「䙴，升高也」，或作「䙲」，隸省作「䙴」。《漢志》多以「䙴」爲「遷」字。

觳，培也。

《説文》「觳，未燒瓦器也」。《玉篇》音苦谷切。觳之言殻也。《説文》「殻，素也」。《易乾鑿度》云「太素者，質之始也」。《方言》「瀫，麴也」。《説文》「䊝，未練治纑也」。字通作「縠」。《論衡・量知篇》云「無染練之治，名曰縠麤」。《玉篇》「㱿，土墼也」。瀫、瀫、㱿、䊝竝音苦谷反，義相近也。瀫，各本譌作「縠」。《集韻》《類篇》竝引《廣雅》「瀫，培也」。今據以訂正。培，曹憲《音》「片回反」。《説文》「坏，瓦未燒也」。《淮南子・精神訓》云「夫造化者既以我爲坏矣」。《太玄・干》次五「或錫之坏」，范望注云「坏，未成瓦也」。坏與「培」通。坏之言肧胎也。郭璞《爾雅注》云「肧胎未成，物之始也」。《説文》「肧，婦孕一月也」，「衃，凝血也」。《玉篇》「醅，未𨣈之酒也」。坏、肧、衃、醅竝音片回反，義亦相近也。

慘，愒也。

卷二云「忨、慘，貪也」。《爾雅》「愒，貪也」。昭元年《左傳》「翫歲而愒日」，杜預注云「翫、愒皆貪也」。《晉語》作「忨日而激歲」。忨、翫，愒、激竝通。

戰，憚也。

《白虎通義》引《書大傳》云「戰者，憚警之也」。《大戴禮・曾子立事》篇云「君子終身守此戰戰」，又云「君子終身守此憚憚」。「憚憚」亦戰戰也。《魯語》「帥大讎以憚小國」，《説苑・正諫》篇作「戰」。《莊子・達生》篇「以鉤注者憚」，《吕氏春秋・去尤》篇作「戰」。

祭，際也。

《春秋繁露・祭義》篇云「祭之爲言際也」。

漂，潎也。

《漢書・韓信傳》「有一漂母哀之」，韋昭注云「以水擊絮曰漂」。《説文》「潎，於水中擊絮也」。❶《莊子・逍遥遊》篇「世世以洴澼絖爲事」，李頤注云「洴澼絖者，漂絮於水上，絖，絮也」。漂、潎、洴、澼一聲之轉，漂之言摽，潎之言撆，洴之言拼，澼之言擗，皆謂擊也。互見卷三「撆、摽，擊也」及下文「彈，拼也」下。

孝，畜也。

《祭統》云「孝者，畜也，順於道，不逆於倫，是之謂畜」，《正義》引《援神契》云「天子之孝曰就，諸侯曰度，大夫曰譽，士曰究，庶人曰畜，分之則五，總之曰畜，皆是畜養，但功有大小耳」。《孝經正義》引《援神契》云「庶人行孝曰畜，言能躬耕力農，以畜其德而養其親也」。孝、畜古同聲，故孝訓爲畜，畜亦訓爲孝。《孔子閒居》「無服之喪，以畜萬邦」，鄭注云「畜，孝也，使萬邦之民競爲孝也」。《坊記》「《詩》曰『先君之思，以畜寡人』」，注云「此衛夫人定姜之詩也，定姜無子，立庶子衎，是爲獻公，畜，孝也，言獻公當思先君定公以孝於寡人」。

更，償也。

《周官・馬質》「馬死，則旬之内更」，鄭衆注云「更猶償也」。《檀弓》「請庚之」，鄭注云「庚，償也」。襄三十年《公羊傳》「諸侯相聚而更宋之所喪」，何休注云「更，復也，如今俗名解浣衣復之爲更衣」。《管子・國蓄》篇「愚者有不賡本之事」，尹知章注云「賡猶償也」。更、庚、賡竝通。

❶「擊」，原作「繫」，今據經解本改。

譎，恑也。

恑與「詭」通。各本皆作「譎、恑，美也」。案：譎、恑二字，諸書無訓爲美者。此因「恑」下脱去「也」字，而下文「傀，美也」又脱去「傀」字，遂誤合爲一條。今訂正。

傀，美也。

《後漢書·班固傳》「因瓌材而究奇」，李賢注引《埤倉》云「瓌瑋，珍奇也」。瓌與「傀」通。《説文》「瑰，珠圜好也」。成十七年《左傳》「或與己瓊瑰」，杜預注云「瑰，珠也」，亦美之義也。各本脱「傀」字。《廣韻》「傀，美也」。《衆經音義》卷十引《廣雅》「傀，美也」。今據以補正。傀偉與「譎恑」義相近，故次於「譎，恑也」之下。若徑合爲一，則非矣。

亯，祀也。

亯與「享」同。各本譌作「亩」，今訂正。

嶢，嶢也。

《白虎通義》云「謂之堯者何？堯猶嶢嶢也，至高之貌，清妙高遠，優游博衍，衆聖之主，百王之長也」。餘見卷四「嶢，高也」下。《玉篇》引《白虎通義》「堯猶嶢嶢」，又引《廣雅》「堯，曉也」，則所見本與今異。《風俗通義》云「堯者，高也，曉也，言其隆興焕炳，最高明也」。

畏，威也。

襄三十一年《左傳》云「有威而可畏謂之威」。《臯陶謨》「天明畏，自我民明威」，馬融本「畏」作「威」。威、畏古同聲而通用。

如，若也。

應，受也。

《爾雅》「應，當也」，「當」亦受也。《周頌・賚》篇云「我應受之」。《晉語》「其叔父寔應且憎以非余一人」，❶韋昭注云「應猶受也」。《楚辭・天問》「鹿何膺之」，王逸注云「膺，受也」。膺與「應」通。

裕，足也。

摸，撫也。

《方言》「摸，撫也」，郭璞注云「謂撫循也」。《釋名》云「門，捫也，在外爲人所捫摸也」。今俗語猶謂「撫」曰摸。

毒，憎也。

説見卷三「毒、憎，惡也」下。

趉，衝也。

衝或作「衝」。《説文》「趉，走也」。《玉篇》云「卒起走也」。是「趉」爲衝也。趉猶堀也。《文選・風賦》「夫庶人之風，塕然起於窮巷之閒，堀堁揚塵，勃鬱煩冤，衝孔襲門」，李善注云「堀堁，風動塵也」，引《廣雅》

❶「晉」，《廣雅疏證補正》引作「周」，是。

「堀，突也」，突亦衝也。互見卷四「衝、堀，揬也」下。趉、堀竝音渠屈反。

睿，聖也。

僻，仞也。

未詳。各本「僻」譌作「襯」，惟影宋本不譌。僻，曹憲《音》「親刃反」。考《玉篇》「僻」音千刃切。《廣韻》音七遴切。《集韻》《類篇》音七刃切。竝與「親刃」同音。若「襯」字則音初覲反，不音親刃反。今定從影宋本。

乃，汝也。

造，詣也。

姣，侮也。

姣通作「佼」。《淮南子·覽冥訓》云「鳳皇之翔至德也，燕雀佼之，以爲不能與之争於宇宙之閒」。佼者，侮也，言燕雀輕侮鳳皇也。上文云「赤螭青虯之游冀州也，蛇鱓輕之，以爲不能與之争於江海之中」，是其證也。高誘注云「燕雀自以爲能佼健於鳳皇」，失之。

將，且也。

將，請也。

《衛風·氓》篇「將子無怒」，毛傳云「將，願也」，鄭箋云「將，請也」。《鄭風·將仲子》篇「將仲子兮」，《小雅·正月》篇「將伯助子」，毛傳竝云「將，請也」。

將，帥也。

止，禮也。

《小雅·小旻》篇「國雖靡止」，鄭箋云「止，禮也」。《大雅·抑》篇云「淑慎爾止，不愆于儀」。《鄘風·相鼠》篇云「人而無儀」「人而無止」「人而無禮」。是「止」即禮也，故《韓詩》云「止，節也，無禮節也」，鄭箋云「止，容止也」。容止亦「禮」也。襄三十一年《左傳》云「容止可觀」。

棄，捐也。

捐，㖞也。

竝見卷一「捐、㖞，棄也」下。

唅，㰹也。

唅，《玉篇》音胡紺切。《衆經音義》卷十一引《埤倉》云「㰹，唅也，謂掌進食也」。喪禮以玉實口曰「含」，義與此同也。㰹，《玉篇》音一感切。今俗語猶謂掌進食曰「㰹」。

啐，歃也。

《説文》「歃，歠也」。餘見卷三「啐，嘗也」下。

㢟，賈也。

未詳。

陷，潰也。

傎，倒也。

傎通作「顛」。

莫，漠也。

漠，怕也。

竝見卷四「怕、𢛳，静也」下。怕通作「泊」。今本「怕」上無「漠」字。《文選》張華《勵志詩》及盧諶《時興詩》注竝引《廣雅》「漠，泊也」。今據以補正。又案：今本無「漠」字者，後人以此「漠」字爲重出而删之也。下文「毓，長也」「毓，稚也」「曩，久也」「曩，鄉也」「陶，喜也」「陶，憂也」「濘，清也」「濘，泥也」，皆删去後一字，正與此同。不知《廣雅》屬辭之例，皆本於《爾雅》。《爾雅·釋言》之文，每因一字而引伸其義。有因上一字而連及之者，若「爽，差也」「爽，忒也」「基，經也」「基，設也」之類，是也。有因下一字而連及之者，若「流，覃也」「覃，延也」「逨，徵也」「徵，召也」之類，是也。《廣雅·釋言》亦用此二例。若上文「羌，乃也」「羌，卿也」「奮，訊也」「奮，振也」之類，皆因上一字而連及之者也。若「廁，閒也」「閒，非也」「況，兹也」「兹，今也」，及此條「莫，漠也」「漠，怕也」之類，皆因下一字而連及之者也。凡如此者，或義同而類及，或義異而別訓。屬辭比事，各有要歸。若改其文云「羌，乃也，卿也」「莫，漠也，怕也」，則是傳注解經之體，非《爾雅·釋言》之例矣。後放此。

袧，襞也。

袧、襞皆屈也。袧之言句也。《喪服》記「裳，幅三袧」，鄭注云「袧者，謂辟兩側，空中央也」，疏云「案《曲禮》『以脯脩置者，左朐右末』，鄭云『屈中曰朐』，則此云袧者，亦是屈中之稱，一幅凡三處屈之，辟兩邊相著，自然中央空矣」。餘見卷四「襞，詘也」下。襞、詘與辟、屈通。

穽，坑也。

寇，鈔也。

下文云「鈔，掠也」。

殃，咎也。

需，頦也。

《需》彖傳云「需，須也」。《雜卦傳》云「需，不進也」。須與「頦」通。各本「頦」譌作「頮」，今訂正。

禮，祜也。

祜，《集韻》《類篇》竝作「祐」，未知其審。《釋天》云「禮，祭也」。

覽，觀也。

咸，感也。

《咸》彖傳文。

劮，豫也。

劮通作「逸」。《晉語》云「豫，樂也」。

淫，游也。

《曲禮》「毋淫視」，《正義》云「淫，謂流移也，目當直視，不得流動邪眄也」。是「淫」爲游也。《文選・長門賦》「神怳怳而外淫」，李善注引《廣雅》「淫，游也」。

瑞，符也。

剥，爤也。

《雜卦傳》文也。剥，各本譌作「剌」，今訂正。

傴，僂也。

説見卷一「傴、僂，曲也」下。

諸，於也。

於，于也。

占，瞻也。

説見卷一「占，視也」下。

周，旋也。

肆，噬也。

諸書無訓「肆」爲噬者。「肆，噬也」當是「噬，逮也」之譌。「逮」字隸書作「逮」，與「肆」字相近，因譌而爲「肆」。《爾雅》「遏、遾，逮也」，郭璞注云「皆相逮及」。《方言》作「蝎、噬」，云「東齊曰蝎，北燕曰噬，逮，通語也」。《邶風·日月》篇「逝不古處」，毛傳云「逝，逮也」。《唐風·有杕之杜》篇「噬肯適我」，傳云「噬，逮也」。逝、遾、噬竝通。《廣雅·釋詁》《釋言》之文，固多與《爾雅》相複者矣。

㪤，隱也。

昭二十九年《左傳》「官宿其業，其物乃至，若泯棄之，物乃坻伏」，❶《釋文》「坻」音旨，又丁禮反。坻與「㪤」通。「坻伏」謂隱伏也。

簡，閱也。

桓六年《左傳》云「大閱，簡車馬也」。

質，軀也。

質，地也。

《鄉射禮》記「天子熊侯白質，諸侯麋侯赤質」，鄭注云「白質、赤質皆謂采其地」。

慶，賀也。

祇，適也。

---

❶「昭」，原作「襄」，今據《左傳》改。

也，字從氏。
《小雅·我行其野》篇「亦祇以異」，毛傳云「祇，適也」。祇，音支，字從氏。各本作「祗」，非。祗音脂，敬也，字從氏。

蓋，黨也。

脰，饌也。

皆未詳。

喑，唶也。

《玉篇》「諳，大聲也」。《史記·淮陰侯傳》「項王喑噁叱咤」，《漢書》作「意烏猝嗟」，晉灼注云「意烏，恚怒聲也」。諳、喑、意古字通。《說文》「誯，大聲也」，或作「唶」。《史記·信陵君傳》「晉鄙嚄唶宿將」，《正義》引《聲類》云「嚄，大喚。唶，大呼」。《燕策》云「恣睢奮擊，呴籍叱咄」。《太玄·樂》次三云「嘄呱啞咋，號咷倚户」。咋、籍竝與「唶」同。《考工記·梟氏》「鍾侈則柞」，鄭注云「柞，讀爲『咋咋然』之咋，聲大外也」，義與「唶」亦相近。

噭，嘹也。

說見卷二「噭、嘹，鳴也」下。

軫，礙也。

說見卷一「軫、礙，至也」下。

腒，央也。

腒，字或作「渠」，又作「巨」，又作「遽」。卷一云「央，盡也」。卷四云「央，已也」。《小雅·庭燎》箋云「夜未央猶言夜未渠央也」，《釋文》引《説文》「央，已也」。古辭《相逢行》云「調絲未遽央」。左思《魏都賦》云「其夜未遽，庭燎晰晰」。《集韻》「巨，央也，通作腒」。諸書或言「未央」，或言「未遽」，或言「未遽央」，其義一也。卷三云「腒，久也」。《説文》「央，久也」。「久」謂之腒，亦謂之央，猶「已」謂之央，亦謂之腒矣。

非，違也。

《説文》「非，違也」。桓六年《左傳》云「謂其上下皆有嘉德而無違心也」。「違心」即非心。《玉藻》云「非辟之心」，是也。

貫，穿也。

偲，❶佞也。

《齊風·盧令》篇「其人美且偲」，❷毛傳云「偲，才也」。成十三年《左傳》「寡人不佞」，服虔注云「佞，才也」。

譀，誕也。

見下文「誇，譀也」下。

---

❶「偲」，原作「偲」，今據續四庫本改。

❷「且」，原作「伹」，今據《四部備要》本改。

廣雅疏證卷第五下

高郵王念孫學

釋言

霝，令也。

皆謂善也。《齊侯鎛鐘銘》「霝命難老」，即令命也。《微緜鼎銘》「永令音命。霝舟音終。」，即令終也。《䵼敦銘》「霝舟霝令」，即令終令命也。《盤庚》「弔由靈」，傳云「靈，善也」。《正義》以爲《爾雅·釋詁》文，今《爾雅》作「令」。《鄘風·定之方中》篇「靈雨既零」，鄭箋云「靈，善也」。《石鼓文》作「霝雨」。霝、靈、令，聲義竝同。互見卷一「靈，善也」下。令，各本譌作「今」。今訂正。

免，隤也。

未詳。

科，藆也。

說見卷三「科，本也」下。

毁，虧也。

誓，制也。

《爾雅》「誓，謹也」，郭璞注云「所以約勑謹戒衆」。《説文》「誓，約束也」。《釋名》「誓，制也，以拘制之也」。

各本譌作「制，誓也」，今訂正。

謂，指也。

指而言之曰謂。隱元年《公羊傳》云「王者孰謂，謂文王也」。

節，已也。

已猶止也。

居，據也。

《釋名》云「據，居也」。《晉語》「今不據其安」，韋昭注亦云。

據，杖也。

《説文》「據，杖持也」。《邶風·柏舟》篇云「不可以據」。

如，均也。

《堯典》云「如五器」。

子、已，似也。

未詳。

注。

此與下文義不相屬，當有脱文，不可考矣。

理，媒也。

《楚辭・離騷》云「吾令蹇脩以爲理」，又云「理弱而媒拙兮」。

滔，漫也。

《説文》「滔，水漫漫大皃」。《堯典》云「浩浩滔天」。《大雅・蕩》篇「天降滔德」，毛傳云「滔，慢也」。水漫曰滔，人慢曰滔，其義一也。故《釋名》云「慢，漫也，漫漫心無所限忌也」。

昃，跌也。

昃之言傾側，跌之言差跌也。《説文》「昃，日西也」，又云「厢，日在西方時側也」，引《離》九三「日厢之離」，今本作「昃」。王嗣宗本作「仄」，《士喪禮下》篇作「側」，《穀梁春秋經》作「稷」。竝字異而義同。《周官・司市》注云「日厢，昳中也」。《史記・天官書》「食至日昳爲稷」，《漢書・天文志》作「跌」。

妬，嫿也。

今俗語猶謂争色曰嫿，音若「酒酢」之酢。

娉，嫪也。

説見卷一「嫪、嫭，妬也」下。嫭與「娉」同。

祑，程也。

祑通作「秩」，又作「豑」。秩與「程」古聲義竝同。《説文》「程，品也」。又云「豑，爵之次弟也」，引《堯典》「平豑東作」。今本作「平秩」，《史記·五帝紀》作「便程」。《説文》「戜」從呈聲。「𢧢」從戜聲，讀若《詩》「𢧢𢧢大猷」，今本作「秩秩」。

膭，脂也。

説見《釋器》。

輸，寫也。

《小雅·蓼蕭》篇「我心寫兮」，毛傳云「輸寫其心也」。枚乘《七發》云「輸寫淟濁」。引之云：《周語》「陽氣俱烝，土膏其動，弗震弗渝，脈其滿眚」，渝當讀爲輸，謂輸寫其氣，使達於外也。《左氏春秋》隱六年「鄭人來渝平」，《公羊》《穀梁》作「輸平」，是渝、輸古字通。此言當土脈盛發之時，不即震動之、輸寫之，則其氣鬱而不出，必滿塞而爲災也。韋注訓「渝」爲變，於上下文義稍遠矣。

縣，抗也。

説見卷四「抗，縣也」下。

朔，穌也。

穌與「蘇」通。《説文》「朔，月一日始蘇也」。《白虎通義》云「月言朔何？朔之言蘇也，明消更生，故言朔也」。《論語·爲政》篇皇侃疏引《書大傳》云「夫正朔有三，本天有三統，明王者受命，各統一正也，朔者，蘇也，革也，言萬物革更於是，故統焉」。《爾雅》「朔，北方也」。《堯典》正義引李巡注云「萬物盡於北方，蘇而復生，故言朔也」。是凡言朔者，皆復蘇之義也。

遣，迱也。

遣、迱與錯、交通。

氾，普也。

氾，各本譌作「汜」，今訂正。

資，操也。

資與「齎」通。說見卷三「操、齎，持也」下。

緊，糾也。

說見卷一「緊、糾，急也」下。

款，叩也。

《呂氏春秋・愛士》篇「夜款門而謁」，高誘注云「款，叩也」。款與「欵」同。

佡，和也。

徇，營也。

《衆經音義》卷十七引《倉頡篇》云「殉，求也」。《莊子・駢拇》篇「小人則以身殉利」，司馬彪注云「殉，營也」。殉與「徇」通。《說文》「敻，營求也」。敻與「徇」古聲義亦同。《邶風・擊鼓》篇「于嗟洵兮」，《韓詩》

「洵」作「夐」，是其類矣。

民，泯也。

供，養也。

序，射也。

說見卷一「庠，養也」下。

侯，候也。

《春秋繁露·深察名號》篇云「號爲諸侯者，宜謹視所候，奉之天子也」。《王制》正義引《春秋元命包》云「侯者，候也，候王順逆也」。又《周官·小祝》「掌小祭祀將事，侯禳禱祠之祝號」，鄭注云「侯之言候也，候嘉慶祈福祥之屬」。

位，莅也。

莅或作「涖」。僖三年《穀梁傳》云「莅者，位也」。古者位、莅、立三字同聲而通用。《周官·鄉師》「執斧以涖匠師」，鄭注云「故書『涖』作『立』，鄭司農云『立』讀爲『涖』」。《小宗伯》「掌建國之神位」，注云「故書『位』作『立』，鄭司農云『立』讀爲『位』，古者立、位同字，古文《春秋經》『公即位』爲『公即立』」。《肆師》「用牲于社宗，則爲位」，注云故書「位」爲「涖」，杜子春云「涖」當爲「位」。各本「莅」下脱去「也」字，遂與下條相連。《孝經正義》引《廣雅》「位，莅也」。今據以補正。

禄，也。

「禄」下蓋脱「録」字。位、莅，禄、録皆取同聲之字爲訓。《周南・樛木》正義引《孝經援神契》云「禄者，録也，上所以敬録接下，下所以謹録事上」。《白虎通義》同。

要，約也。

逋，竄也。

劕，刟也。

説見卷一「刏、劕，斷也」下。刟與「刏」同。

御，侍也。

樘，距也。

《説文》「樘，衺柱也」，又云「牚，歫也」。牚、歫與樘、距同。《考工記・弓人》「維角牚之」，鄭衆注云「牚，讀如『牚距』之牚，『車牚』之牚」。司馬相如《長門賦》云「離樓梧而相樘」。《漢書・匈奴傳》云「陳遵與單于相牚距」。竝字異而義同。樘，各本譌作「摚」，自宋時本已然，故《集韻》《類篇》竝引《廣雅》「摚，距也」。考《説文》《玉篇》《廣韻》俱無「摚」字，今訂正。

礙，閡也。

礙與「閡」同聲而通用。《説文》「礙，止也」。《小爾雅》「閡，限也」。《列子・黃帝》篇云「雲霧不硋其視」，又云「物無得傷閡者」。《力命》篇云「孰能礙之」。《太玄・難》次六云「上輆于山，下觸于川」。竝字異而義同。

闌，閑也。❶

《説文》「闌，門遮也」。《楚語》「爲之關籥蕃籬而遠備閑之」，韋昭注云「閑，闌也」。闌通作「蘭」。《魏策》云「有河山以蘭之」，《史記·魏世家》作「闌」。

鐫，鑿也。

《方言》「鐫，椓也，晉趙謂之鐫」。《説文》「鐫，破木鐫也，一曰琢石也」。《淮南子·本經訓》「鐫山石」，高誘注云「鐫，猶鑿也，求金玉也」。《鹽鐵論·通有》篇云「鑽山石而求金銀」。鑽與「鐫」聲近義同。

水，準也。

《管子·水地》篇云「水者，萬物之準也」。《白虎通義》云「水之爲言準也，養物平均，有準則也」。水與「準」古同聲而通用。《考工記·輈人》「輈注則利準」，《栗氏》「權之然後準之」，故書「準」並作「水」。

睉，矇也。

《玉篇》「睉，目瞬也」。《廣韻》云「目眇視也」。《衆經音義》卷一引《通俗文》云「一目眨曰矇」。矇與「矇」同。

剿，夭也。

鄭注《王制》云「夭，斷殺也」。《説文》「剿，絶也」，引《甘誓》「天用剿絶其命」，今本作「剿」。《管子·五行》

---

❶ 「閑」，原作「閉」，今據續四庫本、中華本、《畿輔叢書》本、《四部備要》本改。

篇云「數剝竹箭」。《漢書・外戚傳》云「命操絶而不長」。竝字異而義同。

級，等也。

寃，枉也。

書，著也。

《説文》「書，著也」。《釋名》「書，庶也，紀庶物也，亦言著也，著之簡紙永不滅也」。《賈子・道德説》篇云「著此竹帛謂之書，書者，此之著者也」。

刌，切也。

切，膾也。

竝見卷一「劊、刌、切，斷也」下。劊與「膾」通。刌，各本譌作「刋」，今訂正。

委，累也。

各本皆作「委，闋也」。案：委與「闋」義不相近。此因「委」下脱去「累也」二字，而下文「闋」下又有脱字，遂誤合爲一條。《文選・赭白馬賦》注云「《廣雅》曰『委，累也』，言累加之也」。今據以補正。委之言委積也。《大戴禮・四代》篇云「委利生孽」。

闋，也。

《小雅・節南山》傳云「闋，息也」。《大射儀》注云「闋，止也」。《文王世子》注云「闋，終也」。

牽，挽也。

劇，利也。

說見卷二。

圓，劊也。

說見卷四「圓、劊，䵷也」下。

諟，是也。

《大學》引《大甲》「顧諟天之明命」，鄭注云「諟，猶正也」。《說文》「正，是也」。是、諟聲義竝同。

君，羣也。

《逸周書·太子晉解》云「侯能成羣謂之君」。《荀子·王制篇》云「君者善羣也，羣道得，則萬物皆得其宜，六畜皆得其長，羣生皆得其命」。《韓詩外傳》云「君者何也，曰羣也，羣天下萬物而除其害者謂之君」。

臣，繕也。

《白虎通義》云「臣者，繵也，堅也，屬志自堅固也」。繵與「繕」通。

愛，僾也。

說見卷一「翳，愛也」及卷二「薆，障也」下。愛、僾、薆竝通。

指，斥也。

诼，譖也。

說見卷二「詠、譖，諻也」下。

書，如也。

《書序》正義引《璿璣鈐》云「書者，如也，寫其言，如其意，情得展舒也」。

淩，暴也。

轔，轢也。

《說文》「轢，車所踐也」，又云「蹸，轢也」。《漢書·司馬相如傳》云「掩菟轔鹿」，又云「藺玄鶴，亂昆雞」，又云「徒車之所閵轢」。《王商傳》云「百姓奔走相蹂躪」。《後漢書·班固傳》云「蹂蹸其十二三」。竝字異而義同。

譃，謫也。

末，衰也。

《繫辭傳》云「殷之末世」。

擘，剖也。

憒，盈也。

說見卷一。

劇，判也。

說見卷一「判、劆，分也」下。

𩟗，嘰也。

𩟗，《説文》《玉篇》《廣韻》竝作「䭑」。《説文》「䭑，嘰也」，「嘰，小食也」。嘰，曹憲《音》「祈」。各本脱去「嘰」字，其《音》内「祈」字又誤入正文。《集韻》《類篇》竝引《廣雅》「䭑，祈也」，則宋時《廣雅》本已誤。案：諸書無訓「𩟗」爲祈者。《史記·司馬相如傳》「噍咀芝英兮嘰瓊華」，徐廣《音義》云「嘰音祈，小食也」，顔師古《漢書》注云「嘰音機，又音祈」。今據以訂正。

傃，經也。

傃與「素」通。素、經皆常也，法也。宣十一年《左傳》云「不愆于素」。《士喪禮》「獻素」，鄭注云「形法定爲素」。素與「索」古同聲，故「索」亦訓爲法。定四年《左傳》「疆以周索」，杜注云「索，法也」，《正義》引《考工記》量器銘「時文思索」。鄭注《考工記》云「言是文德之君，思求可以爲民立法者而作此量」。《鄘風·定之方中》箋引《考工記》「索」作「素」。

貢，功也。

《説文》「貢，獻功也」。《禹貢》「厥貢漆絲」，鄭注云「貢者，百功之府受而藏之」。《周官·大宰》「賦貢以馭其用」，注云「貢，功也，九職之功所税也」。《曲禮》「五官致貢曰享」，注云「貢，功也，致其歲終之功於王」。

踂，踦也。

未詳。

翹，尾也。

《説文》「翹，尾長毛也」。《楚辭・九歎》云「摇翹奮羽」。

懲，恐也。

《繫辭傳》云小人「不威不懲」，是「懲」爲恐也。字亦作「承」。哀四年《左傳》「諸大夫恐其又遷也，承」，杜預注云「承音懲，蓋楚言」。

書，記也。

掴，揤也。

未詳。

隑，陭也。

《方言》「隑，陭也」，郭璞注云「江南人呼梯爲隑，所以隑物而登者也，音剴切也」。案：隑、陭皆長貌也。《方言》「䠷，短也」，「隑，陭也」，「迒，長也」，三者文義相承。《廣雅》卷二云「隑，長也」，曹憲《音》「牛哀反」。《漢書・司馬相如傳》「臨曲江之隑州兮」，張注云「隑，長也」。陭，《玉篇》音於奇切。《説文》「陭，上黨陭氏阪也」。《小雅・節南山》篇「有實其猗」，毛傳云「猗，長也」。猗與「陭」通。《淮南子・本經訓》「積牒旋石以純脩碕」，《文選・吴都賦》注引許慎注云「碕，長邊也」。碕與「陭」亦聲近義同。

媵，託也。

説見卷三「媵、侂，寄也」下。侂與「託」同。

適，悟也。

《方言》「適，牾也」，郭璞注云「相觸迕也」。牾與「悟」通。《史記・韓非傳》云「大忠無所拂悟」，是也。適之言枝也，相枝梧也。枝、適語之轉。《小雅・我行其野》傳云「祇，適也」。祇之轉爲適，猶枝之轉爲適矣。

梗，略也。

《方言》「梗，略也」，郭璞注云「梗概大略也」。張衡《東京賦》「故粗謂賓言其梗槩如此」，薛綜注云「梗槩，不纖密，言粗舉大綱如此之言也」。

鐰，燥也。

卷二云「燥、鐰，乾也」。

姬，基也。

褚少孫續《三代世表》云「堯立后稷以爲大農，姓之曰姬氏，姬者，本也」。《太平御覽》引《春秋元命包》注云「姬之言基也」。

優，渥也。

讞，疑也。

疑之言擬議也。《説文》「讞，議辠也」。《漢書・景帝紀》云「諸獄疑，若雖文致於法而於人心不厭者，輒讞之」。讞與「讞」同。《漢書・鼂錯傳》「通關去塞，不孽諸侯」，如淳注云「孽，疑也，去關禁，明無疑於諸侯」。孽與「瀐」義亦相近。

掄，貫也。

《説文》「掄，貫也」。

囮，圝也。

囮、圝二字，曹憲竝音「由」。《玉篇》囮、圝竝余周、五戈二切，鳥媒也。《廣韻》囮、圝竝以周切，囮又五禾切。案：囮與「圝」義同而音異。囮從化聲，讀若譌。圝從䌛聲，讀若由。《廣雅》「囮，圝也」，則二字之不同音甚明。《玉篇》《廣韻》《廣雅音》合囮、圝爲一字，皆非也。《説文》「囮」字注云「譯也，從口、化聲，率鳥者繫生鳥以來之，名曰囮，讀若譌」，則囮與「圝」異音。其「圝」字注當云「囮也，從口、䌛聲」，而今本云「囮或從䌛」，則後人據《玉篇》改之也。潘岳《射雉賦》「恐吾游之晏起，慮原禽之罕至」，徐爰注云「游，雉媒名，江淮閒謂之游」。游即「圝」之借字，不得與「囮」同音。《龍龕手鑑》「圝」音由，「囮」五禾反，與《玉篇》《廣韻》異，當別有所本也。

齎，持也。

説見卷三。

彈，拼也。

《説文》「抨，彈也」。抨與「拼」同。《衆經音義》卷十四引仲長統《昌言》云「繩墨得拼彈」。

遺，亡也。

購，償也。

《説文》「購，以財有所求償也」。

捔，恭也。

未詳。

貴，尊也。

賤，卑也。

栔，缺也。

《史記·司馬相如傳》「挈三神之驩」，《集解》引韋昭云「挈，缺也」。《漢書·毋將隆傳》「契國威器」，李奇注云「契，缺也」。挈、契竝與「栔」通。

傅，敷也。

傅、敷古同聲而通用。《堯典》「敷奏以言」，《漢書·宣帝紀》作「傅」。《禹貢》「禹敷土」，《史記·夏本紀》作「傅」。

捔，掎也。

《説文》「掎，偏引也」。《小雅·小弁》篇「伐木掎矣」，毛傳云「伐木者掎其顛」。《豳風·七月》篇「猗彼女桑」，傳云「角而束之曰猗」，《正義》云「襄十四年《左傳》『譬如捕鹿，晉人角之，諸戎掎之』，則掎、角皆遮截束縛之名也，故云『角而束之曰猗』」。角、捔，猗、掎古通用。

孝，度也。

《孝經正義》引《援神契》云「諸侯行孝曰度，言奉天子之法度，得不危溢，是榮其先祖也」。

州，浮也。

膟，肥也。

説見《釋親》「膟，膂也」下。

椁，廓也。

椁，字亦作「槨」。鄭注《檀弓》云「椁，大也，言椁大於棺也」。《白虎通義》云「槨之爲言廓，所以開廓辟土，無令迫棺也」。《釋名》云「槨，廓也，廓落在表之言也」，又云「郭，廓也，廓落在城外也」。郭與「椁」亦同義。

陰，闇也。

《説文》「陰，闇也」。陰、闇古同聲而通用。《無逸》「乃或亮陰」，《喪服四制》作「諒闇」。

迪，蹈也。

迪、蹈古同聲。《皋陶謨》云「允迪厥德」。

儷，扶也。

《説文》「麗，旅行也」。字或作「儷」，又作「離」。《玉篇》云《字書》「儷」與「儷」同。《説文》「扶，竝行也，讀若『伴侶』之伴」。

并，兼也。

穰，豐也。

則，即也。

卑，庳也。

綢，縚也。

《爾雅》「素錦綢杠」，郭璞注云「以白地錦韜旗之竿」。《鄉射禮》記作「縚」。綢、縚、韜字異而義同。

跑，趵也。

《玉篇》「跑，蹴也」。《釋名》云「雹，跑也，其所中物皆摧折，如人所蹵跑也」。蹵與「蹴」同。《玉篇》「趵，足擊聲」。卷三云「𢷬，擊也」。張衡《西京賦》「流鏑㩧𢷬」，薛綜注云「㩧𢷬，中聲也」。㩧與「跑」、𢷬與「趵」，聲義竝相近。

妨，娉也。

説見卷三「娉、妨，害也」下。

𥜽，磔也。

《説文》「梟，到首也，賈侍中説『此斷首到縣梟字』」。亦通作「梟」。《説文》「梟，不孝鳥也，日至捕梟磔之，❶從鳥首在木上」，又云「桀，磔也，從舛在木上」。是磔與「梟」同義。

辟，法也。

《爾雅》「辟，法也」。《酒誥》云「越尹人祗辟」。

乍，暫也。

《墨子·兼愛》篇引《泰誓》云文王「若日若月，乍光于四方，于西土」。字亦作「咋」，又作「詐」。定八年《左傳》「桓子咋謂林楚」，杜預注云「咋，暫也」。僖三十三年《公羊傳》「詐戰不日」，❷何休注云「詐，卒也」。

墾，均也。

《夏小正》「農率均田」，傳云「均田者，始除田也」。鄭注《曲禮》云「除，治也」。卷三云「墾，治也」。《周語》云「土不備墾」。

僉，過也。

過之言過也，夥也。《方言》云「凡物盛而多，齊宋之郊楚魏之際曰夥，自關而西秦晉之閒凡人語而過謂之過，或曰僉」。又云「僉，勮也」，「僉，夥也」。勮亦過甚之意。

❶ 「梟磔」，原倒，今據《説文解字》乙正。
❷ 下「三」字，原作「二」，今據《春秋公羊傳》改。

俚，聊也。

聊猶賴也。《秦策》云「民無所聊」。餘見上文「俚，賴也」下。

豈，企也。

《易是類謀》「在主豈用」，鄭注云「豈，庶幾也」。又《文王世子》注引《孝經説》云「大夫勤於朝，州里豈於邑」，字或作「冀」，又作「覬」，竝同。

扳，援也。

隱元年《公羊傳》「諸大夫扳隱而立之」，何休注云「扳，引也」。義與「攀」同。

煨，火也。

煨，曹憲《音》「隈」。案：卷四云「煨，煴也」。然則煨者，以火温物，不得直訓爲火。煨當爲「煤」字之誤也。《方言》「煤，火也，楚轉語也，猶齊言火焜也」，郭璞注「煤」呼隗反。《玉篇》《廣韻》及《汝墳》釋文竝同。

遺，離也。

説見卷三。

浮，游也。

涑，澣也。

涑，字或作「漱」。澣本作「𤄊」。《説文》「涑，𤄊也」。《内則》「冠帶垢，和灰請漱，衣裳垢，和灰請澣」，鄭注云「手曰漱，足曰澣」，《正義》云「此漱、澣對文爲例耳，散則通也」。

栔，刻也。

《説文》「栔，刻也」。《玉篇》苦結切。《廣韻》又苦計切。《爾雅》「契，絶也」，郭璞注云「今江東呼刻斷物爲契斷」。《繫辭傳》「後世聖人易之以書契」，《書序》正義引鄭注云「書之於木，刻其側爲契」。定九年《左傳》「盡借邑人之車，鍥其軸」，杜預注云「鍥，刻也」。《荀子・勸學篇》「鍥而舍之，朽木不折」，《大戴禮》作「楔」。《淮南子・本經訓》「鐫山石，鍥金玉」。竝字異而義同。「刻」謂之鍥，故「刻薄」謂之鍥薄。《後漢書・劉陶傳》「寬鍥薄之禁」，李賢注云「鍥，刻也」。

劚，削也。

《玉篇》「劚，減也，削也」。《説文》「削，挑取也」。卷四云「削，剜也」。

牟，倍也。

《楚辭・招魂》「成梟而牟，呼五白些」，王逸注云「倍勝爲牟」。《淮南子・詮言訓》「善博者不欲牟」，《太平御覽》引注云「博以不傷爲牟，牟，大也，進也」。義與《楚辭》注同。倍勝謂之牟，猶多取利謂之牟利，故高誘注《時則訓》云「牟，多也」。

刲，刳也。

説見卷三「刲、刳，屠也」下。

刓，抅也。

卷二云「刯，裂也」。《玉篇》「刯，丁侯切，小裂也」。《廣韻》云「刯剫，小穿也」。㪲亦「刲」也。《玉篇》《廣韻》竝音圭，云「裂也」。

謯，諑也。

《説文》「謯，謯娽也」。娽與「諑」通。謯，各本譌作「謯」，今訂正。

期，卒也。

期之言極也。《小雅·南山有臺》篇云「萬壽無期」，「萬壽無疆」。《魯頌·駉》篇云「思無疆」，「思無期」。百年曰期，義亦同也。

許，與也。

末，垂也。

踐，蹐也。

《曲禮》云「毋蹐席」。蹐與「蹐」同。

酌，漱也。

未詳。

歕，潠也。

歕，字亦作「噴」，又作「湓」。《衆經音義》卷二十引《三倉》云「潠，噴也」，又引《通俗文》云「含水湓曰潠」。《莊子·秋水》篇云「噴則大者如珠，小者如霧」。《易林·噬嗑之兑》云「蒼龍銜水，泉潠屋柱」。各本皆脱

「歎」字。《衆經音義》卷十九引《廣雅》「歎，潠也」。今據以補正。

調，啁也。

說見卷四「啁，調也」下。

譜，牒也。

蘇林注《漢書・禮樂志》云「牒，譜第之也」。

齋，慄也。

《孟子・萬章》篇引《書》「夔夔齋栗」。《史記・周本紀》「乃告司馬司徒司空諸節『齊栗信哉』」。齋、齊，慄、栗竝通。

狄，辟也。

災，甾也。

《爾雅》「田一歲曰菑」，孫炎注云「始災殺其草木也」。《說文》「菑」古文作「甾」。是甾與「災」同義，故經傳「災」字多借作「菑」。

恭，肅也。

泄，泆也。

泆與「溢」通。《禹貢》云「泆爲熒」。《中庸》云「振河海而不泄」。是「泄」爲溢也。泆，各本譌作「洙」。《衆經音義》卷八、卷十八、二十五竝引《廣雅》「泄，溢也」，「泄，漏也」。今據以訂正。

泄，漏也。

固，陋也。

臺，支也。

《方言》「臺，支也」。《釋名》「臺，持也，築土堅高，能自勝持也」。持與「支」同義。

表，特也。

《楚辭・九歌》「表獨立兮山之上」，王逸注云「表，特也」。

誇，譀也。

《説文》「譀，誕也」，「誇，譀也」。《廣韻》引《東觀漢記》云「雖誇譀猶令人熱」。褚少孫續《日者傳》「夫卜者多言誇嚴以得人情」。嚴與「譀」通。譀，各本譌作「諏」，今訂正。

氏，牴也。

氏讀「氐羌」之氐。《太平御覽》引《風俗通義》云「氐言抵冒貪饕，至死好利也」。抵與「牴」通。

廟，皃也。

皃與「貌」同。《書大傳》云「廟者，貌也，以其貌言之也」。桓二年《左傳》正義引《白虎通義》云「宗者，尊也，廟者，貌也，象先祖之尊貌」。桓二年《公羊傳》注云「廟之爲言貌也，思想儀貌而事之」。《周頌・清廟》箋云「廟之言貌也，死者精神不可得而見，但以生時之居立宫室，象貌爲之耳」。

貳，汙也。

貳當作「膩」。《玉篇》「膩，垢膩也」。曹憲《音》有「女史」二字，即「女吏」之譌。

貳，然也。

未詳。

齊，整也。

慄，戰也。

條，枝也。

抇，掘也。

說見卷三「掘、抇，穿也」下。

殃，禍也。

數，術也。

劣，鄙也。

鈔，掠也。

葸，慎也。

葸，各本譌作「葱」，惟影宋本、皇甫本不譌。《論語·泰伯》篇「慎而無禮則葸」，何晏注云「葸，畏懼之貌」。《大戴禮·曾子立事》篇云「人言善而色葸焉，近於不説其言」。《荀子·議兵篇》「諰諰然常恐天下之一合而軋己也」，《漢書·刑法志》作「鰓」，蘇林注云「鰓音『愼而無禮則葸』之葸，鰓鰓，懼貌也」。王延壽《魯靈光殿賦》云「心猦猦而發悸」。竝字異而義同。卷四云「愼，恐也」。

姤，遇也。

《姤》彖傳文也。《爾雅》作「遘」，同。

律，率也。

《太平御覽》引《春秋元命包》云「律之爲言率也，所以率氣令達也」，又引宋均注云「率猶遵也」。《續漢書·律曆志》注引《月令章句》云「律者，清濁之率法也」。《周官·典同》注云「律，述氣者也」。述與「率」通。《中庸》「上律天時」，注亦云「律，述也」。

憤，情也。

《繫辭傳》「聖人有以見天下之賾」，京房作「嘖」，云「嘖，情也」。《太玄·玄瑩》云「陰陽所以抽嘖也」，「嘖，情也」。賾、嘖竝與「憤」通。

筡，析也。

說見卷一「析、筡，分也」下。析，各本譌作「折」，今訂正。

菽，葆也。

菽之言茂，葆之言苞也。《爾雅》云「苞、茂，豐也」，又云「苞，稹也」，孫炎注云「物叢生曰苞」。《漢書·武五子傳》「頭如蓬葆」，顏師古注云「草叢生曰葆」。《呂氏春秋·審時》篇云「得時之稻，大本而莖葆」。《說文》「葆，草盛皃」，又云「菽，細草叢生也」。《漢書·律曆志》「冒茆於卯」，❶顔師古注云「茆謂叢生也」。茆與「菽」通。互見《釋訓》「菽菽、葆葆，茂也」下。

誕，訑也。

《玉篇》「誕，詭言也」。《方言》云「江湘之閒，凡小兒多詐而獪謂之婩，婩，娗也」，又云「眠娗，欺謾之語也」。娗與「誕」通。《説文》「沇州謂欺曰詑」。《燕策》云「寡人甚不喜訑者言也」。訑與「詑」同。

憯，毒也。

《説文》「憯，毒也」。《莊子·庚桑楚》篇云「兵莫憯于志，鏌鎁爲下」。《漢書·陳湯傳》云「憯毒行於民」。《谷永傳》云「搒箠瘠於炮烙」。竝字異而義同。

韙，是也。

隱十一年《左傳》「犯五不韙而以伐人」，《釋文》引《倉頡篇》云「韙，是也」。昭二十年《傳》云「君子韙之」。薛綜注《東京賦》云「韙，善也」。「善」亦是也。《史記·宋世家》「五是來備」，《後漢書·荀爽傳》作「五韙」，皆謂善也。《説文》「韙」籀文作「愇」。《管子·水地》篇云「水者，違非得失之質也」。違亦與「韙」同。

扼，摘也。

《玉篇》「扼，乃果切，扼，摘，趙魏云也」。《集韻》云「趙魏之閒謂摘爲捰扼」。捰音烏果切。

❶ 「卯」，原作「茆」，今據續四庫本改。

蔿，譌也。

譌猶化也。説見卷三「蔿，匕也」下。匕與「化」通。

𤜣，樊也。

𤜣與「攣」同義。樊與「攀」同義。《説文》「𤜣，樊也」，「樊，鷙不行也」。《玉篇》「𤜣，力全切，攣𤜣也」。《説文》「攣，係也」。《小畜》九五「有孚攣如」，馬融注云「攣，連也」。𤜣，各本譌作「孌」，今訂正。

善，佳也。

纔，暫也。

粲，鮮也。

《小雅·伐木》篇「於粲洒埽」，毛傳云「粲，鮮明貌」。

絽，緊也。

説見卷二「絽、緊，絣也」下。

期，時也。

晐，包也。

晐與「該」通。

箋，云也。

未詳。

葉，世也。

《商頌·長發》篇「昔在中葉」，毛傳云「葉，世也」。

曾，是也。

未詳。

視，比也。

《雜記》「妻視叔父母」，鄭注云「視猶比也」。

執，脅也。

執與「慴」通。脅與「愶」通。説見卷四「愶，怯也」及下文「慴，服也」下。

譏，譴也。

譏通作「幾」。《周官·宫正》「幾其出入」，鄭注云「幾呵其衣服、持操及疏數者」。《衆經音義》卷三引《倉頡篇》云「譴，呵也」。

諭，曉也。

彖，挩也。

《説文》「彖，豕走挩也」。挩與「脱」通。脱、彖聲相近。彖猶「遯」也。遯或作「遂」。《漢書·匈奴傳》贊「遂逃竄伏」，字從辵、彖聲。彖、遯聲亦相近。

䠟，蹲也。

說見卷三「蹲、䠟，踞也」下。

諳，諷也。

鄭注《大司樂》云「倍文曰諷」，又注《瞽矇》云「諷誦詩，謂闇讀之，不依詠也」。闇與「諳」同。

贈，稱也。

《太平御覽》引《春秋説題辭》云「贈之爲言稱也，襚之爲言遺也」。

甲，押也。

《史記·律書》云「甲者，言萬物剖符甲而出也」，《索隱》云「符甲猶孚甲也」。《漢書·律曆志》云「出甲於甲」。《説文》「甲，位東方之孟，陽氣萌動，從木戴孚甲之象」。卷四云「押，輔也」。然則萬物初出，有孚甲以自輔，故云「押」也。

乙，軋也。

《律書》云「乙者，言萬物生軋軋也」。《律曆志》云「奮軋於乙」。《説文》「乙，象春草木冤曲而出，陰氣尚彊，其出乙乙也」。

丙，炳也。

《律書》云「丙者，言陽道著明」。《律曆志》云「明炳於丙」。《説文》「丙，位南方，萬物成炳然」。

癸，揆也。

《律書》云「癸之爲言揆也，言萬物可揆度也」。《律曆志》云「陳揆於癸」。鄭注《月令》云「壬之言任也，癸之言揆也，冬時萬物皆懷任於下，揆然萌芽」。以上所釋「十榦」名義，凡四條。其「庚，更也」，已見卷三。「丁，强也」，已見卷四。「戊，茂也」，「己，紀也」，「壬，任也」，已見本卷。惟缺「辛」字一條，蓋傳寫遺脱也。《律曆志》云「悉新於辛」。《月令》注云「庚之言更也，辛之言新也，秋時萬物皆肅然改更，秀實新成」。

子，孳也。

《律書》云「子者，滋也，言萬物滋於下也」。《律曆志》云「孳萌於子」。《説文》「子，十一月陽氣動，萬物滋」。滋與「孳」通。

丑，紐也。

《律書》云「丑者，紐也，言陽氣在上未降，萬物厄紐未敢出也」。《律曆志》云「紐牙於丑」。《釋名》云「丑，紐也，寒氣自屈紐也」。

寅，演也。

《律書》云「寅者，言萬物始生螾然也」。《律曆志》云「引達於寅」。《釋名》云「寅，演也，演生物也」。演、螾、引古竝同聲。

辰，振也。

《律書》云「辰者，言萬物之蜄也」。《律曆志》云「振美於辰」。《説文》「辰，震也，三月陽氣動，靁電振，民農時也」。振、震、蜄竝通。

巳，以也。

《律書》云「巳者，言陽氣之已盡也」。《律曆志》云「已盛於巳」。《説文》「巳，已也，四月陽氣已出，陰氣已臧，萬物見，成文章」。巳與「以」同。

午，仵也。

《律書》云「午者，陰陽交午」。《律曆志》云「咢布於午」。《説文》「午，啎也，五月陰氣啎逆陽，冒地而出也」。仵、啎、咢古竝同聲。

未，味也。

《律書》云「未者，言萬物皆成，有滋味也」。

亥，荄也。

各本誤在「息，休也」之下，今訂正。《説文》「亥，荄也，十月微陽起接盛陰」。以上所釋「十二枝」名義，凡八條。其「酉，就也」，已見卷三。「申，伸也」，已見卷四。惟缺卯、戌二條。《律書》云「卯之爲言茂也，言萬物茂也」，「戌者，言萬物盡滅」。《律曆志》云「冒茆於卯」，「畢入於戌」。《説文》「卯，冒也，二月萬物冒地而出」，「戌，滅也，九月陽氣微，萬物畢臧」。

息，休也。

仔，克也。

《爾雅》「肩、堪，克也」。《説文》「仔，克也」。《周頌·敬之》篇「佛時仔肩」，毛傳云「仔肩，克也」，鄭箋云

「仔肩，任也」。「任」亦堪也。

㒈，引也。

諸書無訓「㒈」爲引者。㒈當作「㒈」，字之誤也。《說文》「㒈，引爲賈也」。《玉篇》音於建切。《後漢書·崔寔傳》「悔不小靳，可至千萬」，「靳」或作「㒈」。字又作「贗」，《玉篇》「贗，物相當也」，《廣韻》「贗，引與爲價也」。案：引爲價，謂引此物以爲彼物之價，即相當之意也。引、㒈語之轉耳。上文云「仔，克也」，下文云「僐，態也」「侍，承也」「儆，戒也」「佼，交也」「傲，倨也」「側，旁也」，皆出《說文》人部。「㒈」亦是也。

僐，態也。

僐之言善也。《說文》「僐，作姿態也」。

侍，承也。

儆，戒也。

佼，交也。

傲，倨也。

側，旁也。

寥，想也。

寱，經傳通作「夢」。《列子·周穆王》篇云「神遇爲夢」。

逆，逪也。

逪通作「錯」。卷三云「逆，亂也」。「亂」亦錯也。

㾓，疣也。

註，疏也。

說見卷二「註、疏，識也」下。

詅，衒也。

說見卷三「衒、詅，賣也」下。衒與「衒」同。

皋，局也。

局之言曲也。《小雅·正月》篇「不敢不局」，毛傳云「局，曲也」。《鶴鳴》篇「鶴鳴于九皋」，《韓詩》云「九皋，九折之澤」。王逸注《離騷》云「澤曲曰皋」。是皋、局皆曲也。皋爲「曲局」之局，又爲「界局」之局。《文選·西京賦》「寔惟地之奧區神皋」，李善注云「《廣雅》曰『皋，局也』，謂神明之界局也」。

歷，逢也。

王逸《離騷》注文。

㔓，帀也。

《說文》「㔓，帀也」。字通作「合」。《王制》云「天子不合圍」。

㾊，匿也。

《論語·爲政》篇「人焉廋哉」，孔傳云「廋，匿也」。互見卷四「廋，隱也」下。

譩，䜆也。

《衆經音義》卷十四引《三倉》云「譩，詤言也」。《說文》「譩，𧬄言不慧也」，「䜆，瞑言也」。《列子·周穆王》篇云「眠中啽囈呻呼」。瞑、眠，䜆、囈竝同。

慌，𧬄也。

《說文》「詤，𧬄言也」，義與「慌」同。下文云「詤，忽也」。

鹹，銜也。

《說文》「鹹，銜也」。

礙，距也。

《說文》「礙，止也」，「岠，止也」。岠與「距」通。

科，品也。

《說文》「科，程也」，「程，品也」。

搪，揬也。

說見卷四。

嬈，苛也。

說見卷二「嫽、誂、透、揥，嬈也」下。

媟，嬻也。

經傳通用褻、瀆。

痔，痤也。

説見卷二「矬、痔，短也」下。矬與「痤」通。

鉗，鉆也。

鉗，各本譌作「鋷」，今訂正。《説文》「鉆，鐵鉗也」，「鉗，鉆也」，徐鍇《傳》云「鉗，猶籋也」。《説文》「籋，箝也」。《釋名》云「鑷，攝也，攝取髮也」。鉗、籋、鑷竝同義。箝與「鉆」亦同義。字又作「鍼」。《周官·典同》注「鍇」讀爲「飛鉆涅鍇」之鍇。《鬼谷子》作「飛箝」，陶弘景注云「箝謂牽持緘束，令不得脱也」。《射鳥氏》注「并夾，鍼箭具」，《釋文》引沈重云「鍼」或作「鉆」。《後漢書·陳寵傳》「絶鉆鑽諸慘酷之科」，李賢注引《倉頡篇》云「鉆，持也」，又引《説文》「鉆，鐵鉗也」。卷三云「拈、掤，持也」。拈與「鉆」，掤與「鉗」，亦聲近而義同。

嫜，榷也。

説見《釋訓》「嫜榷，都凡也」下。

軍，圍也。

《説文》「軍，圜圍也」。《吕氏春秋·明理》篇「其日有暈珥」，高誘注云「暈，讀如『君國子民』之君，氣圍繞日周帀，有似軍營相圍守，故曰暈也」。《淮南子·覽冥訓》「畫隨灰而月運闕」，高注云「運讀『連圍』之圍，運者，軍也，將有軍事相圍守，則月運出也」。軍、運、圍古聲竝相近。

賈，固也。

《白虎通義》云「賈之爲言固也，固其有用之物，以待民來，以求其利者也」。

柰，那也。

那，各本譌作「鄃」，今訂正。宣二年《左傳》「棄甲則那」，言棄甲則柰何也。柰何二字，單言之則曰柰。揚雄《廷尉箴》云「惟虐惟殺，人莫予柰」，是也。那爲「柰何」而又爲「柰」，若諸爲「之於」而又爲「之」矣。

甚，勮也。

猥，頓也。

頓猶「突」也。《月令》「寒氣總至」，鄭注云「總，猶猥卒也」。卒與「猝」同。猥、猝皆頓也。成十八年《公羊傳》疏引《春秋説》云「厲公猥殺四大夫」，言頓殺四大夫也。《漢書·文三王傳》「何故猥自發舒」，言頓自發舒也。馬融《長笛賦》「山水猥至」，言頓至也。

瞀，窺也。

説見卷一「窺、瞀，視也」下。瞀，各本譌作「脊」，❶今訂正。

---

❶「脊」，原作「瞀」，今據《博雅音》注文改。

時，伺也。

說見卷一「覶、覗，視也」下。覶、時，覗、伺竝通。

詤，忽也。

《老子》云「無狀之狀，無象之象，是謂忽怳」。怳與「詤」通。

僦，賃也。

《史記·平準書》索隱引《通俗文》云「雇載曰僦」。《商子·墾令》篇云「令送糧無取僦」。

捕，搏也。

牒，宨也。

未詳。

圿，垢也。

《西山經》「錢來之山，其下多洗石」，郭璞注云「澡洗可以磢體去垢圿」。

山，宣也。

《藝文類聚》引《春秋說題辭》云「山之爲言宣也，含澤布氣，調五神也」。《說文》「山，宣也，宣氣散生萬物」。

麥，麵也。

䵷，各本譌作「梩」。《説文》「麥，芒穀秋種厚薶，故謂之麥」，今據以訂正。

嗟，咄也。

嗟之言叱也。《廣韻》「嗟咄，叱呵也」。《燕策》云「呴籍叱咄」。

春，蠢也。

《鄉飲酒義》「春之爲言蠢也，産萬物者聖也」，鄭注云「蠢，動生之貌也，聖之言生也」。《漢書・律曆志》云「春，蠢也，物蠢生，迺動運」。《春秋繁露・陽尊陰卑》篇云「春之爲言猶偆偆也，喜樂之貌也」。偆與「蠢」通。《書大傳》云「春，出也，物之出也」。出與「蠢」亦同義，故《考工記・梓人》注云「蠢，出也」。

夏，㪡也。

《鄉飲酒義》「夏之爲言假也，養之長之假之，仁也」，鄭注云「假，大也」。《書大傳》云「夏者，假也，吁荼萬物而養之外也」。《律曆志》云「夏，假也，物假大，迺宣平」。假與「㪡」通。

胯，奎也。

胯通作「跨」。《爾雅》「驪馬白跨，驈」，《釋文》引《倉頡篇》云「跨，兩股閒也」。《説文》「胯，股也」，又云「奎，兩髀之閒也」。《莊子・徐無鬼》篇「奎蹏曲隈」，向秀注云「股閒也」。《説文》「跨，渡也」。《方言》「半步爲跬」。「跬」亦跨也。跨與「胯」、跬與「奎」聲相近，皆中空之意也。互見卷三「刲、刳，屠也」下。

鈋，刓也。

《説文》「鈋，鈋圜也」，「刓，剸也，一曰齊也」。《楚辭・九章》「刓方以爲圜兮」，王逸注云「刓，削也」。《莊子·齊物論》篇「五者园而幾向方矣」，司馬彪注云「园，圓削也」。《漢書·食貨志》「百姓抏敝以巧法」，顔師古注云「抏，訛也，謂摧挫也」。《韓信傳》「刻印刓」，蘇林注云「刓音『刓角』之刓，手弄角訛也」。《酈食其傳》「刓」作「玩」。《淮南子·泰族訓》云「摩而不玩」。訛與「鈋」通。园、抏、玩竝與「刓」通。

薄，附也。

薄之言傅也，迫也。《説卦傳》「雷風相薄」，陸績注云「相附薄也」。《楚辭·九章》「腥臊竝御，芳不得薄兮」，王逸注云「薄，附也」。

蘖，菑也。

謂萌蘖也。説見《釋草》「甾，孽也」下。甾、菑，孽、蘖竝通。或讀「菑」爲「災害」之災，則「蘖」爲「天作孽」之孽，亦通。

楊，揚也。

楊當作「陽」。《釋名》云「陽，揚也，氣在外發揚也」。

月，闕也。

《月令》正義引《春秋元命包》云「月之爲言闕也」。《説文》「月，闕也，十五稍減，故曰闕也，太陰之精，象形」。

尯，劵也。

將，扶也。

捖，擬也。

說見卷四。

昌，光也。

《說文》「昌，日光也」。

諱，訾也。

說見卷二「諱、訾，諓也」下。

𠜾，𠞊也。

《玉篇》「𠜾，直破也」。《管子·五輔》篇「博帶棃」，尹知章注云「棃，割也」。《淮南子·齊俗訓》云「伐楩枏豫章而剖棃之」。《文選·長楊賦》「分剺單于」，李善注引韋昭曰「剺，割也」。剺、棃並與「𠜾」同。《説文》「𠞊，剥也，劃也」。

瘛，瘲也。

《說文》「瘛，小兒瘛瘲病也」。《漢書·藝文志》有《金創瘛瘲方》。《素問·診要經終論》云「太陽之脈，其終也，戴眼反折瘈瘲」。《潛夫論·貴忠》篇云「哺乳太多，則必掣縱而生癇」。並字異而義同。瘛之言掣，瘲之言縱也。《說文》云「引而縱曰𤸷」。𤸷與「掣」同。

品，式也。

說見卷四。

似，若也。

嗺，茹也。

嗺與「嚼」同。《方言》云「茹，食也」。

諑，訴也。

説見卷二「諑、訴，諻也」下。

懾，服也。

服，各本譌作「般」，今訂正。《説文》「懾，服也」。《秦策》云「趙楚懾服」。《史記·項羽紀》「諸將皆慴服」，《漢書》作「讋服」，《陳咸傳》作「執服」，《朱博傳》作「慹服」。竝字異而義同。

嬾，懈也。

欥，歖也。

《説文》「欥，笑意也」。嵇康《琴賦》云「欥愉懽釋」。《玉篇》「歖，笑意也」。

打，棓也。

棓之言掊擊也。《秦策》云「句踐終棓而殺之」。打，見卷三「打，擊也」下。

掣，䃺也。

《玉篇》「掣，研破也」。研與「䃺」同。《説文》「䃺，摩也」。

辢，辛也。

説見卷二「瘌，痛也」下。❶

怜，綴也。

未詳。

㔸，共也。

㔸通作「靡」。《中孚》九二「我有好爵，吾與爾靡之」，《釋文》「靡，《韓詩》云『共也』，孟同」，《集解》引虞翻注亦同。

竅，孔也。

㾢，癘也。

《玉篇》「㾢，力代切，惡病也」，又云「癘，《説文》力大切，惡病也」。《月令》云「民多疥癘」。《韓非子·姦劫殺臣》篇云「厲人憐王」。今俗作「癩」。竝字異而義同。

費，秏也。

新，初也。

❶「二」，原作「三」，今據《廣雅疏證》卷二原文改。

抾，挹也。

《玉篇》「抾，兩手挹也」。《漢書·揚雄傳》「抾靈蠵」，韋昭注云「抾，捧也」。

窅，窖也。

説見卷四「窖，藏也」及卷七「窅，窟也」下。各本譌作「窖，窅也」。《廣韻》《集韻》《類篇》竝引《廣雅》「窅，窖也」。今據以訂正。

躄，癃也。

《説文》「躄，人不能行也」，「癃，罷病也」。足不能行，故謂之癃病。《史記·平原君傳》躄者曰「臣不幸有罷癃之病」，是也。癃、㾖，躄、躃竝同。

惠，賜也。

瘦，瘇也。

《方言》「瘦，病也，東齊海岱之閒曰瘦，秦曰湛」，郭璞注云「瘦，謂勞復也」。《廣韻》引《音譜》云「瘦，病重發也」。《玉篇》「瘇，復病也」。瘦、復，瘇、湛竝通。《傷寒論》有大病差後勞復治法。

訵，謂也。

曹憲云有本作「只，詞也」。《集韻》《類篇》引此作「訵，調也」。皆未知其審。

匪，彼也。

《小雅·小旻》篇「如匪行邁謀，是用不得于道」，鄭箋云「匪，非也，君臣之謀事如此，與不行而坐圖遠近，是於道路無進於跬步，何以異乎」。襄八年《左傳》子駟引《詩》云云，杜預注云「匪，彼也，行邁謀，謀於路人也，不得于道，衆無適從也」。顧氏寧人《杜解補正》云：案《詩》上文云「謀夫孔多，是用不集，發言盈庭，誰敢執其咎」，則杜解爲長。古人或以匪、彼通用。二十七年引《詩》「彼交匪敖」作「匪交匪敖」。惠氏定宇《毛詩古義》云：案：此必三家《詩》有作「彼」者，故杜據「彼」爲說。《雨無正》云「如彼行邁」，其意略同。又《漢書》引《桑扈》詩亦作「匪」。《荀子・勸學篇》引《采菽》詩「匪交匪舒」，今《詩》上「匪」字作「彼」。或古匪、彼通用，如顧說也。念孫案：《小旻》三章云「如匪行邁謀，是用不得于道」，四章云「如彼築室于道謀，是用不潰於成」，語意正相同。則「匪」即彼也，是以《廣雅》及杜注皆訓「匪」爲彼。《詩》中「匪」字，多有作「彼」字用者。《鄘風・定之方中》篇「匪直也人，秉心塞淵」，猶言「彼直也人，秉心塞淵」也。《檜風・匪風》篇「匪風發兮，匪車偈兮」，猶言「彼風發兮，彼車偈兮」也。《小雅・四月》篇「匪鶉匪鳶，翰飛戾天，匪鱣匪鮪，潛逃于淵」，言彼鶉彼鳶，則翰飛戾天，彼鱣彼鮪，則潛逃于淵，而我獨無所逃於禍患之中也。猶上文云「相彼泉水，載清載濁，我日構禍，曷云能穀」也。《何草不黃》篇「匪兕匪虎，率彼曠野，哀我征夫，朝夕不暇」，言彼兕彼虎，則率彼曠野矣，哀我征夫，何亦朝夕於野而不暇乎。猶下文云「有芃者狐，率彼幽草，有棧之車，行彼周道」也。《都人士》篇「匪伊垂之，帶則有餘，匪伊卷之，髮則有旟」，言彼帶之垂則有餘，彼髮之卷則有旟也。猶上文言「彼都人士，垂帶而厲，彼君子女，卷髮如蠆」也。說者皆訓「匪」爲非，失之。

杘，柄也。

説見《釋器》。

駑，駘也。

餕，餉也。

《廣韻》「餕，噎聲也」。《説文》「噎，飯窒也」。噎與「餉」同。餕、餉二字竝從「飤」，隸體小異耳。

寢，偃也。

射，繹也。

《射義》云「射之爲言者繹也」，「繹者，各繹己之志也」。

脰，錯也。

未詳。

辯，變也。

王逸注《九辯》云「辯者，變也，謂敶道德以變説君也」。

拊，抵也。

王逸注《九歌》云「拊，擊也」。《堯典》云「予擊石拊石」。拊，各本譌作「柎」，今訂正。抵，各本譌作「抵」。案：《説文》「抵，擠也，從手、氐聲」。《玉篇》音多禮切。《説文》「抵，側擊也，從手、氏聲」。《玉篇》音之是切，引《秦策》「抵掌而言」。《説文》又云「抧，開也，從手、只聲，讀若『抵掌』之抵」。《廣雅》卷三云「拊，擊也」。此云「拊，抵也」。曹憲《音》「紙」，則其字當從氏。今據以訂正。《史記・滑稽傳》「抵掌談語」，《集解》亦引《秦策》「抵掌而言」。《漢書·杜周傳》贊「業因勢而抵陒」，服虔注云「抵，音紙」，顏師古注云「抵，擊也」。《朱博傳》「奮髯抵几」，顏師古注云「抵，擊也，音紙」。《揚雄傳·解嘲》「界涇陽，抵穰侯而代之」，蘇林注云「抵，音紙」。《文選》注引《説文》「抵，側擊也」。《後漢書·隗囂傳》「人人抵掌」，李賢注引《説文》「抵，側擊也」，又引《趙策》「蘇秦與李兑抵掌而談」。張衡《東京賦》「抵璧於谷」，李善注引《説文》「抵，側擊也」。左思《蜀都賦》「抵腕抵掌」，劉逵注亦引《秦策》「抵掌而言」。抵掌猶言拊掌，故《廣雅》云「拊，抵也」。抵與「抵」聲義各別。漢《冀州從事張表碑》「抵拂頑詾」，字從氏，不從氐，是其證也。而今本《戰國策》《史記》《漢書》《後漢書》《文選》皆譌作「抵」，世人多見「抵」，少見「抵」，遂莫有能正其失者矣。

約，儉也。

咀，嚾也。

抒，渫也。

《楚辭·九章》「發憤以抒情」，王逸注云「抒，渫也」。

效，驗也。

效，各本譌作「驗」。《文選·閒居賦》、《演連珠》注竝引《廣雅》「效，驗也」。今據以訂正。

觡，角也。

觡之言格，角之言觸也。《方言》「鉤，宋楚陳魏之閒謂之鹿觡，或謂之鉤格」，郭璞注云「或呼鹿角」。《説文》「觡，骨角之名也」。《樂記》「角觡生」，鄭注云「無鰓曰觡」。《説文》「鰓，角中骨也」。《東山經》「其神狀皆獸身人面戴觡」，郭璞注云「麋鹿角曰觡」。《淮南子·主術訓》「桀之力别觡伸鉤」，《漢書·司馬相如傳》「犧雙觡共柢之獸」，服虔、高誘注竝云「觡，角也」。各本譌作「角，觡也」，今訂正。

剾，攻也。

說見《釋獸》「剾、攻，犓也」下。

敓，慘也。

說見卷三「惕、敓，戲也」下。惕與「慘」通。

維，隅也。

高誘注《淮南子·天文訓》云「四角爲維」。

衄，縮也。

謂退縮也。《釋名》云「辱，衄也，言折衄也」。《方言》「忸怩，慙踧也」。《説文》「朔而月見東方謂之縮肭」。衄、忸、肭竝音女六反，義相近也。

噞，喁也。

《説文》「喁，魚口上見也」。《集韻》引《字林》云「噞喁，魚口出水皃」。《韓詩外傳》云「水濁則魚喁」。《淮南子·主術訓》「水濁則魚噞」，高誘注云「魚短氣出口於水，喘息之喻也」。馬融《長笛賦》云「鱏魚喁於水裔」。左思《吴都賦》「噞喁沈浮」，劉逵注云「噞喁，魚在水中羣出動口皃」。

攘，摳也。

說見卷一「摳、搴，舉也」下。搴與「攓」同。

崽，子也。

《方言》「崽者，子也，湘沅之會凡言是子者謂之崽，若東齊言子矣」，郭璞注云「崽音枲，聲之轉也」。

祅，殀也。

《釋名》「妖，殀也，殀害物也」。妖與「祅」通。

緍，算也。

《史記·平準書》云「算軺車、賈人緍錢皆有差」。《漢書·武帝紀》「初算緍錢」，李斐注云「緍，絲也，以貫錢也，一貫千錢，出算二十也」。《説文》作「緡」，義同。

彼，俾也。

彼、俾皆衺也。説見卷二「頗、彼，衺也」下。《玉篇》「俾」與「俾」同。彼與「彼」、俾與「頗」古亦通用。

邐，□也。

「邐」下各本皆缺一字。《說文》「邐，行邐邐也」，徐鍇《傳》云「漸迂衺也」。司馬相如《大人賦》「駕應龍象輿之蠖略委麗兮」，麗與「邐」同。《說文》「迆，衺行也」，引《禹貢》「東迆北會于匯」。《爾雅》「邐迤，沙丘」，郭璞注云「旁行連延」。揚雄《甘泉賦》「登降峛崺」，李善注云「峛崺，邪道也」。峛崺與「邐迤」同。「邐」下所缺或是「迆」字。彼訓爲俾，邐訓爲迆，皆衺之義也。

離，別也。

贅，肬也。

說見卷二「肬，腫也」及上文「贅，屬也」下。

晃，暉也。

說見卷四「晃，明也」下。

裝，褖也。

說見卷二「娤、褖，飾也」下。娤與「裝」同。

嶚，嶠也。

《集韻》引《埤倉》云「嶚，細長也」。《爾雅・釋木》「小枝上繚爲喬」，郭璞注云「謂細枝皆翹繚上句者名爲喬木」。喬與「嶠」、繚與「嶚」竝同義。嶠，各本譌作「鬠」，今訂正。

痛，痹也。

《說文》「痹，溼病也」。《素問・痹論》云「風寒濕三氣雜至，合而爲痹」。痛，各本譌作「窘」。《玉篇》《廣韻》《集韻》《類篇》竝云「痛，痹也」。今據以訂正。《素問・五常政大論》云「皮痛肉苛，筋脈不利」。

瘷，瘇也。

《集韻》引《字林》同。瘇，見卷二「瘇，腫也」下。

吞，咽也。

䳡，䨼也。

説見卷三「尟，少也」下。

烄，炫也。

説見卷三「烄、炫，熾也」下。

毓，長也。

此下八條，皆一字兩訓而其義相反。郭璞《爾雅注》云「以徂爲存，以亂爲治，以曩爲曏，以故爲今，此皆詁訓義有反覆旁通，美惡不嫌同名」，是也。《爾雅》「育，長也」。《邶風·谷風》篇「既生既育」，鄭箋云「育，謂長老也」。《説文》引《堯典》「教育子」，今本作「胄子」，馬融注云「胄，長也」。胄、育、毓古同聲。

毓，稚也。

《豳風·鴟鴞》篇「鬻子之閔斯」，毛傳云「鬻，稚也」，《正義》云「《釋言》『鞠，稚也』，郭璞曰『鞠，一作毓』」。毓、育、鞠古亦同聲。各本「稚」上無「毓」字，又下文「曩，曏也」「陶，憂也」「濘，泥也」無曩、陶、濘三字，皆是後人所删。説見上文「漠，怕也」下。

曩，久也。

《爾雅》文也。久猶舊也。《楚辭·九章》云「猶有曩之態也」。

曩，曏也。

亦《爾雅》文也。竝著於此，所以别異義也。襄二十四年《左傳》云「曩者志入而已」。《説文》「曏，不久也」。曏與「鄉」同。

陶，喜也。

陶，憂也。

竝説見卷二「鬱悠，思也」下。

濘，清也。

濘，泥也。

此二條已見《釋詁》，復著之，亦以别異義也。

鐮，柧也。

《方言》「凡箭鏃胡合嬴者，四鐮或曰鉤腸，三鐮者謂之羊頭」，郭璞注云「鐮，棱也」。餘見上文「廉、柧，棱也」下。

凡諸書引《廣雅》而今本全脱其文者，《釋詁》《釋言》莫可區别，皆附載於此篇之末。

祕，密也。

見《玉篇》。

稹，穊也。

見《唐風·鴇羽》釋文。《説文》「稹，穜穊也」。《爾雅》「苞，稹也」，孫炎注云「物叢生曰苞，齊人名曰稹」。《鴇羽》箋云「稹者，根相迫迮梱致」。《考工記·輪人》「稹理而堅」，《聘義》「縝密以栗」，鄭注竝云「致也」。

縝與「稹」通。《説文》「㐱，稠髮也」，引《鄘風·君子偕老》篇「㐱髮如雲」，今本作「鬒」，義亦與「稹」同。《説文》「概，稠也」。《史記·齊悼惠王世家》云「深耕概種」。

稠。

《文選》束皙《補亡詩》及謝靈運《過始寧墅詩》注竝引《廣雅》「稠，概也」。

禦，敵也。

見《莊子·馬蹄》釋文。

湭、滋，液也。

《衆經音義》卷二及《集韻》《類篇》竝引《廣雅》「湭、滋，液也」。《衆經音義》卷二十五引《廣雅》「滋，液也」。《玉篇》「湭，才周切，湭液也」。鄒陽《酒賦》云「甘滋泥泥」。司馬相如《封禪文》云「滋液滲漉」。揚雄《羽獵賦》云「上獵三靈之流，下決醴泉之滋」。

褫，敓也。

見《衆經音義》卷六、卷十八。敓通作「奪」。《説文》「褫，奪衣也」。《訟》上九云「終朝三褫之」。

刷，刮也。

見《衆經音義》卷九。《説文》「刷，刮也」。《周官·凌人》「秋刷」，鄭衆注云「刷除冰室」。

㓞。

《集韻》引《廣雅》「㓞，刮也」。《説文》「㓞」字注云「齘㓞，刮也」。《玉篇》云「齘㓞，刷刮也」。

陵，侮也。

《衆經音義》同上。

刓，鏤也。

見《衆經音義》卷十三。

禱，請也。

見《衆經音義》卷十六。

蹪，頓也。

見《衆經音義》卷十七。《爾雅》「疐，跲也」，「疐，仆也」。疐與「蹪」通。《説文》「仆，頓也」。

鎮，笮也。

見《衆經音義》卷十八。《説文》「鎮，博厭也」，「厭，笮也」。厭通作「壓」。《衆經音義》卷二十四引《倉頡篇》云「壓，鎮也，笮也」。

矇，蒙也。

見《衆經音義》卷二十一。

角，試也。

見《衆經音義》卷二十二、二十四。《月令》云「天子乃命將帥講武，習射御角力」。《吕氏春秋·孟冬紀》同。高誘注云「角猶試也」。《管子·七法》篇云「春秋角試」。

冤，抑也。

見《衆經音義》卷二十二。

嘗，暫也。

見《衆經音義》卷二十三、二十四。❶

泄，發也。

鄙，猥也。

竝見《衆經音義》卷二十五。

弛，釋也。

見《文選·魏都賦》注。《周官·大司樂》「令弛縣」，鄭注云「弛，釋下之」。

意，疑也。

《長楊賦》「意者以爲事罔隆而不殺，物靡盛而不虧」，《魯靈光殿賦》「意者豈非神明依憑支持以保漢室者也」，李善注竝引《廣雅》「意，疑也」。案：意者猶言或者。故《乾·文言》云「或之者，疑之也」。《漢書·文三王傳》「於是天子意梁」，顔師古注亦云「意，疑也」。意亦擬度之辭也。《禮運》云「聖人耐以天下爲一家，以中國爲一人者，非意之也，必知其情，辟於其義，明於其利，達於其患，然後能爲之」。

❶ 「經」，原脱，今據前文補。下「鄙猥也」條注同。

果，能也。

見《西征賦》注。《孟子·梁惠王》篇「君是以不果來也」，《離婁》篇「果有以異於人乎」，趙岐注竝云「果，能也」。《晉語》「是之不果奉而暇晉是皇」，韋昭注云「果，克也」。「克」亦能也。

希，庶也。

《西征賦》注、左思《詠史》詩注、嵇康《幽憤詩》注、傅咸《贈何劭王濟》詩注引《廣雅》竝同。希者，「庶幾」之合聲，故「希」又訓爲庶。《爾雅》「庶幾，尚也」，「庶，幸也」，皆謂希望也。

秀，異也。

見《遊天台山賦》注。

浮，罰也。

見《閒居賦》注。《投壺》「若是者浮」，鄭注云「浮，罰也」。《晏子春秋·雜》篇云「景公飲酒，田桓子侍，望見晏子，而復於公曰『請浮晏子』」。浮、罰一聲之轉。《論語·公冶長》篇「乘桴浮于海」，馬融注云「桴，編竹木，大者曰栰，小者曰桴」。栰之轉爲桴，猶罰之轉爲浮矣。

載，則也。

見《高唐賦》注。《鄘風·載馳》篇「載馳載驅」，《豳風·七月》篇「春日載陽」，鄭箋竝云「載之言則也」。

漸，稍也。

見謝靈運《遊南亭》詩注。《説文》「稍，出物有漸也」。《趙策》云「稍稍蠶食之」。

違，異也。

見沈約《學省愁卧》詩注。《邶風・谷風》傳云「違，離也」。

掊，捶也。

見潘岳《馬汧督誄》注及《華嚴經》卷五十五《音義》。《莊子・人閒世》篇云「自掊擊於世俗」。

喝，嘶也。

見謝莊《宋孝武宣貴妃誄》注。《方言》「廝、嗌，噎也，楚曰廝，秦晉或曰嗌，又曰噎」。噎與「咽」同，謂嗚咽也。嗌與「喝」同。司馬相如《子虛賦》「榜人歌，聲流喝」，郭璞注云「言悲嘶也」。《論衡・氣壽篇》云「兒生號啼之聲，鴻朗高暢者壽，嘶喝濕下者夭」。《後漢書・張酺傳》「王青被矢貫咽，音聲流喝」，李賢注云「流」或作「嘶」，又引《廣倉》云「喝，聲之幽也」。《方言》又云「東齊聲散曰廝，秦晉聲變曰廝」。《說文》「誓，悲聲也」。《周官・内饔》「烏皫色而沙鳴」，鄭注云「沙，澌也」。《内則》注作「嘶」，《正義》作「斯」，云「斯謂酸嘶」。《漢書・王莽傳》「莽爲人大聲而嘶」，顔師古注云「嘶，聲破也」。竝字異而義同。

風，聲也。

見王僧達《祭顔光禄文》注。《詩序》云「風，教也」。《禹貢》云「聲教訖于四海」。文六年《左傳》云「樹之風聲」。

方，所也。

見《後漢書・黄憲傳》注。

垠，咢也。

見《張衡傳》注。《説文》「垠，地垠也，一曰岸也」。《文選·西京賦》注引許慎《淮南子注》云「垠鍔，端厓也」。鍔與「咢」通。《淮南子·俶真訓》作「埒」。《漢書·揚雄傳》作「鄂」。垠，《荀子·成相篇》作「銀」，《淮南子·俶真訓》作「圻」，又作「埜」。《漢書·敘傳》作「沂」。竝字異而義同。

講，讀也。

見《初學記》《太平御覽》。

論，道也。

見《初學記》。以上二條，説見卷二「讀、道，説也」下。

駁，駕也。

見《華嚴經》卷十一《音義》。

袾，詛也。

見《集韻》《類篇》。《玉篇》云「袾，呪詛也」。呪、袾一聲之轉。

搊，拘也。

同上。《玉篇》「搊，手搊也」。

懵，闇也。

同上。《玉篇》「懵，牟孔切，心亂心迷也」。《集韻》又謨蓬、謨中、彌登、母亘四切。《爾雅》「夢夢，亂也」，孫炎注云「昏之亂也」。《大雅·抑》篇云「視爾夢夢」。又《爾雅》「儚儚，惽也」，《釋文》「儚」字或作「懜」。《説文》「懜，不明也」。竝字異而義同。

肕，瘢也。

同上。《説文》「肕，瘢也」。《廣韻》直引切，云「杖痕腫處」。《衆經音義》卷九云「今俗謂肉斗腫起爲癮㾼，或言癮肕也」。

譣，詖也。

同上。譣，《玉篇》音虛儉、息廉二切。《説文》引《立政》「勿以譣人」，徐鍇《傳》云「譣，猶險也」。今本「譣」作「憸」，馬融注云「憸利佞人也」。《説文》「憸，憸詖也，憸利干上佞人也」，「𢡆，疾利口也」，引《盤庚》「相時𢡆民」。今本「𢡆」作「憸」，馬融注云「憸利，小小見事之人也」。《韓非子·詭使》篇云「損仁逐利謂之疾險」。竝字異而義同。《文選》顔延之《和謝監靈運詩》注引《倉頡篇》云「詖，佞諂也」。《孟子·公孫丑》篇「詖辭知其所蔽」，趙岐注云「險詖之言」。《荀子·成相》篇云「讒人罔極，險陂傾側」。《詩序》云「内有進賢之志，而無險詖私謁之心」。竝字異而義同。

廑，㾕也。

同上。《玉篇》亦云「廑，㾕也」。㾕與「覆」同義。《説文》「殣，道中死人，人所覆也」，引《小雅·小弁》篇「行有死人，尚或殣之」。今本作「墐」，毛傳云「墐，路冢也」。墐與「廑」義相近。

廣雅疏證卷第六上

高郵王念孫學

釋　訓

顯顯、察察，著也。

《大雅·假樂》篇「顯顯令德」，《中庸》作「憲憲」。《老子》云「俗人察察，我獨悶悶」。明著謂之察察，故潔白亦謂之察察。《楚辭·漁父》云「安能以身之察察，受物之汶汶者乎」。

洞洞、屬屬、切切、恂恂、誾誾、翼翼、濟濟、畏畏、祗祗，敬也。

《禮器》云「洞洞乎其敬也，屬屬乎其忠也」。《説文》「忠，敬也」。《祭義》云「洞洞乎，屬屬乎，如弗勝，如將失之，其孝敬之心至也與」。《説文》「孎，謹也」。孎與「屬」亦同義。《論語·子路》篇「朋友切切偲偲，兄弟怡怡」，馬融注云「切切偲偲，相切責之貌」，「怡怡，和順之貌」。案：切切、偲偲蓋皆敬貌也。朋友則尚敬，兄弟則尚和。《大戴禮·曾子立事》篇云「宮中雍雍，外焉肅肅，兄弟憘憘，朋友切切，遠者以貌，近者以情」。近者以情，謂「雍雍」「憘憘」也，和也。遠者以貌，謂「肅肅」「切切」也，敬也。切亦通作「漆」。《祭義》「漆漆者，容也，自反也」，鄭注云「漆漆，讀如『朋友切切』，自反猶言自脩整也」。是鄭意亦以「切切」爲敬也。《論語・鄉黨》篇「恂恂如也，似不能言者」，王肅注云「恂恂，温恭之貌」。《史記・孔子世家》「恂恂似不能言者」，《索隱》云或本作「逡逡」。《李將軍傳》云「悛悛如鄙人，口不能道辭」。卷一云「悛，敬也」。漢《祝睦後碑》云「鄉黨逡逡」。《劉脩碑》云「其於鄉黨遜遜如也」。竝字異而義同。《鄉黨》「與下大夫言，侃侃如也，與上大夫言，誾誾如也」。孔傳云「侃侃，和樂之貌；誾誾，中正之貌」，皇侃疏云「卿貴，不敢和樂接之，宜以謹正相對，故誾誾如也」。《玉藻》「二爵而言言斯」，鄭注云「言言，和敬貌」。《漢書・石奮傳》「僮僕訢訢如也」，顔師古注云「訢訢，謹敬之貌」。竝字異而義同。《爾雅》「翼，敬也」，「翼翼，恭也」。《大雅・大明》篇云「小心翼翼」。《漢書・禮樂志》云「附而不驕，正心翊翊」。翊與「翼」同。《小雅・楚茨》篇「濟濟蹌蹌」，鄭箋云「威儀敬慎也」。《管子・形勢解》云「濟濟者，誠莊事斷也」。《祭義》云「齊齊乎其敬也」。齊與「濟」聲近義同。卷一云「畏，敬也」。《爾雅》「祇，敬也」。重言之則曰畏畏、祇祇。《康誥》云「不敢侮鰥寡，庸庸祇祇威威」。威與「畏」通。《微子》云「乃罔畏畏」。

𩟔𩟔、陒陒、嶢嶢，危也。

𩟔𩟔、陒陒，義見卷一「隉、刖，危也」下。𩟔與「隉」通。陒與「刖」通。《後漢書・黄瓊傳》云「嶢嶢者易缺，皦皦者易污」。《墨子・親士》篇云「王德不堯堯」。堯與「嶢」通。《豳風・鴟鴞》篇「予室翹翹」，傳云「翹翹，危也」。翹與「嶢」亦聲近義同。

戰戰、慄慄、虩虩，懼也。 心心。

《小雅・小旻》篇云「戰戰兢兢」。《淮南子・人閒訓》引《堯戒》云「戰戰慄慄」。《說文》云「《易》『履虎尾虩虩』，恐懼」。今《易・履》九四作「愬愬」，《釋文》「愬愬」，《子夏傳》云「恐懼貌」，馬本作「虩虩」。《震》彖辭「震來虩虩」，《釋文》「虩虩」，馬云「恐懼貌」，荀作「愬愬」。愬與「虩」古同聲。《玉篇》云「伀伀，恐皃」。韓愈《祭鱷魚文》云「伀伀俔俔，爲民吏羞」。皆出《廣雅》。《集韻》《類篇》引《廣雅》「伀伀，懼也」。今本脱「伀伀」二字。

桓桓、⿰犭戔⿰犭戔、獢獢、赳赳、勍勍、競競、仡仡、暨暨，武也。

《詩序》云「桓，武志也」。重言之則曰桓桓。《爾雅》「桓桓，威也」。《牧誓》云「尚桓桓，如虎如貔，如熊如羆」。《說文》引作「狟狟」。《周頌・桓》篇云「桓桓武王」。《玉篇》「⿰犭戔，莊善切，鷙鳥擊勢也」。《法言・孝至篇》「螭虎桓桓，鷹隼⿰犭戔⿰犭戔」，李軌注云「⿰犭戔⿰犭戔，攫撮急疾也」。《中庸》云「强哉獢」。是「獢」爲武也。重言之則曰獢獢。《爾雅》「獢獢，勇也」。《周頌・酌》篇「蹻蹻王之造」，毛傳云「蹻蹻，武貌」。《魯頌・泮水》篇「獢獢虎臣」，《釋文》作「蟜蟜」。竝字異而義同。《爾雅》「赳赳，武也」。《說文》「赳，輕勁有材力也」。《周南・兔罝》篇云「赳赳武夫」。《說文》「勍，彊也」，引僖二十二年《左傳》「勍敵之人」。《爾雅》「競，彊也」。彊、勍、競古竝同聲。重言之則曰勍勍、競競也。宣六年《公羊傳》「仡然從乎趙盾而入」，何休注云「仡然，壯勇貌」。重言之則曰「仡仡」。《秦誓》「仡仡勇夫」，馬融本作「訖訖」。《漢書・揚雄傳》「金人仡仡其承鍾虡兮」，顏師古注云「仡仡，勇健貌」。《玉藻》「戎容暨暨」，鄭注云「果毅貌也」。暨暨與「仡仡」古聲亦相近。

矍矍、昒昒、矎矎、眈眈、矕矕、睌睌、𥌳𥌳、眽眽、眓眓、睊睊，視也。

卷一云「矡，視也」。矡與「矍」同。重言之則曰矍矍。《震》上六「視矍矍」，鄭注云「矍矍，目不正也」。《說文》「昒，目冥遠視也」。重言之則曰昒昒。卷一云「矎，視也」。重言之則曰矎矎。王延壽《魯靈光殿賦》「目矎矎而喪精」，張載注云「矎矎，目不正也」。矎與「夐」同。《說文》「眈，視近而志遠也」，引《頤》六四「虎視眈眈」。馬融注云「眈眈，虎下視貌」。卷一云「矕，視也」。重言之則曰矕矕。《說文》「矕，目矕矕也」。卷一云「睌，視也」。重言之則曰睌睌。《說文》「𥌳，轉目視也」。重言之則曰𥌳𥌳。卷一云「眽，視也」。重言之則曰眽眽。王逸《九思》「目眽眽兮寤終朝」，《魯靈光殿賦》「徒眽眽以狋狋」，注云「眽眽，視貌」。眓眓猶豁豁也。《說文》「眓，視高皃也，讀若《詩》曰『施罛濊濊』」。《衛風·碩人》釋文引馬融注云「大魚罔目大豁豁也」。眓從目、戉聲。戉音越。各本譌從「戊」，今訂正。《說文》「睊，視皃也」。重言之則曰睊睊。《孟子·梁惠王》篇「睊睊胥讒」，趙岐注云「睊睊，側目相視」。

𦅫𦅫、繟繟、扏扏，緩也。

卷二云「𦅫，緩也」。重言之則曰𦅫𦅫。《小雅·杕杜》篇「檀車幝幝」，《釋文》云「幝幝」，尺善反，《韓詩》作「𦅫𦅫」，音同。《廣雅》訓「𦅫𦅫」爲緩，蓋本《韓詩》也。《玉篇》「繟，充善切」。繟繟猶𦅫𦅫也。卷二云「繟，緩也」。扏扏通作「仇仇」。《爾雅》「仇仇、敖敖，傲也」，郭璞注云「皆傲慢賢者」。《小雅·正月》篇「彼求我則，如不我得，執我仇仇，亦不我力」，毛傳云「仇仇，猶謷謷也」，鄭箋云「王之始徵求我，如恐不得我，既得我，執留我，其禮待我謷謷然，亦不問我在位之功力，言其有貪賢之名，無用賢之實」。《緇衣》云

「大人不親其所賢而信其所賤，民是以親失而教是以煩，《詩》云『彼求我則，如不我得，執我仇仇，亦不我力』」，鄭注云「言君始求我，如恐不得我，既得我，持我仇仇然不堅固，亦不力用我，是不親信我也」。《集韻》云「扏扏，緩持也」。案：《緇衣》注云「持我仇仇然不堅固」，即是「緩持」之意，義與《廣雅》同，與《爾雅》、毛傳、《詩》箋皆異，蓋本於三家也。今案：「彼求我則，如不我得」，言求我之急也。「執我仇仇，亦不我力」，言用我之緩也。三復《詩》詞，則緩於用賢之説爲切，而傲賢之説爲疏矣。

嘔嘔、喻喻、嗎嗎、欣欣、忥忥、欯欯、言言、語語、婺婺，喜也。

《文選·聖主得賢臣頌》「是以嘔喻受之」，李善引應劭注云「嘔喻，和悦貌」。重言之則曰嘔嘔、喻喻。《莊子·天道》篇「俞俞者憂患不能處」，《釋文》引《廣雅》「俞俞，喜也」。張衡《東京賦》「其樂愉愉」。竝字異而義同。《楚辭·大招》「宜笑嗎只」，王逸注云「嗎，笑貌也」。重言之則曰嗎嗎。《方言》「嘘，樂也」，郭璞注云「嘘嘘，歡貌」。《集韻》嗎、嘘竝虚延切，其義同也。《孟子·梁惠王》篇云「舉欣欣然有喜色」。卷一云「忔、欯，喜也」。忔與「忥」同。重言之則曰忥忥、欯欯。《詩》曰「言笑晏晏」，又曰「笑語卒獲」，是言、語皆喜也。重言之則曰言言、語語。《大雅·公劉》篇云「于時處處，于時廬旅，于時言言，于時語語」，猶言「爰居爰處，爰笑爰語」耳。

唏唏、欨欨、嗢嗢、呵呵、謌謌、啞啞，笑也。

卷一云「唏、嗢，笑也」。重言之則曰唏唏、嗢嗢。欨欨、呵呵猶嗢嗢也，方俗語有輕重耳。卷一云「謌，笑也」。重言之則曰謌謌。卷一云「啞，笑也」。重言之則曰啞啞。《震》彖辭云「笑言啞啞」。

翼翼、衎衎、愉愉，和也。

《小雅・采薇》篇「四牡翼翼」，毛傳云「翼翼，閑也」。閑習即調和之意。《鄭風・大叔于田》傳云「驂之與服，和諧中節」，是也。《漸》六二「飲食衎衎」，《正義》云「衎衎，樂也」。「樂」亦和也。《玉篇》「衎」口旦切。《廣韻》又空旱切。字通作「侃」。《論語・鄉黨》篇「與下大夫言，侃侃如也」，孔傳云「侃侃，和樂之貌」。《祭義》云「有和氣者，必有愉色」。重言之則曰愉愉。《鄉黨》「私覿，愉愉如也」，鄭注云「愉愉，顏色和」。《聘禮》釋文作「俞俞」。

慼慼、慅慅、怮怮、愁愁、𢥞𢥞、栔栔、啒啒、㤠㤠、惁惁、怛怛，憂也。

《論語・述而》篇云「小人長戚戚」。戚與「慼」同。卷四云「慅，愁也」。重言之則曰慅慅。《爾雅》「慅慅，勞也」。「勞」亦憂也。《小雅・巷伯》篇「勞人草草」，草與「慅」同。《楚辭・九歎》「蹇騷騷而不釋」，騷與「慅」亦聲近義同。卷一云「怮，憂也」。重言之則曰怮怮。怮，各本譌作「𢗀」，今訂正。《楚辭・九歎》云「心愁愁而思舊邦」。《九歌》云「極勞心兮𢥞𢥞」，一本作「忡忡」。《召南・草蟲》篇「憂心忡忡」，毛傳云「忡忡，猶衝衝也」。竝與「𢥞𢥞」同義。《小雅・大東》篇「契契寤歎」，傳云「契契，憂苦也」。《九歎》云「孰契契而委棟兮」，一本作「挈挈」。竝與「栔栔」同。啒音骨，又音忽。《晏子春秋・外》篇云「歲已莫矣而禾不穫，忽忽矣，若之何，歲已寒矣而役不罷，惙惙矣，若之何」。《史記・梁孝王世家》「意忽忽不樂」，忽忽與「啒啒」同。《小雅・采薇》篇云「憂心烈烈」。烈與「㤠」同。各本「㤠㤠」譌作「烈烈」。《集韻》《類篇》竝引《廣雅》「㤠㤠，憂也」。今據以訂正。惁惁，各本譌作「悊悊」。《玉篇》「惁，先歷切，憂也」。《集韻》《類篇》竝引《廣雅》「惁惁，憂也」。今據以訂正。卷一云「怛，憂也」。重言之則曰怛怛。《齊風·甫田》篇云「勞心怛怛」。

巖巖、巘巘、峩峩、嶄嶄、阢阢、嵬嵬、岌岌、圪圪，高也。

卷四云「巉、巖，高也」。巉、巖與嶄、巖同。重言之則曰嶄嶄、巖巖。《小雅·節南山》篇云「節彼南山，維石巖巖」。《漸漸之石》篇云「漸漸之石，維其高矣」。漸亦與「嶄」同。《説文》「巘，載高皃也」。重言之則曰巘巘。《衛風·碩人》篇「庶姜孽孽」，《韓詩》作「巘巘」，云「巘巘，長貌」。《吕氏春秋·過理》篇注引《詩》亦作「巘巘」，云「高長貌」。張衡《西京賦》「飛檐巘巘」，薛綜注云「巘巘，高貌」。《説文》「峨，嵯峨也」。峨與「峩」同。重言之則曰峩峩。《列子·湯問》篇云「峩峩兮若泰山」。卷四云「阢、嵬，高也」。重言之則曰阢阢、嵬嵬。《爾雅》「小山岌大山，峘」，郭璞注云「岌，謂高過」。重言之則曰岌岌。《楚辭·離騷》「高余冠之岌岌兮」。《説文》「圪，牆高皃也」，引《大雅·皇矣》篇「崇墉圪圪」，今本作「仡仡」。

雱雱、霏霏、雰雰、瀌瀌，雪也。

皆雪盛貌也。《邶風·北風》篇云「雨雪其雱」，「雨雪其霏」。雱與「雱」同。重言之則曰雱雱、霏霏。《文選》謝朓《新亭渚别范零陵詩》注引蔡邕《初平詩》云「天陰雨雪滂滂」。滂亦與「雱」同。《小雅·采薇》篇云「雨雪霏霏」。《信南山》篇云「雨雪雰雰」。《角弓》篇云「雨雪瀌瀌」。《漢書·劉向傳》作「麃麃」。各本「雪也」二字譌作「雪雪」，「雪」下又有「林」字，蓋因下文「霖」音「林」而衍。今訂正。

霅霅、霫霫、溳溳、湒湒、霖霖、霵霵、霕霕、霤霤、霶霶、霝霝，雨也。

馬融《廣成頌》「霅爾雹落」。霅者，雹下之貌，故雨下亦謂之霅。重言之則曰霅霅也。《釋言》云「**霫**，霖也」。重言之則曰**霫霫**。《説文》「湒，雨下也」。重言之則曰湒湒。《楚辭・哀時命》云「夕淫淫而淋雨」。重言之則曰淋淋。曹植《愁霖賦》云「聽長霤之淋淋」。淋與「⿱雨淋」同。《説文》「**⿱雨各**，雨下零也」。重言之則曰**⿱雨各⿱雨各**。《廣韻》引《字林》云「霫，雨皃」。《玉篇》「雴霫，大雨也」。重言之則曰雴雴、霫霫。《説文》「濛，溦雨也」。《豳風・東山》篇云「零雨其濛」。重言之則曰濛濛。蔡邕《述行賦》云「雨濛濛而漸唐」。濛與「霥」同。

⿵風立⿵風立、颼颼、飋飋、飂飂、飉飉、瀏瀏，風也。

《説文》「颯，翔風也」。宋玉《風賦》云「有風颯然而至」。重言之則曰颯颯。《楚辭・九歌》「風颯颯兮木蕭蕭」。颯與「⿵風立」同。《初學記》引《通俗文》云「小風曰颼」。《吕氏春秋・有始》篇「西方曰飂風」，《太平御覽》引作「颼風」。重言之則曰颼颼。趙壹《迅風賦》云「啾啾颼颼」。《玉篇》「飋，秋風也」。字通作「瑟」。禰衡《鸚鵡賦》云「涼風蕭瑟」。重言之則曰瑟瑟。劉楨《贈從弟》詩云「瑟瑟谷中風」。卷四云「飂、飉，風也」。重言之則曰飂飂、飉飉。《莊子・齊物論》篇「而獨不聞之翏翏乎」，郭象注云「長風之聲也」。翏與「飂」同。瀏瀏猶「飂飂」也。《初學記》引《通俗文》云「涼風曰瀏」。《楚辭・九歎》「秋風瀏以蕭蕭」，王逸注云「瀏，風疾皃也，一云『瀏瀏』」。左思《吳都賦》「翼颸風之**飀飀**」，**飀**與「瀏」同。

⿱雨襄⿱雨襄、䨕䨕、湛湛、泥泥，露也。

皆露多貌也。《鄭風・野有蔓草》篇及《小雅・蓼蕭》篇竝云「零露瀼瀼」。瀼與「**⿱雨襄**」同。又《蓼蕭》篇云

「零露泥泥」，「零露濃濃」。濃與「醲」同。《湛露》篇云「湛湛露斯」。

坦坦、漫漫、蕩蕩，平也。

《履》九二云「履道坦坦」。司馬相如《子虛賦》「案衍壇曼」，司馬彪注云「壇曼，平博也」。曼與「漫」同。重言之則曰漫漫。《洪範》云「王道蕩蕩」。

渾渾、汪汪、顥顥、詡詡、曠曠，大也。

班固《幽通賦》「渾元運物」，曹大家注云「渾，大也」。重言之則曰渾渾。《淮南子・俶真訓》「渾渾蒼蒼，純樸未散」，高誘注云「渾渾蒼蒼，混沌大貌」。《史記・太史公自序》云「乃合大道，混混冥冥」。混與「渾」同。《晉語》「汪是土也」，韋昭注云「汪，大貌」。重言之則曰汪汪。班固《典引》云「汪汪乎丕天之大律」。《後漢書・黄憲傳》云「叔度汪汪若千頃陂」。顥顥猶「浩浩」也。顥，曹憲《音》「暠」。《玉篇》「暠，古老切」。各本「顥顥」作「灝灝」，此因與「渾渾」「汪汪」連文而誤。《集韻》《類篇》竝引《廣雅》「灝灝，大也」，則宋時《廣雅》本已然。考《説文》《玉篇》《廣韻》俱無「灝」字。《玉篇》「顥，公老切，廣大皃」，正與曹憲《音》相合。今據以訂正。《禮器》「德發揚，詡萬物」，鄭注云「詡猶普也，徧也」。重言之則曰詡詡。《大雅・韓奕》篇「川澤訏訏」，毛傳云「訏訏，大也」。訏與「詡」同。《易林・離之中孚》云「魴鱮詡詡」。昭元年《左傳》「居於曠林」，《史記・鄭世家》集解引賈逵注云「曠，大也」。《荀子・非十二子篇》云「恢恢然，廣廣然」。❶重言之則

❶「荀子」至「廣然」十四字，續四庫本乙在下「重言之則曰曠曠」下。文義較佳，宜據乙正。

曰曠曠。《賈子·脩政語》篇云「天下壙壙」。《淮南子·繆稱訓》云「曠曠乎大哉」。《兵略訓》云「廣廣如夏」。竝字異而義同。

栠栠、嫋嫋、姌姌，弱也。

《說文》「栠，弱皃」，「嫋，姌也」，「姌，弱長皃」。《小雅·巧言》篇「荏染柔木」，毛傳云「荏染，柔意也」。荏與「栠」通。染與「姌」通。《史記·司馬相如傳》云「嫵媚姌嫋」。重言之則曰栠栠、嫋嫋、姌姌。「嫋」亦弱也。卓文君《白頭吟》云「竹竿何嫋嫋」。《說文》「冄，毛冄冄也」，徐鍇《傳》云「冄冄，弱也」。王粲《迷迭香賦》云「挺苒苒之柔莖」。義竝與「姌姌」同。

區區、稍稍，小也。

卷二云「區，小也」。重言之則曰區區。襄十七年《左傳》云「宋國區區」。《周官·膳夫》「凡王之稍事」，鄭注云「稍事，有小事而飲酒」。重言之則曰稍稍。《說文》「䣂，國甸大夫稍稍所食邑也」。各本「稍稍」譌作「梢梢」，今訂正。

炤炤、晣晣、晈晈、晧晧、炳炳、灼灼、炫炫、赫赫、曠曠、翼翼、顯顯，明也。

炤炤猶「昭昭」也。《荀子·儒效篇》云「炤炤兮其用知之明也」。卷四云「晣，明也」。重言之則曰晣晣。《小雅·庭燎》篇云「庭燎晣晣」。字亦作「晢」。《陳風·東門之楊》篇云「明星晢晢」。卷四云「晈，明也」。重言之則曰晈晈。《楚辭·九歌》云「夜晈晈兮既明」。《爾雅》「晧，光也」。重言之則曰晧晧。《法言·淵騫篇》云「明星晧晧」。晈、晧二字竝從日，各本譌從白，今訂正。卷四云「昞，明也」。昞與「炳」通。重言之則曰炳炳。揚雄《劇秦美新》云「炳炳麟麟」。《説文》「焯，明也」，引《立政》「焯見三有俊心」，今本作「灼」。重言之則曰灼灼。《新書·匈奴》篇云「若日出之灼灼」。《説文》「炫，燗燿也」。重言之則曰炫炫。《説文》「赫，火赤皃」。重言之則曰赫赫。《大雅·常武》篇云「赫赫明明」。卷四云「曠，明也」。重言之則曰曠曠。《爾雅》「翌，明也」，郭璞引《金縢》「翌日乃瘳」。案：翌爲「明日」之明，又爲「明顯」之明。字通作「翼」。《楚語》「明行以宣翼之」，宣、翼皆明也。重言之則曰翼翼。《大雅·文王》篇「厥猶翼翼」，毛傳云「翼翼，恭敬也」。案：猶，道也。翼翼，光明也。厥猶翼翼，猶言其道大光。束晳《補亡詩》「顯猷翼翼」，義本於此，則三家《詩》必有訓「翼翼」爲明者矣。顯顯，已見上文。

誢誢、呰呰、詻詻、謕謕、諤諤、譊譊，語也。詌詌。

《説文》「誢，很戾也」，謂言語相很戾也。重言之則曰誢誢。呰呰猶「誢誢」也。《法言·問神篇》云「何後世之呰呰也」。《史記·魯世家》贊「洙泗之閒，齗齗如也」，徐廣注云「齗齗爭辯」。《鹽鐵論·國病》篇云「諸生誾誾爭鹽鐵」。齗、誾竝與「呰」同。《説文》「詻，論訟也」，《傳》曰『詻詻，孔子容』」。《墨子·親士》篇云「君必有弗弗之臣，上必有詻詻之下」。《玉藻》「戎容暨暨，言容詻詻」，鄭注云「詻詻，教令嚴也」。《廣韻》「謕，語瞋聲也」。重言之則曰謕謕。諤諤猶「詻詻」也。《大戴禮·曾子立事》篇「君子出言以鄂鄂」，盧辯注云「鄂鄂，辨厲也」。《史記·商君傳》云「千人之諾諾，不如一士之諤諤」。《漢書·韋賢傳》云「咢咢黃髮」。《鹽鐵論·國病》篇云「今辯訟愕愕然」。竝字異而義同。《衆經音義》卷二十引《倉頡篇》云「譊，訟聲也」。重言之則曰譊譊。《法言·寡見篇》云「譊譊者天下皆訟也」。《説文》「詌詌，多語也」。

《集韻》《類篇》竝引《廣雅》「詌詌，語也」。今本脱「詌詌」二字。

愴愴、慛慛、悢悢、悽悽、哀哀，悲也。

卷三云「愴，悲也」。重言之則曰愴愴。王襃《九懷》云「心愴愴兮自憐」。蘇武詩云「中心愴以摧」。摧與「慛」同。重言之則曰慛慛。卷三云「悢，悵也」。重言之則曰悢悢。李陵《與蘇武詩》云「悢悢不得辭」。《蜀志・法正傳》云「瞻望悢悢」。《爾雅》「哀哀、悽悽，懷報德也」，郭璞注云「悲苦征役，思所生也」。《小雅・蓼莪》篇云「哀哀父母，生我劬勞」。

暤暤、杲杲、皠皠、皭皭、景景，白也。

《説文》「顥，白皃」，引《楚詞・大招》「天白顥顥」。《唐風・揚之水》篇云「白石皓皓」。竝與「暤暤」同。《漢書・司馬相如傳》云「暠然白首」。暠與「杲」同。字又作「皜」。重言之則曰皜皜。《孟子・滕文公》篇「皜皜乎不可尚已」，趙岐注云「皜皜，甚白也」。皠皠猶「杲杲」也。《釋器》云「皠，白也」。重言之則曰皠皠。《大雅・靈臺》篇云「白鳥翯翯」。《孟子・梁惠王》篇作「鶴鶴」。何晏《景福殿賦》「皠皠白鳥」。竝與「皠皠」同。《釋器》云「皭，白也」。重言之則曰皭皭。字或作「潐」。《韓詩外傳》「莫能以己之皭皭容人之混混然」，《荀子・不苟篇》作「潐潐」。

泓泓、淵淵、窱窱、窈窈，深也。

《中庸》云「淵淵其淵」。卷三云「窈、窱，深也」。重言之則曰窱窱、窈窈。《莊子・在宥》篇云「至道之精，窈窈冥冥」。《楚辭・九章》云「眴兮杳杳」。《漢書・禮樂志・安世房中歌》云「清思眑眑」。竝字異而義同。

緜緜、曼曼、延延、遲遲，長也。

《王風·葛藟》篇「緜緜葛藟」，毛傳云「緜緜，長不絶之貌」。卷二云「曼，長也」。重言之則曰曼曼。《楚辭·離騷》「路曼曼其脩遠兮」，《釋文》作「漫漫」。字亦通作「蔓」。《逸周書·和寤解》「緜緜不絶，蔓蔓若何」，緜緜，小長貌。蔓蔓，大長貌。是緜緜、蔓蔓皆長也。《楚辭·九章》云「藐蔓蔓之不可量兮，縹緜緜之不可紆」。緜緜猶「蔓蔓」耳。《九思》云「鱣鮎兮延延」。《豳風·七月》篇云「春日遲遲」。

痑痑、騑騑、傫傫，疲也。

《説文》「痑，馬病也，《詩》曰『痑痑駱馬』」，又云「嘽，喘息也，《詩》曰『嘽嘽駱馬』」。今《詩·小雅·四牡》篇作「嘽嘽」，毛傳云「嘽嘽，喘息之貌，馬勞則喘息」。嘽與「痑」通。《玉篇》「痑，吐安切，力極也」。《廣韻》又丁佐切。《小雅·大東》篇「哀我憚人」，毛傳云「憚，勞也」。憚與「痑」亦同義。《詩》「四牡騑騑」，毛傳云「騑騑，行不止之貌」，則與《廣雅》異義。案：首章云「四牡騑騑，周道倭遲」，次章云「四牡騑騑，嘽嘽駱馬」，則「騑騑」亦得訓爲疲，《廣雅》之訓，或本於三家也。傫本作「儽」，或作「僵」，通作「纍」。《説文》「儽，垂皃」，即疲憊之意。《淮南子·俶真訓》「孔、墨之弟子，皆以仁義之術教導於世，然而不免於僵，身猶不能行也，又況所教乎」，不免於僵，謂躬行仁義而不免於疲也。高誘以「僵身」二字連讀，云「僵身，身不見用僵僵然也」，失之。《玉藻》「喪容纍纍」，鄭注云「羸憊貌也」。纍與「儽」同。

屑屑、迹迹、塞塞、省省、耿耿、警警，不安也。

《方言》「迹迹、屑屑，不安也，江沅之閒謂之迹迹，秦晉謂之屑屑，或謂之塞塞，或謂之省省，不安之語也」。餘見卷一「屑，勞也」下。《邶風·柏舟》篇「耿耿不寐」，毛傳云「耿耿猶儆儆也」。儆與「警」同。

孜孜、彶彶、惶惶、彺彺，勮也。

《說文》「孜，彶彶也」。《臯陶謨》云「予思日孜孜」。《表記》云「俛焉日有孳孳」。孳與「孜」通。《說文》「彶，急行也」。《問喪》云「望望然，汲汲然，如有追而弗及也」。汲與「彶」通。彶彶，各本皆作「汲汲」，此校書者以意改之也。《衆經音義》卷五、卷十三竝云「《廣雅》『彶彶，遽也』，字從彳，今皆從水作『汲』」。據此則《廣雅》本作「彶」，後人乃作「汲」耳。今訂正。《問喪》云「皇皇然若有求而弗得也」。皇與「惶」通。彺彺，曹憲《音》「其往反」。《楚辭·九歎》「魂彺彺而南行兮」，王逸注云「彺彺，惶遽之貌」。司馬相如《長門賦》「魂迋迋若有亡」，迋與「彺」通。梁鴻《適吴詩》「嗟恇恇兮誰留」，恇與「彺」亦聲近義同。彺彺，各本譌作「⿰彳隹⿰彳隹」。彺本作「⿰彳隹」，故譌而爲「⿰彳隹」。今訂正。《說文》「勮，務也」。勮與「遽」通。勮，各本譌作「劇」，今訂正。

亹亹、牟牟、冄冄，進也。

《爾雅》「亹亹，勉也」。勉即前進之意。《大雅·文王》篇「亹亹文王」，是也。《繫辭傳》「成天下之亹亹者」，《楚辭·九辯》「時亹亹而過中兮」，王逸、虞翻注竝云「亹亹，進也」。《淮南子·詮言訓》「善博者不欲牟」，《太平御覽》引注云「牟，大也，進也」。進謂之牟，故進取利謂之牟利。重言之則曰牟牟。《荀子·榮辱篇》云「爭飲食，無廉恥，不知是非，不辟死傷，不畏衆彊，恈恈然唯飲食之見，是狗彘之勇也。爲事利，争貨財，無辭讓，果敢而振，猛貪而戾，恈恈然唯利之見，是賈盜之勇也」。恈與「牟」通。冄冄，漸進之意。《楚辭・離騷》「老冄冄其將至兮」。《吴語》「日長炎炎」，韋昭注云「炎炎，進貌」。炎炎與「冄冄」聲相近也。

拳拳、區區、款款，愛也。

皆一聲之轉也。《漢書・劉向傳》云「念忠臣雖在甽畝，猶不忘君，惓惓之義也」。《賈捐之傳》云「敢昧死竭卷卷」。《貢禹傳》云「臣禹不勝拳拳」。竝字異而義同。《文選・古詩》「一心抱區區」，李善注引《廣雅》「區區，愛也」。卷一云「款，愛也」。款與「款」同。重言之則曰款款。《大雅・板》篇「老夫灌灌」，毛傳云「灌灌，猶款款也」。司馬遷《報任少卿書》云「誠欲効其款款之愚」。

悾悾、愨愨、䫸䫸、叩叩、斷斷，誠也。

《論語・泰伯》篇「悾悾而不信」，包咸注云「悾悾，愨也」。《大戴禮・王言》篇云「大夫忠，而士信，民敦，工璞，商愨，女憧，婦空空」。空與「悾」通。《論語・子罕》篇「有鄙夫問於我，空空如也」，亦謂鄙夫以誠心來問也。故《釋文》云「空空」，鄭或作「悾悾」。皇侃疏以「空空」爲無識，失之。愨愨，曹憲《音》「苦角反」。各本譌作「慤慤」，今訂正。卷一云「䫸，信也」。䫸與「懇」同。重言之則曰懇懇。《漢書・司馬遷傳》「意氣勤勤懇懇」，《文選》作「懃懃懇懇」。《劉向傳》云「故狠狠數奸死亡之誅」。竝字異而義同。《楚辭・九歎》「行叩誠而不阿兮」，叩亦誠也。王逸注訓「叩」爲擊，失之。重言之則曰叩叩。繁欽《定情詩》云「何以致叩叩，香囊懸肘後」，是也。悾悾、愨愨、懇懇、叩叩皆一聲之轉。或轉爲「款款」，猶「叩門」之轉爲「款門」也。叩叩，各本譌作「叨叨」，今訂正。《説文》「斷」，古文作「㡭」，引《秦誓》「㡭㡭猗無佗技」，今本作「斷斷」。鄭注《大學》云「斷斷，誠一之貌也」。

䎙䎙、翃翃、翩翩、𦒉𦒉、翽翽、翁翁、翾翾、翻翻、鶱鶱、翲翲、𦐅𦐅、𦑝𦑝、翼翼、翁翁、䎁䎁、翊翊，飛也。

䎙䎙猶「繽繽」，羣飛貌也。下文云「繽繽，衆也」。卷三云「翃，飛也」。翃與「**翃**」同。重言之則曰**翃翃**。各本譌作「**翃翃**」，惟影宋本、皇甫本不譌。《魯頌・泮水》傳云「翩，飛貌」。重言之則曰翩翩。《小雅・四牡》篇云「翩翩者鵻」。《齊風・雞鳴》篇云「蟲飛薨薨」。薨與「**𦒉**」通。《大雅・卷阿》篇「鳳皇于飛，翽翽其羽」，毛傳云「翽翽，衆多也」，鄭箋云「羽聲也」。《説苑・奉使》篇引《詩》作「噦噦」。卷三云「**翁**，飛也」。重言之則曰**翁翁**。卷三云「翾，飛也」。重言之則曰翾翾。《韓詩外傳》云「翾翾十步之雀」。《法言・問明篇》云「朱鳥翾翾」。《文選》謝瞻《張子房詩》注引薛君《韓詩章句》云「翻，飛貌」。重言之則曰翻翻。《楚辭・九章》云「漂翻翻其上下兮，翼遥遥其左右」。卷三云「鶱，飛也」。重言之則曰鶱鶱。王逸《九思》云「鶱鶱兮軒軒」。軒與「鶱」通。鶱鶱，各本譌作「鶱鶱」，今訂正。《九章》「漂翻翻其上下兮」，漂與「翲」通。重言之則曰翲翲。《史記・賈生傳》「鳳漂漂其高逝兮」，《漢書》作「縹縹」。潘岳《秋興賦》云「鴈飄飄而南飛」。竝字異而義同。《衛風・雄雉》篇云「雄雉于飛，泄泄其羽」。泄與「**𦐅**」通。卷三云「**𦐅**，飛也」。重言之則曰**𦐅𦐅**。《唐風・鴇羽》篇「肅肅鴇羽」，毛傳云「肅肅，鴇羽聲也」。《小雅・鴻鴈》篇「鴻鴈于飛，肅肅其羽」，《釋文》云「肅肅」本或作「**𦑝𦑝**」。《説文》「**䎘**，翄也，從飛、異聲」，篆文作「翼」。又云「翊，飛皃」。 翼、翼、翊竝同義。重言之則曰翼翼。《楚辭·離騷》云「高翺翔之翼翼」。《莊子·山木》篇「其爲鳥也，翂翂翐翐，而似無能」，《釋文》「司馬云『翂翂翐翐，舒遲貌』，一云飛不高貌，李云『羽翼聲』」。翂與「翁」同。卷三云「翬，飛也」。翬與「翬」同。重言之則曰翬翬。義見卷三注。卷三云「翊，飛也」。重言之則曰翊翊。翊翊猶「翽翽」也。

煌煌、熠熠、儵儵、烱烱、晃晃、熒熒，光也。

《陳風·東門之楊》篇云「明星煌煌」。《小雅·斯干》篇「噦噦其冥」，鄭箋云「噦噦，猶熠熠也，寬明之貌」，《釋文》「熠熠，吕忱云『火光貌』」。儵，字通作「儵」。張衡《西京賦》云「璿弁玉纓，遺光儵爚」。是「儵」爲光也。重言之則曰「儵儵」。《文選》曹植《責躬詩》注引揚雄《侍中箴》云「光光常伯，儵儵貂璫」。《説文》「烱，光也」。重言之則曰烱烱。襄五年《左傳》「我心扃扃」，杜預注云「扃扃，明察也」。《楚辭·哀時命》云「夜烱烱而不寐兮」。《九思》云「神光兮熲熲」。竝字異而義同。烱烱，各本皆作「烟烟」。此因「烱」字譌作「炯」，故又譌作「烟」耳。《文選·秋興賦》注引《廣雅》「烱烱，光也」。今據以訂正。晃晃，説見卷四「晃，明也」下。《説文》「熒，燈燭之光」。重言之則曰熒熒。宋玉《高唐賦》云「煌煌熒熒」。

蒙蒙、冥冥、昧昧、晻晻，暗也。

《楚辭·九辯》云「願晧日之顯行兮，雲蒙蒙而蔽之」。《小雅·無將大車》篇云「維塵冥冥」。《楚辭·九章》云「日昧昧其將莫」。卷四云「晻，冥也」。重言之則曰晻晻。《楚辭·九歎》云「日晻晻而下頹」。班彪《北征賦》云「日晻晻其將莫兮」。

堂堂、娗娗、彧彧、嬴嬴、嬛嬛、媉媉、夭夭、申申、奕奕、儀儀、僷僷、娥娥，容也。

《論語・子張》篇「堂堂乎張也」，鄭注云「言容儀盛也」。娗，音大丁、唐鼎二反。《廣韻》云「長好皃」。重言之則曰娗娗。蔡邕《青衣賦》云「停停溝側，皦皦青衣」。義與「娗娗」同。《史記・五帝紀》「其色郁郁」，《索隱》云「郁郁猶穆穆也」。郁與「彧」通。卷一云「嬴，好也」。重言之則曰嬴嬴。郭璞注《方言》云「嬴言嬴嬴也」。古詩云「盈盈樓上女」，又云「盈盈一水閒」。竝與「嬴嬴」同。嬛，今「娟」字也。卷一云「嬛，好也」。重言之則曰嬛嬛。《史記・司馬相如傳》「柔橈嬛嬛」，《索隱》引張注云「嬛嬛猶婉婉也」。嬛嬛，各本譌作「嫚嫚」，今訂正。卷一云「媉，好也」。重言之則曰媉媉。《論語・述而》篇「子之燕居，申申如也，夭夭如也」，馬融注云「申申、夭夭，和舒之貌」。《史記・萬石君傳》「子孫勝冠者在側，雖燕居必冠，申申如也，僮僕，訢訢如也，唯謹」，《漢書》同。顏師古注云「申申，整敕之貌」，「訢訢，讀與『誾誾』同，謹敬之貌」。案：「燕居必冠」以下數句，語意皆本《論語》。而「申申」爲整敕之貌，則與馬注訓爲「和舒」者不同，未知孰是。夭夭，各本作「妖妖」，因與「嬛嬛」「媉媉」連文而誤。今訂正。《方言》「奕、僷，容也，自關而西凡美容謂之奕，或謂之僷，宋衛曰僷，陳楚汝潁之閒謂之奕」，郭注云「奕奕、僷僷，皆輕麗之貌」。漢《先生郭輔碑》「堂堂四俊，碩大婉敏，娥娥三妃，行追太姒，葉葉昆嗣，福禄茂止」。堂堂、娥娥、葉葉皆容也。葉與「僷」同。《法言・孝至篇》云「麟之儀儀，鳳之師師，其至矣乎」。是「儀儀」爲容也。卷一云「娥，美也」。重言之則曰娥娥。《古詩》云「娥娥紅粉莊」。宋玉《神女賦》云「其狀峩峩，何可極言」。峩與「娥」同。美容謂之峩峩，德容亦謂之峩峩。《大雅・棫樸》篇「奉璋峩峩」，毛傳云「峩峩，盛壯也」。峩峩與「儀儀」古亦同聲。

駓駓、颿颿、驫驫、𡚁𡚁、趀趀、從從、蹡蹡，走也。

《魯頌・駉》篇「以車伾伾」，毛傳云「伾伾，有力也」，《釋文》云《字林》作「駓」，走也。《說文》「俟」字注引《小雅・吉日》篇「伾伾俟俟」。《後漢書・馬融傳》「鄙騃譟讙」，李賢注云「鄙騃，獸奮迅貌也」，引《韓詩》「駓駓騃騃，或羣或友」。《文選・西京賦》「羣獸⿰馬舌騃」，李善注引薛君《韓詩章句》云「趨曰⿰馬舌⿰馬舌，行曰騃騃」。《毛詩》作「儦儦俟俟」。《楚辭・招魂》「敦脄血拇，逐人駓駓些」，王逸注云「駓駓，走貌也」。駓、⿰馬舌、伾、鄙、儦五字竝聲近而通用。《說文》「颿，馬疾步也」。重言之則曰颿颿。《吳越春秋・句踐入臣外傳》云「颿颿獨兮西往」。驫驫猶「儦儦」也。《說文》「驫，衆馬行也」。《文選・吳都賦》「驫駥飍矞」，李善注與《說文》同。重言之則曰驫驫。𡚁，《玉篇》音俱永切。《說文》「𡚁，驚走也，從夰、䀠聲」。䀠，古文「囧」字也。重言之則曰𡚁𡚁。各本譌作「⿱䀠犬⿱䀠犬」，今訂正。《玉篇》「迸，散也」。王延壽《王孫賦》云「或蹻趹以跳迸」。迸與「趀」同。重言之則曰趀趀。《漢書・揚雄傳》「萃從允溶」，蕭該《音義》云「案《字林》及《埤倉》云『從從，走貌也』」。《禮樂志・郊祀歌》云「騎沓沓，般從從」。《楚辭・九辯》云「前輕輬之鏘鏘兮，後輜乘之從從」。從與「從」通。《說文》「⿱將足，行皃」。⿱將足與「蹡」同。重言之則曰蹡蹡。《曲禮》「大夫濟濟，士蹌蹌」，鄭注云「皆行容止之貌也」，《釋文》「蹌蹌」本又作「鶬」，或作「鏘」。竝字異而義同。

馥馥、芬芬、馞馞、馚馚、馦馦、馣馣、馛馛、馠馠、馡馡、蔎蔎，香也。

《衆經音義》卷二引《字林》云「馥，香氣也」。《說文》「⿱屮分，艸初生，其香分布也」，或作「芬」。重言之則曰馥馥、芬芬。蘇武詩云「馥馥秋蘭芳」。《大雅·梟鷖》篇云「燔炙芬芬」。《小雅·楚茨》篇「苾芬孝祀」，《衆經音義》卷十四引《韓詩》作「馥芬孝祀」。《信南山》篇云「苾苾芬芬」，此作「馥馥芬芬」。何晏《景福殿賦》亦云「藹藹萋萋，馥馥芬芬」。蓋皆本《韓詩》也。餘見《釋器》「馝，香也」下。《釋器》云「馞，香也」。重言之則曰馞馞。王逸注《離騷》云「菲菲，猶勃勃，芬香貌也」。勃與「馞」通。《釋器》云「馦、馠，香也」。《集韻》「馠」或作「馚」。重言之則曰馚馚、馦馦。馦，曹憲《音》「呼廉反」。各本脱去「馦馦」二字，其「呼廉」之音遂誤入「馚」字下。案：「馚」即「馠」之或字，音呼含反，不音呼廉反。《玉篇》《廣韻》「馦」許兼切。《集韻》又火占切。火占與「呼廉」同音，是呼廉乃「馦」字之音，非「馚」字之音。《集韻》引《廣雅》「馦馦，香也」。今據以補正。《釋器》云「馣，香也」。重言之則曰馣馣。《玉篇》「馣」於含切。《集韻》又衣檢切。宋玉《高唐賦》云「越香掩掩」。掩與「馣」通。引之云：《文選·長門賦》「桂樹交而相紛兮，芳酷烈之誾誾」，李善注云：「誾誾，香氣盛也。誾，魚巾切。」案：上文之心、音、宫、臨、風、淫、陰、音、襜，下文之吟、南、中、宫、崇、窮、音，皆以東、侵、鹽三部之字爲韻，此古人合韻之常例也。「誾」爲真部之字，古無以東、侵、鹽、真四部合韻者，殆誤字也。誾誾當爲「闇闇」，闇即古「馣」字也，凡字之從奄聲、音聲者多通用，闇之爲馣，猶暗之爲晻矣。《釋器》云「馥，香也」，重言之則曰馥馥。《玉篇》「馡，小香也」，重言之則曰馡馡。《楚辭·離騷》云「芳菲菲其彌章」，《九歎》云「佩江蘺之斐斐」，《史記·司馬相如傳》云「郁郁斐斐，衆香發越」，竝與「馡馡」同。馡馡，各本作「菲菲」，此後人以意改之也。《集韻》《類篇》引《廣雅》竝作「馡馡」。卷一云「菲，薄也」，曹憲《音》釋「菲，佛匪反，世人以此爲『芳馡』之馡，失之」。今據以訂正。《説文》「馛，香艸也」，重言之則曰蔎蔎。《楚辭・九歎》「懷椒聊之蔎蔎兮」。

眐眐、靡靡、踽踽、趌趌、趯趯、施施、奕奕、浮浮、趫趫、冄冄、徲徲、儦儦、趞趞、裔裔、趿趿、踥踥、夏夏、蹈蹈、衎衎、章章、衙衙，行也。

《楚辭・哀時命》「魂眐眐以寄獨兮」，王逸注云「眐眐，獨行貌也」。《王風・黍離》篇「行邁靡靡」，毛傳云「靡靡猶『遲遲』也」。《說文》「踽，疏行皃」，引《唐風・杕杜》篇「獨行踽踽」，毛傳云「踽踽，無所親也」。《說文》「趌，行皃」。重言之則曰趌趌。《小雅・小弁》篇「鹿斯之奔，維足伎伎」，毛傳云「伎伎，舒貌」。《漢書・東方朔傳》「跂跂脈脈善緣壁」，謂蟲行貌也。義竝與「趌趌」同。《方言》「遥，疾行也，南楚之外曰遥」。遥與「趯」同。重言之則曰趯趯。趯趯猶「躍躍」耳。《王風・丘中有麻》篇「將其來施施」，鄭箋云「施施，舒行伺閒，獨來見己之貌」，《釋文》云「施施，如字」。《孟子・離婁》篇「施施從外來」，孫奭《音義》云「施施，丁如字，張音移」。《楚辭・九章》「悲秋風之動容兮，何回極之浮浮」，王逸注云「浮浮，行貌」。《離騷》「老冄冄其將至兮」，注云「冄冄，行貌」。《說文》「徲，行平易也」。經傳通作「夷」，重言之則曰夷夷，夷與「遲」古同聲。《邶風・谷風》篇「行道遲遲」，毛傳云「遲遲，舒行貌」，遲遲與「夷夷」同。《匡謬正俗》云：古者遲、夷通用。《書》稱「遲任有言曰」，「遲」字音夷，亦音遲。《淮南》說「馮夷」河伯，乃爲「遲」字。史籍或言「陵遲」，或言「陵夷」，其義一也。《說文》「儦，行皃」，引《齊風・載驅》篇「行人儦儦」。《小雅・吉日》篇「儦儦俟俟」，毛傳云「趨則儦儦，行則俟俟」，《釋文》「儦儦」本或作「麃麃」。《說文》「趞，行皃」。重言之則曰趞趞。《文選・神女賦》「步裔裔兮曜殿堂」，李善注云「裔裔，行貌」。司馬相如《子虛賦》「纚乎淫淫，般乎裔裔」，郭璞注云「皆羣行貌也」。《漢書·禮樂志·郊祀歌》「先以雨，般裔裔」，顏師古注云「裔裔，飛流之貌」。《說文》「趿，進足有所擷取也」。《楚辭·九章》「衆踥蹀而日進兮」。是趿、踥皆行進貌也。重言之則曰趿趿、踥踥。諸書皆無「夏夏」之文。夏夏當作「憂憂」，字之誤也。《說文》「憂，和之行也」，引《商頌·長發》篇「布政憂憂」，今本作「敷政優優」。《鄭風·清人》篇「駟介陶陶」，毛傳云「陶陶，驅馳之貌」，《釋文》音徒報反。陶陶與「蹈蹈」同。《楚辭·七諫》「年滔滔而日遠兮」，注云「滔滔，行貌」。滔滔與「蹈蹈」聲義亦相近。《說文》「衍，水朝宗于海也，從水、行」，重言之則曰衍衍。《楚辭·七諫》云「駕青龍以馳騖兮，班衍衍之冥冥」。衕或作「衕」，衕衕，義見下條。

憧憧、嫛嫛、㣙㣙、營營，往來也。

《說文》「憧，意不定也」。《咸》九四「憧憧往來，朋從爾思」，《釋文》云「憧憧，馬云『行貌』，王肅云『往來不絕貌』，劉云『意未定也』，京作『憧憧』」。《鹽鐵論·刺復》篇云「心憧憧若涉大川，遭風而未薄」。《易林·咸之坤》云「心惡來怪，衝衝何懼」。竝字異而義同。嫛嫛，曹憲《音》「柈」。柈即「盤」字也。《玉篇》《廣韻》《集韻》音與曹憲同。各本「柈」字誤入正文，又誤作「拌拌」二字。上文「瞥瞥，視也」，曹憲《音》「柈」。今據以訂正。《小雅·青蠅》篇「營營青蠅」，毛傳云「營營，往來貌」。《楚辭·九章》「魂識路之營營」，王逸注與毛傳同。

腜腜、䑋䑋、𡗜𡗜、䐿䐿、濯濯、臏臏，肥也。

左思《魏都賦》「腜腜坰野」，張載注云「腜腜，美也」，引《大雅·緜》篇「周原腜腜」，李善注引《韓詩》同。

《毛詩》作「周原膴膴」，傳云「膴膴，美也」，鄭箋云「周之原地，膴膴然肥美」。膴與飴、謀、龜、時、兹爲韻，當讀如「梅」。《釋文》音武，失之。膴與「腜」古字通，又通作「每」。僖二十八年《左傳》「原田每每」，亦謂原田之肥美也。杜預注云「原田之草每每然」，失之。⿰月襄⿰月襄、⿱大旨⿱大旨，説見卷二「⿰月襄、肥、⿱大旨，盛也」下。⿱大旨從大、旨聲。各本譌作「⿱大畐⿱大畐」，今訂正。《説文》「⿳大目夂，大視也，從大、⿱目夂聲，讀若齤」。齤音拳。大與「肥」義相近。重言之則曰⿳大目夂⿳大目夂。各本譌作「⿳大目夂⿳大目夂」，今訂正。《大雅·靈臺》篇「麀鹿濯濯」。《孟子·梁惠王》篇注云「獸肥飽則濯濯」。司馬相如《封禪文》云「濯濯之麟，游彼靈畤」。

泡泡、淘淘、沸沸、洋洋、洹洹、湯湯、泱泱、湝湝、浩浩、潒潒、混混、⿱日巛⿱日巛、滂滂、沛沛、涓涓、決決、浪浪、油油、泧泧、淲淲，流也。淈淈。

《西山經》「其源渾渾泡泡」，郭璞注云「水濆涌之聲也」。淘淘與「滔滔」同。《小雅·四月》篇「滔滔江漢」，毛傳云「滔滔，大水貌」。滔之或作淘，猶搯之或作掏。曹憲《音》「陶」，失之。《風俗通義》引《詩》「江漢陶陶」，陶亦與「滔」同。《西山經》「其源沸沸湯湯」，注云「涌出之貌也」。《衛風·碩人》篇「河水洋洋」，毛傳云「洋洋，盛大也」。洋，曹憲《音》「陽」。各本脱去「洋洋」二字，其《音》內「陽」字誤入正文，又衍作「陽陽」二字。今訂正。《鄭風·溱洧》篇「溱與洧，方渙渙兮」，毛傳云「渙渙，盛也」，《釋文》「渙渙，《韓詩》作『洹洹』」。《太平御覽》引《韓詩》注云「洹洹，盛也」。《漢書·地理志》引《詩》作「灌灌」。竝字異而義同。《衛風·氓》傳云「湯湯，水盛貌」。《堯典》云「湯湯洪水方割，蕩蕩懷山襄陵，浩浩滔天」。蕩蕩與「潒潒」同。《小雅·瞻彼洛矣》篇「維水泱泱」，毛傳云「泱泱，深廣貌」。《鼓鍾》篇「淮水湝湝」，毛傳云「湝湝，猶『湯湯』也」。《說文》「混，豐流也」。司馬相如《上林賦》云「汩乎混流」。重言之則曰混混。《孟子·離婁》篇云「原泉混混」。《荀子·富國篇》云「財貨渾渾如泉源」。渾與「混」同。《說文》「𡿺，水流也」。《楚辭·九章》云「浩浩沅湘，分流汩兮」。汩與「𡿺」同。重言之則曰𡿺𡿺。《說文》「滂，沛也」。重言之則曰滂滂、沛沛。《荀子·富國篇》云「汸汸如河海」。《易林·未濟之鼎》云「流潦滂滂」。宋玉《高唐賦》云「奔揚踊而相擊兮，雲興聲之霈霈」。王褒《九懷》云「望淮兮沛沛」。汸與「滂」同。霈與「沛」同。《說文》「涓，小流也」，引《爾雅》「汝爲涓」。重言之則曰涓涓。《荀子·法行篇》引《詩》云「涓涓源水，不雝不塞」。《說文》「決，行流也」。重言之則曰決決。決決，水貌也，故因以爲水名。《北山經》云「龍侯之山，決決之水出焉而東流注于河」，是也。《楚辭·離騷》「攬茹蕙以掩涕兮，霑余襟之浪浪」，王逸注云「浪浪，流貌也」。《九歎》「江湘油油」，注云「油油，流貌也」。《衛風·竹竿》篇「淇水滺滺」，《釋文》作「浟浟」。《五經文字》云亦作「攸攸」。竝字異而義同。《說文》「濊，礙流也」，引《衛風·碩人》篇「施罟濊濊」。又「奯」字注云「讀若《詩》『施罟泧泧』」。今本作「施罛濊濊」，《釋文》引《韓詩》云「濊濊，流貌」。竝字異而義同。泧從水、戉聲。戉音越。各本譌從戊，今訂正。《小雅·白華》篇「滮池北流」，毛傳云「滮，流貌」。《說文》作「淲」。重言之則曰滮滮。《說文》「淈，水出皃也」。《莊子·達生》篇「與齊俱入，與汩皆出」，郭象注云「磨翁而旋入者齊也，回伏而涌出者汩也」。汩與「淈」同。重言之則曰淈淈。司馬相如《上林賦》「潏潏淈淈，湁潗鼎沸」，郭璞注云「皆水微轉細涌貌也」。《淮南子·原道訓》云「混混汩汩」。《易林·同人之既濟》云「涌泉滑滑」。竝字異而義同。《史記·司馬相如傳》索隱及《集韻》《類篇》竝引《廣雅》「淈淈，流也」。今本脱

「淈淈」二字。

汎汎、氾氾，浮也。

《邶風・二子乘舟》篇云「二子乘舟，汎汎其景」。汎，曹憲《音》「扶弓反」。各本「扶弓」二字誤入正文内，又誤作「㚌㚌」二字。《玉篇》「汎」扶弓切。今據以訂正。《楚辭・卜居》云「將氾氾若水中之鳧乎」。氾，曹憲《音》「孚劍反」。各本脱去「氾氾」二字，「孚劍」又譌作「扶劍」。案：《玉篇》《廣韻》《集韻》「氾」字俱音孚劍切，不音扶劍切。此因與上文「汎」扶弓反相涉而誤。「汎汎」與「氾氾」連文，後人不知汎、氾之不同音而誤以爲重出，故删去「氾氾」二字耳。《漢書・司馬相如傳》「汎淫氾濫」，顔師古注云「汎音馮，氾音敷劍反」。司馬貞《史記索隱》云「汎音馮，氾音芳劍反」，引《廣雅》「汎汎、氾氾，浮也」。今據以補正。

䡩䡩、硠硠，堅也。

䡩䡩，説見卷一「䡩，堅也」下。《衆經音義》卷四引《廣雅》作「䡩䡩」。

葟葟、芚芚、莫莫、萋萋、菶菶、芊芊、芾芾、蓁蓁、薿薿、淠淠、茀茀、蒼蒼、媄媄、藏藏、幪幪、薱薱、蔚蔚、蓩蓩、葆葆、芔芔，茂也。

此謂草木之盛也。《爾雅》云「華，皇也」，又云「蕍、芛、葟、華，榮」。葟與「皇」通。重言之則曰皇皇。《小雅・皇皇者華》傳云「皇皇猶『煌煌』也」。《大雅・行葦》篇「維葉泥泥」，傳云「葉初生泥泥然」。《潛夫論・德化》篇引《詩》作「柅柅」。竝與「芚芚」同。莫莫猶「莽莽」也。《周南・葛覃》篇「維葉莫莫」，《大雅・旱麓》篇「莫莫葛藟」，皆是茂盛之貌。傳因「是刈是濩」，而云「莫莫，成就之貌」，因「施于條枚」，而云

「莫莫，施貌」，緣詞生訓，殆非也。《説文》「萋，艸盛也」，《小雅·杕杜》篇云「卉木萋止」，重言之則曰萋萋。《葛覃》「維葉萋萋」，傳云「萋萋，茂盛貌」，萋萋猶「莫莫」耳。《説文》「菶，艸盛也」。《大雅·卷阿》篇「菶菶萋萋」，傳云「梧桐盛也」。《生民》篇「瓜瓞唪唪」，傳云「唪唪然多實也」。案：唪唪亦茂盛之貌，不必專訓多實。《説文》「玤」字注云「讀若《詩》曰『瓜瓞菶菶』」，是「唪唪」即菶菶也。瓜瓞菶菶猶言「麻麥幪幪」耳。《卷阿》釋文云「菶菶，布孔反，又薄孔反，又薄公反」。《小雅·采菽》篇「維柞之枝，其葉蓬蓬」，傳云「蓬蓬，盛貌」，義亦與「菶菶」同。《説文》「䜪，望山谷䜪䜪青也」。《列子·力命》篇云「美哉國乎，鬱鬱芊芊」。《文選·高唐賦》云「仰視山巔，肅何芊芊」。潘岳《懷縣》詩云「稻栽肅仟仟」。謝朓《游東田》詩云「遠樹曖仟仟」。五臣本作「阡阡」。竝字異而義同。芇芇猶「沛沛」也。《説文》「巿，艸木盛巿巿然，讀若輩」。《陳風·東門之楊》篇云「東門之楊，其葉肺肺」。《大雅·生民》篇云「荏菽旆旆」。義竝與「芇芇」同。《説文》「蓁，艸盛皃」。《周南·桃夭》篇「桃之夭夭，其葉蓁蓁」，傳云「蓁蓁，至盛皃」。《文選·東都賦》注引《韓詩·小雅》「蓁蓁者莪」，《毛詩》作「菁菁」，聲近而義同。《説文》「薿，茂也」。《小雅·甫田》篇云「黍稷薿薿」。《漢書·食貨志》引作「儗儗」。《小雅·小弁》篇「萑葦淠淠」，傳云「淠淠，衆也」。淠淠，各本譌作「渒渒」，今訂正。《爾雅》「覭髳，茀離也」，郭璞注云「謂草木之叢茸翳薈」。是「茀」爲茂也。重言之則曰茀茀。《夏小正》「拂桐芭」，傳云「言桐芭始生貌拂拂然也」。拂與「茀」通。《秦風·蒹葭》篇「蒹葭蒼蒼」，傳云「蒼蒼，盛也」。《禹貢》云「厥草惟夭」。是「夭」爲茂也。夭與「𡝐」同。字又作「枖」。重言之則曰𡝐𡝐。《説文》「枖，木少盛皃」，引《詩》「桃之枖枖」。又「𡝐」字注引《詩》「桃之𡝐𡝐」。今本作「夭夭」，傳云「夭夭，其少壯也」。《邶風・凱風》篇「棘心夭夭」，傳云「夭夭，盛貌」。其實一義也。《檜風・萇楚》篇云「夭之沃沃」。沃沃與「夭夭」亦同義。既言「夭」而又言「沃沃」者，言重詞複以形容其盛，若《中庸》言「淵淵其淵」矣。《陳風・東門之楊》篇「東門之楊，其葉牂牂」，傳云「牂牂然盛貌」。《易林・革之大有》云「南山之楊，其葉將將」。竝與「藏藏」同。《大雅・生民》篇「麻麥幪幪」，傳云「幪幪然盛茂也」。幪幪，各本譌作「懞懞」，今訂正。各本「幪」下又有「莫莫」二字。案：「莫莫」已見上文，不應重出。《詩》「麻麥幪幪」，《釋文》音莫孔反。各本「幪」下「莫」字，當是反語之上一字，既誤入正文，又衍爲「莫莫」二字耳。今訂正。《文選・高唐賦》「嚉兮若松榯」，李善注云「嚉，茂貌」。嚉與「薱」通。《西都賦》「茂樹蔭蔚」，注引《倉頡篇》云「蔚，草木盛貌」。合言之則曰「薱蔚」。《後漢書・馬融傳》「豐彤對蔚」，李賢注云「皆林木貌也」。對與「薱」通。重言之則曰薱薱、蔚蔚。蔚蔚猶「鬱鬱」耳。《釋言》云「䓮，葆也」。䓮與「蓩」同。重言之則曰蓩蓩、葆葆。蓩，曹憲《音》「亡豆」「亡老」二反。「蓩」亦茂也。魏武帝《氣出唱》樂府云「乘雲駕龍，鬱何蓩蓩」。《淮南子・天文訓》云「斗指卯，卯則茂茂然」。茂與「蓩」通。哀元年《左傳》注云「草之生於廣野莽莽然，故曰草莽」。《楚辭・九章》云「草木莽莽」。莽與「茻」同。

𣢑𣢑、藹藹、穮穮、戩戩、渠渠、閑閑、勃勃、藐藐、煒煒、童童、鑯鑯、闐闐、彭彭、岌岌、旁旁、鏘鏘、騤騤、驛驛、業業、翼翼、奕奕、常常、几几，盛也。

此謂凡物之盛也。《漢書・陳勝傳》「夥涉之爲王沈沈者」，應劭注云「沈沈，宫室深邃之貌也，音長含反」。張衡《西京賦》云「大厦眈眈」。義竝與「𣢑𣢑」同。《爾雅》「藹藹、濟濟，止也」，郭璞注云「皆賢士盛多之容止」。《大雅·卷阿》篇云「藹藹王多吉士」。《衛風·碩人》篇「朱幩鑣鑣」，傳云「鑣鑣，盛貌」。《鄭風·清人》篇「駟介麃麃」，傳云「麃麃，武貌」。《齊風·載驅》篇「行人儦儦」，傳云「儦儦，衆貌」。《小雅·角弓》篇「雨雪瀌瀌」，箋云「雨雪之盛瀌瀌然」。義竝同也。《秦風·權輿》篇云「夏屋渠渠」。是「渠渠」爲盛貌也。《大雅·皇矣》篇「臨衝閑閑，崇墉言言」，「臨衝茀茀，崇墉仡仡」，傳云「閑閑，動搖也」，「言言，高大也」，「茀茀，彊盛也」，「仡仡猶『言言』也」。案：言言、仡仡皆謂城之高大，則閑閑、茀茀亦皆謂車之彊盛。茀茀與「勃勃」同。《廣雅》以「閑閑」「勃勃」俱訓爲盛，蓋本諸三家也。《法言·淵騫篇》云「勃勃乎其不可及乎」。《淮南子·時則訓》云「教教陽陽，唯德是行」。卷二云「浡，盛也」。浡、教竝與「勃」同。《爾雅》「藐藐，美也」。美與「盛」同義。《大雅·崧高》篇云「寢廟既成，既成藐藐」。卷二云「韡，盛也」。重言之則曰韡韡。《小雅·常棣》篇「常棣之華，鄂不韡韡」，傳云「韡韡，光明也」。《藝文類聚》引《韓詩》作「夫栘之華，咢不煒煒」。《邶風·静女》篇「彤管有煒」，箋云「赤管煒煒然」。蔡邕《琴賦》云「丹華煒煒」。煒與「韡」同義。《召南·采蘩》篇「被之僮僮，夙夜在公，被之祁祁，薄言還歸」，傳云「被，首飾也」，「僮僮，竦敬也」，「祁祁，舒遲也，去事有儀也」。案：《詩》言「被之僮僮」「被之祁祁」，則「僮僮」「祁祁」皆是形容首飾之盛，下乃言其奉祭祀不失職耳。《大雅·韓奕》篇云「諸娣從之，祁祁如雲」。是「祁祁」爲盛貌。僮與「童」通。《廣雅》訓「童童」爲盛，蓋亦本三家也。《釋名》「幢，童也，其貌童童然也」。《蜀志·先主傳》云「有桑樹高五丈餘，遥望見，童童如小車蓋」。《藝文類聚》引作「幢幢」。張衡《東京賦》云「設業設虡，宫縣金鏞，鼖鼓路鼗，樹羽幢幢」。皆謂盛貌也。童、僮、幢古同聲而通用。《説文》「鉞，車鸞聲也」，引《詩》「鑾聲鉞鉞」。今《詩・小雅・庭燎》篇及《魯頌・泮水》篇竝作「鸞聲噦噦」。義與「鐬鐬」同。《大雅・卷阿》篇「鳳皇于飛，翽翽其羽」，傳云「翽翽，衆多也」，箋云「羽聲也」。《小雅・斯干》篇「噦噦其冥」，箋云「噦噦，猶煟煟也，寬明之貌」。皆盛之義也。凡盛貌謂之闐闐，盛聲亦謂之闐闐。《說文》「闐，盛皃也」。又云「嗔，盛氣也」，引《小雅・采芑》篇「振旅嗔嗔」，今本作「闐闐」。《爾雅》注云「闐闐，羣行聲」。左思《魏都賦》云「振旅輷輷，反旆悠悠」。《問喪》云「殷殷田田，如壞牆然」。《楚辭・九歌》云「靁填填兮雨冥冥」。《漢書・禮樂志・郊祀歌》「泛泛滇滇從高斿」，應劭注云「滇滇，盛貌也」。《易林・賁之蹇》云「轠轠填填，火燒山根」。郭璞《江賦》「汗汗沺沺」。《廣韻》引《字林》云「沺沺，水勢廣大無際之皃」。是凡言闐闐者，皆盛之義也。彭彭與下「旁旁」同，音博庚、蒲庚二反。《大有》九四「匪其彭」，王肅注云「彭，壯也」。重言之則曰彭彭。《說文》「騯，馬盛也」，引《詩》「四牡騯騯」。今《詩・小雅・北山》篇及《大雅・烝民》《韓奕》二篇竝作「四牡彭彭」。《鄭風・清人》篇「駟介旁旁」，王肅注云「旁旁，彊也」。《齊風・載驅》篇「行人彭彭」，傳云「彭彭，多貌」。《魯頌・駉》篇「以車彭彭」，傳云「彭彭，有力有容也」。騯、旁、彭竝同義。凡聲之盛謂之鏘鏘，故鸞聲謂之鏘鏘。《小雅・采芑》篇「八鸞瑲瑲」，《庭燎》篇作「將將」，《大雅・烝民》篇作「鏘鏘」，《商頌・烈祖》篇作「鶬鶬」。是也。樂聲謂之鏘鏘。《小雅・鼓鍾》篇「鼓鍾將將」。《周頌・執競》篇「磬筦將將」。《說文》作「蹡蹡」。是也。玉聲謂之鏘鏘。《鄭風・有女同車》篇「佩玉將將」，是也。車聲謂之鏘鏘。《楚辭・九辯》「前輊輬之鏘鏘」，是也。凡貌之盛亦謂之鏘鏘，故行貌謂之蹌蹌。《曲禮》「大夫濟濟，士蹌蹌」，鄭注云「皆行容止之貌」。《釋文》「蹌蹌」本又作「鶬」，或作「鏘」。是也。舞貌謂之蹌蹌。《説文》「牄」字注引《皋陶謨》「鳥獸牄牄」，今本作「蹌蹌」，《史記・夏紀》作「鳥獸翔舞」。是也。高貌謂之將將。《大雅・緜》篇「應門將將」，班固《西都賦》「激神岳之嶈嶈」，馬融《廣成頌》「峨峨磑磑，鏘鏘崔崔」，是也。美貌謂之將將。《魯頌・閟宫》篇「犧尊將將」，《正義》云「將將然盛美」。《管子・形勢解》云「將將鴻鵠，貌之美者」。是也。明貌謂之將將。《荀子・王霸篇》引《詩》云「如霜雪之將將，如日月之光明」，是也。是凡言鏘鏘者，皆盛之義也。《小雅・采薇》篇「四牡騤騤」，傳云「騤騤，彊也」。張衡《南都賦》云「駟飛龍兮騤騤」。《周頌・載芟》篇「驛驛其達」。《爾雅》作「繹繹」，舍人注云「穀皆生之貌」。是「驛驛」爲盛也。《小雅・采薇》篇「四牡業業」，傳云「業業然壯也」。《大雅・常武》篇云「赫赫業業」。《小雅・采芑》篇「四騏翼翼」，箋云「翼翼，壯健貌」。《信南山》篇「我黍與與，我稷翼翼」，❶箋云「與與、翼翼，蕃廡貌」。《大雅・緜》篇「作廟翼翼」，箋云「嚴顯翼翼然」。《後漢書・樊準傳》引《商頌・殷武》篇「京師翼翼，四方是則」，李賢注云「《韓詩》之文也，翼翼然盛也」。又《小雅・信南山》篇云「疆埸翼翼，黍稷彧彧」。《大雅・文王》篇云「世之不顯，厥猶翼翼」。《常武》篇云「緜緜翼翼，不測不克」。《孔子閒居》云「無體之禮，威儀翼翼」。皆盛之義也。單言之則謂之翼，義見卷一「憑，滿也」下。奕奕猶驛驛也。《商頌・那》篇「庸鼓有斁，萬舞有奕」，傳云「斁斁然盛也，奕奕然閑也」。《文選》謝惠連《秋懷詩》注引薛君《韓詩章句》云「奕奕，盛貌」。《小雅・車攻》篇云「四牡奕奕」。《大雅・韓奕》篇「奕奕梁山」，傳云「奕奕，大

❶「信南山」，據引文當作「楚茨」。

也」。《魯頌・閟宮》篇「新廟奕奕」，王肅注云「奕奕，盛大」。《周官・隸僕》注引作「寢廟繹繹」。奕、繹、斁竝同義。《小雅・頍弁》篇「憂心奕奕」，「憂心怲怲」，傳云「奕奕然，無所薄也」，「怲怲，憂盛滿也」。案：奕奕亦憂盛滿之貌，義與「怲怲」同。怲怲與「彭彭」古同聲。故馬盛謂之彭彭，亦謂之奕奕。憂盛謂之奕奕，亦謂之怲怲矣。《説文》「常」或作「裳」。《小雅・裳裳者華》傳云「裳裳，猶『堂堂』也」。《豳風・狼跋》篇云「赤舄几几」。是「几几」爲盛貌也。《説文》引《詩》作「己己」，又作「掔掔」。

仍仍、登登、翹翹、馮馮、總總、僔僔、甫甫、伾伾、集集、師師、逯逯、嘽嘽、淖淖、漄漄、繽繽、紛紛、噳噳，衆也。

《爾雅》「薨薨，衆也」。《大雅・緜》篇「捄之陾陾，度之薨薨，築之登登，削屢馮馮」，傳云「捄，虆也」，「陾陾，衆也」，「度，居也，言百姓之勸勉也」，「登登，用力也，削牆鍛屢之聲馮馮然」。陾與「仍」通。合言之，則皆衆民力作之貌，故登登、馮馮亦訓爲「衆」。《太玄・廓》次六「百辟馮馮」，亦以馮馮爲衆也。《周南・漢廣》篇「翹翹錯薪，言刈其楚」，「翹翹」與「錯薪」連文，則翹翹爲衆貌，言於衆薪之中，刈取其高者耳。傳、箋以翹翹爲高，則與下句相複。《廣雅》以爲衆，蓋本於三家也。卷三云「蕁、總，聚也」，蕁與「僔」通，重言之則曰總總、僔僔。《楚辭・離騷》「紛總總其離合兮」，王逸注云「總總，猶僔僔，聚貌」。《九歌》「紛總總兮九州」，注云「總總，衆貌」。《莊子・則陽》篇「是稯稯何爲者邪」，李頤注云「稯稯，聚貌」。稯與「總」通。僖十五年《左傳》引《小雅・十月之交》篇「僔沓背憎」，今本「僔」作「噂」，傳云「噂猶噂噂」，「沓猶沓沓」。張衡《南都賦》云「森蕁蕁而刺天」。揚雄《甘泉賦》云「齊總總撙撙其相膠轕兮」。竝字異而義同。

《大雅·韓奕》篇「魴鱮甫甫」，傳云「甫甫然大也」。此訓爲「衆」，義得兩通，蓋亦本三家也。伾伾，羣行貌也。説見上文「駓駓，走也」下。卷三云「集，聚也」。重言之則曰集集。《周南·螽斯》篇「螽斯羽，揖揖兮」，傳云「揖揖，會聚也」，義與「集集」同。《師》彖傳云「師，衆也」。重言之則曰師師。《史記·平原君傳》云「公等録録，所謂因人成事者也」。《漢書·蕭何曹參傳》贊「當時録録未有奇節」，顔師古注云「録録猶鹿鹿，言在凡庶之中也」。《史記·酷吏傳》贊「九卿碌碌奉其官」。竝與「逯逯」同。《小雅·采芑》篇「戎車嘽嘽」，傳云「嘽嘽，衆也」。《大雅·常武》篇「王旅嘽嘽」，傳云「嘽嘽然盛也」。《崧高》篇「徒御嘽嘽」，亦是衆盛之貌。傳因「周邦咸喜」而訓「嘽嘽」爲喜樂，失之。《漢書·敘傳》「王師驒驒」，義與「嘽嘽」同。《小雅·南有嘉魚》篇「烝然罩罩」，「烝然汕汕」，傳云「罩罩，篧也」，「汕汕，樔也」，箋云「烝，塵也，塵然猶言久如也，言南方水中有善魚，人將久如而俱罩之」，「樔者，今之撩罟也」，《正義》引《爾雅》「篧謂之罩」，「樔謂之汕」。《毛鄭詩考正》云：案王肅云「烝，衆也」。罩罩、汕汕，疊字形容之辭，不當爲捕魚器。《説文》「䲦」字注云「烝然䲦䲦」，又「汕」字注云「魚游水貌，《詩》曰『烝然汕汕』」。䲦、罩古字通用。罩罩、汕汕蓋皆魚游水之貌，故以興燕樂。《爾雅》「篧謂之罩」「樔謂之汕」，自釋捕魚器，非釋《詩》之「罩罩」「汕汕」也。謹案：罩罩、汕汕，羣游之貌，故又訓爲「衆」，亦若「伾伾」爲羣行之貌而訓爲「衆」也。淖淖與「罩罩」同。滻滻與「汕汕」同。《廣韻》汕、滻二字竝所簡切。淖淖、滻滻之訓爲衆，蓋亦本三家也。《大雅·靈臺》篇「麀鹿濯濯」，傳云「濯濯，娱遊也」。《石鼓文》「澫又鯊，其斿⿺走敫⿺走敫」。濯濯與「淖淖」，⿺走敫⿺走敫與「汕汕」，聲竝相近。《楚辭·離騷》「佩繽紛其繁飾兮」，是「繽紛」爲衆貌也。重言之則曰繽繽紛紛。《孫子·

兵勢篇》云「紛紛紜紜」。《説文》「噳，麌鹿羣口相聚皃」。《大雅・韓奕》篇「麀鹿噳噳」，傳云「噳噳然衆也」。《小雅・吉日》篇作「麌麌」。

遼遼、遥遥、邈邈、眇眇，遠也。

《楚辭・九歎》云「山脩遠其遼遼兮」。昭二十五年《左傳》云「遠哉遥遥」。卷一云「邈，遠也」。重言之則曰邈邈。《楚辭・離騷》「神高馳之邈邈」，王逸注云「邈邈，遠貌」。《大雅・瞻卬》篇「藐藐昊天」，藐與「邈」同。邈邈，各本譌作「遻遻」，今訂正。《釋言》云「眇，莫也」。重言之則曰眇眇。《楚辭・九章》云「路眇眇之默默」。《管子・内業》篇云「渺渺乎如窮無極」。渺與「眇」同。眇眇猶「邈邈」耳。

呦呦、嚶嚶、譻譻、喈喈、嘖嘖、嚖嚖，鳴也。

《小雅・鹿鳴》篇云「呦呦鹿鳴」。《召南・草蟲》篇「喓喓草蟲」，傳云「喓喓，聲也」。《小雅・伐木》篇云「鳥鳴嚶嚶」。單言之則曰嚶，下文「嚶其鳴矣」是也。張衡《思玄賦》「鳴玉鸞之譻譻」，義與「嚶嚶」同。《爾雅》「行鳸喈喈，宵鳸嘖嘖」，李巡注云「喈喈、嘖嘖，鳥聲貌也」。《淮南子・原道訓》云「烏之啞啞，鵲之喈喈」。《小雅・小弁》篇「鳴蜩嘒嘒」，傳云「嘒嘒，小聲也」。《采菽》篇「鸞聲嘒嘒」。竝與「嚖嚖」同。

虺虺、喤喤、輷輷、轞轞、欿欿、欽欽、丁丁、闐闐、薺薺、𨏩𨏩、䜶䜶、橐橐、轔轔、鈴鈴，聲也。

《邶風・終風》篇云「虺虺其靁」。喤喤，説見卷四「鍠，聲也」下。《説文》「轟，羣車聲」。《文選・魏都賦》注引《倉頡篇》云「輷輷，衆車聲也」。《史記・蘇秦傳》云「人民之衆，車馬之多，日夜行不絶，輷輷殷殷，若有三軍之衆」。《易林・頤之大有》云「轟轟輷輷，驅東逐西」。竝字異而義同。《王風・大車》篇「大車檻檻」，傳云「檻檻，車行聲也」。檻與「轞」通。字亦作「䡲」，左思《吴都賦》云「出車䡲䡲」。《陳風・宛丘》篇云「坎其擊鼓」。重言之則曰坎坎。《説文》「竷，舞曲也」，引《小雅・伐木》篇「竷竷舞我」，今本作「坎坎鼓我」。《魏風・伐檀》篇「坎坎伐輪兮」，漢石經作「欿欿」。竝字異而義同。欽欽猶「坎坎」也，《小雅・鼓鍾》篇云「鼓鍾欽欽」。《周南・兔罝》篇「椓之丁丁」，傳云「丁丁，椓杙聲也」。《小雅・伐木》篇「伐木丁丁」，傳云「丁丁，伐木聲也」。凡羣行聲謂之闐闐，《説文》引《小雅・采芑》篇「振旅嗔嗔」，今本作「闐闐」，《爾雅注》云「闐闐，羣行聲」。左思《魏都賦》云「振旅輷輷，返斾悠悠」，是也。車聲謂之輷輷。《易林》云「轟轟輷輷，驅東逐西」，是也。雷聲謂之填填。《楚辭・九歌》云「靁填填兮雨冥冥」。《九辯》「屬雷師之闐闐」。是也。崩聲謂之田田。《問喪》云「殷殷田田，如壞牆然」，是也。凡言闐闐者，竝同義。《説文》「鼘，鼓聲也」，引《商頌・那》篇「鼗鼓鼘鼘」，今本作「淵淵」。《魯頌・有駜》篇「鼓咽咽」，《釋文》本又作「鼝鼝」。張衡《東京賦》「雷鼓鼝鼝」。竝字異而義同。轠轠猶「闐闐」也，故車聲、雷聲、崩聲、羣行聲皆謂之轠轠。《易林・咸之困》云「雷車不藏，隱隱西行」。司馬相如《長門賦》云「雷殷殷而響起兮，聲象君之車音」。竝與「轠轠」同。單言之則曰殷，《召南》「殷其靁」是也。餘見上文「輷輷」「闐闐」下。《大雅・靈臺》篇「鼉鼓逢逢」，《釋文》「逢逢，《埤倉》作『韸韸』」。《吕氏春秋・季夏紀》注引《詩》亦作「韸韸」。《小雅・斯干》篇「椓之橐橐」，《集傳》云「橐橐，杵聲也」。椓之橐橐，猶言「椓之丁丁」耳。《斯干》釋文云「橐橐」本或作「柝柝」。橐、柝竝與「欜」通。《繫辭傳》「重門擊柝」，馬融注云「兩木相擊以行夜也」。《説文》引《易》「柝」作「欜」。案：欜之言橐也，兩木相擊，聲橐橐然也。義亦與「椓之橐橐」同。《楚辭・九歌》

「乘龍兮轔轔」，王逸注云「轔轔，車聲」。《秦風·車鄰》篇「有車鄰鄰」，傳云「鄰鄰，衆車聲也」，《釋文》本亦作「轔轔」。崔駰《東巡頌》云「天動雷霆，隱隱轔轔」。鈴鈴猶「轔轔」也。《齊風·盧令》篇「盧令令」，傳云「令令，纓環聲」，《正義》作「鈴鈴」。《漢書·天文志》云「地大動鈴鈴然」。《說文》云「霆，雷餘聲鈴鈴，所以挺出萬物也」。

混混、沌沌，轉也。

混混或作「渾渾」。《孫子·兵勢篇》「渾渾沌沌，形圓而不可敗」，魏武帝注云「車騎轉而形圓者，出入有道齊整也」。《呂氏春秋·大樂》篇云「陰陽變化，一上一下，合而成章，渾渾沌沌，離則復合，合則復離，是謂天常，天地車輪，終則復始，極則復反，莫不咸當」。是渾渾、沌沌爲轉貌也。凡狀水之轉，亦曰渾渾沌沌。枚乘《七發》說曲江之濤云「沌沌渾渾，狀如奔馬，混混庉庉，聲如雷鼓」。混庉猶「渾沌」耳。

馮馮、翼翼、烟烟、熅熅、瞧瞧、盱盱，元氣也。

《楚辭·天問》「馮翼惟像，何以識之」，王逸注云「言天地既分，陰陽運轉，馮馮翼翼，何以識知其形像乎」。《淮南子·天文訓》「天墜未形，馮馮翼翼，洞洞屬屬」，高誘注云「馮翼洞屬，無形之貌」。《繫辭傳》云「天地絪緼，萬物化醇」。絪緼與「烟熅」同。重言之則曰烟烟、熅熅。班固《典引》「太極之元，兩儀始分，烟烟熅熅」，蔡邕注云「烟烟熅熅，陰陽和一相扶貌也」。瞧瞧、盱盱猶烟烟、熅熅也。揚雄《劇秦美新》云「權輿天地未袪，瞧瞧盱盱」。元氣未判謂之瞧盱，太朴未彫亦謂之瞧盱。王延壽《魯靈光殿賦》「上紀開闢，遂古之初，五龍比翼，人皇九頭，伏羲鱗身，女媧蛇軀，鴻荒朴略，厥狀瞧盱」，張載注云「瞧盱，質朴之形」。

紛紛、條條、擾擾、憒憒、怓怓、惛惛、忞忞，亂也。

《吕刑》云「泯泯棼棼」。《孫子·兵勢篇》云「紛紛紜紜」。竝與「紛紛」同。《晉語》云「唯有諸侯，故擾擾焉」。前卷三云「憒，亂也」。重言之則曰憒憒。《大雅·召旻》篇「潰潰回遹」，傳云「潰潰，亂也」。《莊子·大宗師》篇云「憒憒然爲世俗之禮」。憒與「潰」通。桓五年《公羊傳》「怓也」，何休注云「怓者，狂也」，狂與「亂」同義，重言之則曰怓怓。《多方》云「乃大淫昏」。《説文》引《立政》云「在受德忞」。是昏、忞皆亂也。昏與「惛」同。重言之則曰惛惛、忞忞。《管子·四時》篇云「五漫漫，六惛惛，孰知之哉」。《法言·問神篇》「著古昔之嗜嗜，傳千里之忞忞者，莫如書」，李軌注云「嗜嗜，目所不見」，「忞忞，心所不了」。嗜嗜與「惛惛」同。忞忞與「漫漫」聲亦相近。

儛儛、僊僊、傞傞，舞也。

并見《小雅·賓之初筵》篇。

蜿蜿、蝹蝹，動也。

《玉篇》「蜿」音於阮、於元、於丸三切。《楚辭·大招》「虎豹蜿只」，王逸注云「蜿，虎行貌也」。行與「動」同義。重言之則曰蜿蜿。《楚辭·離騷》云「駕八龍之婉婉兮」。宋玉《高唐賦》云「振鱗奮翼，蜲蜲蜿蜿」。司馬相如《封禪文》云「宛宛黄龍，興德而升」。竝字異而義同。《玉篇》「蝹」音於筠、於云二切。何晏《景福殿賦》云「蝹若神龍之登降」。重言之則曰蝹蝹。張衡《西京賦》云「海鱗變而成龍，狀蜿蜿以蝹蝹」。皆動之貌也。各本脱去「動」字。《集韻》《類篇》竝引《廣雅》「蜿蜿、蝹蝹，動也」。今據以補正。

誇誇、切切，也。

誇誇，未詳所出。切切，見《論語・子路》篇，與誇大之義不相比附。當别是一條。「誇誇」下當有脱文，「切切」下亦當有脱文。今不可考。

行行、更更，也。

《論語・先進》篇「子路行行如也」，鄭注云「行行，剛强之貌」。更更讀如「庚庚」。《釋名》云「庚，更也，堅强貌也」。《説文》「庚，位西方，象秋時萬物庚庚有實也」，徐鍇《傳》云「庚庚，堅彊之皃」。庚與「更」通。行行、更更聲相近，皆彊貌也。「更更」下蓋脱「彊」字。

乾乾，健也。

《乾》九三云「君子終日乾乾」。餘見卷二「乾，健也」下。

蹇蹇，難也。

《蹇》六二云「王臣蹇蹇」。餘見卷三「蹇，難也」下。

趯趯，跳也。

《召南・草蟲》篇「趯趯阜螽」，傳云「趯趯，躍也」。躍與「趯」古同聲而通用。《小雅・巧言》篇「躍躍毚兔」，《釋文》他狄反。是讀如「趯趯阜螽」之趯。《爾雅》「躍躍，迅也」，《釋文》余斫反。是又讀如「魚躍于淵」之躍。

嬥嬥，好也。

卷一云「嬥，好也」。重言之則曰嬥嬥。《毛詩·小雅·大東》篇「糾糾葛屨，可以履霜，佻佻公子，行彼周行，既往既來，使我心疚」，傳云「佻佻，獨行貌」，《釋文》「佻佻，《韓詩》作『嬥嬥』，往來貌」。案：「糾糾」是「葛屨」之貌，非「履霜」之貌，則「嬥嬥」亦是「公子」之貌，非獨行、往來之貌。猶之「糾糾葛屨，可以履霜，摻摻女手，可以縫裳」，「摻摻」是「女手」之貌，非縫裳之貌也。《説文》「嬥，直好皃」。《玉篇》音徒了、徒聊二切。嬥嬥猶言「苕苕」。張衡《西京賦》云「狀亭亭以苕苕」，是也。故《楚辭·九歎》注引《詩》作「苕苕公子，行彼周行」。《大東》釋文云「嬥嬥」本或作「窕窕」。《方言》「美狀爲窕」。「窕」亦好貌也。此句但言其直好，下三句乃傷其困乏。言此嬥嬥然直好之公子，馳驅周道，往來不息，是使我心傷病耳。《廣雅》訓「嬥嬥」爲好，當是《齊》《魯詩》説。若《毛詩》因「行彼周行」而訓爲獨行，《韓詩》因「既往既來」而訓爲往來，皆緣辭生訓，非詩人本意也。

呱呱，號也。

《説文》「呱，小兒嗁聲」，引《大雅·生民》篇「后稷呱矣」。重言之則曰呱呱。《皋陶謨》云「啟呱呱而泣」。

跾跾，盡也。

卷一云「鋌，盡也」。鋌與「跾」通。重言之則曰跾跾。《論衡·語增篇》云「傳語曰『町町若荆軻之閭』，言荆軻爲燕太子丹刺秦王，後誅軻九族，其後恚恨不已，復夷軻之一里，一里皆滅，故曰町町」。義與「跾跾」同。

頻頻，比也。

說見卷三「頻，比也」下。

囂囂，虚也。

《法言·君子篇》云「或曰『人有齊死生，同貧富，等貴賤，何如』，曰『信死生齊，貧富同，貴賤等，則吾以聖人爲囂囂』」，吴祕注云「若信是言，則吾以聖人六經之旨，爲囂囂之虚語耳」。《君子》篇又云「或曰『世無仙，則焉得斯語』，曰『語乎者，非囂囂也歟』」，吴祕注云「囂囂然方士之虚語耳」。

章章，采也。

《荀子·法行篇》云「故雖有珉之雕雕，不若玉之章章」。

斤斤，仁也。

《周頌·執競》篇「斤斤其明」，《爾雅》「斤斤，察也」，義與「仁」不相近。「斤斤」之下，「仁也」之上，蓋俱有脱文。

蒸蒸，孝也。

蒸或作「烝」。引之云：《堯典》「父頑，母嚚，象傲，克諧，以孝烝烝，乂不格姦」，傳云「諧，和；烝，進也；言能以至孝諧和頑嚚昏傲，使進進以善自治，不至於姦惡」。訓「烝」爲進，雖本《爾雅》，然以「烝烝乂」爲進進治，則不辭甚矣。今案：經文當讀「克諧」爲句，「以孝烝烝」爲句，「乂不格姦」爲句。《列女傳》云「舜父頑母嚚，父號瞽叟，弟曰象，敖遊於嫚，舜能諧柔之，承事瞽叟以孝」。蔡邕《九疑山碑》云「逮于虞舜，聖德克明，克諧頑傲，以孝蒸蒸」。是讀「克諧」爲句，「以孝烝烝」爲句也。《列女傳》又云「母憎舜而愛象，舜猶内治靡有姦意」。是讀「乂不格姦」爲句也。經云「以孝烝烝」，「烝烝」即是孝德之形容。故漢魏人多以「烝烝」爲孝者。陸賈《新語·道基》篇「虞舜蒸蒸於父母，光燿於天地」。《後漢書·章帝紀》「陛下至孝烝烝，奉順聖德」。《和熹鄧后紀》「以崇陛下烝烝之孝」。《宋意傳》「陛下至孝烝烝」。《張禹傳》「陛下體烝烝之至孝」。《馬融傳》「陛下履有虞烝烝之孝」。《袁紹傳》「伏惟將軍至孝蒸蒸，發於岐嶷」。張衡《東京賦》「蒸蒸之心，感物曾思，躬追養於廟祧，奉蒸嘗與禴祠」。《高陽令楊著碑》「孝烝内發」，又云「烝烝其孝，恂恂其仁」。蔡邕《胡公碑》「夫蒸蒸至孝，德本也」。《朱公叔墳前石碑》「孝于二親，蒸蒸雖雖」。《續漢書·祭祀志》注引蔡邕議云「孝章皇帝大孝蒸蒸」。《家語·六本》篇「瞽瞍不犯不父之罪，而舜不失烝烝之孝」。《藝文類聚》引魏弁蘭《贊述太子表》云「昔舜以蒸蒸顯其德，周旦以不驕成其名」。曹植《鼙舞歌》云「古時有虞舜，父母頑且嚚，盡孝於田隴，烝烝不違仁」。《廣雅》亦云「蒸蒸，孝也」。則知兩漢經師皆訓「烝烝」爲孝，故轉相承用，卒無異説也。謂之「烝烝」者，言孝德之厚美也。《大雅·文王有聲》篇「文王烝哉」，《韓詩》云「烝，美也」。《魯頌·泮水》篇「烝烝皇皇」，傳云「烝烝，厚也」，「皇皇，美也」，王肅云「言其人德厚美也」。

駸駸，疾也。

《説文》「駸，馬行疾也」。《小雅·四牡》篇云「載驟駸駸」。

版版，反也。

版、反聲相近。字通作「板」。《爾雅》「版版、盪盪，僻也」，郭璞注云「皆邪僻」。《大雅·板》篇「上帝板板」，傳云「板板，反也」，《正義》云「邪僻，即反戾之義」。

管管，浴也。

《大雅·板》篇「靡聖管管」，傳云「管管，無所依繫」，箋云「無聖人之法度，管管然以心自恣」。此云「管管，浴也」，「浴」字於義不可通，未詳何字之譌。

眊眊，思也。

《漢書·鮑宣傳》「極竭毣毣之思」，毣與「眊」通。

諓諓，善也。

《説文》「諓，善言也」。《秦誓》「惟截截善諞言」，文十二年《公羊傳》引作「惟諓諓善竫言」，《楚辭·九歎》注引作「諓諓靖言」，《説文》引作「戔戔」。《越語》「又安知是諓諓者乎」，《公羊釋文》引賈逵注云「諓諓，巧言也」。《鹽鐵論·論誹》篇云「疾小人諓諓面從以成人之過也」。《潛夫論·救邊》篇云「淺淺善靖」。竝字異而義同。

庸庸，用也。

《康誥》云「庸庸祗祗威威」。❶

僆僆，憭也。

---

❶「康」，原作「庸」，今據經解本改。

倢倢， 曹憲《音》「都計反」。考《説文》《玉篇》俱無「倢」字。倢倢疑當爲「倢倢」。倢與「捷」通。卷一云「憭、捷，慧也」，是捷與「憭」同義。

紛繷，不善也。

《呂刑》「泯泯棼棼」，傳云「泯泯爲亂，棼棼同惡」。《方言》云「南楚凡人語言過度及妄施行謂之䘓」。皆謂不善也。棼與「紛」通。䘓與「繷」通。合言之則曰紛繷。崔駰《達旨》云「紛繷塞路，凶虐播流」。繷，曹憲《音》「女交」「奴孔」二反。《大雅·民勞》篇「無縱詭隨，以謹惽怓」，傳云「惽怓，大亂也」。惽怓與「紛繷」聲近而義同。

崎嶇，傾側也。

王襃《洞簫賦》云「徒觀其旁山側兮，則嶇嶔巋崎」。是「崎」與「嶇」皆傾側之貌也。合言之則曰崎嶇。《説文》「嘔，攲也」，「攲，攲嘔也」。《文選·高唐賦》注引《埤倉》云「崎嶇，不安也」。《史記·陸賈傳》云「崎嶇山海閒」。《司馬相如傳》云「民人登降移徙，陭嘔而不安」。左思《魏都賦》云「山阜猥積而踦嶇」。竝字異而義同。

輆軩，不平也。

輆軩，《玉篇》《廣韻》竝作「輆軩」，所出未聞。

謇產，詰詘也。

《楚辭·九章》「思謇產而不釋」，王逸注云「謇產，詰屈也」。屈與「詘」通。司馬相如《上林賦》「謇産溝瀆」，張注云「謇産，詰曲也」。卷一云「結、詘，曲也」。結與「詰」通。

詭隨，小惡也。

此《毛詩》義也。《大雅·民勞》篇「無縱詭隨，以謹無良」，傳云「詭隨，詭人之善，隨人之惡者」，「以謹無良，慎小以懲大也」，《正義》云「無良之惡，大於詭隨，詭隨者尚無所縱，則無良者謹慎矣」。案：「詭隨」疊韻字，不得分訓「詭人之善，隨人之惡」。「詭隨」即「無良」之人，亦無大惡、小惡之分。詭隨謂譎詐謾欺之人也。詭古讀若「果」。隨古讀若「䜬」。䜬音土禾反，字或作「詑」，又作「訑」。隨，其假借字也。《方言》云「虔、儇，慧也，秦謂之謾，晉謂之㦟，宋楚之閒謂之倢，楚或謂之䜬，自關而東趙魏之閒謂之黠，或謂之鬼」。《說文》云「沇州謂欺曰詑」。《楚辭·九章》云「或忠信而死節兮，或訑謾而不疑」。《燕策》云「寡人甚不喜訑者言也」。竝字異而義同。

偃蹇，夭撟也。

此疊韻之轉也。《漢書·禮樂志·郊祀歌》云「靈輿位，偃蹇驤」。《爾雅》「人曰撟」，郭注云「頻伸夭撟」。撟，字或作「蟜」，又作「矯」。司馬相如《上林賦》「夭蟜枝格，偃蹇杪顛」，郭注云「夭蟜，頻申也」。張衡《思玄賦》云「偃蹇夭矯娩以連卷兮」。「夭撟」謂之偃蹇，故「屈曲」亦謂之偃蹇。《淮南子·本經訓》云「偃蹇蓼糾，曲成文章」。司馬相如《大人賦》「掉指撟以偃蹇」，張注云「偃蹇，委曲貌」。是也。「夭撟」謂之偃蹇，故「驕傲」亦謂之偃蹇，「崇高」亦謂之偃蹇。哀六年《左傳》「彼皆偃蹇」，杜預注云「偃蹇，驕傲」。《楚辭·離騷》「望瑤臺之偃蹇兮」，王逸注云「偃蹇，高貌」。是也。

壖翳，障蔽也。

《楚辭·九歎》「舉霓旌之壖翳兮」，王逸注云「壖翳，蔽隱貌」。餘見卷二「翳、薈、蔽，障也」下。

崢嵤，深冥也。

《爾雅》「冥，幼也」。《小雅·斯干》正義云《爾雅》「幼」或作「窈」，孫炎曰「冥，深闇之窈也」。《豫》上六「冥豫」，王廙注云「冥，深也」。《楚辭·九章》「眴兮杳杳」，王逸注云「杳杳，深冥貌也」。是冥與「深」同義。餘見卷三「崝嵤，深也」下。崝與「崢」同。

跳踔，無常也。

跳或作「踸」。《楚辭·七諫》「馬蘭踸踔而日加」，王逸注云「踸踔，暴長貌也」。暴長即無常之意。「無常」謂之踸踔，「非常」亦謂之踸踔。趙岐注《孟子·盡心》篇云「子張之爲人，踸踔譎詭」，是也。餘見卷三「逴，蹇也」下。

屏營，征伀也。

《吴語》「王親獨行，屏營仿偟於山林之中」，《玉篇》引注云「屏營猶仿偟也」。《法言·重黎篇》云「六國蚩蚩，爲嬴弱姬，卒之屏營，嬴擅其政」。《楚辭·九思》「遽傽遑兮驅林澤，步屏營兮行丘阿」，注云「憂憒不知所爲，徒經營奔走也」。屏營、征伀皆驚惶失據之貌。餘見卷二「征伀，懼也」下。

悇憛，懷憂也。

《楚辭·七諫》「心悇憛而煩冤兮」，王逸注云「悇憛，憂愁貌也」。馮衍《顯志賦》云「并日夜而幽思兮，終悇憛而洞疑」。憛，各本譌作「覃」，惟影宋本不譌。

逍遥，儴佯也。

疊韻之轉也。《文選·南都賦》注引《韓詩》云「逍遥，遊也」。《鄭風》作「逍遥」。《檀弓》作「消摇」。《楚辭·離騷》「聊逍遥以相羊」，王逸注云「逍遥、相羊皆遊也」，「逍遥，一作須臾」，「羊，一作佯」。《史記·司馬相如傳》「招摇乎襄羊」，《索隱》「郭璞曰『襄羊猶彷徉也』」。《漢書》作「消摇乎襄羊」。《文選》李善本作「消摇乎襄羊」，五臣本作「招摇乎儴佯」。竝字異而義同。《開元占經·石氏中官占》引《黄帝占》云「招摇，尚羊也」。尚羊與「儴佯」古亦同聲。或作「徜徉」，説見下文「徜徉，戲蕩也」下。

仿佯，徙倚也。

哀十七年《左傳》「如魚竀尾，衡流而方羊」，鄭衆注云「方羊，遊戲」。《吕氏春秋·行論》篇云「仿佯於野」。《淮南子·原道訓》云「仿洋于山峽之旁」。《史記·吴王濞傳》云「彷徉天下」。《漢書》作「方洋」。竝字異而義同。《齊風·載驅》傳云「翱翔猶彷徉也」。翔與「佯」古亦同聲。故《釋名》云「翔，佯也，言仿佯也」。《楚辭·招魂》云西方「仿佯無所倚，廣大無所極」，是也。《楚辭·遠遊》「步徙倚而遥思兮」，《哀時命》注云「徙倚猶低佪也」。逍遥、儴佯、徙倚聲之轉。儴佯、仿佯聲相近。上言「逍遥，儴佯」，此言「仿佯，徙倚」，一也。故《離騷》云「聊逍遥以相羊」，《遠遊》云「聊仿佯而逍遥」，《哀時命》云「獨徙倚而仿佯」。

俇攘，惶劇也。

勴，各本譌作「劆」，今訂正。上文云「惶惶、侹侹，勴也」。《文選·舞賦》注引《埤倉》云「躟，疾行貌」。字通作「攘」。《史記·貨殖傳》云「天下攘攘，皆爲利往」。合言之則曰侹躟。馬融《圍棊賦》云「狂攘相救兮，先後并没」，義與「侹躟」同。《方言》云「濶沭、征伀，惶遽也」。遽與「勴」通。惶遽謂之侹躟，故擾亂亦謂之侹躟。《楚辭·九辯》「悼余生之不時兮，逢此世之侹攘」，是也。王逸注以爲遇讒而惶遽，失之。《哀時命》「概塵垢之枉攘兮」，王注云「枉攘，亂貌」。侹攘、枉攘竝與「侹躟」同。

俳佪，便旋也。

此疊韻之變轉也。俳佪之正轉爲盤桓，變之則爲便旋。薛綜注《西京賦》云「盤桓，便旋也」。便旋猶盤旋耳。俳佪，各本皆作「徘徊」，唯影宋本作「俳佪」。《漢書·高后紀》注云「俳佪猶徬徨，不進之意也」。《史記·司馬相如傳》「於是楚王乃弭節裴回」，《漢書》作「俳佪」，《文選》作「徘徊」。《後漢書·張衡傳》作「俳回」。竝字異而義同。

曖曃，翳薈也。

《楚辭·離騷》「時曖曖其將罷兮」，王逸注云「曖曖，昏昧貌」。《遠遊》「旹曖曃其曭莽兮」，注云「日月晻黮而無光也」。《衆經音義》卷六引《廣雅》「靉靆，翳薈也」，又引《通俗文》云「雲覆日爲靉靆」。義與「曖曃」同。餘見卷二「晻、薆、翳、薈，障也」下。曖曃，各本譌作「曃曖」，今訂正。

撣援，牽引也。

撣之言嬋連，援之言援引，皆憂思相牽引之貌也。《楚辭·離騷》「女嬃之嬋媛兮」，王逸注云「嬋媛猶牽引也，一作撣援」。《九歌》「女嬋媛兮爲余太息」，《九章》「心嬋媛而傷懷」，注竝與《離騷》同。又《九章》「忽傾寤以嬋媛」，一作「儃佪」。儃佪與「嬋媛」古聲相近，亦牽引之意也。憂思相牽謂之嬋媛，樹枝相牽亦謂之嬋媛。《文選·南都賦》「結根竦本，垂條嬋媛」，李善注云「嬋媛，枝相連引」，是也。

躅躇，猶豫也。

此雙聲之相近者也。**躅**、猶，躇、豫，爲疊韻。**躅躇**、猶豫爲雙聲。《説文》「𥱧，𥱧箸也」。《楚辭·九辯》「蹇淹留而躊躇」，《七諫》注云「躊躇，不行貌」。竝與「**躅躇**」同。猶豫，字或作「猶與」。單言之則曰猶、曰豫。《楚辭·九章》「壹心而不豫兮」，王注云「豫，猶豫也」。《老子》云「與兮若冬涉川，猶兮若畏四鄰」。《淮南子·兵畧訓》云「擊其猶猶，陵其與與」。合言之則曰猶豫，轉之則曰夷猶、曰容與。《楚辭·九歌》「君不行兮夷猶」，王注云「夷猶，猶豫也」。《九章》云「然容與而狐疑」。「容與」亦猶豫也。案：《曲禮》云「卜筮者，先聖王之所以使民決嫌疑、定猶與也」。《離騷》云「心猶豫而狐疑兮」。《史記·淮陰侯傳》云「猛虎之猶豫，不若蜂蠆之致螫，騏驥之蹢躅，不如駑馬之安步，孟賁之狐疑，不如庸夫之必至也」。嫌疑、狐疑、猶豫、蹢躅皆雙聲字。狐疑與「嫌疑」一聲之轉耳。後人誤讀「狐疑」二字，以爲狐性多疑，故曰狐疑。又因《離騷》猶豫、狐疑相對成文，而謂「猶」是犬名，犬隨人行，每「豫」在前，待人不得，又來迎候，故曰猶豫。或又謂「猶」是獸名，每聞人聲，即「豫」上樹，久之復下，故曰猶豫。或又以「豫」字從象，而謂猶、豫俱是多疑之獸。以上諸説，具見於《水經注》《顔氏家訓》《禮記正義》及《漢書注》《文選注》《史記索隱》等書。夫雙聲之字，本因聲以見義，不求諸聲而求諸字，固宜其説之多鑿也。

蹢躅，跢跦也。

此雙聲之尤相近者也。急言之則曰蹢躅，徐言之則曰跢跦。《説文》「蹢，住足也，或曰蹢躅」，又云「躅，蹢躅也」。《姤》初六「羸豕孚蹢躅」，《釋文》「蹢」本亦作「蹞」，「躅」本亦作「躅」，古文作「蹳」。《邶風·静女》篇「搔首踟躕」，《文選·鸚鵡賦》注引薛君《韓詩章句》云「踟躕，蹞躅也」。《三年問》「蹢躅焉，踟躕焉」，《釋文》作「蹢躅」「踶躕」。《荀子·禮論篇》作「躑躅」「踟躕」。《易是類謀》「物瑞踶躅」，鄭注云「踶躅，猶踟躕也」。成公綏《嘯賦》云「逍遥攜手，踟跦步趾」。竝字異而義同。《説文》「彳，小步也」，「亍，步止也」。彳亍與「蹢躅」聲義亦相近。

翱翔，浮游也。

《齊風·載驅》傳云「翱翔，猶彷徉也」。「翔」字古讀若羊。翱翔，雙聲也。《載驅》云「齊子翱翔」，「齊子遊敖」。翱翔、遊敖皆一聲之轉。故《釋名》云「翱，敖也，言敖遊也」，「翔，佯也，言仿佯也」。《楚辭·離騷》「聊浮遊以逍遥」，遊與「游」同。浮游、彷徉亦一聲之轉。游，各本譌作「淤」，今訂正。

從容，舉動也。

《楚辭·九章·懷沙》篇「重華不可遻兮，孰知余之從容」，王逸注云「從容，舉動也，言誰得知我舉動欲行忠信」。案：從容有二義。一訓爲舒緩，一訓爲舉動。其訓爲舉動者，字書、韻書皆不載其義，今詳引諸書以證明之。《九章·抽思》篇云「理弱而媒不通兮，尚不知余之從容」。《哀時命》云「世嫉妬而蔽賢兮，孰知余之從容」。此皆謂己之舉動，非世俗所能知，與《懷沙》同意。《後漢書·馮衍傳·顯志賦》「惟吾志之所庶兮，固與俗其不同，既俶儻而高引兮，願觀其從容」，此亦謂舉動不同於俗。李賢注云「從容，猶在後也」，失之。《中庸》云「誠者，不勉而中，不思而得，從容中道，聖人也」。從容中道，謂一舉一動莫不中道，猶云「動容周旋中禮」也。《韓詩外傳》云「動作中道，從容得禮」。《漢書·董仲舒傳》云「動作應禮，從容中道」。王褒《四子講德論》云「動作有應，從容得度」。此皆以從容、動作相對成文。《中庸》正義云「從容閒暇而自中乎道」，失之。《緇衣》云「長民者，衣服不貳，從容有常」，引《都人士》之詩云「彼都人士，狐裘黄黄，其容不改，出言有章」。「從容」與「衣服」相對成文。狐裘黄黄，衣服不貳也。其容不改，從容有常也。《正義》以「從容」爲舉動，得之。《大戴禮·文王官人》篇「言行亟變，從容謬易，好惡無常，行身不類」，「從容」與「言行」相對成文。「從容謬易」謂舉動反覆也，盧辯注云「安然反覆」，失之。《墨子·非樂》篇云「食飲不美，面目顏色不足視也，衣服不美，身體從容不足觀也」。《莊子·田子方》篇云「進退一成規、一成矩，從容一若龍、一若虎」。《楚辭·九章·悲回風》云「寤從容以周流兮」。傅毅《舞賦》云「形態和，神意協，從容得，志不劫」。《漢書·翟方進傳》云「方進伺記陳慶之從容語言以詆欺成罪」。此皆昔人謂舉動爲從容之證。自動謂之從容，動人謂之慫慂，聲義並相近。故慫慂或作從容。《史記·吴王濞傳》「鼂錯數從容言吴過可削」，從容即慫慂。《漢書·衡山王傳》「日夜縱臾王謀反事」，《史記》作「從容」。

踧踖，畏敬也。

《論語·鄉黨》篇「踧踖如也」，馬融注云「踧踖，恭敬之貌」。《孟子·公孫丑》篇「曾西蹵然」，趙岐注云「蹵然猶蹵踖也」。踧、蹵並與「踧」同。

般桓，不進也。

曹大家注《幽通賦》云「盤桓，不進也」。《屯》初九「磐桓」，《釋文》「磐」本亦作「盤」，又作「槃」，馬云「槃桓，旋也」。《爾雅》「般，還也」，《釋文》引《易》作「般桓」。《管子·小問》篇「君乘駮馬而洀桓」，尹知章注云「洀」古「盤」字。漢《張納碑》作「般桓」，《張表碑》作「畔桓」，《侯成碑》作「磐桓」，《郭究碑》作「槃桓」，《劉寬碑》作「盤桓」。竝字異而義同。

結䌗，不解也。

説見卷四「䌗，結也」下。

裮被，不帶也。

《玉篇》「裮，尺羊切，披衣不帶也」。披與「被」通。今人猶謂荷衣不帶曰被衣。《莊子·知北遊》篇云「齧缺問道乎被衣」。合言之則曰裮被。《楚辭·離騷》「何桀紂之猖披兮」，王逸注云「猖披，衣不帶之貌」，「猖」一作「昌」，《釋文》作「倡」，「披」一作「被」。竝字異而義同。

軫軳，轉戾也。

《説文》「戾，曲也」，「盭，弼戾也」。盭與「戾」通。《方言》「軫，戾也」，郭璞注云「相了戾也，江東音善」。《説文》「紾，轉也」。《考工記·弓人》「老牛之角紾而昔」，鄭衆注云「紾讀爲『抮縳』之抮」，《釋文》「紾，劉徒展反，許慎尚展反，角絞縳之意也」。《孟子·告子》篇「紾兄之臂而奪之食」，趙岐注云「紾，戾也」，《音義》「紾，張音軫，又徒展切」。《淮南子·原道訓》「蟠委錯紾」，高誘注云「紾，轉也」。卷四云「抮，盭也」，曹憲《音》「顯」。竝聲近而義同。軳，曹憲《音》「牛力反」。各本「軳」譌作「⿰車色」，自宋時本已然。故《集韻》《類篇》俱有「⿰車色」字，音色，引《廣雅》「軫⿰車色，轉戾也」。案：《説文》《玉篇》《廣韻》俱無「⿰車色」字。《集韻》《類篇》音色，亦與曹憲「牛力反」之音不合。考「軳」字本讀如「與子同袍」之袍。《玉篇》「軳，步毛切，戾也」。《廣韻》同。轉入聲則讀如「克岐克嶷」之嶷。軫軳，雙聲字也，或作「抮抱」，又作「紾抱」。《淮南子·原道訓》「扶摇抮抱羊角而上」，高注云「抮抱，了戾也，扶摇如羊角，轉曲縈行而上也」，「抮讀與《左傳》『感而能眕者』同」，「抱讀《詩》『克岐克嶷』之嶷」。《精神訓》「雖天地覆育，亦不與之抮抱矣」，注云「抮抱猶持著也」。《本經訓》「菱杼紾抱」，注云「紾，戾也」，「抱，轉也」，「皆壯采相銜持貌也」，「紾讀『紾結』之紾」，「抱讀『岐嶷』之嶷」。高注讀「抱」爲嶷，正與「牛力反」之音相合。今據以訂正。凡字從包聲者，多轉入職、德、緝、合諸韻。其同位而相轉者，若包犧之爲伏犧，抱雞之爲伏雞是也。亦有異位而相轉者，《續漢書·五行志》注引《春秋考異郵》云「陰氣之專精，凝合生雹，雹之爲言合也」，是雹、合聲相近。《玉篇》云「鮑，漬魚也，今謂裛魚」。鮑、裛聲相近，故「鮑魚」轉爲「裛魚」。猶之軳、嶷聲相近，故「軫軳」之軳讀爲「嶷」也。「軳」字或書作「⿰車色」，故譌而爲「⿰車色」，《集韻》遂讀爲色，而《類篇》以下諸書皆仍其誤。

陸離，参差也。

《楚辭·離騷》云「紛總總其離合兮，斑陸離其上下」。《招魂》云「長髮曼鬋，豔陸離些」。《淮南子·本經訓》云「五采争勝，流漫陸離」。皆参差之貌也。貌参差謂之陸離，聲参差亦謂之陸離。揚雄《甘泉賦》云「聲駍隱以陸離」，是也。陸與「流」古同聲。《甘泉賦》云「曳紅采之流離兮」，流離猶陸離耳。陸與「林」古聲亦相近。司馬相如《大人賦》「騷擾衝蓯其相紛挐兮，滂濞泱軋麗以林離，攢羅列聚叢以蘢茸兮，衍曼流爛痑以陸離」，張注云「林離，襂纚也」，「陸離，參差也」。林離猶陸離。襂纚猶參差耳。又《離騷》「高余冠之岌岌兮，長余佩之陸離」。岌岌，高貌。陸離，長貌也。《九章》云「帶長鋏之陸離兮，冠切雲之崔嵬」，意與此同。王逸注云「陸離」猶參差，失之。

𢿟𢥞，乖剌也。

《説文》「𢿟，戾也」。《玉篇》「𢥞，乖戾也」。合言之則曰𢿟𢥞。《楚辭·離騷》「忽緯繣其難遷」，王逸注云「緯繣，乖戾也」。義與「𢿟𢥞」同。意相乖違謂之𢿟𢥞，行相乖違亦謂之𢿟𢥞。馬融《廣成頌》云「徽嫿霍奕，別騖分奔」，是也。乖剌猶乖戾，語之轉耳。《説文》「剌，戾也」。《楚辭·七諫》云「吾獨乖剌而無當兮」。

澒㴔，垢濁也。

説見卷三「澒㴔，濁也」下。

俶儻，卓異也。

枚乘《七發》云「俶兮儻兮」。合言之則曰俶儻。《文選·封禪文》「奇物譎詭，俶儻窮變」，李善注引《漢書音義》云「俶儻，卓異也」。《報任少卿書》云「唯倜儻非常之人稱焉」。倜與「俶」同。儻，各本譌作「儻」，今訂正。

魁岸，雄傑也。

《漢書・江充傳》「充爲人魁岸，容貌甚壯」，顔師古注云「魁，大也」，「岸者，有廉棱如崖岸之形」。案：師古説「岸」字之義非是。魁岸猶魁梧，語之轉耳。《張良傳》贊「以爲其貌魁梧奇偉」，應劭注云「魁梧，丘虚壯大之意」，是也。而師古乃云「梧者，言其可驚梧」，愈失之矣。

溾涹，污濊也。

説見卷三「溾涹，濁也」下。

鍡鑸，不平也。

《説文》「鍡鑸，不平也」。《文選・魯靈光殿賦》注引《埤倉》云「礧，碨礧也」。《莊子・庚桑楚》篇「北居畏壘之山」，《釋文》「畏」本或作「嵔」，又作「猥」，「壘」，崔本作「纍」。《史記・老子韓非傳》作「畏累」。《管子・輕重乙》篇「山閒堁壗之壤」。左思《魏都賦》「或嵬壘而複陸」。木華《海賦》「碨磊山壟」。竝字異而義同。山不平謂之畏壘，氣不平亦謂之畏壘。《論衡・雷虚篇》云「刻尊爲雷之形，一出一入，一屈一伸，爲相校軫則鳴，校軫之狀，鬱律嵔壘之類也」。鬱律即「畏壘」之轉。司馬相如《上林賦》云「崴磈嵔廆，丘虚堀礨，隱轔鬱壘」。《大人賦》云「徑入雷室之砰磷鬱律兮，洞出鬼谷之堀礨崴魁」。皆「畏壘」之變轉也。

漼溰，霜雪也。

《廣韻》「皠，霜雪白狀也」。皠與「漼」同。《説文》「皚，霜雪之白也」。劉歆《遂初賦》云「漂積雪之皚皚兮」。劉楨《贈五官中郎將詩》云「霜氣何皚皚」。皚與「溰」同。合言之則曰漼溰。《楚辭・九思》「霜雪兮漼溰」，注云「積聚貌」。

𨒪䧺，難行也。

《說文》「䞤趄，行不進也」。《夬》九四「其行次且」，《釋文》「次，本亦作『䞤』，或作『趑』，鄭作『趀』」，「且，本亦作『趄』，或作『跙』」，「王肅云『䞤趄，行止之礙也』」。竝與「𨒪䧺」同。

瑰瑋，琦玩也。

《說文》「傀，偉也」，或作「瓌」。又云「偉，奇也」。《玉篇》引《埤倉》云「琦，瑋也」，「瑰瑋，珍琦也」。《史記·司馬相如傳》「俶儻瑰偉」，《漢書》作「瑰瑋」。《魯靈光殿賦》作「瓌瑋」。竝字異而義同。

揣抭，搖捎也。

掉撨，振訊也。

竝說見卷一「振、訊、掉、捎、揣、抭，動也」下。掉捎與「掉撨」同。撨，曹憲《音》「嘯」，各本譌作「擭」。今訂正。

匔䠻，謹敬也。

匔，曹憲《音》「丘六反」。䠻，曹憲《音》「丘弓反」。各本「䠻」字譌作「匑」，不成字體。《集韻》平聲一東「匑」丘弓切，引《廣雅》「匔匑，謹敬也」。入聲一屋「匔」丘六切，引《廣雅》「匔匑，謹敬也」。匔、匑二字皆是「䠻」字之譌。《玉篇》「匔，丘六切，匔䠻，謹敬皃也」，「䠻，巨弓切，匔䠻也」。今據以訂正。《聘禮》記「執圭入門，鞠躬焉如恐失之」，《釋文》作「鞠窮」。《論語·鄉黨》篇「入公門，鞠躬如也，如不容」，孔傳云「斂身也」。義竝與「匔䠻」同。踧踖、鞠躬皆雙聲以形容之，故皆言「如」。孔傳本謂「鞠躬」爲斂身之貌，非訓「鞠」爲斂，「躬」爲身也。皇侃《疏》云「鞠，曲斂也」，「躬，身也」，失之。斂身即謹敬之意，故又訓爲謹敬。《史記·韓長孺傳》贊云「壺遂之内廉行脩，斯鞠躬君子也」。《太史公自序》云「敦厚慈孝，訥於言，敏於行，務在鞠躬，君子長者」。《漢書·馮奉世傳》贊「鞠躬履方，擇地而行」，顔師古注云「鞠躬，謹敬貌」。

委蛇，窊衺也。

委蛇、窊衺皆疊韻。委，曹憲《音》「於悲反」。各本「窊衺」作「逶衺」，「於悲反」之音在「逶」字下。案：逶與「委」同音，不應複見。且「窊衺」爲疊韻，「逶衺」則非疊韻。徧考諸書，亦無以「逶衺」二字連用者。此因「委」字下之「於悲反」誤入「窊」字下，校書者又改「窊」爲「逶」以合「於悲」之音，遂致斯謬。考《衆經音義》卷三、卷九、卷十竝云《廣雅》「委佗，窊邪也」，又云「窊」音烏瓜反。今據以訂正。《説文》「池，衺行也」，又云「逶池，衺去之皃」，或作「蝸」。凡衺與「曲」同義，故衺貌謂之委蛇，曲貌亦謂之委蛇。《召南·羔羊》篇「委蛇委蛇」，傳云「委蛇，行可從迹也」，箋云「委曲自得之貌」。《釋文》作「委虵」，《韓詩》作「逶迤」。《莊子·應帝王》篇「吾與之虚而委蛇」，《列子·黄帝》篇作「猗移」。《楚辭·離騷》「載雲旗之委蛇」，一作「委移」，一作「逶迤」。《遠遊》云「形蟉虯而逶蛇」。《九歎》云「遵江曲之逶移兮」，又云「帶隱虹之逶虵」。張衡《西京賦》「聲清暢而蜲蛇」，薛綜注云「蜲蛇，聲餘詰曲也」。又《説文》「委，委隨也」。漢《唐扶頌》「在朝逶隨」。《劉熊碑》「卷舒委隨」。《衡方碑》「褘隋在公」。竝字異而義同。《説文》「窊，污衺下也」。《史記·滑稽傳》「污邪滿車」，《集解》司馬彪云「污邪，下地田也」。竝與「窊衺」同。《周官·形方氏》「正其封疆，無有華離之地」，鄭注云「華」讀爲「⿰亻瓜哨」之⿰亻瓜，「正之使不⿰亻瓜邪離絶」。⿰亻瓜邪與「窊衺」亦聲近而義同。

怵惕，恐懼也。

《周語》云「猶日怵惕，懼怨之來也」。

潢潒，浩盪也。

潢潒讀爲「潢洋」。《楚辭・九辯》「然潢洋而不可帶」，王逸注云「潢洋猶浩蕩也」。蕩與「盪」通。《秦策》「鬼神狐祥無所食」，《史記・春申君傳》「狐祥」作「孤傷」。《新序・善謀》篇作「潢洋」。枚乘《七發》云「浩瀇瀁兮」。司馬相如《上林賦》云「灝溔潢漾」。《史記・莊子傳》云「其言洸洋自恣以適己」。《論衡・案書篇》云「瀇洋無涯」。竝與「潢洋」同。潢洋、狐祥、孤傷古聲竝相近。《莊子・達生》篇「水有罔象」，司馬彪本作「無傷」。罔象之爲無傷，猶潢洋之爲狐祥、孤傷矣。張衡《西京賦》云「彌望廣潒」。馬融《長笛賦》云「曠瀁敞罔」。亦與「潢洋」聲相近。

搌𢷏，展極也。

展極猶伸極也。《邶風・擊鼓》篇「不我信兮」，傳云「信，極也」。信與「伸」同。《說文》「蚩，蟲曳行也」。曳行即展極之意。故蚩、搌竝音丑善反。《集韻》「𢷏，引也」。合言之則曰搌𢷏。《玉篇》「搌𢷏，醜長皃」。長與「展極」義亦相近。

㥜恲，忼慨也。

㥜之言喟然也。《玉篇》「恲，滿也」。王粲《從軍詩》云「夙夜自恲性」。合言之則曰㥜恲。《說文》「忼慨，壯士不得志也」。《楚辭·九章》「好夫人之忼慨」。忼，各本譌作「忨」。今訂正。

徜徉，戲蕩也。

宋玉《風賦》云「倘佯中庭」。《楚辭·惜誓》云「託回飆乎尚羊」，王逸注云「尚羊，遊戲也」。《淮南子·覽冥訓》云「尚佯冀州之際」。《漢書·禮樂志·郊祀歌》云「周流常羊思所并」。《後漢書·張衡傳·思玄賦》「悵相佯而延佇」，《文選》作「徜徉」。竝字異而義同。戲蕩謂之常羊，故舞貌亦謂之常羊，跳貌亦謂之常羊。《郊祀歌》「幡比翄回集，貳雙飛常羊」，文穎注云「舞者骨騰肉飛，如鳥之回翅而雙集也」。《說苑·辯物》篇「齊有飛鳥一足來下，止于殿前，舒翅而跳，孔子曰『此名商羊』」。商羊、常羊聲相近，蓋即以其跳舞而名之也。《召南·草蟲》篇「喓喓草蟲」，傳云「草蟲，常羊也」。螽行則跳躍，故亦有常羊之名。於「草蟲」言其鳴，於「阜螽」言其躍，互文耳。引之云：《文選·高唐賦》「王雎鸝黄，正冥楚鳩，姊歸思婦，垂雞高巢，其鳴喈喈，當年遨遊」，李善云一本云「子當千年，萬世遨遊」，未詳。案：「年」當爲「羊」，字形相近而誤。「當羊」即尚羊也。《楚辭·惜誓》注云「尚羊，遊戲也」，正與「遨遊」同義。其一本作「子當千年，萬世遨遊」，詞理甚爲紕繆。且賦文兩句一韻，多一句則儳互不齊，蓋妄人改之也。

規覒、籧篨、侏儒、僬僥、瘂瘖、僮昏、聾聵、矇瞍，八疾也。

《晉語》「籧篨不可使俛，戚施不可使仰，僬僥不可使舉，侏儒不可使援，矇瞍不可使視，嚚瘖不可使言，聾聵不可使聽，僮昏不可使謀」，韋昭注云「籧篨，偃人」，「戚施，僂人」，「僬僥，長三尺，不能舉重」，「侏儒，短者，不能抗援」，「有眸子而無見曰矇，無眸子曰瞍」，「口不道忠信之言爲嚚，瘖，不能言者」，「耳不別五聲之和爲聾，生而聾曰聵」，「僮，無知；昬，闇亂也」。戚施與「規⿰臽見」同。⿰臽見，各本譌作「⿰臽頁」，今訂正。襄四年《左傳》云「我君小子，朱儒是使」。朱與「侏」通。《魯語》「僬僥氏長三尺，短之至也」，注云「僬僥，西南蠻之别名」。《海外南經》云「周饒國，其爲人短小冠帶，一曰焦僥國」。焦與「僬」通。僬僥、周饒聲相近。《説文》「瘖，不能言病也」。《釋名》云「瘖，唵然無聲也」。《淮南子·地形訓》云「障氣多喑，風氣多聾」。喑與「瘖」通。《晉語》「嚚瘖不可使言」，則嚚、瘖皆不能言之疾。韋注「口不道忠信之言爲嚚」，非也。《廣雅》所列八疾之名，皆本《晉語》。唯「嚚瘖」之「嚚」作「瘂」，音烏下反。疑《廣雅》本作「嚚」，後人不解其義而改爲「瘂」，且竝改曹憲之音也。卷三「伹，鈍也」，曹憲《音》「疸」。今本作「但」，音「度滿反」。卷八「𢿱，臿也」，曹憲《音》「嬀」。今本作「𢿱」，音插。此後人改音之明證矣。卷三云「僮，癡也」。《周官·司刺》「三赦曰惷愚」，鄭注云「惷愚，生而癡騃童昬者」。童與「僮」通。《説文》「聾，無聞也」，「聵，生聾也」。《釋名》云「聾，籠也，如在蒙籠之内，聽不察也」。《法言·問明篇》云「吾不見震風之能動聾聵也」。聵，各本譌作「瞶」，今訂正。聾、聵皆不能聽之疾。韋注「耳不别五聲之和爲聾」，亦非也。《大雅·靈臺》篇「矇瞍奏公」，毛傳與韋注同。《釋名》云「矇，有眸子而失明，蒙蒙無所别也」，「瞍，縮壞也」。凡事理之相近者，其名即相同。籧篨、戚施、侏儒皆疾也。故人之不肖者，亦曰籧篨、戚施、侏儒。《邶風·新臺》篇云「燕婉之求，籧篨不鮮」，又云「燕婉之求，得此戚施」。《鄭語》云「侏儒戚施，寔御在側，近頑童也」。皆謂不肖之人也。《淮南子·脩務訓》注云「籧篨偃，戚施僂，皆醜貌也」。故物之粗醜者，亦曰籧篨、戚施。《方言》云「簟之粗者，自關而西謂之籧篨」。《太平御覽》引薛君《韓詩章句》云「戚施，蟾蜍，喻醜惡」。是也。侏儒，短人也。故梁上短柱亦謂之侏儒。《淮南子・主術訓》云「脩者以爲櫚榱，短者以爲朱儒枅櫨」，是也。不能言謂之瘖，故不言亦謂之瘖。《晏子春秋・諫》篇云「近臣嘿，遠臣瘖」，是也。不能言謂之嚚，不能聽謂之聾。故口不道忠信之言亦謂之嚚，耳不聽五聲之和亦謂之聾。《左傳》僖二十四年富辰所云是也。

展轉，反側也。

《説文》「展，轉也」。合言之則曰展轉。《周南・關雎》篇「輾轉反側」，《釋文》「輾」本亦作「展」。展轉即反側。重言以申意耳。故《小雅・何人斯》篇「以極反側」，箋云「反側，展轉也」。《關雎》正義云「反側，猶反覆也」。《大雅・民勞》篇「以謹繾綣」，傳云「繾綣，反覆也」。繾綣與「展轉」聲近義同。

瀾沭，怖懅也。

沭，各本譌作「沐」，今訂正。《方言》「脅閲，懼也，齊楚之閒曰脅閲」。閲與「瀾」通。《説文》「怵，恐也」。怵與「沭」通。合言之則曰瀾沭。《方言》「瀾沭，遑遽也，江湘之閒凡窘猝怖遽謂之瀾沭」，郭璞注云「喘嗜貌也」。卷二云「遽，懼也」。遽與「懅」通。

忸怩，𢠸咨也。

説見卷一「恧怩、𢠸咨，慙也」下。恧與「忸」同。𢠸，各本譌作「慼」，今訂正。

嘬哰，謰謱也。

此雙聲之相近者也。嘬、謰聲相近。《魏風・伐檀》篇「河水清且漣猗」，《爾雅》「漣」作「瀾」，是其例也。哰、謱聲亦相近。《士喪禮》「牢中旁寸」，鄭注云「牢，讀爲樓」，是其例也。《方言》「嘬哰、謰謱，拏也，東齊周晉之鄙曰嚂哰，嚂哰，亦通語也，南楚曰謰謱，拏，揚州會稽之語也」，郭璞注云「拏，言諸拏也」，「平原人呼嚂哰也」。《玉篇》「諸詉，言不可解也」。《説文》「拏，牽引也」。拏與「詉」通。《説文》「遱，連遱也」，「謱，謰謱也」。《玉篇》「嗹嘍，多言也」，「謰謱，繁拏也」。《楚辭·九思》云「媒女詘兮謰謱」。《淮南子·原道訓》「終身運枯形于連嶁列埒之門」，高誘注云「連嶁，猶離婁也，委曲之貌」。竝字異而義同。劉向《熏鑪銘》云「彫鏤萬獸，離婁相加」。《説文》「廔，屋麗廔也」。離婁、麗廔聲與「連遱」皆相近。故《離》彖傳云「離，麗也」。王弼注《兑》卦云「麗，猶連也」。鄭注《士喪禮》云古文「麗」爲「連」。王延壽《王孫賦》云「羌難得而覼縷」。《玉篇》「覼，力和切，覼縷，委曲也」。覼縷與「連遱」聲亦相近，故同訓爲委曲矣。

慴𢘾，欺慢也。

説見卷二「慴𢘾、謾，欺也」下。忚與「𢘾」同。謾與「慢」同。

讀謈，啁欺也。

謈，曹憲《音》「乎報反」。各本譌作「評」，惟影宋本、皇甫本不譌。《玉篇》「謈，相欺也」。《潛夫論·浮侈》篇云「事口舌而習調欺」。調與「啁」同。

𦍷局，匍跧也。

《説文》「䟃，行曲脊也」。䟃與「𦍷」通。《小雅·正月》篇「謂天蓋高，不敢不局」，傳云「局，曲也」。合言之則曰𦍷局。《楚辭·離騷》「僕夫悲余馬懷兮，蜷局顧而不行」，王逸注云「蜷局，詰屈不行貌」。《九思》「踡跼兮寒局數」，注云「踡跼，傴僂也」。竝與「𦍷局」同。餘見卷三「匍、跧，伏也」下。

軮罔，無賴也。

《方言》「央亡，獪也，江湘之閒或謂之無賴，凡小兒多詐而獪謂之央亡」。央亡與「軮罔」同。

亭父、更褚，卒也。

《方言》「南楚東海之閒亭父謂之亭公，卒謂之弩父，或謂之褚」。《續漢書·百官志》注引《風俗通義》云「漢家因秦，大率十里一亭，亭，留也，蓋行旅宿食之所館，亭吏舊名負弩，改爲亭長，或謂亭父」。《漢書·高祖紀》應劭注云「舊時亭有兩卒，一爲亭父，掌開閉埽除，一爲求盜，掌逐捕盜賊」。《食貨志》「月爲更卒」，顔師古注云「更卒，謂給郡縣一月而更者也」。如淳注《昭帝紀》云「更有三品，有卒更，有踐更，有過更，古者正卒無常人，皆當迭爲之，一月一更，是謂卒更也，貧者欲得顧更錢者，次直者出錢顧之，月二千，是謂踐更也，天下人皆直戍邊三日，亦名爲更，雖丞相子亦在戍邊之調，不可人人自行三日戍，又行者當自戍三日，不可往便還，因使住，❶一歲一更，諸不行者出錢三百入官，官以給戍者，是謂過更也」。《續漢書·百官志》注引劉劭《爵制》云「秦爵四級曰不更，不更者爲車右，不復與凡更卒同也」。《方言》注云「褚，言衣赤也，音赭」。《説文》「褚，卒也」，「隸人給事者衣爲卒，卒，衣有題識者」。鄭注《周官·司常》云「今亭長著絳衣」。

綢繆，纏緜也。

❶ 「住」，原作「往」，今據續四庫本改。

此疊韻之轉也。說見卷四「綢、繆，纏也」下。

䨨眱，直視也。

《淮南子·道應訓》「蠶缺繼以䨨夷」，高誘注云「䨨夷，熟視不言」。夷與「眱」通。眱，各本譌作「睓」，影宋本、皇甫本不譌。

揚搉、𡜏榷、堤封、無慮，都凡也。

《釋詁》云「都，大也，聚也」。《説文》「凡，最括也」。合言之則曰都凡，猶今人言「大凡」「諸凡」也。揚搉，雙聲字也。《莊子·徐無鬼》篇「則可不謂有大揚搉乎」，《淮南子·俶真訓》作「物豈可謂無大揚攉乎」。高誘注云「揚攉猶無慮，大數名也」。《莊子》釋文引許慎注云「揚搉，粗略法度也」。案：大揚搉猶言大略，許、高二説是也。郭象《莊子注》云「搉而揚之」，王叔之《義疏》云「搉略而揚顯之」，皆非是。《漢書·敘傳》云「揚搉古今，監世盈虚，述《食貨志》第四」。揚搉古今猶言約略古今。上文云「略存大綱，以統舊文，述《禮樂志》第二」，下文云「略表山川，彰其剖判，述《地理志》第八」，皆是此意。顔師古注云「揚，舉也；搉，引也。揚搉者，舉而引之，陳其趣也」，亦非是。左思《蜀都賦》「請爲左右揚搉而陳之」，劉逵注云「韓非有《揚搉》篇，班固曰『揚搉古今』，其義一也」，李善注引許慎云「揚搉，粗略也」。揚搉而陳之，猶言約略而陳之，故《廣雅》訓爲都几也。❶ 揚搉者，大數之名，故或言大搉。《續漢書·律歷志》云「其可以相

❶ 「几」，《廣雅疏證補正》改作「凡」。

傳者，唯大搉常數而已」。❶字亦作「較」。《史記・律書》「世儒闇於大較」，《索隱》云「較，音角」。又謂之「商搉」，即「揚搉」之轉。陸璣《吴趨行》云「淑美難窮紀，商搉爲此歌」，左思《吴都賦》云「商搉萬俗」，是也。單言之則曰搉。左思《魏都賦》「搉惟庸蜀與鴝鵲同窠，句吴與鼃黽同穴」。搉惟者，發凡之詞，猶言「大氐」耳。字亦作「較」。嵇康《養生論》「較而論之」，猶言約而論之耳。嫴榷猶「揚搉」也。《檀弓》「以爲沽也」，鄭注云「沽，猶略也」，《釋文》「沽，音古」。聲與「嫴」相近。榷之言大較也。漢《司隸校尉魯峻碑》云「躅細舉大，榷然疏發」。合言之則曰嫴榷。或作「辜較」。《孝經》「蓋天子之孝也」，孔傳云「蓋者，辜較之辭」，劉炫《述義》云「辜較猶梗槩也，孝道既廣，此纔舉其大略也」。梗槩與「辜較」一聲之轉。略陳指趣謂之辜較，總括財利亦謂之辜較，皆都凡之意也。《説文》「秦以市買多得爲夃」。夃與「辜」義相近。《漢書・武帝紀》「初榷酒酤」，韋昭注云「以木渡水曰榷，謂禁民酤釀，獨官開置，如道路設木爲榷，❷獨取利也」，顔師古注云「榷者，步渡橋，今之略彴是也」。步渡橋謂之「略彴」，亦謂之「榷」。都凡謂之「大榷」，亦謂之「約略」。其義一也。合言之則曰辜榷。《漢書・陳咸傳》云「没入辜榷財物」。《翟方進傳》云「多辜榷爲姦利者」。《王莽傳》云「豪吏猾民辜而攉之」。應劭注《武帝紀》作「酤榷」。晉灼注《鄭當時傳》作「辜較」。竝與「嫴榷」同。嫴與「榷」皆總括之意。故《釋言》云「嫴，榷也」，此云「嫴榷，都凡也」。《後漢書・

❶「歴」，《廣雅疏證補正》改作「厤」。
❷「木」，原作「本」，今據經解本改。

靈帝紀》注引《漢書音義》云「辜，障也；榷，專也；謂障餘人賣買而自取其利」。分辜、榷爲二義，已失於迂。顔師古乃云「辜榷者，言己自專之，它人取者輒有辜罪」，其失甚矣。堤封亦大數之名，猶今人言「通共」也。《漢書・刑法志》「一同百里，提封萬井」，蘇林注云「提音祇，陳留人謂舉田爲祇」，李奇注云「提，舉也，舉四封之内也」，顔師古注云「李説是也，提讀如本字，蘇音非也，説者或以爲積土爲封謂之堤封，既改文字，又失義也」。案：諸説皆非也。提封即都凡之轉，提封萬井，猶言通共萬井耳。《食貨志》云「地方百里，提封九萬頃」，《地理志》云「提封田一萬四千五百一十三萬六千四百五頃」，《匡衡傳》云「樂安鄉本田提封三千一百頃」，義竝與此同。若訓「提」爲舉，訓「封」爲四封，而云舉封若干井、舉封若干頃，則甚爲不辭。又《東方朔傳》云「迺使大中大夫吾丘壽王，與待詔能用筭者二人，舉籍阿城以南、盩厔以東、宜春以西，提封頃畝，及其賈直」，亦謂舉籍其頃畝之大數及其賈直耳。若云舉封頃畝，則尤爲不辭。且上言「舉籍」，下不當復言舉封。以此知諸説之皆非也。堤封與「提封」同。蘇林音「祇」。曹憲《音》「時」。《集韻》音常支切，字作「隄」，引《廣雅》「隄封，都凡也」。李善本《文選・西都賦》「提封五萬」，五臣本及《後漢書・班固傳》竝作「隄封」。提封爲都凡之轉，其字又通作堤、隄，則亦可讀爲都奚反。凡假借之字，依聲託事，本無定體，古今異讀，未可執一。顔注以蘇林音「祇」爲非。《匡謬正俗》又謂「提封」之提不當作「隄」字，且不當讀爲都奚反，皆執一之論也。無慮亦大數之名。宣十一年《左傳》釋文云「無慮，如字，一音力於反」。無慮，疊韻字也，或作「亡慮」。《漢書・李廣傳》「諸妄校尉以下」，張晏注云「妄猶凡也」。諸妄猶諸凡。諸凡猶「都凡」耳。妄與「亡慮」之亡聲相近。諸妄亦疊韻也。《荀子・議兵篇》「焉慮率用賞慶刑罰埶詐而已矣」，楊倞注云「慮，大凡也」。《漢書・賈誼傳》「慮亡不帝制而天子自爲者」，顔師古注云「慮，大計也，言諸侯皆欲同帝制而爲天子之事」。下文云「宗室子孫，慮莫不王」，語意正與此同。故師古亦云「慮，大計也」。今本注文脱去「大」字，正文「慮莫」又譌作「莫慮」。《賈子・五美》篇云「宗室子孫，慮莫不王」，足正今本之失。合言之則曰無慮。《食貨志》「天下大氏無慮皆鑄金錢矣」，注云「大氏猶言大凡也，無慮亦謂大率無小計慮耳」。《趙充國傳》「亡慮萬二千人」，注云「亡慮，大計也」。案：師古以「無慮」爲大計是也，而又云「大率無小計慮」，則鑿矣。《淮南子注》云「無慮，大數名也」。《周髀算經》「無慮後天十三度十九分度之七」，趙爽注云「無慮者，粗計也」。《後漢書・光武紀》「將作大匠竇融上言園陵廣袤無慮所用」，李賢注云「謂請園陵都凡制度也」。無慮之轉爲「孟浪」。《莊子・齊物論》篇「夫子以爲孟浪之言，而我以爲妙道之行也」，李頤云「孟浪猶較略也」，崔譔云「不精要之貌」。左思《吴都賦》「若吾之所傳，孟浪之遺言，略舉其梗概，而未得其要妙也」，劉逵注云「孟浪猶莫絡，不委細之意」。莫絡、孟浪、無慮皆一聲之轉。總計物數謂之無慮，總度事情亦謂之無慮，皆都凡之意也。《禮運》云「聖人耐以天下爲一家，以中國爲一人者，非意之也」，鄭注云「意，心所無慮也」。宣十一年《左傳》「使封人慮事以授司徒」，杜注云「慮事，無慮計功」。皆是也。今江淮閒人謂揣度事宜曰「毋量」，即「無慮」之轉。而《禮記正義》乃云「心所無慮者，謂於無形之處用心思慮」，《左傳正義》又云「築城之事，無則慮之，訖則計功」，胥失之矣。揚搉、嫴榷、堤封、無慮，皆兩字同義。後人望文生訓，遂致穿鑿而失其本旨，故略爲辯正。大氐雙聲、疊韻之字，其義即存乎聲。求諸其聲則得，求諸其文則惑矣。

附引《廣雅》四條。

蹁蹮，盤姍也。

見《衆經音義》卷十一。此疊韻之相近者也。侈言之則曰盤姍，約言之則曰蹁蹮，皆行不正之貌也。《説文》「蹁，足不正也」。《廣韻》「蹣跚，跛行皃」。蹣跚與「盤姍」同。《莊子·大宗師》篇「跰𨇤而鑑于井」，《釋文》「跰𨇤，崔本作『邊鮮』，司馬云『病不能行，故跰𨇤也』」。竝與「蹁蹮」同。《史記·平原君傳》「有躄者槃散行汲」，《集解》云「散」亦作「跚」。《司馬相如傳》「媻珊勃窣上金隄」，《漢書》「珊」作「姍」，韋昭注云「媻姍勃窣，匍匐上也」。竝與「盤姍」同。又《玉篇》「蹣跚，旋行皃」。《廣韻》云「蹁躚，旋行皃」。張衡《南都賦》説舞貌云「躈躠蹁躚」。亦行不正之貌也。躚與「蹮」同。

蹉跎，失足也。

《文選·西京賦》「鯨魚失流而蹉跎」，李善注引《楚辭·九懷》云「驥垂兩耳，中坂蹉跎」，又引《廣雅》「蹉跎，失足也」。

逡巡，卻退也。

見《上林賦》《雪賦》注。《爾雅》「逡，退也」。宣六年《公羊傳》云「趙盾逡巡北面再拜稽首」。《管子·戒》篇作「逡遁」，《小問》篇作「遵遁」。《晏子·問》篇作「巡遁」，又作「逡循」。《莊子·至樂》篇作「蹲循」。《漢書·項籍傳》作「遁巡」。竝字異而義同。

膠葛，驅馳也。

《史記·司馬相如傳》「雜遝膠葛以方馳兮」,《索隱》引《廣雅》「膠葛,驅馳也」。《漢書》作「膠輵」。《楚辭·遠遊》「騎膠葛以雜亂兮」,王逸注云「參差駢錯而縱橫也」。《九歎》云「瀶溪轇轕,雷動電發,馺高舉兮」。竝字異而義同。《説文》「駒,馬疾走也」,《玉篇》音居遏切。駒與「輵」義相近。

廣雅疏證卷第六下

高郵王念孫學

釋親

翁、公、叜、爸、爹、奢,父也。

翁、公聲相近。《史記·項羽紀》云「吾翁即若翁」。《魏策》云「陳軫將行,其子陳應止其公之行」。各本「公」字誤入曹憲《音》内,今訂正。爸者,「父」聲之轉。爹、奢聲相近。《廣韻》「爹,北人呼父也」,「奢,吴人呼父也」。奢,曹憲《音》「止奢反」。高誘注《淮南子·説山訓》云「雒家謂公爲阿社」。社與「奢」聲相近。翁、公、叜、父,古或以爲長老之稱。《史記·馮唐傳》文帝問唐曰「父知之乎」。《方言》「傁、父,❶老也,東齊魯衛之閒凡尊老謂之傁,周晉秦隴謂之公,或謂之翁,南楚謂之父,或謂之父老」。傁與「叜」同。下文「妻之父謂之父姼,妻之母謂之母姼」。姼與「爹」聲亦相近。

❶「父」,《方言》作「長」。

媓、妣、毑、㛅、㜷、媪、姐，母也。媽。

《方言》「南楚瀑洭之閒，母謂之媓」。毑與下「姐」字同。《説文》「蜀人謂母曰姐，淮南謂之社」。毑，各本作「䏶」，蓋因上文「爸」字從巴而誤。《集韻》《類篇》「毑」字注引《廣雅》「毑，母也」，「䏶」字注亦云「母也」，則宋時《廣雅》本已有譌作「䏶」者。考《玉篇》《廣韻》俱無「䏶」字，《玉篇》云「姐」古文作「毑」。今據以訂正。《廣韻》「㜷，楚人呼母也」。《説文》「媪，母老稱也」。文穎注《漢書·高祖紀》云「幽州及漢中皆謂老嫗爲媪」。《韓非子·外儲説》篇云「衛君之晉，謂薄疑曰『吾欲與子皆行』，薄疑曰『請歸與媪計之』，衛君自請薄媪，薄媪曰『君有意從之，甚善』，衛君曰『吾以請之媪，媪許我矣』」。是「媪」爲「母」之異名，又爲婦人長老之稱也。其婦人長老之稱，亦謂之母。《史記·廉頗藺相如傳》趙王謂趙括之母曰「母置之」，是也。《玉篇》「媽，莫補切，母也」。《集韻》《類篇》竝引《廣雅》「媽，母也」。今本脱「媽」字。

娋、孟，姊也。

此《方言》文也。娋，《廣韻》作「㜪」，云「齊人呼姊也」。

娟、娣，妹也。

娟、妹聲相近。桓二年《公羊傳》「若楚王之妻娟」，何休注云「娟，妹也」。《説文》「楚人謂女弟曰娟」。《爾雅注》亦云「猶今謂兄爲罤，妹爲娟」。《爾雅》「女子同出，謂先生爲姒，後生爲娣」。莊十九年《公羊傳》云「諸侯娶一國，則二國往媵之，以姪娣從，姪者何？兄之子也，娣者何？弟也」。各本「娣」字誤在下文「社」字上。邢昺《爾雅疏》引《廣雅》「娣、社、妯娌、娣似，先後也」，則所見已是誤本。今訂正。

社。

《説文》「社」字之解，見上「姐，母也」下。姐、社聲相近。《淮南子·説山訓》西家子謂其母曰「社何愛速死」，高誘注云「江淮閒謂母爲社，社讀『雒家謂公爲阿社』之社」。「社」字本在上文「母也」一條内，各本錯出在此，邢疏所引已誤。

妯娌、娣姒，先後也。

《方言》「築娌，匹也」，郭注云「今關西兄弟婦相呼爲築娌」。築與「妯」同。妯之言儔也。《集韻》「妯」又音儔。《方言》云「娌，耦也」。姒，曹憲《音》「似」。各本脱去「姒」字，其《音》内「似」字又誤入正文。邢疏所引已誤，今訂正。《爾雅》「長婦謂稚婦爲娣婦，娣婦謂長婦爲姒婦」，郭注云「今相呼先後，或云妯娌」。《漢書·郊祀志》「長陵女子以乳死，見神於先後宛若」，孟康曰「兄弟妻相謂先後，宛若，字也」，顔師古曰「古謂之娣姒，今關中俗呼之爲先後，吴楚俗呼之爲妯娌」。《喪服》傳「娣姒婦者，弟長也」，鄭注云「娣姒婦者，兄弟之妻相名也」。成十一年《左傳》「聲伯之母不聘，穆姜曰『吾不以妾爲姒』」，杜注云「聲伯之母，叔肸之妻也」，「昆弟之妻相謂爲姒，穆姜，宣公夫人，宣公、叔肸同母昆弟」。昭二十八年《傳》叔向娶於申公巫臣氏，生伯石，伯石始生，子容之母走謁諸姑，曰「長叔姒生男」，注云「子容母，叔向嫂，伯華妻也」。成十一年《正義》云：世人多疑娣姒之名，皆以爲兄妻呼弟妻爲娣，弟妻呼兄妻爲姒，因即惑於《傳》文，不知何以爲説。今謂母婦之號，隨夫尊卑，娣姒之名，從身長幼，以其俱來夫族，其夫班秩既同，尊卑無以相加，遂從身之少長。《喪服》傳曰「娣姒婦者，弟長也」，以「弟長」解「娣姒」。言「娣」是弟，「姒」是長也。長謂身之年長，非夫之年長也。《釋親》云「長婦謂稚婦爲娣婦，娣婦謂長婦爲姒婦」，止言婦之長稚，不言夫之大小。今穆姜謂聲伯之母爲姒，昭二十八年《傳》叔向之嫂謂叔向之妻爲姒，二者皆呼夫弟之妻爲姒，豈計夫之長幼乎！《釋親》又云「女子同出，謂先生爲姒，後生爲娣」，孫炎云「同出，謂俱嫁事一夫也。事一夫者，以己生先後爲娣姒」。則知娣姒以己之年，非夫之年也。故賈逵、鄭玄及此注皆云「兄弟之妻相謂爲姒」，言兩人相謂，謂長者爲姒。知娣姒之名，不計夫之長幼也。邵氏二雲《爾雅正義》曰：孔氏之説非也。婦人三從之義，既嫁從夫。若娣姒之名，從身之少長，不計夫之長幼，則從夫之義謂何矣？「女子同出，謂先生爲姒，後生爲娣」，此謂俱事一夫者也。「長婦謂稚婦爲娣婦，娣婦謂長婦爲姒婦」，此謂各事一夫者也。夫年有長稚，故婦從夫而有長婦、稚婦。孔氏以女子之俱事一夫者，牽合於昆弟之妻，則不達於雅訓矣。孔氏所據者，《左傳》之稱弟妻爲姒耳。殊不知古之稱娣姒者，猶今人稱妯娌也。兄妻稱弟妻曰妯娌，弟妻亦稱兄妻曰妯娌。蓋析言之，則兄妻爲姒，弟妻爲娣。合言之，則昆弟之妻統稱爲娣姒。約言之，則但稱爲姒。娣姒、先後、妯娌俱可連稱。知娣姒之可連稱，則《左傳》之稱姒者，不過稱謂之閒，偶從其省，不得因此而致疑於兄妻爲姒、弟妻爲娣也。《釋名》云「少婦謂長婦曰姒，言其先來，己所當法似也。長婦謂少婦曰娣。娣，弟也，己後來也，或曰先後，以來先後言之也」。據此，則長婦、少婦，皆以其夫之長少名之也。案：二雲説是也。《郊特牲》云「婦人無爵，從夫之爵，坐以夫之齒」，明婦人不以己之齒爲坐次也。何獨至於稱謂之閒，而但計己之長幼，不計夫之長幼乎？兄長而弟幼，故婦從其夫而亦有長稚之稱。女子同出，以長者爲姒，幼者爲娣，故婦從其夫之長幼而亦有「娣姒」之稱。男子先生爲兄，後生爲弟，故婦從其夫而亦有「先後」之稱也。「先後」亦長幼也。故《魯語》「夫宗廟之有昭穆，以次世之長幼也」，韋昭注云「長幼，先後也」。「弟長」亦先後也。故《吴語》「孤敢不順從君命長弟」，注云「長，先也；弟，後也」。娣之言弟，姒之言始也。或言娣姒，或言弟長，或言先後，或言長婦、稚婦，其義一也。

父，榘也。

《白虎通義》云「父者，矩也，以法度教子也」。矩與「榘」同。

母，牧也。

《説文》「母，牧也」。

兄，況也。

《白虎通義》云「兄者，況也，況父法也」。

弟，悌也。

《白虎通義》云「弟者，悌也，心順行篤也」。

子，孜也。

《白虎通義》云「子者，孳也，孳孳無已也」。孳與「孜」同。

孫，順也。

轂、娩、兒、姓，子也。

轂之言孺也。字本作「㝅」，通作「縠」。《莊子·駢拇》篇「臧與縠二人相與牧羊」，崔譔本「縠」作「㝅」，云

「孺子曰穀」。《方言》「北燕朝鮮洌水之閒，爵子及雞雛皆謂之鷇」，義與「穀」相近也。婗亦「兒」也，方俗語有輕重耳。《説文》「婗，嫛婗也」。《釋名》云「人始生曰嬰兒，或曰嫛婗」。《孟子·梁惠王》篇「反其旄倪」，趙岐注云「倪，弱小繄倪者也」。繄倪與「嫛婗」同。凡物之小者謂之倪。嬰兒謂之婗，鹿子謂之麑，小蟬謂之蜺，老人齒落更生細齒謂之齯齒，義竝同也。姓者，生也，子孫之通稱也。《周南·麟之趾》篇云「振振公子」「振振公姓」。《玉藻》「縞冠玄武，子姓之冠也」，鄭注云「謂父有喪服，子爲之不純吉也」。《喪大記》「卿大夫父兄子姓立于東方」，注云「子姓，謂衆子孫也，姓之言生也」。昭四年《左傳》云「問其姓，對曰『余子長矣』」。姓與「生」古同聲而通用。《商頌·殷武》篇「以保我後生」，鄭箋云「以此全守我子孫」。「生」即姓字也。

男，任也。

《大戴禮·本命》篇云「男者，任也，子者，孳也，男子者，言任天地之道而長萬物之義也，故謂之丈夫，丈者，長也，夫者，扶也，言長萬物也」。《白虎通義》云「男者，任也，任功業也」。

女，如也。

《大戴禮·本命》篇云「女者，如也，子者，孳也，女子者，言如男子之教而長其義理者也，故謂之婦人，婦人，伏於人也」。《白虎通義》云「女者，如也，從如人也」。

姑謂之威。

《説文》「威，姑也」，引漢律「婦告威姑」。威姑即《爾雅》所謂「君姑」也。君與「威」古聲相近。《説文》「䫻」

從艸、君聲，「讀若威」是其例也。

嫗謂之妻。

《説文》「嫗，母也」。昭三十一年《公羊傳》云「顔夫人者，嫗盈女也」。妻與「嫗」不同義，蓋因下文數「妻」字而誤。妻當爲「姁」。《説文》「姁，嫗也」。

姑，故也。

《釋名》云「父之姊妹曰姑，姑，故也，言於己爲久故之人也」，「夫之母曰姑，亦言故也」。《白虎通義》云「舅者，舊也，姑者，故也，舊故，老人稱也」。

姊，咨也。

《白虎通義》云「姊者，咨也」。

妭，妄也。

鄭注《喪服》傳云「妭猶叜也，叜，老人稱也」。

妹，末也。

《白虎通義》云「妹者，末也」。

夫，扶也。

《白虎通義》云「夫者，扶也，以道扶接也」。

妻，齊也。

《白虎通義》云「妻者，齊也，與夫齊體也」。

婦，服也。

《白虎通義》云「婦者，服也，以禮屈服也」，又云「婦者，服也，服於家事，事人者也」。

妾，接也。

《白虎通義》云「妾者，接也，以時接見也」。

同門謂之壻。

「壻」上蓋脱「友」字。《釋名》云「兩壻相謂曰亞，言一人取姊，一人取妹，相亞次也，又竝來至女氏門，則姊夫在前，妹夫在後，亦相亞也，又曰友壻，言相親友也」。《漢書・嚴助傳》「家貧，爲友壻富人所辱」，顔師古注云「友壻，同門之壻」。

妻之父謂之父姼，妻之母謂之母姼。

《方言》「南楚瀑洭之閒，❶謂婦妣曰母姼，稱婦考曰父姼」。《説文》「江淮之閒謂母曰媞」。媞與「姼」聲義相近。各本「母姼」上脱「之」字，今補。

君妻謂之小君。

莊二十二年《穀梁傳》云「小君非君也，其曰君何也，以其爲公配，可以言小君也」。

---

❶ 「瀑」，原作「瀑」，今據續四庫本改。

男子謂之丈夫，女子謂之婦人。

説見上「男，任也」，「女，如也」下。

妻謂之嬬。

《説文》「嬬，下妻也」。

壻謂之倩。

《方言》「東齊之閒壻謂之倩」，郭注云「言可借倩也，今俗呼女壻爲卒便是也」。案：壻、倩皆有才知之稱也。壻之言胥也。鄭注《周官》云「胥，有才知之稱也」。倩之言婧也。《説文》「婧，有才也」。顔師古注《漢書·朱邑傳》云「倩，士之美稱」。義與「壻謂之倩」相近。《史記·倉公傳》云「黄氏諸倩」。倩者，「壻」聲之轉，緩言之則爲「卒便」矣。

人一月而膏，二月而脂，三月而胎，四月而胞，五月而筋，六月而骨，七月而成，八月而動，九月而躁，十月而生。

此《淮南子·精神訓》文也。《淮南子》作「二月而胅，三月而胎，四月而肌」。《文子·九守》篇作「二月而脈，三月而胚，四月而胎」。餘與《廣雅》同。

殣、腜，胎也。

《爾雅》「胎，始也」。殣或作「膸」。《廣韻》「殣，羊胎也」，又云「膸，畜胎也」。腜之言媒也。《説文》「腜，婦始孕腜兆也」。

船、體，身也。

首謂之頭。

𩕄、顏、題、顙，頟也。

《方言》「𩕄、頟、顏，顙也，江湘之閒謂之𩕄，中夏謂之頟，東齊謂之顙，汝潁淮泗之閒謂之顏」。《釋名》云「頟，鄂也，有垠鄂也，故幽州人則謂之鄂也」。額與「頟」同。《方言》注云「今建平人呼頟爲𩕄」。顏之爲言岸然高也。《鄘風·君子偕老》篇「揚且之顏也」，毛傳云「廣揚而顏角豐滿」。《呂氏春秋·遇合》篇「陳有惡人焉，曰敦洽讎麋，椎顙廣顏，色如漆赭」。《史記·蔡澤傳》「先生曷鼻巨肩魋顏蹙齃」。顏皆謂頟也。《索隱》以爲顏貌，失之。《爾雅》「顁，題也」。《説文》「題，頟也」。《王制》云「南方曰蠻，雕題交趾」。《北山經》云「狀如豹而文題白身」。頟謂之顏題，故所以飾頟者亦謂之顏題。《續漢書·輿服志》云「古者有冠無幘，至秦乃加其武將首飾，爲絳袙以表貴賤，其後稍稍作顏題」，《宋衛策》云「宋康王爲無顏之冠」，是也。《莊子·馬蹄》篇「齊之以月題」，司馬彪注云「月題，馬頟上當顱如月形者也」，義與「顏題」亦相近。《説文》「顙，頟也」。《説卦傳》云「其於人也，爲廣顙」，又云「其於馬也，爲的顙」。《爾雅》「的顙，白顛」。顛、顁、題一聲之轉。

頊顱謂之髑髏。

此疊韻之轉也。急言之則曰頭，徐言之則曰髑髏，轉之則曰頊顱。《説文》「頊顱，首骨也」。或但謂之「顱」。《秦策》云「頭顱僵仆，相望於境」。船頭謂之艫，義亦同也。《説文》「髑髏，頂也」。《莊子·至樂》

篇云「見空髑髏髐然有形」。

目謂之眼。

珠子謂之眸。

《釋名》云「瞳子，瞳，重也，膚幕相裹重也；子，小稱也，主謂其精明者也。或曰眸子，眸，冒也，相裹冒也」。《荀子·非相篇》作「牟」。

頏、領、顉、顱、頸、脰，項也。

項之言直項也。《漢書·息夫躬傳》云「有直項之名」，是項與「直」同義。《説文》「亢，人頸也」，或作「頏」。頏者，抗直之名，亦綱領之稱也。故又謂之領。《衞風·碩人》傳云「領，頸也」。《漢書·禮樂志》「殊翁雜，五采文」，孟康注云「翁，鴈頸也」，義與「顉」同。顱，《玉篇》音成，《廣韻》又音擎。「顱」亦頸也，方俗語有輕重耳。《説文》「頸，頭莖也」。《釋名》云「頸，俓也，俓挺而長也」。脰之言豎立也。《説文》「脰，項也」。莊十二年《公羊傳》「搏閔公絶其脰」，何休注云「脰，頸也，齊人語」。今浙西人亦呼頸爲「脰頸」。

輔謂之頰。

《説文》「頰，面旁也」。《釋名》云「頰，夾也，兩旁稱也」。《説文》「酺，頰也」，又云「輔，人頰車也」。《咸》上六「咸其輔頰舌」，馬融注云「輔，上頷也」，虞翻作「酺」。僖五年《左傳》「輔車相依」，《衞風·碩人》正義引服虔注云「輔，上頷車也」。

頤、頣，頷也。

《方言》「頜、頤，頜也，南楚謂之頜，秦晉謂之頜，頤，其通語也」，郭注云「謂頜車也」。頜與「顄」同。《説文》「顄，頤也」。宣六年《公羊傳》「絶其頜」，何休注云「頜，口也」。《漢書・王莽傳》作「顄」。《説文》「𦣝，顄也」，篆文作「頤」，籀文作「䪿」。頜之言合也。《説文》「頜，顄也」。《釋名》云「頤，養也，動於下，止於上，上下咀物以養人也」，「或曰頜車，頜，含也，口含物之車也」。

顴、頄、頞，䪼也。

顴、頄爲「頬䪼」之䪼，頞爲「鼻䪼」之䪼。䪼通作「準」。《急就篇》「頭頟頞䪼眉目耳」，顔師古注云「䪼，兩頬之權也」。《素問・至真要大論》「齒痛䪼腫」，亦謂頬䪼也。《漢書・高祖紀》「隆準而龍顔」，服虔曰「準音拙」，應劭曰「準，頬權準也」，李斐曰「準，鼻也」，文穎曰「音『準的』之準」，晉灼曰「《戰國策》云『眉目準頞權衡』」，《史記》秦始皇蜂目長準，李説、文音是也」。案：《淮南子・説林訓》云「污準而粉其顙，雖善者弗能爲工」。《易乾鑿度》「觀表出準虎」，鄭注云「準在鼻上而高顯」。則「隆準」之準，李斐訓爲鼻，文穎音「準的」之準，皆是也。然《廣雅》訓「頞」爲「䪼」，則「鼻準」之「準」亦有「拙」音矣。《靈樞經・五變》篇云「顴骨者，骨之本也，顴大則骨大，顴小則骨小」。字通作「權」。《中山策》云「眉目準頞權衡」，是也。《説文》「頯，權也」。《夬》九三「壯于頄」，《釋文》「頄，翟云『面顴頬閒骨也』，鄭作『頯』，蜀才作『仇』」。《素問・氣府論》作「鼽」。竝字異而義同。顴、頄一聲之轉。權者，平也。兩高相平謂之權，猶雙闕謂之觀也。頄亦高貌也。《説文》「馗，高也」，義與「頄」相近。《説文》「頞，鼻莖也」，或作「齃」。《孟子・梁惠王》篇云「舉疾首蹙頞而相告」。《史記・蔡澤傳》云「先生曷鼻巨肩魋顔蹙齃」。《釋名》云「頞，鞍也，偃折如鞍也」。

柴、噣、喙，口也。

《衆經音義》卷一引《字書》云「柴，鳥喙也」。張衡《東京賦》云「秦政利觜長距」。觜與「柴」同。《説文》「噣，喙也」，「喙，口也」。《史記·趙世家》云「龍面而鳥噣」。《曹風·候人》篇云「維鵜在梁，不濡其味」。《考工記·梓人》云「以注鳴者」。味、注竝與「噣」同。字又作「啄」。《漢書·東方朔傳》「尻益高者，鶴俛啄也」，顔師古注云「啄，鳥觜也，音竹救反」。《爾雅》「味謂之柳」，味本或作「喙」。《史記·天官書》「柳爲鳥注」，《漢書·天文志》作「喙」。《文選·洞簫賦》「垂喙蚃轉」，喙或爲「味」。「喙」字皆是「啄」字之譌，陸德明、李善音許穢反，非也。噣、啄、味、注古同聲而通用，「喙」則遠矣。

咡謂之吻。

《説文》「吻，口邊也」，❶或作「脗」。《文選·文賦》注引《倉頡篇》云「吻，脣兩邊也」。《曲禮》「負劍辟咡詔之，則掩口而對」，《少儀》「有問焉，則辟咡而對」，鄭注竝云「口旁曰咡」。《弟子職》云「既食乃飽，循咡覆手」。

毁齒謂之齔。

《周官·司厲》云「未齔者不爲奴」。《説文》「齔，毁齒也」。《釋名》云「齔，洗也，毁洗故齒更生新也」。《大

❶「口」，原作「日」，今據經解本、續四庫本改。

戴禮·本命》篇云「男以八月而生齒，八歲而毁齒，女七月而生齒，七歲而毁齒」。

噱、函，舌也。

《説文》「𧮫，口上阿也」，或作啣、臄。《大雅·行葦》篇「嘉殽脾臄」，毛傳云「臄，函也」，《釋文》引《通俗文》云「口上曰臄，口下曰函」。《漢書·揚雄傳》「遥噱乎紘中」，晉灼注云「口内之上下名爲噱」。竝字異而義同。《説文》「圅，舌也」，俗作「肣」。據諸書所説，則噱、函爲口上、下之稱，而「函」又訓爲舌。《廣雅》以噱、函同訓爲舌，未詳所據也。噱，曹憲《音》「劇」。各本「劇」字誤入正文，今訂正。

喉、嗌，咽也。

《説文》「咽，嗌也」，「喉，咽也」，「嗌，咽也」。昭十九年《穀梁傳》云「嗌不容粒」。《釋名》云「咽，咽物也，又謂之嗌，氣所流通阸要之處也」。

髃骬、缺盆，甙也。

《玉篇》「甙，缺盆骨也」。《史記·倉公傳》云「疽發乳，上入缺盆」。《素問·氣府論》「缺盆各一」，王冰注云「缺盆，穴名也，在肩上橫骨陷者中」。《靈樞經·骨度》篇云「結喉以下至缺盆中，長四寸，缺盆以下至髃骬，長九寸」。據此則缺盆在肩，髃骬在匈，不得同訓爲「甙」也。

肊、臆、膺，匈也。

肊、臆一字也。《説文》「肊，匈骨也」，或作「臆」。臆與「臆」同。臆，各本訛作「𦡊」，今訂正。

肱謂之臂。

胳謂之腋。

腋本作「亦」，或作「掖」。《説文》「亦，人之臂亦也」，又云「掖，人臂下也」，又云「胳，掖下也」。《衆經音義》卷五引《埤倉》云「胳，肘後也」。「掖」謂之胳，故衣袂當掖處亦謂之袼。《深衣》云「袼之高下，可以運肘」，是也。「袼」又謂之掖。《儒行》云「衣逢掖之衣」，是也。

膀、胠、胉，脅也。

脅之言夾也，在兩旁之名也。膀之言旁也。《説文》「膀，脅也」，或作「髈」。又云「胠，掖下也」。《素問·五藏生成篇》云「腹滿䐜脹，支鬲胠脅」。《南山經》云「柢山有魚焉，其羽在魼下」。魼與「胠」同義。《玉篇》「胠」音去劫、丘慮、丘閭三切。胠亦「脅」也，語之轉耳。襄二十三年《左傳》賈逵注云「軍左翼曰啓，右翼曰胠」，《正義》云「啟、胠是在旁之軍」。義與人脅謂之「胠」同。司馬彪注《莊子·胠篋》篇云「從旁開爲胠」，義亦相近也。胉，字或作「膊」，通作「拍」，又通作「迫」。《士喪禮》「特豚兩胉」，鄭注云「胉，脅也」，今文「胉」爲「迫」。《周官·醢人》「豚拍」，鄭注云「鄭大夫、杜子春皆以『拍』爲『膊』，謂脅也，今河閒名豚脅聲如鍛鎛」。《西山經》「有窮鬼居之，各在一搏」，郭璞注云「搏猶脅也，言羣鬼各以類聚處山四脅」。義亦與「膊」同。膊之言輔也。兩肩謂之膊，義亦同也。

幹謂之肋。

《説文》「肋，脅骨也」。《釋名》云「肋，勒也，所以檢勒五藏也」。莊元年《公羊傳》云「搚幹而殺之」。《特牲饋食禮》「佐食舉幹」，鄭注云「幹，長脅也」。幹亦兩旁之名也。《史記·魯世家》集解引馬融《粊誓》注云

「楨在前，榦在兩旁」。成二年《左傳》「棺有翰檜」，杜注云「翰，旁飾」。義竝與脅、榦同。

肺，費也。

《白虎通義》云「肺之爲言費也」。

心，任也。

《白虎通義》云「心之爲言任也，任於思也」。

肝，榦也。

《釋名》云「肝，榦也，於五行屬木，故其體狀有枝榦也」。

脾，裨也。

《玉篇》引《白虎通義》云「脾之爲言裨也」。《釋名》云「脾，裨也，在胃下裨助胃氣，主化穀也」。裨，曹憲《音》「卑」。各本脱去「裨」字，《音》内「卑」字又誤入正文。今訂正。

腎，堅也。

胃謂之肚。

《説文》「胃，穀府也」。《釋名》云「胃，圍也，圍受食物也」。肚之言都也，食所都聚也。

膀胱謂之脬。

膀胱通作「旁光」。脬通作「胞」。《説文》「脬，旁光也」。《釋名》云「胞，鞄也，鞄，空虚之言也，主以虚承水汋也。或曰膀胱，言其體短而横廣也」。《淮南子·説林訓》「旁光不升俎」，高誘注云「旁光，胞也」。《史記·倉公傳》云「風癉客脬」。桓四年《公羊傳》注云「自左膘射之，達于右髃，中腸胃污泡」。泡亦與「脬」同。

腸，詳也。

腹，屬也。

肑謂之胦。

《説文》「胦，腹下肥也」。《急就篇》云「肿胦膂脅喉咽髃」。凡人與物之腹下肥者，通謂之胦。《少牢饋食禮》云「魚縮載，右首，進胦」。《少儀》云「羞濡魚者進尾，冬右胦，夏右鰭」，鄭注云「胦，腹下也」。《文選·七發》「犓牛之胦」，李善注云「胦，腹下肥者」。《少儀》「君子不食圂胦」，《正義》云「胦，豬、犬腸也」，亦與「腹下肥」同義。《玉篇》「肑，音的，腹下肉也」。曹憲《音》「百卓反」。《集韻》云「豕胦也」。各本「胦」作「肿」，蓋因下文「肿謂之脢」而誤。今訂正。

背謂之骶，背，北也。

骶之言邸也。邸者，後也。《周官·掌次》「設皇邸」，鄭衆注云「邸，後版也」。《説文》「軧，大車後也」。義竝與「骶」同。《釋名》云「背，倍也，在後稱也」。故又訓爲「北」。《衞風·伯兮》傳云「背，北堂也」，亦在後之稱也。北與「背」古同聲而通用。桓九年《左傳》「以戰而北」，嵇康音背。韋昭注《吴語》云「軍敗奔走曰北，北，古之『背』字也」。各本俱脱「北」字。《衆經音義》卷八、卷十九及《太平御覽》竝引《廣雅》「背，北也」。今據補。

胂謂之脢。

《説文》「胂，夾脊肉也」。《急就篇》云「胂腴匈脅喉咽髃」。《咸》釋文「胂音以人反」。字亦作「夤」。《艮》九三「艮其限，列其夤」，馬融注云「夤，夾脊肉也」。《説文》「脢，背肉也」。《咸》九五「咸其脢」，《子夏傳》云「在脊曰脢」，虞翻云「脢，夾脊肉也」，《釋文》「脢，武杯反，又音每」。《内則》「取牛羊麋鹿麕之肉必脄」，鄭注云「脄，脊側肉也」。《楚辭・招魂》「敦脄血拇」，王逸注云「脄，背也」。脄與「脢」同。鄭衆注《周官・内饔》云「刑膴，謂夾脊肉」。膴亦與「脢」同。《集韻》云「脢」或作「膴」。

臎、髁，𩪍也。

《説文》「𩪨，臋骨也」。臋與「臀」同。𩪨與「𩪍」同，亦通作「橛」。《素問・骨空論》「灸橛骨」，王冰注云「尾窮謂之橛骨」。《爾雅・釋鳥》「鸉，白鷢」，郭注云「似鷹，尾上白」。鷢與「𩪍」義相近。《釋言》篇云「臎，肥也」。字通作「翠」。《内則》「舒鴈翠」，鄭注云「翠，尾肉也」。《吕氏春秋・本味》篇「肉之美者，雋燕之翠」，高誘注云「翠，厥也」。厥亦與「𩪍」同。《衆經音義》卷十四引《三倉》云「髁，尻骨也」。

臀謂之脽。

《釋名》云「臀，殿也，高厚有殿鄂也」。《説文》「脽，尻也」。《漢書・東方朔傳》「連脽尻」，顔師古注云「脽，臀也」。《素問・脈解篇》云「腫腰脽痛」。脽者，高起之名。《漢書・武帝紀》「立后土祠于汾陰脽上」，如淳曰「脽者，河之東岸特堆堀高十餘丈」，顔師古曰「以其形高起如人尻脽，故以名云」。

腓、脧，腨也。

《衆經音義》卷三引《三倉》云「腨，腓腸也」。《説文》同。《素問·藏氣法時論》云「尻陰股膝髀腨胻足皆痛」，《氣交變大論》云「其病外在谿谷踹膝」。《急就篇》云「蹲踝跟踵相近聚」。蹲、踹竝與「腨」同。字亦作「膞」。《衆經音義》卷十云「江南言腓腸，中國言腨腸，或言腳腨」。今俗語謂之腿肚，名異而實同也。腓之言肥也。《靈樞經·寒熱病》篇云「腓者，腨也」。《咸》六二「咸其腓」，鄭注云「腓，膞腸也」，荀爽作「肥」。《齊策》云「徐子之狗，攫公孫子之𩨗而噬之」。竝字異而義同。《廣韻》引《字林》云「䏿，腨腸也」。《海外北經》云「無䏿之國，爲人無䏿」，郭璞注云「䏿，肥腸也」。

股、腳、踦、胻，脛也。

《釋名》云「脛，莖也，直而長似物莖也」。《説文》云「脛，胻也」，「股，髀也」。凡對文則膝以上爲股，膝以下爲脛。《小雅·采菽》箋云「脛本曰股」，是也。散文則通謂之脛。《説文》云「彳，象人脛三屬相連」，是也。或通謂之股，經言「股肱」是也。《爾雅·釋蟲》「蠨蛸，長踦」，郭注云「小鼅鼄長腳者」。《淮南子·齊俗訓》「男女切踦肩摩於道」，高誘注云「踦，足也」。胻之言梗也。《爾雅》「梗，直也」。《説文》「胻，脛耑也」。《衆經音義》卷十八云「今江南呼脛爲胻，山東曰胻敞，『敞』音支孟反」。《春秋繁露·五行逆順》篇云「民病足胻痛」。《素問·脈要精微論》云「病足䯒腫若水狀」。䯒與「胻」同。

膕、朏，曲腳也。

《荀子·富國篇》「詘要橈膕」，楊倞注云「膕，曲腳中也」。膕者，曲貌也。《靈樞經·通天》篇云「太陰之人，其狀膕然未僂」，是也。《素問·骨空論》云「俠膝之骨爲連骸，骸下爲輔，輔上爲膕」。朏之言詘也，其體詘曲也。

臗、尻、州、豚，臀也。𡲰。

各本皆作「臗，尻也」「州、豚，臀也」。《集韻》《類篇》竝引《廣雅》「臗，尻也」，則宋時本已然。案：韋昭注《周語》云「臀，尻也」。臗、尻、州、豚、臀，五者異名而同實，不宜分訓。《衆經音義》卷十四、卷二十四竝云《埤倉》「臗，尻也」，《廣雅》「臗，臀也」。今據以訂正。臗，《說文》作「髖」，云「髀上也」。《漢書·賈誼傳》「至於髖髀之所」。《急就篇》「尻髖脊膂腰背呂」，顏師古注竝與《說文》同。《說文》「尻，臀也」。《少牢饋食禮》云「腊兩髀屬于尻」。《釋名》云「尻，廖也，所在廖牢深也」。《爾雅·釋畜》馬「白州，驠」，《北山經》「倫山有獸焉，其州在尾上」，郭注竝云「州，竅也」。《内則》「鼈去醜」，鄭注云「醜，謂鼈竅也」。醜與「州」聲近而義同。豚與「州」聲亦相近。《玉篇》「豚，尻也」。《廣韻》云「尾下竅也」。《楚語》「日月會于龍豵」，《文選·東京賦》注引賈逵注云「豵，龍尾也」。《玉篇》作「豝」，音丁角切，義與「豚」相近。《說文》「𡲰，尻也」。《玉篇》音詣地、口奚二切。《集韻》《類篇》又詰計切，引《廣雅》「𡲰，臀也」。今本脱「𡲰」字。

䯊、骮、𩩲、䯏、䯙、髖，𩨗也。

《玉篇》「𩨗」或作「骼」。《文選·解嘲》「折脅摺骼」，李善注引《埤倉》云「骼，腰骨也」。《素問·長刺節論》云「病在少腹，刺兩骼髎季脅肋閒」。《玉篇》「䯊，骼䯊也」，又云「骮𩩲，股骨也」。

廣雅疏證卷第七上

釋宮

各本「宮」字皆譌作「室」。案：《爾雅》宮、室雖可互訓，然以其制言之，則自户牖以内乃謂之室。宮爲總名，室爲專稱。《考工記》云「室中度以几，宮中度以尋」，是也。名曰「釋宮」，則内而奧窔，外而門闕，以及寢廟臺榭之制，道塗趨走之名，莫不兼該。若名曰「釋室」，則不足以目一篇之事。且《廣雅》篇名，皆仍《爾雅》之舊，不應此篇獨改爲「釋室」。《太平御覽》居處部云《廣雅·釋宮》曰「館，舍也」。今據以訂正。

庌、廡、房、櫳、廬、庉、庲、𢈔、廊、館、傳、庵、廠、屋、庫、府、廏，舍也。

《説文》「市居曰舍」。《釋名》云「舍，於中舍息也」。《説文》「庌，廡也」。《周官·圉師》「夏庌馬」，鄭注云「庌，廡也，廡所以庇馬涼也」。《遺人》注云「廬若今野候徙有庌也」。《説文》「廡，堂下周屋也」。《檀弓》注云「夏屋，今之門廡也，其形旁廣而卑」。《吴子·治兵》篇云「冬則温廏，夏則涼廡」。《釋名》云「大屋曰廡，廡，幠也，幠，覆也，并冀人謂之庌，庌，正也，屋之正大者也」。《説文》「房，室在旁也」。《釋名》云「房，旁也，室之兩旁也」。櫳之言籠也。《説文》作「𣡗」，云「房室之疏也」。班倢伃《自悼賦》云「房櫳虚兮風泠泠」。櫳爲房室之疏，則不得直訓爲舍矣。《漢書·食貨志》云「在壄曰廬，在邑曰里」。《説文》「廬，寄也，春夏居，秋冬去」。《釋名》云「廬，慮也，取自覆慮也」。案：覆慮，猶言覆露。《晉語》云「先主覆露子」，是也。露、慮古同聲。故《釋名》又云「露，慮也，覆慮物也」。《説文》「庉，樓牆也」。《玉篇》云「屯聚之處也」。《晏子春秋·諫》篇云「景公爲長庲」，是「庲」爲舍也。庲音七賜反，字從广、朿聲。朿亦音七賜反。各本皆作「庲」，音七粟反。此因「庲」字譌作「庲」，後人遂并改曹憲之音。《集韻》《類篇》「庲」七賜切，引《廣雅》「庲，舍也」。「庲」趨玉切，引《廣雅》「庲，舍也」。則宋時《廣雅》本已有譌作「庲」者。案：「庲」與下文「廁」字同。《廣韻》音盧達切，不音七粟切。《玉篇》「庲，千漬切，下屋也」。《廣韻》七賜切，「偏庲舍也」。《衆經音義》卷十五云「《廣雅》『庵，舍也』，《埤倉》『庵，庲也』，庲音且漬反」。今據以訂正。廊，字通作「郎」。《逸周書·作雒解》云「咸有四阿反坫重亢重郎」。晉灼注《漢書·董仲舒傳》云「廊，堂邊廡也」。案：廊者，高大之稱，猶高門謂之閬矣。《説文》「館，客舍也」。《釋名》云「傳，傳也，人所止息而去，後人復來，轉轉相傳，無常主也」，又云「草圓屋曰庵，庵，奄也，所以自覆奄也」。《後漢書·皇甫規傳》「親入菴廬，巡視將士」，菴與「庵」同。《喪服四制》引《書》「高宗諒闇」，鄭注云「闇謂廬也」，義亦與「庵」同。《説文》「屋，居也」，又云「庫，兵車藏也」。《釋名》云「庫，舍也，物所在之舍也，故齊魯謂庫曰舍也」。《説文》「府，文書藏也」。鄭注《論語》云「藏財貨曰府」。卷三云「府，聚也」。《説文》「廄，馬舍也」。《釋名》云「廄，勼也，勼，聚也，牛馬之所聚也」。

堂堭，壂也。

壂通作「殿」。《初學記》引《倉頡篇》云「殿，大堂也」。《釋名》云「殿，有殿鄂也」。堭通作「皇」。《爾雅》

「無室曰榭」，郭注云「榭，即今堂埋」。《漢書·胡建傳》「監御史與護軍諸校列坐堂皇上」，顏師古注云「室無四壁曰皇」。案：皇者，空虛之名。《爾雅》云「隍，虛也」。城池無水曰「隍」，室無四壁曰「皇」，其義一也。《太平御覽》引《廣雅》作「堂皇合殿也」。《廣韻》亦云「堂埋，合殿」。

反坫謂之垿。

未詳。

廜廯、𢉖、𢋀、粗、幕、易、𢊅，庵也。

庵，義已見上文。《廣韻》「廜廯，草菴也」，引《通俗文》云「屋平曰廜廯」。通作「屠蘇」。《太平御覽》引《魏略》云「李勝爲河南尹，廳事前屠蘇壞，令人治之」。《説文》「𢉖，廡也」。𢉖與「廬」聲近而義同。𢋀亦「幕」也，方俗語有輕重耳。《後漢書·皇甫規傳》「親入菴廬，巡視將士」，菴廬即「幕」也。幕、庵、廬皆下覆之義，説見上文。「易」之爲庵，未詳所出。影宋本、皇甫本竝作「易」。𢊅，各本譌作「瘌」，惟影宋本不譌。《廣韻》引《廣雅》作「𢈡」。

橧窠，巢也。

《説文》「鳥在木上曰巢，❶在穴曰窠」。孫炎注《爾雅·釋樂》云「巢，高也」。《禮運》「夏則居橧巢」，鄭注云「聚薪柴居其上」，《釋文》「橧」本又作「增」，又作「曾」。《大戴禮·曾子疾病》篇云「鷹鶽以山爲卑而曾

❶「木」，原作「本」，今據經解本、續四庫本改。

巢其上」。竝字異而義同。《爾雅》「豕所寢，橧」，義亦相近也。《説文》「窠，空也，一曰鳥巢也」。凡言窠者，皆空中之義，説見卷三「科，空也」下。

棚、棼、栽、棧，閣也。

卷二云「攱、閣，載也」。卷三云「閣，攱也」。《史記・梁孝王世家》索隱引《通俗文》云「高置立攱棚曰攱閣」。卷三云「棚，攱也」。《説文》「棚，棧也」。《衆經音義》卷十四引《三倉》云「棚，棧閣也」，又引《通俗文》云「連閣曰棚」。《九章算術・商功》章「負米往來七十步，❶其二十步上下棚除」，劉徽注云「棚，閣也。除，邪道也」。卷三云「載，攱也」。載與「栽」同。又云「䟤，攱也」。䟤與「棧」同。《説文》「棧，棚也」。《文選》謝靈運《從斤竹澗越嶺溪行》詩注引《通俗文》云「版閣曰棧」。《齊策》云「爲棧道木閣，而迎王與后於城陽山中」。《史記・高祖紀》「輒燒絶棧道」，《索隱》引崔浩云「險絶之處，傍鑿山巖，而施版梁爲閣也」。凡編木爲棚，通謂之棧。《莊子・馬蹄》篇「編之以早棧」，崔譔注云「棧，木棚也」。棧，各本譌作「踐」。《衆經音義》卷十五及《太平御覽》竝引《廣雅》「棧，閣也」。今據以訂正。

窹謂之竈。

《玉篇》引《倉頡篇》云「楚人呼竈曰窹」。窹，各本譌作「痦」，《集韻》《類篇》引《廣雅》作「痦」，皆《玉篇》《廣韻》所無。《玉篇》《廣韻》引《廣雅》竝作「窹」，今據以訂正。

---

❶ 「米」，下文「道也」條引作「土」。

其脣謂之陘。

《月令》注「祀竈之禮，設主于竈陘」，《正義》云「逸《中霤禮》文」，又云「竈陘謂竈邊承器之物，以土爲之」。

其窻謂之埃。

埃通作「突」。《吕氏春秋·諭大》篇云「竈突決，則火上焚棟」。

埃下謂之□。

「謂之」下各本皆脱一字，今無考。

甀、匋，窯也。

《衆經音義》卷十四引《倉頡篇》云「窯，燒瓦竈也」。《管子·七臣七主》篇云「文采纂組者，燔功之窰也」。窰與「窯」同。《説文》「甀，匋也」。《漢書·董仲舒傳》「猶泥之在鈞，唯甀者之所爲」，《文選·魏都賦》注引如淳注云「陶人作瓦器謂之甀」。匋通作「陶」。《衆經音義》卷二引《倉頡篇》云「陶，作瓦家也」。陶與「窯」聲相近。《大雅·緜》篇「陶復陶穴」，鄭箋云「復者，復於土上，鑿地曰穴，皆如陶然」。是「陶」即窯也。

楣、檐、櫺，梠也。

《説文》「梠，楣也」。《士喪禮》「置于宇西階上」，鄭注云「宇，梠也」。《特牲饋食禮》記「饎爨在西壁」，注引舊説云「南北直屋梠」。《釋名》云「梠，旅也，連旅之也，或謂之櫓，櫓，緜也，緜連榱頭使齊平也」。凡言吕者，皆相連之意。衆謂之旅，紩衣謂之絽，脊骨謂之吕，桷端櫓聯謂之梠，其義一也。《説文》「楣，秦名屋櫋聯也，齊謂之檐，楚謂之梠」。《釋名》云「楣，眉也，近前若面之有眉也」，又云「水草交曰湄，湄，眉也，臨水如眉臨目也」。湄與「楣」義相近。楣、宇皆下垂之名，故在人亦有「眉宇」之稱。枚乘《七發》云「陽氣見於眉宇之閒」，❶是也。《説文》「檐，㮰也」，「㮰，梠也」。《爾雅》「檐謂之樀」，《特牲饋食禮》疏引孫炎注云「謂屋梠也，周人謂之梠，齊人謂之檐」。《明堂位》「復廟重檐」，鄭注云「重檐，重承壁材也」。檐者，障蔽之名，説見《釋器》「㡙、㡇，㡘也」下。《方言》「屋梠謂之櫺」，郭注云「即屋檐也，亦呼爲連緜」。櫺之言闌也，與檻謂之櫺同義。

榱、橑、桷、楝，椽也。

《説文》「椽，榱也，秦謂之榱，周謂之椽，齊魯謂之桷」。《晉語》云「天子之室，斲其椽而礱之，加密石焉，諸侯礱之，大夫斲之，士首之」。《釋名》云「椽，傳也，相傳次而布列也」。《爾雅》「桷謂之榱」，郭注云「屋椽也」。襄三十一年《左傳》云「楝折榱崩」。《釋名》云「榱，在檼旁下列，衰衰然垂也」。《説文》「橑，椽也」。《楚辭·九歌》「桂楝兮蘭橑」，王逸注云「以木蘭爲榱也」。《漢書·張敞傳》「果得之殿屋重轑中」，轑與「橑」同。橑者，落落分布之名。屋椽謂之橑，猶車蓋弓謂之轑。故《釋名·釋車》篇云「轑，蓋叉也，如屋構橑也」。輪輻謂之轑，義亦同也。《魯頌·閟宮》篇「松桷有舄」，毛傳云「桷，榱也」。《春秋》莊二十四年「刻桓宮桷」，《穀梁傳》説天子以下桷制與《晉語》同。《説文》云「椽方曰桷」。《釋名》云「桷，确也，其形細

❶「枚」，原作「故」，今據經解本改。

而疏确也」。棟之言促也。《説文》「棟，短椽也」，徐鍇《傳》云「今大屋重橑下四隅多爲短椽，即此也」。

橝，棟也。

《繫辭傳》云「上棟下宇，以待風雨」。《爾雅》「棟謂之桴」，郭注云「屋橝也」。《説文》「棟，極也」，「橝，棼也」，「棼，複屋棟也」。《釋名》云「橝，隱也，所以隱桷也，或謂之棟，棟，中也，居屋之中也」。

甍謂之甑。

甍或作「甑」。《方言》「甑謂之甑」，郭注云「即屋橝也」。《説文》「甍，屋棟也」。《釋名》云「屋脊曰甍，甍，蒙也，在上覆蒙屋也」。襄二十八年《左傳》「猶援廟桷動於甍」，《晉語》「既鎮其甍矣」，韋昭、杜預注並與《説文》同。程氏易疇《通藝録》云：❶甍者，蒙也。凡屋通以瓦蒙之曰甍，故其字從瓦。《晉語》「譬之如室，既鎮其甍矣，又何加焉」，謂蓋構既成，鎮之爲甍，則不復有所加矣。若以「甍」爲屋極，則當施榱桷，覆茅瓦，安得云無所加。《左傳》慶舍「援廟桷而動於甍」，則「甍」爲覆桷之瓦可知。言其多力，引一桷而屋宇爲之動也。若以「甍」爲屋極，則太公之廟，必非容膝之廬，所援之桷，必爲當檐之題，題之去極甚遠，安得援題而動於極也。天子廟制，南北七筵，諸侯降殺以兩，則五筵也。陂陀下注，又加長焉，極之去檐，幾三丈矣。況題接於交，交至於極，亦必非一木，何能遠動之乎？案：易疇謂以瓦覆屋曰甍，與内外傳皆合，確不可易。甑之言霤也。《説文》「霤，屋水流也」。甍爲霤所從出，故又謂之甑矣。

---

❶「氏」，原作「民」，今據經解本改。

欂謂之枅。

《爾雅》「閞謂之槉」，郭注云「柱上欂也，亦名枅，又曰楮」。《文選·魏都賦》注引《説文》云「欂櫨，柱上枅也」。《淮南子·本經訓》云「欂栭欂櫨以相支持」。《漢書·王莽傳》作「薄櫨」。《明堂位》注作「欂盧」。竝字異而義同。《説文》「枅，屋櫨也」。《文選·魯靈光殿賦》注引《倉頡篇》云「枅，柱上方木也」。《莊子·齊物論》篇「似枅」，梁簡文帝注云「枅，欂櫨也」。《淮南子·主術訓》云「脩者以爲櫚榱，短者以爲朱儒枅櫨」。

曲枅謂之欒。

王延壽《魯靈光殿賦》云「曲枅要紹而環句」。《釋名》云「欒，攣也，其體上曲攣拳然也」。張衡《西京賦》「結重欒以相承」，薛綜注云「欒，柱上曲木兩頭受櫨者」。何晏《景福殿賦》云「欒栱天蟜而交結」。

楶謂之笮。

楶，字或作「粢」，又作「節」。《説文》「楶，欂櫨也」。《爾雅》「栭謂之粢」，郭注云「即櫨也」，《釋文》「粢，舊本及《論語》《禮記》皆作『節』」。《明堂位》「山節藻棁」，鄭注云「山節，刻欂盧爲山也」。《逸周書·作雒解》「復格藻棁」，孔晁注云「復格，累芝栭也」。《魯靈光殿賦》「芝栭欑羅以戢孴」，張載注云「芝栭，柱上節，方小木爲之，長三尺」。今本《逸周書》「楶」字譌作「格」。楶、笮一聲之轉。《爾雅》「屋上薄謂之筄」，注云「屋笮也」。屋上薄謂之笮，猶柱上欂謂之笮矣。

楹謂之柱。

《釋名》云「楹，亭也，亭亭然孤立，旁無所依也」。

礎、碣、磌，礩也。

《太平御覽》引《説文》云「礩，柱下石也，古以木，今以石」。礩之言質也。鄭注《曲禮》云「質猶本也」。碣在柱下，如木之有本，故曰礩。字通作「質」。《墨子·備城門》篇云「兩柱同質」。《韓非子·十過》篇云「公宫令舍之堂，皆以鍊銅爲柱質」。《書大傳》「大夫士有石材，庶人有石承」，鄭注云「石材，柱下質也，石承，當柱下而已，不外出爲飾」。礎之言苴也。苴，藉也，所以藉柱也。《淮南子·説林訓》「山雲蒸，柱礎潤」，《衆經音義》卷十八引許慎注云「楚人謂柱碣曰礎」。碣之言藉也。「履」謂之舄，義與此同也。張衡《西京賦》云「雕楹玉碣」。字通作「舄」。《墨子·備城門》篇云「柱下傅舄」。各本皆脱「碣」字。《文選·西京賦》《景福殿賦》注竝引《廣雅》「碣，礩也」。《集韻》《類篇》竝引《廣雅》「礎、碣、磌，礩也」。今據補。磌之言鎮壓也。班固《西都賦》「雕玉瑱以居楹」。瑱與「磌」通。

窻、牖，闢也。

《説文》「在牆曰牖，在屋曰囱」，古文作「囮」，或作「窗」。又云「窻，通孔也」。《釋名》云「窻，聰也，於内窺外，爲之聰明也」。聰與「窻」古同聲而通用。《大戴禮·盛德》篇云「明堂凡九室，一室而有四户八聰」。《説文》「牖，穿壁以木爲交窻也」。牖者，開道之名。《大雅·版》篇「天之牖民」，毛傳云「牖，道也」。闢本作「向」，通作「鄉」。《豳風·七月》篇「塞向墐户」，傳云「向，北出牖也」。《説文》同。《明堂位》「刮楹達鄉」，鄭注云「鄉，牖屬，謂夾户窻也」。

丰、梯，階也。

梯之言次第也。《説文》「梯，木階也」。

坘，除也。

《説文》「除，殿陛也」。《漢書·王莽傳》「莽自前殿南下椒除」，顏師古注云「除，殿陛之道也」。除之言敘也，階級有次敘也。《説文》「墀，涂地也，《禮》『天子赤墀』」。《漢書·梅福傳》「涉赤墀之塗」，應劭注云「以丹漆泥塗殿上也」。墀與「坘」通。

盗、窞、竅、穴、寝，窟也。

《説文》「北方謂地空因以爲土穴爲盗户」。《釋言》云「窞，窖也」。《玉篇》「竅，兔窟也」。寝之言複也。《説文》「寝，地室也」，引《大雅·緜》篇「陶寝陶穴」。今本作「復」，鄭箋云「復者，復於土上，鑿地曰穴，皆如陶然」。《月令》注作「複」。竝字異而義同。

京、庾、廩、鹿、廥、𪉩、廦、囷，倉也。

《説文》「倉，穀藏也，倉黄取而藏之，故謂之倉」。蔡邕《月令章句》云「穀藏曰倉，米藏曰廩」。《釋名》云「倉，藏也，藏穀物也」。《説文》「圜謂之囷，方謂之京」。《管子·輕重丁》篇云「有新成囷京者二家」。《史記·倉公傳》「見建家京下方石」，徐廣《音義》云「京者，倉廩之屬」。《釋丘》云「四隤曰陵，四起曰京」，義與方倉謂之京同也。《説文》「庾，水漕倉也，一曰倉無屋者」。《小雅·楚茨》篇「我庾維億」，毛傳云「露積曰庾」。《周語》云「野有庾積」。應劭注《漢書·文帝紀》引胡廣《漢官解詁》云「在邑曰倉，在野曰庾」。是倉無屋謂之「庾」也。《魏策》云「粟糧漕庾不下十萬」，是水漕倉謂之「庾」也。《釋名》云「庾，裕也，言盈裕也」。案：庾之言亦聚也。聚者，積也。《漢書·食貨志》「以防貴庾者」，顔師古注云「庾，積也，以防民積物待賈」。是「庾」爲積物之通稱也。廩之言斂也。《説文》「亩，穀所振入，宗廟粢盛，倉黄亩而取之，故謂之亩」，或作「廩」。《中庸》通作「稟」。桓十四年《穀梁傳》云「御廩者何，粢盛委之所藏也」。❶ 鹿通作「鹿」。《吴語》「囷鹿空虚」，韋昭注云「員曰囷，方曰鹿」。《廣韻》引賈逵注云「鹿，庾也」。《説文》「㕟，芻稾之藏也」。《管子·度地》篇云「虚牢獄，實倉㕟」。㕟之言會也。《漢書·天文志》「胃爲天倉，其南衆星曰㕟積」，如淳注云「芻稾積爲㕟」。《爾雅》「廩，廯也」，孫炎注云「廯，藏穀鮮絜也」。《魏風·伐檀》篇「胡取禾三百囷兮」，毛傳云「圓者爲囷」。囷、圓聲相近。

州、郡、縣、府、廷、寺、學、校、庠、序、辟廱、頖宫、瞽宗、東膠，官也。

皆謂官舍也。《釋名》云「州，注也，郡國所注仰也」，「縣，懸也，懸係於郡也」，「郡，羣也，人所羣聚也」。餘見卷四「州、郡、縣，國也」下。《周官·大宰》「以八灋治官府」，鄭注云「百官所居曰府」。卷三云「府，聚也」。各本「府」字在「縣」字上。蓋後人誤以「府」爲府縣之府，故移置於「縣」字之上。今訂正。《説文》「廷，朝中也」。《後漢書·郭太傳》注引《風俗通義》云「廷，正也，縣廷郡廷朝廷，皆取平均正直也」。《説文》「寺，廷也」。《衆經音義》卷十四引《三倉》云「寺，官舍也」。《管子·度地》篇云「官府寺舍」。寺之言

❶「穀梁傳」，據引文當作「公羊傳」。

止也。《後漢書・光武帝紀》注引《風俗通義》云「諸官府所止皆曰寺」。《大戴禮・保傅》篇云「學者，所學之官也」。《學記》云「古之教者，家有塾，黨有庠，術有序，國有學」。《孟子・滕文公》篇云「設爲庠序學校以教之，庠者養也，校者教也，序者射也，夏曰校，殷曰序，周曰庠，學則三代共之」。《明堂位》云「米廩，有虞氏之庠也，序，夏后氏之序也，瞽宗，殷學也，頖宫，周學也」。《内則》云「有虞氏養國老于上庠，養庶老于下庠，夏后氏養國老于東序，養庶老于西序，殷人養國老于右學，養庶老于左學，周人養國老于東膠，養庶老于虞庠，虞庠在國之西郊」。《王制》云「小學在公宫南之左，大學在郊，天子曰辟廱，諸侯曰頖宫」。《大雅・靈臺》篇「於樂辟廱」，毛傳云「水旋丘如璧曰辟廱，以節觀者」。《魯頌・泮水》篇「既作泮宫」，鄭箋云「泮之言半也，蓋東西門以南通水，北無也」。泮與「頖」通。《周官・大司樂》「凡有道者、有德者，死則以爲樂祖，祭于瞽宗」，鄭衆注云「瞽，樂人，樂人所共宗也」。

⿰番瓦瓳、⿰丁瓦、治、甄、⿰絫瓦、甌、瓴甋、甓、⿰鹿瓦，甎也。

《衆經音義》卷十三引《埤倉》云「⿰番瓦瓳，大甎也」，卷四引《通俗文》云「甎方大謂之⿰番瓦瓳」。漢《孟郁脩堯廟碑》云「脩治□壂，地致播⿰土胡」。播⿰土胡與「⿰番瓦瓳」同。治與「甎」義不相近。古者謂州郡所駐曰治，若《漢書・地理志》「左馮翊高陵，左輔都尉治」，「右扶風郿，右輔都尉治」，是也。《衆經音義》卷六、卷十四竝引《廣雅》「寺，治也」，則「治」字當在上條，後人傳寫誤入此條耳。《説文》「垒，壘墼也」，「墼，瓴適也」。《急就篇》云「墼壘廥廄庫東箱」。垒、壘竝與「⿰絫瓦」通。甌，《廣韻》音頭，云「⿰番瓦甌，甎也」。各本「甌」譌作「⿰臣瓦」。《集韻》《類篇》「甌」字注引《廣雅》「⿰絫瓦、甌，甎也」，又有「⿰臣瓦」字，注亦云「⿰絫瓦、⿰臣瓦，甎也」。蓋俗書「甌」字作

「瓯」，故譌而爲「瓯」。《釋器》篇「㴬斗謂之柾」，今本譌作「相」，正與此同。考《玉篇》《廣韻》俱無「瓯」字。今本作「𤭛」，又「瓯」字之譌。今訂正。《爾雅》「瓴甋謂之甓」，郭注云「甗甎也，今江東呼瓴甓」。《陳風・防有鵲巢》篇「中唐有甓」，毛傳云「甓，令適也」。令適與「瓴甋」同。江東呼「瓴甓」，語之轉也。司馬相如《長門賦》「緻錯石之瓴甓兮」。《漢書・尹賞傳》「穿地，方深各數丈，致令辟爲郭」，令辟與「瓴甓」同。《衆經音義》卷十四引《通俗文》云「狹長者謂之甗甎」。《魏志・胡昭傳》注引《魏略》云「扈累獨居道側，以甗甎爲障」。

𤮘、瓸，甃也。

《說文》「甃，井甓也」。甃之言聚也，脩也。《井》象傳「井甃无咎，脩井也」，馬融注云「甃爲瓦裏下達上也」。《太平御覽》引《風俗通義》云「甃，聚塼脩井也」。《莊子・秋水》篇「吾樂與，吾跳梁乎井榦之上，入休乎缺甃之崖」，李頤注云「甃，著井底闌也」。《廣韻》「𤮘，井甓也」。《玉篇》「瓸，牡瓦也」。𤮘、瓸竝徒紅反，義亦相近。瓸，《廣韻》作「𤭛」。

欄、檻、櫳、梐，牢也。

《說文》「牢，閑，養牛馬圈也」。《周官・充人》「祀五帝」之牲牷「繫于牢」，是也。《釋名》云「獄謂之牢，言所在堅牢也」。《史記・天官書》「貴人之牢」、「賤人之牢」，是也。欄之言遮闌也。《晏子春秋・諫篇》云「牛馬老于欄牢」。《鹽鐵論・後刑》篇云「是猶開其闌牢，發以毒矢也」。《漢書・王莽傳》云「與牛馬同蘭」。竝字異而義同。檻之言監制也。《說文》「檻，櫳也，一曰圈也」。《莊子・天地》篇云「虎豹在於囊檻」。《史記·張耳陳餘傳》云「乃檻車膠致與王詣長安」。《釋名》云「檻車，上施欄檻以格猛獸」，亦因禁罪人之車也。𨌷之言牢籠也。字本作「櫳」。《説文》「櫳，檻也」。《衆經音義》卷一引《三倉》云「櫳，所以盛禽獸，檻，欄也」。梐之言比密也。字本作「陛」，又作「狴」。《説文》「陛，牢也」。《易林·比之否》云「失意懷憂，如幽狴牢」。

闥謂之門。

《説文》「門，聞也」。闥之言通達也。薛綜注《西京賦》云「宫中之門，小者曰闥」。《史記·樊噲傳》「排闥直入」，是也。《後漢書·桓帝紀》注引《廣雅》作「闈謂之闥」，所見本異也。《考工記·匠人》云「廟門容大扃七个，闈門容小扃參个」。《爾雅》「宫中之門謂之闈」，《左傳》哀十四年《正義》引孫炎注云「宫中相通小門也」。闈與「闥」亦同義。

閅、扇，扉也。

《爾雅》「闔謂之扉」。《説文》「扉，户扇也」。《玉藻》云「闔門左扉」。門扇有左右，故謂之扉。扉之言棐也，夾輔之名也。《爾雅》云「棐，俌也」。兩驂謂之騑，義亦同也。《説文》「閅，門扉也」。閅之言介也，亦夾輔之名也。《説文》「扇，扉也」。《月令》「乃脩闔扇」，鄭注云「用木曰闔，用竹葦曰扇」。《吕氏春秋·知接》篇云「蓋以楊門之扇」。「翣」謂之扇，義亦同也。

象巍，闕也。

《爾雅》「觀謂之闕」。《説文》「闕，門觀也」。《水經》穀水注引《白虎通義》云「闕者，所以飾門別尊卑也」。

《釋名》「闕，在門兩旁，中央闕然爲道也」。莊二十一年《左傳》「鄭伯享王于闕西辟」，杜預注云「闕，象巍也」。桓三年《穀梁傳》「諸母兄弟不出闕門」，范甯注云「闕，兩觀也」。《周官·大宰》「乃縣治象之灋于象巍」，哀三年《左傳》「御公立于象巍之外」，鄭衆、杜預竝訓爲闕。象巍謂之闕，或謂之巍闕。《淮南子·本經訓》「巍闕之高」，高誘注「門闕高崇巍巍然，故曰巍闕」。

限謂之丞。

《説文》「限，門榍也」。

柣、𨸏、橉，砌也。

砌，古通作「切」。《漢書·外戚傳》「切皆銅沓黄金塗」，顔師古注云「切，門限也，音千結反」。《文選·西都賦》「玄墀釦砌」，《後漢書·班固傳》作「切」。柣亦「切」字也。《爾雅》「柣謂之閾」，孫炎注云「門限也」，郭璞音切。《説文》「榍，限也」。榍與「切」古亦同聲。《説文》「齛，從齒、屑聲，讀若切」，是其例也。《文選·西京賦》「金𨸏玉階」，李善注引《廣雅》「𨸏，砌也」。《淮南子·氾論訓》云「枕户橉而卧」，是「橉」爲切也。字亦作「轔」。《説山訓》云「劙靡勿釋，牛車絶轔」，《説林訓》云「雖欲謹亡馬，不發户轔」，高誘注竝云「楚人謂門切爲轔」。

橜、機、闑，朱也。

朱或作「梱」，又作「閫」。《説文》「梱，門橛也」。《曲禮》「外言不入於梱，内言不出於梱」，鄭注云「梱，門限也」，《釋文》「梱」本又作「閫」。案：界於門者曰切，中於門者曰梱。二者皆所以爲限，故皆言門限也。

《説文》「槷，門梱也」。字亦作「橛」，通作「厥」。《爾雅》「橛謂之闑」，郭注云「門閫也」。《荀子・大略篇》「和之璧，井里之厥也」，《晏子春秋・諫》篇作「井里之困」。❶困亦與「梱」同。槷者，直而短之名，説見卷二「孑、孓，短也」下。槷，各本譌作「槸」，唯影宋本、皇甫本不譌。機，字或作「鐖」。《呂氏春秋・本生》篇注云「機槷，門内之位也」。《邶風・谷風》篇「不遠伊邇，薄送我畿」，毛傳云「畿，門内也」，《正義》云「畿者，期限之名，故《周禮》有九畿」。《説苑・政理》篇云「正橛機之禮，壹妃匹之際」。蔡邕《司徒袁公夫人馬氏靈表》云「不出其機，化導宣暢」。《説文》「闑，門梱也」。《士冠禮》「布席于門中闑西」，《曲禮》「大夫士出入君門由闑右」，鄭注竝云「闑，門槷也」。昭八年《穀梁傳》「置旃以爲轅門，以葛覆質以爲槷」，《爾雅》杙「在地者謂之臬」，義竝與「闑」同。

罦罳謂之屏。

罦罳，字或作「罘思」，或作「桴思」，或作「浮思」，或作「覆思」。《水經・穀水》注、《太平御覽》引《廣雅》竝作「復思」。《爾雅》「屏謂之樹」，李巡注云「以垣當門自蔽名曰樹」。《釋名》云「屏，自障屏也」。《郊特牲》「臺門而旅樹」，鄭注云「旅，道也，屏謂之樹，樹所以蔽行道，禮，天子外屏，諸侯内屏，大夫以簾，士以帷」。《明堂位》「疏屏，天子之廟飾也」，注云「屏謂之樹，今桴思也，刻之爲雲氣蟲獸，如今闕上爲之矣」，《正義》云「案《匠人》注云『城隅，謂角桴思也』，漢時東闕桴思災，以此諸文參之，則『桴思』小樓也，故城隅、闕上

❶「諫」，據引文當作「雜」。

皆有之，然則屏上亦爲屋以覆屏牆，故稱屏曰桴思」。今本《考工記・匠人》注作「浮思」。宋玉《大言賦》云「大笑至兮摧覆思」。《鹽鐵論・散不足》篇云「祠堂屏閣，垣闕罘罳」。《漢書・文帝紀》「未央宮東闕罘思災」，顔師古注云「罘思，謂連闕曲閣也，以覆重刻垣墉之處，其形罘思然，一曰屏也」。《古今注》云「罘罳，屏之遺象也，漢西京罘罳合版爲之，亦築土爲之，每門闕殿舍前皆有焉，于今郡國廳前亦樹之」。

投謂之闔。鍵、笠、扅，户牡也。

闔，字或作「鑰」，又作「籥」。鍵，字或作「楗」。鄭注《金縢》云「籥，開藏之管也」。《越語》「請委管籥」，韋昭注云「管籥，取鍵器也」。《周官・司門》「掌授管鍵以啟閉國門」，鄭衆注云「管謂籥也，鍵謂牡」。《月令》「脩鍵閉，慎管籥」，鄭注云「鍵，牡，閉，牝也，管籥，搏鍵器也」，《正義》云「管籥，以鐵爲之，似樂器之管籥，搢於鎖内以搏取其鍵也」。《吕氏春秋・異用》篇云「跖與企足得飴，以開閉取楗」。《淮南子・説林訓》云「盗跖得飴，曰可以黏牡」。是「户牡」謂之鍵也。《漢書・五行志》「長安章城門門牡自亡」，顔師古注云「牡，所以下閉者也」。

閣、庖，廚也。

《説文》「廚，庖屋也」，「庖，廚也」。鄭注《周官・庖人》云「庖之言苞也，裹肉曰苞苴」。《檀弓》「始死之奠，其餘閣也與」，鄭注云「閣，庋藏食物」。《内則》云「大夫七十而有閣，天子之閣，左達五，右達五，公侯伯於房中五，大夫於閣三，士於坫一」，注云「閣，以版爲之，庋食物也」，「達，夾室也」。

閤謂之衖。

衖與「巷」同。説見卷二「衖，尻也」及下文「衖，道也」下。《荀子·儒效篇》「隱於窮閻陋屋」，《韓詩外傳》作「隱居窮巷陋室」，是「閻」即巷也。

闉、閭、閈，里也。

閭、閈、里三字説見卷二「里、閭、閈，尻也」下。《説文》「闉，樓上户也」，義與閭、閈、里不相近。然《説文》闉、閈、閭三字相承，《廣雅》之訓，多本《説文》，疑《説文》「闉」字注内有「一曰閭也」之訓，而今本脱去也。

壕、隊、墉、院、廦、牆，垣也。

《釋名》云「垣，援也，人所依阻以爲援衞也」。案：垣之言環也，環繞於宫外也。壕之言繚也。《説文》「壕，周垣也」。隊之言篆也。《説文》「隊，道邊庳垣也」，謂垣卑小，裁有堳埒篆起。《周官·典瑞》「瑑圭璋璧琮」，鄭衆注云「瑑，有圻鄂瑑起」，義相近也。《爾雅》「牆謂之墉」。《説文》「墉，城垣也」。《釋名》云「墉，容也，所以蔽隱形容也」。案：墉者，容隱之義，非形容之義。《爾雅》「容謂之防」，郭注云「形如今牀頭小曲屏風，唱射者所以自防隱」，義相近也。院之言亦環也。《説文》「寏，周垣也」，或作「院」。《墨子·大取》篇云「其類在院下之鼠」。各本「院」下衍「也」字，今删。廦與「壁」同。《釋名》云「壁，辟也，辟禦風寒也」，又云「牆，障也，所以自障蔽也」。《初學記》《太平御覽》引《廣雅》「牆」字竝在「垣」字下。

埤堄、堞，女牆也。

埤堄，字或作「俾倪」，或作「睥睨」，或作「僻倪」。堞，字或作「堞」。《玉篇》引《倉頡篇》云「堄，城上小垣也」。《説文》「陴，城上女牆俾倪也」，「堞，城上女垣也」。宣十二年《左傳》「守陴者皆哭」，杜注云「陴，城上僻倪」。襄六年《傳》「堙之，環城，傅于堞」，注云「堞，女牆也」。二十七年《傳》「崔氏堞其宫而守之」，注云「堞，短垣也」。《墨子・備城門》篇云「俾倪廣三尺，高二尺五寸」，又云「五十步一堞」。《釋名》云「城上垣曰睥睨，言於其孔中睥睨非常也，亦曰陴，陴，裨也，言裨助城之高也，亦曰女牆，言其卑小，比之於城，若女子之於丈夫也」。案：俾倪者，短垣之貌。俾之言庳也。「倪」亦庳也。《爾雅》龜「左倪不類，右倪不若」，郭注以「左倪」爲左庳，「右倪」爲右庳，是也。《左傳》謂之「陴」，《倉頡篇》謂之「堄」，其義一也。《衆經音義》卷二云「堞取重疊之義」。

㯫、栫、藩、篳、欏、落，杝也。

杝，今「籬」字也。《説文》「杝，落也」。王逸注《招魂》云「柴落爲籬」。《衆經音義》卷十四云籬、杝同力支反，引《通俗文》云「柴垣曰杝，木垣曰柵」。《釋名》云「籬，離也，以柴作之，疏離離然也」。各本「杝」字譌作「地」，「地」下又衍一「籬」字。《集韻》《類篇》引《廣雅》「㯫、栫，籬也」，「欏、落，籬也」，則宋時《廣雅》本已有「籬」字。蓋今本「籬」字本作「離」，乃是「杝」字之音，既誤入正文，後人又改「離」爲「籬」耳。今訂正。《釋名》云青徐謂「籬」曰「椐」。椐與「㯫」同。㯫，《玉篇》音渠。㯫之言渠疏然也。《方言》「杷，宋魏之間或謂之渠疏」，亦言杷齒渠疏然也。其謂之「杷」者，謂其齒扶疏然也。《史記・張儀傳》索隱云「今江南謂葦籬曰芭籬」。芭與「杷」義亦相近也。栫者，叢積之名。栫猶荐也。哀八年《左傳》吳人囚邾子於樓臺，「栫之以棘」，杜注云「栫，擁也」。此與十二年《傳》「吳人藩衛侯之舍」同意。《説文》「栫，以柴木壅水也」，義亦與藩、籬同。説見《釋器》「㵤、洊，栫也」下。《説文》「篳，藩落也」。《儒行》「篳門圭窬」，鄭注云「篳門，荆竹織門也」。襄十年《左傳》注云「篳門，柴門也」。宣十二年《傳》「篳路藍縷」，注云「篳路，柴車也」，義與「篳門」同。篳之言蔽也。説見《釋器》「韍謂之緋」下。欏，字通作「羅」。《六韜・軍用》篇云「三軍拒守，天羅虎落鎖連一部」。欏之言羅羅然也。《釋名・釋采帛》云「羅，文羅羅疏也」，義與「欏」相近。落之言落落然也。古通作「落」。《管子・地員》篇云「行廧落」。欏、落、杝一聲之轉。《莊子・胠篋》篇「削格羅落罝罘之知多，則獸亂於澤矣」，羅落謂獸網也。網謂之羅落，亦謂之畢。杝謂之篳，亦謂之羅落。義竝相近也。

柵謂之槊。

《説文》「柵，編樹木也」。《釋名》云「柵，賾也，以木作之，上平賾然也」。《莊子・天地》篇云「内大盈於柴柵」。《達生》篇「祝宗人玄端以臨牢策」，李頤注云「策，木欄也」。《列子・仲尼》篇「長幼羣聚而爲牢藉庖廚之物」。策、藉竝與「柵」通。編簡謂之册，亦謂之畢。編柴爲垣謂之篳，編木爲垣謂之柵。義竝相近也。

黝、堊、垷、墐、墀、塈、𢄊、塗、𥻨、摸、培、封，塗也。

《釋名》云「塗，杜也，杜塞孔穴也」。字亦作「涂」。《周官・守祧》「其祧，則守祧黝堊之」，鄭衆注云「黝，讀爲幽，幽，黑也，堊，白也」，引《爾雅》「地謂之黝，牆謂之堊」。《喪大記》「既祥，黝堊」，鄭注云「黝堊，堊室之飾也」。《説文》「堊，白涂也」。餘見下文「天子諸侯廟黝堊」及《釋器》「黝，黑也」下。《説文》「垷，涂也」。《豳風・七月》篇「塞向墐户」，毛傳云「墐，塗也」。《月令》「蟄蟲皆墐其户」，注云「墐，爲塗閉之」。墀與「墀」同。《説文》「墀，涂地也，《禮》『天子赤墀』」。應劭注《漢書・梅福傳》云「赤墀，以丹漆泥塗殿上也」。《韓非子・十過》篇云「殷人四壁堊墀」。《説文》「墍，仰涂也」。墍與「塈」同。《梓材》「既勤垣墉，惟其斁塈茨」，馬融注云「塈，堊飾也」。《説文》「釁，以血有所刏涂祭也」，聲義與「塈」相近。《説文》「㦉，墀地以巾撋之也，讀若『水温䰟』」。字或作「獿」，又作「夒」。《漢書・揚雄傳》「獿人亡，則匠石輟斤而不敢妄斲」，服虔注云「獿人，古之善塗塈者也」，顔師古注云「獿，抆拭也，故謂塗者爲獿人」。《鹽鐵論・散不足》篇云「富者堊夒壁飾」。塗與「拭」義相近。故「塗」謂之垷，亦謂之墐，亦謂之塈，亦謂之㦉。「拭」謂之挸，亦謂之㨷，亦謂之摡，亦謂之獿也。《説文》「𡓺，涂也，讀若隴」。《衆經音義》卷八音莫董反，引《通俗文》云「泥塗謂之𡓺湏」。襄三十一年《左傳》「圬人以時塓館宮室」，杜注云「塓，塗也」。塓與「㨠」同。張載《魏都賦》注引《左傳》作「幂」，云「幂，墁也」。塗與「覆」義亦相近。故「覆」謂之幔，亦謂之幎，亦謂之幏。「塗」謂之墁，亦謂之塓，亦謂之𡓺也。

椵、橛、楬、櫫、𤖬、𢦔、栅，杙也。

《説文》「弋，橜也」。或作「杙」。《爾雅》「樴謂之杙」。樴與杙之言皆直也。《方言》「橛，燕之東北朝鮮洌水之閒謂之椵」。椵之言段也，今人言木一段、兩段是也。椵，各本譌作「椴」。今訂正。《説文》「橜，弋也」。橜與「橛」同。《月令》注引《農書》云「土長冒橛」。今俗語猶謂杙爲橛。橛之言厥也。凡木形之直而短者謂之橛。説見卷二「孑、孓，❶短也」下。《漢書・尹賞傳》「楬著其姓名」，顔師古注云「楬，杙也」。

❶「孑孓」，原作「子子」，今據經解本、續四庫本改。

《爾雅》「雞栖於弋爲桀」，桀與「楬」通。《方言》注云「橛楬，杙也，江東呼都」。都與「櫫」古同聲。合言之則曰楬櫫。《説文》「楬，楬櫫也」。《周官・蜡氏》「若有死於道路者，則令埋而置楬焉，書其日月焉」，鄭衆注云「楬，欲令其識取之，今時『楬櫫』是也」。《玉篇》「牂牁，繫船大杙也」。字本作「牂柯」。牂者，杙長大牂牂然也。柯亦長大之名，猶木大枝謂之柯也。《魏志・常林傳》注引《魏略》云「吴使朱然、諸葛瑾攻圍樊城，遣船兵於峴山東斫牂柯材」。《漢書・地理志》「牂柯郡」，顔師古注云「牂柯，繫船杙也」，引《華陽國志》云「楚頃襄王遣莊蹻伐夜郎，軍至且蘭，椓船於岸而步戰，既滅夜郎，以且蘭有椓船牂柯處，乃改其名爲牂柯」。㢤，曹憲《音》「歌」。各本「㢤」作「𢎗」，蓋因《音》内「歌」字而誤。「𢎗」字又誤在「㢦」字下。《集韻》《類篇》竝引《廣雅》「㢦、𢎗，杙也」，則所見已是誤本。案：《玉篇》《廣韻》俱無「𢎗」字。又牁、㢤二字之閒不當闌入「㢦」字。今訂正。《玉篇》「㢦，船左右大木」。《廣韻》云「船纜所繫也」。㢦亦長大之名。㢦之言侗也。《説文》「侗，大皃」。《論衡・齊世篇》云「上世之人，侗長佼好」。

墿、軌、堩、衖、街、術、蹊、徑、闤、闠、羨、隊、邪、除、畖、陌、迒、阡，道也。

道之言由也，人所由也。墿通作「驛」。《玉篇》「驛，道也」。墿之言繹也。繹、迒皆長意也。故《方言》云「繹，長也」，「迒，長也」。軌謂車道也。《考工記・匠人》云「涂度以軌」。高誘注《淮南子・本經訓》云「軌，道也」。軌者，法度之名。隱五年《左傳》云「講事以度軌量謂之軌」，是也。軌，各本譌作「軓」。今訂正。堩之言亘也。《士喪禮》記「唯君命止柩于堩」，《曾子問》「葬引至于堩」，《雜記》「非從柩與反哭，無免于堩」，鄭注竝云「堩，道也」。衖與「巷」同。《爾雅》「宮中衖謂之壼」，孫炎注云「衖，舍閒道也」。《鄭風・

叔于田》傳云「巷，里塗也」。衖之言共也。《説文》云「在邑中所共也」，又云「衖，四通道也」。《廣韻》引《風俗通義》云「衖，攜也，離也，四出之路，攜離而別也」。術之言率也，人所率由也。《説文》「術，邑中道也」。《吕氏春秋·下賢》篇云「桃李之垂於術者，莫之援也」。褚少孫續《龜策傳》云「内經閭術，外爲阡陌」。蹊或作「徯」。「蹊」亦徑也，語之轉耳。《釋名》云「步所用道曰蹊」。《月令》注云「徯徑，禽獸之道也」。《説文》「徑，步道也」。《初學記》引《説卦傳》鄭注云「田閒之道曰徑路」。《釋名》云「徑，經也，人所經由也」。卷二云「徑，衺也」。《説文》「闠，市外門也」。《古今注》云「闤，市垣也；闠，市門也」。《文選·西京賦》「廓開九市，通闤帶闠」，薛綜注云「闤，市營也，闠，中隔門也」。案：闤爲市垣，闠爲市門，而市道即在垣與門之内，故亦得闤、闠之名。猶閭、閈爲里門，而里亦謂之閭、閈也。劉逵注《蜀都賦》云「闤，市巷也」。「巷」即道也。《開元占經·東方七宿占》引石氏云「房四星爲四表，中有三道，中閒爲天衢，南閒曰陽環，北閒曰陰環」。環與「闤」同義。羨讀若延。《史記·衛世家》「共伯入釐侯羨自殺」，《索隱》云「羨，墓道也」。字亦作「埏」，又作「延」。《文選》潘岳《悼亡詩》注引《聲類》云「埏，墓隧也」。《後漢書·陳蕃傳》云「葬親不閉埏隧」。隱元年《左傳》注作「延」。羨之言延也。鄭注《考工記·玉人》云「羨猶延也」。《爾雅》「延，閒也」，郭注以爲閒隙。李奇注《郊祀志》云「三輔謂山阪閒爲衍」。衍與「延」聲義相近也。隊或作「隧」。隧之言遂也。遂，達也。《周官·冢人》「以度爲丘隧」，鄭注云「隧，羨道也」，疏云「天子有隧，諸侯以下有羨道，隧道則上有負土，羨道則無負土」。《周語》「晉文公請隧」，賈逵注云「闕地通路曰隧」。隧爲羨道之名，亦爲道之通稱。襄十八年《左傳》「夙沙衛連大車以塞隧」，是也。文十六年《傳》「楚子會師于臨品，分爲二隊，子越自石谿，子貝自仞以伐庸」，隊與「隧」同，謂分爲兩道以伐庸也。哀十三年《傳》「越子伐吴，爲二隧」，是也。杜注以隊爲「隊伍」之隊，失之。邪與「除」古聲相近，除亦「邪」也。《九章算術·商功》章「今有羨除」，劉徽注云「羨除，隧道也，其所穿地上平下邪」。《商功》章又云「負土往來七十步，其二十步上下棚除，棚除二當平道五」，注云「棚，閣也；除，邪道也」。《文選·西都賦》「輦路經營，脩除飛閣」，義與「棚除」同。《説文》「趙魏謂伯爲畂」。高誘注《淮南子·地形訓》云「常山人謂伯爲亢」。亢與「畂」同。伯與「陌」同。畂，各本譌作「⿰田元」，今據曹憲《音》訂正。迒亦「畂」也，語有緩急耳。《爾雅》「兔，其跡迒」。《説文》「迒，獸迹也」，或作「䟘」。亦通作「亢」。《釋名》云「鹿兔之道曰亢，行不由正，亢陌山谷草野而過也」。《太玄·居》次四「見豕在堂，狗繫之迒」，范望注云「迒，迹也」。張衡《西京賦》「迒杜蹊塞」，薛綜注云「迒，道也」。成十八年《左傳》「以塞夷庚」，杜注云「夷庚，吴、晉往來之要道」。《詩序》云「《由庚》，萬物得由其道也」。庚與「迒」古亦同聲。垣之言亘，徑之言經，迒之言杭，皆横度之名也。《漢書·文帝紀》「大横庚庚」，服虔注云「庚庚，横貌」，義與「迒」同。陌亦横度之名也。故《釋名》云「亢陌山谷草野而過」，又云「綃頭，或謂之陌頭，言其從後横陌而前也」。⿰谷千或作「阡」。阡之言伸也，直度之名也。卷三云「伸，直也」。《史記·秦紀》「開阡陌」，《索隱》引《風俗通義》云「南北曰阡，東西曰陌」。《食貨志》作「仟伯」。《匡衡傳》作「佰」。竝字異而義同。

駃、駑、驅、驟、馳、騖、騁、騰、趡、趍、赱，犇也。

犇與「奔」同。《尉繚子·制談》篇云「猶良驥騄耳之駃」。《史記·張儀傳》「探前趹後，蹄閒三尋」，《索隱》

云「言馬之走勢疾也」。《莊子・齊物論》篇「麋鹿見之決驟」，崔譔注云「疾走不顧爲決」。卷一云「赽，疾也」。《説文》「趹，馬行皃」，又云「赽，踶也」。高誘注《淮南子・脩務訓》云「踶，趍走也」。赽、趹、決竝與「駃」通。良馬謂之駃騠，義亦同也。《説文》「鴷，次弟馳也」。《玉篇》音厲。《荀子・禮論》云「步驟馳騁厲騖，不外是矣」。《楚辭・遠遊》云「颯弭節而高厲」。厲與「鴷」通。厲亦疾意也。《月令》云「征鳥厲疾」，是也。趡，曹憲《音》「子肖反」。《説文》「趡，動也」。《玉篇》「且水切，動也，走也」。《集韻》又愈水切，「走皃」，又子肖切，引《廣雅》「趡，犇也」。《玉篇》「踓，千水切，亦『趡』字也」。《廣韻》又以水切，「走也」。《玉篇》「趭，子妙切，走皃」。《廣韻》又才笑、弋照二切，「走也」。《史記・司馬相如傳》「蔑蒙踊躍騰而狂趭」，《漢書》作「趭」，張注云「趭，奔走也」，顔師古音醮。《揚雄傳》「神騰鬼趡」，顔師古亦音醮，宋祁校本引蕭該《音義》云今《漢書》「鬼趡」或作「踓」字，韋昭慈昭反，云「趡，超也」，《字林》音才召反。左思《吴都賦》「狂趭獷猤」，劉逵注云「趭，走也」，李善音子召反。《曲禮》「庶人僬僬」，亦走皃也。《士相見禮》云「庶人見於君，不爲容，進退走」，是其義也。合觀諸書音訓，「趡」音千水、以水、子肖、才召、慈昭五反，「踓」音千水、以水、才召三反，「趭」音子肖、才召、弋召三反，而同訓爲走。是踓、趭即「趡」之異文，而子肖、才召、慈昭即千水之轉聲，弋召即以水之轉聲也。凡脂部之字，多有與蕭部相轉者。若「有鷕雉鳴」之「鷕」，音以水、以小二反。《周官・追師》之「追」音丁回、丁聊二反。《郊特牲》「壹與之齊」，「齊」或爲「醮」。《史記・萬石君傳》「譙呵」音誰何。皆其例也。《廣韻》「䞭，進也」。䞭之言駿也。《爾雅》「駿，速也」。鄭注《公食大夫禮》云「不拾級而下曰辵」。《説文》引宣六年《公羊傳》「辵階而走」，今本作「躇」，何休注云「躇，猶超也」，《釋文》「躇，與『踱』同，一本作『辵』」。辵、躇、踱竝同義。《漢書・司馬相如傳》「踇踱輵轄容以骫麗兮，蜩蟉偃寋怵㚖以梁倚」，張注云「踇踱，疾行互前卻也」，「怵㚖，奔走也」。辵、踱、㚖竝音丑略反，義亦同也。

塍、埒、塿、堨、隚、陘、防、芓，隄也。

《説文》「塍，稻田畦也」。《衆經音義》卷九引《倉頡篇》云「塍，畔也」。《齊民要術》引《氾勝之書》云「始種稻者缺其塍，令水道相直」。字或作「塖」。《淮南子・齊俗訓》「狟狢得塖防，弗去而緣」，高誘注云「塖，水埒也」。亦通作「乘」。《爾雅》「如乘者，乘丘」，郭注云「形似車乘也，或云『乘者，謂稻田塍埒』」。埒謂田界也。《周官・稻人》「以列舍水」，鄭注云「列，田之畦埒也」。《淮南子・本經訓》云「聚埒畒」。塍之言兆朕，埒之言形埒也。《淮南子・俶真訓》云「未有形埒垠堮」，又云「欲與物接而未成兆朕」，是也。《衆經音義》卷二十引《聲類》云「塿，高土也」。《説文》「堨，保也，一曰高土也」。保與「塿」通，亦通作「葆」。堨，《玉篇》作「壔」，亦通作「禱」。《呂氏春秋・疑似》篇云「周人爲高葆禱於王路，置鼓其上，遠近相聞」。《九章算術・商功》章有「方塿壔」「圓塿壔」。隚，字亦作「塘」，通作「唐」。《周語》「陂唐汚庳以鍾其美」，韋昭注云「唐，隄也」。《玉篇》「陘，界隄也」。

柤、㳻，隁也。

隁之言偃也，所以障水，或用以取魚。鄭衆注《周官・𩻰人》云「梁，水偃也，偃水爲關空，以笱承其空」。襄二十五年《左傳》「規偃豬」，鄭注《周官・稻人》云「偃豬，畜流水之陂也」。《荀子・非相篇》作「匽」。

《後漢書・董卓傳》作「隖」。《魏志》作「堰」。竝字異而義同。柤之言阻遏也。《説文》「柤，木閑也」。木閑謂之柤，水偃謂之柤，義相近也。涾，《玉篇》音七故切，《廣韻》又側伯、山責二切。涾之言迫迮也。《説文》「涾，所以雝水也」。柤、涾聲亦相近。

権、彴，獨梁也。

《淮南子・繆稱訓》「若行獨梁」，高誘注云「獨梁，一木之水権也」。《説文》「権，水上横木所以渡也」。《漢書・武帝紀》「初権酒酤」，韋昭注云「以木渡水曰権，謂禁民酤釀，獨官開置，如道路設木爲権，獨取利也」，顔師古云「権者，步渡橋，今之略彴是也」。《玉篇》「彴，徛渡也」。彴、権聲相近。

徛，步橋也。

《爾雅》「石杠謂之徛」，郭注云「聚石水中以爲步渡彴也，或曰今之石橋」，《釋文》云「今關西呼徛，江東呼彴」。

廟，天子五，諸侯四，卿大夫三，士二。

《王制》云「天子七廟，三昭三穆，與大祖之廟而七，諸侯五廟，二昭二穆，與大祖之廟而五，大夫三廟，一昭一穆，與大祖之廟而三，士一廟，庶人祭於寢」。《禮器》云「天子七廟，諸侯五，大夫三，士一」。《祭法》云「王立七廟，曰考廟，曰王考廟，曰皇考廟，曰顯考廟，曰祖考廟，遠廟爲祧，有二祧」，「諸侯五廟，大夫三廟，適士二廟，官師一廟」。僖十五年《穀梁傳》云「天子七廟，諸侯五，大夫三，士二」。《荀子・禮論篇》云「有天下者事七世，有一國者事五世，有五乘之地者事三世，有三乘之地者事二世」。《漢書・韋玄成傳》

云「禮，王者始受命，諸侯始封之君，皆爲大祖，以下五廟而迭毁，祭義曰『王者禘其祖所自出，以其祖配之而立四廟』，言始受命而王，祭天以其祖配而不爲立廟，親盡也，立親廟四，親親也，親盡而迭毁，親疏之殺，示有終也」。案：《廣雅》謂天子五廟，蓋本韋玄成説。謂諸侯四廟，則未詳所據。

天子諸侯廟黝堊，卿大夫蒼，士黈。

此莊二十三年《穀梁傳》文，徐邈注云「黝，黑柱也；堊，白壁也」。餘見上文「黝、堊，塗也」及《釋器》「黈，黄也」「黝，黑也」下。黈與「黈」同。黈，各本譌作「𪏯」，今訂正。

五帝廟，蒼曰靈府，赤曰文祖，黄曰神斗，白曰顯紀，黑曰玄矩。

《尚書帝命驗》云「帝者承天立五府以尊天重象，赤曰文祖，黄曰神斗，白曰顯紀，黑曰玄矩，蒼曰靈府」，鄭注云「天有五帝，集居大微，降精以生聖人，故帝者承天立五帝之府，是爲五府，唐虞謂之五府，夏謂之世室，殷謂之重屋，周謂之明堂，皆祀五帝之所也，赤帝赤熛怒之府，名曰文祖，火精光明，文章之祖，故謂之文祖，周曰明堂，黄帝含樞紐之府，名曰神斗，斗，主也，土精澄静，四行之主，故謂之神斗，周曰大室，白帝白招拒之府，名曰顯紀，紀，法也，金精斷割，萬物成，故謂之顯紀，周曰總章，黑帝汁光紀之府，名曰玄矩，矩，法也，水精玄昧，能權輕重，故謂之玄矩，周曰玄堂，蒼帝靈威仰之府，名曰靈府，周曰青陽」。以上見《隋書·宇文愷傳》、《史記·五帝紀》索隱、正義，《文選》顏延之《曲水詩序》注，《初學記》《太平御覽》。各本「靈」譌作「靈」，「斗」譌作「升」，「矩」譌作「柜」。今訂正。

獄，犴也，夏曰夏臺，殷曰羑里，周曰囹圉。

《召南·行露》傳云「獄，埆也」。《說文》引《小雅·小宛》篇「宜犴宜獄」，《周官·射人》注引作「豻」，今本作「岸」。《韓詩》作「犴」，云「鄉亭之繫曰犴，朝廷曰獄」。《淮南子·說林訓》「亡犴不可再」，高誘注云「犴，獄也」。《漢書·刑法志》云「獄豻不平」。竝字異而義同。《史記·夏紀》云桀「召湯而囚之夏臺」。《殷紀》云「紂囚西伯羑里」。《書大傳》作「牖里」。《說文》「囹，獄也」，「圄，守之也」，又云「囹圉，所以拘罪人也」。圉與「圄」同。囹、圄皆守禁之名。囹之言令，圄之言敔也。卷四云「令、敔，禁也」。或但謂之囹。張衡《周天大象賦》云「彼貫索之爲狀，寔幽囹之取則」，是也。或但謂之圄。《晏子·諫》篇云「拘者滿圄，怨者滿朝」，是也。《月令》「省囹圄」，鄭注云「囹圄，所以禁守繫者，若今之獄矣」，《正義》引《月令章句》云「囹，牢也，圄，止也，所以止出入」，又引《鄭志》崇精問曰「獄，周曰圜土，殷曰羑里，夏曰均臺，囹圄，何代之獄」，焦氏答曰「《月令》秦書，則秦獄名也，漢曰若盧，魏曰司空」。蔡邕《獨斷》云「夏曰均臺，殷曰牖里，周曰囹圄，漢曰獄」。《初學記》引《風俗通義》云「夏曰夏臺，殷曰羑里，周曰囹圄」。諸書所記三代獄名，皆傳聞異辭，無正文也。

杽謂之梏，械謂之桎。

杽之言紐也。卷三云「紐，束也」。《說文》「杽，械也」。《後漢書·蔡邕傳》論「抱鉗杻，徒幽裔」，杻與「杽」同。梏之言鞠也，急繫之名也。《漢書·刑法志》「當鞠繫者，頌繫之」，顔師古注云「頌讀曰容，謂寬容之不桎梏」，是也。桎之言窒，械之言礙，皆拘止之名也。《說文》「梏，手械也」，「桎，足械也」。《周官·掌囚》「上罪梏拲而桎，中罪桎梏，下罪梏」，鄭衆注云「拲者，兩手共一木也」，鄭注云「在手曰梏，在足曰桎，中罪不挙，手足各一木耳，下罪又去桎」。《説文》「械，桎梏也」。《月令》注亦云「桎梏，今械也」。然則「械」爲在手、在足之通稱也。

圊、圂、庰，廁也。

《説文》「廁，清也」。清與「圊」通。蘇林注《漢書·石奮傳》引賈逵《周官解》云「牏，行清也」。《急就篇》云「屏廁清溷糞土壤」。屏與「庰」通。溷與「圂」通。《説文》「圂，廁也」。《淮南子·説山訓》云「譬猶沐浴而抒溷」。《開元占經·甘氏外官占》引《甘氏》云「天溷七星在外屏南，外屏七星在奎南」，注云「天溷，廁也，外屏，所以障天溷也」。又引《甘氏讚》云「天溷伏作，抒廁糞土，屏蔽擁障，宴溷莫睹」。「宴」亦廁也。字本作「匽」，又作「偃」。匽與屏皆取隱蔽之義。《周官·宫人》「爲其井匽，除其不蠲，去其惡臭」，鄭注云「井，漏井，所以受水潦」，鄭司農云「『匽，路廁也』，玄謂匽豬，謂霤下之池，受畜水而流之者」。案：「井」字疑是「并」字之譌。隸書「并」或作「幷」，因譌而爲「井」。并、屏古字通。屏匽謂廁也。《燕策》云「宋王鑄諸侯之象，使侍屏匽」。《莊子·庚桑楚》篇「觀室者周於寢廟，又適其偃焉」，司馬彪注云「偃，屏廁也」。偃與「匽」同。據下文云「除其不蠲，去其惡臭」，則以「匽」爲路廁者是也。《釋名》云「廁，言人雜廁在上非一也，或曰溷，言溷濁也，或曰圊，言至穢之處，宜常脩治使潔清也」。《急就篇》注云「屏，僻宴之名也，廁之言側也，亦謂僻側也」。

廣雅疏證卷第七下

高郵王念孫學

釋器

盎謂之盆。

《爾雅》「盎謂之缶」，郭璞注云「盆也」。《方言》「甂謂之盎，自關而西或謂之盆，或謂之盎」。《急就篇》「甀缶盆盎甕罃壺」，顔師古注云「缶盆盎，一類耳，缶即盎也，大腹而斂口，盆則斂底而寬上」。《考工記·陶人》爲盆「實二鬴，厚半寸，脣寸」。

瓴甈、罏，缶也。

《説文》「缶，瓦器，所以盛酒漿，秦人鼓之以節歌」。《陳風·宛丘》篇「坎其擊缶」，《正義》云：《易·離》卦九三「不鼓缶而歌」，是樂器爲缶也。《坎》卦六四「尊酒簋貳，用缶」，則缶是酒器。襄九年「宋災」，《左傳》曰「具綆缶，備水器」，則缶是汲水之器。然則缶是瓦器，可以節樂，又可以盛水、盛酒，即今之瓦盆也。《禮器》「五獻之尊，門外缶，門内壺，君尊瓦甒」，鄭注云「壺大一石，瓦甒五斗，缶大小未聞也」，《正義》云

「以小爲貴，近者小，則遠者大，缶在門外，則大於壺矣」。《方言》「缶謂之瓿甎」，郭璞注云「即盆也」。《説文》「虛，垂也」，籀文作「鑪」，篆文作「罏」。《急就篇》「甑甗甂甌瓨甖盧」，注云「盧，小甕」。並字異而義同。

𤭯、甌，甂也。

《方言》「甂，陳魏宋楚之閒謂之𤭯，自關而西謂之甂，其大者謂之甌」。《説文》「甂似小瓿，大口而卑」。《淮南子·説林訓》云「狗彘不擇甂甌而食」。《楚辭·七諫》云「甂甌登於明堂兮，周鼎潛乎深淵」。《説苑·反質》篇云「瓦甂，陋器也」。《方言》注云「今河北人呼小盆爲𤭯子，杜啟反」。《太平御覽》引《通俗文》云「小甌曰𤭯」。甂𤭯猶「匾㔸」也。《衆經音義》卷六云：《韻集》「匾」方殄反，「㔸」他奚反，《纂文》云「匾㔸，薄也」，今俗呼廣薄爲匾㔸，關中呼㼰㔸。器之「大口而卑」者，與「廣薄」同義，故亦有甂𤭯之名。又匾㔸與「㼰㔸」一聲之轉。大口而卑者謂之甂，猶下文「匾榼謂之椑」矣。甌之言區也。卷二云「區，小也」。《説文》「甌，小盆也」。《爾雅》「甌瓿謂之瓵」，郭注云「瓿甊，小甖」。小甖謂之甌瓿，猶小盆謂之甌也。甌與甂𤭯皆小盆，❶而甂𤭯又小於甌，故《方言》云「其大者謂之甌」。

𤭛、甈，甊也。

❶「𤭯」，原作「題」，今據經解本改。

《廣韻》「甀，❶甖屬」。《玉篇》「甈，甈甀也」。《爾雅》「康瓠謂之甈」。《說文》「甈，康瓠破罌也」，或作「㼜」。《方言》「甈謂之盎」。

甇、坻，甓也。

《說文》「鑑，大盆也」。《周官・凌人》「春始治鑑」，鄭注云「鑑如甀大口，以盛冰，置食物於中以禦溫氣」，《釋文》「鑑，胡暫反，本或作監」。《莊子・則陽》篇云「衛靈公有妻三人，同濫而浴」。襄九年《左傳》注云「水器，盆鑒之屬」。竝字異而義同。《墨子・節葬》篇云「多爲屋幕鼎鼓几梴壺濫戈劍羽旄齒革」。《呂氏春秋・節喪》篇云「玩好貨寶鍾鼎壺濫轝馬衣被戈劍，不可勝數」。濫與壺竝稱，蓋亦盆盎之屬。《愼勢》篇云「功名著乎槃盂，銘篆著乎壺鑑」，是也。高誘注云「以冰置水漿於其中爲濫」，失之。《說文》「甇，大盆也」。《急就篇》云「甑甇甂甌瓨甖盧」。《玉篇》「坻，瓶也」。

㼜、㼸、甄、㼣、瓬、瓨、瓿甊、缶、甀、甒、瓮、罌、甂、𤭛、甋、甌、𤭢、甗、瓶、𤮚、甈、甎、罃、瓨、罏、㼨，瓶也。

《說文》「缾，罋也」，或作「瓶」。《方言》「瓬、瓨、甒、缶、甄、㼜、甀、瓮、瓿甊、㼸，罌也，靈桂之郊謂之瓬，其小者謂之瓨，周魏之閒謂之甒，秦之舊都謂之甄，淮汝之閒謂之缶，江湘之閒謂之㼜，自關而西，晉之舊都河汾之閒，其大者謂之甄，其中者謂之瓿甊，自關而東趙魏之郊謂之瓮，或謂之罌，東齊海岱之閒謂之㼸，

❶「甀」，原作「剩」，今據《廣韻》改。

甖，其通語也」。甖與「罌」同。甈，各本譌作「𤮊」，今訂正。《玉篇》「甈，大甖也」。《說文》「𤭯，器也」。《方言》注云「今江東通呼大瓮爲甀」。《爾雅》「甌瓿謂之瓵」，郭注云「瓿甊，小甖」。襄二十四年《左傳》「部婁無松柏」，杜預注云「部婁，小阜」。小阜謂之部婁，猶小罌謂之瓿甊也。單言之則曰瓿，字亦作「錇」。《說文》「錇，小缶也」。《漢書·揚雄傳》「吾恐後人用覆醬瓿也」，顏師古注云「瓿，小甖也」。《說文》「𦈡，瓦器也」。又云「䍋，小口罌也」，徐鍇《傳》云「《周禮》注『鑑』如䍋大口，是䍋小口也」。䍋與「甀」同，字亦作「埀」。《墨子·備城門》篇云「救門火者，各一埀，水容三石以上」。《列子·湯問》篇云「山名壺領，狀若甔甀」。《東周策》云「夫鼎者，非效醯壺醬甀，可懷挾提挈以至齊者」。《淮南子·氾論訓》「抱甀而汲」，高誘注云「甀，武也，今兗州謂小武爲甀」。《方言》注云「今江東呼甖爲𤮃子」。《士喪禮下》篇「甒二」，鄭注云「甒，瓦器，古文『甒』皆作『廡』」。甒、𤮃、廡、武竝通。《禮器》「君尊瓦甒」，鄭注云「瓦甒」大五斗，《正義》云「此瓦甒，即《燕禮》『公尊瓦大』也，《禮圖》瓦大受五斗，口徑尺，頸高二寸，大中，身銳，下平，瓦甒，與『瓦大』同」。《說文》「瓮，罌也」。通作罋、甕。《士喪禮下》篇注云「甕，瓦器，其容蓋一觳」。《說文》「罌，䍋也」。《墨子·備城門》篇云「用瓦木罌容十升以上者盛水」。《方言》「罃，陳魏宋楚之閒曰甂，或曰瓶，燕之東北朝鮮洌水之閒謂之瓺，齊之東北海岱之閒謂之甔，周洛韓鄭之閒謂之甀，或謂之罃」。甔，字通作「儋」，又作「擔」。《史記·貨殖傳》「漿千甔」，《集解》徐廣曰「甔，大罌也」，《索隱》云「甔，《漢書》作『儋』，孟康曰『儋，甖也』，甖受一石，故云儋石」。《漢書·蒯通傳》「守儋石之祿」，應劭注云「齊人名小甖爲儋，受二斛」。《後漢書·明帝紀》「生者無擔石之儲」，李賢注引《埤倉》云「甔，大罌也」。案：諸說或訓「甂」爲罌，或以爲大罌，或以爲小罌，古無定訓，疑莫能明也。《玉篇》「瓶，小甖也」。又云「𩏂甂，缾有耳也」。「瓬」訓爲瓶，未見所出。瓬，曹憲《音》「方往反」。各本「瓬」譌作「旊」，「方往」譌作「方住」。《玉篇》「瓬，方往反」，今據以訂正。《説文》「𦈢，下平缶也，讀若𦐇」。《方言》「𦉈謂之甈」。字亦作「罋」，通作「甕」。《説文》「罋，汲缾也」。《井》九二「井谷射鮒，甕敝漏」，虞翻注云「『羸其瓶凶』，故『甕敝漏』也」。甈與「㼜」同。《方言》「罃謂之甈」。《説文》「罃，備火長頸缾也」。《急就篇》云「甀缶盆盎甕罃壺」。瓨亦作「缸」。《説文》「瓨，似罌長頸，受十升」，又云「缸，瓨也」。《急就篇》云「甑甇甗甌瓨甖盧」。《史記·貨殖傳》「醯醬千瓨」，❶徐廣《音義》云「瓨，長頸罌也」。瓨，曹憲《音》「下江反」。各本「瓨」譌作「缻」，惟影宋本、皇甫本不譌。《説文》「𦉥，瓦器也」，又云「瓴，瓮似缾者」。瓴與「𦉥」同。《漢書·高祖紀》「譬猶居高屋之上建瓴水也」，如淳注云「瓴，盛水瓶也」。《淮南子·脩務訓》云「今夫救火者，汲水而趨之，或以甕瓴，或以盆盂，其方員鋭橢不同，盛水各異，其於滅火鈞也」。瓴、甕皆可以盛水，又可以節歌。《墨子·三辯》篇云「農夫春耕夏耘，秋斂冬藏，息於瓴缶之樂」，李斯《上始皇帝書》云「擊甕叩缻彈箏搏髀而歌」，皆是也。𦉥，各本譌作「鑩」，影宋本、皇甫本不譌。《玉篇》「𤮊，瓶受一斗者」。《集韻》云「北燕謂瓶爲𤮊」。

錪、鉼、𩰲、鏤、鬲、鍑、鏕、鏮、鍪、鬵、䰙、錡、鬴、鐈、𩱡、𩰮，釜也。

❶「千」，原作「于」，今據《四部備要》本改。

《方言》「鍑，北燕朝鮮洌水之閒，或謂之錪，或謂之鉼，江淮陳楚之閒謂之錡，或謂之鏤，吴揚之閒謂之鬲」。《玉篇》「錪，小釜也」。《説文》「𩰫，三足鍑也」。《小雅·大東》篇「跂彼織女」，毛傳云「跂，隅貌」，孫毓釋之云「織女三星跂然如隅」。義與「𩰫」同也。《爾雅》鼎「款足者謂之鬲」。服虔注《漢書·司馬遷傳》云「款，空也」。《郊祀志》「鼎空足曰鬲」，蘇林注云「足中空不實者名曰鬲」。《説文》「鬲，鼎屬，實五觳，斗二升曰觳，象腹交文三足」，漢令作「甅」，或作「𩰲」。《考工記·陶人》爲鬲「實五觳，厚半寸，脣寸」。《士喪禮》云「新盆、槃、瓶、廢敦、重鬲」。《方言》「釜，自關而西或謂之釜，或謂之鍑」。《漢書·匈奴傳》云「多齎鬴鍑薪炭」。《説文》「鍑如釜而大口」。《衆經音義》卷二引《三倉》云「鍑，小釜也」。與《説文》異義，未知孰是。《説文》「鏕，温器也」。今俗語謂煮肉爲「熝肉」。卷四云「熝、煨，煴也」。煴謂之熝，故温器亦謂之鏕矣。《説文》「鏞，煎膠器也」。又云「鍪，鍑屬也」。《急就篇》「鐵鈇鑽錐釜鍑鍪」，顔師古注云「鍪，似釜而反脣，一曰『鍪，小釜類』，即今所謂『鍋』也」。字或作「堥」。《内則》「敦、牟、卮、匜」，鄭注云「牟，讀曰堥」，《正義》「《隱義》曰『堥，土釜也』，以木爲器，象土釜之形」。《説文》「鬵，三足釜也，有柄喙」。《爾雅》「煁，烓也」，郭注云「今之三隅竈」。烓與「鬵」聲相近。三隅竈謂之烓，猶三足釜謂之鬵矣。《説文》「𧇝，土鍪也，從䖒、号聲」，「䖒，古陶器也」。𧇝，各本譌作「𧯷」，自宋時本已然。故《集韻》《類篇》竝云「𧇝」或作「𧯷」。案：「𧇝」從䖒、号聲，非從豆、號聲。「𧯷」乃「𧇝」之譌字，非「𧇝」之别體。故《説文》《玉篇》《廣韻》俱無「𧯷」字。今訂正。《召南·采蘋》篇「維錡及釜」，傳云「有足曰錡」。錡之言踦也。《爾雅》「蠨蛸，長踦」，郭注云「小鼅鼄長腳者」。《説文》「鬴，鍑屬也」，或作「釜」。隸省作「釜」。釜與「鬴」同聲同義，而《廣雅》訓「鬴」爲釜者，古今異字，必以此釋彼而其義始明。《爾雅》云「輔，俌也」，「嗟，蹉也」，「迺，乃也」，《廣雅》云「壹，弌也」，「焫，爇也」，「煖，煗也」，「花，華也」，皆以同聲同義之字轉相訓釋。鬴之訓釜，亦猶是也。各本「鬴」下衍「也」字，今删。鐈之言喬然高也。《説文》「鐈，似鼎而長足」。𩰲即今「鍋」字也。《説文》「秦名土釜曰𩰲，從鬲、𢆉聲」。又云「䰙，釜屬也」。各本「𩰲」譌作「鬲」，「䰙」下又脱「釜也」二字。《集韻》《類篇》竝引《廣雅》「𩰲，釜也」。今據以補正。

鋗謂之銚。

《説文》「銚，温器也」。《衆經音義》卷十四云「銚，似鬲，上有鐶」。《急就篇》「銅鍾鼎鋞鋗鉇銚」，❶顔師古注云「鋗，温器也」。鋗與銚同類，故亦可通稱。《博古圖》有漢梁山鋗，容二斗，重十斤，元康元年造。

鎢錥謂之銼鑹。

《説文》「銼，鑹，鍑也」。《衆經音義》卷十六引《聲類》云「銼鑹，小釜也」。《太平御覽》引《纂文》云「秦人以鈷鏻爲銼鑹」。案：物形之小而圓者，謂之銼鑹。單言之則曰銼。《廣韻》「銼，蜀呼鈷鏻也」。銼者，「族嬴」之合聲。故銼鑹又謂之鏃鑹。《急就篇》注云「小釜曰鏃鑹」，是也。《説文》「痤，小腫也，一曰族累病」。桓六年《左傳》「謂其不疾瘯蠡也」，瘯蠡與「族累」同。急言之則爲「痤」矣。《爾雅·釋木》「痤，接慮李」，郭注云「今之麥李」。《齊民要術》引《廣志》云「麥李細小」。麥李細小，故有「接慮」之名，急言之亦近

❶「急就」，原作「釜也」，今據續四庫本改。「鋞」，原作「經」，今據《急就篇》改。

於「痤」，故又謂之「痤」。銼鑹、族累、接慮一聲之轉，皆物形之小而圓者也。《玉篇》「鍋鏑，小釜也」。《太平御覽》引《魏略》云「我槌破汝鍋鏑邪」，又引杜預《奏事》云「藥杵臼澡槃尉斗釜瓮銚槃鍋鏑，皆民閒之急用也」。《説文》「鍑，温器也，讀若奥」。《集韻》又音燠。此即「鍋鏑」二字之合聲。

案謂之檇。

檇，各本譌作「㩗」，今訂正。《方言》「案，陳楚宋魏之閒謂之檇，自關東西謂之案」。《説文》「案，几屬」。《急就篇》「橢杅槃案桮問盌」，顔師古注云「無足曰槃，有足曰案，所以陳舉食也」。《考工記·玉人》「案十有二，棗栗十有二列」，鄭注云「案，玉飾案也，玉案十二以爲列，棗栗實於器，乃加於案」。戴先生補注云：案者，棜禁之屬。《儀禮》注曰「棜之制，上有四周，下無足」。《禮器》注云「禁，如今方案，隋長，局足，高三寸」。此以「案」承棗栗，上宜有四周。漢制小方案局足，此亦宜有足。謹案：案之言安也，所以安置食器也。檇之言寫也。《説文》「寫，置物也」。案亦所以置食器，其制蓋如今承槃而有足，或方或圓。《禮器》注言「方案」，《説文》訓「檈」爲圓案，是也。古人持案以進食，若今人持承槃。《漢書·外戚傳》云許后朝皇太后「親奉案上食」，是也。亦自持案以食，若今持酒杯者并槃而舉之。《鹽鐵論·取下》篇云「從容房闈之閒，垂拱持案而食」，是也。凡案，或以承食器，或以承用器，皆與几同類。故《説文》云「案，几屬」。

盂謂之槃。

《説文》「槃，承槃也」。盂，音「干戈」之干。各本「盂」譌作「孟」。《玉篇》「盂，公安切，槃也」。《廣韻》同。

《集韻》《類篇》「盂」居寒切，引《廣雅》「盂謂之槃」。郭忠恕《佩觽》云「盂，槃也」，字從「干禄」之干。今據以訂正。

匾榼謂之椑。

《說文》「榼，酒器也」，徐鍇《傳》云「榼之爲言盍也」。《說文》「盍，覆也」。成十六年《左傳》欒鍼「使行人執榼承飲，造於子重」。《說文》「椑，圜榼也」。《急就篇》云「槫榼椑榹匕箸籫」。《太平御覽》引謝承《後漢書》云「傳車有美酒一椑」。椑之言卑也。《說文》以爲圜榼，《廣雅》以爲匾榼。凡器之名爲椑者，皆兼此二義。《考工記·廬人》「句兵椑，❶刺兵摶」，鄭注云「齊人謂柯斧柄爲椑，則椑，隋圜也，摶，圜也」。然則正圜者謂之摶，圜而匾者謂之椑，故齊人謂柯斧柄爲椑也。又匾與椑一聲之轉，故盆之大口而卑者謂之甂，說見上文「甈、甂，甂也」下。

盞、櫺、案盞、銚鋭、柯、櫂、梋、栓、桋、盉、盎、椀，盂也。

盂之言迂曲也。盂、盎、椀皆曲貌也。《說文》「盂，飲器也」。《士喪禮下》篇「兩敦兩杅」，鄭注云「杅以盛湯漿」。杅與「盂」同。敦與「盞」同。古者敦以盛食，盟則用以盛血。或用木而飾以金玉，或用瓦無飾。皆有蓋有足，無足者謂之「廢敦」。《爾雅》「丘，一成爲敦丘」，孫炎注云「形如覆敦，敦器似盂」。《少牢饋食禮》疏引《孝經鉤命決》云「敦規首，上下圜相連」。聶崇義《三禮圖》引舊圖云「敦受一斗二升，漆赤

❶「句」，原作「勿」，今據《考工記》改。

中，大夫飾口以白金」。《周官・玉府》「若合諸侯，則共珠槃玉敦」，鄭注云「敦，槃類，珠玉以爲飾，古者以槃盛血，以敦盛食，合諸侯者，必割牛耳，取其血歃之以盟，珠槃以盛牛耳，尸盟者執之」，鄭司農云「玉敦，歃血玉器」。《内則》「敦、牟、卮、匜」，鄭注云「敦、牟，黍稷器也」。《士喪禮》云「黍稷用瓦敦，有蓋」。又云「敦啟會，面足」，注云「敦有足，則敦之形如今酒敦」。《少牢饋食禮》云「主婦自東房執一金敦黍，有蓋」，又云「敦皆南首」注云「敦有首者，尊者器飾也，飾蓋象龜形」。《士喪禮》「新盆、槃、瓶、廢敦、重鬲」，注云「廢敦，敦無足者，所以盛米也」。《方言》「盂謂之⿰木盡，河濟之間謂之⿱宀盍⿱登皿，椀謂之盦，盂謂之銚鋭，椀謂之梋柍」，又云「盂，宋楚魏之間或謂之盌，盌謂之盂，或謂之銚鋭，盌謂之櫂，盂謂之柯，海岱東齊北燕之間或謂之⿱𠔉皿」。《廣韻》引《埤倉》云「⿰木盡，盂也」。《玉篇》「⿱宀盍⿱登皿，大盂也」。字亦作「安殘」。《太平御覽》引李尤《安殘銘》云「安殘令名，甘旨是盛，埏埴之巧，甄陶所成，食彼美珍，思此《鹿鳴》」。柍，各本譌作「抉」，今訂正。《方言》「椀謂之梋柍」，二字共爲一名，則《廣雅》梋、柍二字之間，不當有「栓」字，當本在「梋」字之上，或在「柍」字之下，而寫者誤倒其文也。⿱𠔉皿之言卷曲也。《玉藻》「母没而杯圈不能飲焉」，注云「圈，屈木所爲，❶謂卮匜之類」。《孟子・告子》篇「以杞柳爲桮棬」。棬、圈竝與「⿱𠔉皿」通。椀之言宛曲也。《急就篇》「橢杅槃案桮閜盌」，顔師古注云「盌似盂而深長」。盌與「椀」同。

⿱楊皿、匵、⿸厂⿱林皿、椷、⿱丕皿、閜、盞、溫，杯也。

❶「木」，原作「本」，今據經解本、續四庫本改。

《方言》「㿿、槭、盞、溫、閜、盪、𥂕，桮也，秦晉之郊謂之㿿，自關而東趙魏之閒曰槭，或曰盞，或曰溫，其大者謂之閜，吳越之閒曰盪，齊右平原以東或謂之𥂕，桮，其通語也」。桮與「杯」同。《說文》「桮，䀀也」，「䀀，小桮也」，或作「𣠪」。䀀與「槭」古同聲，《方言》作「槭」，蓋即「䀀」之假借字也。《廣韻》「戇，箱屬」，或作「篢」，是其例矣。《方言》注云「㿿，所謂伯㿿者也」。《太平御覽》引《典論》云「劉表諸子好酒，造三爵，大曰伯雅，中曰仲雅，小曰季雅」。雅與「㿿」通。《說文》「閜，大開也，大桮亦爲閜」。《急就篇》云「橢杅槃案桮閜盌」。《藝文類聚》引李尤《杯銘》云「小之爲杯，大之爲閜」。凡言閜者，皆大開之貌。司馬相如《上林賦》「谽呀豁閜」，司馬彪注云「谽呀，大貌；豁閜，空虛也」，郭璞注云「皆澗谷之形容也」。《廣韻》「𡅏，大笑」。義竝同也。盞與「琖」通。說見下條。《太平御覽》引《通俗文》云「㯚杯曰盞，或謂之溫」。

斝、醆，爵也。

爵，說見下文「一升曰爵」下。《禮運》「醆斝及尸君，非禮也」，鄭注云「醆斝，先王之爵也，唯魯與王者之後得用之，其餘諸侯，用時王之器而已」。《大雅·行葦》篇「洗爵奠斝」，傳云「斝，爵也，夏曰醆，殷曰斝，周曰爵」。《周官·量人》「凡宰祭，與鬱人受斝歷而皆飲之」，❶鄭衆注云「斝，器名」，引《明堂位》云「爵，夏后氏以琖，殷以斝，周以爵」。鄭注《明堂位》云「斝，畫禾稼也」。《說文》「斝，玉爵也，或說斝受六升」。《郊特牲》「舉斝角」，注云「天子奠斝，諸侯奠角」。昭七年《左傳》「賂以瑶甕玉櫝斝耳」，杜預注云「斝耳，

❶「歷」，原爲墨丁，今據經解本、續四庫本補。

玉爵」，《正義》云「言耳者，蓋此器旁有耳，若今之杯，故名」。《明堂位》云「爵用玉琖仍彫」。《周官・量人》釋文云「琖」劉本作「湔」。字竝與「醆」同。「爵」謂之醆，「杯」謂之盞，一也。《方言》注云「盞，最小桮也」。《爾雅》鍾「小者謂之棧」，李巡注云「棧，淺也」。棧、盞竝音側限反，其義同。

⿸巵耑、觛，巵也。

《說文》「巵，圜器，一名觛，所以節飲食」。《內則》「敦、牟、巵、匜」，鄭注云「巵、匜，酒漿器」。應劭注《漢書・高祖紀》云「巵，鄉飲酒禮器也，古以角作，受四升，古『巵』字作『觗』」。《說文》「⿸巵耑，小巵也」。《玉篇》之耎、之縈二切。又《說文》「⿸巵專，小巵有耳蓋者」。《玉篇》時耎切。⿸巵耑從耑聲，⿸巵專從專聲。專與耑皆小意也。故《釋詁》云「耑，小也」，《說文》「叀，專小謹也」，「專，六寸簿也」。⿸巵耑，各本譌作「⿰角耑」，今訂正。《說文》「觛，小觶也」。《海外西經》「女蔑操角觛，女祭操俎」，郭璞注云「角觛，觶屬」。《急就篇》云「蠡斗參升半巵觛」。《賈子・諭誠》篇「酒二⿰酉旦」，⿰酉旦與「觛」同。《玉篇》「⿸广旦，小舍也」。觛、⿸广旦竝音丁案反，義相近也。

瓠、蠡、⿱艹登、⿰鬳瓜，瓢也。

《方言》「瓥，陳楚宋魏之閒或謂之欚，或謂之瓢」。《衆經音義》卷十八引《三倉》云「瓢，瓠勺也」。《說文》「瓢，蠡也」。《周官・鬯人》「禜門用瓢齎」，杜子春注云「瓢，謂瓠蠡也」。《漢書・東方朔傳》「以蠡測海」，張晏注云「蠡，瓠瓢也」。《楚辭・九歎》「瓟瓥蠹於筐簏」，王逸注云「瓟，瓠；瓥，瓢也」。瓥、蠡竝通。❶

❶「蠡」，原重文，今據《畿輔叢書》本删其一。

《說文》「蓋，蠡也」。《士昏禮》「實四爵合巹」，鄭注云「合巹，破匏也」。《昏義》云「共牢而食，合巹而酳」。巹與「蓋」通。《太平御覽》引《三禮圖》云「巹取四升瓠中破，夫婦各一」。𤬛，即《方言》「㰏」字也。《衆經音義》卷十八引《廣雅》作「𤬛」，音羲。𤬛從鬳聲，𤬛從䖒聲。鬳、䖒竝從虍聲。是鬳與「䖒」同聲。故從鬳之字或從䖒。《方言》注云「今江東通呼勺爲㰏，音羲」。《衆經音義》云「江南曰瓢㰏，蜀人言蠡㰏」。《漢書·王莽傳》「立斗獻」，顏師古注云「獻，音羲，謂斗魁及杓末如勺之形也」。獻從鬳聲而讀爲羲，猶𤬛從鬳聲而讀爲羲矣。

𥯨、豆䉂，杯落也。

《方言》「桮䈂，陳楚宋衛之閒謂之豆筥，自關而西謂之桮䈂」，郭注云「盛桮器籠也」。《說文》「笿，桮笿也」，徐鍇《傳》云「笿亦籠也，笿者，絡也，猶今人言籮」。䈂、笿竝與「落」通。卷二云「落，居也」。杯落亦所以居杯也。《說文》「𥯨，桮笿也」。䉂與「筥」通，義亦與「筐筥」之筥同。

籯、筲、桶欓、籫，箸筩也。

《方言》「箸筩，陳楚宋魏之閒謂之筲，或謂之籯，自關而西謂之桶欓」，郭注云「盛朼箸籫也」。籯與「籯」同。❶ 籯之言盛受也。說見下文「籯，籠也」下。《說文》「宋魏謂箸筩爲䈾」。䈾與「筲」通。箸筩謂之筲，猶刀室謂之削也。《方言》注云「今俗亦通呼小籠爲桶欓」。《急就篇》「槫榼椑榹匕箸籫」，顏師古注云

---

❶「籯」，原作「籝」，今據經解本、續四庫本改。

「簀，盛匕箸籠也」。《玉篇》音子短切。箸箭謂之簀，猶竹筥謂之篹。《喪大記》「食粥於盛不盥，食於篹者盥」，鄭注云「篹，竹筥也」。

柶、匙，匕也。

《説文》「匕，所以比取飯，一名柶」。古者匕或以匕黍稷，或以匕牲體。吉事用棘匕，喪事用桑匕。《小雅·大東》篇「有捄棘匕」，傳云「匕，所以載鼎實」。《士昏禮》「匕俎從設」，注云「匕，所以别出牲體也」。《特牲饋食禮》記「棘心匕刻」，注云「刻，若今龍頭」。《少牢饋食禮》云「雍人概鼎、匕、俎于雍爨」，又云「廩人概甑、甗、匕與敦于廩爨」，注云「匕，所以匕黍稷」，疏云「上雍人云『匕』者，所以匕肉，此廩人所掌米，故云『匕黍稷』也」。《少牢下》篇「覆二疏匕于其上」，注云「疏匕，匕柄有刻飾者」。又「二手執挑匕枋以挹湆，注于疏匕」，注云「此二匕者，皆有淺斗，狀如飯橾，❶挑，長枋，可以抒物於器中者」。《雜記》「枇以桑，長三尺，或曰五尺，刊其柄與末」，注云「枇，所以載牲體者，此謂喪祭也，吉祭枇用棘」。枇與「匕」同。《太平御覽》引《三禮圖》云「匕以載牲體，長二尺四寸，葉博三寸，長八寸，漆丹柄頭，疏匕形如飯橾，以棘心爲之」。案：《三禮圖》記「匕」之長，與《雜記》不合，失之。《説文》「柶，匕也」。柶有醴柶，有鉶柶。吉事用角柶，喪事用木柶。《士冠禮》「側尊一甒醴，有篚，實勺觶角柶」，注云「柶狀如匕，以角爲之者，欲滑也」。《士喪禮》云「東方之饌兩瓦甒，其實醴酒角觶木柶」。《少牢饋食禮》云「上佐食羞兩鉶，皆有柶」。《三禮

❶「橾」，原作「操」，今據《儀禮注疏》改。

圖》引舊圖云「柶長尺，欄博三寸，曲柄長六寸，漆赤中及柄端」。又《周官·玉府》「大喪，共角柶」，鄭衆注云「角柶，角匕也，以楔齒，令可飯含」。《士喪禮》「楔齒用角柶」，記云「楔貌如軛，上兩末」，疏云「此角柶，其形與扱醴角柶別，故屈之如軛，中央入口，兩末向上，易出入也」。《方言》「匕謂之匙」。《後漢書·隗囂傳》「奉盤錯鍉」，李賢注云「鍉」即「匙」字。

筴謂之箸。

《説文》「箸，飯攲也」。攲音羈。《太平御覽》引《通俗文》云「以箸取物曰攲」。《曲禮》云「飯黍毋以箸」。又云「羹之有菜者用梜」，鄭注云「梜猶箸也，今人或謂箸爲梜提」。梜與「筴」同。《急就篇》注云「梜，所以夾食也」。

龍、疏、蒲、枓，杓也。

《説文》「勺，挹取也，象形，中有實」。《考工記》「梓人爲飲器，勺一升」。《士冠禮》注云「勺，尊斗，所以斞酒也」。案：勺之言酌，斗之言斞也。勺之有飾者，龍勺、疏勺、蒲勺是也。勺之無飾者，《禮器》之「樿杓」，《士喪禮》之「素勺」，是也。杓與「勺」同。《明堂位》「夏后氏以龍勺，殷以疏勺，周以蒲勺」，鄭注云「龍，龍頭也，疏，通刻其頭，蒲，合蒲如梟頭也」。枓，各本譌作「科」，影宋本、皇甫本不譌。《大雅·行葦》篇「酌以大斗」，傳云「大斗，長三尺也」，《釋文》「斗」字又作「枓」，都口反，徐又音主，《正義》云「大斗長三尺，謂其柄也，《漢禮器制度》注『勺五升，徑六寸，長三尺』，是也，此蓋從大器挹之於尊，用此勺耳，其在尊中，不當用如此之長勺也」。枓、杓，所以斞酒，亦所以斞水。《中庸》云「今夫水，一勺之多」。《周官·鬯人》「大喪之大淵設斗」，鄭注云「斗，所以沃尸也」。《喪大記》「浴水用盆，沃水用枓」。《士喪禮》疏云「枓受五升，方有柄，用挹盆中水以沃尸」。《少牢饋食禮》「司宮設罍水于洗東，有枓」，鄭注云「枓，㪺水器也，凡設水用罍，沃盥用枓」。

⿰氵戽斗謂之柩。

卷二云「戽，抒也」。《説文》「抒，挹也」。《太平御覽》引《纂文》云「⿰氵戽斗，抒水斗也」。《廣韻》云「戽斗，舟中渫水器也」。戽與「⿰氵戽」同。柩，曹憲《音》「頤」。各本「柩」誤作「梠」。《集韻》《類篇》竝引《廣雅》「⿰氵戽斗謂之梠」，則宋時《廣雅》本已誤。案：《説文》「梠，臿也」，音祀。梠與「柩」不同義，蓋俗書「柩」字作「柩」，因譌而爲「梠」。《釋宮》篇「瓴，甋也」，今本譌作「瓵」，正與此同。考《玉篇》「柩，弋之切，船戽斗也」。《廣韻》「柩，船舀水斗也」。《御覽》引《廣雅》「⿰氵戽斗謂之柩」。皆作「柩」，不作「梠」。今據以訂正。

焅謂之煝。

《説文》「焅，旱氣也」。《玉篇》「煝，炥也」。《廣韻》「煝，焅熱也」。據諸書所訓，則焅、煝二字當在《釋詁》「熱也」一條内。今在《釋器》，當别有意義，未知所出。

嵠岟、筲，籝也。

籝即「筥」字也。《衆經音義》卷十五云「筥」又作「籝」，同力與、紀與二反。古者筥、籝同聲。《周官·掌客》注云「筥」讀如「棟梠」之梠。《大雅》「以遏徂旅」，《孟子》作「徂莒」。皆其證也。《方言》「籝，南楚謂之筲，趙魏之郊謂之笅籝」，郭注云「盛飰筥也」。飰與「飯」同。《説文》「筥，⿱竹稍也」。《周頌·良耜》篇云「載筐及筥，其饟伊黍」。是「筥」以盛飯也。餘見下文「籅、篙、篿、篓，籧也」下。籧亦與「筥」同。《太平御覽》引《纂文》云「𥴰䉛，大筥也」。《方言》注云「今建平人呼『筥』爲『筲』」。《説文》「籍，飯筥也，受五升，秦謂筥爲籍」，又云「籍，飯器，容五升」。籍、籍竝與「筲」同。《士喪禮下》篇「筲三，黍稷麥」，鄭注云「筲，畚種類也，其容蓋與簋同一觳」。《論語·子路》篇「斗筲之人」，鄭注云「筲，竹器，容斗二升」。與《説文》異義，未知孰是。《論語》斗、筲竝言，則筲與斗不同量。《文選·王命論》注引《漢書音義》「筲受一斗」，失之。

簛、籮，箕也。

箕，所以簸揚米而去其穅也。《方言》「箕，陳魏宋楚之閒謂之籮」。《説文》「箕，簸也」，「簛，大箕也」。

𡙇、𧆮、匬、畚，畚也。

《説文》「畚，蒲器也，𤬪屬，所以盛種」。《周官·挈壺氏》「掌挈畚以令糧」，鄭衆注云「畚，所以盛糧之器」。宣二年《左傳》「寘諸畚」，杜預注云「畚，以草索爲之，筥屬」。十一年《傳》「稱畚築」，注云「畚，盛土器」。襄九年《傳》「陳畚梮」，注云「畚，蕢籠」。《士昏禮》「婦執笲棗栗」，鄭注云「笲，竹器有衣者，其形蓋如今之筥笿籚矣」。《三禮圖》引舊圖云「笲，讀如『皮弁』之弁」。畚、笲竝從弁聲。畚爲筥屬，而笲形如筥笿籚，則其命名之意亦同矣。《玉篇》「𡙇，小畚也」。《晉書·天文志》「天棓東七星曰扶筐，盛桑之器，主勸蠶也」，扶與「𡙇」通。𧆮，之庶反。《廣韻》「𧆮，筐𧆮也」。𧆮之言貯也，所以貯米也。《説文》「㡁，𢄼也，所以盛米」。㡁與「𧆮」聲近義同。《説文》「匬，田器也」。又云「莜，艸田器」，引《論語》「以杖何莜」。今本作「蓧」，包咸注云「蓧，竹器」，皇侃疏云「籮篚之屬也」。《釋文》「蓧」本又作「條」，又作「莜」。竝字異而義同。《説文》「帔，蒲席峅也」，「帡，帔也，杜林以爲竹筥，揚雄以爲蒲器，讀若軿車」。《急就篇》「簁箄箯筥䉆箅篝」，顔師古注云「竹器之盛飯者，大曰箯，小曰筥」。箯與「帡」亦聲近義同。

𥰭、籑、篓、𠥫，䉆也。

《方言》「炊䉆謂之縮，或謂之篓，或謂之𠥫」，郭注云「漉米䉆也」。《説文》「䉆，漉米籔也」。《太平御覽》引《纂文》云「䉆，淅箕也，一曰籔，魯人謂之淅籑」。《急就篇》云「簁箄箯筥䉆箅篝」。《玉篇》「𥰭，淥米具也」，「籑、䉆，漉米竹器也」。漉與「淥」同，亦作「盝」。《説文》「籔，炊䉆也」。《玉篇》「籔」或作䈪、篓。《方言》又作「縮」。縮、䈪、篓、籔四字古聲竝相近。篓之言縮也，漉米而縮去其汁，如漉酒然。鄭興注《周官·甸師》云「束茅立之祭前，沃酒其上，酒滲下去，若神飲之，故謂之縮，縮，浚也」。《郊特牲》「縮酌用茅」，鄭注云「泲之以茅，縮去滓也」。義竝與「䈪」同。《周官·大宰》注云「澤無水曰藪」，《澤虞》注云「水希曰藪」，義與「籔」亦相近。《説文》「匴，盝米籔也」。《集韻》「匴」或作「𠥫」。《方言》注云江東呼「𠥫」爲「淅籤」。𠥫之言浚也。卷二云「浚，淥也」。《周官》注云「縮，浚也」。縮、籔、匴一聲之轉。籔之轉爲匴，猶數之轉爲算矣。

䈰謂之筅。

䈰即今之刷鍋帚也。《説文》「陳留謂飯帚曰䈰」。䈰之言捎也，所以捎去餘飯也。《考工記·輪人》注云「捎，除也」。聲轉爲「筅」。筅猶洗刷也。筅，曹憲《音》「素典反」。各本脱去「筅」字，其「素典反」之音又誤入下文「箭」字下。《集韻》《類篇》「箭」穌典切，引《廣雅》「䈰謂之箭」，則所見已是誤本，故以「箭」字上屬爲句。案：篅爲飯帚，籫爲簞笥之屬，兩物絶不相似。且《玉篇》《廣韻》「籫」字亦不音素典反。《玉篇》「筅，筅帚也」。《廣韻》作「箲」，云「箲帚，飯具」，或作「筅」。是筅與「篅」異名而同實。又《玉篇》《廣韻》「筅」字竝音穌典切。穌典與「素典」同音。今據以訂正。餘見下條。

籫、匴、匰，笥也。

《説文》「笥，飯及衣之器也」。《曲禮》「凡以弓劍苞苴簞笥問人者」，鄭注云「簞笥，盛飯食者，圜曰簞，方曰笥」。《緇衣》引《兑命》云「惟衣裳在笥」。《説文》「籫，竹器也」。《玉篇》所閒、蘇干二切，云「竹器，似箱而麤」。曹憲《音》「素管反」。《士冠禮》「爵弁皮弁緇布冠，各一匴」，鄭注云「匴，竹器名今之冠箱也」。古文「匴」爲「篹」，《釋文》匴、篹竝素管反。《衆經音義》卷十五引《聲類》云「筥，箱也」。《喪大記》「食粥於盛不盥，食於篹者盥」，注云「篹，竹筥也」。《史記·鄭當時傳》「其餽遺人不過算器食」，徐廣《音義》云「算音先管反，竹器也」。匴、篹、算竝與「籫」同。是「籫」爲簞笥之屬也。《玉篇》「匴」又作「笲」。《士昏禮》注云「笲，竹器有衣者，其形蓋如今之筥笿籚矣」。《士昏禮》記云「笲，緇被纁裏」。案：笲以盛棗栗腶脩，亦以盛菜。《聘禮》「賓釋幣于禰」，用以盛幣埋之。《喪禮》用以盛貝及沐浴巾。具見經文。匰通作「簞」。簞與笥對文則異，散文則通。《説文》「簞，笥也，漢律令『簞，小筐也』」。簞以盛食，亦以盛巾櫛。《士冠禮》云「櫛實于簞」，《士虞禮》云「匜水錯于槃中，簞巾在其東」。

匵謂之匱。

《説文》「匵，匣也」。匵之言容也。《説文》「匱，匵也」，「櫝，匱也」。櫝與「匱」同。《金縢》云「乃内册于金縢之匱中」。《聘禮》云「賈人啟櫝」。《論語》云「韞匵而藏諸」。

匧謂之椷。

匧之言挾也。《爾雅》云「挾，藏也」。《説文》「匧，椷藏也」，或作「篋」。《士冠禮》「同篋」，鄭注云「隋方曰篋」。篋、椷一聲之轉。椷之言函也。《説文》「椷，篋也」。《周官·伊耆氏》「共其杖咸」，鄭注云「咸」讀爲「函」。椷、咸、函竝通。

定謂之耨。

《説文》「槈，薅器也」，或作「鎒」。《吕氏春秋·任地》篇云「耨柄尺，此其度也，其耨六寸，所以閒稼也」，高誘注云「耨，所以耘苗也，刃廣六寸，所以入苗閒也」。《齊語》「挾其槍刈耨鎛」，舊音引賈逵注云「耨，鎡錤也」。《管子·輕重乙》篇云「一農之事，必有一耜一銚一鐮一鎒一椎一銍，然後成爲農」。槈、耨、鎒竝同。《爾雅》「斪斸謂之定」，李巡注云「定，鋤别名」。案：定者，斫物之稱。今江淮閒謂以斧斫物曰釘，音帶定反，是其義也。

櫡謂之钁。

《説文》「钁，大鉏也」。《廣韻》云「《方言》云『關東名曰鹵斫』」。《淮南子·兵略訓》「奮儋钁」，高誘注云「钁，斫也」。《六韜·軍用》篇云「棨钁刃廣六寸，柄長五尺以上」。《爾雅》「斫謂之鐯」，郭注云「钁也」。《説文》作「櫡」。字竝與「櫡」同。

鉀謂之銛。

《説文》「銛，臿屬也」。

篝、筌謂之笓。

《廣韻》「笓，取鰕竹器也」。《太平御覽》引《韓詩》云「九罭之魚罭，取鰕笓也」，又引《纂文》云「箄，流水中張魚器也」。箄與「笓」同。《玉篇》「筌，捕魚笱也」。字亦作「荃」。《莊子・外物》篇云「荃者，所以在魚，得魚而忘荃」。左思《吴都賦》「筌鮔鱛」，劉逵注云「筌，捕魚器，今之斗回也」。

曲梁謂之⿱罒卯。

《邶風・谷風》篇「毋逝我梁，毋發我笱」，傳云「梁，魚梁，笱，所以捕魚也」。《周官・𪊓人》「掌以時𪊓爲梁」，鄭衆注云「梁，水偃也，偃水爲關空，以笱承其空」。《説文》「笱，曲竹捕魚笱也」，「罶，曲梁，寡婦之笱，魚所留也」，或作「䍡」，引《魯語》「講罛䍡」。今本作「罶」，韋昭注云「罶，笱也」。《爾雅》云「凡曲者爲罶」，又云「嫠婦之笱謂之罶」。《釋文》「罶」本或作「⿱罒卯」。罶、⿱罒卯、䍡竝同。今人謂取魚具爲魚簍，聲亦相近也。《小雅・魚麗》篇「魚麗于罶」，❶《苕之華》篇「三星在罶」，傳竝云「罶，曲梁也，寡婦之笱也」。曲，各本譌作「典」，今訂正。

⿱竹爵、籗、⿱竹棣，䈇也。

《説文》「罩，捕魚器」。罩與「䈇」同。凡自上籠下謂之罩，故《淮南子・説林訓》云「罩者抑之，罾者舉之」。

❶ 「小」，原作「水」，今據經解本、續四庫本改。

《説文》「䍜，覆鳥令不得飛也」。《玉篇》音竹教切，義與「罩」同。《説文》「籱，罩魚者也」，或作「籗」、作「篧」。《爾雅》「篧謂之罩」，李巡注云「篧，編細竹以爲罩捕魚也」，孫炎注云「今楚篧也」。楚篧謂以荆爲之。

濅、涔，栫也。

《説文》「栫，以柴木雝水也」。郭璞《江賦》云「栫澱爲涔」。栫者，叢積之名。哀八年《左傳》「囚諸樓臺，栫之以棘」，杜預注云「栫，擁也」。《釋文》「栫」本又作「荐」。栫之言荐也。韋昭注《晉語》云「荐，聚也」。《小爾雅》云「魚之所息謂之橬，橬，槮也，積柴水中而魚舍焉」。《爾雅》「槮謂之涔」，郭注云「今之作槮者，藂積柴木於水中，魚得寒入其裏藏隱，因以薄圍捕取之」。《周頌·潛》篇「潛有多魚」，毛傳云「潛，糝也」。《韓詩》作「涔」，云「涔，漁池也」。《淮南子·説林訓》「罧者扣舟」，高誘注云「罧者，以柴積水中以取魚，扣，擊也，魚聞擊舟聲，藏柴下，壅而取之也，今兖州人積柴水中捕魚爲罧，幽州名之爲涔」。罧與槮、糝同。涔與潛、橬同。濅、涔皆壅積之意。卷二云「濅，漬也」。《説文》「涔，漬也」。漬、積聲相近。雨水漸漬謂之濅，亦謂之涔。柴木壅積謂之涔，亦謂之濅。其義一也。

罔謂之罟。

此罔魚及鳥獸之通名。《繫辭傳》云「作結繩而爲罔罟，以佃以漁」，是也。罔，《説文》作「网」，又作「網」。

罽、罾，魚罔也。

此專謂魚罔也。各本「罽」下衍「罟罽」二字，「罔」上又脱「魚」字。《莊子·胠篋》釋文引《廣雅》「罾，魚罔也」。《太平御覽》引《廣雅》「罻、罾，魚罔也」。今據以訂正。《説文》「罻，魚网也」，「罾，魚网也」。《楚辭・九歌》「罾何爲兮木上」，王逸注與《説文》同。《莊子・胠篋》篇云「鉤餌網罟罾笱之知多，則魚亂於水矣」。《太平御覽》引《風土記》云「罾，樹四木而張網於水車，輓之上下，形如蜘蛛之網，方而不圓」。

罼、罕、罓、⿸㫃罓，率也。

案：《爾雅》於釋諸羅罔之後，即云「約謂之救，律謂之分」，二者蓋亦羅罔之屬。約蓋即下文「軥謂之輗」。律即此「率」字也。《説文》「率，捕鳥畢也，象絲网，上下其竿柄也」。率與「律」古同聲。《説文》「紛，馬尾韜也」。《釋名》云「紛，放也，防其放弛以拘之也」。紛與「分」義相近。郭注云「律管可以分氣」，則義近於鑿，且於文不類矣。《説文》「畢，田网也」。《小雅・大東》篇「有捄天畢」，傳云「畢，所以掩兔」。《月令》「罝罘羅網畢翳」，鄭注云「小而柄長謂之畢」。《吕氏春秋》「畢翳」作「罼弋」。《太平御覽》引蔡邕《月令章句》云「掩飛禽曰罼」。《齊語》「田狩畢弋」，韋昭注云「畢，掩雉兔之網也」。《説文》「罕，罔也」。《史記・天官書》云「畢曰罕車，主弋獵」。宋玉《高唐賦》云「弓弩不發，罘罕不傾」。揚雄《羽獵賦》云「罕車飛揚，武騎聿皇」。《説文》「罓，下取物縮藏之，讀若籋」。《廣韻》「⿱罒罓，女減切，捕魚網也」。⿱罒罓與「罓」聲義相近。⿸㫃罓亦「罓」也。《玉篇》音於業、於儼二切。《廣韻》「⿸㫃罓，掩翳也」。《説文》「罨，罕也」，徐鍇《傳》云「網從上掩之也」。司馬相如《子虛賦》「揜翡翠」，左思《蜀都賦》作「罨」。字竝與「⿸㫃罓」通。罨以捕鳥，亦以捕魚。《太平御覽》引《風土記》云「罨如罾而小，斂口，從水上掩而取之也」。

⿱罒互、⿱罒否，兔罟也。罠。

《說文》「⿱罒互，兔罟也」。⿱罒互，曹憲《音》「互」。《玉篇》《廣韻》竝同。各本「⿱罒互」譌作「⿱罒牙」，《音》內「互」字又譌作「牙」。《集韻》《類篇》「⿱罒牙，牛加切，兔罔也」，則宋時《廣雅》本已誤。考《說文》《玉篇》《廣韻》皆作「⿱罒互」，不作「⿱罒牙」，今據以訂正。《玉篇》网部末有「⿱罒牙」字，「音牙，兔罔也」，乃宋人依誤本《廣雅》增入者，不可引以爲據。劉攽《中山詩話》云「唐人書『互』爲『㸦』，『㸦』似『牙』字，因譌爲『牙』」。凡經史諸子中「互」字多譌作「牙」，從互之字亦然，顧氏《音學五書》辨之詳矣。⿱罒否之言覆也。《說文》「䍖，覆車网也」，引《王風·兔爰》篇「雉離于䍖」，或作「罦」。又云「⿱罒否，兔罟也」。《爾雅》「罬謂之罦，罦，覆車也」，孫炎注云「覆車網可以掩兔者也」，郭璞注云「今之翻車也，有兩轅，中施罥以捕鳥」。《月令》「罝罘羅網畢翳」，鄭注云「獸罟曰罝罘」。高誘《淮南子》注云「罘，麋鹿罟也」。《莊子·胠篋》篇「削格羅落罝罘之知多，則獸亂於澤矣」，《釋文》「罘」本又作「罦」。罦、䍖、⿱罒否、罘竝同。⿱罒否，各本譌作「罯」，惟影宋本、皇甫本不譌。《爾雅》「彘罟謂之羉」，郭注云「羉，幕也」。《釋文》「羉，力端反，又莫潘反，本或作『罠』，亡巾反」。案：「罠」亦幕也。羉、罠、幕一聲之轉。左思《吴都賦》「罠蹏連綱」，劉逵注云「罠，麋網也」。張協《七命》「布飛羉，張脩罠」，李善注引《廣雅》「罠，兔罟也」。今本脱「罠」字。《集韻》引《廣雅》「罠，兔彘罟也」。「彘」字因與《爾雅》相涉而衍。

其罥謂之欚。

罥之言絹也，挂也。《說文》「⿱罒睘，网也，一曰綰也」。《玉篇》「罥，挂也」，或作「羂」。《周官·冥氏》「掌設弧張」，鄭注云「弧張，罿罦之屬，所以扃絹禽獸」。《文選·上林賦》「羂騕褭」，李善注引《聲類》云「羂，係取也」。《史記・司馬相如傳》作「罝」。《呂氏春秋・上農》篇云「繯網罝罦，不敢出於門」。《太玄・翕》次八「揮其罦，絶其羂」，《釋文》云「羂，挂也，網引獸也」。竝字異而義同。𦌾之言羅也。《漢書・司馬相如傳》注云「羂謂羅繫之也」。《初學記》云「𦌾者，以綸爲之，見環濟《要略》」。案：今本「其罝謂之𦌾」，在「兔罟也」之下，則是兔罟之罝謂之𦌾也。考諸書言罝、𦌾者，皆所以係取鳥獸，不專施於兔罟。且此句與下句「軥謂之輗」，文同一例，則「罝」上不當有「其」字明矣。《太平御覽》引《廣雅》「其罝謂之𦌾」，《集韻》《類篇》「𦌾」字訛作「攭」，云「兔罝也」，則宋初《廣雅》本已誤。然考《初學記》云「𦌾者，以綸爲之，《廣雅》曰『罝謂之𦌾』」，則唐時《廣雅》本尚不誤也。又案：《説文》「䍙，网也」。《玉篇》「䍙」音侮，「雉罔也」；「罞」音某，「罔也」。《廣韻》「䍙」音侮，又音媒，「雉罔也」。《集韻》「罞」音某，「罔也」，或作「䍙」。《玉篇》《廣韻》《集韻》之訓，多本《廣雅》，疑今本「其罝謂之𦌾」上，脱去「䍙，雉罟也」四字。「其」字乃「某」字之譌，「某」字即「䍙」字之音。既譌爲「其」字，又誤入正文也。但諸書未引《廣雅》，不敢以意增損耳。

軥謂之輗。

軥之言鉤也，拘也。卷一云「軥、輗、牽，引也」。軥，曹憲《音》「衢」。字或作「絇」。《爾雅》「絇謂之救」，郭注云「救絲以爲絇，或曰亦罝名」。「罝名」之説與上下文相合，説見上文「畢、罕、図、旃，率也」下。救與「拘」聲亦相近。絇謂之救，猶云「絇謂之拘」。鄭注《周官・屨人》云「絇謂之救，著於舄屨之頭以爲行戒」，《釋文》「救，劉音拘」，疏云「言拘，取自拘持」，是也。絇謂之拘，猶云「絇之言拘」。鄭注《士冠禮》云「絇之言拘，以爲行戒」，是也。《爾雅》之「絇」，本是罝名，而鄭以釋屨頭飾者。絇所以拘持屨頭，軥所以拘持鳥獸，二者不同而同爲拘持之義，故其訓同也。凡物之異類而同名者，其命名之意皆相近。《爾雅》「斛謂之疀」，謂田器也。而鄭注《少牢下》篇以此釋「挑匕」，云「挑謂之歃，有淺斗，狀如飯橾」。蓋挑匕所以插取食，斛所以插取土，二者不同，而同爲插取之義，故其訓亦同也。

⿰片兆、⿰片咅、牒、牘、牑、牏，版也。

《說文》「版，判也」。判之言片也，今人言「版片」是也。《釋名》云「板，版也，昄昄平廣也」。板與「版」同。《爾雅》「屋上薄謂之筄」，郭注云「屋笮也」。筄與「⿰片兆」同。古者屋笮亦謂之版。《楚辭·招魂》「紅壁沙版，玄玉梁些」，王逸注云「以丹沙畫飾軒版，承以黑玉之梁」，是也。成二年《公羊傳》「踊于⿰木咅而闚客」，何休注云「凡無高下有絶加躡板曰⿰木咅，齊人語也」。⿰木咅與「⿰片咅」同。《方言》「牀上版，衛之北郊趙魏之閒謂之牒，或曰牑」。《廣韻》「書版曰牒」，義與「牀版」同。《論衡·量知篇》云「截竹爲筒，破以爲牒，加筆墨之跡，乃成文字」，是也。《說文》「牑，牀版也，讀若邊」。牀版謂之牑，亦謂之牒。簡謂之牒，亦謂之編。其義一也。《說文》「牘，書版也」。《論衡·量知篇》云「斷木爲槧，析之爲板，力加刮削，乃成奏牘」。《齊策》云「取筆牘受言」。《急就篇》注云「牘，木簡也，既可以書，又可執之以進見於尊者，形若今之木笏，但不挫其角耳」。《說文》「牏，築牆短版也，讀若俞」，徐鍇《傳》云「牆兩頭版也」。

泰、山罍、著、犧、象，罇也。

罇，字本作「尊」。尊有蓋有足，其面有鼻。無足者謂之著尊。《少牢饋食禮》云「啟二尊之蓋冪」，《少儀》云「尊壺者面其鼻」，是也。《周官·司尊彝》「掌六尊六彝之位，春祠夏禴，其朝踐用兩獻尊，其再獻用兩象尊，秋嘗冬烝，其朝獻用兩著尊，其饋獻用兩壺尊，凡四時之閒祀、追享、朝享，其朝踐用兩大尊，其再獻用兩山尊」，鄭衆注云「獻讀爲犧，犧尊，飾以翡翠，象尊以象鳳皇，或曰以象骨飾尊，著尊者，著略尊也，或曰『著地無足』，壺者，以壺爲尊，大尊，大古之瓦尊，山尊，山罍也」，鄭注云「山罍，刻而畫之爲山雲之形」。《明堂位》「尊用犧象山罍」，鄭注云「犧尊，以沙羽爲畫飾，象尊，象骨飾之」，《正義》引《鄭志》云「犧讀如沙，刻畫鳳皇之象於尊，其羽形婆娑然，或有作『獻』字者，齊人聲之誤耳」。又《明堂位》「泰，有虞氏之尊也，山罍，夏后氏之尊也，著，殷尊也，犧象，周尊也」，注云「泰，用瓦，著，著地無足」。《燕禮》「公尊瓦大兩」，鄭注云「瓦大，有虞氏之尊也」。大與「泰」同。瓦大即《禮器》之「瓦甒」，説見前「甒，瓶也」下。山罍一名罍尊。《禮器》云「君西酌犧象，夫人東酌罍尊」。《魯頌·閟宫》篇「犧尊將將」，毛傳云「犧尊，有沙飾也」，《正義》云「『犧尊』之字，《春官·司尊彝》作『獻』，鄭司農云『獻讀爲犧，犧尊，飾以翡翠，象尊以象鳳皇，或曰以象骨飾尊』，此傳云『犧尊，有沙羽飾』，與司農『飾以翡翠』意同，阮諶《禮圖》云『犧尊飾以牛，象尊飾以象，於尊腹之上，畫爲牛象之形』，王肅云『將將，盛之美也，太和中，魯郡於地中得齊大夫子尾送女器，有犧尊，以犧牛爲尊，然則象尊，尊爲象形也』，王肅此言，以二尊形如牛象而背上負尊，皆與毛、鄭義異，未知孰是」。案：《莊子·天地》篇云「百年之木，破爲犧尊，青黄而文之」。《淮南子·俶真訓》云「百圍之木，斬而爲犧尊，鏤之以剞劂，雜之以青黄，華藻鎛鮮，龍蛇虎豹，曲成文章」，高誘注云「犧尊猶疏鏤之尊」。犧古讀若娑。娑與「疏」聲相近。《明堂位》「周獻豆」，鄭注亦云「獻，疏刻之」。然則犧尊者，刻而畫之爲衆物之形，在「六尊」之中，最爲華美，故古人言文飾之盛者，獨舉犧尊也。《魯頌》言「犧尊將將」，亦是盛美之貌。《管子·形勢解》云「將將鴻鵠，貌之美者」，是也。毛傳云「犧尊，有沙飾」者，鄭司農云「飾以翡翠」，後鄭云「刻畫鳳皇之象於尊，其羽形婆娑然」，説雖不同，而同是彫文刻鏤之義，則亦不甚相遠也。至阮諶謂犧尊以牛爲飾，祇因「犧」字從牛，遂望文生義而創爲此説。案：《説文》「犧，宗廟之牲也」。《詩》曰「以我齊明，與我犧羊」。《傳》曰雄雞「自憚其犧」。然則犧者，牲之總名，而六畜之所公共，尊名謂之犧，何以知其必爲牛也？《記》曰「天子以犧牛，諸侯以肥牛，大夫以索牛」。若犧牛可稱爲犧，則肥牛亦可稱爲肥，索牛亦可稱爲索乎？然諶之説，猶謂尊以牛爲飾，至王肅則謂形如牛而背上負尊，且引齊大夫子尾送女器爲證，於是後人皆信其言，而斥毛、鄭諸儒爲臆説，此尤不可以不辯。《周官》六尊六彝之名，多取諸鳥獸。雞彝、鳥彝、虎彝、蜼彝皆謂畫其形以飾尊。若犧尊爲牛形，則與雞、鳥諸彝之制不合，其不可信一也。《郊特牲》云「宗廟之器可用也，而不可便其利也，所以交於神明者，不可同於所安樂之義也」。故孔子言「犧象不出門，嘉樂不野合」。齊大夫子尾送女，安得用宗廟之祭器，其不可信二也。且犧尊果爲子尾送女之器，則其銘内必有子尾之名，然後可以辨識。既有子尾之名，則是子尾家用之尊，而非宗廟獻尸之尊，其不可信三也。據《莊子》《淮南子》所云，則犧尊皆以木爲之。今魯郡所得犧尊，在地中七百餘年，而完好可以辨識，則是金器而非木器，其不可信四也。然則子尾送女之器，本與犧尊無涉，特王肅以犧尊爲牛尊，故見有器如牛形者，即援以爲證耳。宋《宣和博古圖》所載周犧尊二，皆爲牛形，則又襲王肅之説而僞爲之者，不足深辯也。若象尊之制，司農謂以象骨飾尊，阮諶謂畫象以爲飾。經傳既無明文，不敢臆斷。王肅謂尊爲象形而背上負尊，亦與雞、鳥諸彝之制不合，不可從也。各本「罍」

上脱「山」字。案：山罍爲夏后氏之尊，故在泰尊之下，著尊之上。又《司尊彝》六尊「皆有罍，諸臣之所昨也」，司農注云「尊以裸神，罍，臣之所飲也」。山罍與泰、著、犧、象同爲裸神之尊。若但言罍，即與諸臣所飲者無異。今補。各本又脱犧、象二字。案：上文「斝、醆，爵也」，「龍、疏、蒲，杓也」，皆并列三代之制，此條無獨缺周制之理。今補。

綮、繐、鮮支、縠，絹也。

《説文》「絹，繒如麥稍」。《釋名》云「絹，絚也，其絲絚厚而疏也」。絚音堅。《墨子·辭過》篇云「治絲麻，捆布絹」。《周官·内司服》注云「素沙者，今之白縳也，今世有沙縠者，名出于此」。縳與「絹」同。《廣韻》「繐，細絹也」。《衆經音義》卷十三引《通俗文》云「輕絲絹曰繐」。繐與「繐」同。《太平御覽》引何晏《九州論》云「清河縑繐，房子好緜」。《文選·魏都賦》「緜纊房子，縑繐清河」，李善注引《廣雅》「繐，絹也」。鮮支一作「鮮卮」。《説文》「縳，白鮮卮也」。《衆經音義》卷二十一引《纂文》云「白鮮支絹也，亦名縞」。《説文》「縠，細縳也」。《釋名》云「縠，粟也，其形戚戚，視之如粟也，又謂之沙，亦取戚戚如沙也」。宋玉《神女賦》「動霧縠以徐步兮」，李善注云「縠，今之輕紗，薄如霧也」。

繰謂之縑。

《説文》「縑，并絲繒也」。《釋名》云「縑，兼也，其絲細緻，數兼於絹也」。《淮南子·齊俗訓》云「縑之性黄，染之以丹則赤」。《檀弓》「布幕，衞也；繰幕，魯也」，鄭注云「繰，縑也」。繰讀爲綃。

紈、緜，素也。

《説文》「素，白致繒也」。《雜記》注云「素，生帛也」。《小爾雅》云「縞之麤者曰素」。《釋名》云「素，樸素也，已織則供用，不復加功飾也」。《説文》「紈，素也」。《釋名》云「紈，涣也，細澤有光涣涣然也」。《齊策》云「下宮糅羅紈，曳綺縠，而士不得以爲緣」。《太平御覽》引《范子計然》云「白素出三輔」，「白紈素出齊魯」。《説文》「𦃃，素屬」。

純、纘，絲也。

《説文》「純，絲也」，引《論語・子罕》篇「今也純」。《漢書・王襃傳》「夫荷旃被毳者，難與道純綿之麗密」，薛瓚注云「純，絲也」。

紨、綐、𦇎、絓、絬，紬也。

《説文》「紬，大絲繒也」。《釋名》云「紬，抽也，抽引絲端出細緒也」。《鹽鐵論・散不足》篇云「繭紬縑練者，婚姻之嘉飾也」。《説文》「紨，粗紬也」。《玉篇》「綐，細紬也」。《管子・立政》篇云「刑餘戮民不敢服綐」。《説文》「𦇎，粗緒也」。《廣韻》云「繒似布也」。《急就篇》「絳緹絓紬絲絮緜」，皇象本「絓」作「𦇧」。字並與「𦇎」同。《説文》「絓，繭滓絓頭也」。《釋名》云紬「又謂之絓，絓，挂也，挂於杖端，振舉之也」。《急就篇》「絳緹絓紬絲絮緜」，顔師古注云「紬之尤麤者曰絓，繭滓所抽也」。《管子・輕重甲》篇云「則絓絲之籍去分而斂矣」。絬，曹憲《音》「刮」。各本「絬」譌作「緜」。案：諸書無謂「紬」爲「緜」者。《玉篇》「絬，下刮切，細紬也」。《集韻》又音刮。今據以訂正。

纗、絡，綃也。

《説文》「綃，生絲也」。《衆經音義》卷十五引《通俗文》云「生絲繒曰綃」。纅，曹憲《音》「苦木反」。《論衡・量知篇》云「染練布帛，名之曰采貴」，「無染練之治，名曰縠纅」。無染練之治，即所謂「生絲」也。縠與「纅」通。《急就篇》「綈絡縑練素帛蟬」，顔師古注云「絡，即今之生綳也」。《九章算術・均輸》章云「絡絲一斤，爲練絲一十二兩」。是「絡」爲生絲也。《説文》「纅，未練治纑也」，「絡，麻未漚也」。義與「生絲」竝相近。

絅、縞、緻、𥿋，練也。

《説文》「練，湅繒也」。《釋名》云「練，爛也，煮使委爛也」。絅之言苛細也。字通作「阿」。《列子・周穆王》篇及《淮南子・脩務訓》竝云「衣阿錫，曳齊紈」，高誘注云「阿，細縠；錫，細布」。《漢書・司馬相如傳》「被阿錫，揄紵縞」，張注云「阿，細繒；錫，細布」。《史記・李斯傳》「阿縞之衣，錦繡之飾」，徐廣《音義》云「齊之東阿縣，繒帛所出」。案：徐説失之。阿、縞皆細繒之名，非以其出自東阿而謂之「阿縞」也。《楚辭・招魂》「蒻阿拂壁，羅幬張些」，蒻與「弱」通，阿，細繒也。弱阿猶言「弱緆」。《淮南子・齊俗訓》云「弱緆羅紈」，是也。拂猶「被」也，言以弱阿被牀之四壁，又張羅幬也。王逸注訓「蒻」爲蒻席，「阿」爲曲隅，皆失之。縞之言皜皜然也。《説文》「縞，鮮卮也」。《禹貢》「厥篚玄纖縞」，傳云「縞，白繒也」。高誘注《淮南子・兵略訓》云「縞，細繒也」。緻一名細緻。《釋名》云「細緻，染縑爲五色，細且緻，不漏水也」。《潛夫論・浮侈》篇云「從奴僕妾，皆服葛子、升越、筩中、女布、細緻、綺縠、冰紈、錦繡」。下文云「縞謂之𥿋」。《説文》「白𥿋，縞也」。《急就篇》「鬱金半見緗白𥿋」，顔師古注云「白𥿋，謂白素之精者，其光的的然也」。

襺、緭，絖也。

《説文》「纊，絮也」，或作「絖」。《小爾雅》云「纊，緜也，絮之細者曰纊」。《禹貢》「厥篚纖纊」，《史記》作「纖絮」。襺讀爲繭。《説文》「繭，蠶衣也」。《淮南子·繆稱訓》「寢關曝纊」，高誘注云「纊，繭也」。「纊」謂之繭，故以纊著衣亦謂之繭。《玉藻》「纊爲繭，緼爲袍」，鄭注云「繭袍，衣有著之異名也，纊謂今之新緜，緼謂今纊及舊絮也」。各本「絖」下脱「也」字，遂與下條相連。今補。

編緒、繶、紃，絛也。

《説文》「絛，扁緒也」。《急就篇》注云「絛，一名偏諸，織絲縷爲之」。《周官·巾車》「革路，條纓五就」，鄭注云「條，讀爲絛，其樊及纓，以絛絲飾之而五成」。編緒即《説文》之「扁緒」，亦即《急就篇》注之「偏諸」，聲轉字異耳。《漢書·賈誼傳》「爲之繡衣絲履偏諸緣」，服虔注云「加牙絛以作履緣也」。《周官·屨人》「爲赤繶黃繶」，《士冠禮》「黑屨，青絇繶純」，鄭注竝云「繶，縫中紃也」。❶《淮南子·説林訓》「絛可以爲繶，不必以紃」，高誘注云「紃，亦繶也」。《説文》「紃，圜采絛也」。《内則》「織紝組紃」，鄭注云「紃，絛也」，《正義》云「薄闊爲組，似繩者爲紃」。《雜記》「韠，紃以五采」，注云「紃，施諸縫中，若今時絛也」。《荀子·富國篇》「布衣紃屨之士」，楊倞注云「紃，絛也，謂編麻爲之，麤繩之屨也」。

---

❶「紃」，原作「細」，今據《儀禮注疏》及《廣雅疏證》卷第三上「繶，束也」引文改。

春草、鷄翹、蒸縹、鬰金、𢄼幃、麴塵、緑綟、紫綟、無縟、綦綺、留黃，綵也。

《説文》「翹，尾長毛也」。《急就篇》「春草鷄翹鳧翁濯」，顔師古注云「春草，象其初生纖麗之狀也；鷄翹，鷄尾之曲垂者」，言織刺爲春草、鷄翹之形，一曰「謂染彩而色似之」。蒸縹本作「烝栗」。《急就篇》「烝栗絹紺縉紅繎」。《釋名》云「蒸栗，染紺使黃，色如蒸栗然也」。魏文帝《與鍾大理書》云「竊見玉書稱美玉，赤擬雞冠，黃侔蒸栗」。鬰通作「鬱」。《急就篇》「鬰金半見緗白勬」，注云「鬰金，染黃也」。《太平御覽》引《南州異物志》云「鬰金，色正黃」。𢄼，各本譌作「愧」，今訂正。麴塵亦染黃也。《周官·内司服》「鞠衣」，鄭注云「鞠衣，黃桑服也，色如麴塵」。鞠與「麴」通。《説文》「綟，帛莀艸染色」。《續漢書·輿服志》注引徐廣云「綟，草名也，以染似緑，又云似紫」。蓋莀草本有緑紫二色，故所染之帛，各如其草之色也。綟通作「盭」。《漢書·百官表》諸侯王「金璽盭綬」，晉灼注云「盭，草名也，出琅邪平昌縣，似艾，可染緑，因以爲綬名」。《急就篇》「縹綟緑紈早紫硟」，❶注云「綟，蒼艾色也，東海有草，其名曰莀，以染此色，因名綟云」。此皆謂緑綟也。《爾雅》「藐，茈草」，郭注云「可以染紫，一名茈莀」。《廣雅·釋草》云「茈莀，茈草也」。《周官·掌染草》注云「染草，茅蒐橐蘆豕首紫茢之屬」，劉昌宗讀「茢」爲莀。《續漢書·輿服志》注引何承天云「綟，紫色綬」。此皆謂紫綟也。莀與戾、茢通。茈與「紫」通。《説文》「莀，艸也，可以染留黃」。然則莀草所染，又不止緑紫二色矣。綦綺蓋謂織綺文如綦也。《説文》「綺，文繒也」。《釋名》云

❶「早」，據《急就篇》當作「皂」。

「綺，敧也，其文敧邪，不順經緯之縱横也」，「有棊文，方文如棊也」。棊與「綦」通。留黄之色，染與織皆有焉。《説文》「莀艸可以染留黄」，此謂染綵也。古樂府《相逢行》「大婦織綺羅，中婦織流黄」，此謂織綵也。《玉藻》正義引皇侃疏云「駠黄之色黄黑」。留、駠、流竝通。

衣，隱也。

《白虎通義》云「衣者，隱也，裳者，障也，所以隱形自障蔽也」。

無追、章甫、委皃、收、冔、皮弁、通天、遠游、進賢、高山、方山、惠文、建華、郤非、解豸，冠也。

《白虎通義》云「冠者，帣也，所以帣持其髮也」。帣通作「絭」。《説文》「冠，絭也，所以絭髮，弁冕之緫名」。《周官·弁師》注云「弁者，古冠之大稱，委貌緇布曰冠」。無追，字亦作「毋追」，又作「牟追」。委皃與「委貌」同。《論語·先進》篇云「端章甫」。《周語》「晉侯端委以入」，韋昭注引舊説云「衣玄端，冠委貌」。《續漢書·輿服志》注云「石渠論玄冠朝服，戴聖曰『玄冠，委貌也』」。《士冠禮》記「委貌，周道也，章甫，殷道也，毋追，夏后氏之道也」，鄭注云「委猶安也，言所以安正容貌，章，明也，言以表明丈夫也，毋，發聲也，追猶堆也，以其形名之，三冠皆所常服以行道也」。《釋名》云「牟追，牟，冒也，言其形冒髮追追然也」，「委貌，冠形委曲有貌，上小下大也」。《續漢書·輿服志》云「委貌冠、皮弁冠同制，長七寸，高四寸，制如覆杯，前高廣，後卑鋭，所謂夏之毋追、殷之章甫者也，委貌以皁絹爲之，皮弁以鹿皮爲之，行大射禮於辟雍，公卿諸侯大夫行禮者冠委貌，執事者冠皮弁」。冔亦作「冔」。《大雅·文王》篇云「常服黼冔」。《史記·五帝紀》云帝堯「黄收純衣」。《内則》云「有虞氏皇而祭，夏后氏收而祭，殷人冔而祭，周人冕而祭」。《士冠禮》記「周弁，殷冔，夏收」，注云「弁名出於槃，槃，大也，言所以自光大也，冔名出於幠，幠，覆也，言所以自覆飾也，收，言所以收斂髮也，齊所服而祭也」。《獨斷》云「冕冠，周曰爵弁，殷曰冔，夏曰收，皆以三十升漆布爲殼，廣八寸，長尺二寸，加爵冕其上，周黑而赤，如爵頭之色，前小後大，殷黑而微白，前大後小，夏純黑，亦前小後大，皆有收以持笄，上古以布，中古以絲，漢《雲翹》樂祠天地五郊舞者服之」。《說文》「覍，冕也」，籀文作「𢍏」，或作「卉」，隸作「弁」。《白虎通義》云「弁之爲言攀也，所以攀持其髮也」。《釋名》云「弁，如兩手相合抃時也，以爵韋爲之，謂之爵弁，以鹿皮爲之，謂之皮弁，以韎韋爲之，謂之韋弁」。《白虎通義》云「皮弁者，所以法古至質冠之名也，上古之時質，先加服皮，以鹿皮者，取其文章也」。《士冠禮》記「三王共皮弁素積」，注云「質不變也」。《周官・弁師》「王之皮弁，會五采玉璂，象邸，玉笄」，「諸侯及孤卿大夫之皮弁，各以其等爲之」，注云「會，縫中也，璂讀如『薄借綦』之綦，綦，結也，皮弁之縫中，每貫結五采玉十二以爲飾，謂之綦，邸，下柢也，以象骨爲之」，「侯伯綦飾七，子男綦飾五，玉三采，孤綦飾四，三命之卿綦飾三，再命之大夫綦飾二，玉二采」。各本「皮弁」二字誤在「解豸」之下，今訂正。張衡《東京賦》云「冠通天，佩玉璽」。《獨斷》云「通天冠，天子常服，漢受之秦，禮無文」。《輿服志》云「通天冠高九寸，正豎頂少邪卻，乃直下，爲鐵卷，梁前有山，展筩爲述」。《淮南子・齊俗訓》「楚莊王通梁組纓」，《太平御覽》引高誘注云「通梁，遠遊冠也」。《獨斷》云「遠遊冠，諸侯王所服，展筩無山，禮無文」。《輿服志》云「遠遊冠，制如通天，有展筩橫之於前，無山述」。《漢書・雋不疑傳》云「冠進賢冠，帶櫑具劍」。《獨斷》云「進賢冠，文官服之，前高七寸，後三寸，長八寸，公侯三梁，卿大夫尚書博士兩梁，千石六百石以下一梁，漢制，禮無文」。《輿服志》云「進賢冠，古緇布冠也，文儒者之服也，公侯三梁，中二千石以下至博士兩梁，自博士以下至小吏私學弟子皆一梁」。鄭注《士冠禮》云「緇布冠，今小吏冠，其遺象也」。《史記・朱建傳》云「衣儒衣，冠側注」。《獨斷》云「高山冠，齊冠也，一曰側注，高九寸，鐵爲卷，梁不展筩，無山，秦制，行人使官所冠，今謁者服之，禮無文，太傅胡公説曰『高山冠，蓋齊王冠也，秦滅齊，以其君冠賜謁者』」。《輿服志》云「高山冠，一曰側注，制如通天，不邪卻，直豎，無山述展筩」，注引《漢書音義》云「其體側立而曲注」。《漢書・五行志》云昌邑王賀「見大白狗冠方山冠而無尾」。《獨斷》云「方山冠，以五采縠爲之，漢祠宗廟，《大予》八佾樂，五行舞人服之，衣冠各從其行之色，如其方之色而舞焉」。《漢書・武五子傳》「冠惠文冠」，服虔注云「武冠也，或曰趙惠文王所服，故曰惠文」。《獨斷》云「武冠，或曰繁冠，今謂之大冠，武官服之，侍中中常侍加黄金，附貂蟬之飾，太傅胡公説曰『趙武靈王始施貂蟬鼠尾飾之，秦滅趙，以其君冠賜侍中』」。《輿服志》云「武冠一曰武弁大冠，侍中中常侍加黄金璫，附蟬爲文，貂尾爲飾，謂之趙惠文冠」。《東京賦》「冠華秉翟，列舞八佾」，李善注引《獨斷》云「大樂郊祀舞者冠建華冠」。《獨斷》又云「建華冠，以鐵爲柱卷，貫大珠九枚，今以銅爲珠形，制似縷簏，《記》曰『知天文者冠鷸』，是也，天地五郊明堂，八佾舞者服之」。建華，各本譌作「連華」，今訂正。《獨斷》云「卻非冠，宫門僕射服之，禮無文」。《輿服志》云「卻非冠，制似長冠，下促，宫殿門吏僕射冠之，負赤幡青翅燕尾」。《淮南子・主術訓》「楚文王好服解冠，楚國效之」，高誘注云「解豸之冠如今御史冠」。《漢書・淮南王安傳》作「法冠」，顔師古注云「御史冠也」。《張敞傳》「秦時獄法吏冠柱後惠文」，應劭注云「今法冠是也」。《獨斷》云「法冠，楚冠也，一曰柱後惠文冠，高五寸，以纚裹鐵柱卷，秦制執法服之，今御史廷尉監平服之，謂之解豸，太傅胡公説曰『《左氏傳》有南冠而縶者，是知南冠蓋楚之冠，秦滅楚，以其君冠賜御史』」。

纗、帎，幘也。

《説文》「幘，嫧也，髮有巾曰幘」。《釋名》云「幘，賾也，下齊眉賾然也」。《急就篇》注云「幘者，韜髮之巾，所以整嫧髮也，常在冠下，或單著之」。《獨斷》云「幘者，古之卑賤執事不冠者之所服也，孝武帝幸館陶公主家，召見董偃，偃傳青韝緑幘，主贊曰『主家庖人臣偃昧死再拜謁』，乃賜衣冠引上殿，董仲舒《止雨書》曰『執事者皆赤幘』，知皆不冠者之所服也，元帝額有壯髮，不欲使人見，始進幘服之，羣臣皆隨焉，然尚無巾，如今半頭幘而已，王莽無髮，乃施巾，故語曰『王莽禿，幘施屋』」。《續漢書·輿服志》云「古者有冠無幘，其戴也，加首有頍，所以安物，至秦乃加武將首飾爲絳袙以表貴賤，其後稍稍作顏題，漢興，續其顏卻摞之，施巾連題卻覆之，今喪幘是其制也，至孝文乃高其顏題，續之爲耳，崇其巾爲屋，合後施收，上下羣臣貴賤皆服之」。纗之言絭也，所以絭髮也。《玉篇》音丘員切。又作「帣」，云「小兒帽也」。《廣韻》云「小幘也」。《士冠禮》注云「緇布冠無笄者著頍，圍髮際，結項中，隅爲四綴以固冠，今未冠笄者著卷幘，頍象之所生也」，《釋文》「卷」去員反。《輿服志》云「未入學小童幘句卷屋者，示尚幼少未遠冒也」。卷、帣、纗竝通。卷與「頍」一聲之轉也。帎，各本譌作「帉」。凡隷書從介、從分之字往往譌溷。曹憲《音》「芳云反」，則所見本已譌作「帉」。案：諸書無訓「帉」爲幘者。「帉」即下文「帉」字，乃巾名，非幘名也。《玉篇》《廣韻》「帎」音介，「幘也」。《輿服志》注引《晉公卿禮秩》云「太傅司空司徒著黑介幘」。介與「帎」通。今據以訂正。

假結謂之䯰。

《太平御覽》引《説文》云「髻，結髮也」。《士冠禮》「將冠者采衣紒」，鄭注云「紒，結髮也，古文『紒』爲『結』」。髻、結、紒竝通。䯰通作「副」。《釋名》云「王后首飾曰副，副，覆也，以覆首也，亦言副貳也，兼用衆物成其飾也」。《周官·追師》「掌王后之首服，爲副編次」，鄭注云「副之言覆，所以覆首爲之飾，其遺象若今步繇矣，編，編列髮爲之，其遺象若今假紒矣，次，次第髮長短爲之，所謂髲髢」。《明堂位》「夫人副褘立于房中」，鄭注云「副，首飾也，今之步摇是也」。如鄭君説，則步摇者副之遺象，假結者編之遺象。而此云「假結謂之䯰」者，副之異於編次者，副有衡笄六珈以爲飾，而編次無之，其實副與編次，皆取他人之髮合己髮以爲結，則皆是假結也。《鄘風·君子偕老》篇「副笄六珈」，毛傳云「副者，后夫人之首飾，編髮爲之」，是也。《後漢書·東平憲王蒼傳》注云「副，婦人首服，三輔謂之假紒」。《續漢書·輿服志》云皇后謁廟「假結步摇簪珥」。

簂謂之帨。

《釋名》云「簂，恢也，恢廓覆髮上也，魯人曰頍，頍，傾也，著之傾近前也，齊人曰帨，飾形貌也」。《士冠禮》注云「滕薛名簂爲頍」。《續漢書·輿服志》云太皇太后皇太后入廟「翦氂簂簪珥」。《後漢書·烏桓傳》婦人「著句決飾以金碧猶中國有簂步摇」，李賢注云「簂，字或爲『幗』，婦人首飾也」。《魏志·明帝紀》注引《魏氏春秋》云「諸葛亮遣使致巾幗婦人之飾以怒宣王」。《方言》「車枸簍，宋魏陳楚之閒謂之筱」，郭注云

「今呼車子弓爲筱，音巾幗」。覆髮謂之幗，車蓋弓謂之筱，其義一也。

晨、辯、逗、宬，⿰巾多也。

皆未詳。

帉、㠶、帥、帨、幋、⿱埶巾、幏、⿱毄巾，巾也。

巾者，所以覆物，亦所以拭物。《説文》「巾，佩巾也」。《方言》「幏，巾也，大巾謂之帉，嵩嶽之南陳潁之閒謂之帤，亦謂之幏」，郭注云「今江東通呼巾帉」。帉之言墳也。《爾雅》云「墳，大也」。《説文》「楚謂大巾曰帉」。《内則》「左佩紛帨」，鄭注云「紛帨，拭物之巾也，今齊人有言紛者」，《釋文》「紛」或作「帉」。竝與「帉」同。《説文》「㠶，枕巾也」。帥、帨一字也。《説文》「帥，佩巾也」，或作「帨」。《召南·野有死麕》篇「無感我帨兮」，《士昏禮》記「母施衿結帨」，毛傳、鄭注竝與《説文》同。幋之言般也。《方言》云「般，大也」。《説文》「幋，覆衣大巾也，或以爲首幋」。又云「⿱埶巾，禮巾也」。幏之言蒙也。《方言》注云「巾主覆者，故名幏」。《説文》「幏，蓋衣也」。《書大傳》「下刑墨幏」，鄭注云「幏，巾也，使不得冠飾以恥之也」。《廣韻》「⿱毄巾，❶小巾也」。

帍裱，被巾也。

《方言》「帍裱謂之被巾」，郭注云「婦人領巾也」。案：裱猶表也。表謂衣領也。《唐風·揚之水》篇「素衣

❶「⿱毄巾」，原作「⿱埶巾」，今據續四庫本改。

朱襮」，毛傳云「襮，領也」。襮與「表」古同聲。故《易林・否之師》云「揚水潛鑿，使石絜白，衣素表朱，遊戲皋沃」。衣素表朱，即「素衣朱襮」也。帍猶扈也。《楚辭・離騷》「扈江離與辟芷兮」，王逸注云「扈，被也」。被巾所以扈領，故有帍裱之稱。

承露、幘巾，覆結也。❶

《方言》「覆結謂之幘巾，或謂之承露，或謂之覆髮，皆趙魏之閒通語也」，郭注云「今結籠是也」。餘見上文「纚、帉，幘也」下。

⿱冃尾⿱冃俞謂之幓。

《玉篇》云「面衣也」。

帞頭、帑、鬠帶、髮帶、絡頭，幧頭也。

《方言》「絡頭、帞頭、鬠帶、髮帶、帑、幧，幧頭也，自關而西秦晉之閒曰絡頭，南楚江湘之閒曰帞頭，自河以北趙魏之閒曰幧頭，或謂之帑，或謂之幧，其偏者謂之鬠帶，或謂之髮帶」。《釋名》云「綃頭，綃，鈔也，鈔髮使上從也，或謂之陌頭，言其從後橫陌而前也」。鄭注《士喪禮》云「《喪服小記》曰斬衰『髺髮以麻，免而以布』，此用麻布爲之，狀如今之著幧頭矣，自項中而前交於額上，卻繞紒也」。《吴越春秋・句踐入臣外傳》「越王服犢鼻，著樵頭」。《後漢書・向栩傳》「好被髮著絳綃頭」。古《陌上桑》詩「脱帽著帩頭」。竝字

---

❶「結」，原脱，今據續四庫本補。

異而義同。鄭注《問喪》云「今時始喪者，邪巾貊頭，笄纚之存象也」，《釋文》「貊」作「袹」。《漢書・周勃傳》「太后以冒絮提文帝」，應劭曰「陌額絮也」，晉灼曰「《巴蜀異物志》謂頭上巾爲冒絮」。帞、袹、貊、陌竝通。陌與「冒」一聲之轉。卷四云「鬢、髳，髻也」。《方言》注云「鬢帶、髳帶，今之偏疊幧頭也」。

覆䘹、𧞪、褋，襌衣也。

襌之言單也。《說文》「襌，衣不重也」。《玉藻》「襌爲絅」，鄭注云「有衣裳而無裏」。《急就篇》注云「襌衣似深衣而褒大」。《方言》云「襌衣，江淮南楚之閒謂之褋，關之東西謂之襌衣，古謂之深衣」，又云「覆䘹謂之襌衣」。褋亦作「𧞤」。《說文》「南楚謂襌衣曰𧞤」。《楚辭・九歌》「遺余褋兮醴浦」，王逸注云「褋，襜襦也」。《潛夫論・浮侈》篇云「麞麂履舄，文組綵褋」。

𧝓褣、衹裯，襜褕也。

《說文》「直裾謂之襜褕」。《漢書・外戚恩澤表》「武安侯恬，坐衣襜褕入宮不敬免」，顏師古注云「襜褕，直裾襌衣也」。《方言》「襜褕，江淮南楚謂之𧝓褣，自關而西謂之襜褕」。𧝓褣，《小爾雅》作「童容」。任氏幼植《深衣釋例》云：《釋名》「襜褕，言其襜襜弘裕也」，《方言》或謂之「童容」，童容之名即是襜襜弘裕之義。《詩》「漸車帷裳」箋云「帷裳，童容也」。《周禮・巾車》「皆有容蓋」，鄭司農注亦云「容，謂幨車，山東謂之裳幃，或曰幢容」。《後漢書・劉盆子傳》「乘軒車大馬，赤屏泥絳襜絡」，注云「襜，帷也」。帷謂之襜，亦謂之童容。直裾襌衣謂之襜褕，亦謂之童容。其義一也。《說文》「衹裯，短衣也」。《方言》云「汗襦，自關而西或謂之衹裯」。《楚辭・九辯》「被荷裯之晏晏兮」，王逸注云「裯，衹裯也，若襜褕矣」。《後漢書・羊續傳》云「唯有布衾敝衹裯」。

襋、衱謂之褗。

《魏風·葛屨》篇「要之襋之」,毛傳云「襋,領也」。《說文》同。《方言》「衱謂之褗」,郭注云「即衣領也」。《曲禮》「天子親不上於袷」,鄭注云「袷,交領也」。《玉藻》「袷二寸」,注云「袷,曲領也」。袷與「衱」同。《說文》「褗,褔領也」。《士昏禮》注云「卿大夫之妻刺黼以爲領,如今偃領矣」。偃與「褗」通。

直衿謂之幆。

說見下條。

袒飾、褎明、襗、袍、襡,長襦也。袿。

《内則》云「衣不帛襦袴」。《說文》「襦,短衣也,一曰㬮衣」。《釋名》云「襦,耎也,言温耎也」。《急就篇》注云「長衣曰袍,下至足跗,短衣曰襦,自膝以上,一曰短而施要者曰襦」。《深衣釋例》云:《吳越春秋》越王夫人「衣無緣之裳,❶施左關之襦」。襦下有裳,則襦爲短衣可知。其似襦而長者,則特别之曰長襦。《史記·匈奴傳》云「繡袷長襦」,是也。直衿亦作「直領」。《釋名》云「直領,邪直而交下,亦如丈夫服袍方也」。《漢書·景十三王傳》「刺方領繡」,晉灼注云「今之婦人直領也,繡爲方領,上刺作黼黻文」。《方言》「袒飾謂之直衿」,郭注云「婦人初嫁所著上衣直衿也」。《方言》又云「褎明謂之袍」。《爾雅》「袍,襺也」。

❶「裳」,原作「衣」,今據《吳越春秋·句踐入臣外傳》改。

《玉藻》云「纊爲襺，緼爲袍」。《釋名》云「袍，丈夫著下至跗者也，袍，苞也，苞内衣也，婦人以絳作衣裳上下連，四起施緣，亦曰袍，義亦然也」。《深衣釋例》云：《喪大記》「袍必有表，謂之一稱」，注「袍，褻衣，必有以表之，乃成稱也」。蓋袍爲深衣之制，特燕居便服耳，故云「褻衣」。若無衣以表之，則不成稱。《續漢書・輿服志》云「或曰周公抱成王燕居，故施袍」。是「袍」爲古人燕居之服。自漢以後，始以絳紗袍早紗袍爲朝服矣。念孫案：《周官・玉府》注云「燕衣服者，巾絮寢衣袍襗之屬」。《論語》「紅紫不以爲褻服」，《秦風・無衣》正義引鄭注云「褻服，袍襗」。此皆「袍」爲褻衣之明證也。班固《竇車騎北征頌》云「勞不御輿，寒不施襗」。襗通作「澤」。《釋名》云「汗衣，近身受汗垢之衣也，《詩》謂之澤，受汗澤也，或曰鄙袒，或曰羞袒，作之用六尺，裁足覆胷背，言羞鄙於袒而衣此耳」。《秦風・無衣》篇「與子同袍」「與子同澤」，鄭箋云「澤，褻衣，近汗垢」。襡或作「𧞤」。《晉書・夏統傳》「服袿𧞤」，《音義》引《字林》云「𧞤，連要衣也」。《釋名》云「𧞤，屬也，衣裳上下相連屬也，荆州謂禪衣曰布𧞤，亦曰襜褕，言其襜襜弘裕也」。《雜記》注「𧞤衣裳者，若今大𧞤也」，《正義》云「謂衣裳相連而以綿纊著之」。《釋名》云「婦人上服曰袿，其下垂者上廣下狹，如刀圭也」。宋玉《神女賦》云「振繡衣，被袿裳」。枚乘《梁王菟園賦》云「袿裼錯紆，連袖方路」。《廣韻》《爾雅疏》竝引《廣雅》「袿，長襦也」。今本脱「袿」字。

禪襦謂之襜。

《方言》「汗襦，陳魏宋楚之閒謂之襜襦，或謂之禪襦」，郭注云「今或呼衫爲禪襦」。又「偏禪謂之禪襦」，注云「即衫也」。《釋名》云「禪襦，如襦而無絮也」。《漢書・來歙傳》注引《東觀記》云光武「解所被襜襦以衣歙」。《集韻》《類篇》引《廣雅》「襌襦謂之襜裿」，連下文「裿」字爲句，失之。

裿作襦謂之褌襦。

此條有脱誤，未詳其義。

複襦謂之⿰衤登。

《説文》「複，重衣，一曰褚衣」。重衣謂袷衣也。褚衣謂衣之有絮者，此云「複襦」是也。《釋名》「襌襦，如襦而無絮也」。然則有絮者謂之「複襦」矣。《急就篇》「襜褕袷複褶袴褌」，顔師古注云「褚之以緜曰複」。古辭《孤兒行》云「冬無複襦，夏無單衣」，是也。《方言》「複襦，江湘之閒謂之⿰衤登」，又云「襜褕，其短者謂之裋褕」。《説文》「裋，豎使布長襦也」。裋長於襦而短於襜褕，故裋褐亦曰短褐。古謂僮僕之未冠者曰豎，亦短小之意也。《列子·力命》篇「朕衣則裋褐」，《釋文》引許慎《淮南子》注云「楚人謂袍爲裋」。《荀子·大略篇》作「豎褐」。裋、豎竝與「⿰衤登」同。

複襂謂之裀。

此《説文》所謂「重衣」也。襂與「衫」同。《釋名》云「衫，芟也，芟末無袖端也」。《方言》注以「衫」爲「襌襦」。其有裏者則謂之裀。裀猶重也。

裲襠謂之袙腹。

裲襠蓋本作「兩當」。鄭注《鄉射禮》云「直心背之衣曰當」。《釋名》云「裲襠，其一當胷，其一當背也」，「帕腹，横陌其腹也」。帕與「袙」同。

繞領、帔，幕也。

《説文》「幕，下裳也」，或作「帬」。《釋名》云「帬，羣也，連接羣幅也」。案：幕之言圍也，圍繞要下也。故又謂之繞領。《方言》「繞衿謂之幕」，郭注云「俗人呼接下，江東通言下裳」。衿與「領」同。帔之言披也。《方言》「幕，陳魏之閒謂之帔」。《説文》云「弘農謂幕帔也」。

大巾、褘、袡、襜、袚，蔽厀也，韍謂之韠。

《方言》「蔽厀，江淮之閒謂之褘，或謂之袚，魏宋南楚之閒謂之大巾，自關東西謂之蔽厀，齊魯之郊謂之袡」。《釋名》云「韠，蔽也，所以蔽膝前也，婦人蔽膝亦如之，齊人謂之巨巾，田家婦女出至田野，以覆其頭，故因以爲名也，又曰跪襜，跪時襜襜然張也」。袡、襜一字也。《爾雅》「衣蔽前謂之襜」，《釋文》「襜，《方言》作『袡』，同昌占反」。《小雅·采綠》篇「不盈一襜」，毛傳與《爾雅》同，《正義》引李巡《爾雅》注云「衣蔽前，衣蔽膝也」。凡言襜者，皆障蔽之意。衣蔽前謂之襜，牀前帷謂之襜，車裳帷謂之幨，幰謂之幨，其義一也。《漢書·東方朔傳》館陶公主「自執宰敝膝」，敝膝與「蔽厀」同。袚、韍一字也。《説文》作「市」，云「從巾，象其連帶之形」。《易》作「紱」，《詩》作「芾」，《禮記》作「韍」，《左傳》作「黻」，《方言》作「袚」，《易乾鑿度》作「茀」，《白虎通義》作「紼」，竝字異而義同。韠本作「韠」，即蔽膝之合聲。蔽、韠、韍又一聲之轉。《説文》「篳，藩落也」，引襄十年《左傳》「篳門圭窬」。《爾雅》「畢，堂牆」，李巡注云「厓似堂牆曰畢」。其謂之畢者，皆取障蔽之意，與「韠」同也。《齊風·載驅》篇「簟笰朱鞹」，傳云「車之蔽曰笰」，義亦與「韍」同。《小雅·采菽》篇「赤芾在股」，鄭箋云「芾，太古蔽膝之象也，冕服謂之芾，其他服謂之韠，以韋爲之」，《正義》引《乾鑿度》注云「古者田漁而食，因衣其皮，先知蔽前，後知蔽後，後王易之以布帛，而猶存其蔽前者，重古道，不忘本也」。《明堂位》云「有虞氏服韍，夏后氏山，殷火，周龍章」，鄭注云「韍，冕服之韠也，舜始作之以尊祭服，禹湯至周，增以畫文，後王彌飾也」。《玉藻》云「韠，君朱，大夫素，士爵韋，下廣二尺，上廣一尺，長三尺，其頸五寸，肩革帶博二寸」，注云「此玄端服之韠，韠之言蔽也」。《玉藻》又云「一命緼韍幽衡，再命赤韍幽衡，三命赤韍蔥衡」，注云「此玄冕爵弁服之韠，尊祭服，異其名耳，韍之言亦蔽也」。《白虎通義》云「天子朱紼，諸侯赤紼，大夫蔥衡，士韎韐」。

纗、紳、鞶、緄、厲、𩋁，帶也。

《説文》「帶，紳也」。《釋名》云「帶，蔕也，著於衣，如物之繫蔕也」。《説文》「紳，大帶也」。《玉藻》「紳長制，士三尺，有司二尺有五寸」，鄭注云「紳，帶之垂者，言其屈而重也」。案：對文則紳爲帶之垂者，散文則帶亦謂之紳。《内則》「端韠紳」，注云「紳，大帶所以自申約」，是也。《説文》「鞶，大帶也」，引《訟》上九「或錫之鞶帶」，馬融、❶虞翻注竝與《説文》同。《太平御覽》引某氏注云「鞶帶，革帶也」。緄之言混成也。《説文》「緄，織成帶也」。《太平御覽》引《東觀漢紀》云上賜鄧遵「金剛鮮卑緄帶一具」。《後漢書・南匈奴傳》云遺單于「童子佩刀緄帶各一」。曹植《七啟》云「緄佩綢繆，或彫或錯」。緄，曹憲《音》「衮」。各本脱去「緄」字，其《音》内「衮」字又誤入正文。《玉篇》《廣韻》「緄」古本切，帶也。今據以訂正。《方言》「厲謂

❶ 「馬」，原作「焉」，今據經解本、續四庫本改。

之帶」。《小雅·都人士》傳云「厲，帶之垂者」。《玉篇》「鞓，馬帶也」。

佩紟謂之裎。

《方言》「佩紟謂之裎」，郭注云「所以系玉佩帶也」。紟通作「衿」。《爾雅》「佩衿謂之褑」，郭注云「佩玉之帶上屬」。紟之言相紟帶也。《少儀》「甲不組縢」，鄭注云「組縢，以組飾之及紟帶也」。《爾雅》「衿謂之袸」，注云「衣小帶」。義竝與「佩紟」同。古者佩玉有綬以上系於衡，衡上復有綬以系於革帶。《説文》「綎，系綬也」。綎與「裎」古字通。《離騷》「珽」玉字作「珵」，是其例也。

裪𧝎、袿、襡、䙄、𧙂、袔、䘸、袘、袼、𧞈、𧝓、袂、衽，袖也。

《説文》「褎，袂也」，俗作「袖」。《釋名》云「袖，由也，手所由出入也，亦言受也，以受手也」。《方言》「裪𧝎謂之袖」，郭注云「衣褾也，江東呼䘼」。夏侯湛《雀釵賦》云「理袿襟，整服飾」，是「袿」爲袖也。《玉篇》「袔，䘸袖也」。䘸通作「掖」。《方言》「襜謂之䘸」，注云「衣掖下也」。《儒行》「衣逢掖之衣」，鄭注云「逢，猶大也，大掖之衣，大袂禪衣也」，《正義》云「大掖，謂肘掖之所寬大」。《漢書·司馬相如傳》「揚袘戌削」，張注云「袘，衣袖也」。《深衣》「袼之高下，可以運肘」，注云「袼，衣袂當掖之縫也」。蓋袂爲袖之大名，袼爲袖當掖之縫，其通則皆爲袖也。《釋親》云「胳謂之腋」。人腋謂之胳，故衣䘸亦謂之袼也。《玉篇》「𧜁，衣䘸也」。字或作「𧞈」，通作「胡」。《深衣》「袂圜以應規」，注云「謂胡下也」。《釋名》云「褠，禪衣之無胡者也，言袖夾直形如溝也」。𧞈者，下垂之名。人頷下謂之胡，軥頸下謂之胡，衣䘸下謂之𧞈，其義一也。《集韻》引《埤倉》云「𧝓，衣袖也」。《釋名》云「袂，掣也，掣，開也，開張之以受臂屈伸也」。《史記·貨殖傳》云「齊冠帶衣履天下，海岱之閒斂袂而往朝焉」。《留侯世家》云「陛下南鄉稱霸，楚必斂衽而朝」。衽亦「袂」也。《列女傳・魯季敬姜》云「文伯引衽攘捲而親饋之」。《廣韻》「褾，袖端也」，又云「䙡，袖褾袂也」。《玉篇》「袆，衣袂也」。

衽、裀、袾、𧘉，裑也。

裑謂衣中也。字通作「身」。《喪服》記「衣，二尺有二寸」，鄭注云「此謂袂中也，言衣者，明與身參齊」，疏云「衣即身也」。𧘉通作「躬」。《續漢書・五行志》云「獻帝建安中，男子之衣好爲長躬而下甚短」。

褾、䙡、袆、衽、褑，袂也。

竝見上注。

䘸謂之袩。

《方言》「䘸謂之袩」。《廣韻》「䘸，衣衽也」。《方言》「褸謂之袩」，郭注云「即衣衽也」。各本脱「謂之」二字。《集韻》《類篇》引《廣雅》「䘸、袩、衽謂之褸衩」，讀至下文「衩」字絶句，則宋時《廣雅》本已誤。今據《方言》訂正。

衽謂之褸。

《方言》「褸謂之衽」，郭注云「衣襟也，或曰裳際也」。《説文》「衽，衣裣也」。《釋名》云「衽，襜也，在旁襜襜然也」。《玉藻》深衣「衽當旁」，鄭注云「衽謂裳幅所交裂也，凡衽者，或殺而下，或殺而上，衽屬衣則垂而放之，屬裳則縫之以合前後，上下相變」。《深衣》「續衽鉤邊」，注云「續猶屬也，衽，在裳旁者也，屬連之，不殊裳前後也」。《説文》「褸，衽也」。《爾雅》「衣裗謂之〔木兄〕」，郭注云「衣縷也，齊人謂之攣」，《釋文》「縷」又作「褸」。衣褸謂之衽，猶機縷謂之紝。《説文》「紝，機縷也」。

衩、衸、袥，袾滕也。

《玉篇》「袾滕，褧衸也」。袾，曹憲《音》「七益反」。字從衣、朿聲，朿音刺。各本譌從「束」，今訂正。《玉篇》「衩，衣衸也」。《説文》「衸，袥也」，徐鍇引《字書》云「衸，補絜褧也」。《説文》「袥，衣衸也」。

寢衣、衾、䘳，被也。

《釋名》云「被，被也，所以被覆人也」。《説文》「被，寢衣，長一身有半」。《論語·鄉黨》孔傳云「寢衣，今之被也」。《召南·小星》傳云「衾，被也」。《説文》云「大被也」。《釋名》云「衾，广也，其下廣大，如广受人也」。

襱謂之絝。

絝或作「袴」。《内則》云「衣不帛襦袴」。《説文》「絝，脛衣也」。《釋名》云「袴，跨也，兩股各跨別也」。《方言》「袴，齊魯之閒謂之褰，或謂之襱，關西謂之袴」。《説文》「褰，絝也」，引昭二十五年《左傳》「徵褰與襦」。❶ 褰、褰、襱竝同。

其祪謂之襱。

❶「褰」，原作「褰」，今據《説文解字》改。

《方言》注云「今俗呼袴踦爲襱」。又「無祠之袴謂之𧝎」，注云「祠亦襱，字異耳」。《説文》「襱，絝踦也」，徐鍇《傳》云「踦，足也」。案：今人言袴腳，或言袴管，是也。管與「𧜸」同。各本脱去「襱」字。《集韻》《類篇》竝引《廣雅》「絝，其𧜸謂之襱」。今據補。

袑、衳、𧝎，幝也。

《説文》「幝，幒也」，或作「褌」。《釋名》云「褌，貫也，貫兩腳上繫要中也」。《急就篇》「襜褕袷複褶袴褌」，顔師古注云「袴合襠謂之褌，最親身者也」。《易林·否之小畜》云「載車無褌，裸裎出門」。《漢書·朱博傳》「褒衣大袑」，《太平御覽》引孟康注云「袑，大袴也」。《方言》「褌，陳楚江淮之閒謂之衳」。《説文》「幒，幝也」，或作「㡒」。字竝與「衳」同。《方言》「無祠之袴謂之𧝎」，注云「袴無踦者，即今犢鼻褌也」。《史記·司馬相如傳》集解引韋昭《漢書》注云「犢鼻褌以三尺布作，形如犢鼻」。

幝無襠者謂之𧟘。

今之開襠袴也。𧟘之言突。突者，穴也，故竈窗亦謂之突。

褯謂之褓。

《説文》「緥，小兒衣也」。《漢書·宣帝紀》「曾孫雖在襁緥」，孟康注云「緥，小兒被也」。「被」亦衣也。故《論語》謂被爲「寢衣」。《大戴禮·保傅》篇「周成王在襁褓之中」，《史記·魯世家》作「强葆」，《漢書·賈誼傳》作「繈抱」，《司馬相如傳》作「繈保」，竝字異而義同。褓之言保也。「保」亦衣也。故衣甲者謂之保介。《月令》「措之于參保介之御閒」，鄭注云「保猶衣也」。《説文》「褯，緥也」，引《小雅·斯干》篇「載衣之褅」。今本作「裼」，毛傳云「裼，褓也」，《釋文》「裼」《韓詩》作「褅」。竝字異而義同。

緊袼、褔，次衣也。

《方言》「緊袼謂之褔」，郭注云「即小兒次衣也」。次即今「涎」字。《説文》「褔，次裹衣也」。

褿、袚、䘺，褯也。

《玉篇》「褯，小兒衣也」。李奇注《漢書·宣帝紀》云「緥，小兒大藉也」。藉與「褯」通。《説文》「褿，帴也」。《玉篇》又作「𢅴」，云「藉也」。《説文》「帴，帗也」。帴、帗與䘺、袚同。《廣韻》「帴，小兒藉也」。

袺謂之䙀，襭謂之褱。

《爾雅》「執衽謂之袺，扱衽謂之襭」。《周南·芣苢》篇「薄言袺之」「薄言襭之」，毛傳與《爾雅》同。此云「袺謂之䙀，襭謂之褱」，與《爾雅》、毛傳異義，蓋本於三家也。《列女傳·蔡人之妻》云「采采芣苢之草，雖甚臭惡，猶始於捋采之，終於懷襭之」，説與《廣雅》同。袺，各本譌作「祰」。今據曹憲《音》訂正。《管子·輕重戊》篇「丁壯者胡丸操彈」，胡與「䙀」通。

幭、帊、襎裷、帣，幞也。

此皆巾屬，所以覆物者也。《方言》「襎裷謂之幭」，郭注云「即帊幞也」。《説文》「幭，蓋幭也」。《管子·小稱》篇云「乃援素幭以裹首而絶」。《呂氏春秋·知化》篇云「乃爲幎以冒面而死」。幎與「幭」同。《廣韻》引《通俗文》云「帛三幅曰帊，帊，衣襆也」。《玉篇》「帣，巾也」。各本「幞」下脱「也」字，遂與下條相連。《集韻》《類篇》幭、帊、襎、帣四字注竝引《廣雅》「帳也」，則宋時《廣雅》本已脱「也」字。《衆經音義》卷十

八、二十一竝引《廣雅》「帊，幞也」。今據以訂正。

帷、幔、幬、幕、帟，帳也。

《說文》「帳，張也」。《史記》《漢書》或通作「張」。《周官·幕人》「掌帷幕幄帟綬之事」，鄭注云「在旁曰帷，在上曰幕，幕或在地，展陳于上，帷幕，皆以布爲之，四合象宮室曰幄，王所居之帳也，帟，主在幕若幄中坐上承塵，幄帟，皆以繒爲之，凡四物者，以綬連繫焉」。《說文》「幔，幕也」。司馬相如《長門賦》云「張羅綺之幔帷兮」。《爾雅》「幬謂之帳」，郭注云「今江東亦謂帳爲幬」，《釋文》「幬」本或作「⿰巾周」。《說文》作「𢅥」，云「襌帳也」。《楚辭·招魂》云「羅幬張些」。《檀弓》「君於士有賜帟」，鄭注云「帟，幕之小者，所以承塵」。帟，各本譌作「奕」，今訂正。卷二云「𢅥、幔、幕，覆也」。《釋名》云「帷，圍也，所以自障圍也」，「幕，幕絡也，在表之稱也」，「小幕曰帟，張在人上奕奕然也」，「幔，漫也，漫漫相連綴之言也」，「帳，張也，張施於牀上也」。

⿰巾毘、⿰巾炎，⿰巾兼也。

《說文》「⿰巾兼，帷也」。《釋名》云「⿰巾兼，廉也，自障蔽爲廉恥也」。字或作「簾」。《覲禮》疏引《禮緯》云「天子外屏，諸侯內屏，大夫以簾，士以帷」。《太平御覽》引《通俗文》云「障牀曰襜」。《釋名》云「牀前帷曰襜，言襜襜而垂也」。《新序·雜事》篇云「不出襜幄而知天下」。襜與「⿰巾炎」同。《爾雅》「衣蔽前謂之襜」。襜與⿰巾毘皆是障蔽之名。⿰巾兼謂之⿰巾毘，亦謂之襜。屋梠謂之⿰木毘，亦謂之檐。⿰木毘與「⿰巾毘」，檐與「襜」，聲近而義同也。

髮謂之⿱髟春。

《説文》「鬊，鬙髮也」。又云「𡿺，古文『百』也，巛象髮，髮謂之鬊，鬊即巛也」。案：巛隸乍「川」。川與「鬊」古同聲。故云「鬊即巛」也。《士喪禮》云「巾柶鬊爪埋于坎」。《喪大記》云「君大夫鬊爪實于緑中，士埋之」，鄭注「鬊，亂髮也」。鬊之言蠢蠢然也。《説文》「惷，亂也」，引昭二十四年《左傳》「王室日惷惷焉」，今本作「蠢」。《漢書・天文志》「有黑雲狀如猋風亂鬊」，《衆經音義》卷十五引韋昭「音蠢」。

鬄謂之髲。

《説文》「髲，益髮也」，「鬄，髲也」，或作「髢」。《釋名》云「髲，被也，髮少者得以被助其髮也」，「鬄，剔也，剔刑人之髮爲之也」。《周官・追師》「掌王后之首服，爲副編次」，鄭注云「次，次第髮長短爲之，所謂髲髢」。《少牢饋食禮》「主婦被錫」，鄭注云「被錫讀爲髲鬄，古者或剔賤者刑者之髮以被婦人之紒爲飾，因名髲鬄焉」。《召南・采蘩》篇「被之僮僮」，鄭箋亦以爲髲鬄。《鄘風・君子偕老》篇「鬒髮如雲，不屑髢也」，哀十七年《左傳》「公見己氏之妻髮美，使髡之以爲吕姜髢」，鄭箋、杜注竝云「髢，髲也」。各本脱「鬄」字。今補。

扉、屨、麤、舃、𡲣、鞨、不借、䩕角、𩎖、屣、薄平、鞮，履也。

《説文》「履，足所依也」。《方言》「扉、屨、麤，履也，徐兗之郊謂之扉，自關而西謂之屨，中有木者謂之複舃，自關而東謂之複履，其庳者謂之鞔下，禪者謂之鞮，絲作之者謂之履，麻作之者謂之不借，粗者謂之屨，東北朝鮮洌水之閒謂之䩕角，南楚江沔之閒總謂之麤，西南梁益之閒或謂之𡲣，或謂之𢋈，履其通語也，徐土邳沂之閒大麤謂之䩕角」。《釋名》云「齊人謂草履曰扉」。僖四年《左傳》「共其資糧扉屨」，杜預注云「屝，草屨也」。《喪服》傳「菅屨者，菅菲也」，菲與「屝」通。《釋名》云「屨，拘也，所以拘足也」。《周官・屨人》「掌王及后之服屨，爲赤舄黑舄，素屨葛屨」，鄭注云「複下曰舄，禪下曰屨，凡屨舄，各象其裳之色，《士冠禮》曰『玄端黑屨』『素積白屨』『爵弁纁屨』是也」。《説文》「𦽰，艸履也」。𦽰與「麤」通。《釋名》云「履，荆州人曰麤，絲麻韋草皆同名也，麤，措也，言所以安措足也」。《急就篇》「屐屩絜麤羸窶貧」，顔師古注云「麤者，麻枲雜履之名也」。王褒《僮約》云「織履作麤」。《廣韻》「履有頸曰屦」。《方言》注云「屦」字或作「屦」。《喪服》傳「繩屨者，繩菲也」，鄭注云「繩菲，今時不借也」。《鹽鐵論・散不足》篇云「綦下不借，鞔鞮革舄」。《急就篇》云「裳韋不借爲牧人」。《釋名》云「不借，言賤易有，宜各自蓄之不假借於人也，齊人云搏腊，搏腊猶把鮓，麤貌也」。案：《釋名》以「搏腊」爲麤貌，是也。搏腊，疊韻字，轉之則爲「不借」，非「不假借於人」之謂也。《説文》「紼」字注云「一曰不借紼」。《周官・弁師》注作「薄借綦」。「薄借」即搏腊也。《齊民要術》引《四民月令》云「十月作白履不惜」。「不惜」即不借也。《説文》「䩕角，鞮屬也」。《方言》注云「䩕角，今漆履有齒者」。《釋名》云「仰角，屐上施履之名也，行不得蹶，當仰履角舉足乃行也」。《急就篇》云「靸鞮卬角褐韤巾」。仰、卬竝與「䩕」通。鞨，《玉篇》音似足切，鞮也。《廣韻》云「白鞨，鞮也」。《説文》「𩌦，鞮屬也」，「躧，舞履也」，或作「韆」。《孟子・盡心》篇「舜視棄天下，猶棄敝蹝也」，趙岐注云「蹝，草履可蹝者也」。《吕氏春秋・長見》篇「視釋天下若釋躧」，《觀表》篇作「舍屣」。竝字異而義同。《説文》「鞮，革履也」。《急就篇》注云「鞮，薄革小履也」。《周官・鞮鞻氏》注云「鞻讀如屨，鞮屨，四夷舞者所屝也，今時倡蹋鼓沓行者自有屝」。《曲禮》注云「鞮屨，無絇之菲也」。

其緣謂之無縹。

上文云「無縹，綵也」。然則履緣謂之無縹，亦謂以采絲爲緣也。《周官·屨人》「爲赤繶黄繶」，鄭衆注云「以赤黄之絲爲下緣」。

其紟謂之綦。

紟之言禁也。屨系謂之紟，衣系謂之紟，佩系謂之紟，其義一也。紟、綦一聲之轉。綦之言戒也。「戒」亦禁也。屨系謂之綦，車下紩謂之綦，其義一也。《說文》「綥」字注云「一曰不借綥」。《周官·弁師》注作「薄借綦」。《士喪禮》「組綦繫于踵」，注云「綦，屨係也，所以拘止屨也，綦，讀如『馬絆綦』之綦」。《内則》云「屨著綦」。

鞈靸、䩦䩩、靸，屦也。

屦或作「鞾」。《釋名》云「鞾，跨也，兩足各以一跨騎也，趙武靈王始服之」。鞈靸、䩦䩩皆疊韻字也。《玉篇》「鞈」字注云「鞈靸，履也」。鞈，各本譌作「鞳」，今訂正。《釋名》云「䩦䩩，鞾之缺前雍者也，䩦䩩猶速獨，足直前之名也」。《急就篇》云「旃裘䩦䩩」。《釋名》云「靸，韋履深頭者之名也，靸，襲也，以其深襲覆足也」。《急就篇》「靸鞮卬角褐韤巾」，顏師古注云「靸謂韋履頭深而兑，平底者也，今俗呼謂之跣子」。

㞜、屐、屣，屩也。

《說文》「屩，履也」，「屐，屩也」。《釋名》云「屩，蹻也，出行著之，蹻蹻輕便，因以爲名也」，「屐，榰也，爲兩足榰以踐泥也」。《史記·平準書》集解引韋昭《漢書》注云「屩，草履也」。《衆經音義》卷十四引《三倉》云

「屐，木屩也」。《莊子·天下》篇「以跂蹻爲服」。跂蹻與「屐屩」同。《方言》「屨，西南梁益之閒或謂之扉」。《説文》「扉，履也，一曰青絲頭履也，讀若『阡陌』之陌，從糸、户聲」。各本「扉」作「扉」，因屐、屣、屩諸字而誤，今訂正。屣已見上文。

緻謂之緶。

《玉篇》「緶，履底緶也」，「緻，緶緻也」。《集韻》引《字林》云「緻，刺履底也」。

緉、緥，絞也。

《方言》「緉、緥，絞也，關之東西或謂之緉，或謂之緥，絞，通語也」，郭注云「謂履中絞也」。

縝、縷，纑也。

《方言》「纑謂之縝」，郭注云「謂纑縷也」。《説文》「縷，綫也」，「纑，布縷也」。《孟子·滕文公》篇「彼身織屨，妻辟纑」，趙岐注云「緝績其麻曰辟，練麻曰纑」。

萆謂之衰。

《説文》「衰，艸雨衣，秦謂之萆」。《越語》云「譬如衰笠，時雨既至，必求之」。經傳或從艸作「蓑」。《説文》「萆，雨衣，一曰衰衣」。《齊語》「身衣襏襫」，韋昭注云「襏襫，蓑薜衣也」。薜與「萆」同。《六韜·農器》篇云「蓑薜簦笠」。

簦謂之笠。

《説文》「笠，簦無柄也」，「簦，笠蓋也」。《急就篇》注云「大而有把、手執以行謂之簦，小而無把、首戴以行謂之笠」。《吴語》「簦笠相望於艾陵」，韋昭注云「簦笠，備雨器也」。《史記・虞卿傳》云「躡屩擔簦」。簦與笠對文則異，散文則通。故《士喪禮下》篇注云「笠，竹䈴蓋也」，《淮南子・説林訓》云「或謂笠，或謂簦，名異實同也」。

幢謂之翿。

《方言》「翿、幢，翳也，楚曰翿，關西關東皆曰幢」。《説文》「翳，翳也，所以舞也」，引《陳風・宛丘》篇「左執翳」，❶今本作「翿」。《爾雅》「翢，纛也」，「纛，翳也」，郭注云「今之羽葆幢」，「舞者所以自蔽翳」。《釋名》云「翿，陶也，其貌陶陶下垂也」。《鄉射禮》記云「君國中射，則以翿旌獲，白羽與朱羽糅」。《周官・鄉師》「及葬，執纛，以與匠師御匶而治役」，鄭注云「《雜記》曰『匠人執翿以御柩』，翿，羽葆幢也，以指麾輓柩之役，正其行列進退」。翳、翿、翢竝同。纛與「翿」古亦同聲。《釋名》云「幢，童也，其貌童童然也」。《韓非子・大體》篇云「雄駿不創壽於旗幢」。

幨謂之幰。

《淮南子・氾論訓》「隆衝以攻，渠幨以守」，高誘注云「幨，幰也，所以禦矢也」。《兵略訓》云「雖有薄縞之幨、腐荷之櫓，然猶不能獨穿也」。《齊策》云「攻城之費，百姓理襜蔽，舉衝櫓」。襜與「幨」通。幨者，蔽也，説見上文「襜，蔽厀也」下。幰之言扞蔽也。《衆經音義》卷十四引《倉頡篇》云「布帛張車上爲幰」。

❶「陳風宛丘」，據引文當作「王風君子陽陽」。

《釋名》云「幰，憲也，所以禦熱也」。幨謂之幰，車幔謂之幰，車裳帷謂之襜，其義一也。

籭、籞、篽，翳也。

《月令》「罝罘羅網畢翳」，鄭注云「翳，射者所以自隱也」。《新序・雜事》篇云「弋者脩其防翳」。《説文》「籭，雉射者所蔽也」。《漢書・元帝紀》「嚴籞池田」，晉灼注云「嚴籞，射苑也」。嚴與「籭」通。《宣帝紀》詔「池籞未御幸者，假與貧民」，服虔注云「籞，在池水中作室，可用棲鳥，鳥入中則捕之」。篽，曹憲《音》「廩」。古通作「廩」。《管子・戒》篇云桓公「弋在廩」。《韓非子・外儲説》云「齊宣王問弋於唐易子曰『弋者奚貴』，唐易子曰『在於謹廩』」。徐爰注《射雉賦》云「廩，翳中盛飲食處，今俗呼翳名曰倉也」。

幖、幑、帾、幯、吊、幟，幡也。

《太平御覽》引《説文》「幡，識也」。《古今注》云「信幡，古之徽號也，所以題表官號以爲符信，故謂爲信幡也」。字亦作「旛」。《釋名》云「旛，幡也，其貌幡幡然也」。幖之言表也。《説文》「幖，識也」。《周官・肆師》「表齍盛告絜」，鄭注云「故書『表』爲『剽』，剽、表皆謂幑識也」。《後漢書・皇甫嵩傳》「著黄巾爲標幟」。表、剽、標、幖竝通。《説文》「幑，識也，以絳幑帛著于背」，引昭二十一年《左傳》「揚幑者公徒」，今本作「徽」。《大傳》「殊徽號」，鄭注云「徽號，旌旗之名也」。徽或作「褘」。張衡《東京賦》「戎士介而揚揮」，薛綜注云「揮，爲肩上絳幟如燕尾者也」。幑、徽、褘、揮竝通。《周官・司常》注云「徽識，所以題別衆臣，樹之於位，朝者各就焉，或謂之事，或謂之名，或謂之號，三者，旌旗之細也」。《士喪禮》曰『爲銘，各以其物，亡則以緇，長半幅，赬末，長終幅，廣三寸，書名於末』，此蓋其制也，徽識之書，則云某某之事、某某之名、某某之號，今大閱禮象而爲之，兵、凶事若有死事者亦當以相別也」。幖之言題署也。《廣韻》「幖，標記物之處也」。《説文》「隸人給事者衣爲卒，卒，衣有題識者」。又云「褚，❶卒也」。《方言》「南楚東海之閒，卒謂之褚」，郭注云「言衣赤也」。衣赤謂之褚，以絳徽帛謂之幖，其義一也。《司常》注云「今城門僕射所被，及亭長著絳衣，皆徽識之舊象」，是其證矣。《説文》「幑，幡識也」，又云「箋，表識書也」。箋與「幑」亦同義。帑讀若抑，各本譌作「帑」，今訂正。幟之言識也。《墨子·旗幟》篇云「幟竿長二丈五，帛長丈五，廣半幅」。《小雅·六月》篇「織文鳥章」，鄭箋云「織，徽織也」。《士喪禮》注引《檀弓》云「以死者爲不可別，故以其旗識識之」。《史記·叔孫通傳》云「張旗志」。幟、織、識、志竝通。

裛謂之袠。

《説文》「帙，書衣也」，或作「袠」。《後漢書·楊厚傳》云「吾綈袠中有先祖所傳祕記」。書衣謂之袠，故小橐亦謂之袠。《内則》云「右佩箴管綫纊施縏袠」。《玉篇》「帙，小橐也」。《説文》「裛，書囊也」。裛者，纏裹之名。《文選·西都賦》「裛以藻繡」，李善注引《説文》「裛，纏也」。

幃謂之幐。

《説文》「幐，囊也」。《後漢書·儒林傳》序云「大則連爲帷蓋，小乃制爲縢囊」。縢與「幐」通。《説文》「幃，囊也」。《楚辭·離騷》「蘇糞壤以充幃兮」，王逸注云「幃謂之幐，幐，香囊也」。

❶「褚」，原作「衣」，今據續四庫本改。

帣、橐、𩊚，囊也。

《大雅·公劉》篇「于橐于囊」，毛傳云「小曰橐，大曰囊」。《史記·陸賈傳》索隱引《埤倉》云「有底曰囊，無底曰橐」。橐與囊對文則異，散文則通。故《說文》云「橐，囊也」，「囊，橐也」。帣之言卷束也。《說文》「帣，囊也，今鹽官三斛爲一帣」。又《說文》「㯻，橐也」。《玉篇》音袞。㯻亦「帣」也，猶「袞衣」之袞或作「卷」矣。《玉篇》「𩊚，大多切，馬上連囊也」。今俗語亦謂馬上連囊曰𩊚，音大佐反。

絭謂之纕。

《說文》「纕，援臂也」。《玉篇》云「收衣袖絭也」。《說文》「絭，攘臂繩也」。《淮南子·原道訓》「短袂攘卷以便刺舟」。卷與「絭」，攘與「纕」，竝聲近義同。

鑑謂之鏡。

梳、枇、筐，櫛也。

《說文》「櫛，梳比之總名也」。櫛之言節也，其齒相節次也。《考工記》作「楖」，同。《說文》「梳，理髮也」。《釋名》云「梳，言其齒疏也」。《史記·匈奴傳》索隱引《倉頡篇》云「靡者爲比，麤者爲梳」。《急就篇》云「鏡籢疏比各異工」。疏比與「梳枇」同。《釋名》云「梳之數者曰比，言細相比也」。《北堂書鈔》引崔寔《政論》云「無賞罰而欲世之治，猶不畜梳枇而欲髮之治也」。《說文》「筐，取蟣比也」。

䚹謂之叙。

《玉篇》「叙，婦人岐笄也」。《釋名》云「叉，枝也，因形名之也」。宋玉《諷賦》「翡翠之釵」。釵、叉竝與

「觳」通。

笄、髢、笳，籫也。

《説文》「先，首笄也」，俗作「簪」。先、簪竝與「籫」同。《釋名》云「簪，兟也，以兟連冠於髮也」。《士喪禮》注亦云「簪，連也」。《説文》「笄，簪也」。《釋名》云「笄，係也，所以拘係冠使不墜也」。凡笄有二類。一爲冕弁冠之笄，唯男子有之。《士冠禮》「皮弁笄、爵弁笄」之屬，是也。一爲安髮之笄，男子婦人皆有之。《内則》「子事父母」「婦事舅姑」皆「櫛縰笄總」，是也。《鄘風·君子偕老》篇「象之揥也」，毛傳云「揥，所以摘髮也」。《魏風·葛屨》篇云「佩其象揥」。揥與「髢」通。《釋名》云「揥，摘也，所以摘髮也」。《説文》「擿，搔也」。《君子偕老》正義云「以象骨搔首，因以爲飾，故云『所以摘髮』」。《説文》「䯠，骨擿之可會髮者」。《喪服》記注云「笄有首者，若今時刻鏤摘頭矣」。摘、擿、揥竝與「髢」同義。笄、笳一聲之轉。《太玄·晝》上九「男子折笄，婦人易笴」，笴與「笳」同。范望注以「笴」爲笄飾，失之。

幱幭謂之帓。

《廣韻》引《埤倉》云「幱幭，赤紙也」。《漢書·外戚傳》「赫蹏書」，應劭注云「赫蹏，薄小紙也」，顔師古注云「今書本『赫』字或作『擊』」。《説文》繫、縹二字注竝云「繫縹也」。赫蹏、擊蹏、繫縹竝與「幱幭」同。《玉篇》「帓，帓幭也」。皇甫本「幭」字作「紘」，下文「紘，索也」，「紘」字作「幭」，前後互誤。各本「紘」字又誤作「紘」，惟影宋本不誤。

縢、絜、緎、紲、紘、繽、緝、絥、縆、紘、縻、紖、縋、緰、繏、徽、纆、綯、筊、纍、繩，索也。

《説文》「縢，緘也」。鄭注《金縢》云「縢，束也」。《秦風・小戎》篇「竹閉緄縢」，毛傳云「縢，約也」。《魯頌・閟宮》篇「朱英緑縢」，傳云「縢，繩也」。《莊子・胠篋》篇「攝緘縢」，《釋文》「縢」向、崔本作「幐」。《急就篇》「纍繘繩索絞紡纑」，繘一作「綃」。綃與「絜」同義。《文選・海賦》「維長綃，挂帆席」，張銑注云「綃，連帆繩也」。義與「絜」亦相近。《説文》「緘，束篋也」。《喪大記》「大夫士封以咸」，鄭注云「咸讀爲緘，今齊人謂棺束爲緘繩，咸或爲椷」。竝字異而義同。《釋名》云「棺束曰緘，緘，函也」。各本「緘」下衍「也」字。《莊子・胠篋》釋文引《廣雅》「緘、縢，繩也」。《衆經音義》卷十六引《廣雅》「縢，繩也」，卷十一、十六竝引《廣雅》「緘，索也」。今據以訂正。紲、紖二字，説見卷二「紲、紖，係也」下。紘，説見卷三「紘，束也」下。《廣韻》「纜，綱繩也」。《集韻》云「荆州謂帆索曰纜」。《方言》「車枸簍，其上約或謂之簚」，郭注云「即弇帶也，音覓」。簚與「纜」同義。《玉篇》「紩，索也，古作『鉄』」。《方言》「車下鉄，陳宋淮楚之閒謂之畢」。《玉篇》「鉄，帆索也」。義亦與「紩」同。絙之言亘也。《説文》「絙，大索也」。卷二云「縻，係也」。《後漢書・魯恭傳》注引《倉頡篇》云「縻，牛繮也」。《説文》「縻，牛轡也」，或作「紖」。《史記・司馬相如傳》「羈縻勿絶」，《索隱》引《漢官儀》云「馬曰羈，牛曰縻」。《漢書・匈奴傳》作「羈靡」。竝字異而義同。《説文》「縋，以繩有所縣鎮也」，引襄十九年《左傳》「夜縋納師」。又僖三十年《傳》「夜縋而出」，杜注云「縋，縣城而下也」。今俗語亦謂以繩有所縣鎮曰縋。縋之言重膇也。成六年《傳》「於是乎有沈溺重膇之疾」，注云「重膇，足腫也」。《方言》注云「槌，縣蠶薄柱也」。義與「縋」竝相近。《方言》云槌之横者「宋魏陳楚江淮之閒謂之㯰，所以縣㯰，關西謂之𦃗，東齊海岱之閒謂之繏」。卷三云「徽，束也」。《説文》「徽，三糾繩也」，「縲，索也」。《坎》上六「係用徽纆」，馬融注云「徽纆，索也」，劉表注云「三股曰徽，兩股曰纆」。揚雄《解嘲》云「免於徽索」。《莊子・駢拇》篇云「約束不以纆索」。《史記・南越尉佗傳》云「成敗之轉，譬若糾墨」。縲、纆、墨竝通。《豳風・七月》篇云「宵爾索綯」。《爾雅》「綯，絞也」。「絞」亦索也。《急就篇》云「纍繘繩索絞紡纑」，是也。《方言》「車紂，自關而東周洛韓鄭汝潁之閒，或謂之曲綯」，注云「綯亦繩名」。《小爾雅》「緍，索也」。緍與「綯」同。「索」謂之綯，猶編絲繩謂之絛矣。筊亦「絞」也。《説文》「筊，竹索也」。《漢書・溝洫志》「搴長茭兮湛美玉」，薛瓚注云「竹葦絙謂之茭」。茭與「筊」通。其草索亦謂之茭。《墨子・尚賢》篇云「傅説被褐帶索」，《辭過》篇云「古之民未知爲衣服，時衣皮帶茭」。茭亦「索」也。纍之言係纍也。《説文》「纍，大索也」。《論語・公冶長》篇「雖在縲紲之中」，孔傳云「縲，黑索也」。《史記・仲尼弟子傳》作「累」。《漢書・司馬遷傳》作「纍」。竝字異而義同。

繘、絡，綆也。

《方言》「繘，自關而東周洛韓魏之閒謂之綆，或謂之絡，關西謂之繘」，郭注云「汲水索也」。《説文》「綆，汲井繩也」，「繘，綆也」。襄九年《左傳》云「具綆缶，備水器」。《士喪禮》云「管人汲，不説繘」。

纝、繯，絡也。

凡繩之相連者曰絡。《莊子・胠篋》篇云「削格羅落罝罘之知多」。落與「絡」同。纝與「纍」同。説見上文「纍，索也」下。❶纝，各本譌作「緣」，今訂正。繯之言綰也。《漢書・揚雄傳》「虹蜺爲繯」，韋昭注云「繯，

❶ 「上」，原作「土」，今據經解本改。

旗上繫也」，蕭該《音義》云「案《說文》《字林》《三倉》，竝云『繯，絡也』」。《說文》「羉，网也」。字或作「羂」。《太玄·翕》次八云「揮其罦，絕其羂」。義亦與「繯」同。

輅、軲，車也。軒、轉、轀、輬、轒輓、軿、輀、軺、輂、輜、輦、輰䡵、鶬頭、鸞、軥、柳，車也。

《說文》「車，輿輪之總名也」。《釋名》云「車，古者曰車，聲如居，言行所以居人也，今曰車，聲近舍，行者所處，若居舍也」。輅古通作「路」。《藝文類聚》引《白虎通義》云「天子大路，路，大也，道也，正也，君至尊、制度大，所以行道德之正也，諸侯路車，大夫軒車，士飾車」。《周官·巾車》掌王之五路：玉路、金路、象路、革路、木路。鄭注云：「王在焉曰路」，玉路、金路、象路，以玉、金、象飾諸末；革路，鞔之以革而漆之，無他飾；木路，不鞔以革，漆之而已。自「輅」至「柳」，皆是車名，則「輅、軲」之下不當更有「車也」二字。蓋「也」上一字本是車名，因脱去右畔，僅存左畔「車」字，後人遂妄加「也」字耳。軒之言扞蔽也。《說文》「軒，曲輈藩車也」。閔二年《左傳》「鶴有乘軒者」，杜預注云「軒，大夫車」，《正義》引服虔注云「車有藩曰軒」。王逸注《招魂》云「軒，樓版也」。《周官·小胥》疏引《左傳》注云「諸侯軒縣，闕南方，形如車輿」。皆扞蔽之意也。《說文》「轉，軶裹也，從韋、專聲」。則「轉」非車名。《集韻》引《廣雅》作「轉」。《玉篇》《廣韻》俱無「轉」字。所未詳也。《史記·秦始皇紀》「棺載轀涼車中」，涼與「輬」通。《漢書·霍光傳》「載光尸柩以轀輬車」，注文穎曰「轀輬車，如今喪輀車也」，孟康曰「如衣車有窻牖，閉之則温，開之則涼，故名之轀輬車也」，薛瓚曰「秦始皇道崩，祕其事，載以轀輬車，百官奏事如故，此不得是輀車類也，案杜延年奏，載霍光柩，以輬車駕大廄白虎駟，以轀車駕大廄白鹿駟爲倅」，師古曰「轀輬，本安車也，可以臥息，後因載喪，飾以柳翣，故遂爲喪車耳，轀者密閉，輬者旁開窻牖，各别一乘，隨事爲名，後人既專以載喪，又去其一，總爲藩飾，而合二名呼之耳」。案：薛、顔二説是也。《説文》「轀，卧車也」，「輬，卧車也」。《韓非子·外儲説》云「有乘轀車至李史門者」。❶ 宋玉《九辯》云「前輕輬之鏘鏘兮，後輜乘之從從」。然則轀、輬各爲一車而非喪車，明矣。《玉篇》「轒輼，兵車也」。輼亦作「轀」。《墨子·備城門》篇有「轒轀」車。《孫子·謀攻篇》「脩櫓轒轀」，魏武帝注云「轒轀者，轒牀也，其下四輪，從中推之至城下」。《文選·長楊賦》「碎轒轀」，李善引服虔注云「轒轀，百二十步兵車，或可寢處」。軿通作「苹」。《周官·車僕》掌「苹車之萃」，注云「苹，猶屏也，所用對敵自蔽隱之車也，《孫子》八陳有苹車之陳，故書『苹』作『平』，杜子春云『平車』當爲『軿車』，其字當爲『苹』」。《列女傳》齊孝孟姬曰「妾聞妃后踰閾，必乘安車輜軿，今立車無軿，非所敢受命也」。《後漢書·梁冀傳》注引《倉頡篇》云「軿，衣車也」。定九年《左傳》正義引《説文》云「輜軿，衣車也，前後有蔽」。《釋名》云「輜車，載輜重卧息其中之車也，輜，廁也，所載衣物雜廁其中也」，「軿車，軿，屏也，四面屏蔽，婦人所乘牛車也」，「輜、軿之形同，有邸曰輜，無邸曰軿」。《説文》「輀，喪車也」。《漢書·王莽傳》云「此似輀車，非僊物也」。《釋名》云「輿棺之車曰輀，輀，耳也，縣於左右前後銅魚摇絞之屬耳耳然也」。轜與「輀」同。《説文》「軺，小車也」。《釋名》云「軺車，軺，遥也，遥，遠也，四向遠望之車也」。《齊語》「服牛軺馬」，韋昭注云「服，牛車也，軺，馬車也」。《管子·海王》篇云「行服連軺輂者，必有一斤一

❶「外」，當作「内」，引文見《韓非子·内儲説上》。

鋸一椎一鑿，若其事立」。如淳注《漢書・高祖紀》云「律，四馬高足爲置傳，四馬中足爲馳傳，四馬下足爲乘傳，一馬二馬爲軺傳」。輂者，輿載之名。説見卷二「輂，載也」下。《周官・鄉師》「正治其徒役，與其輂輦」，注云「輂，駕馬，輦，人輓行，所以載任器也，止以爲蕃營」。《司馬法》曰『夏后氏謂輦曰余車，殷曰壺奴車，❶周曰輜輦，輦一斧一斤一鑿一梩一鉏，周輦加二版二築』，又曰『夏后氏二十人而輦，殷十八人而輦，周十五人而輦』」。宣十二年《左傳》正義云「蔽前後以載物，謂之輜車，載物必重，謂之重車，人輓以行，謂之輦，輜、重、輦，一物也」。《巾車》「連車，組輓」，注云「連車，爲輇輪，人輓之以行」。連與「輦」通。輦之言連也。連者，引也。引之以行，故曰輦。《孟子》「流連荒亡」，趙岐注云「連者，引也」。《淮南子・覽冥訓》云「若以磁石之能連鐵也而求其引瓦，則難矣」。暢轂通作「陽遂」。《晉書・輿服志》「陽遂」車駕牛，蓋本於魏制也。《明堂位》「鸞車，有虞氏之路也，鉤車，夏后氏之路也」，注云「鸞，有鸞和也，鉤，有曲輿者也」。鉤與「軥」通。柳，各本譌作「枊」，惟影宋本不譌。《釋名》云輿棺之車「其蓋曰柳，柳，聚也，衆飾所聚，亦其形僂也」。《士喪禮下》篇注云「載柩車，《周禮》謂之蜃車，《雜記》謂之團，其車之輿狀如牀，中央有轅，前後出，設輅，輿上有四周，下則前後有軸，以輇爲輪」。《雜記》注云「將葬載柩之車飾曰柳」。《周官・縫人》「衣翣柳之材」，注云「柳之言聚，諸飾之所聚」。《檀弓》「設蔞翣」，注云「蔞翣，棺之牆飾」。《荀子・禮論篇》云「無帾絲歶縷翣，其貆以象菲帷幬尉也」。《吕氏春秋・節喪》篇云「僂翣以督之」。柳、蔞、

❶「壺」，《周禮注疏》作「胡」。

縷、僂竝通。《莊子·達生》篇「苟生有軒冕之尊，死得於腞楯之上、聚僂之中，則爲之」。聚僂謂柩車飾也。僂者，衆飾所聚，故曰聚僂。腞讀爲「團」。楯讀爲「輴」。《喪大記》君、大夫葬用「輴」，士葬用「團車」，是也。解者失之。

罌謂之鈁。

未詳。

維車謂之麻鹿，道軌謂之鹿車。

《方言》「維車，趙魏之閒謂之轣轆車，東齊海岱之閒謂之道軌」。轣轆與「麻鹿」同。《説文》「維，箸絲於筟車也」。《秦風·小戎》篇「五楘梁輈」，毛傳云「楘，歷録也，一輈五束，束有歷録」。《墨子·備高臨》篇説「連弩」車之法云「以磿鹿卷收」。義與「維車謂之麻鹿」竝相近。《方言》「車下鉄，陳宋淮楚之閒謂之畢，大者謂之綦」，郭注云「鹿車也」。《疏證》云：此言維車之索也。《考工記·玉人》「天子圭中必」，鄭注云「必，讀如『鹿車縪』之縪，謂以組約其中央」。「圭中必」爲組，「鹿車縪」爲索，其約束相類，故讀如之。

軒謂之鞶。

鞶之言盤，軒之言紆也。《説文》「軒，輨内環靼也」，「靼，柔革也」。

𨋩謂之𨐈。

𨋩，各本作「輯」。曹憲《音釋》「輯」子入反，「𨐈」音解。《集韻》《類篇》「輯」字注云「《廣雅》『輯謂之𨐈』，一曰車輯」，「𨐈」字注云「《廣雅》『輯謂之𨐈』」。據此則宋時《廣雅》本「輯」字有作「𨋩」者。案：《衆經音義》

卷十五云「鞧，户犬反，大車縛楅者也」，引《廣雅》「鞧謂之輢」。輢，居宜反。輢、轙聲相近，鞧、輯形相似。然則「轙」爲「輢」之異文，而「輯」爲「鞧」之譌字也。《説文》「鞧，大車縛軛靼也」。字或作「伊」。❶《釋名》云「䩈，縣也，所以縣縛軛也」。《集韻》「鞧，馬勒也」。馬勒謂之鞧，亦謂之輢。縛軛靼謂之輢，亦謂之鞧。皆束縛之意也。上條「靬謂之鞶」，爲輨内環靼。此條爲大車縛軛靼，事正相類。考《説文》《玉篇》《廣韻》俱無「輯」字。曹憲《音》「子入反」，非是。今訂正。

轅謂之輈。

《方言》「轅，楚衞之閒謂之輈」，謂小車轅也。僖元年《公羊傳》注云「輈，小車轅，冀州以此名之」。《釋名》云「轅，援也，車之大援也」，「輈，句也，轅上句也」。《秦風·小戎》篇「五楘梁輈」，毛傳云「梁輈，輈上句衡也」，《正義》云「輈從軫以前，稍曲而上，至衡，則向下句之」。《考工記·輈人》「國馬之輈，深四尺有七寸，田馬之輈，深四尺，駑馬之輈，深三尺有三寸」，鄭衆注云「深謂轅曲中」。

弸轅謂之靳。

定九年《左傳》云「吾從子，如驂之靳」。《説文》「靳，當膺也」。不言靳係於轅。此云「弸轅謂之靳」，未詳其義。

鞴、轓，箱也。

❶「伊」，疑當作「䩈」。

箱之言輔相也。篋謂之箱，太室兩夾謂之廂，車兩轓謂之箱，其義一也。《小雅·大東》篇「睆彼牽牛，不以服箱」，毛傳云「箱，大車之箱也」。《說文》「箱，大車牝服也」。《考工記·車人》大車「牝服二柯，有參分柯之二」，鄭注云「牝服長八尺，鄭司農云『牝服，謂車箱』」。輫之言棐也。《爾雅》云「棐，輔也」。《方言》「箱謂之輫」。「轓」謂之輫，亦謂之箱。「篋」謂之箱，亦謂之篚。其義一也。《士冠禮》注云「篚，竹器如笭者」。《說文》「篚，車笭也」。車笭謂之篚，車箱謂之輫，其義一也。轓之言藩屏也。《續漢書·輿服志》注引《通俗文》云「車箱爲蕃」。《周官·巾車》「漆車，藩蔽」，鄭注云「蔽，車旁禦風塵者」，「藩，今時小車藩，漆席以爲之」。《漢書·景帝紀》「令長吏二千石車朱兩轓，千石至六百石朱左轓」，應劭注云「車耳反出，所以爲之藩屏，翳塵泥也，以簟爲之，或用革」。《太玄·積》次四「君子積善，至于車耳」，《測》曰「君子積善，至于蕃也」。轓、蕃、藩竝通。《說文》「軓，車耳反出也」。軓、轓聲近義同。軓，字亦作「版」。《荀子·禮論篇》「棺椁，其貊象版蓋斯拂也」，楊倞注云「版，謂車上障蔽者」。

鞦謂之軾。

《說文》「軾，車前也」。《釋名》云「軾，式也，所伏以式所敬者也」。《考工記》通作「式」，鄭注云「式深尺四寸三分寸之二，高三尺三寸」。《說文》「絥，車絥也」，或作茯、鞴。《釋名》云「鞦，伏也，在前人所伏也」。《急就篇》云「鞇鞦靯韉鞍鑣鐊」。《史記·酷吏傳》「同車未嘗敢均茵伏」，徐廣《音義》云「伏，軾也」。竝字異而義同。

轓謂之軓。

說見上文。

幢謂之幏。

《方言》「幢，翳也，關西關東皆曰幢」。《説文》「翳，華蓋也」。《釋名》云「幢，童也，其貌童童然也」。《漢書・韓延壽傳》云「建幢棨，植羽葆」。

靯韉謂之鞇。

《説文》「茵，車中重席也，從艸、因聲。鞇，司馬相如説『茵』從革」。《漢書・霍光傳》作「絪」。竝字異而義同。《釋名》云「鞇，因也，因與下輿相連著也」。《秦風・小戎》篇「文茵暢轂」，毛傳云「文茵，虎皮也」。鞇，各本譌作「⿰革囚」，❶惟影宋本、皇甫本不譌。《急就篇》云「鞇⿰革伏靯韉鞍鑣鐊」。《釋名》云「靯韉，車中重薦也，輕靯韉，小貂者也」。靯韉疊韻字。《廣韻》「⿰革余」他胡切，「韉⿰革余，屧也」，「屧，履中薦也」。韉⿰革余亦疊韻字。履中薦謂之韉⿰革余，猶車中薦謂之靯韉矣。

覆笭謂之幦。

幦，字或作幭、蔑、⿰衤冥，其義竝同。幦之言幎也。幎，覆也。故車覆笭謂之幦。説見卷二「幎，覆也」下。《大雅・韓奕》篇「鞹鞃淺幭」，毛傳云「幭，覆式也」。《周官・巾車》「王之喪車五乘，木車犬⿰衤冥疏飾，素車犬⿰衤冥素飾，藻車鹿淺⿰衤冥革飾，駹車然⿰衤冥髤飾，漆車豻⿰衤冥雀飾」。《士喪禮》記「主人乘惡車，白狗幦」。《曲

❶「鞇」，原作「⿰革囚」，今據《畿輔叢書》本、《四部備要》本改。

禮》「大夫士去國，素蔑」。《玉藻》「君羔幦虎犆，大夫齊車，❶鹿幦豹犆，朝車，士齊車，鹿幦豹犆」。先、後鄭注竝云「覆笭也」。笭者，式下縱横交結之木。《禮》注之覆笭，即《詩》傳之覆式。故宋玉《九辯》云「倚結軨兮長太息，涕潺湲兮下霑軾」。軨與「笭」同。《説文》「笭，車笭也」，「軨，車轖閒横木也」。《釋名》云「笭，横在車前，織竹作之，孔笭笭也」。

𨎮、轐、輹、陰靷，伏兔也。

𨎮之言緜連也。《説文》「𨎮，車伏兔下革也，讀若閔」。轐之言附著也。《説文》「轐，車伏兔也」。《考工記》「加軫與轐焉」，鄭衆注與《説文》同。《輈人》云「良輈環灂自伏兔不至軓七寸」，是也。《説文》「輹，車軸縛也」。《小畜》九三「輿説輹」，《正義》引鄭注云「輹，謂輿下縛木，與軸相連，鉤心之木」是也，又引《子夏傳》云「輹，車屐也」。僖十五年《左傳》「車説其輹」，《正義》引《子夏易傳》云「輹，車下伏兔也」。輹，曹憲《音》「扶欲反」。各本脱去「輹」字，其「扶欲」之音遂誤入「轐」字下。考《玉篇》《廣韻》《集韻》及《考工記》釋文「轐」字俱不音扶欲反。又《玉篇》《廣韻》《集韻》及《易》《左傳》釋文「輹」字俱音服，正與扶欲之音相合。今據以訂正。《釋名》云「屐，似人屐也，又曰伏兔，在軸上似之也，又曰輹，輹，伏也，伏於軸上也」，「鉤心，從輿心下鉤軸也」，「縛，在車下，與輿相連縛也」。阮氏伯元《考工記車制圖解》曰：轐在輿底而銜於軸上，其兩旁作半規形，與軸相合，下有二長足，少鍥其軸而夾鉤之，所謂鉤心也。又有革以固之，所謂

❶「大」，原作「夫」，今據經解本改。

輟也。《秦風・小戎》篇「陰靷鋈續」，毛傳云「陰，揜軓也，靷，所以引也」，鄭箋云「揜軓在軾前垂輈上」，《正義》云「靷者，以皮爲之，繫於陰版之上」。此與軸上之伏兔，迴不相涉。《廣雅》以「陰靷」爲伏兔，誤也。

軑、輟、輇，輪也。

輪之言員也，運也。《考工記》「兵車之輪六尺有六寸，田車之輪六尺有三寸，乘車之輪六尺有六寸」。《方言》「輪，韓楚之閒謂之軑，關西謂之輟」。《釋名》云「輪，綸也，言彌綸也，周帀之言也。或曰轗，言輻總入轂中也」。轗與「輟」同。《說文》「有輻曰輪，無輻曰輇」。又云「輇，蕃車下庳輪也」。《雜記》「載以輲車」，鄭注云「輲讀爲輇，輇崇蓋半乘車之輪」，引《說文》「無輻曰輇」。蓋載柩車以輇爲輪，因謂之輇車矣。

轂篆謂之軝。❶

《商頌・烈祖》及《小雅・采芑》竝云「約軝錯衡」，毛傳云「軝，長轂之軝也，朱而約之」，鄭箋云「軝，轂飾也」。《毛鄭詩考正》云：軝，《說文》亦作「𩌏」，從革。孔沖遠以「軝」爲長轂名，非也。軝即《考工記》之幬革。朱而約之者，朱其革以幬於幹也。惟長轂盡飾，大車短轂則無飾。故曰長轂之軝。謹案：《考工記・輪人》「容轂必正，陳篆必直，幬必負幹」，鄭注云「篆，轂約也，幬，負幹者，革轂相應，無贏不足」。《周官・巾車》「孤乘夏篆」，注云「夏篆，五采畫轂約也」。篆即轂約，故《廣雅》云「轂篆謂之軝」。卷三云「約、

---

❶「軝」，原作「軾」，今據經解本、續四庫本改。

縛，束也」。縛、篆竝音直轉反，其義同。各本譌作「軝謂之轂」。《釆芑》釋文「軝，《廣雅》云『轂篆』」。今據以訂正。

輝轢、轆、輮、鞏，輞也。

《釋名》云「輞，罔也，罔羅周輪之外也」。《考工記・輪人》「牙也者，以爲固抱也」，鄭衆注云「牙，謂輪輮也，世閒或謂之罔」。罔、輞竝與「輞」同。《淮南子・説林訓》云「古之所爲不可更，則椎車至今無蟬匱」。《鹽鐵論・非鞅》篇云「椎車之蟬攫，負子之教也」。蟬與「輝」通。匱、攫竝與「轢」通。轆者，大車之罔也。《考工記・車人》「渠三柯者三」，鄭注云「渠二丈七尺，謂罔也」。《書大傳》「取大貝大如大車之渠」，鄭注云「渠，車罔也」。渠與「轆」通。車罔謂之轆，筐之員者謂之籚，義相近也。《説文》「輮，車网也」。《考工記・車人》「行澤者反輮，行山者仄輮」。《鹽鐵論・散不足》篇云「古者椎車無柔，棧輿無植」。柔與「輮」通。《釋名》云輞「關西曰輮，言柔曲也」。《説卦傳》云坎「爲矯輮，爲弓輪」，是其義也。鞏，《玉篇》音拱。鞏之言鞏固也，拱抱也。故曰「牙也者，以爲固抱也」。

軺謂之軸。

軸之言持也。《説文》「軸，持輪也」。舟柁謂之舳，機持經者謂之柚，義竝同也。《方言》「軺謂之軸」。軺之言關也，横亘之名也。《説文》「軺，軺車前横木也」。與「軺謂之軸」亦同義。

鍋、錕，釭也。

《急就篇》云「釭鐗鍵鉆冶錮鐈」。❶《説文》「釭，車轂口鐵也」。《釋名》云「釭，空也，其中空也」。凡鐵之空中而受枘者謂之釭。《新序·雜事》篇淳于髡謂鄒忌曰「方内而員釭」，是也。内與「枘」同。車釭空中，故又謂之穿。在内爲大穿，在外爲小穿。《考工記·輪人》「五分其轂之長，去一以爲賢，去三以爲軹」，鄭衆注云「賢，大穿；軹，小穿」，是也。《説文》「銎，斤斧穿也」。斤斧穿謂之銎，猶車穿謂之釭。釭、銎之爲言皆空也。《方言》「車釭，燕齊海岱之閒謂之鍋，或謂之錕，自關而西謂之釭」。鍋，《釋名》作「輠」，云「輠，裹也，裹軹頭也」。錕之言緷也。卷三云「緷，束也」。

𨐈、𨎮，轊也。

《説文》「軎，車軸耑也」，或作「轊」。《鄧析子·無厚篇》云「夫木擊折轊，水戾破舟」。轊之言鋭也。昭十六年《左傳》注云「鋭，細小也」。軸兩耑出轂外細小也。小聲謂之嘒，小鼎謂之鏏，小棺謂之槥，小星貌謂之嘒，蜀細布謂之繐，烏翮末謂之䎚，❷車軸兩耑謂之轊，義竝同也。《方言》「車轊，齊謂之𨐈」。《史記·田單傳》「盡斷其車軸末而傅鐵籠」，籠與「𨐈」通。各本譌作「轊、𨐈，𨎮也」。案：𨐈、𨎮皆「轊」之異名。當以「轊」釋𨐈、𨎮，不當以「𨎮」釋轊。《集韻》《類篇》竝引《廣雅》「𨎮，轊也」。今據以訂正。

鍊、鏅、鈦，錧也。

❶「錮」，原作「銅」，今據《急就篇》改。

❷「烏」，依文義應作「鳥」。

錧之言管也。《説文》「輨，轂耑錔也」。《吴子·論將》篇云「車堅管轄，舟利櫓楫」。輨、管竝與「錧」同。《方言》「輨、軑，鍊鏅也，關之東西曰輨，南楚曰軑，趙魏之閒曰鍊鏅」。《説文》「軑，車輨也」。《楚辭·離騷》「齊玉軑而竝馳」，王逸注云「軑，錮也」。《漢書·揚雄傳》「肆玉釱而下馳」，釱與「軑」同。軑之言鈐制也。《史記·平準書》「敢私鑄鐵器煮鹽者釱左趾」，《索隱》引《三倉》云「釱，踏腳鉗也」。軑、錔一聲之轉。踏脚鉗謂之釱，轂耑錔謂之釱，其義一也。餘見下文「鏅、錭，錔也」下。

枸簍、隆屈、筱、篷、䉀籠，軬也。

此謂蓋弓也。《方言》「車枸簍，宋魏陳楚之閒謂之筱，或謂之䉀籠，自關而西秦晉之閒謂之枸簍，西隴謂之㮥，南楚之外謂之篷，或謂之隆屈」，郭注云「即車弓也」。㮥與「軬」同。《釋名》云「軬，藩也，藩蔽雨水也」。《説文》作「轒」，云「淮陽名車穹隆轒」。《四民月令》有「上犢車蓬軬」法，見《齊民要術》。枸，各本譌作「拘」，今訂正。枸簍者，蓋中高而四下之貌。山顛謂之岣嶁，曲脊謂之痀僂，高田謂之甌窶，義與「枸簍」竝相近。倒言之則曰僂句。昭二十五年《左傳》「臧會竊其寶龜僂句」，龜背中高，故有斯稱矣。枸簍或但謂之「簍」。《玉篇》「簍，車弓也」。《漢書·季布傳》「置廣柳車中」，李奇注云「廣柳，大隆穹也」。柳與「簍」通。隆屈猶「僂句」也。張衡《西京賦》云「終南太一，隆崛崔崒」，是其義也。《釋名》謂車弓爲隆强，云「隆强，言體隆而强也」。「强」亦屈也，猶《漢書》言「屈强」矣。䉀籠，《説文》作「穹隆」。倒言之則曰隆穹，故李奇《漢書》注云「廣柳，大隆穹也」。司馬相如《大人賦》云「詘折隆窮蠼以連卷」，是其義也。或但謂之「䉀」。《玉篇》「䉀，姑簍也」。姑簍即「枸簍」之轉。《考工記》謂之「弓」。「弓」亦穹也。故《釋名》

云「弓，穹也，張之穹隆然也」。《方言》注云「今呼車子弓爲筱，音巾幗」。《後漢書·烏桓傳》注云「幗，婦人首飾也」。《釋名》作「簂」，云「簂，恢也，恢廓覆髮上也」。與「車弓謂之筱」同義。《方言》注云「今通呼車弓爲篷」。《廣韻》「篷，織竹夾箬覆舟也」。與車弓之「篷」亦同義。

筤謂之笑。

《釋名》「車弓上竹曰郎」。郎與「筤」通。筤之言㝩也。《説文》「㝩，康也」。《方言》「康，空也」。「蓋弓二十有八」，稀疏分布㝩㝩然也。《集韻》「笑，車篷竹也」。

筠、簣，篷帶也。

《方言》「車枸簍，其上約謂之筠，或謂之簣」，郭注云「即篷帶也」。筠亦「約」也。簣之言纘也。上文云「纘，索也」。高誘注《淮南子·原道訓》云「小車蓋四維謂之紘繩」，即「篷帶」也。

綯、紂，緧也。

《方言》「車紂，自關而東周洛韓鄭汝潁之閒謂之緻，或謂之曲綯，或謂之曲綸，自關而西謂之紂」，郭注云「綯，亦繩名」，引《豳風·七月》篇「宵爾索綯」。《説文》「紛，馬尾韜也」。《小爾雅》「縚，索也」。韜、縚竝與「綯」通。《説文》「紂，馬緧也」，「緧，馬紂也」。《釋名》云「鞧，遒也，在後遒迫使不得卻縮也」。《考工記·輈人》「必緧其牛後」，鄭衆注云「關東謂紂爲緧」。緧、緻、緧竝同。綯與紂、緧古聲亦相近。

陽門、簈篂、雀目、蔽，簹也。

《玉篇》「簹，車簹管也」。《太平御覽》引《郭林宗别傳》云「宿仲琰柴車駕牛，編荊爲當」。當與「簹」通。

《釋名》云「立人，象人立也，或曰陽門，在前曰陽，兩旁似門也」。鄭衆注《考工記・車人》云「羊車，謂車羊門也」。羊與「陽」通。箳篂通作「屏星」。《續漢書・輿服志》注引《謝承書》云「别駕車前有屏星，如刺史車曲翳儀式」，又引《通俗文》云「車當謂之屏星」。《爾雅》輿竹「前謂之禦，後謂之蔽」，李巡注云「編竹當車前以擁蔽，名之曰禦」，則「禦」亦蔽也。《衛風・碩人》篇「翟茀以朝」，毛傳云「茀，蔽也」，《正義》云「車之前後，設障以自隱蔽謂之茀」。《周官・巾車》注引《詩》作「翟蔽以朝」。

羈、⿰革棘，勒也。

《説文》「勒，馬頭絡銜也」。《釋名》云「勒，絡也，絡其頭而引之也」。《周官・巾車》云「革路，龍勒」。《説文》「罵，馬絡頭也」，或作「羈」。經傳省作「羈」。《釋名》云「羈，檢也，所以檢持制之也」。竝字異而義同。《玉篇》「⿰革⿱棘棘，古核切，勒也」，亦作革、⿰革棘。《廣韻》「⿰革棘，轡首也」。《爾雅》「轡首謂之革」，郭注云「轡，靶勒」。《小雅・蓼蕭》篇「鞗革沖沖」，毛傳云「鞗，轡也，革，轡首也」。⿰革⿱棘棘、⿰革棘、革竝同。勒與⿰革棘、革古亦通用。錢氏曉徵《焦山鼎銘跋尾》云：古器銘多用「鋚勒」字。《石鼓》及《寅簋》文作「鋚勒」，《伯姬鼎》作「攸勒」，《宰辟父敦》作「攸革」，此文亦但作「攸」。蓋古文之「鋚勒」，即《詩》所云「鞗革」也。案：《小雅・斯干》篇「如矢斯棘」，《韓詩》「棘」作「朸」。《神農本草》云「天門冬，一名顛勒」。《博物志》云「天門冬，一名顛棘」。古者革、⿰革棘、棘三字同聲。「棘」之通作朸、勒，猶革、⿰革棘之通作「勒」矣。

靮謂之繮。

《説文》「繮，馬紲也」。《釋名》云「韁，疆也，繫之使不得出疆限也」。《漢書・敘傳》「繫名聲之韁鎖」，韁與

「繮」同。《檀弓》「則埶執羈靮而從」，鄭注云「靮，紖也」。《少儀》云「犬則執緤」「牛則執紖」「馬則執靮」，緤、紖、靮皆引也。緤之言曳，紖之言引，靮之言扚也。《玉篇》云「扚，引也」。

靶謂之綏。

靶之言把也，所把以登車也。《説文》「綏，車中靶也」。《大雅·韓奕》箋云「綏，所引以登車也」。

馬鞅謂之脅。

僖二十八年《左傳》云「晉車七百乘，韅靷鞅靽」。《説文》「鞅，頸靼也」。《釋名》云「鞅，嬰也，喉下稱嬰，言纓絡之也」。

軥、鞴、騂，鞌也。

《説文》「鞌，馬鞁具也」。軥、鞴、騂未詳所出。

防汗謂之韐。

《説文》「韐，防汗也」。《淮南子·主術訓》云「鞅韐鐵鎧」。《太平御覽》引《東觀漢記》云和帝賜桓郁「馬二匹，并鞍勒防汗」，又引《魏百官名》云「黄地金鏤織成鄣汗一具」。「鄣汗」即防汗，一名弇汗。《鹽鐵論·散不足》篇云「今富者黄金琅勒，罽繡弇汗」。

韉謂之鞘。

《説文》「韉，緌也」。《玉篇》「韉，鞌邊帶也」。《廣韻》「韉，鞌韉也，一曰垂皃」。鞘亦垂皃也，猶旗旒謂之「旓」矣。

縶、䋎，絆也。

《説文》「絆，馬縶也」。又云「馽，絆馬也」，引成二年《左傳》「韓厥執馽前」，今本作「執縶馬前」。《小雅・白駒》傳亦云「縶，絆也」。《説文》「顈，絆前兩足也」。《莊子・馬蹄》篇「連之以羈馽」，《釋文》「馽」司馬、向、崔本竝作「䋎」，崔云「絆前兩足也」。左思《吴都賦》「䋎麋麖」，劉逵注與崔譔同，引《莊子》亦同。

⿰木翑、桊，枸也。

枸猶「拘」也。今人言「牛拘」是也。⿰木翑之言亦「枸」也。桊猶圈束也。《説文》「桊，牛鼻中環也」。《衆經音義》卷四云「今江北曰牛拘，江南曰桊」。《吕氏春秋・重己》篇「使五尺豎子引其棬，而牛恣所以之」，棬與「桊」同。

樎、皁，櫪也。

《方言》「櫪，梁宋齊楚北燕之閒或謂之樎，或謂之皁」，郭注云「養馬器也」。《周官・校人》云「三乘爲皁，三皁爲轂，六轂爲廄，六廄成校」。《吕氏春秋・權勳》篇「猶取之内皁而著之外皁也」，高誘注云「皁，櫪也」。《史記・鄒陽傳》集解引《漢書音義》云「皁，食牛馬器，以木作如槽」。槽與「早」聲相近，❶今人言「馬槽」是也。

⿰巾奄篼、⿰巾婁篼、帪，囊也。

---

❶「早」，經解本作「皁」。

幨或作「裧」。《方言》「飤馬橐，自關而西謂之裧囊，或謂之裧篼，或謂之幓篼，燕齊之閒謂之帪」。《説文》「篼，飤馬器也」。篼猶「兜」也。今人謂以布盛物曰兜，義與此同。幨、幓、帪皆收斂之名。幨之言掩也。《説文》云「掩，斂也」。《釋名》云「綃頭，齊人謂之幓，言斂髮使上從也」。義與「幨篼」同。幓之言婁也。《小雅·角弓》箋云「婁，斂也」。帪之言振也。《中庸》「振河海而不泄」，鄭注云「振猶收也」。《方言》注云「帪，《廣雅》作『振』，字音同耳」，是郭所見本正作「振」。

廣雅疏證卷第八上

高郵王念孫學

釋器

骸、骼、骹、覈，骨也。

骨之言覈也。《説文》「骨，肉之覈也」。覈與「核」同。骸之言亦核也。《説文》「骼，禽獸之骨也」。《月令》「掩骼埋胔」，鄭注云「骨枯曰骼，肉腐曰胔」。蔡邕《月令章句》云「露骨曰骼，有肉曰胔」。骼之言垎也。《説文》「垎，土乾也，一曰堅也」。義與「骼」相近。《説文》「骹，脛也」。《爾雅》馬「四骹皆白，驓」，郭注云「骹，膝下也」。《考工記・輪人》説殺輻之數云「參分其股圍，去一以爲骹圍」，鄭衆注云「股，謂近轂者也，骹，謂近牙者也，方言『股』以喻其豐，故言『骹』以喻其細，人脛近足者細於股，謂之骹，羊脛細者亦爲骹」。案：骹之言較也。《爾雅》「較，直也」。《小雅・賓之初筵》篇「殽核維旅」，蔡邕注《典引》云「肉曰肴，骨曰覈」。

衁、䘓、䘏，血也。

《釋名》云「血，濊也，出於肉，流而濊濊也」。《説文》「衁，血也」。《歸妹》上六「士刲羊，無血」，僖十五年《左傳》作「無衁」。衊之言污衊也。《説文》「衊，污血也」。《素問・氣厥論》云「膽移熱於腦，則辛頞鼻淵，傳爲衄衊瞑目」。衊與「衁」一聲之轉也。上文云「帍、幭，幞也」。帍之轉爲幭，猶衁之轉爲衊矣。《説文》「衉，羊凝血也」，或作「𧖴」。《釋名》云「血脂，以血作之，增其酢豉之味，使甚苦以消酒也」。《北堂書鈔》引盧諶《祭法》云「春夏秋祠皆用脂血」。脂與「衉」同。《北户録》引《證俗音》云「南方謂凝牛羊鹿血爲衉」。各本皆無「衉」字，其《音釋》内有「言暗也」三字。段氏若膺云：言暗，當爲「苦暗」，即「衉」字之音也。《北户録》引《説文》「衉」口紺反，《玉篇》音空紺切，《廣韻》《集韻》音苦紺切。口紺、空紺、苦紺竝與「苦暗」同音。是「苦暗」爲「衉」字之音。因脱去「衉」字，僅存「苦暗」二字。「苦」字又譌作「言」。後人遂於「言暗」下妄加「也」字耳。今從段説訂正。

𦢊、𦡪，膜也。

《説文》「膜，肉閒胲膜也」。《釋名》云「膜，幕也，幕絡一體也」。《内則》注通作「莫」。《玉篇》「𦢊，喉膜也」。《説文》「𦡪，肉表革裏也」。

肌、膚、肴、腅、膎、脼、𦡪、膳、脊、腱、脈、膰，肉也。

《釋名》云「肉，柔也」。又云「肌，懻也，膚幕堅懻也」，「膚，布也，布在表也」。肴通作「殽」。《説文》「肴，啖也」。《初學記》引《説文》「肴，雜肉也」。《特牲饋食禮》注云「凡骨有肉曰殽」。蔡邕注《典引》云「肉曰肴，骨曰𩨨」。各本「肴」譌作「者」。《衆經音義》卷六、卷二十二竝引《廣雅》「肴，肉也」，今據以訂正。腅之言啖也。《北户録》引《字林》云「腅，肴也」，又引《證俗音》云「今内國猶言餅腅」。《趙策》云「衣服使之便於體，膳啗使之嗛於口」。啗與「腅」通。《説文》「膎，脯也」，徐鍇《傳》云「古謂脯之屬爲膎，因通謂儲蓄食味爲膎，《南史》孔靖飲宋高祖，無膎，取伏雞卵爲肴，是也，今俗言人家無儲蓄爲無膎活」。《太玄·逃》次六「費我膎功」，范望注云「孰食爲膎」。《焦仲卿妻》詩「交廣市鮭珍」，鮭與「膎」通。《説文》「膷，膎肉也」。《集韻》「吴人謂腌魚爲膎膷」。亦儲蓄之名也。膷之言弱也。《廣韻》「膷，脃腝也」。《急就篇》云「肌膷脯腊魚臭腥」。膳之言善也。《周官·膳夫》「掌王之食飲膳羞」，鄭注云「膳，牲肉也」。《少儀》云「爲己祭而致膳于君子曰膳」。謂致祭肉也。膂通作「旅」。《鹽鐵論·散不足》篇云「肴旅重疊，燔炙滿案」。旅之言臚也。肥美之稱也。《藝文類聚》引韋昭辯《釋名》云「腹前肥者曰臚」。聲義與「旅」相近。腱之言健也。《説文》「笏，筋之本也」，或作「腱」。《楚辭·招魂》「肥牛之腱，臑若芳些」，王逸注云「腱，筋頭也」。《内則》注云「餌，筋腱也」。何氏《隱義》云「腱，筋之大者」。《説文》「祳，社肉，盛以蜃，故謂之祳，天子所以親遺同姓」，引《春秋》定十四年「石尚來歸祳」，今本「祳」作「脤」。《周官·掌蜃》注引作「蜃」，云「蜃之器以蜃飾，因名焉」。《説文》「𤎅，宗廟火孰肉，以饋同姓諸侯」，引僖二十四年《左傳》「天子有事𤎅焉」，今本「𤎅」作「膰」。襄二十二年《傳》作「燔」。定十四年《公羊傳》云「脤者何，俎實也，腥曰脤，孰曰燔」。《穀梁》義與《公羊》同。《周官·大宗伯》「以脤膰之禮親兄弟之國」，注云「脤膰，社稷宗廟之肉，以賜同姓之國，同福禄也」，疏引《異義》「《左氏》説」與《説文》同。

脀、臉，縣𩠚也。

鍛，古「熟」字也。夏竦《古文四聲韻》引《古孝經》「熟」字如此。《齊民要術》引《食經》云「作縣熟法，豬肉十斤，去皮切臠，葱白一升，生薑五合，橘皮二葉，秫三升，豉汁五合，調和蒸之」。各本皆脱「縣」字。《北堂書鈔》引《廣雅》「胥、臉，縣熟也」。《衆經音義》卷十五引《廣雅》「臉，縣孰也」。今據補。《内則》云「魴鱮烝」。《孟子·滕文公》篇「饋孔子蒸豚」。烝、蒸竝與「胚」通。

葅謂之䔹。

謂以肉爲葅也。義見下文「葅，葅也」下。葅、葅、䔹竝通。各本「䔹」譌作「蘊」。《集韻》《類篇》「葅」或作「䔹」。今據以訂正。

胾、膞，臠也。

《説文》「臠，切肉臠也」。字或作「脟」。《吕氏春秋·察今》篇「嘗一脟肉而知一鑊之味」，《淮南子·説山訓》「脟」作「臠」。臠者，分割之名。《史記·司馬相如傳·子虚賦》「脟割輪淬」，《集解》引郭璞云「脟，膞也，音臠」。胾之言裁也。《説文》「胾，大臠也」。《曲禮》「左殽右胾」，鄭注云「殽，骨體也，胾，切肉也，殽在俎，胾在豆」。膞之言剸也。卷一云「剸，斷也」。《説文》「膞，切肉也」。《淮南子·繆稱訓》「同味而嗜厚膞者，必其甘之者也」，高誘注云「厚膞，厚切肉也」。

臛謂之膗。

臛，經傳皆作「羹」。《爾雅》「肉謂之羹」，《太平御覽》引舊注云「肉有汁曰羹」。《釋名》云「羹，汪也，汁汪郎也」。膗之言汁也。字亦作「湆」。《士昏禮》「大羹湆在爨」，鄭注云「大羹湆，煮肉汁也，今文『湆』作

『汁』」。《少儀》云「凡羞，有湇者不以齊」。

魿、鯗、鮨，鮺也。

《說文》「鮺，藏魚也，南方謂之魿，北方謂之鮺」。《周官・庖人》「共祭祀之好羞」，鄭注云「若荊州之鮺魚，青州之蟹胥」。《釋名》云「鮓，菹也，以鹽米釀之如菹，熟而食之也」。字竝與「鮺」同。春秋衞庚公差字子魚，「差」亦「鮺」字也。《曲禮》「鹽曰鹹鹺」，鹺與「鮺」義亦相近。說見《釋言》「鮺，鹹也」下。《說文》「魿，鮺也，一曰大魚爲鮺，小魚爲魿」。《玉篇》作「鯵」，音才沇、才感二切。僖三十年《左傳》注云「昌歜，昌蒲菹也」，《釋文》「歜」在感反。在感與「才感」同音。昌蒲菹謂之歜，猶魚鮓謂之鯵矣。《說文》「鮨，魚䐩醬也，出蜀中」。《爾雅》「魚謂之鮨，肉謂之醢」，郭注云「鮨，鮓屬也」。

鱐、脘、膊、腊、膴、胏、脩、腒、腩，脯也。

《漢書・東方朔傳》云「乾肉爲脯」。《釋名》云「脯，搏也，乾燥相搏著也」。《周官・腊人》「掌乾肉，凡田獸之脯腊膴胖之事」，鄭注云「大物解肆乾之，謂之乾肉，薄析曰脯，捶之而施薑桂曰鍛脩，腊，小物全乾者」。鱐與「脩」聲近而義同。《說文》「䐹，乾魚尾䐹䐹也」，引《周官・庖人》「腒䐹」。今本作「腒鱐」，鄭衆注云「腒，乾雉，鱐，乾魚」。康成注《內則》與此同。《籩人》「朝事之籩，其實𪌉蕡白黑形鹽膴鮑魚鱐」，注云「鱐者，析幹之，出東海」。鱐，各本譌作「繡」，惟影宋本、皇甫本不譌。《說文》「脘，胃脯也」。《漢書・貨殖傳》「濁氏以胃脯而連騎」，晉灼注云「今太官常以十月作沸湯，燖羊胃，以末椒薑坋之，暴使燥，是也」。《說文》「膊，薄脯膊之屋上也」，徐鍇《傳》云「今人謂作脯爲膊脯也」。《方言》「膊，暴也，燕之外郊朝鮮洌水之閒，凡暴肉謂之膊」。《釋名》云「膊，迫也，薄豚肉迫著物使燥也」。《春秋繁露·求雨》篇云「敬進清酒膊脯」。《説文》「昔，乾肉也」，籀文作「𦠆」。隸作「腊」。《釋名》云「腊，乾昔也」。《噬嗑》六三「噬腊肉」，馬融注云「晞於陽而煬於火曰腊肉」。鄭注《腊人》云「腊之言夕也」。餘見卷二「焟，乾也」下。《説文》「膴，無骨腊也，揚雄説『鳥腊』」，引《腊人》「膴判」。今本作「膴胖」，鄭衆以「膴」爲膺肉，杜子春以爲夾脊肉，康成以爲牒肉大臠，皆與《説文》異義。案：《腊人》所掌皆乾肉之事，《説文》以「膴」爲腊，是也。《説文》「㿝，食所遺也」，引《噬嗑》九四「噬乾㿝」。今本作「胏」，《釋文》「馬云『肉有骨謂之胏』」，《字林》云『㿝，食所遺也，一曰脯也』，子夏作『脯』，荀、董同」。鄭衆注《周官·膳夫》云「脩，脯也」。《釋名》云「脩，縮也，乾燥而縮也」。《王風·中谷有蓷》篇「暵其脩矣」，毛傳云「脩，且乾也」。義與「脯脩」同。《説文》「北方謂鳥腊曰腒，《傳》曰『堯如腊，舜如腒』」。《士相見禮》云「摯，冬用雉，夏用腒」。《內則》「夏宜腒鱐」，盧植注云「腒，雉腊也」。案：卷三云「腒，久也」。《考工記·弓人》「及其大脩也」，鄭注云「脩，猶久也」。《周語》「厚味實腊毒」，《文選·七命》注引賈逵云「腊，久也，言味厚者其毒久」。是腊、脩、腒皆久也，故肉之久而乾者謂之腊，亦謂之脩，亦謂之腒矣。

臇、膹、䐑，臛也。

臛，字本作「膗」，亦作「𦞦」。《説文》「膗，肉羹也」。《釋名》云「𦞦，蒿也，香氣蒿蒿也」。鄭注《公食大夫禮》云「膷、臐、膮，今時膗也，牛曰膷，羊曰臐，豕曰膮，皆香美之名也」。「膮」音呼堯反。膷、臐、膮，一聲之轉。膮、膗聲相近也。《楚辭·招魂》「露雞臛蠵」，王逸注云「有菜曰羹，無菜曰臛」。《匡謬正俗》云「羹之與臛，烹煮異齊，調和不同，非係於菜也」。《説文》「臇，臛也」，或作「熼」。《楚辭・招魂》「酸鵠臇鳧」，王注云「臇，小臛也」。《文選》曹植《名都篇》「膾鯉臇胎鰕」，李善注引《倉頡解詁》云「臇，少汁臛也」。《説文》「雋，肥肉也」。雋與「臇」聲義相近。《説文》「膹，臛也」。《太平御覽》引《倉頡解詁》云「膹，臛多滓也」。《賈子・匈奴》篇云「美臛炙膹」。《鹽鐵論・散不足》篇云「彀膹鴈羹」。膹之言肥也。《禹貢》「厥土黑墳」，馬融注云「墳，有膏肥也」。義與「膹」相近。《説文》「䐣，切孰肉内於血中和也」。字亦作「䐪」。《釋名》云「肺䐪，䐪，饡也，以米糝之如膏饡也」。《太平御覽》引盧諶《祭法》云「四時祠皆用肺䐣」。

百葉謂之膍胵。

《説文》「膍，牛百葉也，一曰鳥膍胵」，或作「肶」。又云「胵，鳥胃也」。《莊子・庚桑楚》篇「臘者之有膍胲」，司馬彪注云「膍，牛百葉也」。《周官・醢人》「脾析」，鄭衆注云「脾析，牛百葉也」。《士喪禮下》篇注云「脾，讀爲『雞脾肶』之脾，脾析，百葉也」。《内則》「鴇奥、鹿胃」，注云「鴇奥，脾肶也」。脾肶與「膍胵」同。膍胵、脾析皆分析之貌，故又謂之百葉。

胃謂之胘。

《説文》「胘，牛百葉也」，徐鍇《傳》云「今俗言肚胘也」。《集韻》引服虔説「有角曰胘，無角曰肚」。❶《齊民要術》有牛胘炙。

❶ 引文《集韻》未見，見於《類篇》。

胓𦢊、䐑、膋，脂也。

鄭注《内則》云「凝者曰脂，釋者曰膏」。《玉篇》「胓𦢊，牛羊脂也」。𦢊與「𦢊」同。又云「䐑，臆中脂也」。《説文》「膫，牛腸脂也」，引《小雅·信南山》篇「取其血膫」，今本作「膋」。《郊特牲》「取膟膋燔燎」，注云「膟膋，腸閒脂也」。《内則》「肝膋」注同。

龍須謂之黔。

未詳。

餾、飵，賛也。

《説文》「餾，飯氣蒸也」。餾、飵皆蒸熟之名。《方言》云「甑，自關而東或謂之酢餾」。因此以立名也。餘見下條。

饙謂之餐。

《説文》「𩞁，滫飯也」，或作饙、餴。《大雅·泂酌》篇「可以餴饎」，毛傳云「餴，餾也」。《爾雅》「饙、餾，稔也」，孫炎注云「蒸之曰饙，均之曰餾」，郭璞注云「今呼餐飯爲饙，饙熟爲餾」，《釋文》引《字書》云「饙，一蒸米也」，又引《倉頡篇》「餐，饙也」。餐與「滫」同。餐之言羞也。卷三云「羞，熟也」。

焷謂之缹。

《玉篇》「缹，音缶，火熟也」。《小雅·六月》篇「炰鼈膾鯉」，《大雅·韓奕》篇「炰鼈鮮魚」，徐邈竝音甫九反。《韓奕》箋云「炰鼈，以火熟之也」。炰與「缹」同。《正義》引《通俗文》云「燥煮曰缹」。《禮運》「燔黍捭豚」，鄭讀「捭」爲擘，云「釋米擘肉，加於燒石之上而食之」。案：捭者，「焷」之借字。焷與「燔」一聲之轉，皆謂加於火上也。《鹽鐵論・散不足》篇云「古者燔黍食稗，而焷豚以相饗」，即用《禮運》之文。

⿰麥比⿱黎麥謂之䴭。

《釋言》云「糗、䴭，食也」。《玉篇》「䴭，糗也」，或作「麨」。《唐本草》注云「米麥麨，蒸米麥熬磨作之，一名糗」。《易林・賁之震》云「皃過稻廬，甘樂⿰麥贊䴭」。《玉篇》「䴭」充小切。䴭、糗聲相近，猶今人言「炒」也。說見下條。

糗、糇，糒也。

《說文》「糒，乾飯也」。《史記・李將軍傳》云「大將軍使長史持糒醪遺廣」。《說文》「糗，熬米麥也」。《粊誓》「峙乃糗糧」，鄭注云「糗，擣熬穀也」。《周官・籩人》「糗餌粉餈」，鄭衆注云「糗，熬大豆與米也」。昭二十五年《公羊傳》「敢致糗于從者」，何休注云「糗，糒也」。糗、糒皆乾也。《玉篇》「糗」音丘九、尺沼二切。糗之言炒，糒之言㷶也。《方言》「凡以火而乾五穀之類，關西隴冀以往謂之㷶，秦晉之閒或謂之焣」。焣與「炒」同。鄭注《籩人》云「鮑者，於楅室中糗乾之」。楅與「㷶」同。程氏易疇《通藝録》云：糗有擣粉者，有未擣粉者。籩實之「麷蕡白黑」，其糗之未擣粉者與？《既夕》篇之「四籩，棗糗栗脯」，直呼「糗餌」爲糗，則已擣之糗粉於餌者也。其已擣粉之糗，可和水而服之者，若今北方之「麪茶」，南方之「麪麨」，皆其類也。其未擣粉而亦可和水者，則鄭氏注「六飲」之「涼」云「今寒粥若糗飯雜水」是也。糇本作「餱」。《小雅・伐木》篇云「乾餱以愆」。《大雅・公劉》篇云「乃裹餱糧」。《爾雅》「餱，食也」。《說文》「餱，乾食也」，徐鍇《傳》云「今人謂飯乾爲餱」。

粰粖、糈，饊也。

《説文》「饊，熬稻張皇也」。《急就篇》「棗杏瓜棣饊飴餳」，顔師古注云「饊之言散也，熬稻米飯使發散也」。粰粖之言浮流，糈之言疏，皆分散之貌也。《北户録》注引《證俗音》云「今江南呼饊飯已煎米以糖餅之者爲粰粖」。

䊮、糉、粿、䵂、䴵，糈也。

糈通作「屑」。糈之言屑屑也。《玉篇》「糈，碎米也」。《廣韻》云「米麥破也」。《説文》「䊮，粲也」，「粲，䊮粲，散之也」。䊮與「糈」古聲義竝同。䊮之言瑣瑣也。《説文》「䊮，小麥屑之覈也」。《齊民要術》引《四民月令》云夏至後「糴䴬䊮」。糉之言濛濛也。下文「麴謂之糉」，義相近也。《説文》「䵂，麥覈屑也，十斤爲三斗」。《九章算術·粟米》章云「小䵂率十三半，大䵂率五十四」。䴵之言靡細也。米麥屑謂之䴵，猶玉屑謂之䴵。《楚辭·離騷》「精瓊䴵以爲粻」，王逸注云「䴵，屑也」。

䴭謂之䴬。

《太平御覽》引《倉頡解詁》云「䴬，細麩也」。《説文》「䴬，麥末也」，「䴭，麩也」。䴬、䴭，語之轉。䴭猶末也。

孰食謂之餕饔。

餕讀若「飧」。《小雅·祈父》篇「有母之尸饔」，毛傳云「熟食曰饔」。《大東》篇「有饛簋飧」，傳云「飧，熟食也」。合言之則曰飱饔。《周官·外饔》云「賓客之飱饔饗食之事」是也。昭二十五年《公羊傳》「餕饔未就」，何休注云「餕，熟食；饔，熟肉」。「餕饔」即飱饔。《淮南子·道應訓》「釐負羈遺之壺餕而加璧焉」，「壺餕」即壺飱。是飱、餕古通用。倒言之則曰饔飱。《孟子·滕文公》篇「饔飱而治」是也。

餻、䭭、𩚩、餣、䬻，餌也。

《説文》「鬻，粉餅也」，或作「餌」。《釋名》云「餌，而也，相黏而也」。餻，曹憲《音》「高」。今本《方言》「餌謂之餻，或謂之餈，或謂之𩚩，或謂之餣，或謂之䬻」。《太平御覽》引《方言》「餻」作「䭐」，又引郭注音恙。《玉篇》「䭐，餘障切，餌也」。《廣韻》同。《集韻》引《方言》「䭐，餌也」，或作「䭃」。與《廣雅》及今本《方言》皆異。未知孰是。《説文》「餈，稻餅也」，或作䭭、粢。《釋名》云「餈，漬也，烝糝屑使相潤漬餅之也」。《周官·籩人》「糗餌粉餈」，鄭注云「此二物皆粉稻米黍米所爲也，合蒸曰餌，餅之曰餈」，疏云「今之餈糕名出於此」。高誘注《呂氏春秋·仲秋紀》云「今之八月，比户賜高年鳩杖粉粢」。䬻之言圜也。今人通呼餌之圜者爲䬻。程氏易疇云「今吾歙猶呼社餈爲社餣」。

餦餭、飴、餩、餹，餳也。

《急就篇》云「棗杏瓜棣饊飴餳」。《説文》「餳，飴和饊也」。《方言》「凡飴謂之餳，自關而東陳楚宋衛之間通語也」。《釋名》云「餳，洋也，煮米消爛洋洋然也」。《方言》「餳謂之餦餭」，郭注云「即乾飴也」。《周頌·有瞽》釋文、正義引《方言》竝作「張皇」。《楚辭·招魂》「粔籹蜜餌，有餦餭些」，王逸注云「餦餭，餳也」。餦，各本譌作「粻」，今訂正。《内則》云「棗栗飴蜜以甘之」。《説文》「飴，米蘗煎也」。《釋名》云「飴，小弱於餳，形怡怡然也」。《方言》「飴謂之餃」，又云「餳謂之餹」，注云「江東皆言餹」。

餚謂之䬴。

《方言》「䬴謂之餚」，注云「以豆屑雜餳也」。《説文》「𧯷，豆飴也」。《太平御覽》引《倉頡解詁》云「䬴，飴中著豆屑也」。䬴與「𧯷」同。《淮南子·時則訓》「天子衣苑黄」，高誘注云「苑讀『𧯷飴』之𧯷」。

飦、⿰食匊、粘、⿰米尾、粖、粥、粰、糜、毇、糮，饘也。

饘，《玉篇》音之延切。《説文》「饘，糜也，周謂之饘，宋衛謂之餰」。僖二十八年《左傳》「甯子職納橐饘焉」，杜預注與《説文》同。飦，《玉篇》音記言切。《説文》「⿱侃鬲，鬻也」，或作餰、飦、鍵。《孟子·滕文公》篇「飦粥之食」，趙岐注云「飦，糜粥也」。《荀子·禮論篇》「酒醴餰鬻」。竝字異而義同。⿰食匊，《玉篇》音居六切。飦、⿰食匊語之轉。饘、鬻亦語之轉。鬻之爲⿰食匊，猶饘之爲飦，方俗音有侈弇耳。粘之言曼胡也。《爾雅》「餬，饘也」。《説文》「鬻，鍵也」。字竝與「粘」同。⿰米尾之言微，粖之言末也。《玉篇》「⿱尾米，粥粖也」，或作「⿰米尾」。《説文》「涼州謂鬻爲𩱡」，❶或作「粖」。麫謂之⿰米幾，饘謂之𩱡，義相近也。《爾雅》「鬻，糜也」，昭七年《左傳》釋文引孫炎注云「淖糜也」。《説文》「鬻，鍵也」。俗省作「粥」。《釋名》云「粥，濯於糜粥粥然也」。粰亦「糜」也。《月令》「行糜粥飲食」，《淮南子·時則訓》作「粰鬻」。《説文》「糜，糝也」。《釋文》云「糜，煮米使糜爛也」。「糏」謂之糜，「饘」謂之糜，義亦相近也。

---

❶「𩱡」，原作「鬻」，今據《説文解字》改。

湩謂之乳。

《説文》「湩，乳汁也」。《穆天子傳》「巨蒐之人，具牛馬之湩以洗天子之足」，郭璞注云「湩，乳也，今江南人亦呼乳爲湩」。《史記·匈奴傳》「不如湩酪之便美」，《漢書》「湩」作「重」。案：湩者，重濁之意。故《廣韻》云「湩，濁多也」。卷三云「穜、蓐，厚也」。穜與「湩」，蓐與「乳」，聲義竝相近。

清酌、清英、醴、醪、醍、瀝、湑、醝、酎、酏、醁，酒也。

《曲禮》云「凡祭宗廟之禮，酒曰清酌」。《説文》「醠，濁酒也」。《周官·酒正》「辨五齊之名，一曰泛齊，二曰醴齊，三曰盎齊，四曰緹齊，五曰沈齊」，鄭注云「盎，猶翁也，成而翁翁然蔥白色，如今酇白矣」。《祭統》「夫人薦盎」，❶鄭注云「設盎齊之薦也」。《淮南子·説林訓》「清醠之美，始於耒耜」，高誘注云「清醠，酒也」，《周禮》『醠齊』是」。案：《酒正》注云「自醴以上尤濁，盎以下差清」，故「盎齊」有「清盎」之名。而《説文》以爲濁酒者，盎齊在清濁之閒，比於泛齊、醴齊則爲清，比於緹齊、沈齊則爲濁也。醠、醠、盎、英，字異而義同。《太平御覽》引《淮南子》「清醠」作「清英」。各本「英」字誤入曹憲《音》内，今訂正。《説文》「醴，酒一宿孰也」。《文選·南都賦》注引《韓詩》云「醴，甛而不泲也」。《酒正》注云「醴猶體也，成而汁滓相將，如今恬酒矣」。恬與「甛」同。《説文》「醪，汁滓酒也」。《列子·湯問》篇云「臭過蘭椒，味過醪醴」。《禮運》云「粢醍在堂」。《酒正》注云「緹者，成而紅赤，如今下酒矣」。緹與「醍」同。《釋名》云「緹齊，色赤

❶ 「祭統」，據引文當作「祭義」。

如緹也」。下文云「緹，赤也」。《楚辭·大招》「吴醴白櫱，和楚瀝只」，王逸注云「瀝，清酒也」。《説文》「醹，厚酒也」。《大雅·行葦》篇「酒醴維醹」，毛傳云「醹，厚也」。《集韻》云「醹」或作「渪」。渪猶乳也。乳與「酒」古聲相近而義同。《北堂書鈔》引《春秋説題辭》云「酒之言乳也」。《太平御覽》引《春秋元命包》云「文王四乳，是爲含良，善法酒旗，布恩舒明」，宋均注云「乳，酒也」。《衆經音義》卷九引《通俗文》云「白酒曰醝」。《酒正》釋文云「酇白，即今之白醝酒也」。張華《輕薄篇》云「蒼梧竹葉清，宜城九醖醝」。《説文》「酎，三重醇酒也」。襄二十二年《左傳》「見於嘗酎」，杜注云「酒之新熟重者爲酎」。《月令》孟夏之月「天子飲酎」，鄭注云「酎之言醇也，謂重釀之酒也」，《正義》云「酎音近稠，稠者醲厚，故爲醇也」。《漢書·景帝紀》張晏注云「正月旦作酒，八月成，名曰酎，酎之言純也，至武帝時，因八月嘗酎，會諸侯廟中，出金助祭，所謂酎金也」。《説文》「酏，黍酒也」，「醶，酒母也」。《玉篇》「醶，麥酒不去滓飲也」。《齊民要術》有「蜀人作醶酒法」。

酪、截、醇，漿也。

《禮運》「以爲醴酪」，鄭注云「酪，酢截也」。《説文》「截，酢漿也」。鄭注《内則》云「漿，酢截也」。《漢書·食貨志》云「醴截灰炭」。《周官·漿人》「水漿醴涼醫酏」，鄭注云「涼，今寒粥若糗飯雜水也」。《膳夫》注「涼」作「醇」。《内則》「漿水醷濫」，注云「濫，以諸和水也，以《周禮》六飲校之，則『濫』涼也」。《説文》「醇，雜味也」。又云「犕，白黑雜毛牛也」，「犉，犕牛也，《春秋傳》曰犕犉」。雜和謂之醇，雜毛牛謂之犉，其義一也。

醦、醶、醶、醓、酸、酮、醂，酢也。

《廣韻》「醦，酢甚也」。《説文》「醶，酢也」，「酢，醶也」。醦、醶、醶聲竝相近。《説文》「醓，酸也」。醓與「醓」同。《説文》「酸，酢也，關東謂酢曰酸」。《楚辭·大招》「吴酸蒿蔞」，一作「吴酢醬醯」。《玉篇》「酮，酢欲壞也」。又云「醂，許角切，酢也」。《廣韻》「醂，酢味也」。《玉篇》「嚛，火沃切，伊尹曰『酸而不嚛』」。《吕氏春秋·本味》篇作「酸而不酷」。竝聲近而義同。各本皆脱「醂」字。《酉陽雜俎·酒食》篇「醦、醶、酮、醂，醋也」，「酪、截、醇，漿也」，「䤈、酸、醖、醸、鰞，鹽也」，「醓、醋、醬醯、鹼，醬也」。以上四條，皆本《廣雅》。今據補。

醞、醋、釀，酘也。

《集韻》引《字林》云「酘，重醞也」。《北堂書鈔》引《酒經》云「牐醽九投，澄清百品」。投與「酘」通。《説文》「醞，釀也」，「釀，醞也，作酒曰釀」。醋，曹憲《音》「汝吏反」。《集韻》引《字林》云「醋，重釀也」。字亦作「酣」。《玉篇》「酣，重釀也」。案：醋之言佴也，仍也。《爾雅》「佴，貳也」。《廣雅》「仍，重也」。醋，各本譌作「醋」。今據曹憲《音》訂正。

䝨謂之豉。

此謂豆豉也。豉，《説文》作「敊，配鹽幽尗也」，徐鍇《傳》云「幽，謂造之幽暗也」。䝨猶寑也。下文云「寑，幽也」。《集韻》「䝨，幽豆也」。豉之言暗也，謂造之幽暗也。

寑、醯、鬱、辟，幽也。

此通謂藏食物也。「幽」字義見上條。卷四云「寖，藏也」。藏與「幽」同義。《説文》「醓，孰𥻨也」。《玉篇》余心、才心二切。醓之言淫也。韋昭注《晉語》云「淫，久也」。「鬱」者鬱積，「廦」者隱辟，故皆訓爲「幽」也。《説文》「䔎，韭鬱也」。

䴷、䴸、䴽、䴵、䴺、䵆，麴也。

《説文》「𥻨，酒母也」，或作「鞠」。今經傳皆作「麴」。《釋名》云「麴，朽也，鬱之使生衣朽敗也」。《方言》「䴺、䴷、䴸、䴵、䴽、䵆、䴹，麴也，自關而西秦豳之閒曰䴺，晉之舊都曰䴷，齊右河濟曰䴸，或曰䴵，北鄙曰䴽，麴，其通語也」。《説文》「䴷，餠𥻨也」。《方言》注云「今河東人呼麴爲䴷」。案：䴷之言哉也。《爾雅》「哉，始也」。麴爲酒母，故謂之䴷。《説文》「䴸，餠𥻨也」。䴽之言卑小也。《方言》注云「䴽，細餠麴也」。又云「䴵，大麥麴也」。《説文》「䴺，餠𥻨也」。「䴺」亦始也。説見《釋言》「𣪊，培也」下。䵆之言蒙也。《説文》「䵃，𥻨生衣也」。《方言》注云「䵆，有衣麴也」。䵃、䵆、䵆竝同。

𪉷、𪊁、𪊃、𪊆𪊊、𪉺，鹽也。

《説文》「鹽，鹹也」。《玉篇》「𪉷，煎鹽也」。《廣韻》「𪊁，南方名鹽也」。《玉篇》「𪊆𪊊，戎鹽也」。《廣韻》同。《神農本草》云「戎鹽主明目」。各本俱脱「𪊊」字，今據《酉陽雜俎》補。《廣韻》「𪉺，蜀人呼鹽也」。

𨣣、𨢽、𨠔𨡕、𨣯、醶、醖、𨣃、𨡙，醬也。

《説文》「𨣯，擣榆醬也」。𨣯與「𨣣」同。《玉篇》云「𨣣，𨠔𨡕也，或作『𨣯』」。《説文》「𨠔𨡕，榆醬也」。《齊民要術》引《四民月令》云「榆莢色變白將落，可作𨠔𨡕」。《楚辭・大招》「吴酸蒿蔞」，王逸注云「或曰『吴酸**醬醶**』，醬醶，榆醬也」。《玉篇》「醶醏，醬也」，即「醬醶」之轉聲。各本脱去「醷」字。《集韻》《類篇》竝引《廣雅》「醷，醬也」。《酉陽雜俎》作「鱯」，云「醢、醣、醬醶、鱯，醬也」。《玉篇》「鱯，南方呼醬也」。今據補。《説文》「盬，血醢也，《禮》有盬醢，以牛乾脯粱麴鹽酒也」。《釋名》云「醢多汁者曰醓，醓，瀋也，宋魯人皆謂汁爲瀋」。**醓**與「盬」同。《大雅·行葦》篇「醓醢以薦」，毛傳云「以肉曰醓醢」。《周官·醢人》「韭菹醓醢」，鄭注云「醓，肉汁也」。《爾雅》「肉謂之醢」。《説文》「醢，肉醬也」。又云「醢，醬也」。《玉篇》「醢，醢醬也」。

䪢、䪥、蘸、䔰、葢、醃、蘫，葅也。蘫。

《説文》「菹，酢菜也」，或作蕰、❶藴。又云「蕰，醢也」，或作「蘫」。字竝與「葅」同。《周官·醢人》「王舉，則共醢六十罋，以五齊七醢七菹三臡實之」，鄭注云「齊，當爲『齏』，凡醯醬所和，細切爲齏，全物若牒爲菹」。《少儀》曰『麇鹿爲菹，野豕爲軒，皆牒而不切，麇爲辟雞，兔爲宛脾，皆牒而切之，切葱若薤，實之醯以柔之』，由此言之，則齏、菹之稱菜肉通」。《内則》與《少儀》同，鄭注云「此軒、辟雞、宛脾皆菹類也，釀菜而柔之以醯，殺腥肉及其氣」。案：菹之言租也。《豳風·鴟鴞》篇「予所蓄租」，《韓詩》云「租，積也」。《説文》「䪢，䪥也」，或作「齏」。《周官》《禮記》作「齊」。字竝同。**䪢**者，細碎之名。《莊子》言「**䪢**粉」，是也。《説文》「**䪥**，**䪢**也」。《太平御覽》引《通俗文》云「淹韭曰**䪢**，淹薤曰**䪥**」。**蘸**之言釀也。《内則》注「釀菜」是也。

❶「薀」，原作「蕰」，今據《説文解字》改。

《説文》「䓛，韭鬱也」。《太平御覽》引《倉頡解詁》云「䓛，酢菹也」。上文云「盞謂之蘊」。「蘊」亦與葅同。

盞之言烝也，衆積之名也。《爾雅》云「烝，衆也」。醃之言淹漬也。《玉篇》引《倉頡篇》云「腌，酢淹肉也」。

《鹽鐵論·散不足》篇云「煎魚切肝，羊淹雞寒」。腌、淹竝與「醃」通。《説文》「灆，瓜菹也」。灆之言濫也。

《晉語》「宣公夏濫於泗淵」，❶韋昭注云「濫，漬也」。《釋名》云「桃濫，水漬而藏之，其味濫濫然酢也」。義

與「灆」相近。灆，曹憲《音》「藍」。各本脱去「灆」字，其《音》内「藍」字又誤入正文。今訂正。《説文》「菹，

菹也」，或作「濫」。竝與「灆」同。《集韻》引《廣雅》「灆，葅也」。今本脱「灆」字。

甛、甙、曋，甘也。

《説文》「甛，美也」。《周官》注通作「恬」。《説文》「曋，甛長味也」。王褒《洞簫賦》云「良曋曋而有味」。曋

與「曋」同。

穅謂之糩。

穅之言康也。《爾雅》「康，虚也」。《説文》「穅，穀之皮也」，或作「康」。隷省作穅、康。《爾雅》云「康謂之

蠱」。

泔、潘，瀾也。

《説文》「灡，潘也」。《周官·槁人》注「潘灡戔餘」，灡與「瀾」同。潘，《玉篇》音孚袁切。《説文》「潘，淅米

❶「晉語」，據引文當作「魯語」。

汁也」。哀十四年《左傳》「遺之潘沐」，杜注云「潘，米汁，可以沐頭」。《内則》「燂潘請靧」，鄭注云「潘，米瀾也」。《衆經音義》卷九云「潘」《倉頡篇》作「瀊」。《周官・槁人》釋文云「潘」本或作「蕃」。竝字異而義同。《説文》「周謂潘曰泔」。《衆經音義》云「江北名泔，江南名潘」。

潲、濯，滫也。

《説文》「滫，久泔也」。《荀子・勸學篇》「蘭槐之根是爲芷，其漸之滫，君子不近，庶人不服」，楊倞注云「滫，溺也」。案：滫謂久泔也。褚少孫續《三王世家》「傳曰『蘭根與白芷，漸之滫中，君子不近，庶人不服』」，徐廣音義云「滫者，淅米汁也」。《淮南子・人閒訓》「申茮杜茝，美人之所懷服也，及漸之於滫，則不能保其芳矣」，高誘注云「滫，臭汁也」。《晏子・雜》篇「今夫蘭本，三年而成，湛之苦酒，則君子不近，庶人不佩」。義竝相近也。《玉篇》「潲，臭汁也，潘也」。《集韻》云「汛潘以食豕也」。《士喪禮》「渜濯棄于坎」，鄭注云「沐浴餘潘水也」。皇侃《喪大記》疏云「濯，謂不浄之汁也」。《爾雅・釋木》「梢，梢擢」，郭注云「謂木無枝柯，梢擢長而殺者」。長謂之脩，亦謂之梢，亦謂之擢。臭汁謂之滫，亦謂之潲，亦謂之濯。事雖不同，而聲之相轉則同也。

澱謂之滓。

滓之言緇也。《釋名》云「泥之黑者曰滓」。《説文》「滓，澱也」。澱之言定也，其滓定在下也。《爾雅》「澱謂之垽」。《説文》「澱，滓垽也」。又云「⿰黑展謂之垽，垽，滓也」。⿰黑展與「澱」同。

鯹、鱢、鬱、菸、腐、⿰歹丂、⿱㚘食、餧、羶、餲、䭲、饖、焦、煙、膱，臭也。

鯹、鱢通作腥、臊。《内則》「鳥皫色而沙鳴，鬱」，鄭注云「鬱，腐臭也」。《周官・内饔》「鬱」作「貍」，徐邈音於弗反。《晏子春秋・諫》篇云「酒醴酸，不勝飲也，府粟鬱，不勝食也」。《荀子・正名篇》云「香臭芬鬱腥臊洒酸奇臭，以鼻異」。《説文》「菸，鬱也」。《玉篇》云「臭草也」。《吕氏春秋・盡數》篇云「流水不腐」，是「腐」爲臭也。《列子・周穆王》篇云「饗香以爲朽，嘗甘以爲苦」，是「朽」爲臭也。朽與「殉」同。《玉篇》「餈，臭敗之味也」。《爾雅》「肉謂之敗，魚謂之餒」，《釋文》云「餒，《字書》作『鮾』」。《論語・鄉黨》篇「魚餒而肉敗」，皇侃疏云「餒，謂魚臭壞也」。《爾雅》「餀謂之餘」。《説文》「餀，食臭也」。《廣韻》「餀」呼艾切，或作「䭐」。《論語》「食饐而餲」，餲與「䭐」聲近義同。䭐，曹憲《音》「許戒反」。各本「䭐」譌作「鰨」。《集韻》「䭐」許介切，引《廣雅》「䭐，臭也」。「許介」與「許戒」同音，今據以訂正。《廣韻》「䭆，䭆臭也」。䭆與「餲」同。饖之言穢也。《説文》「饖，飯傷熱也」。《爾雅》「食饐謂之餲」，郭注云「飯饖臭也」，《釋文》引《倉頡篇》云「饖，食臭敗也」。饖、餲、饐一聲之轉。《大戴禮・曾子疾病》篇「貸乎如入鮑魚之次」，明《永樂大典》本「貸」作「膱」。是「膱」爲臭也。膱、貸古字通。《考工記・弓人》注「樴，讀爲『脂膏膱敗』之膱」，《釋文》引吕忱云「膱，膏敗也」。膱與「樴」亦同義。焦、煙之訓爲臭，謂「聲臭」之臭也。《月令》云「其臭焦」。《周官・大宗伯》「以禋祀祀昊天上帝」，鄭注云「禋之言煙，周人尚臭，煙，氣之臭聞者」。

芳、馣、馝、馞、膮、馦、馤、膷、臐、馨、馫、馛，香也。馩馧。

司馬相如《上林賦》云「晻薆咇茀」。此釋其義也。馣與「晻」通。《玉篇》「馤，香也」。馤與「薆」通。合言之則曰馣馤。《文選・上林賦》注云「《説文》『馣馤，香氣奄藹也』」。馣與「晻」，馤與「薆」，音義同。《史記・司馬相如傳》作「晻曖苾勃」。張衡《南都賦》云「晻曖蓊蔚，含芬吐芳」。曹植《王仲宣誄》云「芳風晻藹」。竝字異而義同。此釋《上林賦》之文，則「馣」下當有「馤」字，蓋傳寫遺脱也。《説文》「苾，馨香也」，「飶，食之香也」。《玉篇》「咇，芳香也」，「馝，大香也」。《小雅・楚茨》篇云「苾芬孝祀」。《周頌・載芟》篇云「有飶其香」。馝、咇、飶、苾竝通。《文選・蘇武詩》注引《韓詩》「馥芬孝祀」。馥與「馝」古亦同聲。漢《帝堯碑》云「生自馥芬」，《張表碑》云「有馥其馨」，皆本《韓詩》也。《玉篇》「馞，大香也」。揚雄《甘泉賦》云「香芬茀以穹隆兮」。張衡《七辯》云「芳以薑椒，拂以桂蘭」。郭璞《椒贊》云「馞其芬辛」。馞、拂、茀竝通。合言之則曰馝馞。《文選・上林賦》注云「郭璞曰『香氣盛馝馞也』」。馝馞、咇茀音義同。香盛謂之馝馞，猶水盛謂之滭浡。餘見《釋訓》「馥馥、馞馞、馣馣，香也」下。馝，各本作「苾」，蓋後人以意改之。《集韻》《類篇》竝引《廣雅》「馝馞，香也」，今據以訂正。又各本脱去「馞」字，今據補。《説文》「膮，豕肉羹也」。《公食大夫禮》「膷以東，臐、膮、牛炙」，鄭注云「膷、臐、膮，今時臛也，牛曰膷，羊曰臐，豕曰膮，皆香美之名也，古文『膷』作『香』，『臐』作『薰』」。案：膷、臐、膮一聲之轉。「膮」亦臛也。臛字或作「膈」。《釋名》云「膈，蒿也，香氣蒿蒿也」。「膷」亦香也。「臐」亦薰也。《廣韻》「馠，小香也」，「馦，香氣也」，「嗛，香美也」。《釋訓》篇云「馠馠、馦馦，香也」。嗛與「馦」同。馠與「馠」同。《集韻》「薟，香草也」。薟，各本譌作「薟」，今訂正。《玉篇》「馛，大香也」。《釋訓》云「馛馛，香也」。《廣韻》「馩馧，香氣也」。《集韻》《類篇》竝引《廣雅》「馩馧，香也」。今本脱「馩馧」二字。

鼐、鼒、鑴、鍇、鬵，鼎也。

《説文》「鼎，三足兩耳，和五味之寶器也」。《九家易》云「牛鼎受一斛，天子飾以黄金，諸侯白金，羊鼎五斗，大夫飾以銅，豕鼎三斗，士飾以鐵」。《爾雅》「鼎絶大謂之鼐」，郭璞注云「最大者」。「圜弇上謂之鼒」，孫炎注云「斂上而小口者」。《周頌·絲衣》篇「鼐鼎及鼒」，毛傳云「大鼎謂之鼐，小鼎謂之鼒」。《説文》引《魯詩》説「鼐，小鼎也」。又云「鑴，瓽也」。瓽今俗作「鐺」。鐺形三足似鼎，故唐薛大鼎、鄭德本、賈敦頤號「鐺腳刺史」。鐺又謂之鑴。鑴亦三足之名也。《史記·天官書》云「小三星隅置曰觜觿」。《廣韻》鑴、觿竝許規、户圭二切，義相近也。《説文》「鬹，三足釜也」。鬹與「鑴」聲義亦相近。《玉篇》「鐟，銅器三足有耳也」。《淮南子·説山訓》「鼎鐟日用而不足貴」，高誘注云「鐟，小鼎」。字或作「⿰鼎朁」。《説林訓》「水火相憎，⿰鼎朁在其閒，五味以和」，注云「⿰鼎朁，小鼎，一曰鼎無耳爲⿰鼎朁」。案：鐟者，小貌也。説見上文「⿰車龍、⿰車堯，⿰車朁也」下。《玉篇》「鬵，大鼎也」。

鬵謂之䰝。

《爾雅》「䰝謂之鬵」。《方言》「甑，自關而東或謂之甗，或謂之鬵」。甑與「䰝」同。《説文》「䰝，鬵屬也」。又云「甑，甗也」，籀文作「⿲弓⿱曾鬲弓」。《考工記·陶人》爲甑「實二鬴，厚半寸，脣寸，七穿」。《説文》「鬵，大釜也，一曰鼎大上小下若甑曰鬵」，古文作「⿲弓⿱兟鬲弓」。《檜風·匪風》篇「溉之釜鬵」，毛傳云「鬵，釜屬」。

𣯛、氂、⿱髟亂、⿱毛毛、髦，毛也。

《説文》「𣯛，彊曲毛，可以著起衣」，古文作「庲」。《玉篇》音力之切。《衆經音義》卷九「氂」力之反，引《三倉》云「氂，毛也」。《漢書·王莽傳》莽好「以氂裝衣」，顔師古注云「毛之强曲者曰氂，以裝褚衣中，令其張起也」。褚與「著」同，即《説文》所云「彊曲毛可以著起衣」者也。彊曲猶「屈彊」也。《漢書》有劉屈氂，義取諸此與？《淮南子・説山訓》「馬氂截玉」，高誘注云「氂，馬尾也」。犛、庲、氂、氂竝同。氂又音毛。《説文》「氂，犛牛尾也」。《玉篇》音莫袍切。字通作「旄」。《禹貢》「齒革羽旄」，傳云「旄，旄牛尾也」，《正義》云「《説文》『犛，西南夷長毛牛也』，此犛牛之尾，可爲旌旗之飾，經傳通謂之『旄』」。《牧誓》云『右秉白旄』，《詩》云『建旐設旄』，皆謂此牛之尾也」。《説文》「氋，毛氋也」。「鬣，髮鬣鬣也」，或作毼、獵。竝字異而義同。《説文》「毳，獸細毛也」。又云「髦，髮也」。

𣬛謂之毫。

毫、𣬛通作豪、翰。

䎃、翑、翉、翭、翪、風、狄，羽也。

《玉篇》「䎃，音乎，細毛也」。《廣韻》云「翮下羽也」。䎃，各本譌作「䎃」。《集韻》《類篇》竝引《廣雅》「䎃、翑，羽也」。今據以訂正。《玉篇》「翑，翮下弱羽也」。翑之言姁姁也。《釋訓》云「姁姁，弱也」。《廣韻》「翉，翮上短羽也」。《説文》「翭，羽初生皃」。《續漢書・禮儀志》注引《通俗文》云「細毛曰翭」。《淮南子・人閒訓》鴻鵠「奮翼揮䎘」，高誘注云「䎘，六翮之末也」。䎘與「翪」同。䎘者，微末之名，猶車軸兩端謂之轊矣。《邶風・簡兮》篇「右手秉翟」，毛傳云「翟，翟羽也」。《樂記》「干戚旄狄以舞之」，狄與「翟」同。

䩐、翄，翼也。

䩐通作「革」。《説文》「䩐，翄也」。《小雅・斯干》篇「如鳥斯革」，毛傳云「革，翼也」，《釋文》「革，《韓詩》作

「翱」，云「翅也」」。翅與「翍」同。《説文》「翍，翼也」，或作「翄」。《周官》作「翨」。竝字異而義同。翄，各本譌作「鞁」，今訂正。

𣯫毦、𣭤、毼、𣯧、𣭢、氃氍、𣰆、𩊠、𣬶、𡛸、氀，罽也。

《説文》「**𦅫**，西戎毳布也」。𦅫與「罽」通。《逸周書·王會》篇云以「白旄紕罽」爲獻。《爾雅》「氂，罽也」，舍人注云「罽，戎人績羊毛而作衣」。《漢書·高祖紀》注云「罽，織毛，若今毼及氍毹之類也」。《玉篇》「𣯫毦，罽曲文者」。《後漢書·宦者傳》云「金銀罽毦，施於犬馬」。「罽」謂之毦，故凡以毛羽爲飾者，通謂之毦。《晉語》注云「鳥羽繫於背，若今軍將負毦矣」。《後漢書·西南夷傳》注云「毦，即今馬及弓槊上纓毦也」。毦，吴琯以下諸本皆譌作「旺」，惟影宋本、皇甫本、畢本不譌。毦，曹憲《音》「二」。畢本「二」譌作「三」，吴本以下「三」字又譌作「毛」，惟影宋本、皇甫本不譌。《衆經音義》卷一引《字林》云「罽之方文者曰𣭤」，又引《通俗文》云「織毛曰罽，邪文曰𣭤」。《廣韻》「毼，毛布也」。陳琳《神武賦》云「罽毼皮服」。《豳風·七月》篇「無衣無褐」，鄭箋云「褐，毛布也」。褐與「毼」同。氃氍即「氍毹」也。《廣韻》「氃，毼毲也」。《太平御覽》引《通俗文》云「織毛褥謂之氍毹，細者謂之毼毲」。《衆經音義》卷九引《通俗文》云「細礹謂之磫礭」。義與「氃氍」相近也。𣰆𩊠亦罽之細者也。𣰆之言繁縟，𩊠之言蒙戎也。《説文》「鞲，韋毳飾也」。鞲與「𩊠」同義。𣬶𡛸猶「𣰆𩊠」也。《廣韻》「𣬶𡛸，輕毛皃」。《太平御覽》引《通俗文》云「細葛謂之𣬶𡛸」。義竝相近也。氀之言摟也。《爾雅》「摟，聚也」。《衆經音義》卷十四引《通俗文》云「毛布曰氀」。卷二引《聲類》云「氀毼，毛布也」。《後漢書·烏桓傳》云婦人能織「氀毼」。

金、鍇，鐵也。

《楚語》引《書》曰「若金用女作礪」，是「金」爲鐵也。《説文》「九江謂鐵曰鍇」。《史記・高祖功臣侯表》索隱引《三倉》同。張衡《南都賦》云「銅錫鉛鍇」。左思《吴都賦》云「琨瑶之阜，銅鍇之垠」。鍇之言劼也。《爾雅》云「劼，固也」。《方言》云「鍇，堅也，自關而西秦晉之間曰鍇」。

白銅謂之鋈。

《秦風・小戎》篇「陰靷鋈續」，毛傳云「鋈，白金也」，鄭箋云「鋈續，白金飾續靳之環」，《正義》云「金銀銅鐵，總名爲金，此設兵車之飾，或是白銅白鐵，未必皆白銀也」。

赤銅謂之錫。

《大雅・韓奕》篇「鉤膺鏤錫」，毛傳云「鏤錫，有金鏤其錫也」，鄭箋云「眉上曰錫，刻金飾之，今當盧也」。案：人眉上謂之揚，故刻金爲飾，當馬眉之上，謂之鏤錫。據傳云「有金鏤其錫」，則「錫」非金名矣。此訓「錫」爲赤銅，與毛、鄭異義，或本於三家與？錫，各本譌作「鍚」，惟影宋本、皇甫本不譌。

水銀謂之澒。

《説文》「澒，丹沙所化爲水銀也」。《淮南子・墬地形訓》云「赤丹七百歲生赤澒」。澒，各本皆作「汞」。案：《太平御覽》及嘉祐補注《本草》《圖經本草》引《廣雅》竝作「澒」。《圖經》云：按《廣雅》「水銀謂之澒」，丹竈家乃名「汞」。蓋字亦通用耳。據此，則舊本《廣雅》作「澒」。後人多見「汞」字，少見「澒」字，遂改「澒」爲「汞」耳。今訂正。

鐵朴謂之礦。

《説文》「磺，銅鐵樸石也」。《周官・卝人》注云「卝之言礦也，金玉未成器曰礦」。王褒《四子講德論》作「鑛」。竝字異而義同。

鉛礦謂之鏈。

鏈通作「連」。《史記・貨殖傳》「江南出枏梓薑桂金錫連」，徐廣音義云「連，鉛之未鍊者」。《漢書・食貨志》「殺以連錫」，李奇注云「鉛錫樸名曰連」。

鏅、鋇、鋁、鉿、鑖、鍱，鋌也。

《説文》「鋌，銅鐵樸也」。《淮南子・脩務訓》「苗山之鋌」，《文選・七命》注引許慎注同。《鹽鐵論・殊路》篇云「於越之鋌不厲，匹夫賤之」。《廣韻》「鋇，柔鋌也」，「鉿，二尺鋌也」。各本皆脱鑖、鍱二字。《玉篇》「鑖，小鋌也」，「鍱，鋌也」。鑖之言蔑也。鄭注《君奭》云「蔑，小也」。《文選・七命》「鍱越鍛成」，李善注「鍱，或爲鐷」，引《廣雅》「鐷，鋌也」。鐷與「鍱」同。《廣韻》「鍱」字注引《廣雅》「鍱，鋌也」。《集韻》《類篇》「鋌」字注竝引《廣雅》「鑖、鍱，鋌也」。是鑖、鍱二字在「鋌」字之上，今據補。

戉、戚，斧也。

《説文》「斧，斫也」。鄭注《檀弓》云「斧形旁殺，刃上而長」。戉，今作「鉞」。《説文》「戉，大斧也」，引《司馬法》「夏執玄戉，殷執白戚，周左杖黄戉，右把白旄」。《六韜・軍用》篇云「大柯斧刃長八寸，重八斤，柄長五尺以上，一名天鉞」，「伐木天斧重八斤，柄長三尺以上」。戉，各本譌作「戊」，今訂正。《説文》「戚，戉也」。《大雅·公劉》篇「干戈戚揚」，毛傳云「戚，斧也，揚，鉞也」。戚，《春秋左傳》作「鏚」。

鏦謂之斨。

《豳風·七月》篇「取彼斧斨」，毛傳云「斨，方銎也」。《破斧》傳云「隋銎曰斧」。銎謂受柄之孔也。《釋名》云「斨，戕也，所伐皆戕毁也」。

鑱謂之鈹。

鈹之言破也。《説文》「鈹，大鍼也」。《靈樞經·九鍼十二原》篇云「鈹鍼長四寸，廣二分半，末如劍鋒」。鑱之言劖也。《説文》「鑱，鋭也」，「劖，剽也」，「剽，砭刺也」。《史記·扁鵲傳》「鑱石撟引」，《索隱》云「鑱謂石針也」。

鐫謂之鏨。

鏨之言斬也。《説文》「鏨，小鑿也」。又云「鐫，破木鐫也，一曰瑑石也」。《釋名》云「鐫，鐏也，有所鐏入也」。

銍謂之刉。

《説文》「銍，穫禾短鎌也」。《管子·輕重乙》篇「一農之事，必有一耜一銚一鎌一鎒一椎一銍，然後成爲農」。《釋名》云「銍，穫禾鐵也，銍銍，斷禾穗聲也」。《周頌·臣工》篇「奄觀銍艾」，毛傳云「銍，穫也」。艾與「刈」同。「穫」謂之銍，亦謂之刈。故穫器謂之銍，亦謂之刈。《齊語》云「挾其槍刈耨鎛」，是也。《太平御覽》引《纂文》云「江湘以銍爲刉」。刉者，斷割之名。《釋畜》篇云「攻，犗也」。攻與「刉」聲義同。

划、鉊、舠、鍥、鏺，鎌也。

《墨子·備城門》篇云「長鎌柄長八尺」。《六韜·軍用》篇云「芟草木大鎌，柄長七尺以上」。《説文》「鎌，鍥也」。字或作「鐮」。《釋名》云「鐮，廉也，體廉薄也」。《方言》云「刈鉤，江淮陳楚之閒謂之鉊，或謂之鐹，自關而西或謂之鉤，或謂之鎌，或謂之鍥」。鐹與「划」同。鉤與「舠」同。划之言過也，所割皆決過也。「鉤孑戟」謂之「戈」，義與此同也。《説文》「鉊，大鎌也，鎌或謂之鉊，張徹説」。《管子·輕重己》篇云「鉊鉛乂櫌」。鉊之言釗也。《説文》「釗，刓也」，「刓，剸也」。又云「舠，鎌也」。《急就篇》「鈐鏑鉤銍斧鑿鉏」，顔師古注云「鉤，即鎌也，形曲如鉤，因以名云」。《淮南子·氾論訓》「木鉤而樵」，高誘注與《説文》同。《説文》「鍥，鎌也」。鍥之言契也。《爾雅》「契，絶也」，郭注云「今江東呼刻斷物爲契斷」。《説文》「鏺，兩刃有木柄，可以刈草，讀若撥」。《六韜·農器》篇云「春鏺草棘，夏耨田疇」。鏺之言撥也。《大雅·蕩》箋云「撥，猶絶也」。

銎謂之銎。

《説文》「銎，斤斧穿也」。《豳風·七月》傳云「斨，方銎也」。《破斧》傳云「隋銎曰斧」。銎之言空也，其中空也。斤斧穿謂之銎，猶車穿謂之釭。釭、銎聲相近，説見上文「鐹、錕，釭也」下。《方言》「矛骹謂之銎」，郭注云「矛刃下口」。則凡鐵之空中而受柄者，皆謂之銎矣。《六韜·軍用》篇「方胸鋋矛千二百具」，胸即「銎」字也。銃、銎聲亦相近。《太平御覽》引《通俗文》云「鑿充曰銃」。

鍱、鋂、鏤，鐶也。

鐶古通作「環」。《説文》「鋂，大環也，一環貫二者」。《齊風·盧令》篇「盧重鋂」，毛傳云「鋂，一環貫二也」。《廣韻》「鏝，重環也」。鏝與「鋂」聲相近，説見卷一「挴、䔲，慙也」下。

鹿觡、鐖、釣，鉤也。

《説文》「鉤，鐵曲也」。《方言》「鉤，宋楚陳魏之閒謂之鹿觡，或謂之鉤格，自關而西謂之鉤，或謂之鐖」。鹿觡謂鉤形如鹿觡也。《方言》注云「或呼鹿角」。《玉篇》「觡，麋鹿角也，有枝曰觡，無枝曰角」。觡之言枝格也。《史記·律書》云「角者，言萬物皆有枝格如角也」。格與「鉤」同義，故鉤或謂之鉤格。《淮南子·主術訓》云「桀之力别觡伸鉤」，亦以兩形相近而類舉之矣。《廣韻》引《埤倉》云「鐖，縣物鉤也」。釣謂魚鉤也。《莊子·外物》篇「任公子爲大鉤巨緇」，鉤一本作「釣」。東方朔《七諫》云「以直鍼而爲釣兮，又何魚之能得」。

鏶謂之鍱。

《説文》「鏶，鍱也」，或作「鏶」。又云「鍱，鏶也，齊謂之鍱」。《玉篇》「鍱，鐵鍱也」。鏶猶集也，鍱猶葉也，説見卷三「集、葉，聚也」下。

籤謂之鏟。

《説文》「籤，鋭也，貫也」。鏟，字或作「丳」。《衆經音義》卷十二云「丳，《字苑》初限反，謂以籤貫肉炙之者也」。

栓、橝，釘也。

《玉篇》「栓，木釘也」。《衆經音義》卷十四引《字林》云「橝，木釘也」。

銛、鉥、綅，鍼也。

鍼或作「箴」。銛之言插也。《説文》「銛，郭衣鍼也」。《玉篇》云「長鍼也」。《説文》「鉥，綦鍼也」。《玉篇》亦云「長鍼也」。《管子·輕重乙》篇云「一女必有一刀一錐一箴一鉥，然後成爲女」。《趙策》「鯷冠秫縫」，《史記·趙世家》作「郤冠秫絀」，徐廣《音義》云「鉥者，綦鍼也，古字多假借，故作『秫』耳」。《廣韻》「綅，連鍼也」。《靈樞經·九鍼論》云「長鍼取法於綦鍼，長七寸」。綦與「綅」同。

鏳、鐗，鐕也。

鐕之言合沓也。《考工記圖》云「軸當轂釭，裹之以金，謂之鐗」。《説文》「鐗，車軸鐵也」。《釋名》云「鐗，間也，間釭軸之間，使不相磨也」。《吴子·治兵》篇云「膏鐗有餘，則車輕人」。《急就篇》云「釭鐗鍵鉆冶錮鐈」。軸鐕謂之鐗，猶轂鐕謂之錬。餘見上文「錬鏳、釱，錧也」下。

稱謂之銓。

《漢書·王莽傳》云「考量以銓」。《説文》「稱，銓也」，「銓，衡也」。

錘謂之權。

鄭注《月令》云「稱錘曰權」。《漢書·律曆志》説「權」之制云「圜而環之，令之肉倍好」。餘見卷三「權、錘，重也」下。

鍴謂之鑽。

《説文》「鑽，所以穿也」。《管子·輕重乙》篇云「一車必有一斤一鋸一釭一鑽一鑿一銶一軻，然後成爲車」。此謂「鑽鑿」之鑽也。《方言》「鑽謂之鍴，矜謂之杖」，此謂矛戟刃也。《廣雅》「鍴謂之鑽」，訓本《方言》。而列於「鑴、鉊、鋟，錐也」之上，則似誤以爲「鑽鑿」之鑽矣。

鑴、鍣、鋟，錐也。

《説文》「錐，鋭也」。又云「觿，佩角鋭耑，可以解結」。《衛風·芄蘭》篇「童子佩觿」，毛傳云「觿，所以解結」。《内則》「左佩小觿，右佩大觿」，鄭注云「觿，貌如錐，以象骨爲之」，《釋文》「觿」本或作「鑴」。鑴者，鋭末之名。《周官·眂祲》十煇，「三曰鑴」，鄭注云「鑴，讀如『童子佩鑴』之鑴，謂日旁氣刺日也」。《爾雅·釋獸》「鸛，如馬，一角」，亦以其角形如錐而名之。故《逸周書·王會》篇謂之「雖馬」。雖、錐聲相近也。《方言》「錐謂之鍣」，郭注云「《廣雅》作『鉊』」，與今本異。鋟之言鑯也。卷四云「鑯，鋭也」。

鏤謂之錯。

「錯」非刻鏤之義，諸書亦無訓「鏤」爲錯者。蓋傳寫者與下句「錯」字相涉而誤。錯當作「鋑」。《爾雅》「鏤，鋑也」，郭注云「刻鏤物爲鋑」。王褒《洞簫賦》云「鋑鏤離灑」。《説文》「鏤，剛鐵也，可以刻鏤」。《禹貢》「厥貢璆鐵銀鏤砮磬」，鄭注與《説文》同。《爾雅》云「金謂之鏤」。

鋁謂之錯。

説見卷三「錯、鑢，磨也」下。鑢與「鋁」同。

礱、碫、礛、礑、磫、礭、磨、砥、磏，礪也。礵。

礪之言粗厲也。《禹貢》「礪砥砮丹」，鄭注云「礪，磨刀刃石也」。《大雅·公劉》篇作「厲」。餘見卷三「礪，磨也」下。《太平御覽》引《尸子》云「磨之以礱礪」，是「礱」爲磨石也。孔子弟子公孫龍字子石，龍與「礱」通。餘見卷三「礲，磨也」下。《説文》「碫，厲石也」，引《春秋傳》鄭公孫碫字子石，今本作「段」。又鄭印段、宋褚師段，皆字子石。《大雅・公劉》篇「取厲取鍛」，毛傳云「鍛，石也」，鄭箋云「鍛石，所以爲鍛質也」。《孫子・勢篇》云「如以碫投卵」。碫、鍛、段竝通。碫，各本譌作「碬」，今訂正。《説文》「厱諸，治玉石也」。《玉篇》「礛䃴，青礪也」。《淮南子・説山訓》「玉待礛諸而成器」，高誘注云「礛諸，攻玉之石」。《説林訓》云「璧瑗成器，礛諸之功」。竝與「厱諸」同。《廣韻》「磫䂬，青礪也」。《衆經音義》卷九云「《通俗文》『細礪謂之磫䂬，礛䃴治玉，磫䂬治金』」。案：細礪謂之磫䂬，猶細罽謂之毲氍矣。砥之言緻密也。《説文》「厎，柔石也」，或作「砥」。鄭注《禹貢》云「磨刀刃石精者曰砥」。《小雅・大東》篇「周道如砥」，《孟子・萬章》篇引作「厎」。餘見卷三「砥，磨也」下。磏之言廉也。《説文》「磏，厲石也，赤色，讀若鎌」。字亦作「䃛」。《管子・法法》篇云「毋赦者，痤雎之䃛石也」。磏與「礛䃴」之礛聲相近，故高誘注《淮南子》讀「礛」爲廉矣。《北山經》「京山，其陰有玄䃤」，郭璞注云「黑砥石也，䃤音『竹篠』之篠」。《集韻》《類篇》竝引《廣雅》「䃤，礪也」。今本脱「䃤」字。

鋡鏅謂之鐖。

《説文》「𨥁，相屬也」。又云「鈐鏅，大犂也，一曰類相」。《急就篇》「鈐錆鉤銍斧鑿鉏」，顔師古注云「鈐錆，大犂之鐵」。鈐與「鋡」同。錆與「鏅」同。𨥁與「鐖」同。

鎡錤、鋸、鈹、鏄，鉏也。

鉏之言除也。《説文》「鉏，立薅斫也」。又云「斫，齊謂之兹其」。《衆經音義》卷十九引《倉頡篇》云「鉏，兹其也」。《孟子·公孫丑》篇云「雖有鎡基，不如待時」。《漢書·樊酈滕灌傅靳周傳》贊作「兹基」。《周官·薙氏》注作「兹其」。《月令》注作「鎡錤」。竝字異而義同。《管子·小匡》篇「惡金以鑄斤斧鉏夷鋸欘」，尹知章注云「鋸欘，钁類也」。《説文》「钁，大鉏也」。鈹之言破也。《集韻》引《埤倉》云「钃鑿，鉏也」。鑿與「鈹」同。《釋名》「鎛，亦鉏類也，鎛，迫也，迫地去草也」。《周頌·臣工》篇「庤乃錢鎛」，毛傳云「鎛，鎒也」。《周語》「日服其鎛」，韋昭注云「鎛，鉏屬」。

錠謂之鐙。

《楚辭·招魂》云「蘭膏明燭，華鐙錯些」。《説文》「鐙，錠也」。《急就篇》「鍛鑄鉛錫鐙錠鐎」，顔師古注云「鐙，所以盛膏夜然燎者也，其形若杅而中施釭，有柎者曰錠，無柎者曰鐙，柎，謂下施足也」。鐙之形狀，略如禮器之登。故《爾雅》「瓦豆謂之登」，郭注云「即膏登也」。

曲道、栻，梮也。

梮通作「局」。《説文》「局，簙所以行棊也」。《方言》「所以行棊謂之局，或謂之曲道」。《漢書·王莽傳》「天文郎按栻於前」，顔師古注云「栻，所以占時日」。褚少孫續《日者傳》「今夫卜者，必法天地，象四時，順於仁義，分策定卦，旋式正棊」，《索隱》云「式，即『栻』也，旋，轉也，栻之形，上圓象天，下方法地，用之，則轉天綱加地之辰，故云『旋式』，棊者，筮之狀正棊，❶蓋謂卜以作卦也」。

❶「狀」，原爲墨丁，今據經解本補。

簙箸謂之箭。

簙通作「博」。《韓非子・外儲説》云秦昭王「以松柏之心爲博箭」。《方言》「秦晉之閒謂之簙，吴楚之閒謂之蔽，或謂之箭裏」。《説文》「簙，局戲也，六箸十二棊也」。《楚辭・招魂》「箟蔽象棊，有六簙些」，王逸注云「箟，玉也，蔽，簙箸，以玉飾之也，或言箟簬，今之箭囊也，投六箸，行六棊，故爲六簙也」。《西京雜記》云「許博昌善陸博，法用六箸，以竹爲之，長六分，或用二箸」。《列子・説符》篇釋文引《六博經》云「博法，二人相對坐向局，局分爲十二道，兩頭當中名爲水，用棊十二枚，法六白六黑，又用魚二枚置於水中，其擲采以瓊爲之，二人互擲采行棊，棊行到處，即竪之，名爲驍棊，即入水食魚，亦名牽魚，每牽一魚，獲二籌，翻一魚，獲三籌，若已牽兩魚而不勝者，名曰被翻雙魚，彼家獲六籌爲大勝也」。

箑謂之扇。

《方言》「扇，自關而東謂之箑，自關而西謂之扇」。《説文》「箑」或作「篓」。《吕氏春秋・有度》篇「夏不衣裘，冬不用翣」。箑、篓、翣竝通。

⿱竹度謂之簪。

《説文》「鐕，可以綴著物者」。《衆經音義》卷十四引《通俗文》云「綴衣曰⿱竹鐕」。《太平御覽》引《韻集》云「鐕，綴衣細竹也」。鐕、⿱竹鐕竝與「簪」同。案：簪者，連綴之名。《士喪禮》「簪裳於衣」，鄭注云「簪，連也」。故「簪⿱竹度」之簪與「簪笄」之簪異物而同名。

⿱竹屆謂之刷。

《文選・養生論》注引《通俗文》云「所以理髮謂之刷」。《釋名》云「刷，帥也，帥髮長短皆令上從也」。篦之言刮也。《説文》作「䈾」，云「㕞也」。㕞與「刷」通。

縞謂之勬。

説見上文「縞、勬，練也」下。

桫。

《玉篇》「桫，織桫也，亦作『梭』」。《太平御覽》引《通俗文》云「所以行緯謂之桫」。各本皆作「桫謂之𦪇」。案：桫所以行緯，榺所以持經。二者各殊其用，無緣以「榺」爲「桫」。此因本條内有脱文，而下條「桭謂之榺」又脱去「桭」字，遂誤合爲一條。今訂正。

桭謂之榺。

《説文》「榺，機持經者也」。《玉篇》音詩證切。《衆經音義》卷十四引《三倉》云「經所居機曰榺」。《方言》注云「勝所以纏紝」。《淮南子・氾論訓》云「後世爲之機杼勝複以便其用」。王逸《機賦》云「勝複迴轉」。勝與「榺」通。複，《説文》作「椱」，云「機持繒者」。《廣韻》「桭，匹卦切，榺屬，蜀人以織布，出《埤倉》」。各本脱「桭」字，「榺」字又譌作「𦪇」。「榺」本作「𦪇」，故譌而爲「𦪇」。《集韻》引《廣雅》「桭謂之榺」。今據以訂正。

籣謂之植。

未詳。

榱謂之篗。

《方言》「篗，榱也，兖豫河濟之閒謂之榱」，郭注云「所以絡絲也」。《説文》「篗，收絲者也」，或作「䉶」。「篗」從竹，蒦聲，各本譌作「篗」，今訂正。

其杘謂之𣟮。

下文云「杘，柄也」。𣟮，各本譌作「隸」。《集韻》《類篇》竝引《廣雅》「篗，其杘謂之𣟮」。今據以訂正。

經梳謂之杓。

《玉篇》云「凡織，先經以杓梳絲使不亂，出《埤倉》」。杓之言均也。字通作「均」。《列女傳·魯季敬姜》云「主多少之數者，均也」。《太平御覽》引舊注云「均，謂一齒受一縷，多少有數」。

斛注謂之篅。

《方言》「所以注斛，陳魏宋楚之閒謂之篅，自關而西謂之注」，郭注云「盛米穀寫斛中者也，今江東亦呼爲篅」。

斛謂之鼓。

《聘禮》記云「十斗曰斛」。《漢書·律曆志》云「斛者，角斗平多少之量也」。《曲禮》「獻米者操量鼓」，鄭注云「量鼓，量器名」，何氏《隱義》云「東海樂浪人呼十二斛爲鼓」。案：十二斛之數與《廣雅》縣殊。蓋後世量名不同於古也。《管子·樞言》篇云「釜鼓滿，則人概之」。《荀子·富國篇》云「瓜桃棗李一本，數以盆鼓」。據《左傳》《考工記》，釜受六斗四升，盆受一斛二斗八升，皆與一斛之鼓不甚相遠。故或竝言「釜鼓」，或竝言「盆鼓」也。《爾雅》「何鼓謂之牽牛」，郭注云「今荆楚人呼牽牛星爲檐鼓，檐者，何也」。案：此鼓亦謂量名之鼓，故以「何」言之。

方斛謂之桶。

《説文》「桶，木方受六斗」。字通作「甬」。《月令》「角斗甬」，鄭注云「甬，今斛也」。《吕氏春秋》《淮南子》竝作「桶」。《史記・商君傳》亦云「平斗桶」。

⿱竹屯謂之篅。

《衆經音義》卷四引《倉頡篇》云「篅，圓倉也」。《説文》「⿱竹屯，篅也」，「篅，判竹圜以盛穀也」。篅、⿱竹屯或作圌、囤。《釋名》云「囤，屯也，屯聚之也」，「圌，以草作之團團然也」。《淮南子・精神訓》「守其篅⿱竹屯」，高誘注云「篅⿱竹屯，受穀器也」。《急就篇》云「⿱竹屯篅箯筥籅箅篝」。⿱竹屯之言沌沌然圜也。《管子・樞言》篇云「沌沌乎博而圜」。《孫子・兵勢篇》云「渾渾沌沌，形圓而不可敗」。餘見卷三「圌，圓也」下。

㡚、⿰殸米，⿰田宁也。

《説文》「⿰田宁，㡚也，所以盛米」。⿰田宁之言貯也。亦通作「貯」。《賈子・春秋》篇云「囊漏貯中」。⿰田宁，各本譌作「⿰甾宁」，今訂正。㡚之言屯聚，⿰殸米之言蘊積也。《説文》「㡚，載米⿰田宁也」。《廣韻》云「布貯曰㡚」。

簣、篣、筊、簝、籯、篝、笭，籠也。

《説文》「籠，舉土器也，一曰笭也」。《論語・子罕》篇「譬如爲山，未成一簣」，包咸注云「簣，土籠也」。《漢書・王莽傳》「綱紀咸張，成在一匱」，匱與「簣」通。《方言》「籠，南楚江沔之閒謂之篣，或謂之筊」，郭注云

「今零陵人呼籠爲笭」。笭，各本譌作「簩」，惟影宋本、皇甫本不譌。《説文》「筊，鳥籠也」。《楚辭·九章》「鳳皇在筊兮」，王逸注云「筊，籠落也」。《説文》「簝，宗廟盛肉竹器也」。《周官·牛人》「共其牛牲之互，與其盆簝」，鄭衆注云「簝，受肉籠也」。《説文》「籯，笭也」。《漢書·韋賢傳》「遺子黄金滿籯」，如淳注云「籯，竹器，受三四斗，今陳留俗有此器」，顔師古云「今書本『籯』字或作『盈』」。竝與「籯」同。「籯」之言贏也，盛受之名也。襄三十一年《左傳》「以隷人之垣以贏諸侯」，賈逵注云「贏，受也」。《方言》「箸筩，陳楚宋魏之閒或謂之籯」，郭注云「盛朼箸籫也」。義亦與「籯籠」之籯同。《史記·陳涉世家》「夜篝火」，《滑稽傳》「甌窶滿篝」，徐廣《音義》竝云「篝，籠也」。《龜策傳》「以篝燭此地」，《音義》云「然火而籠罩其上」。篝與「篝」同。篝者，籠絡之名。《楚辭·招魂》「秦篝齊縷」，王逸注云「篝，絡也；縷，綫也」。義與「篝籠」之篝亦相近。《説文》「笭，籯也」。

熏篝謂之牆居。

《方言》「篝，陳楚宋魏之閒謂之牆居」，郭注云「今薰籠也」。薰與「熏」同。《説文》「篝，客也，可熏衣，宋楚謂篝牆居也」。

箄、籚、籃，筐也。

《説文》「匡，飯器也，筥也」，或作「筐」。《召南·采蘋》傳云「方曰筐，圓曰筥」。匡者，方正之名，故《爾雅》云「匡，正也」。對文則筐與筥異，散文則通。故《説文》又訓「筐」爲筥也。《周南·卷耳》傳云「頃筐，畚屬也」。《小雅·鹿鳴》傳云「筐，篚屬，所以行幣帛也」。《月令》注云「曲植籧筐，皆所以養蠶器也」。《聘禮》

記「凡飙，大夫黍粱稷筐五斛」，鄭注云「器寡而大，略也」。是筐之所用不同，而大小亦異矣。箄，說見上文「匴，筥也」下。匴與「箄」同。籚或作「盧」。《說文》「盧，飯器也」，又云「凵盧，飯器，以柳爲之」。凵或作「笑」。《方言》「箙，趙魏之閒謂之笑箙」，郭注云「盛餅筥也，笑箙，今通語也」。《士昏禮》注云「笲，竹器有衣者，其形蓋如今之筥笑籚矣」。笑籚與「凵盧」同。「箙」亦籚也。「笑箙」亦笑籚也。古者盧、旅同聲。《士冠禮》注云古文「旅」作「臚」。《周書》「盧弓」，《左傳》作「玈弓」。皆其例矣。《說文》「籃，大篝也」，古文作「𠥩」。

籅、𥳓、箄、簍，䉂也。

《說文》「䉂，飤牛筐也，方曰筐，圜曰䉂」。義與毛傳同。又云「籍，飯筥也，受五升」。《聘禮》云「米百筥，筥半斛」。《呂氏春秋·季春紀》「具栚曲䉂筐」，高誘注云「員底曰䉂，方底曰筐，皆受桑器也」。《月令》作「籧筐」。《淮南子·時則訓》作「筥筐」。《方言》「梧落，陳楚宋衛之閒謂之豆筥」，郭注云「盛梧器籠也」。以上諸筥，異用而同名，皆筐之圜者也。《方言》「箄、簍、籅、𥳓，䉂也，江沔之閒謂之籅，趙代之閒謂之𥳓，淇衛之閒謂之牛筐，䉂，其通語也，䉂小者，南楚謂之簍，自關而西秦晉之閒謂之箄」。籅之言輿也。卷二云「輿，載也」。𥳓之言韜也。自上覆物謂之韜，自下盛物亦謂之韜。《方言》注云「𥳓」音「弓弢」，蓋得其義矣。箄之言卑小也。《方言》注云「今江東亦名小籠爲箄」。《說文》「簍，竹籠也」。《急就篇》云「筣箄箕帚筐篋簍」。簍之言婁也，斂聚之名也。《小雅·角弓》箋云「婁，斂也」。《方言》「飤馬橐，自關而西或謂之樓兜」。樓與「簍」義相近。

㯂、榺、校、持、桷、植、样，槌也。

《方言》「槌，宋魏陳楚江淮之閒謂之植，自關而西謂之槌，齊謂之样，其橫，關西曰榺，宋魏陳楚江淮之閒謂之㯂，齊部謂之持」，郭注云「槌，縣蠶薄柱也」。《說文》「縋，以繩有所縣鎮也」。義與「槌」相近。《說文》「關東謂之槌，關西謂之持」。《齊民要術》引崔寔云「三月清明節，令蠶妾具槌持箔籠」。榺，《說文》作「栚」，云「槌之橫者也，關西謂之㯂」。《呂氏春秋·季春紀》「具栚曲篆筐」，高誘注云「栚，讀曰朕，栚，棏也，三輔謂之栚，關東謂之棏」。棏與「持」同。《淮南子·時則訓》注作「持」。校，曹憲《音》「爻」。各本「校」譌作「杈」，《音》內「爻」字又譌作「叉」。《集韻》《類篇》「校」音爻，桷也。今據以訂正。《方言》注云「榺亦名校，音爻」。校與「校」通。校之言較也。《爾雅》云「較，直也」。《說文》「持，槌也」。《玉篇》音陟革切。持、植之爲言皆直也。《月令》「具曲植籧筐」，鄭注云「植，槌也」。样之言愓也。卷三云「愓，直也」。样、愓竝音羊，其義同也。

笛謂之薄。

《說文》「薄，蠶薄也」。《方言》「薄，宋魏陳楚江淮之閒謂之苗，或謂之麴，自關而西謂之薄，南楚謂之蓬薄」。《說文》「苗，蠶薄也」，又云「曲，蠶薄也」。曲、苗、笛竝同。《月令》「具曲植籧筐」，鄭注云「曲，薄也」。高誘注《呂氏春秋》云「青徐謂薄爲曲」。《史記·絳侯世家》「勃以織薄曲爲生」，《索隱》引許慎《淮南子》注云「曲，葦薄也」。《豳風·七月》傳云「豫畜萑葦，可以爲曲」。薄，各本譌作「簙」，惟影宋本不譌。

篬、籥、䈎、𥳁、笘、籙，箛也。

籯通作「觚」。《急就篇》「急就奇觚與衆異」，顏師古注云「觚者，學書之牘，或以記事，削木爲之，蓋簡屬也，其形或六面，或八面，皆可書，觚者，棱也，以有棱角，故謂之觚，今俗猶呼小兒學書簡爲木觚章，蓋古之遺語也」。《説文》云「剖竹未去節謂之𥳇」。又云「籥，書僮竹笘也」。《衆經音義》卷二引《纂文》云「關西以書篇爲籥」。引之云：《金縢》「啟籥見書」，馬融注云「籥，開藏卜兆書管也」，鄭、王注竝同。案：書者，占兆之辭。籥者，簡屬，所以載書。故必啟「籥」然後見「書」也。啟謂展視之。下文「以啟金縢之書」，與此同。《少儀》云執策籥「尚左手」。策，蓍也。籥，占兆之書所載也。故并言之。馬、鄭、王三家説《尚書》，以「籥」爲開藏之管，其誤有二。《周官·司門》「掌授管鍵以啟閉國門」，鄭衆注云「管，謂籥，鍵，謂牡」。❶《月令》「脩鍵閉，慎管籥」，鄭注云「管籥，搏鍵器」。是「籥」者，啟鍵之器，可言「啟鍵」，不可言「啟籥」也。且所以藏書者「匱」也，管鍵之所施者亦「匱」也。下文云「公歸，乃内册于金縢之匱中」，又云「啟金縢之書，乃得周公所自以爲功代武王之説」。是公歸内册，然後并占兆之書藏之匱中。方其爲壇於外，即命元龜，唯取占兆之書以出，而匱不與焉。無匱，安有鍵閉？無鍵閉，安用管籥以啟之哉？《少儀》注又云「籥如笛三孔」。龜策之策，與羽籥之籥連文，爲不類矣。《説文》「篥，籥也」。《廣韻》云「篇簿書篥也」。篥之言葉也，與簡牒之「牒」同義。故《文心雕龍》云「牒者，葉也，短簡編牒，如葉在枝」。篥與「籥」一聲之轉。卷二云「煤，爚也」。爚之轉爲煤，猶籥之轉爲篥矣。《説文》「潁川人名小兒所書寫爲笘」。引

❶ 「牡」，原作「牝」，今據《周禮注疏》改。

之云：《學記》「呻其佔畢」，春秋齊陳書字子占。佔、占竝與「笘」同。《爾雅》云「簡謂之畢」。笘亦簡之類，故《學記》以「佔畢」連文。鄭注以「佔」爲視，於文爲不辭矣。《玉篇》「籙，篙也」。《廣韻》云「札也」。

篇、章、篙，程也。

《玉篇》「篙，笘篙也」。篙之言寫也。《說文》作「寫」。見上條。

簡𥳝、簧牌，籍也。

《說文》「籍，簿書也」。《玉篇》「簡𥳝，户籍也」。

笧謂之簡。

《說文》「册，符命也，諸侯進受於王也，象其札一長一短，中有二編之形」，古文作「笧」。通作「策」。又云「簡，牒也」。《爾雅》「簡謂之畢」，郭注云「今簡札也」。《釋名》云「簡，間也，編之扁扁有間也」。笧之言賾也，編之賾然整齊也。《聘禮》記「百名以上書於策，不及百名書於方」，鄭注云「策，簡也，方，版也」。《獨斷》云「策者，簡也，其制長二尺，短者半之，其次一長一短，兩編下附」。

杘、矜、柯、桐、橿、柲、弣，柄也。

柄之言秉也，所秉執也。《士昏禮》作「枋」。《管子·小匡》篇作「秉」。《山權數》篇作「棅」。竝字異而義同。杘，《玉篇》音丑利切。《說文》「杘，篗柄也」，或作「柅」。徐鍇《傳》云「篗，即今絡絲篗也」。上文云「篗杘謂之檷」，是也。柅又音乃几反。《姤》初六「繫于金柅」，《釋文》「柅，《說文》作『檷』，云『絡絲跗也』」。「跗」亦柄也。絡絲跗謂之柅，猶篗柄謂之杘。杘、柅之爲言皆尸也。尸，主也。故王弼注云「柅者，制動之主」。《墨子・備穴》篇云「斫杘長三尺」。則「杘」爲柄之通稱矣。《方言》「矛柄謂之矜」，郭注云「今字作『穫』」。又「矜謂之杖」，注云「矛戟穫，即杖也」。《考工記・廬人》注云「凡矜八觚」。《漢書・陳勝項籍傳》贊「鉏櫌棘矜」，服虔注云「以棘作矛穫也」。《淮南子・兵畧訓》云「伐棘棗而爲矜」。柯之言榦也。《豳風・伐柯》傳云「柯，斧柄也」。《考工記・車人》云「柯長三尺，博三寸，厚一寸有半」。《玉篇》「柯，鎌柄也」。《説文》「櫑，鉏柄名」，徐鍇《傳》云「今俗人尚謂鉏柄爲鉏櫑」。《釋名》云「齊人謂鉏柄曰櫑，櫑然正直也」。《管子・輕重己》篇云「鉊鉛乂櫑」。《鹽鐵論・論勇》篇云「鉏櫌棘櫑，以破衝隆」。《太平御覽》引《通俗文》云「鑿柄曰橈」。橈與「櫑」聲近義同。昭元年《穀梁傳》云「彊之爲言猶竟也」，❶是其例矣。《方言》戟柄「自關而西謂之柲」。《説文》「柲，欑也」，「欑，積竹杖也」。《考工記》「廬人爲廬器，戈柲六尺有六寸，殳長尋有四尺，車戟常，酋矛常有四尺，夷矛三尋」，鄭注云「柲，猶柄也」。昭十二年《左傳》「君王命剥圭以爲鏚柲」，則斧柄亦謂之「柲」矣。《釋名》云「弓中央曰弣，弣，撫也，所撫持也」。《大射儀》「見鏃於弣」，鄭注云「弣，弓把也」。《考工記・弓人》「方其峻而高其柎」。《少儀》「弓則以左手屈韣執拊」。柎、拊竝與「弣」同。其刀削柄亦謂之柎，《少儀》「削授拊」，注云「拊，謂把也」。《説文》「釗，刀握也」。義竝與「弓弣」同。《玉篇》云「釗」或爲「弣」。

杬、櫍，椹也。

❶「元」，原作「二」，今據《春秋穀梁傳》改。

椹或作「鍖」。櫍或作「鑕」，通作「質」。凡椹、櫍，或用以斫木。《爾雅》「椹謂之榩」，孫炎注云「斫木質」。是也。或用以莝芻。《周官・圉師》注云「椹質，圉人所習」。襄二十七年《公羊傳》云「夫負羈縶，執鈇鑕，從君東西南北，則是臣僕庶孽之事」是也。❶ 或用以斬人。《漢書・項籍傳》注云「質，鍖也，古者斬人，加於鍖上而斫之」。昭二十五年《公羊傳》「君不忍加之以鈇鑕」，何休注云「鈇鑕，要斬之罪」。《秦策》云「今臣之胷不足以當椹質，要不足以待斧鉞」。是也。或用以爲射槷。《周官・司弓矢》「王弓弧弓，以授射甲革椹質者」。是也。或用以爲門槷。昭八年《穀梁傳》「置旃以爲轅門，以葛覆質以爲槷」，范甯注云「質，椹」。是也。

柊楑、敤、櫌，椎也。

《說文》「椎，擊也，齊謂之終葵」。終葵與「柊楑」同，即「椎」之反語也。《考工記・玉人》「大圭長三尺，杼上，終葵首」，鄭注云「終葵，椎也」。馬融《廣成頌》云「翬終葵，揚關斧」。卷三云「敤，擊也」。《說文》「櫌，摩田器也」。字亦作「耰」。《呂氏春秋・簡選》篇「鉏耰白梃，可以勝人之長銚利兵」，高誘注云「耰，椎也」。賈誼《過秦論》云「鉏櫌棘矜，不銛於鉤戟長鎩也」。《淮南子・氾論訓》「後世爲之耒耜櫌鉏」，高注云「櫌，椓塊椎也，三輔謂之儓，所以覆種也」。櫌，各本譌作「擾」。今訂正。

尌、棓、梈、棁、柍、欘殳、梃、度，杖也。

❶「七」，原作「六」，今據《春秋公羊傳》改。

《說文》「杖，持也」。《玉篇》「鼭，他禮切，橫首杖也」。「鼭」字蓋從丈、是聲，「丈」亦杖也。鼭之言提也。提，擊也。《史記·吴王濞傳》「皇太子引博局提吴太子」，是也。《方言》「僉，宋魏之閒謂之欇殳，或謂之度，自關而西謂之棓，齊楚江淮之閒謂之柍，或謂之桲」，郭注云「此皆打之别名也」。棓之言掊擊也。《說文》「棓，棁也」。《淮南子·詮言訓》「羿死于桃棓」，《太平御覽》引許慎注云「棓，大杖，以桃木爲之」。《說山訓》作「桃部」，古字假借也。俗作「棒」。《六韜·軍用》篇云「方首鐵棓，維朌，重十二斤，柄長五尺以上，一名天棓」。《開元占經·石氏中官占》引《石氏》云「天棓五星，天之武備也，棓者，大杖，所以打賊也」。《史記·天官書》索隱引《詩緯》云「槍三星棓五星，主槍人棓人」。是「棓」爲打也。《說文》「柭，棓也」。《急就篇》「捃穫秉把插捌杷」，碑本「捌」作「拔」。柭、拔竝與「桲」同。《說文》「棁，木杖也」。《急就篇》「鐵錘檛杖棁柲殳」，顔師古注云「棁，小棓也，今俗呼爲袖棁，言可藏於懷袖之中也」。《淮南子·主術訓》云「無以異於執彈而來鳥，揮棁而狎犬也」。❶ 宣十八年《穀梁傳》「棁殺也」，范甯注云「棁，謂捶打殘賊而殺」。是「棁」爲打也。《曹風·候人》篇「何戈與祋」，毛傳云「祋，殳也」。祋與「棁」聲義亦相近。《說文》「枷，柫也，淮南謂之柍」。說見下文「柫謂之枷」下。柍之言抰也。卷三云「抰，擊也」。欇殳亦殳也。《說文》「殳，以杸殊人也，《禮》『殳以積竹，八觚，長丈二尺，建於兵車』」。杸，軍中士所持殳也，經傳皆作「殳」。《考工記》「廬人爲廬器，殳長尋有四尺，五分其長，以其一爲之被而圍之」。《衛風·伯兮》傳云「殳

❶「犬」，原作「大」，今據《畿輔叢書》本、《四部備要》本改。

長丈二而無刃」。《周官・司戈盾》注云「殳如杖」。《方言》戟柄「自關而西謂之柲，或謂之殳」，矛「柄謂之矜」，「矜謂之杖」。柲、矜、殳皆杖也。故「廬人」爲廬器，殳矛戈戟皆有焉。殳之言投也。「投」亦擊也。《釋名》云「殳，殊也，有所撞挃於車上，使殊離也」。梃之言挺也。《孟子・梁惠王》篇「殺人以梃與刃」，《呂氏春秋・簡選》篇「鉏櫌白梃」，趙岐、高誘注竝云「梃，杖也」。應劭注《漢書・諸侯王表》云「白梃，大杖也」。《方言》注云「今江東呼打爲度」。引之云：《周官・司市》「凡市入，則胥執鞭度守門」，鄭注云「必執鞭度，以威正人衆也，度謂殳也，因刻丈尺耳」。案：古人謂「殳」爲「度」，以打得名。故鄭云「以威正人衆也」。又云「因刻丈尺者」，以上文云「以量度成賈而徵儥」，故并及之。其實「鞭度」但供撻戮，下文《胥職》云「執鞭度而巡其前」，「凡有罪者，撻戮而罰之」，是也。若均平物賈，則當兼操權量，不得獨持丈尺矣。賈公彦不解謂殳爲度之義，乃云「一物以爲二用，若以繫鞘於上，則爲鞭，以長丈二，因刻丈尺，則爲度」，失之。

箠、策、𥳈、折，䇲也。

《說文》「䇲，箠也」。《急就篇》「鐵錘檛杖棁柲杸」，顏師古注云「麤者曰檛，細者曰杖」。《文選・長笛賦》「裁以當簻便易持」，李善注云「簻，馬策也」。䇲、簻、檛竝同。檛者，擊也。禰衡擊鼓「爲漁陽三檛」，是也。箠、策皆擊也。《說文》「箠，擊馬策也」，「策，馬箠也」。箠策長五尺。《考工記・輈人》云「軓前十尺而策半之」。《漢書・刑法志》云「箠長五尺」。《玉篇》「𥳈，木細枝也」。字本作「葼」。《方言》青齊兖冀之閒謂「木細枝」曰「葼」，「故《傳》曰『慈母之怒子也，雖折葼笞之，其惠存焉』」。

籧謂之笸。

《太平御覽》引《纂文》云「簸，箛槍也」。《玉篇》籧、笸，逆槍也，或作「簸」。《廣韻》「笸，斜逆也」。籧，各本譌作「籰」。今訂正。

柤、榿、柱，距也。

《説文》「岠，槍也」。岠與「距」同。槍與「榿」聲相近。《少牢饋食禮》「長皆及俎拒」，鄭注云「拒，讀爲『介距』之距，俎距，脛中當横節也」。是距與「榿」異名而同實。《説文》「柤，木閑也」，徐鍇《傳》云「閑，闌也，柤之言阻也」。《説文》「榿，衺柱也」，又云「定，岠也」。《考工記·弓人》「維角定之」，鄭衆注云「定，讀如『牚距』之牚，『車牚』之牚」。王延壽《魯靈光殿賦》「枝牚杈枒而斜據」，張載注云「枝牚，楣梁之上木也，長三尺」。義竝與「榿」同。

梏、衡、楅，楘也。

《説文》「楘，角械也」。梏與「桎梏」之梏同義，字本作「告」。《説文》「告，牛觸人角箸横木，所以告人也，從口從牛」，引《大畜》六四「僮牛之告」。今本作「牿」，《釋文》云「《九家》作『告』」，虞翻注云「告，謂以木楅其角也」。衡之言横，楅之言偪也。《説文》「衡，牛觸横大木其角，從角、大，行聲」。又云「楅，以木有所畐束也」。《魯頌·閟宫》篇「夏而楅衡」，毛傳云「楅衡，設牛角以楅之也」。《周官·封人》「飾其牛牲，設其楅衡」，杜子春注云「楅衡，所以持牛令不得抵觸人」。

篗、槼，輿也。

輿，字或作「轝」。卷一云「輿，舉也」。箯之言編也，編竹爲輿也。《說文》「箯，竹輿也」。文十五年《公羊傳》「筍將而來也」，何休注云「筍者，竹箯，一名編輿，齊魯以北名之曰筍」。《史記·張耳陳餘傳》「上使泄公持節問之箯輿前」，《集解》引韋昭云「箯輿，如今輿牀，人輿以行也」，《索隱》引《三倉解詁》云「箯，轝土器也」。《漢書》顔師古注云「箯輿者，編竹木以爲輿，形如今之食輿矣」。《急就篇》「笹篅箯筥篼箅篝」，注云「竹器之盛飯者，大曰箯，小曰筥」。義亦相近也。卷一云「𣖾，舉也」。《說文》「𣖾，舉食者」，徐鍇《傳》云「如食牀，兩頭有柄，二人對舉之」。襄九年《左傳》「陳畚梮」。《漢書·五行志》作「輂」，應劭注云「輂，所以輿土也」。《周語》「侍而畚梮」，韋昭注與應劭同。《史記·夏紀》「山行乘檋」。《漢書·溝洫志》作「山行則梮」，韋昭注云「梮，木器，如今輿牀，人舉以行也」。義竝與「𣖾」同。「𣖾」從木、具聲，各本譌作「𣚬」。今訂正。

鍏、畚、𣪠、梩、喿，臿也。

《爾雅》「斛謂之疀」，郭注云「皆古鍫鍤字」。《管子·度地》篇云「籠臿版築各什六」。《齊策》云「坐而織蕢，立則杖插」。竝字異而義同。《釋名》云「鍤，插也，插地起土也」。《方言》「臿，燕之東北朝鮮洌水之閒謂之斛，宋魏之閒謂之鏵，或謂之鍏，江淮南楚之閒謂之臿，沅湘之閒謂之畚，趙魏之閒謂之喿，東齊謂之梩」。《說文》「𨧫，臿屬也」。讀若嬀。𣪠音「嬀汭」之嬀，字從臿、支聲。「𣪠」從支聲而讀若嬀，猶「有頍者弁」之「頍」從支聲而讀若跬也。高誘注《淮南子·精神訓》云「三輔謂臿爲𨨏」。字竝與「𣪠」同。各本「𣪠」字皆作「敮」，音插。案：音插，則與下文「臿」字重出。且《說文》《玉篇》《廣韻》《集韻》《類篇》皆無

「𣥷」字，此因「𣥷」字譌作「𣥷」，後人遂妄改曹憲之《音》耳。今考《集韻》《類篇》「𣥷」俱爲切，引《廣雅》「𣥷，臿也」，其音即本於曹憲。是《廣雅》本作「𣥷」，不作「𣥷」，曹憲本音「嫣」，不音「插」。今據以訂正。《說文》「梠，臿也」，或作「梩」。《周官·鄉師》注引《司馬法》云「輂一斧一斤一鑿一梩一鉏」。《孟子·滕文公》篇「虆梩而掩之」，趙岐注云「虆梩，籠臿之屬」。《莊子·天下》篇「禹親自操橐耜」，崔譔注云「耜，插也」。竝字異而義同。梠之言剚也，剚入土中也。耒頭金謂之耜，義亦同也。《方言》注云「喿，字亦作鍫」。《釋名》云「鍤，或曰銷，銷，削也，能有所穿削也」。《新序·刺奢》篇云「魏王將起中天臺，許綰負操鍤入」。喿、橾、鍫、銷竝字異而義同。《少牢下》篇注云「二匕皆有淺斗，狀如飯橾」。義與「臿」謂之「喿」亦相近。「喿」音七遥反，「斛」音土貂反，二者同物而異名。故《方言》云「燕之東北謂之斛，趙魏之閒謂之喿」。《爾雅》注以「斛」爲古「鍫」字，非也。

鏵、鋘，鍫也。

《說文》「鍫，河内謂臿頭金也」。《方言》注云「今江東呼鍫刃爲鍫」。《說文》「芣，兩刃臿也，宋魏曰芣」，或作「釫」。《方言》作「鏵」。《淮南子·齊俗訓》「脩脛者使之跖钁」，高誘注云「長脛者以蹋插，使入深也」。《太平御覽》引《淮南子》「钁」作「鏵」。《吳越春秋·夫差内傳》云「寡人夢兩鋘殖吾宮牆」。《後漢書·戴就傳》注引《字詁》云「鋘，臿刃也」。芣、釫、鏵、鋘竝字異而義同。今俗語猶謂「臿」爲鏵鍫。《淮南子·精神訓》注云「臿，鏵也，青州謂之鏵，三輔謂之鍋」。鍋、鏵語之轉。《釋言》篇云「蔿、譌，譁也」。蔿、譌之轉爲譁，猶鍋之轉爲鏵矣。《釋名》云「鍤，或曰鏵，鏵，刳也，刳地爲坎也」。《曲禮》「爲國君削瓜者華之」，鄭注云「華，中裂之也」。義與「鏵」同。

築謂之杵。

《説文》「築，擣也」。《周官·鄉師》注引《司馬法》云「輂一斧一斤一鑿一梩一鉏，周輂加二版二築」。《六韜·軍用》篇云「銅築長五尺以上」。

渠挐謂之杷。

《方言》「杷，宋魏之閒謂之渠挐，或謂之渠疏」，郭注云「有齒爲杷，無齒爲朳」。《説文》「杷，收麥器也」。《急就篇》「捃穫秉把插捌杷」，顔師古注云「捌、把，皆所以推引聚禾穀也」。捌與「朳」同。《六韜·軍用》篇云「鷹爪方胸鐵杷，柄長七尺以上」。《漢書·貢禹傳》「捽屮杷土」，顔注云「杷，手掊之也，音蒲巴反」。是「杷」爲掊聚之名也。《通藝録》云：握物謂之把，指爪微屈焉謂之爬，此「杷」之所由名也。《方言》注云「今江東亦名杷爲渠挐」。《釋名》「齊魯謂四齒杷爲欋」。欋與「渠挐」「渠疏」皆語之轉也。

柫謂之枷。

《方言》「僉，自關而西或謂之柫」，郭注云「今連枷，所以打穀者」。《説文》「柫，擊禾連枷也」。《漢書·王莽傳》「予之北巡，必躬載柫」，顔師古注云「柫，所以擊治禾者也，今謂之連枷」。《齊語》「耒耜枷芟」，韋昭注云「枷，柫也，所以擊草也」。王褒《僮約》云「刻木爲枷，屈竹作杷」。《釋名》云「枷，加也，加杖於柄頭，以檛穗而出其穀也，或曰羅枷，羅三杖而用之也」。羅、連一聲之轉。今江淮閒謂打穀器爲連皆。皆、枷亦一聲之轉。柫之言拂也。《説文》「拂，過擊也」。枷之言㪃也。卷三云「㪃，擊也」。柫、枷皆擊也。故馬融《廣成頌》云「拂游光，枷天狗」。《方言》注以枷、拂爲「打」之別名，是也。

⿱竹夅䉶謂之⿱竹朵。

《説文》「栙，栙雙也」，「⿱竹朵，栙雙也」。徐鍇《傳》引《字書》云「⿱竹夅䉶，帆也」。⿱竹夅䉶與「栙雙」同。《廣韻》云「栙䉶，帆未張」。

佯篖、倚陽，筕篖也。

《方言》「筕篖，自關而東周洛楚魏之閒謂之倚佯，自關而西謂之筕篖，南楚之外謂之篖」，郭注云「似蘧篨，直文而粗，江東呼笪」。倚佯與「倚陽」同。

笙、⿱竹釿、⿱竹發、簟、籧⿱竹甾、筵、丙、薦、篛、⿱竹後，席也。

《説文》「席，藉也」，「筵，竹席也」。席與「藉」古同聲而通用。《漢書·劉向傳》「吕産、吕禄席太后之寵」，席猶藉也。《賈捐之傳》「民衆久困，相枕席於道」，如淳曰「席，音藉」。筵之言延也。《爾雅》「延，陳也」。《周官·司几筵》注云「筵，亦席也，鋪陳曰筵，藉之曰席，然其言之，筵席通矣」。古者席以九尺爲度，短不過尋，長不過常。《考工記·匠人》「明堂度九尺之筵」，《公食大夫禮》「蒲筵常，加萑席尋」，是也。《方言》「簟，宋魏之閒謂之笙，或謂之籧苗，自關而西或謂之簟，或謂之⿱竹釿」，郭注云「今江東通言笙」。左思《吴都賦》「桃笙象簟」，劉逵注云「桃笙，桃枝簟也，吴人謂簟爲笙」。案：笙者，精細之名。《方言》云「自關而西秦晉之閒，凡細貌謂之笙」。簟爲籧篨之細者，故有斯稱矣。⿱竹釿之言曲折也。《方言》注云「今云⿱竹釿篾篷也」，又云「江東呼籧篨爲⿱竹廢」。⿱竹廢與「⿱竹發」同。《漢祝睦後碑》「垂誨素棺，幣以葭蕟」，葭蕟即今人所謂「蘆簾」也。《説文》「簟，竹席也」。《釋名》云「簟，覃也，布之覃覃然正平也」。《齊風·載驅》傳云「簟，方文席也」。《小雅·斯干》篇「下莞上簟」，鄭箋云「莞，小蒲之席也，竹葦曰簟」。籧笛猶拳曲，語之轉也。簟可卷，故有「籧笛」之名。關西謂之「䈙」，亦此義也。各本「籧笛」二字之閒有「篨」字，蓋後人以意加之。「籧篨」自見下條，乃竹席之粗者，與「籧笛」不同。今據《方言》删。因，曹憲《音》「天念反」。《説文》「因，舌皃」。義與「席」不相近。曹云亦有本作「茵」字。《説文》「茵，車中重席也」。則作「茵」者是。茵之言因也。説見上文「鞋鞴謂之鞇」下。鞇與「茵」同。《釋名》云「薦，所以自薦藉也」。《晏子春秋·雜》篇云「布薦席，陳簠簋」。薦、𥳑一聲之轉。𥳑通作「蔣」。《夏小正》「四月取荼」，傳云「荼也者，以爲君薦蔣也」。「七月灌荼」，傳云「荼，萑葦之秀，爲蔣褚之也」。《韓非子·十過》篇云「縵帛爲茵，蔣席頞緣」。王褒《僮約》云「編蔣織薄」。是「蔣」爲席也。

筕篖謂之籧篨。

《説文》「籧篨，粗竹席也」。《淮南子·本經訓》「若簟籧篨」，高誘注云「籧篨，葦席也」。《鹽鐵論·散不足》篇云「庶人即草蓐索經單藺籧篨而已」。《方言》簟之粗者「自關而西謂之籧篨，自關而東或謂之筕篖」。筕與「筕」通。

笭篂。

此條内有脱文，不可復考。《玉篇》「篂，筳也」。《集韻》「笭」郎丁切，「篂」馳貞切，云「《廣雅》『笭篂』，竹席」。案：上文「簟」與「籧篨」皆是竹席，則竹席不獨「笭篂」。蓋「竹席」二字乃《集韻》釋《廣雅》之辭，非

《廣雅》原文也。《集韻》「笭」又郎定切，「篂」又他定切，云「笭篂，車中筳也」。

石鍼謂之棨。

襄二十三年《左傳》「美疢不如惡石」，服虔注云「石，砭石也」。《説文》「砭，以石刺病也」。《東山經》「高氏之山，其下多箴石」，郭璞注云「可以爲砭箴治癰腫者」。箴與「鍼」同。棨者，鋭末之名。鳥喙謂之觜，義相近也。

鼓⿰糸壺謂之柧。

⿰糸壺，曹憲《音》「⿰糸頁」。字或作「⿰壺桑」。《衆經音義》卷十七引《埤倉》云「⿰壺桑，鼓柧也」，又引《字書》云「鼓材也」。卷二十四云「今江南名鼓匡爲⿰壺桑」。案：⿰壺桑者，中空之名。《急就篇》「輻轂輨轄輮轑⿰車桑」，顔師古注云「⿰車桑者，轂中空受軸處也」。義與「⿰壺桑」同。《考工記》謂轂⿰車桑爲「藪」，鄭衆注云「藪，謂轂空壺中也」。以其中空如壺，故曰壺中。鼓「⿰壺桑」之字從壺，義與此同也。柧亦中空之名，義與「瓦」同。

砮、臒，丹也。

《説文》「丹，巴越之赤石也」，徐鍇《傳》云「《山海經》有白丹、黑丹，丹以赤爲主，黑、白皆其類也」。《説文》「砮，石可以爲矢鏃」。《禹貢》荆州厥貢「礪砥砮丹」，梁州厥貢「璆鐵銀鏤砮磬」。賈逵注《魯語》云「砮，中矢鏃之石也」。案：賈、許皆云「砮」中矢鏃。《廣雅》以「砮」爲丹，未詳所據。《説文》「臒，善丹也」。《梓材》「惟其斁丹臒」，馬融注與《説文》同。《南山經》云「青丘之山，其陰多青臒」，「雞山，其下多丹臒」。臒有青、赤之異，猶丹有赤、白、黑之異矣。

𢏗謂之彈。

《説文》「彈，行丸也」。《玉篇》「青州謂彈曰𢏗」。𢏗者，遥擊之名。《燕策》云荆軻「引其匕首提秦王」。義與「𢏗」相近。

帥、賁，弦也。彈、弲。

帥，曹憲《音》「升芮反」。各本譌作「師」，惟影宋本、皇甫本不譌。帥、賁二字，義與弓弦不相近，未詳。《集韻》《類篇》竝引《廣雅》「彈、弲，弦也」。今本脱此二字。《説文》「彈，射也」，引《楚辭·天問》「羿焉彈日」。又云「弲，角弓也，雒陽名弩曰弲」。彈、弲二字義與「弦」亦不相近。此條内必多脱文，不敢臆爲之説。

彄謂之絹。

《説文》「彄，弓弩耑弦所居也」。蔡邕《黄鉞銘》云「馬不帶鈌，弓不受彄」。《説文》「絹，彈彄也」。

拾、捍、韝，韘也。

拾、捍、韝爲一物，韘爲一物。拾、捍、韝皆謂「遂」也，著於左臂，所以扞弦也。韘謂「決」也，著於右手大指，所以引弦也。《説文》「韝，射臂沓也」。又云「韘，射決也，所以拘弦，以象骨韋系箸右巨指」，或作「弽」。《衛風·芄蘭》篇「童子佩韘」，毛傳云「韘，玦也」，鄭箋云「韘之言沓，所以彄沓手指」。《小雅·車攻》篇「決拾既佽」，毛傳云「決，鉤弦也，拾，遂也」。《周官·繕人》「掌王之用弓弩矢箙矰弋抉拾」，鄭衆注云「抉，謂引弦彄也，拾，謂韝扞也」，鄭注云「抉，挾矢時所以持弦飾也，著右手巨指，《士喪禮》曰『抉用正王棘，若檡棘』，則天子用象骨與，韝扞，著左臂，以韋爲之」。《鄉射禮》「袒決遂」，鄭注云「決猶闓也，以象骨爲之，著右大擘指，以鉤弦闓體也，遂，射韝也，以韋爲之，著左臂，所以遂弦也，其非射時則謂之拾，拾，斂也，所以蔽膚斂衣也」。《曲禮》「野外軍中無摯，以纓拾矢可也」，鄭注云「拾謂射韝」。《内則》「右佩玦捍」，注云「捍，謂拾也，言可以捍弦也」。《管子・戒》篇云桓公望見管仲、隰朋，「弛弓脱釬而迎之」。《韓非子・説林》篇云「羿執鞅持扞，操弓開機」。《賈子・春秋》篇云「丈夫釋玦靬」。扞、釬、靬竝與「捍」同。抉、玦、鞅竝與「決」同。以上諸書，或專言「拾」，或專言「捍」，或專言「韝」，或專言「鞢」，或兼言「決拾」，或兼言「決遂」，或兼言「決捍」，皆截然二物，不可混同。《廣雅》以拾、捍、韝、鞢爲一物，蓋失之矣。

彇、𢐗，䯱也。

《玉篇》「䯱，弓弭也」。《小雅・采薇》傳云「弭，弓反末也」。弭與「䯱」聲近而義同。《郊特牲》注云「辟」讀爲「弭」，是其例矣。彇，字亦作「簫」。《釋名》云「弓末曰簫，言簫梢也」。《大射儀》「左執弣，右執簫」，鄭注云「簫，弓末也」。《曲禮》「右手執簫，左手承弣」，鄭注云「簫，弭頭也，謂之簫，簫，邪也」，《正義》云「弓頭稍剡，差邪似簫，故謂爲簫也，今人謂弓頭爲弰，弰、簫之言亦相似也」。案：簫者，邪辟之貌，故又謂之「䯱」。餘見卷二「蕭，衺也」下。

鞬、韔、櫜、韜、韣，弓藏也。

鞬之言鍵閉也。《方言》「所以藏弓謂之鞬」。《晉語》「其左執鞭弭，右屬櫜鞬」，韋昭注云「櫜，矢房，鞬，弓弢也」。僖二十三年《左傳》注同。藏弓謂之韔，故弓藏亦謂之韔。《秦風・小戎》篇云「虎韔鏤膺」，又云

「交韔二弓」，是也。毛傳云「韔，弓室也」。《説文》云「弓衣也」。《檀弓》「赴車不載櫜韔」，《釋文》作「⿰革長」。《鄭風·大叔于田》作「鬯」。《小戎》釋文云「韔」本亦作「暢」。竝字異而義同。《小雅·彤弓》篇「受言櫜之」，毛傳云「櫜，韜也」。韜弓謂之櫜，故弓韜亦謂之櫜。昭元年《左傳》「請垂櫜而入」，杜注云「垂櫜，示無弓」，是也。《説文》「弢，弓衣也」。弢與「韜」同。卷四云「韜，藏也」。成十六年《左傳》「中項伏弢」，《齊語》「弢無弓，服無矢」，韋、杜注竝云「弢，弓衣也」。韣之言襡也。《内則》注云「襡，韜也」。《説文》「韣，弓衣也」。又云「韇，弓矢韇也」。韇與「韣」同。《覲禮》「載龍旂弧韣」，《少儀》「弓則以左手屈韣執拊」，鄭注竝云「韣，弓衣也」。凡弓藏、矢藏之名，各有專屬，而皆可以互通。《説文》「鞬，所以戢弓矢也」，「韜，劍衣也」，「韇，弓矢韇也」。《少儀》云「劍則啟櫝」，又云「戈有刃者櫝」。《左傳》《國語》注竝以「櫜」爲「矢房」。是鞬、櫜、韜、韣之名不獨施於弓也。《少儀》云「甲若無以前之，則袒櫜奉胄」。《樂記》云「倒載干戈，包之以虎皮，名之曰建櫜」。則凡兵甲之衣通謂之建櫜矣。建與「鞬」同。

掤、医、皾⿰皮丸、鞴靫，矢藏也。

《鄭風·大叔于田》篇「抑釋掤忌」，毛傳云「掤，所以覆矢」，馬融注云「掤，櫝丸蓋也」。字通作「冰」。昭二十五年《左傳》「公徒釋甲執冰而踞」，賈逵注云「冰，櫝丸蓋也」。然則「掤」所以覆矢，非所以藏矢也。医之言蔽翳也。《説文》「医，盛弓弩矢器也」，引《齊語》「兵不解医」。今本作「翳」，韋昭注云「翳，所以蔽兵也」。案：「医」字從矢，固當訓爲矢藏。若《齊語》所云，則兵藏之通稱也。皾⿰皮丸蓋矢箙之圓者也。皾，字或作「櫝」，又作「韇」。⿰皮丸通作「丸」。《方言》「所以藏弓謂之鞬，或謂之皾丸」。《後漢書·南匈奴傳》「弓韃韇丸」，李賢注引《方言》作「藏弓爲韃，藏箭爲韇丸」，與《廣雅》合。案：賈逵、馬融、服虔竝以「掤」爲櫝丸蓋，則「櫝丸」之爲矢箙甚明。然鄭注《士冠禮》云「今時藏弓矢者謂之韇丸」，則弓弢亦同斯稱矣。《集韻》引《埤倉》云「鞴靫，箭室也」。鞴靫亦作步叉，《釋名》云「步叉，人所帶，以箭叉其中也」。《續漢書·輿服志》注引《通俗文》云「箭箙謂之步叉」。各本「鞴靫」譌作「靫鞴」，今訂正。

飛蝱、矰、笰、矢、拔，箭也。

《方言》「箭，自關而東謂之矢，關西曰箭」，郭注云「箭者，竹名，因以爲號」。《釋名》云「矢，指也，言其有所指向迅疾也，又謂之箭，箭，進也」。《考工記·矢人》注云「矢槀長三尺，羽者六寸，刃二寸」。《方言》箭「三鐮長六尺者謂之飛䖟」。《文選·閒居賦》「激矢䖟飛」，李善注引《東觀漢紀》「光武作飛䖟箭以攻赤眉」。䖟與「蝱」同。《說文》「矰，隿射矢也」。笰，《周官》作「茀」。《司弓矢》「矰矢茀矢，用諸弋射」，鄭注云「結繳於矢謂之矰，矰，高也，茀矢象焉，茀之言刜也，二者皆可以弋飛鳥，刜羅之也」，《史記·留侯世家》索隱引馬融注云「繳繫短矢謂之矰」。《吳語》云「白常白旂素甲白羽之矰」，則兵矢亦謂之矰矣。《秦風·駟驖》篇「舍拔則獲」，毛傳云「拔，矢末也」，《正義》云「以鏃爲首，故拔爲末」。此當云「箭末謂之拔」，不當訓「拔」爲箭也。

平題、鈀、錍、鉤腸、羊頭、錊鑪、鏃、砮，鏑也。

《說文》「鏑，矢鏠也」。《方言》「凡箭鏃胡合嬴者，四鐮，或曰拘腸，三鐮者謂之羊頭，其廣長而薄鐮者謂之錍，或謂之鈀箭，其小而長中穿二孔者謂之鉀鑪，内者謂之平題」，郭注云「平題，今戲射箭也，題，頭也」。

《廣韻》引《方言》注云「江東呼錍箭曰鈀」。《爾雅》「金鏃翦羽謂之鍭」，郭注云「今之錍箭是也」。後世言金鎞，名出於此也。鉤腸與「拘腸」同。⿰金牢鑪當爲「鉀鑪」。隸書「甲」字作「⿱丿甲」，「牢」字作「⿱宀甲」，二形相似。故「鉀」字譌而爲「⿰金牢」。⿰金牢，曹憲《音》「牢」。《玉篇》「鉀，古狎切，鉀鑪，箭也」，「⿰金牢，力刀切，⿰金牢鑪，錍也」。《廣韻》同。則「鉀」之譌「⿰金牢」，由來已久。《方言》注云「鉀鑪，今箭錍鑿空兩邊者也，嗑盧兩音」。郭氏讀「鉀」爲嗑，是其字本從甲，不從牢，今據以辨正。《說文》「族，矢鋒也」，「鏃，利也」。經傳皆作「鏃」。《釋名》云「齊人謂鏑爲鏃」。《說文》「砮，石可以爲矢鏃」，引《禹貢》「荆州貢砮丹」。《魯語》「肅慎氏貢楛矢石砮，其長尺有咫」，韋昭注云「砮，鏃也，以石爲之」。《魏志·挹婁傳》云「矢用楛，長尺八寸，青石爲鏃」。

夫襓，木劍衣也。

夫，舊本作「衭」，曹憲《音》「扶」。木，舊本作「⿰衤术」，曹憲《音》「陳律反」。案：《少儀》「加夫襓與劍焉」，鄭注云「夫襓，劍衣也，夫，或爲煩，皆發聲」，《正義》曰「云『夫襓，劍衣也』者，熊氏云依《廣雅》『夫襓，木劍衣』，謂以木爲劍衣者，若今刀榼，云『夫，或爲煩，皆發聲』者，以《禮記》本『夫』字或作『煩』字，俱是發聲，然則『襓』之一字，是劍衣之正名，『襓』字從衣，當以繒帛爲之，熊氏用《廣雅》以木爲之，其義未善也」。據《正義》所引熊安生說，則《廣雅》本作「夫襓，木劍衣也」甚明。自曹憲所見本「夫」字始譌作「衭」，「木」字始譌作「⿰衤术」。衭、⿰衤术二字從衣，皆因與「襓」字相涉而誤。其「⿰衤术」字右畔從术，則「木」字之訛。考《玉篇》《廣韻》「衭」字皆音膚，不音扶。《說文》「衭，襲衭也」。《廣韻》「衭，衣前襟也」。皆非劍衣之名。又《說文》《玉篇》《廣韻》皆無「⿰衤术」字，曹憲《音》「陳律反」，非是。今訂正。

韐、室、郭，劍削也。

凡刀劍室通謂之「削」，字或作「鞘」。《説文》「削，鞞也」。《釋名》云「刀室曰削，削，峭也，其形峭殺裹刀體也」。《方言》「劍削，自河而北燕趙之閒謂之室，自關而東或謂之廓，或謂之削，自關而西謂之鞞」。鞞與「鞞」同。韐之言合也。《説文》「韐，劍柙也」。「柙」亦韐也。《玉篇》引《莊子·刻意》篇「有干越之劍者，韐而藏之」，今本作「柙」。韐，各本譌作「拾」，今訂正。凡刀劍削亦通謂之室。《燕策》云「拔劍，劍長操其室」。《史記·春申君傳》云「刀劍室以珠玉飾之」。是也。《秦風·小戎》傳云「韔，弓室也」。則弓韔亦謂之室矣。郭與「廓」同。《釋名》云「弩牙外曰郭，爲牙之規郭也」。義亦與「劍郭」同。

劍珥謂之鐔。

各本脱「之」字，今補。《説文》「鐔，劍鼻也」。《釋名》云「劍旁鼻曰鐔，鐔，尋也，帶所貫尋也」。《趙策》云「吴干之劍，無鉤罕鐔蒙須之便，操其刃而刺，則未入而手斷」。《莊子·説劍》篇「以周宋爲鐔」，《釋文》「鐔，《三倉》云『劍口也』，徐云『劍鐶也』，司馬云『劍珥也』」。《楚辭·九歌》「撫長劍兮玉珥」，王逸注云「玉珥，謂劍鐔也」。《通藝録》云：劍首者何，戴於莖者也。首也者，劍鼻也。劍鼻謂之鐔，鐔謂之珥，或謂之環，或謂之劍口。有孔曰口，視其旁如耳然曰珥，面之曰鼻，對末言之曰首。故《曲禮》「進劍者左首」，《正義》云「首，劍拊鐶也」。首及莖竝與劍同物，鑠金而成，自首至末，一體也。《少儀》云「澤劍首」，鄭氏以爲「金器弄之，易於汙澤」，是也。辛丑六月，瑶田在揚州，汪容甫得一古劍以遺余。劍首形如覆盂，宛然而中空。吴栖玉過余，見之。因爲余舉一證曰：《莊周書》「夫吹管也，猶有嗃也，吹劍首者，吷而已矣」，司馬彪云「劍首，謂劍鐶頭小孔也」。劍首必如此乃可言吹，吹聲異於管者。管空長，故其聲嗃。劍首空淺，不能有嗃聲，但吷然而已。然則劍首之義可定矣。劍首名鐔，鐔之言覃也。是于者非覃之形乎？茲其所以名鐔者乎？説「鐔」之義，頗多異聞。證以是劍，吾能擇而從之矣。念孫案：易疇以「鐔」爲劍首，確不可易。原文甚詳，今録其大概如此。

鞞、𩋾，刀削也。

《説文》「鞞，刀室也」。鞞之言屏藏也，亦刀劍削之通名。説見上文。《内則》「右佩遰」，鄭注云「遰，刀鞞也」。遰與「𩋾」同。

龍淵、太阿、干將、鏌釾、莫門、斷虵、魚腸、醇鈞、燕支、蔡倫、屬鹿、干隊、堂谿、墨陽、鉅闕、辟閭，劒也。

《説文》「劒，人所帶兵也」，籀文作「𠛱」。《考工記》「桃氏爲劒，莖長五寸，身長五其莖長，謂之上制，四其莖長，謂之中制，三其莖長，謂之下制」。《韓策》云「韓卒之劒戟，皆出於冥山、棠谿、墨陽、合伯、鄧師、宛馮、龍淵、太阿，皆陸斷馬牛，水擊鵠雁」。《史記・蘇秦傳》索隱引晉《太康地記》云「汝南西平有龍淵水，可以淬刀劒，特堅利，故有龍淵之劒，楚之寶劒也」。《淮南子・人閒訓》云「援龍淵而切其股」。《齊策》云「今雖干將莫邪，非得人力，則不能割劌矣」。莫邪與「鏌釾」同。《莊子・大宗師》篇作「鏌鋣」。《吳越春秋・闔閭内傳》云「干將者，吳人也，莫邪，干將之妻也，干將作劒，金鐵之精不銷，莫邪乃斷髮翦爪，投於鑪中，金鐵乃濡，遂以成劒，陽曰干將，陰曰莫邪」。《越絶外傳・記寶劍》篇云「吳有干將，越有歐冶子」。

應劭注《漢書·賈誼傳》云「莫邪，吴大夫也，作寶劒，因以冠名」。又注《司馬相如傳》云「干將，吴善冶者」。案：干將、莫邪，皆連語以狀其鋒刃之利，非人名也。王襃《九懷》云「舒余佩兮綝纚，竦余劒兮干將」，是「干將」爲利刃之貌。莫邪，疊韻字，義亦與「干將」同。干將、莫邪皆利刃之貌，故又爲劒戟之通稱。《史記·商君傳》云「屈盧之勁矛，干將之雄戟」。司馬相如《子虛賦》云「建干將之雄戟」。❶戟與戈同類，故魏文帝《浮淮賦》云「建干將之銛戈」。《說文》「鏌釾，大戟也」。《漢書·揚雄傳》「杖鏌邪而羅者以萬計」，注亦以爲大戟。干將、莫邪爲劒戟之通稱，則非人名可知。故自西漢以前，未有以干將、莫邪爲人名者。自《吴越春秋》始以干將爲吴人，莫邪爲干將之妻。其他說雖不同，而同以爲人名。總由誤以干、莫二字爲姓，❷遂致紛紛之說。又《吴越春秋》《越絕書》所說龍淵、太阿、魚腸、純鉤、鉅闕之狀，皆非事實。故槩無取焉。諸書說劒，皆無「莫門」之名。《廣韻》「劒」字注全引《廣雅》此條文，亦無「莫門」二字。「莫」字疑是「鏌」字之音，誤入正文。「門」字疑因下文「鉅闕辟閭」等字從門而誤衍也。《西京雜記》云「漢帝相傳以高帝斬蛇劒，劒上有七采珠九華玉以爲飾，雜廁五色流離爲劒匣，刃上常若霜雪，開匣拔鞘，輒有風氣，光采射人」，蓋即《廣雅》所謂「斷虵」也。《淮南子·脩務訓》云「夫純鉤魚腸之始下型，擊則不能斷，刺則不能入」，高誘注云「純鉤，利劒名，魚腸，文理屈襞若魚腸者」。《覽冥訓》作「淳鈞」，《齊俗

❶「子」，原作「于」，今據經解本改。

❷「莫」，原作「將」，今據續四庫本、中華本、《畿輔叢書》本、《四部備要》本改。

訓》作「淳均」，竝與「醇鈞」同。哀十一年《左傳》「使賜之屬鏤以死」，服虔注云「屬鏤，劒名」。《荀子·成相篇》「剄而獨鹿棄之江」。屬鏤、獨鹿竝與「屬鹿」同。《吕氏春秋·知分》篇「得寶劒于干遂」，高誘注云「干遂，吴邑」。《淮南子·道應訓》作「干隊」，《秦策》作「干隧」，竝字異而義同。楊倞注《荀子·勸學篇》引《吕氏春秋》作「干越」，越與「遂」古聲亦相近。《莊子·刻意》篇「有干越之劒者，柙而藏之」，是也。《楚辭·九歎》「執棠谿以刜蓬兮」，王逸注云「棠谿，利劒也」。《鹽鐵論·論勇》篇云「世言强楚勁鄭，有犀兕之甲，棠谿之鋌也」。徐廣《史記·蘇秦傳》音義云「汝南吴房有棠谿亭」。棠與「堂」通。《淮南子·脩務訓》「服劒者期於銛利，而不期於墨陽莫邪」，高注云「墨陽莫邪，美劒名也」。《鹽鐵論·論勇》篇云「楚鄭之棠谿墨陽，非不利也」。《荀子·性惡篇》云「闔閭之干將、莫邪、鉅闕、辟閭，古之良劒也」。《新序·雜事》篇云「辟閭、巨闕，天下之利器也」。巨與「鉅」通。

陳寶、孟勞、馬氏、白楊、剞劂、劉，刀也。

《説文》「刀，兵也」。《顧命》「陳寶赤刀」，傳以「陳寶」爲陳先王所寶之器物，《正義》引鄭氏説同。此以「陳寶」爲刀名，則與「赤刀」同類，或用今文説也。僖元年《穀梁傳》云「孟勞者，魯之寶刀也」。魏左延年《秦女休行》云「左執白楊刀，右據宛魯矛」。《淮南子·脩務訓》「羊頭之銷」，高誘注云「白羊子刀也」。羊與「楊」通。剞之言阿曲，劂之言屈折也。《説文》「剞，𠜾，曲刀也」。𠜾與「劂」同。《淮南子·俶真訓》「鏤之以剞𠜾」，高注云「剞，巧工鉤刀也，𠜾者，規度刺畫墨邊箋也，所以刻鏤之具也」。《楚辭·哀時命》「握剞劂而不用兮」，王逸注云「剞劂，刻鏤刀也」。《漢書·揚雄傳》「般倕弃其剞劂兮」，應劭注云「剞，曲刀，劂，曲鑿也」。

錟、鏦、䂎、❶矟、𥎊、穳,矛也。

《考工記》「廬人爲廬器,酋矛常有四尺,夷矛三尋」。《方言》「錟謂之鈹」。《説文》「錟,長矛也」。錟之言剡也。《爾雅》云「剡,利也」。《方言》「矛,吴揚江淮南楚五湖之閒謂之鍦,或謂之鏦」。《淮南子·兵略訓》「脩鎩短鏦」,《華嚴經》卷十五《音義》引許慎注云「鏦,小矛也」。鏦之言摐也。《釋言》篇云「摐,撞也」。矟即今「槊」字也。《釋名》云「矛長丈八尺曰矟,馬上所持,言其矟矟便殺也,又曰激矛,激,戳也,可以激戳敵陳之矛也」。案:矟、激皆長貌也。《爾雅·釋木》「梢,梢擢」,郭注云「謂木無枝柯,梢擢長而殺者」。又「無枝爲檄」,注云「檄擢直上」。卷二云「檄,長也」。檄與「激」,梢與「矟」,義竝相近。《説文》「鉈,短矛也」。《荀子·議兵篇》「宛鉅鐵釶,慘如蠭蠆」,楊倞注云「釶,矛也」。《史記·禮書》作「鐵施」。左思《吴都賦》「藏鍦於人」,劉逵注云「鍦,矛也」。字竝與「𥎊」同。𥎊,曹憲《音》「蛇」。後世言蛇矛,名出於此也。《釋名》云「穳矛,長九尺者也,穳,霍也,所中霍然即破裂也」。《吴都賦》「長殺短兵」,李善注引《廣雅》「殺,矛也」。《説文繫傳》引《字書》「椴,小矛也」。竝字異而義同。穳,各本譌作「穳」。今訂正。

穳謂之鋋。

《方言》「矛,吴揚江淮南楚五湖之閒或謂之鋋」。《説文》「鋋,小矛也」。《史記·匈奴傳》「其長兵則弓矢,

---

❶「䂎」,原脱,今據續四庫本補。

短兵則刀鋋」，《索隱》引《埤倉》云「鋋，小矛鐵矜」。《漢書·鼂錯傳》云「萑葦竹蕭，屮木蒙蘢，支葉茂接，此矛鋋之地也」。《六韜·軍用》篇云「曠林草中，方胸鋋矛千二百具」。矛謂之鋋，故以矛刺物亦謂之鋋。《上林賦》云「格蝦蛤，鋋猛氏」，是也。《釋名》云「鋋，延也，達也，去此至彼之言也」。《衆經音義》卷十一云「穳，小矛也」，引《字詁》「古文鎵、穳二形，今作『穳』」。穳之言鑽也。小矛謂之穳，猶矛戟刃謂之鑽。《方言》「鑽謂之鍴，矜謂之杖」，是也。凡戈戟矛，皆以其刃得名。

𥍯、䂎、蒲蘇、鎔，鈹也。

鈹之言破也。《方言》「錟謂之鈹」，郭注云「今江東呼大矛爲鈹」。《說文》「𥍯，矛屬」。《廣韻》云「短矛也」。𥍯，各本譌作「稂」，今訂正。《說文》「䂎，矛屬」。《急就篇》云「鈒戟鈹鎔劍鐔鍭」。

鐼、孑、鏝胡、釨、戞、戈，戟也。

《說文》「戟，有枝兵也」，「戈，平頭戟也」。《釋名》云「戟，格也，旁有枝格也」，「戈，句孑戟也，戈，過也，所刺擣則決過，所鉤引則制之弗得過也」。案：謂所刺擣、所鉤引皆決過也。《考工記》注以「戈」爲「句兵」。句、戈一聲之轉，猶「鎌」謂之「鉤」，亦謂之「划」也。《考工記》「廬人爲廬器，戈柲六尺有六寸，車戟常」，「冶氏爲戈，廣二寸，内倍之，胡三之，援四之，戟廣寸有半寸，内三之，胡四之，援五之」。鄭注云「戈，今句孑戟也，或謂之鷄鳴，或謂之擁頸」，「戟，今三鋒戟也」。《方言》「戟，楚謂之釨，凡戟而無刃，秦晉之閒謂之釨，或謂之鐼，吴揚之閒謂之戈，東齊秦晉之閒謂其大者曰鏝胡，其曲者謂之鉤釨鏝胡」。孑與下「釨」字同。《方言》注云「釨，取名於鉤釨也」。莊四年《左傳》「授師孑焉」，《考工記》疏引舊注云「孑，句孑戟也」。鏝，各本譌作「饅」，唯影宋本、皇甫本不譌。《考工記》注云俗謂戈胡爲「曼胡」。曼與「鏝」通。鏝胡者，寬大之貌。《釋名》云「胡餅，作之大漫沍也」，義與「鏝胡」同。《說文》「戞，戟也」。張衡《東京賦》云「立戈迤戞」。

其鋒謂之𢧵。

其孑謂之𢨋。

孑者，取名於鉤孑。《考工記》謂之「胡」。

匽謂之雄戟。

《方言》「三刃枝，南楚宛郢謂之匽戟」，郭注云「今戟中有小孑刺者，所謂雄戟也」。《史記·商君傳》云「屈盧之勁矛，干將之雄戟」。《子虛賦》「建干將之雄戟」，張注云「雄戟，胡中有鮔者」。

鐓、釬，鐏也。

鐓或作「錞」。《曲禮》「進戈者前其鐏，後其刃，進矛戟者前其鐓」，鄭注云「鋭底曰鐏，取其鐏地，平底曰鐓，取其鐓地」。鐓與鐏對文則異，散文則通。《秦風·小戎》篇「厹矛鋈錞」，毛傳云「錞，鐏也」。《說文》「錞，矛戟柲下銅鐏也」，「鐏，柲下銅也」。《釋名》「矛下頭曰鐏，鐏入地也」。《方言》「矛鐏謂之釬」。釬之言榦也。卷三云「榦，本也」。凡矛戟以足爲本，首爲末。釬，各本譌作「釪」，唯影宋本、皇甫本不譌。

吴魁、干、瞂、樐、戰，盾也。

盾或作「楯」。《釋名》云「盾，遯也，跪其下避刃以隱遯也」。古者盾或以木，或以革，其繫之以紛。王肅注

《粊誓》云「干」有紛繫持之，是也。《方言》「盾，自關而東或謂之瞂，或謂之干，關西謂之盾」。《周官·司兵》「掌五兵五盾」，鄭注云「五盾，干櫓之屬」。是「盾」爲干、櫼、瞂之總名也。《楚辭·九歌》「操吴戈兮被犀甲」，王逸注云「或曰『操吾科』，吾科，楯之名也」。吾科與「吴魁」同。《太平御覽》引《廣雅》作「吴科」。科、魁聲相近。故《後漢書·東夷傳》謂「科頭」爲「魁頭」。《釋名》云盾「大而平者曰吴魁，本出於吴，爲魁帥者所持也」。案：吴者，大也。魁亦盾名也。吴魁猶言大盾。不必出於吴，亦不必爲魁帥所持也。《方言》「吴，大也」。《吴語》「奉文犀之渠」，韋昭注云「渠，楯也」。渠與「魁」一聲之轉。故盾謂之渠，亦謂之魁。帥謂之渠，亦謂之魁。芋根謂之芋渠，亦謂之芋魁也。干與下「戰」字同。《説文》「戰，盾也」。《爾雅》「干，扞也」，孫炎注云「干盾自蔽扞」。瞂之言蔽扞也。《説文》「瞂，盾也」。《秦風·小戎》篇「蒙伐有苑」，毛傳云「伐，中干也」。《逸周書·王會解》「請令以鮫瞂利劍爲獻」。《史記·孔子世家》「矛戟劍撥」，《索隱》云「撥謂大楯也」。伐、撥竝與「瞂」通。《説文》「櫓，大盾也」，或作「櫼」。《儒行》「禮義以爲干櫓」，鄭注云「干櫓，小楯大楯也」。《史記·秦始皇紀》贊「流血漂鹵」，字亦與「櫼」同。《墨子·備城門》篇云「櫓廣四尺，高八尺」。

鏀、甲、介，鎧也。

《周官》「司甲」注「甲，今時鎧也」，疏云「今古用物不同，其名亦異，古用皮謂之甲，今用金謂之鎧，從金爲字也」。《釋名》云「鎧猶塏也，塏，堅重之言也，或謂之甲，似物有孚甲以自禦也」。凡甲聚衆札爲之謂之旅。上旅爲衣，下旅爲裳。《考工記·函人》云「權其上旅與其下旅，而重若一」。宣十二年《左傳》云「得其甲裳」。是也。鍸，字本作「函」。函之言含也。《考工記》「燕無函」，鄭衆注云「函，讀如『國君含垢』之含，函，鎧也」。介與「鱗介」之介同義。介者，堅也。《繫辭傳》云「介如石焉」。

兜鍪謂之冑。

《説文》「冑，兜鍪也」，「兜鍪，首鎧也」。《急就篇》作「兜鉾」。《後漢書・禰衡傳》「更著岑牟單絞之服」，李賢注云「岑牟，鼓角士冑也」。鞪、鍪、鉾、牟竝通。《韓策》云「甲盾鞮鍪」，即「兜鞪」之轉也。冑之言幬也。卷二云「幬，覆也」。徐言之則曰「兜鞪」。兜者，擁蔽之名。鞪者，覆冒之稱。故帽亦謂之兜鍪。《淮南子・氾論訓》「古者有鍪而綣領以王天下者矣」，高誘注云「鍪，頭著兜鍪帽也」。

鋞鍜謂之鏂錏。

《説文》「鋞鍜，頸鎧也」。鏂錏即「鋞鍜」之轉。

機謂之牙。

《緇衣》引《大甲》云「若虞機張，往省括于厥度則釋」，鄭注云「機，弩牙也」。《繫辭傳》「言行，君子之樞機」，《曲禮》正義引鄭注同。

和、鑾、鐲、鐸、鉦、鐃、鍾、鎛，鈴也。

《説文》「鈴，令丁也」，謂其聲令丁然也。今人言「鈴當」，語之轉也。《廣韻》云「鈴似鐘而小」。自和鑾以下九事，大小不同而形竝相似也。《爾雅》「有鈴曰旂」，《周頌・載見》正義引李巡注云「以鈴著旐端」。《周官・巾車》「大祭祀，鳴鈴以應雞人」，鄭注云「必使鳴鈴者，車有和鸞相應和之象」。《説文》「人君乘車，四馬鑣，八鑾鈴，象鸞鳥之聲，和則敬也」。字通作「鸞」。《小雅・蓼蕭》篇「和鸞雝雝」，毛傳云「在軾曰和，在鑣曰鸞」。《周頌・載見》篇「和鈴央央」，傳云「和在軾前，鈴在旂上」。《經解》「升車則有鸞和之音」，鄭注云「鸞、和皆鈴也，所以爲車行節也」，引《韓詩内傳》云「鸞在衡，和在軾前，升車則馬動，馬動則鸞鳴，鸞鳴則和應」。《大戴禮・保傅》篇亦云「在衡爲鸞，在軾爲和」。鄭於《小戎》箋及《大馭》注、《玉藻》注皆用《韓詩》説，於《烈祖》箋用《毛詩》説。桓二年《左傳》「錫鸞和鈴，昭其聲也」，《史記・禮書》集解引服虔注云「鸞在鑣，和在衡」。《説苑・説叢篇》亦云「鸞設於鑣，和設於衡」。《續漢書・輿服志》注引《五經異義》云「《詩》云『八鸞鎗鎗』，則一馬二鸞也，又曰『輶車鸞鑣』，知非衡也」。《左傳正義》云「鸞若在衡，衡唯兩馬，安得置八鸞，以此知鸞必在鑣」。案：《烝民》《韓奕》皆言「四牡」「八鸞」，明是一馬二鸞。《五經異義》及《左傳正義》所辨是也。若「和」之所設，舊説以爲在軾，劉向、服虔、杜預則以爲在衡，未知孰是。又刀環有鈴者謂之鸞刀。《小雅・信南山》篇「執其鸞刀」，傳云「鸞刀，刀有鸞者，言割中節也」。《郊特牲》云「割刀之用而鸞刀之貴，貴其義也，聲和而后斷也」。《説文》「鐲，鉦也」，「鐸，大鈴也」，「鉦，鐃也，似鈴，柄中上下通」，「鐃，小鉦也」。《釋名》云「鐃，聲譊譊也」。《周官・鼓人》「以金鐲節鼓，以金鐃止鼓，以金鐸通鼓」，注云「鐲，鉦也，形如小鍾，軍行鳴之以爲鼓節」，「鐃，如鈴無舌，有柄，執而鳴之以止擊鼓」，「鐸，大鈴也，振之以通鼓」。《大司馬》職云「卒長執鐃，兩司馬執鐸，公司馬執鐲」。又云「鼓人皆三鼓，司馬振鐸，羣吏作旗，車徒皆作」，所謂「以金鐸通鼓」也。又云「鼓行，鳴鐲，車徒皆行」，所謂「以金鐲節鼓」也。又云「乃鼓退，鳴鐃且卻」，所謂「以金鐃止鼓」也。《小雅・采芑》篇「鉦人伐鼓」，傳云「鉦以靜之，鼓以動之」。《大司馬》疏引《司馬法》云「十人之長執鉦，百人之帥執鐸」。鉦者，丁寧之合聲。《晉語》「戰以錞于丁寧，儆其民也」，韋昭注云「丁寧，謂鉦也」。又鈴之金口木舌者，謂之木鐸。《周官・小宰》「徇以木鐸」，注云「古者將有新令，必奮木鐸以警衆，使明聽也，木鐸，木舌也，文事奮木鐸，武事奮金鐸」。鍾，説見《釋樂》「倕氏鍾」下。《説文》「鏄，大鐘淳于之屬，所以應鐘磬也」。《周官》《左傳》《國語》作「鎛」。《儀禮》作「鑮」。鄭注《周官・鎛師》及《大射儀》竝云「鑮如鍾而大」。《周語》「細鈞有鍾無鎛，昭其大也，大鈞有鎛無鍾，甚大無鎛，鳴其細也」，注云「鍾，大鍾，鎛，小鍾也」。與許、鄭異義，未知孰是。

印謂之璽，鈕謂之鼻。

《説文》「璽，❶王者印也」，籀文作「壐」。「印，執政所持信也」。「鈕，印鼻也」，古文作「玨」。《周官・司市》「凡通貨賄，以璽節出入之」，鄭注云「璽節，印章，如今斗檢封矣」。《獨斷》云「璽者，印也，印者，信也，天子璽以白玉，螭虎鈕，古者尊卑共之」。《月令》曰『固封璽』，《春秋左氏傳》曰『魯襄公在楚，季武子使公冶問，璽書追而與之』，此諸侯大夫印稱璽者也，衛宏曰『秦以前，民皆以金玉爲印，龍虎鈕，唯其所好，秦以來，天子獨以印稱璽，又獨以玉，羣臣莫敢用也』」。《初學記》引《漢官儀》云「諸侯王黄金璽，橐駝鈕，文曰璽，列侯黄金印，龜鈕，文曰章，丞相大將軍黄金印，龜鈕，文曰章，中二千石銀印龜鈕，文曰章，千石六百石四百石銅印鼻鈕，文曰印」。《淮南子・説林訓》「龜紐之璽，賢者以爲佩」，高誘注云「紐，係也」。

❶「璽」，原作「壐」，今據續四庫本改。

紐與「鈕」通。鈕之言樞紐也。凡器之鼻謂之紐。昭十三年《左傳》云「楚平王再拜皆厭璧紐」。《周官·弁師》「玄冕朱裏延紐」，注云「紐，小鼻也」。

綸、組、紱，綬也。

《説文》「綬，韍維也」，「綸，糾青絲綬也」，「組，綬屬也」。《爾雅》「璲，綬也」，郭注云「即佩玉之組，所以連繫瑞玉者」。《玉藻》「天子佩白玉而玄組綬」，鄭注云「綬者，所以貫佩玉，相承受者也」。古者綬以貫玉，至戰國始有印綬之名。《史記·蔡澤傳》云「懷黄金之印，結紫綬於要」，是也。《續漢書·輿服志》云「古者君臣佩玉，所以章德，上有韍，所以執事，五伯迭興，戰兵不息，於是解去韍佩，留其係璲以爲章表，韍佩既廢，秦乃以采組連結於璲，光明章表，轉相結受，故謂之綬，漢承秦制，加之以雙印佩刀之飾，乘輿黄赤綬」，自諸侯王以下，有赤綬、緑綬、紫綬、青綬、黑綬、黄綬、青紺綸之異焉。《爾雅·釋草》「綸似綸，組似組」，注云「綸，今有秩嗇夫所帶糾青絲綸，組，綬也」。《釋名》云「綸，倫也，作之有倫理也」。《緇衣》「王言如絲，其出如綸」，注云「綸，今有秩嗇夫所佩也」。案：「綸」爲有秩嗇夫所佩，故列在諸綬之末。《法言·孝至篇》云「五兩之綸，半通之銅」，蓋印綬之至微者也。《北堂書鈔》引《漢官儀》云「綬長一丈二尺，闊三尺」。《漢書·嚴助傳》云「方寸之印，丈二之組」。是「組」即綬也。《文選·西都賦》注引《倉頡篇》云「紱，綬也」。《漢書·諸侯王表》作「韍」，《丙吉傳》作「紼」。竝字異而義同。

瑹、珽，笏也。

笏，《説文》作「回」，《穆天子傳》作「曶」。《士喪禮》注云今文「笏」作「忽」。竝字異而義同。《釋名》云「笏，忽也，君有教令，及所啟白，則書其上，備忽忘也」。《玉藻》云「笏，天子以球玉，諸侯以象，大夫以魚須文竹，士竹本象可也」，「笏度二尺有六寸，其中博三寸，其殺六分而去一」。桓二年《左傳》「衮冕黻珽」，杜注云「珽，玉笏也，若今吏之持簿」，《釋文》引徐廣云「簿，手版也」。《考工記·玉人》「大圭長三尺，杼上，終葵首，天子服之」，鄭注云「王所搢大圭也，或謂之珽，終葵，椎也，爲椎於其杼上，明無所屈也，杼，殺也，《相玉書》曰『珽玉六寸，明自炤』」。《離騷》「珽」作「珵」。《玉藻》云「天子搢珽，方正於天下也，諸侯荼，前詘後直，讓於天子也，大夫前詘後詘，無所不讓也」，鄭注云「珽之言挺然無所詘也，或謂之大圭，長三尺，於杼上又廣其首，方如椎頭，後則恒直」，「荼，讀爲『舒遲』之舒，舒懦者所畏在前也，詘，謂圜殺其首，不爲椎頭，諸侯唯天子詘焉，是以謂笏爲舒，大夫，奉君命出入者也，上有天子，下有己君，又殺其下而圜」。《大戴禮·虞戴德》篇云「天子御珽，諸侯御荼，大夫服笏，正民德也」。《逸周書·王會解》云「天子搢珽，唐叔、荀叔、周公、大公搢笏」。荼與「瑹」通。各本「瑹」譌作「瑹」，唯影宋本、皇甫本不譌。

箓、籙、篇篗，節也。

《説文》「節，蔏爰也」，徐鍇《傳》云「《字書》『篇篗，簡牘也』」。蔏爰與「篇篗」通。箓、籙並與「録」通。《周官·職幣》「皆辨其物而奠其録」，杜子春注云「定其録籍也」。篇，各本作「滿」，蓋因曹憲《音》內「滿」字而誤。《集韻》《類篇》並引《廣雅》「篇篗，節也」，今據以訂正。

梡、棵、橛、梖、房、杫、虡、桯、胗、俎，几也。

《説文》「几，踞几也，象形」。《釋名》云「几，庪也，所以庪物也」。《周官·司几筵》疏云「阮諶云『几長五尺，高尺二寸，廣二尺』，馬融以爲長三尺」。《説文》「且，薦也，從几，足有二横，一，其下地也」，「俎，禮俎也，從半肉在且上」。且與「俎」古同聲。俎之言苴也。苴者，藉也，言所以藉牲體也。《明堂位》云魯禘「俎用梡嶡」。又云「俎，有虞氏以梡，夏后氏以嶡，殷以椇，周以房俎」，鄭注云「梡，斷木爲四足而已」，「嶡之言蹷也，謂中足爲横距之象，周禮謂之距」，「椇之言枳椇也，謂曲橈之也」，「房，謂足下跗也，上下兩閒，有似於堂房」。《正義》云「梡形四足如案，《禮圖》云『梡長二尺四寸，廣尺二寸，高一尺，諸臣加雲氣，天子犧飾之，嶡亦如梡，而横柱四足中央如距也』」。案：梡者，斷木之名。《莊子·天下》篇「椎拍輐斷」，義與「梡」同。故鄭云「斷木爲四足」也。棵亦「梡」字也。《廣韻》「棵，斷木也」。橛與「嶡」同。橛、距一聲之轉。《少牢饋食禮》注云「俎距，脛中當横節也」。椇之言句曲也。《明堂位》正義云「枳椇之樹，其枝多曲橈，故陸璣《草木疏》云『椇曲來巢，殷俎足似之也』」。各本皆脱「椇」字，今補。《魯頌·閟宫》篇「籩豆大房」，毛傳云「大房，半體之俎也」，鄭箋云「大房，玉飾俎也，其制足閒有横，下有跗，似乎堂後有房然」。《周語》「王公立飫，則有房烝」，韋昭注云「房，大俎也，謂半解其體，升之房也」。《方言》「俎，几也，西南蜀漢之郊曰杫」。《後漢書·鍾離意傳》「無被枕杫」，李賢注云「杫謂俎几也」。《方言》「榻前几，江沔之閒曰桯，趙魏之閒謂之椸，其高者謂之虡」。虡與「⿸虍異」同。虡之言舉也，所以舉物也，義與「筍虡」相近。郭注以爲即「筍虡」，殆非也。《説文》「桯，牀前几也」。《廣韻》云「牀前長几也」。桯，郭璞音刑。桯之言經也，横經其前也。牀前長几謂之桯，猶牀邊長木謂之桯。《士喪禮下》篇注云「輁狀如長牀，穿桯，前後著金而關軸焉」，是也。⿰月多即《方言》「椸」字。《鹽鐵論·散不足》篇云「古者無杠樠之寢，牀移之案」。移與「⿰月多」

同。几謂之桅，衣架謂之桅，義亦相近也。

棲謂之牀。

《孟子·萬章》篇「二嫂使治朕棲」，趙岐注云「棲，牀也」。

浴牀謂之柖。

《淮南子·說山訓》「死而弃其柖簀」，高誘注云「柖簀，死者浴牀上之柵也」。❶《喪大記》「設牀，襢笫」，鄭注云「襢笫，袒簀也，謂無席，如浴時牀也」。《士喪禮》記云「御者四人抗衾而浴，襢笫」。

簀、笫。

《說文》「簀，牀棧也」，「笫，牀簀也」。《爾雅》「簀謂之笫」。《方言》「牀，齊魯之閒謂之簀，陳楚之閒或謂之笫」，郭注云「牀版也」。《檀弓》「華而睆，大夫之簀與」，鄭注云「簀，謂牀笫」。《周官·玉府》「掌王之衽席牀笫」，襄二十七年《左傳》「牀笫之言不踰閾」，鄭、杜注云「笫，簀也」。笫之言齊也。編竹木爲之，均齊平正，故謂之笫。聲轉爲簀，簀之言嫧也。凡言嫧者皆齊平之意，說見卷四「嫧，齊也」下。《史記·范雎傳》「雎佯死，即卷以簀」，《索隱》云「簀，謂葦荻之薄也」。蓋編葦爲薄，嫧然齊平，故亦謂之簀。聲又轉爲棧，棧亦齊平之意，猶編木爲馬牀謂之馬棧也。此條與上下文不相屬，當有脫字。或云當作「簀，笫也」，或云當作「簀謂之笫」。案：此篇之例，凡一物二名者，則云「某謂之某」。自三名以上，始用「也」字

---

❶「之柵」，原作墨丁，今據《四部備要》本補。

以總承之。此條若云「簀，笫也」，則與本篇之例不合。若云「簀謂之笫」，則不應全襲《爾雅》之文。《說文》「笫」訓爲簀，「簀」訓爲棧。《廣雅》之訓多本《說文》，疑「簀、笫」下本有「棧也」二字。「簀、笫，棧也」「樹、⿰爿兆，杠也」，皆承上「棲謂之牀」言之。

樹、⿰爿兆，杠也。

《說文》「杠，牀前横木也」。《鹽鐵論·散不足》篇云「古者無杠樠之寖、牀移之案」。《急就篇》云「奴婢私隸枕牀杠」。杠者，横亘之名。石橋謂之杠，義與牀杠相近也。《方言》「牀杠，北燕朝鮮之閒謂之樹，自關而西秦晉之閒謂之杠，南楚之閒謂之趙」，郭注云「趙，當作『桃』，聲之轉也，中國亦呼杠爲桃牀，皆通語也」。桃與「⿰爿兆」同。上文云「⿰爿兆，版也」，義與「牀⿰爿兆」亦相近。

廣平、榻，枰也。

廣平爲博局之枰，榻爲牀榻之枰，皆取義於平也。《說文》「枰，平也」。《方言》「所以投簙謂之枰，或謂之廣平」。韋昭《博弈論》云「所志不出一枰之上」。《釋名》「牀長狹而卑曰榻，言其榻然近地也」，「枰，平也，以版作之，其體平正也」。《衆經音義》卷四引《埤倉》云「枰，榻也」。《初學記》引《通俗文》云「牀三尺五曰榻，版獨坐曰枰」。枰與榻對文則異，散文則通。榻亦平意也，今人言「平𦐇」是也。

跭、橨、梂，柎也。

《說文》「柎，闌足也」。案：凡器足謂之柎。柎之言跗也。跗，足也。《說文》「夅，持弩柎也」。夅與「跭」義相近。

蓐謂之菆。

《爾雅》「蓐謂之茲」，郭注云「《公羊傳》曰『屬負茲』，茲者，蓐席也」。《衆經音義》卷三引《三倉》云「蓐，薦也」。《說文》「菆，蓐也」。

箷謂之枷。

《爾雅》「竿謂之箷」，郭注云「衣架也」，《釋文》「箷」李本作「篾」。《曲禮》「男女不同椸枷」，鄭注云「椸，可以枷衣者」，《釋文》「椸」作「杝」。《內則》云「不敢縣於夫之楎椸」。椸、杝、篾竝與「箷」同。架與「枷」同。《衆經音義》卷十二引《倉頡篇》云「椸，格也」。格、枷竿一聲之轉。枷，各本譌作「榤」。今訂正。

軖謂之𥫱。

《說文》「𥫱，可以收繩也」，「軖，紡車也」。紡車所以收絲，故亦謂之𥫱。《衆經音義》卷十二引《通俗文》云「繅車曰軖」。

蒸、爟、爈，炬也。

炬者，舉火之名。《說文》「苣，束葦燒也」。苣與「炬」同。《說文》「蒸，析麻中榦也，或作𦲷」。❶ 蒸之言烝也。烝，衆也。凡析麻榦及竹木爲炬，皆謂之蒸。《弟子職》記舉火之禮云「蒸閒容蒸，然者處下」，尹知章注云「蒸，細薪也」。《燕禮》「甸人執大燭於庭」，鄭注云「甸人，掌共薪蒸者」。《楚辭·七諫》「箟簬雜於黀

❶ 「𦲷」，原作「蒸」，今據《說文解字》改。

蒸兮」，王逸注云「枲翮曰黀，煏竹曰蒸」。《説文》「舉火曰爟」，引《周官》「司爟掌行火之政令」。《吕氏春秋・本味》篇「湯得伊尹，祓之於廟，爝以爟火」，高誘注云「火者，所以祓除不祥，置火於桔皋，燭以照之」。《漢書・郊祀志》「通權火」，如淳注云「權，舉也」。權與「爟」通。爟，字本作「熜」，或作「總」。《説文》「熜，然麻蒸也」。熜之言總也。《説文》「總，聚束也」。《弟子職》「錯總之法，横于坐所」，注云「總，設燭之束也」。

龠二曰合，合十曰升，升四曰梪，梪四曰區，區四曰釜，釜十曰鍾，鍾十曰斞，斞十曰秉。

《漢書・律曆志》云「量者，龠合升斗斛也，所以量多少也，本起於黄鍾之龠，用度數審其容，以子穀秬黍中者千有二百實其龠，以井水準其槩，合龠爲合，十合爲升，十升爲斗，十斗爲斛，而五量嘉矣。其法，用銅方尺而圜其外，旁有庣焉，其上爲斛，其下爲斗，左耳爲升，右耳爲合龠」，「龠者，黄鍾律之實也，躍動微氣而生物也」，「合者，合龠之量也」，「升者，登合之量也」，「斗者，聚升之量也」，「斛者，角斗平多少之量也」。《考工記》「栗氏爲量，量之以爲鬴，深尺，内方尺而圜其外，其實一鬴，其臀一寸，其實一豆，其耳三寸，其實一升」，鄭注云「四升曰豆，四豆曰區，四區曰鬴，鬴，六斗四升也，鬴十則鍾」。昭三年《左傳》「齊舊四量，豆區釜鍾，四升爲豆，各自其四以登於釜，釜十則鍾」，杜注云「四豆爲區，區，斗六升，四區爲釜，釜，六斗四升」，「鍾，六斛四斗」。《聘禮》記「十斗曰斛，十六斗曰籔，十籔曰秉，二百四十斗」，鄭注云「秉，十六斛，今江淮之間量名有爲籔者」，「二百四十斗，謂一車之米秉有五籔也」。梪與「豆」同。豆之言亦聚也，聚升之量也。《管子・輕重》篇云「釜鏂之數，不得爲侈弇」，❶鏂與「區」同。區者，藏物之稱。《說文》「區，藏隱也」，徐鍇《傳》云「凡言區者，皆有所藏也」。小盆謂之甌，義與「區」相近也。釜與「鬴」同。《周官・廩人》「凡萬民之食食者，人四鬴，上也，人三鬴，中也，人二鬴，下也」，注云「六斗四升曰鬴」。《論語・雍也》篇「與之釜」，馬融注與鄭同。釜之言府也。卷三云「府，聚也」。襄二十九年《左傳》鄭子皮「餼國人粟，户一鍾」，注云「六斛四斗曰鍾」。「鍾」亦聚也。斞，字或作庾、逾，又作「籔」。《說文》「斞，量也」。❷《聘禮》「米三十車，車秉有五籔」，注云「秉有五籔，二十四斛也，今文『籔』或爲『逾』」。昭十二年《左傳》「粟五千庾」，《史記・魯世家》集解引賈逵注云「十六斗爲庾」。《論語》「與之庾」，包咸注與賈逵同。斞之言輸也。卷三云「輸，聚也」。案：斛六斗曰斞，六斛四斗曰鍾。是鍾大於斞。今云「鍾十曰斞」，則斞反大於鍾，非矣。斞，曹憲《音》「庾」。各本「斞十曰秉」之「斞」作「庾」，因曹憲《音》而誤。今訂正。《論語》「冉子與之粟五秉」，馬融注云「十六斛曰秉」。《魯語》「出稯禾秉芻缶米」，韋昭注引《聘禮》「十庾曰秉」。秉之言方也。方者，大也，量之最大者也。

秉四曰筥，筥十曰稯，稯十曰秅。

此亦《聘禮》記文。秉謂禾一把也。與十六斛之秉同名而異實。以其爲人所秉持，故謂之秉。《說文》

---

❶「輕重」，原爲墨丁，今據續四庫本補。「篇云」，續四庫本作「甲篇」。

❷「文」，原作「又」，今據經解本、續四庫本改。

「秉，禾束也，從又持禾」，又云「兼持二禾，秉持一禾」。《小雅·大田》篇「彼有遺秉」，昭二十七年《左傳》「或取一秉秆焉」，毛傳、杜注竝云「秉，把也」。筥讀若旅，謂禾四把也。筥之言旅也。鄭注《樂記》云「旅，俱也」。《周官·掌客》注云「四秉曰筥，讀如『棟梠』之梠」。是也。「秉四曰筥」，各本皆作「秉十曰筥」。此因與上下文相涉而誤，今訂正。稯之言總也。《説文》「總，聚束也」。故《掌客》注云「稯，猶束也」。《聘禮》注云古文「稯」作「緵」。《掌客》釋文作「總」。竝字異而義同。秅之言都也。「都」亦聚也。《掌客》疏云「秅者，束之總名」，是也。案：《聘禮》「禾三十車，車三秅」，記云「四秉曰筥，十筥曰稯，十稯曰秅，四百秉爲一秅」。注云「此秉，謂刈禾盈手之秉也」，「筥，穧名也，若今淶易之閒，刈稻聚把，有名爲筥者，《詩》云『彼有遺秉』，又云『此有不斂穧』」，「一車之禾三秅，爲千二百秉，三百筥，三十稯也」。《詩·大田》正義引此而釋之云「言『此秉』者，以對米秉爲異，禾之秉，一把耳，米之秉則十六斛，禾之筥，四把耳，米之筥則五斗」。《掌客》「車禾眡死牢，牢十車，車三秅」，注云「《聘禮》曰『四秉曰筥，十筥曰稯，十稯曰秅』，每車三秅，則三十稯也，稯猶束也，米禾之秉筥，字同而數異，禾之秉，手把耳，筥讀如『棟梠』之梠，謂一穧也」。據《周官》《儀禮》及鄭注之文，是禾束之「秉」與量名之「秉」，其事既異，其數亦殊。量名之「秉」爲十六斛，比於斗、斛、籔爲最多之數。禾束之「秉」爲一把，比於筥、稯、秅爲最少之名。《説文》「秅」字注云「周禮二百四十斗爲秉，四秉曰筥，十筥曰稯，十稯曰秅」。案：《聘禮》記「二百四十斗」，乃總言一車所載之米，非承上「十籔曰秉」言之。許氏誤合兩句爲一事，遂以二百四十斗爲秉。此下連引「四秉曰筥，十筥曰稯，十稯曰秅」，則又誤以禾束之「秉」爲量名之「秉」，并下文之筥、稯、秅，皆誤以爲量名矣。韋昭《魯語》注云

「《聘禮》曰『十六斗曰庾，十庾曰秉』，秉，一百六十斗也，『四秉曰筥，十筥曰稯』，稯，六百四十斛也」，則亦誤以禾束之「秉」爲量名之「秉」。特以「秉」爲一百六十斗，與許氏異耳。《廣雅》「秉四曰筥」之文正承「斞十曰秉」之下，蓋亦與韋、許同誤。從許氏之説，由二百四十斗而遞加之以至於「秅」，則有九千六百斛。一車三秅，則有二萬八千八百斛。從韋氏之説，由一百六十斗而遞加之以至於「三秅」，亦有一萬九千二百斛。非唯牛不能任，亦且車不能容。故鄭氏獨以「四秉曰筥」之「秉」爲禾一把也。

一升曰爵，二升曰觚，三升曰觶，四升曰角，五升曰散。

《特牲饋食禮》記「實二爵，二觚，四觶，一角，一散」，鄭注引舊説云「爵一升，觚二升，觶三升，角四升，散五升」。《禮器》云「宗廟之祭，貴者獻以爵，賤者獻以散，尊者舉觶，卑者舉角」。《明堂位》云魯禘「爵用玉琖仍雕，加以璧散璧角」。《考工記》「梓人爲飲器，勺一升，爵一升，觚三升，獻以爵而酬以觚，一獻而三酬，則一豆矣」，鄭注云「觚，字之誤，當爲『觶』」。《禮器》正義及《梓人》疏云：案《異義》，今《韓詩》説「一升曰爵，爵，盡也，足也；二升曰觚，觚，寡也，飲當寡少也；三升曰觶，觶，適也，飲當自適也；四升曰角，角，觸也，飲不能自適，觸罪過也；五升曰散，散，訕也，飲不能自節，爲人所謗訕也；總名曰爵，其實曰觴，觴者，餉也」，古《周禮》説「爵一升，觚三升，獻以爵而酬以觚，一獻而三酬，則一豆矣」，許慎謹案「《周禮》云『一獻三酬』當一豆，若觚二升，不滿一豆」；鄭駁之云「『觶』字古書或作『角』旁『氏』，與『觚』字相近，學者多聞『觚』，寡聞『觗』，寫此書亂之而作『觚』耳」。《説文》「爵，禮器也，象爵之形，中有鬯酒，又持之也，所以飲，器象爵者，取其鳴節節足足也」。隸省作「爵」。《祭統》「尸酢夫人執柄，夫人授尸執足」，《正義》云「爵爲雀形，以尾爲柄」。餘見上文「斝、醆，爵也」下。《論語·雍也》篇「觚不觚」，馬融注云「觚，禮器，一升曰爵，二升曰觚」。《說文》「觶，鄉飲酒觶也，《禮》曰『一人洗，舉觶』」，或作「觗」，《禮》經作「觝」。《梓人》疏引《禮器制度》云「觚大二升，觶大三升」。《郊特牲》「舉斝角」，鄭注云「天子奠斝，諸侯奠角」。《祭統》云「尸飲九，以散爵獻士及羣有司」。

綃謂之絹。

此謂白繒之未染者也。《急就篇》「烝栗絹紺縉紅繎」，顏師古注云「絹，生白繒，似縑而疏者也」。《玉篇》「綃，素也」。《雜記》注云「素，生帛也」。餘見上文「縏、繐、鮮支、縠，絹也」下。

縓謂之紅。

《說文》「紅，帛赤白色也」。《論語·鄉黨》篇「紅紫不以爲褻服」，皇侃疏引鄭注云「紅，纁之類也」，又引潁子嚴云「南方火，火色赤，火剋金，金色白，以赤加白，故爲紅，紅爲南方閒色」。《釋名》云「紅，絳也，白色之似絳者也」。絳與「紅」聲義竝相近。故《漢書·外戚恩澤表》「絳侯」作「紅侯」。《爾雅》記染赤之法云「一染謂之縓」。《說文》「縓，帛赤黄色也」。《喪服》記「麻衣縓緣」，鄭注云「縓，淺絳也」。《士喪禮》記「縓綼緆」，注云「縓，今之紅也」。《檀弓》「練衣黄裏縓緣」，注云「縓，纁之類」。《檀弓》又云「周人尚赤，戎事乘騵」。騵與「縓」聲義亦相近。

纁謂之絳。

緇謂之皁。

竝見下文。

碧、縹、紺、緑、䋼、緅、緫、蒼，青也。

《説文》「青，東方色也」。青之言清也。故《釋名》云「清，青也，去濁遠穢色如青也」。《説文》「碧，石之青美者」。《西山經》云「商山，其下多青碧」。皇侃《鄉黨》疏引潁子嚴云「西方金，金色白，金尅木，木色青，以白加青，故爲碧，碧爲西方閒色」。《説文》「縹，帛青白色也」。《釋名》云「縹，猶漂漂，淺青色也，有碧縹，有天縹，有骨縹，各以其色所象名之也」。《易稽覽圖》云「白青之色如縹」。王褒《九懷》云「翠縹兮爲裳」。縹色在青白之閒，故白亦謂之縹。《釋名》云「土白曰漂」。王逸《九思》云「鬚髮薴頟兮鬢顠白」。皆是也。《説文》「紺，帛深青而揚赤色也」。《論語》「君子不以紺緅飾」，皇侃疏引鄭注云「紺、緅，玄之類也」。《墨子·節用》篇云「冬服紺緅之衣」。下文云「黚，黑也」。黚與「紺」義相近。《説文》「緑，帛如紺色也」。又云「緑，帛青黄色也」。緑與「䋼」同。《釋名》云「緑，瀏也，荆泉之水，於上視之，瀏然緑色，此似之也」。皇侃疏引潁子嚴云「東方木，木色青，木尅土，土色黄，以青加黄，故爲緑，緑爲東方閒色」。《論語》釋文引《字林》云「緅，青色也」。紺、緅皆深青色，而緅又深於紺。《考工記》「鍾氏染羽，三入爲纁，五入爲緅，七入爲緇」，鄭注云「緅，今禮俗文作爵，言如爵頭色也」，「凡玄色者，在緅、緇之閒，其六入者與」，疏云「《淮南子》曰『以涅染紺，則黑於涅』，涅即黑色也，纁入黑汁則爲紺，更以紺入黑汁則爲緅，紺、緅相類，故連文云『君子不以紺緅飾』也，更以緅入黑汁則爲玄，更以玄入黑汁則爲緇，緇、玄相類，故禮家每以緇布衣爲玄端也」。《士冠禮》注云爵弁「色赤而微黑，如爵頭然，或謂之緅」。《論語》孔傳云「一入曰緅，三年練，以緅飾衣，爲其似衣喪服，故不以爲飾也」。案：此説蓋誤以「緅」爲「縓」，故皇侃駁之云「孔意言『緅』是淺絳色也，禮家三年練，以縓爲深衣領緣，不云用緅，且《考工記》『五入爲緅』，則緅非復淺絳明矣」。《説文》「繱，帛青白色也」。繱與「總」同，亦通作「蔥」。《爾雅》「青謂之蔥」，郭注云「淺青也」。《小雅・采芑》篇「有瑲蔥珩」，毛傳云「蔥，蒼也」。《玉藻》云「三命赤韍蔥衡」，衡與「珩」同。《説文》「驄，馬青白雜毛也」，義亦與「蔥」同。《説文》「蒼，草色也」。經傳或通作「倉」。

丹、彤、朱、赩、纁、絳、䞓、烊、赫、緹、焃、赭，赤也。

《説文》「赤，南方色也」。《釋名》云「赤，赫也，太陽之色也」。《説文》「丹，巴越之赤石也」。又云「彤，丹飾也」。凡經言彤弓彤矢彤管彤几彤裳之屬，皆是也。彤之言融也，赤色著明之貌。《大雅・既醉》篇云「昭明有融」，是也。《説文》「䖝，赤色也」。《管子・地員》篇「其種大苗細苗䖝莖黑秀箭長」，義亦與「彤」同。《豳風・七月》傳云「朱，深纁也」。《説文》作「絑」，云「純赤也」。《士冠禮》注云「凡染絳，一入謂之縓，再入謂之赬，三入謂之纁，朱則四入與」。《衆經音義》卷十九引《字林》云「赩，赤皃也」。《楚辭・大招》「逴龍赩只」，王逸注云「赩，赤色也」。王延壽《魯靈光殿賦》云「丹柱歙赩而電烻」。《小雅・采芑》篇「路車有奭」，毛傳云「奭，赤也」。奭與「赩」同。故《瞻彼洛矣》篇「韎韐有奭」，《白虎通義》引作「赩」。《方言》「䵱，色也」，郭注云「䵱然，赤黑貌也」。《玉篇》赩、䵱竝音許力切，義亦相近也。《説文》「纁，淺絳也」。《考工記》「鍾氏染羽，三入爲纁」。《爾雅》「一染謂之縓，再染謂之赬，三染謂之纁」，李巡注云「三染，其色已成爲絳，纁、絳一名也」。鄭衆注《周官・染人》亦云「纁，絳也」。《説文》「絳，大赤也」。絳與「紅」聲義相近，說見上文。《說文》「䞓，赤色也」，引《周南·汝墳》篇「魴魚䞓尾」。或作赬、𧹛、浾、泟。今《詩》作「赬」，毛傳云「赬，赤也」。《爾雅》注云「淺赤也」。《士喪禮》作「䞓」。哀十七年《左傳》作「竀」。竀字異而義同。《爾雅》「檉，河柳」，郭注云「今河旁赤莖小楊」，陸璣云「河柳皮正赤如絳」。䞓、檉竝音丑貞反，其義同也。烊與䮋、垟同義。䮋今作「騂」。《檀弓》云「周人尚赤，牲用騂」。《魯頌·駉》篇「有騂有騏」，毛傳云「赤黃曰騂」。《說文》「垟，赤剛土也」。今亦作「騂」。《周官·草人》「騂剛用牛」，杜子春注云「騂剛，謂地色赤而土剛强也」。《說文》「赫，火赤皃，从二赤」。《邶風·簡兮》篇「赫如渥赭」，毛傳云「赫，赤貌」。《說文》「緹，帛丹黃色也」，或作「衹」。《周官·草人》「赤緹用牛」，❶鄭注云「赤緹，縓色也」。《酒正》五齊「四曰緹齊」，注云「緹者，成而紅赤，如今下酒矣」。烣亦「赫」也。故《方言》云「烣，赫也」。《說文》「赭，赤土也」。赭之言明著也。《邶風》「赫如渥赭」，鄭箋以「赭」爲丹。《管子·地數》篇云「上有赭者，下有鐵」。

𪏭、黈、䵌、䵐、䵒、黇、黅、䵊、䵍、䵋，黃也。

《說文》「黃，地之色也」。《釋名》云「黃，晃也，猶晃晃，象日光色也」。莊二十三年《穀梁傳》「禮，天子諸侯黝堊，大夫倉，士黈」，范甯注云「黈，黃色也」。《淮南子·主術訓》「黈纊塞耳，所以掩聰」，《漢書·東方朔傳》作「黈纊充耳，所以塞聰」。薛綜注《東京賦》云「黈纊，言以黃緜大如丸，縣冠兩邊當耳，不欲妄聞不急

❶「牛」，據《周禮》當作「羊」。

之言也」。如淳《東方朔傳》注云「黈」音土苟反。黈與「斢」同。《説文》「黊，鮮明黄也」，又云「蘳，黄華也」。蘳與「黊」同義。《説文》「⿰黑耑，黄黑色也」。又云「黇，白黄色也」，謂黄色之薄者也。黇之言沾也。卷一云「沾，薄也」。《説文》「⿰黑金，黄黑也」。《玉篇》「⿰黑金，黄黑如金也」，「黅，黄色也」，音竝與「金」同。《素問·五常政大論》云「敦阜之紀，其色黅玄蒼」。《説文》「頜，面黄也」。頜與「黅」聲近而義同。《説文》「黗，黄濁黷也」。黗與「⿰黃屯」同。「⿰黃屯」亦⿰黑耑也，方俗語有輕重耳。《玉篇》「⿰黃充」音充，又音統，「黄色也」，引《大戴禮·子張問入官》篇「⿰黃充纊塞耳，掩聰也」。今本「⿰黃充」作「統」，盧辯注云「統，黄色也」。《東京賦》注引《大戴禮》作「黈」。黈與「⿰黃充」古同聲。故「黈」或作「⿰黃充」。曹憲云「⿰黃充」亦有本作「⿰黃亢」。《玉篇》「⿰黃亢」口浪切，亦「黄色也」。《説文》「⿰黃有，青黄色也」。⿰黃有色在青黄之閒，故青黑亦謂之⿰黃有。《漢書·薛宣傳》「遇人不以義而見疻者，與痏人之罪鈞」，應劭注云「以杖手毆擊人，剥其皮膚，腫起青黑而無創瘢者，律謂之疻痏」。陸璣《毛詩草木蟲魚鳥獸疏》云「鮪魚似鱣而色青黑」。⿰黃有、鮪、痏竝音于鄙反，義相近也。

皔、皛、晳、皢、皭、皠、皚、的、皏、皠、皤、皎、翯、潔，白也。

白之言明白也。《説文》「白，西方色也」。皔，《玉篇》音旱，「皔皔，白也」。曹憲《音》「汗」。《賁》六四「白馬翰如」。《檀弓》云「殷人尚白，戎事乘翰」。翰與「皔」通。皛之言皎皎也。《説文》「皛，顯也」。《文選》潘岳《關中詩》注引《倉頡篇》云「皛，明也」。又陶潛《赴假還江陵夜行塗口》詩注引《通俗文》云「通白曰皛」。《説文》「晳，人色白也」。《鄘風·君子偕老》篇「揚且之晳也」，毛傳云「晳，白晳也」。鄭公孫黑字子晳，楚公子黑肱字子晳，孔子弟子狄黑字晳，曾點字晳，皆取相反之意也。《小雅·瓠葉》箋云「斯，白也」。

斯與「晳」聲近而義同。晳音析，字從白、析聲。與「晢」字異。晢音哲，又音制，字從日、折聲。舊本「晳」譌作「晢」，曹憲《音》「制」，失之。皢之言曉也。《說文》「皢，日之白也」。《廣韻》引《埤倉》云「皭，白色也」。《史記・屈原傳》云「皭然泥而不滓者也」。重言之則曰「皭皭」，義見《釋訓》。皬與下「翯」字同。翯之言皜皜也。《說文》「皬，鳥之白也」，又云「翯，鳥白肥澤皃」。《史記・司馬相如傳・上林賦》「翯乎滈滈」，《索隱》引郭璞注云「水白光貌」。又《大人賦》「吾乃今目睹西王母皬然白首」，《漢書》作「暠然」。竝字異而義同。重言之則曰「皬皬」，義見《釋訓》。《說文》「犕，白牛也」。義亦與「皬」同。《說文》「皚，霜雪之白也」。枚乘《七發》云「白刃磑磑」，又云「浩浩溰溰，如素車白馬帷蓋之張」。劉歆《遂初賦》云「漂積雪之皚皚兮」。竝字異而義同。的之言灼灼也。《說文》「旳，明也」，引《說卦傳》「爲旳顙」，今本作「的」。《爾雅・釋畜》「的顙，白顛」，舍人注云「的，白也。顙，額也。額有白毛，今之戴星馬也」。《爾雅・釋鳥》「鶾雉，鵫雉」，郭注云「今白鵫也，江東呼白鶾，亦名白雉」。鶾與「翰」，鵫與「的」，古竝同聲。《覲禮》「匹馬卓上，九馬隨之」，鄭注云「卓猶的也，以素的一馬以爲上」。是其證也。《玉篇》「皏皛，白也，又淺薄色也」。《素問・風論》「肺風之狀，色皏然白」，王冰注云「皏，薄白色也」。《楚辭・遠遊》「玉色頩以脕顔兮」，王逸注云「面目光澤以鮮好也」。頩與「皏」聲義相近。《說文》「皤，老人白也」，或作「䪿」，引《賁》六四「賁如皤如」。《爾雅》云「蘩，皤蒿」。《豳風・七月》傳云「蘩，白蒿也」。白鼠謂之䶅，義亦與「皤」同。皎或作「皦」。《說文》「皎，月之白也」，引《陳風》「月出皎兮」。又云「皦，玉石之白也」。《王風・大車》篇「有如皦日」，毛傳云「皦，白也」，《釋文》「皦」本又作「皎」。潔，經傳通作「絜」。

黝、黦、黯、黶、默、⿱皯黑、黓、早、黫、涅、玄、儵、緇、墨、黸、⿰黑其、蕉、黎、黔、⿰黑黽、黴、䅟、⿰黑曾、黚、縝、黳、黗、黲、黟，黑也。⿰黑乚。

《說文》「黑，火所熏之色也」。《釋名》云「黑，晦也，如晦冥時色也」。《爾雅》「黑謂之黝」。《說文》「黝，微青黑色也」。黝之言幽也。幽與「黝」古同聲而通用。《周官·牧人》「陰祀用黝牲」，鄭衆注云「黝讀爲幽，幽，黑也」。《小雅·隰桑》篇「其葉有幽」，毛傳云「幽，黑色也」。《玉藻》「一命緼韍幽衡」，鄭注云「幽讀爲黝」。又《周官·守祧》「其祧，則守祧黝堊之」，鄭衆注云「黝讀爲幽，幽，黑也，堊，白也」，引《爾雅》「地謂之黝，牆謂之堊」。黦，《說文》作「⿰黑冤」，云「黑有文也，讀若『豋飴』字」。《廣韻》「黦」音於勿、於目二切，黃黑色也。《周官·染人》「夏纁玄」，故書「纁」作「⿱穴熏」。《淮南子·時則訓》「天子衣苑黃」，高誘注云「苑讀『豋飴』之豋」。《春秋繁露·五行順逆》篇云「民病心腹宛黃」。竝字異而義同。《說文》「豋，豆飴也」。《方言》注云「以豆屑雜錫也」。《說文》《淮南子》注竝讀「⿰黑冤」爲「豋」，蓋以其色如豋飴，故讀從之矣。《廣韻》「黦」又音謁，色壞也，義亦與「⿰黑冤」同。徐鍇《繫傳》云「⿰黑冤謂物經溽暑而變斑色也」。黯之言闇也。《說文》「黯，深黑也」。《史記·孔子世家》云「黯然而黑」。春秋晉蔡黯字墨，是其義也。《說文》「黶，中黑也」。《玉篇》云「黑子也」。《漢書·高祖紀》「左股有七十二黑子」，顏師古注云「今中國通呼爲黶子」。《五行志》注云「檿，山桑之有點文者也」，義亦與「黶」同。默亦「墨」字也。《韓詩外傳》云「默然而黑」。《說文》「⿱皯黑，黑皴也」。⿱皯黑，各本譌作「⿱奸黑」，今訂正。《爾雅》大歲「在壬曰玄黓」，是「黓」爲黑也。字通作「弋」。《漢書·文帝紀》「身衣弋綈」，如淳注云「弋，早也」。《張安世傳》云「安世尊爲公侯，身衣弋綈」。

《周官·大司徒》「其植物宜早物」，鄭衆注云「早物，柞栗之屬，今世閒謂柞實爲早斗」。陸璣《毛詩疏》云「早斗殼爲汁，可以染早」。《説文》作「草」，俗作「皁」。䍧，字或作「黫」。《説文》「䍧，黑羊也」。《廣韻》引《字林》云「黫，黑色也」。《史記·天官書》云「黫然黑色甚明」。成二年《左傳》「左輪朱殷」，杜注云「朱，血色，血色久則殷，今人謂赤黑爲殷色」。殷、䍧竝音於閑反，義相近也。《説文》「涅，黑土在水中也」。《論語·陽貨》篇「不曰白乎，涅而不緇」，孔傳云「涅可以染早」。字通作「泥」。《史記·屈原傳》「皭然泥而不滓者也」，《索隱》「泥音涅，滓音緇」。《洪範》正義引《荀子》「白沙在涅，與之俱黑」，《大戴禮·曾子制言》篇「涅」作「泥」。《淮南子·説山訓》「譬猶以涅拭素也」，高注云「涅，黑也」。《説文》「儵，青黑繒發白色也」。《爾雅》云「虪，黑虎」，義與「儵」同。《説文》「緇，帛黑色也」。《釋名》云「緇，❶滓也，泥之黑者曰滓，此色然也」。《考工記》「鍾氏染羽，三入爲纁，五入爲緅，七入爲緇」。《檀弓》「爵弁絰紂衣」，紂與「緇」同。《説文》「齊謂黑爲黸」。字通作「盧」。黑土謂之壚，黑犬謂之盧，目童子謂之盧，黑弓謂之玈弓，黑矢謂之玈矢，黑水謂之瀘水，黑橘謂之盧橘，義竝同也。《説文》「黮，桑葚之黑也」。《玉篇》敕感、都甚二切。《廣韻》又徒感切。《文選·魏都賦》注引《聲類》云「黮，深黑色也」。《淮南子·主術訓》云「問瞽師曰『黑何若』，曰『黮然』」。或謂之「黤黮」。《衆經音義》卷十七引《倉頡篇》云「黤黮，深黑不明也」。《楚辭·九辯》云「彼日月之照明兮，尚黯黮而有瑕」。《説文》「黕，滓垢也」。《九辯》云「或黕點而汚之」。義與「黮」同。

❶「緇」，原作「淄」，今據《釋名》改。

桑實謂之葚，亦以其黑色名之。故《魯頌》「桑葚」字通作「黮」也。《列子・黄帝》篇云「焦然肌色皯黣」。《逸周書・王會》篇「用閵木」，孔晁注云「閵木生水中，色黑而光，其堅若鐵」。義竝與「蕉」同。《楚辭》云「顔色憔悴」，憔與「蕉」義亦相近也。《衆經音義》卷六引《字林》云「黧，黑黄也」。古通作「黎」。又作「犂」。《史記・李斯傳》「面目黎黑」。《秦策》作「犂」。《韓非子・外儲説》作「黧」。《説文》「耇，老人面凍黎若垢也」，又云「黐黄，一曰楚雀，其色黎黑而黄」。義竝同也。《墨子・貴義》篇云「黔者，黑也」。襄十七年《左傳》云「澤門之皙，寔興我役，邑中之黔，寔慰我心」。《説文》「黔，黎也，秦謂民爲黔首，謂黑色也，周謂之黎民」。案：《小雅・天保》篇「羣黎百姓」，毛傳云「黎，衆也」。則黎民猶言衆民，不與「黔首」同義。餘見卷四「黔首，民也」下。《説文》「⿰黑金，黄黑也」，義亦與「黔」同。《玉篇》「䵣，面黑子也」。《名醫別録》云「麝香去面䵣」。《説文》「黴，物中久雨青黑也」。《淮南子・脩務訓》云「堯瘦臞，舜黴黑」。《楚辭・九歎》云「顔黴黧以沮敗兮」。⿰禾黑之言墨也。《玉篇》音亡載切。字亦作「黣」。《列子・黄帝》篇「肌色皯黣」，《釋文》「黣，《埤倉》作『⿰禾黑』，謂禾傷雨而生黑斑也」。今人猶謂物傷濕生斑爲⿰禾黑，聲如梅。《莊子・知北遊》篇「媒媒晦晦」，《釋文》「媒，音妹，李云『媒媒，晦貌』」。義與「⿰禾黑」亦相近。《説文》「⿰黑會，沃黑色也」。又云「嬒，女黑色也」，引《曹風・候人》篇「嬒兮蔚兮」。嬒與「⿰黑會」同義。今本「嬒」作「薈」，毛傳云「薈蔚，雲興貌」，義亦相近也。《書大傳》云「山龍，青也；華蟲，黄也；作繪，黑也；宗彝，白也；璪火，赤也」。繪與「⿰黑會」亦聲近義同。《説文》「黚，淺黄黑也，讀若染繒中束緅紺」。是讀與《論語》「紺緅」同。故鄭注以「紺緅」爲玄類。《玉篇》「黚」音巨炎、巨今二切，則讀與「黔」同。「黔」亦黑也。《鄘風・君子偕老》篇「鬒髮如雲」，毛傳云「鬒，黑髮也」。昭二十八年《左傳》云「昔有仍氏生女，黰黑而甚美，名曰玄妻」。《説文》「袗，玄服也」。《士冠禮》云「兄弟畢袗玄」。《月令》「乘玄路」，鄭注云「今《月令》曰『乘軫路』」。義竝與「縝」同。《説文》「黳，小黑子也」。黶、⿰黑黽、黳一聲之轉。《説文》又云「緊，赤黑色繒也」。《周官・巾車》「安車，彫面鷖總」，鄭衆注云「鷖讀爲『鳧鷖』之鷖，鷖總者，青黑色，以繒爲之」，疏云「鷖者，取鳧鷖之色青黑爲義」。《玉篇》「礘，黑石也」。字或作「毉」。《唐本草》云「毉狀似玄玉而輕，出西戎」。義竝與「黳」同。《説文》「黗，黃濁黷也」。❶《廣韻》云「黃黑色也」。黗與「純」聲義相近。《周官・媒氏》「凡嫁子娶妻入幣，純帛無過五兩」，鄭注云「純，實『緇』字也，古『緇』以『才』爲聲，納幣用緇，婦人陰也」。《玉藻》「大夫佩水蒼玉而純組綬」，鄭注云「純，當爲『緇』，古文『緇』字或作糸旁才」。《祭統》「王后蠶於北郊以共純服」，鄭注以「純」爲繒色，《釋文》「純」側其反。《士冠禮》「爵弁服，纁裳，純衣，緇帶，韎韐」，鄭注云「純衣，絲衣也，餘衣皆用布，唯冕與爵弁服用絲耳」。《士昏禮》「純衣纁袡」，鄭亦以爲絲衣。案：三禮皆謂黑色爲純，則「純」字自有黑義，無煩改讀爲「緇」，亦未必皆爲「⿰糸才」字之譌也。古爵弁服固以絲爲之，然《士冠禮》之「純衣」與「纁裳」連文，則義主於色而不主於絲。《士昏禮》之「純衣纁袡」亦猶是也。若訓「純」爲絲，則於文不類矣。《説文》「黲，淺青黑色也」。《玉篇》云「今謂物將敗時顏色黲黲也」。王粲《登樓賦》云「天慘慘而無色」。慘與「黲」通。《説文》「黟，黑木也，丹陽有黟縣」。《玉篇》「⿰黑乚，於既切，深黑也」。《集韻》引《廣

❶「黷」，疑誤，《説文解字》作「黑」。

雅》「黗，黑也」。今本脱「黗」字。

槥、櫝、櫬、檮、柩，棺也。

《説文》「棺，關也，所以掩尸」。《喪大記》云「君大棺八寸，屬六寸，椑四寸；上大夫大棺八寸，屬六寸；下大夫大棺六寸，屬四寸；士棺六寸」。《説文》「槥，棺櫝也」。《漢書·高祖紀》「令士卒從軍死者爲槥歸其縣」，應劭注云「槥，小棺也，今謂之櫝」。《韓長孺傳》云「士卒傷死，中國槥車相望」。案：槥者，小貌也。説見上文「轊轑，轉也」下。櫝之言容也，義與匵、匱同，亦通作「匱」。《漢書·楊王孫傳》「窾木爲匱」，顔師古注云「匱，小棺也」。昭二十九年《左傳》乘馬死，「公將爲之櫝」，義亦同也。《説文》「櫬，棺也」。櫬之言親也。襄四年《左傳》「定姒薨，無櫬」，杜注云「櫬，親身棺也」。《檀弓》「君即位而爲椑」，鄭注云「椑謂杝棺親尸者」。檮之言盛受也。《玉篇》「幬音受，幬棺也」。幬與「檮」同。《曲禮》「在牀曰尸，在棺曰柩」。《白虎通義》云「柩之爲言究也，久也，不復變也」。

其當謂之𦙶。

當謂棺前後蔽也。車前後蔽謂之簹，義與棺當同。𦙶通作「和」。《吕氏春秋·開春論》云「昔王季葬於渦山之尾，欒水齧其墓，❶見棺之前和」。

❶「水」，原作「小」，今據《四部備要》本改。

附引《廣雅》三條。

餛飩，餅也。

見《衆經音義》卷十五及《北户録》注。《集韻》《類篇》引《廣雅》作「䫁肫」。《説文》「餅，麪餈也」。《釋名》云「餅，并也，溲麪使合并也」。《方言》「餅謂之飩，或謂之餦，或謂之餛」。《齊民要術》有「水引餺飩法」。《北户録》引作「渾屯」，又云「《廣雅》作『餛飩』，《字苑》作『餺飩』，顔之推云『今之餛飩，形如偃月，天下通食也』」。

繁弱、鉅黍，弓也。

見《藝文類聚》及《初學記》《太平御覽》。《釋名》云「弓，穹也，張之穹隆然也」。定四年《左傳》「封父之繁弱」，杜注云「繁弱，大弓名」。《荀子·性惡篇》云「繁弱鉅黍，古之良弓也」。《韓策》及《史記·蘇秦傳》竝云「谿子少府時力距來，皆射六百步之外」。距與「鉅」通。來乃「黍」字之譌。《史記集解》云「距來者，謂弩勢勁利，足以距來敵」。緣文生訓，失之。距黍疊韻字。故《荀子》《廣雅》竝作「鉅黍」。潘岳《閒居賦》亦云「谿子巨黍，異絭同機」。

谿子，弩也。

見《太平御覽》。《説文》「弩，弓有臂者」。《釋名》云「弩，怒也，有勢怒也」。《淮南子·俶真訓》「烏號之弓，谿子之弩，不能無弦而射」，高誘注云「谿子，弩所出國名也」。《新序·雜事》篇云「彍谿子，隨時烏」。餘見上條。

北京大學《儒藏》編纂與研究中心 編

《儒藏》精華編選刊

廣雅疏證

(下)

〔清〕王念孫 撰
郎震 校點

北京大學出版社
PEKING UNIVERSITY PRESS

廣雅疏證卷第八下

高郵王念孫學

釋　樂

《休流》《扶持》《下謀》《雲門》《六諩》《五韺》《大章》《簫韶》《大夏》《大頀》《大武》《勺》《大予》。

《休流》，未詳何代樂名。《通典》云「神農樂名《扶持》，亦曰《下謀》，見《帝系譜》及《孝經緯》」。《樂記》正義及《周官・大司樂》疏竝引《孝經鉤命決》云「神農之樂曰《下謀》」。《太平御覽》載《樂書》引《禮記》云「神農播種百穀，濟育羣生，造五弦之琴，演六十四卦，承基立化，設降神謀，故樂曰《下謀》，以名功也」。《周官・大司樂》「舞《雲門》《大卷》《大咸》《大磬》《大夏》《大濩》《大武》」，鄭注云「黄帝樂曰《雲門》《大卷》，黄帝能成名萬物以明民共財，言其德如雲之所出，民得以有族類」，「《大咸》《咸池》，堯樂也，堯能殫均刑灋以儀民，言其德無所不施」，「《大磬》，舜樂也，言其德能紹堯之道也」，「《大夏》，禹樂也，禹治水傅土，言其德能大中國也」，「《大濩》，湯樂也，湯以寬治民而除其邪，言其德能使天下得其所也」，「《大武》，武王樂也，武王伐紂以除其害，言其德能成武功」。《樂記》「《大章》，章之也；《咸池》，備矣；《韶》，繼也；《夏》，大也；殷、周之樂，盡矣」，鄭注云「《大章》，堯樂名也，言堯德章明也，《周禮》闕之」，「《咸池》，黄帝所作樂名也，堯增脩而用之，咸，皆也，池之言施也，言德之無不施也，《周禮》曰《大咸》」。《漢書·禮樂志》「昔黄帝作《咸池》，顓頊作《六莖》，帝嚳作《五英》，堯作《大章》，舜作《招》，禹作《夏》，湯作《濩》，武王作《武》，周公作《勺》」，「勺，言能勺先祖之道也；武，言以武功定天下也；濩，言救民也；夏，大承二帝也；招，繼堯也；大章，章之也；五英，英華茂也；六莖，及根莖也；咸池，備矣」。莖、英與䪫、韺同。《白虎通義》亦云「顓頊樂曰《六莖》，帝嚳樂曰《五英》」。《樂記》正義、《大司樂》疏竝引《樂緯》云「帝嚳曰《六英》，顓頊曰《五莖》」。蓋所傳者異也。簫，各本譌作「蕭」。今訂正。韶與磬、招同。《臯陶謨》云「《簫韶》九成」。哀十四年《公羊傳》疏引宋均注《樂説》云「簫之言肅，舜時民樂其肅敬而紹堯道，故謂之《簫韶》」。《初學記》引《樂緯》注云「韶，繼也，舜繼堯之後，脩行其道，故曰《簫韶》」。各本皆脱「大夏」二字，今補。頀與「濩」同。頀，各本譌作「護」，惟影宋本不譌。頀、護古字本通，但《廣雅》䪫、韺、韶、頀四字皆從音，卷四云「頀，護也」，其字亦從音。今從影宋本。《詩序》云「《武》，奏《大武》也」，「《酌》，告成《大武》也，言能酌先祖之道以養天下也」。《燕禮》記作《勺》。宣十二年《左傳》作《汋》。竝字異而義同。《後漢書·明帝紀》「改大樂爲大予樂」，李賢注云「《尚書璇機鈐》曰『有帝漢出，德洽，作樂名《予》』，故據《璇機鈐》改之」。《續漢書·禮儀志》注引蔡邕《禮樂志》云「《大予》樂，典郊廟上陵殿中諸會食舉之樂」。予一作「雅」。《班固傳·東都賦》「揚世廟，正予樂」，《文選》「予」作「雅」。

樂名。

題上事也。各本「樂名」上有「右」字，下「鼓名」「琴名」竝同。此後人以意加之。《爾雅》《廣雅》文無此例，今删。

足鼓、植鼓、縣鼓、雷鼓、靈鼓、路鼓、鼖鼓、鼛鼓、晉鼓、鼜鼓、鼙鼓、鞀鼓、應、⿰車柬、搏拊。

《白虎通義》引《樂記》云「土曰塤，竹曰管，皮曰鼓，匏曰笙，絲曰弦，石曰磬，金曰鍾，木曰柷，此謂八音也」。《釋名》云「鼓，廓也，張皮以冒之，其中空廓也」。《明堂位》「夏后氏之鼓足，殷楹鼓，周縣鼓」，鄭注云「足謂四足也，楹爲之柱，貫中上出也，縣，縣之簨虡也」。《商頌·那》篇「置我鞉鼓」，毛傳云「夏后氏足鼓，殷人置鼓，周人縣鼓」，鄭箋云「置讀曰植，植鞉鼓者，爲楹貫而樹之，鞉雖不植，貫而摇之，亦植之類」。《中山經》祠首山用「干儛置鼓」，置亦讀曰植。植鼓即「楹鼓」也，或謂之「建鼓」。《大射儀》「建鼓在阼階西」，鄭注云「建，猶樹也，以木貫而載之，樹之跗也」。《周頌·有瞽》篇云「應田縣鼓」。《禮器》云「廟堂之下，縣鼓在西」。雷本作「靁」。鼖或作「賁」，《説文》又作「⿰革賁」。鼛或作「臯」。《周官·鼓人》「以雷鼓鼓神祀，以靈鼓鼓社祭，以路鼓鼓鬼享，以鼖鼓鼓軍事，以鼛鼓鼓役事，以晉鼓鼓金奏」。《説文》云「靁鼓八面，靈鼓六面，路鼓四面，鼖鼓、鼛鼓、晉鼓皆兩面」。《大司馬》職云「王執路鼓，諸侯執賁鼓，軍將執晉鼓，師帥執提，旅帥執鼙」。《冥氏》云「爲阱擭以攻猛獸，以靈鼓敺之」。《大僕》云「建路鼓于大寢之門外，以待達窮者與遽令」。《大雅·靈臺》篇云「賁鼓維鏞」。《顧命》云「鼖鼓在西房」。鼖之言墳也。《爾雅》云「墳，大也」。又云「大鼓謂之鼖」。《周官·大司馬》疏引《司馬法》云「千人之帥執鼙，萬人之主執大鼓」。大鼓，即「鼖鼓」也。《考工記·韗人》云「鼓長八尺，鼓四尺，中圍加三之一，謂之鼖鼓」，又云「爲臯鼓，長尋有四尺，鼓四尺，倨句磬折」。「臯」亦大也。故鄭注《明堂位》云「臯之言高也」。《小雅·鼓鍾》篇「鼓鍾伐鼛」，《大雅·緜》篇「鼛鼓弗勝」，毛傳竝云「鼛，大鼓也」。《周官·大司樂》「王大食三侑，皆令奏鍾鼓」，鼓謂「皋鼓」也。《荀子·正論篇》云「曼而饋，伐皋而食，雍而徹」，是也。《考工記》「韗人爲皋陶，長六尺有六寸，左右端廣六寸，中尺，厚三寸，穹者三之一，上三正」，鄭注云「此鼓兩面，以『六鼓』差之，賈侍中云『晉鼓大而短』，近晉鼓也」。鼜，《説文》作「𪔂」，云「夜戒守鼓也，禮，昏鼓四通爲大𪔂，夜半三通爲戒晨，旦明五通爲發昫」。《周官·鼓人》「凡軍旅，夜鼓鼜」，鄭注與《説文》同。《眡瞭》「鼜愷獻」，杜子春注云「鼜，讀爲『憂慼』之慼，謂戒守鼓也，擊鼓聲疾數，故曰慼」。《鎛師》「凡軍之夜三鼜，皆鼓之，守鼜，亦如之」，杜注云「一夜三擊，備守鼜也，《春秋傳》所謂『賓將趨』者，音聲相似」。《掌固》「夜三鼜以號戒」，杜注云「鼜，讀爲『造次』之造，謂擊鼓行夜戒守也」。案：造、慼二字，古聲皆與「蹙」相近。《詩》「自詒伊慼」，與奧、蹙、菽、宿、覆爲韻。《孟子》「舜見瞽瞍，其容有蹙」。《韓非子·忠孝》篇作「其容造焉」。《大戴禮·保傅》篇「靈公造然失容」，「造然」即蹙然。杜云「鼜讀爲『憂慼』之慼，擊鼓聲疾數，故曰慼」，聲則同於「憂慼」，義則取諸「疾數」。故又云「鼜，讀爲『造次』之造」，造次亦疾意也。賈疏以爲取軍中憂懼之意，失之。《大雅·緜》箋云「凡大鼓之側有小鼓，謂之應鼙朔鼙」。《大射儀》「建鼓在阼階西，應鼙在其東，一建鼓在西階西，朔鼙在其北」，注云「應鼙，應朔鼙也，先擊朔鼙，應鼙應之」。朔，始也。《釋名》云「鼙，裨也，裨助鼓節也」。《月令》「命樂師脩鞀鞞鼓」，鞞與「鼙」同。鞀與「鼗」同。《爾雅》「大鼗謂之麻，小者謂之料」。《皋陶謨》云「下管鼗鼓」。《周官·小師》「掌教鼓鼗」，注云「鼗，如鼓而小，持其柄搖之，旁耳還自擊」。《大射儀》「鼗倚于頌磬西紘」，注云「鼗，如鼓而小，有柄，賓至搖之以奏樂」。鼗之言兆也。兆，始也。《釋名》云「鼗，導也，所以導樂作也」。《商頌》作「鞉」。《月令》作「鞀」。《説文》云籀文作「磬」。竝字異而義同。應謂「應鼙」也。朄謂「朔鼙」也。《爾雅》「小鼓謂之應」，孫炎注云「和應大鼓也」。《禮器》云「廟堂之下，應鼓在東」。《周官·小師》「下管，擊應鼓」，注云「應鼙也」。《周頌·有瞽》篇「應田縣鼓」，毛傳云「應，小鞞也」，鄭箋云「田，當作『朄』，朄，小鼓，在大鼓旁，應鞞之屬也」。朄，《説文》作「軸」，云「擊小鼓引樂聲也」。《周官·大師》「下管，播樂器，令奏鼓朄」，鄭衆注云「朄，小鼓也，先擊小鼓，乃擊大鼓，小鼓爲大鼓先引，故曰朄，朄讀爲『道引』之引」。「朄」字從申、柬聲，各本譌從「東」。今訂正。《釋名》云「搏拊，以韋盛穅，形如鼓，以手拊拍之也」。《皋陶謨》「搏拊琴瑟」。《書大傳》云「以韋爲鼓，謂之搏拊」。搏拊或謂之「拊搏」，或謂之「拊」，其實一也。《明堂位》「拊搏玉磬」，注云「拊搏，以韋爲之，充之以穅，形如小鼓，所以節樂」。《大戴禮·禮三本》篇「縣一罄而尚拊搏」，《荀子·禮論篇》作「縣一鍾尚拊膈」。《周官·大師》「帥瞽登歌，令奏擊拊」，注云「拊，形如鼓，以韋爲之，著之以穅」。《樂記》云「弦匏笙簧，會守拊鼓」。

鼓名。

神農氏琴長三尺六寸六分，上有五弦，曰宮、商、角、徵、羽，文王增二弦，曰少宮、少商。

《風俗通義》引《世本》云「神農作琴」。《説文》「琴，禁也，神農所作，洞越練朱五弦，周加二弦」。《後漢書·仲長統傳》注引《三禮圖》云「琴本五弦，曰宮、商、角、徵、羽，文王增二，曰少宮、少商」。《初學記》引《琴操》云「琴長三尺六寸六分，廣六寸，五弦，大弦爲君，小弦爲臣，文王武王加二弦以合君臣之恩」。各本「商」上脱「少」字。《藝文類聚》《玉海》引《廣雅》竝作「少宫、少商」，今據補。

鳴廉、脩營、藍脅、號鍾、宫中、自鳴、焦尾。

《淮南子·脩務訓》云「琴或撥剌枉橈闊解漏越，而稱以楚莊之琴，則側室争鼓之」，「山桐之琴，澗梓之腹，雖鳴廉脩營唐牙，莫之鼓也」，高誘注云「鳴廉，言其鳴音聲有廉隅，脩營，音清涼，聲和調也」。案：此謂世俗之人皆貴古而賤今，故琴之惡者而稱爲古琴，則人争鼓之。否則雖善而莫之鼓也。故下文云「服劒者期於銛利，而不期於墨陽莫邪；乘馬者期於千里，而不期於驊騮緑耳；鼓琴者期於鳴廉脩營，而不期於濫脅號鍾」。是「濫脅號鍾」爲古琴之名，而「鳴廉脩營」乃言其聲之美，非琴名也。《廣雅》以四者皆爲琴名，失之。濫與「藍」同。《楚辭·九歎》「破伯牙之號鍾兮」，王逸注云「號鍾，琴名」。馬融《長笛賦》云「若絙瑟促柱，號鍾高調」。宫中當爲「空中」，聲之誤也。《初學記》引《纂要》云「古琴名有鳴廉、脩況、藍脅、號鍾、自鳴、空中、焦尾」。《太平御覽》引《大周正樂》亦云「鳴廉、脩況、藍脅、自鳴、空中、號鍾、焦尾」。況與「營」聲相近。《後漢書·蔡邕傳》「吴人有燒桐以爨者，邕聞火烈之聲，知其良木，因請而裁爲琴，果有美音，而其尾猶焦，故時人名曰焦尾琴焉」。《宋書·樂志》云「齊桓曰號鍾，楚莊曰繞梁，相如曰焦尾，伯喈曰緑綺，事出傅玄《琴賦》，世云焦尾是伯喈琴，《伯喈傳》亦云爾，以傅氏言之，則非伯喈也」。

伏羲氏瑟長七尺二寸，上有二十七弦。

《風俗通義》引《世本》云「宓羲作瑟」。《釋名》云「瑟，施弦張之瑟瑟然也」。各本此條皆列在上文「焦尾」

之後，「琴名」之前。瑟皆作「琴」。「二十七弦」皆作「五弦」。《太平御覽》《玉海》竝引《廣雅》「伏羲氏琴長七尺二寸，上有五弦」，則宋時《廣雅》本已與今本同。案：「琴名」二字專指上「鳴廉」以下七者而言，與此條曾不相涉。《廣雅》先記琴制，後記瑟制。是以「伏羲氏瑟」列於衆琴名之後。若如今本作「伏羲氏琴」，則當列於「神農氏」之前矣。且徧考諸書，皆言瑟長七尺二寸，不言琴長七尺二寸。《廣雅》於衆樂器皆記其制，亦無獨缺瑟制之理。此因「瑟」字誤作「琴」，後人遂移此條於「琴名」二字之前，并改「二十七弦」爲「五弦」，以牽合琴制。而不知與「長七尺二寸」之文大相抵捂也。《文選·笙賦》注引《廣雅》云「琴長三尺六寸六分，五弦；瑟二十七弦」。《隋書·音樂志》云「琴，神農制爲五弦，周文王加二弦爲七」，「瑟，二十七弦，伏犧所作者也」。顔師古《急就篇》注云「琴，神農所作也，長三尺六寸六分，五弦，周文王增二弦」，又云「瑟，庖犧氏所作也，長七尺二寸，二十七弦」。義皆本於《廣雅》。今據以訂正。《爾雅》「大瑟謂之灑」，郭注云「長八尺一寸，廣一尺八寸，二十七弦」。説與《廣雅》小異。

柷，象桶，方三尺五寸，深尺八寸，四角有陛鼠。

敔，象伏虎，背上有二十七刻。

《皋陶謨》「合止柷敔」，《周官·小師》疏引鄭注云「柷，狀如漆筩而有椎，合之者，投椎其中而撞之；敔狀如伏虎，背有刻，所以鼓之以止樂」。《周頌·有瞽》篇「鞉磬柷圉」，毛傳云「柷，木椌也；圉，楬也」。圉與「敔」同。柷之言俶，敔之言禦也。《爾雅》「俶，始也」，「禦，禁也」。《釋名》云「柷」以作樂，「敔」以止樂。《爾雅》「所以鼓柷謂之止，所以鼓敔謂之籈」，郭注云「柷如漆桶，方二尺四寸，深一尺八寸，中有椎，柄連底挏之，令左右擊，止者，其椎名」，「敔如伏虎，背上有二十七鉏鋙刻，以木長尺擽之，籈者，其名」。《風俗通義》引《樂記》云「柷，漆桶，方三尺五寸，高尺八寸，中有椎」。説與《廣雅》合。陞鼠，其制未聞。

倕氏鍾十六枚。

毋句氏磬十六枚。

鍾與「鐘」古字通。鍾之言充也。《荀子・樂論》云「鍾充實，磬廉制」，是也。《釋名》云「磬，罄也，其聲罄罄然堅緻也」。《明堂位》「垂之和鍾，叔之離磬」，鄭注引《世本・作》篇云「垂作鍾，無句作磬」。垂與「倕」同。無與「毋」同。《周官・小胥》「凡縣鍾磬，半爲堵，全爲肆」，鄭注云「鍾磬皆編縣之，二八十六枚而在一虡謂之堵，鍾一堵磬一堵謂之肆」。《磬師》云「掌教擊磬擊編鍾」。襄十一年《左傳》鄭人賂晉侯以「歌鍾二肆」，杜注云「肆，列也，縣鍾十六爲一肆，二肆，三十二枚」。案：《晉語》亦云「鄭伯嘉來納歌鍾二肆」，又云「公賜魏絳歌鍾一肆」，則鍾縣自得稱「肆」，不必鍾磬全而後謂之肆也。今依杜氏解之。一虡二筍，筍各八鍾，共十六鍾，謂之肆，半肆謂之堵，磬亦如之。與《周官》、内外《傳》皆合，於義爲長。

塤，象稱鍾，以土爲之，有六孔。

䶵，以竹爲之，長尺四寸，有八孔，一孔上出寸三分。

塤，《説文》作「壎」。䶵或作「篪」，《月令》作「箎」。《釋名》云「塤，喧也，聲濁喧喧然也」，「篪，啼也，聲從孔出，如嬰兒啼聲也」。《小雅・何人斯》篇云「伯氏吹壎，仲氏吹篪」。《周官・小師》「掌教鼓塤」，鄭衆注云「塤，六孔」，鄭注云「塤，燒土爲之，大如鴈卵」。《笙師》「掌教龡塤篪」，鄭衆注云「篪，七孔」，疏引《禮圖》

云「篪，九孔」。《爾雅》「大篪謂之沂，大塤謂之嘂」，郭注云「篪，以竹爲之，長尺四寸，圍三寸，一孔上出寸三分，名翹，横吹之，小者尺二寸」，「塤，燒土爲之，大如鵝子，鋭上平底，形似稱錘，六孔，小者如雞子」，《釋文》引《世本》云「塤，圍五寸半，長三寸半，六孔」，「篪，長尺二寸」。《太平御覽》引《世本》注云「篪吹孔有觜如酸棗」。《通典》引蔡邕《月令章句》云「篪，六孔，有距，横吹之」。或曰「距」，或曰「翹」，或曰「觜」，皆謂其上出之吹孔也。《通典》云「今横笛加觜者，謂之義觜笛」，即「篪」之遺象也。各本「八孔」下，多「前有一孔上有三孔後有四孔頭有一孔」十六字，又脱去「一孔上出寸三分」七字。《太平御覽》引《廣雅》「篪，前有一孔，後有四孔，頭有一孔」，則所見本已與今本同，但少「上有三孔」一句耳。案：上文「塤」有六孔，下文「龠」有七孔，「管」有六孔，皆不言諸孔所在之處。今本「前有一孔」云云，文與前後不協，必曹憲之注誤入正文者也。其上出之吹孔，與諸孔異，故獨記其制。猶下文竽、笙之「管」，獨記其「宫管」也。《爾雅》注云「一孔上出寸三分」，義即本於《廣雅》。《周官・笙師》疏引《廣雅》云「篪，以竹爲之，長尺四寸，八孔，一孔上出寸三分」。今據以訂正。

籟謂之簫，大者二十四管，小者十六管，有底。

《説文》「簫，參差管樂，象鳳之翼」。《釋名》云「簫，肅也，其聲肅肅而清也」。《周頌・有瞽》篇「簫管備舉」，鄭箋云「簫，編小竹管，如今賣餳者所吹也」。《爾雅》「大簫謂之言，小者謂之筊」。《通典》引《月令章句》云「簫，編竹有底，大者二十三管，小者十六管，長則濁，短則清，以密蠟實其底而增減之則和」。《周官・小師》疏引《易通卦驗》云「簫長尺四寸」。《藝文類聚》引《三禮圖》云「雅簫長尺四寸，二十四彄，頌簫長尺二寸，十六彄」。「彄」亦管也。籟之言厲也，聲清厲也。高誘注《淮南子·齊俗訓》云「簫，籟也」。《莊子·齊物論》篇「人籟則比竹是已」。

笙，以瓠爲之，十三管，宫管在左方。

竽，象笙，三十六管，宫管在中央。

《釋名》云「笙，生也，竹之貫匏，象物貫地而生也，以匏爲之，故曰匏也；竽，亦是也，其中汙空以受簧也；簧，横也，於管頭横施於中也」。《爾雅》「大笙謂之巢，小者謂之和」，郭注云「列管瓠中施簧管端，大者十九簧，小者十三簧」。《周官·笙師》「掌教歈竽笙」，鄭衆注云「竽三十六簧，笙十三簧」。疏引《易通卦驗》「竽長四尺二寸」，鄭注云「竽類管，用竹爲之，形參差象鳥翼」。《風俗通義》云「笙長四尺，十三簧，象鳳之身」，又云「謹案《樂記》『竽，管三十六簧也，長四尺二寸』，今二十三管」。《笙師》疏引《廣雅》「瓠」作「匏」。

龠謂之笛，有七孔。

龠或作「籥」。笛或作「篴」。《説文》「龠，樂之竹管，三孔，以和衆聲也」。《爾雅》云「大籥謂之産，其中謂之仲，小者謂之箹」。《邶風·簡兮》篇「左手執籥」，毛傳云「籥，六孔」。趙岐注《孟子·梁惠王》篇云「籥，簫也，或曰籥若笛而短，有三孔」。《周官·笙師》「掌教歈籥篴」，鄭注云「籥，如篴三空」，杜子春注云「篴，今時所吹五空竹篴」。笛與龠形相似，故對文則異，散文則通。《釋名》云「笛，滌也，其聲滌滌然也」。《説文》「笛，七孔筩也，羌笛三孔」。《風俗通義》引《樂記》云「笛長一尺四寸，七孔」。馬融《長笛賦》謂羌笛四孔，京房加一孔以備五音。

管，象篪，長尺圍寸，有六孔，無底。

《爾雅》「大管謂之簥，其中謂之篞，小者謂之篎」。《風俗通義》引《樂記》云「管，漆竹，長一尺，六孔」。《宋書·樂志》引《月令章句》云「管者，形長尺圍寸，有六孔，無底」。《周官·小師》「掌教鼓管」，鄭衆注云「管，如篪六孔」。《爾雅》注引賈逵《解詁》同。鄭注云「管，如篴而小，併兩而吹之，今大予樂官有焉」。《周頌·執競》篇作「筦」。《大戴禮·少閒》篇作「琯」。《説文》云「古者琯以玉，舜之時，西王母來獻其白玉琯，前零陵文學奚景，於泠道舜祠下得笙、玉琯」。各本「六孔」上脱「有」字。《史記·司馬相如傳》正義及《太平御覽》引《廣雅》俱有「有」字，與上塤、篪、龠三條文同一例。今據補。

天子樂八佾，諸公六佾，諸侯四佾。

《春秋》隱五年「考仲子之宫，初獻六羽」，《公羊傳》云「六羽者何，舞也，天子八佾，諸公六，諸侯四」。《穀梁傳》同。《白虎通義》云「八佾者，何謂也，佾者，列也，以八人爲行列，八八六十四人也，諸公六六爲行，諸侯四四爲行」。何休《公羊》注同。

嘲、歈、謳、詠、吟，歌也。

《樂記》云「歌之爲言也，長言之也」。嘲之言洪大也。《玉篇》胡冬、徒弄二切。《廣韻》引《埤倉》云「嘲，大歌聲也」。《楚辭·招魂》「吴歈蔡謳」，王逸注云「歈、謳皆歌也」。左思《吴都賦》「荆豔楚舞，吴愉越吟」，愉與「歈」通。歈之言揄也。《説文》「揄，引也」，亦長言之意也。《説文》「謳，齊歌也」。詠之言永也，所謂「歌永言」也。

廣雅疏證卷第九上

高郵王念孫學

釋天

太初，氣之始也，生於酉仲，清濁未分也。太始，形之始也，生於戌仲，清者爲精，濁者爲形也。太素，質之始也，生於亥仲，已有素朴，而未散也。三氣相接，至於子仲，剖判分離，輕清者上爲天，重濁者下爲地，中和爲萬物。

《列子·天瑞》篇云「太初者，氣之始也；太始者，形之始也；太素者，質之始也；氣形質具而未相離，故曰渾淪」，又云「一者，形變之始也，清輕者上爲天，濁重者下爲地，沖和氣者爲人，故天地含精，萬物化生」。《易乾鑿度》同。《小雅·采薇》正義引《詩緯》云「陽生酉仲，陰生戌仲」。《太平御覽》引《詩推度災》云「陽本爲雄，陰本爲雌，物本爲魂，雄生八月仲節，號曰太初」，又引《乾鑿度》云「雌生戌仲，號曰太始，雄雌俱行三節，而雄合物魂，號曰太素」。

天地辟，設人皇以來，至魯哀公十有四年，積二百七十六萬歲，分爲十紀，曰九頭、五龍、攝提、合雒、連通、序命、循蜚、因提、禪通、疏訖。

《續漢書・律曆志》引蔡邕議云「《元命苞》《乾鑿度》皆以爲開闢至獲麟二百七十六萬歲」。《文選・魯靈光殿賦》注引《春秋命曆序》云「皇伯皇仲皇叔皇季皇少，五姓同期，俱駕龍，號曰五龍」，又云「人皇九頭」，宋均曰「九頭，九人也」。各本「攝」譌作「挺」，「雒」譌作「雄」，「連」譌作「建」，「循蜚」譌作「脩蜚」，「疏訖」譌作「流記」。司馬貞補《三皇紀》引《春秋緯》云「十紀，一曰九頭紀，二曰五龍紀，三曰攝提紀，四曰合雒紀，五曰連通紀，六曰序命紀，七曰循飛紀，八曰因提紀，九曰禪通紀，十曰疏訖紀」。《禮記正義》引《六藝論》注云「六紀者，九頭紀，五龍紀，攝提紀，合洛紀，連通紀，序命紀」。《書正義》引《廣雅》云「十紀者，九頭、五龍、攝提、合雒、連通、序命、循蜚、因提、禪通、疏仡」。今據以訂正。

年紀。

東方昦天，東南陽天，南方赤天，西南朱天，西方成天，西北幽天，北方玄天，東北變天，中央鈞天。

《吕氏春秋・有始覽》云「天有九野，中央曰鈞天，東方曰蒼天，東北曰變天，北方曰玄天，西北曰幽天，西方曰顥天，西南曰朱天，南方曰炎天，東南曰陽天」。《開元占經・天占》篇引《尚書考靈曜》云「東方皞天，西方成天，南方赤天」，餘與《吕氏春秋》同。蓋《廣雅》所本也。皞與「昦」同。《楚辭・天問》「九天之際，安放安屬」，王逸注亦與《考靈曜》同。變各本譌作「蠻」。《初學記》《太平御覽》引《廣雅》竝作「變」，今據以訂正。又《初學記》《太平御覽》引《廣雅》「赤天」竝作「炎天」。

九天。

天圜廣南北二億三萬三千五百里七十五步，東西短減四步，周六億十萬七百里二十五步，從地至天一億一萬六千七百八十七里半，下度地之厚與天高等。

億與「億」同。各本「圜廣」譌作「圍闊」。《周官·大司徒》疏、《開元占經·天占》篇、《法苑珠林·日月》篇、《太平御覽》竝引《廣雅》「天圜廣南北二億三萬三千五百里七十五步」，今據以訂正。又各本「八十七里」下脱「半」字。《大司徒》疏引《廣雅》「從地至天一億一萬六千七百八十七里半」，《開元占經》《初學記》《太平御覽》《法苑珠林》引《廣雅》竝作「八十一里半」。雖「一」與「七」異文，而「里」下皆有「半」字。今據補。案：此條「天度」里數，與下條「宿度」里數不同，則所采非一人之說。又案：《周髀經》云「天離地八萬里」。《淮南子·天文訓》云「天去地億五萬里」。張衡《靈憲》云「八極之維，徑二億三萬二千三百里，南北則短減千里，東西則廣增千里，自地至天，半於八極，則地之深亦如之」。《論衡·說日篇》云「天行三百六十五度，凡積七十三萬里」。《海外東經》注引《詩含神霧》云「天地東西二億三萬三千里，南北二億三萬一千五百里」。《藝文類聚》引《春秋元命包》云「天周九九八十一萬里」，又引《三五曆紀》云「天去地九萬里」。《開元占經·天占》篇引《洛書甄燿度》云「天地相去十七萬八千五百里」，又引《孝經援神契》云「周天七衡六間者，相去萬九千八百三十三里三分里之一，合十一萬九千里」，又引《關令内傳》云天地「南午北子，相去九十一萬里，東卯西酉，亦九十一萬里，四隅空相去亦爾，天去地四十萬九千里」。以上諸書所言天度，與《廣雅》或大同小異，或相去縣絶。其廣袤里數，不知據恒星天言之乎？抑據日月五星天言之乎？既無定法可憑，今皆存而不論。

天度。

東方七宿七十五度，南方七宿百一十二度，西方七宿八十度，北方七宿九十八度四分度之一，四方凡三百六十五度四分度之一。一度二千九百三十二里，二十八宿閒相距積一百七萬九百一十三里，徑三十五萬六千九百七十一里。

此謂赤道度也。《開元占經·二十八宿占》引劉向《洪範傳》云「東方七宿七十五度，北方七宿九十八度四分度之一，西方七宿八十度，南方七宿百一十二度」。《淮南子·天文訓》云「星分度，角十二，亢九，氐十五，房五，心五，尾十八，箕十一四分一，斗二十六，牽牛八，須女十二，虛十，危十七，營室十六，東壁九，奎十六，婁十二，胃十四，昴十一，畢十六，觜巂二，參九，東井三十三，輿鬼四，柳十五，七星七，張、翼各十八，軫十七」。《月令》正義引《尚書考靈燿》云「周天三百六十五度四分度之一，一度二千九百三十二里千四百六十一分里之三百四十八，周天百七萬一千里，徑三十五萬七千里」。説與《廣雅》小異。又案：徑三十五萬六千九百七十一里，各本皆脱「一」字。《周官·大司徒》疏引《廣雅》已與今本同。今以圍三徑一計之，當有「一」字。《續漢書·郡國志》注引《帝王世紀》「周天積一百七萬九百一十三里，徑三十五萬六千九百七十一里」，義本《廣雅》。今據補。

宿度。

東北條風，東方明庶風，東南清明風，南方景風，西南涼風，西方閶闔風，西北不周風，北方廣莫風。

《淮南子·天文訓》云「何謂八風，距日冬至四十五日條風至，四十五日明庶風至，四十五日清明風至，四十五日景風至，四十五日涼風至，四十五日閶闔風至，四十五日不周風至，四十五日廣莫風至」。《史記·律書》云「不周風居西北維，主殺生」，「廣莫風居北方，廣莫者，言陽氣在下，陰莫陽廣大也」，「條風居東北維，主出萬物，條之言條治萬物而出之」，「明庶風居東方，明庶者，明衆物盡出也」，「清明風居東南維，主風吹萬物」，「景風居南方，景者，言陽氣道竟」，「涼風居西南維，主地，地者，沈奪萬物氣也」，「閶闔風居西方，閶者，倡也，闔者，藏也，言陽氣道萬物，闔黄泉也」。《北堂書鈔》引《春秋考異郵》云「條者，生也」，「明庶者，迎衆也」，「清明者，精芒也」，「景者，大也，言陽氣長養也」，「涼者，寒也，陰氣行也」，「閶闔者，咸收藏也」，「不周者，不交也，言陰陽未合化也」，「廣莫者，大莫也，開陽氣也」。隱五年《左傳正義》引《易通卦驗》「條風」作「調風」。《説文》作「融風」。各本「西南」「西北」下竝有「方」字，後人以意加之也。上文釋「九天」之名，四隅皆省一「方」字，此條内「東北條風」「東南清明風」亦無「方」字。今據删。

八風。

昌光、握譽、可錯、持勝、履予。

《後漢書·班固傳》注引《河圖》云「昌光出軫，五星聚井」。《太平御覽》引《符瑞圖》云「昌光者，瑞光也，見於天，漢高受命，昌光出軫」。《晉書·天文志》云「昌光，赤，如龍，聖人起，帝受終，則見」。《易是類謀》云「王察可錯，一角九尾」。握譽、持勝、履予皆未詳。

祥氣。

格擇、旬始、天狗、枉矢、氛、祲、倍、譎、冠、珥。

擇或作「澤」。司馬相如《大人賦》云「建格澤之脩竿兮，總光燿之采旄，垂旬始以爲幓兮，曳彗星而爲髾」。《說苑・辨物篇》云「欃槍彗孛旬始枉矢蚩尤之旗，皆五星盈縮之所生也」。《開元占經・妖星占》篇引《黄帝占》云「格澤者，如炎火之狀，上黄下白，從地而上，下大上鋭」，又引巫咸云「旬始出於北斗旁，狀如雄雞，其怒青黑，象伏鼈」，「枉矢，類大流星，色蒼黑，蛇行，望之如有毛目，長數匹著天」。《史記・天官書》與巫咸、《黄帝占》同。《釋名》云「枉矢，言其光行若射矢之所至也」。《開元占經・流星占》篇引巫咸云「流星有光見人面，墜地，若不至地，望之有足，名曰天狗」。《天官書》云「天狗，狀如大奔星，有聲，其下止地，類狗所墮，及望之，如火光炎炎衝天，其下圜如數頃田處，上兑，有黄色」。《說文》「氛，祥氣也」，「祲，精氣成祥也」。昭十五年《左傳》「吾見赤黑之祲，非祭祥也，喪氛也」，杜注云「祲，妖氛也；氛，惡氣也」。《周官・眡祲》注云「祲，陰陽氣相侵漸成祥者」。倍，字或作「背」。譎，字或作鐍、璚、僪，又作「穴」。《吕氏春秋・明理》篇曰「有倍僪，有暈珥」，高誘注云「皆日旁之危氣也，在兩旁反出爲倍，在上反出爲僪，在上内向爲冠，兩旁内向爲珥」。《開元占經・日占》篇引京氏云「氣中赤外青曲向外，名爲背」，又引石氏云「氣青赤曲向外，中有一横，狀如帶鉤，名爲璚」，「氣青赤立在日上，名爲冠」，「日兩旁有氣短小青赤，名爲珥」。《淮南子・覽冥訓》云「背譎見於天」。《漢書・天文志》「暈適背穴，抱珥虹蜺」，孟康曰「穴，多作『鐍』，其形如玉鐍也」，如淳曰「有氣刺日爲鐍，鐍，抉傷也」。諸家說「譎」字之義各異，未知孰是。各本

「倍譎」二字誤在「天狗」之上，今訂正。

祆氣。

赤霄、濛澒、朝霞、正陽、淪陰、沆瀣、列缺、倒景。

《淮南子·人閒訓》鴻鵠「背負青天，膺摩赤霄」，高誘注云「赤霄，飛雲也」。《楚辭·九歎》云「譬若王僑之乘雲兮，載赤霄而淩太清」。又云「貫澒濛以東朅兮」，王逸注云「澒濛，氣也」。倒言之則曰「濛澒」。字或作「厖鴻」。張衡《思玄賦》云「踰厖鴻於宕冥」，是也。《楚辭·遠遊》「飡六氣而飲沆瀣兮，漱正陽而含朝霞」，王注云「《陵陽子明經》言春食朝霞，朝霞者，日始欲出赤黄氣也；秋食淪陰，淪陰者，日没以後赤黄氣也；冬食沆瀣，沆瀣者，北方夜半氣也；夏食正陽，正陽者，南方日中氣也，并天玄地黄之氣，是爲六氣也」。《漢書·司馬相如傳》「呼吸沆瀣兮餐朝霞」，應劭注與王逸同。卷一云「淪，没也」。日没以後之氣故曰「淪陰」。淪，曹憲《音》「倫」。各本「淪」字誤作「渝」，《音》内「倫」字誤作「踰」，又誤入正文。今訂正。《楚辭·遠遊》云「上至列缺兮，降望大壑」。《漢書·司馬相如傳》「貫列缺之倒景兮」，服虔曰「人在天上，下向視日月，故景倒在下也」，張注引《陵陽子明經》云「列缺氣去地二千四百里，倒景氣去地四千里，其景皆倒在下」。

常氣。

一穀不升曰歉，二穀不升曰饑，三穀不升曰饉，四穀不升曰歉，五穀不升曰大侵。

此襄二十四年《穀梁傳》文也。《穀梁傳》「歉」作「嗛」，「歉」作「康」。范甯注云「嗛，不足貌」，「康，虚也」，

「侵，傷也」。案：歉、饑、饉、歁皆虚乏之名。饑與「飢」同意。卷三云「歉、菫，少也」。菫與「饉」同意。歁者，「空」聲之轉。《説文》「歁，飢虚也」。《淮南子·天文訓》云「三歲而一饑，六歲而一衰，十二歲而一康」。《韓詩外傳》「歉」作「鎌」，「歁」作「荒」。荒亦「歁」也。《爾雅》「漮，虚也」，郭璞《音義》云本或作「荒」。《泰》九二「包荒」，鄭讀爲「康」。

□□□。

右影宋本、皇甫本、畢本、吴本皆缺三字。胡本據《爾雅》補「災」字，與所缺字數不合。郎本於「災」下加「氣」字，其謬滋甚。今仍缺三字。

蒼曰靈威仰，赤曰赤熛怒，黄曰含樞紐，白曰白招矩，黑曰叶光紀。

薛綜注《東京賦》引《河圖》云「蒼帝神名靈威仰，赤帝神名赤熛怒，黄帝神名含樞紐，白帝神名白招拒，黑帝神名協光紀」。《周官·大宗伯》疏引《春秋運斗樞》云「大微宫有五帝座星」，又引《文燿鉤》云「春起青受制，其名靈威仰；夏起赤受制，其名赤熛怒；秋起白受制，其名白招拒；冬起黑受制，其名叶光紀；季夏六月火受制，其名含樞紐」。拒與「矩」同。協與「叶」同，字亦作「汁」。

五帝號。

立春春分，東從青道二出黄道東，交於房二度中。立夏夏至，南從赤道二出黄道南，交於七星四度中。立秋秋分，西從白道二出黄道西，交於胃十二度中。立冬冬至，北從黑道二出黄道北，交於虚二度中。四季之月，還從黄道。

《唐書·大衍曆議》引《洪範傳》云「日有中道，月有九行，中道，謂黄道也，九行者，青道二出黄道東，赤道二出黄道南，白道二出黄道西，黑道二出黄道北，立春春分，月東從青道，立夏夏至，月南從赤道，立秋秋分，月西從白道，立冬冬至，月北從黑道」。《漢書·天文志》略同。《大衍曆議》又云「推陰陽曆交在冬至夏至，則月行青道白道，所交則同，而出入之行異，故青道至春分之宿，及其所衝，皆在黄道正東，白道至秋分之宿，及其所衝，皆在黄道正西；若陰陽曆交在立春立秋，則月循赤道黑道，所交則同，而出入之行異，故赤道至立夏之宿，及其所衝，皆在黄道西南，黑道至立冬之宿，及其所衝，皆在黄道東北；若陰陽曆交在春分秋分，則月行赤道黑道，所交則同，而出入之行異，故赤道至夏至之宿，及其所衝，皆在黄道正南，黑道至冬至之宿，及其所衝，皆在黄道正北；若陰陽曆交在立夏立冬，則月循青道白道，所交則同，而出入之行異，故青道至立春之宿，及其所衝，皆在黄道東南，白道至立秋之宿，及其所衝，皆在黄道西北；其大紀皆兼二道，而實分主八節，合於四正四維；按陰陽曆中終之所交，則月行正當黄道，去交七日，其行九十一度，齊於一象之率，❶而得八行之中，八行與中道而九，是謂九道」。

月行九道。

正月不温，七月不涼。二月不風，八月雷不藏。三月風不衰，九月無降霜。四月雷不見，十月蟄蟲行。五月陽暑不蒸，十一月不合凍。六月浮雲不布，十二月草不喪。七月白露不

❶「一」，原爲空格，今據經解本、續四庫本補。

降，正月有微霜。八月浮雲不歸，二月雷不行。九月物不凋，三月草木傷。十月流火不定，四月蚀蟲不育。十一月寒不降，五月雨雹。十二月萌類不見，六月五穀不實。

正月建寅，七月建申，申與寅衡，故「七月不涼」與「正月不温」相應也。下皆放此。《淮南子·時則訓》云「孟春與孟秋爲合，仲春與仲秋爲合，季春與季秋爲合，孟夏與孟冬爲合，仲夏與仲冬爲合，季夏與季冬爲合」，「故正月失政，七月涼風不至；二月失政，八月雷不藏；三月失政，九月不下霜；四月失政，十月不凍；五月失政，十一月蟄蟲冬出其鄉；六月失政，十二月草木不脱；七月失政，正月大寒不解；八月失政，二月雷不發；九月失政，三月春風不濟；十月失政，四月草木不實；十一月失政，五月下雹霜；十二月失政，六月五穀疾狂」。義與此條相近。

月衡。

衡，字亦作「衝」。《漢書·五行志》引《京房易傳》云「蜺再重赤而專，至衝旱」，孟康注云「專，員也，若五月蜺再重赤而員，至十一月旱也」。案：十一月與五月相對，故曰「衝」。衡者，相對之名。《淮南子·天文訓》云「歲星之所居，其對爲衝」。

日月五星行黄道，始營室東壁奎婁胃之陽，入昴畢閒，行觜觿參之陰，度東井輿鬼，行柳七星張翼軫之陰，入角亢閒，貫氐房，出心尾箕之陰，入斗牽牛閒，行須女虚危之陽，復至營室。

《漢書·天文志》云「中道者，黄道，一曰光道，光道北至東井，南至牽牛，東至角，西至婁，日之所行爲中道，月五星皆隨之也」。《開元占經·日占》篇引《河圖》云「日月五星同道，過牽牛須女虚危營室東壁奎婁胃昴，皆行其南之九尺，畢北七尺，觜觿參北一丈三尺，貫東井，出輿鬼南六尺，出柳北六尺，出七星張北一丈三尺，出翼軫北一丈二尺，貫角亢，出氐南二尺，出房左右股閒，出心北二尺，出尾北九尺，出箕北六尺，貫斗，復至牽牛，此日月五星行常道也」。各本皆脱「亢」字，今補。

七燿行道。

山神謂之离。

《説文》「离，山神獸形」。字亦作「螭」。文十八年《左傳》「投諸四裔以禦螭魅」，《周官》「凡以神仕者」疏引服虔注云「螭，山神獸形，或曰如虎而噉虎；魅，怪物，或曰人面獸身而四足，好惑人，山林異氣所生，爲人害者」。

河伯謂之馮夷，江神謂之奇相。

《莊子·大宗師》篇「馮夷得之以遊大川」，司馬彪注引《清泠傳》云「馮夷，華陰潼鄉隄首人也，服八石得水仙，是爲河伯」。《竹書紀年》「帝芬十六年，洛伯用與河伯馮夷鬭」。《文選·七發》注引《淮南子》作「馮遲」。《海内北經》「從極之淵，維冰夷恒都焉，冰夷人面，乘兩龍」，郭璞注云「冰夷，馮夷也」。《穆天子傳》「陽紆之山，河伯無夷之所都居」，郭注云「無夷，馮夷也」。《史記·封禪書》索隱引庾仲雍《江記》云「奇相，帝女也，卒爲江神」。郭璞《江賦》「奇相得道而宅神，乃協靈爽於湘娥」。義本此。

物神謂之鬽。

《説文》「鬽，老精物也」，或作「魅」。《周官》「凡以神仕者，以夏日至致地示物鬽」，鄭注云「百物之神曰鬽」。餘見上「山神謂之离」下。各本「鬽」字譌作「鬼」，今訂正。

土神謂之羵羊，水神謂之冈象，木神謂之畢方，火神謂之游光，金神謂之清明。

《魯語》「季桓子穿井，獲如土缶，其中有羊焉，使問之仲尼，對曰『木石之怪夔蝄蜽，水之怪龍罔象，土之怪墳羊』」，韋昭注云「或云罔象食人，一名沐腫」，唐固注云「墳羊，雌雄未成者」。《淮南子·氾論訓》「山出嘄陽，水生罔象，木生畢方，井生墳羊」，高誘注云「罔象，水之精也」，「畢方，木之精也，狀如鳥，青色，赤脚，一足，不食五穀」，「墳羊，土之精也」。墳與「羵」通。《法苑珠林·六道》篇引《夏鼎志》云「罔象如三歲兒，赤目黑色，大耳長臂赤爪，索縛則可得食」。張衡《東京賦》作「罔像」，竝與「冈象」同。《韓非子·十過》篇云「畢方竝鎋，蚩尤居前」。畢，字或作「必」。《藝文類聚》引《尸子》云「木之精氣爲必方」。又《法苑珠林·審察》篇引《白澤圖》云「火之精名曰必方，狀如鳥，一足，以其名呼之則去」，又云「上有山林，下有川泉，地理之閒生精，名曰必方，狀如鳥，長尾」。薛綜注《東京賦》云「畢方，老父神，如鳥，一足兩翼，常銜火在人家作怪災」。説竝與《廣雅》異。《東京賦》「殪野仲而殲游光」，薛綜注云「野仲、游光，惡鬼也，兄弟八人，常在人閒作怪害」。馬融《廣成頌》云「捎罔兩，拂游光」。游或作「遊」。《法苑珠林·六道》篇引王子云「木精爲遊光，金精爲清明」。諸書説「游光」，亦與《廣雅》異。

異祥。

《漢書·五行志》云「異物生謂之眚，自外來謂之祥」。

朱明、曜靈、東君，日也。

《楚辭・天問》「曜靈安藏」，王逸注云「曜靈，日也」。《九歌》有《東君》篇。《史記・封禪書》「晉巫祠五帝東君雲中司命巫社巫族人先炊之屬」，《索隱》引《廣雅》又云「東君」亦見《歸藏》易。

夜光謂之月。

《楚辭・天問》「夜光何德」，王逸注云「夜光，月也」。

天河謂之天漢。

《夏小正》傳云「漢也者，天漢也」。《小雅・大東》傳云「漢，天河也」。

震、霣、霻、霁，雷也。

霣之言運轉也。《説文》「齊人謂靁爲霣」，古文作「𩆟」。霻之言啍啍然也。《廣韻》云「霻，雷也，出《韓詩》」。霁之言砰訇也。《玉篇》「霁，補孟切，雷也」。《集韻》云「雷聲也」。影宋本、皇甫本「霁」字誤作「霁」，又誤在「雷也」二字之下。畢、吴諸本皆誤作「霁」。今訂正。

雲，運也。雨，榘也。

《吕氏春秋・圜道》篇「雲氣西行云云然，冬夏不輟」，高誘注曰「云，運也，周旋運布，膚寸而合，西行則雨也」。《藝文類聚》引《禮統》云「雲者，運氣布恩普博也」。《初學記》引《春秋説題辭》云「雲之爲言運也，含陽而起，以精運也」。各本皆脱「雲」字，今補。

晷、柱，景也。

《說文》「晷，日景也」。柱謂景柱也。《淮南子·俶真訓》云「以鴻濛爲景柱」。又《繆稱訓》列子「觀景柱而知持後矣」，高誘注云「先有形而後有景，形可亡而景不可傷」。

風師謂之飛廉，雨師謂之荓翳，雲師謂之豐隆。

《周官·大宗伯》「以槱燎祀司中司命飌師雨師」，飌與「風」同。風師一曰「風伯」。《韓非子·十過》篇云「風伯進掃，雨師灑道」。《楚辭·離騷》「後飛廉使奔屬」，王逸注云「飛廉，風伯也」。《九辯》云「通飛廉之衙衙」。荓，字或作「蓱」，又作「屏」。《楚辭·天問》「蓱號起雨」，王注云「蓱，蓱翳，雨師名也」。《文選·洛神賦》注引虞喜《志林》亦以爲雨師。然王注《九歌·雲中君》又云「雲神，豐隆也，一曰屏翳」。《漢書·司馬相如傳》「召屏翳，誅風伯，刑雨師」，應劭曰「屏翳，天神使也」，韋昭曰「雷師也」。曹植《詰咎文》云「屏翳司風」，《洛神賦》云「屏翳收風」，則又以爲風師。未知孰是。《楚辭·離騷》「吾令豐隆乘雲兮」，王注云「豐隆，雲師，一曰雷師」。案：《開元占經·石氏中官占》引石氏云「五車，東南星名曰司空，其神名曰雷公，西南星名曰卿，其神名曰豐隆」。則豐隆、雷公，非一神也。若《淮南子·天文訓》「季春三月，豐隆乃出，以將其雨」，張衡《思玄賦》「豐隆軯其震霆兮」，則竝以豐隆爲雷師。然《離騷》既云「豐隆乘雲」，《九章》又云「願寄言於浮雲兮，遇豐隆而不將」，則以豐隆爲雲師，於義爲長。司馬相如《大人賦》云「貫列缺之倒景兮，涉豐隆之滂濞」，揚雄《河東賦》云「雲霏霏而來迎兮，澤滲灕而下降，鬱蕭條其幽藹兮，滃汎沛以豐隆」，皆以豐隆爲雲也。

日御謂之羲和，月御謂之望舒。

《楚辭·離騷》「吾令羲和弭節兮」，王注云「羲和，日御也」。《初學記》引《淮南子·天文訓》「爰止羲和，爰息六螭」，許慎注云「日乘車，駕以六龍，羲和御之」。《離騷》「前望舒使先驅兮」，王注云「望舒，月御也」。《漢書·揚雄傳》「望舒弭轡」，服虔注亦云。

青龍、天一、太陰，太歲也。

《爾雅》「大歲在寅曰攝提格」。《淮南子·天文訓》「太陰在寅，歲名曰攝提格」，《開元占經·歲星占》篇引許慎注云「太陰謂太歲也」。《天文訓》又云「天神之貴者，莫貴於青龍，或曰天一，或曰太陰」。《太平御覽》引《尚書考靈燿》「青龍甲寅，攝提格孳」，鄭注云「青龍，歲也」。「歲」即太歲。《周官·保章氏》「十有二歲之相」，鄭注云「歲謂太歲，歲星爲陽，右行於天，太歲爲陰，左行於地，十二歲而小周」，是也。或曰「攝提」。《開元占經·歲星占》引甘氏云「攝提格之歲，攝提在寅，歲星在丑」，是也。青龍或曰「倉龍」。《漢書·王莽傳》「歲在壽星，倉龍癸酉」，服虔注云「倉龍，太歲」，是也。太陰或曰「歲陰」。《史記·天官書》云「攝提格歲，歲陰左行在寅，歲星右轉居丑」，是也。

甲乙爲榦，榦者，日之神也。寅卯爲枝，枝者，月之靈也。

《大戴禮·曾子天圓》篇云「陽之精氣曰神，陰之精氣曰靈」。各本「枝」下脱「者」字，今補。

甲剛乙柔，丙剛丁柔，戊剛己柔，庚剛辛柔，壬剛癸柔。

《淮南子·天文訓》云「凡日，甲剛乙柔，丙剛丁柔，以至於癸」。《曲禮》云「外事以剛日，内事以柔日」。

甲齊，乙東夷，丙楚，丁南夷，戊魏，己韓，庚秦，辛西夷，壬衞，癸北夷。子周，丑狄，寅楚，卯鄭，辰晉，巳衛，午秦，未宋，申齊，酉魯，戌趙，亥燕。

《淮南子・天文訓》《漢書・天文志》及《開元占經・日辰占邦》篇引石氏説，竝與《廣雅》略同。石氏及《天文志》「寅楚」作「寅趙」，「未宋」作「未中山」。石氏「乙東夷」作「乙東海」，「壬衛」作「壬燕」，「戌趙」作「戌越」。《天文訓》「癸北夷」作「癸趙」。《天文志》「壬衛」作「壬燕趙」，「辰晉」作「辰邯鄲」，「戌趙」作「戌吴越」，「亥燕」下有「代」字。

角亢鄭，氐房心宋，尾箕燕，斗牽牛須女吴越，虚危齊，營室東壁衛，奎婁魯，胃昴畢趙，觜觿參魏，東井輿鬼秦，柳七星張周，翼軫楚。

《周官・保章氏》「以星土辨九州之地所封封域，皆有分星以觀妖祥」，鄭注云「大界則曰九州，州中諸國之封域，於星亦有分焉，其書亡矣，堪輿雖有郡國所入度，非古數也，今其存可言者，十二次之分也：星紀，吴越也；玄枵，齊也；娵訾，衛也；降婁，魯也；大梁，趙也；實沈，晉也；鶉首，秦也；鶉火，周也；鶉尾，楚也；壽星，鄭也；大火，宋也；析木，燕也」。案：襄九年《左傳》云「商主大火」。二十八年《傳》云「歲棄其次，而旅於明年之次，以害鳥帑，周、楚惡之」。昭元年《傳》云「辰爲商星，參爲晉星」。十年《傳》云「顓頊之虚，姜氏任氏寔守其地」。十七年《傳》云「衛，顓頊之虚也，其星爲大水」。《周語》云「歲在鶉火，則我有周之分野也」。《晉語》云「實沈之虚，晉人是居」。此皆星次分野之可據者也。考《淮南子・天文訓》《漢書・地理志》、《史記・天官書》正義引《星經》及《晉書・天文志》所載范蠡、鬼谷先生、張良、諸葛亮、譙周、京房、張衡諸家説，星次分野竝與《廣雅》略同。惟《天文訓》以「斗牽牛」爲越之分野，「須女」爲吴之分野，「胃昴畢」爲魏之分野，「觜觿參」爲趙之分野。《史記正義》引《星經》以「須女」爲齊之分野，「危」爲衞之分野，「畢」爲魏之分野。《漢書·地理志》以「氐」爲鄭之分野，「斗」爲吴之分野，「牽牛須女」爲越之分野。《晉書·天文志》所載諸説以「胃」爲魯之分野。則與《廣雅》小異。襄九年《左傳正義》云「天有十二次，地有九州，以此九州，當彼十二次，何必所分皆當，星紀在於東北，吴越實在東南，魯衞東方諸侯，遥屬戌亥之次，《漢書·地理志》分羣國以配諸次，其地分或多或少，鶉首極廣，鶉火甚狹，徒以相傳爲説，其源不可得而聞也」。各本「吴」下脱「越」字，「觜」下脱「觿」字，今補。須譌作「顉」，今訂正。

北斗七星，一爲樞，二爲旋，三爲機，四爲權，五爲衡，六爲開陽，七爲摇光。樞爲雍州，旋爲冀州，機爲青兖州，權爲徐揚州，衡爲荆州，開陽爲梁州，摇光爲豫州。

《曲禮》正義引《春秋運斗樞》云「北斗七星，第一天樞，第二旋，第三機，第四權，第五衡，第六開陽，第七摇光，第一至第四爲魁，第五至第七爲杓」。《開元占經·石氏中官占》引《河圖》云「北斗第一星開樞受，第二星提旋序，第三星機燿緒，第四星權拾取，第五星玉衡拒，第六星開陽紀，第七星摇光吐」，又引《春秋文曜鉤》云「華岐以北，積石龍門，西至三危之野，雍州，屬魁星；太行以東，至碣石王屋砥柱，冀州，屬旋星；三河雷澤，東至海岱以北，兖青之州，屬機星；蒙山以東至羽山，南至江會稽震澤，徐揚之州，屬權星；大别以東，至雲夢九江衡山，荆州，屬衡星；荆山西南至岷山，北距鳥鼠，梁州，屬開陽星；外方熊耳以東至泗水陪尾，豫州，屬杓星」。

歲星謂之重華，或謂之應星。

《開元占經·歲星占》篇引石氏云「歲星歲行一次，十二歲一周天，與太歲相應，故曰歲星」。又云「歲星，一名重華，一名應星」。《史記·天官書》同。《後漢書·郎顗傳》「《尚書洪範記》曰『德厚受福，重華留之』，重華者，歲星在心也」。「重華」各本作「重星」，蓋因下文「應星」「罰星」而誤。今訂正。

營惑謂之罰星，或謂之執法。

營或作「熒」。《開元占經·熒惑占》篇引韓揚云「熒惑之爲言熒惑，以象讒賊，進退無常，不可爲極」。《太平御覽》引《黄石公陰謀祕訣法》云「營惑者，御史之象，主禁令刑罰」。《天官書》正義引《天官占》云「熒惑爲執法之星」。

鎮星謂之地侯。

鎮或作「填」。《開元占經·填星占》篇引《荆州占》云「填星，其行歲填一宿，故名填星」。又引石氏云「填星，一名地侯」。《天官書》同。《太平御覽》引《春秋元命包》云「詹諸精流，生織女，立地侯」，宋均注云「地侯，鎮星別名也」。

太白謂之長庚，或謂之大囂。

《開元占經·太白占》篇引石氏云「太白者，大而能白，故曰太白，一曰大囂」。《小雅·大東》篇「東有啟明，西有長庚」，毛傳云「日且出，謂明星爲啟明，日既入，謂明星爲長庚，庚，續也」。《天官書》云「太白出東方，庳近日曰明星，高遠日曰大囂」。各本「大囂」作「太囂」，因上文「太白」而誤。今訂正。

辰星謂之爨星，或謂之免星，或謂之鉤星。

辰者，時也。《開元占經·辰星占》篇引《洪範五行傳》「辰星常見於四仲以正四時」，是也。各本「爨星」皆作「鉤星」，下文又云「或謂之鉤星」，兩「鉤」字重出。《文選·景福殿賦》注引《廣雅》云「辰星或謂之鉤星」，正與下文相合，則上「鉤」字誤也。《天官書》索隱引《天官占》云「辰星，一名爨星」。《開元占經》引《廣雅》云「辰星謂之爨星」，今據以訂正。《天官書》云「免七命，曰小正、辰星、天免、安周星、細爽、能星、鉤星」，《索隱》云「謂免星凡有七名，命者，名也」。各本「免星」上脱「或謂之」三字，今補。《晏子春秋·外》篇「昔吾見鉤星在四心之閒，地其動乎」，《淮南子·道應訓》「鉤」作「句」，「四」作「駟」。高誘注云「句星，客星也，駟，房也，句星守房心，則地動也」。案：句星謂辰星也。《天官書》《天文志》竝云「辰星出房心閒，地動」，是其證。

大角謂之棟星。

《開元占經·石氏中官占》引石氏云「大角一星在攝提閒」。《天官書》云「大角者，天王帝坐廷」。《開元占經》引甘氏云「大角者，棟星也」，又引《詩紀樞》云「大角爲天棟，以正紀綱」。❶

天宫謂之紫宫。

《開元占經·石氏中官占》引石氏云「紫宫垣十五星，西蕃七，東蕃八」。《天官書》云「環之匡衛十二星，藩臣，皆曰紫宫」。《淮南子·天文訓》云「紫宫者，太一之居也」。《開元占經》引《樂汁圖》云「天宫，紫微宫

❶「詩紀樞」，當作「詩紀曆樞」。

也」。

參旗。

此條有闕文，不可以意增，姑記所聞以俟考正。《開元占經·石氏外官占》引石氏云「參旗九星在參西，一名天弓」。《晉書·天文志》云「參旗，一曰天旗，一曰天弓」。《天官書》「天廁西，有句曲九星三處羅，一曰天旗，二曰天苑，三曰九游」。「參旗」二字，各本誤入上條「紫宮」之上。《太平御覽》引《廣雅》「天宮謂之參旗紫宮」，則所見已是誤本。今訂正。

參伐謂之大辰。

參與「伐」相連，言「參」可以見「伐」，言「伐」亦可以見「參」。《召南·小星》篇「維參與昴」，毛傳云「參，伐也」。《考工記》「熊旗六斿，以象伐也」，鄭注云「伐屬白虎宿，與參連體而六星」。《開元占經·西方七宿占》引石氏云「參十星」。《天官書》云「參爲白虎，三星直是也，下有三星，兑，曰罰，其外四星，左右肩股也」。罰與「伐」同。昭十七年《公羊傳》「大火爲大辰，伐爲大辰，北辰亦爲大辰」，何休注云「伐，謂參伐也，大火與伐，天所以示民時早晚，天下所取正，故謂之大辰，辰，時也」。《晉語》辰、參「天之大紀也」，韋昭注云「所以紀天時」。

太微。

此條有闕文。《開元占經·石氏中官占》引石氏云「太微十星在翼軫北」。《天官書》云「太微，三光之廷，匡衛十二星，藩臣，西將東相，南四星執法」。《淮南子·天文訓》云「太微者，太一之庭也」。《周官·大宗伯》疏引《春秋元命包》云「太微爲天庭」。《開元占經》引《孝經緯》亦云「太微，天廷」。《漢書》《續漢書·天文志》竝同。然則此條原文，或是「太微謂之天廷」與？

房謂之明堂。

《爾雅》「天駟，房也」。《天官書》云「房爲天府，曰天駟」。《開元占經·東方七宿占》引石氏云「房四星」，又云「房爲天子明堂」，昭七年《公羊傳》疏引《星備》同。❶又引《文燿鉤》云「房心爲明堂，中央大星，天王位」。《漢書·李尋傳》云「太白隨營惑入天門，至房而分，不敢當明堂之精」。

嬃女謂之婺女。

嬃通作「須」。《呂氏春秋·有始覽》「北方曰玄天，其星婺女虛危營室」，《淮南子·天文訓》作「須女」。《開元占經·北方七宿占》引石氏云「須女四星」，又引巫咸云「須女，天女也」。

參謂之實沈。

參已見上文。昭元年《左傳》云「后帝遷實沈于大夏，主參，唐人是因，故參爲晉星」。《晉語》云「實沈之虛，晉人是居」。《開元占經·分野略例》云「實沈，參之神也，因名次焉」。

昴謂之旄頭。

《爾雅》「大梁，昴也，西陸，昴也」。《召南·小星》篇「維參與昴」，毛傳云「昴，留也」。《開元占經·西方七

❶ 「七」，當作「十七」。

宿占》引石氏云「昴七星」。《天官書》云「昴曰髦頭」。《天文志》「髦」作「旄」。《晉書・天文志》云「昴爲旄頭，昴畢閒爲天街，天子出，旄頭罕畢以前驅」。此其義也。

東井謂之鶉首。

《開元占經・南方七宿占》引石氏云「東井八星」。《天官書》云「東井爲水事」。《漢書・律曆志》云「鶉首初東井十六度，終於柳八度」。《開元占經・分野略例》云「南方七宿，其形象鳥，以井爲冠，以柳爲口，鶉，鳥也，首，頭也，故曰鶉首」。

張謂之鶉尾。

張者，鳥嗉之名。《爾雅》云「亢，鳥嚨，其粻，嗉」。粻，通作「張」。嗉，通作「素」。《天官書》云「柳爲鳥注，七星頸，張素」。《開元占經》引石氏云「張六星」。《晉語》云「歲及鶉尾」。《律志》云「鶉尾初張十八度，終於軫十一度」。❶

軫謂之鳥帑。

《開元占經》引石氏云「軫四星」。《天官書》云「軫爲車」。帑通作「帑」。襄二十八年《左傳》「歲棄其次，而旅於明年之次，以害鳥帑，周、楚惡之」，杜注云「歲星棄星紀之次，客在玄枵，失次於北，禍衝在南，南爲朱鳥，鳥尾曰帑，鶉火鶉尾，周楚之分，故周楚受其咎」，《正義》云「於人則妻子爲帑，於鳥則鳥尾爲帑，妻子

---

❶ 「律志」，當作「律曆志」。

爲人之後，鳥尾亦鳥之後，故俱以『帑』爲言也」。

營室謂之豕韋。

《爾雅》「營室謂之定」。《鄘風·定之方中》箋云「定星昬中而正四方，於是可以營制宫室，故謂之營室」。《開元占經·北方七宿占》引石氏云「營室二星」。《天官書》云「營室爲清廟，曰離宫閣道」。昭十一年《左傳》云「歲在豕韋」。案：今衛煇府滑縣，古豕韋氏國，春秋時衛地也。衛爲營室之分野，故營室謂之豕韋。猶實沈主參，而因謂參爲實沈也。

北辰謂之曜魄。

《爾雅》「北極謂之北辰」，昭十七年《公羊傳》疏引孫炎注云「北極，天之中，以正四時，謂之北辰」。《開元占經·石氏中官占》引石氏云「北極五星在紫微宫中」，又引《黄帝占》注云「北極紐星，天之樞也，天運無輟而極星不移」。案：極星即「北辰」也。古者極星正當不動之處，故曰「居其所而衆星共之」。《爾雅》「北極謂之北辰」與「角亢」以下，同在「星名」之列。《公羊傳》以北辰、心、伐爲三大辰，《鄉飲酒義》謂之「三光」，皆指極星言之。《考工記·匠人》「夜攷之極星以正朝夕」，鄭注云「極星謂北辰」，尤爲明據。賈逵、張衡、蔡邕、王蕃、陸績以紐星爲不動處，是也。梁祖暅測不動處，距紐星一度有餘。今紐星又移，而不動之處，乃在鉤陳大星與紐星之閒。此因恒星東徙，是以極星移度。後儒遂謂經文之北辰，皆指無星之處言之，失其旨矣。《吕氏春秋·有始覽》云「衆星與天俱遊而極星不移」，高誘注云「極星，北辰星也，《語》曰『北辰居其所而衆星拱之』，故曰『不移』」。蓋周秦之閒，極星未移。故《吕氏》之言，正與《考工》相合。故高注引《論語》以證極星之不移。後人見極星已移，乃妄改之曰「極星與天俱遊而天極不移」，或又改爲「天樞不移」，以强合無星之説，而不知其與高注大相抵牾也。凡言辰者，皆在天成象而可以正時者也。日月星謂之三辰，日月所會之宿謂之辰，極星謂之北辰，北辰心伐謂之大辰，其義一也。是以《堯典》言「曆象日月星辰」，《中庸》言「日月星辰繫焉」，《祭法》言「日月星辰，民所瞻仰」，皆指在天成象者言之。後儒謂天之無星處皆辰，則無稽之言也。《北堂書鈔》引《書大傳》云「北辰謂之曜魄」。《春秋緯》謂北極爲曜魄寶，蓋本於《大傳》也。各本皆云「北辰謂之大堂，天淵謂之紐兹」，「大堂天淵」四字因下文「妃星謂之大堂」「天淵謂之三淵」而誤。《開元占經》引《廣雅》「北辰曰曜魄」。今據以訂正。

天淵謂之紐兹。

「天淵」二字因下文而誤，説見上條。偏考各史志及《開元占經》所載諸星，皆無「紐兹」之目。此條脱誤已甚，不可考正矣。

妃星謂之大當。

影宋本以下「大當」竝譌作「大堂」，郎本又譌作「天堂」。錢氏曉徵曰：皆「大當」之誤。《太平御覽》引《樂汁圖》云「鉤陳，後宫也，大當，正妃也」，注云「大當，鉤陳末大星」，即《天官書》所云「後句四星，末大星正妃」也。唐《碧落碑》「大當叶曜，中闈以睦」，亦本《樂汁圖》。今從錢説訂正。

天淵謂之三淵。

《開元占經・巫咸中外官占》引巫咸云「天淵十星，在鼈東九坎閒，一名三淵」。

軒轅謂之路寢。

《天官書》云「軒轅，黄龍體，前大星，女主象，旁小星，御者後宮屬」。《開元占經・石氏中官占》引石氏云「軒轅十七星在七星北」，又云「軒轅星，王后以下所居宮也，一曰帝南宮」。《淮南子・天文訓》云「軒轅者，帝妃之舍也」。莊三十二年《公羊傳》云「路寢者何，正寢也」。

輿鬼謂之天廟。

《天官書》云「輿鬼，鬼祠事，中白者爲質」。《開元占經・南方七宿占》引石氏云「輿鬼五星，中央色白如粉絮者，積尸氣也，一曰鈇鑕」，又引《南官候》云「輿鬼者，天廟，主神祭祀之事」。

星。

圓丘大壇，祭天也。方澤大折，祭地也。大昭，祭四時也。坎壇，祭寒暑也。王宮，祭日也。夜明，祭月也。幽禜，祭星也。雩禜，祭水旱也。四坎壇，祭四方也。廟祧壇場鬼，祭先祖也。

《周官・大司樂》云「冬日至，於地上之圜丘奏之，若樂六變則天神皆降，可得而禮矣」，「夏日至，於澤中之方丘奏之，若樂八變，則地示皆出，可得而禮矣」。折，各本譌作「坎」。今訂正。《祭法》云「燔柴於泰壇，祭天也；瘞埋於泰折，祭地也；用騂犢，埋少牢於泰昭，祭時也；相近於坎壇，祭寒暑也；王宮，祭日也；夜明，祭月也；幽宗，祭星也；雩宗，祭水旱也；四坎壇，祭四方也；山林、川谷、丘陵能出雲、爲風雨、見怪物皆曰神，有天下者祭百神，諸侯在其地則祭之，亡其地則不祭」，鄭注云「壇、折，封土爲祭處也，壇之言坦也，坦，明貌也，折，炤晢也，必爲炤明之名，尊神也」，「昭，明也，亦謂壇也，時，四時也，亦謂陰陽之神也」，「相近，當爲『禳祈』，聲之誤也，禳猶卻也，祈，求也，寒暑不時，則或禳之，或祈之，寒於坎，暑於壇」，「王宫，日壇，王，君也，日稱君，宫，壇營域也」，「夜明亦謂月壇也」，「宗皆當爲『禜』，字之誤也，幽禜亦謂星壇也，星以昏始見，禜之言營也」，「雩禜亦謂水旱壇也，雩之言吁嗟也」，「《春秋傳》曰『日月星辰之神，則雪霜風雨之不時，於是乎禜之』，『山川之神，則水旱癘疫之不時，於是乎禜之』，四方即謂『山林川谷丘陵』之神也，祭山林丘陵於壇，川谷於坎，每方各爲坎爲壇」。《祭法》又云「天下有王，分地建國，置都立邑，設廟祧壇墠而祭之，乃爲親疏多少之數，是故王立七廟，一壇一墠，曰考廟、曰王考廟、曰皇考廟、曰顯考廟、曰祖考廟，皆月祭之，遠廟爲祧，有二祧，享嘗乃止，去祧爲壇，去壇爲墠，壇墠有禱焉祭之，無禱乃止，去墠曰鬼；諸侯立五廟，一壇一墠，曰考廟、曰王考廟、曰皇考廟，皆月祭之，顯考廟、祖考廟，享嘗乃止，去祖爲壇，去壇爲墠，壇墠有禱焉祭之，無禱乃止，去墠爲鬼；大夫立三廟，二壇，曰考廟、曰王考廟、曰皇考廟，享嘗乃止，顯考、祖考無廟，有禱焉，爲壇祭之，去壇爲鬼；適士二廟，一壇，曰考廟、曰王考廟，享嘗乃止，顯考無廟，有禱焉，爲壇祭之，去壇爲鬼；官師一廟，曰考廟，王考無廟而祭之，去王考爲鬼；庶士庶人無廟，死曰鬼」，注云「廟之言貌也，宗廟者，先祖之尊貌也，祧之言超也，超，上去意也，封土曰壇，除地曰墠」。墠亦「墠」也。《楚語》「壇場之所」，韋昭注云「除地曰場」。《既濟》釋文引《倉頡篇》云「鬼，遠也」。

祀處。

禬、禮、祽、祱、褸、臘、祓、禊、餟、祼、軷、𥛱、禡、祾、禖、禪、祧、醮、禬、餈、望、禨、祥、禫、禱、

禜、禳，祭也。

䄍、臘義見下條。《藝文類聚》引《説文》云「祭豕先曰禮，月祭曰祽」。祱本作「䬈」。《説文》「䬈，小餟也」。《玉篇》「䬈」或作「𩞄」。《方言》「𩞄，餽也」。《説文》云「吴人謂祭曰餽」。褸本作「膢」。《韓非子·五蠹》篇云「夫山居而谷汲者，膢臘而相遺以水」。《説文》「膢，楚俗以十二月祭飲食也，一曰嘗新始殺食新曰貙膢」。《衆經音義》卷九引《三倉》云「膢，八月祭名也」。《漢書·武帝紀》「令天下膢五日」，《太平御覽》引如淳注云「膢音樓，《漢儀》注『立秋貙膢』，許慎曰『楚俗以十二月祭飲食也』，冀州北部或以八月朝作飲食爲膢，其俗語曰『膢臘社伏』，蔡邕曰『貙虎常以立秋日搏獸，還食其母，王者亦以此日出獵，還以祭宗廟，膢音劉，劉，殺也』」。《續漢書·禮儀志》云「立秋之日，始斬牲以薦陵廟，斬牲之禮，名曰貙劉」。祓之言拂也。《説文》「祓，除惡祭也」。《周官·女巫》「掌歲時祓除釁浴」，鄭注云「歲時祓除，如今三月上巳如水上之類，釁浴，謂以香薰草藥沐浴」。《宋書·禮志》引《韓詩》云「鄭國之俗，三月上巳，之溱洧兩水之上，招魂續魄，秉蘭草，拂不祥」，又引《月令》「季春，天子始乘舟」，蔡邕《章句》曰「陽氣和暖，鮪魚時至，將取以薦寢廟，故因是乘舟禊於名川也，《論語》『莫春浴乎沂』，自上及下，古有此禮，今三月上巳祓於水濱，蓋出此也」。《續漢書·禮儀志》云「三月上巳，官民皆絜於東流水上，自洗濯祓除，去宿垢疢，爲大絜，絜者，言陽氣布暢，萬物訖出，始絜之矣」。絜與「禊」通。《方言》「餟，餽也」。《説文》「餟，祭酹也」。《易林·豫之大畜》云「住馬醊酒」。醊與「餟」同。䬈、餟、酹聲竝相近。祼之言灌也。《説文》「祼，灌祭也」。經傳亦通作「灌」。《説文》「出將有事于道，必先告其神，立壇四通，樹茅以依神，爲軷，既祭軷轢于牲而行，爲犯軷」。《大雅・生民》篇「取羝以軷」，毛傳云「軷，道祭也」。軷之言跋也。字或作「祓」。《聘禮》記「出祖，釋軷，祭酒脯，乃飲酒于其側」，鄭注云「祖，始也，既受聘享之禮，行出國門，止陳車騎，釋酒脯之奠於軷，爲行始也。《春秋傳》曰『跋涉山川』，然則『軷』，山行之名也，道路以險阻爲難，是以委土爲山，或伏牲其上，使者爲軷，祭酒脯祈告，卿大夫處者於是餞之，飲酒於其側，禮畢，乘車轢之而遂行，古文『軷』作『祓』」。《周官・大馭》「掌馭玉路以祀，及犯軷，遂驅之」，注云「行山曰軷，犯之者，封土爲山象，以菩芻棘伯爲神主，既祭之，以車轢之而去，喻無險難也，杜子春云『軷』讀如『別異』之別，謂祖道轢軷磔犬也」。又《月令》孟冬「其祀行」，注依《中霤禮》云「行在廟門外之西，爲軷壤，厚二寸，廣五尺，輪四尺，北面設主於軷上」。《曾子問》正義引崔靈恩云「宮内之軷，祭古之行神，城外之軷，祭山川與道路之神」。《說文》「𥜽，數祭也」。卷四云「𥜽，謝也」。𥜽，各本譌作「⿱毳木」，今訂正。䄙，《說文》作「鬃」，云「門内祭，先祖所方皇」，或作「祊」。《小雅・楚茨》篇「祝祭于祊」，傳云「祊，門内也」。《爾雅》「閍謂之門」，李巡注云「閍，廟門名」。閍亦與「䄙」通。《禮器》「爲祊乎外」，注云「祊祭，明日之繹祭也，謂之『祊』者，於廟門之旁，因名焉」。《郊特牲》「祊之於東方，失之矣」，注云「祊之禮，宜於廟門外之西室」。又「祊之爲言倞也」，注云「倞，猶索也」，《正義》云「凡祊有二種，一是正祭之時，既設祭於廟，又求神於廟門之内，《詩》云『祝祭于祊』是也；一是明日繹祭之時，設饌於廟門外西室，即上文『祊之於東方』注云『祊之禮宜於廟門外之西室』是也」。《說文》「禖，祭也」。《月令》「仲春之月，玄鳥至，至之日，以大牢祠于高禖，天子親往，后妃帥九嬪御，乃禮天子所御，帶以弓韣，授以弓矢，于高禖之前」，注云「玄鳥，燕也，燕以施生時來，巢人堂宇而乎乳，嫁娶之象也，媒氏之官以爲候，高辛氏之世，玄鳥遺卵，娀簡狄吞之而生契，後王以爲媒官嘉祥而立其祠焉，變『媒』言『禖』，神之也」。《續漢書·禮儀志》注引蔡邕《章句》云「高，尊也，禖，媒也，吉事先見之象也，蓋爲人所以祈子孫之祀，玄鳥感陽而至，其來主爲字乳蕃滋，故重其至日，因以用事，契母簡狄，蓋以玄鳥至日，有事高禖而生契焉，故《詩》曰『天命玄鳥，降而生商』」，又引盧植注云「居明顯之處，故謂之高，因其求子，故謂之禖」。《詩·生民》《玄鳥》傳竝云「祈於郊禖」。又《魯頌》「閟宫有侐」，傳引孟仲子曰「是禖宫也」。《説文》「禪，祭天也」。禪之言墠也。《禮器》正義引《書》説云「禪者，除地爲墠」。《文選·高唐賦》「醮諸神，禮太一」，李善注云「醮，祭也」。《漢書·郊祀志》云「益州有金馬碧雞之神，可醮祭而致」。《説文》「禬，會福祭也」。《周官·女祝》「掌以時招梗禬禳之事以除疾殃」，注云「除災害曰禬，禬猶刮去也」。《大祝》六祈，「三曰禬，四曰禜」，注云「禬禜，告之以時有災變也」。養，各本譌作「養」。《玉篇》「養，金媛切，祭也」。《廣韻》同。《集韻》云「常山謂祭爲養」。今據以訂正。望者，遥祭之名。《周官·大宗伯》「國有大故，則旅上帝及四望」，鄭衆注云「四望，日月星海」，後鄭云「四望，五嶽四鎮四瀆」。《大司樂》「乃奏姑洗，歌南吕，舞《大磬》，以祀四望」，注云「四望，五嶽四鎮四竇，此言祀者，司中、司命、風師、雨師或亦用此樂焉」。《公羊春秋》僖三十一年「四卜郊，不從，乃免牲，猶三望」，傳云「天子有方望之事，無所不通，諸侯山川，有不在其封内者，則不祭也，三望者何，望祭也，然則曷祭，祭大山河海」，何休注云「方望，謂郊時所望祭四方羣神、日月星辰、風伯雨師、五岳、四瀆及餘山川，凡三十六所」。《左傳正義》云「鄭玄以爲望者，祭山川之名，三望，謂淮海岱也；賈逵、服虔以爲三望，分野之星，國中山川」。《北堂書鈔》

引《五經異義》云「望祭，河海太山日月星也」。陳祥道《禮書》云：望雖以名山大川爲主，而實兼上下之神。故《詩》於柴望，言「懷柔百神，及河喬嶽」。《周禮》於四望，言祀而不言祭。《左氏》曰「望，郊之細也」，又曰「望，郊之屬也」。《公羊》曰「方望之事，無所不通」。則「望」兼上下之神可知矣。《說文》「魕，鬼俗也，《淮南傳》曰『吴人鬼，越人魕』」。今《淮南子·人閒訓》作「荆人鬼，越人機」，高誘注云「機，祥也」。機之言祈也。《漢書·天文志》「察機祥」，如淳注云「《吕氏春秋》『荆人鬼，越人機』，今之巫祝禱祠淫祀之比也」。《景十三王傳》「彭祖不好治宫室機祥」，服虔注云「求福也」。《士虞禮》記「朞而小祥，曰薦此常事，又朞而大祥，曰薦此祥事，中月而禫」，注云「祥、禫，祭名也，祥，吉也，禫之言澹澹然，平安意也」。《說文》「禱，告事求福也」，又云「禜，設緜蕝爲營，以禳風雨、雪霜、水旱、癘疫於日月、星辰、山川也，一曰營衞使災不生」。《周官·大祝》六祈，「四曰禜」，注云「禜，如日食以朱絲營社」。莊二十五年《公羊傳》云「日食以朱絲營社，或曰脅之，或曰爲闇，恐人犯之，故營之」。《祭法》「幽宗，祭星也；雩宗，祭水旱也」，注云「宗，皆當爲『禜』，禜之言營也」。昭元年《左傳》「山川之神，則水旱癘疫之災，於是乎禜之，日月星辰之神，則雪霜風雨之不時，於是乎禜之」，《正義》云「賈逵以『禜』爲營攢用幣，攢，聚也，聚草木爲祭處」。《說文》「禳，磔禳祀除癘殃也」。鄭注《女祝》云「卻變異曰禳，禳，攘也」。

臘，□也。䄍，索也。夏曰清祀，殷曰嘉平，周曰大䄍，秦曰臘。

各本皆作「臘，索也」。案：「索也」二字乃「䄍」字之訓，非「臘」字之訓。「臘」字下脱去本訓，「索也」上又脱去「䄍」字。諸書或云「臘，獵也」，或云「接也」，未知誰是《廣雅》原文。今依例補入「也」字而闕其訓，并補入「褚」字。褚本作「蜡」。蔡邕《獨斷》云「臘者，歲終大祭」，又云「夏曰嘉平，殷曰清祀，周曰大蜡，漢曰臘」。《風俗通義》與《獨斷》同，又云「臘者，獵也，言田獵取獸以祭其先祖也，或曰臘者，接也，新故交接，故大祭以報功也」。劉峻注《世説》引《五經要義》云「夏曰嘉平，殷曰清祀，周曰大蜡，總謂之臘」。諸書與《廣雅》或同或異，未知孰是。僖五年《左傳》「虞不臘矣」，杜注云「臘，歲終祭衆神之名」。《史記·秦紀》「惠文君十二年，初臘」。《秦始皇紀》「三十一年，更名臘曰嘉平」。《月令》「孟冬之月，天子乃祈來年于天宗，大割，祠于公社及門閭，臘先祖五祀，勞農以休息之」，鄭注云「此《周禮》所謂『蜡』也，臘謂以田獵所得禽祭也，或言祈年，或言大割，或言臘，互文也」。《郊特牲》云「天子大蜡八，伊耆氏始爲蜡，蜡也者，索也，歲十二月，合聚萬物而索饗之也」，注云「謂求索也，萬物有功加於民者，神使爲之，祭之以報焉」。《郊特牲》又云「蜡之祭也，主先嗇而祭司嗇也，祭百種以報嗇也，饗農，及郵表畷，禽獸，仁之至，義之盡也，古之君子，使之必報之，迎貓，爲其食田鼠也，迎虎，謂其食田豕也，迎而祭之也，祭坊與水庸，事也」。又云「皮弁素服而祭，素服，以送終也，黄衣黄冠而祭，息田夫也」，注云「祭，❶謂既蜡，臘先祖五祀也，於是勞農以休息之」。《禮運》正義云「總而言之謂之蜡，析而言之，祭百神曰蜡，祭宗廟曰息民」。

天子祭以鬯，諸侯以薰，卿大夫以茝蘭，士以蕭，庶人以艾。

此逸《禮·王度記》文，見《白虎通義》及《周官·鬱人》疏。各本「艾」上脱「以」字，今補。鬯、薰、茝蘭、蕭、

❶「祭」上，原衍「黄衣黄冠而」五字，今據《禮記》鄭玄注删。

艾，皆裸祭所用以和鬯酒者也。《大雅·江漢》篇「秬鬯一卣」，毛傳云「秬，黑黍也，鬯，香草也，築煮合而鬱之曰鬯」，《正義》云「《禮緯》有秬鬯之草，《中候》有鬯草生郊，皆謂鬱金之草也，以其可和秬鬯，故謂之鬯草」。鄭衆注《鬱人》云「鬱爲草若蘭」。《釋草》云「薰草，蕙草也」。《説文》云「茝，虈也」，「蘭，香草也」。《爾雅》云「蕭，萩」，「艾，冰臺」。

王者以四時畋，以奉宗廟，因簡戎事，刈草爲防，歐而射之，不題禽，不垝遇，不捷草，越防不追。天子取三十焉，一爲乾柦，二爲賓客，三曰充君之庖，其餘以與士。

《爾雅》「春獵爲蒐，夏獵爲苗，秋獵爲獮，冬獵爲狩」。桓四年《穀梁傳》云「四時之田，皆爲宗廟之事也」。昭八年《傳》云「因蒐狩以習用武事，禮之大者也」。防謂田之大限也。《小雅·車攻》傳云「大艾草以爲防」。歐與「驅」同。各本譌作「歐」，今訂正。題禽謂迎禽而射之。垝遇謂旁射也。垝或作「詭」。《孟子·滕文公》篇「爲之詭遇，一朝而獲十」，趙岐注云「橫而射之曰詭遇」。《詩》傳云「面傷不獻，翦毛不獻」，《正義》云「面傷謂當面逆射之，翦毛謂在旁而逆射之，不獻者，嫌誅降」。即「不題禽」「不垝遇」之謂也。《比》九五「王用三驅，失前禽」，失讀爲「放佚」之佚。桓四年《左傳》正義引鄭注云「失前禽者，謂禽在前來者，不逆而射之，旁去又不射，唯背走者順而射之，用兵之法亦如之，降者不殺，奔者不禦，加以仁恩，養威之道」，亦其義也。《説苑·脩文》篇云「不抵禽，不詭遇」。班固《東都賦》云「弦不睼禽，轡不詭遇」。抵、睼竝與「題」通。《説文》「捷，獵也」。不捷草謂不捷獵邪行，入草中以逐獸，《穀梁傳》所謂「車軌塵，馬候蹄，不失其馳」者也。越防不追如「戰不逐奔」也。《穀梁傳》云「過防弗逐，不從奔之道也」。《詩》傳云

「戰不出頃，田不出防，不逐奔走，古之道也」。《穀梁傳》云「禽雖多，天子取三十焉，其餘與士衆，以習射於射宫」。《車攻》箋云「三十者，每禽三十也」。一爲乾豆，謂上殺也。二爲賓客，謂次殺也。三曰充君之庖，謂下殺也。先宗廟，次賓客，後庖廚，尊祖敬賓之道也。《公羊》《穀梁》《王制》《詩》傳皆有此文。《詩》傳云「自左膘而射之，達於右腢，爲上殺，射右耳本，次之，射左髀，達於右䯚，爲下殺」。何休云「自左膘射之，達於右䯚，中心死疾，鮮潔，故乾而豆之以薦於宗廟」，「自左膘射之，達於右脾，遠心死難，故以爲賓客」，「自左脾射之，達於右䯚，中腸胃污泡，死遲，故以充君之庖廚」。

肆兵。

肆讀爲「肄」。肄，習也。肄與「肆」古同聲而通用。《玉藻》「肆束及帶」，「肆」讀爲「肄」。昭三十年《左傳》「若爲三師以肄焉」，「肄」本又作「肆」。

全羽曰旞，析羽曰旌，熊虎曰旗。

此《周官・司常》文也。鄭注云「全羽、析羽，皆五采繫之於旞旌之上，所謂注旄於干首也」。《司常》又云「師都建旗，道車載旞，斿車載旌」。《説文》「旞，道車所載，全羽以爲飾，允允而進也」，或作「旝」。「旌，游車載旌，析羽注旄首，所以精進士卒也」，「旗，熊旗六游，以象伐星，士卒以爲期」。《鄘風・干旄》篇云「孑孑干旌」。《爾雅》「注旄首曰旌」，李巡曰「旄牛尾著干首」，孫炎曰「析五采羽注旄上也，其下亦有旒縿」。襄十四年《左傳》「范宣子假羽旄於齊」，杜注云「析羽爲旌，王者游車之所建，齊私有之，因謂之羽旄」。《考工記・輈人》云「熊旗六斿，以象伐也」。

天子杠高九仞，諸侯七仞，卿大夫五仞，士三仞。

此《禮稽命徵》文也，見《周官》《儀禮》疏。各本脱去「卿」字，又脱去「士三仞」三字。《爾雅》疏所引，已與今本同。今考《爾雅》釋文引《廣雅》「大夫」上有「卿」字，與下文「卿大夫七斿至軹」文同一例。又《爾雅》釋文《北堂書鈔》《初學記》《太平御覽》引《廣雅》竝有「士三仞」三字。今據補。《爾雅》「素錦綢杠」，郭璞注云「以白地錦韜旗之干」。「干」亦杠也，語之轉耳。《鄉射禮》記「杠長三仞」，鄭注云「杠，橦也，七尺曰仞」。《士喪禮》「竹杠長三尺」，注云「杠，銘橦也」。《周官·司常》疏云「案《禮緯》『天子之杠高九仞，諸侯七仞，大夫五仞，士三仞』，《士喪禮》『竹杠長三尺』，則死者以尺易仞，天子九尺，諸侯七尺，大夫五尺，士三尺，其旌身亦以尺易仞也」。

天子十二斿至地，諸侯九斿至軫，卿大夫七斿至軹，士三斿至肩。

《説文》「游，旌旗之游也」，或作「遻」。又云「㫏，旌旗之游也」。字竝與「斿」同，或謂之「旒」，聲亦相近也。《周官·巾車》注云「旗之正幅爲縿，斿則屬焉」。《節服氏》「六人維王之大常」，注云「王旌十二旒，兩兩以縷綴連，旁三人持之」，《禮》『天子旌曳地』」。昭七年《左傳》「楚子之爲令尹也，爲王旌以田，芋尹無宇斷之」。十年《傳》「齊侯使王黑以靈姑銔率，請斷三尺焉而用之」，杜注云「靈姑銔，公旗名，斷三尺，不敢與君同」。《新序·義勇》篇云「司馬子期獵於雲夢，載旗之長拖地，芋尹文拔劍齊諸軫而斷之，子期伏軾而問，對曰『臣以君旗曳地故也，國君之旗齊於軫，大夫之旗齊於軾，今子，荆國有名大夫，而滅三等，文之斷也，不亦宜乎』」。《周官》《公羊》疏及《左傳正義》并引《禮含文嘉》云「天子之旗九仞，十二旒曳地，諸侯七仞，九旒齊軫，卿大夫五仞，七旒齊較，士三仞，五旒齊首」，説與《廣雅》小異。案：《考工記》云「六尺有六寸之輪，軹崇三尺有三寸也，加軫與轐焉，四尺也」，鄭注云「軫，輿也，軹，轂末也」。旗斿愈短，則去地愈高。此云「諸侯至軫，卿大夫至軹」，若爲轂末之軹，則反卑於軫，而卿大夫之斿，反長於諸侯矣。然則所謂「軹」者，蓋兩輢之横直木也。《考工記·輿人》「參分較圍，去一以爲軹圍」，注云「軹，輢之植者衡者」，是也。兩輢通高五尺五寸，其上出軾者二尺二寸，謂之較。其下三尺三寸，木横直相結如窻櫺，所謂軹也。此「軹」在軫之上，而諸侯之斿齊軫，故王黑請以齊侯之旗「斷三尺而用之」，則至於軹而不至於軫矣。軾在軫上，亦高三尺三寸，故芈尹文謂「大夫之旗齊於軾」也。《禮緯》謂卿大夫之旒齊較，較則高於軹。又《廣雅》士斿至肩，《禮緯》士旒齊首，首亦高於肩，蓋所傳者異也。自諸侯而下，降殺以兩。《禮緯》謂士五旒，是也。《廣雅》「五」作「三」，蓋字之誤。又案：《周官》王建大常十有二斿，上公建旂九斿，侯伯七斿，子男五斿，孤卿建旜，大夫士建物，其斿各視其命之數。《禮緯》《廣雅》所記諸侯以下旗斿，皆不視其命數，亦所傳異也。

旗幟。

附引《廣雅》一條。

年、稔、秋、穀，熟也。

見《廣韻》《太平御覽》及《文選·永明十一年策秀才文》注。《説文》「秊，穀孰也，从禾、千聲」。隸省作

「年」。《爾雅》「夏曰歲，商曰祀，周曰年」，孫炎注云「年取禾穀一熟也」。桓三年《穀梁傳》云「五穀皆熟爲有年」。❶《説文》「稔，穀孰也」。僖二年《左傳》「不可以五稔」，杜注云「稔，熟也」。襄二十七年《傳》「不及五稔」，注云「稔，年也」，《釋文》云「穀一熟，故爲一年」。《説文》「烁，禾穀孰也」。今書作「秋」。秋之言成就也。《盤庚》云「若農服田力穡，乃亦有秋」。《月令》「麥秋至」，《太平御覽》引蔡邕《章句》云「百穀各以其初生爲春，熟爲秋，故麥以孟夏爲秋」。卷三云「飪、莤，熟也」。飪與「稔」同聲。莤與「秋」聲亦相近。

❶ 「三」，原作「二」，今據《春秋穀梁傳》改。

廣雅疏證卷第九下

高郵王念孫學

釋地

神農度四海内東西九十萬里，南北八十一萬里。

《開元占經·地占》篇引《春秋命曆序》云「神農始立州制形，甄度四海，東西九十萬里，南北八十一萬里」。《續漢書·郡國志》注引《帝王世紀》云「地説稱日月所照，❶三十五萬里，諸子所載神農之地，過日月之表，近爲虚誕矣」。

帝堯所治九州地二千四百三十萬八千二十四頃，其墾者九百一十萬八千二十四頃。

二千四百三十萬八千二十四頃，各本「二十」譌作「二百」。《藝文類聚》《太平御覽》竝引《孝經援神契》云「計校九州之別，土壤山陵之大，川澤所注，萊沛所生，鳥獸所聚，其墾者，九百一十萬八千二十四頃，磽埆

---

❶ 「地」，《後漢書·郡國志》作「佗」。

不塈者，千五百二十萬頃」。是合而計之，共得二千四百三十萬八千二十四頃。《開元占經》引《廣雅》云「唐帝所治九州地二千四百三十萬八千二十四頃」。今據以訂正。

夏禹所治四海内地東西二萬八千里，南北二萬六千里，出水者八千里，受水者八千里。

此《中山經》文也。《管子·地數》篇、《吕氏春秋·有始覽》《淮南子·墬形訓》竝同。

四海九州。

湖、藪、陂、塘、都、甿、斥、澤、埏、衍、皋、沼，池也。

《説文》「湖，大陂也」。王逸注《九歎》云「大池也」。《風俗通義》云「湖者，都也，言流瀆四面所猥都也」。藪之言聚也，草木禽獸之所聚也。故《周語》云「藪，物之歸也」。《説文》「藪，大澤也」。《鄭風·大叔于田》傳云「藪，澤也，禽之府也」。《周官·大宰》注云「澤無水曰藪」。《澤虞》注云「水希曰藪」。是「藪」爲有水無水之通稱矣。《説文》「陂，沱也」。沱與「池」同。《月令》注云「畜水曰陂，穿地通水曰池」。塘，古通作「唐」。《周語》云「陂唐污庳以鍾其美」。卷三云「都，聚也」。《韓詩外傳》云「禽獸厭深山而下於都澤」。都猶「豬」也。《禹貢》「大野既豬」，馬融注云「水所停止深者曰豬」。《史記·夏紀》作「都」。《周官·稻人》「以豬畜水」，鄭衆注引《左傳》「規偃豬」，後鄭云「偃豬者，畜流水之陂也」。《檀弓》「洿其宫而豬焉」，鄭注云「豬，都也，南方謂『都』爲豬」。甿，大澤也，其字本作「沆」，或作坑、阬，又作「亢」。「沆」亦爲鹽澤之名，其字或作「䴚」，又作坑、阬。《説文》「沆，大澤也」，徐鍇《傳》引《博物志》云「停水東方曰都，一名沆」。王逸注《七諫》云「陂池曰坑」。《玉篇》「䴚，鹽澤也」。沆、坑、亢三字，諸書中或譌作「沉」，或譌作「沈」，或譌作「坑」，或譌作「元」，久仍其誤而莫之察也。亢、元字相近。《淮南子・墬形訓》「東南方曰具區，曰元澤」，「元」者，「亢」之譌。《初學記》《太平御覽》引《淮南子》竝作「沆澤」，是其證也。「沆」字俗書作「沇」，譌而爲「沉」，又譌而爲「沈」。《風俗通義》云「謹按《傳》曰『沉者，莽也，言其平望莽莽無涯際也』，沉，澤之無水，斥鹵之類也，今俗語亦曰沉水」。數「沉」字皆「沆」字之譌。沆與「莽」聲相近，皆大澤之貌，故云「沆者，莽也，言其平望莽莽無涯際也」。「沆」又爲鹽澤之名，故云「斥鹵之類」。《水經》巨馬河注云「督亢溝水東逕督亢澤，澤包方城縣，《風俗通》曰『沆，漭也，言平望漭漭無崖際』」，是其證也。《藝文類聚》引《續述征記》云「馬當沆中有九十臺」，注云「齊人謂湖爲沆」。「沆」亦沆之譌。沆、湖一聲之轉。「齊人謂湖爲沆」即《博物志》所云「東方謂停水曰沆」也。《漢書・刑法志》「除山川沈斥城池邑居園囿術路」，「沈」亦沆之譌。沆與「斥」同類，故《漢書》《廣雅》皆以沆、斥連文。顔師古不知「沆」之譌爲「沈」，乃云「沈，謂居深水之下」，其失也鑿矣。沆，字或作「坑」，俗書作「坑」，因譌而爲「坑」。《水經》河水注云「濕水東北爲馬當坑，坑東西八十里，南北三十里」。「坑」者，「坑」之譌。坑與「沆」同，即《續述征記》之「馬當沆」也。《膠水》注云「膠水北歷土山，注於海，土山以北悉鹽坑」。「坑」亦坑之譌。《北堂書鈔》引《齊地記》云「齊有皮丘坑，民煮坑水爲鹽」，是其證也。《文選・西京賦》「游鶤高翬，絶阬踰斥」，阬、斥皆澤也。阬與「沆」同，故《漢書・趙充國傳》云「出鹽澤，過長阬」。李善注「阬，音剛」，失之。《後漢書・馬融傳》「彌綸阬澤，皋牢陵山」，「陵」與「山」同類，「阬」與「澤」同類。李賢注以「阬」爲壑，亦失之。《莊子・逍遥遊》篇鵬「摶扶搖羊角而上者九萬里，斥鴳笑之」，司馬彪注云「斥，小澤也，本亦作『尺』」。《淮南子・精神訓》「鳳皇不能與之儷，而況尺鴳乎」。《新序·雜事》篇「尺澤之鯢，豈能與之量江海之大」。尺竝與「斥」同。鴳在斥中，故曰斥鴳。作「尺」者，假借字耳。《文選·七啟》注引許慎云「鴳雀飛不過一尺」，失之。澤之言宅也，水所宅也。故《周語》云「澤，水之鍾也」。埏、衍聲相近。故「池」謂之衍，亦謂之埏。埏，曹憲《音》「延」。各本「埏」譌作「埏」，《音》内「延」字又譌作「廷」。考《説文》《玉篇》《廣韻》《集韻》《類篇》俱無「埏」字，《玉篇》「埏，隰也，池也」。下溼曰隰，停水曰池，皆有廣衍之義，故皆謂之埏。今本《玉篇》「池」字譌作「地」。《五音集韻》「埏，池也」。《五音篇海》「埏，隰也，池也」。竝本《玉篇》。《玉篇》本於《廣雅》。今據以訂正。《楚辭·九歎》「巡陵夷之曲衍兮」，王逸注云「衍，澤也」。卷二云「衍，廣也」。《小爾雅》云「澤之廣者謂之衍」。襄二十五年《左傳》「井衍沃」，賈逵注云「下平曰衍」，義與「澤謂之衍」相近。《小雅·鶴鳴》篇「鶴鳴于九皋」，毛傳云「皋，澤也」，《韓詩》云「九皋，九折之澤」。昭二十八年《左傳》「御以如皋」，杜注與毛傳同。王逸注《離騷》云「澤曲曰皋」，義亦相近也。《召南·采蘩》篇「于沼于沚」，傳云「沼，池也」。

都野、孟豬、彭蠡、少原、振澤、渚毗、沛澤、雷澤、幽都。

《禹貢》「原隰厎績，至于豬野」，《夏本紀》作「都野」。《地理志》作「豬壄」，又云「休屠澤在武威郡武威縣東北，古文以爲豬壄澤」，又云「谷水出姑臧南山，北至武威入海」。「海」即休屠澤也。《水經·禹貢山水澤地》「都野澤在武威縣東北」，注云「其水上承姑臧武始澤，東北至武威縣故城東，水流兩分，一水北入休屠澤，俗謂之西海，一水東入豬野，謂之東海，通謂之都野」。案：都野澤在今涼州府鎮番縣東北。都、豬古同聲。豬野、休屠語之轉，皆取停水之義，「孟豬」亦猶是也。《禹貢》「道荷澤，被孟豬」，《夏本紀》作「明都」，《地理志》作「盟豬」。《周官・職方氏》「青州，其澤藪曰望諸」，鄭注云「望諸，明都也，在睢陽」。《爾雅》十藪，「宋有孟諸」。文十年《左傳》「遂道以田孟諸」，杜注云「孟諸，宋大藪也」。《淮南子・地形訓》云「孟諸在沛」。《地理志》云「《禹貢》盟諸澤在梁國睢陽縣東北」。《元和郡縣志》云「孟諸澤在宋州虞城縣西北，周回五十里」。案：孟豬、明都、望諸皆同聲假借。澤在今歸德府商丘縣東北，接虞城縣界。虞城西北有孟諸臺，亦故澤地也。自元以後，歸德屢被河決，澤之畔岸，不可復尋矣。《禹貢》云「彭蠡既豬」，又云「漢水南入于江，東匯澤爲彭蠡」。《地理志》云「彭蠡澤在豫章彭澤縣西」。案：彭蠡澤今曰鄱陽湖。周回四百五十里，浸南昌饒州南康九江四府之境，上承湖漢豫章諸水，北流至湖口縣入江。少原、渚毗、幽都皆未詳所在。振澤一名具區。振或作「震」。《禹貢》「震澤底定」，傳云「震澤，吴南大湖名」。《職方氏》「揚州，其澤藪曰具區」，注云「具區在吴南」。《爾雅》「吴越之閒有具區」，郭注云「今吴縣南大湖，即震澤是也」。《地理志》云「具區澤在會稽郡吴縣西，古文以爲震澤」。《禹貢山水澤地》云「震澤在吴縣南五十里」。《夏本紀》索隱云「《左傳》稱『笠澤』，謂震澤也」。胡氏朏明《禹貢錐指》曰：震澤蓋自吴西南境東出爲松江，一名笠澤，在今吴江縣界。《水經注》云「松江上承太湖，更逕笠澤，在吴南松江左右」。《國語》越伐吴，吴禦之笠澤，「吴軍江北，越軍江南」者，是也。孔、郭指此爲太湖，則誤矣。又曰：震澤之源當與太湖俱來苕霅，而水草所鍾，淺而易溢。自「厎定」之後，始可陂障，民仰其利。故《職方》謂之「澤藪」，而「五湖」則别之曰「浸」，迨乎日久填淤，生殖漸繁，遂成沃壤。漢後諸儒，求其地而不得，遂合五湖而一之矣。吾意今吴越之交，自莫釐武山以東，至平望八赤之閒，皆古震澤地也。特世代荒遠，川隰更移，故其迹不可尋耳。《水經》泗水「東過沛縣東」，注云「昔許由隱於沛澤，即是縣也，縣蓋取澤爲名」。《吕氏春秋·求人》篇云「昔者堯朝許由於沛澤之中」。案：沛爲澤名，亦爲澤之通稱。僖四年《公羊傳》齊桓公「濱海而東，大陷于沛澤之中」，《孟子·滕文公》篇「沛澤多而禽獸至」，是也。《禹貢》「雷夏既澤，雍沮會同」，《夏本紀》集解引鄭注云「雍水沮水相觸而合，入此澤中」。《職方氏》「兖州，其浸盧維」，注云「盧維，當爲『雷雍』，字之誤也」，引《禹貢》爲證。《墨子·尚賢》篇云「舜漁雷澤」。《地理志》云「《禹貢》雷澤在濟陰郡成陽縣西北」。《水經·瓠子河》注云「雷澤在大成陽縣故城西北十餘里，其陂東西二十餘里，南北十餘里」。《夏本紀》正義引《括地志》云「雷夏澤在濮州雷澤縣郭外西北，雍沮二水，出雷澤西北平地」。案：雷澤在今山東曹州府荷澤縣之東北，濮州之東南。自五代以後，河水衝決，雍沮雷澤，皆蕩滅無存。

池。

瓊支、瑾瑜、昭華、白珩、璇、璜、弁和、璵璠、垂棘、碧瓐、藍田、琜瓄、琬琰、璐、瑭、璑、⿰王囷、赤瑕。

支與「枝」同。《楚辭·離騷》「折瓊枝以繼佩」。《九歌》「盍將把兮瓊芳」，王逸注云「瓊，玉枝也」。《玉篇》引《莊子》外篇云「積石生樹，名曰瓊枝，其高一百二十仞，大三十圍，以琅玕爲之實」。《說文》「瑾瑜，美玉也」。宣十五年《左傳》云「瑾瑜匿瑕」。《西山經》云「瑾瑜之玉，堅栗精密，濁澤而有光，五色發作，以和柔剛」。分言之則或曰瑾，或曰瑜。《楚辭·九章》云「懷瑾握瑜」，《九歎》云「捐赤瑾於中庭」，《玉藻》云「世子佩瑜玉」，皆是也。《淮南子・泰族訓》云「堯贈舜以昭華之玉」。《西京雜記》云秦有玉笛「長二尺二寸，二十六孔，銘曰昭華之琯」。昭或作「苕」。《藝文類聚》引《書大傳》云「堯贈舜以苕華之玉」。《説文》「珩，佩上玉，所以節行步也」。《晉語》「白玉之珩六雙」，韋昭注云「珩，佩上飾也，形似磬而小」。《楚語》「楚之白珩」，注云「珩，佩上之横者」。《禮記》通作「衡」。珩之言衡也，衡施於佩上也。一命、再命黝珩，三命葱珩。白珩其最貴者。《玉藻》云「天子佩白玉」，是也。《説文》「璿，美玉也」，引僖二十八年《左傳》「璿弁玉纓」，今本「璿」作「瓊」。《堯典》「在璿機玉衡」，馬融注亦云美玉。《天官書》作「旋」。《後漢書・安帝紀》作「琁」。琁字異而義同。《周官・大宗伯》「以玄璜禮北方」。《白虎通義》引逸《禮》云「半璧曰璜」。定四年《左傳》「分魯公以夏后氏之璜」，杜注云「璜，美玉名」。《明堂位》云「大璜，天子之器也」。《墨子・耕柱》篇云「和氏之璧，隋侯之珠，三棘六異，此諸侯之所謂良寶也」。《韓非子・和氏》篇云「楚人和氏得玉璞楚山中，奉而獻之厲王，厲王使玉人相之，玉人曰『石也』，王以和爲誑而刖其左足；及武王即位，和又奉其璞而獻之武王，武王使玉人相之，又曰『石也』，王又以和爲誑而刖其右足；及文王即位，和乃抱其璞而哭於楚山之下，三日三夜，王乃使玉人理其璞而得寶玉焉，遂命曰和氏之璧」。《新序・雜事》篇「和氏」作「弁和」。定五年《左傳》「陽虎將以璵璠斂」，杜注云「璵璠，美玉，君所佩」，《釋文》「璵」本又作「與」。《説文》云「與璠，魯之寶玉，孔子曰『美哉與璠，遠而望之，奐若也，近而視之，瑟若也，一則理勝，一則孚勝』」。僖二年《公羊傳》「垂棘之白璧」，何休注云「垂棘，出美玉之地」。趙岐《孟子》注同。碧瓐蓋青黑色玉也。瓐之言黸也。《釋器》云「碧，青也」，「黸，黑也」。《淮南子・氾論訓》云「劍工惑劍之似莫邪者，唯歐冶能名其種，玉工眩玉之似碧盧者，唯猗頓不失其情」。盧，與「壚」通。《漢書·地理志》云「京兆尹藍田縣，山出美玉」。《外戚傳》云「壁帶往往爲黄金釭，函藍田璧」。《説文》「壐瓄，玉也」。壐與「琜」同，亦通作「來」。《晉書·輿服志》云「九嬪銀印青綬，佩來瓄玉」。《説文》「璐，玉也」。《楚辭·九章》「被明月兮佩寶璐」，王逸注云「寶璐，美玉也」。《文選·雪賦》注引許慎《淮南子》注同。《淮南子·脩務訓》「唐碧堅忍之類，猶可刻鏤以成器用」，高誘注云「唐碧，石似玉」。唐與「瑭」通。《説文》「璑，三采玉也」。《周官·弁師》「瑉玉三采」，故書「瑉」作「璑」，鄭衆注云「璑，惡玉名」。《中山經》「瞉水多瑂玉」。今本「瑂」譌作「珚」。《水經》瞉水注及《太平御覽》竝引作「瑂」。《説文》「瑕，玉小赤也」。司馬相如《上林賦》「赤瑕駁犖」，張注云「赤瑕，赤玉也」。張衡《七辯》云「玩赤瑕之璘豳」。瑕者，赤色之名。赤雲氣謂之霞，赤玉謂之瑕，馬赤白雜毛謂之騢，其義一也。

玉。

水精謂之石英，瑠璃、珊瑚、玟瑰、夜光、隋侯、虎魄、金精、璣。

「珠」爲蚌精之名，亦爲美石之通稱，故其字從玉。《爾雅》「西方之美者，有霍山之多珠玉焉」，郭璞注云「珠，如今雜珠而精好」。是「珠」又爲美石之通稱矣。英，《衆經音義》卷七引《廣雅》作「瑛」。《南山經》「堂庭之山多水玉」，郭璞注云「水玉，今水精也」。《太平御覽》引《廣志》云「水精出大秦黄支諸國」。劉楨《魯都賦》云「水精潛光乎雲穴」。《説文》「珋，石之有光璧珋也」。珋與「瑠」同。《藝文類聚》引《韻集》云「瑠璃，火齊珠也」，又引《廣志》云「瑠璃出黄支斯調大秦日南諸國」，又引《南州異物志》云「瑠璃本質是石，欲作器，以自然灰治之」。《鹽鐵論·力耕》篇云「璧玉珊瑚瑠璃，咸爲國之寶」。瑠璃，古通作「流離」。《漢書·西域傳》「罽賓國出璧流離」，孟康曰「流離，青色如玉」，顔師古曰「《魏略》云大秦國出赤白黑黄青緑縹紺紅紫十種流離，此蓋自然之物，采澤光潤，踰於衆玉，今俗所用，皆銷冶石汁，加以衆藥，灌而爲之，尤虚脃不貞，實非其物也」。《説文》「珊瑚，色赤，生於海，或生於山」。司馬相如《上林賦》「珊瑚叢生」，郭璞注云「珊瑚生水底石邊，大者樹高三尺餘，枝格交錯無有葉」。《漢書·西域傳》云「罽賓國出珊瑚」。《名醫别録》云「珊瑚生南海」，蘇恭注云「似玉紅潤，中多有孔，亦有無孔者，又出波斯國及師子國」。《太平御覽》引《玄中記》云「珊瑚出大秦西海中，生水中石上，初生白，一年黄，三年赤，四年蟲食敗」。珊瑚或曰「蘇胡」。《開元占經·器服占》篇引《孝經援神契》云「王者要誓信，則蘇胡鉤出」。《太平御覽》引作「珊瑚鉤」。《玉篇》引《倉頡篇》云「玫瑰，火齊珠也」。《韓非子·外儲説左》篇云「綴以珠玉，飾以玫瑰」。司馬相如《子虛賦》「其石則赤玉玫瑰」，晉灼注亦云「火齊珠」，顔師古云「火齊珠，今南方之出火珠也」。裴松之注《魏志》引《魏略》云「大秦國多玫瑰」。劉逵《吴都賦》注引《異物志》云「火齊如雲母，重沓而可開，色黄赤似金，出日南」。《墨子·耕柱》篇云「和氏之璧，隋侯之珠，三棘六異，此諸侯之所謂良寶也」。《初學記》《太平御覽》引《墨子》「隋侯」竝作「夜光」。《史記·田敬仲世家》梁王曰「寡人有徑寸之珠，照車前後各十二乘者十枚」，即所謂「夜光」之珠也。或謂之「明月」。《趙策》云「明月之珠，和氏之璧」。《文選·西都賦》注引許慎《淮南子》注云「夜光之珠，有似明月，故曰『明月』也」。凡珠玉之有光者，通謂之「夜光」。故《楚策》云「夜光之璧」。揚雄《羽獵賦》云「椎夜光之流離」。「流離」亦珠也。《莊子·讓王》篇云

「以隨侯之珠，彈千仞之雀」。《趙策》云「操隨侯之珠，時宿於野」。隨侯之珠猶言「夏后氏之璜」「封父之繁弱」耳。《淮南子》注所稱大蛇銜珠之事，近於虛誕矣。《急就篇》云「係臂琅玕虎魄龍」。《漢書·西域傳》云「罽賓國出虎魄」。《博物志》云「《神仙傳》『松脂淪入地中，千年化爲茯苓，茯苓千年化爲虎魄』，虎魄一名江珠，今泰山有茯苓而無虎魄，益州永昌出虎魄而無茯苓，所未詳也」。《太平御覽》引《廣志》云「虎魄生地中，其上及旁不生草，淺者四五尺，深者八九尺，大如斛，削去外皮，中成虎魄如斗，初時如桃膠，凝堅乃成，出博南縣」。《舊唐書·西域傳》云俱蘭國「出金精」。❶《太平御覽》引劉楨《清慮賦》云「憑文瑶之几，對金精之盤」。《説文》「璣，珠不圜也」。《禹貢》「厥篚玄纁璣組」，《釋文》引《字書》云「璣，小珠也」。《吕氏春秋·重己》篇云「人不愛崑山之玉、江漢之珠，而愛己之一蒼璧小璣」。王逸注《七諫》云「圜澤爲珠，廉隅爲璣」。

珠。

蜀石、碝、玟、碑磲、碼碯、武夫、琨珸、瑨石、瑊玏、珂。

司馬相如《上林賦》「蜀石黄碝」，張注云「蜀石，石之次玉者也」。《説文》「碝，石次玉者」。字或作礝、瓀、瑌。《玉藻》云「士佩瓀玟」。《中山經》云「扶豬之山，其上多礝石」。《史記·司馬相如傳·子虛賦》「瑌石武夫」，《漢書》作「礝」，《文選》作「碝」。《爾雅》釋文引應劭注云「礝石出鴈門，白者若冰，半有赤

❶「舊唐書」，疑當作「新唐書」。

色」。玟與下「瑉」字同。《玉藻》「士佩瓀玟」，《鄭風・子衿》傳作「瓀珉」。《管子・揆度》篇云「陰山之礝碈」。《説文》「玟，石之美者」，又云「珉，石之美者」。《聘義》「君子貴玉而賤碈」，鄭注云「碈，石似玉」。《中山經》云「岐山，其陰多白珉」。《楚辭・九歎》「藏瑉石於金匱兮」，王逸注云「瑉石，石次玉者」。玟、瑉、珉、碈竝字異而義同。硨磲，古通作「車渠」。《藝文類聚》引《廣志》云「車渠出大秦國及西域諸國」。《南海藥譜》引《韻集》云「車渠，玉石之類，形似蚌蛤，有文理」。魏文帝《車渠椀賦序》云「車渠，玉屬也，多纖理縟文，生於西國，其俗寶之，小以繫頸，大以爲器」。碼碯通作「馬腦」。《藝文類聚》引《廣志》云「馬腦出西南諸國」。魏文帝《馬腦勒賦序》云「馬腦，玉屬也，出自西域，文理交錯，有似馬腦，故其方人因以名之，或以繫頸，或以飾勒」。《南山經》「會稽之山，其下多砆石」，郭璞注云「砆石，武夫，石似玉，今長沙臨湘出之」。《魏策》云「白骨疑象，武夫類玉」。張注《子虛賦》云「武夫，石之次玉者，赤地白采，葱蘢白黑不分」。《太平御覽》引《廣志》云「武夫有白、黑，可以爲枋棊」。《四子講德論》作「碔砆」。琨珸通作「昆吾」。《説文》「琨，石之美者」。《禹貢》「瑶琨篠簜」，王肅注云「瑶琨，美石次玉者也」。案：琨即「琨珸」也。琨珸謂之「琨」，猶碔砆謂之「砆」，瑊玏謂之「瑊」。《子虛賦》「琳瑉昆吾」，昆吾謂石之次玉者也。張注《子虛賦》云「昆吾，山名也，出善金」，引《尸子》「昆吾之金」。《史記索隱》引《河圖》云「流州多積石，名昆吾石，鍊之成鐵以作劍，光明如水精」。於事爲不類矣。《中山經》「葛山，其下多瑊石」，郭注云「瑊石，瑊玏，石似玉也」。《説文》作「玪塾」，云「石之次玉者」。《子虛賦》「瑊玏玄厲」，張注與《説文》同。《玉篇》「珂，石次玉也，亦碼碯絜白如雪者」。案：珂者，馬勒飾，石形似之，因以名焉。左思《吳都賦》「致遠流離與珂玭」，劉逵注云「老鵰入海化爲玭，已裁割若馬勒者謂之珂」，亦其類也。

石之次玉。

東方有魚焉，如鯉，六足鳥尾，其名曰鮯。南方有鳥焉，三首六目六足三翼，其名曰鶩鵂。西方有獸焉，如鹿白尾，馬足人手四角，其名曰玃如。北方有民焉，九首虵身，其名曰相繇。中央有虵焉，人面豺身，鳥翼虵行，其名曰化虵。此五方之異物也。

《東山經》云「深澤有魚焉，其狀如鯉，而六足鳥尾，名曰鮯鮯之魚，其鳴自叫」。《南山經》云「基山有鳥焉，其狀如雞，而三首六目六足三翼，其名曰鵂鵂」。鵂與「鶩」同。《西山經》云「皋塗之山有獸焉，其狀如鹿而白尾，馬足人手而四角，名曰玃如」。《大荒北經》云「共工臣名曰相繇，九首虵身自環，食于九土，其所歍所尼，即爲源澤，不辛乃苦，百獸莫能處」。《中山經》云「陽水中多化虵，人面而豺身，鳥翼而虵行，其音如叱呼」。案：《爾雅》所記五方異物，曰「比目魚」，曰「比翼鳥」，曰「比肩獸」，曰「比肩民」，曰「枳首蛇」，此皆耳目所及，非同語怪。若取《山海經》所記怪物以益之，則悉數難終，不得限以五事矣。

八家爲鄰，三鄰爲朋，三朋爲里，五里爲邑，十邑爲都，十都爲師。州十有二師焉。

此《書大傳》文也。鄭注云「州凡四十三萬三千家，此蓋虞夏之數也」。各本「朋」譌作「明」，今訂正。十邑爲都，各本作「十邑爲鄉，十鄉爲都」。若加以「十都爲師」，十二師爲州，則一州凡有四百三十二萬家，與鄭注不合。蓋後人以意加之也。考《書大傳》及《晉書·地理志》《初學記》《太平御覽》《路史·疏仡紀》竝作「十邑爲都」。今據以訂正。

𤱶、㽉、堅、甄、埴、塿、垶、壚、墳、陚、田、地，土也。

𤱶之言柔也。《説文》「𤱶，和田也」。㽉之言懦也。《玉篇》仁緣、奴過二切。字亦作「堧」。《廣韻》「堧，沙土也」。《説文》「堅，剛土也」。《九章算術·商功》章云「穿地四，爲壤五，爲堅三」。堅，舊本作「⿱臤十」，音堅。案：作「⿱臤十」者，曹憲避隋文帝諱而缺其下畫。《釋草》篇「⿰禾堅」字作「⿰禾⿱臤十」，正與此同。其《音》内「堅」字，則後人所加也。《説文》「埴，黏土也」。字或作「⿰土戠」，又作「戠」。《釋名》云「土黄而細密曰埴，埴，膱也，黏昵如脂之膱也」。膱，字或作「⿰月直」。鄭注《考工記·弓人》云「⿰月直，黏也」。《禹貢》「厥土赤埴墳」，鄭本作「戠」。《考工記》疏引鄭注云「戠，黏土也」。《晉書·成公綏傳·天地賦》云「海岱赤⿰土戠，華梁青黎」。《周官·草人》「埴壚用豕」，鄭注云「埴壚，黏疏者」。《管子·地員》篇云「斥埴宜大菽與麥，黑埴宜稻與麥」。《考工記》「搏埴之工二」，注亦云「埴，黏土也」。埴爲黏土，而因以爲土之通稱。《法言·脩身篇》「擿埴索塗」，李軌注云「埴，土也，謂盲人以杖擿地而求道也」。塿謂疏土也。《説文》「塿，歷土也」。《管子·地員》篇「赤壚歷彊肥」，尹知章注云「歷，疏也」。歷、塿一聲之轉。歷之言歷歷，塿之言婁婁也。《地員》篇「觳土之狀婁婁然」，注云「婁婁，疏也」。《説文》「垶，赤剛土也」。字亦作「騂」。《周官·草人》「騂剛用牛」，杜子春注云「騂剛，謂地色赤而土剛强也」。《魯頌·駉》篇傳云「赤黄曰騂」。《説文》「壚，黑剛土也」。字通作「盧」。《釋名》云「土黑曰盧，盧然解散也」。《禹貢》「下土墳壚」，傳云「壚，疏也」。《吕氏春秋·辯土》篇云「凡耕之道，必始於壚，爲其寡澤而後枯」。《淮南子·墬形訓》「壚土人大，沙土人細」。《大戴禮·易本命》篇作「虚土之人大」，虚即「盧」字之譌。盧辯注云「大者，象地虚縱」，失之。《管子·地員》篇「纑土之狀，彊力剛堅」，纑亦與「壚」同。壚爲黑剛土，亦因以爲土之通稱。《淮南子·覽冥訓》「上際九天，下契黄壚」，高誘以「壚」爲土，是也。墳之言賁賁然也。韋昭注《晉語》云「墳，起也」。《禹貢》「厥土黑墳」，馬融注云「墳，有膏肥也」。《周官·草人》云「墳壤用麋」。

耦、蜚、⿰臿冘、耩、⿰耒異、⿰耒突、⿰耒甾、藨、⿰耒皮、耠、鑼、⿰耒咅、⿰耒局、⿰耒莫、犁、營、墾、⿰耒圭，耕也。䵚。

耦之言偶也。《考工記·匠人》「耜廣五寸，二耜爲耦」，鄭注云「古者耜一金，兩人併發之」。《說文》「蜚，兩壁耕也，一曰覆耕種也，讀若匪」。⿰臿冘之言抌也。卷一云「抌，刺也」。《玉篇》「⿰臿冘，掘地也，臿屬也，亦作『鈂』」。《說文》「鈂，臿屬也，讀若沈」。⿰臿冘、鑼、⿰耒咅、犁、⿰耒圭皆田器之名，而因以爲耕名。猶棓、棁、殳、度皆杖名，而因以爲擊物之名也。《玉篇》「耩，䎒也」。《齊民要術》云「鋤得五徧以上，不須耩」。耕與「耩」一聲之轉，今北方猶謂耕而下種曰「耩」矣。⿰耒異，字或作「穓」。《廣韻》引《字統》云「穓，耕也」。《齊民要術》「緑豆、小豆、胡麻，皆五六月穓種」，注云「穓，漫掩也」。⿰耒突之言突也。《玉篇》「⿰耒突，耕禾閒也」。《齊民要術》引《氾勝之書》云「宿麥至春凍解，棘柴曳之，突絶其乾葉」。⿰耒甾本作「菑」。《說文》「菑，才耕田也」。《爾雅》「田一歲曰菑」，孫炎注云「菑，始災殺其草木也」。《大雅·皇矣》釋文引《韓詩》云「反草曰菑」。《无妄》六二云「不耕穫，不菑畬」。❶《大誥》云「厥父菑，厥子乃弗肯播」。《梓材》云「若稽田，既勤敷菑」。《小雅·大田》篇「以我覃耜，俶載南畝」，鄭箋云「俶讀爲『熾』，載讀爲『菑栗』之菑，民以其利耜熾菑發所

❶「无」，原作「元」，今據經解本改。

受之地也」。《考工記・輪人》「察其菑蚤不齵」，注云「菑謂輻入轂中者也」。輻入轂中謂之菑，猶耜入地中謂之菑。菑之言傳也。李奇注《漢書・蒯通傳》云「東方人以物臿地中爲傳」，是其義也。《周頌・載芟》篇「緜緜其麃」，毛傳云「麃，耘也」，《釋文》引《說文》云「穮，槈鉏田也」，《字林》云「耕禾閒也」。昭元年《左傳》「譬如農夫，是穮是蔉」。穮、麃竝與「藨」同。藨，各本譌作「穮」。考《說文》《玉篇》《廣韻》《集韻》俱無「穮」字，今訂正。耚之言披也。披，開也。《玉篇》「耚」或作「𤰞」，云「耕外地也」。䎱猶「耚」也，方俗語有輕重耳。《說文》「䎱，耜屬也」。䎧之言剖也。《玉篇》「䎧，耜屬也」。《廣韻》云「䎱器，出《埤倉》」。《玉篇》「䎌，耕麥地也」。又云「𦔖，冬耕也」，又作「暵」，引《埤倉》云「暵，耕麥地也」。《齊民要術》云「種大小麥，皆須五月六月暵地」。犂本作「𥟖」，或作「犁」。《說文》「𥟖，耕也」。《釋名》云「犁，利也，利發土絶草根也」。《論語・雍也》篇「犁牛之子」，皇侃《義疏》云「犁，或音貍，謂襍文也，或音梨，謂耕犁也」。《漢書・匈奴傳》「犁其庭，掃其閭」，顏師古注云「犁，耕也」。《楚辭・天問》「咸播秬黍，莆雚是營」，王逸注云「營，耕也」。《吕氏春秋・辯土》篇云「今之耕也，營而無獲」。《廣韻》「劚」烏莖切，芟除林木也。《齊民要術》云「至春而開墾，其林木大者劚殺之」。劚與「營」聲近而義同。《爾雅・釋訓》釋文引《倉頡篇》云「墾，耕也」。《周語》「土不備墾」，韋昭注云「墾，發也」。桂之言封也。《說文》「桂，冊叉，可以劃麥，河內用之」。《玉篇》「𦦙，部巧切，𦦙地也」。《廣韻》云「臿地也」。今俗語猶呼掘地爲𦦙，聲如「庖廚」之庖。鍬、𦦙皆掘地之名，故其字竝從臿。《釋器》云「臿，臿也」。《集韻》《類篇》竝引《廣雅》「𦦙，耕也」。今本脫「𦦙」字。

稍、稷、穖、穪、稚、稩、埶、植、樹、穡、穧、投、蒔，種也。

《玉篇》「稍，稷種也」。稷之言漫也。《廣韻》「稷，種徧兒」。《齊民要術》説種胡麻法云「漫種者，先以耬耩，然後散子」。漫與「稷」同。穖本作「墁」。《説文》「墁，種也，一曰内其中」，徐鍇《傳》云「内子於土中也」。《廣韻》「穖，不耕而種也」。穪之言離遏也。《齊民要術》「至春穪種」，注云「離而種之曰穪」。《玉篇》「稚，犁種也」。《齊民要術》云「大小麥逐犂稚種者佳」。《玉篇》「稩，灰中種也」。《説文》「埶，種也」。今作藝、藝。《玉篇》「穡，種麥也」。穧，曹憲《音》「派」。各本譌作「穧」，字書所無。考《説文》《玉篇》《廣韻》「穧」匹賣切，正合曹憲之《音》。今據以訂正。《集韻》引《廣雅》作「䅝」，《説文》《玉篇》《廣韻》皆無此字，今不從。投謂投種於土中也。《齊民要術》引《氾勝之書》云「夜半漬麥種，向晨速投之」。《方言》「蒔、殖，立也」，「蒔，更也」。《説文》「蒔，更別種也」。蒔、殖聲相近，故「播殖」亦謂之「播蒔」。引之云：《玉篇》「蒔」石至切，又音時。《堯典》「播時百穀」，《周頌・思文》正義引鄭注云「時，讀曰蒔」，種蒔五穀也。《晏子春秋・諫》篇云「民盡得種時」，《説苑・辨物》篇「時」作「樹」。樹亦「殖」也。倒言之則曰「時播」。《史記・五帝紀》「時播百穀草木，淳化鳥獸蟲蛾，旁羅日月星辰」，時播、淳化、旁羅皆連語耳。《集解》訓「時」爲是，《正義》謂順四時而布種，皆失之。種，各本譌作「穜」。《説文》《玉篇》《廣韻》《集韻》皆無「穜」字。今訂正。

原，端也。大鹵，大原也。

《水經》汾水注引《春秋説題辭》云「高平曰大原，原，端也，平而有度也」。《釋名》云「原，元也，如元氣廣大也」。元與「原」同義，故亦訓爲「端」。隱元年《公羊》疏引《春秋説》云「元者，端也」。《左氏春秋經》昭元年「晉荀吴帥師敗狄于大鹵」，《公羊》《穀梁》皆作「大原」。《公羊傳》云「此大鹵也，曷爲謂之大原，地物從中國，邑人名從主人，原者何，上平曰原，下平曰隰」。《穀梁傳》云「中國曰大原，狄曰大鹵，號從中國，名從主人」。《汾水》注引《書大傳》云「大而高平者謂之大原」。案：晉之大原，即《禹貢》所謂「既脩大原，至于岳陽」，昭元年《左傳》所謂「宣汾洮，障大澤，以處大原」者也。杜預云「大原，晉陽也」，在今大原府大原縣東北。

釋丘

丘上有木爲柲丘。

蔡邕《郭林宗碑》云「棲遲泌丘」，又《周巨勝碑》云「洋洋泌丘，于以逍遥」。束皙《玄居釋》云「學既積而身困，夫何爲乎祕丘」。泌、祕竝與「柲」通。案：《陳風·衡門》篇「泌之洋洋，可以樂飢」，毛傳云「泌，泉水也」。蔡邕、束皙以「泌」爲丘名，《廣雅》云「丘上有木」，説竝與毛異。蓋本於三家也。

小陵曰丘。

《周官·大司徒》注云「土高曰丘，大阜曰陵」，是丘小於陵也。

無石曰㿝。

㿝本作「𠂤」，隸變作「阜」。《爾雅》「大陸曰阜」。《北堂書鈔》引《韓詩》云「積土高大曰阜」。《説文》「𠂤，大陸也，山無石也」。《風俗通義》云「阜者，茂也，言平地隆踊，不屬於山林也」。

四隤曰陵，四起曰京，曲京曰阿。

《爾雅》「大阜曰陵，大陵曰阿」，「絶高爲之京」。陵之言陵遲也。《文選・長楊賦》注引薛君《韓詩章句》云「四平曰陵」。四平猶「四隤」也。《漢書・項籍傳》「因四隤山而爲圜陳外嚮」，孟康注云「四隤，四下隤陁也」。《爾雅》「京，大也」。四起謂四面隆起也。倉之方者謂之京，義亦同也。阿者，曲也。故《大雅》「有卷者阿」，毛傳云「卷，曲也」。《文選・西京賦》注及《衆經音義》卷一竝引《韓詩》云「曲京曰阿」。然則「四隤曰陵」以下三句皆《韓詩》義也。各本「曲京」作「四京」，因上文兩「四」字而誤，今訂正。《鄘風・定之方中》傳云「京，高丘也」。《大雅・皇矣》傳云「京，大阜也」。《衛風・考槃》傳云「曲陵曰阿」。《説文》「阿，曲自也」。蓋丘、阜、陵、京對文則異，散文則通矣。

皀，細也。

《北堂書鈔》引此作「皀，細土也」。其義未詳。

藏謂之壙。

《釋名》云「壙，曠也，藏於空曠處也」。鄭衆注《周官・喪祝》云「壙謂穿中也」。《史記・秦始皇紀》「奇器珍怪徙臧滿之」，臧與「藏」同。

墳、堬、埰、墦、埌、壟、培、塿、丘、陵、墓、封，冢也。

《説文》「冢，高墳也」。《釋名》云「冢，腫也，象山頂之高腫起也」。《爾雅》云「山頂，冢」，又云「墳、冢，大也」。卷一云「封，大也」。故冢或謂之墳，或謂之封矣。《方言》云「冢，秦晉之閒謂之墳，或謂之培，或謂之堬，或謂之埰，或謂之埌，或謂之壠，自關而東謂之丘，小者謂之塿，大者謂之丘」，郭璞注云「墳，取名於大防也」。《爾雅》「墳，大防」，李巡注云「謂厓岸狀如墳墓」。墳、封、墦一聲之轉，皆謂土之高大者也。《方言》云「墳，地大也，青幽之閒，凡土而高且大者謂之墳」。埰之言宰也。宰亦高貌也。《列子·天瑞》篇云「望其壙，宰如也」。僖三十三年《公羊傳》「宰上之木拱矣」，何休注云「宰，冢也」。宰與「埰」聲相近。故「冢」謂之埰，亦謂之宰。「官」謂之寀，亦謂之宰。「事」謂之采，亦謂之縡。《方言》注云「古者卿大夫有采地，死葬之，因名曰埰」，其失也鑿矣。《孟子·離婁》篇「之東郭墦閒之祭者」，趙岐注云「墦閒，冢閒也」。墦之言般也。《方言》云「般，大也」。山有「嶓冢」之名，義亦同也。埌亦「壟」也，語之轉耳。《衆經音義》卷七引《通俗文》云「丘冢謂之壙埌」。《莊子·列御寇》篇「闔胡嘗視其良」，《釋文》云「良，或作『埌』，冢也」。壟，《說文》作「壠」，亦通作「隴」。《淮南子·說林訓》云「或謂冢，或謂隴，名異實同也」。《曲禮》云「適墓不登壟」。壟之言巃嵸也。《方言》注云「有界埒似耕壠，因名之也」。天水大阪謂之「隴」，義亦同也。培亦高貌也。《風俗通義》云「部者，阜之類也，今齊魯之閒，田中少高卬者，名之爲部」。義竝與「培」同。塿亦高貌也。《孟子·告子》篇「可使高於岑樓」，趙注云「岑樓，山之鋭嶺者」。義與「塿」同。《方言》注云「培塿亦堆高之貌，因名之也」。培塿、堬聲之轉。冢謂之堬，亦謂之培塿。罌謂之瓿，亦謂之瓿甊。北陵謂之西隃，小山謂之部婁。義竝相近也。《曲禮》「爲宮室，不斬於丘木」，鄭注云「丘，壟也」。《釋名》云「丘，象丘形也」。丘之言丘虛也，應劭注《漢書·張良傳》云「丘虛壯大」是也。陵之言隆也。秦名天子冢曰山，漢曰陵。《釋名》云「陵，象陵形也」。墓之言模也。規模其地而爲之，故謂之墓。《説文》「墓，兆域也」。《方言》「凡葬而無墳謂之墓」，注云「言不封也」。《周官》有「冢人」，有「墓大夫」。鄭注云「冢，封土爲丘壠，象冢而爲之」，「墓，冢塋之地也」。《檀弓》「古也墓而不墳」，注云「墓，謂兆域，今之封塋也，土之高者曰墳」。蓋自秦以前皆謂葬而無墳者爲墓。漢則墳、墓通稱。故《水經》渭水注引《春秋説題辭》云「丘者，墓也」。《周官・冢人》「以爵等爲丘封之度」，注云「王公曰丘，諸臣曰封」。《王制》「庶人不封不樹」，注云「封，謂聚土爲墳」。封亦高起之名。《大司徒》注云「封，起土界也」。

宅、垗、塋、域，葬地也。

《孝經》云「卜其宅兆而安措之」。兆與「垗」同。《士喪禮》「筮宅」，鄭注云「宅，葬居也」。又「主人兆南北面」，注云「兆，域也」。《周官・冢人》職云「掌公墓之地，辨其兆域而爲之圖」。案：《商頌・玄鳥》篇「肇域彼四海」，鄭箋云「肇」當作「兆」。《小宗伯》「兆五帝于四郊」，鄭注云「兆，爲壇之營域」。《樂記》「綴兆舒疾」，注云「綴，謂酇舞者之位也，兆，其外營域也」。是「兆」爲營域之通稱，故《爾雅》云「兆，域也」。塋亦「營」也。《説文》「塋，墓地也」。《漢書・楚元王交傳》云「太夫人薨，賜塋」。《唐風・葛生》篇「蘞蔓于域」，毛傳云「域，營域也」。

隇陜、阻、陂陁，險也。

《小雅・四牡》篇「周道倭遲」，《釋文》云《韓詩》作「倭夷」。《文選・西征賦》注引《韓詩》「周道威夷」，又引薛君《章句》云「威夷，險也」。《爾雅》「西陵，威夷」，蓋亦取險阻之義。隇陜、威夷、倭遲竝字異而義同。

威夷之爲倭遲，猶陵夷之爲陵遲矣。阻、陂、阤三字説見卷二「陂陀、險、阻，衺也」下。阤與「陀」同。

岡、嶺、隥、陘，阪也。

阪之言反側也。《爾雅》「陂者曰阪」，郭注云「陂陀不平」。陂、阪聲相近。岡，今作「岡」。岡之言綱，嶺之言領也。《爾雅》「山脊，岡」，孫炎注云「長山之脊也」。《釋名》云「岡，亢也，在上之言也」。嶺通作「領」。《列子·湯問》篇云「終北國中有山，名曰壺領」。《説文》「隥，仰也」。《衆經音義》卷四引《三倉》云「隥，小阪也」。《穆天子傳》云「天子西征，乃絶隃之關隥」。隥之言登也。閣道謂之隥道，義亦同也。陘之言徑也。字亦通作「徑」。《孟子·盡心》篇「山徑之蹊閒介然」，趙岐注云「山徑，山之領」。《法言·吾子篇》云「山陘之蹊，不可勝由矣」。馬融《長笛賦》云「膺陗阤，腹陘阻」。竝字異而義同。此與《爾雅》「山絶，陘」異義。

隒、澳、辱、厈、浦、潯、濱、潀、湄、浖、汜、墳、漘、陴、涘、垠，厓也。

厓，字或作「崖」，又作「涯」。《説文》「隒，崖也」。《爾雅》「重甗，隒」，孫炎注云「山基有重岸也」。其水厓亦謂之「隒」，《王風·葛藟》傳以「漘」爲水隒是也。張衡《西京賦》云「刊層平堂，設切厓隒」，則殿基亦借斯稱矣。隒之言廉也。《鄉飲酒禮》「設席于堂廉」，鄭注云「側邊曰廉」，是其義也。澳，字或作「隩」，又作「奧」。《説文》「澳，隈崖也」，又云「隩，水隈崖也」。《爾雅》云「隩，隈」。又云「厓内爲隩，外爲鞫」，李巡注云「厓内近水爲隩，其外爲鞫」。《衛風》「瞻彼淇奧」，昭二年《左傳》及《大學》竝作「澳」。澳之言奥也。鄭注《堯典》云「奥，内也」。《説文》「厂，山石之崖巖，人可居，象形」，籀文作「厈」。《玉篇》音呼旦切。厈與

「厓岸」之岸，聲相近也。《説文》「浦，水瀕也」。《大雅・常武》篇「率彼淮浦」，毛傳云「浦，厓也」。《楚辭・九歌》云「望涔陽兮極浦」。浦者，「旁」之轉聲，猶言水旁耳。《淮南子・原道訓》「游於江潯海裔」，《文選・江賦》注引許慎注云「潯，水厓也」。《楚辭・漁父》篇「游於江潭」，潭與「潯」通。古者潭、潯同聲，故高誘注《原道訓》云「潯」讀「葛覃」之覃。《漢書・揚雄傳》「因江潭而徃記兮」，顔師古云「潭」音尋。濱，《説文》作「瀕」，云「水厓也，人所賓附」。《禹貢》「海濱廣斥」，《漢書・地理志》作「瀕」。《大雅・召旻》篇「池之竭矣，不云自頻」，傳云「頻，厓也」。竝字異而義同。濱與「邊」聲相近，水濱猶言水邊。故地之四邊亦謂之「濱」，《小雅・北山》篇云「率土之濱」是也。《大雅・鳧鷖》篇「鳧鷖在潨」，傳云「潨，水會也」。《説文》云「小水入大水曰潨」。皆不以「潨」爲厓。唯鄭箋云「潨，水外之高者也」。《正義》云「水外之地，潨然而高，蓋涯涘之中，復有偏高之處」。説與《廣雅》相近也。《爾雅》「水草交爲湄」。《釋名》云「湄，眉也，臨水如眉臨目也」。《秦風・蒹葭》篇「在水之湄」，傳云「湄，水隒也」。《小雅・巧言》篇「居河之麋」，僖二十八年《左傳》「余賜女孟諸之麋」，竝與「湄」同。又案：《爾雅》釋「厓岸」之名云「涘爲厓」「窮瀆，汜」「谷者，溦」，此言水厓謂之「涘」，其窮瀆之厓則謂之「汜」，通谷者之厓則謂之「溦」。溦、汜皆厓岸之名，非溝瀆之名也。《釋文》云「溦，本又作『湄』，亡悲反」。又「水草交爲湄」，《釋文》云「湄，本或作『溦』，亡悲反」。則湄、溦是一字。《廣雅》以湄、汜同訓爲厓，義本於《爾雅》也。而郭璞於「窮瀆，汜」注云「水無所通者」，於「谷者，溦」注云「通於谷」，則是以「窮瀆」爲汜，「通谷者」爲溦。《説文》亦云「汜，窮瀆也」。若然，則溦、汜當與谿、谷、溝、瀆同列於《釋水》，何得與漘、隩、墳、涘同列於《釋丘》，而總之以「厓岸」之名乎？斯不然矣。埒之言界埒也，《淮南子·俶真訓》云「形埒垠堮」是也。埒亦通作「埒」。《淮南子·齊俗訓》「狟狢得埰防」，高注云「埰，水埒也，防，隄也」。是「埒」爲水厓也。《爾雅》「水潦所還，埒丘」，注云「謂丘邊有界埒，水繞環之」。義與「厓埒」亦相近。《周官·大司徒》「設其社稷之壝」，鄭注云「壝，壇與堳埒也」。「壝」謂之埒，亦謂之堳。「厓」謂之湄，亦謂之浖。其義一也。氾即《爾雅》所謂「窮瀆，氾」，非水決復入之「氾」也。對文則窮瀆之厓爲氾，通瀆之厓爲澂，散文則澂、氾通稱。《淮南子·道應訓》公孫龍「至於河上而航在一氾」，高注云「氾，水涯也」。班固《幽通賦》「丵彊大於南氾」，曹大家注與高誘同。《顧命》「夾兩階戺」，傳云「堂廉曰戺」。堂邊謂之戺，亦謂之廉。水厓謂之隒，亦謂之氾。其義一也。墳者，高起之名。《爾雅》「墳，大防」，李巡注云「墳，謂厓岸狀如墳墓」。《説文》作「坋」，又云「濆，水厓也」。《周南·汝墳》篇「遵彼汝墳」，傳云「墳，大防也」。《大雅·常武》篇「鋪敦淮濆」，傳云「濆，厓也」。《周官·大司徒》「墳衍」，注云「水厓曰墳」。竝字異而義同。《説文》「漘，水厓也」。《爾雅》厓「夷上洒下，不漘」，孫炎注云「平上陗下，故名漘」，郭璞云「不，發聲也」。《王風·葛藟》篇「在河之漘」，傳云「漘，水隒也」。《魏風·伐檀》篇「寘之河之漘兮」，傳云「漘，厓也」，《釋文》「漘」本亦作「脣」。脣者，在邊之名。口邊謂之脣，水厓謂之漘，屋宇謂之宸，聲義竝相近也。陴猶「瀕」也，語之轉耳。涘與「氾」聲相近。《爾雅》「涘爲厓」。《王風·葛藟》篇「在河之涘」，僖元年《公羊傳》「自南涘」，毛傳、何注竝與《爾雅》同。影宋本陴、涘二字誤入曹憲《音》內，「涘」字又誤作「泮」，皇甫以下諸本皆誤作「洋」。《集韻》《類篇》有「泮」字，音迷浮切，引《廣雅》「陴、泮，厓也」，則所見已是誤本。案：《説文》《玉篇》《廣韻》俱無「泮」字，蓋「涘」譌爲「泮」，「泮」又譌爲

「洋」耳。今訂正。《説文》「垠，岸也」，或作「圻」。《漢書·敘傳》「漢良受書於邳沂」，晉灼注云「沂，崖也」。圻、沂竝與「垠」同。凡邊界謂之垠，或謂之堮。《文選·西京賦》注引許慎《淮南子》注云「垠堮，端崖也」。厓岸、垠堮一聲之轉。

廋、坃、陬、隅，隈也。

僖二十五年《左傳》注云「隈，隱蔽之處」。高誘注《淮南子·覽冥訓》云「隈，曲深處也」。凡山曲水曲通謂之隈。《爾雅》云「隩，隈」。《説文》云「隈，水曲」。《管子·形勢》篇云「大山之隈」。皆是也。卷四云「廋，隱也」。《楚辭·九歎》「步從容於山廋」，王逸注云「廋，隈也」。廋、陬聲相近。山廋猶「山陬」耳。坃或作「阢」，通作「鞫」。《爾雅》「厓内爲隩，外爲鞫」，李巡注云「厓内近水爲隩，其外爲鞫」，孫炎云「内，曲裏也；外，曲表也」。《大雅·公劉》篇「芮鞫之即」，鄭箋云「水之内曰隩，水之外曰鞫」。《漢書·地理志》「芮水出右扶風汧縣西北，東入涇，《詩》『芮阢』，雍州川也」，顔師古注云「《大雅》『芮鞫之即』，《韓詩》作『芮阢』」。《周官·職方氏》注引《詩》作「汭坃」。案：隈是厓内之名，非厓外之名。《廣雅》以厓外之「坃」訓爲隈，未詳所據也。《説文》「陬，阪隅也」，「隅，陬也」。

厓隩。

附引《廣雅》一條。

土高四墮曰椒丘。

見《文選》謝惠連《泛湖歸出樓中翫月詩》注。《楚辭·離騷》「馳椒丘且焉止息」，王逸注云「土高四墮曰椒丘」。司馬相如《上林賦》云「出乎椒丘之闕」。

釋山

岱宗謂之泰山。

在今泰安府泰安縣北五里。《堯典》「至于岱宗」。《風俗通義》云「宗者，長也，五嶽之長」。

天柱謂之霍山。

在今六安州霍山縣南五里。《漢書·地理志》「天柱山在廬江郡灊縣南」。《水經·禹貢山水澤地》注云「霍山，天柱山也」，引《爾雅》「大山宮小山，霍」。邵氏二雲《爾雅正義》云「今霍山縣之霍山，中峯庳小，而四圍有大山環繞之」。

崋山謂之太崋。

在今同州府華陰縣南十里。

常山謂之恒山。

在今定州曲陽縣西北百四十里。漢避文帝諱，改「恒山」爲「常山」，見《地理志》注。

外方謂之嵩高。

在今河南府登封縣北十里。《禹貢》「熊耳外方桐柏」。《地理志》云「古文以『崈高』爲外方山」。「崈高」即嵩高。各本「外」下脱「方」字，「嵩」下脱「高」字，嵩上又衍「㟩」字。今訂正。

岣嶁謂之衡山。

在今衡州府衡山縣西北三十里。《中山經》注亦云「衡山，俗謂之岣嶁山」。案：岣嶁猶「穹隆」，語之轉也。若車枸簍或謂之穹隆矣。

蜀山謂之㟩山。

㟩，《説文》作「𨺅」。字或作「岷」，又作「汶」。㟩山在今龍安府松潘廳西北二百二十里。《地理志》云「《禹貢》㟩山在蜀郡湔氐道西徼外，江水所出」。蜀讀爲「獨」。字或作「瀆」。《史記·封禪書》云「瀆山，蜀之汶山也」。《水經》江水注云「岷山，即瀆山也，水曰瀆水」。

吴山謂之開山。

在今鳳翔府隴州西南。俗以在州西四十里者爲汧山，在州南八十里者爲嶽山。其實一山也。開與「汧」同。《禹貢》「道岍及岐」，《釋文》「岍，字又作『汧』，馬本作『開』」。《周官·職方氏》「雍州，其山鎮曰嶽山」，《爾雅·釋山》「河西，嶽」，鄭、郭注竝云「吴嶽也」。《地理志》云「吴山在右扶風汧縣西，古文以爲汧山，雍州山也」。《續漢書·郡國志》云「汧縣有吴嶽山，本名汧」。是兩《漢志》竝以汧山爲吴嶽。《史記·封禪書》「自華以西名山七，曰華山、薄山、岳山、岐山、吴岳、鴻冢、瀆山」，則分吴嶽與嶽山爲二，而不言汧山。《禹貢錐指》云：《漢志》雖云吴山在縣西，而岡巒緜亘，延及其南，與嶽山只是一山。自周尊岍山曰嶽山，俗又謂之吴山，或又合稱吴嶽。《史記》又析嶽山與吴嶽爲二，而岍山之名遂隱。其實此二山者，

《周禮》總謂之「嶽山」，《禹貢》總謂之「岍山」。當以《漢志》爲正。

薄落謂之汧頭。

在今平涼府平涼縣西四十里。《地理志》云「汧頭山在安定郡涇陽縣西，《禹貢》涇水所出」。汧頭或作「笄頭」。《史記・五帝紀》黄帝「西至于空桐，登笄頭」，是也。又作「雞頭」。《秦始皇紀》「巡隴西北地，出雞頭山」，是也。《淮南子・墬形訓》「涇出薄落之山」，高誘注云「一名笄頭山」。《元和郡縣志》云「笄頭山，一名薄落山，故涇水亦曰薄落水」。《淮南子・覽冥訓》云「嶢山崩而薄落之水涸」，是也。

土高有石，山。山，産也。石，祏也。

土高有石，對「無石曰阜」言之，義本《説文》也。《釋名》云「山，産也，産生萬物也」。祏，曹憲《音》「石」。案：《説文》「祏，百二十斤也」。石訓爲祏，義無所取，疑是「柘」字之譌。卷一云「柘，大也」。石與「碩」同聲，「碩」亦大也。《漢書・匈奴傳》「石畫之臣」，鄧展注云「石，大也」。「石畫」即碩畫。

冢，腫也。

《爾雅》「山頂，冢」。《釋名》云「冢，腫也，言腫起也」。

嶽，确也。

确謂堅确也。

凡天下名山五千二百七十，出銅之山四百六十有七，出鐵之山三千六百有九。

此《中山經》文也。「出銅之山」以下，亦見《管子・地數》篇。二百七十，《中山經》作「三百七十」，《續漢書・郡國志》注引《帝王世紀》作「三百五十」。

崐崘虛有三山，閬風、板桐、玄圃，其高萬一千一百一十里一十四步二尺六寸。

《楚辭・離騷》云「朝發軔於蒼梧兮，夕余至乎縣圃」，又云「朝吾將濟於白水兮，登閬風而緤馬」。《天問》云「崐崘縣圃，其凥安在，增城九重，其高幾里」。《哀時命》云「擥瑶木之橝枝兮，望閬風之板桐」。縣圃與「玄圃」同。閬風或作「涼風」。板桐或作「樊桐」。《淮南子・墬形訓》云崐崘虛「有增城九重，其高萬一千里百一十四步二尺六寸」，又云「縣圃涼風樊桐，在崐崘閶闔之中」，「崐崘之丘，或上倍之，是謂涼風之山」，「或上倍之，是謂縣圃之山」，「或上倍之，乃維上天」。王逸注《離騷》引《河圖括地象》亦云「崐崘高萬一千里」。二書所記崐崘里數與《廣雅》大同小異。事涉無稽，非所詳究也。

𣶒、畎、嶰、豀，谷也。

𣶒與「淵」同。《禹貢》「岱畎絲枲」，傳云「畎，谷也」。畎之言穿也。字或作「甽」。《釋名》云「山下根之受靁處曰甽」。《考工記・匠人》注云「壟中曰甽」。義並相近也。嶰本作「𨻳」，或作「澥」，又作「解」。《說文》「𨻳，水衡官谷也，一曰小谿」。《漢書・律曆志》「黃帝使泠綸自昆侖之陰取竹之解谷」，孟康注云「解，脱也，谷，竹溝也，取竹之脱無溝節者也，一説昆侖之北谷名也」。張衡《西京賦》云「擿漻澥，搜川瀆」。馬融《廣成頌》云「窮浚谷，底幽嶰」。並字異而義同。豀與「谿」同。各本「谷」下脱「也」字，今補。

釋水

濆泉，直泉也。直泉，涌泉也。

《爾雅》「濫泉正出，正出，涌出也」，李巡注云「水泉從下上出曰涌泉」。直猶「正」也。《公羊春秋》昭五年「叔弓帥師敗莒師于濆泉」，傳云「濆泉者何，直泉也，直泉者何，涌泉也」。《左氏》作「蚡泉」，《穀梁》作「賁泉」，皆古字通用。《小雅·采菽》篇「觱沸檻泉」，沸、濆一聲之轉。《爾雅》「瀵，大出尾下」，郭璞注云「今河東汾陰縣有水口如車輪許，濆沸涌出，其深無限，名之爲瀵」。瀵與「濆」聲亦相近。

州，居也。陼，處也。沚，止也。湝，至也。

《爾雅》「水中可居者曰洲，小洲曰陼，小陼曰沚，小沚曰坻」。洲與「州」同。坻與「湝」同。《釋名》云「沚，止也，可以止息其上也」。各本處、止二字互誤，「沚」字又誤作「渚」。《太平御覽》引《廣雅》「沚，止也」。今據以訂正。

海，晦也。江，貢也。河，何也。淮，均也。濟，濟也。伊，因也。洛，繹也。瀍，理也。澗，間也。漢，達也。渭，媦也。汝，汝也。涇，徑也。

《釋名》云「海，晦也，主承穢濁，其色黑如晦也」。《風俗通義》云「江者，貢也，出珍物可貢獻也」。《水經》河水注引《春秋説題辭》云「河之爲言荷也，荷精分布，懷陰引度也」。荷與「何」同。又《淮水》注引《春秋説題辭》云「淮者，均其務也」。《釋名》云「濟，濟也，源出河北，濟河而南也」。伊，各本皆作「津」。合下文洛、瀍、澗推之，則「津」字當是「伊」字之譌。今訂正。《洪範》「鯀陻洪水」，漢石經「陻」作「伊」。則伊、因古同聲，故訓「伊」爲因。《鄭風·溱洧》篇「伊其相謔」，鄭箋亦云「伊，因也」。《初學記》引《春秋説題辭》云「洛之爲言繹也，言水繹繹光耀也」。繹，各本譌作「驛」，惟影宋本不譌。瀍與「理」聲不相近，「理」字當是「壥」字之譌。壥與「廛」同字，與「瀍」同聲，故云「瀍，壥也」。《集韻》《類篇》竝云「廛」亦作「壥」。壥與「理」相似，因譌而爲「理」矣。《説文》《玉篇》《廣韻》《集韻》皆無「⿰亻胃」字，疑是「⿰彳胃」字之譌。《初學記》引《春秋説題辭》「渭之爲言渭也」，注云「渭渭，流行貌」。「渭也」之渭、「渭渭」之渭，疑皆「⿰彳胃」字之譌。《玉篇》《廣韻》竝云「⿰彳胃，行也」，正合流行之義。《太平御覽》引《春秋説題辭》云「汝之爲言汝也」，訓與《廣雅》同而未詳其義。諸書依字解經，率多皮傅。於主名山川之意，未必有當也。

湍，瀨也。磯，磧也。

《説文》「瀨，水流沙上也」。《楚辭·九歌》「石瀨兮淺淺」，王逸注云「瀨，湍也」。《漢書·武帝紀》「遺歸義越侯甲爲下瀨將軍」，《史記·南越傳》「瀨」作「厲」。瀨之言厲也。厲，疾也。《月令》云「征鳥厲疾」，是也。石上疾流謂之瀨，故無石而流疾者亦謂之瀨。《楚辭·九章》云「長瀨湍流，泝江潭兮」，是也。《説文》「湍，疾瀨也」。《史記·河渠書》云「水多湍石不可漕」。湍之言遄也。《爾雅》「遄，疾也」。其無石而流疾者，亦謂之湍。《孟子》「性猶湍水」，是也。合言之則曰「湍瀨」。《淮南子·原道訓》「漁者争處湍瀨」，高誘注云「湍瀨，水淺流急之處也」。《説文》「磧，水陼有石者」。《衆經音義》卷二十二引《三倉》云「磧，水中沙灘也」。磧之言積也。塞北沙漠謂之磧，義亦同也。《衆經音義》卷十五引《埤倉》云「磯，水中磧石也」。案：薛瓚注《武帝紀》云「瀨，湍也，吴越謂之瀨，中國謂之磧」，則湍、瀨與「磧」異名而同實。《衆經音義》卷一、卷十九、卷二十三竝引《廣雅》「磧，瀨也」，似此條「湍瀨」下本無「也」字。然水流石上謂之湍瀨，石在水中謂之磯磧，亦可分爲兩義。《太平御覽》引《廣雅》亦作「湍，瀨也」，影宋本以下竝同，今仍其舊。

陎、洫、畎、潒、陗、埂、溝、渠、川、瀆、欿、窞、科、臽，坑也。

《爾雅》「阬，虚也」。阬與「坑」同。坑之言康也。《爾雅》「康，虚也」。康、坑、欿、科、渠皆「空」之轉聲也。陎者，空大之名。陎猶「洪」也。字亦作「谼」。《玉篇》「谼，大谷名」。《廣韻》云「大壑也」。壑、陎、洫、陗、臽皆「虚」之轉聲也。《周官·遂人》「治野，夫間有遂，十夫有溝，百夫有洫，千夫有澮，萬夫有川」。《考工記·匠人》「爲溝洫，耜廣五寸，二耜爲耦，一耦之伐，廣尺深尺，謂之甽，田首倍之，廣二尺，深二尺，謂之遂，九夫爲井，井間廣四尺，深四尺，謂之溝，方十里爲成，成間廣八尺，深八尺，謂之洫，方百里爲同，同間廣二尋，深二仞，謂之澮，專達於川，各載其名」。對文則有甽、遂、溝、洫、澮之異，散文則通謂之「溝洫」，故言「匠人爲溝洫」也。《大雅·文王有聲》篇「築城伊淢」，淢與「洫」同。「洫」亦虚也。《管子·小稱》篇「滿者洫之，虚者實之」，尹知章注云「洫，虚也」。《説文》「く，水小流也」，古文作「甽」，篆文作「畎」。「巜，水流澮澮也」。「川，貫穿通流水也」，引《臯陶謨》「濬く巜距川」。今本「く」作「畎」，「巜」作「澮」。鄭注《匠人》云「壟中曰甽」。畎之言穿也，穿地通水也。故通谷亦謂之「畎」，《禹貢》「岱畎絲枲」是也。潒通作遂、隧，又作「術」。《月令》「審端徑術」，鄭注云「術，《周禮》作『遂』」。遂者，達也，達水於溝也。陗與「畎」聲相近。陗，各本譌作「涓」。《玉篇》「陗，乎犬切，坑也」。《廣韻》同。《集韻》《類篇》竝引《廣雅》「陗，坑也」。今據以訂正。埂亦「坑」也，方俗語有輕重耳。《説文》「秦謂阬爲埂」。《玉篇》引《倉頡篇》云「埂，小坑也」。《釋名》云「溝，搆也，縱横相交搆也」。《説文》「渠，水所居也」。《管子·度地》篇云「水之出於地，溝流於大水及海者，命曰川水」。《説文》「瀆，溝也」。又云「隫，通溝，以防水也」，古文作「𧮭」。瀆之言竇也。《説文》「竇，空也」。故《周官》注「四瀆」或作「四竇」。欿與「坎」同。《説卦傳》云「坎，陷也」。窞之言深也。《説文》「窞，坎中小坎也」。《坎》初六「入于坎窞」，王肅注云「窞，坎底也」。《孟子·離婁》篇原泉「盈科而後進」，《盡心》篇「流水之爲物也，不盈科不行」，趙岐注竝云「科，坎也」。《太玄·從》次五「從水之科，滿」。「科」亦坎也。范望注以「科」爲法，失之。科之言窠也。卷三云「科，空也」。《説文》云「窠，空也」。《説文》「臽，小阱也」。今通作「陷」。欿、窞、臽聲竝相近。臽，各本譌作「臿」，今訂正。

湋、潭，淵也。自三仞以上，二億三萬三千五百五十有九。

《説文》「淵，回水也」。《管子·度地》篇云「水出於地而不流者，命曰淵水」。卷三云「淵，深也」。《説文》「湋，回也」。《楚辭·九章》「長瀨湍流，泝江潭兮」，王逸注云「楚人名淵曰潭」。潭亦「深」也。《漢書·揚雄傳》「潭思渾天」，顏師古注云「潭，深也」。各本「淵」下脱「也」字，今補。「自三仞」以下，《淮南子·墬形訓》文也。彼文云「凡鴻水淵藪，自三百仞以上，二億三萬三千五百五十里有九淵」。「三百仞」之「百」，「五十里」之「里」，「九淵」之「淵」，皆衍文。

清滌、浮著，水也。

《曲禮》云「凡祭宗廟之禮，水曰清滌」。浮著，未詳。

陽侯、濄、汏，波也。

波之言播蕩也。《韓策》云「塞漏舟而輕陽侯之波，則舟覆矣」。《楚辭·九章》「淩陽侯之氾濫兮」，王逸注云「陽侯，大波之神」。《文選·七發》注引此無「之神」二字。《淮南子·覽冥訓》「武王伐紂，渡于孟津，陽侯之波，逆流而擊」，高誘注云「陽侯，陽陵國侯也，溺死於水，其神能爲大波，有所傷害，故因謂之陽侯之波」。應劭注《漢書·揚雄傳》云「陽侯，古之諸侯也，有罪自投江，其神爲大波」。皆所未詳也。《文選·西都賦》注引《倉頡篇》云「濤，大波也」。濤與「濤」同。《楚辭·九章》「齊吴榜以擊汏」，王注云「汏，水波也」。《九歎》云「挑揄揚汏，盪迅疾兮」。濤、汏一聲之轉，猶淅米謂之淘，亦謂之汏矣。

舟、舫、榜，船也。

此釋「舟」之總名也。《方言》「舟，自關而西謂之船，自關而東謂之舟」。《釋名》云「船，循也，循水而行也」，又曰「舟，言周流也」。《爾雅》「舫，舟也」，郭璞注云「竝兩船」。《説文》「舫，船也」，❶《明堂月令》曰『舫人』，習水者」。《楚策》云「一舫載五十人與三月之糧」。舫之言方也。《鄉射禮》「不方足」，鄭注云「方，猶併也」。《説文》「方，併船也」。併船以渡謂之舫，併木以渡亦謂之舫。故《爾雅》又云「舫，泭也」。《月令》「命漁師伐蛟」，鄭注云「今《月令》『漁師』爲『榜人』」。司馬相如《子虛賦》「榜人歌」，張注云「榜，船也」，《月令》曰『命榜人』，榜人，船長也」。鄭、張所引《月令》即《明堂月令》也。蓋榜、舫聲相近，故「舫人」或作「榜人」矣。張載《榷論》云「吴榜越船，不能無水而浮」。船，各本譌作「舽舡」之「舡」。今訂正。

❶「船」下，《説文》有「師」字。

䑳、艬、䑢、艜、艒䑿、𦪜、舺、艆𦪌、𦨲䒀、艑、艖、䑛艡、䑫舡、䑬、舸、𦫂、艛、𦩛、𦪗、䑴、䑰、𦫅、舶、艀、艦、𦩻、艇、艅、𦪾、艨艟、艗艄、舴艋、𦫗，舟也。

此釋衆舟之名也。《釋名》云「三百斛曰䑳，䑳，貂也，貂，短也，江南所名，短而廣，安不傾危者也」。《初學記》引《埤倉》云「䑳，吴船也」。《衛風・河廣》篇「誰謂河廣，曾不容刀」，鄭箋云「小船曰刀」，《釋文》「刀，《字書》作『舠』，《説文》作『䑳』」。《正義》引《説文》「䑳，小船也」。竝字異而義同。䑳之言紹也。凡物之短者謂之紹，説見卷二「紹，短也」下。艬之言巉巉然也。《玉篇》「艬，大船也」。《廣韻》云「合木船也」。䑢亦「艬」也，語之轉耳。《初學記》引周遷《輿服雜事》云「欲輕行則乘海䑢，䑢，合木船也」。《方言》「南楚江湘之閒，凡船大者謂之舸，小舸謂之艖，艖謂之艒䑿，小艒䑿謂之艇，艇長而薄者謂之艜，短而深者謂之𦪜，小而深者謂之樑，東南丹陽會稽之閒謂艖爲欚」。《小爾雅》云「艇之小者曰𦪜」。《方言》注云「今江東呼『艖𦪜』者」。《梁書・羊侃傳》云「于兩艖𦪜起三閒通梁水齋」，是也。《陳書・侯景傳》「以𦩛𦫂貯石，沈塞淮口」，❶𦩛𦫂與「艖𦪜」同。各本「舺」下有舴、艋二字。「舴」音責，「艋」音猛。下文「艗艄」下又有舴、艋二字，「舴」音側格，「艋」音猛。案：《玉篇》「舴」音陟格切。《廣韻》陟格、側伯二切。《集韻》陟格、側格、實窄三切。而皆無「責」音。其下文「側格」之音，則與《廣韻》《集韻》相合。是此處舴、艋二字爲衍文，而其音亦後人所妄加也。今删。《初學記》引《埤倉》云「海中船曰艆𦪌」。《集韻》「𦨲䒀，大艑也」。《吴

❶「傳」，疑衍，所引文字見於《陳書》卷一及《南史・陳本紀》。

志・吕蒙傳》云「盡伏其精兵䑳䑽中」。《藝文類聚》引《物理論》云「工匠經涉河海，爲𦨴䑽以浮大川」。《北堂書鈔》云「豫章䑳䑽洲在城之西南，作䑳䑽大艑之處」。《水經》贛水注作「谷鹿洲」。竝字異而義同。《衆經音義》卷一引《通俗文》云「吴船曰艑，晉船曰舶」。《北堂書鈔》引《荆州記》云「湘洲七郡，大艑所出，皆受萬斛」。宋臧質《石城樂》云「大艑載三千，漸水丈五餘」。《方言》注云「今江東呼艖，小底者也」。䑐艡猶抵當也。《廣韻》「䑐艡，小戰船也，❶出《字林》」。艂舡猶「胮肛」也。說見卷二「胮肛，腫也」下。左思《吴都賦》「弘舸連舳」，劉逵注引《方言》「江湘凡大船曰舸」。《吴志・董襲傳》云「乘大舸船，突入蒙衝裏」。舸者，洪大之稱。門大開謂之閜，大杯謂之閜，大船謂之舸，義相近也。《說文》「橃，海中大船也」。橃與「𦪲」同。船與筏異物而同用。故船謂之舫，亦謂之艀，亦謂之𦪲；編木謂之筏，亦謂之泭，亦謂之橃。凡此皆「浮」之轉聲也。艛蓋即《史記》所謂「樓船」也。船上爲樓謂之樓船，猶車上爲樓謂之樓車。《史記・平準書》「治樓船高十餘丈」。《南越傳》「令罪人及江淮以南樓船十萬師往討之」，《集解》引應劭《漢書注》云「作大船，船上施樓，故號曰樓船也」。𦨙與上「艖」字同。《玉篇》「𦨙，艀也」。《廣韻》云「小船也」。𦨙，曹憲《音》「叉」。影宋本、皇甫本「𦨙」字譌作「舟叉」二字，雙行竝列。畢、吴諸本「叉」字復譌作「又」。今據曹憲《音》訂正。《集韻》引《廣雅》「𦨙，舟也」，又其一證矣。𦪸之言檽，艦之言檻，皆謂船之有屋者也。《衆經音義》卷十一引《字書》云「船上有屋者曰𦪸」。《玉篇》「𦪸」或作「舲」，小船有屋也。《楚

❶「小」，《廣韻》作「水」。

辭・九章》「乘舲船余上沅兮」，王逸注云「舲船，船有牕牖者」。《淮南子・主術訓》「湯武不能與越人乘軨舟而浮於江湖」，高誘注云「軨舟，小船也，越人習水，自能乘之」。軨與「舲」通。軨，今本譌作「幹」。《藝文類聚》《太平御覽》引《淮南子》竝作「舲」。《俶真訓》「越舲蜀艇，不能無水而浮」，高注云「舲，小船也，越人所便習」。此足與《主術訓》注互相證明矣。舶之言博大也。《衆經音義》卷一引《埤倉》云「舶，大船也」。《廣韻》云「海中大船也」。《水經》江水注云「昔孫權裝大船，名之曰長安，亦曰大舶，載坐直之士三千人」。艀之言浮也。《玉篇》「艀，小艑也」。小艑謂之艀，猶小泭謂之桴矣。《晉書・忠王尚之傳》音義引《字林》云「艦，屋船也」。《釋名》云「上下重版曰艦，四方施版以禦矢石，其内如牢檻也」。《三國志・周瑜傳》云「劉表治水軍，蒙衝鬭艦，乃以千數」。左思《吴都賦》「巨檻接艫」，劉逵注云「船上下四方施版者曰檻」。檻與「艦」通。《方言》注云「樑，即長舼也」。樑、舼竝渠容反。《玉篇》「舼，小船也」。方氏密之《通雅》云「今皖之太湖，呼船小而深者曰⿰舟梁艚」。《淮南子》「越舲蜀艇」，《太平御覽》引作「越舼蜀艇」，又引注云「舼，小艇」，所引蓋許慎注也。《後漢書・馬融傳》「方餘皇，連舼舟」，李賢注引《淮南子》亦作「舼」。《小爾雅》云「小船謂之艇」。《方言》注云「艇，⿰舟周也」。《釋名》云「二百斛以下曰艇，其形徑挺，一人二人所乘行也」。高誘注《俶真訓》云「蜀艇，一版之舟」。案：高注訓「蜀」爲一，義本《方言》。但「越舲」「蜀艇」皆以其地名之，若以「蜀艇」爲一版之舟，則於文不類矣。昭十七年《左傳》「楚大敗吴師，獲其乘舟餘皇」，杜注云「餘皇，舟名」。左思《吴都賦》「邁餘皇於往初」。郭璞《江賦》「漂飛雲，運艅艎」。竝與「艅艎」同。《玉篇》「艨艟，戰船也」。字本作「蒙衝」。《後漢書・禰衡傳》云「黄祖在蒙衝船上，大會賓客」。

船之有蒙衝，猶車之有衝車。蒙，冒也。衝，突也。《釋名》云「外狹而長曰蒙衝，以衝突敵船也」。艦首本作「鷁首」。畫鷁於船首，因命其船爲鷁首也。《方言》「船首謂之閤閭，或謂之鷁首」，注云「鷁，鳥名也，今江東貴人船前作青雀，是其像也」。《淮南子・本經訓》「龍舟鷁首」，高注云「鷁，水鳥，畫其象著船頭，故曰鷁首也」。張衡《西京賦》「浮鷁首，翳雲芝」，薛綜注云「船頭象鷁鳥，厭水神，故天子乘之」。鷁首或但謂之「鷁」。司馬相如《子虛賦》云「浮文鷁，揚旌栧」，是也。《玉篇》「舴艋，小舟也」。小舟謂之舴艋，小蝗謂之蚱蜢，義相近也。《藝文類聚》引宋《元嘉起居注》云「餘姚令何玢之造作舴艋一艘，精麗過常」。䑽本作「欚」。《説文》「欚，江中大船名」。洪氏稚存《釋舟》云：案《方言》「艖」爲小舸，欚與「艖」同，則「欚」亦不盡是大舟矣。又云：小舟謂之「麗」。《莊子・秋水》篇「梁麗可以衝城」，司馬彪注「梁麗，小船也」。裴松之《三國志・王朗傳》注稱《獻帝春秋》朗對孫策使者云「獨與老母共乘一欐，流矢始交，便棄欐就俘」。亦「欐」爲小舟之證。欐、麗古字通。念孫案：《玉篇》《廣韻》欚、欐竝力底切，《方言》「欚」爲小舸，則欚與欐、麗竝通。《莊子・人閒世》篇「楸柏桑三圍四圍，求高名之麗者斬之」，司馬彪注亦以「麗」爲小船。曹植《盤石篇》云「呼吸吞船欐」，則「欐」又爲船之通稱矣。

簰、䈼、潢，筏也。

《方言》「泭謂之簰，簰謂之筏，筏，秦晉之通語也」。《衆經音義》卷三云「筏，《通俗文》作『𦪇』，《韻集》作『橃』，編竹木浮於河以運物也，南土名簰，北人名筏」。字又作「栰」。《論語・公冶長》篇馬融注云「編竹木大者曰栰，小者曰桴」。簰之言比次也。《後漢書・岑彭傳》「乘枋箄下江關」，李賢注云「枋箄，以木竹爲之，浮於水上」。箄、篺、簰竝同。𥳇之言比附也。《説文》「泭，編木以渡也」。《爾雅·釋言》「舫，泭也」，孫炎注云「方木置水中爲泭筏也」，《釋文》「泭，字或作『𥳇』，樊本作『柎』」。《周南·漢廣》釋文引郭璞《音義》云「木曰篺，竹曰筏，小筏曰泭」。《釋水》「庶人乘泭」，李巡注云「併木以渡也」。《齊語》「方舟設泭，乘桴濟河」，韋昭注云「編木曰泭，小泭曰桴」。《管子·輕重甲》篇云「冬不爲杠，夏不束泭」。《楚辭·九章》「乘氾泭以下流兮」，王逸注云「編竹木曰泭，楚人曰泭，秦人曰橃」。篺、𥳇、泭、柎竝同。𦪇之言横也，横流而渡也。《説文》「𦪇，以船渡也」。《方言》「方舟謂之𦪇」，郭注云「揚州人呼渡津舫爲杭，荆州人呼𦪇」。「𦪇」亦杭也，語之轉耳。《六韜·軍用》篇云「天横，一名天船」。張衡《思玄賦》云「乘天潢之汎汎兮，浮雲漢之湯湯」。横、潢竝與「𦪇」通。據《方言》《説文》，則「𦪇」爲方舟之名，非「筏」名也。《玉篇》《廣韻》亦不訓爲筏，至《集韻》始引《廣雅》「𦪇，筏也」。然《衆經音義》卷十四引《廣雅》「簰、𥳇，筏也」而無「𦪇」字，疑《廣雅》「𦪇」字本别爲一條，而脱誤在此也。

舥謂之舷。

此謂船兩邊也。《衆經音義》卷十六引《埤倉》云「舷，船舷也」。《楚辭·漁父》篇「鼓枻而去」，王逸注云「叩船舷也」。舷或作「弦」。舥或作「栬」。《淮南子·説林訓》「遽契其舟栬」，高誘注云「栬，船弦版也，讀如《左傳》『襄王出居鄭地氾』之氾」。今本《淮南子》「栬」譌作「桅」。「栬」字草書作「𣏌」，因譌而爲「桅」。《集韻》《類篇》竝云「舥」或作「栬」。漢《童子逢盛碑》亦有「栬」字。

䑳謂之桄。

此謂船前横木也。桄之言横也。《集韻》「桄，舟前木也」。凡舟車前之横木皆曰桄。《衆經音義》卷十四云「桄，《聲類》作『輄』，車下横木也，今車牀及梯轝下横木皆曰桄」。《釋名·釋車》篇云「桄，横在前，如卧牀之有桄也，桄，横也，横在下也」，義與《聲類》同。今本《釋名》「桄」字譌作「杭」，而校是書者輒證以《方言》「軫謂之杭」，且删去「横在下也」四字，弗思甚矣。别言之，則船前横木曰桄。合言之，則四邊皆曰桄。今人言「邊桄」是也。《玉篇》「䑳，船䑳也」。船䑳猶言「船桄」。今本《玉篇》「船䑳」譌作「䑳船」。《廣韻》「䑳，船䑳也」。《集韻》「䑳，船前桄也」。足正今本之失。合言之，則四邊皆曰䑳，若錢四周謂之輪郭矣。

艁舟謂之浮梁。

《方言》「艁舟謂之浮梁」，郭璞注云「即今浮橋」。《説文》「艁，古文『造』」。案：造之言曹也，相比次之名也。造、次一聲之轉。故凡物之次謂之「簉」。昭十一年《左傳》「僖子使助薳氏之簉」，杜注云「簉，副倅也」。張衡《西京賦》「屬車之簉」，薛綜注云「簉，副也」。義與「造舟」竝相近。《大雅·大明》篇「造舟爲梁」。《爾雅》「天子造舟」，李巡注云「比其舟而渡曰造舟」，孫炎云「比舟爲梁也」。薛綜注《東京賦》云「造舟，以舟相比次爲橋也」。以上諸説皆合「造」字之義。昭元年《左傳》秦后子「造舟于河」，《正義》云「李巡、孫炎、郭璞皆不解『造』義，蓋『造』爲至義，言船相至而竝比也」。案：「比舟」二字正釋「造」字之義。沖遠不得其解而轉訓爲至，《爾雅》釋文訓「造」爲作，宣十二年《公羊傳》疏引舊説訓「造」爲詣，又轉訓爲成，皆由不知「造」爲比次之義，故望文生訓而卒無一當矣。艁，各本皆作「造」。此後人據經文改之也。《詩》及《爾雅》釋文竝云「造」，《廣雅》作「艁」。今據以訂正。

崐崘虚，赤水出其東南陬，河水出其東北陬，洋水出其西北陬，弱水出其西南陬。河水入東海，三水入南海。

《海内西經》云「海内崐崘之墟在西北，赤水出東南隅以行其東北，西南流注南海，厭火東；河水出東北隅以行其北，西南又入渤海，又出海外，即西而北，入禹所導積石山；洋水黑水出西北隅以東，東行，又東北，南入海，羽民南；弱水青水出西南隅以東，又北，又西南過畢方鳥東」。《淮南子·墬形訓》云「弱水出自窮石，至于合黎，餘波入于流沙，絶流沙，南至南海」，其記河水、赤水、洋水與《海内西經》略同。蓋《廣雅》所本也。崐崘所在，言人人殊。四水出其四隅，尤無實驗，所謂「不可爲典要」者與？

水自渭出爲㴱。水自汾出爲派。

《水經》渭水注云「渭水東北逕渭城南，東分爲二水，《廣雅》曰『水自渭出爲㴱』，其猶河之有雍也，此瀆東流注渭水」。又《汾水》注云「汾水於大陵縣左迆爲鄔澤，《廣雅》曰『水自汾出爲汾陂』，陂南接鄔，《地理志》曰『九澤在北，并州藪也』，《吕氏春秋》謂之『大陸』，又名之曰『漚夷』之澤，俗謂之鄔城泊，又會嬰侯之水，亂流逕中都城南，侯甲水注之，又西逕鄔縣故城南，又西北入鄔陂而歸於汾流矣」。案：酈注「水自汾出爲」下當有闕文。鄔城泊在今汾州府介休縣東北。

廣雅疏證卷第十上

釋　草

蓴蘇，白䓘也。

《南山經》云「侖者之山有木焉，其狀如穀而赤理，其汁如漆，其味如飴，食者不飢，可以釋勞，其名曰白䓘」，郭注云「或作『睾蘇』，睾蘇一名白䓘，見《廣雅》」。案：白䓘「木」名而入《釋草》者，《方言》云「蘇、芥，草也」，白䓘草類，故一名「睾蘇」，特其狀如穀而赤理，因又以爲木耳。「侖者之山有木焉，其狀如穀而赤理，其名曰白䓘」，猶《中山經》「蔿山有木焉，其狀如棠而赤葉，名曰芒草」。雖以爲木，仍是草類。蓴、蘇、䓘三字皆從艹，足以明之矣。《玉篇》云「白䓘草，食之不飢」，亦與《廣雅》同。《藝文類聚》引張協《都蔗賦》云「睾蘇妙而不逮，何況沙棠與棚實」。睾蘇味如飴，故以比甘蔗也。高誘注《淮南·精神訓》云「勞，憂也」。蓴蘇解憂忿，故曰「可以釋勞」。《初學記》引王朗《與魏太子書》云「奉讀歡笑以藉飢渴，雖復萱草忘憂，睾蘇釋勞，無以加也」。應瑒《報龐惠恭書》云「雖萱草樹背，睾蘇在側，悒忿不趧，祇以增毒」。徐陵《玉臺新詠序》云「代彼萱蘇，蠲兹愁疾」。皆其證也。至《説文》云「蓴，葛屬也，白華」，《玉篇》云「䓘，草名，其實似瓜，食之治瘧」，則與《廣雅》異同未審。

茈藄，蕨也。

《爾雅》「藄，月爾」，郭注云「即紫藄也，似蕨可食」。《後漢書·馬融傳》云「茈其芸蓏」。茈與「紫」同。其與「藄」同。又《爾雅》「蕨，虌」，注云「《廣雅》云『紫藄』，非也，初生無葉可食，江西謂之虌」。案：草木鳥獸，同類者亦得同名。紫藄，蕨之類也。《齊民要術》引《詩義疏》云「蕨，山菜也，初生似蒜，莖紫黑色」。《洞冥記》云「玄草黑蕨」，又云「紫莖寒蕨」。謝靈運《酬從弟惠連詩》「山桃發紅萼，野蕨漸紫苞」，則蕨亦紫色，故「紫藄」謂之蕨也。鄭樵《爾雅注》云「藄，今謂之藄蕨，似蕨而大，可食」。羅願《爾雅翼》云「蕨生如小兒拳，紫色而肥，今野人今歲焚山，則來歲蕨菜繁生，其舊生蕨之處，蕨葉老硬敷披，人誌之，謂之蕨基，《廣雅》云『蕨，紫其』，『基』豈『其』之轉邪」。戴侗《六書故》云「蕨，紫其也，生山中，其有蕨其，有狼其，蕨其初出土，紫色，拳如小兒手，可食」。李時珍《本草》云「紫其似蕨，有花而味苦，謂之迷蕨，初生亦可食」。是紫藄稱蕨，後世方俗語猶然也。

䔖，菩也。

《說文》「菩，草也」，《繫傳》引《字書》云「黃菩，草也」。《玉篇》「黃蓓，草名」，「菩，香草」，「䔖，䔖菩草也」。《廣韻》「草，香草」。《集韻》「草鬱，香草」。「菩」與「蓓」《廣韻》同薄亥切，又與「草」同房久切。黃蓓、草鬱，未知孰爲「䔖」也。

王白，蕒也。

未詳。

葅，蕺也。

《説文》「葅，菜也」。《玉篇》「蕺，菜也」。張衡《南都賦》「其園圃，則有蓼蕺蘘荷」，李善注引《風土記》云「蘵，香菜，根似茆根，蜀人所謂葅香」。蘵與「蕺」同。《後漢書·馬融傳》「茈萁芸葅」，李賢注云「其根似茅根可食」。左思《蜀都賦》「樊以葅圃」，劉逵注云「葅，草名也，亦名土茄，葉覆地而生，根可食，人飢則以繼糧」，李善注引《埤倉》云「葅，蕺也」。謝靈運《山居賦》「畦町所藝，蓼蕺葼薺」。《北户録》引《越絶》云「蕺山，越王句踐種蕺處」。《古今注》云「荆揚人謂葅爲蕺」。《齊民要術》云「菹菜紫色有藤」。《唐本草》注云「蕺菜葉似蕎麥，肥地亦能蔓生，莖紫赤色，多生溼地山谷陰處，山南江左好生食之，關中謂之葅菜」。

葅、葅、菹、葅字竝通。

葝蘆，蔥苒也。

蔥，各本譌作「葸」，今訂正。《急就篇》云「牡蒙甘草菀藜蘆」。《神農本草》云「藜蘆，一名蔥苒」。《吴普本草》云「藜蘆，一名蔥葵，一名山蔥，一名豊蘆，一名蕙葵，大葉根小相連」。《名醫別録》云「一名蔥菼」。藜與「豊」、菼與「苒」音竝相近。《玉篇》「藜」旅題切，「豊」力弟切，「苒」他甘切，「菼」他敢切。苒與「苒」同。《御覽》引《廣雅》「藜蘆，蔥苒也」。陶隱居《本草》注云「藜蘆，根下極似蔥而多毛」。蘇頌《圖經》云「藜蘆有二種，水藜蘆根鬚百餘莖，蔥白藜蘆根鬚三二十莖，均州土俗亦呼爲鹿蔥」，又云「莖似蔥白，根黄白色」。《范子計然》云「藜蘆出河東，黄白者善」。

菗蒢，地榆也。

苗，《玉篇》云「苗蒢，❶菜也」。《名醫别録》云「地榆生桐柏及冤句山谷」，陶隱居注云「葉似榆而長，初生布地，其花子紫黑色如豉，故名玉豉」。《齊民要術》引《神仙服食經》云「地榆，一名玉札，北方難得，故尹公度曰『寧得一斤地榆，不用明月珠』，其實黑如豉，北方呼『豉』爲札，當言『玉豉』，此草霧而不濡，太陽氣盛也，鑠玉爛石，其根作歙，其汁釀酒」，又引《廣志》云「地榆可生食」。梁元帝《玄覽賦》「金鹽玉豉，堯韭舜榮」，謂此矣。

莪蒿，蘪蒿也。

《爾雅》「莪，蘿」，郭注云「今莪蒿也，亦曰蘪蒿」。《説文》「莪，蘿，蒿屬」，「菻，蒿屬也」。菻與「蘪」同。《小雅·菁菁者莪》傳云「莪，蘿蒿也」，《正義》引《義疏》云「莪，蒿也，一名蘿蒿，生澤田漸洳之處，葉似邪蒿而細，科生，三月中，莖可生食，又可蒸，香美，味頗似蔞蒿」。陳藏器《本草拾遺》云「蘪蒿生高岡，宿根先於百草，一名莪蒿」。如《詩》疏及《本草拾遺》所説莪蒿之形，蓋「茵陳」之類也。《名醫别録》云「茵陳蒿生大山及丘陵坂岸上」，陶注云「似蓬蒿而葉緊細，莖冬不死，春又生」。《本草拾遺》云「經冬不死，至春更因舊苗而生新葉，故名茵陳」。二者相近矣。

蕑，蘭也。

《鄭風·溱洧》篇「方秉蕑兮」，《陳風·澤陂》篇「有蒲與蕑」，傳竝云「蕑，蘭也」。《神農本草》云「蘭草主殺

---

❶ 「苗」，原作「描」，今據續四庫本改。

蠱毒，辟不祥，通神明」。案：《鄭風》正義引《義疏》云「蕑即蘭，香草也，莖葉似澤蘭，廣而長節，藏衣著書中，辟白魚」，是其「殺蠱毒」也。《初學記》引《韓詩章句》云「鄭國之俗，三月上巳，於溱洧兩水之上，招魂續魄，秉蘭拂除不祥之故」。《周官·女巫》「掌歲時祓除釁浴」，注云「歲時祓除，如今三月上巳如水上之類，釁浴謂以香薰草藥沐浴」。《夏小正》「蓄蘭」，傳云「爲沐浴也」。《楚詞·九歌》「浴蘭湯兮沐芳」，王逸注云「言已將修饗祭以事雲神，乃使靈巫先浴蘭湯，沐香芷，以自絜清也」。是其「辟不祥，通神明」也。蕑或爲「葌」。蘭或爲「蓮」。《衆經音義》卷二引《字書》云「葌」與「蕑」同，「葌，蘭也」，又引《説文》云「葌，香草也」。卷十二引《聲類》云「葌，蘭也」，又引《説文》云「香草也」。今本《説文》「葌，草，出吴林山」，脱去「香」字耳。《廣韻》「葌，香草」，即本《説文》。《中山經》云「吴林之山多葌草」，「青要之山有草焉，其狀如葌，其本如藁本」，「洞庭之山，其草多葌蘪蕪芍藥芎藭」。以「葌」與「藁本」「蘪蕪芍藥芎藭」竝言之，其爲香草明矣。郭璞以「葌」爲「菅」，云「似茅」，恐非也。《説文》芎、藭、蘭、葌四字連文，别出茅、菅二字於後，則「葌」與「蘭」同，不與「菅」同矣。是「蕑」通作「葌」也。《管子·地員》篇「五粟之土，五臭生之，薜荔白芷，蘪蕪椒蓮」，「五沃之土，五臭疇生，蓮與蘪蕪，藁本白芷」。是「蘭」通作「蓮」也。《詩·溱洧》釋文引《韓詩》「蕑，蓮也」。《御覽》引《韓詩章句》云「蕑，蘭也」。《初學記》引《韓詩章句》云「秉蘭拂除不祥之故」。皆借「蓮」爲「蘭」。《澤陂》箋云「蕑，當爲『蓮』，芙蕖實也」。云「當爲『蓮』」而不云「蕑，蓮也」，則以「蕑」之本字不訓爲「蓮藕」之「蓮」，故必破字耳。

蘱、芧，蒯也。

《廣韻》「蒯，茅類」，「藾，草名，似蒲，一云似茅」。《爾雅》「藾，蕭蓳」，郭注云「似蒲而細」，邢昺疏云「可爲屩，亦可綯以爲索」。《説文》「蓳，蕭蓳也，杜林曰『藕根』」，徐鍇《傳》云「似蒲而細，今人以織屨」。《西京賦》「草則葴莎菅蒯」，李善注引《聲類》云「蒯，草，中爲索」。《玉篇》同。成九年《左傳》「雖有絲麻，無棄菅蒯」，《正義》云「陸璣《毛詩疏》『菅似茅，滑澤無毛，筋宜爲索』，蒯亦『菅』之類」。《喪服》傳云「疏屨者，藨蒯之菲也」。可以爲屨，竝可代絲麻之乏，然則「蒯」爲索、爲屨，與「藾」同，是一物也。遼釋行均《龍龕手鑑》云「藾草，一名鼎童，似烏尾，可食」。

廉薑，葰也。

《説文》「葰，薑屬，可以香口」。字或作「綏」。《士喪禮》記「茵箸用荼，實綏澤焉」，注云「綏，廉薑也，取其香，且御溼」。或作「浚」。《鹽鐵論·散不足》篇云「浚茈蓼蘇」。或作「荾」。劉逵《吴都賦》注引《異物志》云「荾，一名廉薑，生沙石中，薑類也，其累大辛而香，削皮，以黑梅并鹽汁漬之，則成也，始安有之」。或作「荾」。潘岳《閒居賦》云「蓼荾芬芳」。《御覽》引劉楨《清慮賦》云「俯拔廉薑」。又引此作「蔟葰，廉薑也」。《齊民要術》同。

草蒿，青蒿也。

《爾雅》「蒿，菣」，郭注云「今人呼青蒿香中炙啗者爲菣」。《小雅·鹿鳴》篇「食野之蒿」，《正義》引《義疏》云「蒿，青蒿也，荆豫之閒，汝南汝陰皆云『菣』也」。《神農本草》「草蒿，一名青蒿，一名方潰」，陶隱居注云「即今青蒿，人亦取雜香菜食之」。《蜀本圖經》云「葉似茵陳蒿而背不白，高四尺許，江東人呼爲犼蒿，爲其臭似犯，北人呼爲青蒿」。

椅乳，苦杞也。

《爾雅》「杞，枸檵」，郭注云「今枸杞也」。椅與「枸」同，字從木，各本譌從扌。《玉篇》云「椅，椅杞也，本作『枸』」。《集韻》「椅」或作「枸」，引《廣雅》「椅乳，苦杞也」。今訂正。《小雅・四牡》篇「集于苞杞」，《正義》引《義疏》云「杞，其樹如樗，一名苦杞，春生可作羹茹，微苦」。《神農本草》云「枸杞味苦寒」，陶隱居注云「葉可作羹，味小苦」。蘇頌《圖經》云「俗謂之甜菜」。案：今世亦謂之甜菜，初食味苦，苦杞之名，起於此矣。《御覽》引《吴普本草》云「枸杞，一名羊乳」。蓋其下垂似之。《詩義疏》云「枸杞子秋熟正赤」。蘇頌《本草圖經》云「六月七月生小紅花，隨便結紅實，形微長如棗核」。案：今江淮閒謂之「狗嬭子」。狗、椅同聲。「嬭」即乳也。《玉篇》「嬭，乳也」。

游冬，苦菜也。

《月令》云孟夏「苦菜秀」。《吕氏春秋・任地》篇云「日至苦菜死」。亦單謂之「苦」。《唐風・采苓》篇云「采苦采苦」。《公食大夫禮》云「鉶芼，羊苦」，鄭注云「苦，苦荼也」。《内則》云「濡魚，❶包苦實蓼」。又謂之「荼」。《爾雅》「荼，苦菜」。《邶風・谷風》篇云「誰謂荼苦，其甘如薺」。《豳風・七月》篇云「采荼薪樗，食我農夫」。《大雅・緜》篇云「堇荼如飴」。《神農本草》云「一名荼草，一名選」。《名醫别録》云「一名游

❶「魚」，《禮記・内則》作「豚」。

冬，生山陵道旁，冬不死」。《桐君藥録》云「三月生扶疏，六月花從葉出，莖直花黄，八月實黑，實落，根復生，冬不枯」。則「游冬」之名，其取諸此乎？《顔氏家訓》云「《禮》云『苦菜秀』，案《易統通卦驗玄圖》曰『苦菜生於寒秋，更冬歷春，得夏乃成』，今中原苦菜則如此也，一名游冬，葉似苦苣而細，摘斷有白汁，花黄似菊，江南别有苦菜，葉似酸漿，其花或紫或白，子大如珠，熟時或赤或黑，此菜可以釋勞，案郭璞注《爾雅》，此乃『蘵，黄蒢』也，今河北謂之龍葵，梁世講《禮》者以此當苦菜，既無宿根，至春子方生耳，亦大誤也，又高誘注《吕氏春秋》曰『榮而不實曰英，苦菜當言英』，益知非龍葵也」。《爾雅》釋文云「荼，苦菜，在《釋草》篇，《本草》爲『菜上品』，陶弘景乃疑是茗，失之矣，《釋木》篇『檟，苦荼』，乃是茗耳」。案：顔、陸二家之辨，皆得其實。程先生易疇《通藝録》云：苦菜有二種，一種爲苦蕒，一種北方人呼爲蘧蕒菜也。苦蕒八九月生者，葉皆從根出，不生莖，斷之有白汁，其味苦。春生者，四月中抽莖作花。《月令》孟夏「苦菜秀」是也。花黄如菊，其鄂作苞，花英之本藏苞中，一英下一子，子末生白毛如絲，英落苞開子末之白毛乃見，數以萬計，形圓如毬，所謂荼也。《鹽鐵論》云「秦法繁于秋荼」。苦菜之荼生於秋者，一花之趺，多以萬計，洵爲繁矣。蘧蕒菜七月生者有幹，其葉節節臺生，數葉後又生岐莖，花如苦蕒，苞開，白如毬，八九月猶盛開，其子有形而不實。引之案：南方人呼苦蕒菜者，確如此説。至北方人説蘧蕒菜，宿根經冬不死，斷其莖有白漿，取其葉和醬食之，或和餳，皆可。其味苦，四五月花黄如菊，九月方止，不結子，亦無白毛。高誘注《吕氏春秋·孟夏紀》謂「苦菜」榮而不實，殆謂是與？

桼姑、艾但、鹿何，澤蒴也。

陶隱居注《别録》「杉材」云「桼姑葉細細，多生石邊，療桼瘡」。陳藏器《本草拾遺》云「桼姑如鼠跡大，生階墀間陰處，氣辛烈，主桼瘡」。又《本草》「蜀羊泉」，唐注云「此草俗名桼姑，葉似菊，花紫色，子類枸杞子，根如遠志，主療桼瘡」。餘未詳。

堇，羊蹏也。

堇有二。一爲蒴藋，烏頭之類也。《爾雅》云「芨，堇草」，郭注云「即烏頭也，江東呼爲堇」。《名醫别録》云「蒴藋有毒，一名堇草，一名芨」。《説文繫傳》引《字書》云「蒴藋，一名堇」。《玉篇》「蒴擢，有五葉」，「堇，一名蒠」。《廣韻》「芨，烏頭别名」，或作「蒠」。「堇，蒴擢别名」。《集韻》「芨，堇草也，通作『蒠』」，「蒠，草名，蒴藋也」。是蒴藋名堇，名芨，又名堇也。一爲羊蹏。《小雅·我行其野》篇「言采其蓫」，傳云「蓫，惡菜也」。《齊民要術》引《義疏》云「今羊蹏似蘆菔，莖赤，煮爲茹，滑而不美，多噉令人下痢，幽州謂之羊蹄，揚州謂之蓫，一名蓨」。蹄與「蹏」同。《爾雅》「苗，蓨」，蓋即「蓫，一名蓨」者。《集韻》「堇」或作「苗」，通作「蓫」，羊蹄也。《詩》釋文「蓫」本又作「蓄」。《神農本草》「羊蹄，一名東方宿，一名連蟲陸，一名鬼目」。《名醫别録》云「一名蓄」，陶隱居注云「今人呼爲秃菜，即是『蓄』音之誤」，引《詩》云「言采其蓄」。更有一種味酸者。《齊民要術》引《字林》云「堇，似冬藍，蒸食之，酢」。陶隱居注《本草》「羊蹄」云「又一種極相似而味醋，呼爲酸摸」。《本草拾遺》云「酸摸葉酸美，人亦折食其英，葉似羊蹄，是山大黄，一名當藥」。《爾雅》「須，蕵蕪」，郭注云「似羊蹄，葉細，味酢可食」。是羊蹄一種名蓫、名蓄，一種名飧蕪、名酸摸，而總謂之「堇」也。《名醫别録》云「蒴藋有毒，生田野」，「羊蹄無毒，生川澤」。寇宗奭《本草衍義》云「蒴藋花白，子如緑豆」，「羊蹄花青白，子三棱」。二者各殊。《玉篇》云「堇，一名蒠」，又云「似冬藍，食之醋」，則是合蒴藋、羊蹄爲一物，誤矣。

牛莖，牛厀也。

《神農本草》「牛厀一名百倍」。《名醫别録》云「生河内川谷及臨朐」，陶隱居注云「今出近道蔡州者，最長大柔潤，其莖有節似牛厀，故以爲名也，乃云有雌雄，雄者莖紫色而節大爲勝爾」。《御覽》引《吴普本草》云「牛厀生河内，或臨邛，葉如夏藍，莖本赤」，又引《廣雅》「牛莖，牛厀也」。各本「莖」譌作「茎」，今訂正。《廣韻》莖、牼竝户耕切。《説文》「牼，牛厀下骨也」。牛莖之名，殆取此義與？《抱朴子·黄白》篇云「俗人見方用鼠尾牛厀，皆謂之血氣之物也」。

⿰彖卩耳，馬莧也。

⿰彖卩即「豚」字。《神農本草》「莧實，一名馬莧」，陶隱居注云「今馬莧别一種，布地生，實至微細，俗呼爲馬齒莧，亦可食，小酸，恐非莧實也」。《顔氏家訓》云「馬莧堪食，亦名豚耳，俗曰馬齒，江陵有一僧，面形上廣下狹，劉緩幼子云似馬莧」，是其狀矣。李時珍云「馬齒莧大葉者，俗呼爲⿰犭屯耳草，小葉者爲鼠齒草」。⿰犭屯與「豚」同。

卬、昌陽，菖蒲也。

《説文》「茚，昌蒲也」，「⿱艹⿰矛卩，茚⿱艹⿰矛卩也」。茚與「卬」同，亦作「⿱艹仰」。《玉篇》「茚，五唐切，菖蒲也」，「⿱艹仰，語兩切，草生池水邊」。《廣韻》「茚」五剛切，菖蒲别名，又魚兩切。《集韻》「⿱艹仰」語兩切，菖蒲也，或作「茚」。《神農本草》「菖蒲久服輕身，不忘，不迷惑，延年，一名昌陽」，陶注云「今處處有，生石磧上，概節爲好，生下濕地大根者名昌陽，此藥甚去蟲，并蚤蝨」。《藝文類聚》引《吴普本草》云「菖蒲，一名堯韭，一名昌陽」。亦作「昌羊」。《淮南·説林訓》云「昌羊去蚤蝨而來蚙窮」，高誘注云「昌羊，昌蒲也」。《名醫别録》云「白昌，一名水宿，一名莖蒲」。陳藏器云「一名昌陽，生水畔，人亦呼爲菖蒲，與石上菖蒲别，根大而臭，一名水菖蒲」。案：此與陶注「生下濕地根大者名昌陽」正合，但《本草經》及《吴普本草》竝云「菖蒲一名昌陽」，恐俱是大名，不分水石也。且《管子·地員》篇云「山之上，其草蘄白昌」，又云「其山之旁，有彼黄寅，及彼白昌」。似生石上者亦名白昌也。《周官·醢人》「朝事之豆，其實昌本」，鄭注云「昌蒲根也」。《公食大夫禮》「醢醢昌本」，注云「昌本，昌蒲本菹也」。僖三十年《左傳》「饗有昌歜」，杜注云「昌蒲菹也」。《韓非子·難》篇「文王嗜菖蒲菹」。《吕氏春秋·任地》篇「冬至後五旬七日，昌始生，昌者，百草之先生者也」。

攣夷，芍藥也。

攣夷即「留夷」。留、攣聲之轉也。張注《上林賦》云「留夷，新夷也」。新與「辛」同。王逸注《楚詞·九歌》云「辛夷，香草也」。郭璞注《西山經》云「芍藥，一名辛夷，亦香草屬」。❶ 然則《鄭風》之「勺藥」，《離騷》之「留夷」，《九歌》之「辛夷」，一物耳。《毛詩·溱洧》傳云「勺藥，香草」。《御覽》引《義疏》云「今藥草勺藥無香氣，非是也，未審今何草，司馬相如賦云『勺藥之和』，揚雄賦曰『甘甛之和，勺藥之羹』，然則勺藥人人食

❶「西山經」，據引文當作「北山經」。

之也」。案：《西山經》云「繡山，其草多芍藥」，❶《中山經》句檷之山、條谷之山、洞庭之山，竝云「其草多芍藥」。則芍藥山草。《名醫别録》云「芍藥生中岳川谷及丘陵」，陶注云「出白山蔣山茅山最好，白而長大，餘處多赤」。與《山經》合，則古之芍藥，即醫家之藥草芍藥也。今人畦種之，《離騷》所謂「畦留夷」者矣。其根莖及葉無香氣，而花則香，故《毛詩》謂之「香草」。猶蘭爲香草，亦是花香，莖葉不香也。至司馬相如《子虚賦》「勺藥之和」，揚雄《蜀都賦》「甘甛之和，勺藥之羹」，皆是調和之名。陸氏引以證勺藥之草，誤也。伏儼注《子虚賦》云「勺藥，以蘭桂調食」，文穎云「勺藥，五味之和也」，韋昭云「勺藥，和齊鹹酸美味也，勺，丁削反，藥，旅酌反」，晉灼云「《南都賦》曰『歸雁鳴鵽，香稻鮮魚，以爲勺藥，酸恬滋味，百種千名』，文説是也」，李善云「枚乘《七發》云『勺藥之醬』，然則和調之言，於義爲得」。今案：勺，丁削反。藥，旅酌反。勺藥之言適歷也。「適」亦調也。《説文》「𪎭」字從厤，云「厤，調也」。與「歷」同。又云「秝，希疏適歷也，讀若歷」。《周官·遂師》注云「磿者，適歷，執綍者名也」，疏云「分布希疏得所，名爲適歷也」。然則均調謂之「適歷」，聲轉則爲「勺藥」。《蜀都賦》云「有伊之徒，調夫五味，甘甛之和，勺藥之羹」。《七命》云「味重九沸，和兼勺藥」。《論衡·譴告篇》云「釀酒於罌，烹肉於鼎，皆欲其氣味調得也，時或鹹苦酸淡不應口者，由人勺藥失其和也」。稽康《聲無哀樂論》云「大羹不和，不極勺藥之味」。皆其證矣。服虔注《子虚賦》列或説云「以勺藥調食」，亦未嘗審信也。而顔師古乃云「勺藥，草名，其根主和五藏，又辟毒氣，故

❶「西山經」，據引文當作「北山經」。

合之於蘭桂五味以助諸食，因呼五味之和爲勺藥」。及考古人飲食，未聞有用勺藥者，既已無可舉證矣。乃云「今人食馬肝馬腸，合勺藥而煮之，是古之遺法」。據其説，則今人非食馬肝馬腸，且不用芍藥，何以知古人用勺藥助食乎？然且歷詆諸家妄爲音訓，斯爲謬矣。

菥蓂，馬辛也。

《爾雅》「菥蓂，大薺」，郭注云「似薺葉細，俗呼之曰老薺」。《神農本草》云「菥蓂子味辛微温，一名蔑析，一名大蕺，一名馬辛」。《名醫别録》云「一名大薺，生咸陽川澤及道傍」，陶注云「今處處有之，人乃言是大薺子」。《吕氏春秋·任地》篇「孟夏之昔，殺三葉而穫大麥」，高誘注云「昔，終也，三葉，薺亭歷菥蓂也，是月之季枯死，大麥熟而可穫」。《月令》謂之「靡草」，孟夏之月「靡草死，麥秋至」，即所謂「殺三葉而穫大麥」也。鄭注引舊説云「靡草，薺亭歷之屬」，《正義》云「以其枝葉靡細，故云靡草」。依《爾雅注》，則菥蓂之葉，又細于薺也。張衡《南都賦》云「其園圃則有菥蓂芋爪」。

蒣、蔀，魚薺也。

菜屬，一名蒣，一名蔀。《玉篇》云「蒣，魚薺也」。《廣韻》云「蔀菜，魚薺也」。

狗薺、大室，葶藶也。

《爾雅》「蕇，亭歷」，郭注云「實葉皆似芥，一名狗薺，見《廣雅》」。《釋文》云「亭歷」或作「葶藶」，引《廣雅》「狗薺、大室，葶藶也」。各本俱脱「葶」字，今補。《神農本草》云「葶藶一名大室，一名大適，生藁城平澤」。《名醫别録》云「一名丁歷，一名蕇蒿」。丁與「葶」聲相近也。陶注云「出彭城者最勝，今近道亦有，母則公薺，子細黄，至苦」。《爾雅》釋文云「今江東人呼爲公薺」。蓋菥蓂、葶藶皆薺之類。故「菥蓂」謂之大薺，「葶藶」謂之狗薺，或謂之公薺。蘇頌《本草圖經》云「初春生苗葉，高六七寸，有似薺，根白，枝莖俱青，三月開花，微黄，結角，子扁小如黍粒，微長，黄色」。是其狀也。又謂之靡草。《月令》孟夏之月「靡草死」，鄭注引舊説云「靡草，薺亭歷之屬」，《正義》云「以其枝葉靡細，故云靡草也」。案：《吕氏春秋·任地》篇「孟夏之昔，殺三葉」，高誘注云「三葉，薺亭歷菥蓂也，是月之季枯死」。《淮南·天文訓》云「五月爲小刑，薺麥亭歷枯」。或云「孟夏」之季，或云「五月」者，孟夏之季與五月相屬耳。《韓非子·難勢》篇云「味非飴蜜也，必苦菜亭歷也」。《淮南·繆稱訓》云「大戟去水，亭歷愈脹」。則亭歷非適口之嘉蔬，而可爲苦口之良藥也。

薍，萑也。

《周官·司几筵》注云「萑，如葦而細者」。薍或作「荻」，萑之末未秀者也。❶或謂之薍，或謂之菼，或謂之騅，或謂之烏蓲，或謂之蒹。《爾雅》云「菼，騅也」，「菼，薍也」，又云「蒹，薕」，「菼，薍」。《釋文》引張揖云「未秀曰烏蓲」。《夏小正》傳云「萑未秀爲菼」。《説文》云「菼，萑之初生，一曰薍，一曰騅」，「蒹，萑之未秀者」。陸璣《毛詩疏》則分薍萑爲一物，蒹爲一物。郭璞《爾雅注》則分菼薍爲一物，蒹薍爲一物。《齊民要術》引陸《疏》云「薍，或謂之荻，至秋堅成即刈，謂之萑，三月生，初生，其心挺出，其下本大如箸，上鋭而

❶ 「末」，原作「未」，今據經解本、《畿輔叢書》本、《四部備要》本改。

細，一名蓤蕩，揚州人謂之馬尾」。《秦風》正義引《疏》云「蒹，水草也，堅實，牛食之，令牛肥彊，青徐州人謂之蒹，兖州遼東通語也」。是陸氏言蒹，不與薍薕同也。郭注《爾雅》「蒹，薕」云「似萑而細，高數尺，江東呼爲薕藡」，注「菼，薍」云「似葦而小，實中，江東呼爲烏蓲」。又注司馬相如《子虚賦》云「蒹，荻也，似萑而細小」。是郭氏言蒹薕，不與薍同也。然陸云蒹草「堅實」，郭云菼薍「實中」。陸云「薍，謂之荻」，郭云「蒹，荻也，江東呼爲薕藡」。則蒹薕菼薍仍是一物耳。陸誤以「蓤蕩」爲薍，郭不審爲「未秀」之通稱，故説之多岐。今案：《莊子·則陽》篇云「欲惡之孽，爲性萑葦，蒹葭始萌以扶吾形」。然則葦之始生爲葭，萑之始生爲蒹矣。蒹薕菼薍俱是荻。故《詩》詠「蒹葭蒼蒼」，則不言菼。詠「葭菼揭揭」，則不言蒹。亦可知蒹、菼異名同實，而分爲二物者誤也。蒹藡雖爲未秀之名，而既秀亦得稱之。《豳風·七月》云「八月萑葦」，而《秦風》「蒹葭蒼蒼，白露爲霜」，即指其時。是既秀者名「萑」，亦名「蒹」也。《淮南·説林訓》云「藡苗類絮而不可爲絮」，高誘注云「藡苗萑秀，楚人謂之藡，藡讀『敵戰』之敵，幽冀謂之萑苕也」。是既秀者名「萑」，亦名「藡」也。故《詩疏》云「薍，謂之荻，至秋堅成，謂之萑」，而《廣雅》則即以「藡」爲萑，義得兩通也。《毛鄭詩考正》云：《王風·大車》傳云「菼，鵻也，蘆之初生者也」。「蘆」字譌，當作「萑」。《夏小正》傳云「萑未秀爲菼，葦未秀爲蘆」。許叔重《説文》多本《毛詩》，於「菼」字云「萑之初生」。然則《毛詩》轉寫譌失顯然矣。今案：《説文》云「薍，菼也，八月薍爲葦」。「葦」字亦當爲「萑」。《説文》本於《詩》傳。《豳風》「八月萑葦」，傳云「薍爲萑，葭爲葦」。二者殊矣。

會及，五味也。

《爾雅》「菋，荎藸」，郭注云「五味也，蔓生，子叢在莖頭」。《神農本草》云「五味，一名會及」。《御覽》引《吳普本草》云「一名玄及」。陶注云「今第一出高麗，多肉而酸甛，次出青州冀州，味過酸，其核竝似豬腎，又有建平者，少肉，核形不相似，味苦，亦良」。《唐本》注云「五味，皮肉甘酸，核中辛苦，都有鹹味，此則五味，具也，其葉似杏而大，蔓生木上，子作房如落葵，大如蘡子」。

山蘄，當歸也。

《爾雅》云「薜，山蘄」，郭注云「《廣雅》云『山蘄，當歸』，當歸，今似蘄而麤大」。又云「薜，白蘄」，注云「即上『山蘄』」。《釋文》云「蘄」古「芹」字。《神農本草》云「當歸，一名乾歸，生隴西」。陶注云「今隴西四陽黑水當歸，多肉少枝，氣香，名馬尾當歸，稍難得，西川北部當歸，多根枝而細，歷陽所出，色白而氣味薄，不相似，呼爲草當歸」。《唐本》注云「當歸苗有二種，一種似大葉芎藭，一種似細葉芎藭，細葉者名蠶頭當歸，大葉者名馬尾當歸，陶稱歷陽者，蠶頭當歸也」。《御覽》引《范子計然》云「當歸出隴西，無枯者善」。《古今注》云「相招召，贈之以文無，文無，一名當歸也」。

芪母、兒踵，東根也。

《說文》云「芪，芪母也」。《玉篇》云「莐母草，即知母也」。《爾雅》「蕁，莐藩」，郭注云「生山上，葉如韭，一曰蝭母」。《神農本草》云「知母一名蚔母，一名蝭母」。《名醫别録》云「一名兒踵草，一名東根，一名沈燔，一名蕁，生河内川谷」，陶注云「今出彭城，形似菖蒲而柔潤，葉至難死，掘出隨生，須枯燥乃止」。《御覽》引《范子計然》云「提母出三輔，黄白者善」。芪、莐、知、蝭、蚔、提，古聲竝相近也。

郝蟬，丹蔘也。

郝、郤古聲相近。郝蟬即「郤蟬」也。各本「丹」字譌作「也」，惟影宋本不譌。《神農本草》云「丹參，一名郤蟬草」。《御覽》引《吴普本草》云「丹參，一名赤參，一名木羊乳，一名郤蟬草，生桐柏或太山山陵陰，莖葉小方如荏，毛根赤，四月華紫」。陶注云「今近道處處有，莖方有毛，紫花，時人呼爲逐馬」。

飛廉、屚蘆、伏豬，木禾也。

各本「蘆」下衍「也」字，今刪。《名醫别録》云「飛廉，一名漏蘆，一名伏豬，一名本禾，生河内川澤」，陶注云「處處有，極似苦芺，惟葉下附，莖輕，有皮起似箭羽，葉又多刻缺，花紫色，今既别有漏蘆，則非此别名爾」。案：《神農本草》漏蘆、飛廉分見，竝云久服輕身益氣。漏蘆主疽痔濕痹，下乳汁。《名醫别録》所言飛廉功用亦同。《唐本》注云飛廉有兩種，一是證陶，「生平澤中」者，其「生山岡上者，葉頗相似而無疏缺，且多毛，莖亦無羽，根直下，更無旁枝」。蘇頌《圖經》云「此所説與秦州海州所謂漏蘆者，花葉及根頗相近」。然則飛廉即漏蘆之類，故得同名也。漏與「屚」通。陸羽《茶經》引《凡將篇》云「漏盧、飛廉」，猶《神農本草》之分爲二也。《廣雅》云「飛廉、屚蘆、伏豬，木禾也」，猶《名醫别録》之合爲一也。或主辨異，或主統同耳。《神農本草》云「飛廉，一名輕飛」。陶注亦云飛廉「莖輕」，則飛廉之名殆取義于輕與？陶注《本草》「蜚蠊」云「形似䗪蟲，而輕小能飛」，亦其義也。

貝父，藥實也。

貝父即「貝母」也。《爾雅》「莔，貝母」，郭注云「根如小貝，圓而白華，葉似韭」。《鄘風・載馳》篇「言采其𦼮」，傳云「𦼮，貝母也，采其𦼮者，將以療疾」。𦼮與「莔」同。《正義》引《義疏》云「𦼮，今藥草貝母也，其葉如栝樓而細小，其子在根下如芋子，正白，四方連累相著，有分解」。《神農本草》云「貝母，一名空草」。《名醫别録》云「一名藥實，一名商草」。「商」字即「莔」字之誤也。陶注云「形似聚貝子，故名貝母」。蘇頌《圖經》云「二月生苗，莖細青色，葉亦青，似蕎麥，葉隨苗出，七月開花碧緑色，如鼓子花，陸璣云『貝母葉如栝樓』，今近道出者正類此，郭璞云『白華葉似韭』，此種罕復見之」。

王連，黄連也。

各本脱「黄連也」三字。《神農本草》云「黄連，一名王連」。《御覽》引《廣雅》云「王連，黄連也」。今據補。《齊民要術》引崔寔《四民月令》「五月五日，合止痢黄連圓」，殆養生者所必用與？《藝文類聚》引江淹《黄連頌》云「黄連上草，丹沙之次，禦孽辟妖，長靈久視」，其爲用重矣。《御覽》引《范子計然》云「黄連出蜀都，黄肥堅者善」。《名醫别録》云「生巫陽川谷及蜀郡大山」。《蜀本圖經》云「苗似茶，花黄，叢生，一莖生三葉，高尺許，冬不凋，江左者節高若連珠，蜀都者節下不連珠，今秦地及杭州柳州者佳」。《藥性論》云「黄連，一名支連」。

葽繞，遠志也，其上謂之小草。

《爾雅》「葽繞，蕀蒬」，郭注云「今遠志也，似麻黄，赤華，葉鋭而黄，其上謂之小草，見《廣雅》」。蒬與「苑」通。上謂臺也。《爾雅》「莞，苻蘺，其上蒚」，郭注云「謂其頭臺首也」，是也。《急就篇》云「遠志續斷參土瓜」。《神農本草》云「遠志，葉名小草，一名棘菀，一名葽繞，一名細草」。《名醫别録》云「生太山及冤句川谷」，陶注云「小草狀似麻黄而青」。《博物志》云「苗曰小草，根曰遠志」。《世説·排調》篇郝隆譏謝安云「處則爲遠志，出則爲小草」。又《御覽》引《魏氏春秋同異》云「但有遠志，不見當歸」。蓋昔人多假借遠志之名以爲喻，然命名之本義，或未必然也。

黄良，大黄也。

《神農本草》云「大黄生河西」。《御覽》引《吴普本草》云「大黄，一名黄良，一名火參，一名膚如，或生蜀郡北部，或隴西，二月生黄赤葉，四四相當，黄莖，高三尺許，三月華黄，五月實黑」。《唐本草》注云「葉子莖竝似羊蹄，但麤大而厚，其根細者亦似宿羊蹄，大者乃如椀，長二尺」。《水經》瀔水注引《魏土地記》云「到剌山有佳大黄」。❶

莌葿、黄文、内虚，黄芩也。

《説文》「菳，黄菳也」。菳與「芩」同。《急就篇》云「黄芩伏苓礜茈胡」。《神農本草》云「黄芩一名腐腸，生秭歸川谷」，陶注云「彭城鬱州亦有之，圓者名子芩，破者名宿芩，其腹中皆爛，故名腐腸」。《御覽》引《范子計然》云「黄芩出三輔，色黄者善」，又引《吴普本草》云「一名黄文，一名妬婦，一名虹腸，一名經芩，一名印頭，一名内虚，二月生赤黄葉，兩兩四四相值，莖空中，或方員，高三四尺，四月華紫紅赤，五月實黑，根黄」。案：「虹腸」之「虹」與「紅」同，「紅」亦腐也。《名醫别録》作「空腸」，吴氏云其莖「空中」，此「内虚」之

---

❶「剌」，原作「刺」，今據經解本、續四庫本、中華本、《畿輔叢書》本、《四部備要》本改。

名所由起矣。

因塵，馬先也。

各本脱「也」字，今補。因塵與「茵蔯」同。《神農本草》「茵蔯」在上品，「馬先」在中品，云「茵蔯蒿生太山」，「馬先蒿一名馬屎蒿，生南陽川澤」。《御覽》引《吴普本草》云「因塵生田中，葉如藍」。陶注云「茵蔯似蓬蒿而葉緊細，莖冬不死，春又生」，「馬先一名爛石草」。《小雅·蓼莪》正義引《義疏》云「蔚，牡蒿也，三月始生，七月華，華似胡麻華而紫赤，八月爲角，角似小豆角，鋭而長，一名馬新蒿」。「馬新」即馬先也。諸家無以因塵爲馬先者。此云「因塵，馬先」，或時驗亦通稱，如「飛廉、扇蘆」「茈葳、麥句薑」皆異物同名。此俱是蒿，稱名尤易相假也。

虵粟、馬牀，虵牀也。

《爾雅》「盱，虺牀」，郭注云「蛇牀也，一名馬牀，見《廣雅》」。《淮南·氾論訓》云「夫亂人者，芎藭之與藁本也，蛇牀之與麋蕪也，此皆相似」。《説林訓》云「蛇牀似麋蕪而不能芳」。《神農本草》云「蛇牀子一名蛇米，生臨淄川谷」。《御覽》引《吴普本草》云「一名蛇珠」。《名醫别録》云「一名蛇粟，一名虺牀，一名思益，一名繩毒，一名棗棘，一名牆蘼」，陶注云「近道田野墟落閒甚多，花葉正似蘼蕪」。《蜀本圖經》云「似小葉芎藭，花白，子如黍粒，黄白色，生下濕地」。虵牀子如黍粒，故謂之虵米，又謂之虵粟。謝靈運《山居賦》「五華九實」，自注以「蛇牀實」爲「九實」之一，即「虵粟」也。粟，各本譌作「栗」，今據《名醫别録》訂正。牀，俗書作「床」，字與「麻」相近。故「馬牀」之「牀」各本譌作「麻」，今訂正。

葽，莠也。

《豳風・七月》篇「四月秀葽」，傳云「葽，葽草也」，箋云「《夏小正》四月『王萯秀』，葽其是乎」。《毛鄭詩考正》云：葽者，幽莠也。《戰國策》云「幽莠之幼也似禾」。《夏小正》四月「秀幽」。幽、葽語之轉耳。《通藝録》云：此蓋本《廣雅》「葽，莠也」之云，余目驗之，不然也。莠於夏至前後始作采，小暑大暑之閒乃其正秀之時。是秀於六月，非秀於四月也。《説文》云「《詩》『四月秀葽』，劉向説『此味苦，苦葽也』」。今莠，余試嘗之，甘。鄭氏《詩》箋疑葽爲王萯，亦不以爲莠。莠、葽相轉，殆未可以聲定之。今案：草木多異實而同名者。莠一名葽，非謂《詩》之「秀葽」也。《穆天子傳》「珠澤之藪，爰有萑葦莞蒲茅萯蒹葽」，郭璞注云「葽，莠屬」，引《詩》「四月秀葽」。則莠屬本有葽名，但不當以爲《詩》之「秀葽」耳。《御覽》引韋曜《毛詩答雜問》云「甫田維莠，今之狗尾也」。《説文繫傳》引《字書》云「葽，狗尾草也」。是葽與「莠」同。

常蓼、馬尾，蔏𧄍也。

《爾雅》「蓫薚，馬尾」，郭注云「《廣雅》曰『馬尾，蔏陸』，《本草》云『別名薚』，今關西亦呼爲薚，江東爲當陸」。薚與「蔏」、蓫與「𧄍」聲相近。常蓼、蔏𧄍、當陸聲亦相近也。《玉篇》云「蔁柳，當陸別名」，又云「藰，章𧄍也」。蔁、蔏古同聲。柳、藰、陸三字古亦同聲也。《神農本草》云「商陸，一名葛根，一名夜呼，生咸陽川谷」。《蜀本圖經》云「葉大如牛舌而厚脃，有赤花者根赤，白花者根白，今所在有之」。《齊民要術》引《詩義疏》云「薍，或謂之荻，至秋堅成即刈，謂之萑，三月生，初生，其心挺出，其下本大如箸，上鋭而細，有黄黑勃，箸之汙人手，把取正白，噉之甛脃，一名蓫薚，揚州謂之馬尾，故《爾雅》云『蓫薚，馬尾』也，幽州謂之旨苹」。案：藡、荻、萑不與蓫薚、馬尾同物。乃以所見之馬尾與「藡謂之荻，堅成謂之萑」者合爲一類，誤矣。《夬》九五「莧陸夬夬」，《子夏傳》云「莧陸，木根草莖，剛下柔上也」，馬融、鄭玄、王肅皆云「莧陸，一名商陸」，宋衷云「莧，莧菜也；陸，商陸也」，荀爽云「莧者，葉柔，根堅且赤，陸亦取葉柔根堅也，去陰遠，故言陸，言差堅于莧，莧根小，陸根大，三體乾剛在下根深，故謂之陸也」。

鬼桃、銚弋，羊桃也。

《爾雅》「萇楚，銚芅」，郭注云「今羊桃也，或曰鬼桃，葉似桃，華白，子如小麥，亦似桃」。《説文》云「萇楚，銚弋，一名羊桃」。《檜風・隰有萇楚》篇「隰有萇楚，猗儺其枝」，傳云「萇楚，銚弋也，猗儺，柔順也」，箋云「銚弋之性，始生正直，及其長大，則其枝猗儺而柔順，不妄尋蔓草木」。《正義》引《義疏》云「今羊桃是也，葉長而狹，華紫赤色，其枝莖弱，過一尺，引蔓於草上，今人以爲汲罐，重而善没，不如楊柳也，近下根，刀切其皮，箸熱灰中脱之，可韜筆管」。《中山經》云「豐山，其木多羊桃，狀如桃而方莖，可以爲皮張」，郭注云「一名鬼桃，治皮腫起」。《神農本草》云「羊桃一名鬼桃，一名羊腸，生山林川谷」。《名醫别録》云「一名萇楚，一名御弋，一名銚弋」，陶注云「山野多有，似家桃，又非山桃，子小細，苦不堪噉，花甚赤，《詩》云『隰有萇楚』者即此也」。案：《毛詩疏》羊桃「華紫赤」，《爾雅注》云「華白」，則有二種也。其枝條柔弱蔓生，故《詩》「猗儺其枝」，傳、箋竝以「猗儺」爲柔順。但下章又云「猗儺其華」「猗儺其實」，華與實不得言柔順，而亦云「猗儺」，則「猗儺」乃美盛之貌矣。《小雅・隰桑》篇「隰桑有阿，其葉有難」，傳云「阿然美貌，難然盛貌」。阿難與「猗儺」同。

虎蘭，澤蘭也。

《士喪禮》記「茵箸用茶，實綏澤焉」，注云「澤，澤蘭也，取其香且御溼」。《神農本草》云「澤蘭一名虎蘭，一名龍棗，生汝南，又生大澤旁」。《名醫别録》云「一名虎蒲」，陶注云「今處處有，多生下濕地，葉微香，可煎汕，或生澤傍，故名澤蘭，亦名都梁香，又作浴湯，人家多種之而葉小異，今山中又有一種甚相似，莖方，葉小强不香，既云澤蘭，又生澤傍，故山中者爲非」。《唐本》注云「澤蘭莖方，節紫色，葉似蘭草而不香，陶云『都梁香』乃蘭草爾，花白紫萼莖圓，殊非澤蘭也」。案：《吴普本草》云「澤蘭一名水香，生下地水傍，葉如蘭，二月生香，赤節，四葉相值枝節閒」。澤蘭即水香，故鄭氏《儀禮》注云澤蘭「取其香且御溼」，不得以方莖紫節不香者當之也。李當之云「蘭草是今人所種似都梁香草」，與《毛詩義疏》蘭草似藥草澤蘭之説合。是都梁香即澤蘭，蘭草但似都梁耳，不得謂都梁香爲蘭草，非澤蘭也。蘇頌《圖經》謂澤蘭葉似薄荷，寇宗奭《衍義》謂葉似菊，皆謬于古，殆不可信。

褢，續斷也。

《急就篇》云「遠志續斷參土瓜」，顔師古注云「續斷，一名接骨，即今所呼續骨木也，又有草續斷，其葉細而紫色，根亦入藥用」。《神農本草》云「續斷主傷折跌，續筋骨，一名龍豆，一名屬折」。《名醫别録》云「一名接骨，一名南草，一名槐，生常山山谷」。槐與「褢」同。陶注云「《桐君藥録》云『續斷生蔓延，葉莖如荏，大根，本黄白有汁，七月八月採根』，今皆用莖葉節節斷皮黄皺狀如鷄脚者，又呼爲桑上寄生，恐皆非真，時人又有接骨樹，高丈餘許，葉似蒴藋，皮主療金瘡，有此接骨名，疑或是，而廣州又有一藤名續斷，一名諸藤，斷其莖，器承其汁歙之，療虛損絶傷，用沐頭，又長髮，折枝插地即生，恐此又相類，李云是虎薊，與此大乖，而虎薊亦自療血爾」。《唐本》注云「葉似苧而莖方，根如大薊，黄白色」。《御覽》引《范子計然》云「續斷出三輔」，又引《范汪方》云「續斷即是馬薊，與小薊葉相似，但大於小薊耳，❶葉似旁翁菜，但小厚，兩邊有刺刺人，其華紫色」。

地髓，地黄也。

《爾雅》「苄，地黄」，郭注云「一名地髓，江東呼苄」。《淮南·覽冥訓》云「地黄主屬骨，而甘草主生肉之藥也」。《神農本草》云「地黄，一名地髓」。《名醫别録》云「一名苄，一名芑，生咸陽川澤黄土地者佳」，陶注云「生渭城者，乃有子實，實如小麥」。蘇頌《圖經》云「二月生，葉似車前，葉上有皺文而不光，高者及尺餘，低者三四寸，其華似油麻花而紅紫色，亦有黄花者，其實作房如連翹，子甚細而沙褐色，根如人手指，通黄色」。《公食大夫禮》「鉶芼，牛藿羊苦豕薇」，注云「苦，苦荼也，今文『苦』爲『苄』」。《説文》云「苄，地黄也」，引《禮》曰「鈃芼，牛藿羊苄豕薇」。案：古人飲食無用地黄者，苄乃「苦」之假借也。

薫草，蕙草也。

僖四年《左傳》「一薫一蕕」，杜注云「薫，香草」。《西山經》云「浮山有草焉，名曰薫草，麻葉而方莖，赤華而黑實，臭如蘼蕪，佩之可以已癘」。古者祭則煮之以祼。《周官·鬱人》疏引《王度記》云「天子以鬯，諸侯

---

❶「薊」，原作「蘇」，今據《畿輔叢書》本改。

以薰，大夫以蘭茝」，是也。或以爲香燒之。《淮南·説林訓》云「腐鼠在壇，燒薰於宮」，《漢書·龔勝傳》云「薰以香自燒」，是也。《離騷》云「豈惟紉夫蕙茝」，王逸注云「蕙，香草也」。《西山經》云「天帝之山，下多菅蕙」。《藝文類聚》引《廣志》云「蕙草緑葉紫華，魏武帝以爲香燒之」。《名醫别録》云「薰草一名蕙草，生下濕地」，陶注云「俗人呼燕草狀如茅而香者爲薰草，人家頗種之」，引《藥録》云「葉如麻，兩兩相對」。陳藏器云「即是零陵香」。薰草人家種之，《離騷》所謂「樹蕙之百畝」者矣。

茯神，茯蓤也。

蓤與「苓」同。《吕氏春秋·精通》篇云「人或謂兔絲無根，兔絲非無根也，其根不屬也，伏苓是」。《淮南·説山訓》云「千年之松，下有伏苓，上有兔絲」，高誘注云「伏苓，千歲松脂也」。苓亦作「靈」。褚少孫續《龜筴傳》云「傳曰『下有伏靈，上有兔絲』，所謂伏靈者，在兔絲之下，狀似飛鳥之形，新雨已，天清静無風，以夜捎兔絲去之，即以篝燭此地，燭之火滅，即記其處，以新布四丈環置之，明即掘取之，入四尺至七尺，得矣，過七尺不可得，伏靈者，千歲松根也，食之不死」。《神農本草》云「茯苓一名茯菟」。《名醫别録》云「其有抱根者名茯神，生太山山谷大松下」，陶注云「今出鬱州，自然成者，大如三四升器，外皮黑細皺，内堅白，形如鳥獸龜鼈者良」。《御覽》引《范子計然》云「茯苓出嵩高三輔」，又引《典術》云「松脂入地，千歲而爲茯苓，望松樹赤者，下有之」。

茈葳、麥句薑，蘧麥也。

《神農本草》云「紫葳一名陵苕，一名茇草，生西海」，陶注引李當之云「是瞿麥根」。《御覽》引《吴普本草》

云「紫威一名瞿麥」。「紫葳」即茈葳。「瞿麥」即蘧麥。是李當之、吴普竝以茈萎爲蘧麥也。陶注云「《博物志》云『郝晦行華草於大行山北，得紫萎華』，必當奇異，今瞿麥華乃可愛而處處有，不應乃在大行山北，且其樹有莖葉，恐亦非瞿麥根」。案：《本草》「紫葳一名陵苕」，即《名醫别録》「鼠尾一名陵翹」者，《詩義疏》云「陵苕一名鼠尾，七八月中華紫」是也。《本草》瞿麥、紫葳分見，則不以紫葳爲瞿麥。然李當之言「紫葳是瞿麥根」，則目驗當時瞿麥根亦有名紫葳者。吴普云「一名瞿麥」，蓋以瞿麥有紫威之名矣。紫葳以色得名。《小雅·苕之華》箋云「陵苕之華，紫赤而繁」，故陵苕謂之紫葳。陶注《本草》「瞿麥」云「花紅紫赤可愛」，故「瞿麥」亦謂之紫葳。草木異物而同名者，正多此類。麥句薑當爲「巨句麥」。《本草》云「瞿麥一名巨句麥」，「天名精一名麥句薑」，二物不同。巨句麥、麥句薑之名相混，因誤以麥句薑爲蘧麥。郭璞注《爾雅》「大菊，蘧麥」云「一名麥句薑」，即仍此誤也。各本「麥句薑」作「陵苕」，蓋後人不知「麥句薑」當爲「巨句麥」，又不知陵苕、蘧麥俱名紫葳而不同，遂據《本草》「紫葳一名陵苕」改之矣。《爾雅釋文》引《廣雅》「茈萎、麥句薑，蘧麥也」。今據以訂正。

女蘿，松蘿也。

此言「女蘿」，下文言「兔絲」，别二物也。《神農本草》「松蘿一名女蘿」，在木部。「菟絲一名菟蘆」，在草部。《名醫别録》云「松蘿生熊耳山川谷松樹上」，「菟絲生朝鮮川澤田野，蔓延草木之上，色黄而細者爲赤網，色淺而大爲菟虆」。陶注云「松蘿多生雜樹上，而以松上者爲真」，「菟絲浮生藍紵麻蒿上」。《小雅·頍弁》正義引陸氏《義疏》云「菟絲蔓連草上生，黄赤如金，合藥菟絲子是也，非松蘿，松蘿自蔓松上生，枝正青，與菟絲殊異」，《釋文》云「在草曰兔絲，在木曰松蘿」。然則女蘿松蘿與菟絲爲二物矣。但此二物，究亦同類。《吕氏春秋·精通》篇云「人或謂兔絲無根，兔絲非無根也，其根不屬也，伏苓是」。《淮南·説山訓》云「千年之松，下有茯苓，上有菟絲」。則菟絲亦生於松上。《漢書·禮樂志》云「豐草葽，女蘿施」，則女蘿亦生於草上。古詩云「與君爲新婚，菟絲附女蘿」。《博物志》云「女蘿寄生菟絲，菟絲寄生木上」。則二物以同類相依附也，故女蘿、菟絲亦得通稱。《廣雅》云「女蘿，松蘿也」，「兔丘，兔絲也」，而《爾雅》云「唐、蒙，女蘿」，「女蘿，菟絲」。猶《説文》云「在壁曰蝘蜓，在艸曰蜥易」，而《爾雅》云「蠑螈，蜥蜴」，「蜥蜴，蝘蜓」，「蝘蜓，守宫」。同類者竝得同名也。《小雅·頍弁》篇「蔦與女蘿，施于松栢」，傳云「女蘿，菟絲、松蘿也」。《楚詞·九歌》云「被薜荔兮帶女蘿」，王逸注云「女蘿，菟絲也，無根緣物而生」。高誘注《吕氏春秋》《淮南子》亦云「菟絲一名女蘿」。此則皆本《爾雅》，合爲一類。或主統同，或主辨異，義得兩通也。

陵澤，甘遂也。

《神農本草》云「甘遂一名主田」。《名醫别録》云「一名甘藁，一名陵藁，一名陵澤，一名重澤，生中山川谷」，陶注云「第一本出太山，江東比來用京口者大不相似，赤皮者勝，白皮者都下亦有，名草甘遂，殊惡」。《唐本》注云「草甘遂乃蚤休也，療體全别，真甘遂苗如澤漆，草甘遂苗一莖，莖端六七葉，如蓖麻鬼臼葉，真甘遂皮赤肉白，作連珠實，重者良，亦無皮白者，皮白者乃是蚤休，俗名重臺也」。《御覽》引《范子計然》云「甘遂出三輔」，又引《吴普本草》云「一名甘澤，一名鬼醜，一名苦澤」。

馬唐，馬飯也。

《名醫别録》云「馬唐，一名羊麻，一名羊粟，生下濕地，莖有節，生根」。陳藏器云「生南土廢稻田中，節節有根，箸土如結縷，堪飼馬」，馬飯之名，或以此與？

山薑，茦也。

《爾雅》「术，山薊」，郭注云「今术似薊而生山中」。《中山經》云「首山，其陰多茦芫」，又云「女凡之山，其草多菊茦」。《神農本草》云「术一名山薊，生鄭山」。《藝文類聚》引《范子計然》云「术出三輔，黄白色者善」，又引《吴普本草》云「术一名山連，一名山芥，一名天蘇，一名山薑」。《名醫别録》云「生漢中南鄭」，陶注云「今處處有，以蔣山白山茅山者爲勝，多脂膏而甘，去水，术乃有兩種，白术葉大有毛而作椏，根甜而少膏，赤术葉細無椏，根小苦而多膏」。蘇頌《圖經》云「苗青色，榦青赤色，華紫碧色」。庾肩吾《荅陶隱居賚术煎啟》云「緑葉抽條，生於首峯之側，紫華標色，出自鄭巖之下」，是也。《圖經》又云「葉似薊，根似薑」。然則「山薊」以葉得名，「山薑」以根得名也。《抱朴子·僊藥》篇云「术一名山精，故《神藥經》云『必欲長生，常服山精』」。此方術家語耳。然《藝文類聚》引崔寔《四民月令》云「二月採术」，則古人多有服食之者。

地血、茹藘，蒨也。

藘，各本譌作「蘆」，今訂正。《爾雅》「茹藘，茅蒐」，郭注云「今之蒨也，可以染絳」。《説文》云「茅蒐，茹藘，人血所生，可以染絳」，又云「茜，茅蒐也」。茜與「蒨」同。《鄭風·東門之墠》篇「茹藘在阪」，《正義》引《義疏》云「一名地血，齊人謂之茜，徐州人謂之牛蔓」。《中山經》云「釐山，其陰多蒐」，郭注云「茅蒐，今之蒨草也」。《史記·貨殖傳》云「千畝卮茜」，徐廣云「茜一名紅藍，其花染繒赤黄也」。《御覽》引《范子計然》

云「蒨根出北地，赤色者善」。《蜀本草圖經》云「染緋草也，葉似棗葉，頭鋭下闊，莖葉俱澀，四五葉對生節閒，蔓延草木上，根紫赤色」。《周官·掌染草》鄭注云「染草，藍蒨象斗之屬」。古衣服旌旗多用其色者。《鄭風·出其東門》篇「縞衣茹藘」，傳云「茹藘，茅蒐之染女服也」，箋云「茅蒐染巾也」。《小雅·瞻彼洛矣》篇「韎韐有奭」，傳云「韎韐者，茅蒐染草也，一曰韎韐，所以代韠也」，箋云「韎韐，茅蒐染也，茅蒐韎韐，聲也，韎韐，祭服之韠，合韋爲之」。《正義》引鄭《駁五經異義》云「韎，草名，齊魯之閒言茅蒐聲如韎韐，陳留人謂之蒨」。《士冠禮》「韎韐」注云「士染以茅蒐，因以名焉，今齊人名蒨爲韎韐」。《晉語》「韎韋之跗注」，韋昭注云「茅蒐，今絳草也，急疾呼茅蒐成韎也」。《説文》云「綪，赤繒也，以茜染，故謂之綪」。定四年《左傳》「綪茷旃旌」，杜注云「綪茷，大赤，取染草名也」。《述異記》云「洛陽有巵茜園」。《漢官儀》云「染園出巵茜，供染御服」，是其處也。

兔丘，兔絲也。

《中山經》云「姑媱之山，帝女死焉，化爲䔄草，其實如菟丘」，郭注云「菟丘，菟絲也，見《廣雅》」。餘詳「女蘿，松蘿也」下。

地筋，枸杞也。

即前「椅乳，苦杞也」。椅乳以子得名，地筋以根得名，猶言地骨也。《神農本草》「枸杞，一名地骨」。《詩義疏》同。

地毛，莎隋也。

《爾雅》云「蒿，侯莎，其實媞」。《夏小正》云正月「緹縞」，傳云「縞也者，莎隨也，緹也者，其實也」。隋與「隨」同。《楚詞・招隱士》云「青莎雜樹兮，薠草靃靡」。《淮南・覽冥訓》云「路無莎薠」。皆是也。說者以爲「莎」即《爾雅》「臺，夫須」。《小雅》「南山有臺」，《義疏》云「舊説，夫須，莎草也，可爲蓑笠」。《御覽》引《廣志》云「莎可以爲雨衣」。雨衣即「蓑」也。《唐本草》注云「莎草根名香附子，一名雀頭香，所在有之，莖葉都似三稜，根若附子，周帀多毛，交州者最勝，大者如棗，近道者如杏仁許，荊襄人謂之莎草根」。

美丹，甘草也。

《爾雅》所謂「蘦，大苦」也。《邶風・簡兮》篇「隰有苓」，苓與「蘦」同。傳云「苓，大苦」，《正義》引孫炎《爾雅》注云「《本草》云『蘦，今甘草』是也，蔓延生，葉似荷，青黄，其莖赤有節，節有枝相當，或云蘦似地黄」。郭璞注同。案：大苦者，大苄也。《爾雅》云「苄，地黄」。苄、苦古字通。《公食大夫禮》「羊苦」，今文「苦」爲「苄」，是也。蘦似地黄，故一名大苦。沈括《筆談》云「郭璞注乃黄藥也，其味極苦，故謂之大苦，非甘草也，甘草枝葉悉如槐」。案：宋《本草圖經》謂甘草葉如槐，與古相違，殊不足信。苦乃「苄」之假借，非以其味之苦也。據《圖經》黄藥「葉似蕎麥」，而大苦葉乃「似荷」，「似地黄」，形狀亦不同。不審括何以知爲黄藥？《淮南・覽冥訓》云「甘草主生肉之藥」。《神農本草》亦云「甘草味甘，主長肌肉，一名蜜甘，一名美草」。美草與「美丹」同意，殆取其味之甘美與？孫炎據《本草》以「蘦」爲甘草，今《本草》無復「蘦」名，蓋傳者失之。《名醫別録》云「一名蜜草，一名蕗草，生河西川谷積沙山及上郡」，又云「木甘草生木閒，三月生大葉如蛇牀，四四相值」。然則木甘草亦是枝葉相當，孫炎謂甘草「枝相當」，得其實矣。

苦萃，款凍也。

款或作「款」。凍或作「涷」。《爾雅》「菟奚，顆涷」，郭注云「款冬也，紫赤華，生水中」。《西京雜記》云董仲舒曰「葶藶死於盛夏，款冬華於嚴寒」。《藝文類聚》引《述征記》云「洛水至歲末凝厲，則款冬茂悦曾冰之中」，又引《范子計然》云「款冬出三輔」。《神農本草》云「款冬花一名橐吾，一名顆冬，一名虎鬚，一名兔奚」。《名醫别録》云「一名氐冬，生常山山谷及上黨水旁」。《急就篇》云「款東貝母薑狼牙」，「半夏皂莢艾橐吾」，則是款凍、橐吾爲二物。與《本草》異也。顔師古注云「款東即款冬，亦曰款凍，以其凌寒叩冰而生，故爲此名也，生水中，華紫赤色，一名兔奚，亦曰顆東」，「橐吾似款冬而腹中有絲，生陸地，華黄色，一名獸須」。案：《楚詞·九懷》云「款冬而生兮，凋彼葉柯」，王逸注云「物叩盛陰，不滋育也」。顔師古本其訓，故以款凍爲「叩冰」。然反覆《九懷》文義，實與王注殊指。其云「款冬而生兮，凋彼葉柯，瓦礫進寶兮，捐棄隨和，鉛刀厲御兮，頓棄大阿」，總言小人道長，君子道消耳。款冬、瓦礫、鉛刀喻小人，葉柯、隨和、大阿喻君子。言陰盛陽窮之時，款冬微物，乃得滋榮。其有名材柯葉茂美者，反凋零也。款冬而生，指「款冬」之草，不得以爲「物叩盛陰」。草之名款冬，其聲因「顆涷」而轉，更不得因文生訓。《釋魚》云「科斗，活東」，舍人本作「顆東」。科斗豈冬生之物，而亦名顆東，則謂取叩冰凌寒之意者謬矣。傅咸《款冬花賦》云「維兹奇卉，款冬而生」，❶亦仍王逸之誤。又案：《藝文類聚》引《吴普本草》云「款冬十二月花，黄白」。

❶「傅」，原作「傳」，今據經解本改。

陶隱居《本草》注云「款冬第一出河北，其形如宿蓴未舒者佳，其腹裏有絲」。然則腹有絲而華黄者，即是款冬，顔師古以此爲「橐吾」，亦未審所據。

黄精，龍銜也。

《名醫别録》云「黄精一名重樓，一名菟竹，一名雞格，一名救窮，一名鹿竹，生山谷」，陶注云「今處處有，二月始生，一枝多葉，葉狀似竹而短，根似萎蕤，萎蕤根如荻根及菖蒲，概節而平直，黄精根如鬼臼黄連，大節而不平」。《藝文類聚》引《漢武内傳》云「下藥有巨勝黄精」。《御覽》引《廣志》云「黄精葉似小黄」。

細條、少辛，細辛也。

《管子·地員》篇云「其山之淺，羣藥安生，小辛大蒙」。小辛即「少辛」。《中山經》云「浮戲之山，東有蛇谷，上多少辛」，郭注云「少辛，細辛也」。《經》又云「虵山，其草多嘉榮少辛」。《神農本草》云「細辛味辛温，一名小辛，生華陰」。《御覽》引《范子計然》云「細辛出華陰，色白者善」，又引《吴普本草》云「細辛如葵，葉赤黑，一根一葉相連」。蘇頌《圖經》云「其根細而味極辛，故名之曰細辛，今人多以杜蘅當之」。蓋二物相似，故《博物志》云「杜蘅亂細辛」也。

菝葜，狗脊也。

《御覽》引《春秋運斗樞》云「機星散爲拔葜」。拔葜與「菝葜」同。《博物志》作「拔揳」，云「拔揳與萆薢相亂，一名狗脊」。《御覽》引《吴普本草》云「狗脊如萆薢」。是「菝葜」即狗脊也，亦名菝𦼮，葜、𦼮聲相近也。《玉篇》云「菝𦼮，狗脊根也」。《廣韻》云「菝𦼮，狗脊根，可作飲」。菝𦼮、狗脊同物，而云「菝𦼮，狗脊根」。

猶葯、芷同物，而云「葉謂之葯」。薫、蕙同物，而云「根謂之薫」也。《名醫别録》作「菝葜」，陶注云「此有三種，大碆根苗竝相類，菝葜莖紫短小，多細刺，小減萆薢而色深，人用作飲」。《御覽》引《吴普本草》云「狗脊一名狗青，一名萆薢，一名赤節，一名强膂，如萆薢，莖節如竹有刺，葉員青赤，根黄白」。《本草》「狗脊」，陶注云「狗脊與菝葜相似而小異，其莖葉小肥，其節疏，其莖大，直上有刺，葉圓有赤脈，根凹凸巃嵸如羊角細强者是」。皆其形狀也。《御覽》引《廣雅》「菝」作「薜」。鄭注《月令》作「萆」。

䔖、芰，薢茩也。

䔖或作「蔆」，或作「菱」。《爾雅》云「蔆，蕨攗」，郭璞注云「今水中芰」。又「薢茩，英光」，郭注云「英明也，葉鋭，黄赤華，實如山茱萸，或曰䔖也，關西謂之薢茩」。案：《説文》云「蔆，芰也，楚謂之芰，秦謂之薢茩」。《楚詞・離騷》「製芰荷以爲衣兮」，王逸注云「芰，䔖也，秦人曰薢茩」。是「䔖」名「薢茩」，相承自古。《爾雅・釋草》如「蘾，烏蕵」「澤，烏蕵」「唐、蒙，女蘿」「蒙，王女」之類，多同實異名而前後分見。「薢茩，英光」「蔆，蕨攗」，或亦是也。蕨攗之「攗」孫炎作「攗」，音居郡反，又居羣反。蕨攗、英光、薢茩，正一聲之轉矣。《周官・籩人》「加籩之實，蔆芡栗脯」，鄭注云「蔆，芰也」。《楚語》「屈到嗜芰」，韋注云「芰，蔆也」。徐鍇《説文繫傳》因《周官》加籩有蔆，而《楚語》屈建有羊饋而無芰薦，二者不合，遂謂屈到所嗜「芰」非水中之蔆。又因《爾雅》「薢茩，英光」注兼存决明及䔖之説，遂謂屈到嗜芰爲决明之菜。案：决明名芰，于古無徵。《周官》《楚語》不必悉合，徐説疏矣。蘇頌《本草圖經》云「菱葉浮水上，花黄白色，花落而實生，漸向水中乃熟，實有二種，一種四角，一種兩角」。是則䔖之形狀雖殊，稱名則一。而《酉陽雜俎》引王安貧《武陵記》「四角三角曰芰，兩角曰䔖」，强爲分別，其説非也。各本「苢」作「苟」，音狗。案：「苟」字不須作音，諸書「薢苢」字亦無作「苟」者。蓋字本作「苢」，曹憲《音》「苟」。寫者因《音》内「苟」字，而誤寫正文作「苟」。後人又見正文與《音》内字重複，遂改《音》内「苟」字爲「狗」耳。《爾雅釋文》引《廣雅》云「䔖、芰，薢苢」，今據以訂正。

茯明，羊角也。

郭璞注《爾雅》「英光」云「英明也，葉鋭，黄赤華，實如山茱萸」。英與「茯」同，亦作「決」。《神農本草》「決明子」，陶隱居注云「葉如茳芒，子形似馬蹄，呼爲馬蹄決明，又別有草決明，是萋蒿子」。《蜀本圖經》云「葉似苜蓿而濶大，夏花，秋生子作角」。皆其形狀也。《御覽》引《吴普本草》云「決明子一名草決明，一名羊明」。羊明當依此作「羊角」，因上兩「明」字而誤也。陶隱居謂草決明別是一種，吴普則謂決明子一名草決明，蓋同類者亦得通稱。

苓耳、蒼耳、葹、常枲、胡枲，枲耳也。

《爾雅》云「菤耳，苓耳」，郭璞注云「《廣雅》云『枲耳也』，亦云胡枲，江東呼爲常枲，或曰苓耳，形似鼠耳，叢生如盤」。《釋文》引《廣雅》云「苓耳、蒼耳、葹、常枲、胡枲，枲耳也」。《列子·楊朱》篇釋文引《倉頡篇》云「枲，䓪耳也，一名蒼耳」。各本俱脱「蒼耳」二字。今據補。《楚詞·離騷》云「薋菉葹以盈室兮」，王逸注云「葹，枲耳也」。常枲一作「常思」。思、枲古聲相近。胡枲一作「胡葸」。葸與「枲」同音。《神農本草》云「葈耳，一名胡葈，一名地葵」。《名醫別録》云「一名葹，一名常思」，陶注云「此是常思菜，傖人皆食之，以葉覆麥作黃衣者，一名羊負來，昔中國無此，言從外國逐羊毛中來」。《御覽》引《博物志》云「洛中人有驅羊如蜀者，胡葸子箸羊毛，蜀人取種之，因名羊負來」。案：「負來」疊韻字，無煩曲説。草名取於牛馬羊豕雞狗者，不必皆有實事。況「采采卷耳」，《周南》所詠，又不得言中國無此草也。《淮南·覽冥訓》云「夫瞽師庶女，位賤尚葈」，高誘注云「尚，主也，葈，葈耳，菜名也，幽冀謂之檀菜，洛下謂之胡葈，主是官者，至微賤也」。案：主葈耳之官，書傳未聞。尚葈蓋即《周官》「典枲，下士二人」者。「典」亦主也。言典枲本賤官，瞽師庶女，則又賤於典枲。葈謂麻枲，非謂枲耳也。《齊民要術》引崔寔《四民月令》云五月五日「採葸耳」，即枲耳也。《玉篇》「⿱艹舛，且已切，枲耳也」。⿱艹舛當爲「⿱艹⿱囟舛」字之誤。⿱艹⿱囟舛蓋從舛、囟聲。⿱艹⿱囟舛從囟聲而讀如枲，猶恖從囟聲而讀如司。《廣韻》《集韻》「胡枲」竝作「胡⿱艹⿱囟廾」，⿱艹⿱囟廾即「⿱艹⿱囟舛」字，筆畫小異耳。《列子》釋文引《倉頡篇》「枲耳」之「枲」作「⿱艹⿱囟廾」，亦「⿱艹⿱囟舛」之誤。枲耳別名務。《説文》云「務，卷耳也」。又名璫草，又名爵耳。《詩·卷耳》正義引陸璣《疏》云卷耳「葉青白色，似胡荽，白華細莖蔓生，可煮爲茹，滑而少味，四月中生子，如婦人耳中璫，今或謂之璫草，幽州謂之爵耳」。

雞、狗獳，哺公也。

諸書無言哺公草者。《古今注》云「燕支花似蒲公」。《唐本草》云「蒲公草，一名耩耨草」。獳，曹憲《音》「奴侯反」。耩，《集韻》音古項切，又音居侯切。狗獳、耩耨聲正相近。哺公、蒲公聲亦相近。其是與？但「雞狗獳」三字不相連，疑「雞」下脱去一字。《唐本草》注云「蒲公草葉似苦苣，花黃，斷有白汁，人皆噉之」。宋蘇頌《圖經》云「俗呼爲蒲公英，語訛爲僕公罌」。寇宗奭《衍義》云「今地丁也，四時常有花，花罷飛絮，絮中有子，落處即生」。又案：《玉篇》「蕮，乃矦切，草也」。《集韻》「蕮」奴矦切，草名。蓋「羺」或作「蕮」。

羊蹢躅，英光也。

此與《爾雅》「薢茩，英光」同名異實，非謂「蔆」與「决明」也。蹢躅亦作「躑躅」。《神農本草》云「羊躑躅味辛温」。《名醫别録》云「一名玉支」，陶注云「花苗似鹿葱，羊誤食其葉，躑躅而死，故以爲名」。《古今注》云「羊躑躅花黄，羊食之則死，羊見之，則躑躅，分散，故名羊躑躅也」。二説小異。《唐本草》注云「花似旋葍花色黄者」。《蜀本圖經》云「樹生高二尺，葉似桃葉，花黄似瓜花」。《御覽》引《吴普本草》云「羊躑躅生淮南」，又引《建康記》云「建康出躑躅」。

堇，藋也。

今之灰藋也。《説文》云「藋，堇草也」。《大雅·緜》篇釋文云「《廣雅》云『堇，藋也』，今三輔之言猶然，一名拜，一名蔏藋」。《爾雅》云「拜，蔏藋」，郭注云「蔏藋亦似藜」。陳藏器《本草》云「灰藋生熟地，葉心有白粉似藜，子炊爲飯香滑」。案：灰藋今處處原野有之，四月生苗，有紫紅線棱，葉端有缺，面青，背有白灰，莖心嫩，葉背面全白，野人多以爲蔬，南方婦女用以煮線，或以飼豕，八九月中結子如莧，其紅灰者古謂之藜。《淮南·修務訓》「藜藋之生，蠉蠉然日加數寸，不可以爲櫨棟，易成者名小也」。藜藋多生不治之地。昭十六年《左傳》云「斬之蓬蒿藜藋」。

蕐，葝也。

藜，藋之赤者也。《史記·太史公自序》正義云「藜似藋而表赤」。陳藏器《本草》云「灰藋生熟地，葉心有白粉似藜，藜心赤莖大，堪爲杖，入藥不如白藋也」。案：《莊子·讓王》篇云「原憲杖藜而應門」，則陳氏所説者不誤。又《爾雅》「竹，萹蓄」，郭注云「似小藜，赤莖節」。《史記·留侯世家》正義引孔文祥云「黄石公杖丹藜，履赤舄」。庾信《竹杖賦》云「秋藜促節，白藋同心」。是古人皆以白者爲藋，赤者爲藜矣。別一種名萊，似菉蓐草。《玉篇》《廣韻》竝云「萊，藜草也」。《小雅·南山有臺》篇「北山有萊」，《齊民要術》引陸氏《義疏》云「萊，藜也，莖葉皆似菉王芻，今兖州人蒸以爲茹，謂之萊蒸」。案：《爾雅》「菉，王芻」，郭注云「菉蓐也」。《唐本草》注云「藎草，俗名菉蓐草，葉似竹而細薄，莖亦圓小」，此其狀不類灰藋。陸云「藜草似菉王芻」，蓋藜之別種也。高誘注《淮南·時則訓》云「藜，荒穢之草也」。今野地多生藜，俗謂之紅灰藋，與白者皆可食，古者用以爲羹。《墨子·非儒》篇云「藜羹不糂」。

寄屑，寄生也。

即《釋木》所云「宛童、寄生，樢也」。屑，各本譌作「屏」。案：《神農本草》云「桑上寄生，一名寄屑」。《廣韻》十二曷注云「寄生又名寄屑」。屑與「屏」字形相似而譌。今訂正。《爾雅》云「寓木，宛童」，郭注云「寄生樹，一名蔦」。《小雅·頍弁》篇「蔦與女蘿」，傳云「蔦，寄生也」。《説文》云「蔦」或從木作「樢」。寓木，故從木耳。樢之言擣也。《方言》云「擣，依也」，郭注云「謂可依倚之也」。依倚樹上而生，故謂之樢矣。《中山經》云「龍山上多寓木」，郭注云「寄生也」。《漢書·東方朔傳》「箸樹爲寄生，盆下爲窶數」。皆其異名也。《詩·頍弁》正義引陸璣《疏》云「寄生葉似當盧，子如覆盆子，赤黑甛美」。陶隱居《本草》注云「生樹枝閒，寄根在皮節之内，葉圓青赤，厚澤易折，旁自生枝節，冬夏生，四月花，五月實赤，大如小豆」。皆其形狀也。陶注又云「桑上者名桑上寄生，《詩》云『施于松上』，方家亦用生楊上楓上者」。《名醫别録》「占斯」陶注引李當之云「是樟樹上寄生」。則寄生木上多有之，今俗謂「寄生草」是也。

犂如，桔梗也。

《神農本草》「桔梗，一名利如，生山谷」。利、犂古字通。又名盧如。盧、犂聲之轉也。《御覽》引《吴普本草》云「桔梗，一名符蔰，一名白藥，一名利如，一名梗草，一名盧如，葉如薺苨，莖如筆管紫赤，二月生」。《本草》陶注云「葉名隱忍，可煮食之」。《唐本草》注云「葉有差互者，亦有三四對者，皆一莖直上」。案：《説文》云「桔，直木也」。《爾雅》云「梗，直也」。桔梗之名，或取義於直與？《管子·地員》篇云「五位之土，羣藥安生，薑與桔梗」。《莊子·徐无鬼》篇云「藥也，其實堇也，桔梗也，雞廱也，豕零也，是時爲帝者也」，司馬彪注云「桔梗治心腹血瘀瘕痺」。《齊策》云「今求柴葫桔梗於沮澤，則累世不得一焉，及之睪黍梁父之陰，則郤車而載耳」，高誘注云「桔梗，山生之草也」。

白茶，牡丹也。

茶與「术」同。《名醫别録》云「芍藥，一名白术」。《御覽》引《吴普本草》亦以「白术」爲芍藥一名。此云「白茶，牡丹也」者，牡丹，木芍藥也，故得同名。蘇頌《本草圖經》引崔豹《古今注》云「芍藥有二種，有草芍藥，木芍藥，木者花大而色深，俗呼爲牡丹非也」。據此則古方俗相傳，以木芍藥爲牡丹。故《本草》以白术爲芍藥，而《廣雅》又以爲牡丹異名。蓋其通稱已久，不自崔豹時始矣。陶注《本草》云「芍藥，今出白山蔣山茅山最好，白而長大」。《唐本草》注云「牡丹，劍南所出者，根似芍藥，肉白皮丹」。然則芍藥、牡丹之共稱白术，皆以白得名。蓋以其皮丹，則謂之牡丹。以其肉白，則謂之白术矣。《神農本草》云「牡丹，一名鹿韭，一名鼠姑」。《御覽》引《吴普本草》云「牡丹葉如蓬相值，黄色，根如指，子黑，中有核」，又引《范子計然》云「牡丹出漢中河北，赤色者亦善」。蘇頌《本草圖經》云「山牡丹二月梗上生苗，三月開花，其花葉與人家所種者相似，但花瓣止五六葉爾，五月結子黑色，如雞頭子大，根黄白色，可五七寸長，如筆管大」。

龍木，龍須也。

龍須，莞屬。《中山經》云「賈超之山，其中多龍脩」，郭注云「龍須也，似莞而細，生山石穴中，莖倒垂，可以爲席」。龍脩、龍須聲之轉也。須一作「鬚」。《神農本草》云「石龍芻，一名龍鬚，一名草續斷，一名龍珠」。《御覽》引《吴普本草》云「龍芻，一名龍鬚，一名龍木，一名草毒，一名龍華，一名懸莞，生梁州」。龍須似莞，斯有懸莞之稱矣。《名醫别録》云「石龍芻九節多味者良」，陶注云「莖青細相連，實赤，今出近道水石處，似東陽龍鬚以作席者，但多節爾」。《蜀本圖經》云「莖如綖，叢生，俗名龍鬚草，今人以爲席者，所在有之」。别一種名鼠莞。《爾雅》云「蔇，鼠莞」，郭注云「亦莞屬也，纖細似龍須，可以爲席」，是也。崔豹《古今注》云「龍鬚草，一名縉雲草」。《水經》河水注云「自洮强南北三百里中地，草偏是龍須」。

桼莖，澤桼也。

桼與「漆」同。《神農本草》云「澤漆味苦」。《名醫别録》云「一名漆莖，大戟苗也，生太山川澤」，陶注云「大戟苗生時，摘葉有白汁，故名澤漆，亦能嚙人肉」。張仲景《金匱玉函要畧方》「欬而脈沈者，澤漆湯主之」。

顛棘，女木也。

《爾雅》云「髦，顛蕀」，郭注云「細葉有刺，蔓生，一名商棘，《廣雅》云『女木也』」。《御覽》引孫炎注云「一名白棘」。《神農本草》云「天門冬，一名顛勒」。勒、棘古同聲。顛棘之作「顛勒」，若《小雅·斯干》「如矢斯棘」，《韓詩》「棘」作「朸」矣。《名醫别録》云「營實一名牛勒，一名山棘」，亦與此同也。陶注引《博物志》云「天門冬逆捋有逆刺，若葉滑者，名絺休，一名顛棘，可以浣縑素白如絨，金城人名爲浣草，擘其根温湯中挼之，以浣衣勝灰，此非門冬，但相似爾」，又引《桐君藥録》云「葉有刺，蔓生，五月花白，十月實黑，根連數十枚」。然則顛棘以刺得名，棘，亦刺也，故陶注云「俗人呼苗爲棘刺」。又云「有百部根相類」，此則《博物志》云百部似門冬者也。蘇頌《圖經》云「春生藤蔓，大如釵股，高至丈餘，葉滑有逆刺，亦有濇而無刺者，夏生白花，亦有黄色者，秋結黑子，伏後無花，其根白，或黄紫色，大如手指」。

陵遊，龍膽也。

《神農本草》云「龍膽味苦濇，一名陵游，生齊朐山谷」，陶注云「今出近道吴興爲勝，狀似牛膝，味甚苦，故以膽爲名」。蘇頌《圖經》云「宿根黄白色，下抽根十餘本，大類牛膝，直上生，苗高尺餘，四月生葉而細，莖如小竹枝，七月開花如牽牛花，作鈴鐸形，青碧色，冬後結子，苗便枯，俗呼草龍膽，浙中又有山龍膽，味苦濇」。《抱朴子·黄白》篇云「俗人見方用龍膽虎掌，皆謂之血氣之物也」。

鹿腸，玄蔘也。

蔘與「參」同。《神農本草》云「玄參味苦，一名重臺，生河閒川谷」，陶注云「莖似人參而長大，根甚黑，外微香，道家時用，亦以合香」。《御覽》引《吴普本草》云「玄參一名鬼藏，一名正馬，一名鹿腸，一名端，一名玄臺，或生冤句山陽，二月生，葉如梅，有毛，四四相值，似芍藥，黑莖，莖方，高四五尺，華赤，生枝閒，四月實黑」，又引《范子計然》云「玄參出三輔，青色者善」，又引《建康記》云「建康出玄參」。

葠、地精，人蔘也。

各本俱作「地精，人葠也」。《御覽》引《廣雅》作「葠、地精，人蔘也」。蓋「葠」即「蔘」字，後人病其重複而刪改之耳。案：古人詁訓之體，不嫌重複。如「崇高」字或作「嵩」，而《爾雅》云「嵩、崇，高也」。「篤厚」字《説文》作「竺」，而《爾雅》云「篤、竺，厚也」。《字林》以「髊」爲古「嗟」字，而《爾雅》云「髊，嗟也」。孫炎以「遹」爲古「述」字，而《爾雅》云「遹，述也」。若斯之類，皆所以廣異體也。「鹿腸，玄蔘也」，「葠、地精，人蔘也」，「苦心，沙蔘也」，三「蔘」字正同一例，不得獨改此條「蔘」字爲「葠」。今據《御覽》訂正。《説文》「葠」作「蓡」，云「人蓡，藥艸，出上黨」。《神農本草》云「人參味甘，一名人銜，一名鬼蓋，生上黨山谷」。《御覽》引《范子計然》云「人參出上黨，狀類人者善」，又引《吴普本草》云「人參，一名土精，一名神草，一名黄參，一名血參，一名人微，一名王精，或生邯鄲，三月生，葉小鋭，核黑，莖有毛，根有頭足手面目如人」。是人參以形得名。土精猶地精也。色黄，故又名黄參。陶注《本草》云「上黨人參形長而黄，狀如防風，多潤實而甘，百濟者形細而堅白，高麗者形大而虚軟，竝不及上黨者，人參生一莖直上，四五相對生，花紫色，高麗人作讚曰『三椏五葉，背陽向陰，欲來求我，椵樹相尋』，椵樹葉似桐，甚大，陰廣，則多生陰地也」。人參之名，始著於緯書。《御覽》引《春秋運斗樞》云「摇光星散爲人參，廢江淮山瀆之利，則摇光不明，人參不至」，又引《禮斗威儀》云「乘木而王，有人參至」。則西漢時已貴重之。《潛夫論·思賢》篇云「治疾當真人參，反得支羅服，當麥門冬，反得蒸穬麥」。人參、麥門冬皆《本草》上品也。

苦心，沙蔘也。

《神農本草》云「沙參一名知母，味苦」。此「苦心」之所以名也。《御覽》引《吴普本草》云「沙參一名苦心，一名識美，一名虎須，一名白參，一名志取，一名文希，生河内川谷，或般陽續山，三月生，如葵，葉青，實白如芥，根大白如蕪菁」，又引《范子計然》云「沙參出雒陽，白者善」。案：沙之言斯，白也。《詩·小雅·瓠葉》箋云「斯，白也，今俗語『斯白』字作『鮮』，齊魯之閒聲近斯」。斯、沙古音相近。實與根皆白，故謂之白參，又謂之沙參。《周官·内饔》「鳥皫色而沙鳴」，鄭注云「沙，嘶也」。斯之爲沙，猶嘶之爲沙矣。

其蒿，青蓑也。

蓑與「莎」同音。青蓑即「青莎」也。蒿當讀爲「蒿」。《爾雅》云「蒿，侯莎」，是也。詳見上文「地毛，莎隋也」下。惟「其」字未審何字之誤耳。

飛芝，烏毒也。

未詳。

楚蘅，杜蘅也。

《爾雅》「杜，土鹵」，郭注云「杜衡也，似葵而香」。衡與「蘅」同。《楚詞·離騷》云「畦留夷與揭車兮，雜杜衡與芳芷」，王注云「杜衡、芳芷皆香草也」。《西山經》云「天帝之山有草焉，其狀如葵，其臭如蘼蕪，名曰杜衡，可以走馬，食之已癭」。《名醫別録》云「杜蘅香人衣體」，陶注云「根葉都似細辛，惟氣小異爾」。《唐本》注云「葉似槐，形如馬蹄，故俗云馬蹄香」。《史記·司馬相如傳》索隱引《博物志》云「杜衡一名土杏，其根一似細辛，葉似葵」。案：杜衡與「土杏」古同聲。杜衡之杜爲土，猶《毛詩》「自土沮漆」，《齊詩》作「杜」也。衡從行聲而通作「杏」，猶《詩》「荇菜」字從行聲，而《爾雅》《説文》作「莕」也。又《神農本草》別有「杜若，一名杜蘅」，陶注謂「根似高良薑」，與此同名而異實。《廣韻》云「杜蘅，香草，大者曰杜若」。司馬相如《子虛賦》亦以衡蘭芷若竝言，❶則杜若之外別有名杜蘅者，所謂「楚蘅」是也。《御覽》引《范子計然》云「楚蘅出楚國」，又引云「杜若出南郡漢中，大者善」，明楚蘅不與杜若同物也。蘇頌《本草圖經》謂杜若即《廣雅》「楚蘅」，非是。

葃姑、水芋，烏芋也。

葃姑亦作「藉姑」。《名醫別録》云「烏芋一名藉姑，一名水萍，二月生葉如芋」，陶注云「今藉姑生水田中，葉有椏，狀如澤瀉，不正似芋，其根黄似芋子而小，煮之亦可噉，疑其有烏者，根極相似，細而美，葉華異，狀如莧草，呼爲鳧茨，恐此也」。《唐本》注云「此草一名槎牙，一名茨菰，生水中，似錍箭鏃，澤瀉之類也」。蘇頌《圖經》云「今鳧茨也，苗似龍鬚而細，正青色，根黑如指大，《爾雅》謂之『芍』」。寇宗奭《衍義》云「今人謂之葧臍」。案：鳧茨，俗所謂蒲薺也。或謂之必薺，生下田中，無葉，以莖爲葉，全不似芋。《別録》云

❶「子」，原作「于」，今據經解本改。

烏芋「二月生葉如芋」，則非梟茨也。茨菰生水中，葉本有椏，根黄如芋子而小，與陶注前説同狀，蓋烏芋即此也。葃菇、茨菰正一聲之轉矣。且草類名烏者，多非黑色。若垣衣色青而名烏韭，射干色黄而名烏蒲，是也。又不得以梟茨根黑而輒當烏芋爾。《御覽》及《齊民要術》引《廣雅》竝作「藉姑，水芋也，亦曰烏芋」。案：《廣雅》之文，無言「亦曰」者，蓋誤引。

龍沙，麻黄也。

《神農本草》云「麻黄一名龍沙，生晉地」。蘇頌《圖經》云「麻黄苗春生，至夏五月，則長及一尺已來，稍上有黄花，結實如百合瓣而小，又似皂莢子，味甜，微有麻黄氣，外紅皮，裏仁子黑，根紫赤色，俗説有雌雄二種，雌者於三月四月内開花，六月内結子，雄者無花，不結子」。《御覽》引《吴普本草》云「麻黄一名卑相，一名卑鹽，或生河東，立秋采莖」，即下文云「麻黄莖，狗骨也」。《酉陽雜俎》續集云「麻黄，莖端開花，花小而黄，蔟生，子如覆盆子，可食，至冬枯死如草，及春卻青」。皆其形狀也。張仲景《傷寒論》云「太陽病，無汗而喘者，麻黄湯主之」。

無心，鼠耳也。

《御覽》引《廣志》云「鼠耳葉如耳，縹色」。《名醫别録》云「鼠耳一名無心，生田中下地，厚葉肥莖」。《酉陽雜俎》云「蚍蜉酒草，一曰鼠耳，象形也，亦曰无心草」。

女腸，女菀也。

紫菀之白者名女菀。《急就篇》云「牡蒙甘草菀藜蘆」，顔師古注云「菀，謂紫菀女菀之屬也」。《神農本草》

云「女菀味辛温，生漢中川谷」。《御覽》引《吴普本草》云「女菀一名白菀，一名織女菀」。《雷公炮炙論》云「紫菀有白如練色者，號曰羊鬚草」。陶注《本草》「紫菀」云「紫菀白者名白菀」。《唐本》注云「白菀，即女菀也」。

天豆，雲實也。

《神農本草》云「雲實味辛温，生河閒川谷」。《御覽》引《范子計然》云「雲實出三輔」，又引《吴普本草》云「雲實一名員實，一名天豆，葉如麻，兩兩相值，高四五尺，大莖空中，六月花，八月九月實」。陶注《本草》云「雲實子細如葶藶子而小，其實亦類莨菪」。《唐本》注云「雲實大如黍及大麻子等，黄黑似豆，故名天豆，叢生澤傍，高五六尺，葉如細槐，亦如苜蓿，枝閒微刺，俗謂苗爲草雲母，陶云似葶藶，非也」。

薸，蓱也。

薸與「藻」同。蓱與「苹」同。各本「蓱」譌作「萍」，今訂正。《爾雅》云「苹，蓱」，郭注云「水中浮蓱，江東謂之薸」。《詩·召南·采蘋》釋文引《韓詩》云「沈者曰蘋，浮者曰薸」。《吕氏春秋·季春紀》云「萍始生」，高誘注云「萍，水藻也」。字又作「蔈」。《淮南·墬形訓》云「容華生蔈，蔈生蘋藻，蘋藻生浮草」，高誘注云「蔈，流也，無根，水中草」。案：薸之爲言漂也。《説文》云「漂，浮也」。「薸」以「瓢」爲聲。《秦策》「百人輿瓢」，《淮南·説山訓》作「百人抗浮」。則瓢、浮古同聲。蓱浮，故謂之薸矣。蓱、薸一聲之轉。蓱之爲薸，猶洴之爲漂。《莊子·逍遥遊》篇「世世以洴澼絖爲事」，李頤注云「漂絮於水上」，是其例也。浮萍，淺水所生，有青紫二種，或背紫面青，俗謂楊花落水，經宿爲萍，其説始於陸佃《埤雅》及蘇軾《再和曾仲錫荔枝詩》。案：楊花之飛多在晴日。浮萍之生恒於雨後。稽之物情，頗爲不合。且楊花飛於二月三月，而《夏小正》云七月「湟潦生苹」，則時無楊花，萍亦自生，足以明其説之謬矣。

竺，竹也。

《説文》「竺」從竹聲。《玉篇》丁沃切，又音竹。則竺、竹同聲字。方言有重輕，故又謂竹爲竺也。《爾雅》所釋「萑，蓷」「菖，藚」「蓨，蓚」「藨，麃」「茦，刺」「蒹，薕」之屬，諧聲竝同。音讀相近，是其例也。《廣韻》云「竺姓出東莞，後漢擬陽侯竺晏，本姓竹，報怨有仇，以胄始名賢，不改其族，乃加二字以存夷齊」，則即借「竺」爲「竹」之證。「竺」本《説文》篤厚字。竺之爲竹，猶篤之爲竹也。《漢書·地理志》「沛郡，竹，莽曰篤亭」。竹，今所在有之，南方尤盛。《説文》云「竹，冬生艸也，象形，下垂者，箁箬也」，又云「竹，物之多筋者也」。《初學記》引戴凱之《竹譜》云「竹之別類有六十一焉」。

其表曰笢。

竹外青皮也。《説文》「笢，竹膚也」，徐鍇《傳》云「竹青也」。笢之轉聲爲「篾」。《衆經音義》卷十引《埤倉》云「篾，析竹膚也」。《顧命》「敷重蔑席」，鄭注云「蔑，析竹之次青者」。今順天人呼竹篾爲竹笢，聲如泯。又轉而爲「䈿」，音彌。《説文》「䈿，筡也」，「筡，析竹笢也」。《衆經音義》卷十引《聲類》云「䈿，篾也」，又云「今蜀土及關中皆呼竹篾爲䈿」。又名「筠」。《禮器》云「如竹箭之有筠也」，《正義》云「筠是竹外青皮，《顧命》云『敷重筍席』，鄭云『筍，析竹青皮也』，引《禮記》曰『如竹箭之有筠』」。筠通作「縜」。鄭衆注《考工記·梓人》云「縜，讀爲竹中皮之縜」。又名「篣」。《士喪禮下》篇注云「笠，竹篣蓋也」，疏云「篣，竹之青皮」。《集韻》音敷，聲與「膚」相近，即《説文》所云「筤，竹膚也」。又名「竹茹」。《名醫别録》云「竹皮茹微寒」。

其裹曰筡。

竹内白皮也。《説文》云「筡，竹裹也」，徐鍇《傳》云「竹白也」。戴凱之《竹譜》云「竹之大體多空中，而時有實，十或一耳」。筡，影宋本、皇甫本、畢本譌作「苶」，吴本以下又譌作「本」，今訂正。

簹簕、篘篛，桃支也。

篘篛與「鉤端」同。支與「枝」同。《爾雅》云「桃枝，四寸有節」，郭注云「今桃枝節閒相去多四寸」。《廣韻》云「篛，竹名，出南嶺」。《西山經》云「嶓冢之山，其上多桃枝鉤端」，郭注云「鉤端，桃枝屬」。鉤端爲桃枝之屬，因而亦得稱桃枝矣。又《中山經》云「驕山，其木多桃枝鉤端」，「龍山，其草多桃枝鉤端」。或以爲木，或以爲草者，以桃枝是竹。竹之爲物，亦草亦木也。《竹譜》云「篔簹射筒箖箊桃枝，數竹皮葉相似，桃枝是其中最細者，皮赤，編之滑勁，可以爲席」。案：《周官·司几筵》「加次席黼純」，鄭注云「次席，桃枝席，有次列成文」。《御覽》引《東觀漢紀》云「馬棱爲會稽太守，詔詰會稽，車牛不務堅强，車皆以桃枝細簟」，是也。又可爲杖。《御覽》引魏武帝《與楊彪書》云「今賜足下銀角桃杖一枚」。左思《蜀都賦》云「靈壽桃枝」，劉逵注云「桃枝，竹屬也，出埶江縣，可以爲杖」。是也。

箭、篃，簕也。

《爾雅》云「篠，箭」。《説文》云「箭，矢竹也」。《御覽》引《字統》云「箭者竹之别，大身小葉曰竹，小身大葉曰箭，箭竹主爲矢，因謂矢爲箭」。《竹譜》云「箭竹高者不過一丈，節閒三尺，堅勁中矢，江南諸山皆有之，會稽所生最精好，故《爾雅》云『東南之美者，有會稽之竹箭』也」。劉逵《吴都賦》注云「箭竹細小而勁實，可以爲箭，通竿無節，江東諸郡皆有之」。據此則箭竹有二種，一種節閒三尺，一種通竿無節也。《西山經》云「英山，其陽多箭䉋」，郭注云「今漢中郡出䉋竹，厚裏而長節，根深，筍冬生地中，人掘取食之」。《中山經》云「求山多䉋」，郭注云「篠屬」。《竹譜》引《山經》「䉋」作「篃」，云「篃亦箘徒，概節而短，江漢之閒謂之籢笴」，又云「篃生非一處，江南山谷所饒也，故是箭竹類，一尺數節，葉大如履，可以作篷，亦中作矢，其筍冬生，《廣志》云魏時漢中太守王圖每冬獻筍，俗謂之籢笴」。據此則䉋亦有二種，一種長節，一種概節而短也。《初學記》引《廣志》云「篃竹宜爲屋椽」，此於二種中未知屬何種。⿰金丮，各本譌作「⿱⺮⿰金丮」。字書、韻書無「⿱⺮⿰金丮」字。《集韻》《類篇》竝引《廣雅》「箭、䉋，⿱⺮⿰金丮也」。今據以訂正。

菌，薰也，其葉謂之蕙。

上文云「薰草，蕙草也」，則薰即是蕙。此又以葉爲蕙者，從《離騷》注也。《離騷》云「雜申椒與菌桂兮」，王逸注云「菌，薰也，葉曰蕙，根曰薰」，洪興祖補注云「下文別言『蕙茝』，又云『矯菌桂以紉蕙』，則菌桂自是一物，《本草》有『菌桂』，花白蘂黄，正圓如竹，菌一作『箘』，其字從竹，五臣以爲香木是矣」。案：洪説是也。「申椒」與「菌桂」對文，菌桂之不分爲二，猶申椒也。左思《蜀都賦》云「菌桂臨崖」，劉逵注云「《神農本草經》曰『菌桂出交阯，員如竹，爲衆藥通使』，一曰『菌，薰也，葉曰蕙，根曰薰』」。劉氏引《本草》「菌桂」是也，其以菌爲薰亦仍王逸之誤。《西山經》云「嶓冢之山有草焉，其葉如蕙」，郭注云「蕙，香草，蘭屬也，或以蕙爲薰葉，失之」。則薰葉爲蕙，郭氏又已駁正也。

蕖，芋也，其莖謂之䔢。

芋之大根曰蕖。蕖者，巨也。或謂之芋魁，或謂之莒。《後漢書·馬融傳》云「蘘荷芋渠」，李賢注云「芋渠即芋魁也」。渠與「蕖」同。渠、魁一聲之轉而皆訓爲大。杜子春注《周官·鐘師》引呂叔玉説云「渠，大也」。前《釋詁》云「魁，大也」。《漢書·翟方進傳》云「飯我豆食羹芋魁」，顔師古注云「羹芋魁者，以芋根爲羹也」。是芋之大根名渠，又名魁也。渠、莒古同聲，故又名莒。莒之爲言猶渠也。《説文》云「齊人謂芋爲莒」。《藝文類聚》引《孝經援神契》云「仲冬昴星中，收莒芋」。「莒」亦芋也。莒或爲「梠」。陶隱居注《名醫別録》云「種芋三年不採，成梠芋」。蘇頌《圖經》云「《説文解字》云『莒』，陶云『梠』，二音相近，蓋南北之呼不同耳」。《魏志·王朗傳》注引《魏畧》云「隗禧每以採梠餘日誦習經書」。又通作「旅」。《博物志》云「家芋種之，三年不收，後旅生」，是也。《説文》云「芋，大葉實根，駭人，故謂之芋也」，徐鍇《傳》云「芋，猶言吁也，吁，驚詞」。則「芋」之爲名，即是驚異其大。《小雅·斯干》毛傳云「芋，大也」。古聲義同矣。䔢之爲言猶莖也。莖亦可食。《齊民要術》引《廣志》云「蜀漢既繁芋，民以爲資，凡十四等，有淡善芋魁，大如瓶，少子，葉如繖蓋，紺色，紫莖，長丈餘，易熟，長味，芋之最善者也，莖可作羹臛，肥澀，得歃乃下，青芋、素芋，子皆不可食，莖可爲菹」，是也。《管子·輕重甲》篇云「春日傳耜，次日獲麥，次日薄芋」。古教民種芋者始此矣。又《史記·貨殖傳》「汶山之下沃野，下有踆鴟，至死不飢」，《集解》引《漢書音義》云「水鄉多鴟，其山下有沃野灌溉，一曰大芋」。左思《蜀都賦》云「蹲鴟所伏」，劉逵注云「蹲鴟，大芋也，其形類蹲鴟」。案：《貨殖傳》云「至死不飢」，則蹲鴟似可禦飢之物。「大芋」之説近之矣。然《易林・豫之旅》云「文山蹲鴟，肥腯多脂」。芋雖大，不得有脂。《易林》所云，又似指鳥言之，疑莫能明也。

蘻、茆，鳧葵也。

《説文》云「蘻，鳧葵也」。《魯頌・泮水》篇「薄采其茆」，傳云「茆，鳧葵也」，《正義》引陸璣《疏》云「茆與荇菜相似，菜大如手，赤圓，有肥者，箸手中滑不得停，莖大如匕柄，葉可以生食，又可鬻，滑美，江南人謂之蓴菜，或謂之水葵，諸陂澤水中皆有」。《釋文》云「干寶云『茆，今之鳧䴌草，堪爲菹，江東有之』，何承天云『此菜出東海，堪爲菹醬也』，鄭小同云『江南人名之蓴菜，生陂澤中』，《草木疏》同，又云『或名水葵』，一云今之浮菜，即豬蓴也，《本草》有『鳧葵』，陶弘景以入有名無用品，解者不同，未詳其正，沈以小同及《草木疏》所説爲得」。《周官・醢人》「朝事之豆，其實茆菹」，鄭注云「茆，鳧葵也」。《西山經》云「陰山，其草多茆蕃」，郭注與鄭同。又名「屏風」。《楚詞・招魂》「紫莖屏風，文緣波些」，王逸注云「屏風，水葵也，生於池中，其莖紫色，風起水動，波緣其葉，上而生文也」。《後漢書・馬融傳》「桂荏鳧葵」，李賢注云「鳧葵，葉團似蓴，生水中，今俗名水葵」。案：此分鳧葵與蓴爲二，與鄭小同及《草木疏》異者。蓋唐代方言，不稱鳧葵爲蓴，異於古也。又或江南名之爲蓴，他處則否。蓴、團古同聲，鳧葵葉團，故江南名之爲蓴矣。《廣韻》云「蒓，水葵也」。蒓與「蓴」同。《齊民要術》云「四月蓴生莖而未葉，名雉尾蓴，葉舒長足，名曰絲蓴」，是也。又案：《詩・關雎》稱「荇」，《泮水》稱「茆」，陸氏《義疏》分釋之，則鳧葵與荇實二物也。《唐本草》謂鳧葵即荇菜，失之。

葨，薈也。

《説文》云「虈，草也」。《玉篇》云「虈，香草也」，或作「葨」。《廣韻》云「葨，香草也」。《楚詞·七諫》云「葨蕗雜於黀蒸兮」，王逸注云「葨蕗，香直之草」。

荆葵，荍也。

《爾雅》云「荍，蚍衃」，郭注云「今荆葵也，似葵，紫色，謝氏云『小草，多華少葉，葉又翹起』」。《陳風·東門之枌》篇「視爾如荍」，箋云「美如芘芣之華然」，《正義》引陸璣《疏》云「芘芣一名荆葵，似蕪菁，華紫緑色，可食，微苦」。《古今注》云「荆葵一名戎葵，一名芘芣，華似木槿而光色奪目，有紅有紫有青有白有赤，莖葉不殊，但花色異耳，一曰蜀葵」。羅願《爾雅翼》云「《釋草》云『菺，戎葵』，郭氏曰『今蜀葵也』，又云『荍，芘芣』，郭氏曰『今荆葵也』，其所來各不同，《古今注》説戎葵、蜀葵之狀可也，混荆葵、芘芣之名于内者非也」。

苵，萛也。

《玉篇》《廣韻》竝云「苵，萛莢實也」。則「萛」下似脱「莢實」二字。《論衡·是應篇》云「夫萛，草之實也，猶豆之有莢也」。《説文》云「莢，艸實也」。《玉篇》《廣韻》又有「萛」字，云「苵也」。《集韻》云「萛，艸名，梟葵也，一曰萛莢實也」。「萛」字俗書作「萛」，與「萛」字字形相近，疑有誤。但又以爲梟葵，不知何據。豈以梟葵名茢，茢、苵字形相近而誤説與？

苞，蕍也。

《說文》云「苞，草也，南陽以爲麤履」。《漢書·司馬相如傳》「其高燥則生葴析苞荔」，張氏彼注云「苞，藨也」。與此同異未審。

水莒，藺茵也。

《廣韻》云「藺茵，水草也，出《埤倉》」。則「藺」下有「茵」字，今補。水莒疑當爲「水茵」。隸書「因」字多作「囙」，形與「目」字相似而譌也。曹憲《音》「目」，當亦「囙」字之譌。「水芋，烏芋也」，「水茵，藺茵也」，文義正同矣。

屈居，盧茹也。

盧與「藺」同。《神農本草》云「藺茹味辛寒，生代郡川谷」，陶注云「今第一出高麗，色黄，初斷皆汁出，凝黑如漆，故云漆頭，次出近道，名草藺茹，色白，皆燒鐵爍頭令黑以當漆頭，非真也，葉似大戟，花黄，二月便生」。《御覽》引《吴普本草》云「閭茹一名離樓，一名屈居，葉員黄，高四五尺，葉四四相當，四月華黄，五月實黑，根黄，有汁亦同黄，黑頭者良」。盧茹、離樓一聲之轉也。又引《范子計然》云「閭茹出武都，黄色者善」，又引《建康記》云「建康出草盧茹」。

蘶、葰，菝葀也。

各本俱作「蘶菝葰葀也」。案：《玉篇》云「蘶，菝葀也」，「菝葀，瑞草」。《廣韻》云「蘶，瑞草也」，「菝葀，瑞草也」。皆以「菝葀」連文。「葀」字亦無從禾作「秳」者。今竝訂正。《漢書·揚雄傳》云「攢并閭與茇苦兮」。茇苦與「菝葀」同。菝葀疊韻字也。葰，曹憲《音》「綏」。諸書無音「葰」爲綏者，未審「葰」爲何字之謂。

蕎子，菜也。

《齊民要術》引《廣志》云「蕎子，生可食」，又云作醬法「曝草蕎令極乾燥，大率蕎子三指一撮」，注云「蕎令醬芬芳」。是蕎子氣香之菜矣。此當釋蕎子爲某菜，不應但釋爲菜也。「菜」上蓋有脱文。

山茝、蔚香，藳本也。❶

《管子·地員》篇云「五沃之土，五臭疇生，蓮與蘪蕪，藳本白芷」。《荀子·大略篇》云「蘭茝稾本，漸於蜜醴，一佩易之」。《淮南·氾論訓》云「夫亂人者，芎藭之與藳本也，蛇牀之與麋蕪也，此皆相似」。《神農本草》云「藳本一名鬼卿，一名地新，生崇山山谷」，陶注云「《桐君藥録》説芎藭苗似藳本，論説花、實皆不同，所生處又異」。《唐本》注云「根上苗下似藳根，故名藳本」。則藳本以根得名，故《中山經》云「青要之山有草焉，其本如藳本」，郭注云「根似藳本也」。又《西山經》云「皋塗之山有草焉，其狀如稾茇」，郭注云「稾茇，香草」。又注《上林賦》云「稾本，稾茇也」。本、茇聲之轉，皆訓爲根。下文云「茇，根也」。

貫節，貫衆也。

《爾雅》云「萹苻，止；濼，貫衆」。《神農本草》云「貫衆一名貫節，一名貫渠，一名百頭，一名虎卷，一名扁苻，生玄山山谷，亦生冤句」。《名醫别録》云「此謂草鴟頭也」，陶注云「葉如大蕨，其根形色毛芒全似老鴟

❶「本」，原脱，今據續四庫本補。

頭，故呼爲草鴟頭」。《御覽》引《吴普本草》云「貫衆一名貫来，一名貫中，一名渠母，一名貫鍾，一名伯芹，一名藥藻，一名扁苻，一名黄鍾，葉青黄，兩兩相對，莖黑，毛聚生，冬夏不死，四月華白，七月實黑，聚相連卷旁生」。

𧄍、起實，畗㠯也。

畗㠯與「薏苡」同。《説文》云「㠯，賈侍中説『意㠯實也，象形』」，「蓄，薏苢也」，「𧄍，艸也，一曰薏苡」。《神農本草》云「薏苡久服輕身益氣，一名解蠡，生真定平澤」。《名醫别録》云「一名屋菼，一名起實，一名贛」。贛與「𧄍」同。陶注云「近道處處有，多生人家，交阯者子最大，彼土呼爲簳珠，馬援大取將還，人讒以爲珍珠也，實重累者良」。案：《後漢書·馬援傳》云「初，援在交阯，常餌薏苡，南方薏苡實大，援欲以爲種，軍還，載之一車」，是其事。簳、𧄍聲之轉也。𧄍或爲「䊶」。《雷公炮炙論》云「䊶米顆大無味，時人呼爲粳䊶，薏苡仁顆小色青，味甘，粘人齒」。則後人專以大者爲𧄍也。蘇頌《圖經》云「春生苗，莖高三四尺，葉如黍，開紅白花，作穗子，五月六月結實，青白色，形如珠子而稍長，故呼意珠子」。《御覽》引《淮南萬畢術》云「門冬赤黍薏苡爲丸，令婦人不妬」。則西漢時即已入藥。又引《禮含文嘉》云「夏姒氏祖以薏苡生」。《論衡·奇怪篇》云「儒者稱禹母吞薏苡而生禹，故夏姓曰姒，卨母吞燕卵而生卨，故殷姓曰子，今燕之身不過五寸，薏苡之莖不過數尺，二女吞其卵實，安能成七尺之形乎」。

女青，烏葛也。

《神農本草》云「女青一名雀瓢，生朱崖川谷」。《名醫别録》云「蛇銜根也」，陶注云「若是蛇銜根，不應獨生朱崖，俗用是草葉，別是一物，未詳孰是」。《唐本》注云「此草即雀瓢也，葉似蘿摩，兩葉相對，子似瓢形大如棗許，故名雀瓢，根似白薇，生平澤，莖葉並臭，其蛇銜根都非其類，又《別録》云『葉嫩時似蘿摩，圓端大莖，實黑，莖葉汁黄白』，亦與前説相似，若是蛇銜根，何得苗生益州，根在朱崖，相去萬里餘也，《別録》云『雀瓢白汁，主蟲蛇毒』，即女青苗汁也」。

巴尗，巴豆也。

《神農本草》云「巴豆一名巴菽，生巴郡川谷」。菽與「尗」同。尗亦豆也。《淮南·説林訓》云「魚食巴菽而死，鼠食之而肥」。《博物志》云「鼠食巴豆三年，重三十斤」，又云「《神農經》云『藥種有五物，一曰巴豆，藿汁解之』」。《論衡·言毒篇》云「草木之中，有巴豆野葛，食之湊懣，頗多殺人」。蓋巴豆有大毒故也。左思《蜀都賦》云「其中則有巴菽巴戟」。《華陽國志》云「江陽郡有巴菽」。《御覽》引《吴普本草》云「巴豆葉如大豆」。《唐本草》注云「巴豆樹高丈餘，葉似櫻桃，葉頭微赤，十二月葉漸凋，至四月落盡，五月葉漸生，七月花，八月結實，其子三枚共蔕，各有殼裹」，是其狀也。

烏眼，蘞也。

《唐風·葛生》篇「蘞蔓于野」，《釋文》「蘞，音廉」，陸璣《疏》云「蘞似栝樓，葉盛而細，其子正黑如燕薁，不可食也，幽州人謂之烏眼，其莖葉煮以哺牛，除熱」。蘞，曹憲《音》「廉」。各本脱去「蘞」字，《音》内「廉」字又誤入正文。今據《詩疏》訂正。蘞有三種。一爲《爾雅》「蘞，菟荄」。《玉篇》云「蘞，白蘞也」。《神農本草》「白蘞一名菟核」，陶注云「作藤生根如芷」，是也。一爲赤蘞。蘇頌《本草圖經》云「赤蘞與白蘞花實相類，但表裏俱赤」，是也。一爲烏蘞苺。《唐本草》云「烏蘞苺蔓生，葉似白蘞」，是也。此三者未知孰當《廣雅》之「蘞」。

燕薁，蘡舌也。

即「蘡薁」也。蘡、燕聲之轉。《豳風·七月》篇「六月食鬱及薁」，傳云「薁，蘡薁也」。《正義》云「蘡薁者，亦是鬱類而小別耳，《晉宫閣銘》云『華林園中，有車下李三百一十四株，薁李一株』，車下李即鬱，薁李即薁，二者相類而同時熟」。是《正義》以「薁」爲樹名也。今案：薁李樹不名蘡薁，蘡薁自是蒲萄之屬，蔓生結子者耳。《齊民要術》引陸璣《詩義疏》云「櫻薁實大如龍眼，黑色，今車鞅藤實是」，又引《疏》云「櫐似燕薁，連蔓生」。《御覽》引《毛詩題綱》云「藟一名燕薁藤」。郭璞《上林賦》注云「蒲陶似燕薁，可作酒」。《廣韻》云「蘡，蘡薁藤也」。是蘡薁有藤，蒲陶之屬。故謝靈運《山居賦》云「野有蔓草，獵涉蘡薁」也。《唐本草》注云「蘡薁與葡萄相似，然蘡薁是千歲虆」。宋《開寶本草》注云「蘡薁是山葡萄，亦堪作酒」。毛公釋《詩》，正謂此草也。蘡薁之子滑澤，故人食之。《中山經》云「泰室之山有草焉，白華黑實，澤如蘡薁」，郭注云「言子滑澤也」。

茈萸，茈草也。

茈與「紫」同。《説文》云「萸，艸也，可以染留黄」。其染緑者謂之緑萸，染紫者謂之紫萸。前《釋器》云「緑綟、紫綟，綵也」。《續漢書·輿服志》注引徐廣云「綟，草名也，以染似緑，又云似紫」。則染草之萸，本有緑紫二色。萸與「盭」通。《漢書·百官公卿表》「金璽盭綬」，晉灼注云「盭，草名，出琅邪平昌縣，似艾，可染緑，因以爲綬名」。此緑䓞也。《史記·司馬相如傳》「攢戾莎」，徐廣注云「草可染紫」。此紫䓞也。䓞通作「茢」。《周官·掌染草》鄭注云「染草，茅蒐槖蘆豕首紫茢之屬」，疏云「紫茢即紫䓞也」。《爾雅》云「藐，茈草」，郭注云「可以染紫，一名茈䓞，見《廣雅》」。《西山經》云「勞山多茈草」。《神農本草》云「紫草一名紫丹，一名紫芙，生碭山山谷」，陶注引《博物志》云「平氏山陽紫草特好，魏國以染色，殊黑」。《齊民要術》引《廣志》云「隴西紫草，紫之上者」。皆其出處也。《御覽》引《吴普本草》云「紫草節赤，二月花」。《唐本草》注云「紫草苗似蘭香，莖赤節青，花紫白色而實白」。皆其形狀也。

䓈、芡，雞頭也。

䓈或作「𦬆」。《方言》云「䓈、芡，雞頭也，北燕謂之䓈，青徐淮泗之閒謂之芡，南楚江湘之閒謂之雞頭，或謂之鴈頭，或謂之烏頭」，郭注云「今江東亦名䓈耳」。《神農本草》云「雞頭一名鴈喙」，陶注云「此即今蔿子，形上花似雞冠，故名雞頭」。陳士良云「有軟根名䓈菜」。蘇頌《圖經》云「盤花下結實，形類雞頭，故以名之，其莖蔌之嫩者名蔿蔌，人採以爲菜茹」。案：䓈，曹憲《音》「悦⿱𤇾米反」。䓈從役聲，蔿從爲聲。䓈之轉爲蔿，猶爲之轉爲役。《表記》鄭注云「役之言爲也」。《周官·籩人》「加籩之實，蔆芡栗脯」，鄭注云「芡，雞頭也」，疏云「今人或謂之鴈頭」。《吕氏春秋·恃君》篇「夏日則食蔆芡」，高注云「芡，雞頭也，一名鴈頭，生水中」。《淮南·説山訓》「雞頭已瘻」，高注云「雞頭，水中芡，幽州謂之鴈頭」。羅願《爾雅翼》云「案上下文『貍頭愈鼠，雞頭已瘻，䖟散積血，斲木愈齲，此類之可推者』，詳書本意，皆謂此禽蟲平日所啄食，故能治此病，類可推尋，雞頭似不謂此也」。雞頭一名雞廱。《莊子·徐无鬼》篇云

「藥也，其實菫也，桔梗也，雞廱也，豕零也，是時爲帝者也」，司馬彪注云「雞廱即雞頭也，一名芡，與藕子合，爲散，服之延年」。《周官·大司徒》「其植物宜膏物」，鄭注云「膏當爲『櫜』，蓮芡之實有櫜韜」，疏云「皆有外皮櫜韜其實」。今芡實有梂彙自裹，所謂「櫜韜」也。《古今注》云「芡葉似荷而大，葉上蹙皺如沸，實有芒刺，其中如米，可以度饑也」。

周麻，升麻也。

各本俱脱「升麻」二字。《神農本草》云「升麻一名周麻，主解百毒，生益州山谷」。《御覽》引《廣雅》云「周麻，升麻也」。今據補。升麻或謂之牧麻。《漢書·地理志》益州郡「牧靡」，李奇注云「靡音麻，即升麻，殺毒藥所出也」。《水經》若水注云「涂水出建寧郡之牧靡縣南山，縣山竝即草以立名，山生牧靡，可以解毒，百卉方盛，鳥多誤食烏喙，口中毒，必急飛往牧靡山，啄牧靡以解毒也」。《本草》陶注云「升麻好者，細削，皮青緑色，謂之雞骨升麻」。蘇頌《圖經》云「春生苗，高三尺以來，葉似麻葉竝青肥，四月五月箸花，似粟穗，白色，六月以後結實黑色，根紫如蒿根，多鬚」。

土瓜，芴也。

《爾雅》云「菲，芴」，郭注云「即土瓜也」，本此爲説也。《邶風·谷風》篇「采葑采菲，無以下體」，傳云「葑，須也，菲，芴也，下體，根莖也」，箋云「此二菜者，蔓菁與葍之類也，皆上下可食，然而其根有美時，有惡時，采之者不可以根惡時并棄其葉」，《正義》云「《釋草》云『菲，芴也』，郭璞曰『土瓜也』，孫炎曰『葍類也』，《釋草》又云『菲，蒠菜』，郭璞曰『菲草生下濕地，似蕪菁，華紫赤色，可食』，陸璣云『菲似葍，莖麤葉厚而長，有毛，三月中蒸鬻爲茹，滑美，可作羹，幽州人謂之芴，《爾雅》謂之蒠菜，今河内人謂之宿菜』，《爾雅》『菲，芴』與『蒠菜』異釋，郭注似是别草，如陸璣之言，又是一物，某氏注《爾雅》，二處引此《詩》，即菲也、芴也、蒠菜也、土瓜也、宿菜也，五者一物也，其狀似葍而非葍，故云『葍類也』」。案：陸《疏》説菲芴似葍，與鄭氏《詩》箋、孫氏《爾雅》注合。又考之方言，得之目驗，爲可據也。但陸不云菲菜名土瓜，此云「土瓜，芴也」，則未知即《爾雅》之「菲，芴」，抑别爲一物耳。《神農本草》稱王瓜一名土瓜，意土瓜必甚似王瓜，故王瓜得與同名。且下文「王瓜」與此條相次，當是連類而及也。《御覽》引崔實《四民月令》云「二月盡三月，可采土瓜根」。則漢時多有用之者，然未知今何草。

藈姑、𤬪𤮐，王瓜也。

《爾雅》云「鉤，藈姑」，郭注云「𤬪𤮐也，一名王瓜，實如瓝瓜，正赤，味苦」，《釋文》引《字林》云「𤬪𤮐，王瓜也」。《字林》、《爾雅》注皆本此爲説也。《本草》陶注云「王瓜生籬院閒，亦有子，熟時赤如彈丸，《禮記·月令》云『王瓜生』，此之謂也，鄭玄云『菝葜』，殊爲謬矣」。案：《月令》鄭注云「王瓜，萆挈也」。萆挈與「菝葜」同。《正義》云「『王瓜，萆挈』，魯《本草》文」。是萆挈一名王瓜，《本草》家即有是説。草木多異物而同名者，此類是也。上文已云「菝挈，狗脊也」，則此「王瓜」當如郭璞所云，不謂菝挈矣。《呂氏春秋·孟夏紀》「王菩生」，高注云「菩，或作『瓜』，𤬸𤮐也」。又注《淮南·時則訓》云「王瓜，括樓也」。𤬸𤮐與「括樓」同。如高注，則《爾雅》「果蠃之實，括樓」即王瓜也。案：《本草》陶注謂栝樓狀如王瓜，《唐本草》注謂王瓜葉似栝樓，則括樓、王瓜本相類，故高注以王瓜爲括樓。然《神農本草》栝樓

「生弘農川谷」，❶王瓜「生魯地平澤田野」。陶注謂括樓葉有叉，《唐》注謂王瓜葉無叉。則括樓、王瓜究爲二物。又《豳風・東山》正義引孫炎《爾雅》注云「括樓，齊人謂之天瓜」，而不云名「王瓜」。《御覽》引《吴普本草》云「栝樓一名澤姑」，而不云名「藈姑」。則王瓜、藈姑明不與「栝樓」同。故《廣雅》專釋藈菇、瓠瓡爲王瓜，不混「括樓」之名於内也。《急就篇》説藥云「遠志續斷參土瓜」。土瓜即王瓜也。《神農本草》云「王瓜一名土瓜，味苦寒，主消渴内痺」。是入藥之土瓜乃王瓜也。此與上文「土瓜，芴」同名而異物。顔師古《急就篇》注謂「土瓜一名菲，一名芴」，殆于《本草》之文有未檢也。

王延、藷藇，署預也。

今之山藥也。根大，故謂之藷藇。藷藇之言儲與也。《淮南・俶真訓》「儲與扈冶」，高誘注云「褒大意也」。署預猶藷藇耳。《北山經》云「景山，其上多藷藇」。藷與「藷」同。郭注云「根似羊蹄可食，曙、豫二音，今江東單呼爲『藷』，音儲，語有輕重耳」。《廣韻》「藷」署魚切，似薯蕷而大。則後人又單呼其大者爲「藷」。蘇頌《本草圖經》云「江湖閩中出一種薯蕷，根如薑芋之類而皮紫，極有大者，彼土人單呼爲藷，音若殊，亦曰山藷也」。《神農本草》云「薯蕷一名山芋，生嵩高山谷」。《御覽》引《吴普本草》云「署豫一名諸署，秦楚名王延，齊趙名山芋，鄭越名土藷，一名脩脃，一名兒草，或生臨朐鍾山，始生赤莖細蔓，五月華白，七月實青黃，八月熟落，根中白皮黃，類芋」。《名醫別録》亦云「秦楚名王延」。延，各本譌作「廷」，今

❶「弘」，原避清帝乾隆諱作「洪」，今回改，後倣此，不再出校。

訂正。藷藇通作「儲餘」。《御覽》引《范子計然》云「儲餘本出三輔，白色者善」。蘇頌《本草圖經》云「薯蕷葉青，有三尖角，似牽牛，更厚而光澤，夏開細白花，大如棗花」。梁江淹《薯蕷頌》所謂「花不可炫，葉不足憐」者也。寇宗奭《衍義》云「薯蕷，上一字犯宋英宗諱，下一字曰蕷，唐代宗名豫，故改下一字爲藥，今人遂呼爲山藥」。此謂「藥」字改於唐，「山」字改於宋也。案：韓愈《送文暢師北遊詩》云「山藥煮可掘」，則唐時已呼山藥。別國異言、古今殊語，不必皆爲避諱也。

恒山，蜀桼也。

即「常山」也。葉曰恒山，苗曰蜀桼，其實一物也。桼與「漆」同。《御覽》引《吴普本草》云「蜀漆葉，一名恒山，如漆，葉與藍菁相似」。《名醫别録》云「蜀漆，常山苗也」。《蜀本草圖經》乃謂常山葉名蜀漆，《本草衍義》又謂常山爲蜀漆根，皆誤矣。《神農本草》云「常山，一名互草，生益州川谷」，「蜀漆生江林山川谷」。《漢書・地理志》武陵郡「很山」，孟康云「音恒，出藥草恒山」。《御覽》引《遊名山記》云「横陽諸山，草多恒山」，又引《范子計然》云「蜀漆出蜀郡」，又引《建康記》云「建康出蜀漆」。皆其出處也。《唐本草》注云「常山葉似茗，狹長，莖圓，兩葉相當，三月生白花青蕚，五月結實青圓，三子爲房，生山谷閒，高者不過三四尺」。皆其形狀也。《金匱玉函要略方》云「瘧多寒者，蜀漆散主之」。

藟，藤也。

藟與「虆」同。《爾雅》云「諸慮，山虆」，郭注云「今江東呼虆爲藤，似葛而麤大」。又「攝，虎虆」，注云「今虎豆，纏蔓林樹而生，莢有毛刺，今江東呼爲欙欇」。藟似葛，故古人以葛藟竝稱。《困》上六「困于葛藟」，

《釋文》引《毛詩草木疏》云「藟一名巨荒，似蘡薁，連蔓而生，幽州人謂之蓷虆」。《周南・樛木》篇「葛藟纍之」，《釋文》引《草木疏》云「藟葉似艾，白色，其子赤可食」。文七年《左傳》云「葛藟猶能庇其本根，故君子以爲比」。王逸注《九歎》云「藟，葛荒也」。藟之與葛，其類同也。《名醫别録》謂之千歲虆，一名虆蕪。陶注云「作藤生樹如葡萄，葉如鬼桃，蔓延木上，汁白」。案：藟之言虆也，藤之言縢也。纏蔓林樹，故謂之藟，亦謂之藤。《小雅・南有嘉魚》傳云「纍，蔓也」。《秦風・小戎》傳云「縢，約也」。約亦纏也。《中山經》云「卑山，其上多纍」，郭注云「今虎豆貍豆之屬，纍一名縢」。是「藟」亦作「纍」，「藤」亦作「縢」，故其義同矣。《玉篇》云「今摠呼草蔓延如藟者爲藤」。

石髮，石衣也。

《爾雅》云「藫，石衣」，郭璞注云「水苔也，一名石髮，江東食之，或曰藫，葉似䪥而大，生水底，亦可食」。案：藫，《釋文》音徒南反。藫、苔一聲之轉也。郭璞《江賦》云「緑苔鬖髿乎研上」，李善注引《風土記》云「石髮，水苔也，青緑色，皆生於石」，又引《通俗文》云「髮亂曰鬖髿」。蓋以其似髮，故有「石髮」之名也。《御覽》引《異物志》云「石髮，海草，在海中石上叢生，長尺餘，大小如韭，葉似蓆莞而株莖無枝，以肉雜而蒸之，味極美」。此與《爾雅》注「似䪥而大生水底亦可食」者，或是一物，又石髮之别種矣。梁元帝《玄覽賦》云「水底石髮」，倘亦是此也。水苔或謂之水衣，或謂之水垢，或謂之魚衣。《説文》云「菭，水衣也」。菭與「苔」同。《淮南・泰族訓》「窮谷之汙，生以青苔」，高誘注云「青苔，水垢也」。《周官・醢人》「箈菹」，鄭衆注云「箈，水中魚衣也」。箈與「苔」亦同。《釋文》云「沈云『箈』北人音丈之反」。又《爾雅》釋文云

「菭」或音丈之反。是菭與「治」古同音，故疾言之則爲菭，徐言之則爲陟釐。陟釐正切「菭」字。《名醫別録》云「陟釐生江南池澤」。《唐本》注云「此物乃水中苔，今取以爲紙，名苔紙，青黄色，體澀」，《小品方》云『水中麤苔也』，《范東陽方》云『水中石上生，如毛緑色者』，《藥對》云『河中側梨』，側黎、陟釐聲相近也，王子年《拾遺記》云『張華撰《博物志》上晉武帝，武帝嫌繁，命削之，賜華側理紙萬張』，子年云『陟釐，紙也，此紙以水苔爲之，溪人語訛，謂之側理也』」。案：《御覽》「苔」下引《拾遺記》與此畧同，其「紙」下所引，則又云「南人以海苔爲紙，其理縱横衺側，因以爲名」，與今本《拾遺記》合。縱横衺側之説，未免穿鑿，不若語訛之説爲善矣。石髮生山中石上者，别名烏韭。《神農本草》云「烏韭生山谷石上」。《唐本》注云「此物即石衣也，亦曰石苔，又曰石髮，生巖石陰不見日處」。陳藏器云「青翠茸茸似苔而非苔也」。

采、䆃，采也。

「采」字不應重出。上「采」字蓋衍文也。曹憲于上「采」字音「似醉反」。《爾雅·釋草》釋文亦引《廣雅》「采、䆃，采也」，則隋唐閒已誤衍此字。《説文》云「䆃，禾也」，引司馬相如《封禪書》云「䆃一莖六穗」。又云「采，禾成秀也，從禾、爪聲」。俗作「穗」。《廣韻》引《字林》亦云「䆃，禾一莖六穗也」。案：《史記·司馬相如傳》正作「䆃」，徐廣云「䆃，瑞禾也」。《漢書》則作「導」，鄭氏云「導，擇也」。《顔氏家訓》以《封禪書》「導」字不當訓禾，云「《封禪書》『導一莖六穗於庖，犧雙觡共抵之獸』，此『導』訓擇，光武詔云『非徒有豫養導擇之勞』是也，而《説文》云『導』是禾名，引《封禪書》爲證，無妨自當有禾名『導』，非相如所用也，『禾一莖六穗於庖』，豈成文乎，縱使相如天才鄙拙，强爲此語，則下句當云『麟雙觡共抵之獸』，不得云

『犧』也，吾嘗笑許純儒不達文章之體，如此之流，不足憑信」。徐鍇《説文繫傳》又以顏氏爲非，云「導訓擇治，乃從寸，故漢有『導官』，不從禾也，相如云『導一莖六穗於庖』，猶言『此禾也，則有一莖六穗在庖，此犧也，則有雙觡共抵之獸』，上句末有『於庖』字，乃云『禾一莖六穗於庖』，下句末有『之獸』字，所以云『犧雙觡共抵之獸』，猶言『殺此雙觡共抵之獸』，交互對之爾」。引之案：《封禪書》云「然後囿騶虞之珍羣，徼麋鹿之怪獸，導一莖六穗於庖，犧雙觡共抵之獸，獲周餘珍放龜於岐，招翠黄乘龍於沼」。首一字文義皆下屬，如云「此囿也，則有騶虞之珍羣」，即與「然後」之文隔閡。云「此獲也，則有周餘珍放龜在岐」，愈不辭矣。顏氏之説是也。「䆃」從禾而訓擇禾，於義甚允。䆃、導同聲而通訓，於音尤協。《封禪書》云「䆃一莖六穗於庖」，崔駰《七依》云「乃導玄山之粱，不周之稻」，其義一也。《説文》引「䆃一莖六穗」，而遺脱「於庖」二字，則知失檢原文，致有此錯。《字林》以下，相承不改，又曲爲之説，固非許氏之意。以許氏爲不達文章之體，亦未之細審也。《説文》「一莖六穗」，乃説「䆃」之形狀，非謂「穗一名䆃」也。此云「䆃，采也」，似又誤會《説文》矣。

秆、䅵、稭，稾也。

秆、稭、稾一聲之轉也。秆、稭、稾、䅵一聲之變轉也。《説文》云「稈，禾莖也，《春秋傳》曰『或投一秉稈』」，或從干作「秆」。《説文》所引乃昭二十七年《左傳》文。今本作「秆」字，杜預注云「秆，稾也」。《孫子·作戰篇》云「萁秆一石」，魏武帝注與杜預同。案：秆之言榦也，禾之榦也。今北方人謂禾莖曰秆草，以飼馬牛，又以爲簾薄。《玉篇》云「䅵，稻稈也」。《説文》又云「稭，禾稾去其皮，祭天以爲席」。《漢書·郊祀志》

「席用苴稭」，應劭注與《說文》同。字或作「秸」，或作「鞂」。《禹貢》云「三百里納秸服」，《釋文》云「秸」本或作「稭」，引馬融注云「去其穎也」。是馬以有莖無穗者爲「稭」也。《禮器》云「莞簟之安而稾鞂之設」，鄭注云「穗去實曰鞂」。是鄭又以有穗無實者爲「稭」也。案：《禹貢》「納總」「納銍」「納秸」相承，則「總」爲有莖有穗，「銍」爲有穗無莖，「秸」爲有莖無穗。《禮器》以「稾鞂」與「莞簟」對言，則「稾」爲有莖無穗，「鞂」爲有穗無實。於文各有所便也。稾、鞂對文則異，散文則通耳。稭爲禾稈之稱，因而麻稈亦謂之稭。《廣韻》「䕸」麻稈也，古諧切，或作「稭」，是也。今江淮之閒，則又通呼秫莖爲秫稭，豆莖爲豆稭，麥莖爲麥稭，聲正如「皆」矣。《衆經音義》卷十七引《倉頡篇》云「稾，禾稈也」。《周官·封人》云「共其水稾」。《吕氏春秋·任地》篇云「子能使稾數節而莖堅乎」。今江淮閒以稻稈爲席薦，謂之稾薦。是稻稈亦稱「稾」也。

稾，各本譌作「槀」，今訂正。

黍穰謂之䅶。

《說文》云「黍，禾屬而黏者也，以大暑而穜，故謂之黍」。《齊民要術》引《氾勝之書》云「黍者，暑也，種者必以暑」。是《說文》所本也。《說文》又云「𥣞，黍穰也」，「穰，黍𥣞已治者」。「𥣞」即䅶字。《廣韻》云「穰，禾莖也」。則禾莖亦名爲穰。下文「稻穰」「稷穰」，皆假借名莖。惟「䅶」之名專在黍也。䅶通作「茢」。襄二十九年《左傳》云「使巫以桃茢先祓殯」，杜預注云「茢，黍穰」，《正義》云「《檀弓》云『以巫祝桃茢執戈』，鄭玄云『茢，萑苕』，謂薍穗也，杜云『茢，黍穰』者，今世苕帚，或用薍穗，或用黍穰，是二者皆得爲之也」。鄭衆注《周官·喪祝》作「桃厲」，厲與「𥢷」同。《玉篇》《廣韻》竝云「䅶」或作「𥢷」。《御覽》引《風俗通義》

云「燒穰殺瓠，俗説家人燒黍穰，則使田中瓠枯死也」。

稻穰謂之稈。

上文云「稈，稾也」。秆與「稈」同。昭二十七年《左傳》「楚鄢將師令攻郤氏，且爇之，或取一編菅焉，或取一秉秆焉」。案：楚於《職方》屬荆州，其穀宜稻。所謂「秆」者，稻穰也。今江淮閒謂稻稈爲穰草，以炊飯，亦以飼馬牛。《本草拾遺》云「稻穰主黄病」。

稷穰謂之𥟖。

稷莖之名𥟖，猶麻莖之名𢊁，蒲莖之名騶也。《玉篇》云「𢊁，麻莖也」，古文作「𢊁」。《士喪禮》記云「御以蒲菆」，鄭注云「蒲菆，牡蒲莖也，古文『菆』作『騶』」。𢊁、騶、𥟖三字竝以「芻」爲聲，義相近矣。《通藝録・九穀考》云：稷、粱二穀見於經者，判然兩事。若《詩・鴇羽》之「不能蓺黍稷」，「不能蓺稻粱」。《周官・食醫》之「豕宜稷」「犬宜粱」。《聘禮》之「稷兩簠粱在北」，「稷兩簠粱在西」，「黍粱稻皆二行，稷四行」。《公食大夫禮》之「設黍稷六簋」，「授公飯粱」。《禮記・内則》之「飯，黍稷稻粱」。《玉藻》之「沐稷而靧粱」。《喪大記》之「君沐粱，大夫沐稷，士沐粱」。皆是也。秦漢以後，多溷二穀而一之。舉粱者輒逸稷，舉稷者又逸粱。粱者，粟之米也。粟者，禾之實也。《逸周書》言五方之穀，有粟無稷。《吕氏春秋・審時》篇，有禾無稷。則舉粱而逸稷者也。《吕氏春秋・十二紀》，《禮記・月令》，《淮南・時則訓》《天文訓》《墬形訓》《主術訓》，《内經・素問・金匱真言論》《五常政大論》，《史記・天官書》，皆言稷而不言粱。又若高誘《淮南・脩務訓》注，王逸《楚詞・大招》注，亦有稷無粱。則舉稷而逸粱者也。舉粱者非不知有稷，直謂稷爲粱也。舉稷者非不知有粱，直謂粱爲稷也。至韋昭《國語注》，則竟云「稷，粱也」。顯與經相戾矣。惟後鄭注《大宰》「九穀」，易司農「黍稷秫」爲「黍稷粱」，蓋知稷、粱之不可以相兼，故竝舉之。吾於是服康成之識之卓也。粱，今人謂之小米。稷，今人謂之高粱。高粱之種，先於諸穀。故《月令》孟春「首種不入」，注引舊説以首種爲稷也。《管子》書「日至七十日，陰凍釋而藝稷」，日至七十日，乃八九之末，俗謂「九裏種高粱」是也。高粱實最麤大，故謂之疏。疏猶麤也。《論語》云「疏食菜羹」。《玉藻》云「稷食菜羹」。二經皆與「菜羹」竝舉，則疏、稷一物。疏言其形，稷舉其名也。或即謂之「麤」。《左傳》云「粱則無矣，麤則有之」。麤對粱言之，正謂稷也。引之案：此説析繆解紛，郅爲精卓。窮物之情，復經之舊。援古證今，其辨明矣。原説甚詳，今録其略焉。《廣雅》之「稷」，蓋亦誤指粱言之。下文「藋粱，木稷」，方是古之稷耳。

麻黄莖，狗骨也。

詳見上文「龍沙，麻黄也」下。

白芷，其葉謂之葯。

芷與「茝」古同聲。芷即茝也。《説文》云「茝，虈也」，「楚謂之蘺，晉謂之虈，齊謂之茝」。《内則》云「婦或賜之茝蘭」，《釋文》云「茝」本又作「芷」。《楚詞・離騷》云「扈江離與辟芷兮」，王逸注云「辟，幽也，芷幽而香」。《招魂》云「菉蘋齊葉兮白芷生」。白芷以根白得名也。蘇頌《本草圖經》云「白芷根長尺餘，白色，粗細不等，枝榦去地五寸已上，春生葉，相對婆娑紫色，濶三指許」。是白芷根與葉殊色，故以白芷名其根，又別以「葯」名其葉也。若然，則《九歌》云「辛夷楣兮葯房，芷葺兮荷屋」，《七諫》云「捐葯芷與杜衡兮」，《九懷》云「芷閭兮葯房」，當竝是根葉分舉矣。但芷、葯雖根葉殊稱，究爲一草。故王逸《九歌》注云「葯，白芷也」。《西山經》「號山，其草多葯」，《淮南・俶務訓》「身若秋葯被風」，郭璞、高誘注竝與王逸同。是白芷亦得通稱爲「葯」也。白芷葉又名蒚麻。《名醫別録》云「白芷一名白茝，一名䖀，一名莞，一名苻蘺，葉名蒚麻」。蓋即以爲《爾雅》之「莞，苻蘺，其上蒚」矣。

公蕡、蘔葇、薴、萿、荏，蘇也。

《爾雅》云「蘇，桂荏」，郭注云「蘇，荏類，故名桂荏」。《方言》云「蘇，荏也，關之東西或謂之蘇，或謂之荏，周鄭之閒謂之公蕡，沅湘之南或謂之萿，其小者謂之蘔葇」，郭注云「今江東人呼荏爲菩，長沙人呼野蘇爲萿，蘔葇，薰葇也，亦蘇之種類，因名云」。案：蘔葇即香葇也。郭注云「薰葇」，薰亦香耳。《玉篇》云「葇，香葇菜，蘇類也」。《集韻》云「葇，菜名，似蘇」。《名醫別録》作「香薷」，陶注云「家家有此，惟葉生食」。蘇頌《圖經》云「似白蘇而葉更細，一作香葇，俗呼香茸，又有一種石上生者，莖葉更細而辛香彌甚，謂之石香薷」。《開寶本草》云「石香葇一名石蘇」。據此則香葇即蘇之別種，莖葉小於蘇，故《方言》云「其小者謂之蘔葇」也。香葇、香茸，聲之轉。孟詵《食療本草》謂之香戎。戎與「茸」同聲。顔師古《匡繆正俗》云「戎，即猱也，俗語變訛，謂之戎耳，猶今之香葇謂之香戎也」。蘔，曹憲《音》「穰」。各本脱去「蘔」字，《音》内「穰」字又誤入正文。《集韻》《類篇》「蘔」音汝兩切，引《廣雅》「蘔葇，蘇也」。今據以訂正。諸書無言蘇名「薴」者，「薴」上當有「葶」字。《中山經》云「熊耳之山有草焉，其狀如蘇而赤華，名曰葶薴，可以毒魚」。

「葶蕾」似蘇而以爲蘇，猶蘸葇矣。䖼，荏屬也。荏，白蘇也。《名醫别録》陶注云「蘇葉下紫而氣甚香，其無紫色不香似荏者，名野蘇」，此即《方言》注所云「長沙人呼野蘇爲䖼」者也。陶注又云「荏狀如蘇，高大，白色，不甚香，其子研之，雜米作糜，甚肥美，東人呼爲䓊」，此即《方言》注所云「江東人呼荏爲菩」者也。蘇頌《圖經》云「蘇有魚蘇，山魚蘇，皆是荏類」，「魚蘇似茵蔯，大葉而香，吴人以煮魚者，一名魚䔬，生山石間者名山魚蘇」。案：魚、䓊同聲，以是荏類，故亦得名「魚」耳。鄭注《内則》「薌無蓼」云「薌，蘇荏之屬也」。枚乘《七發》云「秋黄之蘇，白露之茹」。張衡《南都賦》云「蘇蔱紫薑，拂徹擅腥」。❶蓋其氣辛香，故用之也。今人多種院落中，有青紫二種，子皆生莖節間。古單呼紫者爲蘇，今則通稱耳。《齊民要術》引《氾勝之種植書》云「區種荏，令相去三尺」。

秈，稉也。

《説文》云「秔，稻屬」。俗作「稉」。《衆經音義》卷四引《聲類》云「秔，不黏稻也，江南呼秔爲秈」。《漢書·東方朔傳》云「馳騖禾稼稻秔之地」。《齊民要術》引崔寔《四民月令》云「三月可種稉稻」。《御覽》引《廣志》云「稉有烏稉、黑穬、青幽、白夏之名」。是稉之屬非一種也。《周官·食醫》「牛宜稌」，鄭衆注云「稌，稉也」。蓋專以「稌」之名屬稉。然《爾雅》「稌，稻」，自是大名。稉，特其不黏者耳。今江北呼秈稻聲如宣，秈凡數種，惟白秈至八月熟，最遲，亦最美。北方人呼之爲稉米。《九穀考》云：稉之爲言硬也，不黏

---

❶「擅」，《文選》作「羶」。

者也。今案：秈之爲言宣也，散也，不相黏箸之詞也。秈從禾、山聲。山、宣、散三字古聲義相近。《説文》云「山，宣也，宣氣散生萬物」，是其例矣。《説文》又云「穬，稻紫莖不黏者」，「稴，稻不黏者」，亦秈之類也。

秫，稬也。

《爾雅》云「粢，稷」，「衆，秫」。《説文》云「秫，稷之黏者」，「稬，沛國謂稻曰稬」。《爾雅》釋文引《字林》云「穤，黏稻也」。穤與「稬」同。是秫爲黏稷，稬爲黏稻。二者本不同物，故經傳言「秫」，無一是黏稻者。但以稬、秫俱黏，故後世稱稬者亦得假借稱秫。《唐本草》注引《氾勝之種植書》云「三月種秔稻，四月種秫稻」。《晉書·陶潛傳》云「五十畝種秫，五十畝種秔」。崔豹《古今注》云「稻之黏者爲秫」。《世説·任誕》篇云「今年田得七百斛秫米，不了麴糵事」。《名醫别録》云「秫米味甘微寒，止寒熱利大腸，療漆瘡」。《唐本》注云「此米功用是稻秫也，今大都呼稻秫爲糯矣」。《爾雅》釋文云「江東人皆呼稻米爲秫米，嚼稻米以治漆瘡，亦驗」。皆是也。《名醫别録》又别有「稻米」，《匡謬正俗》云「今稬米也，許氏《説文解字》曰『稻，稌也』，『沛國謂稻爲稬』，又《急就篇》『稻黍秫稷粟麻秔』，左太沖《蜀都賦》曰『粳稻漠漠』，益知稻即稬，共『粳』竝出矣，然後以稻是有芒之穀，故於後或通呼粳、稬揔謂之稻，孔子曰『食夫稻』，《周官》有『稻人』之職，漢置『稻田使者』，此竝非指屬稻『稬』之一色，所以後人混稬，不知『稻』本是『稬』耳」。《九穀考》云：《七月》之詩「十月穫稻，爲此春酒，以介眉壽」。《月令》仲冬「乃命大酋，秫稻必齊」。《内則》《雜記》竝有「稻醴」。《左傳》「進稻醴粱糗」。《内經》黄帝問爲五穀湯液及醪醴，岐伯對曰「必以稻米，炊之稻薪」。皆言釀稻爲酒醴，是以稻爲黏者之名，黏者以釀也。《内則》糝、酏用稻米。《籩人》職之餌、餈，注亦以爲用稻米。皆取其黏耳。而《食醫》之職「牛宜稌」，鄭司農説「稌，粳也」，又引《爾雅》云「稌，稻」。是又以「粳」釋稻，粳，其不黏者也。孔子曰「食夫稻」，亦不必專指黏者言。《職方氏》揚、荆諸州，亦但云「其穀宜稻」。吾是以知「稌，稻」之爲大名也。引之案：《詩》以黍、稷、稻、粱竝舉，明皆大名也。稻之不黏者名秔，後遂專呼黏者爲稻。猶黍之不黏者名穄，後遂專呼黏者爲黍耳。

𪏮、䵚、䅭䅣，穄也。

𪏮，舊本作「𪐈」，此曹憲避隋文帝諱而缺其末畫也。𪏮與「𪏰」同。䵚與「𪎭」同。《衆經音義》卷十一引《倉頡篇》云「穄，大黍也」，又云「似黍而不黏，關西謂之𪎭」。《説文》云「𪎭，穄也」，「䅭䅣，穀名」。《玉篇》云「𪏰，𪎭也」。《吕氏春秋·本味》篇云「飯之美者，陽山之穄」，高誘注云「穄，關西謂之𪎭，冀州謂之𪏰」。《穆天子傳》云「赤烏之人獻穄麥百載」，郭璞注云「穄似黍而不黏」。《後漢書·烏桓傳》云「其土地宜穄」。陳藏器《本草拾遺》云「𪎭、穄一物，性冷，塞北最多，如黍黑色」。案：《隋書·禮儀志》云「北齊藉於帝城東南千畝，内種赤黍黑穄」，則「穄」自有黑者，然此特其中一種耳。《齊民要術》引《廣志》云「穄有赤白黑青黄，凡五種也」。《九穀考》云：《説文》以禾況黍，謂黍爲「禾屬而黏者」，非謂禾爲黍屬而不黏者也。是故禾屬而黏者黍，則禾屬而不黏者𪎭。對文異，散文則通稱黍。謂之禾屬，要之皆非禾也。《古今注》言「禾之黏者爲黍，亦謂之穄，亦曰黄米」，則是以黍爲禾之黏者，其不粘者即禾也，失之遠矣。𪎭之稱黍，其證有五。《爾雅》「秬，黑黍」。《内則》「飯，黍稷稻粱，白黍黄粱」，鄭氏注「黍，黄黍也」。《韓非子》「吴起欲攻秦小亭，置一石赤黍東門外」。經傳中見黑黍、白黍、黃黍、赤黍，不見黑穈、白穈、黃穈、赤穈，則知散文通稱黍也。此一證也。嘗索取農人所藏黍種，有赤白青黑之别而獨無黃黍，惟穈則類多黃者，且色愈黃則愈不黏。然則《内則》注所云「黃黍」者，穈也，穄也。而《内則》則直謂之黍，此二證也。古以黏黍釀酒，及爲餌餈酏粥之屬。其爲飯則用不黏者，不黏者穈也。故《特牲饋食禮》有「摶黍」之儀，以其不相黏箸，故摶之也。所用是穈，而經文則稱爲黍，此三證也。《周官·土訓》「掌道地圖，以詔地事」，注云「説九州所宜，若云荆揚地宜稻，幽并地宜麻」，《釋文》云「麻」一本作「穈」。余案此字必「穈」字之譌。蓋鄭注所謂若「云」者，實據《職方氏》。《職方》荆、揚但云「宜稻」，與此注合。而幽州宜三種，并州宜五種，注皆有黍無麻。是「麻」當爲「穈」，穈即謂黍也。此四證也。《夏小正》、伏生《尚書大傳》、《淮南子》、劉向《説苑》皆云「大火中種黍菽」，而《吕氏春秋》則云「日至樹麻與菽」。麻生於二三月，夏至後則刈麻矣。今云「日至樹麻」，其爲「樹穈」之譌無疑。《夏小正》諸書竝云「黍菽」，《吕氏》言「穈菽」，是穈、黍互通之確據也。此五證也。然則穈爲黍之一種，顯然甚明。而唐蘇恭乃云「《本草》載稷不載穄，稷即穄也，今楚人謂之稷，關中謂之穈，呼其米爲黃米，與黍爲秈秫」，則是以黏者爲黍，不黏爲稷也。❶不知黍中之有穄，猶稷中之有秫，稻中之有秔，一穀自兼二種，安可以黍之不黏者爲稷乎？今太原以東呼黏者爲黍子，不黏者爲穈子。武邑人亦呼之曰黍子、穈子，而呼黍之米曰黃米，穈之米曰穄米。穄音與「稷」相近，此後人之所以誤

❶「黏」，原作「者」，今據續四庫本改。

指穄爲稷也。《説文》穈、穄互釋，稷、齋互釋，其爲二物甚明。以穄冒稷，豈不謬哉！引之案：今北人呼穈爲穈黍，亦稱穄子。穄、稷之音相似而不同。雖今江淮之閒亦呼爲穄米，無作稷稱者。蘇恭所言「楚人謂之稷」，恐楚人自是呼「穄」，蘇氏誤聽以爲「稷」耳。稷種於孟春，故《月令》謂之「首種」。穄與黍五月始種，故《齊民要術》云「夏種黍穄」。穄之不得爲稷，明矣。至李時珍以穄爲稷，以穈爲黍，穄、穈一物而二之。此則蘇恭未有之誤，不足深辨者也。

黂，麻也。

各本脱去「麻也」二字，遂與下「⿸麻朱也」混爲一條。《集韻》《類篇》引《廣雅》「黂，⿸麻朱也」，則宋時《廣雅》本已譌。案：諸書無訓「黂」爲⿸麻朱者。《御覽》《藝文類聚》竝引《廣雅》「黂，麻也」。今據以補正。《爾雅》「黂，枲實」，《齊民要術》引孫炎注云「黂，麻子也」。《釋文》云「黂」本或作「蕡」。《説文》則作「萉」，云「萉，枲實也」，或從麻賁作「黂」。《周官·籩人》「朝事之籩，其實麷蕡」，鄭衆注云「熬麥曰麷，麻曰蕡」。《少牢下》篇「麷蕡坐設於豆西」，鄭注云「蕡，熬枲實也」。案：黂者，實之貌也。《周南·桃夭》篇「有蕡其實」，傳云「蕡，實貌也」。是其義矣。麻子名黂，因名有子之麻爲黂。《淮南·説林訓》云「黂不類布而可以爲布」，高誘注云「黂，麻之有實者」，是也。麻有黂者即稱爲黂，猶麻盛子者即稱爲茡。《爾雅》云「茡，麻母」，《齊民要術》引孫炎注云「茡，苴麻盛子者」。《説文》「茡」作「芓」。是也。麻子名黂，因名有子之麻爲黂。猶麻子名苴，因名有子之麻爲苴。《豳風·七月》篇「九月叔苴」，傳云「苴，麻子也」。《喪服》「苴絰」，傳云「苴，麻之有蕡者」。是也。黂、蘊聲相近，故黂又謂之蘊。《齊民要術》引崔寔《四民月令》云「苴，麻之有蘊者，苧麻是也，一名黂」。《御覽》引《吴普本草》云「麻子一名麻蘊，一名麻蕡」。是「⿸麻賣」即蘊也。麻子謂之蘊，亦謂之⿸麻賣。因而麻蒸謂之蘊，亦謂之⿸麻賣。因而碎麻謂之蘊，亦謂之⿸麻賣。《漢書・蒯通傳》「即束緼請火於亡肉家」，謂束麻蒸取火也。《説文》云「熜，然麻蒸也」。《管子・弟子職》篇「昏將舉火，執燭隅坐，錯總之法，横於坐所，蒸閒容蒸，然者處下」，總與「熜」同。是古人取火多用麻蒸。《周官・司烜氏》「凡邦之大事，共墳燭庭燎」，故書「墳」爲「蕡」，鄭衆注云「蕡燭，麻燭也」。《淮南・説林訓》云「黂燭⿰爿角，膏燭澤」，亦謂麻蒸爲燭耳。是麻蒸謂之蘊，亦謂之⿸麻賣也。《論語・子罕》篇「衣敝緼袍」，孔傳云「緼，枲著也」，皇侃《義疏》云「以碎麻著裏也，碎麻曰緼」。《列子・楊朱》篇「宋國有田夫常衣緼黂」，張湛注云「黂，亂麻也」。亂麻猶碎麻耳。是碎麻謂之蘊，亦謂之⿸麻賣也。《神農本草》「麻子」外別出「麻蕡」，云「一名麻勃」。《名醫別録》云「此麻花上勃勃者」。則又以「蕡」爲花，與傳注異。《御覽》引《吴普本草》以麻子爲麻蕡，以麻勃爲麻花，斯得其實也。

⿸麻朱也。

各本「⿸麻朱」下有「誅」字之音。案：《説文》《玉篇》《廣韻》竝無「⿸麻朱」字。正文及音，皆不知何字之譌。其字之上下，亦不知脱去何字。

大豆，尗也。

尗，本豆之大名也。《説文》「尗，豆也，象尗豆生形」。字又作「菽」。《藝文類聚》引楊泉《物理論》云「菽者衆豆之摠名」。《管子・地員》篇云「五穀之狀婁婁然，不忍水旱，其種大菽細菽」。《吕氏春秋・審時》篇云「大菽則圓，小菽則摶以芳」。是大、小豆皆名菽也，但小豆别名爲「荅」而大豆仍名爲菽，故菽之稱專在大豆矣。陶弘景注《名醫别録》「稷米」引董仲舒云「菽是大豆，有兩種」。《小雅·采菽》箋云「菽，大豆也，采其葉以爲藿」。又《小宛》云「中原有菽，庶民采之」，《正義》云「菽者，大豆也」。《魯頌·閟宫》「稙穉菽麥」，《檀弓》「啜菽飲水」，《釋文》竝云「菽，大豆也」。《春秋》定公元年「隕霜殺菽」，《漢書·五行志》載之。劉向以爲「菽，草之彊者」，顔師古注云「菽，大豆也」。大豆春夏皆可種。《齊民要術》引《氾勝之種植書》云「大豆保歲易爲宜，古之所以備凶年也，三月榆莢時有雨，高田可種大豆」，又云「夏至後二十日尚可種，戴甲而生，不用深耕」，是也。鄭衆注《大宰》「九穀」，大豆與居一焉，蓋自古重之矣。大豆又名荏菽，聲轉而爲戎菽。《大雅·生民》云「蓺之荏菽」，傳用《爾雅》云「荏菽，戎菽也」，箋云「戎菽，大豆也」，《正義》云「《釋草》云『戎菽謂之荏菽』，孫炎曰『大豆也』，此箋亦以爲大豆，樊光、舍人、李巡、郭璞皆云『今以爲胡豆』，璞又云『《春秋》齊侯來獻戎捷，《穀梁傳》曰「戎菽也」，《管子》亦云「北伐山戎，出冬蔥及戎菽，布之天下」，今之胡豆是也』，案《爾雅》戎、菽皆爲大豆，注《穀梁》者亦以爲大豆也，郭璞等以戎菽爲胡豆，后稷種穀，不應捨中國之種而種戎國之豆，即如郭言，齊桓之伐山戎，始布其豆種，則后稷之所種者，何時絶其種乎，而齊桓復布之，禮有戎車，不可謂之胡車，明戎菽正大豆是也」。《九穀考》云：《爾雅·釋詁》壬、戎皆訓爲大，壬與荏字可通，荏菽、戎菽，大豆之稱也。《管子》書「戎菽」或别是一種，非后稷之所樹者。

小豆，荅也。

《説文》云「荅，小尗也」。陶弘景注《别録》「稷米」引董仲舒云「小豆一名荅，有三四種」。鄭衆注《周官·

掌客》云「秏，讀爲『秏秭麻荅』之秏」。《九章算術·粟米》章云「菽荅麻麥各四十五」，李籍《音義》云「菽，大豆也，荅，小豆也」。《漢婁壽碑》「麄絺大布之衣，**糲𥻗**疏菜之食」，**糲𥻗**與「糲荅」同。小豆，古投壺之禮用之。《投壺》云「壺中實小豆焉，爲其矢之躍而出也」，鄭注云「實以小豆，取其滑且堅」。鄭衆注《大宰》「九穀」，竝列大、小豆，則小豆之重等於大豆也。小豆種於四五月。《齊民要術》云「小豆夏至後十日種者爲上時」，引《氾勝之種植書》云「小豆不保歲難得，椹黑時注雨種，畝一升」，又引崔寔《四民月令》云「四月時雨降，可種大、小豆，美田欲稀，薄田欲稠」。❶

豍豆、豌豆，蹓豆也。

《齊民要術》引崔寔《四民月令》云「正月可種春麥豍豆，盡二月止」。案：今北方人種豌豆在正月中，與《四民月令》相符。故北方農人爲之語云「豌豆大麥不出九」也。南方人種之則於八九月，此土地異宜，故遲速不齊也。豌豆枝莖柔弱，布地而生，葉閒有鬚連卷然，葉形頗圓，兩兩相值，初生時肥嫩可食，南方人多摘以爲蔬，味極美。三四月放小花四瓣，向内者二，向外者二，亦皆相對，花色淡紫可愛。四五月作莢長寸餘，莢中子皆圓如珠子，煑食之香美，亦可以爲醬。大抵與麥偕熟耳。《齊民要術》云「豍豆，大豆類也」，「豌豆，小豆類也」，則是分豍豆、豌豆爲二，與《廣雅》異，所未詳也。

胡豆，跭𨇁也。

---

❶「令」，原作「今」，今據經解本改。

《御覽》引《神農本草》説「生大豆」云「張騫使外國得胡豆，或曰戎菽」。《大雅·生民》正義引舍人、樊光、李巡三家《爾雅》注，皆謂「戎菽」今以爲胡豆。郭璞《爾雅》注、孟康《漢書·天文志》注、徐邈《穀梁》莊三十一年傳注，亦同。依徐邈《穀梁傳》注，則「胡豆」之來在齊桓之世。依《本草》則在漢武之時。説之當否，皆未可定。要自舍人《爾雅》注始見「胡豆」之名也。《本草》所説張騫得胡豆在「生大豆」條下，則是即以胡豆爲大豆。案：《齊民要術》引《廣志》云「大豆有黄落豆，有御豆」，又云「胡豆有青有黄者」，則大豆、胡豆爲二物。故舍人、樊光等以《爾雅》「戎菽」爲胡豆，而孫炎則改從《詩》箋釋以大豆。《御覽》又引郭璞注，不從孫炎大豆，而訂爲胡豆之説，明胡豆非大豆也。《名醫別録序例》云「丸藥如胡豆者，即今青斑豆也，以二大麻子準之」。孫思邈《千金備急方》云「青小豆，一名胡豆」。陳藏器《本草拾遺》云「胡豆苗似豆，生野田閒，米中往往有之」。則胡豆正是小豆之屬，故《廣雅》大豆、胡豆不同釋也。

大麥，麳也。

此與下「小麥，麳也」俱釋《周頌》「來牟」之義。《周頌·思文》云「貽我來牟」，傳云「牟，麥也」，箋云「武王渡孟津，後五日，火流爲烏，五至，以穀俱來，此謂貽我來牟」。又《臣工》「於皇來牟」，箋云「於美乎赤烏以牟麥俱來」。是不以「來」爲麥也。《漢書·劉向傳》引《詩》作「釐麳」而釋之云「釐麳，麥也，始自天降」。則來、牟俱是麥，於文義爲允也。《説文》云「來，周所受瑞麥來麳，一麥二鏠，象芒刺之形，天所來也，故爲行來之來」，引《詩》曰「詒我來麳」。又云「齊人謂麥爲秾」。秾與「來」通。又云「麳，來麳，麥也」。則亦以「來麳」爲麥，與劉向同。但不言大、小耳。李善注《典引》引《韓詩》薛君《章句》云「麰，大麥也」。麰與

「麰」同。《孟子·告子》篇「今夫麰麥，播種而耰之，其地同，樹之時又同，浡然而生，至於日至之時皆熟矣」，趙岐注云「麰麥，大麥」，引《詩》云「貽我來麰」。來、麰對文，麰爲大，則來爲小矣。古謂大爲牟。《御覽》引《淮南子》注云「牟，大也」。大麥，故稱牟也。《玉篇》云「麰，春麥也」，「䵃，大麥也」。䵃與「穬」通。案：《齊民要術》引崔寔《四民月令》云「凡種大、小麥，得白露節可種薄田，秋分種中田，後十日種美田，唯穬早晚無常，正月可種春麥，盡二月止」。是穬麥、春麥皆與大麥異物。然蕭炳《四聲本草》云「穬麥，大麥之類，山東河北人正月種之，名春穬，形狀與大麥相似」。云「春穬正月種」，則即崔寔所謂「正月種春麥」者矣。形與大麥相似，故《玉篇》以爲「麰」也。今北方人種春麥者，多是小麥。別有一種大麥，二月種之，三月即熟，濟南人謂之三月黃，亦春穬之類也。《御覽》引《吴普本草》云「大麥，一名穬麥」。蓋二麥相類，故亦得通名。陳藏器《本草拾遺》乃云大麥是麥米，穬麥是麥殼。案：《四民月令》大、小麥外別言「種穬」。《藝文類聚》引魏黄觀《奏》亦云「小麥略盡，惟穬麥大麥，頗得半收」。則大麥、穬麥自是二種，陳説非也。蘇恭《本草》注則又以大麥爲青稞麥。案：《齊民要術》云「青稞麥與大麥同時熟」，其爲二物甚明，蘇説亦非也。大麥之熟先於小麥。《吕氏春秋·任地》篇云「孟夏之昔，殺三葉而穫大麥」，高誘注云「是月之季，大麥熟而可穫，大麥，旋麥也」。案：孟夏之季始穫大麥，則小麥猶未熟。《月令》孟夏之月「農乃登麥」，當是大麥矣。今大麥、小麥各有有芒、無芒二種，無芒者良。大麥可煮食，小麥則作餅用之。鄭注《月令》云「麥者，接絶續乏之穀，尤重之」。故《周官·大宰》「九穀」，鄭衆注以大、小麥竝言。蓋「貽我來牟」，有不可偏廢者耳。

小麥，麳也。

説詳上文「大麥，麰也」下。

蕛、䅡，茅穗也。

茅穗，茅秀也。蕛與「荼」同。《鄭風·出其東門》篇「有女如荼」，傳云「荼，英荼也，言皆喪服也」，箋云「荼，茅秀，物之輕者，飛行無常」，《正義》云「言『荼，英荼』者，《六月》云『白旆英英』，英是白貌，茅之秀者，其穗色白，言女皆喪服，色如荼然，《吳語》『白常白旗素甲白羽之矰，望之如荼』，韋昭云『荼，茅秀』，亦以白色爲如荼，與此傳意同」。案：《考工記》「鮑人之事，望而眡之，欲其荼白也」，鄭注云「當如茅秀之色」。《漢書·禮樂志》「顔如荼」，應劭注云「荼，野菅白華也，言此奇麗，白如荼也」。「野菅」即茅屬。《説文》云「菅，茅也」。是茅穗名荼，義取白色也。蘇頌《本草圖經》云「茅春生苗布地如針，夏生白花茸茸然」，即所謂「荼」矣。古者用荼以爲席箸。《夏小正》云四月「取荼」，傳云「荼也者，以爲君薦蔣也」。《士喪禮》記云「茵箸用荼」，鄭注云「荼，茅秀也」。《周官·掌荼》「掌以時聚荼以共喪事」，鄭注云「共喪事者，以箸物也」，引《士喪禮》記「茵箸用荼」。皆是也。《説文》云「䅡，茅秀也，從草、私聲」。案：《説文》云「私，禾也，北道名禾主人曰私主人」。私與「䅡」同聲，當亦是禾秀之稱，後乃通名禾爲私耳。私、穗正一聲之轉也。茅穗名䅡，禾穗亦名私。猶茅穗名蕛，禾穗亦名蕛。《廣韻》云「穟，穗也」。《集韻》云「禾穗曰穟」，或從斜作「蕛」。《玉篇》《廣韻》竝云「蕛，穗也」。不言茅穗，則爲禾穗可知。故禾穗之亦名䅡，可以「蕛」定之也。蕛、䅡亦一聲之轉。

蒲穗謂之蕁。

《廣韻》云「蕁，蒲秀也」。「秀」亦穗也。《爾雅》云「莞，苻蘺，其上蒚」，郭注云「今西方呼蒲爲莞蒲，蒚，謂其頭臺首也」。臺首，即其作穗處矣。《玉篇》云「蒚，謂今蒲頭有臺，臺上有重臺，中出黄，即蒲黄也」。《神農本草》有「蒲黄」，陶注云「此即蒲釐花上黄粉也」。蘇頌《圖經》云「蒲，今處處有之，春初生嫩葉，未出水時紅白，色茸茸然，至夏抽梗於叢葉中，花抱梗端，如武士棒杵，故俚俗謂蒲槌，亦謂之蒲釐花，黄即花中蘂屑也，細若金粉，當其欲開時，有便取之，市廛閒亦採，以蜜搜作果食貨賣，甚益小兒」。案：今蒲草初作穗時，有黄籜裹之，穗上有重臺，長大則籜拆裂，隨風落去，穗上重臺亦漸枯，其穗皆紫茸四周，密密相次，長五六寸，形正圓，高郵人謂之蒲棒頭，以其形似之也。謝靈運《於南山往北山經湖中瞻眺》詩云「新蒲合紫茸」，李善注云「謂蒲華也」。謝朓《詠蒲》詩云「暮蕊雜椒塗」，亦是此耳。蒲穗形圓，故謂之蕁。蕁之爲言團團然叢聚也。《說文》云「蕁，蒲叢也」。蒲草叢生於水，則謂之蕁。蒲穗叢生莖末，亦謂之蕁。訓雖各異，義實相近也。

箘、簬、簣、篏笴、簫、籥，箭也。

《說文》云「簬」古文作「簵」。《禹貢》云「惟箘簵楛三邦底貢」，鄭注云「箘簵，聆風也」。又注《考工記》「妢胡之笴」云「妢胡，胡子之國，在楚旁，笴，矢榦也」，引《禹貢》荆州貢箘簵楛。是箘簵楛皆可爲箭，故《趙策》云「襄子無矢，發楛而試之，其堅則箘簬之勁不能過也」。箘簵一名聆風。故馬融《長笛賦》云「特箭稾而莖立兮，獨聆風於極危」，言箭稾而及聆風，明其可以爲箭也。箘簬或作「箟簬」。《楚辭·七諫》《哀時命》竝云「箟簬雜於廱蒸兮」。又作「宛路」。《吕氏春秋・直諫》篇云「荆文王得茹黄之狗，宛路之矰」。《説苑・正諫》篇「宛路」作「箘簬」。茹黄與箘簬對言，茹黄是一狗之名，則箘簬亦似是一竹之名。戴凱之《竹譜》從《禹貢》傳，以箘、簵爲二竹。而亦不能分何者爲箘，何者爲簵。但云「是會稽箭類，皮特黑澀」而已。然《淮南・本經訓》云「松柏菌露，宛而夏槁」，高注云「菌露，竹筡也」。菌露與「箘簵」同。松柏、箘簵對文，則箘之與簵，猶松之與柏，一種之中，少有不同也。又《中山經》云「暴山，其木多竹箭䉋箘」，郭注云「箘亦篠類，中箭」。單言箘，則别有「簵」可知也。箘之言圓也。《説文》云「圜謂之囷，方謂之京」。是囷、圓聲近義同。箭竹小而圓，故謂之箘也。竹圓謂之箘，故桂之圓如竹者，亦謂之箘。《名醫别録》云「菌桂正圓如竹」是也。竹圓謂之箘，故篿篅形圓亦謂之箘。《方言》云「篿或謂之箘，或謂之箭裹，或謂之夗專，或謂之匴璇，或謂之棊」。案：夗專、匴璇皆圓之貌。夗專猶宛轉也。篿棊謂之箭，亦謂之箘。竹謂之箭，亦謂之箘。篿箭謂之箘，亦謂之宛轉。箭竹謂之箘簬，亦謂之宛簬。其義一也。𥳁笴即䉋竹，詳見上文「箭、䉋，𥳈也」下。簫，古「篠」字。馬融《長笛賦》云「林簫蔓荆」，李善注云「簫與『篠』通」。《爾雅》云「篠，箭」。《説文》「篠」作「筱」，云「箭屬，小竹也」，「筱可爲矢」，引《夏書》「瑶琨筱簜」，今本「筱」作「篠」。篠之爲言猶小也。《竹譜》云「𥴦，細竹也，出《蜀志》，薄肌而勁，中三續射博箭，𥴦，音衛，見《三倉》」。字通作「衛」。《淮南・原道訓》云「射者扜烏號之弓，彎綦衛之箭」。《兵略訓》云「括淇衛箘簵」。淇與「綦」同。淇衛、箘簵對文，皆箭竹之名也。《方言》云「篿或謂之箭裹，或謂之棊」。《竹譜》云「𥴦竹中博箭」。是𥴦與棊一物也。棊、綦古同聲。以𥴦爲博箭謂之棊，以𥴦爲射箭，則亦謂之綦耳。綦者，箭莖之名。

《説文》云「萁，豆莖也」。《孫子·作戰篇》「萁秆一石」，魏武帝注云「萁，豆稭也」。稭猶莖也。豆莖謂之萁，箭莖謂之綦。聲義竝同矣。乃高誘注《原道訓》云「綦，美箭所出地名也，衞，利也」，注《兵略訓》云「淇衞、箘簵，箭之所出也」。《竹譜》引《淮南子》而釋之云「淇園，衞地，《毛詩》所謂『瞻彼淇奧，緑竹猗猗』是也」。案：淇，特衞之水名。先言「淇」而後言「衞」，則不詞矣。晉有澤曰董，蒲之所出也。然不得曰「董晉」之蒲。楚有藪曰雲，竹箭之所生也。然不得曰「雲楚」之竹箭。且淇水之地，去堯都非甚遠。當禹作貢時，何反不貢箘簵，而貢者乃遠在荆州乎？箭，矢竹也，亦詳上文「箭、鏑，鏃也」下。

⿱艹燋、奚毒，附子也。一歲爲萴子，二歲爲烏喙，三歲爲附子，四歲爲烏頭，五歲爲天雄。

⿱艹燋，《玉篇》作「⿱艹⿰米焦」。奚毒一作「鷄毒」。《淮南·主術訓》云「天下之物莫凶於鷄毒，然而良醫橐而藏之，有所用也」。附子可以殺人，《漢書·外戚傳》云「即擣附子齎入長定宮」是也。又可以爲糞田之用，《齊民要術》引《氾勝之種植書》云「取骨汁以漬附子」是也。「萴子」以下五等之名，説者不一，皆與此殊。《吴普本草》云「烏頭正月始生，葉厚，莖方，中空，葉四四相當，與蒿相似，十月採，形如烏頭，有兩岐相合，如烏之喙者，名曰烏喙」，又云「側子八月採，是附子角之大者」。側與「萴」同。《名醫别録》云「烏頭長三寸已上爲天雄」。此皆以形狀爲别者也。《御覽》引《博物志》云「物有同類而異用者，烏頭、天雄、附子一物，春夏秋冬，採之各異」。《名醫别録》云「冬月採爲附子，春採爲烏頭」。此皆以時候爲别者也。蘇頌《圖經》云「烏頭、烏喙、天雄、附子、側子，五品都是一種，冬至種之，次年八月後方成，《廣雅》云『一歲爲萴子，二歲爲烏喙，三歲爲附子，四歲爲烏頭，五歲爲天雄』，今一年種之，便有此五物，豈今人種蒔之法，用力倍至，故爾繁盛也？雖然，藥力當緩於歲久者耳」。今案：莔子、烏喙諸名對文則異，散文則亦有通者。《廣雅》言「奚毒，附子也」，「三歲爲附子，四歲爲烏頭」，而高誘注《淮南·主術訓》云「鷄毒，烏頭也」，《神農本草》亦云「烏頭，一名奚毒」。是「附子」即烏頭也。《廣雅》言「一歲爲莔子，二歲爲烏喙」，而《説文》云「莔，烏喙也」。是「莔子」即烏喙也。《鹽鐵論·誅秦》篇云「如食莔之充腸也，欲其安存，何可得也」，《燕策》云「人之饑所以不食烏喙者，以爲雖偷充腹而與餓死同患也」，《後漢書·霍諝傳》云「猶療飢於附子」。食莔猶言食烏喙也。饑食烏喙猶言療飢於附子也。此莔子、烏喙、附子三者通稱之證也。《神農本草》云「烏頭一名烏喙，一名即子」。即子與「莔子」同。《御覽》引《神農本草》「即」正作「莔」。謝靈運《山居賦》云「三建異形而同出」，自注云「三建，附子、天雄、烏頭也」。不言莔子與烏喙者，蓋以其即是烏頭矣。此莔子、烏喙、烏頭三者通稱之證也。又《墨子·雜守》篇云「令邊縣豫種畜烏喙」「烏喙桔梗」。《晉語》「置堇於肉」，《大雅·緜》篇正義引賈逵注云「堇，烏頭也」。《爾雅》云「芨，堇草」，郭璞注云「即烏頭也，江東呼爲堇」。《御覽》引崔寔《四民月令》云「三月可採烏頭」。❶凡言烏喙、烏頭者，似亦通稱，不以歲分矣。其有對文異者。《淮南·繆稱訓》云「天雄烏喙，藥之凶毒者也，良醫以活人」，則天雄與「烏喙」異也。《急就篇》云「烏喙附子椒芫華」，則烏喙與附子異也。《博物志》引《神農經》云「藥種有五物，四曰天雄烏頭，大豆解之」，則天雄與烏頭異也。或以辨異，或以統同，義得兩通耳。

❶「寔」，原作「實」，今據續四庫本改。後倣此，不再出校。

蘤、葩、菁、蘂、花，華也。

《後漢書·張衡傳》云「百卉含蘤」，李賢注引張氏《字詁》云「蘤，古『花』字也」。「含蘤」即含華，《南都賦》云「芙蓉含華」是也。蘤之言芛也。《玉篇》云「蘤，華榮也，爲詭切」。《爾雅》云「芛、皇、華，榮」，郭注云「今呼草木華初生者爲芛，音貐豬」，《釋文》羊捶反。芛與「蘤」聲義正相近矣。蘤字從艸、從白、爲聲，古音「爲」如「化」，故「花」字從化聲而古作「蘤」。《堯典》「平秩南訛」，《史記·五帝紀》作「南爲」，《漢書·王莽傳》作「南僞」，是其例也。從白與「皅」同義。《説文》云「皅，草華白也，從白、巴聲」，「葩，華也，從艸、皅聲」。徐鍇《傳》云「今謂草華房爲葩也」。《高唐賦》云「葩葉覆蓋」。字通作「芭」。《夏小正》月三月「拂桐芭」，❶傳云「言桐芭始生貌拂拂然也」。《月令》云季春之月「桐始華」。是也。葩之言鋪也。干寶注《説卦傳》云「鋪爲花貌謂之藪」。《衆經音義》卷七引《聲類》云「葩，盛貌也」。《高唐賦》又云「江蘺載菁」，李善注引《廣雅》云「菁，華也」。菁之言菁菁然盛也。《衛風·淇奥》篇「緑竹青青」，傳云「青青，茂盛貌」，《釋文》云「青」本或作「菁」。《唐風·杕杜》篇「其葉菁菁」，傳云「菁菁，葉盛也」。葉盛謂之菁，華盛謂之菁，其義一也。菁又爲䪤韭蕎三種華之稱，❷詳見下文。《離騷》云「貫薜荔之落蘂」，王注云「蘂，實貌也，貫累香草之實」，呂延濟注云「蘂，花心也」。案：上文言「餐秋菊之落英」，此言「貫薜荔之落蘂」。英、蘂

❶ 上「月」字，疑衍。

❷ 「䪤韭蕎三」，原作「韭蕎三種」，今據續四庫本改。

蓋俱是華，積累香草之華，文義亦通耳。蘂之言蕤也。《説文》云「蕤，草木華垂皃」，「甤，草木實甤甤也」。劉逵《蜀都賦》注云「蘂者，或謂之華，或謂之實，一曰花鬚頭點也」。《廣韻》云「花外曰萼，花内曰蘂」。實謂之甤，亦謂之蘂。華謂之蕤，亦謂之蘂。皆垂之貌也。《説文》云「繠，垂也」。繠與「蘂」聲義正同。故《南都賦》「敷華蘂之蓑蓑」，李善注云「蓑蓑，下垂貌」矣。《玉篇》云「花，今爲華、荂字」。顧炎武《唐韻正》云：考「花」字自南北朝以上，不見於書。《隋書·禮儀志》梁武帝引孔氏《尚書》「山龍華蟲」傳曰「華者，花也」，今傳無此語。而朱子固已疑此傳爲非漢人之作矣。晉以下書中，閒用「花」字，或是後人改易。惟《後魏書·李諧傳》載其《述身賦》曰「樹先春而動色，艸迎歲而發花」，又曰「肆雕章之腴旨，咀文苑之英華」，「花」字與「華」竝用。而五經、《楚辭》、諸子，先秦兩漢之書，皆古本相傳，凡「華」字未有改爲「花」者。又考太武帝始光二年三月，初造新字千餘，頒之遠近以爲楷式。如「花」字之比，得非造於魏晉以下之新字乎？引之案：《廣雅》釋「花」爲華，《字詁》又云「蘤，古『花』字」，則魏時已行此字，不始於後魏矣。又《藝文類聚》載晉棗據「遊覽」詩云「矯足登雲閣，相伴步九華，徙倚憑高山，仰攀桂樹柯，延首觀神州，迴精眄曲阿，芳林挺修榦，一歲再三花」，則華、花竝用，西晉初人已然，又不始於後魏李諧之《述身賦》也。「華」字古音在虞部，西漢以後，亦有轉入戈部者。司馬相如《上林賦》以華、沙爲韻，東方朔《誡子》詩以華、和、多爲韻，皆是其證。故後出之「花」字以「化」爲聲。「化」字古音正在戈部也。又戈部字古無四聲之別，故平聲之「花」而諧去聲之「化」。字雖俗體，古意猶存，殆非齊梁以後之所能爲矣。《爾雅》云「華，荂也」，「華、荂，榮也」。

梧、杜、蔽、芨、荄、株，根也。

梧、芨聲之轉。根之名芨又名梧，猶杖之名柭又名梧也。《説文》云「柭，梧也」。高誘注《淮南·詮言訓》云「梧，大杖也」。是其例矣。《名醫别録》有「百部根」，陶注云「根數十相連」。然則此草根多，因名「百部」與？部與「梧」古字通。若《淮南·詮言訓》「羿死於桃梧」，《説山訓》作「桃部」矣。《方言》云「杜，根也，東齊曰杜，或曰芨」。郭注引《詩》曰「徹彼桑杜」。案：《毛詩·豳風·鴟鴞》篇「桑杜」作「桑土」，云「桑土，桑根也」。《韓詩》作「杜」，義與毛同。《名醫别録》云「茅根，一名兼杜」，亦是也。《爾雅》云「茐，茇」，郭注云「今江東呼藕紹緒如指空中可啖者爲茇茇，即此類」。茇與「蔽」通。《玉篇》云「江東呼藕根爲蔽」。是藕根名芨又名蔽也。《説文》云「茐，芨也，茅根也」。《玉篇》云「蔽，黄茅根，取汁治消渴」。蔽亦與「蔽」通。是茅根名芨又名蔽也。《廣韻》云「蕇葶根可食者曰茇」。是葶根又名蔽也。《説文》云「芨，艸根也，春艸根枯，引之而發土爲撥，故謂之芨」。案：芨之言本也。本、芨聲義相近，故槀本謂之槀芨。《中山經》云「青要之山有草焉，其本如槀本」。《西山經》云「皋塗之山有草焉，其狀如槀芨」。郭璞注《上林賦》云「槀本，槀芨也」。草本之爲芨，猶燭本之爲跋。《曲禮》「燭不見跋」，鄭注云「跋，本也」。《淮南·墬形訓》云「凡根芨草者，生於庶草」。字亦作「菝」。《玉篇》云「菝葜，狗脊根也」。《爾雅》云「荄，根」，郭注云「俗呼韭根爲荄」。《韓詩外傳》云「草木根荄淺」。根荄之言根基也。古聲「荄」與「基」同。《易》「箕子之明夷」，劉向云今《易》「箕子」作「荄滋」。《淮南·時則訓》「爨萁燧火」，高誘注云「萁」讀「該備」之該。是其例也。《説文》云「株，木根也」。《秦策》云「削株掘根」。

蕍，蕛也。

《説文》蕍、蕛二字相接，云「蕍，藍蓼秀也」，「蕛，瓜當也」。疑《説文》「蕍」字本有「一曰蕛也」之訓，故「蕛」字即次「蕍」字之下，而《廣雅》又本於《説文》也。李善注《西京賦》引《聲類》云「蕛，果鼻也」。《玉篇》云「蕛，草木綴實也」。字通作「疐」，又作「柢」。《爾雅》云「棗李曰疐之」，《初學記》引孫炎注云「疐之，去柢也」。《曲禮》「士疐之」，鄭注云「去疐而已」。又訓爲花本。劉逵注《吴都賦》云「蕛，花本也」。

萌、芽、甾、夢，孽也。

甾之言才生也。《説文》云「才，艸木之初也」。亦「哉」也。《爾雅》云「哉，始也」。今俗語謂始曰「才」者，「甾」之本義與？　草之才生謂之甾，猶田之才耕謂之甾。《説文》云「菑，才耕田也」。《爾雅》云「田一歲曰菑」，亦其義也。或作「栽」。《論衡·初稟篇》云「草木出土爲栽蘖」。《東京賦》云「尋木起於蘖栽」。蘖與「孽」通。❶　夢猶「萌」也。《説文》云「夢，灌渝，讀若萌」。「夢灌渝」即《爾雅》之「其萌虇蕍」也。郭璞讀「其萌虇」爲句，云「今江東呼蘆筍爲虇，然則萑葦之類，其初生者皆名虇」。以「蕍」字屬下「芛葟華榮」讀，云「蕍猶敷蕍，亦華之貌，所未聞」。案：郭氏以「蕍」爲華，而云「未聞」，則亦無實據。或當依《説文》讀「其萌虇蕍」。虇蕍之言權輿也。《爾雅》云「權輿，始也」。始生，故以爲名。《大戴禮·誥志》篇云「孟春百草權輿」，是草之始生名「權輿」也。單言之則亦曰權，故江東呼蘆筍爲虇也。若《爾雅》「紅，蘢古」，《毛

❶ 「孽」，原作「蘖」，今據《畿輔叢書》本、《四部備要》本改。

詩》單謂之「龍」。「須，葑蓯」，《毛詩》單謂之「葑」矣。

蘇、芣、芥、莽、蘆、毛，草也。

《方言》云「蘇、芥，草也，江淮南楚之閒曰蘇，自關而西或曰芥，或曰芣，南楚江湘之閒謂之莽」，郭注云「蘇猶蘆，語轉也」。《列子·周穆王》篇云「其宫榭若累塊積蘇焉」。《素問·移精變氣論》云「十日不已，治以草蘇」。草謂之蘇，因而取草亦謂之蘇。《莊子·天運》篇「蘇者取而爨之」，李頤注云「蘇，草也，取草者得以炊也」。芣，草多之貌。《説文》云「芣，耕多艸也」。草多謂之芣，故耕多草亦謂之芣也。芣，各本譌作「菜」。案：曹憲《音》「力内反」，正「芣」字之音，非「菜」字之音。《玉篇》「芣」音來潰切，《廣韻》音盧對切，竝與力内同。今據《方言》《説文》及曹憲《音》訂正。《説文》云「丯，艸蔡也，象艸生之散亂，讀若介」。丯與「芥」同。哀元年《左傳》云「以民爲土芥」。字通作「介」。《孟子·萬章》篇「一介不以與人」，趙注云「一介草不以與人」。芥，各本譌作「芬」。蓋隸書「介」字多作「尒」，「分」字多作「分」，二形相亂而誤也。今訂正。《説文》云「茻，衆艸也，從四屮」，「莽，南昌謂犬善逐兔於艸中爲莽，從犬從茻，茻亦聲」。經典通用「莽」爲茻。《同人》「伏戎于莽」，《集解》載虞翻注云「震爲草莽」。昭元年《左傳》云「是委君貺于草莽也」。莽之言莽莽也。杜預注哀元年《左傳》云「草之生於野莽莽然，故曰草莽」。如淳注《漢書·景帝紀》云「草深曰莽也」。草多謂之莽，因而木多亦謂之莽。《易·同人》鄭注云「莽，叢木也」。《淮南·時則訓》「山雲草莽」，❶

❶「時則訓」，據引文當作「覽冥訓」。

高誘注云「山中氣出雲似草木」。則「莽」又爲草木衆盛之通稱，故《楚詞・九章》云「草木莽莽」也。「莽」之轉聲爲「毛」。隱三年《左傳》云「澗谿沼沚之毛」，杜注云「毛，草也」。《召南・采蘩》傳云「沼沚谿澗之草」，是也。草謂之毛，因而菜茹亦謂之毛。《楚詞・大招》「吴酸芼蔞」，王逸注云「芼，菜也」。《御覽》引作「毛」是也。菜茹謂之毛，因而五穀亦謂之毛。宣十二年《公羊傳》云「錫之不毛之地」，何注云「墝埆不生五穀曰不毛」，是也。穀謂之毛，因而桑麻亦謂之毛。《周官・載師》「凡宅不毛者有里布」，鄭衆注云「宅不毛者，謂不樹桑麻」，是也。桑麻俱是毛，則毛之名，可因草而通之於木。昭七年《左傳》云「食土之毛」，蓋兼草木而言之者。范邵注《穀梁》定元年傳亦云「凡地之所生者謂之毛也」。蘆，草之轉聲也。字或作「苴」。《管子・地圖》篇「苴草林木蒲葦之所茂」。《靈樞經・癰疽》篇「草蘆不成，五穀不殖」。草謂之蘆，因而枯草亦謂之蘆。《廣韻》「蘆，草死也」。《衆經音義》云「蘆，枯草也，今陝以西言草蔡，江南山東言草蘆」。《楚詞・九章》「草苴比而不芳」，王逸注云「生曰草，枯曰苴」。《大雅・召旻》篇「如彼棲苴」，傳云「苴，水中浮草也」。

草藂生爲薄。

前《釋詁》云「叢、薄，聚也」。藂與「叢」同。藂生，聚生也。《淮南・原道訓》云「隱於榛薄之中」，高誘注云「藂木曰榛，深草曰薄」。又爲草木交錯之稱。《楚詞・九章》云「露申辛夷死林薄兮」，王逸注云「叢木曰林，草木交錯曰薄」。

著，耆也。

《曲禮》正義引劉向云「蓍之言耆，龜之言久，龜千歲而靈，蓍百年而神，以其長久，故能辨吉凶也」。《御覽》引《洪範五行傳》云「龜之言久也，千歲而靈，此禽獸而知吉凶者也，蓍之爲言耆，百年，一本生百莖，此草木之壽知吉凶者也，聖人以問鬼神焉」。《白虎通義》云「乾艸枯骨，衆多非一，獨以蓍龜何，此天地之間壽考之物，故問之也，龜之爲言久也，蓍之爲言耆也，久長意也」。《論衡·卜筮篇》云「子路問孔子曰『豬肩羊膊，可以得兆，萑葦藁芼，可以得數，何必以蓍龜』，孔子曰『不然，蓋取其名也，夫蓍之爲言耆也，龜之爲言舊也，明狐疑之事，當問耆舊也』」。

益母，充蔚也。

《爾雅》云「萑，蓷」，郭注云「今茺蔚也，葉似荏，方莖白華，華生節閒，《廣雅》又名益母」。《毛詩》「萑」作「鵻」。《王風·中谷有蓷》篇「中谷有蓷，暵其乾矣」，「中谷有蓷，暵其脩矣」，「中谷有蓷，暵其濕矣」，傳云「蓷，鵻也，暵，菸貌，陸草生於谷中，傷於水」，「脩，且乾也」，「鵻遇水則濕」，箋云「鵻之傷於水，始則濕，中而脩，久而乾」。案：《說文》云「暵，乾貌也」，引《說卦傳》「燥萬物者莫暵乎火」。則暵即是乾，乾之與濕正相反也。既云「暵其乾矣」，而又云「暵其濕矣」，於義固不可通。草傷于水，先濕後乾，而《詩》乃先乾後濕，於文亦復不順。且《神農本草》云「茺蔚一名益母，生海濱地澤」。則此草性亦不畏濕也。此由誤解「濕」爲水濕，故致多所抵捂。《說文》云「灘，水濡而乾也」，引《詩》「灘其乾矣」。蓋亦承毛公之誤而爲説耳。今案：濕當讀爲「曝」。「曝」亦且乾也。前《釋詁》云「曝，曝也」。《衆經音義》引《通俗文》云「欲燥曰曝」。《玉篇》丘立切，云「欲乾也」。曝與「濕」聲近，故通。「暵其乾矣」，「暵其脩矣」，「暵其濕矣」，三章同義。草乾謂之脩，亦謂之濕。猶肉乾謂之脩，亦謂之䐑。《釋名》「脯，搏也，乾燥相搏著也」，又云「脩，脩縮也，乾燥而縮也」。《玉篇》「䐑，丘及切，朐脯也」。是其例矣。蓷者，「充蔚」之合聲。充蔚者，「臭穢」之轉聲。《韓詩》云「蓷，茺蔚也」。陸璣《詩疏》云「舊説及魏博士濟陽周元明皆云菴蕳是也，《韓詩》及《三倉》説悉云益母，故曾子見益母而感，案《本草》云『益母，茺蔚也』，故劉歆云『蓷，臭穢』，臭穢即茺蔚也」。李巡《爾雅》注亦同劉歆。案：今益母草氣惡近臭，故有臭穢之稱。曹植《籍田説》云「藜蓬臭蔚，棄之乎遠疆」。臭蔚猶臭穢也。古音「蔚」如「鬱」。前《釋器》云「鬱，臭也」。故茺蔚之草一名鬱臭。陳藏器《本草拾遺》云「茺蔚，田野閒人呼爲鬱臭草」，是也。此草高者三尺以來，其莖四方而葉三岐，五月作花，辨鋭而小，叢生莖節閒。郭璞《爾雅注》言華白，今則亦有紅者，江淮之閒通謂之益母草。

菅，茅也。

《爾雅》「白華，野菅」，郭注云「菅，茅屬」。又「藗，牡茅」，注云「白茅屬」。《小雅·白華》篇「白華菅兮，白茅束兮」，傳云「白華，野菅也，已漚爲菅」，箋云「人刈白華於野，已漚名之爲菅，菅柔忍中用矣，而更取白茅收束之，茅比於白華爲脃」。是菅與茅不同物也，但菅、茅同類，亦可通名。故《説文》以菅、茅互釋，而王逸注《楚詞·招魂》亦云「菅，茅也」。菅可爲索。《陳風·東門之池》篇「東門之池，可以漚菅」，陸璣《疏》云「菅似茅而滑澤無毛，根下五寸中有白粉者，柔韌宜爲索，漚乃尤善矣」。又可爲箔，《士喪禮》下篇云「菅筲三，其實皆瀹」。又可爲席，《南山經》云「白菅爲席」。又案：《東門之池》釋文云「茅已漚者爲菅」，《正義》云「《白華》箋云『人割白華於野，已漚之，名之爲菅』，然則菅者已漚之名，未漚則但名爲茅也」。《釋文》《正義》之説，非箋意也。《白華》箋所云「已漚名之爲菅」，與傳同意。傳云「白華，野菅也，已漚爲菅」，「菅」對「野菅」言之，非對「茅」言之也。彼《正義》云「漚之柔韌，異其名謂之爲菅，因謂在野未漚者爲野菅」，斯得之矣。

粢、黍、稻，其采謂之禾。

《説文》云「采，禾成秀也，從禾、爪聲」。俗作「穗」，從惠聲。「禾，嘉穀也，二月始生，八月而孰，得時之中和，故謂之禾，禾，木也，木王而生，金王而死，從木從𠂹省，𠂹象其穗」。《管子·小問》篇「苗，始其少也，眴眴乎何其孺子也。至其壯也，莊莊乎何其士也。至其成也，由由乎兹免，何其君子也。天下得之則安，不得則危，故命之曰禾」。《淮南·繆稱訓》「夫子見禾之三變也」，高誘注云「三變，始於粟，生於苗，成於穗也」。則禾乃苗穗之總名，穗特禾之秀也。徧考經傳，言禾者皆穀名，無以禾爲穗者。此「禾」字疑當作「秀」，脱去「乃」字而爲「禾」耳。秀爲穗之通稱，而云「粢、黍、稻，其穗謂之秀」。猶菁爲華之通稱，而下文云「韭、䪥、蒿，其華謂之菁」也。然《太平御覽》《藝文類聚》引《廣雅》竝作「禾」，則其誤久矣。《爾雅》云「粢，稷」，《左傳》桓二年正義引舍人注云「粢一名稷，稷，粟也」。《齊民要術》引孫炎注同。《廣雅》之「粢」蓋亦指粟言。粟之米即粱也，以粢爲粟，是以稷爲粱矣。上文「稷穰謂之䅵」下已辨其誤。

豆角謂之莢，其葉謂之藿。

《説文》云「莢，艸實也」。《吕氏春秋·審時》篇云「得時之菽，其莢二七以爲族」。《齊民要術》引《氾勝之種植書》云「穫豆之法，莢黑而莖蒼，輒穫無疑」。莢之言夾也，兩旁相夾豆在其中也。豆莢長而耑鋭，如角然，故又名豆角。豆角，今通語耳。藿，《説文》作「⿱艹靃」，云「尗之少也」。藿爲豆葉而云「尗之少者」，尗之少時葉嫩可食。或以物言，或以時言，其實一也。《小雅·白駒》篇「食我場苗」「食我場藿」，傳云「藿猶『苗』也」。是尗之少名藿也。《公食大夫禮》記「鉶芼，牛藿，羊苦，豕薇」，鄭注云「藿，豆葉也」。《易林·漸之乾》云「旦種菽豆，暮成藿葉」。是豆之葉名藿也。或即謂之「菽」。《小雅·小宛》篇「中原有菽，庶民采之」，傳云「菽，藿也」，《正義》云「經言『采之』，明采取其葉，故言『藿』也」。《采菽》篇「采菽采菽，筐之筥之」，傳云「菽所以芼大牢而待君子也，羊則苦，豕則薇」，箋云「菽，大豆也，采之者，采其葉以爲藿，三牲牛羊豕，芼以藿，王饗賓客有牛俎，乃用鉶羹，故使采之」。又《豳風·七月》篇「七月亨葵及菽」，《釋文》云「菽，藿也」。皆是也。藿可芼羹，亦可用以爲羹。《韓非子·五蠹》篇云「堯之王天下也，糲粢之飯，藜藿之羹」。《韓策》云「民之所食，大抵豆飯藿羹」。

英蒳，蒻也。

蒳，《玉篇》《廣韻》作「葹」，云「英蒻也」。《集韻》云「葹，草名，蒻也」，又云「葹蒻，豆也」。徧考諸書，無以「蒻」爲豆者，恐因上文説豆角豆葉而誤耳。草之名蒻者四。一爲蒲本。《説文》云「蒻，蒲子，可以爲苹席」，「⿱艹深蒲，蒻之類也」。《急就篇》云「蒲蒻藺席帳帷幢」。《顧命》「敷重蔑席」，馬融注云「蔑，纖蒻也」。《大雅·韓奕》「維筍及蒲」，傳云「蒲，蒲蒻也」。陸璣《疏》云「蒲始生，取其心中入地蒻，大如匕柄，正白，生噉之甘脆，鬻而以苦酒浸之，如食筍法」。鄭注《醢人》「深蒲」云「鄭司農云『深蒲，蒲蒻，入水深，故曰深蒲』，玄謂深蒲，蒲始生水中子」。又注《司几筵》云「繅席削蒲蒻展之，編以五采」。又注《輪人》云「今人謂蒲本在水中者爲弱」。是也。一爲荷本。《爾雅》「荷，芙蕖，其本蔤」，郭璞注云「莖下白蒻在泥中者」。是也。一爲蒻頭。左思《蜀都賦》云「其園則有蒟蒻茱萸」，劉逵注云「蒻，草也，其根名蒻頭，大者如斗，其肌正白，可以灰汁煮則凝成，可以苦酒淹食之，蜀人珍焉」。《華陽國志》云「園有芳蒻」。《古今注》云「揚州人謂蒻爲班杖，不知食之」。《開寶本草》云「蒻頭葉似由跋半夏，根大如椀，一名蒟蒻，又有班杖，苗相似，根如蒻頭」。是也。一爲芸蒻。《齊民要術》引《倉頡解詁》云「芸蒿，葉似斜蒿，可食，春秋有白蒻，可食之」。是也。此四者未知孰當《廣雅》之「蒻」。下文即云「菡蔄，芙蓉也」，以類取之，或當是荷莖下白蒻耳。

菡蔄，芙蓉也。

菡各本譌作「萏」。「萏」即蔄字，不得重出。蓋「菡」字隸或作「菡」，與「萏」相似而誤也。今訂正。《説文》云「菡蔄，芙蓉華，未發爲菡蔄，已發爲芙蓉」。《御覽》引《毛詩義疏》云「芙蕖華未發爲菡萏，已發爲扶蕖」。是菡蔄與芙蓉有別，故《易林·訟之困》云「菡萏未華」，《楚詞·招魂》云「芙蓉始發」，明未發爲菡蔄，已發爲芙蓉也。劉歆《甘泉宫賦》云「芙蓉菡萏，菱荇蘋蘩」。劉楨《公讌》詩云「芙蓉散其華，菡萏溢金塘」。曹植《芙蓉賦》云「芙蓉蹇産，菡萏星屬」。皆以菡萏、芙蓉爲二，意與《説文》同。菡蔄之言㔾嘾也。《説文》云「㔾，嘾也，艸木之華未發圅然，象形，讀若含」，「嘾，含深也」。芙蓉之言敷蕍也。郭璞《爾雅注》云「敷蕍，花之貌」。《説文》云「蒪，華葉布，讀若傅」，聲義與「芙」同矣。又云「甬，艸木華甬甬然也」，聲義與「蓉」同矣。但菡蔄、芙蓉散文亦通。《爾雅》云「荷，芙蕖，其華菡萏」。《陳風·澤陂》篇「有蒲菡萏」，傳云「菡萏，荷華也」，則即以菡萏爲芙蓉也。《離騷》云「集芙蓉以爲裳」，王注云「芙蓉，蓮華也」。《陳風》正義引郭璞《爾雅音義》云「今江東人呼荷華爲芙蓉」。一作「夫容」，《漢書·司馬相如傳》云「外發夫容蔆華」。

韭、𩝐、蕎，其華謂之菁。

《爾雅》云「𩝐，鴻薈」，郭注云「即𩝐菜也」。《説文》云「韭，菜名，一穜而久者，故謂之韭，象形，在一之上，一，地也」，「𩝐，菜也，葉似韭，從韭，㕚聲」，「菁，韭華也」。《衆經音義》引《三倉》云「韭之英曰菁」。《周官·醢人》「朝事之豆，其實菁菹」，鄭衆注云「菁菹，韭菹」。《齊民要術》引崔寔《四民月令》云「七月藏韭菁」。案：韭菜華白，今人多以鹽水浸之，可案酒。𩝐，今之小蒜，北方人謂之窄蒜，有赤、白二種，葉極似韭，華亦白色。蕎蓋亦韭、𩝐之屬。陳藏器《本草拾遺》云「蔘蕎生高原，如小蒜而長」。其是與？

蘬，葵也。

蘬、葵古同聲，方言有重輕耳。葵性向日。成十七年《左傳》云「鮑莊子之知不如葵，葵猶能衞其足」，杜注云「葵傾葉向日以蔽其根」。《淮南·説林訓》云「聖人之于道，猶葵之與日也，雖不能與終始哉，其鄉之誠也」。葵可烹食。《豳風·七月》篇云「七月烹葵及菽」。古者或以爲滑。《士虞禮》記云「鉶芼用苦若薇，有滑夏用葵，冬用荁」，鄭注云「夏秋用生葵，冬春用乾荁」。又以爲菹，《周官·醢人》「朝事之豆，其實葵菹」。

藋粱，木稷也。

今之高粱，古之「稷」也。秦漢以來，誤以粱爲稷，而高粱遂別名「木稷」矣。又謂之蜀黍。《博物志》云「地三年種蜀黍，其後七年多蛇」。王楨《農書》云「蜀黍一名高粱，一名蜀秫，一名蘆穄，一名蘆粟，一名木稷，一名荻粱，以種來自蜀，形類黍稷，故有諸名」。《九穀考》辨之云：蜀人云彼土最宜稻，高粱惟高岡種之，專用以造酒，謂其味濇，民俗不食。夫苟爲彼地之種，其民安得不食？今乃苦其味濇而不以作飯，而直隸、山東、山西、河南、陜西爲種之，來自彼地者反爲賤者之常食，此事之必不然者也。且種來自蜀之説，考之傳記，未有確證，知其爲臆説不足憑矣。余案《方言》云「蜀，一也，南楚謂之獨」。「蜀」有獨義，故《爾雅·釋山》云「獨者，蜀」。物之獨者或且大，故因之有大義。《釋獸》云「雞大者，蜀」。此蜀黍、蜀葵爲獨、大者之明證也。引之案：高粱莖長丈許，實大如椒，故謂之蜀黍。又謂之木稷，言其高大如木矣。高粱不黏者，《爾雅》所謂「粢，稷」也。其黏者，《爾雅》所謂「衆，秫」也。故俗又謂之秫秫，以黏者釀酒，不黏者作飯，亦以飼馬牛。稷、粱之辨，已詳上文「稷穰謂之䅌」下。

蒚藸，蔥也。

《齊民要術》引《廣志》云「蔥有冬春二種，有胡蔥、木蔥、山蔥」，又引崔寔《四民月令》云「二月別小蔥，六月別大蔥，夏蔥曰小，冬蔥曰大」。此「蒚藸蔥」未知何種也。蒚，《玉篇》《廣韻》作「薵」。藸，《廣韻》《集韻》作「䅳」。

蓊，薹也。

郭璞注《爾雅》「莞，苻蘺，其上蒚」云「蒚，謂其頭臺首也」。又注「鉤，芺」云「莖頭有臺」。又注「芺、薊，其實荂」云「芙與薊莖頭皆有蓊薹」。臺與「薹」同。今世通謂草心抽莖作華者爲薹矣。蓊之言鬱蓊而起也。凡上起謂之鬱，亦謂之蓊。《西都賦》云「神明鬱其特起」。《説文》云「滃，雲氣起也」。《廣韻》云「塕埲，塵起也」。《風賦》云「塕然起於窮巷之閒」。聲義竝同耳。

莞，藺也。

《爾雅》云「莞，苻蘺」，《小雅・斯干》正義引某氏注云「《本草》云『白蒲一名苻蘺，楚謂之莞蒲』」。《藝文類聚》引舊注云「今水中莞蒲可作席也」。郭璞注云「今西方人呼蒲爲莞蒲，江東謂之苻蘺」。《説文》云「䓣，夫蘺也」，「莞，艸也，可以作席」，「藺，莞屬也」。《玉篇》云「莞，似藺而圓，可爲席」，「藺似莞而細，可爲席」。《鹽鐵論・散不足》篇云「大夫士蒲平單莞，庶人單藺蘧蒢」。是莞與「藺」異也，但二者形狀相似，爲用又同，故亦得通名耳。《御覽》引《范子計然》云「六尺藺席出河東」。《急就篇》云「蒲蒻藺席帳帷幢」。是藺席人所常用。而古經傳多言莞席，少言藺席，豈非莞之名足以兼藺與？《小雅・斯干》篇「下莞上簟」，箋云「莞，小蒲之席也」，《釋文》云「莞草叢生水中，莖圓，江南以爲席，形似小蒲而實非也」。莞草性堅。故《周官・司几筵》「諸侯祭祀席，蒲筵繢純，加莞席紛純」，鄭注云「不莞席加繅者，繅柔嚅，不如莞清堅，又於鬼神宜也」。莞又名「葱蒲」。下文云「葱蒲，莞也」。《穆天子傳》云「珠澤之藪，爰有萑葦莞蒲」，郭璞注云「莞，葱蒲，或曰莞蒲，齊名耳，關西云莞」。《漢書・東方朔傳》云「莞蒲爲席」，顔師古注云「莞，夫離也，今謂之葱蒲」。《衆經音義》云「莞草外似葱，内似蒲而圓，今亦名莞子」。

菰，蔣也，其米謂之彫胡。

菰與「苽」同。《説文》云「苽，雕苽，一名蔣」。苽、胡古聲相近。「雕苽」即彫胡也。《周官・膳夫》「食用六穀」，鄭衆注云「六穀，稌黍稷粱麥苽，苽，雕胡也」。《食醫》「凡會膳食之宜，牛宜稌，羊宜黍，豕宜稷，犬宜粱，鴈宜麥，魚宜苽」，鄭衆注云「苽，雕胡也」。《内則》「蝸醢而苽食雉羹」，鄭注亦云「苽，彫胡也」。《楚詞・大招》「五穀六仞，設菰粱只」，王逸注云「菰粱，蔣實，謂雕葫也」。則「菰」即蔣草之米，後又以菰爲大名耳。高誘注《淮南・原道訓》云「菰者，蔣實也，其米曰蘼胡」，注《天文訓》「苽封熯」，云「苽，蔣草也」。故《西京雜記》云「菰之有米者，長安人謂之雕胡」。張氏注《上林賦》「蔣芧青薠」云「蔣，菰也」，注《子虚賦》「東薔彫胡」云「彫胡，菰米也」。皆以菰、蔣爲大名，彫胡爲米名也。菰草可飼畜。《開寶本草》引别本注云「菰，蔣草也，江南人呼爲茭草，秣馬甚肥」。今江淮閒亦以飼牛，是也。又可作席。《齊民要術》引《廣志》云「菰可食，以爲席，温於蒲，生南方」，是也。菰之可食者，小曰菰菜，蘇頌《本草圖經》所云「茭白」，是也。大曰菰首，《爾雅》所云「出隧，蘧蔬」，《西京雜記》所云「緑節」，是也。二者皆可爲蔬，而惟菰米可以作飯。故鄭司農以爲「六穀」之一，後鄭注《大宰》「九穀」亦云「有粱、苽」也。宋玉《諷賦》云「爲臣炊雕胡之飯」。《淮南・詮言訓》云「菰飯犓牛弗能甘也」。蓋古者以爲美饌焉。《本草衍義》云「菰花如葦，結青子，細若青麻黄，長幾寸」，是其狀也。各本俱脱「彫」字，今據《齊民要術》《藝文類聚》及《御覽》引《廣雅》補。

葒、龍蘱，馬蓼也。

葒與「紅」同。《爾雅》云「紅，蘢古，其大者蘬」，郭注云「俗呼紅草爲龍鼓，語轉耳」。《鄭風・山有扶蘇》篇

「隰有游龍」，傳云「龍，紅草也」，箋云「游猶放縱也，紅草放縱枝葉於隰中」。陸璣《疏》云「一名馬蓼，葉大而赤白色，生水澤中，高丈餘」。《玉篇》云「蘢，馬蔘也」。蔘與「蓼」同。又謂之鴻蔦。鴻與「葒」同。蔦與「䕸」同。《名醫別録》云「葒草一名鴻䕸，如馬蓼而大，生水傍」，陶注云「今生下濕地，極似馬蓼，甚長大」。據《別録》則馬蓼別爲一種，非葒草也。然陶注《本草》「馬蓼」云「馬蓼生下濕地，莖班葉大，有黑點，亦有兩三種，其最大者名蘢鼓，即是葒草」。然則葒草即馬蓼之大者，馬蓼其總名也。且陶注之所謂最大名蘢鼓者，正《爾雅》所謂「其大者蘬」。則陶注之所謂馬蓼者，即《爾雅》所謂「紅，蘢古」矣。《唐本草》注云「葒草有毛，花紅白」。蘇頌《圖經》云「即水葒也」。《名醫別録》又有「天蓼一名石龍，生水中」，《本草拾遺》以爲「即水葒，一名遊龍也」。案：《別録》葒草無毒，天蓼有毒，《拾遺》合之，非也。《蜀本草圖經》云「木蓼一名天蓼」。蓋別是一物耳。

蕒，蘧也。

此苦菜之一種也。蘧或作「藘」，或作「苣」。《説文》云「藘，菜也，似蘇者」。《玉篇》云「藘，今之苦藘，江東呼爲苦蕒」，「蕒，苦蕒菜也」。《廣韻》云「蕒，吴人呼苦藘」。《顔氏家訓》云「苦菜葉似苦苣而細」，是苦苣即苦菜之屬也。藘、芑聲之轉，故藘又謂之芑。《小雅·采芑》傳云「芑，菜也」。《齊民要術》引《詩義疏》云「藘似苦菜，莖青，摘去葉，白汁出，甘脃可食，亦可爲茹，青州謂之芑，西河鴈門藘尤美，時人戀戀不能出塞」，又云「藘收根畦種，常令足水，性易繁茂而甛脃，勝野生者，白藘尤宜糞，歲常可收」。《嘉祐本草》云「苦苣即野苣也，野生者又名褊苣，今人家常食爲白苣，江外嶺南吴人無白苣，嘗植野苣以供廚饌」，又云「苦蕒蠶蛾出時，切不可折取，令蛾子青爛，野苦蕒五六回拗後，味甘滑于家苦蕒」。據此則苦藘與苦蕒不同，而《玉篇》《廣韻》則皆以苦藘、苦蕒爲一物。蓋苦藘亦苦蕒之一種，故或即謂之苦蕒，又或否耳。今北方處處原野生之，家中種者，莖葉濶大，北方人皆謂之藘蕒菜。此苦藘即苦蕒之明證也。曹憲《音義》云「張揖云『蕒，藚也』，案白藚與苦蕒大異，恐非」。引之案：《本草拾遺》云「白苣如萵苣，葉有白毛」，自別是一種。但《廣雅》之「蕒，藚」謂苦藘，非謂白藘也。《嘉祐本草》謂「吴人無白苣」，《廣韻》謂「吴人呼苦藘爲蕒」，然則名苦蕒者惟苦藘耳。苦藘亦可單名爲藘，故云「蕒，藚也」。曹氏執白藚以疑《廣雅》，失之矣。

緐母，蒡葧也。

緐母，疊韻也。蒡葧，雙聲也。古敏、每之聲皆如「母」。《說文》「緐」從每聲，經傳作「繁」從敏聲，則「繁」之與「母」，聲亦相近也。緐之爲言皤也。《爾雅》云「蘩，皤蒿」。《說文》作「蘩」，云「白蒿也」，又云「皤，老人白也」。「白」謂之皤，又謂之緐。緐、皤聲正相近。皤之爲緐，猶皤之爲蹯也。《賁》六四「賁如皤如」，《釋文》「皤，白波反，荀作『波』，鄭、陸作『蹯』，音煩」。是其例也。皤、緐、蒡聲亦相近。皤之爲緐又爲蒡，猶披之爲藩又爲防也。《士喪禮下》篇「設披」，今文「披」皆爲「藩」。《周官·喪祝》「掌大喪勸防之事」，杜子春云「防」當爲「披」。是其例也。蒡之聲轉而爲葧，因竝稱「蒡葧」。蒡之與葧，猶彷之與佛、滂之與沛耳。《召南·采蘩》篇「于以采蘩，于沼于沚，于以用之，公侯之事」，傳云「公侯夫人執蘩菜以助祭」，箋云「執蘩菜者，以豆薦蘩菹」。隱三年《左傳》所謂「蘋蘩蕰藻之菜，可薦於鬼神，可羞於王公」者也。彼《正義》引陸璣《疏》云「凡艾白色者爲皤蒿，今白蒿也，春始生，及秋香美，可生食，又可蒸，一名遊胡，北海人謂之旁勃，故《大戴禮・夏小正》傳曰『蘩，遊胡』，遊胡，旁勃也」。遊胡即《爾雅》「蘩，由胡」也。今本《夏小正》傳亦作「由」，云「二月榮堇采蘩，堇，菜也，蘩，由胡，由胡者，蘩母也，蘩母者，旁勃也，皆豆實也，故記之」。蘩爲豆實，故《詩》箋云「以豆薦蘩菹」也。又可以生蠶。《豳風・七月》篇「采蘩祁祁」，傳云「蘩，所以生蠶」，《正義》云「今人猶用之」。是也。旁勃一作「彭敎」。《御覽》引《神仙服食經》云「十一月採彭敎，彭敎，白蒿也」。《夏小正》言二月采蘩，詩人言之，亦于「春日」。此乃云十一月採，豈亦如茵蔯蒿經冬不死與？蘇頌《本草圖經》謂階州以白蒿爲茵蔯蒿，苗葉亦相似。《服食經》所言，蓋即此矣。旁勃之聲，又轉而爲「蓬」。《本草》別本注云「白蒿葉似艾葉，上有白毛錯澀，俗呼爲蓬蒿」，是也。

菈遬，蘆菔也。

菔，各本譌作「⿱艹⿰月皮」，今訂正。《爾雅》云「葖，蘆萉」，郭璞注云「萉宜爲『菔』」，蘆菔，蕪菁屬，紫華大根，俗呼雹葖」。案：萉、菔字形相似，郭氏此說似得之矣。及以《爾雅》異物同名之例求之，而後知其不然也。《爾雅》所釋，或蟲與鳥同名。「密肌，繫英」「翰，天雞」，是也。或木與蟲同名，「諸慮，山櫐」「諸慮，奚相」，是也。或草與蟲同名，「莪，蘿」之與「蛾，羅」，「蚍衃」之與「蚍⿰虫不」，「果蠃」之與「果蠃」，「蘆萉」之與「蠦蜰」，是也。凡此者，或同聲同字，或字小異而聲不異。蓋即一物之名，而他物互相假借者，往往而有。故觀於「蠦蜰」，而知「蘆萉」之必不誤也。萉與「菔」特一聲之轉耳。自郭氏誤以「萉」宜爲「菔」，而後世遂直讀爲「菔」，無作肥音者。蓋古義之失久矣。《方言》云「蕪菁，紫華者謂之蘆菔，東魯謂之菈遬」，郭注云

「今江東名爲温菘，實如小豆，蘆菔，音羅匐」。《説文》亦云「蘆菔，似蕪菁，實如小尗者」。《後漢書・劉盆子傳》「掘庭中蘆菔根食之」，是也。《名醫别録》云「蘆菔味苦温」，陶注云「蘆菔是今温菘，其根可食，葉不中噉」。蘇頌《圖經》云「此有大小二種，大者肉堅，宜蒸食，小者白而脆，宜生啖，吴人呼楚菘，廣南人呼秦菘」。蘆菔一作「羅服」。《潛夫論・思賢》篇云「治疾當得真人參，反得支羅服」，言其性相反也。今俗語通呼「羅匐」，聲轉而爲「萊菔」。《唐本草》云「萊菔根味辛甘温，擣汁主消渴，其嫩葉爲生菜食之，大葉熟噉，消食和中」，是也。

蘴、蕘，蕪菁也。

蘴與「葑」同。《爾雅》云「須，葑蓯」，《齊民要術》引舊注云「江東呼爲蕪菁，或爲菘，菘、須音相近」。《方言》云「蘴、蕘，蕪菁也，陳楚之郊謂之蘴，魯齊之郊謂之蕘，關之東西謂之蕪菁，趙魏之郊謂之大芥，其小者謂之辛芬，❶或謂之幽芥」，郭璞注云「蘴舊音蜂，今江東音嵩，字作『菘』也」。案：菘者須之轉聲，蕪者蘴之轉聲也。蕪之聲又轉而爲蔓。《邶風・谷風》篇「采葑采菲，無以下體」，傳云「葑，須也；菲，芴也；下體，根莖也」，箋云「此二菜者，蔓菁與葍之類也，皆上下可食，然而其根有美時，有惡時，采之者不可以根惡時并棄其葉」，《釋文》云「葑，《字書》作『蘴』，《草木疏》云『蔓菁也』，郭璞云『今菘菜也』，案江南有菘，江北有蔓菁，相似而異」。引之案：古草木之名同類者，皆得通稱。《吕氏春秋・本味》篇「菜之美者，具

❶ 「芬」，《方言》作「芥」。

區之菁」，高誘注云「具區，澤名，在吴越之閒，菁，菜名」。是則江南之菘亦得稱菁，郭氏所説不誤也。陸璣《詩疏》云「葑，蕪菁也，幽州人謂之芥」。則呼芥者不獨「趙魏之郊」也。鄭注《坊記》云「葑，蔓菁也，陳宋之閒謂之葑」。則呼蘴者不獨「陳楚之郊」也。蘴又爲蕪菁之苗。《齊民要術》引《字林》云「蘴，蕪菁苗」。此猶「菂」即白芷，而云「白芷葉謂之菂」。「菰」即彫胡，而云「菰米謂之彫胡」也。或爲大名，或爲專稱。蓋古今方俗語有異耳。陶弘景注《名醫别録》云「蕪菁細於温菘而葉似菘，好食」。《唐本》注云「北人又名蔓菁」。《本草拾遺》云「今并汾河朔閒燒食其根，呼爲蕪根，猶是蕪菁之號，蕪菁，南北之通稱也」。蕪菁可以爲菹。《周官·醢人》「朝事之豆，其實菁菹」，後鄭注云「菁，蔓菁也」，徐邈「蔓」音蠻。聲轉而爲蒖。鄭注《公食大夫禮》「菁菹」云「菁，蒖菁菹也」。又轉而爲門，又轉而爲芴。《北户録》云「蕪菁，《凡將篇》謂爲門菁，《證俗音》曰冥菁，《小學篇》曰芴菁」。《急就篇》「老菁蘘荷冬日藏」，顔師古注云「菁，蔓菁也，一曰冥菁，又曰芴菁」。是也。老菁冬日所藏，故《南都賦》云「秋韭冬菁」。《齊民要術》引《四民月令》亦云「蕪菁十月可收」矣。《要術》又引《廣志》云「蕪菁有紫花者、白花者」。案：今蔓菁菜乃是黄花，惟蘿蔔花有紫、白二種。然則《廣志》之「蕪菁」即指蘿蔔言之。《方言》云「蕪菁紫華者謂之蘆菔」，則蘆菔之白華者即「蕪菁」矣。《名醫别録》以「蕪菁」與「蘆菔」同條，意亦同也。乃《齊民要術》注深疑《方言》之説，以爲蘆菔非蕪菁。蘇恭《本草》注亦謂蕪菁、蘆菔全别，與《别録》相違。其意皆專以今之蔓菁菜爲蕪菁，不知蘆菔之白華者，古亦名蕪菁，《方言》《别録》皆不誤也。菁，曹憲《音》「精」。各本脱去「菁」字，《音》内「精」字又誤入正文。今訂正。

匏，瓠也。

《説文》云「匏，瓠也，從夸、包聲，取其可包藏物也」。《邶風·匏有苦葉》篇傳云「匏謂之瓠，瓠葉苦，不可食也」，陸璣《疏》云「匏葉少時可爲羹，又可淹煮，極美，故《詩》曰『幡幡瓠葉，采之亨之』，今河南及揚州人恒食之，八月中堅强不可食，故云苦葉」。據此則瓠葉先甘而後苦也。今案：瓠自有甘、苦二種。瓠甘者葉亦甘，瓠苦者葉亦苦。甘者可食，苦者不可食。《邶風》云「匏有苦葉」。《魯語》云「苦匏不材於人，共濟而已」，韋注云「材，讀若裁也，不裁於人，言不可食也，共濟而已，佩匏可以渡水也」。《神農本草》云「苦瓠味苦寒，主大水面目四肢浮腫，下水，令人吐」，陶注云「瓠苦者如膽不可食」。此皆瓠之苦者也。《小雅·南有嘉魚》篇「南有樛木，甘瓠纍之」。《瓠葉》篇「幡幡瓠葉，采之亨之」，傳云「幡幡，瓠葉皃，庶人之菜也」，箋云「亨，孰也，孰瓠葉者，以爲飲酒之菹也」。《新序·刺奢》篇云「日晏進糲飡之食，瓜瓠之羹」。此皆瓠之甘者也。聞北方農人云：瓠之甘者，次年或變爲苦。欲辨之者，于弱蔓初生時，嚼其莖葉以驗之，苦即拔去。然則瓠之苦葉者，少時已然。陸氏之説，失之矣。匏可爲酒器。《大雅·公劉》篇「酌之用匏」，箋云「酌酒以匏爲爵，言忠敬也」。《郊特牲》説「郊」云「器用陶匏，以象天地之性也」，説「婚禮」云「器用陶匏，尚禮然也，三王作牢，用陶匏」。注云「言大古無共牢之禮，三王之世作之，而用大古之器，重夫婦之始也」。又可爲樂器。《周官·大師》「播之以八音，金石土革絲木匏竹」。《郊特牲》云「歌者在上，匏竹在下」。鄭注竝云「匏，笙也」。《大師》疏謂笙插竹於匏。是也。《樂記》云「弦匏笙簧」，則匏與笙又似二物矣。瓠通作「壺」。《豳風·七月》篇「八月斷壺」，傳云「壺，瓠也」。又作「華」。《郊特牲》云「天子樹瓜華，不斂藏之種也」，注云「華，果蓏也」。案：華當讀爲瓠。瓠、華古同聲。華之爲瓠，猶華之爲荂。荂、瓠皆以夸爲聲。《爾雅》「華、荂，榮也」。《説文》「雩」或作「荂」。是其例也。匏之轉聲爲瓢，瓠之疊韻爲瓠𤬪。《周官·鬯人》「禜門用瓢齎」，杜子春云「瓢，瓠蠡也」，後鄭云「取甘瓠割去柢，以齊爲尊」。《蜀本草》引《切韻》云「瓢，匏也」。《玉篇》云「瓢，瓠瓜也」。《廣韻》云「瓠𤬪，瓢也」。然則匏也，瓢也，瓠也，瓠𤬪也，實一物也。瓠𤬪，或作「壺盧」，或作「瓠甊」。《古今注》則謂壺盧爲瓠之無柄者，有柄者爲懸匏。陶弘景《本草》注則謂瓠甊亦是瓠類，小者名瓢。《集韻》則謂匏而圓者爲瓠𤬪。今江淮之閒則謂細腰者爲瓠𤬪，長柄、短柄者皆爲瓢。京師人則通謂之瓠𤬪，而以瓠𤬪之已剖者爲瓢。此皆後世方言之錯出不齊者，古人則通謂之匏、瓠耳。故《魯語》言「苦匏不材於人，共濟而已」。而《莊子·逍遥遊》篇亦言「五石之瓠，慮以爲大樽而浮乎江湖」。明匏之與瓠皆屬大名，更無别異。乃《唐本草》專以形似越瓜夏中便熟者爲瓠。《廣韻》別出「瓟」字，云「似瓠，可爲飮器」。已未免强爲分別。至陸佃則直以《詩》傳「匏謂之瓠」爲誤，而云「長而瘦上曰瓠，短頸大腹曰匏」，真不通之論矣。

冬瓜，蔬也。

蘇恭《本草》注引《廣雅》「冬瓜一名地芝」。案：《齊民要術》引《廣志》云「冬瓜，蔬垣，《神仙本草》謂之地芝也」，則此乃《廣志》説，蘇氏誤耳。《要術》種冬瓜法云「正月晦日種，八月斷其梢，減其實，十月霜足收之，削去皮子於芥子醬中或美豆醬中藏之佳」，又云「冬瓜十月區種，如區種瓜法」。種於十月，收於十月，此「冬瓜」之所以名也。冬瓜色白，故謂之白冬瓜，又謂之白瓜。《名醫别録》云「白冬瓜味甘微寒」。《開實本草》注云「此物經霜後，皮上白如粉塗，故云白冬瓜」。《別録》又云「白瓜子，冬瓜仁也」。

水芝，瓜也，其子謂之瓣。

《神農本草》云「瓜一名水芝」。蓋以其瓤中多水，故得此名也。又謂之土芝。稽含《瓜賦》序云「甘瓜普植，用薦神祇，其名孔瞻，其味亦奇，是謂土芝」，是也。瓜子今有紅黑白三種。《神農本草》云「瓜子味甘平，主令人悅澤好顏色」。又謂之瓣。《説文》云「瓣，瓜中實也」。《御覽》引《吴普本草》云「瓜子一名瓣，七月七日採，可作面脂」。又謂之瓤。《爾雅·釋草》釋文引《三倉》云「瓤，瓜中子也」。

龍蹏、虎掌、羊骹、兔頭、桂支、蜜筩、㼉蛌、貍頭、白𤓰、無餘、縑，瓜屬也。

《要術》《御覽》竝引《廣志》云「瓜之所出，以遼東、廬江、燉煌之種爲美，有縑瓜，貍頭瓜，蜜筩瓜，龍蹏瓜，陽城有桂枝瓜，長二尺餘」。張載《瓜賦》云「羊骹虎掌，桂枝蜜筩，累錯𤓰子，温屯蘆江」。温屯與「㼉蛌」同。「蘆江」即廬江也。白𤓰，𤓰子之白者。其黄者謂之黄𤓰。《玉篇》云「𤓰，白𤓰瓜也」。《廣韻》云「黄𤓰，瓜名」。字亦作「扁」。陸璣《瓜賦》云「括樓定陶，黄扁白摶，玄骭素腕，貍首虎蹯」。「貍首」即貍頭也。「虎蹯」即虎掌也。《廣韻》引《廣雅》「桂支」作「桂髓」，云「桂髓蜜筩」，下又有「小青大班」四字，而無「㼉蛌」以下諸名。案：《初學記》《齊民要術》引《廣雅》竝無「小青大班」四字。其「桂支」，《初學記》作「桂枝」。枝、支通用字。是「髓」字及「小青大班」四字，皆原文所無也。陸璣《瓜賦》云「金叉蜜筩，小青大班，東陵出於秦谷，桂髓起於巫山」，則「桂髓小青大班」皆《瓜賦》文，《廣韻》誤記耳。

狗蝨、鉅勝、藤弘，胡麻也。

《神農本草》云「胡麻一名巨勝」。巨與「鉅」同。《御覽》引《吴普本草》云「胡麻一名方莖，一名狗蝨」。方莖以莖形得名，狗蝨以實形得名也。《本草序例》云「凡丸藥有云如細麻者，即胡麻也，不必扁扁，但令較略大小相稱爾」。此以胡麻子形扁故也。今狗蝨形正扁，胡麻子極與相似，因以名矣。《御覽》又引《孝經援神契》云「巨勝延年」，宋均注云「世以巨勝爲狗杞子」。案：諸書無言枸杞子名巨勝者，「狗杞」當爲「狗蝨」，後人改之也。《列仙傳》「關令尹喜與老子俱遊流沙，服苣勝實」。苣與「鉅」通。鉅勝、胡麻本是一物，而《本草》諸家説者各各不同。陶弘景則謂淳黑者名巨勝，又謂莖方名巨勝，圓名胡麻。雷斆則謂七棱者爲巨勝。蘇恭則謂八棱者爲巨勝，四棱者爲胡麻。蘇頌則據仙方服食胡麻、巨勝二法，功用小別，以爲一物而種之有異，如天雄、附子之類。又據葛稚川説，以爲胡麻中有一葉兩莢者爲巨勝。蓋皆以巨勝、胡麻爲二矣。今案：《神農本草經》明云「胡麻，一名巨勝」，則二者均屬大名，更無别異。諸説與古相違，不足據也。《齊民要術》引《四民月令》云「二月三月四月五月時雨降，可種胡麻」，又云「今世有白胡麻、八棱胡麻，白者油多」。案：今人通謂之脂麻。脂亦油也。有黑白紅三種，高者四五尺以來，其莖皆方。紅白二種皆四棱，黑者獨六棱。夏秋閒作黄華，九月收實。白者子多，作油甚香美。黑者不及而入藥則良。各本俱脱「藤」字，今據《齊民要術》《初學記》《太平御覽》《開寶本草》注諸書引《廣雅》補。

芥葅，水蘇也。

《神農本草》云「水蘇味辛微温，主下氣辟口臭去毒辟惡氣，久服通神明輕身耐老，一名芥葅，生九真池澤」。《名醫别録》云「一名雞蘇，一名勞葅，一名芥苴」。案：苴與「葅」古同聲。芥苴即「芥葅」耳，又名萊。《齊民要術》引陸璣《詩義疏》云「譙沛人謂雞蘇爲萊」，是也。《唐本艸》注云「此蘇生下濕水側，苗似旋復，兩葉相當，大香馥，青齊河閒人名爲水蘇，江左名爲薺薴，吴會之閒謂之雞蘇」。《本草拾遺》云「水蘇葉有雁齒，香而氣辛」。《蜀本》注云「花生節閒，紫白色」。芥，各本譌作「芬」，今訂正。

當道，馬舄也。

《爾雅》云「芣苢，馬舄」，「馬舄，車前」，郭注云「今車前草，大葉長穗，好生道邊，江東呼爲蝦蟆衣」。《廣韻》云「芣苢好生道閒，故曰當道」。《周南·芣苢》篇序云「芣苢，后妃之美也，和平則婦人樂有子矣」，傳云「芣苢，馬舄，車前也，宜懷妊焉」，陸璣《疏》云「馬舄一名車前，一名當道，喜在牛跡中生，故曰車前、當道也，今藥中車前子是也，幽州人謂之牛舌草，可鬻作茹，大滑，其子治婦人難産」。《韓詩》云「直曰車前，瞿曰芣苢」。是此草又有二種，然《本草》諸家莫有言及者。《神農本草》云「車前子一名當道，味甘平，久服輕身耐老，生真定平澤」。《名醫别録》云「養肺强陰益精，令人有子，一名牛遺，一名勝舄」。案：《别録》所説，正合《毛詩》「樂有子」之義。陸《疏》言「其子治婦人難産」，特要其終言之耳，非毛公本旨也。勝舄即「陵舄」。《莊子·至樂》篇「生於陵屯，則爲陵舄」，司馬彪注云「生於陵屯，化作車前，改名陵舄」，是也。陵與「勝」古聲相近，故勝舄一名陵舄。勝、栚皆以关爲聲。勝之爲陵，猶栚之爲陵也。高誘注《淮南·時則訓》云「栚，讀南陽人言『山陵』同」，是其例矣。蘇頌《本草圖經》云「車前春初生苗，葉布地如匙面，累年者長及尺餘，如鼠尾，花甚細，青色，微赤，結實如葶藶子，赤黑色」。

朝菌，朝生也。

《莊子・消摇遊》篇「朝菌不知晦朔」，司馬彪云「大芝也，天陰生糞上，見日則死，一名日及，故不知月之終始」，崔譔云「糞上芝朝生暮死，晦者不及朔，朔者不及晦」，梁簡文云「欻生之芝也」，朝菌朝生暮死，故以朝生爲名矣，又支遁云「朝菌一名舜英，朝生暮落」，潘尼云「木槿也」。案：高誘注《秦策》云「朝生，木堇也，朝榮夕落」，又注《吕氏春秋・仲夏紀》云「木堇朝榮夕落，雒家謂之朝生」。《鄭風・有女同車》正義引樊光《爾雅注》、陸璣《毛詩疏》，竝云「木堇華朝生暮落」。是木堇亦名朝生也，但木堇樹名無由稱菌。《莊子》言「朝菌不知晦朔，蟪蛄不知春秋」，皆謂死之速者。木堇之華，朝榮夕落而枝葉猶存，非其取義也。《列子・湯問》篇云「朽壤之上有菌芝者，生於朝，死於晦」，是朝菌爲芝之明證。《名醫别録》云「鬼蓋一名地蓋，生垣牆下，叢生赤，旦生暮死」，陶注云「一名朝生，疑是今鬼繖也」。陳藏器云「鬼蓋名爲鬼屋，如菌，生陰濕處，蓋黑莖赤」。杜正倫云「鬼繖夏日得雨，聚生糞堆，見日消黑」。此與司馬彪、崔譔之説，正相合矣。《説苑・善説》篇「夫以秦楚之强而報讐於弱薛，譬之猶摩蕭斧而伐朝菌也，必不留行矣」，蓋以菌芝脃耎易斷，故云然也。《抱朴子・論僊》篇「蜉蝣校巨鼇，日芨料大椿，豈所能及哉」，日芨與「日及」同，司馬彪所謂「大芝見日則死，一名日及」者也。

徐長卿，鬼督郵也。

《神農本草》云「徐長卿味辛温，主鬼物百精蠱毒疫疾邪惡氣温瘧，久服强悍輕身，一名鬼督郵，生大山山谷」，又云「石下長卿味鹹平，主鬼疰精物邪惡氣，殺百精蠱毒老魅狂易亡走啼哭悲傷慌惚，一名徐長卿，生隴西池澤」。則徐長卿有二種也。《御覽》引《吴普本草》云「徐長卿一名石下長卿，或生隴西」。蓋同類者得通名也。陶弘景注《本草》云「鬼督郵之名甚多，今俗用徐長卿者，其根正如細辛，小短扁扁爾，氣亦相似，今狗脊散用鬼督郵，當取其强悍宜腰脚，所以知是徐長卿而非鬼箭赤箭」。《唐本》注云「此藥葉似柳，兩葉相當，有光澤，所在川澤有之，根如細辛，微麤而有臊氣」。《蜀本圖經》云「苗似小麥，子似蘿藦子而小」。皆其形狀也。《神農本草》别有「赤箭，一名鬼督郵」，《唐本草》又有「鬼督郵，一名獨摇草」，其主殺鬼精物皆與此同。鬼督郵之名，豈以此與？下文「鬼箭」，《神農本草》亦謂殺鬼毒，命名之義，與此畧同矣。《抱朴子·雜應》篇云「辟疫用徐長卿散」，《黄白》篇云「俗人見方用徐長卿，則謂人之姓名也」，蓋此藥爲方家所必用云。

丁父、附支，蓪草也。

各本俱脱「丁父」二字。《御覽》引《廣雅》云「丁父、附支，蓪草也」。今據補。《神農本草》云「通草一名附支，生石城山谷」。《御覽》引《吴普本草》云「通草一名丁翁，葉青，蔓還樹生，汁白」。案：附支者，附樹枝而生也。丁翁猶言丁父也。丁翁之爲丁父，猶丁公寄之爲丁父。《名醫别録》云「丁公寄一名丁父」。陳藏器云「即丁公藤」。是其例也。通草以莖得名。陶注《本草》云「今出近道，繞樹藤生，汁白，莖有細孔，兩頭皆通，含一頭吹之，則氣出彼頭者良，或云即葍藤莖」。《唐本》注云「此物大者徑三寸，每節有二三枝，枝頭有五葉，其子長三四寸，核黑穰白，食之甘美，南人謂爲燕蕧，或名烏蕧，今言葍藤，葍、蕧聲相近爾」。《食性本草》云「燕蕧莖名木通」。案：陶弘景所説汁白莖有細孔者，與《吴普本草》合。兩頭皆通，正通草所以命名之義也。乃後世《本草》諸家無能證明其説者，而但取或説之葍藤爲據，蓋其失傳久矣。

《御覽》引《范子計然》云「通草出三輔」，又引《建康記》云「建康出通草」，皆此草所出之處也。今世所謂通草，則與此異。《本草拾遺》云「通脱木生山側，葉似萆麻，心中有瓤，輕白可愛，女工取以飾物，《爾雅》云『離南，活脱』也，今俗亦名通草」，是也。《爾雅》又謂之「倚商」，《中山經》謂之「寇脱」，然非古之所謂「通草」也。

鬼箭，神箭也。

《神農本草》云「衞矛味苦寒，主女子崩中下血腹滿汗出，除邪，殺鬼毒蠱疰，一名鬼箭，生霍山山谷」。《御覽》引《吴普本草》云「鬼箭葉如桃如羽，或生野田」。陶弘景云「山野處處有，其莖有三羽，狀如箭羽，俗皆呼爲鬼箭」。然則鬼箭以形得名也，箭羽名衞，故鬼箭又名衞矛。《釋名》云「矢旁曰羽，如鳥羽也，齊人曰衞，所以導衞矢也」。《士喪禮》記「翭矢一乘，骨鏃短衞」，鄭注云「凡爲矢，五分笴長而羽其一」，疏云「謂之衞者，以其無羽則不平正，羽所以防衞其矢，不使不調，故名羽爲衞」。《考工記·矢人》設羽，「夾而摇之，以眡其豐殺之節也」，鄭注云「今人以指夾矢儛衞是也」。案：羽、衞聲之轉。衞之言𦐧也。前《釋器》云「𦐧，羽也」。羽謂之𦐧，箭羽謂之衞，聲義同矣。蘇頌《本草圖經》云「鬼箭三月以後生莖，苗長四五尺許，其榦有三羽，狀如箭翎，葉亦似山茶，青色」。《本草衍義》云「衞矛葉絶少，其莖黄褐色若檗皮，三面如鋒刃，人家多燔之遺祟」。案：此以衞矛殺鬼毒故也，鬼箭、神箭之名，或又取此與？《抱朴子·黄白》篇云「俗人見方用大戟鬼箭天鉤，則謂之鐵器也」。

葥盆、陸英，苺也。

蒛，各本譌作「⿱竹缺」，今訂正。《爾雅》云「葥，蒛葐」，郭璞注云「覆盆也，實似莓而小，亦可食」。《御覽》引孫炎注云「青州曰葥」。案：葥、蒛古聲相近。《士冠禮》「緇布冠缺項」，鄭注云「缺讀如『有頍者弁』之頍」，《釋文》「頍，依注音去蘂反，又音跬」。是其例也。《御覽》又引《吴普本草》云「缺盆，一名決盆」。缺、決古同聲。《説文》云「莓，馬莓也」。《御覽》引《甄權本草》云「覆盆子一名馬瘻，一名陸荆」。「馬瘻」猶馬莓也。「陸荆」猶陸英也。又謂之蓬虆。《神農本草》云「蓬虆味酸平，主安五藏，益精氣，久服輕身不老，一名覆盆，出荆山平澤」。《名醫别録》云「一名陵虆，一名陰虆，生冤句」，又云「覆盆子味甘平無毒，主益氣輕身，令髮不白，五月採」。據此則覆盆有味酸、味甘二種。然二者究爲一物，故蓬虆、覆盆子皆主輕身益氣。又《别録》於「蓬虆」不言某月採，於「覆盆子」不言出某處，明是一物而味有異，故互文以見之爾。《本草經》之「蓬虆」一名覆盆，則《别録》之「覆盆子」亦即蓬虆。或舉酸者言之，或舉甘者言之，其實一物也。李當之云「蓬虆是人所食莓」，又云「覆盆子是莓子，乃似覆盆之形，而以浸汁爲味，其核微細」。案：人所食莓即「莓子」耳。《蜀本草》引《切韻》云「莓子，覆盆也」。郭注《爾雅》云「蒛葐，覆盆也」。此云「蒛盆，莓也」。李云「蓬虆是莓」。然則莓也，莓子也，蒛盆也，覆盆也，蓬虆也，名異而實同也。陶弘景集名醫之説，而時或不得其解。乃云「蓬虆是根，覆盆是實」，其説與《本草經》「蓬虆」一名覆盆者，顯然不合。《蜀本草》《開寶本草》則又小變其説以蓬虆爲覆盆之藤蔓，至《食性本草》《本草拾遺》《本草衍義》諸家，乃竟以蓬虆、覆盆爲二草。説之愈詳，而失之愈遠矣。惟蘇恭《本草》注云「生沃地則子大而味甘，瘠地則子小而味酸」，斯言近之。

海蘿，海藻也。

上文云「石髮，石衣也」，此亦其類也。《爾雅》云「薚，海藻」，郭注云「藥草也，一名海羅，如亂髮，生海中，見《本草》」。案：孫炎注《爾雅》「薚，石衣」云「薚」古「藫」字，則「薚，海藻」之薚正與「藫，石衣」之藫同字，蓋同類者得通稱也。《神農本草》云「海藻味苦寒，一名落首，生東海池澤」，陶注云「生海島上，黑色，如亂髮而大少許，葉大都似藻葉」。《本草拾遺》云「馬尾藻生淺水，如短馬尾細，黑色，用之當浸去鹹水，大葉藻生深海中及新羅國，如水藻而大，海人取大葉藻，正在深海底，以繩繫腰没水下，刈得，旋繫繩上，五月已後，當有大魚傷人，不可取也」。蘇頌《圖經》云「又有一種海帶，似海藻而粗且長，登州人取乾之，柔韌可以繫束物」。是海藻有三種也。又謂之海苔。《吴都賦》云「海苔之類」，劉逵注云「海苔生海水中，正青，狀如亂髮，乾之赤，鹽藏有汁，名曰濡苔，臨海出之」。《初學記》引沈懷遠《南越志》云「海藻一名海苔，或曰海羅，生研石上」。案：苔之轉聲爲薚，故《爾雅》云「薚，海藻」也。

地葵，地膚也。

《神農本草》云「地膚子味苦寒，一名地葵，生荆州平澤」。《御覽》引《本草經》云「地膚一名地華，一名地脈，一名地葵」。《名醫别録》云「一名地麥」，陶注云「今田野閒亦多，皆取莖苗爲掃箒，子微細」。《唐本》注云「地膚子，田野人名爲地麥草，葉細莖赤，多出熟田中，苗極弱，不能勝舉，今云堪爲掃箒，恐又未識之，北人亦名涎衣草」。《蜀本圖經》云「葉細莖赤，初生薄地，花黄白，子青白色」。《日華子本草》云「又名落帚，子色青，似一眠起蠶沙矣」。蘇頌《圖經》云「初生薄地五六寸，根形如蒿，莖赤葉青，大似荆芥，三月開黄白花，或云其苗即獨掃，一名鴨舌草，密州所生者，其説益明，云根作叢生，每窠有二三十莖，莖有赤有黄，七月開黄花，其實地膚也，至八月而藍蘇成，可採，正與此地獨掃相類，蘇云苗弱不能勝舉，恐西北所出者短弱爾」。案：《爾雅》「葥，王蔧」，郭注云「王帚也，似藜，其樹可以爲掃彗，江東呼之曰落帚」。郭注云「樹」，則落帚必甚高大，地膚或是其小者耳。

狼毒也。

「狼毒」上蓋脱「續毒」二字。《神農本草》云「狼毒味辛平，一名續毒，生秦亭山谷」。《名醫别録》云「狼毒有大毒，生奉高，二月八月採根陰乾，陳而沈水者良」，陶注云「與防葵同根類，但置水中沈者便是狼毒，浮者則是防葵」。《唐本》注以陶注爲非，云「此物與防葵都不同類也」。案：《博物志》云「房葵似狼毒」，則二物本相類，故陶注云然。《博物志》又引《神農經》云「藥種有五物，一曰狼毒，占斯解之」，物類之性各相制也。《蜀本草圖經》云「葉似玄參，❶浮虚者爲劣」。《開寶本草》注云「葉似商陸及大黄，莖葉上有毛，根皮黄，肉白，以實重者爲良」。蘇頌《圖經》云「四月開花，八月結實」。《抱朴子·雜應》篇云「耳既聾者，以狼毒冶葛合内耳中，則愈也」。

葱、苹，藺蔼也。

《玉篇》《廣韻》竝云「葱，藺蔼藥也」。則藺蔼一名葱，一名苹也。《衆經音義》引張氏《埤倉》云「藺蔼，毒

❶「葉」，《證類本草》卷十一引作「根」。

草也」。藺，各本譌作「蘭」，今訂正。藺蒚或作「莨菪」，或作「狼蓎」。《神農本草》云「莨菪子味苦寒，一名横唐，生海濱川谷」。《别録》云「莨菪子有毒，一名行唐，生雍州」，陶注云「今處處有，子形頗似五味核而極小」。今方家多作「狼蓎」。《蜀本圖經》云「葉似王不留行、菘藍等，莖、葉有細毛，花白，子殻作罌子形，實扁細若粟米許，青黄色」。蘇頌《圖經》云「苗莖高二三尺，四月開花紫色，五月結實」。皆其形狀也。《史記·倉公傳》云「菑川王美人懷子而不乳，臣意飲以莨蒚藥一撮，以酒歓之，旋乳」。是藺蒚治婦人不産也。然《本草》《别録》及後世醫家，曾無言及者，蓋古方之失傳者多矣。

茛，鉤吻也。

《神農本草》云「鉤吻味辛温，一名野葛，生傳高山谷」。《吴普本草》云「秦鉤吻一名毒根，有毒殺人，生南越山或益州，葉如葛，赤莖大如箭，根黄，正月採」。案：鉤吻莖葉根苗皆毒，不得專以毒根爲名。蓋根、茛古同聲，假借字耳。陶弘景注「鉤吻」云「或云鉤吻是毛茛」，蘇氏非之，以爲毛茛是有毛石龍芮，無干鉤吻也。案：草木多異物而同名者。石龍芮有毛者名毛茛，鉤吻有毛者亦名毛茛，兩不相妨也。《葛洪方》云「鉤吻與食芹相似，而生處無他草，其莖有毛，誤食之殺人」。《雷公炮炙方》云「鉤吻葉似黄精，而頭尖處有兩毛若鉤」。是鉤吻本有毛也。且茛者，毒草之稱。《吴普本草》云「附子一名茛」。陳藏器《本草》引《葛洪方》云「菜中有水茛，葉圓而光，有毒，生水旁」，則毒草多名茛者。陳藏器又云「毛茛似石龍芮而有毒」，則毛茛之爲茛，即以毒得名。鉤吻之名毛茛，亦猶是矣。陶氏所存或説，殆非無據也。《名醫别録》云「鉤吻折之青烟出者，名固活」，《唐本》注以爲鉤吻之經年者，折之有塵起。然則「固活」亦即鉤吻。鉤吻、固活聲之轉耳。《御覽》引桓譚《新論》云「鉤吻不與人相宜，故食則死，非爲殺人生也」。《論衡·言毒篇》云「草木之中有巴豆、野葛，食之湊懣，頗多殺人」。蓋毒藥之烈者，莫此爲甚矣。鉤吻有蔓生、直生二種。《炮炙方》所云「鉤吻葉似黄精」，陶注「鉤吻」所云「葉似黄精而莖紫，當心抽花黄色，初生既極類黄精，故以爲殺生之對」。此其直生者也。稽含《南方草木狀》云「冶葛蔓生，葉如羅勒，光而厚，一名胡蔓草，真毒者多雜以生蔬進之，❶悟者速以藥解，不爾，半日輒死，山羊食其苗，即肥而大」。此其蔓生者也。《唐本草》專以蔓生者爲鉤吻，《開寶本草》專以直生者爲鉤吻，皆一偏之説，未足據也。

昔邪，烏韭也，在屋曰昔邪，在牆曰垣衣。

皆苔屬也。《西山經》云「小華之山，其草有萆荔，狀如烏韭」，郭注云「烏韭在屋者曰昔邪，在牆者曰垣衣」，本此以釋之也。《酉陽雜俎》引梁簡文帝《咏薔薇》詩云「依簷映昔邪」，亦本《廣雅》以在屋者爲昔邪也。又名「屋遊」。《名醫别録》云「屋遊生屋上陰處」，陶注云「此瓦屋上青苔衣也」。《酉陽雜俎》云「《廣志》謂之蘭香，生於久屋之瓦」。《名醫别録》云「垣衣一名昔邪，一名烏韭，一名垣嬴，一名天韭，一名鼠韭，生古垣牆陰，或屋上」。則昔邪、垣衣又可通稱也。然垣、牆同義，垣衣之名本以在牆耳。又生石上者亦名烏韭，已見上文「石髮，石衣也」下。

馬鱁，荔也。

❶「真」，《百川學海》本《南方草木狀》作「寘」。

《月令》仲冬之月「茘挺出」，鄭注云「茘挺，馬䪤也」，則茘草又名茘挺也。《顔氏家訓》云「《説文》云『茘似蒲而小，根可爲刷』，《廣雅》云『馬䪤，茘也』，《通俗文》亦云『馬藺』，《易統通卦驗玄圖》云『茘挺不出，則國多火災』，蔡邕《月令章句》云『茘似挺』，高誘注《吕氏春秋》云『茘草挺出也』，然則《月令》注『茘挺』爲草名，誤矣」。案：如高氏所説，則是茘草挺然而出也。檢《月令》篇中，凡言「萍始生」「王瓜生」「半夏生」「芸始生」，草名二字者，則但言「生」，一字者，則言「始生」以足其文，未有狀其生之貌者。倘經意專以「茘」之一字爲草名，則但言「茘始出」可矣，何煩又言「挺」也。且據顔氏引《易通卦驗》「茘挺不出」，則以「茘挺」二字爲草名者，自西漢時已然。又《逸周書·時訓》篇「茘挺不生，卿士專權」，亦與《通卦驗》同。鄭氏注殆相承舊説，非臆斷也。莛、挺古同聲而通用。《説文》云「莛，莖也」。茘草抽莖作華，因謂之「茘莛」矣。《神農本草》謂之「蠡實」。《名醫别録》謂之「茘實」。《御覽》引《吴普本草》謂之「劇茘華」。而《月令》則謂之「茘莛」。或以實名，或以華名，或以莖名，義有專屬而名則通稱也。故茘莛始出，猶未有莛也，而名爲茘莛，則曰茘莛出。猶王瓜始生，猶未有瓜也，而名爲王瓜，則曰王瓜生耳。《月令》自言茘莛，他書自言茘，兩不相妨也。顔氏又云「馬䪤，河北平澤率生之，江東頗有此物，人或種於階庭，呼爲旱蒲」。蓋茘草似蒲而生旱地，故以爲名。《説文》所云「茘，似蒲而小」，《子虚賦》所云「高燥則生葴析苞茘」者也。《齊民要術》引《廣州記》云「東風草香氣似馬藺」，則茘亦香草之屬。故《月令》「芸始生，茘挺出」，皇侃疏云「以其俱香草，故應陽氣而出」也。蘇頌《本草圖經》云「蠡實，馬藺子也，北人音訛，呼爲馬楝子，葉似䪤而長厚，三月開紫碧花，五月結實作角，子如麻大而赤色有稜，根細長通黄色，人取以爲刷」。案：蠡、藺、荔一聲之轉。故張氏注《子虚賦》謂之「馬荔」，馬荔猶言馬藺也。荔葉似𩏼而大，則「馬𩏼」之所以名矣。

水衣，菭也。

詳見上文「石髮，石衣也」下。

麦菜，藻也。

鄭注《昏義》云「蘋藻爲羹菜」。隱三年《左傳》正義引陸璣《詩疏》云「藻可蒸爲茹」。是藻爲水菜也，然諸書無言藻名麦菜者。「麦」字未審何字之譌。

蘘荷，蒪苴也。

《説文》云「蘘荷，一名葍蒩」。葍蒩與「蒪苴」同，亦名「苴蒪」。《楚詞・大招》云「醢豚苦狗，膾苴蒪只」，王注云「苴蒪，蘘荷也，雜用膾炙，切蘘荷以爲香，備衆味也」。或作「蒪葅」。《九歎》云「耘藜藿與蘘荷」，王注云「蘘荷，蒪葅也」。或作「蓸苴」，或作「覆葅」。《古今注》云「蘘荷似蓸苴而白，蓸苴色紫，花生根中，花未散時可食，久置則消爛不爲實矣」。《名醫别録》云「白蘘荷微温，主中蠱及瘧」，陶注云「今人乃呼赤者爲蘘荷，白者爲覆葅，葉同一種爾，於人食之，赤者爲勝，藥用白者」。《古今注》以紫爲蒪苴，白爲蘘荷。《别録》注以赤爲蘘荷，白爲蒪苴。二説不同。《廣韻》則云「蒪苴，大蘘荷名」。是又以大、小分也。其實蘘荷、蒪苴皆大名，後世説者多岐耳。或作「猼且」，或作「巴且」。《史記・司馬相如傳》「諸蔗猼且」，《漢書》作「巴且」，張氏注云「蒪苴，蘘荷也」，文穎云「巴且，一名巴蕉」，顏師古云「文説巴且是也，且音子余反，蒪音普各反，蒪苴自蘘荷耳，非巴且也」。案：巴、蒪古同聲。蒪苴正可通作巴且，且張云「蒪苴，蘘荷也」，蓋一本有作「蕁苴」者。故《史記索隱》引郭璞《子虛賦》注云「巴且，蘘荷屬」，則亦以巴且爲蕁苴也。顔師古言蕁苴非巴且，殆不通假借之例耳。蘘荷之草，性宜陰地。《古今注》云「葉似薑，宜陰翳地種之，常依陰而生」。《齊民要術》云「蘘荷二月種之，宜在樹陰下」。《閒居賦》所謂「蘘荷依陰」者也。蘘荷葉似薑，故古人多與薑竝言。《漢書・司馬相如傳》云「茈薑蘘荷」。《齊民要術》引崔寔《四民月令》云「九月藏茈薑蘘荷，其歲若温，皆待十月」。是則蘘荷又可爲禦冬之菜，故《急就篇》云「老菁蘘荷冬日藏」，而蘇頌《本草圖經》亦引《荆楚歲時記》云「仲冬以鹽藏蘘荷」也。或單謂之「荷」。《七諫》云「列樹芋荷」，謂芋渠與蘘荷也。《後漢書・馬融傳》云「蘘荷芋渠」，是也。又謂之嘉草。《周官・庶氏》「掌除毒蠱，以嘉草攻之」。《御覽》引干寶《搜神記》云「今世攻蠱多用蘘荷根，往往有驗，蘘荷或謂嘉草」。蓋此即干氏《周官》注説，又於此言之耳。蘇頌《本草圖經》引《荆楚歲時記》亦與《搜神記》同。

藨，鹿藿也。

《説文》云「藨，鹿蘿也」，徐鍇《傳》云「《爾雅》『鹿蘿』，鹿豆也，一名『蔨』。《爾雅》『藨，麃』，注云『即莓也』，字與鹿豆相近，疑《説文》注誤以『藨，麃』爲鹿藿字也」。案：如鍇之説，則是許氏誤讀「麃」爲「鹿」也。草之名鹿者，若鹿蓐爲王芻，鹿腸爲玄參之類多矣。但言「藨，鹿」，何以知爲鹿藿？即令許氏善於附會，亦不至謬妄如此。且《説文》所用《爾雅》與今不合者，如「蘬，薺實」「夢，灌渝」之屬，皆句讀之異耳。未有誤讀本文之字，而又率意增之者也。以理度之，「藨」爲鹿藿，必非《爾雅》「藨，麃」之誤，乃鹿藿自有此名耳。《説文》之訓，或敘述經文，或原本師説，或雜採方俗之所傳，其所取者博矣，何必《爾雅》所有者而後見之於書哉？徐氏之説，淺於窺測矣。郭璞《爾雅注》云「鹿藿，今鹿豆也，葉似大豆，根黄而香，蔓延生」。《神農本草》云「鹿藿味苦平，生汶山山谷」。《唐本》注云「此草所在有之，苗似豌豆，有蔓而長大，人取以爲菜，亦微有豆氣，名爲鹿豆也」。梁簡文帝《勸醫論》云「胡麻鹿藿，纔救頭痛之痾」，蓋醫方所常用者矣。

鳶尾、烏萐，射干也。

《神農本草》云「鳶尾生九疑山谷」，「射干一名烏扇，一名烏蒲，生南陽川谷」。《名醫别録》云「鳶尾一名烏園」，「射干一名烏翣，一名烏吹，一名草薑」。是鳶尾與「射干」異也。陶注云「方家云鳶尾是射干苗，射干苗無鳶尾之名，主療亦異，當别一種物，方亦有用鳶頭者，即應是其根」，又云「射干即是烏翣根，庭臺多種之，黄色，方多作『夜干』字，今『射』亦作夜音，人言其葉是鳶尾，而復又有鳶頭，此蓋相似爾，恐非，烏翣者，即其葉名矣」。《唐本》注云「鳶尾葉似射干而闊短，不抽長莖，花紫碧色，根似高良薑，皮黄肉白」，「射干花紅，抽莖長，根黄有白」。是鳶尾、射干一種而小異，故鳶尾亦得謂之射干。《廣韻》引郭璞云「鳶尾草一名射干」，是也。蘇頌《圖經》云「葉似蠻薑而狹長，横張，疎如翅羽狀，故一名烏翣，謂其葉耳」。案：翣與「萐」通。翣、扇一聲之轉。高誘注《淮南·説林訓》云「扇，楚人謂之翣」。字亦作「箑」。《方言》云「扇，自關而東謂之箑」。箑、萐皆從疌聲。射干之葉横張如扇，故謂之烏扇，又謂之烏萐也。《説文》云「萐莆，瑞草也，堯時生於庖廚，扇暑而涼」。瑞草扇暑而涼，謂之萐莆。烏扇之草謂之烏萐，又謂之烏蒲。其義一也。《高唐賦》「青荃射干」，李善引郭璞《上林賦》注云「射干，今江東呼爲烏萐」。烏，各本譌作「鳥」。

蓮，曹憲《音》「所夾反」，各本譌作「蓮」。今竝訂正。《荀子·勸學篇》云「西方有木焉，名曰射干，莖長四寸，生於高山之上，而臨百仞之淵」，楊倞注云「《本草》藥名有射干，在草部中，又『生南陽川谷』，此云『西方有木』，未詳，或曰長四寸即是草，云『木』，誤也，蓋生南陽，亦生西方也」。案：《唐本草》云「射干抽莖長」，《蜀本圖經》云「高二三尺」，而此乃云「莖長四寸」，豈古之射干甚小，後世所説者，非其實與？抑或《荀子》所言，别爲一物，偶然同名也。射干之草，應陽氣而生。《上林賦》云「稾本射干」，郭璞注云「射干，十一月生，香草也」。《易通卦驗》云「冬至蘭射干生」。《後漢書·陳寵傳》云「冬至之節，陽氣始萌，故十一月有蘭射干芸荔之應」。皆是也。陶弘景云「别有射干相似而花白，似射人之執竿者，故阮公詩云『射干臨層城』」。蘇頌云「今觀射干之形，其莖梗疎長，正如長竿狀，得名由此耳」。案：《子虛賦》云「騰遠射干」，張氏彼注云「射干，似狐，能緣木」。射干之獸，不得謂之狀如竿。則射干之草，亦不如陶氏、蘇氏所説也。蓋草木之名，多取雙聲疊韻。射干，疊韻字也。射字古音在虞部。干字之聲，亦有轉入此部者。《禹貢》「惟箘簬楛」，❶《史記·五帝紀》别本「楛」作「杆」，徐廣云「杆，音楛」，是也。

木實、酸木，狐桃也。

狐桃之名，未聞所出。《開寶本草》有「獮猴桃，味酸甘寒無毒，一名藤梨，一名木子，一名獮猴梨，生山谷，藤生箸樹，葉圓有毛，其形似雞卵大，其皮褐色，經霜始甘美可食」。《衍義》云「十月爛熟，色淡緑，生則極

❶「惟箘簬楛」，見於《史記·夏本紀》。

酸，子繁細，其色如芥子，枝條柔弱，高二三丈，多附木而生，淺山傍道則有存者，深山則多爲猴所食」。木子之名正與「木實」相合。味酸之説又與「酸木」相當。其是與？

烏麩，蓄也。

烏麩，影宋本譌作「烏麬」，皇甫以下諸本「麬」字又譌作「麬」。今據曹憲《音》及《御覽》引《廣雅》作「烏麩」訂正。《爾雅》云「蓄，蓄」，郭注云「大葉白華，根如指，正白可啖」。又「蓄，葍茅」，注云「蓄華有赤者爲葍，葍、蓄一種耳，亦猶『蔆苕』華黄、白異名」。《説文》云「葍茅，蓄也，一名舜」，又云「舜，艸也，楚謂之蓄，秦謂之葍，蔓地連華，象形」。《小雅·我行其野》篇「言采其蓄」，傳云「蓄，惡菜也」。《齊民要術》引《義疏》云「河東關内謂之蓄，幽兖謂之燕蓄，一名爵弁，一名葍，根正白，箸熱灰中温噉之，饑荒可蒸以禦饑，漢祭甘泉或用之，其華有兩種，一種莖葉細而香，一種莖赤有臭氣」。據此則「蓄，葍茅」即《爾雅》「莵，雀弁」也，《釋文》「莵，悦轉反，又古本反」，又云「葍，詳兖反」。葍、莵聲近而通耳。《廣韻》云「蓄蕮，菜名」，「蕮」徂兖切，聲亦相近也。《管子·地員》篇云「山之側，其草蓄與蔞」，則山旁亦有生者。《集韻》云「蓄」或作「蘠」。《玉篇》云「蘠子可食」。是也。别有蔓生樹上者，亦名蓄。《齊民要術》引《風土記》云「蓄，蔓生被樹而升，紫黄色，子大如牛角，形如蟦，二三同，葉長七八寸，甘如蜜，其大者名抹」。

白芨、莐，資也。

《玉篇》「芨，間及切，又音及」。白芨即白及也。《玉篇》《廣韻》竝云「莐，白芨也」。是白芨或名莐，或名資也。《神農本草》云「白及味苦平，一名甘根，一名連及草，生北山川谷」。《御覽》引《吴普本草》云「白及一名白根，莖葉如生薑藜蘆也，十月華直上紫赤，根白連，生宛句」。又謂之白給。給與「及」同聲。《名醫别録》云「白給生山谷如藜蘆，根白相連」。陶弘景《本草》注云「近道處處有之，葉似杜若，根形似菱米，節間有毛，可以作糊」。《蜀本圖經》云「葉似初生栟櫚及藜蘆，莖端生一薹，四月開生紫花，七月實熟，黄黑色，冬凋，根似菱三角，白色，角頭生芽」。案：白苙以根白得名也。根有三角，故一名芁，一名蒫。《秦風·小戎》篇「厹矛鋈錞」，傳云「厹，三隅矛也」，聲義正與「仇」同。《爾雅》「茨，蒺藜」，郭注云「子有三角刺人」。《離騷》「茨」作「薋」，亦與此同義也。《御覽》引《晉宫閣名》云「華林園白及三株」，倘以其莖葉可玩而植之與？

馬帚、屈，馬第也。

《爾雅》云「荓，馬帚」，郭注云「似蓍，可以爲埽彗」，邢疏云「荓草似蓍者，今俗謂蓍荓，可以爲埽彗，故一名馬帚」。《夏小正》七月「荓秀」，傳云「荓也者，馬帚也」。屈與馬第之名，未詳所出。《神農本草》有「屈草，味苦，主胷脅下痛邪氣腸閒寒熱陰痺，久服輕身益氣耐老，生漢中川澤」，陶注云「方藥不復用，俗無識者」，豈即是馬帚與？《説文》云「萬，艸也」，《玉篇》《廣韻》竝作「苐」。苐與「第」聲相近，形又相似也。

蔥蒲，莞也。

詳見上文「莞，藺也」下。

矜，禽也。

未詳。

釋木

楚，荆也。

《説文》云「楚，叢木，一名荆也，從林、疋聲」。案：楚之言楚楚然衆也。《小雅·楚茨》篇「楚楚者茨，言抽其棘」，傳云「楚楚，茨棘貌」，其義同也。楚莖堅彊，故謂之荆。荆、彊古聲相近。《禹貢》正義引李巡《爾雅》注云「荆，彊也」。

牡荆，曼荆也。

牡荆、曼荆一種而小異，稱名可以互通也。牡，各本譌作「壯」，今訂正。《漢書·郊祀志》云「以牡荆畫幡，❶日月北斗登龍，以象太一三星」，李奇注云「牡荆作幡柄也」，如淳云「牡荆，荆之無子者，皆絜齊之道」，晉灼云「牡荆節閒不相當也，月暈刻之以畏病者」。案：《名醫别録》云「牡荆實味苦温無毒，生河閒南陽宛句山谷，或平壽都鄉高岸上及田野中，八月九月採實陰乾」。是牡荆有子，不如如淳所説也。陶弘景《别録》注亦以牡荆不應有子爲疑，不知草木之名牡者，不必皆以無子爲義。《御覽》引《吴普本草》云「牡丹子黑中有核」，是其證也。《御覽》引《淮南萬畢術》云「南山牡荆，指病自愈，節不相當，有月暈時剋之」，此晉灼注所本也。但《淮南》云牡荆「節不相當」，而陶注《别録》引仙方説則云「枝枝相對」者爲牡荆，

❶「畫」，原作「書」，今據續四庫本改。

二説各異，未知孰是耳。《神農本草》云「蔓荆實味苦微寒，小荆實亦等」。蔓與「曼」同。陶注云「小荆即應是牡荆，牡荆子大於蔓荆子，而反呼爲小荆，恐或以樹形爲言」。陶之此説亦未敢決，而以牡荆子大於蔓荆，則得之目驗，非虚言也。《唐本》注乃謂子小而作樹者爲牡荆，以合小荆爲牡荆之説；子大而蔓生者爲蔓荆，以合蔓荆之名。其後《本草》諸家皆承用之。案：《藝文類聚》引《廣志》云「赤莖大實者名曰牡荆」，陶注牡荆亦云「蔓荆子殊細，正如小麻子，色青黄，牡荆子如烏豆大，正圓黑」。又陶氏《登真隱訣》云「天監三年，上將合神仙飯，奉勑，論牡荆白荆花白多子，子麤大，歷歷疎生，不過三兩」。此皆牡荆子大於蔓荆之明證，《唐》注以牡荆子小蔓荆子大者舛矣。且蔓荆倘是蔓生，則《本草》當入草部，今乃列之木部上品，明非蔓生之物。《本草》木部有蜀椒，又有蔓椒，豈得謂「蔓椒」蔓生哉？唐注以蔓生者爲蔓荆，尤爲乖謬也。牡荆、蔓荆皆樹生，類甚相近，故牡荆亦得爲蔓荆也。牡荆實苦而華獨甛，《登真隱訣》云「蜂多採牡荆，牡荆汁冷而甛」，又云「餘荆被燒則煙火氣，若牡荆體慢汁實，煙火不入其裏」。蓋其性之堅固有如此者。又可爲履。《藝文類聚》引《廣州記》云「白荆堪爲履」，是也。

穀，楮也。

《説文》云「穀，楮也，從木、𡉉聲」。今江淮之閒謂之𡉉樹，音苦角反。《小雅·鶴鳴》篇「其下維穀」，傳云「穀，惡木也」，陸璣《疏》云「幽州人謂之穀桑，荆揚人謂之穀，中州人謂之楮，殷中宗時桑穀共生是也，今江南人績其皮以爲布，又擣以爲紙，謂之穀皮紙，絜白光煇，其裏甚好，其葉初生可以爲茹」。《韓非子·喻老》篇云「宋人有爲其君以象爲楮葉者，三年而成，豐殺莖柯，豪芒繁澤，亂之楮葉之中而不可別也」，則縠之稱楮其來久矣。《管子·地員》篇云「五位之土，其林其漉，其柞其縠」。《西山經》云「鳥危之山，其陰多檀楮」。蓋此樹雖處處田野有之，而其疇生之地，又各有宜焉。縠、構古同聲，故縠一名構。陶弘景《别録》注云「縠，即今構樹也」。《埤雅》引《物類相感志》云「其膠可以團丹砂，語曰『構膠爲金石之漆』是也」。今人亦取其漿以書竹帛，歲久不落，如膠漆焉。《齊民要術》云「今世人名之曰角楮，蓋角、縠聲相近，因訛耳」。蘇頌《本草圖經》云「楮有二種，一種皮有斑花文，謂之斑縠，今人用爲冠者，一種皮無花，枝葉大相類，但取其葉似蒲萄葉作辦而有子者爲佳，其實初夏生，如彈丸，青緑色，至六七月漸深紅色，乃成熟也」。楮即是縠，而《酉陽雜俎》乃謂葉有辦曰楮，無曰構，《日華子本草》又謂皮斑者是楮，皮白者是縠，皆强爲區别耳。

栝，栢也。

栝與「檜」同。《爾雅》云「檜，柏葉松身」。是栝即栢之别種，故以栝爲栢也。對文則栝與栢異。《禹貢》云「杶榦栝柏」，馬融注云「栝，白栝也」。栝可以爲舟楫。《衛風·竹竿》篇「檜楫松舟」，是也。又可爲屋材。《齊書·王儉傳》云「栝栢豫章雖小，已有棟梁氣」，是也。《爾雅翼》云「檜，今人謂之圓柏」。

道梓，松也。

未詳。

梬棗，檡也。

各本「梬」譌作「梬」，又脱「也」字。《玉篇》云「檡，梬棗也」。今據以訂正。《説文》云「梬，棗也，似柹」。

《漢書・司馬相如傳》云「梬棗楊梅」，又云「樝梨梬栗」，張氏注云「梬，梬棗也」，顔師古云「今之㮕棗也」。《御覽》引《古今注》云「㮕棗葉如柿，實亦如柿而小，味甘美」，又引《廣志》云「㮕棗味如柿，晉陽㮕肌細而厚，以供御」，是也。㮕又作「軟」。賀氏《内則》疏云「栭，軟棗也」。蘇頌《本草圖經》云「小柿謂之軟棗，俗呼牛奶柿」。一名檡棘。《士喪禮》云「決用正王棘，若檡棘」，鄭注云「王棘與檡棘，善理堅刃者，皆可以爲決，世俗謂王棘矺鼠」，《釋文》云「矺，劉音託」。《周官・繕人》注引《士喪禮》「檡棘」，《釋文》云「檡」一音徒洛反。然則矺、檡聲近，矺鼠或即「檡棘」之別名耳。

栟櫚，椶也。

栟櫚與「并閭」同。《西山經》云「石脃之山，其木多椶」，郭注云「椶樹高三丈許，無枝條，葉大而員，枝生梢頭，實皮相裹上行，一皮者爲一節，可以爲繩，一名栟櫚」。《藝文類聚》引《廣志》云「椶一名并閭，葉似車輪，乃在顛，下有皮纏之，附地起，二旬一採，轉復上生」。蘇頌《本草圖經》云「六七月生黄白花，八九月結實，作房如魚子，黑色」。皆其狀也。枚乘《七發》云「梧桐并閭，極望成林」。《漢書・司馬傳》云「仁頻并閭」，《南都賦》李善注引張氏注云「并閭，椶也，皮可以爲索」。《説文》云「椶，栟櫚也，可作萆」，「萆，雨衣也」。今人園林中，多剥取椶皮以覆屋，雨水漸漬，不爲損壞，故可以作萆矣。椶之言總也，皮如絲縷，總總然聚生也。《説文》云「總，聚束也」，又云「布之八十縷爲稯」。《召南・羔羊》篇「素絲五總」。《史記・孝景紀》云「令徒隸衣七緵布」。《西京雜記》云「五絲爲䌰，倍䌰爲升，倍升爲緎，倍緎爲紀，倍紀爲緵」。聲義竝相近也。栟櫚之聲合之則爲蒲。《玉篇》《廣韻》竝云「椶櫚，一名蒲葵」，是也。今人多取栟櫚葉作扇。《晉書·謝安傳》「蒲葵扇五萬」，即是此矣。

楉榴、石榴，柰也。

楉與「若」同。若、石聲相近，故若榴又謂之石榴。各本脱「石榴」二字。《藝文類聚》《太平御覽》及李善《南都賦》注竝引《廣雅》云「若榴，石榴也」。今據補。《玉篇》云「楉榴，柰屬也」。《初學記》引《埤倉》云「石榴，柰屬也」。則楉榴、石榴之爲柰，以同類而通稱也。《南都賦》云「樗棗若榴」。蔡邕《翠鳥》詩云「庭陬有若榴，緑葉含丹榮」。《藝文類聚》引陸璣《與弟雲書》云「張騫爲漢使外國十八年，得塗林安石榴也」。《御覽》引《廣志》云「安石榴有甜酢二種」。《酉陽雜俎》云「石榴一名丹若，甜者謂之天漿」。

楙，楷也。

《説文》云「楷，木也，讀若皓」，又云「㮋讀若皓，賈侍中説木名也」。《爾雅》云「狄臧槔」，舍人本「槔」作「皋」，樊本作「楷」，同音羔。郭璞云「未詳」也。

含桃，櫻桃也。

《月令》仲夏之月「天子乃以雛嘗黍，羞以含桃，先薦寢廟」，鄭注云「含桃，今之櫻桃也」，《正義》云「《月令》無薦果之文，此獨羞含桃者，以此果先成，異於餘物，故特記之，其實諸果於時薦也」。《史記·叔孫通傳》云「孝惠帝曾出游離宫，叔孫生曰『古者有春嘗果，方今櫻桃孰，可獻，願陛下出，因取櫻桃獻宗廟』，上迺許之，諸果獻由此興」，則此禮至漢猶行。但漢春獻櫻桃，正當始孰之時。而《月令》仲夏始薦者，本因嘗黍而薦含桃，非特獻，故不嫌遲也。《月令》釋文云「含」本又作「圅」。圅與櫻皆小之貌。圅若《爾雅》云

「嬴，小者蝸」。櫻若小兒之稱嬰兒也。櫻或作「鸎」。高誘注《吕氏春秋·仲夏紀》云「含桃，鸎桃也」。蓋櫻、鸎同聲，古字通用耳。而高誘乃謂鸎鳥所含，故言含桃，失之於鑿矣。諸説含桃者皆即是櫻桃。而《西京雜記》説上林苑桃十種，有含桃，又有櫻桃，則是分爲二物，所未審也。一名荆桃。《爾雅》「楔，荆桃」，郭注云「今櫻桃也」。又名朱櫻。《蜀都賦》云「朱櫻春孰」。《御覽》引《吴普本草》云「櫻桃味甘，主調中益脾氣，令人好顔色，美志氣，一名朱桃，一名麥英也」，又引《廣志》云「櫻桃大者如彈丸，有長八分者，白色多肌者，凡三種」。

山李、爵某、爵李，𨫼也。

爵某與「雀梅」同。《論語·子罕》篇正義引《召南·何彼襛矣》篇義疏云「唐棣，奥李也，一名雀梅，亦曰車下李，所在山皆有，其華或白或赤，六月中熟，大如李子可食」。《齊民要術》引《豳風·七月》篇義疏云「𨫼樹高五六尺，實大如李，正赤色，食之甜，《廣雅》曰一名雀李，又名車下李，又名郁李，亦名棣，亦名奥李」。《神農本草》云「郁李一名爵李」。《御覽》引《吴普本草》云「郁李一名車下李，一名棣」。然則棣也，唐棣也，奥李也，郁李也，車下李也，雀李也，雀梅也，𨫼也，一物也。奥李所在山皆有，則又「山李」之所以名也。「爵某」之「爵」，曹憲《音》「雀」。各本脱去「爵」字，《音》内「雀」字誤入正文。「雀」字又譌作「崔」。「爵」下「某」字又譌作「其」。今竝改正。「也」上「李𨫼」二字，各本皆脱。今據《詩義疏》引《廣雅》補。《爾雅》云「時，英梅」，郭注云「雀梅也」。《名醫别録》云「雀梅味酸寒有毒，主蝕惡瘡，一名千雀，生海水石谷閒」，陶注云「葉與實俱如麥李」。案：陶氏所説，蓋即奥李。但《名醫》云「有毒主蝕惡瘡」，恐别一物，非人所食之雀梅也。鬱者棣之類,《豳風・七月》傳云「鬱,棣屬也」,故古人多以二物並言。《史記・司馬相如傳》云「隱夫鬱棣」,《漢書》作「薁棣」。《御覽》引曹毗《魏都賦》云「若榴郁棣」。皆是也。薁、郁古同聲。鬱、薁聲之轉也。薁李、車下李爲一物,而《豳風》正義引《晉宫閣銘》云「華林園中有車下李三百一十四株,薁李一株」,則是一種之中又復有異,但稱名可以互通耳。

梂、榝、欓、越椒,茱萸也。

陸羽《茶經》引《凡將篇》云「菖蒲芒消,莞椒茱萸」,則茱萸可以入藥也。《急就篇》云「芸蒜薺芥茱萸香」,則又可以供食也。《藝文類聚》引《洞林》云「子如小鈴含玄珠,案文言之是茱萸」,則其形狀也。諸書無以「梂」爲茱萸者。梂當讀爲「樛」。樛,蔓椒也。《神農本草》云「蔓椒,一名家椒,生雲中川谷」。《名醫别録》云「一名豬椒,一名彘椒,一名狗椒」,陶注云「一名豨椒,山野處處有,俗呼爲樛,似椒欓,小不香爾」。欓與「欓」同。云似椒欓,則即茱萸之屬也。樛,《證類本草》音居虯切。梂,《廣韻》音居六切。古音正同耳。榝亦茱萸之屬也。《楚詞・離騷》云「椒專佞以慢慆兮,榝又欲充夫佩幃」,王注云「榝,茱萸也,似椒而非也」。榝子皆房生。《爾雅》云「椒榝醜莍」,《唐風・椒聊》篇正義引李巡注云「榝,茱萸也,椒、茱萸皆有房,故曰捄,捄,實也」,郭璞注云「莍萸子聚生成房貌,今江東亦呼莍,榝似茱萸而小,赤色」。《説文》云「榝,似茱萸,出淮南」,又云「莍,椒榝實裹如表者」。然則榝與茱萸,一種小異,稱名之例,可以互通耳。榝一名藙。《説文》作「藾」,云「煎茱萸也,漢律會稽獻藾一斗」。《内則》云「三牲用藙」,鄭注亦云「藙,煎茱萸也,漢律會稽獻焉,《爾雅》謂之榝」,賀氏疏云「煎茱萸今蜀郡作之,九月九日取茱萸,折其枝,連其實，廣長四五寸，一升實可和十升膏，名之藙也」。案：鄭云「《爾雅》謂之榝」，則未煎時已名爲藙。《神農本草》云「吴茱萸一名藙」，是也。榝又作「菽」。《南都賦》云「蘇菽紫薑，拂徹羶腥」。字形與「藙」相近，而陶氏《本草》注乃謂俗中呼「菽子」者爲不識「藙」字，宜《唐本》注以爲誤也。《玉篇》云「欓，茱萸類也」。《御覽》引《風土記》云「三香，椒、欓、薑也」，又引《宋春秋》云「義熙八年，太社欓樹生於壇側」。陳藏器《本草拾遺》云「欓子味辛辣如椒，木高大，莖有刺」。蘇頌《圖經》云「欓子出閩中江東，其木似樗，莖有刺，子辛辣如椒，南人淹藏以作果品，或以寄遠」。蓋其氣馨香中食，故人多重之也。「越椒」之名，未見所出。春秋時，楚有鬬越椒，字伯棼，又字子越。棼與「芬」通。越者，言其香之散越也。《荀子·禮論》云「椒蘭芬苾」。《高唐賦》云「越香掩掩」。《上林賦》云「衆香發越」。茱萸之名越椒，或即此義與？椒亦芬香之名也。《陳風·東門之枌》篇傳云「椒，芬香也」。《周頌·載芟》篇云「有椒其馨」。

梀，株也。

《廣韻》云「梀，木本也」。《説文》云「株，木根也」。❶ 是「梀」即株也。《爾雅》云「柢，本也」。柢、梀聲之轉耳。

棍，支也。

棍，曹憲《音》「緩」。各本譌作「梡」，今訂正。《集韻》《類篇》「棍」胡昆切，引此云「棍，枝也」。徧考諸書，

---

❶ 「根」，原作「根」，今據經解本改。

無以「梡」爲枝者。「支」字未審何字之誤。

枚、枈，條也。

《説文》云「枚，榦也，可爲杖」，「條，小枝也」。《周南・汝墳》篇傳云「枝曰條，榦曰枚」。是枚與「條」異也，散文則枝亦稱枚。《玉篇》《廣韻》竝云「枚，枝也」。

梢、校、椒，柴也。

《説文》云「柴，小木散材也」。《月令》鄭注云「小者合束謂之柴」。案：柴之爲言佌佌然小也。《爾雅》云「佌佌，小也」。《淮南・兵略訓》「曳梢肆柴」，高注云「梢，小柴也」。案：稍之爲言稍稍然小也。前《釋訓》云「稍稍，小也」。諸書無以「校」爲柴者。上「梢」字曹憲《音》「稍交反」，疑因此誤衍「交」字，後又加木旁也。《集韻》引《廣雅》「校、椒，柴也」，則宋時本已然。《説文》云「椒，木薪也」。薪亦柴也。凡薪蒸之屬多名椒。《説文》云「菆，麻蒸也」。《廣韻》云「筬，竹柴別名」。聲義竝同矣。

藮，薪也。

藮，各本作「蘻」，字頗不成體。蓋「藮」字書作「𧂍」，後誤而爲「蘻」耳。《爾雅・釋木》釋文云「樵」字又作「藮」。《墨子・備城門》篇云「爲薪藮挈」。今訂正。《説文》云「樵，散木也」。《月令》鄭注云「大者可析謂之薪」。《列子・周穆王》篇「鄭人有薪於野者，遇駭鹿，御而擊之，斃之，藏諸隍中，覆之以蕉」。蕉與「樵」同。薪謂之樵，因而取薪亦謂之樵。《史記・淮陰侯傳》集解引《漢書音義》云「樵，取薪也」。《小雅・白華》篇「樵彼桑薪」。

笳、枳、叉、股，枝也。

各本「枝」字誤在「股」上，今訂正。笳當讀爲「柯」。《玉篇》云「柯，枝也」。《廣韻》云「柯，枝柯也」。柯本莖名，因而枝亦通稱。柯、股聲之轉也。枳與「枝」同聲。《爾雅》云「中有枳首蛇焉」，孫炎音支，云「蛇有枝首」，郭璞巨宜反，云「歧頭蛇也」。歧與「枝」聲亦相近。歧生莖旁，故謂之枝，又謂之枳矣。《說文》云「枝，木別生條也」，是其義也。叉與「杈」同。《說文》云「杈，杈枝也」。杈之言錯也。《說文》云「叉，手指相錯也」。手指相錯謂之叉，樹枝相錯謂之杈，其義一也。今俗語猶謂樹枝錯出者曰杈頭，楚嫁反。

柯，莖也。

柯，榦也。古聲「柯」與「榦」同，故鄭注《考工記》云「笴，矢榦也」。《廣韻》「笴」古我切，又公旱切，箭莖也。箭莖謂之榦，亦謂之笴。樹莖謂之榦，亦謂之柯。聲義竝同也。樹莖名柯，因而草莖亦以爲名。《爾雅》云「荷，芙蕖，其莖茄」。茄猶柯耳。

本，榦也。

榦亦莖也。前《釋詁》云「莖、榦，本也」。本，各本譌作「夲」。蓋「本」字俗作「夲」，故譌耳。今訂正。

棣，柹也。

詳見《釋詁》「賤、柟、棣，柹也」下。

櫏、椮、檻，榛也。

《集韻》云「榛」乃計切，木立死也。榛之言歹也。前《釋詁》云「歹，死也」。亦言尼也。《爾雅》云「尼，止也」。言其止息不復生也。《玉篇》《廣韻》竝云「棯，柰也」。《齊民要術・種柰林檎》篇注引《廣雅》云「橏、棯、蓲，柰也」，則是以「㮈」爲果名也。案：上已云「楉榴、石榴，柰也」，此不應重出。又自「椺，株也」至「木藂生曰榛」皆統言木之形狀，不得雜以果名。且上句「肄，栟也」，是伐木之餘。下句「⿱艹僕、蘀，落也」，是木葉之隕。則此句當爲死木也。以「柰」字俗亦有作「㮈」者，故誤以「㮈」爲果耳。⿰木譱與「橏」同。《玉篇》云「橏，木瘤也」，則橏爲瘣木。《爾雅》「瘣木，苻婁」，樊光注云「苻婁，尪傴內病，磈磊無枝也」，郭璞注云「謂木病尪傴癭腫無枝條也」。木病腫謂之橏，因而死木亦謂之橏。橏之言殄也。鄭注《周官・稻人》云「殄，病也，絶也」。棯之言奄也。《白虎通義》云「薨，奄然亡也」。櫙之言丘也。賈逵説「九丘」云「九州亡國之戒也」。孟康注《漢書・楚元王傳》云「西方謂亡女壻爲丘壻」。皆死之義也。棯、櫙，各本譌作掩、摳，惟影宋本、皇甫本不譌。

⿱艹僕、蘀，落也。

⿱艹僕之言剥也。馬融注剥卦云「剥，落也」，鄭注云「陰氣侵陽，上至於五，萬物零落，故謂之剥也」。《説文》云「臬，木葉陊也，讀若薄」，亦聲近而義同。《豳風・七月》傳云「蘀，落也」。《説文》云「艸木皮葉落陊地爲蘀」，又云「凡艸曰零，木曰落」。

木藂生曰榛。

《説文》云「榛，菆也」。菆與「藂」同。《淮南・原道訓》云「隱於榛薄之中」，高誘注云「藂木曰榛，深草曰薄」。字亦作「蓁」。《莊子・徐无鬼》篇云「逃於深蓁」。蓁之爲言蓁蓁然也。王逸注《楚詞・招魂》云「蓁蓁，積聚之貌」。

樝、楟，梨也。

樝之言酢也。《説文》云「樝，果似梨而酢」。亦作「楂」。《内則》「楂梨薑桂」，鄭注云「楂，梨之不臧者」，《正義》云「楂，梨屬，其味不善，故云『不臧』也」。亦作「柤」。《莊子・天運》篇云「柤梨橘柚，其味相反而皆可於口」。《齊民要術》引《風土記》云「柤，梨屬，肉堅而香」。陳藏器《本草拾遺》云「樝子小於榅桲而相似」。王氏《農書》云「樝似小梨，西山唐鄧閒多種之，味劣於梨與木瓜，而入蜜煮湯，則香美過之」。《漢書・司馬相如傳》云「亭柰厚朴」，張氏注云「亭，山梨也」。《史記》「亭」作「楟」，《索隱》引司馬彪注云「上黨謂之楟」。《初學記》引《廣志》云「上黨楟梨小而甘」，❶是也。左思《蜀都賦》云「橙柿梬楟」，則亦生蜀中。楟一名檖。《秦風・晨風》篇「隰有樹檖」，傳釋以《爾雅》云「檖，赤羅也」，陸璣《疏》云「一名山梨，實如梨，但小耳，一名鹿梨，一名鼠梨，極有脃美者，亦如梨之美者」。

亲，栗也。

《説文》云「亲，實如小栗，從木、辛聲」。亲之言辛，物小之稱也，若《方言》「蕪菁小者謂之辛芥」矣。字通作「榛」。左思《招隱》詩注引高誘《淮南》注云「小栗小棘曰榛」。《御覽》引陸璣《詩義疏》云「榛，栗屬，有兩種，其一種大小皮葉皆如栗，其子小，形如杼子，味亦如栗，所謂『樹之榛栗』者也，其一種枝莖如木蓼，

---

❶「廣」，原作「序」，今據《初學記》卷二十八改。

生高丈餘，作胡桃味，遼代上黨皆饒」。古者以「榛」爲女摯。莊二十四年《左傳》云「女摯不過榛栗棗脩，以告虔也」。又以爲籩實。《周官·籩人》「饋食之籩，其實榛實」。又以爲庶羞。《内則》「椇棗栗榛」，鄭注云「皆人君燕食所加庶羞也」。字又作「樼」。楊雄《蜀都賦》云「杜樼栗㮈」。

橡，柔也。

橡、柔聲之轉也。柔與「杼」同。❶ 各本譌作「柔」，惟影宋本、皇甫本不譌。《爾雅》云「栩，杼」，郭注云「柞樹也」。《唐風·鴇羽》篇「集于苞栩」，陸璣《疏》云「今柞櫟也，徐州人謂櫟爲杼，或謂之爲栩，其子爲皁斗，其殼爲汁可以染皁，今京洛及河内多言杼汁，謂櫟爲杼，五方通語也」。杼一作「芧」。《莊子·齊物論》「狙公賦芧」，司馬彪注云「芧，橡子也」。橡一作「樣」，一作「象」。《説文》云「樣，栩實也」，又云「草斗，櫟實也，一曰象斗」。鄭注《周官·掌染草》云「藍蒨象斗之屬」。橡子可染，又可食。《大戴禮·曾子制言》篇云「聚橡栗藜藿而食之」。《吕氏春秋·恃君》篇「冬日則食橡栗」，高誘注云「橡，皁斗也，其狀似栗」。案：今江淮之閒通言橡栗，其實如小栗而微長，近蔕處有梂彙自裹，《爾雅》所謂「櫟，其實梂」也。田野人多磨粉食之，凶年可以救饑。《韓非子·外儲説》篇云「秦大饑，應侯請曰『五苑之草箸蔬菜橡果棗栗足以活民，請發之』」，是也。其材中車轂。《淮南·時則訓》十二月「其樹櫟」，高注云「櫟可以爲車轂，木不出火，唯櫟爲然，亦應除氣也」。「杼」之聲轉而爲「采」。高誘注《淮南·本經訓》云「杼，采實也」。

---

❶ 「柔」，原作「柔」，今據《畿輔叢書》本、《四部備要》本改。

《史記·李斯傳》「采椽不斲」，徐廣注云「采一名櫟」。《漢書·司馬相如傳》「沙棠櫟櫧」，應劭注云「櫟，采木也」。

柚，樣也。

《禹貢》揚州「厥包橘柚錫貢」，傳云「小曰橘，大曰柚」。字亦作「櫾」。《中山經》云「荆山多橘櫾」，郭注云「櫾似橘而大也，皮厚味酸」。《御覽》引《風土記》云「柚，大橘，赤黄而酢也」。《漢書·司馬相如傳》「黄甘橙樣」，張氏注云「樣，小橘也，出武陵」。是柚大而樣小，不得以柚爲樣也。疑「柚、樣」下脱去「橘」字，大橘曰柚，小橘曰樣，故云「柚、樣，橘也」。猶上文櫨、橁二種皆訓爲梨耳。柚，《爾雅》謂之「條」。條與「柚」古音相近也。《説文》云「柚，似橙而酢」。《莊子·天運》篇云「柤梨橘柚，其味不同而皆可於口」，以梨、橘味甘，柤、柚味酸也。《列子·湯問》篇云「吴楚之國有大木焉，其名爲櫾，碧樹而冬生，實丹而味酸，食其皮汁，已憤厥之疾，齊州珍之，渡淮而北而化爲枳焉」。案：《考工記》云「橘踰淮而北爲枳」，與此同。蓋橘之與柚散文則通矣。郭璞注《上林賦》云「樣，亦橘之類也」。《吕氏春秋·本味》篇云「果之美者，雲夢之柚」，張協《七命》云「漢皋之樣」，則二物多生江漢之閒也。雷斅《炮炙論》云「凡使橘皮，勿用柚皮皺子皮」。皺與「樣」同。樣，各本譌作「榛」，今訂正。

雨師、檉，楨也。

《爾雅》云「檉，河柳」。《大雅·皇矣》篇「其檉其椐」，《正義》引某氏《爾雅》注云「河柳，謂河傍赤莖小楊也」，陸璣《詩疏》云「河柳皮正赤如絳，一名雨師，枝葉似松」。是「雨師」即檉也。雨，各本譌作「而」，又脱

「師」字，今訂正。檉音勑貞反，檉之言赬也。《周南·汝墳》篇傳云「赬，赤也」。河柳莖赤，因名爲檉。故江淹《檉頌》云「碧葉菴藹，赬柯翕艴」也。一名朱楊。《漢書·司馬相如傳》云「檗離朱楊」。《史記索隱》引郭璞注云「朱楊，赤莖柳，生水邊，《爾雅》云『檉，河柳』是也」。又名檉柳。《漢書·西域傳》云「鄯善國多檉柳」，顔師古注云「檉柳，河柳也，今謂之赤檉」。《開寶本草》云「赤檉木，中脂，一名檉乳，生河西沙地，皮赤色，葉細」。《本草衍義》云「赤檉木又謂之三春柳，以其一年三秀也，花内紅色，成細穗，人取滑枝爲鞭」。案：今人庭院中多植之，葉形似柏，而長絲下垂則如柳。北方人謂之三川柳，三川即「三春」之轉也。或謂之娑娑柳，聲如酸酸。

杆，柘也。

杆與「榦」同。《禹貢》荆州「厥貢杶榦栝柏」，《考工記》疏引鄭注云「榦，柘榦也」。又注《考工記》「荆之榦」云「榦，柘也，可以爲弓弩之榦」。又《弓人》「凡取榦之道七，柘爲上」。此柘之所以名榦也。高誘注《淮南·原道訓》云「烏號柘桑，其材堅勁，伐其枝以爲弓」。《齊民要術》云「柘十五年任爲弓材，亦堪作履，二十年好作犢車材，柘葉飼蠶，絲可作琴瑟等弦，清鳴響徹，勝於凡絲遠矣」。案：《月令》季春「命野虞毋伐桑柘」，鄭注云「愛養蠶食也」。今柘桑上多野蠶食葉，絲之堅韌遠過家蠶，俗所謂雙絲繭也。柘又可爲矢榦。《投壺》云「矢以柘若棘，毋去其皮」，鄭注云「取其堅且重也」。又可以染。《御覽》引《四民月令》云「柘染色黄赤，人君所服」。鄭注《月令》云「鞠衣，黄桑之服」，或是此與？

杜仲，曼榆也。

《神農本草》云「杜仲味辛平，一名思仙，生上虞山谷」。《御覽》引《吳普本草》云「一名思仲，一名木綿」。陶注《本草》云「出建平宜都者狀如厚朴，折之多白絲爲佳」。《古今注》亦云「杜仲皮中有絲，折之則見也」。《蜀本草圖經》云「生深山大谷，樹高數丈，葉似辛夷」。蘇頌《圖經》云「江南人謂之檰，初生葉嫩時可食，謂之檰芽，木可作履，益腳」。案：綿與「曼」古同聲。故杜仲謂之檰，或謂之木綿，或謂之曼榆也。

重皮，厚朴也。

《説文》云「重，厚也」，「朴，木皮也」。重皮、厚朴其義一也。《急就篇》云「芎藭厚朴桂栝樓」，顔師古注云「凡木皮皆謂之朴，此樹皮厚，故以厚朴爲名」。《御覽》引《吳普本草》云「厚朴一名厚皮，生交阯」，又引《范子計然》云「厚朴出弘農」。《名醫别録》云「一名赤朴，其樹名榛，其子名逐折」，陶注云「今出建平宜都者極厚，肉紫色爲好，殻薄而白者不如」。蘇頌《圖經》云「木高三四丈，徑一二尺，春生葉如柳葉，四季不凋，紅花而青實，皮極鱗皺而厚，紫色多潤者佳」。李時珍云「五六月開細花，細實如冬青子，❶生青熟赤，有核，七八月采之，味甘美」。案：厚朴子甘美可食，則亦果之一種，故《史記·司馬相如傳》云「枇杷橪柿楟㮈厚朴」也。

木欄，桂欄也。

❶「細」，《本草綱目》卷三十五作「結」。

欄與「蘭」同。《離騷》云「朝搴阰之木蘭兮，夕攬洲之宿莽」，王逸注云「木蘭去皮不死，宿莽遇冬不枯，以喻讒人雖欲困己，己受天性，終不可變易也」。案：下文云「朝飲木蘭之墜露兮，夕餐秋菊之落英」，文義正與此同，皆言其志絜而行芳耳。木欄，芳木也。《漢書·司馬相如傳》云「桂椒木蘭」，顔師古注云「木蘭皮似桂而香，可作面膏藥」。《史記集解》引郭璞注云「木蘭樹皮辛香可食」。劉逵注《蜀都賦》云「木蘭，大樹也，葉似長生，冬夏榮，常以冬華，其實如小柿，甘美，南人以爲梅，其皮可食」。成公綏《木蘭賦》云「諒抗節而矯時，獨滋茂而不雕」。蓋木蘭非獨皮形似桂，其性之冬榮亦復不殊，是以有桂蘭之名也。木蘭可以調食。《史記·滑稽傳》云「齎以薑棗，薦以木蘭」。桓麟《七説》云「河黿之羹，齊以蘭梅」。張衡《七辯》云「芳以薑椒，拂以桂蘭」。皆是也。《神農本草》云「木蘭一名林蘭」。林蘭猶言木蘭也。《名醫别録》云「一名杜蘭，似桂而香」。杜當爲「桂」字之誤也。陶注云「零陵諸處皆有，狀如楠樹，皮甚薄而味辛香，今益州有，皮厚，狀如厚朴而氣味爲勝」。《蜀本圖經》云「樹高數仞，葉似菌桂，葉有三道縱文，皮如板桂，有縱横文」。皆其狀矣。

益智，龍眼也。

《神農本草》云「龍眼一名益智，生南海山谷」。《齊民要術》引《吴普本草》云「龍眼一名益智，一名比目」。益與智，古音同在支部，蓋疊韻字也。而《開寶本草》乃以爲味甘歸脾而能益智，其説鑿矣。《御覽》引《東觀漢記》云「單于來朝，賜橙、橘、龍眼、荔枝」，又引謝承《後漢書》云「交阯七郡獻龍眼」。蓋龍眼之見珍，自漢已然。《御覽》又引《廣志》云「龍眼樹葉似荔枝，蔓延緣木生，子大如酸棗，色黑，純甜無酸」。蘇恭

《本草》注云「龍眼樹似荔枝，葉若林檎，花白色，子如檳榔，有鱗甲，大如雀卵，味甘酸」。皆其形狀也。龍眼又名龍目。左思《蜀都賦》云「旁挺龍目，❶側生荔枝，布緑葉之萋萋，結朱實之離離」，是也。今人則謂之圓眼。李賢注《和帝紀》引《廣州記》云「龍眼子似荔枝而圓」，此圓眼之所以名也。別有益智與此同名而異物。《藝文類聚》引《廣志》云「益智葉似蘘荷，長丈餘，子大如棗，中瓣黑，皮白核小者，名曰益智也」。

山榆，毋估也。

毋估與「無姑」同。《爾雅》云「無姑，其實夷」，郭注云「無姑，姑榆也，生山中，葉圓而厚，剥取皮合漬之，其味辛香，所謂蕪荑」。毋又作「无」。《頤》九二「枯楊生荑」，❷鄭讀「枯」爲「姑」，云「无姑，山榆，荑，謂山榆之實也」。估又作「椁」。《秋官·壺涿氏》「掌除水蟲，欲殺其神，則以牡椁午貫象齒而沈之」，杜子春云「椁，讀爲枯，枯，榆木名」。案：《神農本草》云「蕪荑一名無姑，主去三蟲」，陶注云「狀如榆莢，氣臭如犼，以作醫食之，性殺蟲，置物中亦辟蛀」。陳藏器云「此山榆仁也，作醬食之，氣膻者良」。蘇頌《圖經》云「大類榆類而差小」。然則無姑自有二種。一種莢氣辛香，郭注《爾雅》所言者是也。一種莢臭，《本草》所言者是也。而莢臭者獨有殺蟲之用，《壺涿氏》除水蟲以枯榆，或是其臭者與？

柘榆，梗榆也。

---

❶「挺」，原作「廷」，今據續四庫本、中華本、《畿輔叢書》本、《四部備要》本改。

❷「頤」，據引文當作「大過」。

《爾雅》云「蘠，茎」，郭注云「《詩》曰『山有蘠』，今之刺榆」，疏引陸璣《詩疏》云「其針刺如柘，其葉如榆，瀹爲茹美滑」。針刺如柘，故有「柘榆」之稱矣。茎之爲言挃也。前《釋詁》云「挃，刺也」。梗亦刺之義也。《方言》云「凡草木刺人者，自關而東或謂之梗」，郭注云「梗，今之梗榆也」。《説文》云「梗，山枌榆有朿，莢可爲蕪荑也」。案：陳藏器《本草拾遺》云「刺榆秋實」，即《説文》所云「莢可爲蕪荑」者也。《急就篇》云「蕪荑鹽豉醯酢醬」，顔師古依郭璞《爾雅》注以爲「蕪荑，無姑之實也」。但刺榆亦可以爲蕪荑，《急就篇》所云不必專指山榆也。刺榆又中車材。《齊民要術》云「刺榆木甚牢肕，可以爲犢車材，凡種刺榆、梜榆兩種者利爲多」。

梔子，桶桃也。

《説文》云「桅，黄木可染者也」。桅與「梔」同。字一作「巵」。《漢書·貨殖傳》云「十畝巵茜」，❶孟康注云「茜草巵子可用染也」。《述異記》云「洛陽有巵茜園」。《漢官儀》云「染園出巵茜，供染御服」，是其處也。又名鮮支，《史記·司馬相如傳》云「鮮支黄礫」，《索隱》引司馬彪云「鮮支，即今支子也」。支與「梔」亦同。又名林蘭。謝靈運《山居賦》「林蘭近雪而揚猗」，自注云「林蘭，支子也」。《神農本草》云「梔子一名木丹，生南陽川谷」。《名醫别録》云「一名越桃，九月採實」，陶注云「處處有，亦兩三種小異，以七棱者爲良，經霜乃取之，今皆入染，用於藥甚稀」。《御覽》引《吴普本草》云「支子葉兩頭尖如樗蒲，剥其子如璽而黄

❶「十」，《漢書·貨殖傳》作「千」。

赤」。《酉陽雜俎》云「諸花少六出者，唯梔子花六出，陶真白言梔子剪花六出，刻房七道，其花香甚，相傳即西域瞻蔔花也」。

宛童、寄生，檇也。

詳見《釋草》「寄屑，寄生也」下。

秀龍，巢也。

未詳。

下支謂之椑櫯。

支與「枝」同。《玉篇》云「椑櫯，木下枝也」。凡木枝多向上，故於其向下者别爲之名也。亦單謂之椑。《廣韻》云「椑，木枝下也」。椑之言卑也，以其卑下也。

廣雅疏證卷第十下

釋蟲

蛣、蛣，蟬也。

蛣、蛣聲之轉也。《方言》云「蟬，楚謂之蜩，秦晉之閒謂之蟬，海岱之閒謂之蛣」，郭璞注云「齊人呼爲巨蛣」。蛣，曹憲《音》「去結反」。《玉篇》「蛪」古頡切，《廣韻》苦結切，竝云「蛪蛁似蟬而小」。苦結之音與去結同，疑「蛪」即「蛣」也。

闇蜩，螧也。

闇與「瘖」同。螧之爲言猶瘖也。《方言》云「螧謂之寒蜩，寒蜩，瘖蜩也」，郭璞注云「按《爾雅》以『蜺』爲寒蜩，《月令》亦曰『寒蜩鳴』，知寒蜩非瘖者也，寒蜩，螿也，似小蟬而色青」。據此則寒蜩非瘖蜩矣。而《後漢書・杜密傳》「劉勝知善不薦，聞惡無言，隱情惜己，自同寒蟬」，李賢注云「寒蟬，謂寂默也」，引《楚詞・九辨》曰「悲哉秋之爲氣也，蟬寂寞而無聲」。則寒蜩、瘖蜩又似無別。瘖蜩一名瘂蟬。《本草》「蚱蟬」陶注云「蚱蟬即是瘂蟬，瘂蟬，雌蟬也，不能鳴者」。

蟧、蝒，馬蜩也。

蜩之大者也。《爾雅》「蝒，馬蜩」，郭璞注云「蜩中最大者爲馬蟬」。《方言》「蟬，楚謂之蜩，其大者謂之蟧，或謂之蝒馬」，郭璞注云「按《爾雅》『蝒』者馬蜩，非别名蝒馬也，此《方言》誤耳」。馬蜩一名馬蟧。《廣韻》云「馬蟧，大蟬也」。蘇頌《本草圖經》云「今夏中所鳴者，比衆蟬最大」。蝒，各本譌作「⿰虫圓」，今訂正。

蛥蚗，蛪也。

《方言》云「蛥蚗，楚謂之蟪蛄，或謂之蛉蛄，秦謂之蛥蚗，自關而東謂之虭蟧，或謂之蝭蟧」。又云「蟬，其小者謂之麥蛪，有文者謂之蜻蜻」，郭璞注云「《爾雅》云即『蛪』也」。是蛥蚗爲蛁蟟，不與「蛪」同也。《廣雅》之訓多本《方言》，則「蛥蚗」當入下條「蛁蟟也」内，無由得訓爲蛪。疑「蛪」上本有二字而今脱去，「蛥蚗」二字則又從下文竄入此條耳。蛥蚗一名蛚蚗。《説文》云「蛚蚗，蛁蟟也」。《夏小正》四月「鳴札」，傳云「札者，寧縣也，鳴而後知之，故先鳴而後札」。札與「蛪」同。《衛風·碩人》篇「螓首蛾眉」，傳云「螓首，顙廣而方」，箋云「螓謂蜻蜻也」，《正義》云「此蟲額廣而且方」，引舍人《爾雅》「蛪，蜻蜻」注云「小蟬色青青者」，又引某氏云「鳴蛪蛪者」。

蟪蛄、蛉蛄、䗖蟧，蛁蟟也。

《方言》「䗖」作「蝭」，「蛁蟟」作「虭蟧」，四者皆「蛥蚗」别名也。《莊子·逍遥遊》篇「蟪蛄不知春秋」，司馬彪注云「蟪蛄，寒蟬也，一名蝭蠑，❶春生夏死，夏生秋死」，崔譔注云「蛁蟟也，或曰山蟬，秋鳴者不及春，

---

❶「蠑」，《廣雅疏證補正》改作「蟧」。

春鳴者不及秋」。《夏小正》七月「寒蟬鳴」，傳云「寒蟬也者，蝭蠑也」。蝭蠑與「蟧蟧」同，「蛁蟟」之轉聲也。今揚州人謂此蟬爲都蟟，亦「蛁蟟」之轉聲也。郭注《方言》云「江東人呼蟂蟧」，又「蛁蟟」之變轉矣。《太玄·飾》次八「蛁鳴喁喁」，范望注云「蛁，蟬也，恒託於木」。《本草》「蚱蟬」陶注云「七月鳴者名蛁蟟，色青」。

蛾蛘、玄蚼、蚼蟓、蟞蜉，螘也。

螘與「蛾」同，俗作「蟻」。《爾雅》「蚍蜉，大螘，小者螘」，郭璞注云「齊人呼螘爲蛘」。《方言》「蚍蜉，齊魯之閒謂之蚼蟓，西南梁益之閒謂之玄蚼，燕謂之蛾蛘」，郭璞注云「蚍蜉亦呼蟞蜉」。案：蚍與「蟞」一聲之轉。蟞、蜉亦一聲之轉也。蚼與「駒」通。《夏小正》十有二月「玄駒賁」，傳云「玄駒也者，螘也，賁者何也，走于地中也」。《法言·先知篇》「吾見玄駒之步，雉之晨雊也，化其可以已矣哉」。蟓一作「蛘」。《廣韻》云「蚼蛘，蚍蜉也」。各本「蟓」上脱「蚼」字，今據《方言》補。

蛢，蛾也。

《爾雅》云「蛾，羅」。《説文》云「蛾，蠶化飛蟲也」。蛾與「蛾」同。《御覽》引《廣志》云「凡草木蟲以蛹化爲蛾甚衆」。《古今注》云「飛蛾善拂鐙，一名火花，一名慕光」。

地膽、虵要、青蘁，青蠵也。

下文云「盤蝥，晏青也」，此亦其類也。《本草》「地膽一名蚖青」，陶注云「狀如大馬蟻，有翼，僞者即斑貓所化，狀如大豆」。又注《别録》「葛上亭長」云「二月三月在芫花上，即呼芫青，四月五月在王不留行上，即呼王不留行蟲，六月七月在葛花上，即呼爲葛上亭長，八月在豆花上，即呼斑貓，九月十月欲還地蟄，即呼爲地膽」。「斑貓」即盤蝥也。《御覽》引《本草》亦云「春食芫華，故云元青，秋食葛華，故云葛上亭長」。然則此蟲常食草花，故有盤蝥、青𧕚之稱。蝥、𧕚、蟊古字通用。《爾雅》云「食苗根，蟊」，義可互通矣。《御覽》引《吴普本草》云「地膽一名青蛙」。蛙、蠵聲近而字通。《御覽》又引《吴普本草》云「班貓一名晏青」。晏與「晏」同。《本草》「斑貓」，陶注云「豆花時取之，甲上黄黑斑色如巴豆大者是也」。以有黄黑斑，故曰盤蝥。盤猶「斑」也。《説文》「蝥」作「蝥」，云「盤蝥，毒蟲也」。

杜伯、蝨、蠆、蛪、蚔、蛙，蠍也。

《御覽》引《詩義疏》云「蠆一名杜伯，幽州謂之蠍」。《説文》「蠆」作「萬」，云「毒蟲也，象形」。《小雅·都人士》釋文引《通俗文》云「長尾爲蠆，短尾爲蠍」。案：蝨、蠆、蛪皆毒螫傷人之名。蝨之言慄也，蠆之言蛆也，蛪之言瘌也。《釋詁》云「毒、慄、蛆、瘌，痛也」，是其義矣。蛪一作「蠇」。《莊子·天運》篇「其知憯於蠇蠆之尾」，郭向「蠇」音賴，即「蛪」字也。《釋文》以爲上當作「蠆」，下當作「蠍」，失之。《説文》「蛙，萬也」，「蚔，蛙也」。蛙亦毒螫傷人之名。《史記·律書》「北至于奎，奎者，主毒螫殺萬物也」，徐廣云「奎」一作「蛙」，是其證。《釋魚》云「虵，蝰也」。虵毒謂之蝰，猶蠍毒謂之蛙也。《孟子·公孫丑》篇有「蚔鼃」，爲齊士師。「蚔鼃」即蚔蛙，猶春秋時鄭大夫名公孫蠆也。鼃與「蛙」同聲假借耳。「蚔」字當從氏聲，音巨支反。《釋文》虫旁作氏，音遅，失之。各本脱蛪、蚔、蛙三字。《御覽》引《廣雅》「杜伯、蝨、蠆，蠍也」，則宋時本已然。案：《衆經音義》卷五、卷七、卷十五、卷二十竝引《廣雅》「蠆、蛪、蚔、蛙，蠍也」。《集韻》引《廣雅》「蛪，蟗也」。今補。

景天、螢火，𧒂也。

螢一作「熒」。𧒂一作「燐」。《豳風·東山》篇「熠燿宵行」，傳云「熠燿，燐也；燐，螢火也」，《正義》云「《釋蟲》云『螢火，即炤』，舍人云『夜飛有火蟲也』，《本草》『螢火一名夜光，一名熠燿』，案諸文皆不言螢火爲燐，《淮南子》云『久血爲燐』，許慎云『謂兵死之血爲鬼火』，然則燐者鬼火之名，非螢火也，陳思王《螢火論》曰《詩》云『熠燿宵行』，《章句》以爲鬼火，或謂之燐，未爲得也，天陰沈數雨，在於秋日，螢火夜飛之時也，故云『宵行』，然則毛以螢火爲燐，非也」。今案：《正義》所云，未爲通論。燐之爲言燐燐然也。《説文》云「粦，鬼火也」，「閃，火皃，讀若粦」。粦與「燐」同。楊雄《劇秦美新》「炳炳麟麟」，李善注云「麟麟，光明也」。麟與「燐」古字同用。是「燐」者，火光明也。鬼火有光謂之燐，則螢火有光，亦得謂之燐矣。《説文》云「熒，鐙燭之光」，而《爾雅》云「熒火即炤」。鐙燭有光謂之熒，熒火有光亦謂之熒。猶鬼火有光謂之燐，熒火有光亦謂之燐也。若謂熒火與鬼火不得同名爲燐，則熒火與鐙燭之光，亦不得同名「熒」乎？且熒火爲燐，必非無據。或本古訓，或用方言，皆未可知。區區《本草》之文、《淮南·氾論訓》之注，未足以定前人之得失也。若陳王作論，乃駁「熠燿」之爲鬼火，而非難螢火之名「燐」。辨《韓詩章句》之疏，而非救毛公詁訓之失。抑又不足以爲據矣。《藝文類聚》引《吴普本草》云「螢火一名景天」。景天亦以其光名之也。《説文》云「景，光也」。《月令》云季夏之月「腐草爲螢」。《本草》「熒火」，陶注云「腐草及爛竹根所化」。

蛭蛒、蜷蠾、地蠶、蠹、蟦，蠀螬也。

蠀與「蠐」同。《爾雅》「蟦，蠐螬」，郭璞注云「在糞土中」，「蝤蠐，蝎」，注云「在木中，今雖通名爲蝎，所在異」。「蝎，蛣蟩」，注云「木中蠹蟲」，「蝎，桑蠹」，注云「即蛣蟩」。《方言》云「蠀螬謂之蟦，自關而東謂之蝤蠀，或謂之卷蠾，或謂之蝖轂，梁益之閒謂之蛒，或謂之蝎，或謂之蛭蛒，秦晉之閒謂之蠹」，郭璞注云「亦呼當齊，或呼地蠶，或呼蟦蝖」。是土中之蟦，木中之蠹，同類而通名。故《衛風·碩人》篇「領如蝤蠐」，《正義》引《爾雅》釋之，以爲「蟦也，蠐螬也，蝤蠐也，蛣蟩也，桑蠹也，一蟲而六名也」。《本草》云「蠐螬一名蟦蠐」。蠐螬，雙聲字。蟦蠐，疊韻字也。單言之則或爲蟦，或爲螬。《爾雅》「蟦，蠐螬」，《孟子·滕文公》篇「井上有李，螬食實者過半矣」，是也。《名醫別録》云「一名蜰齊，一名敎齊」。蜰齊與「蟦蠐」通，聲轉而爲「敎」耳。《莊子·至樂》篇「烏足之根爲蠐螬」，司馬彪本作「螬蠐」，云「蝎也」。「螬蠐」即蝤蠐，蝤、螬聲相近也。《論衡·無形篇》云「蠐螬化而爲復育，復育轉而爲蟬」。《御覽》引《博物志》云「蠐螬以背行，駛於用足」。皆其情狀也。各本脱「也」字，今補。

蛝蠡、䖡蚭、蛈虶，蚰蜒也。

《爾雅》「螾衙，入耳」，郭璞注云「蚰蜒也」，邢昺疏云「此蟲象蜈蚣，黄色而細長，呼爲吐古，喜入耳者也」。陳藏器《本草拾遺》云「蚰蜒色正黄，大者如釵股，其足無數，此蟲好脂油香，能入耳及諸竅中，以驢乳灌之，化爲水」。是其性也。《方言》云「蚰蜒，自關而東謂之螾蜑，或謂之入耳，或謂之蛝蠡，趙魏之閒或謂之蛈虶，北燕謂之䖡蚭」，郭璞注云「江東又呼蛩」。《淮南·泰族訓》「昌羊去蚤蝨，而人弗席者，爲其來蛉窮也」，《御覽》引高誘注云「蚙窮，幽冀謂之蛸蚳，入耳之蟲也」。案：蛸蚳與「蚰蜒」聲相近，蚰蜒與「螾蜇」聲之轉。謂之蚰蜒者，言其行蜿蜒然也。鄭注《考工・梓人》云「卻行，螾衍之屬」，《釋文》云「此蟲能兩頭行，是卻行也」。

蛛蝥、冈工、蠾蝡，蝳蜍也。

蛛一作「鼅」。蝥一作「蟊」。蝡一作「蝓」。《爾雅》「次蟗，鼅鼄」，「鼅鼄，鼄蝥」，郭璞注云「今江東呼蝃蝥」。《説文》「蝃」作「鼄」，云「鼄蟊，作罔蛛蟊也」。蛛與「蝃」聲之轉耳。《方言》「鼅鼄，鼄蝥也，自關而西秦晉之閒謂之鼄蝥，自關而東趙魏之郊謂之鼅鼄，或謂之蠾蝓，蠾蝓者，『侏儒』語之轉也，北燕朝鮮洌水之閒謂之蝳蜍」，郭璞注云「齊人又呼社公，亦言罔工」。罔與「冈」同。各本「冈」譌作「罓」，今訂正。罔工以作罔得名也。《賈子・禮》篇云「蛛蝥作罟」。《太玄・務》次五「蜘蛛之務，不如蠶之綸」，《測》曰「蜘蛛之務，無益人也」。《玉篇》云「蝳蜍，肥大蜘蛛」。蝳蜍、蠾蝓聲亦相近耳。

蛺蜨，蟞蚨也。

蜨與「蝶」同。《説文》「蛺，蛺蜨也」。《莊子・至樂》篇「烏足之根爲蠐螬，其葉爲胡蝶，胡蝶，胥也」，司馬彪注云「胡蝶，蛺蝶也」。《古今注》云「蛺蝶一名野蛾，一名風蝶，江東呼爲撻末，色白背青者是也，其大如蝙蝠者，或黑色，或青斑，名爲鳳子，一名鳳車，一名鬼車，生江南柑橘園中」。

蛬、趗織、蚟孫，蜻蛚也。

蛬一作「蛬」，一作「蛩」。趗一作「促」。蚟一作「王」。《爾雅》云「蟋蟀，蛬」。《唐風・蟋蟀》篇「蟋蟀在堂」，《正義》引李巡《爾雅》注云「蛬一名蟋蟀，蟋蟀，蜻蛚也」。《月令》季夏之月「蟋蟀居壁」，《正義》引孫炎《爾雅》注云「蟋蟀，蜻蛚也，梁國謂蛬」。《方言》「蜻蛚，楚謂之蟋蟀，或謂之蛬，南楚之閒謂之蚟孫」。《古今注》云「蟋蟀一名吟蛩，一名蛩」。蛩與「蛬」同，今人謂之屈屈，則「蛬」之轉聲也。陸璣《詩義疏》云「蟋蟀似蝗而小，正黑有光澤如漆，有角翅，一名蛬，一名蜻蛚，楚人謂之王孫，幽州謂之趨織，里語曰『趨織鳴，嬾婦驚』是也」。古詩云「促織鳴東壁」，李善注引《春秋考異郵》「立秋趣織鳴」，宋均注云「趣織，蟋蟀也，立秋女功急，故趣之」。《御覽》引《春秋説題詞》云「趣織之爲言趣織也，織興事遽，故趣織鳴，女作兼也」。《鹽鐵論・論菑》篇「涼風至，蜻蛚鳴」。一作「精列」。《考工記・梓人》「以注鳴者」，鄭注云「注鳴，精列屬」。

炙鼠、津姑、螻蜮、蟓蛉、蛞螻，螻姑也。

姑一作「蛄」。《爾雅》「蝚，蛖螻」，郭璞注云「蛖螻，螻蛄類」。「螜，天螻」，注云「螻蛄也」，引《夏小正》曰「螜則鳴」。《埤雅》引孫炎《爾雅正義》云「螜是雄者，喜鳴善飛，雌者腹大羽小，不能飛翔，食風與土也」。炙鼠，蘇頌《本草圖經》引作「碩鼠」。炙、碩聲相近也。各本「炙」譌作「灸」，今訂正。字一作「石」，一作「鼫」。《廣韻》「螻蛄一名仙蛄，一名石鼠」。《晉》九四「晉如鼫鼠」，《正義》云「鼫鼠，有五能而不成伎之蟲也」，引蔡邕《勸學篇》云「鼫鼠五能，不成一伎」，又引王注云「能飛不能過屋，能緣不能窮木，能游不能度谷，能穴不能掩身，能走不能先人」。《本草經》云『螻蛄一名鼫鼠』，謂此也」。《藝文類聚》引《魏風・碩鼠》篇義疏云「碩鼠，樊光謂即《爾雅》『鼫鼠』也。許慎云『鼫鼠，五伎鼠也』，今之河東有碩鼠，大能人立，交前兩脚於頭上，跳舞善鳴，食人禾稼，逐則走入樹空中，亦有五伎，或謂雀鼠，其形大，故《敘》云『大鼠也』，魏，今河東河北縣也，《詩》言其方物，宜謂此鼠，《本草》又謂螻蛄爲石鼠，亦五伎，古今方土名蟲鳥，物異名同，故記也」。然則螻蛄亦名碩鼠，同有五伎。《詩》言「無食我黍」，乃專譏田鼠之貪。《易》言「晉如鼫鼠」，或可以螻蛄爲説耳。螻蛄，疊韻字，聲轉而爲「螻蜮」，倒言之則爲「蛞螻」矣。《方言》云「螻蛒謂之螻蛄，或謂之蝼蛉，南楚謂之杜狗，或謂之蛞螻」。今人謂此蟲爲土狗，即「杜狗」也。順天人謂之拉拉古，即「螻蛄」之轉聲也。其單言之則或爲螻。《吕氏春秋·應同》篇「黄帝之時，天先見大螾大螻」，高誘注云「螻，螻蛄也」。《慎小》篇「巨防容螻」，注云「隄有孔穴，容螻蛄也」。或又謂之蠁蛄。《埤雅》引《廣志·小學》篇云「螻蛄，會稽謂之蠁蛄」。《孟子·滕文公》篇「蠅蚋姑嘬之」，《釋文》云「蚋」諸本或作「蠁」，一説云「蠁姑」即螻蛄也。蠁與「螻」聲正相近矣。螻蛄短翅四足，穴土而居，至夜則鳴，聲如蚯蚓。

蛆蟝、馬蠲，馬蚿也。

即下文「馬蠸，蟿蛆也」。蠸與「蠲」聲之轉。蟿蛆與「蛆蟝」聲之遞轉也。《爾雅》云「蛝，馬蠸」。蛝與「蚿」亦聲之轉。《方言》「馬蚿，北燕謂之蛆蟝，其大者謂之馬蚰」，郭璞注云「今關西云馬蚰」。蚰與「蠲」同，字通作「軸」。《御覽》引《吴普本草》云「馬蚿一名馬軸」。又謂之馬陸。《本草》云「馬陸一名百足」。馬陸猶言「馬蠲」也。草名蓫蒻，一名商陸。蟲名馬蠲，一名馬陸。皆聲近而轉耳。蛆蟝之轉聲爲蟿蛆，又轉而爲秦渠。高誘注《吕氏春秋·季夏紀》云「馬蚿，幽州謂之秦渠」，是也。又轉而爲商蚷。《莊子·秋水》篇「使商蚷馳河，必不勝任矣」，司馬彪注云「商蚷，蟲名，北燕謂之馬蚿」，是也。蚿之轉聲爲蛝，又轉而爲蠲、爲蚼。《說文》云「蠲，馬蠲也」，引《明堂月令》云「腐艸爲蠲」。郭璞注《爾雅》「馬䗃」云「馬蠲，蚼也，俗呼馬蝬」。是也。又轉而爲蠸、爲蚈。《吕氏春秋·季夏紀》「腐草化爲蚈」，高誘注云「蚈，馬蚿也，蚈讀『蹊徑』之蹊」。《御覽》引許慎《淮南·時則訓》注云「草得陰而死，極陰中反陽，故化爲蚈，蚈，馬蠸也」。是也。《莊子·秋水》篇「夔憐蚿，蚿憐蛇，夔謂蚿曰『吾以一足跉踔而行，今子之使萬足，獨奈何』，蚿謂蛇曰『吾以衆足行而不及子之無足，何也』」，司馬彪注云「蚿，馬蚿蟲也，夔一足，蚿多足，蛇無足」。故《淮南·氾論訓》云「蚈足衆而走不若蛇，物固有衆不若少者也」。李當之《本草》云「此蟲長五六寸，狀如大蛩，夏月登樹鳴，冬則蟄，今人呼爲飛蚿蟲」。故《宋書·王素傳》云「山中有蚿蟲，聲清長，聽之使人不厭也」。蘇恭《本草》注云「襄陽人名爲馬蚿，亦呼馬軸，亦名刀環蟲，以其死側卧，狀如刀環也」。寇宗奭云「即今百節蟲」。

蠓螉，蜂也。䖃。

《說文》「蠭，飛蟲螫人者」。蠭與「蜂」同。《爾雅》「土蠭」，郭璞注云「今江東呼大蠭在地中作房者爲土蠭，啖其子，即馬蠭也，今荆巴閒呼爲蟺」。「木蠭」，注云「似土蠭而小，在樹上作房，江東亦呼爲木蠭，人食其子」。❶《方言》「蠭，燕趙之閒謂之蠓螉」。《檀弓》「范則冠而蟬有緌」，《内則》「爵鷃蜩范」，鄭注並云「范，蜂也」。《藝文類聚》引《廣雅》「范，蜂也」。《集韻》引作「䖃」。今本脱「䖃」字。

---

❶「人」，《爾雅·釋蟲》注作「又」。

蝘，螠也。

即下文「蠮螉也」。螠或作「蠭」。《玉篇》「螠，小蜂也」，「蠭，小蜂也」，「蝘，蝘螉也」，「蠮，同上」。各本「蝘」譌作「蟨」，今訂正。《方言》「蠭，其小者謂之蠮螉，或謂之蚴蜕」。蚴蜕也，蠮螉也，螠也，一聲之轉也。《爾雅》「果蠃，蒲盧」，「螟蛉，桑蟲」，郭璞注云「果蠃，即細腰蜂也，俗呼爲蠮螉」。《説文》「蠣蠃，蒲盧，細要土蠭也，天地之性細要純雄無子」，引《小雅·小宛》篇「螟蠕有子，蠣蠃負之」。《小宛》箋云「蒲盧取桑蟲之子，負持而去，煦嫗養之以成其子」。《御覽》引《義疏》云「蜾蠃，土蜂，一名蒲盧，似蜂而小腰，取桑蟲負之於木空中、筆筒中，七日而化其子，里語曰祝云『象我象我』也」。《法言·學行篇》亦云「螟蠕之子，殪而逢蜾蠃，祝之曰『類我類我』，久則肖之矣」。又《列子·天瑞》篇「純雄，其名稺蜂」，張湛注云「稺，小也，此無雌而自化」。《莊子·天運》篇「細要者化」，司馬彪注云「蜂之屬也，取桑蟲祝使似己也」。《庚桑楚》篇「奔蜂不能化藿蠋」，司馬彪云「奔蜂，小蜂也，一云土蜂」。是舊説皆言此蜂取他蟲爲子也。而《本草》「蠮螉」，陶注云「今一種黑色，腰甚細，銜泥於人壁及器物邊作房，如併竹管，其生子如粟米大，置中，乃捕取草上青蜘蛛十餘枚，滿中，仍塞口，以擬其子大爲糧也，其一種入蘆竹管中者，亦取草上青蟲，一名蜾蠃，❶詩人云『螟蛉有子，蜾蠃負之』，言細腰物無雌，皆取青蟲教祝，便變成己子，斯爲謬矣」。蘇頌《圖經》云「物類變化，固不可度，蚱蟬生於轉丸，衣魚生於瓜子，龜生於蛇，蛤生於雀，白鵙之相視，負螽

---

❶「蠃」，據《四部叢刊》影印金泰和晦明軒本《證類本草》當作「蠃」。下同。

之相應，其類非一，若桑蟲、蜘蛛之變爲蜂，不爲異矣，如陶所説卵如粟者，未必非祝蟲而成之也」。蠮螉銜土作房，故又有土蜂之名，與《爾雅》「土蠭」地中作房者，同名而異實。陶氏云「雖名土蜂，不就土中爲窟，謂摙土作房爾」。

尺蠖，蠀⿰虫就也。

《爾雅》「蠖，尺蠖」，《釋文》引《字林》云「蝍⿰虫就，蚇蠖也」。蝍與「蠀」同。蚇與「尺」同。《方言》「蠀⿰虫就謂之蚇蠖」，郭璞注云「又呼步屈」。《衆經音義》卷十八云「尺蠖一名尋桑」，引《纂文》云「吴人以步屈名桑闔」。是其異名也。《説文》「尺蠖，屈申蟲也」。《繫辭傳》云「尺蠖之屈，以求信也」。《考工記·弓人》「麋筋斥蠖灂」，鄭注云「斥蠖，屈蟲也」。斥與「尺」同。尺蠖之行，屈而後申，故謂之步屈。又謂之蠀⿰虫就。蠀⿰虫就者，趑趄之轉聲。《説文》云「趑趄，行不進也」。《廣韻》「⿰虫就」作「⿰虫宿」，音縮，云「蝍⿰虫宿，尺蠖也」。則蝍⿰虫宿之名，正以退縮爲義矣。《御覽》引舍人《爾雅》注云「螟蛉，桑小青蟲也，似步屈」。是尺蠖與桑蟲同類，故有尋桑、桑闔之名。《晏子春秋·外》篇云「尺蠖食黄則黄，食倉則蒼」，謂其食樹葉也。《埤雅》云「蚇蠖似蠶食葉，老亦吐絲作室，化而爲蝶」。各本「蠖」字誤在「蠀」字下，今訂正。

蚴蛻、土蜂，蠮螉也。

詳見上文「蟋，蟋也」下。

芈芈、齕肮，螗蜋也。

《爾雅》「不過，蟷蠰，其子蜱蛸」，郭璞注云「蟷蠰，螗蜋别名，蜱蛸一名⿰虫尃蟭，蟷蠰卵也」。「莫貈，螳蜋，蚌」，注云「螳蜋，有斧蟲，江東呼爲石蜋」。《方言》「螳螂謂之髦，或謂之虰，或謂之蝆蝆」，注云「又名齕肬」。《集韻》「蝆」母婢切，「蝆蝆，螗蜋也」。蝆與「芈」同。各本「芈」譌作「芊」，今訂正。《說文》「堂蜋一名斫父」。《月令》仲夏之月「螳蜋生」，鄭注云「螳蜋，螵蛸母也」。《蓺文類聚》引《鄭志》答王瓚問云「今沛魯以南謂之蟷蠰，三河之域謂之螳蜋，燕趙之際謂之食肬，齊濟以東謂之馬敫，然名其子，則同云螵蛸，是以注云『螳蜋』螵蛸母也」。高誘注《吕氏春秋·仲夏紀》云「螳蜋一曰天馬，一曰齕疣，兖州謂之拒斧」。疣與「肬」同。肬從尤聲，古音當爲羽其反。食肬、齕肬皆疊韻字也。各本「肬」譌作「眩」，今訂正。諸書寫此字或作「朧」者，肬之譌。或作「厖」者，「疣」之譌也。《本草》云「桑螵蛸，一名蝕肬」。蝕與「食」同。食肬，螳蜋別名，非螵蛸也，《本草》誤耳。螳蜋，今謂之刀蜋，聲之轉也。其性鷙悍，喜搏擊。《莊子·人閒世》篇「女不知夫螳蜋乎，怒其臂以當車轍，不知其不勝任也」，《山木》篇「覩一蟬，方得美蔭，螳蜋執翳而搏之」，是也。《御覽》引《范子計然》云「螵蛸出三輔」，又引《吳普本草》云「桑螵蛸一名冒焦」。冒焦、蟤蟭皆螵蛸之轉聲也。《蜀本草圖經》云「螵蛸多在小桑樹上，叢荊棘閒，並螳蜋卵也，三月四月中，一枝出小螳蜋數百枚」。

蟤蟭、烏洟、冒焦，螵蛸也。

詳見上條。

蟅蟒，蚮也。

即下文「螽，蝗也」。《說文》「螽」作「**螽**」，云「**螽**，蝗也」。《爾雅》「阜螽，蠜」。《召南·草蟲》篇「趯趯阜螽」,《正義》引李巡《爾雅》注云「阜螽,蝗子也」,《義疏》云「今人謂蝗子爲螽子,兖州人謂之螣,許慎云『蝗,螽也』,蔡邕云『螽,蝗也』,明一物」。《方言》「蟒,宋魏之閒謂之蚮,南楚之外謂之蟅蟒,或謂之蟒,或謂之螣」,郭璞注云「即蝗也,亦呼虴蛨」。案:虴蛨猶言蟅蟒也。蚮猶言螣也。方俗語有重輕耳。蚮一作「蟘」。《爾雅》「食葉,蟘」。《小雅·大田》篇「去其螟螣」,《正義》引舍人《爾雅》注以「螣」爲蝗也。《月令》「百螣時起」,鄭注云「螣,蝗屬,言百者,明衆類並爲害」。高誘注《吕氏春秋·仲夏紀》云「百螣,動股之屬,兖州人謂蝗爲螣」。又注《淮南·時則訓》云「百螣,動股,蝗屬也」。是鄭以「螣」爲蝗名,高以「百螣」爲蝗名也。案:百、蛨聲相近。蝗謂之螣,又謂之虴蛨,因又謂之百螣與?《春秋》桓公五年「螽」,杜預注云「螽,蚣蝑之屬,爲災,故書」。《藝文類聚》引《洪範五行傳》云「介蟲,有甲能蜚揚之類,陽氣所生,於《春秋》爲螽,今謂之蝗」,又引《春秋佐助期》云「螽之爲蟲,赤頭甲身而翼,飛行,陰中陽也,螽之爲言衆,暴衆也」。案:螽之言衆多也。醜類衆多,斯謂之螽矣。顔師古注《文帝紀》云「蝗,即螽也,食苗爲災,今俗呼爲簸蟑」。「簸蟑」即阜螽之轉聲也。嚴粲《詩緝》云:《周南》「螽斯羽,詵詵兮」,螽斯,蝗也,即阜螽也。斯,語助也,猶鷽斯、鹿斯也,非《七月》所謂「斯螽」也。螽蝗生子最多,信宿即羣飛。因飛而見其多,故以「羽」言之,喻子孫之衆多也。今考《爾雅》云「阜螽,蠜」,李氏、陸璣、許氏、蔡邕之説「阜螽」,即蝗也、蠜也、螣也,同是一物。《爾雅》又云「蜇螽,蜙蝑」,此别是一物,蝗之類也。「螽斯」即阜螽,非蜇螽也。毛氏誤以此螽斯爲蚣蝑,孔氏因之,遂以螽斯、斯螽爲一物。今案:嚴氏以「斯」爲語辭,螽爲阜螽,是也。其仍謂之「螽斯」,則非也。螽斯羽猶言「麟之趾」耳。斯、之二字用以足句。非謂「螽」爲螽斯,「麟」爲麟之也。《詩》言「如鳥斯翼」矣，❶又言「有兔斯首」矣，豈得謂之鳥斯、兔斯哉？

蜙蝑，蚒蟊也。

聲之轉也。蜙與「蚣」同。《爾雅》「蜤螽，蚣蝑」，郭璞注云「蚣蜙也，俗呼蝽蟒」。《方言》「春黍謂之蜙蝑」，注云「又名蚣蜙，江東呼蚝蛨」。《豳風·七月》篇「五月斯螽動股」，傳云「斯螽，蚣蝑也」。《周南·螽斯》篇正義引《義疏》云「幽州人謂之春箕，春箕即春黍，蝗類也，長而青，長角長股，股鳴者也，或謂似蝗而小，班黑，其股似瑇瑁文，五月中以兩股相切作聲，聞數十步」。❷《考工記·梓人》「以股鳴者」，鄭注云「蚣蝑，動股屬」。今揚州人謂色青者爲青抹札，班黑者爲土抹札。土抹札，蓋即《爾雅》之「土螽，蠰谿」也。郭璞注「土螽」云「似蝗而小」，正與《詩義疏》相合矣。蚒，各本譌作「蚕」，今訂正。

蝍蛆，吴公也。

吴公一作「蜈蚣」。《爾雅》「蒺蔾，蝍蛆」。《玉篇》「蝛蟍，蝍蛆，能食蛇，亦名蜈蚣」。《莊子·齊物論》篇「蝍蛆甘帶」，司馬彪注云「帶，小蛇也，蝍蛆好食其眼」，《釋文》引《廣雅》「蝍蛆，蜈公也」。《淮南·説林訓》云「螣蛇游霧而殆於蝍蛆」。《御覽》引《春秋考異郵》云「土勝水，故蝍蛆搏蛇」，宋均注云「蝍蛆生於土，蛇藏物，屬於坎，坎，水也，爲隱伏」。《本草》「蜈蚣」，陶注云「一名蝍蛆，其性能制蛇，見大蛇，便緣而

❶ 「翼」，《小雅·斯干》作「革」。

❷ 「聞」，原作「閒」，今據經解本、續四庫本改。

噉其腦」。是也。其郭璞注《爾雅》「蝍蛆」云「似蝗而大腹長角，能食蛇腦」，與《廣雅》説異。案：蔡邕《短人賦》云「蟄地蝗兮蘆蝍蛆，視短人兮形若斯」。蝗與蝍蛆並稱，明爲二物相類。且似蝗大腹，體甚局促，故以況短人之狀。若蜈蚣似蚰蜒而長大，不得謂之爲短。是蔡邕賦蝍蛆，正與郭注相合。但蜈蚣同名蝍蛆，食蛇之技相等，則未知《爾雅》所云當爲確指何物也。《開元占經·蟲蛇占》引京房云「見山蝍蛆入于邑」，此則生於山者。《爾雅翼》云「蜈蚣生深山枯木中者，遇天將雨，羣就最高處，作拏空欲奮之狀」。

馬蝬，蠀蛆也。

詳見上文「馬蚿也」下。**蝬**，各本譌作「踐」，今訂正。

蜻蛉、蝱蛉，倉螘也。

《爾雅》「虰蛵，負勞」，郭璞注云「或曰即蜻蛉也，江東呼狐棃」。《方言》「蜻蛉謂之蝍蛉」，注云「六足四翼蟲也，淮南人呼蠊蛜」。《説文》「蛉，蜻蛉也，一名桑根」。《淮南·齊俗訓》「水蠆爲蟌」，高誘注云「蟌，青蛉也」。又注《吕氏春秋·精諭》篇云「蜻蜓，小蟲，細腰四翅，一名白宿」。《列子·天瑞》篇「厥昭生乎濕」，《釋文》引曾子云「狐藜一名厥昭，恒翔繞其水，不能離去」，又引師説云「狐藜，蜻蛉蟲也」。《古今注》云「蜻蛉一名青亭，色青而大者是也，小而黄者曰胡梨，一曰胡離，小而赤者曰赤卒，一名絳騶，一名赤衣使者，一名赤弁丈人，好集水上」。案：此蟲色青者爲蜻蛉，蜻蛉之言蒼筤也。《説卦傳》「震爲蒼筤竹」，《九家易》云「蒼筤，青也」。故又謂之倉螘，又謂之蟌。倉猶蒼也。蟌猶蔥也。《爾雅》云「青謂之蔥」。由蜻蛉轉之則爲蝱蛉，爲蜻蜓。又轉之則爲桑根。桑根猶言「蒼筤」耳。《楚策》云「蜻蛉六足四翼，飛翔乎天地之閒，俛啄蚉宜而食之，仰承甘露而飲之」，此其情狀也。《御覽》引《尸子》云「荆莊王命養由基射蜻蛉，拂左翼」。蜻蛉身輕翼薄，故中之爲難矣。今人通呼蜻蜓，順天人謂之流離，或謂之馬郎。

蛷螋，蟱蛷也。

蛷一作「𧕁」。《說文》「𧕁，多足蟲也」。《衆經音義》卷九引《通俗文》云「務求謂之蚑蛷，關西呼𧊜螋爲蚑蛷」。務求與「蟱蛷」同。《周官·赤犮氏》「凡隙屋，除其貍蟲」，鄭注云「貍蟲，䗪肌求之屬」。《釋文》「求」本或作「蛷」。疑即「蚑蛷」也。蚑與「肌」聲之轉耳。《博物志》云「蠷螋蟲溺人影，隨所箸處生瘡」。《本草拾遺》云「蠷螋蟲能溺人影，令發瘡如熱沸而大，繞腰，蟲如小蜈蚣，色青黑，長足」。蠷螋、蛷螋亦聲之轉耳。今揚州人謂之蓑衣蟲，順天人謂之錢龍，長可盈寸，行於壁上，往來甚捷。

𧒂、𧖩，䖟也。

《說文》「䖟，齧人飛蟲也」。《玉篇》「𧒂，小䖟也」，「𧖩，似䖟而小，青班色，齧人」。《淮南·說林訓》「兔齧爲𧖗」，高誘注云「兔所齧草，䖟在其心中，化爲𧖗，一說『兔齧』蟲名」。𧖗與「𧖩」同。一名爲蝄。《玉篇》云「蝄，班身小䖟也」。其有小䖟齧牛馬者，別名𧒂。《楚語》云「譬之如牛馬，處暑之既至，䖟𧒂之既多而不能掉其尾」，韋昭注云「大曰䖟，小曰𧒂」。《本草》「木䖟，一名魂常」，陶注云「此䖟不噉血，狀似䖟而小」，蘇恭注云「小䖟名鹿䖟，大如蠅，齧牛亦猛」。

𧑒𧕴，蜰也。

即下文「飛蟅，飛蠊也」。《爾雅》「蜚，蠦蜰」。《說文》「蜚，臭蟲，負蠜也」。《漢書·五行志》云「莊公二十九年『有蜚』，劉歆以爲負蠜也，性不食穀，食穀爲災，介蟲之孽，劉向以爲蜚色青，近青眚也，非中國所有，南越盛暑，男女同川澤，淫風所生，爲蟲臭惡」。《本草》謂之「蜚蠊」，陶注云「形似䗪蟲而輕小能飛，本在草中，八月九月知寒，多入人家屋裏逃爾，有兩三種，以作廉薑氣者爲真，南人亦噉之」，蘇恭注云「此蟲味辛辣而臭，漢中人食之，言下氣，名曰石薑，一名盧蜰，一名負盤」。《别録》云「形似蠶蛾，腹下赤，此即南人謂之滑蟲者也」。《别録》又有「行夜蟲一名負盤」，陶注云「今小兒呼氣盤或曰屪盤蟲者也」。陳藏器云「氣盤蟲一名負盤，蜚蠊又名負盤，雖則相似，非一物，戎人食之，味極辛辣，氣盤蟲，有短翅，飛不能遠，好夜中行，觸之氣出也」。

朝蜏，孳母也。

蜏一作「秀」。《莊子·逍遥遊》篇「朝菌不知晦朔」，《淮南·道應訓》引作「朝秀」，高誘注云「朝秀，朝生暮死之蟲也，生水上，似蠶蛾，一名孳母，海南謂之蟲邪」。案：菌者，蜏之轉聲。《莊子》「朝菌不知晦朔，蟪蛄不知春秋」，皆謂蟲也。上文云「之二蟲」者，「又何知」，謂「蜩與學鳩」。此云「不知晦朔」，亦必謂「朝菌」之蟲。蟲者，微有知之物，故以知、不知言之。若草木無知之物，何須言不知也。訓爲芝菌者，失之矣。《藝文類聚》引《廣志》云「蜉蝣在水中，翕然生，覆水上，尋死隨流」，與高注相合，其即「朝秀」與？

孑孓，蜎也。

《爾雅》「蜎，蠉」，郭璞注云「井中小蛣蟩，赤蟲，《廣雅》云一名『孑孓』」，《釋文》「孑」紀列反，「孓」九月反。各本「孓」譌作「孑」，今訂正。《説文》「肙，小蟲也」。肙與「蜎」同。《莊子·秋水》篇「還虷蟹與科斗」，《釋文》云「蚈，井中赤蟲也，一名蜎」。《淮南·説林訓》「孑孓爲蚉」，高誘注云「孑孓，結蟨，水上到跂蟲」。《衆經音義》卷三引《通俗文》云「蜎化爲蚊」。案：到蚑蟲，今止水中多生之，其形首大而尾鋭，行則掉尾至首，左右回環，止則尾浮水面，首反在下，故謂之到跂蟲。《爾雅翼》云「俗名釘到蟲」，即「到跂」之義。釘到之言顛到也，今揚州人謂之翻跟頭蟲。將爲蚊，則尾端生四足，蜕于水面而蚊出焉。《考工記·廬人》「刺兵欲無蜎」，鄭注云「蜎，掉也，謂若井中蟲蜎之蜎」。蜎蟲屈曲摇掉而行，故舉以相況與！蜎之言宛曲也，蠉之言回旋也，蛣蟨之言詰屈也，皆象其狀。孑孓猶「蛣蟨」耳。

螽，蝗也。

詳見上文「蟅蟒，蝗也」下。各本俱脱「也」字，今補。

蚯蚓、蜿蟺，引無也。䗂。

《爾雅》「螼蚓，豎蚕」，郭璞注云「即䖤蟺也，江東呼寒蚓」。螼蚓、蚯蚓聲之轉也。又轉而爲曲蟺。《古今注》云「蚯蚓一名蜿蟺，一名曲蟺，善長吟於地中，江東謂之歌女，或謂之鳴砌」。一作「蛐蟮」。郭璞注《方言》「蟦塲謂之坥」云「蟦，蛐蟮也」。又轉而爲蠢蠕，爲朐䏰。高誘注《淮南·時則訓》云「丘蟥，蠢蠕也」。《後漢書·吴漢傳》注「朐䏰縣，屬巴郡，《十三州志》『朐』音蠢，『䏰』音閏，其地下溼，多朐䏰蟲，因以名焉」。今揚州人謂之寒蠕，即「寒蚓」也。《廣韻》云「蠕，蚯蚓也，吴楚呼爲寒蠕」。《大戴禮·易本命》篇「食土者無心而不息」，盧辯注云「蚯蚓之屬，不氣息也」。《孟子·滕文公》篇「夫蚓，上食槁壤，下飲黄泉」，是其食土也。《月令》孟夏之月「丘蚓出」，仲冬之月「丘蚓結」，蔡邕《章句》云「結猶屈也，丘蚓屈，首下嚮陽氣，氣動則宛而上首，故其結而屈也」。丘蚓之形屈曲，故謂之蜿蟺，又謂之蚼。蜿蟺之言宛轉也，蚼之言曲也。各本俱脱「蚼」字。《集韻》引《廣雅》「蚼，蜿蟺也」。「蜿蟺」下無「引無」二字，諸書亦無言蚯蚓名引無者。疑「蜿蟺」下有「螾」字，曹憲《音》「引典」。《集韻》所引《廣雅》本，正文已脱「螾」字。其後《音》内「引典」二字遂誤入正文，「典」字又譌爲「無」也。《考工記·梓人》「卻行仄行」，鄭注云「卻行，螾衍之屬」，劉昌宗云「螾衍，或作『衍蚓』，今曲蟮也」。是曲蟮一名衍蚓，衍與「螾」同。典、無字形相亂，若《大戴禮·千乘》篇「典命」，今本譌作「無命」也。

負蠜，蟅也。

蠜一作「蟠」。《爾雅》「蟠，鼠負」，郭璞注云「瓮器底蟲」。「蛜威，委黍」，注云「舊説鼠蟠別名」。《説文》「蛜威，委黍，委黍，鼠婦也」，又云「蟠，鼠婦也」。《御覽》引《説文》作「蟠，蟅，鼠婦也」。《豳風·東山》篇「伊威在室」，《義疏》云「伊威一名委黍，一名鼠婦，在壁根下甕底土中生，似白魚者也」。《本草》云「鼠婦一名負蟠，一名蛜蝛」。又云「䗪蟲一名地鼈」，《名醫別録》云「一名土鼈」，陶注云「形扁扁如鼈，故名土鼈，而有甲不能飛，小有臭氣」，蘇恭注云「此物好生鼠壤土中及屋壁下，狀似鼠婦而大者寸餘，形小似鼈，無甲但有鱗也」。然則䗪蟲與鼠婦，一種而小異。故鼠婦謂之負蠜，亦謂之蟅。《説文》「蟠，蟅，鼠婦也」。《玉篇》「蟅，鼠婦，負蠜也」。皆通釋之也。負與「婦」，黍與「鼠」，古字通用，非有意義。而《本草》陶注乃謂「鼠在坎中，背負此蟲」，因以作「婦」字爲乖理。案：阜螽名蠜，䗪蟲名負蠜，豈得謂之「背負阜螽」邪？陶之所説未爲通曉也。䗪蟲粉白色，背有横文，腹下多足，多生大水瓨底，或牆根濕處，故又謂之貍蟲。

《周官・赤犮氏》「凡隙屋，除其貍蟲」，鄭注云「貍蟲，䗪肌求之屬」。

飛蟅，飛蠊也。

詳見上文「蜰蠦，蜰也」下。

虎王，蝟也。

《爾雅》「彙，毛刺」，郭璞注云「今蝟狀似鼠」。《説文》「彙，蟲，似豪豬」，或從虫作「蝟」。《廣韻》引《説文》作「彙，蟲也，似豪豬而小」。《御覽》引《孝經援神契》云「蝟多刺，故不使超踰抑揚」。《淮南・説山訓》云「膏之殺鼈，鵲矢中蝟」，高誘注云「中亦殺也」。《史記・龜策傳》「蝟辱於鵲」，《集解》引郭璞曰「蝟能制虎，見毛仰地」，所引蓋郭氏《爾雅贊》也。《易林・豫之比》云「虎飢欲食，爲蝟所伏」。《本草》「蝟皮」，陶注云「田野中時有此獸，人犯近，便藏頭足，毛刺人，不可得捉，能跳入虎耳中，而見鵲便自仰受啄，物有相制，不可思議爾」。然則蝟能制虎，故有「虎王」之名。《説苑・辨物篇》則云「鵲食蝟，蝟食鵔鸃，鵔鸃食豹，豹食駮，駮食虎」，是蝟又制鵔鸃，不獨制虎也。謂之「彙」者，言其毛刺外向有梂彙也。孫炎注《爾雅》「櫟，其實梂」云「有梂彙自裹」，義通於此矣。「彙」在《爾雅・釋獸》，此入《釋蟲》者，以其微小則謂之蟲。《説文》云「物之微細，或行或飛，或毛或蠃，或介或鱗，以虫爲象」，故「彙」字或從虫作「蝟」，而以爲「蟲，似豪豬」也。《本草》「蝟皮」列在蟲魚中品，義亦與此同。

沙蝨，蝡蝂也。

《御覽》引《廣志》云「沙蝨，色赤，大不過蟣，在水中，入人皮中，殺人」，又引《淮南萬畢》云「沙蝨一名蓬活，一名地脾」。蓬活即「⿰虫便蜁」之轉聲也。⿰虫便蜁之言便旋也。《方言》「⿰月旋，短也」，郭璞注云「便旋，庳小貌也」。《抱朴子・登涉》篇云「沙蝨新雨後及暑暮前，踐沙必箸人，其大如毛髮之端，初箸人，便入其皮裏，其所在如芒刺之狀，小犯大痛，可以針挑取之，正赤如丹，箸爪上行動，若不挑之，蟲鑽至骨，便周行走入身，其與射工相似，皆殺人」。是其情狀也。《本草》又有「石蠶一名沙蝨」，李當之云「草根類蟲，形如老蠶，生附石」，陶云「是生氣物，猶如海中蠣蛤輩附石生，亦皆活物也」。

天社，蜣蜋也。

《爾雅》「蛣蜣，蜣蜋」，郭璞注云「黑甲蟲，噉糞土者」。《說文》「⿰虫卻」字注云「渠⿰虫卻一曰天社」。《集韻》《類篇》引《說文》作「渠⿰虫卻蜋」。《御覽》引作「⿰虫卻蜋」，無「渠」字。案：《說文》「⿰虫京，⿱耳䖵⿰虫京也，一曰蜉蝣，朝生莫死者」。是《爾雅》之「蜉蝣，渠略」，《說文》作「⿱耳䖵⿰虫京」不作「渠⿰虫卻」也。「⿰虫卻」上不當有「渠」字。又《玉篇》「蜣，丘良切，蜣蜋，啖糞蟲也」，⿰虫卻與「蜣」同，又其虐切。《廣韻》「⿰虫卻」其虐切，天社蟲也，又丘良切。是「蜣」字或作「⿰虫卻」也。此文「天社，蜣蜋也」，及《玉篇》《廣韻》之訓，俱本《說文》。則《說文》「⿰虫卻」下當有「蜋」字，《御覽》所引者是也。社，各本譌作「杜」，今訂正。《古今注》云「蜣蜋，能以土苞糞，推轉成丸，圓正無斜角，一名弄丸，一名轉丸」。《爾雅翼》云「蜣蜋似有雌雄，以足撥取糞，頃之成丸，相與還之，其一前行，以後兩足曳之，其一自後而推致焉，乃掘地爲坎，納丸其中，覆之而去，不數日而丸中若有動者，又一二日，則有蜣蜋自其中出而飛去，蓋是孚乳其中，以此覆裹之，藉之以生，然或言蜣蜋能化爲蟬，所爲轉丸，藉以變化也」。蛣蜣謂之蜣蜋，故似蛣蜣者謂之渠略。渠略、蜣蜋語之轉也。郭璞注《爾雅》「蜉蝣，渠略」云

「似蛣蜣」。

白魚，蛃魚也。

《爾雅》「蟫，白魚」，郭璞注云「衣書中蟲，一名蛃魚」。《本草》云「衣魚一名白魚」。蘇頌《圖經》云「今人謂之壁魚」。白魚能齧書及衣，故又名蠹魚。《玉篇》「蠹，白魚也」。《周禮·翦氏》「掌除蠹物」，鄭注云「蠹物，穿人器物者，蠹魚亦是也」。《穆天子傳》「蠹書於羽陵」，郭璞注云「暴書蠹蟲，因曰蠹書也」。《鄭風·溱洧》篇義疏云「蘭，香草，藏衣箸書中，辟白魚」。《爾雅翼》云「衣書中蟲，始則黃色，既老而身有粉，視之如銀，故名曰白魚」。白與「蛃」聲之轉。蛃之爲言猶白也。《淮南·原道訓》「馮夷大丙之御」，高誘注云「丙」或作「白」，是其例也。蟫之爲言蟫蟫然也。《後漢書·馬融傳》「蝡蝡蟫蟫」，李賢注云「動貌」。

土蛹，蠁蟲也。

《爾雅》「國貉，蟲蠁」，郭璞注云「今呼蛹蟲爲蠁」，引《廣雅》「土蛹，蠁蟲也」。《說文》「蠁，知聲蟲也」，司馬相如作「蚼」。又云「禹，蟲也，象形」。《玉篇》云「蠁，禹蟲也」。案：蠁之言響也，知聲之名也。禹之言聥也，亦知聲之名也。《說文》云「聥，張耳有所聞也」，是其義矣。《鹽鐵論·散不足》篇說富者所食云「豐奕耳菜，毛果蟲貉」，蓋即《爾雅》所釋者。《埤雅》云「蠁善令人不迷」，引《類從》云「帶蠁醒迷，繞祠解惑」也。

樗鳩，樗鷄也。

《爾雅》「螒，天雞」，郭璞注云「小蟲黑身赤頭，一名莎雞，又曰樗雞」。《豳風·七月》篇「六月莎雞振羽」，傳云「莎雞羽成而振訊之」，《正義》引李巡《爾雅》注云「一名酸雞」，陸機《義疏》云「莎雞如蝗而班色，毛翅數重，其翅正赤，或謂之天雞，六月中飛而振羽，索索作聲，幽州人謂之蒲錯」。《御覽》引《廣志》云「莎雞，似蠶蛾而五色，亦曰犨雞」。《名醫别録》云「樗雞生河内川谷樗樹上」，陶注云「形似寒螿而小」。蘇頌《圖經》引《爾雅》郭注而釋之云「今所謂莎雞者，生樗木上，六月便出，飛而振羽，索索作聲，人或畜之樊中，但頭方腹大，翅羽外青内紅，而身不黑，頭亦不赤，此殊不類，蓋别一種而同名也，今在樗木上者，人呼紅娘子，頭、翅皆赤，乃如郭説，然不名樗雞，疑即是此，蓋古今之稱不同耳」。據此則樗雞有二種也。

盤蝥，晏青也。

詳見上文「青蠵也」下。

蝮蛸，蛻也。

蛻之言脱也。《説文》「蛻，蛇蟬所解皮也」，「秦謂蟬蛻曰蛩」。《衆經音義》卷十三引《字林》云「蝮蛸，蟬皮也」。《論衡·無形篇》云「蠐螬化爲復育，復育轉而爲蟬，蟬生兩翼，不類蠐螬」。《奇怪篇》云「夫蟬之生復育也，闓背而出」。《論死篇》云「蟬之未蛻也，爲復育，已蛻也，去復育之體，更爲蟬之形」。復育與「蝮蛸」同。蟬之未蛻，則未蛻者爲蝮蛸。及其已蛻，則所蛻者爲蝮蛸。故以蝮蛸爲「蛻」也。今樹下蟬皮皆背裂者，知其闓背而出，如蛹之爲蛾矣。蘇頌《本草圖經》云「蟬所蛻殼，又名枯蟬，本生於土中，云是蜣蜋所轉丸，久而化成此蟲，至夏便登木而蛻，今蜀中有一種蟬，其蛻殼頭上，有一角如花冠，謂之蟬花」。

蟱蝺、魚伯，青蚨也。

《説文》「青蚨，水蟲，可還錢」。《御覽》引《淮南萬畢術》「青蚨還錢，青蚨一名魚伯，以其子母各等，置瓮中，埋東行陰垣下，三日復開之，即相從，以母血塗八十一錢，亦以子血塗八十一錢，以其錢更互市，置子用母，置母用子，錢皆自還也」。陳藏器《本草拾遺》引《搜神記》云「南方有蟲名蠍蝸，如蟬而大，辛美可食，其子如蠶種，取其子歸，則母飛來，雖潛取，必知處，殺其母塗錢，子塗貫，用錢則自還」。《初學記》引云「其子箸草葉如蠶種，淮南術以之還錢，名曰青鳧」。鳧與「蚨」同。《南海藥譜》引《異物志》云「青蚨生南海諸山，雄雌常處不相捨」。《抱朴子·對俗》篇云「魚伯識水旱之氣，蜉蝣曉潛泉之地」。

蚲、蠽、螠蜻，蛘也。

《楚語》云「譬之如牛馬，處暑之既至，蠽蝱之既多，而不能掉其尾」，韋昭注云「大曰蝱，小曰蠽」。上文「蠹、䗃，蝨也」，已舉小蝱之名，則此「蠽」非復蝱蟲矣。《爾雅》「蛄䗐，強蛘」，郭璞注云「今米穀中蠹小黑蟲是也，建平人呼爲蛘子，音芈，姓」。《釋文》云「蛘，郭音芈，亡婢反，本或作『芈』」，《說文》作『羊』」，《字林》作『蛘』，弋丈反」，或是此與？

釋魚

鯸䱑，魺也。

䱑一作「鮐」。《北山經》「敦薨之水，其中多赤鮭」，郭璞注云「今名鯸鮐爲鮭魚，音圭」。《吳都賦》「王鮪鯸鮐」，劉逵注云「鯸鮐魚狀如科斗，大者尺餘，腹下白，背上青黑，有黃文，性有毒，雖小，獺及大魚不敢啖之，蒸煮啖之肥美，豫章人珍之」。《論衡·言毒篇》云「毒螫渥者，在魚則爲鮭與鯸鮧，故人食鮭肝而死」。

《本草拾遺》云「鯢魚肝及子有大毒，一名鶘夷魚，以物觸之，即嗔腹如氣毬，亦名嗔魚，腹白，背有赤道，如印魚，目得合，與諸魚不同」。鯢即「鮭」之俗體。鶘夷即鯸鮐之轉聲。今人謂之河豚者是也。河豚善怒，故謂之鮭，又謂之魺。鮭之言恚，魺之言訶。《釋詁》云「恚、訶，怒也」。魺，曹憲《音》「河」。各本脱去「魺」字，《音》内「河」字遂誤入正文，句末又脱「也」字，與下文「鯢、魧、鱅，魠也」混爲一條。案：諸書無以「鯸鮐」爲魠者，魠爲黄頰魚，非鯸鮐也。《玉篇》「魺，户多切，魚名」，正與「河」字同音。又云「鯸鮐，魺也，食其肝殺人」。是鯸鮐名魺不名魠，魺字從魚不從水也。《集韻》「鮐」字引《博雅》「鯸鮐，魠也」，「鯢」字引《博雅》「河鯢，魠也」，「魺」字引《廣雅》「魺，魠也」，則宋時《廣雅》本已脱「也」字，惟「魺」字尚有不誤者耳。今據《玉篇》訂正。

鯢、魧、鱅，魠也。

《説文》「魠，哆口魚也」。《史記·司馬相如傳》「鰅鱅鰬魠」，徐廣注與《説文》同。《漢書》注載郭璞注云「魠，鱤也，一名黄頰」。《東山經》「番條之山，減水出焉，其中多鱤魚」，注亦云「一名黄頰」。又謂之鱨。《小雅·魚麗》篇「鱨鯊」，傳云「鱨，揚也」，《義疏》云「今黄頰魚也，似燕頭魚身，形厚而長大，頰骨正黄，魚之大而有力解飛者，徐州人謂之揚，黄頰，通語也，今江東呼黄鱨魚，亦名黄頰魚，尾微黄，大者長尺七八寸許」。李時珍云「鱤生江湖中，體似鯼而腹平，頭似鯇而口大，頰似鮎而色黄，鱗似鱒而稍細，大者三四十斤，啖魚甚毒，池中有此，不能畜魚」。案：頰黄，故一名黄頰。口大，故謂之哆口魚。《韓詩外傳》引《傳》曰「魚之侈口垂腴者，魚畏之」。侈與「哆」同。蓋哆口者恒能食魚，魠亦是也。

鮷、鯷，鮎也。

鮷一作「鮧」。《爾雅》「鰋，鮎」，孫炎云「鰋，一名鮎」。郭璞以爲二魚，注「鮎」云「別名鯷，江東通呼鮎爲鮧」。《釋文》引《字林》云「鯷，青州人呼鮎也」。《蜀都賦》「鮷鱧魦鱨」，李善注云「鮷似鮎」。《名醫別録》陶注云「鮧即鯷也，今人皆呼慈音，即是鮎魚，作臛食之」。是鮷、鯷皆鮎之别名也。若以形體言之，則鮎之大者乃名爲鮷。《説文》「鮷，大鮎也」。《廣韻》「鮷，大鱧也」。大鮎謂之鮷，大鱧亦謂之鮷。爲類雖殊，其命名之義則一也。《爾雅》「魾，大鱯，小者鮡」，《衆經音義》卷十一引孫炎注云「鱯似鮎而大，色白」。《釋文》「鱯，下化反，又音獲」。「鱯」即鮷也。《御覽》引《廣志》云「鱯魚似鮎大口」。大口，故名爲鱯。《周頌・絲衣》篇釋文引何承天云「魚之大口者名吴，胡化反」。案：其字當作「鱯」，音義皆協。承天不達字體，乃臆撰「吴」字，從口、下大，斯爲妄矣。今揚州人謂大鮎爲鱯子，聲如獲，古方言之存者也。《爾雅翼》云「鮧魚偃額，兩目上陳，頭大尾小，身滑無鱗，謂之鮎魚，言其黏滑也」。案：鯷亦黏滑之稱。鯷之言䊓。《釋詁》云「䊓，黏也」。《廣韻》鯷、䊓並音是義切，云「䊓，黏貌」。《楚辭・九思》云「鱣鮎兮延延」，鱣與「鱓」同。鱓、鮎皆魚之無鱗者，延延，長貌也。

鱺、鰑，鮦也。

鱺一作「鱧」，一作「䲡」。《爾雅》「鱧，鯇」，舍人云「鱧一名鯇」。郭璞以爲二魚，云「鱧，鮦也」。邢昺疏云「今𩸞魚也，鮦與𩸞音義同」。又「鰹，大鮦，小者鮵」，注云「今青州呼小鱺爲鮵」。《説文》云「䲡，鮦也」。《小雅・魚麗》篇「魚麗于罶，魴鱧」，傳云「鱧，鮦也」，陸氏《義疏》云「似鯉，頰狹而厚」。《本草》「蠡魚一名鮦魚」。蠡與「鱺」同。陶注云「舊言是公蠣蛇所變，然亦有相生者，至難死，猶有蛇性」。《埤雅》云「鱧，今玄鱧是也，諸魚中惟此魚膽甘可食，有舌，鱗細有花文，一名文魚，與蛇通氣，其首戴星，夜則北向」。案：今人謂之烏魚。首有班文，鱗細而黑，故名鱺魚。鱺之言驪也。《説文》云「驪，馬深黑色」。《韓詩外傳》「南假子過程本，本爲之烹鱺魚，南假子曰『聞君子不食鱺魚』」，豈以其有蛇性而惡之與？《玉篇》《廣韻》並云「鰑，赤鱺也」。鰑之言陽，赤色箸明之貌。《豳風·七月》篇「我朱孔陽」，傳云「陽，明也」。《釋器》云「赤銅謂之錫」，聲義亦同。

鰿，鮒也。

《井》九二「井谷射鮒」，劉逵《吴都賦》注引鄭注云「所生無大魚，但多鮒魚耳，言微小也」。《楚辭·大招》「煎鰿膗雀」，王逸注云「鰿，鮒也」。鰿之言茦也。《方言》云「茦，小也」。《爾雅》云「貝，大者魧，小者鰿」，又云「蝈，大而險；蟦，小而橢」。蟦、鰿同義。小貝謂之鰿，猶小魚謂之鰿也。今鰿魚形似小鯉，色黑而體促，腹大而脊高，所在有之。《説文》作「鯖」字。

鰱，鱮也。

《齊風·敝笱》篇「其魚魴鱮」，箋云「鱮，似魴而弱鱗」，《義疏》云「鱮，似魴而頭大，魚之不美者，故里語曰『網魚得鱮，不如啗茹』，其頭尤大而肥者，徐州人謂之鰱，或謂之鱅，幽州人謂之鴞鶝，或謂之胡鱅」。鱅一作「鰫」。《漢書·司馬相如傳》「鰅鰫鰬魠」，郭璞注云「鰫，似鰱而黑」。《江賦》云「鯪鰩鯩鰱」。《埤雅》云「鱮魚色白，北土皆呼白鱮」，故《西征賦》曰「華魴躍鱗，素鱮揚鬐」也。今人通呼鰱子。

䱋，鯤也。

《玉篇》「鯤，大魚也」。《廣韻》「䱋，鯤魚子也」。宋玉《對楚王問》云「鯤魚朝發崑崙之墟，暴鬐於碣石，暮宿於孟諸」。《本草拾遺》云「䱋魚生南海，有肉翅，尾長二尺，刺在尾中，逢物以尾撥之，食其肉而去其刺」。

鮊，鱎也。

鮊之言白也。《玉篇》「鱎，白魚也」。郭璞《爾雅注》云「鰋，今鰋額白魚」。《周頌·思文》篇正義引《太誓》云「太子發升舟，中流，白魚入於王舟」。鮊一作「鲌」。《石鼓文》「又鱄又鲌」，鄭樵云即「鮊」字。鱎一作「橋」。《説苑·政理》篇「夫扱綸錯餌，迎而吸之者，陽橋也，其爲魚薄而不美」。鱎之言皜也。趙岐《孟子·滕文公》篇注云「皜皜，甚白也」。今白魚生江湖中，鱗細而白，首尾俱昂，大者長六七尺。一名鱘。《説文》「鱘，白魚也」。《古今注》云「白魚赤尾者曰魟，一曰魧，或云雌者曰白魚，雄者曰魟」。

鮎，鰈也，大鰈謂之鰒。

《小雅·魚麗》傳「鱧，鮦也」，《正義》云本或作「鱧，鰈」。《説文》云「鰈，鱧也」，「鱧，鱯也」。《廣韻》云「鰈，魚似鮎也」。據此則「鰈」即《爾雅》之「鱯」，《衆經音義》卷十一引孫炎注所云「似鮎而大」者也。大鰈謂之鰒，亦即《爾雅》之「魾，大鱯」矣。《漢書·司馬相如傳》「鰅鰫鰒魠」，郭璞注云「鰒似鱓」。《史記集解》引《漢書音義》云「鰒似鰈而大」。據此則「鰈」爲鱓魚。「鰒」爲鰻鱺魚，鰒似鰈而大，故云「大鰈謂之鰒」。《名醫别録》陶注所云「鰻鱺魚，形似鱓」者也。未知孰是。

鱄䱐，䰾也。

《説文》「䰾，魚也，出樂浪番國，一曰䰾出九江，有兩乳，一曰溥浮」。溥浮與「鱄䱐」同。《玉篇》「鱄䱐魚，一名江豚，欲風則踊」。鱄一作「鯆」。《晉書·夏統傳》「初作鰡鰞躍，後作鯆䱐引」，何超《音義》引《埤倉》云「鯆䱐，䰾魚也，一名江豚，多膏少肉」。鱄䱐之轉語爲䱐鯆。《説文》「鯆，魚也，出樂浪番國」。《御覽》引《魏武四時食制》云「䱐鯆魚黑色，大如百斤豬，黄肥不可食，數枚相隨，一浮一沈，一名敷，常見首，出淮及五湖」。郭璞《江賦》云「魚則江豚海豨」，李善注引《南越志》云「江豚似豬」。《本草拾遺》云「江㹠狀如㹠，鼻中爲聲，出没水上，舟人候之，知大風雨」。案：即今之江豬是也。海豬似江豬而大，一名奔䱐。《江賦》注引《臨海水土記》云「海豨豕頭，身長九尺」。《本草拾遺》云「海㹠生大海水中，候風潮出没，形如㹠，鼻中爲聲，腦上有孔，噴水直上，百數爲羣」。《酉陽雜俎》云「奔䱐，一名瀱，大如船，長二三丈，色如鮎，有兩乳在腹下，頂上有孔通頭，氣出嚇嚇作聲，必大風，行者以爲候」。案：《説文》「䰾，有兩乳」，此「奔䱐，有兩乳在腹下」，則即䰾魚也。奔䱐、鱄䱐，語之轉耳。郭璞注《爾雅》「鱀，是鱁」，云「尾如䰾魚，鼻在額上，能作聲，少肉多膏」，情狀與江豚相近，蓋亦䰾之類也。䰾，各本譌作「䲜」，惟影宋本不譌。

石首，鯼也。

郭璞《江賦》「鯼鮆順時而往還」，李善注云「常以三月八月出，故曰順時」，引《字林》云「鯼魚出南海，頭中有石，一名石首」。《尚書大傳》「北海魚石」，鄭注云「魚石，頭中石也」。《晉語》「黿鼉魚鼈莫不能化」，韋昭注云「化，謂蛇成鼈黿，石首成䳁之類也」，舊音云「䳁」音鴨。《初學記》引《吴地志》云「石首魚至秋化爲冠鳧，冠鳧頭中猶有石也」，又引《臨海異物志》云「石首小者名踏水，其次名春來，石首異種也，又有石頭長七八寸，與石首同」，又引《南越志》云「⿰魚居魚似石首，或曰雄石首也」。劉恂《嶺表録異》云「石頭魚狀如鱅魚，隨其大小，腦中有二石子如蕎麥，瑩白如玉」。案：今石首供食者有二種，小者名黃花魚，長尺許，大者名同羅魚，長二三尺，皆生海中，弱骨細鱗，首函二石，鱗黃如金，石白如玉也。《開寶本草》云「石首魚初出水能鳴，夜視有光」。

魶，鯢也。

《爾雅》「鯢，大者謂之鰕」，郭璞注云「今鯢魚似鮎，四脚，前似獮猴，後似狗，聲如小兒啼，大者長八九尺」。《史記·司馬相如傳》「禺禺鱋魶」，徐廣注云「魶」一作「鰨」，裴駰引《漢書音義》云「魶，鯷魚也」。案：《漢書》正作「鰨」，郭璞注云「鰨，鯢魚也，似鮎，有四足，聲如嬰兒」，本《廣雅》爲訓也。《水經》伊水注引《廣志》云「鯢魚聲如小兒嗁，有四足，形如鯪鯉，可以治牛，出伊水也」，注又云「司馬遷謂之人魚，故其著《史記》曰『始皇帝之葬也，以人魚膏爲燭』，徐廣曰『人魚似鮎而四足』，即鯢魚也」。案：所引《史記·秦始皇本紀》文也。然「人魚」之名，不始于此。《北山經》「決決之水多人魚，其狀如鯑魚，四足，其音如嬰兒，食之無癡疾」，郭璞注云「鯑見《中山經》，或曰『人魚』即鯢也，似鮎而四足，聲如小兒啼，今亦呼鮎爲鯑」。是鯢魚古謂之人魚也。《本草拾遺》云「鯢魚在山溪中，似鮎，有四腳，長尾，能上樹，天旱則含水上山，葉覆身，鳥來飲水，因而取之，伊洛閒亦有，聲如小兒啼，故曰鯢魚，一名䱱魚，一名人魚，膏然燭不滅，秦始皇塚中用之」，皆其情狀也。《嶺表録異》云「盤龍山靈水溪中有魚，脩尾四足，《爾雅》曰『鯢』似鮎四足，聲如小兒，今商州山溪内亦有此魚，謂之魶魚」，則鯢之名「魶」，後世方言且然矣。《逸周書・王會》篇云「穢人前兒，前兒若彌猴立行，聲似小兒」，此亦鯢之類也。又云「於越納」，納、魶同聲，或即是與？《玉篇》云「魶，鯨也」。案：宣十二年《左傳》云「古者明王伐不敬，取其鯨鯢而封之，以爲大戮」，杜預注云「鯨鯢，大魚，以喻不義之人吞食小國」，《正義》引裴淵《廣州記》云「鯨鯢長百尺，雄曰鯨，雌曰鯢」，又引周處《風土記》云「鯨鯢，海中大魚也，俗説出入穴即爲潮水」。劉逵《吴都賦》注云「鯨猶言鳳，鯢猶言皇也」。是則雌鯨之爲鯢，猶雌虹之爲蜺，其實一物耳。依《玉篇》之訓，則「魶」又爲海中鯨鯢也，義亦通。

竹頭，䱢也。

遼釋行均《龍龕手鑑》云「䱢，魚名也，長頭」。案：《嶺表録異》云「竹魚産江溪閒，形如鱧魚，大而少骨，青黑色，鱗下閒以朱點，鬣可翫，或烹以爲羹臛，肥而美」。范成大《桂海虞衡志》云「竹魚出灕水，狀似青魚，味如鱖魚，南中以爲珍」。或是此與？

鰏，鰅也。

《集韻》「鰏」或作「鱳」，云「鰏鯷，魚名，皮有文」。《説文》「鱳，魚也，出樂浪番國」，又云「鰅，魚也，皮有文，出樂浪東暆，神爵四年，初捕取輸考工，周成王時，揚州獻鰅」。今《逸周書・王會》篇「鰅」作「禺」。《漢書・司馬相如傳》「鰅鰫鰬魠」，郭璞注云「鰅魚有文采」，又注「禺禺魼鰨」云「禺禺魚皮有毛，黄地黑文」，亦「鰅」之類也。又案：《漢書・百官公卿表》「少府掌山海池澤之税以給共養，屬官有考工室，武帝太初元年，更名考工室爲考工」。《續漢書・百官志》「考工令一人，主作兵器弓弩刀鎧之屬」。然則鰅魚之輸考工，蓋用其皮飾兵器也。又謂之班魚。《魏志·東邊傳》云濊「自單單大山領以西屬樂浪，其海出班魚皮」。❶《御覽》引魚豢《魏畧》云「濊國出班魚皮，漢時恒獻之」，又引《廣志》云「班文魚出濊，獻其皮」。正與《説文》相合矣。各本「鰅」下脱「也」字，與下「鯙，魟也」混爲一條。案：鱴魟小魚，皮無文采，不可以飾器。又所在皆有，非必樂浪番國。知非鰅魚也。今訂正。

鯙，魟也。

《廣韻》「魟，鱴魟，魚名」。《集韻》「鱴，魚名，善醒酒」。孟詵《食療本草》云「黄賴魚一名鱴魟，醒酒，亦無鱗，不益人也」。李時珍云「身尾俱似小鮎，無鱗，腹下黄，背上青黄，腮下有二横骨兩鬚，有胃，羣游作聲，性最難死」。案：此魚今所在有之，長不盈尺，揚州人謂之鱴斯魚，順天人謂之枷魚。

黑鯉謂之鯶。

《爾雅》「鯉，鱣」，舍人注云「鯉一名鱣」。郭璞以爲二魚，云「鯉，今赤鯉魚」。《玉篇》云「鯉，今赤鱓也」。《北户録》引陳思王云「五尺之鯉，一寸之鯉，但大小殊而鱗之數等」。《酉陽雜俎》云「鯉脊中鱗一道，每鱗有小黑點，大小皆三十六鱗」。《齊民要術》引《養魚經》云「鯉不相食，又易長也」。《古今注》云「兖州人呼赤鯉爲赤驥，青鯉爲青馬，黑鯉爲玄駒，白鯉爲白騏，黄鯉爲黄雉」。是鯉有黑色者也。

鰪、鰗、鯾，鰌也。

---

❶ 「邊」，《三國志》作「夷」。

鱃與「鰌」同。郭璞注《東山經》云「今『蝦鰌』字亦或作『鱃』」。又注《爾雅》「鰼，鰌」云「今泥鰌」，邢昺疏云「穴於泥中，因以名之」，《釋文》引《字林》云「鰌，似鱓短小也」。《玉篇》云「𩻵，小鰌也」。𩻵與「𩶓」聲之轉。𩶓之言幼也，小也。《説文》「𩶓，讀若幽」，若《方言》「蕪菁小者謂之幽芥」矣。鰌亦短小之稱也。《考工記·廬人》「酋矛常有四尺」，鄭注訓「酋」爲短，云「酋之言遒也」。聲義正相合也。《莊子·庚桑楚》篇「尋常之溝，巨魚無所旋其體，而鯢鰌爲之制」，《釋文》云「謂小魚得曲折也」。又謂之委蛇。《達生》篇「以鳥養養鳥者，宜食之以委蛇」，司馬彪注云「委蛇，泥鰌也」。今泥鰌鋭首無鱗，身青黑色，以涎自染，滑不可握，亦善作聲，其情狀也。各本「鰌也」二字誤入曹憲《音》内，「鰌」字又譌爲「蝤」。《集韻》鱃、𩶓二字並引《博雅》「鱃、𩶓，𩻵也」，則所見已是誤本。今訂正。

鯪，鯉也。

《楚詞·天問》「鯪魚何所」，王逸注云「鯪魚，鯉也，一云『鯪魚』，鯪鯉也，有四足，出南方」。鯪一作「陵」。《吴都賦》「陵鯉若獸」，劉逵注云「陵鯉有四足，狀如獺，鱗甲似鯉，居土穴中，性好食蟻」。《名醫别録》陶注云「鯪鯉能陸能水，出岸開鱗甲，伏如死，令蟻入中，忽閉而入水，開甲，皆浮出，於是食之，故主蟻瘻」。是其情狀也。今人謂其甲爲穿山甲，以其穿穴山陵也。在陵，故謂之「鯪」矣。

蛤解、蠦𧓍、蚵蠪，蜤蜴也。

《爾雅》「蠑螈，蜥蜴，蜥蜴，蝘蜓，蝘蜓，守宫也」。《方言》「守宫，秦晉西夏謂之守宫，或謂之蠦𧓍，或謂之刺易，❶其在澤中者謂之易蜴，南楚謂之蛇醫，或謂之蠑螈，東齊海岱謂之螔蛦，北燕謂之祝蜓」，郭璞注云「刺易，南陽人又呼蝘蜓」，「螔蛦，似蜇易而大，有鱗，今所在通言蛇醫耳」。《説文》「易，蜥易，蝘蜓，守宫也，象形」，又云「在壁曰蝘蜓，在草曰蜥易」，又云「榮蚖，蛇醫，以注鳴者」。《小雅・正月》篇「胡爲虺蜴」，傳云「蜴，螈也」，箋云「虺蜴之性，見人則走」，《義疏》云「蜴，一名榮原，水蜴也，或謂之蛇醫，如蜥蜴，青緑色，大如指，形狀可惡也」。《漢書・東方朔傳》射「守宫」覆云「臣以爲龍又無角，謂之爲蛇又有足，跂跂脈脈善緣壁，是非守宫即蜥蜴」，顏師古注云「跂跂，行貌也，脈脈，視貌也，《爾雅》曰『蠑螈，蜥蜴，蜥蜴，蝘蜓，蝘蜓，守宫』，是則一類耳」。《古今注》云「蝘蜓一名龍子，一曰守宫，善上樹捕蟬食之，其長細五色者名爲蜥蜴，短大者名蠑螈，一曰蛇醫，大者長三尺，其色玄紺，善螫人，一名玄螈，一曰緑螈」。皆其一種而小異者也。蛤蚧，以聲得名。《方言》「桂林之中，守宫大者而能鳴謂之蛤解」，郭璞注云「似蛇醫而短，身有鱗采，江東人呼爲蛤蚧」。《南海藥譜》引《廣州記》云「蛤蚧生廣南水中，有雌雄，狀若小鼠，夜即居於榕樹上，投一獲二」。唐劉恂《嶺表録異》云「蛤蚧，首如蝦蟇，背有細鱗如蠶子，土黄色，身短尾長，多巢於樹中，端州古牆内，有巢於廳署城樓間者，旦暮則鳴，自呼『蛤蚧』」。是也。各本「解」上脱「蛤」字，今據《方言》補。

虺，蜂也。

---

❶「刺」，據《方言》當作「蜥」。下同。

《爾雅》「蝮，虺，博三寸，首大如擘」。《説文》「虺」作「虫」，云「虫，一名蝮，博三寸，首大如擘指，象其卧形」。《小雅·斯干》篇「爲虺爲蛇」，❶《正義》引舍人《爾雅》注云「蝮，一名虺，江淮以南曰蝮，江淮以北曰虺」，又引孫炎注云「江淮以南謂虺爲蝮，廣三寸，頭如拇指，有牙最毒」。《吴語》「爲虺弗摧，爲蛇將若何」，韋昭注云「虺，小蛇大也」。蝰者，毒螫傷人之名。説見《釋蟲》「蠆，蠍也」下。字一作「蛙」。《名醫别録》陶注云「蝮蛇黄黑色，黄頷尖口，毒最烈，虺形短而扁，毒不異於蚖，中人不即療，多死，蛇類甚衆，惟此二種及青蛙爲猛」。然則虺、蝮、青蝰祇是一類，故云「虺，蝰也」。《藝文類聚》引《廣志》云「蝮虵與土色相亂，長三四尺，其中人，以牙櫟之，裁斷皮出血，則身盡痛，九竅血出而死」。故《漢書·田儋傳》云「蝮蠚手則斬手，蠚足則斬足，何者，爲害于身也」。《論衡·言毒篇》云「蝮有利牙，龍有逆鱗」，又云「陽物懸垂，故蜂蠆以尾刺，陰物柔伸，故蝮虵以口齰」，又云「蝮虵多文，文起於陽」，皆道其情狀也。今江淮之閒謂之土骨虵。其大虵有毒與虺同者，亦名蝮虺。《楚辭·招魂》「蝮蛇蓁蓁」，王逸注云「蝮，大蛇也」。《南山經》「猨翼之山多蝮虫」，郭璞注云「蝮虫色如綬文，鼻上有鍼，大者百餘斤，一名反鼻，虫，古『虺』字」。此則殊方異産，非《爾雅》《廣雅》所謂虺矣。

有鱗曰蛟龍，有翼曰應龍，有角曰虯龍，無角曰䗍龍。龍能高能下，能小能巨，能幽能明，能短能長，淵深是藏，敷和其光。

❶「爲虺爲蛇」，《毛詩正義》作「維虺維蛇」。

《楚辭・天問》「河海應龍」，王逸注云「有鱗曰蛟龍，有翼曰應龍」。案：蛟爲龍屬，不得即謂之龍。古書言蛟、龍，皆爲二物，無稱「蛟」爲「蛟龍」者。且龍皆有鱗，而云「有鱗曰蛟龍」，非確訓也。《淮南・覽冥訓》「服應龍」，高誘注云「駕應德之龍，一説『應龍』有翼之龍也」。班固《答賓戲》云「應龍潛於潢汙，魚黿媟之，不覩其能奮靈德，合風雲，超忽荒而躆昊蒼也，故夫泥蟠而天飛者，應龍之神也」，項岱注云「天有九龍，應龍有翼」。《説文》「虯，龍子有角者」，「螭，若龍而黄，北方謂之地螻，或曰無角曰螭」。虯與「蘢」同。螭與「𧳟」同。《漢書・司馬相如傳》「蛟龍赤螭」，文穎注云「龍子爲螭」，張注云「赤螭，雌龍也」。又「六玉虯」，張注云「龍子有角曰虯」。然則有角者雄，無角者雌也。《離騷》「駟玉虯以乘鷖兮」，《天問》「焉有虯龍，負熊以遊」，王逸注並云「有角曰龍，無角曰虯」。高誘注《淮南・覽冥訓》亦如王注，皆與《説文》《廣雅》異説，未知孰是。《衆經音義》卷一引熊氏《瑞應圖》云「虯龍身黑，無鱗甲」。《呂氏春秋・舉難》篇「龍食乎清而游乎清，螭食乎清而游乎濁」，高誘注云「螭，龍之別也」。故《楚辭・九歌》云「駕兩龍兮驂螭」也。《説文》「龍，鱗蟲之長，能幽能明，能細能巨，能短能長，春分而登天，秋分而潛淵」。《管子・水地》篇云「龍生於水，被五色而游，故神，欲小則化如蠶蠋，欲大則藏於天下，❶欲上則凌於雲氣，欲下則入於深淵」。《説苑・辨物》篇云「神龍能爲高，能爲下，能爲大，能爲小，能爲幽，能爲明，能爲短，能爲長，昭乎其高也，淵乎其下也，薄乎天光，高乎其箸也，一有一亡，忽微哉，斐然成章，虚無則精以和，動作則靈以化」。

❶「則」，原重文，今據《畿輔叢書》本删其一。

爪，鼃也。

未詳。

鼃、蟈，長股也。

《説文》「鼃，蝦蟇也」。鄭注《考工記・梓人》云「脰鳴，鼃黽屬」。一作「蛙」。《周官・蟈氏》「掌去蛙黽」，鄭注云「齊魯之閒謂鼃爲蟈，黽，耿黽，蟈與耿黽尤怒鳴，爲聒人耳，去之」。又《敘官》「蟈氏」注「鄭司農云『蟈，當爲蜮，蜮，蝦蟇也，《月令》曰「螻蟈鳴」，故曰「掌去蛙黽」，蛙黽，蝦蟇屬，書或爲「掌去蝦蟇」』，玄謂蟈，今御所食蛙也，字從虫、國聲，蜮乃短狐與」。案：蟈、蜮同字。《説文》「蜮，短狐也」，或從國作「蟈」。然則短狐之「蜮」可作「蟈」，蝦蟇之「蟈」亦可作「蜮」，不當字別爲義也。《夏小正》四月「鳴蜮」，傳云「蜮也者，或曰屈造之屬也」。二月「有鳴倉庚」，傳云「倉庚者，商庚也，商庚也者，長股也」。莊氏寶琛云：倉庚不名長股，「長股也」三字當在「鳴蜮」傳「蜮也者」下。蜮與「蟈」同。《廣雅》「蟈，長股也」，本此。案：莊説是也。《名醫別録》云「鼃一名長股，生水中」，陶注云「大而青脊者，俗名土鴨，其鳴甚壯，又一種黑色，南人名爲蛤子，食之至美，又一種小形善鳴喚，名鼃子，此則是也」。《急就篇》「水蟲科斗鼀蝦蟇」，顏師古注云「鼀一名螻蟈，色青小形而長股」，「蝦蟇一名蟼，大腹而短腳」。是鼃、蟈股長，故謂之長股也。蝦蟆亦或謂之蟆。《爾雅》「蟼，蟆」，郭璞注云「蛙類」。蟆者，黽之轉聲。蟼蟆者，耿黽之轉聲也。黽與「蜢」同聲，故蝦蟆之轉聲爲胡蜢。《爾雅》「在水者黽」，郭注云「耿黽也，似青蛙，大腹，一名土鴨」。《説文》「黽，蛙黽也，從它，象形，黽頭與它頭同」。即「胡蜢」也。其在陸地者爲詹諸。《爾雅》「鼁鱦，蟾諸」，郭注云

「似蝦蟇，居陸地，淮南謂之去父」。父與「蚥」同。《説文》「圥鼀，詹諸也，其鳴詹諸，其皮鼀鼀，其行圥圥」，又云「䱂鼀，詹諸也」，又云「螭鼀，詹諸，以脰鳴者」。《名醫別録》「蝦蟇一名蟾蜍，一名䱂，一名去甫，一名苦蠪」。甫亦與「蚥」同。陶注云「此是腹大皮上多痱磊者」。《衆經音義》卷十云「山東謂之去蚥，江南俗呼蟾蠩」。

去蚥、苦蠪、胡蜢、鼁，蝦蟇也。

詳見上條。各本脱「去」字，今補。

蜅、蟹，蛫也。其雄曰鯢鱧，其雌曰博帶。

鄭注《考工記·梓人》云「仄行，蟹屬」。《大戴禮記·勸學》篇云「蟹二螯八足，非蛇䱇之穴而無所寄託者，用心躁也」。《玉篇》「蜅，蜅蝑，蟹也」。《廣韻》「蜅，小蟹也」。《北户録》引《廣志》云「蜅，小蟹，大如貨錢」。《酉陽雜俎》云「千人捏，形似蟹，大如錢，殼甚固，壯夫極力捏之不死，俗言千人捏不死，因名焉」。蓋即「蜅」也。《説文》「蛫，蟹也」。《集韻》「蛫，蟹六足者」。蘇頌《本草圖經》云「蟹六足者名蛫，四足者名北，皆有大毒不可食」。今人辨蟹，以長臍者爲雄，團臍者爲雌。

蜌、𧊧，蒲盧也。

《爾雅》「蜌，螷」，郭璞注云「今江東呼蚌長而狹者爲螷」，《釋文》引《字林》云「蜌，小蛤也」。《説文》「蜌」作「陛」，云「螷，陛也，脩爲螷，圜爲蠇」。《玉篇》云「蜌，蚌長者也」。蜌、螷聲之轉耳。《周官·鼈人》「祭祀，共蠯蠃蚳以授醢人」，鄭司農云「蠯，蛤也」，杜子春云「蠯，蜯也」。《名醫別録》「馬刀一名馬蛤」，李當之云

「生江漢中，長六七寸，漢閒人名爲單姥，亦食其肉，肉似蜯」。《蜀本圖經》云「生江湖中細長小蚌也，長三四寸，濶五六分」。其即所謂「蚌長而狹者」與？鳼之言合也，兩殼相合也。《説文》「鳼，蜃屬，有三，皆生於海，鳼厲，千歲雀所化，秦人謂之牡厲，海蛤者，百歲燕所化者，魁鳼一名復累，老服翼所化」。《本草》陶注云「牡蠣是百歲鵰所化，魁蛤是老蝙蝠化爲者」，與《説文》或同或異。《夏小正》九月「雀入于海爲蛤」，是其證也。魁鳼，《爾雅》謂之「魁陸」，郭璞注云「《本草》云魁狀如海鳼，圓而厚，外有理縱横即今之蚶也」。《本草》又云「海蛤一名魁蛤」，「牡蠣一名蠣蛤」，又有「蛤梨」，亦蛤之類。《淮南・道應訓》若士「方倦龜殼而食蛤梨」，高誘注云「蛤梨，海蚌也」。《中山經》「青要之山，南望墠渚，是多僕纍蒲盧」，郭璞注云「僕纍，蝸牛也，《爾雅》曰『蒲盧者，螟蛉也』」。所引《爾雅》當云「果蠃，蒲盧，螟蛉，桑蟲」，文有脱誤耳。案：蒲盧，蜃也。僕纍、蒲盧，水中蠃蚌，故墠渚生之。若果蠃、蒲盧爲細腰土蜂，非水濱所宜産也。《夏小正》十月「玄雉入于淮爲蜃」，傳云「蜃者，蒲盧也」。《月令》鄭注云「大蛤曰蜃」。是蒲盧亦鳼屬，故云「蜌、鳼，蒲盧也」。蒲盧之轉聲爲蒲蠃。《吴語》「其民必移就蒲蠃於東海之濱」，蒲蠃即「蒲盧」也。韋昭注云「蠃，蚌蛤之屬」，是也。其云「蒲，深蒲也」，則非。深蒲與蠃於文既爲不類，且深蒲所在皆有，不必海濱，若蚌蛤之屬，則海濱爲多。故《説文》云「蛤有三，皆生於海」也。

蠡蠃、蝸牛，螔蝓也。

《爾雅》「蚹蠃，螔蝓」，郭璞注云「即蝸牛也」。《説文》「蝸，蠃也」，「蠃，虒蝓也」。《玉篇》「蠃，蜯屬」。《廣韻》「蝸牛，小螺也」。螺與「蠃」同。《周官・鼈人》「共蠯蠃蚳以授醢人」，鄭注云「蠃，螔蝓也」。《士冠禮》

「葵菹蠃醢」，鄭注云今文「蠃」爲「蝸」。《内則》「蝸醢」以下二十六物，鄭以爲皆人君燕所食也。《尚書大傳》「鉅定蠃」，鄭注云「蠃，蝸牛也」。《莊子·則陽》篇「有所謂蝸者，君知之乎，有國於蝸之左角者曰觸氏，有國於蝸之右角者曰蠻氏」，《釋文》引李頤注云「蝸蟲有兩角，俗謂之蝸牛」，又引《三倉》云「小牛螺也，一云俗名黄犢」。裴松之注《魏志·胡昭傳》云「案《魏略》云『焦先及楊沛，並作瓜牛廬，止其中』，瓜當作『蝸』，蝸牛，螺蟲之有角者也，俗或呼爲黄犢，先等作圜舍，形如蝸牛殼，故謂之蝸牛廬」。《古今注》云「蝸牛，陵螺也，形如蝓蝓，殼如小螺，熱則自縣於葉下」。《本草》云「蛞蝓一名陵蠡」。《别録》云「一名土蝸，一名附蝸，生太山池澤，及陰地沙石垣下」。陶注云「蛞蝓無殼」，又注《别録》「蝸牛」云「俗呼爲瓜牛，生山中及人家，頭形如蛞蝓，但背負殼爾」。《蜀本圖經》云「蛞蝓即蝸牛也，形似小螺，白色，生池澤草樹閒，頭有四角，行則出，驚之則縮，首尾俱能藏入殼中」。案：蝸牛有殼者，四角而小，色近白。無殼者，兩角而大，色近黑。其實則一類耳。謂之蝸牛者，有角之稱。《日華子本草》謂之「負殼蜒蚰」，蜒蚰即「螔蝓」之轉聲矣。《淮南·俶真訓》「梣木已青翳，❶蠃蠡瘉蝸睆，此皆治目之藥也」，高誘注云「蠃蠡，薄蠃也，蝸睆，目疾也」。《御覽》引作「蠃𧓍愈燭睆」，又引注云「蠃，附蠃，𧓍，細長蠃也，燭睆，目中疾」，與高注不同，蓋許慎注也。然「蠃蠡」止是一種螺名，不分爲二。《名醫别録》云「蝸籬味甘無毒，主燭館，明目，生江夏」。「蝸籬」即蠃蠡也。「燭館」即燭睆也。高誘以「蠃蠡」爲薄蠃，薄蠃即「附蠃」之轉聲。又轉而爲

❶「木」，原作「本」，今據續四庫本改。

「僕纍」。《中山經》「青要之山，南望墠渚，是多僕纍蒲盧」，郭璞注云「僕纍，蝸牛也」。或謂之蠃母。《西山經》「丘時之水，其中多蠃母」，郭注云「即蝶螺也」。今順天人謂之水牛，揚州人謂之旱蠃。

䱣，鯈也。

《爾雅》「鮂，黑鰦」，郭璞注云「即白鯈魚，江東呼爲鮂」。又注《北山經》云「小魚曰鯈」。《廣韻》「鮂、鮋，小魚也」。《周頌·潛》篇「鰷鱨鰋鯉」，箋云「鰷，白鰷也」。鰷與「鯈」同。《莊子·秋水》篇「鯈魚出游從容，是魚樂也」，李頤注云「白魚也」。鯈一作「⿰魚攸」。《至樂》篇「以鳥養養鳥者，食之以鰌⿰魚攸」。❶《荀子·榮辱篇》「鯈䱁者，浮陽之魚也，胠於沙而思水，則無逮矣」。《淮南·覽冥訓》「不得其道，若觀鯈魚」，高誘注云「鯈魚，小魚也，在水中可觀見，見而不可得，道亦如之」。《埤雅》云「鰷魚形狹而長，江淮之閒謂之餐魚」。今餐魚長僅數寸，鱗細而整，性好羣游，往來倏忽，故《莊子》歎「出游之樂」矣。各本「鯈」譌作「儵」，今據曹憲《音》「條」訂正。《廣韻》「䱣，鯈鮪別名」。《龍龕手鑑》「䱣，鮍鮪別名」。是「䱣」又爲鮪魚也。未詳所出。

射工、短狐，蜮也。

《說文》「蜮，短狐也，似鼈，三足，以氣射害人」。《小雅·何人斯》篇「爲鬼爲蜮，則不可得」，傳云「蜮，短狐也」，箋云「使女爲鬼爲蜮也，則女誠不可得見也」。《御覽》引《韓詩傳》云「短狐，水神也」。《毛詩義疏》云

❶「以」，原作「之」，今據《四部備要》本改。

「短狐，一名射景，江淮水中皆有之，人在岸上，景見水中，投人景則殺之，故曰射景，南人將入水，先以瓦石投水中，令水濁，然後入，或曰含沙射人皮肌，其創如疥」。疏引「或曰」者，服虔《左傳》注也。《春秋》莊十八年「秋，有蜮」，《左氏傳》云「爲災也」。《周禮·敘官》「蟈氏」疏引服虔注云「短狐生南方，盛暑所生，其狀如鼈，古無今有，含沙射入人皮肉中，其創如疥，偏身中濩濩蜮蜮，故曰災」。《穀梁傳》云「一有一亡曰有，蜮，射人者也」。蜮能射人，故謂之射景，又謂之射工矣。《左氏》《穀梁》，《釋文》並云「蜮，《本草》謂之射工」。今《本草》《别録》無「射工」條，豈有脱落邪？《左傳正義》引《洪範五行傳》云「蜮如鼈三足，生於南越，南越婦人多淫，故其地多蜮，淫女惑亂之氣所生也」。《漢書·五行志》云「劉向以爲蜮生南越，亂氣所生，故聖人名之曰蜮，蜮猶惑也，在水旁，能射人，射人有處，甚者至死，南方謂之短弧，近射妖，死亡之象也」，「劉歆以爲蜮，盛暑所生，非自越來也」，顔師古注云「即射工也，亦呼水弩」。案：短弧之「弧」，諸書多從犬作「狐」，惟《漢書·五行志》及杜預《左傳》注從弓作「弧」。《玉篇》云「蜮，似鼈，含沙射人，爲害如狐也」，則似當從犬作「狐」矣。然以射工、水弩之名取之，則從弓作「弧」，于義爲長耳。《楚辭·大招》「鰅鱅短狐，王虺騫只，魂乎歸來，❶蜮傷躬只」，王逸注云「鰅鱅，短狐類也，短狐，鬼蜮也，鰅鱅鬼蜮，射傷害人，蜮，短狐也，《詩》曰『爲鬼爲蜮』，言魂乎無敢南行，水中多蜮鬼，必傷害於爾躬也」。鬼、蜮皆訓爲短狐，與《毛詩》異，殆取諸三家與？《博物志》云「江南山谿水中射工蟲，甲類也，長一二寸，口中有弩

❶「歸來」，《楚辭·大招》作「無南」。

形，氣射人景，隨所箸處發創，不治則殺人」。《抱朴子·登涉》篇云「短狐一名蜮，一名射工，一名射景，其實水蟲也，狀如鳴蜩，大似三合盃，有翼能飛，無目而利耳，口中有横物，如聞人聲，緣口中物如角弩，以氣爲矢，則因水而射人」。諸家説「短狐」之狀，❶或云狀如鼈，或云狀如鳴蜩，或云以氣射人，或云含沙射人，未知孰是也。又謂之狐蜮。《周禮·壺涿氏》「掌除水蟲」，鄭注云「水蟲，狐蜮之屬」。

附引《廣雅》一條。

魾，鮆也。

見《爾雅》釋文。《爾雅》「魴，魾，鮆，鯠」，郭璞注云「江東呼魴魚爲鯿」，「鮆鯠，未詳」，是郭以「鮆鯠」非「魴魾」也。《釋文》引《埤倉》云「鮆鯠，魾也」，與《廣雅》同。是張以「鮆鯠」即「魾」也。蓋《爾雅》舊注有謂「魾」一名鮆，一名鯠者，而張用其説。亦如「巂周燕燕鳦」，舍人、孫炎以爲「巂周」一名燕燕，一名鳦爾。案：鮆、鯠聲之轉。《爾雅》以「鯠」釋「鮆」，非以「鮆鯠」釋「魾」也。《廣韻》《龍龕手鑑》並云「鰻鯠，魚名」，或是此與？鰻鯠者，「鰻鱺」之轉聲也，詳見「鮎，鰈也」下。

釋鳥

玄鳥、朱鳥，燕也。

❶「諸」，原作「説」，今據續四庫本改。

《爾雅》「燕燕，鳦」，《御覽》引舊注云「齊曰燕，梁曰鳦」。《説文》「乙，燕燕，玄鳥也，齊魯謂之乙，取其鳴自呼，象形也」，或從鳥作「鳦」。又云「《明堂月令》『玄鳥至之日，祠于高禖以請子』，故『乳』字從乙，請子必以乙至之日者，乙春分來，秋分去，開生之候，玄鳥，帝少昊司分之官也」。又云「燕，玄鳥也，籋口布翄枝尾，象形」。案：《邶風·燕燕》篇「燕燕于飛，差池其羽」，箋云「差池其羽，謂張舒其尾翼」，此足與叔重之解相發明也。《夏小正》二月「來降燕乃睇室」，傳云「燕，乙也，降者，下也，言來者，何也，莫能見其始出也，故曰來降，言乃睇，何也，睇者，眄也，眄者，視可爲室者也，百鳥皆曰巢，室，穴也，謂之室，何也，操泥而就家，入人内也」。九月「陟玄鳥蟄」，傳云「陟，升也，玄鳥者，燕也，先言陟而後言蟄，何也，陟而後蟄也」。蓋不知其所從出入而神異之，則言陟、降以歸之天。故《商頌·玄鳥》篇云「天命玄鳥，降而生商」也。鄭注《月令》「玄鳥至」云「燕以施生時來，巢人堂宇而孚乳，嫁娶之象也，媒氏之官以爲候」。又注「玄鳥歸」云「歸謂去蟄也，凡鳥隨陰陽者，不以中國爲居」。以今驗之，蟄燕多藏深山大空木中，無毛羽，或在坻岸中。故《藝文類聚》引《晉中興書》云「百姓饑饉，掘蟄燕食之」。燕之所居，不在異域也。昭十七年《左傳》「玄鳥者，❶司分者也」，杜預注云「以春分來，秋分去」。故《法言·問明篇》云「朱鳥翾翾，歸其肆矣」，又云「時來則來，時往則往，能來能往者，朱鳥之謂與」，李軌注云「朱鳥，燕别名也」，宋咸以爲燕黑鳥，非朱鳥，「朱鳥」謂鴈也，鴈以時來時往。案：燕頷下色赤，故謂之朱鳥。且《説文》云「翾，小飛也」。

❶「者」，《左傳》作「氏」。

《韓詩外傳》云「翾翾十步之雀」。是「翾翾」爲小鳥翻飛之貌，惟燕雀之屬爲然。故晉夏侯湛《玄鳥賦》云「擢翾翾之麗容，揮連翩之玄翼」也。若雁色偏體蒼黑，不得言「朱鳥」。又翰飛戾天，不得言「翾翾」矣。咸説非也。《本草》陶注云「燕有二種，紫胷輕小者是越燕，胷班黑聲大者是壺燕」。❶今揚州人謂小者爲草燕，大者爲盧燕。《莊子·山木》篇謂之「鷾鴯」也。

鷤鴂、鷶鵻，子鳺也。

鳺與「巂」同，或作「規」。《爾雅》「巂，周」，郭璞注云「子巂鳥，出蜀中」。《説文》「巂，周燕也，從隹，屮象其冠也」。今子巂毛色慘黑，頭有小冠，一如叔重之説矣。《玉篇》「⿰巂鳥，鷤⿰巂鳥也」，或作「巂」，又云「鷤鴂，又名杜鵑」。《廣韻》「鶗鴂，鳥，春三月鳴也」，又云「鷤鴂即杜鵑也」。《離騷》「恐鵜鴂之先鳴兮，使夫百草爲之不芳」，王逸注云「鵜鴂一名買鵻，常以春分鳴」。《漢書·揚雄傳》「鵜鴂」作「鷤鴂」。枚乘《梁王菟園賦》作「蝭蛙」。張衡《思玄賦》作「鶗鴂」，李善注《思玄賦》云「服虔曰『鶗鴂』一名鵙，伯勞也，順陰氣而生，賊害之鳥也，王逸以爲春鳥繆也」。案：服意蓋謂春分之時，衆芳始盛，不得云「百草不芳」，因以爲五月始鳴之「鵙」。五月陰氣生而鵙鳴，百草爲之不芳，是服之意也。今案：《離騷》言此者，以爲小人得志，則君子沈淪。野鳥羣鳴，則芳草衰謝。此乃假設爲文，不必實有其事。亦如《九章》云「鳥獸鳴以號羣兮，草苴比而不芳」耳，豈謂鳥獸羣號之時，實有不芳之草哉！若然，則子鳺争鳴而衆芳歇絶，可無以春鳥爲疑

❶「壺」，《本草綱目》卷四十八引作「胡」。

矣。況鸛鴂、杜鵑一聲之轉，方俗所傳，尤爲可據也。而顔師古《漢書》注乃牽就其説云「鸛鳺常以立夏鳴，鳴則衆芳皆歇」，《思玄賦》舊注則云「鶗鳺以秋分鳴」，《廣韻》又云「鶗鳺，春分鳴則衆芳生，秋分鳴則衆芳歇」。此皆于王、服兩家不能決定，故爲游移兩可之説。而不知鸛鴂春月即鳴，不得遲至立夏。物候皆言其始，又不得兼言秋分也。鷶鵤，顔師古《漢書》注作「買鵤」。子鳺，劉逵《蜀都賦》注引《蜀記》作「子規」，《御覽》引《蜀王本紀》作「子鴂」，《華陽國志》作「子鵑」。案：蕭該《漢書音義》云「蘇林『鸛鴂』音殄絹」，是鴂、鵑同聲也。子鳺之轉聲，則爲姊歸。《高唐賦》「姊歸思婦，其鳴喈喈」，李善注引郭璞釋《爾雅》「巂周」云「或曰即子規，一名姊歸」。今《爾雅》注無之，蓋《音義》之文也。《御覽》引《臨海異物志》云「鸛鴂一名杜鵑，春三月鳴，晝夜不止，至當陸子孰，鳴乃得止耳」。《本草拾遺》云「杜鵑鳥小似鷂，鳴呼不已，出血聲始止」。皆其情狀也。又《玉篇》云「巂即布穀也」，「鸛，布穀也」，「鵤，布穀也」，《後漢書·張衡傳》注引《廣雅》「鸛鴂，布穀也」，則與下文「布穀」混爲一條矣。案：《龍龕手鑑》云「子雉鳥大如布穀」，不得即以爲布穀也。今不從。

擊穀、鴶鵴，布穀也。

《爾雅》「鳲鳩，鴶鵴」，郭璞注云「今之布穀也，江東呼爲穫穀」。《説文》「秸鵴，尸鳩也」。鴶鵴、秸鵴字異而義同。一作「結誥」。《方言》「布穀，自關而東梁楚之閒謂之結誥，周魏之閒謂之擊穀，❶自關而西謂之

❶ 上「之」字，原重文，今據經解本删其一。

布穀」。擊穀、鴶鵴，聲之轉耳。鴶鵴，又作「秸鞠」。《召南·雀巢》篇「維鵲有巢，維鳩居之」，❶傳云「鳩，鳲鳩，秸鞠也，鳲鳩不自爲巢，居鵲之成巢」，《義疏》云「今梁宋之閒謂布穀爲鴶鵴，一名擊穀，一名桑鳩」。又《曹風·鳲鳩》篇「鳲鳩在桑，其子七兮」，傳云「鳲鳩，秸鞠也，鳲鳩之養其子，朝從上下，莫從下上，平均如一」。故昭十七年《左傳》「鳲鳩氏，司空也」，《正義》引樊光《爾雅注》云「鳲鳩心平均，故爲司空也」。鳲鳩與鷹轉相變化。《夏小正》正月「鷹則爲鳩」，五月「鳩爲鷹」，傳云「鷹則爲鳩，善變而之仁也，鳩爲鷹，變而之不仁也」。《月令》「鷹化爲鳩」，鄭注云「鳩，搏穀也」，《正義》云「布、搏聲相近」。高誘注《淮南·時則訓》云「鷹化爲鳩，喙正直不鷙搏也，鳩謂布穀也」。故《列子·天瑞》篇云「鷂之爲鸇，鸇之爲布穀，布穀久復爲鷂也」。古者或以布穀飾杖首。《續漢書·禮儀志》云「仲秋之月，年始七十者，授之以玉杖，端以鳩鳥爲飾，鳩者，不噎之鳥也，欲老人不噎」。又謂之雄鳩。《淮南·天文訓》「孟夏之月，以孰穀禾，雄鳩長鳴，爲帝候歲」，高誘注云「雄鳩，布穀也」。此則《後漢書·襄楷傳》所謂「布穀鳴於孟夏」者矣。《本草拾遺》云「布穀，江東呼爲郭公，北人云撥穀，似鷂長尾」。《六書故》云「其聲若曰布穀，故謂之布穀，又謂勃姑，又謂步姑」。郭公者，「擊穀」之轉聲。撥穀、勃姑、步姑者，「布穀」之轉聲也。今揚州人呼之爲卜姑，德州人呼之爲保姑。身灰色，翅末尾末並雜黑毛，以三四月閒鳴也。各本「鵴」譌作「鞠」，今訂正。

鶩、鴨、鷲、鷩，鳧也。

❶「雀」，《毛詩正義》作「鵲」。

《説文》「鷲鳥黑色多子，師曠曰南方有鳥名曰羌鷲，黃頭赤目，五色皆備」。一曰雕。又云「雕，鷻也」，籀文從鳥作「鵰」。鷻與「鷻」同。又云「鷻，鵰也」，引《詩》曰「匪鷻匪⿱屰鳥」。又云「⿱屰鳥，鷙鳥也，從鳥、屰聲」，音與專切，徐鉉云「屰非聲，疑從雈省，今俗別作鳶，非是」。戴侗《六書故》云「⿱屰鳥」非與專之聲，此即「鶚」字，孫音誤也，説文無「鳶」字。今案：戴説是也。引之聞于父曰：《説文》咢、⿰虫屰、⿱屰鳥三字以屰爲聲，則「⿱屰鳥」字當與咢、⿰虫屰二字同音五各反。祇緣《小雅·四月》篇「匪鶉匪鳶」，《説文》引作「匪鷻匪⿱屰鳥」，後人遂以「⿱屰鳥」爲「鳶」，而不知諧聲之不可通也。《玉篇》「⿱屰鳥」次「鳶」下，云「同上」，則已誤讀爲「鳶」。而《廣韻》與專切内，有「鳶」無「⿱屰鳥」。《集韻》逆各切内，鶚、⿱屰鳥並見。則韻書尚有不誤者。其「鳶」字《説文》未載，以諧聲之例求之，則當從鳥、戈聲而書作「鳶」。「鳶」字古音在元部，古從戈聲之字，多有讀入此部者。故《説文》「⿵門戈」從戈聲而讀若縣，「⿸广戈」從戈聲而讀若環，「鳶」之從戈聲而音與專切，亦猶是也。此聲之相合者也。「鳶」字上半與「武」字上半同體，故隸書減之則譌爲「鳶」，增之則又譌爲「⿹𢦏鳥」。《急就篇》「鳶鵲鴟梟驚相視」，皇象碑本「鳶」作「⿹𢦏鳥」。昭十五年《左傳》「以鼓子⿹𢦏鳥鞮歸」，《釋文》云「⿹𢦏鳥」本又作「鳶」。《漢書·五行志》「泰山山桑谷有⿹𢦏鳥焚其巢」。《地理志》交趾郡「朱⿹𢦏鳥」縣。《梅福傳》「⿹𢦏鳥鵲遭害」。《張公神碑》「⿹𢦏鳥鵠勦兮乳徘徊」。皆「鳶」之譌也。此文之可考者也，後人以「⿱屰鳥」爲「鳶」，失之遠矣。《小雅·四月》傳云「鶉，雕也；雕，貪殘之鳥也」，《釋文》云「鶉」或作「鷻」。案：「鷻」從敦聲。敦與「雕」古聲相近。故雕謂之鷻。《大雅·行葦》篇「敦弓既堅」，《周頌·有客》篇「敦琢其旅」，《正義》並云「敦、雕古今字」，是其例也。《御覽》引《倉頡解詁》云「鶚，金啄鳥也，能擊殺獐鹿」。《爾雅》「鵰鳩，王鵰」，郭璞注云「雕類，今江東呼之爲鶚，好在江渚山邊食魚」，引《周南・關雎》傳云「鳥摯而有別」。《毛詩義疏》云「鵰鳩大小如鴟，深目，目上骨露，幽州謂之鷲」。《魯語》「有隼擊於陳侯之庭而死」，❶韋昭注云「隼，鷙鳥，今之鶚也」。《西山經》云「欽䲹化爲大鶚，其狀如鵰而黑文」，郭璞注云「鶚，鵰屬也」。《漢書・鄒陽傳》「鷙鳥絫百，不如一鶚」，孟康注云「鶚，大鵰也」。《史記・李廣傳》索隱引服虔《漢書注》云「鵰，鶚也」。《廣韻》「鷻，鶚別名」，引李槩《音譜》云「鷻似雕而班白」。《大戴禮・曾子疾病》篇「鷹鶽以山爲卑而曾巢其上」，《説苑・説叢》篇引作「鷹鷲」。又《雜言》篇云「飛鳥成列，鷹鷲不擊」。字或作「就」。《中山經》「暴山，其鳥多就」，郭璞注云「就，鵰也，見《廣雅》」。《漢書・匈奴傳》「匈奴有斗入漢地，生奇材木箭竿就羽」，顔師古注云「就，大鵰，黄頭赤目，其羽可爲箭」。《玉篇》「雕，鷲也，能食草」。《穆天子傳》「春山有白鶽青鵰，執犬羊，食豕鹿」，郭璞注云「今之鵰亦能食獐鹿」。又注《南山經》云「雕似鷹而大尾長翅」。又謂之沸波。《淮南・説林訓》「鳥有沸波者，河伯爲之不潮，❷畏其誠也」，高誘注云「鳥，大鵰也，翱翔水上，扇魚令出，沸波攫而食之，故河伯深藏于淵，畏其精誠，爲不見也」。《埤雅》云「鵰能食草，似鷹而大，黑色，俗呼皁鵰」。《爾雅翼》云「鵰土黄色，健飛擊沙漠中，空中盤旋，無細不覩也」。

肥鴩、鴟鴩，怪鴟也。

---

❶「擊」，《國語・魯語下》作「集」。

❷「河」，原作「何」，今據經解本、續四庫本改。

《爾雅》「怪鴟」，郭璞注云「即鴟鵂也，見《廣雅》，今江東通呼此屬爲怪鳥」。《衆經音義》卷十七引舍人注云「謂鵂鶹也，南陽名鉤鵒，其鳥晝伏夜行，鳴爲怪也」。又「鵅，鵋鶀」，郭注云「今江東呼鵂鶹爲鵋鶀，亦謂之鴝鵒」。又「萑，老鵵」，郭注云「木兔也，似鴟鵂而小，兔頭，有角毛脚，夜飛好食雞」。《說文》「䧑，䧜也」，籀文從鳥作「鴟」。又云「舊，鴟舊，舊留也，從萑、臼聲」，或從鳥、休聲作「鵂」。又云「觜，鴟舊頭上角觜也」。又云「萑，鴟屬也，從隹、從𦫳，有毛角，所鳴，其民有旤」。又云「鷴，鴟也」。《廣韻》云「鵋鶀，鵂鶹鳥，今之角鴟也」。《大雅・瞻卬》篇「爲梟爲鴟」，箋云「梟、鴟，惡聲之鳥」。《莊子・秋水》篇「鴟夜撮蚤，察豪末，晝出，瞋目而不見丘山」，司馬彪「蚤」作「蚤」，云「鴟，鵂鶹也，夜取蚤食」，崔譔作「爪」，云「鵂鶹夜聚人爪於巢中也」。案：高誘注《淮南・主術訓》云「鴟，鴟鵂也，謂之老菟，夜鳴人屋上也，夜則目明，合聚人爪以箸其巢中」，此崔譔所本也。《莊子》釋文引許慎《淮南》注云「鴟夜聚食蚤蝨不失也」，與高誘異說。蚤、爪二體古雖通用，揆之事理，則許注爲雅馴耳。鴟鵂晝無所見，異於衆鳥。故《淮南・氾論訓》云「鴟目大而眎不若鼠，物固有大不若小者也」。鴟鵂之「鵂」古作「舊」。舊與「久」聲相近。故又謂之鴟久。《海外南經》「湯山有鴟久」，郭璞注云「鴟久，鵂鶹之屬」。又《大荒南經》「蒼梧之野有鴟久」，郭注云「即鵂鶹也」。《衆經音義》云「鵂鶹，關西呼訓侯，山東謂之訓狐」。案：訓侯之轉聲爲訓狐，其合聲則爲「鵂」矣。《本草拾遺》云「鉤鵒入城城空，入室室空，怪鳥也，似鴟有角，夜飛晝伏，北土有訓狐，二物相似，訓狐聲呼其名，兩目如貓兒，大於鴝鵒，又有鵂鶹，亦是其類，微小而黃」。案：怪鴟頭似貓而夜飛，今揚州人謂之夜貓，所鳴有旤，一如昔人之說。故《周禮・庭氏》「掌射國中之夭鳥，若不見其鳥獸，則以救日之弓與救月之矢射之」，鄭注云「不見鳥獸，謂夜來鳴呼爲怪者」，即此屬矣。又謂之「老鵵」者，鵵與「兔」通。兔頭有角，因以名云。《酉陽雜俎》云「北海有木兔似鵂鶹」也。

鵂鶹、鶜鴟，䳤也。

鶜與「茅」同。《爾雅》「狂，茅鴟」，郭璞注云「今䳤鴟也，似鷹而白」。案：䳤者，白色之名。《爾雅》説馬云「面顙皆白，惟駹」。駹與「䳤」聲義正同。茅、䳤則聲之轉耳。《太玄・聚》次八「鴟䳤在林，吙彼衆禽」，范望注云「吙，怒也，鴟䳤，賊鳥所在，衆禽所避也」。襄二十八年《左傳》「使工爲之誦《茅鴟》」，杜預注云「《茅鴟》，逸《詩》，刺不敬」。蓋以鳥名篇，若《雄雉》《鳲鳩》之等矣。又以爲鵂鶹者，《御覽》引孫炎《爾雅》注云「茅鴟，大目鵂鶹也」。如孫注，則亦「怪鴟」之屬但目大爲異耳。鶹，曹憲《音》「盧休反」。各本脱去「鵂鶹」二字，《音》内「盧休」二字遂誤入正文，句末又脱「也」字。《御覽》引《廣雅》「盧休、茅鴟，䳤也」，則宋時首二字已脱誤，惟「也」字未脱耳。案：《衆經音義》卷一、卷十七、卷十九、卷二十三、卷二十四並引《廣雅》「鵂鶹，䳤鴟也」。《爾雅》釋文引《廣雅》「茅鴟，䳤也」。今據以訂正。

⿰門鳥、鴟，老鵵也。

詳見上文「怪鴟也」下。

背竈、皁帔，雚雀也。

雚與「鸛」同。《説文》「雚，小爵也」，引《豳風・東山》篇「雚鳴于垤」。案：小當爲「水」，形相近而誤也。《東山》傳云「垤，螘塚也，將陰雨，則穴處先知之矣，鸛好水，長鳴而喜也」，箋云「鸛，水鳥也，將陰雨則鳴」。李善張華《情詩》注引《韓詩》亦云「鸛，水鳥也，巢處知風，穴處知雨，天將雨而蟻出壅土，鸛鳥見之，長鳴而喜」。諸家皆以「鸛」爲水鳥，足正今本《説文》之誤矣。《毛詩義疏》云「鸛，鸛雀也，似鴻而大，長頸赤喙，白身，黑尾翅，樹上作巢，大如車輪，卵如三升杯，望見人，案其子令伏，徑舍去，一名負釜，一名黑尻，一名背竈，一名阜裙，又泥其巢一旁爲池，含水滿之，取魚置池中，稍稍以食其雛，若殺其子，則一村致旱災」。案：竈與「竈」同。背竈猶言負釜也。阜裙猶言黑尻也。黑尾在下似裙，因以爲名。裙與「帬」同。《釋器》云「帔，帬也」。故又謂之「阜帔」矣。《博物志》云「鸛伏卵時，取礜石周繞卵以時助燥氣，故方術家以鸛巢中礜石爲真」。《名醫别録》陶注云「鸛有兩種，似鵠而巢樹者爲白鸛，黑色曲頸者爲烏鸛」。《酉陽雜俎》云「江淮謂羣鸛旋飛爲鸛井，必有風雨」。皆其情狀也。鸛或通作「觀」。《莊子・寓言》篇「彼視三釜、三千鍾，如觀雀蚊虻相過乎前」，《釋文》作「鸛」，云本或作「觀」，司馬彪注云「鸛雀飛疾，與蚊相過，忽然不覺也」。又作「冠」。《御覽》引華嶠《後漢書》云「有鸛雀銜三鱣魚飛集講堂前」，今《後漢書・楊震傳》作「冠」，是也。昭二十一年《左傳》「鄭翩願爲鸛，其御願爲鵞」，杜預注云「鸛、鵞皆陳名」。蓋陳形似之，若朱鳥、青龍之等矣。

鴾、鳴、鸗、鳬、鶩，鳧也。

鴾與鶩聲之轉也。鳴通作「匹」。《曲禮》「庶人之摯匹」，鄭注云「説者以『匹』爲鶩」。此鄭訓「匹」爲鶩，非讀「匹」爲鶩也。陸德明未達鄭意，乃云「匹」依注作「鶩」，音木。宜《羣經音辨》以陸爲誤也。鳴，曹憲《音》「匹」。各本「鳴」譌作「島」，《音》内「匹」字又譌作「迮」。《集韻》二十陌「鴏」側格切，引《博雅》「鴾鴏，䳁也」，則宋時《廣雅》本已有與今本同誤者。案：《説文》《玉篇》《廣韻》俱無「𩾏」字。《玉篇》「鴄，音匹，鴨也」。鴨與「𩿸」同。《羣經音辨》引《廣雅》「鴸鴄，䳁也」，云古字「鴄」省作「匹」。《集韻》五質「鴄」僻吉切，引《廣雅》「鴄，䳁也」。十三末又引《博雅》「鴸鴄，𩿸也」。《埤雅》引《廣雅》「鴸鴄，䳁也」，「鴸」下旁注「末」字，「鴄」下旁注「匹」字。皆本曹憲之《音》。今據以訂正。《集韻》「鸔，小䳁也」。亦謂之羅鸔。《史記・楚世家》「小臣之好射鶀鴈羅鸔」，《集解》引呂静《韻集》云「鸔，野鳥也」，《索隱》引劉伯莊云「鸔，小鳥也」，皆未明訓爲「䳁」，殆于《廣雅》之文失檢耳。《爾雅》「鳧雁醜，其足蹼，其踵企」，郭璞注云「脚指閒有幕蹼屬相箸，飛即伸其脚跟企直也」。又「舒鳧，鶩」，郭注云「鴨也」。《本草拾遺》引《尸子》云「野鴨爲鳧，家鴨爲鶩」，與《爾雅》之訓相發明也。《説文》「鳧，舒鳧，鶩也，從鳥、從几，几亦聲」，「几，鳥之短羽飛几几，象形」。《大雅・鳧鷖》篇傳云「鳧，水鳥也」，《義疏》云「鳧大小如鴨，青色，卑脚短喙，水鳥之謹愿者也」。《周禮・大宗伯》「庶人執鶩」，鄭注云「鶩，取其不飛遷」。《説苑・脩文》篇亦説其義云「鶩者，鶩鶩也，鶩鶩無他心，故庶人以鶩爲摯」。《周禮》言「鶩」，《曲禮》言「匹」，明爲一物，故鄭注《曲禮》云「説者以『匹』爲鶩」也。

鳴鵝、倉鳴，鴈也。

鴈與「鴈」同，或作「雁」。《爾雅》「舒鴈，鵝」，郭璞注云「今江東呼鳴」，引《聘禮》記云「出如舒鴈」。李巡注云「野曰鴈，家曰鵝」。案：鴈之與鵝，對文則異，散文則通。《莊子・山木》篇云「命豎子殺鴈而烹之」，是家畜者亦稱「鴈」也。《説文》「鴈，鵝也」，「鴚，鴚鵝也」。宋祁《漢書・揚雄傳》校本引《字林》云「鴚鵝，鳥似鴈」。《方言》「鴈，自關而東謂之鴚鵝，南楚之外謂之鵝，或謂之倉鴚」。鴚或作「鴐」。《楚辭・七諫》云「畜鳧駕鵝」，是也。春秋時魯大夫有榮駕鵝，亦以爲名。鴚鵝以象其聲，倉鴚則兼指其色。《齊民要術》引晉沈充《鵞賦序》云「太康中得大蒼鵞，體色豐麗」。《本草拾遺》云「蒼鵝食蟲，白鵝不食蟲，主射工當以蒼者良」。蒼與「倉」通。其有在野而飛者，《爾雅》所謂「鵱鷜，鵝也」，亦謂之駕鵝。《藝文類聚》引《廣志》云「駕鵝，野鵝也」。《本草》陶注云「野鵝大於鴈，猶似家蒼鵝，謂之駕鵝」。《中山經》「青要之山，北望河曲，是多駕鳥」，郭璞注云「駕，宜爲鴐，鴐鵞也」。《史記・司馬相如傳》云「弋白鵠，連駕鵝」。皆謂野鵝也。

鵻，鶉也。

鶉與「⿰酓鳥」相似，故此及下文分別釋之。《爾雅》「鷯，鶉，其雄鶛，牝庳」，郭璞注云「鶉，⿰酓鳥屬」。又「鴽，鴾母」，郭注云「⿰酓鳥也，青州呼鴾母」。又「鶉子，鳼，鴽子，鷚」，郭注云「別⿰酓鳥鶉雛之名」。《説文》「鶉」作「⿰享隹」，「鴽」作「𦒋」。云「鵻」或作「隼」，從隹、一，一曰「⿰享隹」字。「⿰享隹，⿰酓鳥屬也」。「⿰酓鳥，⿰享隹屬也，一曰牟毋，一曰鴽」，籀文從鳥作「⿰酓鳥」。「𦒋，牟母也」，或從鳥作「鴽」。是「鵻」爲鶉，「鴽」爲⿰酓鳥也。《公食大夫禮》「上大夫庶羞二十，加於下大夫，以雉兔鶉鴽」，鄭注云「鴽，母無也」。《内則》「鶉羹雞羹鴽釀之蓼」，鄭注云「鴽在『羹』下，烝之不羹也」。是鶉與鴽不同物也。《鄘風・鶉之奔奔》篇，《韓詩》云「奔奔，乘匹之貌」。《表記》引《詩》作「賁賁」，鄭注云「賁賁，争鬭惡貌也」。鶉性健鬭，故鄭云然。《夏小正》三月「田鼠則爲鴽」，八月「鴽爲鼠」，傳云「鴽，鵪也」。鵪與「⿰酓鳥」同，或作「鶕」。高誘注《吕氏春秋・季春紀》云「鴽，鶕也，青州謂之鴾鴾，周雒謂之鴽，幽州謂之鵲」，《淮南·時則訓》注與此畧同。而今本《淮南》注「鵲」皆作「鶉」，淺學人改之也。《楚辭·九思》云「鶉鷂兮甄甄」，注云「甄甄，小鳥飛貌」。則鶉、鷂二鳥情狀相似。故對文則鶉與鷂異，散文則通。《夏小正》言田鼠爲鴽，《列子·天瑞》篇則云「田鼠爲鶉」。《淮南·齊俗訓》「蝦蟇爲鶉」，高誘注云「鶉，鷂也」。皆是也。雛，曹憲《音》「隹」。各本脱去「雛」字，《音》内「隹」字遂誤入正文。《衆經音義》卷十五引《廣雅》「雛，鶉也」，云「雛」音隹。今據以訂正。

鴽，鷂也。

詳見上條。

鶻鵃，鳩也。

鳩之總名曰鶻鵃。其大而有班者謂之鷂鳩，小而無班者謂之鵴鳩。故此及下文分别釋之。《方言》「鳩，自關而東周鄭之郊韓魏之都謂之鶻鵃」，是「鶻鵃」爲鳩之總名也。《方言》又云「其鴿鳩謂之鸊鷎，自關而西秦漢之閒謂之鵴鳩，其大者謂之鳻鳩，其小者謂之鴿鳩，或謂之鵁鳩，或謂之鶉鳩，或謂之鶻鳩，梁宋之閒謂之鷦」，郭璞注云「鳻，音班」，「鴿鳩，今荆鳩也」。是「鳻鳩」即班鳩，字或作「鷂」，鳩之大者也。鴿鳩、鸊鷎、鵴鳩、鵁鳩、鶉鳩，則鳩之小者也。鳩之大者，《爾雅》所謂「鷵鳩，鶻鵃也」。舍人注云「鷵鳩一名鶻鵃，今之班鳩」。樊光引昭十七年《春秋傳》云「鶻鳩氏司事，春來冬去」。孫炎云「鶻鵃一名鳴鳩」，引《月令》云「鳴鳩拂其羽」。《衞風·氓》篇傳云「鳩，鶻鳩也」。《小雅·小宛》傳云「鳴鳩，鶻雕也」。雕與「鵃」通。《義疏》云「班鳩也，桂陽人謂之班隹，似鶉鳩而大，項有繡文班然，故曰班鳩」。高誘注《吕氏春秋·

季春紀》云「鳴鳩，班鳩也，是月拂擊其羽，直刺上飛，數十丈乃復者是也」。《夏小正》云三月「鳴鳩」。《東京賦》云「鶻鵃春鳴」。是班鳩繡項而能鳴，故晉傅咸《班鳩賦》云「體郁郁以敷文，音邕邕而有序」也。凡此皆謂鳩之大者也。鳩之小者，《爾雅》所謂「鵻其，鳺鴀」也。李巡注云「鳺鴀一名鵻，今楚鳩也」。樊光引《春秋傳》云「祝鳩氏司徒，祝鳩即『鵻其，鳺鴀』，孝，故爲司徒」。郭璞云「今鵓鳩也」。鵓之爲言猶鳺鴀也。《説文》云「鵻，祝鳩也」。《衆經音義》卷十六引《通俗文》云「隹其謂之鳺鳩」。《小雅·四牡》篇「翩翩者鵻」，傳云「鵻，夫不也」，箋云「夫不，鳥之慤謹者，人皆愛之」。《南有嘉魚》篇傳云「鵻，壹宿之鳥也」，箋云「壹宿者，壹意於其所宿之木也」。《義疏》云「鵻，今小鳩也，一名鵓鳩，幽州人或謂之鷱鵖，梁宋之閒謂之隹，揚州人亦然」，又云「鵓鳩灰色無繡項，陰則屏逐其匹，晴則呼之，語曰『天將雨，鳩逐婦』是也」。鵓鳩小於班鳩，故謂之鵴鳩，亦若小矛謂之𣪠矣。舍人謂之楚鳩，郭璞謂之荆鳩。荆猶楚也。《水經》濟水注引《廣志》云「楚鳩一名嗥啁」。《高唐賦》云「正冥楚鳩」。又謂之學鳩。《莊子·逍遥遊》篇「蜩與學鳩」，司馬彪云「學鳩，小鳩也」。凡此皆謂鳩之小者也。諸書以「鶻鳩」爲班鳩，乃是鳩之大者。而《方言》云「其小者或謂之鶻鳩」。《爾雅》釋文引《字林》亦云「鶻鵃，小種鳩也」。與《廣雅》異。《左傳》正義引郭璞《爾雅音義》云「鶻鵃，今江東亦呼爲鶻鵃，似山鵲而小，短尾，青黑色，多聲，即是此也，舊説及《廣雅》皆云『班鳩』，非也」。亦與《廣雅》異。未知孰是。

鶻鵃，鵃鳩也。

鵴鳩、鴙鳩、䴌鶌、鵓鳩，鳺鳩也。

並詳見上條。鴉，各本作「鴉」，此因曹憲《音》内「浮」字而誤。《集韻》《類篇》「鴉」或作「鴉」，又因誤本《廣雅》而誤。考《説文》《玉篇》《廣韻》皆無「鴉」字。今訂正。

鴘鷉、䳸子、籠脱，鷂也。

《説文》「鷂，鷙鳥也」。《急就篇》云「鷹鷂鴇鴰翳雕尾」。鷂之言揺，急疾之名。《方言》云「揺，疾也」。或名爲鸇。鸇、鷂聲之轉也。《爾雅》「鸇，負雀」，郭璞注云「鸇，鷂也，江南呼之爲鸇，善捉雀，因名云」。其屬則有鴘鷉、䳸子、籠脱。鴘鷉，隼也。《爾雅》「鷹隼醜，其飛也翬」，舍人注云「謂隼鷂之屬也，翬翬，其飛疾羽聲也」。《九家易》説解「射隼」云「隼，鷙鳥也，今捕食雀者」。《毛詩義疏》云「隼，鷂屬也，齊人謂之擊征，或謂之題肩，或謂之雀鷹，春化爲布穀者是也」。此屬數種皆爲隼。題肩與「鴘鷉」同。《大射儀》鄭注云「正，鳥名，齊魯之閒名題肩爲正，鳥之捷黠者也」。《月令》季冬之月「征鳥厲疾」，鄭注云「征鳥，題肩也，齊人謂之擊征，或名曰鷹，仲春化爲鳩」。是則題肩、布穀轉相變化。故《列子·天瑞》篇云「鷂之爲鸇，鸇之爲布穀，布穀久復爲鷂也」。《周頌·小毖》篇箋云「鷦之所爲鳥，題肩也」，則又爲「桃蟲」所化矣。《御覽》引《春秋考異郵》云「陰陽貪，故題肩擊，題肩有爪芒，陽中陰，故擊殺也」，又引《廣志》云「䳸子大如壺燕，❶色似鷂，食雀，籠脱擊鳩鵲」。是題肩之外，又有此二種也。

戴鵀、戴紝、鵖鴔、澤虞、鵻鶝、尸鳩，戴勝也。

❶「壺」，《四部叢刊》三編影印宋本《太平御覽》卷九百二十六引作「胡」。

紝與「鵀」通。《集韻》引《廣雅》作「鵀」。《爾雅》「鵖鴔，戴鵀」，郭璞注云「鵀即頭上勝，今亦呼爲戴勝，鵖鴔猶鶝鶝，語聲轉耳」。《方言》「鳲鳩，燕之東北朝鮮洌水之閒謂之鶝䳇，自關而東謂之戴鵀，東齊海岱之閒謂之戴南，南猶鵀也，或謂之鴐鸅，或謂之戴鳻，或謂之戴勝，東齊吴揚之閒謂之鵀，自關而西謂之服鶝，或謂之鶝鶝，燕之東北朝鮮洌水之閒謂之䳋」。䳇與「鴀」同。鸅與「澤」同。鳲與「尸」同。高誘注《淮南・時則訓》云「戴任，戴勝鳥也，《詩》曰『尸鳩在桑』是也」。《月令》正義引孫炎《爾雅》注云「鳲鳩，自關而東謂之戴鵀」。並與《方言》相合。《毛詩義疏》辨之云「鳲鳩，一名擊穀，案戴勝自生穴中，不巢生，而《方言》云『戴勝』，非也」。郭璞《方言》注亦云「按《爾雅》『鳲鳩』即布穀，非戴勝也」，又云「按《爾雅》說『戴鵀』，下『鴐鸅』自别一鳥名，《方言》似依此義，又失也」。然則《爾雅》之「鳲鳩鴶鵴」「鴐澤虞」，《方言》皆誤以爲戴勝矣。此云「澤虞、尸鳩，戴勝也」，亦沿《方言》之誤。《方言》之「服鶝」，猶「鶝鶝」也，轉之則爲「鶝鴀」。其變轉則爲「䳋鶝」。《廣韻》䳋、鶝二字注並云「鶝䳋鳥也」，即「䳋鶝」也。《廣雅》此條，悉本《方言》，疑《方言》「謂之䳋」下亦有「鶝」字，寫者脱落耳。《月令》季春之月「戴勝降于桑」，鄭注云「戴勝，織紝之鳥，是時恒在桑，言降者，若時始自天來，重之也」。《御覽》引《春秋考異郵》云「載紝出，蠶期起」。載與「戴」同。《方言》注説「戴勝」云「勝所以纏紝」，是解「紝」爲機縷之紝，「勝」爲持經之縢。《説文》云「紝，機縷也」，「縢，機持經者也」。亦猶鄭云「織紝之鳥」也。其《爾雅注》則云「鵀即頭上勝」，是又解爲華勝之勝。《廣韻》亦云「鵀，戴勝鳥也，頭上毛似勝也」。案：此鳥又名戴鳻，莫詳所以。則「戴紝」之義，亦安可諦知？古今聲音遞轉，假借滋多，未必如諸家所説也。《呂氏春秋・季春紀》注云「戴勝剖生於桑，是月其子彊飛，從桑空中來下」。此則戴勝生於桑空，故《毛詩義疏》云「戴勝自生穴中」矣。《魏志・管寧傳》云「戴鵀，陽鳥也」。《爾雅翼》云「似山鵲而尾短，青色，毛冠俱有文」。

鷦䳌、鸋鴂、果蠃、桑飛、女鴎，工雀也。

《爾雅》「鴟鴞，鸋鴂」。又云「桃蟲，鷦，其雌鴱」，郭璞注云「鷦鴜，桃雀也，俗呼爲巧婦」。《方言》「桑飛，自關而東謂之工爵，或謂之過蠃，或謂之女匠，自關而東謂之鸋鴂，自關而西謂之桑飛，或謂之懱爵」。爵與「雀」同。過與「果」同。匠與「鴎」同。郭注云「即鷦鷯也，又名鷦鴜」，「今亦名爲巧婦，江東呼布母」，「懱爵言懱截也」。《説文》「⿰鳥焦⿰鳥眇，桃蟲也」。《玉篇》「女鴎，巧婦也，又名鴎雀」。鷦䳌者，鷦鷯之轉聲。鷦䳌、鷦鷯皆小貌也。小謂之⿰米焦，一目小謂之眇，茆中小蟲謂之蛁蟟，剖葦小鳥謂之鳭鷯，聲義並同矣。果蠃亦小貌。小蜂謂之果蠃，小鳥謂之果蠃，其義一也。以其巧於作巢，故又有女鴎、工雀之名。李善《檄吴將校部曲》注引《韓詩》云「鴟鴞鴟鴞，既取我子，無毁我室，鴟鴞，鸋鴂，鳥名也，鴟鴞所以愛養其子者，適以病之，愛憐養其子者，謂堅固其窠巢，病之者，謂不知託於大樹茂枝，反敷之葦蕑，風至，蕑折巢覆，有子則死，有卵則破，是其病之也」。《荀子・勸學篇》「南方有鳥，名曰蒙鳩，以羽爲巢，編之以髮，繫之葦苕，風至苕折，卵破子死，巢非不完也，所繫者然也」，楊倞注云「蒙鳩，鷦鷯也，苕，葦之秀也，今巧婦鳥之巢至精密，多繫於葦竹之上，是也」，引《説苑》「鷦鷯巢於葦之苕，箸之以髮，可謂完堅矣，大風至則苕折卵破者，何也，所託者然也」。《易林・噬嗑之渙》亦云「桃雀竊脂，巢於小枝，摇動不安，爲風所吹」。是鷦䳌、桃蟲即《荀子》之蒙鳩。或謂之蒙鳩，或謂之鷦䳌，或謂之懱雀。䳌、懱、蒙一聲之轉，皆小貌也。故《方言》「懱爵」注云「言懱㦸也」，謂懱㦸然小也。木細枝謂之蔑，小蟲謂之蠛蠓，小鳥謂之懱雀，又謂之蒙鳩，其義一也。或以爲「鷦鷯」非蒙鳩者，失之。《莊子・逍遥遊》篇「鷦鷯巢於深林，不過一枝」，《吕氏春秋・求人》篇「鷦鷯」作「啁噍」，皆「鷦鷯」之變轉也。《毛詩義疏》云「鴟鴞似黄雀而小，其喙尖如錐，取茅莠爲巢，以麻紩之，如刺襪然，縣箸樹枝，或一房，或二房，幽州人謂之鸋鴂，或曰巧婦，或曰女匠，或曰巧女」。又《周頌》「肇允彼桃蟲，拚飛維鳥」，傳云「桃蟲，鷦也，鳥之始小終大者」，箋云「鷦之所爲鳥，題肩也，或曰鴞，皆惡聲之鳥」，《義疏》云「今鷦鷯是也，微小於黄雀，其雛化而爲鵰，故俗語鷦鷯生鵰」。焦貢《易林》亦謂桃蟲生鵰，或云「布穀生子，鷦鷯養之」。案：鷦鷯之鳥，今揚人謂之柳串，❶毛色青黄，目閒有白色如銀，數編麻爲巢于竹樹枝閒，條理緻密，莫能尋其端緒，時則雌雄交鳴，聲小而清徹。「始小終大」之説，則未之驗也。郭璞注《爾雅》「鴟鴞鸋鴂」云「鴟屬」，又注《方言》「鸋鴂」云「按《爾雅》『鸋鴂』鴟鴞，鴟屬，非此小雀明矣」。郭意以《爾雅》「鴟鴞」與「狂茅鴟怪鴟梟鴟」連類而及，故斷以爲鴟屬。案：賈誼《弔屈原文》云「鸞鳳伏竄兮，鴟梟翺翔」。蔡邕《弔屈原文》云「鸋鴂軒翥，鸞鳳挫翮」。似以鸋鴂爲鴟梟之屬矣。而昔人説《詩》，則皆以爲鷦鷯。未知孰是。鸁，各本譌作「驘」，今訂正。《集韻》引《廣雅》「果」作「𪈕」。

城旦、倒縣、鶡鴠、定甲、獨舂，鶡鴠也。

《方言》「鶡鴠，周魏齊宋楚之閒謂之定甲，或謂之獨舂，自關而東謂之城旦，或謂之倒縣，或謂之鶡鴠，自

❶「人」，續四庫本作「州」。

關而西秦隴之内謂之鶡鴠」，郭璞注云「鳥似雞五色，冬無毛，赤倮，晝夜鳴」，「獨春，好自低仰也」，「城旦，言其辛苦有似於罪讁者」，「倒縣，好自縣於樹也」。《月令》仲冬之月「鶡旦不鳴」，鄭注云「鶡旦，夜鳴求旦之鳥也」。《吕氏春秋·仲冬紀》注云「鶡鴠，山鳥，陽物也，是月陰盛，故不鳴也」。《鹽鐵論·利議》篇云「鶡鴠夜鳴，無益於明」，亦謂其求旦也。鶡或作「渴」。《説文》「鴠，渴鴠也」。或作「盍」。《坊記》引《詩》云「相彼盍旦，尚猶患之」，鄭注云「盍旦，夜鳴求旦之鳥也，求不可得也，人猶惡其欲反晝夜而亂晦明」。鶡或作「鳱」。《七發》云「朝則鸝黃鳱鴠鳴焉」。或作「侃」。《御覽》引《廣志》云「侃旦冬毛希，夏毛盛」。後世則謂之寒號蟲。《嘉祐本草》云「寒號蟲四足，有肉翅，不能遠飛」。

䂙鳥、精列、⿸广⿰雝鳥⿰渠鳥，雃也。

《説文》「雃，石鳥，一名雝渠，一曰精列」。石與「䂙」同。雝渠與「⿸广⿰雝鳥⿰渠鳥」同。精列者，䳭鴒之轉聲也。《爾雅》「䳭鴒，雝渠」，郭璞注云「雀屬也」。或作「脊令」。《小雅·常棣》篇「脊令在原」，傳云「脊令，雝渠也，飛則鳴，行則摇，不能自舍耳」，箋云「雝渠，水鳥，而今在原矣，其常處則飛則鳴求其類，天性也」。《小宛》篇「題彼脊令，載飛載鳴」，傳云「脊令不能自舍，君子有取節爾」，箋云「則飛則鳴，翼也口也，不有止息」。《義疏》云「大如鷃雀，長脚長尾，尖喙，背上青灰色，腹下白，頸下黑如連錢，故杜陽人謂之連錢」。《廣韻》「⿱罒鳥鴒又名錢母，大於燕，頸下有錢文」。《埤雅》引《物類相感志》云「俗呼雪姑，其色蒼白似雪，鳴則天當大雪」。是其情狀也。脊令不能自舍，故《漢書·東方朔傳》云「日夜孳孳，敏行而不敢怠，辟若⿱罒鳥鴒，飛且鳴矣」，顏師古注云「⿱罒鳥鴒，雍渠，小青雀，飛則鳴，行則摇，言其勤苦也」。

慈烏，烏也。

《爾雅》「鵞烏醜，其飛也翔」。《説文》「烏，孝鳥也，象形」。《藝文類聚》引《春秋元命包》云「火流爲烏，烏，孝鳥也」。《初學記》引《春秋運斗樞》云「飛翔羽翮爲陽，陽氣仁，故烏哺公也」。《後漢書・趙典傳》云「烏烏反哺報德」。《小爾雅》云「純黑而反哺者謂之慈烏」。《易林・隨之大壯》云「慈烏鳴鳩，執一無尤」。案：善于父母謂之孝，亦謂之慈。故「孝烏」謂之慈烏。《内則》云「昧爽而朝，慈以旨甘」，《齊語》云「不慈孝於父母」，《莊子・漁父》篇云「事親則慈孝」，是「慈」即孝也。《孟子・離婁》篇「孝子慈孫」，猶《祭統》言「孝子孝孫」也。

秋子、秋、㲉，雛也。

《方言》「雞雛，徐魯之閒謂之秋子」。秋之言揫也。《釋詁》云「揫，小也」。秋或作「秋」。高誘注《淮南・原道訓》云「屈讀『秋雞無尾屈』之屈」。雞雛無尾，故以爲屈。《説文》云「屈，無尾也」。今高郵人猶謂雞雛爲秋雞，聲正如「秋」矣。《玉篇》「秋，雀子也」。《廣韻》「秋，雞雛也」。是雀子、雞雛俱謂之「秋」也。雀子雞雛謂之秋，猶羊羔謂之揫耳。《爾雅》「生哺，㲉」，郭璞注云「鳥子須母食之」。㲉與「㲉」同。又「生噣，雛」，郭注云「能自食」。《釋文》云「鳥子須哺而食者，燕雀之屬也，《史記》云趙武靈王『探雀㲉而食之』是也」，「鳥子生而能自啄者，《禮記》云『雛尾不盈握弗食』是也」。《説文》「㲉，鳥子生哺者」，「雛，雞子也」。案：㲉與雛對文則異，散文則通。《方言》云「爵子及雞雛謂之㲉」，郭注云「關西曰㲉」。是雞子生噣亦謂之「㲉」也。《易林・訟之睽》云「秋冬探巢，不得鵲雛」。是鳥子生哺亦謂之「雛」也。㲉之言㲉也。

《説文》云「㝅，乳也，從子、㱿聲」。司馬彪注《莊子·齊物論》篇云「鷇，鳥子欲出者」，則在卵已謂之「鷇」。《魯語》云「鳥翼鷇卵」，《管子·五行》篇云「不癘雛鷇」，皆連類而舉矣。**㲉**，影宋本譌作「㲉」，各本又譌作「**鶴**」。案：《集韻》《類篇》「鷇」或作「㲉」。今訂正。

雃鵠，䧿也。

《爾雅》「鵲鵙醜，其飛也翪」，郭璞注云「竦翅上下」。《説文》「舄，䧿也，象形」，篆文從隹、昔聲作「䧿」。舄、**䧿**並與「鵲」同。鄭注《大射儀》云「鵠，鳥名，射之難中，中之爲俊，是以所射於侯取名也」，引《淮南子》曰「鳱鵠知來」。鳱與「雃」同。今《淮南·氾論訓》作「乾」，云「乾鵠知來而不知往」，高誘注云「乾鵠，鵲也，人將有來事憂喜之徵則鳴，此知來也，知歲多風，卑巢於木枝，人皆探其卵，故曰不知往也」。又謂之乾鵲。《西京雜記》「陸賈曰『乾鵲噪而行人至』」。今人則通呼喜鵲。《名醫别録》陶注云「一名飛駮烏也」。《説文》又云「韓鷽，山鵲，知來事鳥也」。韓鷽與「雃鵠」聲相近。《廣韻》亦云「鳱鵠，鳥名，似鵲」。據此則雃鵠爲山鵲，與鵲相似，非即是鵲。《爾雅》「鷽，山鵲」，郭注云「似鵲而有文彩，長尾，觜脚赤」，是也。但一種而小異，稱名可以互通耳。

野鷄，鴙也。

鴙與「雉」同。《史記·封禪書》「文公獲若石于陳倉北阪城祠之，其神從東南來，集于祠城，則若雄雞，其聲殷云，野雞夜雊」，《集解》引如淳云「野雞，雉也，吕后名雉，故曰野雞」。《漢書·郊祀志》「雄雞」作「雄雉」，「雊」作「鳴」，顔師古注云「野雞，亦雉也，避吕后諱，故曰野雞，上言雄雉，下言野雞，史駁文也」。

案：《史記・殷本紀》「有飛雉登鼎耳而呴」，《屈原傳》「雞雉翔舞」，《淮南王安傳》「守下雉之城」，皆不爲吕后諱，不應于《封禪書》獨諱之也。《漢書・五行志》「有飛雉集于庭」，又云「天水冀南山大石鳴，壄雞皆鳴」。一篇之中既言雉，又言野雞，與《郊祀志》同，不應駁文如是之多也。今案：《易林・睽之大壯》云「鷹飛雉遽，兔伏不起，狐張狼鳴，野雞驚駭」，則野雞之非雉明甚。又案：《急就篇》説飛鳥云「鳳爵鴻鵠鴈鶩雉」，其説「六畜」則云「豭豶狡犬野雞雛」，則野雞爲常畜之雞矣。謂之野雞者，野鄙所畜之雞。野雞夜鳴者，猶《淮南・泰族訓》云「雄雞夜鳴」耳。《郊祀志》之雄雉、野雞，《五行志》之野雞、飛雉，皆判然兩物。謂野雞避吕后諱者，不得其解而爲之辭也。此云「野雞，鴙也」，亦誤矣。顔師古《急就篇》注又云「野雞生在山野，鷂雞鶡雞天雞山雞之類」。如此，則非復常畜者矣，何以《急就篇》數「六畜」而及之哉？其《史記》「雉」字，《集解》《正義》《索隱》俱無音注，當亦是「鳴」字，後人改之耳。

伏翼、飛鼠、仙鼠，蚮蠌也。

伏與「服」同。蚮與「蟙」同。《爾雅》「蝙蝠，服翼」，郭璞注云「齊人呼爲蟙蠌，或謂之仙鼠」。《方言》「蝙蝠，自關而東謂之服翼，或謂之飛鼠，或謂之老鼠，或謂之僊鼠，自關而西秦隴之閒謂之蝙蝠，北燕謂之蟙蠌」。李當之《本草》云「伏翼，即天鼠也」。《新序・雜事》篇云「黄鵠白鶴，一舉千里，使之與燕服翼試之堂廡之下，廬室之閒，其便未必能過燕服翼也」。曹植《蝙蝠賦》云「二足爲毛，飛而含齒，巢不哺鷇，空不乳子，不容毛羣，斥逐羽族，下不蹈陸，上不馮木」。是其情狀也。今蝙蝠似鼠黑色，翅與足連，棲于屋隙，黄昏出飛。故鮑照《飛蛾賦》云「仙鼠伺闇，飛蛾候明」矣。

鶹鴫，飛鸓也。

鸓或作「蠝」。《漢書・司馬相如傳》「蜼玃飛蠝」，張注云「飛蠝，飛鼠也，其狀如兔而鼠首，以其頓飛」，郭璞云「蠝，鼯鼠也，毛紫赤色，飛且生，一名飛生」。又注《爾雅》「鼯鼠，夷由」云「狀如小狐，似蝙蝠，肉翅，翅尾項脅毛紫赤色，背上蒼艾色，腹下黄，喙頷雜白，脚短爪長，尾三尺許，飛且乳，亦謂之飛生，聲如人呼，食火煙，能從高赴下，不能從下上高」。又爲贊云「鼯之爲鼠，食煙棲林，載飛載乳，乍獸乍禽，皮藉孕婦，人爲大任」。是郭以「飛鸓」爲鼯鼠，與張異也。案：《説文》「鸓，鼠形飛走且乳之鳥也」。《本草》「鸓」作「鼺」，云「鼺鼠主墮胎，令產易」，陶注云「鼺是鼯鼠，一名飛生，狀如蝙蝠，大如鴟鳶，毛紫色，闇夜行，飛生，人取其皮毛以與產婦，持之，令兒易生」。並與郭説相合，則「飛鸓」爲鼯鼠矣。飛鸓夜出飛鳴，故馬融《長笛賦》云「猨蜼晝鳴，鼯鼠夜叫」也。劉逵《吴都賦》注云「鼯大如猿，東吴諸郡皆有之」。

䴙鷉，鶻鷉也。

《爾雅》「鷉，須鸁」，郭璞注云「鷉，䴙鷉，似鳧而小，膏中瑩刀」。《方言》「野鳧，其小而好没水中者，南楚之外謂之鷿鷉，大者謂之鶻蹏」。蹏與「鷉」通。《廣韻》「䴙鷉，鳥名，似鳧而小，足近尾」。《本草拾遺》云「鷉鷉，水鳥也，如鳩鴨，脚連尾，不能陸行，常在水中，人至即沈，或擊之便起」。是其情狀也。鷉或作「鷈」。《南都賦》云「鷞鶮䴙鷈」。或作「鷈」。蔡邕《短人賦》云「雄荆雞兮鶩䴙鷈」。各本「鶻」譌作「鶻」，或譌作「鵑」。今訂正。

鴆鳥，其雄謂之運日，其雌謂之陰諧。

此用《淮南》注也。《淮南·繆稱訓》「暉日知晏，陰諧知雨」，高誘注云「暉日，鴆鳥也，晏，無雲也，天將晏静，暉日先鳴也」，「陰諧，暉日雌也，天將陰雨則鳴」。暉與「運」同。《中山經》「女几之山，其鳥多鴆」，郭璞注云「鴆大如鵰，紫緑色，長頸赤喙，食蝮虵頭，雄名運日，雌名陰諧也」。《廣韻》引《廣志》云「鴆鳥大如鴨，紫緑色，有毒，頸長七八寸，食蛇蝮，雄名運日，雌名陰諧」。皆用《淮南》注也。案：《繆稱訓》云「鵲巢知風之所起，獺穴知水之高下，暉日知晏，陰諧知雨」，四句各舉一物，四物各爲一類。鵲與獺非牝牡，暉日與陰諧非雌雄也。偏考諸書，言鴆鳥别名者多矣。《説文》云「鴆，毒鳥也，一名運日」。《史記·魯世家》集解引服虔《左傳》注云「鴆鳥一曰運日鳥」。王逸《離騷》注云「鴆，運日也，羽有毒，可殺人」。《御覽》引《吴普本草》云「運日一名羽鴆」。運或作「䳦」。《名醫别録》云「鴆鳥毛有大毒，一名䳦日，生南海」，陶注云「䳦日鳥大如黑傖雞，作聲似云『同力』，故江東人呼爲同力鳥」。運又作「雲」。劉逵《吴都賦》注云「鴆鳥一名雲日」。凡此皆言運日而不及陰諧，亦可知鴆鳥無「陰諧」之號，而《繆稱訓》注非確詁矣。今案：《御覽》引《淮南子》逸文曰「蝔知將雨」，又引高誘曰「蝔，蟲也，大如筆管，長三寸餘」。《廣韻》「蝔」音皆，又音諧，引《淮南子》曰「蝔知雨至，蝔蟲大如筆管，長三寸，世謂之猥狗，知天雨，則於草木下藏其身」。《集韻》「蝔」音皆，「蟲名，猥狗也，知雨則翳葉」。又音諧，「蟲名，將雨輒出，淮南呼爲雨母」。然則蝔與「諧」同音，陰諧即是蝔。舉其本名，則謂之蝔。能知陰雨，則又謂之陰諧。陰諧之義，猶雨母耳。下文云「人智不如鳥獸」，鳥謂鵲與運日，獸謂獺與陰諧。《考工記》云「天下之大獸五，脂者，膏者，贏者，羽者，鱗者」，則「獸」爲鳥獸昆蟲之通稱。又云「小蟲之屬以爲雕琢」，此互文耳。大獸猶言大蟲，小蟲猶言小獸也。故《曲禮》朱鳥、玄武、青龍、白虎，鄭注謂之「四獸」。

鳳皇，鷄頭燕頷，虵頸鴻身，魚尾骿翼，五色以文。首文曰德，翼文曰順，背文曰義，腹文曰信，膺文曰仁。雄鳴曰即即，雌鳴曰足足，昏鳴曰固常，晨鳴曰發明，晝鳴曰保長，舉鳴曰上翔，集鳴曰歸昌。

《爾雅》「鶠，鳳，其雌，皇」。《說文》云「鳳，麐前鹿後，蛇頸魚尾，龍文龜背，燕頷雞喙，五色備舉」。《韓詩外傳》云「鳳象鴻前而麟後，蛇頸而魚尾，龍文而龜身，燕頷而雞喙」。《史記・司馬相如傳》正義引《京房易傳》云「鳳皇鴈前麟後，雞喙燕頷，蛇頸龜背，魚尾騈翼」。騈與「骿」同。《說苑・辨物》篇云「鳳鴻前麟後，蛇頸魚尾，龍文龜身，燕喙雞噣，騈翼而中注」。《藝文類聚》引《樂汁圖》云「鳳皇雞頭燕喙，蛇頸龍形，麟翼魚尾，五采」。諸說並與《廣雅》小異。郭璞《南山經》注引《廣雅》「鴻身」作「龜背」。案：「身」與「文」爲合韻，今本是也。《南山經》云「丹穴之山有鳥焉，其狀如鶴，五采而文，名曰鳳皇，首文曰德，翼文曰順，背文曰義，膺文曰仁，腹文曰信」，是《廣雅》所本也。今本《南山經》作「翼文曰義，背文曰禮」。案：順、仁、信三字爲韻，如今本則失其韻矣。考《海内經》作「翼文曰順，背文曰義」。《書序》正義、《大雅・卷阿》正義、莊二十二年《左傳》正義、《周禮・樂師》疏、《史記・司馬相如傳》正義、《藝文類聚》、《太平御覽》引《南山經》並作「翼文曰順，背文曰義」。惟《埤雅》云「翼文曰禮，背文曰義」。乃知宋時《山海經》本始改「順」爲「禮」，今又改爲「翼文曰義，背文曰禮」矣。其《逸周書・王會》篇云「鳳鳥者，戴仁抱義掖信」。《韓詩外傳》云「鳳戴德負仁，抱忠挾義」。《說苑・辨物》篇云「鳳首戴德，頂揭義，背負仁，心信智」。《書序》

正義引《陰陽書》云「鳳皇首戴德，背負仁，頸荷義，膺抱信，足履政，尾繫武」。《初學記》引《帝王世紀》云「鳳首文曰順德，背文曰信義，膺文曰仁智」。與《廣雅》或同或異，皆以意説，無正文也。各本「曰德」上脱「首文」二字，今補。即即或作「節節」。《御覽》引《韓詩外傳》云「鳳鳴雄曰節節，雌曰足足，昬鳴曰固常，晨鳴曰發明，晝鳴曰保章，舉鳴曰上翔，集鳴曰歸昌」。《説苑・辨物》篇「保章」作「保長」。《毛詩義疏》則云「朝鳴曰發明，晝鳴曰上翔，夕鳴曰滿昌，昬鳴曰固常，夜鳴曰保長」。《初學記》引《論語摘衰聖》則云「行鳴曰歸嬉，止鳴曰提扶，夜鳴曰善哉，晨鳴曰賀世，飛鳴曰郎都」。此則一鳥之鳴耳，既以節、足爲異，又復數更其響，乃至應候而殊聲，成文以協韻。語由增飾，事涉虛誣，識者所不取也。

翳鳥、鸞鳥、鷫鷞、鸑鷟、鴶筩、鵕鸃、廣昌、鷦明，鳳皇屬也。

《海内經》「虵山有五彩之鳥，飛蔽一鄉，名曰翳鳥」，郭璞注云「鳳屬也」，引《離騷》云「駟玉虬而乘翳」。今《離騷》「翳」作「鷖」，王逸注云「鳳皇別名也」。《説文》「鸞，赤神靈之精也，赤色五采鷄形，鳴中五音，頌聲作則至，周成王時，氐羌獻鸞鳥」。氐羌獻鸞鳥，《逸周書・王會》篇文，孔晁注云「鸞大於鳳，亦歸於仁義者也」。《西山經》云「女牀之山有鳥焉，其狀如翟而五彩文，名曰鸞鳥」。《藝文類聚》引《決疑注》云「象鳳多青色者鸞也」。《説文》「五方神鳥，東方發明，南方焦明，西方鷫鷞，北方幽昌，中央鳳皇」。焦與「鷦」同。鷞或作「鸘」。《續漢書・五行志》注引《樂叶圖徵》云「似鳳有四，一曰鷫鸘，鳩喙圓目，身義戴信嬰禮膺仁負智，二曰發明，烏喙大頸，大翼大脛，身仁戴信嬰智膺義負禮，三曰焦明，長喙疏翼圓尾，身禮戴信嬰仁膺智負義，四曰幽昌，鋭目小頭，大身細足，脛若鱗葉，身智戴信嬰義膺禮負仁」。李善注江淹《雜體詩》引宋均《樂緯》注云「鷫明身禮質赤色」。然則鷫明爲南方神鳥，以此推之，則鷫鷞身義白色，屬西方。發明身仁青色，屬東方。幽昌身智黑色，屬北方。鳳皇備五德而兼五色，屬中央。是爲五方神鳥也。《隋書·經籍志》，《樂緯》三卷，宋均注，梁有《樂五鳥圖》一卷，亡。五鳥蓋即「五方神鳥」矣。然古書言鳳鳥者，不聞各以方色，《樂緯》所云乃後人附會之詞，不足據也。《楚辭·大招》「鴻鵠代遊，曼鷫鷞只」，王逸注云「鷫鷞，俊鳥也」。高誘注《淮南·原道訓》云「鷫鷞，鳳皇之別名也」。《楚辭·九歎》「從玄鶴與鷫明」，王注云「鷫明，俊鳥也」。《上林賦》云「捷鵕鸃，掩焦明」。《說文》「鸑鷟，鳳屬，神鳥也」。《周語》「周之興也，鸑鷟鳴於岐山」，賈、虞、唐三君注云「鸑鷟，鳳之別名」。《後漢書·賈逵傳》云「昔武王終父之業，鸑鷟在岐」，與《周語》注相發明也。《藝文類聚》引《決疑注》云「似鳳多紫色者爲鸑鷟」。《御覽》引《倉頡解詁》云「鵕鸃，神鳥，飛竟天，漢以爲侍中冠」，又引《雜字解詁》云「鵕鸃似鳳皇」。《九歎》「撫朱爵與鵕鸃」，王注云「鵕鸃，神俊之鳥也」。《子虛賦》「射鵕鸃」，郭璞注云「似鳳有光彩」。鴟箭、廣昌皆未詳也。

鶇鸎、鵹離、延居、鵄雀，怪鳥屬也。

《玉篇》「鶇鸎，東邊鳥名」。❶又云「鵹離，鳥自爲牝牡」。又云「鸝，鵹鸝也」。郭璞《南山經》注引《廣雅》「離」作「鸝」，「鵹鸝」下有「鷫明」二字。案：上文已云「鷫明，鳳皇屬」，不應又以爲怪鳥，或郭氏誤記耳。延居，《南山經》注作「爰居」。案：《爾雅》「爰居，雜縣」，李巡注云「海鳥也」，樊光云「似鳳皇」，郭璞云

❶「邊」，《玉篇》作「夷」。

「《國語》曰『海鳥爰居』，漢元帝時，琅邪有大鳥如馬駒，時人謂之爰居」。司馬彪注《莊子·至樂》篇云「爰居舉頭高八尺」，是也。鶢，《南山經》注作「⿰臣鳥」。案：「⿰臣鳥」字隸或作「⿰巨鳥」，「鶢」字隸或作「⿰王鳥」，形相近而亂耳。

鵻，禽也。

未詳。

車搹，鵻杔也。

鈔本《御覽》引《廣雅》作「車搹，鵻礼也」，❶刻本作「車搹，雔禮也」。案：礼與札字形相似。蓋此字本作「札」，今本《廣雅》譌而爲「杔」，鈔本《御覽》譌而爲「礼」，刻本又改爲「禮」耳。《釋詁》「札，甲也」，「札」譌作「禮」。《莊子·人閒世》篇「名也者，相札也」，崔頤云「札」或作「禮」。❷並與此同。《淮南·說林訓》「月照天下而蝕於詹諸，騰蛇游霧而殆於蝍蛆，烏力勝日而服於雔禮」，下、諸、霧、蛆四字爲韻，獨日、禮之聲不諧，竊謂「禮」字亦當爲「札」。成十六年《左傳》「七札」之札，徐邈音側乙反，則其聲正與「日」字相諧。蓋亦是初作「札」，譌作「礼」，因又改作「禮」耳。鵻、雔二字往往相亂。《說文》云「雔，祝鳩也」。昭十七年《左傳》注則云「祝鳩，鵻鳩也」。然則《廣雅》之「鵻札」即《淮南》之「雔札」矣。高誘《淮南》注云「《爾雅》謂

---

❶「礼」，原作「禮」，今據續四庫本改。

❷「崔頤」，依《經典釋文·序録》應爲「崔譔」。《讀書雜志》辨正《淮南子》引此作「崔譔」。

之禅笠，秦人謂之祝祝，䴉時晨鳴人舍者，鴻鳥皆畏之」。今《爾雅》「禅」作「鵧」，云「鷑鳩，鵧鷑」，郭璞注云「小黑鳥，鳴自呼，江東呼爲烏鵖」。

鷩鳥，鴞也。

鷩與「鷩」通。《楚辭·天問》「何繁鳥萃棘，負子肆情」，王逸注云「言解居父聘吴，過陳之墓門，見婦人負其子，欲與之淫泆，肆其情欲，婦人則引《詩》刺之曰『墓門有棘，有鴞萃止』，故曰『繁鳥萃棘』也」。是「繁鳥」即鴞也。繁與「鷩」俱從敏聲而音爲煩。曹憲乃云「鷩」字人多作煩音失之，是直不知「鷩鳥」之爲「繁鳥」也。鷩或作「蕃」。《北山經》「涿光之山，其鳥多蕃」，郭璞注云「或云即鴞也，音煩」，又其一證矣。《陳風·墓門》傳云「鴞，惡聲之鳥也」，《義疏》云「鴞大如班鳩，緑色，惡聲之鳥也，入人家則凶，賈誼所賦服鳥是也，其肉甚美，可爲羹臛，又可爲炙，漢供御各隨其時，惟鴞冬夏尚施之，以其美故也」。《莊子·齊物論》篇「見彈而求鴞炙」，司馬彪注云「小鳩可炙」。又《天地》篇云「鳩鴞之在於籠」。郭璞《西山經》注亦云「鴞似鳩而青色」。則鴞爲鳩類矣。又一種似雞者，亦名爲鴞。《史記·賈生傳》「楚人命鴞爲服」，《索隱》引鄧展云「似鵲而大」，又引晉灼云「《巴蜀異物志》云『有鳥小雞，體有文色，土俗因形，名之曰服，不能遠飛，行不出域』」，又引《荊州記》云「巫縣有鳥如雌雞，其名爲鴞，楚人謂之服」。是也。

伯趙，鶪也。

《爾雅》「鵲鶪醜，其飛也翪」，郭璞注云「竦翅上下」。又「鶪，伯勞也」，樊光注引昭十七年《左傳》「伯趙氏司至」，又釋之云「伯趙，鶪也，以夏至來，冬至去」，郭璞云「似鶷鶡而大，《左傳》曰『伯趙』是」。《月令》仲夏之月「鶪始鳴」，《左傳》正義引蔡邕《章句》云「鶪，伯勞也，一曰伯趙，應時而鳴，爲陰候也」。《吕氏春秋·仲夏紀》注云「是月陰作於下，陽發於上，伯勞夏至後應陰而殺蛇，磔之於棘而鳴於上，《傳》曰『伯趙氏，司至者也』」。是「伯趙」即鶪也。謂之鶪者，以聲得名。《豳風·七月》正義引陳思王《惡鳥論》云「伯勞以五月鳴，其聲鶪鶪，故以其音名云」。鶪或作「鵙」。《夏小正》五月「鵙則鳴」，傳云「鵙者，百鷯也；鳴者，相命也」。鶪鳴始于五月，而《豳風·七月》篇言「七月鳴鶪」者，鄭箋云「伯勞鳴，將寒之候也，五月則鳴，豳地晚寒，鳥物之候，從其氣焉」，《正義》云「王肅云『蟬及鶪皆以五月始鳴，今云七月，其義不通也，古「五」字如七』，肅之此説，理亦可通，但不知經文實誤否耳」。今按是《詩》紀月之例，或次第相因，「七月流火，八月萑葦」「四月秀葽，五月鳴蜩」之類是也。或相距一月，「七月流火，九月授衣」「八月其穫，十月隕籜」之類是也。其有相距不止一月者，則於第三句始得轉韻爲之。如「七月流火」與「八月萑葦」韻也，而下句「蠶月條桑」則與「取彼斧斨」爲韻。「四月秀葽」與「五月鳴蜩」韻也，而下句「八月其穫」則與「十月隕籜」爲韻。蓋八月之去蠶月，五月之去八月，中閒甚遠，則必轉韻以別之。此《七月》一篇之例也。若作「五月鳴鶪」，則與「八月載績」相距兩月。文甫二句，而義已參差，韻復無別，於例爲不倫矣。肅説非是。

附引《廣雅》一條。

白鷺，鷹也。

見《初學記》《太平御覽》。《爾雅》「鷹，鶆鳩」。又云「鷹隼醜，其飛也翬」。又云「鸉，白鷢」，郭璞注云「白鷢似鷹，尾上白」。《廣韻》云「白鷢一名鸒，似鷹，尾上白，善捕鼠也」。《御覽》引《古今注》云「白鷢似鷹而尾上白，亦號爲印尾鷹」。案：鷢與「臀」通。《釋親》云「𩪿，❶臀也」。𩪿或作「翠」。臀或作「橛」。《内則》注云「翠，尾肉也」。《素問·骨空論》注云「尾窮謂之橛」。然則「鷢」爲尾後之稱，故尾上白謂之「白鷢」也。又《説文》云「白鷢，王鴡也」。《周南·關雎》篇義疏云「雎鳩，揚雄、許慎皆曰白鷢，似鷹，尾上白」。案：《爾雅》「雎鳩」自名王雎，「鸒」自名白鷢，明非一鳥也。

釋　獸

於䖘、李耳，虎也。

《説文》「虎，山獸之君，從虍，虎足象人足，象形」。《方言》「虎，陳魏宋楚之閒或謂之李父，江淮南楚之閒謂之李耳，或謂之於䖆，自關東西或謂之伯都」，郭璞注云「於音烏，今江南山邊呼虎爲䖆，❷音狗竇」。䖆，或作「菟」。宣四年《左傳》云「楚人謂虎於菟」，《釋文》「菟」音徒。案：於䖘，虎文貌。《説文》「𤛓，黄牛虎文，讀若涂」。䖆、𤛓聲義並同。虎有文謂之於䖆，故牛有虎文謂之𤛓。《春秋傳》楚鬭穀於菟字子文，是其證也。《説文》又云「虍，虎文也」。於䖆與「虍」聲近而義同，單言之則爲虍，重言之則爲於䖆耳。

❶「𩪿」，卷第六下《釋親》作「臎」。
❷「邊」，《方言》郭璞注作「夷」。

於魑、李耳皆疊韻字。李耳、李父語之變轉。而《御覽》引《風俗通義》云「俗説虎本南郡中廬李氏公所化爲，呼李耳因喜，呼班便怒」。《方言》注又云「虎食物值耳即止，以觸其諱故」。皆失之鑿矣。《易林·隨之否》云「鹿求其子，虎廬之里，唐伯李耳，貪不我許」，豈更有唐氏公所化哉？

貔、貍，貓也。

貍之搏鼠者曰貓。《郊特牲》云「迎貓，爲其食田鼠也」。《御覽》引《尸子》云「使牛捕鼠，不如貓狌之捷」。《莊子·秋水》篇云「騏驥驊騮，一日而馳千里，捕鼠不如貍狌」，是貓亦稱貍也。諸書無言貓名「貔」者。據《方言》貔、豾皆「貍」之别名，則「貔」字當在下條內，寫者誤耳。

豾，貍也。

《爾雅》「貍狐貒貈醜，其足蹯，其跡内」，郭璞注云「皆有掌蹯」，「内，指頭處也」。又「貍子，隸」，郭注云「今或呼豾貍」，《釋文》引《字林》云「豾，貍也」。豾或作「貊」。《方言》「貔，陳楚江淮之閒謂之貅，北燕朝鮮之閒謂之貊，關西謂之貍」。《大射儀》鄭注云「貍之言不來也」。不與「豾」，來與「貍」，古並同聲。《説文》「貍，伏獸似貙也」。《周官·射人》「以貍步張三侯」，鄭注云「貍，善搏者也，行則止而擬度焉，其發必獲，是以量侯道法之也」。今貍有二種，或似豹文，或似虎文，其皮可以爲裘。故《禹貢》梁州厥貢「熊羆狐貍織皮」也。

貒，貛也。

《爾雅》「貍狐貒貈醜」，《説文》引作「狐貍貛貉醜」。又「貒子，貗」，郭璞注云「貒豚一名貛」，《釋文》引《字林》云「貒，獸似豕而肥」。《方言》「貛，關西謂之貒」。《説文》「貛，野豕也」。《淮南・脩務訓》「貛貉爲曲穴」，《御覽》引作「貒知曲穴」。《楚辭・九思》「貒貉兮蟫蟫」，注云「蟫蟫，相隨之貌也」。貛通作「貆」。《周官・草人》「鹹潟用貆」，鄭注云「貆，貒也」。《淮南・齊俗訓》「貆貉得埵防，弗去而緣」，高誘注云「貆，貆豚也」。《本草衍義》云「貒肥矮，毛微灰色，頭連脊毛一道黑，觜尖黑，尾短闊，蒸食之極美」。案：今貛有二種，或如豬，或如狗，皆穴于地中，夜出食人雞鴨。

猱、狙，猕猴也。

《齊策》云「猿獼猴錯木據水，則不若魚鼈」。《楚辭・招隱士》云「獮猴兮熊羆，慕類兮以悲」。獼、獮並與「猕」同。聲轉而爲母。《説文》「爲，母猴也，其爲禽好爪，爪，母猴象也，下腹爲母猴形」。《吕氏春秋・察傳》篇「玃似母猴，母猴似人」，是也。又轉而爲沐。《漢書・項籍傳》「人謂楚人沐猴而冠」，張晏注云「沐猴，獼猴也」。《爾雅》「猱、蝯，善援」，《初學記》引孫炎注云「猱，母猴也」。郭璞注云「善攀援」，又注「蒙頌，猱狀」云「猱亦猕猴之類」。《小雅・角弓》篇「毋教猱升木」，傳云「猱，猨屬」，箋云「猱之性善登木」，《義疏》云「猱，獼猴也」。猱或作「夒」。《説文》「猴，夒也」，「夒，母猴，似人，從頁，巳、止、夂，其手足」。又作「獿」。《樂記》鄭注云「獿，獼猴也」。郭璞《南山經》注引《尸子》云「左執太行之獿」。聲轉而爲戎。顔師古《匡繆正俗》云「或問曰『今之戎獸皮可爲褥者，古號何獸』，荅曰『李登《聲類》「夒」音人周反，字或作「猱」，左思《吴都賦》劉逵注云「猱似猴而長尾」，驗其形狀，戎即猱也，此字既有柔音，俗語變轉謂之戎耳，猶今之香菜謂之香戎也』」。《説文》「狙，玃屬」，「玃，大母猴也」。《莊子・齊物論》篇云「狙公賦芧」。

貏，貐也。

《爾雅》釋文引《字林》云「貐謂之貏」。《衆經音義》卷二十一引《倉頡篇》云「貐似貓，搏鼠，出河西」。《後漢書·班固傳》注、《文選·西都賦》注並引《倉頡篇》云「貐似貍」。據此則「貐」乃貍屬，非「猨狖」之狖也。猨狖之「狖」自似獮猴，不似貍。故《廣雅》「貏，貐也」「㚕，貆也」二條相連。貆與「貐」皆貍屬也。其似獮猴之「狖」則于下文始釋之。訓則此爲貏，彼爲蜼。字則此從豸，彼從犬。所以爲別也。郭璞《爾雅注》云「今江東呼貉爲貆貏」。蓋貍狐貒貉，類相近而名相假。亦若「貍」與「白狐」同名爲「貔」也。此足以證「貏貐」之非猴類矣。李賢、李善引《倉頡篇》以釋「猨狖」之狖，失之。

㚕，貆也。

《玉篇》《廣韻》並云「㚕，獸似貍」。《爾雅疏》引《字林》云「貆，貍類」。是「㚕」即貆也。《廣韻》又云「貆，貉屬」，則此獸亦近于貉。故郭璞《爾雅注》云「今江東呼貉爲貆貏」，同類而通稱耳。《説文》云「㚕，獸名，似狌狌」。「狌狌」二字疑有誤。

豨、狙、豭、㣇，豕也。

《爾雅》「豕子，豬」，郭璞注云「今亦曰㣇，江東呼豨，皆通名」。《方言》「豬，北燕朝鮮之閒謂之豭，關東西或謂之㣇，或謂之豕，南楚謂之豨」。《説文》「豕，㣇也，竭其尾，故謂之豕，象毛足而後有尾，讀與豨同」。然則豨、豕古同聲。故《史記·天官書》「奎曰封豕」，《漢書·天文志》作「封豨」。李頤注《莊子·知北遊》云「豨，大豕也」。鄧展注《漢書·高祖紀》云「東海人名豬曰豨」。《墨子·耕柱》篇云「狗豨猶有鬬」。《説文》又云「狙，豕屬也」，「豭，牡豕也」。隱十一年《左傳》「鄭伯使卒出豭」，《正義》云「豭謂豕之牡者，《爾雅·釋獸》豕牝曰『豝』，豝者是牝，知豭者是牡，祭祀例不用牝，且宋人謂宋朝爲艾豭，明以雄豬喻也」。案：《爾雅》「鹿，牡麚，牝麀」，《釋文》「麚」音加。牡鹿之名麚，猶牡豕之名豭也。豭爲牡豕，又爲豕之通稱。猶豬爲豕子，又爲豕之通稱矣。《說文》又云「彘，豕也，後蹏廢謂之彘」。

豯、𧳋，𧱓也。

𧱓與「豚」同。《方言》「豬，其子謂之豚，或謂之豯」。《說文》「𧱓，小豕也」，篆文從肉、豕作「豚」。「豯，生三月豚，腹豯豯皃也，從豕、奚聲」，徐鍇《傳》云「奚，腹大也」。《玉篇》「𧳋，小豚也，莫丁切」。𧳋之言冥也。《爾雅·釋言》云「冥，幼也」。

狖，蜼也。

《爾雅》「蜼，卬鼻而長尾」，郭璞注云「蜼似獼猴而大，黃黑色，尾長數尺，似獺，尾末有歧，鼻露向上，雨即自縣於樹，以尾塞鼻，或以兩指，江東亦取養之，爲物捷健」，《釋文》「蜼音誄，《字林》余繡反，或餘季、餘水二反」。余繡之音正與「狖」同。《淮南·覽冥訓》「猨狖顛蹶而失木枝」，高誘注云「狖，猨屬也，長尾而昂鼻，狖，讀『中山人相遺物』之遺」，又與「餘季」之音相合。是狖、蜼聲義皆同也。蜼又音誄，故通作「猵」。《御覽》引《異物志》云「猵之屬捷勇於猨，鼻微倒向上，尾端分爲兩條，天雨便以插鼻孔中，水不入，性怯畏人，見則顛倒投擲，或墮地奔走，無所迴避，觸樹動石，或至破頭折脛，故俗人罵人云『癡如猵』」。古者或刻尊彝以象之，《周官·司尊彝》云「裸用虎彝蜼彝」。性善嘯如猨，故《九歌》云「猨啾啾兮狖夜鳴」也。

豰、豥，豭也。

諸書無訓「豰」爲豭者。《説文》「豰，小豚也」，則當入上文「豚也」條内。又案：豥通作「艾」。定十四年《左傳》「既定爾婁豬，盍歸吾艾豭」，杜預注云「艾，老也」，《釋文》引《字林》「艾」作「豥」，三毛聚居者。據此則「豭」爲牡豕之名，「豥」乃豕之情狀，不得訓「豥」爲豭也。疑「豰」字從上文「豚也」條内竄入此條，「豥豭」下則又有「豕牡」二字，與下條「豕牝」相對，寫者脱去矣。《集韻》云「豰、豥，豭也」，則所用已是誤本。

豵、豯，豕牝也。

《玉篇》「豵，老母豕也」，「豯，小母豬也」。《初學記》引《纂文》云「齊徐以小豬爲豯」。

橧，圈也。

《爾雅》「豕所寢，橧」，舍人注云「豕所寢草爲橧」，某氏云「臨淮人謂野豬所寢爲橧」，郭璞云「橧，其所卧蓐」。橧之言增累而高也。《禮運》「夏則居橧巢」，鄭注云「暑則聚薪柴居其上」。人居薪上謂之橧，猶豕居草上謂之橧也。橧本圈中卧蓐之名，因而圈亦謂之橧。《方言》「豬，吴揚之閒謂其檻及蓐曰橧」。「檻」即圈也。《説文》「圈，養畜之閑也」。《玉篇》「圈，牢也」。今人通呼豕牢爲圈，聲如卷。

麇，麞也。

《説文》「麇，麞也」，籀文作「麕」。「麞，麇屬也」。《召南·野有死麕》義疏云「麕，麞也，青州人謂之麕」。麞或作「獐」。《考工記》畫繢之事「山以章」，鄭注云「章，讀爲獐，齊人謂麇爲獐」。《吕氏春秋·博志》篇云「使獐疾走，馬弗及也，而得之者，其時顧也」。《御覽》引伏侯《古今注》云「麞有牙而不能噬，鹿有角而不能觸」。❶麋，各本譌作「麋」，今訂正。

麛，𪋻也。

《爾雅》「鹿，其子麛」。《周官·迹人》「禁麛卵者」，鄭注云「麛，麋鹿子」。是「麛」爲鹿子之名，麋子亦得借稱也。麛或作「麑」。《魯語》「獸長麑䴢」，韋昭注云「鹿子曰麑」。《論語·鄉黨》篇「素衣麑裘」，皇侃疏云「麑，鹿子，鹿子近白，與素微相稱」。麑之言兒也，弱小之稱也。𪋻之言偄也，亦弱小之稱。《説文》「䴢，鹿麛也，讀若『偄弱』之偄」。䴢與「𪋻」同。《玉篇》音奴亂切。凡字之從而聲、耎聲、需聲者，聲皆相近。小栗謂之栭，小魚謂之鮞，小雞謂之䳒，小兔謂之䨲，小鹿謂之𪋻，其義一也。《吴都賦》云「翳薈無𪋻鷚」。

逸、娩、䨲，兔子也。

《廣韻》「逸，逸䨲也」。《爾雅》「兔子，嬎」。《説文》「嬎」作「娩」。娩，曹憲《音》「匹萬」。娩者，新生弱小之稱。《内則》「免薨」，鄭注云「免，新生者」，《釋文》「免」音問。《大戴禮·公冠》篇「推遠稚免之幼志」，盧辯注云「免，猶弱也」。聲義與「娩」相近。郭璞注《爾雅》「兔子，嬎」云「俗呼曰䨲」。《集韻》云「江東呼兔子爲䨲」。《論衡·奇怪篇》「兔吮豪而懷子，及其子生，從口而出也」。

狦，狼也。

---

❶「觸」，原作「獨」，今據經解本、續四庫本、中華本、《畿輔叢書》本、《四部備要》本改。

《廣韻》「狦，❶獸名，似狼」。《説文》「狼，似犬，鋭頭白頰，高前廣後」。《毛詩義疏》云「其鳴能小能大，善爲小兒啼聲以誘人，去數十步止，其勇捷者，人不能制，雖善用兵者，不能克之，其膏可以煎和，其皮可以爲裘」。

獱，獺也。

《説文》「猵，獺屬也」，或從賓作「獱」。又云「獺，如小狗，水居食魚」。李善《羽獵賦》注引郭璞《三倉解詁》云「獱似狐，青色，居水中食魚」。《孟子·離婁》篇「爲淵毆魚者獺也」，趙岐注云「獺，獱也」。《吕氏春秋·孟春紀》「獺祭魚」，高誘注云「獺，獱，水禽也，取鯉魚置水邊，四面陳之，世謂之祭魚」。《淮南·兵畧訓》「畜池魚者必去猵獺」，爲其害魚也。故《鹽鐵論·輕重》篇云「水有猵獺而池魚勞」。《御覽》引《博物志》云「獱頭如馬頭，腰以下似蝙蝠，毛似獺，大可五六十斤」。《名醫别録》陶注亦云「獺有兩種，獱獺形大，頭如馬，身似蝙蝠」。則「獱」乃獺之大者。而顔師古注《漢書·揚雄傳》以「獱」爲小獺，非也。

蹏、蹢、𨇨、蹯，足也。

《説文》「蹏，足也」。字亦作「蹄」。《釋名》「蹄，底也，足底也」。蹢之爲言猶蹏也。《爾雅》馬「四蹢皆白，肯」，豕「四蹢皆白，豥」。《小雅·漸漸之石》篇「有豕白蹢」，傳云「蹢，蹄也」。《爾雅》「貍狐貒貈醜，其足蹯」。《説文》「蹯」作「番」，云「獸足謂之番，從釆，田象其掌」，或從足、從煩作「蹞」，古文作「𠂹」。徐鍇

❶「狦」，《畿輔叢書》本、《四部備要》本及《廣韻》作「狦」。

《傳》云「象獸掌形也」。文元年《左傳》「請食熊蹯」，杜預注云「熊掌也」。

騭、牡、犅、特、羝、豭、犃，雄也。

《邶風·匏有苦葉》傳「飛曰雌雄，走曰牝牡」，《正義》云「此定例耳，若散則通，故《書》曰『牝雞之晨』，《傳》曰『獲其雄狐』，是也」。然則走者亦得稱雌雄。《小雅·無羊》云「以雌以雄」，謂牝牡也。騭之爲言猶特也。《爾雅》馬「牡曰騭」，郭璞注云「今江東呼父馬爲騭」。字通作「陟」。《夏小正》四月「執陟攻駒」，「陟」謂牡馬也，執與「縶」通。《月令》「游牝別羣，則縶騰駒」，是其事。傳訓「陟」爲升，云「執而升之君」，於義疏矣。《說文》「牡，畜父也」。《玉篇》「犅，特牛也」。《說文》又云「朴特，牛父也」。《急就篇》云「犙特特犗羔犢駒」。特爲牛父之名，馬父亦得稱之。《周官·校人》「凡馬特，居四之一」，鄭衆注云「三牝一牡也」。《釋畜》云「吴羊牡三歲曰羝」。《衆經音義》卷十四引《三倉》云「羝，特羊也」。《大壯》九三「羝羊觸藩」，張璠注云「羝羊，羖羊也」。《大雅·生民》篇「取羝以軷」，傳云「羝，牡羊也」。豭爲牡豕之名，詳見上文「豭，豕也」下。

犃、牸、牝，雌也。

《爾雅》馬「牝曰騇」，郭璞注云「草馬名」。騇與「犃」同。《玉篇》「牸，母牛也」。《易林·訟之井》云「大牡肥牸，惠我諸舅」。《說苑·政理篇》「臣故畜牸牛，生子而大，賣之而買駒」。或通作「字」。《史記·平準書》「衆庶街巷有馬，阡陌之閒成羣，而乘字牝者，儐而不得聚會」。是母馬亦謂之「牸」也。牸之言字，生子之名。《釋詁》云「字，生也」。牛母謂之牸，猶麻母謂之苧矣。今高郵人謂牝牛爲牸牛。《說文》「牝，畜母也」。

騬、犗、羯、羠、豶、犄、㓷、攻、犍也。

《説文》「騬，犗馬也」，「犗，騬牛也」。《玉篇》「犗，加敗切」。犗之言割也，割去其勢，故謂之犗。《莊子·外物》篇「五十犗以爲餌」，郭象云「犗，犍牛也」。犍與「犍」同，其轉聲則爲「羯」。《説文》「羯，羊羖犗也」。《急就篇》云「牂羖羯羠羝羭」。《史記·貨殖傳》「羯羠不均」，徐廣注云「羯羠」皆健羊也。案：「健」當爲「犍」，字之誤也。《廣韻》「羠，牯羊也」。牯與「羖」同。《衆經音義》卷五引《三倉》云「羖，羯也」。《爾雅》説豕云「豶，豶」。《説文》「豶，羠豕也」。《大畜》六五「豶豕之牙」，劉表注云「豕去勢曰豶」。《説文》「犄，犗犬也」。《釋言》「㓷，攻也」，曹憲《音》「止善」「鋤限」二反。《廣韻》「㓷，以椎去牛勢也」。㓷之言鐉也。《説文》「鐉，伐擊也」。《玉篇》「之善切，割也」。今俗語謂去畜勢爲扇，即「㓷」聲之變轉矣。《周官·校人》「頒馬攻特」，鄭衆注云「攻特，謂騬之」。犍，曹憲《音》「居言」。字或作「犍」，或作「劇」。《衆經音義》卷十一引《通俗文》云「以刀去陰曰劇」，卷十四引《字書》云「犍，割也」。《廣韻》「劇，以刀去牛勢也」。劇之言虔也。《方言》「虔，殺也」。義與「割」通。今俗謂牡豬去勢者曰犍豬，聲如建。

麔，狼題肉角，含仁懷義，音中鐘吕，行步中規，折還中榘，遊必擇土，翔必後處，不履生蟲，不折生草，不羣居，不旅行，不入陷穽，不羅罘罔，文章彬彬。

《爾雅》「麐，麕身牛尾，一角」，李巡注云「麐，瑞應獸名」，孫炎云「靈獸也」。字或作「麟」。哀十四年《公羊傳》「麟者，仁獸也」，何休注云「狀如麕，一角而戴肉，設武備而不爲害，所以爲仁也，《詩》云『麟之角，振振公族」是也」。《周南・麟之趾》箋亦云「麟角之末有肉，示有武而不用」。《初學記》引《孝經古契》云「吾所見一禽如麕，羊頭，頭上有角，其末有肉」，則緯家已爲此説也。哀十四年《左傳正義》引《京房易傳》云「麟，麕身牛尾，狼額馬蹄，有五采，腹下黄，高丈二」。「額」即題也。《爾雅》「定，題也」，郭璞注云「題，額也」，引《詩》云「麟之定」。張注《上林賦》亦云「雄曰麒，雌曰麟，其狀麇身牛尾，狼題一角」，是也。《説苑・辨物》篇「麒麟麕身牛尾，員頂一角，含仁懷義，音中律吕，行步中規，折旋中矩，擇土而踐，位平然後處，不羣居，不旅行，紛兮其有質文也」。紛與「彬」聲相近。《藝文類聚》引《説苑》作「彬彬然」。《周南・麟之趾》義疏云「麟，角端有肉，音中鐘吕，行中規矩，遊必擇地，詳而後處，不履生蟲，不踐生草，不羣居，不侣行，不入陷穽，不罹羅網，王者至仁則出」，亦與《廣雅》同。各本「行步」譌作「步行」，「陷穽」譌作「穽陷」，「章」譌作「彰」，「彬彬」譌作「彬也」。案：《説苑》作「行步中規」，《詩義疏》作「不入陷穽」，《左傳正義》引《廣雅》「行步中規」「不入陷穽」「文章斌斌」，《禮運》正義引「不入檻穽」「文章斌斌」，《初學記》引「行步中規」「不犯陷穽」「文章彬彬」，今據以訂正。又《左傳正義》《禮運》正義引《廣雅》「麔」上有「麒」字，「狼題」作「狼頭」。「翔必後處」，《左傳正義》作「翔必有處」，《禮運》正義作「詳而後處」。「不羅罘罔」，作「不入羅網」，《初學記》作「不罹罘罔」。案：罹與「羅」古字通。

䶂，鼠。

《説文》「鼠，穴蟲之摠名也，象形」。《方言》「宛野謂鼠爲䶂」，郭璞注云「宛、新野，今皆在南陽，音錐」。《玉篇》云「南陽呼鼠爲䶂」，本《方言》注也。各本「鼠」字誤入曹憲《音》内。《埤雅》引《廣雅》「䶂，鼠」，今據以訂正。

鼩鼠，鼫鼠。

《爾雅》「鼫鼠」，孫炎注云「五技鼠也」，郭璞云「形大如鼠，頭似兔，尾有毛，青黄色，好在田中食粟豆，關西呼爲鼩鼠，見《廣雅》，音雀」。《説文》「鼫，五技鼠也，能飛不能過屋，能緣不能窮木，能游不能渡谷，能穴不能掩身，能走不能先人」。《晉》九四「晉如鼫鼠」，《九家易》云「鼫鼠，喻貪也，五伎皆劣，四爻當之」。《荀子・勸學篇》「梧鼠五技而窮」，《大戴禮》作「鼫鼠」。字通作「碩」。《魏風・碩鼠》篇「碩鼠碩鼠，無食我黍」，《正義》引舍人、樊光《爾雅》注，以《詩》「碩鼠」爲彼五技之鼠，《義疏》云「今河東有大鼠，能人立，交前兩脚於頸上跳舞，善鳴，食人禾苗，人逐則走入樹空中，亦有五技，或謂之雀鼠，其形大，故《序》云『大鼠也』」。雀與「鼩」通。各本「鼩」下「鼠」字誤入曹憲《音》内。《埤雅》引《廣雅》「鼩鼠，鼫鼠」，今據以訂正。

鼴鼠，鼢鼠。

《爾雅》「鼢鼠」，郭璞注云「地中行者」。《説文》「鼢，地中行鼠，伯勞所化也，一曰偃鼠」，或從虫作「蚡」。偃與「鼴」通。《莊子・逍遥遊》篇「偃鼠飲河，不過滿腹」，是也。偃之轉聲則爲隱。《名醫别録》「鼴鼠，在土中行」，陶注云「俗中一名隱鼠，一名蚡鼠，形如鼠大而無尾，黑色，長鼻，甚强，常穿地中行」。《藝文類聚》引《廣志》云「鼢鼠深目而短尾」。案：此鼠所在田中多有之，尾長寸許，體肥而匾，毛色灰黑，行於地中，起土上出，若螘之有封。故《方言》「蚍蜉𪕮鼠之塲謂之坻」，郭璞注云「塲，音傷」，「𪕮鼠，蚡鼠也」。《爾雅》疏云「謂起地若耕，因名云」。今順天人猶呼鼢鼠。《莊子釋文》引《説文》舊音「鼢」扶問反，正與俗音相合矣。䶂，各本譌作「䶆」。《説文》《玉篇》《廣韻》《集韻》《類篇》俱無「䶆」字。《集韻》「䶂」或作「鼴」。今訂正。

鼠狼，鼬。

《爾雅》「鼬鼠」，郭璞注云「今鼬似鼦，赤黄色，大尾，啖鼠，江東呼爲鼪」。《説文》「鼬，如鼠，赤黄而大，食鼠者」。《夏小正》九月「鼶鼬則穴」，傳云「穴也者，言蟄也」。《莊子・徐無鬼》篇「藜藋柱乎鼪鼬之逕」。《秋水》篇「騏驥驊騮，一日而馳千里，捕鼠不如狸狌」，崔本「狌」作「鼬」。鼬善捕鼠，故有「鼠狼」之名。《藝文類聚》引《廣志》云「黄鼠善走，凡狗不得，惟鼠狼能得之」。今俗通呼黄鼠狼，順天人呼之黄鼬。好夜中食人雞，人捕取之，以其尾毛爲筆。

陽鼠。

諸書無言「陽鼠」者。《玉篇》「鴙，音惕，鼠也」。疑「陽」字本作「鴙」，曹憲《音》「惕」。正文脱去「鴙」字，《音》内「惕」字誤入正文，「惕」又譌爲「陽」也。

鼩鼠。

《説文》「鼩，鼠屬也」。《龍龕手鑑》「鼩，小鼠也」。《玉篇》以爲即「鼱鼠」，音如勇切。

鼱鼠。

《説文》「鼱，鼱令鼠也」。

鼸鼠。

《說文》「⿰鼠益，鼠屬也」，或從豸作「貖」。

⿰鼠韱⿰鼠胡。

《說文》「獑⿰胡鼠鼠黑身，白署若帶，手有長白毛，似握版之狀，類蝯蜼之屬」。獑與「⿰鼠韱」同。《廣韻》「⿰鼠韱⿰鼠胡似猨，黑身白署，手有長白毛，善超坂絕巖也」。《玉篇》「⿰鼠韱」仕緘切，「⿰胡鼠」户吾切。《漢書·司馬相如傳》「獑⿰胡鼠豰蛫」，張注云「獑⿰胡鼠似彌猴，頭上有髮，要以後黑」，郭璞「獑」音讒。《史記》作「螹」，徐廣音在廉反，「似猨黑身也」。《西京賦》「杪木末，擭獑⿰胡鼠」，薛綜注云「獑⿰胡鼠，猨類而白，腰以前黑」。諸家或云腰以前黑，或云腰以後黑，或云黑身白腰，未知誰得其實也。

⿰鼠尃⿰鼠唐。

《玉篇》「⿰鼠尃」布各切，「⿰鼠唐」徒當切。《廣韻》「⿰鼠尃⿰鼠唐鼠，一月三易腸」。⿰鼠唐或作「唐」。《藝文類聚》引《梁州記》云「壻水北壻鄉山，有仙人唐公房祠，山有易腸鼠，一月三吐易其腸，束廣微所謂唐鼠者也」，又引《博物志》云「唐房升仙，雞狗並去，唯以鼠惡不將去，鼠悔，一月三出腸」。《水經》沔水注亦云「公房白日升天，雞鳴天上，狗吠雲中，惟以鼠惡留之，鼠乃感激，以月晦日吐腸胃更生，故時人謂之唐鼠」。案：此曲説也。《漢仙人唐公房碑》云「鼠齧輓車被具，公房乃畫地爲獄，召鼠誅之」，又云「公房妻子屋宅六畜，翛然與之俱去」。是殺鼠與升仙各爲一事，後人乃合二事以爲此説耳。唐鼠自是山中異産，不以唐公房也。

⿰鼠同⿰鼠令。

《玉篇》「⿰鼠同，公熒切，班鼠也」，「⿰鼠令，力丁切，⿰鼠同屬」。又云「鼤，班尾鼠」。《廣韻》「⿰鼠同⿰鼠令，班鼠」，又云「鼤，班鼠也」,「鼤,鼠文也」。則鼩鼩即《爾雅》之「鼤鼠」矣。各本「鼩」譌作「鼩」,今訂正。

白鼵。

《説文》「鼵,鼠也,讀若樊」。《玉篇》「鼵,白鼠也」。《初學記》引《晉起居注》云「白鼠一見東宫」。《藝文類聚》引《地鏡圖》云「黄金之見,爲火與白鼠」,又引《廣志》云「白猨長尾白腹,善緣登,若家鼠小異者」。鼵之言皤也。《釋器》云「皤,白也」。

鼥。

《玉篇》「公禄切,鼬鼠也」。

鼷鼤。

未詳。

鼨鼠。

《廣韻》「鼨」子峻切,「石鼠,出蜀,毛可作筆」。

鼮鼠。

《北山經》「丹熏之山有獸焉,其狀如鼠而菟首麋身,其音如獋犬,以其尾飛,名曰耳鼠,食之不脎,又可以禦百毒」。郭璞《贊》云「蹠實以足,排虚以羽,翹尾翻飛,奇哉耳鼠,厥皮惟良,百毒是禦」。耳與「鼮」通。各本「鼮」下脱「鼠」字。《集韻》「鼮鼲,鼠屬也」,則所見已是誤本。今據《北山經》訂正。

鼲鼠。

《説文》「鼲鼠出丁零國，❶皮可爲裘」。《玉篇》「鼲」胡昆、古魂二切。《鹽鐵論・力耕》篇「鼲鼦狐貉，充於内府」。字通作「昆」。《魏志・烏丸鮮卑東邊傳》注引《魏畧》云「丁令國出名鼠皮，青昆子、白昆子皮」。❷昆子即「鼲子」也。《後漢書・鮮卑傳》云「鮮卑有貂豽鼲子，皮毛柔蠕，故天下以爲名裘」。其尾又可以飾冠。《魏志・王粲傳》注引《典略》云「鼲貂之尾，綴侍臣之幘」。

⿰鼠含鼠。

即「鼸鼠」也。《爾雅》「鼸鼠」，孫炎注云「鼸者，頰裏也」，郭璞云「以頰内藏食也」，《釋文》「鼸」下簟反。鼸與「⿰鼠含」聲近義同。鼸之言嗛也。《爾雅》「寓鼠曰嗛」，郭注云「頰裏貯食處」，是也。故「鼸」或作「嗛」。《夏小正》正月「田鼠出」，傳云「田鼠者，嗛鼠也」。《墨子・非儒》篇「鼸鼠藏而羝羊視」，蓋謂其藏食也。《説文》「鼸，䶄也」，「䶄，鼸屬，讀若含」。䶄與「⿰鼠含」同。⿰鼠含之爲言含食也。《龍龕手鑑》云「⿰鼠含似鼠無耳」。

⿰鼠卯鼠。

《説文》「⿰鼠卯，竹鼠也，如犬」。《玉篇》「⿰鼠卯，力久切，似鼠而大」。《廣韻》「⿰鼠卯，食竹根鼠也」。《藝文類聚》引劉欣期《交州記》云「竹鼠如小狗子，食竹根，出封溪縣」。⿰鼠卯或作「⿰犭留」。《莊子・天地》篇「執留之狗」，《釋文》「留」本又作「⿰犭留」，司馬彪云「⿰犭留，竹鼠也」。後世謂之竹⿰鼠卯，出南方，居土穴中，大如兔，人多食之，味如

❶「國」，《説文解字》作「胡」。
❷「邊」，《三國志》作「夷」。

鴨肉。揚雄《蜀都賦》云「春羔秋𪕮」。《埤雅》引《燕山録》云「煮羊以𪕮，煮鼈以蚊」。

鼠屬。

獸一歲爲豵，二歲爲豝，三歲爲肩，四歲爲特。

《説文》「豵，一歲豚尚藂聚也」。「豝，二歲豕能相把拏」，引《召南·騶虞》篇曰「一發五豝」。「豣，三歲豕肩相及者」，引《齊風·還》篇曰「並驅從兩豣兮」。豣與「肩」通。《騶虞》篇「壹發五豵」，傳云「一歲曰豵」，《正義》云「傳以《七月》云『言私其豵，獻豣於公』，《大司馬》云『大獸公之，小禽私之』，豵言私，明其小，故彼亦云『一歲曰豵』，獻豣於公，明其大，故彼與《還》傳皆云『三歲曰豣』。《伐檀》傳云『三歲曰特』，蓋異獸別名，故三歲者有二名也」。《毛詩》肩、特皆三歲者，此云「四歲爲特」，與毛異。鄭衆注《大司馬》引《詩》「言私其豵，獻肩于公」而釋之云「一歲爲豵，二歲爲豝，三歲爲特，四歲爲肩，五歲爲慎」，此云「三歲爲肩，四歲爲特」，亦與鄭異。

附引《廣雅》一條。

貀，豹也。

見《太平御覽》。貀亦豹之屬也。《爾雅》「貀，無前足」，郭璞注云「晉太康七年，召陵扶夷縣檻得一獸，似狗，豹文，有角，兩脚，即此種類也，或説貀似虎而黑，無前兩足」，《釋文》引《字林》云「獸無前足，似虎而黑」，即郭氏所引或説也。《説文》「貀，獸無前足」，引漢律「能捕豺貀，購百錢」。字亦作「豽」。《廣韻》

「貀，獸名，似貍蒼黑，無前足，善捕鼠」。

釋嘼

白馬黑脊，驙。

脊，各本譌作「沓」，今訂正。

白馬朱鬣，駮。

定十年《左傳》釋文引舍人《爾雅》注云「鬣，馬鬉也」。駮，各本譌作「駱」。段先生若膺云：《爾雅》「白馬黑鬣，駱」。駱非朱鬣之馬，「駱」當爲「駮」。《逸周書·王會》篇「犬戎文馬，赤鬣縞身，目若黄金，名吉黄之乘」，《説文》「文」作「駮」。《海内北經》亦云「犬戎有文馬，縞身朱鬣，目若黄金，名曰吉量，乘之壽千歲」，郭璞注云「縞身，色白如縞也」。今從段説訂正。

飛黄。

一名乘黄。《逸周書·王會》篇「白民乘黄，乘黄者，似騏，背有兩角」。《海外西經》「白民之國有乘黄，其狀如狐，其背上有角，乘之壽二千歲」，郭璞注引《周書》「似騏」作「似狐」，云「即飛黄也」。《淮南·覽冥訓》「青龍進駕，飛黄伏皁」，高誘注云「飛黄，乘黄也，出西方，狀如狐，背上有角，乘之壽三千歲」。《初學記》引《符瑞圖》云「騰黄者，神馬也，其色黄，一名乘黄，亦曰飛黄，或曰吉黄，或曰翠黄，一名紫黄」。

騊駼。

《海内北經》「林氏國有珍獸，大若虎，五采畢具，尾長于身，名曰騶吾，乘之日行千里」，郭璞注云「《六韜》云『紂囚文王，閎夭之徒詣林氏國求得此獸獻之，紂大悦，乃釋之』，《周書》曰『夾林酋耳，酋耳若虎，尾參於身，食虎豹』，《大傳》謂之怪獸，吾宜作『虞』也」。又爲《贊》云「怪獸五采，尾參於身，矯足千里，儵忽若神，是謂騶虞，《詩》歎其仁」。

吉量。

量與「量」同，詳見上文「白馬朱鬣，駁」下。

朱駮。

《爾雅》「騮白，駁」，孫炎注云「騮，赤色也」。駮與「駁」同。《開元占經・馬占》引《禮斗威儀》云「君乘火而王，其政和平，則南河輸駮馬」，注云「駮馬者，黄赤色馬也」。謝莊《舞馬賦》云「方疊鎔於丹縞，亦聯規於朱駮」。

飛兔。

《吕氏春秋・離俗覽》「飛兔要褭，古之駿馬也」，高誘注云「飛兔、要褭，皆馬名也，日行萬里，馳若兔之飛，因以爲名也」。《開元占經・馬占》引《瑞應圖》云「飛兔者，馬名也，日行三萬里，禹治水勤勞，捄民之害，天眷其德而至」。

金喙，騕褭。

騕或作「要」。《漢書・司馬相如傳》「羂要褭」，張注云「要褭馬金喙赤色，一日行萬里者」。是金喙者爲騕裹也。《開元占經·馬占》引應劭《漢書注》云「騕裹，古駿馬，赤喙玄身，日行一萬五千里」，與張注小異。

餘見上條。

走狐。

未詳所出。

駃騠。

《説文》「駃騠，馬父贏子也」。《逸周書·王會》篇云正北「以野馬騊駼駃騠爲獻」。《史記·匈奴傳》索隱云「《發蒙記》『駃騠刳其母腹而生』，《列女傳》云『生七日超其母』」。騠或作「題」。《御覽》引《尸子》云「文軒六駃題無四寸之鍵，則車不行」。駃之言赽，騠之言踶，疾走之名也。《釋詁》云「赽，疾也」。《釋宫》云「駃，奔也」。《説文》「趹，馬行皃」，「赽，踶也」。高誘注《淮南·脩務訓》云「踶，趍走也」。

飛鴻。

《御覽》引《東方朔傳》云「騏驎緑耳蜚鴻華騮，天下良馬也」。蜚與「飛」同。

野麋，腹丹。

皆未詳所出。

騏驥。

《説文》「騏，馬青驪文如綦也」，「驥，千里馬也，孫陽所相者」。《論語·憲問》篇「驥不稱其力，稱其德也」，鄭注云「德者，謂調良之德也」。《穆天子傳》「天子之駿，赤驥」，郭璞注云「世所謂騏驥」。《莊子·秋水》

篇「騏驥驊騮，一日而馳千里」。騏或作「騹」。《荀子·性惡篇》「驊騮騹驥，纖離緑耳，此皆古之良馬也」，楊倞注云「騹，讀爲騏」。

騄駬。

或作「緑耳」。《竹書紀年》穆王八年「北唐來賓，獻一驪馬，是生騄耳」。《穆天子傳》「天子之駿，緑耳」，郭璞注云「魏時鮮卑獻千里馬，白色而兩耳黄，名曰黄耳，即此類也」。《商子·畫策》篇「騏驎騄耳，每一日走千里，有必走之勢也」。

驊騮。

《説文》「騮，赤馬黑髦尾也」。驊或作「華」。《穆天子傳》「天子之駿，華騮」，郭璞注云「色如華而赤，今名馬驃赤者爲棗騮，騮，馬赤也」。餘見上文「騏驥」下。

駣騨。

《史記·秦本紀》「造父得驥温驪」，徐廣云「温一作『盜』」，《索隱》云「鄒誕生本作『駣』，音陶」。則「盜驪」即此駣騨也。《爾雅》云「小領，盜驪」。《穆天子傳》「天子之駿，盜驪」，郭璞注云「爲馬細頸，驪，黑色也」。《玉篇》作「桃騨」。《御覽》引《廣雅》亦作「桃」。《集韻》云「駣騄，獸名，似馬」。

汗血。

《史記·樂書》「太一貢兮天馬下，霑赤汗兮沫流赭」，《集解》引應劭《漢書注》云「大宛馬汗血霑濡也，流沫如赭」，又引應劭云「大宛舊有天馬種，蹋石汗血，汗從前肩髆出如血，號一日千里」。《大宛傳》「大宛多善馬，馬汗血，其先，天馬子也」，《集解》引《漢書音義》云「大宛國有高山，其上有馬，不可得，因取五色母駒置其下，❶與交，生駒汗血，因號曰天馬子」。《藝文類聚》引《神異經》云「西南大宛宛丘有良馬，其大二丈，鬣至膝，尾委於地，蹄如升腕可握，日行千里，至日中而汗血，乘者當以緜絮纏頭腰小腹以避風病，其國人不纏也」。

驒騱。

《説文》「驒騱，野馬屬」。司馬相如《上林賦》「蛩蛩驒騱」，郭璞注云「驒騱，駏驉類也，驒音顛，騱音奚」。《史記・匈奴傳》「其奇畜則橐駞驢贏駃騠騊駼驒騱」。

巨虚。

《爾雅・釋地》「西方有比肩獸焉，與邛邛岠虚比，爲邛邛岠虚齧甘草，即有難，邛邛岠虚負而走，其名謂之蟨」，孫炎注云「邛邛岠虚狀如馬，前足鹿，後足兔，前高不得食而善走」。岠與「巨」通，或作「距」。《逸周書・王會》篇「獨鹿邛邛距虚善走也，孤竹距虚」，孔晁注云「距虚，野獸，驢騾之屬」。《穆天子傳》「邛邛距虚走百里」，郭璞注云「亦馬屬」，引《尸子》云「距虚不擇地而走」。《漢書・司馬相如傳》「蹵蛩蛩，轔距虚」，張注云「蛩蛩，青獸，狀如馬，距虚似贏而小」，郭璞云「距虚即蛩蛩，變文互言耳」。李善《七發》注引《范子》云「千里馬必有距虚」。

---

❶ 「駒」，《史記集解》作「馬」。

駥鹿。

《韓子·外儲説》篇「夫馬似鹿者，題之千金」，謂此類也。《御覽》引《廣雅》「駥」作「娀」。

馬屬。

𨛫牰，丁犖。

《集韻》「大牡謂之牰」。《説文》「犖，駁牛也」。《藝文類聚》引桓譚《新論》云「夫畜生賤也，然有尤善者，皆見記識，故馬稱驊騮驥騄，牛譽郭椒丁櫟」。椒與「牰」通。櫟與「犖」通。𨛫即「郭」字。各本「𨛫」譌作「鄙」，「牰」譌作「料」，今訂正。

牛屬。

吴羊牡一歲曰牡䍮，三歲曰羝。其牝一歲曰牸䍮，三歲曰牂。吴羊犗曰𦍩，羖羊犗曰羯。

《爾雅》「羊，牡羒，牝牂」，「夏羊，牡羭，牝羖」。郭璞注「羊，牡羒」云「謂吴羊白羝」，注「夏羊」云「黑羖攊也」，注「牝羖」云「今人便以牂、羖爲白、黑羊名」。是羊之白者爲吴羊，其牝爲牂；黑者爲夏羊，其牝爲羖。又或通稱白羊爲牂羊，黑羊爲羖羊。《小雅·賓之初筵》篇「俾出童羖」，箋云「羖羊之性，牝牡有角」。是黑羊牝牡皆得稱「羖」也。《説文》「䍮，羊未卒歲也」。《玉篇》音雉矯切。䍮之言肇，始生之名也。《爾雅》「肇，始也」。前《釋獸》云「羝，雄也」，「牸，雌也」。《大壯》九三云「羝羊觸藩」。《小雅·苕之華》云「牂羊墳首」。《釋獸》云「羯，犍也」。《説文》「羯，羊羖犗也」。各本「牡䍮」，「䍮」譌作「翔」。「吴羊犗」，「犗」作「𦏵」。《説文》《玉篇》《廣韻》俱無「𦏵」字。今並據《初學記》《御覽》所引訂正。

羍、羜、羜、羜，羔也。

《説文》「羍，小羊也，讀若達」。《大雅·生民》箋云「達，羊子也」，《正義》引薛琮答韋昭云「羊子初生達，小名羔，未成羊曰羜，大曰羊，長幼之異名也」。《説文》「羍，六月生羔也，讀若霧」。小羊謂之羍，猶小雞謂之鶩矣。《爾雅》「未成羊，羜」。《説文》「羜，五月生羔也，讀若煮」。《小雅·伐木》篇云「既有肥羜，以速諸父」。顔師古《匡謬正俗》云「今謂小羊未成爲旋子，何也，答曰『按吕氏《字林》云「羜」音選，未晬羊也，今言旋者，蓋語訛耳，當言羜子也』」。晬，《玉篇》音子對切，周年也。《説文》云「羊未卒歲曰䍲」，是也。羜之言臇。《方言》「臇，短也」，郭璞注云「便旋，庳小貌也」。《後漢書·王渙傳》注引《韓詩章句》云「小者曰羔，大者曰羊」。

羔皮，泠角。

泠與「羚」通，或作「羚」。羔羊之皮可以爲裘。泠羊之角可以療疾。《召南·羔羊》篇「羔羊之皮，素絲五紽」，傳云「古者素絲以英裘，不失其制，大夫羔裘以居」。《周官·司服》「王祀昊天上帝，則服大裘而冕」，鄭衆注云「大裘，羔裘也」。《爾雅》「羚，大羊」，郭璞注云「羚羊似羊而大，角員鋭，好在山崖閒」。《説文》「羚，大羊而細角」。《西山經》云「翠山多旄牛羚麝」。《本草》「羚羊角」，陶注云「羚羊今出建平宜都諸蠻中，及西域，多兩角，一角者爲勝，角甚多節，蹙蹙圓繞」。陳藏器《拾遺》云「羚羊角有神，夜宿以角挂樹，不著地，角彎中深鋭緊小，猶有挂痕，耳邊聽之集集鳴者良」。

羊屬。

頓丘。

此蓋頓丘之良豕，即以「頓丘」爲名，其詳則未聞也。

梁䝤。

《初學記》引《纂文》云「梁州以豕爲䝤，之涉反」。《玉篇》「䝤，良豬也」。《廣韻》「䝤，梁之良豕也」。

重䫌。

未詳。

貆。

《説文》「貆，逸也，讀若桓」。《六書故》引唐本《説文》作「貆，豕屬也」。《逸周書·周祝解》云「狐有牙而不敢以噬，貆有蚤而不敢以撅」。《玉篇》「貆」與「貆」同。《西山經》「竹山有獸焉，其狀如豚而白毛，大如笄而黑端，名曰豪彘」，郭璞注云「貆豬也，夾髀有麤豪長數尺，能以脊上豪射物，亦自爲牝牡，吴楚呼爲鸞豬，亦此類也」。

豕屬。

殷虞。

《爾雅釋文》引《廣雅》「殷虞、晉獒、楚獷、韓獹、宋浞」而釋之云「皆良犬也」。此殷虞當爲殷之良犬名虞，然未詳所出。

晉獒。

《爾雅》「狗四尺爲獒」。宣二年《左傳》説晉靈公將攻趙盾云「公嗾夫獒焉」，杜預注云「獒，猛犬也」。宣六年《公羊傳》「靈公有周狗謂之獒」，何休注云「周狗，可以比周之狗，所指如意」。案：獒者，大犬之名。《釋詁》云「驁，大也」，聲義與「獒」同。

楚黄。

《吕氏春秋·直諫》篇「荆文王得茹黄之狗，宛路之矰，以畋於雲夢」。

韓獹。

《初學記》引《字林》云「獹，韓良犬也」，「猚，宋良犬也」。獹通作「盧」。《齊風·盧令》篇傳云「盧，田犬也」。《秦策》云「譬若馳韓盧而逐蹇兔也」。《少儀》「守犬田犬則授擯者，既受乃問犬名」，鄭注云「名謂若韓盧宋鵲之屬」，《正義》云「《戰國策》云『韓子盧者，天下之壯犬也』，桓譚《新論》云『夫畜生賤也，然其尤善者，皆見記識，故犬道韓盧宋猚』，又魏文帝説諸方物亦云『狗於古則韓盧宋鵲』，則猚、鵲音同字異耳」。《孔叢子·執節》篇申叔問曰「犬馬之名，皆因其形色而名焉，唯韓盧宋鵲獨否，何也」，子順荅曰「盧，黑色；鵲，白黑色」。

宋猚。

詳見上條。

狼狐。

未詳。

狂，獖。

《説文》「狂，黄犬黑頭也，讀若注」。《初學》引《纂文》云「守犬爲獖，扶本反」。

犬屬。

辟雎，鷄也。

《方言》「雞，陳楚宋魏之間謂之鷝䳤」，郭璞音避祇。鷝䳤與「辟雎」同。

杜艾，季蜀。

《藝文類聚》引桓譚《新論》云「馬稱驊騮驥騄，牛譽郭犫丁櫟」，《少儀》正義引桓譚《新論》云「犬道韓盧宋猔」，此上文「郭犫、丁犖」「韓獹、宋猔」所本也。「杜艾季蜀」，文正與之相似。且騄、櫟、猔、蜀句末爲韻。疑「杜艾季蜀」亦《新論》之文。蓋杜艾、季蜀皆良雞，杜、季乃畜雞者之姓氏，猶郭犫、丁犖矣。《爾雅》「雞大者蜀」，郭璞注云「今蜀雞」。

鷄屬。

博雅音卷第一

高郵王念孫校

釋詁

鼃户瓜反。𦺇律。寷豐。𡖇苦雷反。粗在户反。沛浦會反。袥音託。鹷矜。夸苦瓜。匯乎對反，胡磊反，胡罪反。𡙇扶弗反。㢋赤以反。𢫬布萌反。㔜布蔑。朴普木。訏吁。夤以真反。誧鋪。䪏昌者反。顤考。顝苦骨反。䫥苦磊反。𢽾敦。芋吁。𤡓彫。䫜許堯反。觰竹家反。驐五高反。𦪇音籠。員負。假格。軫苦禮。艾五害反，又刈。掇陟履反。岠巨。摵就夙反，又子六，又似育。抵多禮反。緊於兮反。徦歸往反。迋于放反。忓汗。惢素果反，又才累反。嫧側革反。婡測角反。㜸如小。馴旬音，《説文》字巛反。孎竹緑反。睩禄。嘘去焉。悰在宗反。比鼻。聆禮丁。娓媚。揗循。捄巨菊、巨牛反，又俱。臬魚列。灋法。甬勇。棃離。傻蘇苟。叡大到反。耆點。款款。軫軨。奭火逼反。椞俱雨反。隒苦檢、居斂、語險三反。鑈乃頰。弸冰。愾苦賴。悀勇。牣刃。愊皮逼。窒丁一。屯大村。○當音張倫反，説見《疏證》。𩞄於敬。䭊乙丈。臆憶。穌蘇。迿勿。釗昭音，世人以釓、釗失爲一字。

迃紆。夐吁性。逴丑卓。○各本「丑」譌作「尹」，今訂正。遾逝。怗牒音，又齒廉反。懕一占。𢡃細則反。宓眉筆反，世人以山如堂者，密作祕、宓字，失之矣。毒毒。嗼莫，又亡白。湛丈減。倓達濫反。便房連。靡亡彼反。眯米。侎亡是。媞狄卟反，❶又之移、上支二反。○「卟」音稽，各本「卟」譌作「計」，❷今訂正。尼女一。澹大闞。佾逸。併步憐。袒丑丈。亨呼行。憼景。懍力甚反。浚三閏。悛此緣反。拌普干，又音伴。撽苦孝，又苦交。捐音沿。覂甫奉，又方犯。揗緣蘂反。抗口葬。𣧑於娱反，又口孤反。憮呼。磔竹戹反。彀古候反。彍廓郭。攄丑於反。遫丑力。瞋嗔。躔直然。趨七于。徥直駭，又仕紙。遻魚輦。蹠只石。逯鹿。躷示亦。逭乎館反，《尚書》曰「逭，逃也」。逌育。踚倫音，《方言》爲藥。○案：當作《方言》爲「踚」，音藥。稘基。○各本「基」譌作「其」，今訂正。𡛣死二反，又資利反。嬴羅外反，又力卧。嫧才賜。𡟉例。婚昬。媪温。媟葉。媕於業反。疞吁。疥介。疫役。邛巨恭。暱女乙。婑委媚，於爲。病符命，又補命。𣪍九劣，苦悦。痵揆季。𤺋猶，又夷狩。癭於整。疛胄。○各本「胄」譌作「曹」，辨見《疏證》。疝所澗。齲區禹。疕仄已。瞖古内。瘍亦。癇閑。痳林。㾷斯。痿於危。瘚巨月，又厥。痔峙。瘀於去。𤺊始藥，以灼。疓女駭，而亥。痾阿。𤸫尼八。痟消。𤸷於發，又

❶「卟」，原作「叶」，今據《四部備要》本改。

❷「卟」，原作「叶」，今據《四部備要》本改。

渴。奸居滿。皰白教。㕡丸。瘤留。痒羊。馗求。疢勑鎮，今「疹」字。疰注。痂加。瘃陟録。瘙素刀。𤺋丁世。瘍陽。癬四淺。瘙三到。癮鹽。瘥苦夾，工洽。胗軫。痦普迴。瘍馬嫁。創初良。瘵乘。亯響。頤夷。委一僞。冣在遇。嗇色。茨材咨。壘力水。積在茲，又子私。寖子鴆。揲臣熱。㪻敢。案所白。撈牢，又力幺。撟几小，几消。○各本兩「几」字竝譌作「凡」，❶今訂正。摣仄加。○各本「仄」譌作「反」，今訂正。摷力刀。撩力幺。探天含。担莊加，子冶。捕步。揥帝。汲九及。撤徹。梃式延，丑延。摻所減。銛他點。抍之丞。攟舉蘊。剿策交，初孝。撏才含。捊皮侯。蝝凶穢。槩苦計。䱡桂。㹞他計。𡡉甓。㪪晳，三歷。婚昏。媼温。歺五達。亢乎郎。○各本「乎」譌作「呼」，今訂正。《廣雅》訓亢爲極，則當音口浪反。羸力追。券去願。○案：券極之券字從力，音巨眷反。契券之券字從刀，音去願反。《廣雅》訓券爲極，而曹憲《音》「去願」，則是誤以爲契券字矣。御巨略，去逆。歍烏嫁。憊皮怪。噬上世。醮在焦。悴才遂。怛丁達。惴拙瑞。㥏於聊，於流。悹去弓。悺貫。㤙公拜。慭辨，婢典。○各本「辨」字誤入正文，辨見《疏證》。惕傷。惂坎。悃乎困。慭牛覲。憯才念。惄泥歷。

❶「凡」，原作「几」，今據《畿輔叢書》本、《四部備要》本改。

溼濕。嚳口沃。髣普狄。擘補革。〇各本正文脱去「擘」字，其「補革」之音遂溷入上文「髣」字下，「補」字又譌作「普」，辨見《疏證》。析三亦。筡塗。別彼列。虡徒各。𠜱布仁、普真反。隓許規。隤積。陁大何、大可反。阤直紙。陊達可。縻莫知。𢿫散音。揨宅耕。撞直江。鈌決。挃知帙。〇各本「帙」譌作「怢」，今訂正。𠟗衝。𠛅女六。𠛩大鴻。擣禱。刉居祈，又公内。抌丁感。𠢷牒。撽丁几。〇各本脱去「撽」字，其「丁几」之音遂溷入「𠢷」字下，「几」字又譌作「凡」，辨見《疏證》。抵底。抋邲，普必、白必。〇各本「白」譌作「自」，今訂正。掙楚耕。鍼針。剌七亦。刵耳志。劊古外。刓五丸。剸尊本。𠝏楚律。刌村本。刜拂。剒仄略。㦸慈頡。剸拙兖，大丸。𠞰楚芮，楚刮。〇影宋本、皇甫録本、畢效欽本「刮」字竝譌作「乱」，吴琯本遂改爲「亂」，而諸本皆從之，今訂正。刐彫。刎亡粉。剶在侯。剽栗。㓸拙兖。銛他點，又息廉反。〇當音古活反，説見《疏證》。𠚾才彫。𠜾苦拜。𣃆拙兖。刈乂。劖士咸。劙力涉。㓹牛二。傀仕緘。頪雷對。儵叔。倏叔。傔慈葉。朓天弔。蹂爾帚。躁子到。駛山吏。獧絹。挑大了。拊方字。勮其御。𩌏去力。〇各本脱去「𩌏」字，其「去力」之音遂溷入「勮」字下，辨見《疏證》。汩于筆。儵音叔。〇各本此下有「一作『儵』」三字，蓋校書者所記。案：「儵」即「儵」之俗字，考諸書無訓「儵」爲疾者，今删。飀忽。赽公穴。𩀿仕林，潛。《説文》讀若岑。〇各本「林」譌作「休」，「若」譌作「蒙」，今訂正。跋火月。越于月。腆土典。〇各本「土」譌作「上」，今訂正。𦟍烏縑，烏檢。䐁純。〇各本「純」譌作「紕」，今訂正。𦜭列。膱子冄。貼大念。𦞦子荏。膶代紺。賁布魂反，彼寄反失之矣。琇秀。㥏大嫌。𦝫旨升。暟凱。豔艷。珇祖。挴每磊。赧女板。怍昨。㥏土典。眕之忍。䀣祕。瞢莫贈。慝天德反。恖女六反。怩尼。慼子六反。恧女六反。懇苦恨如上聲道之。瘥楚嫁。瘉移主。慫悚。慂勇。勵厲。儓臺。婘拳。嬴盈。娃烏佳。嫷大果。孌力兗。孉權。姚遙。娧通外。珇祖。眊莫對。婠一丸，一刮。姅丰。○各本「丰」譌作「半」，辨見《疏證》。忓汗。妧玩。媌莫交，莫絞。婩魚件。○各本「件」譌作「伴」，今訂正。嫧楚革。○各本「革」譌作「草」，今訂正。鮮思延。頔狄。嫡休六。嫮乎故。鈔七小。姽牛委。㛋牛果。嫿獲。㜺贊，才旦。婍綺。婽古雅。嬥徒聊，徒了。嫙旋。娙五杅，乎丁。○各本「杅」譌作「丁」，今訂正。蘣託陋。褿才牢。袓才呂。𧛎且六。媆而兗。媨子六，又才久。○各本「久」譌作「反」，惟影宋本、皇甫本不譌。姂赴乏，又乞乏、芳乏。媰仄救。嫈螢瑩。嫢揆。覣於皮。婥綽。嫵武。嬛淵。姍素丹。栙峯。耑端。標必沼。杓旳，又片幺。○各本「片」譌作「斥」，「幺」譌作「久」，《說文繫傳》杓音片幺反，今據以訂正。懱蔑。聥已禹。㦜乎郭。寱詣。愕吾各。逴勑略。䳤式若。㣿灼。透音叔，世人以此爲跳透字，他候反，未是矣。趯他的。憚大汗。摯貞二，又至。○當音充世反，辨見《疏證》。葴勑聾。俙許皆。屬時欲。蛻土會。○各本「土」譌作「七」，今訂正。𣭡乎。毻門悼反，冒字也。必無冒字邊從毛，吐外反，形聲不然，或未。○案：此注譌脱甚多，不可校正。毻音他卧反，曹憲以爲「毷」字，非是，辨見《疏證》。劐口白，口郭。劙力支。躡女涉。蹬丁鄧。跂去豉。○各本「豉」譌作「鼓」，今訂正。**蹫**蘗。**跈**才殄，又乃展反，今之「踐」字。**蹀**牒。**踂**女展。**蹈**道。**蹂**如酉。**蹋**徒臘。**跐**側買。**蹠**之石。**跂**支，又巨支反。**到**古鼎。○案：「到」當作「勁」，曹憲《音》「古鼎反」，非是，辨見《疏證》。**鞼**巨媿。**鬢**之忍。**劈**巨月。**釚**牟。**慘**七漸，四廉。**摛**魯。**怏**於亮。**强**巨兩。**隉**五結。**阽**鹽。**刖**一刮，一音月，又五刮。**殏**宜及。**傒**兮。**鎌**力霑。**漻**力彫，兮巧。**淑**孰。**湜**音寔。**洌**列。**澂**直陵。**濘**那定。**瀫**匹妙。**潋**力感。**潚**肅。**溓**廉。○各本脱去「溓」字，「廉」字又誤入正文，辨見《疏證》。**濊**乙闕。○各本「闕」譌作「阕」，今訂正。**穌**蘇。**秳**乎括。**轂**奴候，《春秋》之轂烏菟。○「烏」與「於」同，各本「烏」譌作「鳥」，又脱去「菟」字，今依段氏若膺校本補正。**蓬**楚驟。**倅**寸對。**揣**初毀，又丁果、尺兖。○各本「又」譌作「反」，今訂正。**硂**七全。**泚**且禮。**源**元。**蠖**於縛，於虢，居縛。○各本於縛之「於」譌作「于」，今訂正。**湊**七候。**蒴**莫郎。**趣**趨，娶。○各本「趨」譌作「趍」，「娶」譌作「趣」，辨見《疏證》。**務**無住。○各本脱去「務」字，其「無住」之音遂溷入「趣」字下，「住」字又譌作「在」，辨見《疏證》。**褊**必善。**筐**械。**隘**烏賣。**窄**側白。**陿**匣。**揥**帝。**敇**勑。**譟**烏報。**眂**示。**蔚**慰。**薈**烏外。**庡**於幾。**嚚**彦陳。**怐**苦候。○各本「苦」譌作「若」，今訂正。**愗**茂。**娍**越。**戇**竹降。**惷**式鍾。**券**去卷。**僪**巨腳。**犒**苦告。**勦**子小反，又楚交反。**疑**誤也。《禮記》曰「毋勦説」，鄭注云「勦由擥也，謂取人之説」。《春秋左傳》「無及於鄭而勦民焉用之」，杜訓爲勞。是則「勦」從刀而「勦」從力明矣。○自「疑誤也」以下蓋校書者所記。各本「於鄭」譌作「於其」，「於」字上脱去「春秋左傳無及」六字，又誤衍「訓爲勞是則」五字，「民」字上又脱去「而勦」二字，今俱訂正。**涅**乃結。**湮**

因。淈烏回。諑卓。譎徒革。䫎大兮。𢧐子才。睩七祭，楚札。窺苦垂。䁍耻淹。覩時。現耄。闚苦暫。盻乎計。䁘耻敬。覵古莧。眽麥。晛乎典。晚亡限。䀹居恚。䚕司。覓麥。○各本此下有「一覓」二字，當是「一作覓」三字之脱文。案：覓即「覓」之省文，非異文也。蓋校書者不明字體而并記之，今删。睩力惟。覿狄。○當音七亦反，説見《疏證》。睥普計。睨五計。眄亡見。睞來代。瞰苦覽。睇弟。瞰堪。眂支。䁤彫。䚍馬板。睃走公。瞹烏見。矆虎縛。○影宋本、皇甫本「虎」譌作「雩」，諸本又譌作「需」，今訂正。矎呼懸。䁯口計。眍祕。覻且居，七絮。睋以戰。診真敏，又陣。䁝五買。枉於往。橈女孝。䥂戾。蟠步干。寃烏園。○各本「園」譌作「困」，自宋時本已然，故《集韻》「寃」字有「烏困」之音。考諸書「寃」字無音烏困反者，卷四「寃，詘也」，曹憲《音》「於袁反」，「於袁」與「烏園」同音，今據以訂正。㸦古免。骫委。傴依矩反。僂力雨。䖜古萬。迟隙。剶勑傳。剓落。剃他帝。剔他覓。綆婢延。緝七立。襀資。緁且立。踊勇。陞升。弼備筆。𨓈逕。誂大鳥。誀如志。訹戌。謏素了，三六，三酉，所六。○此八字各本誤入「誘」字下，今訂正。嬹虛膺。忕敷。忔許乞。欯虛一。娎丈例。謣呼瓜。吁虛于，又于。○各本「又」譌作「反」，今訂正。欸哀。譥於兮。訡於麗。晞希。暀鶴。㷰峯，今之「峯火」字宜作此「㷰」。○各本「字」字誤在「今」字上，「字」上又衍「子」字，今訂正。粈女又。穰女亮。爍力的。媮他侯。㴸良音，世人作「㴸䙗」之㴸，水傍著京，失之矣。○各本「䙗」譌作「䙊」，「京」譌作「涼」，今訂正。又案：「㴸」字經傳皆作「涼」，《説文》亦訓「涼」爲薄，非後人之失也。磷吝。禪丹。福口革。菲佛匪反，世人以此爲「芳䨾」之䨾，失之矣。○各本「䨾」譌作「菲」，今訂正。又案：《説文》無「䨾」字，古但作「菲」，此亦非後人之失也。沾他縑反，世人水傍著忝，失之。又以此「沾」字爲「霑」，亦失之也。霑字宜然。○各本「沾字」之「沾」譌作「占」，影宋本不譌。䙏步各反，世人作「襌䙏」之䙏，艸下著溥，亦失之矣。○各本「䙏」譌作「䙏」，「艸」譌作「草」，「溥」譌作「溥」，今訂正。又案：《説文》無「䙏」字，古但作「薄」，亦非後人之失也。絅古熒反。○各本「反」譌作「字」，今訂正。獧俱面反，又俱眄反。慓匹昭。陖先訊。陗且肖。怦普衡，普耕。窘逵殯。趗祖迴反，《字書》《聲類》音爲局促，促長。○若膺云：當作「《字書》《聲類》音局促，促爲長」。趗、促古通用，故以音「促」爲長。迺徐留。蹙子六。筶苦。揯公鄧。亟幾憶。緊居忍。挰呈。掄崘。撟矯。捎所交。𢸥雀。捒束。○各本「束」譌作「捒」，今訂正。摳苦侯。掀虚言反，出《春秋》，亦訓爲舉。擎渠迎。𢪛拱。䎖子恒。翥之預反，《方言》爲署音。○各本「方」譌作「亦」，卷三「翥」字下云「《方言》音曙」，今據以訂正。扛江。偁齒升。搴騫。𢱢俱録。拯蒸之上聲。四聲：蒸、拯、證、職。揭竭。舉悆。舁餘。窪烏瓜。窆碑黶。窊烏瓜。埝乃頰。𥨪都念。𡋯除立。隫積。賆步田。貤弋豉。坿扶，又附。埤符彌。貱方寄。賢以瑞。䞭思俊。隝罵。潼童。沮子悆。湆泣。洳如悆。淖女孝，《莊子》亦以此字爲「淖」。顉五感。湧勇。勭蕩。撼乎感。㧡謂。擡臺。揌素來。扮伏粉。揮暉。揣初委。擽力刁。抗弋選，弋芮。○各本「選」譌作「巽」，今訂正。搈容。蝡如兖。摺力合。踒於皮。擖公八。○「擖」當爲「擸」，音獵，曹憲《音》「公八反」，非是，説見《疏證》。抈月。𢶍吕閭。儇許綿。憭了。譋他和。⿱貍心莫佳，莫諧。諞革。詖彼寄。𢻳呵苔。咍同上。唏許几，許冀。㕁巨略。听魚隱。嗞子慈。唹乙餘。嗔引。嗢乙滑。⿰口問火雅。咦火尸。吲與「哂」同。啞烏格。廝斯音。任平聲。嬙休六。嫪力高，力報。嫭乎故。妎械。媢亡篤。劮逸。婸大朗。馺素迊。䡠苦耕。藖乎閒。○各本「乎」譌作「呼」，今訂正。侄質。礭口卓。磑牛衣，牛哀。鍇楷，又公諧。○各本「楷」譌作「揩」，今訂正。鐕啟。截出允。茁側劣。殫丹。滲所蔭。○各本「所蔭」二字誤入正文，辨見《疏證》。涸鶴。汔許乞。焪去鳳。澌斯。涖力二反。釂子曜。糞方問。鬌都果，徒果。煎子延。鋌達鼎。○各本「達」譌作「逹」，今訂正。軥衢。輗兒。輓晚。摯至。○當音充世反，辨見《疏證》。扽頓。拕達可。拫乎根。攎盧。扔仍。扱楚洽。搐縮。捈途音。控苦貢。抓烏麻。彎關，又烏還。㞋而兖反，呂静音碾。䦟乃弟。懦奴玩，奴卧。恁而審反，疑之。媆女寸，而兖。嬈女孝。脃七歲。栠又荏，如甚。銋如深。○各本脱去「銋」字，其「如深」之音遂溷入「栠」字下，辨見《疏證》。愞乃卧。偄乃翫。靹納。欿口感。歛呼濫，呼甘。欱呼縑。

博雅音卷第二

高郵王念孫校

釋詁

槾亡旦，亡丸。擐宣。挴母磊。忨翫。慅操。饕他高。飻鐵。馶阿帙，於既。歁苦感。〇各本「苦」譌作「若」，今訂正。欿口感。婪來南。遴力晉。茹如與。慘七感。䬼苑袁。⿰⻊屈巨勿。劤靳。偵勑驚。〇當音「貞」，說見《疏證》。詇映，又於兩。詵史巾。⿰⻊契丑世。靚才性反。譊女交。嗃虎各。嚻奐。訆叫。獆、㺜上豪，下虎苟。評虎都。嘹力弔。㺦辭廉。衮恩。䐲丈入。燿曜。煠弋涉，士洽，丑涉。〇各本「士洽」譌作「士合」，今訂正。影宋本惟「洽」字不譌。爚藥。供平。敕恥力反。案：《說文》從攴、束聲。今「勑」字，「勞勑」字，力代反。慏亡狄反。𡗗组雅、才智反。熯而善反，又罕。焟昔。獒五高。煼初絞。炕抗。暵漢，又呼但。稫貧力。熭衞。鐰曹，才刀反。燩口擊。〇各本「擊」譌作「繫」，惟影宋本不譌。焇消。𣧌枯。殦苦老。澽巨。炢許勿。焪「穹」之去聲。灱火交。曝泣。膊普各。昲拂。煬恙。晅歌鄧。嘌匹妙。曬所賣。拸與紙、與支二音。甈去滯。鏬虎嫁。璺問。牌補買。𢪛必麥。捇呼號反。剅多侯。掝呼麥。扫呼没，又乎没。劈普歷。揤衛。劏口穫。〇各本「口穫」作「呼獲」，蓋因下文「劐」字音「呼獲」而誤，今據《玉篇》《廣韻》《集韻》《類篇》訂正。癟弋㯉。劐呼獲，又口獲。鬜揩瞎。鬏口八。〇各本「八」譌作「入」，今訂正。髻瞎。頌口本，口骨。喛呼館、虎元二反，《方言》音段。〇各本「段」譌作「叚」，今訂正。齘械。苛何。嫳篇悦，又普列。覫於危。〇「覫」當作「䙴」，音羌箠反，曹憲《音》「於危反」，非是，說見《疏證》。顙巨錦，渠領。俟戾。媺陟衛。怴呼述。訮虛妍。訶火哥。甝苦暫。噉虛葛。諸時。訬血。詉魚刮。喤涅。喤户盲。恫勑公。忀灼。㿉老到，又力彫。憯七點。蚎挪達。惵策。瘌羅達。蠚丑略，又呼各。蓋案：此「蓋」字張揖出重耳。〇各本「重」譌作「里」，今訂正。蠚、蓋同字，故云「重」。疼彤。痠酸。喙凶穢。〇各本「凶」譌作「又」。案：喙與「㳙」同音，前卷一内「㳙」《音》「凶穢反」，今據以訂正。咶虎夬。忥虚氣。欻❶虎夾。吹漢佳。〇各本「佳」譌作「家」，辨見《疏證》。欯苦訝。䖘姑。夭淫。烔同。焯之藥反。煦火遇。炘虛隱。煆呼嫁。焥哀。爆布角，普角，步角。烿而悅。䕼然。爟古亂。鄗多朗。凥也上古魚反。凥，案：《説文》從尸、几聲，今「居」字乃「箕居」字也，古盧反。〇「上古魚反」，各本「反」皆作「切」。案：反切之名自南北朝以上皆謂之反，孫愐《唐韻》則謂之切。唐玄度《九經字樣序》云「聲韻謹依開元文字，避以反言」。是則變反言切，始自開元。曹憲爲隋唐閒人，不宜有此。

❶「欻」，原作「欶」，今據《廣雅疏證》正文改。

凡《廣雅》音中有言某切者，皆是後人所改，今訂正。「説文從尸、几聲」，各本脱「從」字，今補。悚遏。縕他丁。紿待。繟闡。○各本「闡」字誤入正文，辨見《疏證》。譠託山。縒昌善。婓莊。豫蕩。賁、容上奔音。《周易》賁卦，今人多彼寄反，失之。捈塗。搯他刀。掏憲案：即上「搯」字。舀史。戽虎。犨拘萬。抖呼括。抒侍與。厺去。○各本「去」字誤入正文，辨見《疏證》。摫規。腬柔。釀攘。僇苦交。泡白交。褭古迴。膞乎二，扶四。○各本「扶」皆作「狀」，「扶」譌爲「狀」，故又譌而爲「狀」，今訂正。腯突。奞火計。嫛具癸，聚惟。摻所艦。纖死簷。麼莫可。㳃弊。莅悦。杪弥沼。尐子列。倰來登。儠力葉。橢大果。儧潰。暘悵。挻恥延。鎡恥輂。隑牛哀反。蹻巨略。猾口堯。犺抗。㳬户湛。魈巢。○各本「巢」字誤入正文，辨見《疏證》。獜力仁，力忍。跂古委。輂恭録。繝弋冄。剿魚劫，又且葉。撚乃典。㯻粟。癧力計，力翅。癥節。痤坐戈反。肬、腄上尤音，下扶江。○各本「扶」譌作「狀」，今訂正。肛虎江。膎匹聊。膘呼堯。胅、痕上大結，下互根反。○各本「互」譌作「五」，今訂正。尰時勇。尳曜。紕布寐，扶規。督篤。○各本「篤」字誤入正文，辨見《疏證》。搽力維。艴勃。艳片鼎。嘔於句。呴虚于。○各本「于」譌作「去」，今訂正。繻死俞。譙慈曜。諯釧，又至緣。澇老刀。灊簡。淅桑狄。潒蕩。溞素高。澡早。湔子堅。沬呼内。劊結。刌寸本。剶初律。闄於小。徼要，又音也，正音計堯。○案：「徼」音計堯反，又音要，故曹憲云然。各本「要又音也正音」六字誤入上「闄」字下，「又」字又誤作「口」字。考《廣雅》音内「又」字多誤作「口」，又考《玉篇》《廣韻》《集韻》《類篇》「闄」字俱無要音，今訂正。泄制。荼塗。錉旻。耤似亦反。耡士魚反。稩酒胄。賨在宗。𩚵方又。𦁊於輒。䌦魚劫。絙直莧。○各本「直」譌作「亘」，辨見《疏證》。繬色。○各本「色」字誤入正文，辨見《疏證》。縪畢。𦆭隱靳。𢆸布耕。絽呂。縏略。絣百猛，布耕。絎下孟。紕符夷。純之□，諸尹。○各本「之」字與「諸」字相連，「諸」字又譌作「泊」。考《鄉射禮》記及《曲禮》釋文「純」音之閏、諸允二反，諸允與「諸尹」同音，是今本「之」下脱一字，而「泊尹」爲「諸尹」之譌，今訂正。顮頻。濍亡本，滿。○各本「亡本」二字誤入上文「憫」字下，「本」字又誤作「木」，辨見《疏證》。狠苦昆。𨓐退。掊步侯。扟所斤。刮古滑。攽筆貧。𡳆古巷。𤸷衰。縼隨絹。𪎑目羈。紖直引。隋大果反。抮顯。盭戾。苝乖。舛侈遠。逪採各。偭面。㡏逐由反。幏蒙。幁覓。幔莫汗。帡福郢。葺子立、且立二音。蓡此寢，去。燾悼。憮呼。𩴴魚記。㒤充涉。忦公八，公械。咺火袁。謾蠻。台夷。蛩拱。㤨恭。征征音。伀鍾。恎多結。𢘅冬。遽其去。菱亡咸。擓苦懷。抆吻。挸古典。揤子翼。撨嘯。𠞰鑑，又音檻。籤七廉。剡易斂。鋭役桂。銛纖。抓壯孝。撅厥。擖落合。○當音公八、口八二反，説見《疏證》。搳可瞎。擿恥革。餥非音，又匪。飵昨，又似故。𩚴女需，又如甘。啖噉。饂烏困，又於恨。䭓五困。湌錯寒。餔逋。啜時月，褚芮。饌士眷。儽六罪，力維。○各本罪、維二字竝譌作「羅」。案：《釋訓》篇「儽、儽，疲也」，曹憲《音》「力罪」「力追」二反，《玉篇》《廣韻》竝同。力罪與「六罪」同音，力追與「力維」同音，今據以訂正。𩟐女革。嬾洛滿。晻烏感。𥳑愛。薈烏鱠。瀧籠。涿陟角。澰落感。寑子禁。瀸作廉。溓廉。漚惡候反。○各本「候」譌作「侯」，今訂正。**澆**計堯。**濯**口角。**淳**市倫。**沃**屋。**淙**士降。**湓**蒲悶。**淋**林。**灌**觀。**欒**鸞。**濧**徒内。**瀀**憂。**浞**士角反。**踏**他帀。**蹠**只易。**踻**遥，又曜。**踋**佛。**蹳**陟劣。**蹶**厥。**踥**勑例。**傺**恥制。**眙**恥利。**礹**盈。**崒**萃。**僤**他紺。○各本「紺」譌作「甘」，今訂正。**恁**稔，又如深。**侖**淪。**仳**鼻之。**倠**許惟。**娸**欺。**婄**陪。**儓**臺。**嚴**蒲北。**顙**爽，又差丈反。**顡**丁可。**嗚**欽危。**臛**權。**睽**逵。**頦**該。**顝**苦没。**頬**欺。**諱**匹爾。**訾**子移，又紫。**誹**福尾。**詆**嫡禮。**諻**毁音，即「諻謗」之諻，今「毁」乃訓壞。○案：「諻」字古通作「毁」，故《説文》無「諻」字，必謂「諻謗」之諻不當作「毁」，則泥矣。**銐**思列。**鐇**甫袁。**鏟**於檢。**敤**苦果，又口卧。**豚**卓。**鍛**短館。**椎**直追。**台**夷。**抎**云粉。**戻**矢。**鋪**判逋。**嫽**了。**誂**大鳥。**透**叔。**揥**帝。○當讀爲「擿」，説見《疏證》。**嬈**那鳥。**戲**慭一。**歇**許謁。**譴**居免。**軋**於八。**吃**棘乞。**慭**魚靳。**逞**勑領反。**恔**校。**快**可怪反。**罾**耤禮。**湑**思吕。**滰**巨仰。**潷**筆。**笮**側白。**滎**士宜、士疑、勑之反。**瀌**子紹，子肖。**麗**所佳，所飢。**盝**禄。**錈**苦穢。**篆**喙。**錍**布兮。**鈚**子兮。**銼**坐禾。**鑇**在細。**鷩**藉禮。**錡**於綺。**府**附俱，付禹。**旋**旋。**鑼**步楷。○各本「楷」譌作「揩」，今訂正。**鉵**竹律，徵劣。**鉊**彫。**孑**吉□。○「吉」下脱一字。**孓**居闕。**拱**俱隴。**鈵**丙。**甓**普的。**朴**普卜，普角。**趚**七咨，又步末。**屛**即同上音。**造**七到。**棊**棐。**猝**錯忽反。**陠**布乎。**臾**胡結。**頩**普敵。**彼**化彼草木。**敦**韋。**陂**必何。**陀**大哥。**戲**羲。**偏**匹緣。**迤**亦音陀。**哨**七笑。**哇**於家。**差**策霞。**剌**落末。**隤**徒回。**額**俄。**訽**鈎儐。**讙**誑。**詒**與之。**諼**許袁。**謬**靡幼。**嚜**眉北。**杘**恥棃。**懰**力兮。**怹**虎兮。**謾**莫干。**譠**託寒。**讗**達各。**詿**乖賣。**詑**湯陁。**蒇**恥輦。

晐該。𦠆殘。肆弋至。〇各本「弋」譌作「戈」，惟影宋本不譌。俜普經。侹他鼎。挑大了。〇各本「大」譌作「夳」，今訂正。敨昌樹。惈果。仡魚乙。蹵酒六。躓竹利。躦才他。跐昃買，又子爾。〇各本「昃」譌作「𣅳」，卷一內「跐」字《音》「側買反」，側、昃同音，今據以訂正。𨂂敞。䟡丁戾。踳詩容。踼大臘反，今人作「蹹」字如此，失之矣。〇各本皆脱「作」字，《釋器》篇「膎」字下云「今世人作『鮭』字如此，失之」，今據補。黬烏減。俺於劍。𢤦聿醉。悆以去。㤺呼晃反。詄徒結。㥮退。註只屨。栞刊。塌徒盍。疊徒葉。鬌都果。𩂣廣音音洛。

博雅音卷第三

高郵王念孫校

釋詁

倢字獵。佴如志。呰眦利，眦栗。笓眦利。差初宜。惎巨記。恉旨。輸史。薪先列。朔在安。帑例。菆側流。饋遺。惓去晚。樀摘，又竹戹。擲竹利。摶大丸。粲錯汗。彰落汗。彪必鄒。辬班。璘鄰。虡迫姦。彬福巾。彧於菊。昈户。僆勑達。擷頃。盼介。旼古脕。○脕與「朗」同。《玉篇》「旼」音古莽切，《廣韻》音各朗切，竝與「古脕」同音。各本「脕」譌作「浪」，自宋時本已然，故《集韻》《類篇》「旼」字又音居浪切。❶ 考《玉篇》《廣韻》皆無此音，後《釋宮》篇「旼，道也」，《釋地》篇「旼，池也」，曹憲竝音古脕反，今據以訂正。殄終。粹卒。傅敷。譙子佳。梱苦本。豩託歷。刲苦圭。刳看姑。翬呼韋。翺即恒。翥諸悆，《方言》音曙。翾火仙。翧喧。翷鄰。翃宏。䎕呼麥。䎑連。䎒吁緣。翋力合。䎂大合。鴪聿。翽三

❶「居」，原作「后」，今據《畿輔叢書》本、《四部備要》本改。

六。鑿昨。矞聿述，又市出。欻居月。扫乎没。斛他聊。抉於穴。竃毳，又穿絹。搒彭。撅居月。㚣
本作「郊」，未詳，弋音。擿雉戟。翕虚及。焥哀。煜夷六。熺晞。悲翡，又芳尾。忥乎。愉以珠。兑
度外。僄匹妙。媥篇。娍曰。〇各本「曰」譌作「日」，今訂正。傷以豉。伬凡。寘田。鞾士佳，又七咨。
墤杜。敜乃結，乃頰。㕺下刮。〇各本「下刮」譌作「丁列」。《集韻》《類篇》「㕺」陟列切，引《廣雅》「㕺，塞
也」。陟列與「丁列」同音，則宋時《廣雅》本已誤。《玉篇》《廣韻》竝云「㕺，下刮切」，今據以訂正。竅千外。
暍一活，女刮。礲落東。甈叉佳。〇各本「叉」譌作「又」，今訂正。甀爽。剴五哀。扢古礙，古對。〇各
本「礙」譌作「擬」，惟影宋本不譌。竪研。揩看皆。硐同。擓口淮。鍙胡冥。磃斯。扨七結。砥止。
訋弔。訯丑加。賢羊瑞。惹汝奢，汝灼。諳於劍。誦女家。拏女家。媱遥。愓陽。嬉虚之。劮逸。
〇各本「逸」譌作「浼」，今訂正。契孤八。踀腸。蹔務。擽布界反。倸巨恭。〇各本「恭」譌作「工」，今訂
正。愡春。詢呼遘，乎遘，居候三反。剔天歷。攍盈。㧍鄧。擔帶甘。麌靡皮。鬻普衡。胹而。餌而
枕。饎充志。秙酷。酋似流。粱研。皸孰。憲案：《説文解字》從丮、𦎫，即「孰」字也，與「孰誰」之孰無
異。唯顧野王《玉篇》「孰」字加火，未知所出。悷爰。憏邃。鞮低。愅革。忓竹吕，又音佇。〇各本脱去
「又」字，「音」字又譌作「立」，影宋本「音」字不譌。諝思與，思余。垤徒結。坻直尸。塲傷。蹻虚虐。遴
良鎮。翋師急。〇各本「急」譌作「悥」，今訂正。絓口乖。挈古八。僒瓊。寡稟。惃衮、昆二音。慗勃。
眠迷殿。愮遥。攖嬰。撓乃飽，乃孝。慁乎困。攪古巧。緼於昆，於粉。惷嗔允。妄望。恔女交。

憒古每。⿱𡨄是寋。妯抽。獶奴絞，乎絞。○各本「奴」譌作「叔」，今訂正。獪柯邁。躁作誥，竈。逴勑角，一音卓。○各本脱「音」字，今補。綦巨基。⿺尢卓勑角。⿺尢皮布可。踦居綺。⿺尢奄烏感、烏含、烏洽三反。衙乎麪。○各本「麪」皆作「典」。考《玉篇》《廣韻》《集韻》《類篇》「衎」字俱無「乎典」之音，後《釋言》篇「衙」音乎麪反，衙與「衎」同，今據以訂正。詅力政。⿰貝居居。賣麥嫁反。彙謂。穜種。疙居乙，魚乙。騃魚駭。○各本「騃」譌作「該」，今訂正。惛昏。誖蒲没。脀旨升。盳莫鄧。瘍易。愓揚，一本作「傷」。矯居夭。揉而手。○各本「手」譌作「毛」，惟影宋本、皇甫本不譌。侹達鼎。煖暖。⿰火聶女涉。⿰火内奴本。⿰目燕於見。⿰目然乃見。暍於曷。⿰口難乃旦，乃達。燠於菊。燂潛。煗奴管。比、侹上鼻，下大鼎。○各本「鼎」譌作「鼻」，惟影宋本不譌。佽次。跲劫。遞狄邐。迭狄頡。鋡含。龕堪。盛平聲。氾敷劍。⿰酉宛滿。洼烏蛙、⿸尸乞家反。⿰氵閻剡。濩乎郭。匋桃。○各本「桃」譌作「挑」，今訂正。奞歡。譁五瓜。○各本「五」譌作「一」。《方言》「蔿、譌、譁、涅，化也」，譁音五瓜反。《廣雅·釋言》「蔿、譌，譁也」，譁亦音五瓜反。今據以訂正。蔿于彼。匕化。蠡力移。孳兹。○各本「兹」譌作「慈」，今訂正。健輂。⿰臱頁緜。孿也上山患反。撊下板。梗介猛。塍以證。庇不異。寓儀注。侘託。害乎割。○各本「乎割」二字誤入下文「曷」字下。案：「害」有二音，音乎蓋反者訓爲傷，音乎割反者訓爲何。《廣雅》訓「害」爲何，故以乎割反別之，若「曷」字則不煩音釋。今訂正。刊可寒。剟竹劣。⿰寽刂力活。剽匹妙。剗楚簡。⿰巤刂獵。炅桂。○各本「桂」譌作「柱」，惟影宋本、皇甫本不譌。⿰高見古刀。僝士眷，士免。○各本「眷」譌作「春」，今訂正。覢式冄。寥⿰耳亞。⿰土内乃頪。穵乙八。繆力彫。崝士耕。峵宏。洿烏。窱天了。掊步侯。䨨力救。秝歷。擐乎慢，官□。○「官」下脱一字。《玉篇》「擐」音胡慢、公患二切。䴪麗。壓尼匣。摶團。著丈略。頪俱遺反。圜還。圓旋。梋沿。圌市宣。壤而養。堁苦卧。堅於奚。坌普寸，又步頓。塺磨。○各本「磨」下竝云「恐埋字」，此校書者所記，謂「磨」字恐是「埋」字之譌耳。蓋俗讀「塵塺」之塺聲如埋，故以爲當音「埋」，不知「塺」音莫卧、莫杯二反，入過、灰二韻。「埋」音莫皆反，入皆韻。今删。抹末。坺步葛。詇於敬，於兩。譞烏到。聹乃□，尼□。○「乃」下「尼」下各脱一字。《玉篇》「聹」音乃經、乃定二切。諰忌。擿直利，《說文》直二。蒳亡殄，亡安。儓臺。亢抗。聳竦，《方言》音雙講。瞖宰。聐五八。眩宏。瞶五怪。縛篆。緯韋貴，韋鬼。稇苦本。穜之善。繃布耕。緷衮。絜下結。圛苦本。摎九流。輹福。笿落。繶憶。絯該。棨古典。暟凱。譩於計。譒狄麗。諟帝。緡亡巾。戲許寄。抯亶。撯竹略。扚竹歷。打鼎。抛片交。捬布音，又普乎。抰於兩。抶恥栗。撆芳舌，普結。撦者。撇步結，普奚。撓影。拍普柏。揔苦忽。㧊步必。摽孚堯、怖交二反。撲普角，步角。拍忘革。篋瞖。○各本「瞖」譌作「殿」，今訂正。搒彭。挨烏駭。敀格。批普迷。摒布后。攄墟。揗他得。拘吁縣。揊普力。敤口果。○各本「果」譌作「杲」，辨見《疏證》。攱口。擨五葛。敢索董。攕許義。○各本「義」譌作「美」，今訂正。拊方主，芳主。摵所革。捭布蟹。攷考。擊口弔。攩幌。弢弼。攲口餓，火可。擽歷。擽勞。摍山育。擘卻閑，卻賢。摧苦學。淟他典。涊那典。溾烏回。浽烏禾。䬸乎管。洿烏。淖嬢教。淈古没。澳於六。濊穢，火末。

淰詠感。溷乎困反。匍蒲。竣七旬。跧壯拳。厭於甲。○當音「厭足」之厭，說見《疏證》。愿苦挾。喊呼感。○各本「呼」譌作「乎」，今訂正。哿古我。侻他括。錭桃。鈯大兀。伹度滿。○伹，本作「但」，音「癰疽」之疽，說見《疏證》。拙織厥。欷許記。咣去亮。喨亮。胺烏葛。○各本「葛」譌作「臈」，今訂正。鯘諸每。黲七敢。黴眉。漫莫旦。❶穲每。殃央。殕敷九。腐父。㱙朽。㡀敝。𣨛來旦。贅只歲。訿匹夷。○各本「夷」譌作「荑」，今訂正。效教。𦋐丘殄。牭四。恎質，又多結反。愎符逼。❷很乎懇。窳乎化。夾古匣。擠子詣。抵丁禮。㧝戎。𧞣直龍。頯逵。輝魂。頏抗。轎奇廟，奇朝。𨊳五浪。穀苦大。姘静。㺑山減。涂塗。娉聘。掕落登，又陵。○此言「掕」音「落登反」，又音「陵」也。影宋本以下「又」字譌作「乂」，郎本遂改爲「義」，謬甚，今訂正。竣此循。綝恥林。処昌汝反。憲案：《說文解字》從夂、几。○各本「昌」譌作「曷」，「夂」譌作「文」，影宋本惟「昌」字不譌。唵遏，又音稱案。○各本「又」譌作「口」，今訂正。「案」上不當有「稱」字，未審何字之譌。跱直李。○各本「直」譌作「宜」，今訂正。棖雉庚。渟亭。懫質。趩畢。蹭蹬，又音所甘。○各本「又」譌作「口」，今訂正。抳女几，女禮。騤煩。駤致。躍徒加。券羌萬。䳔烏孔。𡖖奴孔。夥乎果。矮委。痎口才。絓棄。絣那。辡莘。紑浮。敍之豉。𤴓丁

❶「旦」，原作「巨」，今據《畿輔叢書》本、《四部備要》本改。

❷「逼」，原作「遥」，今據《畿輔叢書》本、《四部備要》本改。

含。蓴祖本。○各本「本」譌作「木」，今訂正。蓴大丸。㚇走公。嶲俊。濢凄。贅織芮。洿、緦上烏，下思。翕許及。輸始朱。聚慈愈。蕺慈頡。撥博葛。繕時扇。竘口。捲權。搖亦咲反。○各本此三字誤入正文，辨見《疏證》。蹴子六。綫居件。○各本「居」譌作「启」，今訂正。瘷子就。○各本「就」譌作「訧」，今訂正。癄子笑。綰彎板。⿰扌秀抽音。憲案：即「抽」字也。緛而兖。贅紙袂。憍嬌。怚子絮。慢麥澗。偒余賜。⿰貝勺無巾。猴侯。○各本「侯」譌作「候」，辨見《疏證》。廋素高，色鄒。謏呼縣。○各本「呼」譌作「乎」，惟影宋本、皇甫本不譌。下「呼詻」同。詗呼詻。匃各末。拊拂舞。絿求。募暮。陶桃。埽素考。鞶步干。摒必政。箳婢繇。⿰扌林呼高。撥博葛。蹲存。跠夷。⿸尸夷夷。歙呼濫，呼甘。○各本「甘」作「欿」，因歙、欦二字而誤，今訂正。欦居乙。匃葛。⿰言奄於劍。裨浮夷。乞去乙。闋口決。霝零。⿱罒丁天鼎。⿱罒令冷。⿱穴夬呼穴。繆寮。豁火活。⿰土内乃挾。○各本「乃」譌作「仍」，今訂正。北丘。❶窾款。甹由。貿莫救。○各本「救」譌作「故」，今訂正。施失異反。詨火教。⿰兒攴亦豉。搜所鄒。卉吁尾。沘坒。泚止。魁苦迴。摡許既。愃去牛。齰士白。齺士角。齮五綺。齕乎謁。齣士乙。齦苦限。⿰齒其欺。⿰齒可丘牙。⿰齒來丁皆，多來。齇竹加。⿰齒卒士滑。咥狄頡。⿰齒堯五巧。啄陟學。限乎簡。搴蹇。夭於表。挬蒲骨。揠於八。擢濁。踚藥。抍蒸之上聲。鋪浦乎。○各本「乎」譌作「手」，今訂正。㪔散。䤙麗。《說文》李

❶「北」「丘」，原作「邶」「邱」，今據明皇甫録本、畢效欽本《廣雅》回改。

衣。抪片乎。捘作爲，又子寸，又子迴。○各本上「又」字譌作「文」，今訂正。擪於涉，乙甲。攤乃旦。據譏去。按安去。掫壯后。⿱炎犬然。紘呼縣。今人以爲乎烟，失之矣。凡弓弩琴瑟，弦皆從弓。○各本「弦」譌作「紘」，今訂正。歉苦簟。堇謹。○當讀爲「僅」，説見《疏證》。媘生景。屇楚立。⿸尸乇丈立，又音雉立。○各本「又」譌作「口」，今訂正。屯陟倫。驙知焉。蹇蹇。訒刃。赾謹。憎增。懹人尚。遴間慎。諄之閏。○各本「閏」譌作「問」，今訂正。訧尤。蘖御別。蹙子六。搑而容。扱初匣。抍蒸之上聲。擓古會。餅必井。○「餅」當爲「餅」，餅與「飯」同，説見《疏證》。餌耳意。○各本「意」譌作「音」，今訂正。耽耻敬。矀眉。閒、覸上孤限，下司。⿱刅木卬。矇蒙。睃蘇苟。蔚慰。縟辱。劬其俱。驟仕究。○各本「仕究」譌作「在九」，又誤入「劬」字下，今訂正。嫜姑。婾偷。撮錯括。搤烏革。操錯高。捦琴。搹戹。拈念甜。抩而鹽。掫鄒之上聲。蒦於縛，居博，於號。擸獵。齎子兮。啜時月。嚌在細。啐倉快。批子尒，子米。捳岳。嶤堯。搣、掅上滅，下且定。捽旬律。挆都果。斞臾甫。○各本「臾」譌作「央」，今訂正。斛的。斠角。綷子代。棚步弘，又負萌。樺❶苟八。磤子田。攰古彼。濘寧定。妠奴閤。印於信反。毖祕。比比方之比，一鄒比之比。○各本「方」譌作「木」，今訂正。忋古亥反，又改音。婞幸。軼逸。○各本「逸」字誤入正文，辨見《疏證》。悛七緣。懌亦。諽革。⿰目延失氈，又以戰。⿺辶支企。

❶「樺」，原作「⿰禾華」，今據《廣雅疏證》卷三正文改。

皽之善。䰋晚。渙喚。𢤱乎圭。𨸶火甫。彌弥。迟遲。腆土典。〇各本「土」譌作「中」，卷一內「腆，美也」，曹憲《音》「土典」反，今據以訂正。憝度會。慝土勒。虘虐。訧尤。憋俾列，芳列。〇各本「俾」譌作「埤」，今訂正。讟讀。㥢才周。鉗奇炎。憚大汗。𤵸拂飯。痓叱至。羸力追。貉麥。傪三盍，索合。傸爽。儈烏外。孱士虔，又士簡。嚻乎孝。論曜。詄逸。挩奪。〇各本「奪」字誤入正文，辨見《疏證》。誎賫。諩布兮。詿卦。訂田鼎。準准。廷于放。〇此音誤，辨見《疏證》。枰平命。捭布買。撦充野。坼勑格，疑即□字也。〇「疑即」下脫一字，各本「勑格」二字誤在「疑即」下，今訂正。闢辟。𨳯爲靡。闓苦每。〇各本「苦」譌作「古」，今訂正。𡡉谷。𡞲速。𡣍甓。〇各本「甓」譌作「壁」。《集韻》《類篇》「𡣍」音甓，又音壁，引《廣雅》「𡣍嘶，歨也」，則所見已是誤本。考《玉篇》《廣韻》「𡣍」字皆無「壁」音，卷一內「𡣍嘶，極也」，曹憲《音》「甓」，今據以訂正。嘶析。㛰昬。嬪方問。歨五葛。儐賓音。〇各本無「音」字，影宋本有。竘口。妖倚嬌。媮偷。躔馳輦。踈匹迹。远乎郎。壟之隴。鏦子龍。錘直危。㕔鼎。錪腆。紉女珍。緲切。

博雅音卷第四

高郵王念孫校

釋詁

措錯故。弛失旨反。寘摯。叕即古文「置」也。鈓霆。署辰豫。斡意括。攕短。逌育。敗尹豉。○各本「尹」譌作「丑」，惟影宋本不譌。搋毗。甾昊儀。○各本「昊」譌作「昊」，今訂正。拎鉗。紬直留。贅旨歲。嗼亡各。餩烏革。餒奴罪。戔殘。瘌力達。劌寄衞反，《字林》音丘訐。凋多聊反。憲案：《說文解字》凋落「凋」字從仌，彫刻「彫」字從彡，雕鷲「雕」字從隹。○各本脱「彡雕」二字，今補。痍夷。豥卓。挃大結。擿池戟反。今人以爲「摘」竹革。字如此，失之。○各本脱「失之」二字，今補。詼苦迴。啁竹交。譀乎濫。○各本「乎」譌作「呼」，今訂正。誠咸。譺魚記。調達弔。闉流。靳謹。鉌口音，無誅。敄汝。黐竹革。黐恥知。䵒日。黏女霑。貲訾。○影宋本以下「訾」譌作「貲」，與正文相複。郎本改作「資」，尤非。「資」音即夷反，入六脂。貲、訾竝音郎移反，入五支。今訂正。敔魚與。炊多感。偞葉。襞必益。攝之涉。冤於袁。桂於冈。鲞俱萬。袷古狹。絼以豉。復復。○各本脱去「復」字，「復」字又誤入正文，辨見《疏證》。重直用。胡斐，又普骨。昕許斤。昞丙。較角。沃淫。炤照。燿耀。囧古丙。烜喧。炅晃。僤達汗。彰落汗。齜邲夷。睪亦。怈曳。晣制。昱夷六。晤悞。旳的。旭勖，又忽老。焞他魂。闓看每。粲錯汗。烓烏攜、烏缺、圭惠、口井四音。灝錯定。泂乎茗。淬七碎。惲於汶。寽宣。逡七循。捪無巾。襮博。婍丘知。羸力果。裎呈。窌溜，又普孝。墊多念。庰必整。宷保。揞阿感。拚弁。寥歷。歷麗。紽、抴上大河，下夷細。讖楚譖。譣魚殮反，又魚劍反。今人以馬旁「驗」字爲證譣，失之矣。綈第。縎骨。嫿撟。赳糾。○各本脱去「赳」字，「糾」字又誤入正文，辨見《疏證》。娌里。遺遺與之「遺」。攄勑魚。摛勑離。霱芋。掜五禮。獪瓜邁。猾滑。獿奴牢。㺒奴絞，乎絞。媔初洽。愶脅。恇匡。㤟看孤。怯去劫。嬗十扇。娙五丁。娭熙。綦已足。綴陟月。掍混。黮勑感，都甚。黵尨。聰錯公。聆郎丁。瞟匹照。䁯七祭。瞑馬年。抐而袂。搵於粉。搙奴遘。擩而主。○各本脱去「擩」字，「而主」二字誤入正文，又譌作插、拄，辨見《疏證》。謑乎啟，呼介。○各本「呼介」二字誤入下文「訢」字下，「呼」字又誤作「乎」，今訂正。誖乎孟。吪吾禾。誧普乎。証征。諭諭。譔助轉。趏户格。趚山格。僵薑。悓吁請。𤵸恥律。瘨丁田。姰旬音，又縣音。㾦弔。僪巨出。狾古制。獟五校。倀長。訂田鼎。倗朋，又普等。粃彼、比，俱得。魕牛志。綦俱緑。綄緩。繚了。紿待。繁酌。邃禮兮。寱古候。昒勿。晻烏感。惷忽。寣忽。𡧪即「寤」字。楆梗。倚於綺。蒔時志。隑巨代。𠈌棄，即古文「企」字。愇瑋。像乎佳。㥒采。忦介，又公八。懟直耒。憾乎淡。很很。限限。溥、等上都奂，又端。

珚巨殞。玶牛六。婥魚淺。婧楚革。琔楚角。洒思禮。諄之閏。○各本「閏」譌作「閨」，今訂正。㤥下代。勩曳。癉多賀。礦孤猛。韇巨位。恮且全，子眷。㦠居力。忦五介。○各本脱去「忦」字，「五介」二字又誤入「㦠」字下，辨見《疏證》。慬謹。勬眷。劼公八。㔎苦没。仂力，又勒。橐毳。穰而羊。祰公老，公篤。禱禱。賕求。砰普耕。磅普行。砿宏。磕苦大。㱿彤。硠力當，力蕩。砏普斤。磤隱。鎗苦萌。鎗測庚。○各本「測」譌作「側」，今訂正。鍠横。錚楚耕。玲吕丁。嘈曹。咋昨末。○各本「末」譌作「未」，今訂正。颵謂。飂流。飈必昭。颮忽。颮呼律。颰呼越。飀思六。飉遼。颸楚飢。飃逐留。颮步力。繕膳。緻致。衲納。鞔亡干。靪□挺。○「挺」上脱一字。《玉篇》「靪」音丁冷切。絅辭。茜丈例。韝五革。鞔兑。覈卓。擣擣。溘苦合。任託。緫忽。紗□少。○「少」上脱一字。《集韻》《類篇》「紗，弭沼切，微也」。糸覓。紖蔑。髣付。鬢丘位。鬃且代。髽側瓜。髾案：《説文》即籀文「髾」字也。歃韋。軭匡。弧乎。咈佛。抮顯。佷很。盭麗。獿奴絞。獿遶。狡絞。訬士交。嵬讒。辟浦壁。○各本「浦壁」二字誤入下文「片」字下，今訂正。胖判。㪷俱。㚼酌。些先計。烕，滅也烕，翾悦反。恬大嫌。倓大濫，又達甘。憺徒敢，徒濫。怕普白。怗他頰，都篳。募莫。呐乃頰。龔力恭。覟乎的。攙士銜。捈塗。剡琰音。今會稽有剡縣，音舌琰反，❶未知此音出何文字。鑯子廉。拔博末。榜

---

❶「琰」，原避清帝嘉慶諱作「琰」，今回改。

彭。𦧇初洽。暛祚何。帥數穢。暘蕩。糳子洛。捶之燊。鼞丁老。橐楚芮。碏沓。舂失鍾。巉士衫。巗五銜。崟吟。巑在丸。嶕辭焦。嶢堯。阢兀。嵬牛迴，牛尾。顤堯。𩕄五高。嶚遼。巢巢。陗且咲。搋七消。亢苦浪。喬橋。○影宋本「橋」作「撟」，乃隸書之譌，各本又譌作「撟」，今訂正。崪子恤反。叡下邁。侑又。撣檀。○各本「檀」譌作「擅」，今訂正。𠜾乙牙。剄古鼎。剾烏侯。劍頭。剈淵。剜烏桓。妊任。娠振身。媰壯救。身身。偁稱之平聲。獎奬。○奬，俗「獎」字。曹憲每用俗字爲音，取其易曉也。各本「奬」作「獎」，與正文相複。《釋器》篇「𥳑，𥫽也」，曹憲《音》「奬」。今據以訂正。譝繩。與輿。○各本「輿」下有「疑」字，乃校書者所記，今刪。皃陌豹。廋所留。廯古巷。差楚儀反。頛規。殁没。揄以珠。酺薄乎，薄故。醵巨略。吸許急。渳弭。趠卓。撥逋末。猝卒。䕶護。犍謹。𥢌聾。秿輔。秎浮問。𥞖頰。穧在細。䃔遘。磀的。𨌨魂。般班。𦪙才兀。𦩴步器。誙莖。摹莫乎。剭烏角。瀀憂。低都犂。弛失以反。倈來。伸申。佻鳥。絓乎卦。韞蘊。裝莊。幰於問。搷田。箋牋。褾表。敕勑。標必饒。諫七賜。檄乎曆。書書。餑勃。餽息。跳道。殀烏老。劓魚既。刵耳志。檢撿。夌陵。衄女六。粊醉燊。銋壬。幰於問。拳卷。粈女又。踦居綺。隒檢。冒墨。搪唐。數長庚。揬突。歉口陷。𥥛救。𤏋子栗。𤇥燼。熷遭。灺囚者。熝烏高。熅恩。煨烏回。𤎚呼勿。煴於云。歕普頓。嚹孚萬。𡆰巨殞。哯乎典。呁鈞峻。唷有六。𣢾其表。歐於苟。殼許角。埳苦敢。隵仕陷。𥈶口減。懠在細。慅草。厖亡江，亡項。蔫於然。菸於去。㱰於危。葾於元。錞是閏。輖周。䪝竹利。䏌啟。𥨍橋。𨉟必耳。䏭恥敬。郵尤。驛譯。

博雅音卷第五

高郵王念孫校

釋言

䍣覓。幔莫汗。罨淹。○當音奄，説見《疏證》。靚恥敬反，亦爲「靚莊」之靚，似政反。恥敬，則「召靚」之靚也。今多云靚師僧則其字矣。○各本「莊」譌作「在」。「莊」字俗書作「荘」，故譌而爲「在」。「恥敬則召靚之靚也」，各本「敬」上脱「恥」字，「敬」下衍「疑」字，「召」字又譌作「屈」。今俱訂正。差誘。搵烏没，烏困。抐奴没。擩而專，《周禮》「六曰擩祭」。娋索教。誇於禮。諴咸。謷五牢，五交。皸軍。皵昔。皻錯古。摵乎感。揣測委，丁果。掣拂。㪾卓。鬇普衡。鬺傷。飪荏。瀉悉也。糗去久。䭲叱少。夗苑。專轉。○各本「轉」字誤入正文，辨見《疏證》。泚千禮。溨才代，又音賊。譀乎闇。鄉許養反。愇瑋。閧乎絳，又乎貢。㖃側侯反。柧孤。棱力曾。咳，咸上古來反。燀、爨上闡音，下如字。譸寧定。拓溥麥。㥂徒落。忩乂。憤工。廩稟。礄的。沰託。磓對回。滒歌。溏唐。淖女孝。𩵋渠。蔿花。譌五戈。譁五瓜。跧莊□。○「莊」下脱一字。各本「莊」字誤入正文。辨見《疏證》。䀪茗。晴七挺。謓齒真反。今人作「嗔」字如此，失之。○各本「嗔」譌作「息」，又脱去「字」字。今訂正。霵含。霫士林。惀古彼。攋賴。奞逹。癄才尹。𤺌辝翦。○各本「翦」譌作「箭」，今訂正。蛘音養。趲作滿，正音作但。鴙式藥。虘在何。紕布兮。鍕運。著張慮反。趽方。跻巨追。踤他達。○各本「他」皆作「俱」，此因上文「竝、偕，俱也」而誤。今訂正。磬苦鼎。剆、稄上才彫，下乎郭。詆底。懟直類。○各本「直」譌作「止」，今訂正。誎七賜反。鎢苦莖。摐楚江。稙陟。譔士眷、此專反。纇雷對。誎促。督篤。縠奴口。❶褆大兮。馺，馳上素合。抵，觸上嫡禮。䉽米。○各本「米」作「寐」，此因正文「䉽」字而誤。《集韻》《類篇》「䉽」又音寐，引《廣雅》「䉽，厭也」，則所見已是誤本。案：《説文》「䉽」字從米得聲。《玉篇》《廣韻》竝音米，不音寐。《西山經》及《莊子·天運》篇作「眯」，郭璞、李軌亦音米。今據以訂正。寍丁念，丁頰。躋子兮。僞、言上魚軌。遝待合。緯于鬼。○各本「于」譌作「丁」，惟影宋本、皇甫本不譌。痎古來。痁失占。瘧虐。○各本「虐」譌作「瘧」，今訂正。痡步。瘻路。痞否。痦普來。疕匹弭。痂加。竈作告。僞魚美。噴浦悶。愈夷主。攍盈。屖，總上西，下思。冪導。睬恥林。貰世，又常夜。賜詭□。○「詭」下脱一字。《廣韻》「賜」音詭僞切。睹都古。挂卦。埶再。伶力政。擘古萬。嗃丘遥。誺力代。宊也上宜。滲色譖。𦜴凌。冰袐憑。蹪徒迴。壴陟利。駔在古反，在朗反。會古外。焠村對。豎古現。

❶「口」，原作「日」，今據《畿輔叢書》本、《四部備要》本改。

𪘲楚師。摎流。捋落末。摻索減。毖必寄。叉□家。○「家」上脱一字。括居滑。搯抽。妊任。娠織刃，疑即「身」也。尿年弔。溲所流。漂匹照。蹷古越。踶徒計。跌徒結。蹶古越。埻織允。扒八。擘班格。抵丁禮。畣多合。今人以「荅」字爲對畣，失之矣。○各本「畣」譌作「荅」，又脱去「之」字，今訂正。又案：《説文》無「畣」字，古但作「荅」，非後人之失也。鹺才荷。沾天銛。今人以「沾」爲「霑」知鹽反。字，失之矣。○各本沾、霑二字互譌，又脱去「以」字，「知鹽反」三字又誤入《音》内正文。今訂正。抍蒸之上聲。陞升。漨湊。罾遷。培片回。慘錯感。愒苦大。憚大汗。漖匹照。㪅更。亯響。嶢堯。趉渠屈。覞親刃。姣古卯。將七將。捐□玄。○脱上一字。覂付奉。晻乙感。啐倉末，倉快。歃所夾。傎顛。怕片麥。袧口豆。穽辭政。鈔策教。禮曹。劮逸。敁丁禮。脰豆。喑於含，於今。唶子夜。噭古弔。嘹了□。○案：《玉篇》《廣韻》《集韻》《類篇》「嘹」字皆不音了，《音》内「了」字當是「了弔」二字之脱文。前卷二内「噭、嘹，鳴也」，「嘹」音力弔反，是其證。軫啟。礙五代。腒巨居。偲七來。𡣗也上子庶反。○各本脱去「上」字，其「子庶反」三字遂移入「𡣗」字下。今據影宋本訂正。下「素乎反」同。嫭互。嫪力高，力到。穌也上素乎反。遣錯音。○各本「音」譌作「二」，今訂正。这交。普潘户。操七高。俰迴過。劁在堯。刟彫。樘丈盲，達郎。閡五代。鐫醉全，醉究。𥅆炅權。𥊛虚葉。剿子紹。勔烏鉤。劊頭。諟庶子。是疑上字即是「是」也，《書》曰「先王顧諟」。僾愛。轔力鎮。轢歷。謶之若。憤符粉反。鐮古點。嘰祈。○各本脱去「嘰」字，「祈」字又誤入正文。辨見《疏證》。傃素。蹝浦迷，又音普計，正音。○謂「⿰⻊鬼」字正音普計反，又音浦迷反也。各本「又」譌作「口」，今訂正。篇內「又」字多有譌作「口」者，皆隨條改正，不復覼縷。踦車美。掴乎本。拑巨炎。隑恐代。陭於靡。悟誤。鐰七嬌。燥素皓。瀻魚別。囮由。○當音譌，辨見《疏證》。圝由。拼布莖。購古候。挈，缺上苦結。○各本「苦」譌作「若」，今訂正。膵翠。儷力計，即儷。○各本「儷」皆作「麗」，惟影宋本作「儷」。扶蒲滿。庳婢。綢他高。跑步卓。妨訪。娉聘。縣古堯。礫丁格。辟符役。墾苦很。過禍。俚吏、里二音。豈寄。煨隈。涑素侯。挈苦計。劀乎圭反。剈烏涓。○各本「涓」譌作「倨」，今訂正。刲苦攜反。剅多侯。拘鉤，又圭音。謯嗟。諑祿。躇藉。漱所救。潠遜。譜普。○各本「普」譌作「譜」，今訂正。慄栗。辟匹亦。誇，譀上苦瓜反。牴多禮反。貳女史。燄然。掘渠勿。蒠死。姤遘，又音后。○各本「又」字譌作「古」，又錯在「遘」字上。「又」譌作「口」，故復譌而爲「古」。今訂正。憒責。筡塗，又恥於反。薮莫老。葆保。誔挺。搄乃罪。摘擿。蔿花。譌五瓜。孌力捐。善膳字，夸嬉之善。纔才。暫去。晐古孩。跠夷。蹲存。諳烏甘。押匣，又烏甲。軋烏八。孳兹。紐尼手。㠯以。荄古來。僐膳。佼交。寱，想上莫洞反。今人以「夢」爲「寱」，失之矣。○各本脱「爲」字，今補。遣錯。瘑愚。疣尤。詅力政，令。衙乎麵。○各本「乎」譌作「呼」，今訂正。匌苦合。懲衞。寱詣。慌荒晃。嬈，苛上泥了反，下河。媟薛。嬻讀。猗於綺。鈲正音竹涉反。鉆正音巨炎反。嫴姑。榷角。膐口戾反。謊呼晃反。僦子溜。圿古八。喹知栗。咄都没。蠹蠢。胯枯。鈋五戈。刓五丸。蘖宜別。《書》曰「天作蘖」也。○各本「天作蘖也」四字誤入下

「菑」字音內，又脱去「書曰」二字，今訂正。「蘖」各本皆作「孽」，惟影宋本作「蘖」。菑阻師，疑爲灾音。尯去僞。將子良。掜魚禮。諀匹爾反。訿紫，又子弟反。剹力咨，又音犂。勬力咨。瘛乎計。瘲足用。嗺慈樂。慑之葉反。嬾力但，又音魯滿反。懯懈。欨呼虞。○各本「呼」譌作「乎」，今訂正。欪許戾。棓婆講。掣力達反。孯研。粹力達反。㦄靡宜，又音無悲。瘷力代。癘例。抾去劫。挹於立。雹步角。窖古皃反。甓甓。○各本「甓」譌作「璧」，今訂正。癃隆。瘦伏富。瘥諶。訙支。謂也有本作「只，詞也」。屎勑吏，又音絺。餩於北反，又音烏克。○各本「北」譌作「此」，惟影宋本不譌。餡於結。抵紙音。○各本「紙」上有「只」字，蓋因上文「只，詞也」而衍，今删。咀，嗺上慈與，下慈藥。渫思熱反。《説文》相列反。觡格。剶止善反，又音鋤限。憸蕩。衄女六。噞儼，又音魚淹反。喁五恭反。攘去焉。崽，子上所佳反，又音死。○各本「佳」譌作「隹」，今訂正。祅於嬌。殀於表。錔叏。俾俾。○各本「俾」譌作「卑」，今訂正。肬尤。潒蕩。繚了。蹻巨小。痹必異。瘵直慮。瘇時勇。䎡而絹，又音而緣。○各本「緣」下衍「音」字，今删。黳溜。烣哀。烗可拜。鐮廉。柧孤。

博雅音卷第六

高郵王念孫校

釋訓

洞洞同董。闇闇魚斤反。○各本「反」皆作「切」，此後人所改，説見卷二「尻，古魚反」下。後皆放此。⿰魚臬⿰魚臬魚列反。硊硊兀。嶢嶢堯。虢虢所革反。虦虦翦。勍勍巨京反。仡仡魚乙。矍矍許縛。昒昒亡內，亡八。眈眈多含。譖譖鑾之上。晚晚莫限。⿱般目⿱般目柈。眽眽亡革。眓眓呼活。睊睊公縣。⿰糸羨⿰糸羨囚淺，治善。○各本「善」作「羨」，因正文「⿰糸羨」字而誤，今訂正。繟繟闡。扏扏求。嘔嘔烏侯。嗎嗎許連。忥忥、欯欯上許氣，下許一。埶埶至。唏唏虛几，虛冀。吹吹呼可。○各本「呼可」譌作「乎下」，「下」字因下文「火下」而譌，今訂正。⿰口間⿰口間火下。呵呵虛多。⿰言口⿰言口口。啞啞於百。慅慅草。怮怮於柳，於流。⿰忄蟲⿰忄蟲彤。栔栔挈。啒啒古兀、呼兀二反。怛怛多達。巘巘五葛反。嶄嶄讒。阢阢兀。嵬嵬牛回、牛尾二反。岌岌魚及。圪圪五乙。雱雱普光。瀌瀌彼苗。○各本此下正文有「雪雪」二字，乃「雪也」之譌。曹憲《音》有「林」字，乃因下文「林」字而衍，辨見《疏證》。霅霅素合、徒甲二反。⿱雨晉⿱雨晉士林。沨沨小篤。湒湒子立。⿱雨眔⿱雨眔林。⿱雨客⿱雨客落。⿱雨立⿱雨立丑入。霫霫先入。⿱雨蒙⿱雨蒙蒙。霝霝狄。颼颼所留。飂飂留。飉飉遼。瀏瀏留。囊囊而羊。⿱雨農⿱雨農奴容、奴冬二反。湛湛直減、牒琰反。泥泥那禮。今人以此爲「埿」，那低。失之。○各本「那低」二字誤入《音》内正文，今訂正。又案：《説文》無「埿」字，古但作「泥」，非後人之失也。渾渾魂。顐顐暠。倸倸而審。嫋嫋那鳥。姌姌如琰，又乃點。○各本「又」皆作「切」，此因「又」字譌作「反」，後人遂改「反」爲「切」耳，今訂正。詪詪古很。訔訔魚斤。詻詻額。謕謕呼氣、呼几二反。○各本「呼氣」之「呼」譌作「乎」，今訂正。譊譊女交。慛慛才回。睤睤畀。矐矐鴟。嚼嚼字爵。窱窱眺。痑痑吐安、吐案、吐佐三反。騑騑妃。傫傫力罪、力追二反。彶彶急。俇俇其往。勮勮其去。亹亹尾。拳拳卷權。悾悾控。愨愨苦角。懇懇苦很反。○各本「很」譌作「艮」，今訂正。斷斷都玩。⿰賓羽⿰賓羽匹人。翃翃宏。翩翩匹延。薨薨火弘。翽翽火外。翁翁火宏。翾翾呼鞭。○各本「呼」譌作「乎」，惟影宋本、皇甫本不譌。翲翲匹饒。翢翢曳。䎘䎘肅。翂翂紛。翬翬暉。翧翧火元。煌煌皇。煟煟謂。倏倏叔。炯炯公迴。熒熒乎扃。○各本「扃」譌作「扁」，今訂正。晻晻烏感。娗娗大丁，唐鼎。彧彧於鞠。嬽嬽淵。媉媉渥。夭夭於苗。僷僷丑葉。駓駓步悲。颿颿扶嚴，扶泛。⿱鬲馬⿱鬲馬香幽、必幽反。⿱罒并⿱罒并古永。⿺走并⿺走并方孟。從從先拱。蹡蹡七羊反。馥馥伏。馞馞步没。馦馦呼廉。馣馣烏含。馛馛步葛。馝馝匹結。馡馡拂非。⿰香設⿰香設設。眐眐征。⿺走支⿺走支企，又巨支。⿺走䍃⿺走䍃遥。施施余□。○「余」下脱一字。奕奕亦。趫趫去遥。⿰彳夷⿰彳夷夷。儦儦必嬌。趞趞錯。趿趿且及。踥踥七葉。憧憧處鐘。媻媻柈。○各本「柈」字誤入正文，又誤作「拌拌」二字，辨見《疏證》。僫僫丈尸。○各本「尸」譌作「尺」，惟影宋本、皇甫本不譌。腜腜梅。瀼瀼如掌。奞奞呼計。臔臔呼典。泡泡白交，普交。淘淘陶。○當讀爲「滔」，説見《疏證》。洋洋陽。○各本「陽」字誤入正文，又衍作「陽陽」二字，辨見《疏證》。洹洹丸。湯湯傷。泱泱於薑。湝湝諧。潒潒蕩。㬠㬠于密。浪浪郎。油油由。㳚㳚許活。滮滮蒲彪。汎汎扶弓。○各本「扶弓」二字誤入正文内，又誤作「芛芛」二字，辨見《疏證》。氾氾孚劍。○各本脱去「氾氾」二字，「孚」字又譌作「扶」，辨見《疏證》。轒轒苦莖。硠硠郎，又力蕩。堇堇皇。苨苨那禮。菶菶布孔。芊芊千。芾芾不味。薿薿擬。淠淠匹制。茀茀弗。媄媄於苗。幪幪莫□。○「莫」下脱一字。各本「莫」字誤入正文，又衍作「莫莫」二字，辨見《疏證》。葑葑徒内。萩萩亡豆，亡老。○葆葆保。茻茻莽。𡯷𡯷大含、大感二反。藹藹、鑣鑣上音曖，下音不袄。○各本「下音」之「音」譌作「二」，今訂正。藐藐亡角。煒煒韋鬼。鐬鐬呼會。騤騤逵。僔僔尊本。伾伾芬悲。逯逯鹿、録二音。嘽嘽他安反。漄漄產。嚱嚱虞羽。呦呦於虯。嘤嘤烏梟。○各本「烏」譌作「鳥」，今訂正。嚶嚶烏耕。喈喈側格。嘖嘖責。嘒嘒呼惠。輷輷呼紘。轞轞艦。丁丁竹耕。鼘鼘淵。轠轠隱。誶誶蓬。橐橐託。轔轔鄰。混混、沌沌上乎悃，下大悃。烟烟因。熅熅於分。睢睢許隹。盱盱吁。衯衯紛。憒憒憒。怴怴呼述。○各本「呼」譌作「乎」，惟影宋本、皇甫本不譌。下「呼昆」同。惛惛呼昆。忞忞武粉。傲傲欺。僊僊、傞傞上音仙，下素何反。蜿蜿一音烏丸。○「一音」上有脱文。《玉篇》音於阮、於元、於丸三切。蝹蝹温。誇誇苦瓜。趯趯佗狄。嬥嬥湯旳。呱呱孤。跮跮徒鼎。頻頻符賓。嚻嚻呼嬌。○各本「呼」譌作「吅」，惟影宋本、皇甫本不譌。斤斤靳。蒸蒸旨升反。○各本此三字誤入下文「孝也」二字下，今訂正。髟髟楚吟。旄旄亡到反，亡角反。諓諓翦。僆僆都計反。繷女交、奴孔二反。輆軩上亥，下待。撟居夭。墆帝。崢士耕。嵤宏。跣勑錦。踔勑角。佂征。伀鍾。悇悆，又他乎反。憛與占反，他紺反。儴襄。徍其往。躟而羊。曖愛。睫逮。撣蟬。躅逐由。躇直魚。蹢馳戟。躅逐緑。跢池。跦厨。踧子六。踖迹。縎骨。褍被上昌。○「上昌」下當有「下披」二字。靮牛力。摮揮。懂呼獲。○各本「呼」譌作「乎」，惟影宋本、皇甫本不譌。俶儻上汀歷，下他朗。濯攉。溰五哀，五非。迩七咨。睢七魚。琦奇。抗尹。捎悉蕉。掉撨上大弔，下嘯。匔丘六。窮丘弓。委於悲。○各本「於悲」二字誤入下文「窊」字下，「窊」字又誤作「逶」，辨見《疏證》。潢乎光，又音晃。潒蕩。搌展。撍膳，吕静音已善反。惼謂。恲普耕。徜常。覞戚。頣失之。僬《説文》無立人旁焦，唯有「僥」字，止云「僬僥」短人也。僥堯。瘂烏下反。瘖音。聵五怪。㵎呼的。㘓蘭。哰牢。謰連。謱力主。懰力兮。惀許兮。讃潰。謈乎報。鶾權。跧壯拳。軮罔上烏郎，下罔。○各本「罔」譌作「岡」，今訂正。眱夷。搉角。嫜辜。榷口角。堤時。

釋親

爸步可。爹大可。奲止奲。媓皇。䰳子我，又子倚。婢畢。嬭乃弟，又奴解。媪烏道。姐案：《字書》即前「䰳」字。娋所交。娟謂。娣徒麗。妯逐。娌里。姒似。○各本脱去「姒」字，「似」字又誤入正文，辨見《疏證》。㮿矩。孜滋。㝅乃口。婗吴鷄。㚊多可，亦音多。嬬須、儒二音。倩取令。殪古來。腜媒。瀕之然。顱力乎。頏乎郎。頷翁。顑成。頗乎感。頤以時。頷閤。顴權。頄求。頞烏葛。䪼音拙。柴子𣚻。噣竹救。咡耳志。齔又瑾。❶ 噱劇。○各本「劇」字誤入正文，辨見《疏證》。函含。嗌益。髑火代。骬于。貳弋。肊於力。臆憶。胳各。膀步光。胠袪音，又可慮。胉布各。○各本「各」譌作「冬」，惟影宋本、皇甫本不譌。肋勒。胇忿廢。裨卑。○各本脱去「裨」字，「卑」字又誤入正文，辨見《疏證》。腎時忍。膀傍。○各本「傍」字誤入「胱」字下，今訂正。胱光。脬片交。肑百卓。骶帝。胂申。脢梅。膵翠。髁口外、口卧二音。臀屯。脽誰。○各本「誰」譌作「隹」，今訂正。腓肥。脊啟。腨時兖。踦居綺。胻乎當。膕古獲。朏篤骨。髖苦丸，苦魂。豚卓，又多鹿反。臀豚。骪五丸。骯苦黄。䯬力岡。骺括。髆甫。臗寬。骬苦亞。

---

❶ 「叉」，疑當作「叉」。

博雅音卷第七

高郵王念孫校

釋宮

㡉雅。櫳籠。庉徒困。庲來。庺七粟。〇「庺」當作「庺」，音七賜反。此音七粟反，乃後人所改，辨見《疏證》。庵烏含。廠先見。〇各本「先」譌作「光」，今訂正。堭皇。壂殿。坫多念。垿序。廜徒。廝蘇。廣魯。廌罵。粗才祖。廁來達。橧似陵反，又音曾。棚步萌，又負弘。棼墳。栽才□。〇「才」下脱一字。窹悟。窻悤。堗突。甄只賓。匋桃。窯遥。檐、櫺上簷，下零。榱楚悲。橑魯好。桷角。楝恥緑，又且足。〇各本「緑」譌作「緣」，惟影宋本、皇甫本不譌。椽直緣。檼於靳。甂溜。欂步各，步革。枅鷄，又古研。亦有本作「㮳」，此一本耳。〇各本脱「又」字，「研」字又譌作「斫」，今訂正。若膺云：「此一本耳」，「本」當爲「字」。「枅」一作「㮳」，故云「此一字耳」。欒鸞。榕節。笮俎格。礎楚。磌真，又徒年。礩質。闟虚亮。丰蜂。坻除離。盌猛。窇步角。窗丈革。寝扶福。鹿鹿。廥古外。䴥貢。廯鮮踐。甂潘。瓳胡。瓨亭。甄真。甐力佳。瓯夷耳。瓴甋零上，的下。甓□壁。〇壁與「甓」不同音，「壁」字當是反語之下一字。甗鹿。甎也上音專。甋同。瓸百。甆側溜。欗蘭。檻乎減。龔籠。桂布犂。閉乎計，乎介。枎帙。戺仕巳，手音士。橉力忍。橜手音巨月。朱苦本。罦浮。罳思。闟藥。鍵奇辨。庋及。闒大臘。𡏜力彫。隊篆。院桓。廦壁。案：即壁。埤普計。垷五計。㯫巨於。栫在見。篳必。欏羅。落洛。杝離。○各本「離」字誤作「籬」，又誤入正文内，辨見《疏證》。柵策。槊朔。黝於糾，於久。垔惡，又烏故。垷峴，音乎典。墀遲。塈虚既。㮄奴回。塿力奉。椷古湛。㨠莫典。培裴。椴都館。橛居月，又巨月。楬竭。䝐豬。戕臧。𢦒歌。戙洞。柵策。杙弋。墿亦。堩古鄧。𣅝古朖。迒、阡上乎郎，下音千。○各本「郎」皆作「朗」，此因上文「𣅝」音古朗反而誤。自宋時本已然，故《集韻》《類篇》「迒」字又音下朗切。考《玉篇》《廣韻》《方言》注、《爾雅》釋文「迒」字竝音乎郎反，不音乎朗反。前卷三内「迒，迹也」，曹憲亦音乎郎反。今據以訂正。駚決。鴷例。趡子肖。趥千繡。𧺆勑略。塍視陵。埒力闋。埰保。堨多老。隚唐。隉音照，之曜。隄低，一音度兮。○各本脱「音」字，今補。柤士家。漕倉故。隁於建。榷角。彴灼。徛居義，音寄。鼪土斗。○各本「土」譌作「士」，今訂正。

釋器

盎烏浪。瓿部。𤭁偶。罏盧。𤭛弟。甌一侯。甂邊。𤭸棟。甈去滯。𤮊初鑑。瓽多朖。○各本「朖」譌作「眼」，惟影宋本、皇甫本不譌。𤬦杜。𤮼乎暫。𤭢士江。𤮩牛志。𤮜鄭。㼦容。瓬剛。𤬳多感。𤬪部。甀來後。𦈢由。甀直類。甒廡。瓮一洞。罌一正。甑多甘。瓶殊。甂臾。瓺腸，又音悵。○各本「腸」譌作「暢」，又譌作「口」，今訂正。甋所猛。瓬方往。○各本「往」譌作「住」，今訂正。瓵他臘。甕於龍。甗斯。甈步美。罃烏行。瓨下江。罏靁。罊苦計。錪土典。○各本「土」譌作「士」，今訂正。鉼必整。㼜蟻。鏤盧后。○各本「后」譌作「舌」，惟影宋本、皇甫本不譌。鬲歷。鍑富。鏕烏高。鍪茂。鬵矩皮。甗界。錡奇綺。鬴扶宇。鐈橋。鬷子工。鋗呼玄。銚遥，今人多作大弔反。鎢烏。鏞育。銼坐戈。鑷力戈。匾布典。榼苦臘。椑步兮。盭敦。櫨牋典。盌安。盞殘。銚遥。櫂直皃。栓七緣。柍決。𥁕橋。䀇拳，又眷。櫑又章。㿻摩。棫古咸。○各本「古」譌作「苦」，今訂正。盄雅。閜呼雅。盞側限。㿸凡。斝古馬。醆側眼。鐳拙究。觛多旦。卮支。瓠回故。䔨居隱。瓢魚偃。箄乎江。篴舉。箸籯盈。筲所交。桶櫎上天孔，下思□。○「思」下脱一字。《廣韻》「櫎」音先孔、蘇公二切。籫作管。篅馳慮。柶四。匙是支。筴夾。枓主。梪頤。焅苦篤。㮇媚。㮘溪。㭁桂。筲所交。篆吕。籓甫袁。㚘扶。𥡴諸庶。○各本「諸」譌作「栢」，惟影宋本不譌。㔬徒弔。𦉐步丁。畚本。筣斫。籭攘。篓蘇苟。籥㕣泉，正音旋。篼於鞠。筅素典。○各本脱去「筅」字，「素典」二字又誤入下文「籥」字下，辨見《疏證》。籥素管。匥弁。匰丹。匱巨位。椷咸、緘二音。定帶定。槈乃后。櫡張略。钁九縛。錍方支。銛他點。篝溝。筌七緣。笓婢之，布兮。罶柳。籗捉。籗苦郭。篥堂。箪珍教。涔字廉。栫才見。罼畢。罔女洽。㒳於劫，又於檢。罝互。○各本「互」譌作「牙」，辨見《疏證》。罟肥無。罥泫。欚禮。軥衢。輗皃。⿰片兆兆。⿰片咅裴。牑鞭。牏之句、徒侯二反。著直藥。縠苦侯、苦茂二反。繐蒠，又揔。繰早。繂力出反。續辭足。紨敷。綐徒外。纚式支、赤移二反。〇各本「支」下衍「又」字，今刪。絓乖，又空淮反。絬刮。纀苦木反。綃悉遥。絅阿。緻直異。約藥。襺古典。絖曠。編必延。繶憶。紃循。絛滔。⿰糸栗音栗。⿰巾鬼鬼音。幃韋。麴去菊。綟麗。⿰糸臬渠。追多回。尉況羽。⿰糸雚丘拳。〇各本「丘」譌作「兵」，今訂正。帉芳云反。〇「帉」當作「帉」，音介，説見《疏證》。⿱髟畐副。幗公誨。⿰巾兒兒。帪辰。⿰巾多乃可。⿱分巾紛。⿰巾刃刃。帥山律。幋盤。⿱執巾之利。幏蒙。⿱敕巾辭廉。帍户。裱筆廟。幘責。屣失豉。〇各本「失」譌作「夫」，惟影宋本、皇甫本不譌。下「失俞」同。⿱俞巾失俞。帞陌。⿱叉巾七見，又七年。⿱髟貴去位。⿱髟采采。幧七消。⿰衤卒作潰。⿰衤從子家。褋牒。襌單。⿰衤童常凶。⿰衤容容。袛低。裯刀。襜褕上昌占，下臾。〇各本「占」譌作「古」，惟影宋本、皇甫本不譌。襋棘。衱劫。褗於幰。袊領。⿰巾曷於例。襗亦。襡蜀。襜尺占。裿居綺。裨脾、卑二音。⿰衤登豎。襂衫。裲兩。襠謂上音當。袹陌。帔匹媚。褘韋，又暉。袡爾占。襜昌占。被不勿。絜悉。韍弗。縪必。纗允恚，乎卦。〇各本「允」譌作「九」，今訂正。緄衮。〇各本脱去「緄」字，「衮」字又誤入正文，辨見《疏證》。⿰革延誕。紟騎禁。裪桃。⿰衤矞決。袿圭。襡大口。⿰衤函含。⿰衤朵姤禾。袔賀。⿰衤夜亦。袘夷。袼各。⿱壴衣胡。⿰衤奚乎佳。裀因。袾妹、株二音。⿰衤弓弓。⿰衤身身。褾必照。⿰衤崩布蔑。⿰衤市布末。〇各本「末」譌作「未」，今訂正。⿰衤奚乎佳。⿰衤肖七霄。袩多頰。褸樓。衩楚械。衸械。袥他各。⿰衤束膝上七益。⿰韋僉許嚴。⿰衤卷去乾。絝袴。⿰衤官管。袑時沼。衳七勇。⿰衤鼻步寐反。⿰衤突度没。⿰衤啇天帝。褓保。

鷖烏雞。㦬落。楅烏苟。褿七刀。祓不勿。䘹子肩。褯慈夜。袺古頡。䊀胡。襭頡。幭無髮。旛樊。䘎於黐反。帍，幞上荒音，下扶欲反。幬池流。幎布迷。幨叱占。幧廉。髫舜。舄昔。屦他梅。鞨乎末。䩨五郎。鞯士角。屣所爾。鞮低。緤其於。紟渠禁。鞈古匣。鞢沙。鞣素落。䩢大洛。鞁素合。屦靴。㝮乎馬。屐渠戟。屩脚。緻直利。緶部典。緉兩。綊爽。絞古爪。縝敇真。縷力主。纑來乎。萆婢亦。衰散禾。簦登。幢直江。𤢻大告。幨侈占。幰火偃。籅語。箖力枕。幖必昭。徽吁飛。幨帶古。幃子堅。帒憶。幡黐。褰於劫。帣卷。帪大河。絭苦員。纕相。筥，櫛上音姬。艓丑列。艇低。䑩作甘。艞啼。艍在故。艓大能。𥐟朔。緘古咸。紲思列。紘弘甍。纜覔。緝而勇。紩直乙。紘呼畖反。今人以此爲弓弦，失之也。○各本「弦」譌作「紘」，今訂正。縻無悲。紖直忍。縋直僞。繳力冄。繏思絹。纆墨。綯陶。筊肴。纍力追。繘橘。絡洛。綆古猛。纝力追。繯泫，又乎串反。軲枯，又姑。轉片各。輼、輬上温，下涼。轒墳。輐於云。輧蒲眠。輀而。軺彫。輂己足。輰陽。鶝烏。軥衢。○當讀爲「鉤」，説見《疏證》。罿嬰。鈁方。縗素對。䡄于。輯子入。○「輯」當爲「輯」，音户犬反，説見《疏證》。鞹解。弸冰。䡮俳。轓甫袁。韍扶福。軓反。幢直江。幏蒙。靯杜。鞲步各。鞇因。幦覔。韤彌忍。輹扶欲。軔允。兔太故。軑達計、達蓋二反。轂揔。軨舟。軝渠夷。輝士山。轛九縛。轅渠。鞣如酉。鞏俱勇。輑牛殞。鍋古卧。錕古本。轆籠。轑五弔。轊衞。鍊諫。鏞大罪。○各本「大」譌作「天」，惟影宋本、皇甫本不譌。鈦太。錧館。枸俱。簍縷。篌公悔。𥳑穹。籠龍。畚步本。筤良、郎二音。笶❶朁。箹步角、叉角二反。○各本「叉」譌作「乂」，今訂正。篔覔。綯桃。緧秋。簈瓶。篂星。簹當。鞢古核。繮薑。靶巴化。軥巨駒。鞑曳。䶮汗。鞈公洽。韉所垂。鞘所交。縜須宇。欃叉溝。桊眷。槆縮。帴烏含。篼多鉤。帪真。

❶「笶」，原作「笑」，今據《畿輔叢書》本、《四部備要》本改。

博雅音卷第八

高郵王念孫校

釋器

骸乎皆。骼格。骹苦交。○各本皆作「苦弔」，此因下文「覈」音苦弔反而誤。考《玉篇》《廣韻》《集韻》《類篇》及《爾雅》釋文「骹」字竝音苦交反，不音苦弔反。今訂正。覈苦弔。○案：蔡邕注《典引》云「肉曰肴，骨曰覈」。《廣雅》「覈，骨也」，「肴，肉也」，義本於此。「覈」即《詩》「殽核維旅」之核，不當音苦弔反。「苦弔」乃「竅」字之音也。𥁂荒。巇蔑，又陌曷。峆苦暗。○各本譌作「言暗也」，辨見《疏證》。𦠆乎結。䐞弱。膜莫。腅達濫。膎乎佳反，今世人作「鮭」字如此，失之。𦚢兩。䐞若。膂旅。腱居言。脤、膰上時忍，下音煩。脀之丞。臉七潛反。𨮚熟。蒸之丞。蒩阻居。胾側事。膊拙兖。臠劣兖。𦙥泣。鯵岑，又才感反。○各本「岑」譌作「鯵」，惟影宋本、皇甫本不譌。鮨耆。羹昊下。○各本「昊」譌作「昦」，今訂正。鱐繡留。脘丸、管二音。膊普各。腊昔。膴呼，又凶宇。○各本「宇」譌作「字」，今訂正。胏壯里。腒巨於。腩南感。臇子兖。膹扶粉。䐣損。臛呼各。膍毗。胵齒之。胘弦。胓平。𦢊折。𦢐思節。膋聊。𪐁的。鼦溜。飵才故。䭲衛。饋沸云反。○各本「沸」譌作「費」，今訂正。餈脩酒。焯婢亦，又毗支。○各本「支」譌作「反」，今訂正。𤇯不。䊢毗。䵚棃。䵒齒沼。糗去久。糇侯。粰浮。粖流。糈所居、師舉反。䅋素果。𪎭蒙。粿乎寡。𪍿狄、謫二音。糜無悲。糏思節。糭亡達。麪匹眄反，音面。饔於恭。餱高。饙才辭。飵、餣上零，下於劫反。飯五丸。餦張。餭皇。飴弋之。餩該。餹堂。餳辭精。餚髓。餘於勿、於月二反。○各本「月」譌作「日」，今訂正。飦居言。餰居六。粘乎。粻媚，又未。粖亡達，亡結。粰浮。毇毀。糮艦。湩竹用，又楝。○各本「竹用」二字合譌爲「箭」字。考諸書「湩」字皆無箭音。又考《史記案隱》引《字林》「湩」竹用反，又《廣韻》《衆經音義》及《列子·力命》篇《釋文》、《漢書·匈奴傳》注、《後漢書·獨行傳》注、《文選》孫楚《爲石仲容與孫皓書》注「湩」字竝音竹用反。今據以訂正。醪牢。醍體。○各本「體」譌作「醴」，今訂正。瀝歷。浫乃口。醝才何。酎治九。酏移。酴塗。酪洛。酨昨再、祖戴二反。○各本「祖」譌作「且」，今訂正。醇良。醙所艦。醶且冄。醶初艦。酮動、同二音。○各本「動」譌作「洞」，今訂正。醖蘊。醋汝吏。釀尼尚。酘豆。䤈且林。䤁音。寖寑。醮才心。𩐁匹亦。𪍿疾災。䊪滑。䊔卑。𪌉牟。𪍉苦木。𪎭蒙。䴛消。𪍺且豆。𪍣楚快。䴳於昆。䴼步典。醠蜜。醑在細。醟莫候。醶頭。醓他感。醹巨出。醇涼。𩡓子兮。𩡔達内。蘸攘。蕳庫。齏旨升。醃於炎。濫藍。○各本脱去「濫」字，「藍」字又誤入正文，辨見《疏證》。葅緇疏。甛大嫌。甙代。䤠人紺，又大含。○各本「大含」之「大」譌作「紺」，今訂正。糠康。𥼶居列，居曷。泔甘。潘孚袁。潲稍。濯直兒。滫息朽。澱殿。滓組使。菸依譽。○各本「譽」譌作「與」，今訂正。蒼之舌，又之世反。鯘乃每。羶書延。鶡許戒。䭲於劫。饖穢。焦蕉。膱織。馣烏含。○各本「烏含」作「呼舍」，「呼」字因下文「呼含反」而誤，今訂正。影宋本、皇甫本惟「含」字不誤。馝匕節，邲。膮許堯。馦虛縑。馠呼含。膷香。臐詡云。○各本皆闕「詡」字，惟影宋本、皇甫本有。蕂必昭。鼥步曷反。鼐乃代。鼒資。鑴攜，又呼規。鏏衞。鬻辱。鬵潛。䰝咨應。犛貍。氂毛。𣭈汗。䎋奴感。䎗狎。翭侯。䎚惠。䩐革。翄翅。𣯥唐。毦二。○畢本「二」譌作「三」，吳本以下又譌作「毛」，惟影宋本、皇甫本不譌。毰布莽。毼曷。毴方文。毭豆。𣰆足凶反。氍衢。𣯾粟。氄而恭。毨鮮。毤支。氀力于。氁沃。澒乎孔。礦正謂之口，音雖無，疑即「礦」也。鏈連。鏅脩。鋇貝音。鈶似。鉿工納，口帀。戉曰。鏦初江。斨千羊。鑱讒。鈹披。鐫醉全，子兗。鏨慙，□□，敢，又漸。○「敢」上蓋脱「又才」二字。《玉篇》「鏨」才敢切。《廣韻》「鏨」音慙，又才敢切，又音漸。鋞誅失。玒工。划工卧。鉊昭。鉤鉤。鍥結。鏺撥。鎌廉。銃充仲。○各本「仲」譌作「中」，今訂正。銎去恭。鐷、鋂上牒，下梅。鏝夢。鐶環。鉻格。鑶微。釣弔。鏶集。鍱葉。鑯且廉。鏟叉展。○各本「叉」譌作「又」，今訂正。栓所權。欋巨例。鍤測夾。○各本「測」譌作「側」，惟影宋本不譌。鉥音述。綨忌。鑇大罪，徒果。鐗澗。錔他合。銓七緣。錘直危，直僞。鍴端。鑽子貫。○各本「子」譌作「了」，惟影宋本、皇甫本不譌。鑴況規。鍣昭。鋟子廉，又子甚。鋁力庶。錯采古。碫都玩。礛力甘。礸諸。磫足恭。䂂衢。砥砥細於礪。磏，礪上音廉。鋡含。鉵彤。錤基。鎛博。錠定。鐙登。栻勑。簙博。箸馳慮。篋大故。簪載甘。䈏居勿。刷所滑。䴰亦灼。桫素戈。艠升證。梡袁。篗于縛，榮碧。杘勑利。杓于胤。❶篱乎的。桶大籠，亦勇。笔大本。篅上沿。㡒丈旬，豬旬。褧畏。㡚陟呂。簣苦怪。篣彭。笯女加，奴慕。簝力幺。籯盈。篝溝。笭零。籠力公。熏纁。篝溝。箪丹。籚來乎。籃來甘。籅餘。䈤滔。箄俾。簍縷。籧舉。㯷帶。榺朕。校爻。○各本「爻」譌作「㕙」，辨見《疏證》。梼竹革。桷角。植直吏。样羊。槌逐累。○各本「累」譌作「畏」，今訂正。笛曲。篨搿。籥藥。箕勑葉，又餘涉。簳辯。笘丁頰。篻力第。○各本「第」譌作「第」，今訂正。𥳑孤。篡司夜。篇苦典。籍先典。簧皇。牌步佳。杘勑利。矜巨斤。桐詞。橿薑。柲祕。弣撫。杬五丸。椹知今反。今人以爲桑葚，失之。柊終。楑葵。敤苦果。㰈憂。椎逐隹。世人以此爲「錐」字，失之。○各本「錐」譌作「隹」，「字」譌作「子」，今訂正。䟽他禮。棓步講，步項。桲步没。棁吐活，又杜活。柍於兩。欇攝。殳是珠。箠拙棨。篓走公。筡竹花。籧才六。笪七夜。柤士加。樘掌。○各本「掌」譌作「堂」，今訂正。梏古篤。栁乎格。○各本「乎」譌作「平」，惟影宋本、皇甫本不譌。箯方千，婢年。○各本「婢」譌作「俾」，影宋本、皇甫本不譌。㮚俱緑。○各本「俱」譌作「具」，今訂正。韡瑋。畚本。畝插。○「畝」本作「𠭥」，音「嫣汭」之嫣，說見《疏證》。梩駭。㮚七遥。鏵乎瓜。鎵蒙。鐅普結。杷蒲加。棉拂。枷加。箻乎江。

❶「胤」，原避清帝雍正諱作「允」，今回改。

筞妹。**佯**羊。**篖**唐。**筕**衡。**簈**之舌。**蕟**廢。**簟**大點。**笛**曲。**丙**天念。亦有本「茵」字代「丙」。**箳**子
養。**篵**三果。○各本「三」譌作「二」，今訂正。**篕**乎臘。**簇**琰。**篁**呈，又汀。**棠**醉燊。**鋕**顇。或從壺。**瓬**
瓦。**砮**奴。**臒**烏郭，又于縛反。**瑅**致。**彈**大汗。**帥**升芮。**蕡**墳。**絠**戈宰。○各本「戈」譌作「弋」，今訂
正。**韝**溝。**鞢**攝。**蠨**蕭。**彊**絹。**髀**臂。**韃**居言。**韔**暢。**掤**冰。**医**於計。**韇**讀。**韝**備。**韍**叉。○各本
韍、叉二字誤在「韝」字之上，今訂正。**䖪**莫耕。**矰**曾。**第**拂，又音也弗，正音。○各本「又」譌作「口」，今訂
正。**鈀**普加。**錍**片兮。**鉡**牢。○「鉡」當作「鉀」，音甲，説見《疏證》。**鏃**七木、七候、子谷三反。**袂**扶。
襓饒。**袜**陳律。○「袜」本作「木」，曹憲《音》「陳律反」，非是。辨見《疏證》。**鐔**淫。**鞞**布鼎。**靳**之舌、之
逝二反。**釾**以邪。**剞**車奇。**劂**歸衞。**錟**談，又音他甘反。○各本「又」譌作「口」，今訂正。又各本「音」字
誤在「他」字下，惟影宋本不誤。**鏦**初江。**鍵**己偃。**稍**朔。**毻**蚍。**矛**呼覓。**穳**子段。**鋋**蟬。**稂**郎。**稭**苦
大。**鑌**寅。**孑**雞節。**鏝**莫干。**釨**孑。**戛**古八。**戣**邀。**戚**辱。**匽**於幰。**鐓**敦。**釬**汗。**鐏**存頓。**戫**
伐。**樐**音虜。**戰**干。**鏚**含。**聱**牟。**錏**烏牙。**鍜**乎加。**鏂**烏侯。**鍭**侯。**鉦**征。**鏄**步各。**鈕**尼手。**綸**
古頑。**紱**不勿。**璲**書。**珽**他冷。**箓**禄。**簶**鹿。**篙**滿。**箯**緩。**篰**部。**椀**苦緩。**棵**口卵。**橛**劂。**杫**賜。
虞巨音。今人「虍」下作「兵」，失之。○各本「虍」譌作「虞」，今訂正。**桯**餘征、餘經二音，又呈。**㢋**尸賜。
柖紹。**簀**責。○各本「責」譌作「素」，今訂正。**笫**側里。**杠**江。**榻**他臘。**枰**平。**跗**逵。**櫝**、**棣**上墳，下
巨鳩、巨菊反。**柎**付于。**莍**側求。**箷**移。**枷**嫁。**軖**狂。**笠**護。**爟**灌。**熜**青工，又摠。○各本「又」字誤在

「青」字上，今訂正。䡊庾。筥舉。稯子公。秏姡。觚孤。觶之豉。散素但。綃消。縓請絹。縹匹紹。繰早。䍀緑。緅側留。總采公。䌖虚力。䋁耻京。烽小營。緹他禮。焃呼狄。赭者。斢他口。黊乎馬，乎卦。黲老。䵐齒善。䵎他丸。黇他廉。黅今。黗屯。䵑統音。亦有本作「䵑」，口浪。䵩下悔，又于鄙。皔汗。皛乎了，又乎灼反。○各本「乎灼」皆作「乎炯」。炯與「灼」草書相似。故「灼」字譌而爲「炯」。《集韻》「皛」字又音户茗切，引《廣雅》「皛，白也」。户茗與「乎炯」同音，則宋時《廣雅》本已誤。案：《説文》「皛，讀若皎」，皎與「乎炯」聲不相近。今本《廣雅》「皛」音乎了、乎炯二反。乎了與「乎炯」聲亦不相近，故《玉篇》《廣韻》「皛」字皆無乎炯之音。又案：《玉篇》「皛」乎了切，又乎灼切。《廣雅》音即本於此，則「炯」字當爲「灼」字之譌。乎灼與「乎了」古聲相近。故字之從勺聲者，亦有乎了之音。《爾雅》「芍，鳧茈」，「芍」音户了反。又「蓮，其中的」，「的」音丁歷反，又户了反。皆其證也。自《廣雅》音「乎灼」譌爲「乎炯」，而《集韻》以下皆仍其誤，且不復知有乎灼之音矣。今據《玉篇》訂正。晢制。○「晢」本作「晳」，音析，説見《疏證》。皢呼了。皭在爵。皠乎告。皚牛哀。皏普幸。皜呼曷。皤布何，步何。皎古了。○各本「古」譌作「占」，惟影宋本、皇甫本不譌。嚳學。黝於糾，於柳。黤於物。黯烏減。黶烏點。默墨。黰工典。黓弋。皁徂早。黫於閒，於真。涅乃結。緇淄。黸力胡。黮勑感、都甚二反。蕉焦。黔琴，巨廉。黵己證。黴明飢。黣亡再。黵烏外。黚古闇。縝之忍。黳於兮。黗他孫。黲七敢。黟伊。槥衛。樻讀。櫬楚覲。檮導。𣏕禾。

釋樂

六莖，顓頊樂。五韺英，帝嚳樂。大章堯樂。簫韶舜樂。大夏禹樂。○各本脱「大夏」「禹樂」四字，今據上下文補。大護湯樂。大武武王樂。○各本脱「武王樂」三字，今補。勺只藥。周公樂也，斟酌文武之道。大予漢明帝永平三年秋八月戊辰改大樂爲大予樂。足鼓夏后氏鼓，四足也。植鼓見《禮·明堂記》，《詩》「植我鞉鼓」。縣鼓《禮記》曰「周縣鼓」，鄭注云「縣於栒虡也」。雷鼓《周禮》「雷鼓鼓神祀」，鄭注曰「雷鼓，八面」。靈鼓《周禮》「靈鼓鼓社祭」，鄭注「靈鼓，六面也」。路鼓《周禮》「路鼓鼓鬼享」，鄭注「路鼓，四面」。鼖鼓《周禮》「鼖鼓鼓軍事」，鄭注「大鼓也，長八尺」。鼛鼓《周禮》「鼛鼓鼓役事」。《考工記》「長尋有四尺」也。晉鼓《周禮》「晉鼓鼓金奏」，鄭注「長六尺六寸也」。鼜鼓《周禮》「凡軍旅，夜鼓鼜」，鄭云「夜戒守鼓」，音「造次」之次。○各本「夜鼓」下有「曰」字，乃淺學人以意加之，今删。鼙鼓《周禮》「旅帥執鼙」。○各本「旅帥」作「師旅」，亦淺學人所改，今訂正。鞀鼓《周禮·小師》之職掌「鼓鞀」。《釋名》云「鞀，導也」。應、輮《詩》云「應輮縣鼓」。搏拊《禮記》「拊搏」，鄭注「以韋爲之，充之以糠，形如小鼓，以節樂」。○各本「拊搏」譌作「博搏」，「搏」下又衍「琴」字，今訂正。伏羲氏瑟長七尺二寸，上有二十七弦。見《世本》。桶動。陞升。敔魚吕。倕氏鍾十六枚《世本》「倕造鍾」，倕，舜臣。毋句氏磬十六枚《世本》「毋句作磬」，毋句，堯臣也。塤許園。象稱錘，以土爲之，有六孔《古史考》曰「有塤尚矣，周幽王時暴辛公善塤」。〇各本「王」字或譌作「曰」，或譌作「田」，又脱去「暴」字，今訂正。影宋本、皇甫本「王」字不譌。**箎**池。以竹爲之，長尺四寸，有八孔前有一孔，上有三孔，後有四孔，頭有一孔。〇此十六字，各本誤入正文，辨見《疏證》。籟賴。**箎**池。**㖦**洞。歙頭。

博雅音卷第九

高郵王念孫校

釋天

太初，氣之始也，生於酉仲，清濁未分也。太始，形之始也，生於戌仲。八月酉仲，號爲太初，屬雄。九月戌仲，號爲太始，屬雌。○各本「爲太初」上脱「號」字，「太始」上脱「爲」字，今據上下文補。清者爲精，濁者爲形也。太素，質之始也，生於亥仲，已有素朴，而未散也。三氣相接，至於子仲，剖判分離，輕清者上爲天，重濁者下爲地，中和爲萬物。《詩》緯曰「陽本爲雄，陰本爲雌，物本爲魂，雄雌俱行三節，而雄合物魂，號曰太素也」。三氣未分別，號曰渾淪。○各本「俱」譌作「但」，又脱去「氣」字，今訂正。天地辟，設人皇以來，至魯哀公十有四年，積二百七十六萬歲，分爲十紀，曰九頭、五龍、攝提、合雒、連通、序命、循蜚、因提、禪通、疏訖。《帝王世紀》，自天地闢，設人皇以來，迄魏咸熙二年，凡二百七十二代，積二百七十六萬七百四十五年，分爲十紀，一曰九頭，至十曰疏訖。○各本「帝」上衍「記」字，「世紀」之「紀」譌作「記」，「十曰疏訖」脱「曰」字，「疏訖」譌作「流記」，今俱訂正。影宋本惟「紀」字不譌。格乎格。擇宅。祲子枕。濛莫孔。澒乎孔。淪倫。○各本「倫」字誤作「喻」，又誤入正文，辨見《疏證》。沆乎朗。瀣乎戒。歉苦簟反。㱂康。凋彫。离勑支。蹟墳。霣于愍。靁追。檗俱雨反。荓蒲形。歲星謂之重華，或謂之應星。木宿也。營惑謂之罰星，或謂之執法。火宿也。鎮星謂之地侯。土宿也。太白謂之長庚，或謂之大囂。金宿也。晨見東方爲啟明，昬見西方爲長庚。○各本脱去「金宿也」三字，下「水宿也」同。今竝據上文補。「長庚」下又有「案金星」三字，乃校書者所記，今删。辰星謂之爨星，或謂之免星，或謂之鉤星。水宿也。䄮士駕反。禮曹。祽七外。祱稅。𥜽力侯反。禊乎計。餟知稅。○各本「知」譌作「和」，惟影宋本不譌。祼古奐反。軷步末。橐毳。⿰礻彭布庚。祾陵，又力登。禖梅。祧他聊。醮子咲反。襘古外。禨巨衣。禱倒。夏曰清祀。○《禮運》正義引《廣雅》云「以清潔而祭祀」，蓋曹憲注文。《通典》引《廣雅》同。殷曰嘉平。○《禮運》正義引《廣雅》云「嘉，善也，平，成也，以歲終萬物善成就而報其功」。《通典》同。歐欺于。垝車美。軹紙。

釋地

⿰田亢古朗。埏延。○各本「延」譌作「廷」，辨見《疏證》。皋古豪。原原。毗符夷。沛盃妹。珩衡。璇旋。琜來。瓄瀆。璐音路。瑭唐。⿰王囷渠愍。玫梅。瑰古回。隋侯隋侯見虵傷，治之，後虵銜珠以報。碝而究。玟忙巾。硨車。磲渠。碼馬。碯奴道。琨昆。珸吾。瑊古咸，又咸。○各本「又咸」之「咸」譌作

「威」，今訂正。功勒。鮯古合。鷩必舌。鵂付于反。○各本「于」譌作「予」，今訂正。貜九縛。繇由。八家爲鄰，三鄰爲朋，三朋爲里，五里爲邑，十邑爲都，十都爲師。州十有二師焉。見《尚書》。睬柔。暵奴戈。○各本此下有「堅」字音「堅」，「堅」字係曹憲避諱而缺其下畫，「堅」字則後人所加，辨見《疏證》。甀古賢。埴時識。塿樓。墶息營。壚來乎。陚付。辈沸。皾才心。耩講。耩弋。耩突。耩側基。藨布苗。柀披。耠乎荅。䆀碑。䅪步侯。稠局。糢漢。稍所交反。稷亡旦。稯叉江。穪他戾。穭一劫。積牀責。○各本「牀」譌作「壯」，今訂正。埶魚世。穭祇。○各本「祇」譌作「祗」，今訂正。漳派。蒔時志。種之用。

釋丘

柲祕。隤大迴反。堬以珠。埰采。墦煩。埌浪。培步苟。塿來苟。垗兆。塋營。隇威。陝夷。隥多鄧。陘形。隒檢、斂二音。○各本「斂」譌作「歛」，今訂正。澳於六。濛蒙。浮劣。湑脣。垠吴根。廋所流。坈菊。

釋山

岣古候反。○各本「候」譌作「侯」，今訂正。嶁力候。岍牽。祏石。确學。㟤烏玄。畎古犬。嶰乎買。

釋水

澬墳。潪直尸。㥜謂。磯機。磧七的。陙洪。滏遂。埂古杏反。窞徒感。臽陷。濄大高。〇各本「大」作「太」，因下文「太」字而誤，今訂正。汏太。艕彫。艬士巖。艜带。艒目。艡夙。艀蒲故。舺甲，又狎。〇各本此下誤衍艏、艋二字，辨見《疏證》。艆力唐。艞壯尤。舸鉤。〇各本「鉤」譌作「鈞」，今訂正。艫鹿。艑步典。艖楚加、徂多二反。艇丁計。艡當。艂扶江。舡呼江反。〇各本「呼」譌作「乎」，惟影宋本、皇甫本不譌。舭滔。舸古可。〇各本「古」譌作「苦」，惟影宋本、皇甫本不譌。艐撥。艛力侯。❶ 舣叉。艓苦計。艩其。艃貍。艌零。舶白。艀扶鳩。〇各本「扶」譌作「狀」，今訂正。艦銜之上聲。舼洪。艇挺。艅餘。艎黄。艨蒙。艟衝。艗五的。艏首。艋側格。艋猛。艬禮。簰薄佳。箹敷。潢横。筏伐。艎凡。舷賢。艙倫。桄光。陬子侯，又鄒。䶇乎角，呼篤。汾墳。

---

❶ 「力」，原作「月」，今據續四庫本、《畿輔叢書》本、《四部備要》本改。

博雅音卷第十

高郵王念孫校

釋草

⿱艹皋高。⿱艹咎高。蘖集。菩負，又部□。○案：《玉篇》《廣韻》《集韻》《類篇》「菩」字皆不音部，「部」下當脱一字。《玉篇》「菩」音步亥切。萯負。葙子乎。菞力兮。䕼那甘。䔒疇。蒢除。䕡力甚反。蘱力對。芣才。蒯苦拜反。葰雖。䎷之舌。堇丑六。○各本「丑」譌作「刃」，今訂正。⿰豕巾徒昆反。世人作「⿰豕巾」字，或「豘」或「豚」或「肫」，竝失之。○各本脱「字」字，今補。又案：《說文》「豚」篆文「⿰豕巾」字，非後人之失也。菥析。蓂覓。蒣舒。蔀部，又步古。薺齊底反。憲案：《說文》以此爲「薺，蒺蔾」之「薺」字。自資。○各本「此」字皆作「底」，因上文「齊底反」而誤。「自資」二字又誤入《音》內正文。今俱訂正。蔨歷。藡狄。萑丸。蘄芹。茋衹。○各本「衹」譌作「祗」，今訂正。蔏商。蔳六。筋居勤反。菝拔。蘚古買反，又古埋反。○各本「埋」譌作「理」，今訂正。茩苟。○各本「茩」譌作「苟」，《音》內「苟」字又譌作「狗」，辨見《疏證》。獳奴侯。藡直戟。蘜逐録。○各本「録」譌作「銀」，惟影宋本不譌。堇謹音。世人作「堇」字如此，失之。

○各本脱「堇」字，今補。　藋徒弔。　苿住律反。世人作「朮」字如此，失之。朮，古文「秫」字。○各本前「朮」字譌作「木」，又脱去後「朮」字。影宋本、皇甫本前「朮」字不譌。須思臾反。案：《説文》「須」從彡，世人作「鬚」字如此，失之矣。　葠所今。　蓑素禾。　葃音昨。　菇音姑。　瓢婢昭。　箟民忍。　笨步本。　簌素但。　篘鉤。　篅端。　篃媚。　簃至。　蕖渠。　孿劣船反，又力眷。　菎古本。　莜巨遥。　茚邛。　苜目。　蓸習。　䕂醜。　萲緩。　蕎橋。　䕭貢。　菑憶。　蘞廉。○各本脱去「蘞」字，「廉」字又誤入正文，辨見《疏證》。　薁奥。　莜悦椠。　茓儉。　藈苦圭。　瓟古侯。○各本「侯」譌作「候」，下「鹿侯」反同。《集韻》瓟、瓡二字皆有平、去兩聲。其去聲下引《廣雅》「瓟瓡，王瓜也」，則所見已是誤本。考《玉篇》《廣韻》《爾雅》釋文瓟、瓡二字皆有平聲，無去聲。今據以訂正。　瓡鹿侯。　蘠蒖上市悆反，下羊恕反。　藟力水。　采似醉。　秆古旱。　稑空，又苦江。　稭古八。　栵例。　穋莊于。　葯約。　蕡浮沸，符分。　蘘穰。○各本脱去「蘘」字，「穰」字又誤入正文，辨見《疏證》。　莱柔。　甯乃頂。　萿轄。　秈仙。　秫述。　稬奴卧。　䅳口見，口殄。○各本「殄」譌作「於」，今訂正。　穈亡皮。　䅊旁。　稈皇。　穄祭。　穦扶云。　𪎭誅。　䴢布兮。　豌烏丸。　蹓留。　䃣乎江。　䨇雙。　麰牟。　麳來。　䕵斜。　菘私。　穗似醉。　蓴大丸。　簬路。　箕真。　簸苦拜。　笴公但。　簕衛。　蕉捉。　蘬爲詭。　棓步項。　菽乎巧。　芨撥。　荄古來反。　蓨弋箠，素箠。　莱力内。　蘆千古。　采辭醉。　䗪胡戒。　蕎橋。　蘬歸。　蘤丈牛。　藸直魚。　薹臺。　藺吝。　菰孤。　蔣子良。　葒紅。　蘱乎結。○各本「結」譌作「吉」，今訂正。　蕒麥蟹。　張揖云「蕒，蘧也」。案：白蘧與苦蕒大異，恐非。○各本「蘧也」之「蘧」譌作「蘆」，今訂正。　蘧巨。　葧步没。　菈力合。蘧沓。蘴豐，又嵩。○各本「豐」譌作「蘴」，「嵩」譌作「蒿」。影宋本「嵩」字不譌。蕘女交反。世人以此爲「芻蕘」之蕘，未知孰是。○各本脱「人」字，今補。菁精。○各本脱去「菁」字，「精」字又誤入正文，辨見《疏證》。菰及。𤬪力占。𤬈温。瓳徒昆。㼒步田。長丁丈反。葱去用，又去拱。苹平。蔄浪。蕩宕。茛古恨。蒪普各。苴子魚。蔦悦專。萐所夾。䕼可與。葍腹。莞丸。

釋木

栝古末。檡宅。林武蓋。○各本「蓋」譌作「盍」，今訂正。爵雀。○各本脱去「爵」字，「雀」字誤作「崔」，又誤入正文内，辨見《疏證》。梶考。桗丁戈。梡緩。梢稍交。○各本「稍」譌作「梢」，惟影宋本、皇甫本不譌。杈叉苟。○各本「叉」譌作「又」，影宋本、皇甫本不譌。樿之善。樸浦莫。○各本「浦」譌作「蒲」，今訂正。橡象。柔常與。楱七候。檉耻京。樍子狄。杆古旦。栀支。栯爻。樢鳥。椑扶支。㯕西。

釋蟲

蚑伎。蛣去吉。蠯膺。蟧遼。蝒緜。蛥折。蚗穴。螮帝。蛁彫。蛾五何。蛘羊掌。蟞匹結。蜉浮。螘五綺。蛢鷄。地○各本此下曹憲《音》有「虵」字，乃因下文「虵」字而衍，今删。虵蛇。蟊茅。蠵攜。蠀七漬。蠆丑介。蠍歇。蠎力刃。蛭質。蛒胡格。蜷眷。蠶雜含反。世人作「蠶」字或「蚕」字或

「蚕」，如此竝失之矣。○各本《音》内「蠶」字譌作「蚕」，「或蚕」上脱去「或蚃」二字，又誤衍「如蠁」二字。「如」字因下文「如」字而誤，「蠁」字因與後「蠵，蚌也」之「蠵」字相似而誤。今訂正。蠹妬。蟦浮沸，又肥。蠀疾資。螬曹。蜋腸。⿰虫麗力支。蚒女六。○各本「六」作「支」，因上「力支」反而誤。《玉篇》《廣韻》「蚒」字竝女六切，今據以訂正。蚭尼。蚨皃。虷紆。蚰由。蜒延。蝥牟。蠋燭。螸臾。蝳毒。蜍餘。蛺夾。蜨山頰。蛈❶暜。蛬恭勇。趗促。蜻精。螻樓。蜮古麥。蛆子魚。蟝渠。⿰虫逐逐。蚿弦。蠓蒙。螉翁。⿰虫懿一結。螠憶。蠀即。⿰虫就酒六。蚴幽。蜕悦。蠮烏結。螉翁。齕痕之。⿰虫尃博。蟭焦。洟他帝。螵婢消。蛸消。蟅柘。蟒猛。蟘他則。蜙粟容。蝑胥，又思呂反。⿱舂虫舂。⿱黍虫黍。蝍即。蛆子餘。⿰虫戔士板。○各本「士」譌作「土」，惟影宋本、皇甫本不譌。蠽節。蛷求。螋所留。⿰虫務霧。蛷求。⿱匿䖵女陟。⿰匿黽乃德。蝱盲。蜤錫，又七亦。⿰虫覓覓。蜰肥。蜏秀。孳茲。○各本「茲」譌作「慈」，今訂正。蜎烏泫。螽之戎反。蝗皇，又華孟。蚯丘。蚓引。蜿宛。蟺時湎。蠜煩。蟅之夜。蠊廉。蝟謂。⿰虫便便。⿰虫旋旋。蛃步幸。蛹勇。蠁許兩。○各本「兩」譌作「雨」，今訂正。螌班。蟊茅。蝮扶福。蜟育。蜕始悦，始芮。蟱無。蝺牛俱。蚨附于。○各本「附」譌作「付」，今訂正。蚲平音。蠵羊悸。⿰虫盍古臘反。蜡大臘。蛘羊掌。

❶「蛈」，《廣雅疏證》卷第十下《釋蟲》「蛺蜨」條無此字。

釋魚

鯸侯。鮔頤。魺河。○各本脱去「魺」字，「河」字又誤入正文，辨見《疏證》。𩵹齒之。魧航。𩻕唐。魠託。鮷啼。鯷綈。○各本「啼」譌作「綈」，「綈」譌作「啼」。《集韻》《類篇》「鮷」田黎切，又大計切，即因此而誤。考《玉篇》《衆經音義》「鮷」音啼，不音綈，「鯷」音綈，不音啼。《廣韻》「鯷」字有啼音而「鮷」字無綈音。《太平御覽》引《廣雅》「鮷、鯷，鮎也」，「鮷音提，鯷音遞」，今據以訂正。鮎那緌。鱺離，又力兮。鰑陽。鮦重。鰿積。鮒附。鰱力延。鱮嶼。鯕居家。鮊音白。鱎奇兆。鮜乎豆。𩸞乎寡。鰬虔。鱄普姑。𩵽副周。𩷒菊。鯼子公。魶那臘。鯢五兮。𩷍側耕。鰏來的。鰅魚恭。鯙亭。𩵎於八。𩷼步佳。鰌秋。𩶜要。𩽀奥。○各本此下衍一「奥」字，今删。「奥」下又有「蝤也」二字，係正文誤入《音》内，辨見《疏證》。鯪陵。鱸力乎。鱸盧。蚵何。蠪龍。蜤析。○各本「析」譌作「折」，今訂正。蝰口圭。蘢巨彪。蛇恥支。鼃獲叉。○各本「叉」譌作「又」，惟影宋本、皇甫本不譌。蟈古獲。蚥甫。蜢孟。蝦霞。蟆麻。蜅甫。蟹乎買。蛫古彼。○各本「彼」譌作「皮」，今訂正。蜋郎。螘下哀。蜌陛。蛤閤。蠡力兮。蠃洛戈。蝸瓜。螔移。蝓瑜。蜶子律。螩條。蜮域。

釋鳥

鶙弟，又啼。䳌古惠，古二。鷶買。鵅古彼。鳺規。鴶古八、居一反。鵴菊。鷘團。鴨五各。鷨慙。鷲就。鵰彫。鵂休。鴟齒之。鸕盧休。○各本脱去「鸕」字，「盧休」二字又誤入正文，辨見《疏證》。鶜茅。鷜莫講。鷳閑。鵵兔。○各本「兔」譌作「免」，今訂正。鴸末。○各本「末」譌作「未」，今訂正。鴄匹。○各本「匹」皆作「迮」。「匹」俗作「疋」，因譌而爲「迮」，辨見《疏證》。鸗龍。鴨於甲。亦有「鴨」字如此。鴚加。鴈五諫。案：「雁」字亦如此，又「鴈」字。鵻隹。○各本脱去「鵻」字，「隹」字又誤入正文，辨見《疏證》。鴽如。鵮烏含。鵖郎。鶾高。鶻滑骨。鵃鶥，又竹交。鴔瓮。○瓮與「盆」同，各本譌作「瓮」，今訂正。鵎役。鶟葵。鵉浮。鶪菊。鶙弟、啼二音。鷸述。鷂筳照。○各本「照」譌作「昭」，今訂正。鶝福。䳁不尤。鷦焦。鷯弭沼。鸋乃定。鴂決。鸁力果。鵶匠。鶡曷。鴠旦。鶾苦汗。鴠旦。鶴石。鷭[1]邕。鸃渠。雃丘莖。○各本丘譌作「五」，今訂正。鵚子幽。鶩務。鷇苦候。鵠古篤。蚮尸墨。蟔音墨。鷚留。鴹仲。鸓力追。鸊布獲反，又步覛。鷉梯。鴆沈之去聲。鴰古活。○各本「活」譌作「沽」，今訂正。箾動。鶈妻。鵫餘占反。搹隔。鷩敏音。人多作煩音，非也。○案：曹説非是，辨見《疏證》。各本

[1] 「鷭」，《廣雅疏證》卷第十下《釋鳥》「雃也」條作「鷭」。

「煩」譌作「頊」，今訂正。

釋獸

於烏。䖘塗。貔毗。豾丕。貒湍。貛歡。狙七餘。貏山吏。㚇決。貁烏郎。狚才胡。貕奚。猽瞑。豘屯。犹柚。蜼誄。縠乎谷。○各本「乎」譌作「平」，惟影宋本、皇甫本不譌。豥艾。貗山甲。貜仕禹。橧繒。圈奇勉。麛迷。麢奴侯。㝹五丸。娩匹萬。䨲乃侯。姍所姦。獱頻。獺勑鎋，又闥。虒啼。蹢的。蹻鄒。蹯煩。犒狄。豭加。犃部。犌舍。䮉酬陵、似陵二反。犻缽。積墳。猗於宜。剸叉進。犗居言。鼶隹。鼩爵。鼢墳。鼬由溜。鼨如勇。鼭瓶。鼫於革。鼷讒。鼯乎。鼱博。䶂唐。鼩古熒。鼢零。鼳煩。鼣谷。鼶卜。鼤音攴。○「攴」音普木反，各本譌作「支」，今訂正。鼨音俊。鼠耳。鼲古門。鼢胡貪。鼩柳。○各本「柳」譌作「抑」，今訂正。

釋嘼

驢大安，知連。駃決。騠蹄。騋力兮。驒顛。犗古轄。羘博。羖古。羍撻。羳務。羚辛究。羚零。獼之涉。顱盧。獂原。楚黃楚有犬名如黃。○各本「犬」譌作「大」，惟影宋本、皇甫本不譌。猤七勺反。狂霍。獱扶粉。辟避。雖渠夷。

廣雅疏證補正

高郵王念孫

自序。

「凡字之譌者五百八十」改「五百七十八」。

「脱者四百九十」改「四百九十一」。

上廣雅表。

「以釋其意義」注乙「神仙傳」二十六字，改《爾雅·釋訓》釋文引張揖《雜字》云「訓者，謂字有意義也」。襄二十九年《穀梁傳》云「此致君之意義也」。

「文不違古」注乙「後漢書曹褒傳」十九字，改臧氏在東曰：張稚讓言叔孫通撰置《禮》記不違《爾雅》，然則《大戴禮記》中當有《爾雅》數篇爲叔孫氏所取入。故《白虎通義》引《禮·親屬記》「男子先生稱兄、後生稱弟，女子先生爲姊、後生爲妹」，文出《釋親》。《風俗通義》引《禮·樂記》「大者謂之産，其中謂之仲，小者謂之箹」，文出《釋樂》。《公羊》宣十二年注引《禮》「天子造舟，諸侯維舟，卿大夫方舟，士特舟」，文出《釋水》。《孟子》「帝館甥于貳室」，趙注引《禮記》「妻父曰外舅，謂我舅者吾謂之甥」，文出《釋親》。則《禮記》中之有《爾雅》，信矣。

卷第一上

釋詁

業，始也。

注「業猶創也」下補《莊子・秋水》篇云「將忘子之故，失子之業」。

令、龍，君也。

注「令君也」下補《韓子・初見秦》篇云「立社稷主，置宗廟令」。

乙「賈子容經篇云」十四字，改《呂氏春秋・介立》篇注云「龍，君也」。

方、旁、袞，大也。

注「方者」下乙「堯典云」二十字，於「方大也」下補《墨子・非攻》篇云「其土之方未至有數百里也，人民之衆未至有數十萬也」。《楚策》「方船積粟」，《史記・張儀傳》「方」作「大」。

是「方」與「大」同義。

「旁」注加墨籤云：《逸周書・世俘解》「旁生魄」，孔晁注云「旁，廣大，月大時也」。

「衮」注乙「後漢書馮緄」十二字，改《吕氏春秋・大樂》篇注云「渾讀如『衮冕』之衮」。

仁、虞，有也。

注加墨籤云：《廣韻》「侳，則卧切，有也」。「仁」字疑「侳」字之譌。《一切經音義》三之六、七之十二、十三之五引《白虎通》「虞樂，言天下之民皆有樂也」。

抵、薦，至也。

注「抵雲陽抵與氐通」改《河渠書》「自中山西邸瓠口爲渠」。氐、邸竝與「抵」通。

「義竝與抵通」改義亦與「抵」同。

「臻至也」下補《藝文類聚》引《書大傳》云「薦，至也」。

乃、昔、迋，往也。

注「是乃爲往也」下補阮籍《爲鄭沖勸晉王牋》「聖上覽乃昔以來禮典舊章」，乃昔謂往昔也。

「聲竝相近」下補《楚語》「左史倚相廷見申公子亹」，韋昭注云「廷見，見於廷也」。長子引之云：下文云「子亹不出」，則在家非在朝也，不得言「廷見」。「廷」當爲「迋」，迋，往也，謂往至子亹之家而請見，故下文云「子亹不出」也。下文又云「鬬且廷見令尹子常」，「廷」亦「迋」之譌。

黨、鼓，善也。

注「史記夏紀作美言黨讜昌聲近義同」改《管子·霸形》篇云「仲父盍不當言」。黨、讜、當、昌竝聲近而義同。

聆，從也。

「愍謹也」下補《祭義》云「愍善不違身」。

注「古通作令」下補《商子·算地》篇云「故國有不服之民，主有不令之臣」。

「吕氏春秋爲欲篇」下補「云」字。

悌、倫，順也。

注「心順行篤也」下乙「孝經云」三十三字，改《孟子·滕文公》篇注云「悌，順也」。《荀子·修身篇》云「端愨順弟」，弟與「悌」同。

「倫之言順也」下補《莊子·天運》篇云「夫至樂者，一盛一衰，文武倫經」，謂順其經也。

容、類、楥，灋也。

注「與鍾會同」下補《太玄·中》次三「首尾信，可以爲庸」，范望注云「庸，法也」，庸與

「容」通。

「拱捄者」下乙「長子」二字。

「類」注加墨籤云：《太玄·毅》次七「觥羊之毅，鳴不類」，《測》曰「觥羊之毅，言不法也」。

「謂之楥頭是也」下補楥猶「憲」也，《管子·宙合》篇云「迹求履之憲」，憲、楥，語之轉耳。

期、頤，老也。

注「養道而已」下補古辭《滿歌行》「百年保此期頤」，亦以「期頤」二字連讀。

款，誠也。

注「款誠重也」下乙「楚辭」十五字，改《荀子·修身篇》云「愚款端愨」。

厲，方也。

注「其義一也」下補故《魏風·伐檀》篇「寘之河之側兮」，傳云「側猶厓也」，毛。下接「以厲爲水旁得之」。

榦，正也。

注「貞正也」下補《文選·西京賦》注引薛君《韓詩章句》云「榦，正也」。

「虞翻注」下乙「云榦正也」四字，改與薛君同。

愾、臆，滿也。

注「許氣二反」下乙「謂氣滿也」四字。「廣雅作嘅」下乙「説文㒖怒戰也」五十八字，改《哀公問》「君行此三者則愾乎天下矣」，鄭注云「愾猶至也」。《家語·大婚解》與此同，王肅注云「愾，滿也」。案：愾訓爲滿，於義爲長，「行此三者則愾乎天下」猶《孔子閒居》言「致五至而行三無以横於天下」也。「憑噫即愊臆之轉」下乙「説文十萬曰意」百五十五字，改《小雅·楚茨》篇「我倉既盈，我庾維億」，億、盈亦語之轉也。《易林·乾之師》云「倉盈庾億」。漢《巴郡太守樊敏碑》云「持滿億盈」。是「億」即盈也。「我黍與與，我稷翼翼」，翼翼猶與與也。「我倉既盈，我庾維億」，維億猶既盈也。此「億」字但取盈滿之義，而非紀其數，與「萬億及秭」之億不同。傳以萬萬爲億，箋以十萬爲億，皆失之。襄二十五年《左傳》「今陳介恃楚衆以馮陵我敝邑，不可億逞」，億逞即億盈，言其欲不可盈滿也。文十八年《傳》云「侵欲崇侈，不可盈厭」，意與此同。盈與「逞」古同聲而通用。《左氏春秋》昭二十三年「沈子逞」，《穀梁》作「沈子盈」。《左氏傳》「欒盈」，《史記》作「欒逞」。又《左氏傳》昭四年「逞其心以厚其毒」，《新序·善謀》篇「逞」作「盈」。皆其證也。杜注訓「億」爲度，「逞」爲盡，皆失之。《漢書·賈誼傳》「衆人惑惑，好惡積意」，意者，滿也，言好惡積滿於中也。李奇云「所好所惡積之萬億」，薛瓚云「衆懷好惡積之心意」，皆失之。

極，遠也。

注「極遠也」下補《史記·三王世家》云「極臨北海」。

隱，安也。

注「據定也」下補漢《析里橋郙閣頌》云「改解危殆，即便求隱」。

畏、亟，敬也。

注「畏者」下補鄭注《曲禮》云「心服曰畏」。《孟子·公孫丑》篇云「吾先子之所畏也」。

「謹重皃」下補漢《成陽靈臺碑》云「齊革精誠」。

「亟㥛」下補「革」字。

𠎝，棄也。

注「莊子天地篇」下乙「子往矣」七字。

「𠎝廢也」下補僖十年《左傳》云「失刑𠎝祀」。

從、隨、駕，行也。

注「服字並譌作般今俱訂正」下補從者，《夏小正》「嗇人不從」，傳云「不從者，弗行」。

「逯然而往」下補隨者，《臯陶謨》「隨山刊木」，《史記·夏本紀》「隨」作「行」。

「駕者」下補張注《漢書·司馬相如傳》云「駕，行也」。

「金口而木舌」下乙「是駕爲行也」五字。

疥、瘕、卬、疛、痱，病也。

注「盱與疞通疥讀爲痎」自「讀爲痎」乙八十七字，改義見下條。

「亦孔之卬」下乙「巧言篇」七字。

「毛傳」下乙「鄭箋竝」三字。

「卬病也」下補《韓詩外傳》云「《詩》曰『匪其止共，惟王之卬』，言不共其職事，而病其主也」。

「說文疛」下「小腹痛也」改心腹病也。下又乙「玉篇云」七字。

「今據以訂正」下補凡隸書從寸之字或書作「木」，故「疛」字或作「⿸疒木」，因譌而爲「⿸疒未」。漢《衛尉衡方碑》「遵尹鐸之導」，「導」字作「⿱首木」。《廣雅・釋言》篇「利，切也」，「刌」字作「利」。是其例也。

「瘕女病也」改瘕，瑕也。

「痕脹張竝通府者」，「府」改作「疛」。

椉，弍也。

「乘」注加墨籤云：《方言》六之五「物無耦曰特，嘼無耦曰介，飛鳥曰隻，鴈曰乘」。《管子・地員》篇「有三分而去其乘」，尹知章注「乘，三分之一也」。揚雄《解嘲》「乘鴈集不爲之多，雙鳧飛不爲之少」。
「蜀義相因也」下乙「管子形勢篇」三十字。

將、陶、旅，養也。

注「將養也」下乙「淮南子原道訓云」十三字，改《墨子・尚賢》篇云「食饑息勞，將養其萬民」。
「方言陶養也秦曰陶」下補《太玄・玄攡》「資陶虚無而生乎規」，范望注云「陶，養也」。旅者，《漢書・武帝紀》云「旅耆老，復孝敬」，旅耆老即《王制》所謂「養耆老」也，顔師古注云「加惠於耆老之人若賓旅」，失之。

哀也。

注「哀愛也」下乙「檀弓云」十四字，改《樂記》「肆直而慈愛者」，鄭注云「愛或爲哀」。

撟、穌、摣、抍，取也。

注「撟取也」下補漢《竹邑侯相張壽碑》云「略涉傳記，撟取其用」，撟與「撟」通。
「穌猶部斂之也」下補《管子・法禁》篇云「漁利蘇功」。
「索亦取也」下乙「史記淮陰侯傳」二十二字。

「今俗語猶呼五指取物曰摣」下補《墨子·天志》篇云「踰人之牆垣，担格人之子女」。「抍」注加墨籤云：《大戴禮·禮察》篇「人主胡不承殷周秦事以觀之乎」，承，取也。《漢書·賈誼傳》「承」作「引」，引，亦取也。故《晉語》「引黨以封己」，韋昭注云「引，取也」。原注在「攗者」上。

㶑，極也。

注加墨籤云：《呂刑》「人極于病」。

㥏、慆，憂也。

注「慜與㥏同」下補《賈子·容經》篇云「喪紀之容㥏然慴然若不還」。「愁貌也」下補《太玄·内》次三「坎我西堦」，范望注云「坎，憂也」。「欿與慆通」改欿、坎竝與「慆」通。

㡀，分也。

「㡀」改「折」，下補注「㡀」字。

注「㡀㲉破也義竝與斯通」下乙「㡀各本譌作折」四十四字，改折者，《鄉飲酒禮》「乃設折俎」，鄭注云「牲體枝解節折在俎」。《少儀》「以牛左肩臂臑折九个」，注云「折，斷分之也」。《楚辭·九章》「令五帝以折中兮」，王注云「折猶分也」。

「班與斑通」下補坼者，《説文》「坼，裂也」。《解》釋文引《廣雅》「坼，分也」。《衆經音義》卷一、卷六、卷十七引《廣雅》竝與《釋文》同。今本脱「坼」字。

麋，壞也。

注「靡損也」下補《淮南子·説山訓》云「比干以忠靡其體」。

侚、摇，疾也。

注「史記五帝紀幼而侚齊集解云侚疾齊速也」二「侚」字均改作「侚」。

「楚辭九章」下補「云」字。

「願摇起而横奔兮」下補《淮南子·原道訓》云「疾而不摇」。

沃，美也。

注「沃美也」下補襄二十五年《左傳》注云「衍沃，平美之地」。

敵，輩也。

注「秦晉之閒物同者謂之臺敵」下乙「耦也」二字。

怍，慙也。

注「荀子儒效篇無所疑侳」[1]下補《莊子・讓王》篇「行修於内者，無位而不作」。

卷第一下

釋詁

慫慂，勸也。

注「聳奬也」下補奬與「將」古字通，故《方言》作「將」。《史記・衡山王傳》「日夜從容勸之」，《漢書》作「將養」，「將養」即慫慂之轉。

儓，臣也。

注「臺給臺下微名也」，「微名」改「徵召」。

嫱、嫛，好也。

注「畜君何尤即好君何尤」下補《呂氏春秋・適威》篇「民善之則畜也，不善則讎也」，高誘注云「畜，好也」。

[1] 「儒」，原作「孺」，今據《廣雅疏證》原注改。

「説文嫛婗也」下乙「秦晉謂細要曰嫛」七字。

蜕、毻，解也。

注「今俗語猶謂鳥獸解毛爲氉毛」下乙「毻氉」六字，又補「矣」字。「方言隋易也撱脱也」❶下補改《論衡·道虚篇》云「龜之解甲，蛇之脱皮，鹿之墮角」。隋、撱、墮，義竝與「毻」相近。

馶，强也。

注「馶同也」下補《説文》「忮，很也」。《莊子·齊物論》篇「大勇不忮」。忮與「馶」亦聲近義同。

孺，生也。

注「李頤注云孚乳而生也」下補《大荒東經》云「東海之外大壑，少昊孺帝顓頊于此」。

福，❷盈也。

---

❶ 「隋」，原作「撱」，今據《廣雅疏證》原注改。

❷ 「福」，原作「褔」，今據續四庫本改，後倣此，不再出校。

注「字當從衣今本從示亦傳寫誤也」❶下補《韓詩外傳》「福乎天地之間者，德也」，謂盈乎天地之間也，今本「福」字亦誤從示。

源、釁、❷隱，度也。

注「神女賦云志未可乎得原」下補《韓子·主道》篇云「掩其跡，匿其端，下不能原」。「文選座右銘」下乙「隱心而後動」七字，「引」上補「注」字。「爾雅隱占也」下乙「郭璞注亦云」七字，改《管子·禁藏》篇「下觀不及者，以自隱也」，郭璞、尹知章注竝與劉熙同。

指，語也。

注加墨籤云：指王翳曰此項王也。

祕，勞也。

注「傳云無勞于憂」下補改又「天閎毖我成功所」，《漢書·翟方進傳》「毖」作「勞」，毖與「祕」通。

---

❶「字」上，原衍「福」字，今據《廣雅疏證》原注删。

❷「釁」，疑衍。

過，責也。

注「唯大王有意督過之也」下補引之云：《商頌·殷武》篇「勿予禍適」，予猶施也，禍讀爲「過」，適與「讁」通。勿予過讁，謂不施譴責也。《史記·吴王濞傳》云「賊臣鼂錯擅適過諸侯」。是過、適皆責也。禍與「過」古字通，《荀子·成相篇》説刑云「罪禍有律，莫得輕重」，「罪禍」即罪過也。

目、診，視也。

注「目視也」下乙「史記項羽紀」云十二字，改宣十二年《左傳》云「目于眢井而拯之」。

「説文診視也」下乙「史記扁鵲傳云」十一字，改《楚辭·九懷》「乃自診兮在兹」，王逸注云「徐自省視至此處也」。

迟，曲也。

「迟」注加墨籤云：《漢書·韓長孺傳》「廷尉當恢迟橈，當斬」，服虔曰「迟音企」，應劭曰「迟，曲行避敵也，橈，顧望也，軍法語也」。

又朱籤云：同查明板《漢書》《史記》皆作「逗橈」，注皆引「音豆」之説。

貢，上也。

注「珇與祖義亦相近」下補貢，亦謂自下而上也。漢《郎中鄭固碑》「貢計王庭」，謂上計也。《泰山都尉孔宙碑》「貢登王室」，謂上登也。《涼州刺史魏元丕碑》「貢躡帝宇」，謂上躡也。

休，喜也。

注「韋昭注云休喜也」下補《楚語》云「教之世，而爲之昭明德而廢幽昏焉，以休懼其動」。「釋文正義並訓休爲美失之」下補引之云：《吕刑》云「雖畏勿畏，雖休勿休」，謂雖喜勿喜也，「休」與「畏」，正相反，傳訓「休」爲美，亦失之。

睎、虞、候，望也。

注「或操表掇以善睎望」下乙「莊子讓王篇」十七字，改《管子·君臣》篇云「上下相希，若望參表」。「案虞望也言日望四邑之至也」下乙「虞候皆訓爲望」四十七字。

陗、清，急也。

注「瓚曰陗峻也」下補《韓詩外傳》云「故吴起峭刑而車裂，商鞅峻法而支解」。「百官以峭法斷絶於外」下乙「王褒四子講德論云」十六字。「激清也」下補《莊子·齊物論》篇「廉清而不信」，郭象注云「激然廉清，貪名者耳，非真廉也」。

糾、檜，舉也。

注「糾者」下補《周官·鄰長》「掌相糾相受」，注云「相糾，相舉察」。

「説文儈何也」下乙「管子七法篇云」二十二字。

貤，益也。

注「駢與駢通」下補貤，曹憲《音》「弋豉反」。

「施于孫子」下乙「義與貤同」四字，改施與「貤」通。貤又爲「饒益」之「益」。《郊特牲》云「順成之方，其蜡乃通，以移民也」，鄭注云「移之言羡也」，《釋文》「移，以豉反」。移亦與「貤」通。羡者，饒益之意。正與上文「謹民財」相對，《正義》以爲「使民歆羡」，失其指矣。

捎、衝，動也。

注「賈逵注云掉摇也」下補《文選·長笛賦》「纖末奮翗」，李善注引《方言》云「捎，動也」，翗與「捎」同。

「衝亦動也方俗語有輕重耳」下乙「釋訓云衝衝行也」七字，改《易是類謀》「萌之衝」，鄭注云「萌之始動」。

「咸九四憧憧往來皆動貌也」，「皆」字改「亦」。

制，折也。

注「制獄即折獄也」下補《吕刑》「制以刑」，《墨子·尚同》篇「制」作「折」。

「論語爲政篇」改《顔淵》篇。

娟，妬也。

注加墨籤云：《逸周書·祭公》篇「女無以嬖御固莊后」，《緇衣》「固」作「疾」。

挸，引也。

注「今吴楚俗猶謂牽引前郤爲挸挌」下補《太玄·玄圖》云「寅贊柔微，拔挸于元」。

卷第二上

釋詁

咨，問也。「咨」改「資」。

注「幾與譏通」下乙「咨各本訛作資」九字，改「資」即「咨」字也。《表記》「事君先資其言」，鄭注云「資，謀也」。《周語》「事莫若咨」，《賈子·禮容語》篇作「資」，是咨、資古通用。

墨籤云：《表記》「事君先資其言」，鄭注「資，謀也」，是「咨」字古通作「資」，非傳寫之誤。

《周語》「事□大若咨」，《賈子·禮容語》篇作「資」。

扫、劃，裂也。

注「猶溝洫之通作淢矣」下補扫者，《荀子·議兵篇》云「君臣上下之閒滑然有離德」，滑與「扫」通。

「所中霍然即破裂也」下補《荀子·議兵篇》云「霍然離耳」。

愁，恚也。

注「謂上下相恚也」下補《淮南子·詮言訓》云「己之所生，乃反愁人」。

馮，怒也。

注「猶淜河之淜通作馮也」下補故《史記·田完世家》之「韓馮」，《韓策》作「韓朋」。

䖘，❶息也。

注加墨籤云：《思玄賦》「姑純懿之所廬」。

煬，爇也。

注加墨籤云：「燎之方揚」，《谷永傳》作「陽」。《漢書·叙傳》「炎炎燎火，亦允不陽」。

延，偏也。

❶ 「䖘」，原作「䖘」，今據續四庫本改。

注「爾雅宣徧也」下乙「吕刑云」十二字，改《漢書·禮樂志·郊祀歌》「熉黄蕭，延四方」，謂馨香徧達於四方也。

於、落，凥也。

注「於其國曰君之類是也」下乙「於與居聲相近」六字，改《賈子·大政》篇云「居官之道，不過於居家，故不肖者之於家也，不可以居官」，是「於」與「居」同義，故《序卦傳》「物不可以久居其所」，晁説之云鄭作「物不可以終久於其所」。

「二年成邑三年成都」下乙「落亦聚也」下二十字，改《列女傳·賢明傳》云「一年成落，三年成聚」。

挻，緩也。

注加墨籤云：「雖有槁暴，不復挻」，《晏子·雜》篇上「挻」作「贏」。

役，助也。

注「埤虇褈並通役者」下補《周官·薙氏》「遂役之」，鄭注云「役之，使助之」。

「少儀云」乙「云」字。

搢，插也。

「謂之社稷之役鄭注云」乙「鄭」字。

眉批云：《漢書·蒯通傳》云「將争接刃於公之腹」。

「管仲詘纓插衽」，「插」改「捷」。

「插臿扱捷」下補「接」字。

蘊、茂，盛也。

注加墨籤云：《方言》「蘊，饒也」，饒與盛、茂亦相近。

尐，小也。

注乙「説文秦晉謂細要曰嫢」九字。

「説文鬣束髮少小也」，「少」改「尐」。

尋，長也。

注「凡物長謂之尋」下補漢李尋字子長。

犺、怒，健也。

「犺」注加墨籤云：《朱博傳》注「伉，健也」。

「怒其臂以當車轍」下補《史記·虞卿傳》云「天下將因秦之彊怒，乘趙之弊」。

屬，續也。

注加墨籤云：《鄉飲酒禮》「皆不屬焉」，注「不屬者，不相續也」。

讀，説也。

注「三公進而讀之讀之謂説之也」，「説」改「道」，下補《莊子・則陽》篇云「今計物之數不止於萬，而期曰萬物者，以數之多者號而讀之也」。

卷第二下

釋詁

瀟，洒也。

注「説文瀟淅也」下補《秦策》「簡練以爲揣摩」，高注云「簡，汏也」，❶簡與「瀟」同。

且，借也。

注「且與借聲相近」下乙「檀弓」下三十四字，改隱元年《公羊傳》「且如桓立」，何休注云「且如，假設之辭」。「何氏隱義」改《音義隱》。

❶ 「汏」，續四庫本作「汏」。

賨，税也。

注「説文賨南蠻賦也」下補《晉書・李特載記》云「巴人呼賦爲賨」。

罷，歸也。

注「襄三十年左傳云皆自朝布路而罷」乙「云」字，「罷」下補謂分散而歸也。《吳語》「遠者罷而未至」，韋昭注云「罷，歸也」。

幔，覆也。

注「説文幔幕也」，「幕」改「幎」。

遽，懼也。

注「玉篇恎忪惶遽也」❶下乙「遽謂惶遽也」五字，改遽者，襄三十一年《左傳》注云「遽，畏懼也」。

疲，嬾也。

注「疲嬾也」下補即今俗語所謂疲玩也。

「有似於罷」下補《齊語》云「罷士無伍，罷女無家」。

---

❶ 「恎」，原作「怪」，今據《廣雅疏證》原注改。

淋，漬也。

注「玉篇云雨淋淋下也義竝相近」下補漢《李翕析里橋郙閣頌》云「涉秋霖漉」，霖與「淋」同。淋漉猶瀧漉，語之轉耳。

礦、裔，習也。

注「謂玩習也」下補《漢書・武帝紀》「怵於邪説」，❶「怵」一本作「忕」，服虔云「忕音裔」，應劭曰「狃忕也」。

「爾雅釋言狃復也」乙「釋言」二字。

「狃忕前事復爲也」下乙「釋詁釋文云」十二字。

待也。

注「跱止也下」下補《素問・脈要精微論》「數動一代」，王冰注云「代，止也」。代與「待」亦聲近而義同。

既，失也。

注「駘與台聲義相近」下補《史記・太史公自序》云「不既信，不倍言」，是「既」爲失也。

❶「武」，原作「五」，今據續四庫本改。

孑、孓，短也。

注「爾雅檝謂之杙」，「杙」改「杙」。

陠、俄、差、險，衺也。

注「玉篇陠衺也」下補漢《李翕析里橋陠閣頌》説「郙閣」之狀云「緣崖鑿石，處隱定柱，臨深長淵，三百餘丈」，❶蓋閣傾衺不平，因謂之郙閣矣，郙與「陠」同。

「義字亦是傾衺之意」下補《大戴禮・千乘》篇説司寇治民煩亂之事云「作於財賄六畜五穀曰盜，誘居室家有君子曰義，子女專曰媟，飭五兵及木石曰賊，以中情出，小曰間，大曰諜，利辭以亂屬曰讒，以財投長曰貸」，以上八者皆寇賊姦宄之事，「義」即「鴟義姦宄」之「義」也。

「解者皆失之」下乙「昭三十一年左傳」三十五字。

「説文差貳也」，「貳」改「貣」。

「皆傾衺之義也」下補《荀子・性惡篇》云「人無師法，則偏險而不正」。

遁，欺也。

❶ 下「陠」字，續四庫本作「郙」。

注「遁者」下補《管子·法禁》篇云「遁上而遁民者，聖王之禁也」。

遊，俠也。

注「漢紀遊俠論云」，「遊俠論」改「武帝紀」。

精，論也。

注「誦論也」下補精者，微之論也。凡約言大要謂之粗略，討論祕旨謂之精微。漢《小黄門譙敏碑》云「深明䇲隩讖録圖緯，能精微天意」，精微即講論之意。故漢人講學處謂之精舍。《後漢書·黨錮傳》劉淑「隱居立精舍講授諸生」是也。

墮也。

墨籤云：「前有墮珥，後有遺簪」。《史記·滑稽傳》。

卷第三上

釋詁

嚓，餘也。

注「説文嚓殘帛也」下補又云「帊，嚓裂也」。

㹸𤢪，飛也。

注「吴都賦云𧽈䞡㹸𤢪」下補漢鐃歌《思悲翁》篇云「拉沓高飛暮安宿」。

欮，穿也。

注「左傳闕地及泉」下乙「逸周書」十五字，改《大戴禮·曾子疾病》篇「魚鼈黿鼉以淵爲淺而蹷穴其中」，《潛夫論·貴忠》篇「蹶」作「穿」。闕、蹶。

撅，投也。

注「搒各本譌作榜今訂正」下補撅者，《方言》「楚凡揮棄物謂之敲」，郭璞注云「敲，今汝潁閒語亦然，或云撅也」。《大荒東經》「橛以雷獸之骨」，郭注云「猶擊也」。橛與「撅」通。

𡛟，輕也。

注「説文𡛟輕也」下乙「爾雅越揚也」二十四字，改《吕氏春秋·本味》篇注云「越越，輕易之貌」。是「越」與「𡛟」同義。《緇衣》引《太甲》曰「毋越厥命，以自覆也，若虞機張，往省括于厥度則釋」。越，輕易也，言毋輕發汝之政令以自敗也，必度於道而行之，若射之省矢括於其度而後釋，正見發令之不可輕易也。上文云「小人溺於水，君子溺於口，大人溺於民，皆在其所褻也，故君子不可以不慎也」。曰「在其所褻」，曰「不可不慎」，皆戒其輕易也。鄭注以「越」爲顛蹷，失之。《荀子·非相篇》「筋力越勁」，亦謂輕勁也。

「以越爲過人」下補「亦」字。

錯、鋈，磨也。

注「八卦相錯」下「李鼎祚注云」改「虞翻注云」。

「鋈者」下乙「玉篇音」三十二字，改《爾雅·釋鳥》注「鷽鷽，膏中鋈刀」，《釋文》云「鋈，磨鋈也」。

旅，擔也。

墨籤云：《干禄字書》「旅」俗作「㧖」。

孤、寡，獨也。

注加墨籤云：《管子·入國》篇「丈夫無妻曰鰥，婦人無夫曰寡，取鰥寡而合和之，此之謂合獨」。

賬，賣也。

注「懋遷有無化居」下乙「史記呂不韋傳云」十二字，改《晉語》云「假貸居賄」。

「與賬通」下補字又作「舉」。《史記·越世家》云「父子耕畜，廢居，候時轉物」。《仲尼弟子傳》云「子貢好廢舉，與時轉貨貲」。「廢舉」即廢居也。

「居」注加墨籤云：「使夷吾得居楚之黃會，❶吾能令農毋耕而食，女毋織而衣。」《管子·轻重》篇。

疙，癡也。

墨籤云：相如賦「訖以治儗」，❷仡、疙義相近。

矯、侹、當，直也。

注「矯箘桂以紉蕙兮」下乙「王逸注」三字，改《淮南子·説山訓》「始調弓矯矢」，王逸、高誘注竝。

「爾雅頲直也」下乙「襄五年」十八字，改《考工記·弓人》「於挺臂中有柎焉」，鄭注云「挺，直也」。

「當者」下乙「説文當田相直也」七字，改《管子·霸形》篇「仲父盍不當言」，當言，直言也。

曣，煗也。

注「日出清濟爲晏」下乙「晏而温」三字，改《韓子·外儲説》云「雨霽日出，視之晏陰之間」。

❶「會」，《管子·輕重甲》作「金」。

❷「訖以治儗」，據下「仡疙義相近」，「訖」當作「仡」。司馬相如《大人賦》作「仡以佁儗」。

「曣」注加墨籤云：《晉書·左貴嬪傳·悼后頌》「曣晛沾濡」，用《韓詩》也。

汜，污也。

注「皭然汜而不俗」，「然」改「焉」。

匋、流，匕也。

墨籤云：《淮南子·主術訓》「禽獸昆蟲與之陶化」，《文子·精誠》篇「陶化」作「變化」。「流者」下乙「莊子逍遥遊」三十一字，改《漢書·董仲舒傳》「《書》曰『有火復于王屋，流爲烏』」，是「流」爲「化」也。

盇，何也。

注「爾雅盇曷也」改「曷，盇也」。

農，勉也。

注「農猶努也語之轉耳」下乙「洪範云」十三字。

藏，深也。

注「藏者」下補《素問·長刺節論》「頭疾痛爲藏，鍼之」，王冰注云「藏，猶深也」。「藏猶深也」改奥藏，猶奥深也。

𪓐，少也。

注「説文作雡」下補《吕氏春秋・仲夏紀》注云「雛，春鷚也」。
「雞雡也」下乙「玉篇云」七字。

秝，疏也。

注「季孫意如會晉荀躒于適歷是也」下補《管子・地員》篇「赤壚，歷彊肥」。
「李善注云歷猶疏也」改李善、尹知章注竝云「歷，疏也」，又下乙「古詩云」八字。

著也。

注加墨籤云：《華嚴經音義》上引《廣雅》「置，著也」。

㙠、坌、坺，塵也。

注「説文㙠塵埃也」下補《玉篇》於奚、於計二切。《淮南子・説山訓》注云「埵堁，猶塵翳也」，翳與「㙠」同。《説文》「㙪，天陰塵起也」，義與「㙠」亦相近。
「坋塵也」下乙「高誘注」三字。
「齊俗訓云」，「訓」下補「注」字。
「塵起也」下補《易稽覽圖》云「黄之色悖如麴塵」。
「揚雄蜀都賦埃㪍塵拂㪍與埻通」，「賦」下補「云」字，「拂」下補「悖」字，「㪍」下補「竝」字。

稽、亢，當也。

注「當順古之道也」下補《王莽量銘》云「同律度量衡，稽當前人」。「亢」注加朱籤云：宣十三年《左傳》「晉以衛之救陳也，討焉，孔達曰『我則爲政，而亢大國之討，將以誰任，我則死之』」。案：亢者，當也。「大國之討」謂晉討衛之救陳也，言我實掌衛國之政，而當晉之討，不得委罪於他人也。前年宋伐陳，衛孔達救陳曰「若大國討，我則死之」，是其證也。杜訓「亢」爲禦，以「亢大國之討」爲禦宋討陳，皆失之。

聵，聾也。

注加墨籤云：《易林・家人之咸》「心狂志悖，視聽聾顡」。

帶、徽，束也。

注「是束之義也」下補襄十年《左傳》「帶其斷以徇於軍」，謂束其斷布以徇也。「兩股爲纆」下補《太玄・養》次七云「小子牽象，婦人徽猛」。

爲，施也。

注「麗兵於王尸者盡加重罪」下補爲者，《呂氏春秋・長利》篇注云「爲，施也」。今俗語猶云「施爲」矣。

担、剥，擊也。

注「廣雅作笪」下補古辭《婦病行》云「有過慎莫笪笞」。

「剥與扑聲義同」下補《説文》作「攴」。

攻，伏也。

注「陽氣伏於下也」下補諸書無訓「攻」爲伏者。「攻」當爲「攷」字之誤也。隸書「氐」或作「互」，「工」或作「㠪」，二形相似，故「攷」誤爲「攻」。漢《李翕析里橋郙閣頌》「挍致攻堅」，「攻」字作「㺬」，是其證也。《淮南子·説林訓》「使工厭竅」，今本「工」誤作「氐」。《大戴禮·帝繫》篇「青陽降居江水」，今本「江」誤作「泜」。是從工、從氏之字多因形近而譌也。攷，《玉篇》音丁禮切。攷者，伏藏之名。昭二十九年《左傳》「若泯棄之，物乃坻伏」，❶《釋文》「坻音旨，又丁禮反」。《後漢書·馬融傳》「駭恫底伏」，李賢注云「底伏，猶滯伏也」。坻、底竝與「攷」通，是「攷」與「伏」同義。王襃《四子講德論》「雷霆必發，而潛底震動」，潛底，猶潛伏也。伏與「隱」義相近，故《釋言》又云「攷，隱也」。《論衡·感虚篇》云「夏末政衰，龍乃隱伏」，即《傳》所云「物乃坻伏」也。

寶，道也。

注「寶者」下補《檀弓》「喪人無寶，仁親以爲寶」，鄭注云「寶，謂善道可守者」。

❶「昭」，原作「襄」，今據《左傳》改。

墨籤云：「知其所知之謂知道，不知其所知之謂棄寶」。《呂氏春秋・侈樂》篇。《晉書・石季龍載記》季龍下書曰「懷道迷邦」。

銖，鈍也。

注「淮南子齊俗訓其兵戈銖而無刃」乙「戈」字。

伐、淹，敗也。

注加墨籤云：《一切經音義》引《白虎通》曰「伐者何，伐，敗也，欲敗去之」。「鄭注云淹謂浸漬之」下補《後漢書・安帝紀》云「秋稼垂可收穫而連雨未霽，懼必淹傷」。

窕，寬也。

注加墨籤云：「百工將時斬伐，佻其期日，而利其巧任」。《荀子・王霸篇》。注「佻，緩也，謂不迫促也」。案：佻與「窕」同。

卷第三下

釋詁

䓿，厚也。

注加墨箋云：其飲食不溽。

庯，和也。

注「各本譌作「𢉩」改各本皆作「𢉩」，下補《干禄字書》「庯」俗作「庯」，故譌而爲「𢉩」。韋昭注《周語》云「庯，和用也」。

戮，辱也。

注「濩與獲古亦同聲」下補戮者，《周官・掌戮》注云「戮，猶辱也」。又加墨箋云：《晉語》「請殺其生者而戮其死者」，韋注「陳尸爲戮」。

《史記・張儀傳》「中國無事，秦得燒掇焚杅君之國」，《秦策》作「秦且燒焫獲君之國」，焚杅，讀爲煩汙。

潔也。

注加墨箋云：《周語》「静其巾冪」，注「静，絜也」。

沈、驎、駗，止也。

注加墨箋云：《家語・七十二弟子》篇公皙哀字季次，今本「次」譌作「沉」。

「説文樊騺不行也」下補魏阮瑀《駕出北門行》云「馬樊不肯馳」。

「史記晉世家云惠公馬鷙不行」下補《太玄・玄錯》云「進欲行，止欲鷙」。❶「鷙與駤同」，「鷙」下補「竝」字。

䝤、對、澡，治也。

注「䝤然整齊而治」下補漢《啟母廟石闕銘》「九域尐其脩治」，尐與「䝤」通。「說文討治也」下乙「《玉篇》《廣韻》竝同」六字，改宣十二年《左傳》「其君無日不討國人而訓之」，杜預注與《說文》同。「澡者治去莩垢」下補《士虞禮》「澡葛絰帶」，鄭注云「澡，治也」。

緛，縮也。

注「需人兖反義亦與緛同」下補字又作「儒」。《管子・宙合》篇「此言聖人之動靜、開闔、詘信、浧儒、取與之必因於時也」，浧與「盈」同，儒與「緛」同。盈緛猶盈縮也。

翭、素，本也。

注「數羽稱其本猶數草木稱其根株今據以訂正」下補《後漢書・南蠻傳》「雞羽三十鍭」，鍭與「翭」通。李賢注以爲鍭矢，失之。

❶ 下「鷙」字，續四庫本作「鷙」。

「鄭注云地質之所本始也」下補《説苑・反質》篇云「是謂伐其根素，流於華葉」。

窾，❶空也。

注「崔譔注云窾空也」下補《管子・國蓄》篇云「大國内款，小國用盡」。

奪，**敓**也。

注「夷詖爲平易之易」下補假爲「相假易」之易。

「相親信無後患之辭」下補《易乾鑿度》云「光明四通，佼易立節」。

「是佼與夷同義」下補假訓爲易者，易謂相寬假也。桓十三年《左傳》「見莫敖而告諸天之不假易」，謂天道之不相寬假也。僖三十三年《左傳》云「敵不可縱」。《史記・春申君傳》「敵不可假」，《秦策》作「敵不可易」。是假、易皆寬縱之意也。杜注謂「天不借貸慢易之人」，失之。

宗，**衆**也。

注「同人于宗」下補《逸周書・程典解》「商王用宗讒」。

「荀爽王逸注」，「逸」下補「孔晁」二字。

❶「窾」，原作「窽」，今據《廣雅疏證》正文改，下注内「窾」字同。

尚、質，主也。

注「尚之言掌也」乙「之言掌也」四字，改「者」字。「尚主也」下補尚與「掌」聲近而義同，故《吕氏春秋・驕恣》篇「遽召掌書」，《新序・刺奢》篇「掌」作「尚」。

「杜預注云」改杜預、郭象注竝云。

眉批云：《莊子・庚桑楚》篇「因以己爲質」。

夭、揠，拔也。

注加墨籤云：夭揠猶夭閼。

然、爲、名，成也。

注「武王踐阼篇云」乙「云」字。乙「毋曰胡害其禍將大」八字，改謂其禍將成也。《楚辭・遠遊》「無滑而魂兮，彼將自然」，謂彼將自成也。

「泰族訓云」乙「云」字。

「天地正其道而物自然是然爲成也」乙「是然爲」三字，❶改謂物自成也。
「韋昭注云爲成也」下補《月令》「閉塞而成冬」，《吕氏春秋·音律》篇作「閉而爲冬」。
「春秋説題辭云名成也」下補《法言·五百篇》「或性或彊，及其名，一也」。名者，成也，猶《中庸》言「及其成功，一也」。李軌注以「名」爲「名譽」之名，失之。

堇，少也。
注「射義云蓋斸有存者」❷下補《墨子·辭過》篇云「謹此則止」。
「多者不獨衍少者不獨饉」，「饉」改「勤」。

屯，難也。
注「説文駗馬載重難行也」乙「行」字。

戮，辠也。
注「今俗語猶云辠孽矣」下補戮者，襄二十六年《左傳》云「專録以周旋，戮也」，是「戮」爲辠也。

❶ 「三」，當作「五」。續四庫本作「是然爲改謂物自」。
❷ 「義」，原作「儀」，今據《廣雅疏證》原注改。

枚，收也。

注「是鳩救古通用」下補救、枚形相近，故「救」譌作「枚」。《史記·淮南衡山傳》「江都人救赫」，《漢書》作「枚赫」，是其例也。

贕，覘也。

注「謂自察而不察人也」下乙「史記」十九字，改《楚策》云「君不如使人微要靳尚而刺之」。

頻，比也。

注「頻者」下補《大雅·桑柔》箋云「頻，猶比也」。

更，過也。

注「俓與徑同」❶下補更者，《史記·秦本紀》「秦兵遂東，更晉地」，更，過也。

彌，久也。

注「說文镾久長也」下補《逸周書·謚法解》云「彌，久也」。

踈、𨃘，迹也。

墨籤云：段氏《說文注》云：「踈」當作「踈」，曹憲《音》「匹迹反」，《集韻》云「迹」或作「踈」，

❶「俓」，原作「經」，今據《廣雅疏證》原注改。

《釋獸》「鹿，其跡，速」，「速」亦當爲「速」。《説文》「︀𨒆，相迹也」。
另行有「齊師敗績，公將馳之」，蓋「騆，逐也」條下文。

騆，逐也。

注加墨籤云：北地郡歸德，洛水出北蠻夷中，入河。「河」本作「渭」。

紉，索也。

注「紉索也」下補《惜誓》注云「單爲紉，合爲索」。
墨籤云：《離騷》「豈惟紉夫蕙茝」，注「紉，索也」。
《御覽》七百六十六。引《通俗文》「單口曰紉」。
《史記·倉公傳》正義引《素問》云「脉短實而數，有似切繩，名曰緊」。

卷第四上

釋詁

廢、鉒，置也。

注加墨籤云：《莊子·徐無鬼》篇「於是乎爲之調瑟，❶廢一於堂，廢一於室」。

注「是注爲置也」下乙「注與鉒通」四字，改《荀子·榮辱篇》「則君子注錯之當，而小人注錯之過也」，楊倞注云「注錯與『措置』義同」。「注」亦鉒也。「錯」亦措也。故《廣雅》措、鉒同訓爲「置」矣。

「是其證也」改是「鉒」與「注」通。

職，業也。

注加墨籤云：《管子·明法解》篇「孤寡老弱不失其所職」。

據，定也。

注「據猶安也」下乙「釋名云」十字，改襄九年《穀梁傳》「恥不能據鄭也」，言諸侯不能定鄭也。《史記·白起傳》「趙軍長平以按據上黨民」，按據，猶安定也。《鹽鐵論·繇役》篇云「四支强而躬體固，華葉茂而本根據」。

石，擿也。

注「石者」下乙「新書」二字，補《史記·王翦傳》云「方投石超距」。《漢書·甘延壽傳》云

❶「瑟」，原作「琴」，今據續四庫本改。

「投石拔距，絶於等倫」。石者，擿也。投石猶言投擿。距如「距躍三百」之距。應劭以「拔距」爲「超踰」，司馬貞以「超距」爲「跳躍」，皆是也。投石超距、投石拔距，皆四字平列。「石」亦投也。「距」亦超也。「超」亦拔也。應劭云「投石，以石投人也」，劉逵注《吴都賦》云「拔距，謂兩人以手相案，能拔引之也」，皆非是。賈子。

襞、結，詘也。

注「辟卷不開也」下乙「皆詰屈之意也」六字，改高誘注《西周策》云「山形屈辟，狀如羊腸」。墨籖云：《易林·姤之豫》云「躄屈復伸」。

「結之言詰屈也」下補《月令》云「蚯蚓結」。

緣，循也。

注「順循也」下乙「急就篇」二十一字，改《列御寇》篇「緣循、偃佒、困畏不若人」，郭象注云「緣循，仗物而行者也」。《韓詩外傳》「緣理而行」，《説苑·雜言》篇「緣」作「循」。

襮，表也。

注「臣請爲襮」下補高誘注云「襮，表也」。《新序·義勇》篇「襮」作「表」。

「曹大家及高誘注竝云襮表也」改曹大家注與高誘同。乙「竝云襮表也」五字。

奧，藏也。

注「其義一也奧」下乙「之言幽也」二十二字，下補「者」字。

「厥民奥」下補《老子》「道者，萬物之奥」，河上公注云「奥，藏也」。

括，結也。

注加墨籤云：衛北宫括字子結。《左》襄三十年注。

擿、綏，舒也。

注「猶分析其辭句失之」下補張衡《思玄賦》「離朱脣而微笑兮」，亦以「離」爲「擿」也。

「綏」注加墨籤云「武車綏旌」，❶注「綏，謂垂舒之也」。

《洞簫賦》「時恬淡以綏肆」，注「綏，遲也」。

竊，私也。

注「竊者」下乙「王逸注」十字，改《吕氏春秋·知士》篇注云「竊，私也」。

恥也。

「吝」注加墨籤云：吝，恥也。《後漢·楊賜傳》注、《張衡傳》注。

膚，傳也。

❶「車」，原作「王」，今據《禮記·曲禮上》改。

注「説文膚籀文臚字」下乙「晉語」十五字。

「周禮司儀旅擯」下乙「鄭衆注云」十五字，改鄭司農云「旅」讀爲「旅於泰山」之旅，謂九人傳辭。後鄭讀爲「鴻臚」之臚，臚，陳之也。《士冠禮》「旅占」，古文「旅」作「臚」。臚、旅古通用。襄十四年《左傳》「史爲書，瞽爲詩，工誦箴諫，大夫規誨，士傳言，庶人謗，商旅於市」，杜預注云「旅，陳也，陳其貨物以示時所貴尚」。引之云：旅讀「鴻臚」之臚，陳言也，傳言也。《晉語》「風聽臚言於市」，韋昭注云「臚，傳也，采聽商旅所傳善惡之言」，是也。《周語》云「庶人傳語」，此《傳》云「士傳言」，竝與「臚言」同義。韋注「庶人傳語」云「庶人卑賤，見時得失不得達，傳以語王也」。❶ 杜注「士傳言」云「士卑不得徑達，聞君過失，傳告大夫」。然則商人亦卑賤不能徑達，故傳言於市以待上之風聽而已。《漢書·賈山傳》云「史在前書過失，工誦箴諫，瞽誦詩諫，公卿比諫，士傳言諫過，庶人謗於道，商旅議於市」。彼文皆取此《傳》爲之，而末云「商旅議於市」，則是以「旅」爲商，殆由誤讀《傳》文而然。然於「於市」之上增一「議」字，亦足證商人之以言諫，而非以貨諫矣。

愛、人，仁也。

---

❶ 「王」，原作「士」，今據《國語·周語上》改。

墨籤云：《方言》十「凡言相憐哀，九疑湘潭之閒謂之人兮」。「人即仁也」下補《穀梁春秋》莊元年「夫人孫於齊」，《傳》云「孫之爲言猶孫也，諱奔也，接練時，録母之變，始人之也」。録，亦謂閔録之也。「人之」者，仁之也，謂於練時閔録夫人之不與祭，於是始仁之也。《公羊傳》云「夫人固在齊矣，其言孫於齊何，念母也」。彼言「念母」，此言「人之」，其義一也。范甯謂「始以人道録之」，非是。

邌、逋，遲也。

注「然後天明也」下乙「史記衛將軍傳」二十四字。

「字亦作犂」下補《史記·南越傳》「犂旦，城中皆降伏波」，「犂」一作「比」，《漢書》作「遲」，是遲、犂二字竝與「比」同義。

「以犂明爲比明其説是也」下乙「僖二十三年」三十字，改《史記·晉世家》「重耳謂其妻曰『待我二十五年不來乃嫁』，其妻笑曰『犂二十五年，吾冢上柏大矣』」，義亦同也。

「淮南子天文訓作去稽留」下補《太玄·耎》測云「縮失時，坐逋後也」。

愇、吝，恨也。

注「違很也很亦恨也」下補《楚辭·九章》「懲連改忿兮，抑心而自强」，「連」當從《史記·屈原傳》作「違」。違，恨也，言止其恨改其忿也。王逸注以「連」爲留連，失之。

「説文吝恨惜也」下補《屯》六三「往吝」，馬融注云「吝，恨也」。

婧、斷、琔，齊也。

注「所以爲嘖也」下補《太玄·玄挩》云「嘖以牙者童其角」。

「嘖與婧通」，「婧」下補「竝」字。

「斷與剬聲近而義同」下乙「今人狀物之齊」十三字，改《荀子·君道篇》云「其知慮足以決疑，其齊斷足以距難」，是「斷」爲齊也。

「義竝與琔同」下補褚少孫續《滑稽傳》「騶牙者，其齒前後若一，齊等無牙，故謂之騶牙」，《索隱》云「以有九牙齊等，故謂之騶牙，猶騶騎然也」。騶與「琔」亦聲近而義同。

病，苦也。

注「吕刑云人極于病」下補病，猶苦也。故《吕氏春秋·貴卒》篇「皆甚苦之」，高誘注云「苦，病也」。

卷第四下

釋詁

嘈，聲也。

注「東京賦云奏嚴鼓之嘈囋」下乙「周天大象賦云」十三字。

颸，風也。

注「劉逵蜀都賦注引」，「蜀」改「吴」。

緫、紕，微也。

注「皆微之義也」下補《大戴禮·文王官人》篇「微忽之言」，「忽」亦微也。盧辯注云「謂微細及忽然之語」，失之。

「言追學文武之微德也」下補宋玉《小言賦》云「纖於毳末之微蔑」。

髻也。

注加墨籤云：《招魂》「《激楚》之結」，注「結，髮也」。

宋，静也。

注「蟬宗漢而無聲」下乙「淮南子俶真訓云」十一字，改《吕氏春秋·審分覽》云「意氣得遊乎寂寞之宇」。

榜，輔也。

注加墨籤云：《大戴禮·保傅》篇「成王生，仁者養之，孝者襁之，四賢傍之」，傍，輔也。

鑿、捶，舂也。

注加墨籤云：孫瑴《古微書》引《春秋説題辭》云孔子言曰「七變入臼米出甲，謂磑之爲糲米也，舂之則粺米也，師之則鑿米也，舀之則毇米也，又簟擇之暘嗟之則爲晶米」。

「捶」注加墨籤云：《内則》「捶反側之」，注「捶，擣之也」。

巉、巖、岑，高也。

注「谿谷嶄巖兮水横波」下乙「淮南子覽冥訓」十五字。

墨籤云：《管子·宙合》篇「陵岑巖」。

墨籤云：《説文》「黬，赤黑也」，餘竟切。

刑，剄也。

注「説文刑剄也」下補刑與「剄」古同聲而通用。《史記·淮南厲王傳》「令從者魏敬剄之」，《漢書》「剄」作「刑」。

奕，容也。

注「奕奕容也下」下補《賈子·道術》篇云「包衆容易謂之裕」。《荀子·非十二子篇》「遇賤而少者，則脩告導寬容之義」，《韓詩外傳》「容」作「裕」。

跌，差也。

注「穀梁傳跌作失」下補《荀子·王霸篇》云「楊子哭衢塗曰『此夫過舉蹞步，而覺跌千里者夫』」。❶

揄，脱也。

注「若愉之轉爲悦矣」下補《太玄·格》次三「裳格鞶鉤，渝」，范望注云「渝，解也」。渝與「揄」義亦相近。又加墨籤注云：《淮南子·道應訓》「敖幼而好游，至長不渝」《蜀志·郤正傳》引作「不喻解」，《論衡·道虚篇》作「不偷解」。

緼，饒也。

注「字書温有兩義」，「温」改「煴」。

㡳，舍也。

❶「覺」，原脱，今據《荀子·王霸篇》補。

注「弛爲放舍之舍」下乙「伭讀爲氐」六十七字，改伭者，《楚辭·招魂》「軒輬既低」，王逸注云「低，屯也」。「屯」亦舍也。《九章》「邸余車兮方林」，王注云「邸，舍也，邸，一作『低』」。

抗、絓，縣也。

注「聲相近也」下補僖元年《公羊傳》云「於是抗輈經而死」，是「抗」爲縣也。「絓者楚辭九章」，自「者」字乙十九字，改絓與「挂」通。❶

趒、跃，長也。

注加墨籤云：《文子·上仁》篇「不掩羣而取跃趒」。

倚，因也。

注「依與因同義」下補《老子》「禍兮福之所倚」，河上公注云「倚，因也」。

必，敕也。

注「謹與敕同義」下補必，當爲「密」。《繫辭傳》云「君子慎密而不出」，是謹敕之意也。字通作「宓」。蜀秦宓字子勑，勑與「敕」通。《論衡·問孔篇》云「周公告小材勑，大材略」，「勑」謂密也，「略」謂疏也。或曰。

❶「絓與挂通」，續四庫本作「乙者楚辭九章下十九字改與挂通」。

𥤢，貧也。

注「是𥤢爲貧也」下補《莊子·讓王》篇「内省而不窮於道」，《吕氏春秋·慎人》篇「窮」作「疚」。窮與「貧」義相近。

爑，炧也。

注「堲謂燭盡堲與爑通」乙「與」上「堲」字，改《檀弓》釋文引《管子》作「即」。堲、❶即立。

蔫，葾也。

注「用兵篇草木殨黄」改「百草殨黄」。「毛傳云宛死貌」下補《淮南子·俶真訓》「形傷於寒暑燥溼之虐者，形苑而神壯」，高誘注云「苑，枯病也」。

輊，❷低也。

注「輕輊墊摯立通」下補《樂記》云「《武》坐致右憲左」，致亦與「輊」通，憲與「軒」通。

❶「堲」，原作「塈」，今據續四庫本改。

❷「輊」，據《廣雅疏證》卷第四下當作「輊」。注同。

卷第五上

釋　言

曼，無也。

注「猶曼與莫之同訓爲無也」下補無之轉爲曼，猶蕪菁之轉爲蔓菁也。「曼」注加墨籤云：《漢書·高帝紀》注云「曼丘、毋丘本一姓也，語有緩急耳」。

稟，治也。

此段注全乙，改桓十四年《公羊傳》注云「稟者，釋治穀名」。

礄、沰，磓也。

注加墨籤云：《四民月令》引農家諺云「上火不落，下火滴沰」。

與，如也。

注「對曰弗如也」❶下乙「王曰」二十一字。

❶「曰」，原作「田」，今據《廣雅疏證》正文改。

「皆訓爲當也」下補《史記·匈奴傳》「單于自度戰不能如漢兵」，《漢書》「如」作「與」。

恑，反也。

注「詭反也」下補《韓子·詭使》篇云「下之所欲常與上之所以爲治相詭」。「賈子傳職篇反作詭」下乙「漢書武五子傳」十一字。

穌，寤也。

注「寤通作痦」下補《楚辭·九章》「蘇世獨立」，王逸注云「蘇，痦也」。

趽、跭，𨁂也。

注「讀若逄」下乙「漢書」下一百三十字。

譏、諫，怨也。

注「是怨與譏刺同意」下補襄二十七年《左傳》伯有賦《鶉之賁賁》，趙文子告叔向曰「伯有志誣其上而公怨之，以爲賓榮」，怨，亦謂譏刺也。

竈，造也。

注「是竈與造通」下補《吴越春秋·夫差内傳》「勒馬銜枚，出火於造」，即《吴語》所謂「係馬舌，出火竈」也。

己，紀也。

注加墨籤云：桓二年《穀梁傳》「己即是事而朝之」，范甯注云「己，紀也」。

馮，登也。

注「以視天文之次序」下補《荀子·宥坐篇》「百仞之山而豎子馮而游焉」，《韓詩外傳》「馮」作「登」。

摎，捊也。

注「此云摎捊也義竝相通」下補《爾雅》「流，求也」，張衡《思玄賦》舊注云「摎，求也」，是摎、流古通用。

蹶，踶也。

注「説文趣蹠也」下補《史記·夏侯嬰傳》云「漢王常蹶兩兒欲棄之」。「故曰蹶張淮南子」下乙「説林訓云」十三字。

遂，育也。

注「史記樂書遂作育」下補《齊語》「犧牲不略則牛羊遂」，《管子·小匡》篇「遂」作「育」。❶

任，保也。

❶ 「小」，原作「中」，今據《管子·小匡》改。

注「説文任保也」上補《周語》「亹亹怵惕，保任戒懼」，「任」亦保也，保、任、❶戒、懼四字平列。

「不能保任其父之勞」下補是其證。韋昭訓「任」爲職，失之。

應，受也。

此段注全乙，改引之云：《康誥》「應保殷民」，應，受也。《周頌·賚》篇云「我應受之」。襄十三年《左傳》云「應受多福」。《周語》「叔父實應且憎」，韋昭注云「應猶受也」。《楚辭·天問》「鹿何膺之」，王逸注云「膺，受也」。膺與「應」通。「應保」即膺保也，《周語》云「膺保明德」，是也。「膺保」猶受保也，《士冠禮》「字辭」云「永受保之」，是也。或言「承保」，《洛誥》云「承保乃文祖受命民」。承亦受也。傳云「上以應天，下以安我所受殷之民衆」，戾於經文矣。

褿，祜也。

此段注全乙，改褿，當爲「褿」。祜，當爲「袥」。《説文》「褿，帴也」，「帴，帬也」，「袥，衣衸也」，「衸，袥也」。徐鍇引《字書》云「衸，補絜裠也」。是「褿」與「袥」皆「帬」之異名。「袥」

❶「任」，原作「慎」，今據續四庫本改。

譌爲「祐」，又譌爲「祜」耳。《集韻》《類篇》竝云「禮，祐也」，是其證。

淫，游也。

此段注全乙，改王逸注《招魂》云「淫，游也」。《管子·明法》篇「不淫意於法之外」，尹知章注與王逸同。《説苑·反質》篇「丹朱慠虐好慢淫」，即《皋陶謨》所謂「慢遊是好，敖虐是作」也。遊與「游」同。

敃，隱也。

此段注全乙，改説見卷三「攻，伏也」下。

蓋，黨也。

補墨籤注云：賓應朱氏武曹云：昭二十年《左傳》君子「不蓋不義」。

腒，央也。

注「腒字或作渠又作巨」❶下補「詎」字。

「古辭相逢行云」，「辭」字下補《長安有狹邪行》云「調弦未詎央」。

非，違也。

❶ 「字」，原無，今據《廣雅疏證》原注補。

注加墨籤云：昭元年《左傳》云「小國爲蘩，大國省穡而用之，其何實非命」，言不敢違命也，故杜注云「何敢不從命」。

卷第五下

釋言

免，隤也。

注「未詳」二字乙，改諸書無訓「免」爲隤者。免當爲「臽」。臽古「陷」字也。《説文》本作「臽」，隸或作「臽」，與「免」字上半相似，因譌而爲「免」。臽，今通作「陷」。《説文》「陷，高下也，一曰陊也」，又云「隤，隊下也」。韋昭注《魯語》云「陷，墜也」。《玉篇》「陷，隤也」。《廣韻》「陷，入地隤也」。《淮南子·原道訓》云「先者隤陷，則後者以謀」。是「陷」與「隤」同義。

謂，指也。

此段注全乙，改《華嚴經音義》引《漢書音義》云「謂者，指趣也」。

已，似也。

注「未詳」二字乙，墨籤改注云：「於穆不已」疏引孟仲子作「於穆不似」。又《詩》「教誨爾子，式穀似之」。

昃，趹也。

注「天文志作趹」下補《太玄·將》次六「日失烈烈」。竝字異而義同。

資，操也。

注「資與齎通」上補《考工記》「或通四方之珍異以資之」，《喪服四制》「資於事父以事君，而敬同」，鄭注竝云「資，操也」。

徇，營也。

注乙「衆經音義」十四字，改《漢書·賈誼傳》「貪夫徇財」，應劭注云「徇，營」。

傣，經也。

注加墨籤云：漢《博陵太守孔彪碑》「無偏無黨，王道之素」。

乍，暫也。

注「詐卒也」下補襄二十九年《公羊傳》「今若是迮而與季子，季子猶不受也」。迮亦與「乍」同。

䮚，企也。

注加墨籤云：萱齡按：《韓勑禮器碑》「莫不驩思歎仰」。

煨，火也。

加墨籤注云：《説文》「煨，盆中火也」。

踐，躤也。

注加墨籤云：「踐之者，籍之也。」《破斧》正義引《詩大傳》。❶

酌，漱也。「酌」改「酌」。

注「未詳」二字乙，改各本「酌」譌作「酌」。錢氏晦之云：酌，當爲「酌」。《説文》「酌，少少飲也」。《玉篇》「酌，余振切」，「酳，❷同上」。《廣韻》「酳，酒漱口也」。案：《士虞禮》《少牢饋食禮》注竝云古文「酳」爲「酌」，《特牲饋食禮》注云今文「酳」爲「酌」。酌，皆當爲「酌」。顔師古注《漢書·賈山傳》云「酳者，少少飲酒，謂食已而蕩口也」。念孫案：《士昏禮》「酌酳主人」，鄭注云「酳，漱也，酳之言演也，安也，漱所以絜口且演安其所食」。酳與「酌」同。此「酌」訓爲「漱」之明證也。今訂正。

❶「詩大傳」，據《破斧》正義應爲「書傳」。《蔡仲之命》釋文「踐」字下引《大傳》云「藉也」。

❷「酳」，原作「酳」，今據續四庫本改。下同。

貳，汙也。

此段注全乙。

貳，然也。

注「未詳」二字乙，改《公羊春秋》莊二十三年「公會齊侯盟於扈」，《傳》云「桓之盟不日，此何以日，危之也，何危爾，我貳也」，何休注云「莊公有汙貳之行」。是「貳」訓爲汙也。下文云「魯子曰『我貳者，非彼然，我然也』」，注云「非齊惡我也，我行汙貳，動作有危，故曰之也」。據此，則《傳》云「非彼然，我然也」者，猶言「非彼實使然，乃我實使然」耳，非訓「貳」爲然也。此云「貳，然也」，蓋誤會《傳》意耳。

律，率也。

注加墨籤云：《爾雅》「律，述也」。

「述與率通」下乙「中庸」七字，改「爾雅」二字。

葆，葆也。

注「草叢生曰葆」下補《太平御覽》引《通俗文》云「生茂曰葆」。

箋，云也。

注「未詳」二字乙，改諸書無訓「箋」爲「云」者，疑「志」字之誤。《說文》「箋，表識書也」。識與「志」古字通。草書「云」字作「亣」，「志」字作「圥」，二形相近而誤。

譏，譴也。

此段注全乙，改隱二年《公羊傳》「此何以書，譏」，何休注云「譏猶譴也」。

柰，那也。

注「單言之則曰柰」下補《淮南子·兵略訓》云「唯無形者無可柰也」。

「人莫予柰是也」乙「是也」二字。

楊，揚也。

此段注全乙，改臧氏在東云：《尚書·禹貢》《周禮·職方氏》《爾雅·釋地》凡「揚州」字，舊本皆從木。《佩觿》云「楊，柳也，亦州名」，又云「按：《禹貢》『淮海惟楊州』」，《正義》云『江南其氣燥勁，厥性輕揚』，則非當從木」。據此，則郭氏所見《尚書》尚從木旁也。《漢曹全碑》「兖豫荆楊」，字亦從木。《隸釋》載石經《魯詩》殘碑《唐風·揚之水》，字作「楊」。《王風·揚之水》釋文曰揚「如字，激揚也，或作『楊木』之字，非」。然《蓺文類聚》引《王風》、《太平御覽》引《唐風》則皆作「楊之水」，與陸氏所見本正合，不得議其非矣。李巡注《爾雅》云「江南其氣燥勁，厥性輕揚，故曰楊州」。《毛詩》以「激揚」訓揚，李巡以「輕揚」訓楊，皆可爲《廣雅》「楊，揚也」之證。

墨籤云：文八年《左傳》晉「解揚」，《史記·十二諸侯年表》作「解揚」。《衛世家》莊公揚，《十二諸侯表》作「楊」。《襄三年》「晉侯之弟揚干」，《古今人表》作「楊干」。案：此籤旁有朱書「存以備考，不必補入」八字。

匪，彼也。

注「小雅四月篇」自「四月」乙一百三十八字。

抧，抵也。

注「讀若抵掌之抵」下補《晉書音義》引《字林》云「抵，側擊也，之爾反」。「秦策抵掌而言」下補《太玄·翕》上九「撆其角，維用抵族」，范望注云「抵，擊也」，《釋文》云「抵，音紙」。

「文選皆譌作抵」，「文」字上補「太玄」二字。

毓，長也。

注「爾雅育長也」下乙「邶風谷風篇」四十三字，改《大雅·生民》篇「載生載育」，毛傳云「育，長也」。

毓，稚也。

注乙「豳風鴟鴞篇」下三十八字。

「説見上文漢怕也下」下補引之云：《堯典》「教胄子」，《説文》及《周官・大司樂》注竝引作「教育子」，《史記・五帝紀》作「教穉子」。案：育子，穉子也。「育」字或作「毓」，通作「鬻」，又通作「鞠」。《邶風・谷風》篇「昔育恐育鞠」，鄭箋解「昔育」云「育，稚也」，《正義》以爲《爾雅・釋言》文。今《爾雅》「育」作「鞠」，郭璞《音義》云「鞠」一作「毓」。《豳風・鴟鴞》篇「鬻子之閔斯」，毛傳云「鬻，稚也」，《釋文》「鬻，由六反，徐居六反」。是育、鞠同聲同義。古謂穉子爲育子，或曰鞠子。《堯典》之「育子」即《豳風》之「鬻子」，亦即《康誥》所謂「兄亦不念鞠子哀」、《顧命》所謂「無遺鞠子羞」者也。《王制》注引《尚書傳》云「年十五始入小學，十八入大學」。《内則》云「十有三年，學樂誦《詩》，舞《勺》，成童，舞《象》」。是入學習樂在未冠之時。凡未冠者通謂之穉子，或曰育子。故曰「命女典樂教育子」。西漢經師如夏侯、歐陽必有訓「育子」爲「穉子」者，故史公以「穉」代「育」，蓋有所受之也。《大司樂》釋文云「育」音胄。是育、胄古同聲，作「胄」者，假借字耳。《逸周書・大子晉》篇「人生而重丈夫，謂之胄子，胄子，成人能治上官謂之士」，亦謂未冠者爲胄子也。自馬注訓「胄」爲長，鄭、王訓「胄子」爲國子，後人咸用其説，而《史記》之「教穉子」遂莫有能通其義者矣。

意，疑也。

此段注全乙，改《長楊賦》及《魯靈光殿賦》注引《廣雅》竝同。《漢書·文三王傳》「於是天子意梁」，顔師古注云「意，疑也」。《韓子·説疑》篇「上無意，下無怪」。《吕氏春秋·去尤》篇「人有亡鈇者，意其鄰之子」。《史記·張儀傳》「楚相亡璧，門下意張儀」。意，皆謂疑也。《陳丞相世家》「項王爲人意忌信讒」，謂疑忌也。《荀子·賦篇》「暴至殺傷，而不億忌」，億與「意」同。

喝，嘶也。

注「嗑與喝同」下補《莊子·庚桑楚》篇「兒子終日嗥而嗌不嗄」，嗄，崔譔本作「喝」。

卷第六上

釋訓

衎衎，和也。

注「侃侃和樂之貌」下補漢《成陽令唐扶頌》「衎衎誾誾」，「衎衎」即侃侃也。

曠曠，大也。

注「重言之則曰曠曠」下乙「荀子」十四字，❶改《莊子·天道》篇云「廣廣乎其無不容也」。

晣晣，明也。

注「明星晣晣」下補通作「逝」。《太玄·狩》次六「獨狩逝逝」，范望注云「逝逝，明也」。

彶彶、徨徨，劇也。

注「如有所追而弗及也」下乙「汲與彶通」四字，改《莊子·盜跖》篇「狂狂汲汲」，《釋文》云「汲」本亦作「彶」。《賈子·匈奴》篇云「人人忣忣唯恐其後來至也」。竝字異而義同。

「迂與徨通」下補《莊子》「狂狂汲汲」。

「恇與徨亦聲近義同」，「恇」改「竝」，乙「亦」字。

蒸蒸，孝也。

注「光燿於天地」下補《後漢紀·靈帝紀》「崇有虞之孝，昭蒸蒸之仁」。

「奉蒸嘗與禴祠」下補《巴郡太守張納碑》「膺大雅之淑姿，脩蒸蒸之孝友」。❷

---

❶「下」，據本書原文當作「上」。《廣雅疏證補正》所據《廣雅疏證》印本晚於本書正文所據底本，「荀子十四字」乙在「重言」七字之下。

❷「蒸蒸」，續四庫本作「烝烝」。下「至孝蒸蒸」之「蒸蒸」同。

「孝章皇帝大孝蒸蒸」下乙「家語六本篇」二十一字，改《魏志·甄皇后傳》注引三公奏云「至孝蒸蒸，通於神明」。

「盡孝於田隴烝烝不違仁」下補《家語·六本》篇云「瞽瞍不犯不父之罪，而舜不失蒸蒸之孝」。❶

偃蹇，夭撟也。

注「撟字或作蟜又作矯」下補《淮南子·脩務訓》云「龍夭矯，燕枝拘」。

峥嵤，深冥也。

注「王廙注云冥深也」下乙「楚辭九章」十八字，改《論衡·道虚篇》云「其書深冥奇怪」。

躊躇，猶豫也。

注「單言之則曰猶曰豫」下補《管子·君臣》篇云「民有疑惑貳豫之心」。

從容，舉動也。

注「此皆昔人謂舉動爲從容之證」下補舉動謂之從容，跳躍謂之竦踊，聲義竝相近。故竦踊或作從容。《新序·雜事》篇云「玄蝯居桂林之中，峻葉之上，從容游戲，超騰往來」，

❶ 「蒸蒸」，《廣雅疏證》原注引作「烝烝」。

「從容」即竦踊也。

「動人謂之慫慂聲意竝相近」，❶「竝」改「亦」字。

軫軳，轉戾也。

注「多轉入職德緝合諸韻」乙「緝合諸」三字。

「亦有異位而相轉者」下乙「續漢書五行志」五十八字，改《説苑・敬慎》篇「曾子有疾，曾元抱首」，《大戴禮・曾子疾病》篇「抱首」作「抑首」。是抱、抑聲相近，故「抱首」之「抱」或作「抑」。

揚搉、無慮，都凡也。

注「故廣雅訓爲都几也」，「几」改「凡」字，下補張晏注《漢書・古今人表》云「略舉揚較，以起失謬」。較與「搉」通。

「續漢書律歷志云」，「歷」改「厤」。

「左思吴都賦云商搉萬俗是也」下補《中山策》云「商敵爲資」。敵亦與「搉」通。

「諸凡猶都凡耳」下補鄭注《儒行》云「妄之言無也」。

❶ 「意」，《廣雅疏證》原注作「義」。

「李賢注云謂請園陵都凡制度也無慮之轉」下補爲「勿慮」。《大戴禮·曾子立事》篇云「君子爲小由爲大也，居由仕也，備則未爲備也，而勿慮存焉」。「勿慮」即無慮，言居家理則治可移於官道，雖未備而大較已存乎此也。盧辯不曉其義，乃以「勿慮存」爲不忘危，其失也鑿矣。又轉之爲「摹略」。《墨子·小取》篇「摹略萬物之然，論求羣言之比」，摹略者，總括之辭，猶言無慮也。又轉之。

「不委細之意」下乙「莫絡孟浪無慮」六字，改無慮、勿慮、摹略、莫絡、孟浪。

卷第六下

釋親

姓，子也。

注「振振公姓」下補《特牲饋食禮》「子姓兄弟如主人之服」，鄭注云「言子姓者，子之所生」。

妻謂之嬬。

注「說文嬬下妻也」下補《歸妹》六三「歸妹以須」，《釋文》云「須，荀、陸作『嬬』，陸云『妾也』」。

踦，脛也。

注「小鼃黽長脚者」下補《管子·侈靡》篇云「其獄一踦腓一踦屨而當死」。

卷第七上

釋宫

廊，舍也。

注加墨籤云：《韓非子·有度》篇「遠在千里外，不敢易其辭，勢在郎中，不敢蔽善飾非」，《外儲説左上》「於是日郎中莫衣紫，其明日國中莫衣紫，三日境内莫衣紫」。《秦策》「今臣處郎中」。

寝，窟也。

注「寝之言複也」下補錢氏晦之云：究，疑當作「窀」。《玉篇》「窀，五丸切，窀窟也」。

治、甄，甎也。

注加墨籤云：《晏子春秋·諫》篇「景公令兵摶治，當臘冰月之閒而寒，民多凍餒而功不成」。《隋書·百官志》太府寺有掌治甄官。

檻，牢也。

注加墨籤云：《吕氏春秋·順説》篇云「管子得於魯，魯束縛而檻之」。

槷、機，柴也。

注「不出其機化導宣暢」下補槷謂之機，亦謂之閣。《爾雅》「所以止扉謂之閣」，郭注云「門辟旁長槷也」。漢《博陵太守孔彪碑》有五官掾劉機字□閣，義取諸此也。

槺，杝也。

注「芭與杷義亦相近也」下補引之云：《周官·掌固》「掌修城郭溝池樹渠之固」，渠與「槺」同，謂籬落也。因樹木以爲籬落，故曰「樹渠」。《司險》職云「設國之五溝五涂，而樹之林以爲阻固」，鄭注云「樹之林，作藩落也」，是其證矣。「城郭」爲一類，「溝池」爲一類，「樹渠」爲一類，賈疏以爲渠上有樹，失之。

術、隊、陌，道也。

注「内經間術外爲阡陌」下補《墨子·明鬼》篇「道路率徑」，率與「術」通。「左傳夙沙衛連大車以塞隧是也」下乙「文十六年傳」六十六字，改《商子·算地》篇「都邑遂路」，遂亦與「隧」通。

「南北曰阡東西曰陌」下補《管子・四時》篇作「阡伯」。❶

趡，犇也。

「或爲醮史記」下補《高祖紀》「襄城無遺類」，「遺」一作「噍」。

廟，天子五。

注加墨籤云：《呂氏春秋・諭大》篇《商書》曰「五世之廟，可以觀怪」，《尚書後案》第八《咸有一德》「七世之廟，可以觀德」下引證甚詳。此條須改。

案：《尚書後案》辨曰：《呂覽》卷十三《諭大》覽引《商書》云「五世之廟，可以觀怪，萬夫之長，可以生謀」，莫知爲何篇語也。作僞者取其文而加以改竄，不知七廟始於周，夏商以前未有也。《王制》云「天子七廟，三昭三穆，與太祖之廟而七」，鄭云「此周制，七者，太祖及文王、武王之祧與親廟四，太祖，后稷，殷則六廟，契及湯與二昭二穆，夏則五廟，無太祖，禹與二昭二穆而已」。鄭據《禮緯稽命徵》及《鉤命決》云「唐虞五廟，親廟四，與始祖五，禹四廟，至子孫五，殷五廟，至子孫六，周六廟，至子孫七」，❷故七廟獨

❶ 「阡伯」，續四庫本作「千伯」。

❷ 「據」，原脱，今據續四庫本補。

周制爲然。蓋禹之時祇有高祖以下四親廟，至子孫并禹則五矣。湯之時祇有契及四親，至子孫并湯則六矣。周文、武之廟不毁以爲二祧，始祖之廟亦不毁，則爲七矣。此不易之論也。《書》云「五世之廟」，此湯之時也。王肅議禮必反鄭玄，此僞《書》及傳正王肅之徒所爲，故宗其説。

獄，犴也。

注「淮南子説林訓」下乙「亡犴不可再」七字。

「注云犴獄也」下補《荀子·宥坐篇》「獄犴不平」。

「漢書刑法志」下乙「云獄豻不平」五字，改「作豻」二字。

「令敔禁也」下乙「或但謂」二十七字。

卷第七下

釋器

瓬、甈、罌、甂，瓶也。

注「今江東通呼大瓮爲瓬」下補《晉書·五行志》「建興中，江南謡歌曰『訇如白坑破，合集持作甈，揚州破換敗，吳興覆瓿甊』」，坑與「瓬」同。

「甀」注加墨籤云：《大宗師》「皆在鑪捶之閒耳」，崔譔注「捶」當作「甀」。

「甔字通作儋又作擔」下補又作「檐」。《吕氏春秋·異寶》篇「禄萬檐」，高誘注云「萬檐，萬石也」。

「罌」注加墨籤云：《穆天子傳》二「天子乃賜之黄金之罌三六」。

案謂之樢。

注「若今人持承槃」下乙「漢書外戚傳」十七字，改《史記·田叔傳》云高祖過趙，「趙王張敖自持案進食」。

椀，盂也。

注「盌與椀同」下補《賈子·時變》篇云「母取瓢椀箕帚」。

櫨，杯也。

注「説文桮䀀也」下補《太平御覽》引《風俗通義》云「吳郡名酒杯爲櫨」。《説文》。

櫡謂之钁。

注「淮南子兵略訓奮儋钁」改《淮南子·精神訓》「揭钁臿」。

犧、象，罇也。

注「則與鷄鳥諸彝之制不合」下乙「其不可信一也」一百八十二字，改且《莊子》云「百年之木，破爲犧尊」，《淮南子》云「百圍之木，斬而爲犧尊」，則古人以木爲犧尊明矣。今魯郡所得犧尊在地中七百餘年而完好可辨，以木爲之乎？抑以金爲之乎？以木爲之，則不能經七百年而不壞。以金爲之，則又與《莊子》「破木爲尊」之説不合。無一可者也。

紈、蘚，素也。

注加墨籤云：《聘禮》「賄用束紡」，鄭注云「紡，紡絲爲之，今之縛也」。

麴塵，綵也。

注「麴塵亦染黄也」下補《易稽覽圖》云「黄之色悖如麴塵」。

襋、衱謂之褗。

注「説文褗福領也」，「福」改「褗」。

繞領、帔，帬也。

注加墨籤云：段注《説文》七下説繞領、帔之義甚是，當據改。

案：《説文解字》段氏注云：《方言》「繞衿謂之帬」，《廣雅》本之，曰「繞領，句。帔，句。帬也」。衿、領今古字。領者，劉熙云「總領衣體爲端首也」。然則繞領者圍繞於領，今男子婦人披肩其遺意。劉熙曰「帔，披也，披之肩背不及下也」。蓋古名「帬」，弘農方言曰

「帔」。若常則曰「下帬」，言帬之在下者亦集衆幅爲之，如帬之集衆幅被身也。如李善引《梁典》，任昉諸子「冬月著葛巾帔練裙」，自是上下三物。《水經注》淮南王廟安及八士像皆「羽扇裙帔巾壺枕物一如常居」，亦帬、帔竝言。自《釋名》裙系下、帔系上，後人乃不知帔、帬之別，擅改《説文》矣。

衽，袖也。

注「衽亦袂也」下補《管子·弟子職》篇云「攝衽盥漱」，又云「振衽埽席」。《趙策》云「攝衽抱几」。

褙謂之袩。

注「褙衣衽也」下補《太玄·玄挩》云「垂褙爲衣，襞幅爲裳」。

褯謂之褓。

注「褓小兒衣也」下乙「漢書宣帝紀」十三字改《吕氏春秋·明理》篇「道多褓繈」，高誘《賈誼傳作繈抱」上補《宣帝紀》作「繈褓」。

鞈靸，屐也。

注加墨籤云：《説文》「鞅鞮，鞅沙也」。鞅沙與「鞈靸」同。

幨謂之幰。

注「然猶不能獨穿也」下補《墨子·備城門》篇云「城上之備,渠襜籍車」。

徽、帾、幟,幡也。

注「徽識也以絳徽帛著于背」乙「徽」字。

「説文隸人給事者衣爲卒」乙「衣」字。

「以絳徽帛謂之帾」乙「徽」字,「帛」下補「著背」二字。❶

「六月篇織文鳥章鄭箋云織徽織也」,三「織」字竝改「識」。

「張旗志幟織識並通」乙「織」字。

幃謂之幐。

注加墨籤云:《商子·賞刑》篇云「贊茅岐周之粟以賞天下之人,不得一幐」。❷《韓子·外儲説左》篇云「猶羸幐而履蹻」。《秦策》「羸縢履蹻,負書擔橐」。《趙策》「羸幐負書擔橐」。

絙,索也。

注「説文絙大索也」下補《魏志·王昶傳》「兩岸引竹絙爲橋」,「絙」與「緪」同。

---

❶「以絳」至「二字」十七字,續四庫本作「以絳徽帛謂之帾乙徽帛下補著背」。

❷「不得」,續四庫本作「不人得」。

絡也。

注加墨籤云:《易林・訟之蠱》「衣敝如絡」。

輼、柳,車也。

注「而非喪車明矣」下補《史記・齊世家》桓公「載温車中馳行」,温與「輼」通。

「士喪禮下篇注云」乙「下篇」二字,改「記」字。

錧也。

注「説文輨轂耑錔也」下補《士喪禮》記云「主人乘惡車,木錧」。

傘也。

注「淮陽名車穹隆轒」下乙「四民月令」十六字,改《管子・度地》篇「土車什一,雨傘什二」,尹知章注云「車傘所以禦雨,故曰雨傘」。

卷第八上

釋器

鏤謂之錯。

注加墨籤云：《晉語》「文錯其服」，注「錯，錯鏤也」。是「錯」與「鏤」同義。《御覽》七百五十六引《通俗文》云「金銀要飾謂之錯鏤」。❶

梔謂之滕。

注加墨籤云：《易林·訟之涣》「機杼滕複，女功不成」。❷

柱，距也。

注加墨籤云：《漢書·朱雲傳》注「拄，刺也，距也」。

矢，箭也。

注加墨籤云：《墨子·備穴》篇「爲短戈短戟短弩寅矢」。

錍、鏃，鏑也。

注加墨籤云：《唐六典》引《通俗文》云「骨鏃曰骲，鐵鏃曰鏑，鳴箭曰骹，霍葉曰鈚」。鈚與「錍」同。

❶「金銀要飾謂之錯鏤」八字，《四部叢刊》三編影印《太平御覽》卷第七百五十六引作「金銀鏤飾器謂之錯鏤」。

❷「涣」，原作「漁」，今據《易林》改。

簣、笫。

注加墨籤云：《釋名》「舟中牀以薦物者曰笭，言但有簣如笭牀也」。

丹，赤也。

注加墨籤云：《鄉射》記「凡畫者，丹質」，注「丹，淺於赤」。

黎、黸，黑也。

注加墨籤云：《衆經音義》卷十二引《通俗文》云「面黎黑曰皯黸」。

卷第九上

釋　天

譎、冠、珥。

注加墨籤云：《莊子·天下》篇「俱誦墨經，而倍譎不同」，記其各守所見，分離乖異也。如淳以「鐍」爲抉，失之。譎、子義相近。抱珥、背鐍皆外向之名。「背鐍」即倍譎。冠、珥皆

内向之名。如淳説非也。❶

朱明，日也。

注加墨籤云：「朱明承夜」，注「朱明，日也」。

參伐謂之大辰。

注加墨籤云：《夏小正》傳「參也者，伐星也」。

北辰謂之曜魄。

注加墨籤云：《楚辭・九歎》「綴鬼谷於北辰」，❷注「北辰，北極星也」。□□「引日月以指極兮」，注「極，北辰星也」。魏明帝《長歌行》「仰首觀靈宿，北辰奮休榮」。《春秋繁露・深察名號》篇云「正朝夕者視北辰」。《晏子春秋・雜》篇「古之立國者，南望南斗，北戴樞星，彼安有朝夕者哉」。

肆兵。

---

❶ 此條似有譌脱。《讀書雜志・漢書》「背穴」條念孫案「抱、珥皆内向之名，背、鐍皆外向之名」，「如以『氣刺日』爲鐍，失之」，可參。

❷ 「九歎」，原作「遠遊」，今據《楚辭》改。「辰」下，原衍「兮」字，今删。

注加墨籤云：《周官・小宗伯》「肆儀爲信」，❶故書「肆」爲「肆」。「大夫與士肆」，「肆」本作「肆」。

卷第九下

釋地

甿、斥、澤，池也。

注加墨籤云：《王制》正義北監本第八頁。引《異義》，❷《左氏》説「賦法積四十五井，除山川坑岸三十六井，定出賦者九井」。

「澤」注加墨籤云：□「斥澤則亟去無留」。《孫子・行軍篇》。「去菹萊鹹鹵斥澤山間堁壚不爲用之壤」。《管子・輕重》篇。

埴，土也。

注加墨籤云：《衆經音義》十三。引《淮南》許注「埴，土也」。《齊俗訓》「若璽之印埴」。

❶「信」，《周禮》作「位」。

❷「王」，原作「五」，今據《禮記正義》改。「異」，原爲空格，今據《禮記正義》補。

𦔳，耕也。

注加墨籖云：《説文》「暯，耕暴田曰暯」。《魏志・司馬芝傳》「耕𤎖種麥」。《晉書・傅休奕傳》「耕暯不熟」。

釋　丘

丘上有木爲秘丘。

注加墨籖云：《抱朴子・正郭》篇「高潔之條貫爲祕丘之俊民」。❶

墳、陵，冢也。

注加墨籖云：《唐律疏義・衛禁》篇引《三秦記》云「秦謂天子墳曰山，漢曰陵」。

塋，葬地也。

注加墨籖云：《漢書・哀帝紀》「田非冢塋，皆以賦貧民」。

厓也。

注加墨籖云：孟康注《漢書・司馬相如傳》云「厓，廉也」。

---

❶ 上「之」字，原作「三」，今據《抱朴子》改。

釋山❶

嶰、谿，谷也。

注加墨籤云：「伶倫自大夏之西，❷乃之阮隃之陰，取竹於嶰谿之谷」。

釋水

瀍，理也。

注加墨籤云：「胡取禾三百廛兮」，「廛」本亦作「壥」。《管子·小匡》篇「壥而不税」。❸《干禄字書》「廛」通作「厘」。

波也。

注加墨籤云：「波者，涌起」。《人間訓》注。《西京賦》「河渭爲之波盪」。

❶「釋山」，原無，今據體例補。

❷「自」，原作「目」，今據《吕氏春秋·古樂》《漢書·律曆志》改。

❸「小」，原作「心」，今據《管子》改。

舶，舟也。

注加墨籤云：《華陽國志》「周赧王七年，司馬錯率巴蜀衆十萬大舶船萬艘浮江伐楚」。

卷第十上

釋草

蒼耳，枲耳也。

注加墨籤云：《金匱要略》云「飲酒食生蒼耳，令人心痛」。今順天人皆謂之蒼耳。

女菀也。

注加墨籤云：菀，通作「宛」。《魏志・華佗傳》有「四物女宛丸」。

土瓜，芴也。

注加墨籤云：《金匱要略》有「土瓜根散」。

稻穰謂之稈。

注加墨籤云：墐塗，塗有穰草也。

《金匱要略》云「飲酒食豬肉，卧秫稻穰中，則發黄」。

蕪菁也。

注加墨籤云：世所云「蔓菁」者，今始見之。其根、葉皆似蘿蔔，但蘿蔔根長，其味辛。蔓根圓，其味甘。蘿蔔葉小而四布，蔓菁葉大而上竦。夏秋閒發芽，至春抽臺，花小而黄，子如蘿蔔而小。至結子時根即枯朽而不可食，故《詩》言「采葑采菲，無以下體」也。其根、葉、花亦與芥相似，故又有「大芥」之名。固安人皆謂之蔓菁，聲如蠻。蔓菁、蘿蔔、芥菜、白菜，皆以六月下種。諺云「頭伏蘿蔔二伏菜，三伏種蕎麥」。莫代反。

狼毒也。

注加墨籤云：《文選》陳琳《爲袁紹檄豫州》注引《漢書》誅翟義「夷滅三族，皆至同坑，以五毒參并葬之」，如淳曰「野葛狼毒之屬」。《漢書・翟方進傳》「以棘五毒并葬之」，如淳曰「野葛狼毒之屬也」。

馬帚，馬第也。

注加墨籤云：順天人謂馬帚爲埽帚菜。

釋木❶

蘸，薪也。

注加墨籤云：《干禄字書》「樵」俗作「蕉」。桓七年《公羊傳》「焚之者何，樵之也」，注「樵，薪也，以樵燒之故，因謂之樵之」。

橡，柔也。❷

注加墨籤云：上劉輪軸，❸下采杼栗。《管子・輕重》篇。

重皮，厚朴也。

注加墨籤云：朴之言附也。《史記・惠景閒侯者年表》「諸侯子弟若肺附」，《索隱》「附，木皮也」。

❶「釋木」，原無，今據體例補。

❷「柔」，原作「柔」，今據《廣雅疏證》原文改。

❸「劉」，《管子・輕重丁》作「斵」，或作「斷」。

卷第十下

釋蟲

蛥蚗，蛁也。

注「説文云蛜蚗蛁蟟也」下補《楚辭·九思》云「蛜蚗兮噍噍」。

蛉蛄，蛁蟟也。

注「一名蝭蠑」，「蠑」改「蟧」字。

杜伯，蠍也。

注「幽州謂之蠍」下補崔瑗《草書勢》云「絶筆收勢，餘綖糾結，若杜伯揵毒緣巇」。

景天、螢火，燐也。

注加墨籤云：段氏《説文》「粦」字注云：《詩》傳「燐，熒火也」。熒火，謂其火熒熒閃睗，猶言鬼火也。陳思王曰「熠燿宵行」，《章句》以爲鬼火，或謂之燐。「章句」者，謂薛君《章句》。是則毛、韓古無異説。《毛詩》字本作「熒」，或乃以《釋蟲》之「熒火，即炤」當之，且或改「熒」爲「螢」，改「燐」爲「蟒」，大非《詩》義。

螻蛄也。
注加墨籤云：《御覽》「螻蛄」條不全，當借查。
馬蠸，馬蚿也。
注「蚈馬蠸也」下補《説苑·雜言》篇「馬蚈折而復行者何，以輔足衆也」。
螗蜋也。
注「本草誤耳螳蜋」下乙「今」字，補有斧蟲，故一名斫父。江東呼爲石蜋，石、斫聲相近。今高郵人或謂之斫蜋，又。「謂之刀蜋聲之轉也」乙「聲之轉也」四字。
蟅蟒，蚮也。
注加墨籤云：《管子·七臣七主》篇「苴多螣蟇，山多蟲螽」，蟇與「蟒」同。百螣即「蟇螣」。
蝍蛆，吴公也。
注加墨籤云：王逸《九思》哀感「蝍蛆兮穰穰」，注「將變貌」。
引無也。
注加墨籤云：漢《益州太守高頤碑》「游心典籍」字作「無」。
虎王，蝟也。
注加墨籤云：「蝟令虎申，蛇令豹止」，旁夾注：手抄本有之。

沙蝨，蜌蝷也。

注「與射工相似皆殺人」下乙「是其情狀也」五字，改故晉車永《與陸雲書》云鄮縣「既有短弧之疾，又有沙蝨害人」。

釋魚

鱄鯙，䱐也。

注加墨籤云：《史記·伍子胥傳》「縣吴東門之上」，《正義》曰「東門，鱔門，謂鯙門也，鱔音普姑反，鯙音覆浮反，越軍開示浦，子胥濤盪羅城，開北門，有鱔鯙隨濤入，故以名門，顧野王云『鱔魚一名江豚，欲風則涌也』」。

鰅，鮹也。

注「鮹似鱓短小也」下補《華陽國志·漢中志》云「度水有二源，清水出鰅，濁水出鮒」。

無角曰䖘龍。

注加墨籤云：《白帖》九十五引此「無角曰螭龍」下有「未升天曰蟠龍」。

「龍」注「欲大□則藏於天下」加墨籤注云：❶手抄本「大」字下亦係「則」字，此乃重寫「則」字。

釋鳥

鴨，鵰也。

注「皇象碑本鳶作𢧵」❷下補《中庸》「鳶飛戾天」，《爾雅》「鳶烏醜」，《釋文》並云「鳶」字又作「𢧵」。

「釋文云𢧵本又作鳶」下補《史記·穰侯傳》「魏將暴鳶」，《韓世家》「鳶」作「𢧵」。墨籤云：段以「鳶」爲《夏小正》「鳴弋」之弋，又以「鳶」爲「鵰」之俗字，大謬。又籤云：隸書從戈之字或省從弋，《曹全碑》「威牟諸貢」「攻城野戰」是也，此可爲「鳶」字作「鳶」之例。又《李翊夫人碑》「世有皇兮氣所𢦏」，《吴仲山碑》「慼𤸎」，《張遷碑》「開定

❶「加墨籤注」四字，續四庫本作「眉批」。

❷「碑」，原無，今據《廣雅疏證》原注補。

繼寓」，亦均省「戈」作「弋」。❶

鳴、鷖，鳧也。

注「集韻鷖小鳧也」改《玉篇》「鷖，鳧也」。

「吕静韻集云鷖野鳥也索隱引劉伯莊云」，「鳥」字改「鳧」，乙「索隱引」下二十六字。

鴆鳥，其雄謂之運日。

注「王逸離騷注云」，「注」字下補「韋昭《晉語》注竝」六字。

「鴆運日也」下乙「羽有毒」六字。

翼文曰順。

注加墨籤云：《白帖》九十四引《山海經》作「翼文曰禮，背文曰義」。

又籤云：《論衡・講瑞篇》引《禮記・瑞命》篇云「雄曰鳳，雌曰皇，雄鳴曰即即，雌鳴曰足足」。

鳳皇屬也。

❶「均」，續四庫本無此字。

注加墨箋云：《論衡・講瑞篇》「主鳥之記，❶四方中央，皆有大鳥，其出，衆鳥皆從，小大毛色類鳳皇」。

鵐，怪鳥屬也。

注加墨箋云：《玉篇》「鵐，亡俱切，雀也」。《廣韻》「鵐，鳥名，雀屬」。即《廣雅》之「鵐雀」。

釋　獸

⿰豸更，貁也。❷

注加墨箋云：貁或作「狖」。《魏志・東遼傳》夫餘「大人加狐狸狖白黑貂之裘」，❸又云「出貂狖」。蓋狖亦狐狸之屬，可以爲裘，故《傳》以狐狸、狖並言之。貁或譌作「豽」。《魏志・鮮卑傳》注引《魏書》「鮮卑有貂豽⿰豸軍子，皮毛柔蠕，故天下以爲名裘」。《後漢書・鮮卑傳》同，又《東遼傳》夫餘「出貂豽」，❹字皆作「豽」。蓋「貁」從穴聲。《廣韻》「穴」而隴切，或作

❶「主」，續四庫本作「王」，《論衡》作「五」。
❷「貁」，原作「狖」，今據續四庫本及《廣雅疏證》原文改。
❸「遼」，《三國志》作「夷」。
❹「遼」，《後漢書》作「夷」。

「内」。其形與「内」相似，故「貁」字譌而爲「豽」。李賢注《後漢書》不知釐正，乃音奴八反，云「似豹無前足」，又云「豽，猴屬也」。案：《爾雅》「貀，無前足」，本又作「豽」，女滑反。郭璞云「似狗豹文」，又用《字林》説云「似虎而黑」，不言皮可爲裘，亦不以爲猴屬，李注非也。又案：《廣韻》「豽，獸名，無前足，《説文》作『貀』，女滑切」，又云「似貍蒼黑善捕鼠」。依女滑之音，則爲《爾雅》之「豽」。依似貍之解，則又爲《倉頡篇》之「貁」矣。蓋貁、豽譌混已久，爲韻書者莫能辨正而誤合之。不知似貍之獸其字作「貁」，作「豽」不作「豽」，音余救切，❶不音女滑切。

豭，豕也。

注「説文又云豠豕屬也」下乙「豭牡豕也」一百十字，改豭，疑當作「豛」。《説文》云「上谷名豬豛，從豕，役省聲」。《玉篇》音營隻切。「豭」字俗書作「⿰豕段」，兩旁皆與「豛」相似。世人多見「豭」，少見「豛」，故「豛」字譌而爲「豭」。此言豕之通名，下文方釋豕之牝牡。下既有「豥豭」之文，則此文不得作「豭」也。❷

❶ 「救」，原作「叔」，今據續四庫本改。

❷ 「豭」，原作「⿰豕段」，今據續四庫本、《廣雅疏證》原文改。

娩，兔子也。
注「娩者新生弱小之稱」下補《小雅·采薇》篇「薇亦柔止」，毛傳云「柔，謂脃脕之時」，《釋文》「脕」音問。「聲義與娩相近」，「義」字下補「竝」字。
豶，羯也。
注「豕去勢曰豶」下補虞翻云「劇豕稱豶」。劇與「羯」同。「豶」字或作「豮」。《韓子·十過》篇云「豎刁自豶以爲治内」。
鼩鼱。
注「爾雅之鼩鼠矣」下補《北户録》引《廣志》云「𪕭鼱鼠，毛可以爲筆」。𪕭鼱與「鼩鼱」同。
鼳鼠。
注加墨籤云：《爾雅·釋獸》釋文引《博物志》云「鼷鼠之最小者，或謂之耳鼠」。

釋　嘼

白馬朱鬣，駮。

注加墨籤云：《爾雅・釋言》釋文引《廣雅》曰「白馬朱鬣曰駱」，❶與今本同。蓋三家《詩》說，不必改「駮」。《續漢書・禮儀志》「立秋之日，乘輿御戎駱，白馬朱鬣」，即《月令》之「乘白駱」也。

金喙，騕褭。

注「金喙者爲腰褭也」下乙「開元占經」二十五字，改《武帝紀》「更黄金爲麟趾褭蹏」，應劭注云「古有駿馬名要褭，赤喙黑身，一日行」。

駃騠。

注「以野馬騊駼駃騠爲獻」下補《列女傳・辯通傳》云「駃騠生七日而超其母」。「匈奴傳索隱云發蒙記」，「云」改「引」字，「記」下補「云」字。「剞其母腹而生」下乙「列女傳云」十字。

郭犐，丁犖。

注加墨籤云：犐當爲「䅇」。《集韻》「䅇」苦禾切，引《博雅》「郭犐，牛屬」。《玉篇》《廣韻》竝云「䅇，牛無角也」。桓譚《新論》作「郭椒」，乃「科」之誤。蓋「科」作「枓」，與隸書「椒」

❶ 「言」，當作「畜」。

字作「桝」者相似，故誤爲「椒」也。《淮南子・説山》「髡屯犂牛，既科以椭」。段氏《説文》「犖」字注引此二書，謂科、椒同韻，非也。

羅振玉跋❶

光緒戊戌春在滬江，揚州書估夏炳泉挾書求售，中有《廣雅疏證》，書中夾墨籤甚多，間有朱書，偶見「念孫案」字。夏估疑是石臞先生手筆，索價至奢。予時未見石臞先生書迹，而加籤處固極精密，徵石臞先生，當世殆無其人。惜少八、九兩卷，因許以善價。夏估云兩卷聞尚在某故家，當爲覓之，因挾其書去。及明年夏，予返淮陰寓居。漢軍黄蕙伯姻丈觴予於河下飲渌草堂。酒半，出新得書見示，謂是書當爲王石臞先生手校，而未敢遽定。予取觀，蓋即夏估挾至滬上者。予假歸，一夕盡讀之，決爲出石臞先生手，因勸黄丈條録付梓。其年秋，黄丈乃手編爲《補正》，以新刊本見贈。又數年，丈卒於淮安。後嗣零替，鬻所藏書。予得書十餘種，石臞先生是書在焉。而《補正》刊版則不可知。丁巳在海東，海甯王忠慤公國維從予假黄氏本，刊入《雜誌》中，且爲之跋。及予由海東返，寓津沽，得王氏手稿及雜書一笥。中有《疏證》初印本，已佚數册，而卷八、九獨存。中夾墨籤，適足補曩本之

❶ 此標題原無，今據文後題名補。

闕。因命兒子福頤移黏舊得本上。黄丈所録，間有遺漏。因據原書重加校録，共得五百有一則。視黄丈所録，增數十則。而一仍黄丈舊名，重爲印行，並録黄丈原跋，以記是書之得流傳自黄丈始也。至八、九兩卷，予初見時本佚去，後夏估以他本足之，黄跋遂誤認爲待校而未校。至校正各條，皆出自石臞先生。忠慤謂間有伯申尚書手，不盡先生筆，其言殊渾淪。今案其實，則朱書爲文簡所清寫，墨籤則文簡尚未清寫者也。爰於書首，仍署石臞先生名。至此書佚卷，南北千餘里，後先廿餘年，終爲延津之合，殆石臞先生所陰相歟。謹書卷末，以志欣慰。戊辰八月上虞羅振玉。

黃海長跋❶

此《廣雅疏證》殆刻成後覆加勘定之本，朱墨燦列，凡所删補，無慮四百餘條，皆精詳確當。卷五《釋言》「酌，漱也」下朱筆補疏有「念孫案」三字，知爲石臞先生親自攷訂者。其補自文簡者，則冠以「引之曰」。卷七《釋宫》「廟，天子五」下墨籤云：《尚書後案》第八《咸有一德》「七世之廟，可以觀德」引證甚詳，此條當改。《釋器》「繞領、帔，帬也」下墨籤云：段氏《説文》七下説繞領、帔之義甚是，當據改。則是待改而未改者。八、九兩卷獨無一字，則是待校而未及校者。統觀諸條，的係先生親自脩定之藁。嗣是曾否補完，曾否再刻，或祇此本，或尚有傳録之本，無從徵考，不能臆測。阮文達刊入《學海堂經解》，揚州淮南書局光緒重録，悉據原疏本，似都未見此册。無論世間有無第二本，而此册信可寶貴已。獨不識何以流傳在外，入清河汪氏所藏。有汪氏珍藏、桃花潭水二印。汪葵田先生名汲，春園先生名椿，祖孫咸精經學，有箸述。雖不若高郵王氏父子之盛，亦學人也。書賈獲自汪裔，索價

❶ 此標題原無，今據文後題名補。

頗昂。余初見，謂朱墨爲汪氏所加。繼而諦審，始辨是王家故物。直端午，得錢極艱。迺嗇縮米薪，力購得之。暇當遍質通人，設法流布。儻是孤本，斷不敢自我韜其寶氣也。光緒庚子五月古襄平黄海長謹識。

王國維跋❶

王懷祖先生《廣雅疏證》刊成後，補正數百事，皆細書刊本上，或别箋夾入書中，蓋意欲改刊而未果也。其手校補本舊在淮安黄惠伯海長家，後歸上虞羅叔言參事。余前在大雲書庫見之，書眉行閒朱墨爛然，閒有出伯申尚書手者，不盡先生筆也。光緒庚子黄氏曾寫出爲一卷，刊於淮陰，印書二十部，而板燬於寇，故世罕知此書者。余以黄刊本校原書，則原書朱墨籤閒有奪落，已不如二十年之完善，故亟刊黄本而識其可貴者於後。丁巳八月海甯王國維。

❶ 此標題原無，今據文後題名補。

《儒藏》精華編選刊

已出書目

白虎通德論
誠齋集
春秋本義
春秋集傳大全
春秋左氏傳賈服注輯述
春秋左氏傳舊注疏證
春秋左傳讀
道南源委
桴亭先生文集
復初齋文集
廣雅疏證

龜山先生語録
郭店楚墓竹簡十二種校釋
國語正義
涇野先生文集
康齋先生文集
孔子家語　曾子注釋
論語全解
毛詩後箋
毛詩稽古編
孟子正義
孟子注疏
閩中理學淵源考
木鐘集
群經平議
三魚堂文集　外集

上海博物館藏楚竹書十九種校釋
尚書集注音疏
詩本義
詩經世本古義
詩毛氏傳疏
詩三家義集疏
書疑　東坡書傳　尚書表注
書傳大全
四書集編
四書蒙引
四書纂疏
宋名臣言行録
孫明復先生小集　春秋尊王發微
文定集
五峰集　胡子知言

小學集註
孝經注解　温公易説　司馬氏書儀　家範
揅經室集
伊川擊壤集
儀禮圖
儀禮章句
易漢學
游定夫先生集
御選明臣奏議
周易口義　洪範口義
周易姚氏學